매튜헨리주석 사도행전

저자 **매튜 헨리** Matthew Henry 1662-1714

성경 주석가. 영국국교회의 복음주의 목사의 아들인 그는 통일령으로 아버지가 성직에서 쫓겨난 직후에 태어났다. 학문을 좋아하는 소년이었으며 1672년에 회심하였다. 옥스퍼드와 케임브리지의 학문성이 차츰 떨어지므로 1680년 런던 이슬링턴 대학에서 신학 교육을 받았다. 그 대학은 신앙을 저버린 시대에 높은 학문을 유지해왔다. 그 대학의 학장은 케임브리지에서 온 토머스 두리틀이었고, 부학장은 옥스퍼드에서 온 토머스 빈센트였다. 그 후에는 그레이 법학원에서 법률을 공부하였다. 그는 국교회 목사가 되려고 생각하였지만, 비국교도가 되기로 결심하였고, 개인적으로 장로교 목사 안수를 받았다. 첫 목회지는 체스터(1687-1712)였으며 그 뒤에 런던의 해크니(1712-1714)로 옮겼다. 청교도들에게서 크게 영향을 받은 그는 성경 해설을 목회의 중심으로 삼았다. 날마다 4시 또는 5시에 일을 시작하였던 그는 시간을 최대한 사용하는 것을 목적으로 삼았다. 1704년에 「성경 주석」을 집필하기 시작하였는데, 그는 사도행전까지 탈고하였으며, 그의 사후 목회 동역자들이 그의 노트와 저서들을 참고하여 신약성경 주석을 완성하였다. 그 주석은 성경에 대한 자세하고 종종 대단히 영적인 해설 양식을 취하였는데, 그 양식은 그 이후의 복음주의적 목회의 형태를 결정하였다. 스펄전은 자신이 매튜 헨리에게 큰 도움을 받았다는 사실을 인정하였다.

역자 **모수환**

총신대학 신학과와 신학대학원을 졸업하였다(M.Div.). 현재 은총교회 담임목사이다. 역서로 워필드(B.B.Warfield)의 「구원의 계획」, 찰스 스펄전의 「성도와 구세주」, 「구약 인물설교」, 「신약 인물설교」, 헨리 스쿠걸의 「인간의 영혼 안에 있는 하나님의 생명」 등이 있다.

매튜
헨리
주석
전집

19

매튜 헨리 주석
사도행전

모수환 옮김

Matthew Henry

크리스챤
다이제스트

서문

많은 기대 속에서 수집하고 살피고 연구한 각고의 노력 끝에 고 매튜 헨리 목사님의 주석집의 마지막 권이 세상에 출현하게 되었다. 저자의 사후에 나오는 책들이 공통적으로 지니는 단점들은 의심할 여지 없이 이 책에서도 감지될 것이다. 그러나 우리는 은사는 다양할지라도 동일한 영이 관통하고 있다는 것이 발견되기를 소망한다. 이 뛰어난 인물의 혈육들과 그로부터 설교 말씀을 들은 몇몇 사람들은 그가 가정에서 또는 회중 가운데서 강해한 성경의 이 부분을 요약된 형태로 필기한 것을 다시 원래대로 복원하는 수고를 하여 왔다. 그들은 우리에게 이 위대한 작품을 완성하는 데에 너무도 훌륭한 자료들을 제공해 주었기 때문에, 우리는 이 마지막 권을 집필하는 데에 참여한 목회자들이 매튜 헨리 목사님의 이름으로 이 책을 낼 수 있을 정도의 도움을 그들로부터 받을 수 있었다는 것을 의심하지 않는다. 따라서 이 책을 집필한 목회자들은 아주 기꺼이 그들 자신의 모습을 숨기고 매튜 헨리의 모습을 드러낼 수 있었다.

신약성서는 두 부분, 즉 역사서와 서신서로 구분될 수 있는데, 우리가 지금 이 서문에서 하고자 하는 것은 여기에서는 서신서에 대한 강해로서 서신서의 글쓰기 방식을 전체적으로 살펴본 후에 서신서의 신적 권위와 문체, 내용, 방법, 의도를 고찰하고, 하나님의 감동을 받은 저자들에 관하여 말해 두어야 할 것은 각각의 서신에 붙어 있는 서론들에 맡기는 것이다.

서신서의 글쓰기 방식과 관련해서는 통상적으로 세 가지 특성이 존재한다는 것만을 지적하는 것으로 충분할 것이다: 서신서는 몇몇 내용들에 있어서 이해하기가 어렵지만, 매우 유익하고 매우 즐겁다. 이러한 것들이 이 거룩한 서신들의 특성들이라는 것이 밝혀지게 될 것이다. 우리는 서신들 가운데서 그 내용이 어떤 구체적인 상황을 배경으로 씌어졌는지, 그것들이 구체적으로 어떠한 문제 또는 사실을 언급하고 있는 것인지를 잘 알 수 없는 그런 대목들에서 이해하기가 쉽지 않은 내용들을 만나게 될 것이다. 그러나 그러한 난섬은 그 대목들을 적절히 주의해서 읽는 자들에게 주어지게 될 유익에 의해서 충분히 상쇄된다. 그들은 적절한 주의(注意)와 책망이 곁들여진 아주 강력한 추론, 아주 감동적인 충고들, 따뜻하고 절절한 권면들을 만나게 될 것인데, 이러한 것들은 모두 서신서를 읽는 자들의 마음에 놀라울 정도로 합당한 감동과 정서를 가져다 줄 것이다. 이것은 진지하고 경건한 심령을 지닌 사람들에게 탄탄한 즐거움과 기쁨을 한량 없이 제공해 줄 것임에 틀림없는데, 특히 그들이 자신의 처지와 상황에 맞는 교훈을 그들 자신에게 믿음으로 지혜롭게 적용한다면 더욱 그러할 것이다. 이럴 때에 서신들은 마치 그들의 이름을 구체적으로 거명하며 그들에게 씌어진 서신들인 것처럼 보여지게 될 것이다. 우리가 지금은 이 땅에 없는 한 친구가 우리에게 보낸 서신, 교훈과 위로로 가득 차 있는 지혜롭고 인자한 서신을 정독해서 읽는 것을 너무도 기뻐한다는 것은 당연한 일이다. 또한, 우리 하나님과 구주께서 그의 법과 복음에 관한 큰 일들, 우리의 평안에 속한 일들이 담겨 있는 이 서신들을 우리에게 쓰셨다는 것을 생각할 때, 우리가 성경의 이 부분을 어찌 소중히 여기지 않을 수 있겠는가. 이 서신들을 통해서 거룩한 사도들이 죽었지만 여전히 말하고 있을 뿐만 아니라, 선지자들과 사도들의 주께서 우리에게 계속해서 말씀하시고 편지를 쓰고 계신다. 우리가 합당한 애정을 품고 이 서신들을 읽고 적절한 간구와 감사를 통해서 이 서신들에서 말씀하고 있는 것들을 따른다면, 우리는 비록 이 땅에서 나그네로 살아가고 있는 몸일지라도 하늘과의 복된 교통과 교제를 유지하게 될 것이다.

그러나 우리가 특히 알고자 하는 것은 이 서신들의 신적인 영감(inspiration)과 권위이다. 이 점에 있어서 우리의 마음과 생각이 온전히 확고하게 정립되어 있어야 한다는 것은 가장 중요한 일이다. 우리는 이 서신들이 우리 주 예수의 사도들에 의해서 씌어졌고, 사도들이 이 서신들을 성령의 감동을 받아서 말하고 썼다는 것(구약성서의 예언서들처럼)을 보여주는 강력하고 분명한 증거를 갖고 있다. 이 서신들은 모든 세대의 교회에서 그리스도인들에 의해 하나님의 감동으로 된 것으로 교훈과 책망과 바르게 함과 의로 교육하기에 유익하고 우리를 예수 그리스도 안에 있는 믿음으로 말미암는 구원에 이르게 할 만큼 지혜롭게 할 수 있는 성경의 일부로 받아들여져 왔다. 이 서신들은 우리가 거기에 씌어진 내용들이 하나님의 명령이라는 것을 인정하고서(고전 14:37) 하나님이 주신 믿음으로 믿어야 하는 교훈들과 계시들을 담고 있는 신앙과 삶의 영원하고 보편적인 준칙의 일부로서 진리의 하나님으로부터 온 준칙이며, 우리가 하나님의 뜻에 순종하여 행하여야 할 도리들이다. 우리로 하여금 성경의 다른 부분들이 하나님의 말씀이라는 것을 인정하도록 이끌었던 것과 동일한 이유들로 인해서 우리는 이 서신들도 마찬가지로 하나님의 말씀이라는 것을 고백하여야 한다. 모세의 책이 하나님의 감동으로 씌어진 것이라고 믿을 만한 타당한 이유가 있다면(실제로 그러한 이유가 존재한다), 선지자들의 글도 하나님에게서 왔다는 것을 믿을 만한 동일한 이유가 존재한다. 왜냐하면, 율법과 예언서는 동일한 것들을 말하고 있고, 성령 외에는 그 누구도 그러한 것들을 가르칠 수 없기 때문이다. 우리가 하나님이 주신 믿음으로 구약성서가 하나님으로부터 온 계시라고 믿는다면, 우리는 신약성서의 역사들이 구약성서의 예언들과 얼마나 정확히 부합하는지, 율법의 희미한 모형들과 그림자들이 복음을 통해서 얼마나 밝게 드러나고 성취되고 있는지를 생각할 때에 신약성서의 신적인 권위를 의심할 이유가 조금도 없게 된다.

또한, 신약성서에서 복음서들과 사도행전을 포함하고 있는 역사서의 신적 권위를 믿는 사람이라면, 그는 서신서의 신적 권위를 의심할 이유가 전혀 없다. 왜냐하면, 이 모든 서신들의 내용은 사도들의 설교들과 마찬가지로 하나님의 말씀(롬 10:17; 살전 2:13; 골 1:25), 하나님의 복음(롬 15:16; 고후 11:7), 그리스도의 복음(고후 2:12)이기 때문이다. 우리는 사도들과 선지자들의 터 위에 세우심을 입은 자들인데, 예수 그리스도께서 친히 모퉁잇돌이 되셨다. 모세가 그리스도에 관하여 썼듯이, 모든 선지자들도 그리스도에 관하여 썼다. 왜냐하면, 그들 속에 있던 그리스도의 영이 그리스도에 대하여 증언하였기 때문이다. 사도들은 그리스도께서 친히 가르치기 시작하셨던 것을 확증하였고, 하나님도 표적들과 기사들과 여러 가지 능력과 및 자기의 뜻을 따라 성령이 나누어 주신 것으로써 그들과 함께 증언하셨다(히 2:3-4). 하나님께서 육신을 입으시고 나타나신 것, 그가 승천하신 날까지 행하시며 가르치시기를 시작하신 것들은 그가 고난을 당하고 죽으신 것 및 그의 부활과 더불어서(이러한 것들은 우리에게 선포된 것들로서, 우리가 견고히 믿고 정확히 간직해야 할 것들이다) 우리에게 예수 그리스도에 의한 삶과 구원의 길에 관한 풍부한 설명을 제시해 준다. 그러나 우리의 찬송받으실 주님의 뜻은 그의 사도들이 그의 복음을 온 세상에 전파할 뿐만 아니라 그의 부활 후에 그가 이 땅에 계실 때보다도 더 분명하게 그에 관한 것들을 선포해야 한다는 것이었다. 이러한 목적을 위해서 주님께서는 그들에게 모든 것을 가르치고 그가 그들에게 말한 모든 것을 생각나게 하기 위하여 그의 성령을 보내겠다고 약속하셨다(요

14:26). 왜냐하면, 주님은 사도들에게 내가 아직도 너희에게 이를 것이 많으나 지금은 너희가 감당하지 못하리라 그러나 진리의 성령이 오시면 그가 너희를 모든 진리 가운데로 인도하시리니 장래 일을 너희에게 알리시리라(요 16:12-13)고 말씀하셨기 때문이다. 따라서 우리는 성령이 사도들에게 충만히 부어졌다는 것을 알게 된다(서신들에서 사도들은 종들, 대사들, 그리스도의 일꾼들, 하나님의 비밀을 맡은 자들로 불린다). 사도들은 성령의 무오(無誤)한 인도하심 아래에서 복음을 전파하고 하나님의 온전한 계획을 선포하였으며, 그들이 가는 곳마다 그들의 놀라운 담대함과 복음의 힘 있는 성공을 통해서 사탄은 그들 앞에서 번개처럼 하늘로부터 떨어졌다. 사도들이 복음을 전파할 때에 무오하신 성령의 감화 아래 있었다는 것은 그들이 사역을 위해서 받은 기적적인 은사들과 능력들, 특히 온 세상에 걸쳐서 다양한 언어를 사용하는 만국에 복음을 전파하는 데에 꼭 필요하였던 방언의 은사를 볼 때에 부인할 수 없을 정도로 분명하다. 또한, 우리는 사도들이 말씀을 전할 때에 수반되었던 저 강력한 능력, 즉 세상과 음부의 세력으로부터의 온갖 반대와 사람들의 마음속에 자리잡고 있는 강력한 정욕들에도 불구하고 많은 사람들을 믿어 순종하게 하여 우상을 버리고 하나님께로 돌아와서 살아계시고 참되신 하나님을 섬기며 죽은 자들 가운데서 다시 살리신 그의 아들, 곧 예수께서 하늘로부터 강림하셔서 장래의 노하심에서 우리를 건지시기를 기다리게 만든 저 강력한 능력을 빼놓을 수 없다.

사도들이 복음을 전파했을 때와 마찬가지로 이 서신들을 썼을 때에도 동일하게 저 강력한 성령의 감화 아래 있었다는 것은 부정할 수 없는 사실이다. 이 서신들이 사도들이 입으로 전한 것들을 성도들로 하여금 계속해서 기억하도록 하기 위하여 씌어졌고(벧후 1:15) 복음을 전할 때에 사용되었던 몇몇 표현들과 관련하여 생겨날 수 있었던 오해들을 바로잡아서(살후 2:2) 성도들이 진리를 옹호하고 오류를 발견하는 데에 근거로 삼을 수 있는 영속적인 준칙과 기록으로 남게 하고 복음의 진리들을 종말의 때까지 후손들에게 전함에 있어서 합당한 수단이 되게 하기 위하여 씌어졌다는 것을 생각할 때, 성령의 그러한 무오한 도우심은 그들이 복음을 전할 때와 마찬가지로 서신들을 쓸 때에도 꼭 필요하였던 것으로 보인다. 게다가, 이 서신들의 기자(記者)들은 그들이 쓴 것들은 하나님으로부터 온 것이라고 밝히 말하였다. 따라서 그들은 그들이 복음을 전할 때와 마찬가지로 서신을 쓸 때에도 성령의 특별한 도우심이 있는지 없는지를 틀림없이 알았을 것이다. 그들은 모든 면에서 아주 고결한 사람들이었던 것으로 보이기 때문에, 하나님의 성령이 그들에게 없거나, 있는지 없는지가 의심스러운 때에 그들에게 성령의 감화가 있다고 감히 말하지 않았을 것이다. 그들은 그들 자신의 사적인 견해를 말하거나 뭔가 일반적인 감동 아래에서 말할 때에는 주님이 아니라 그들이 말하는 것이라고 밝히는 세심함을 보여주고 있기 때문에, 그런 부분을 제외한 나머지 부분들은 모두 그들이 아니라 주님께서 말씀하신 것들이었다(고전 7:10, 12 등등). 사도 바울은 이렇게 성령의 감동을 받고 씌어진 서신들을 선지자인 체하거나 신령한 체하는 자들을 시험하는 시금석으로 삼으라고 말한다: 만일 누구든지 자기를 선지자나 혹은 신령한 자로 생각하거든 내가 너희에게 편지하는 이 글이 주의 명령인 줄 알라(고전 14:37). 사도 베드로는 그가 서신을 쓰는 이유를 말할 때에 그의 서신을 받은 자들에게 그가 떠난 후에라도 어느 때나 이런 것을 생각나게 하려 하기 위한 것이라고 말하면서 사도들의 서신이 성령의 감동을 따라 씌어진 것이라고 밝히고 있고(벧후 1:15), 나중에는 서신들을 구주께서 주의 사도들로 말미암아 명하신 것이라고 부른다(벧후 3:1-2). 사도 요한은 우리는 하나님께 속하였으니 하나님을 아는 자는 우리의 말을 듣고 하나님께 속하지 아니한 자는 우리의 말을 듣지 아니하나니 진리의 영과 미혹의 영을 이로써 아느니라(요일 4:6)고 선포한다.

우리는 하나님의 감동이 서신들을 쓴 몇몇 기자들을 감독하고 지휘하였다는 것을 반드시 믿어야 하지만, 이 서신들의 문제와 관련해서 그들이 서신들을 쓸 때에 성령이 어떤 식으로 그들을 인도하였는지, 그들이 사용한 단어들이 구체적으로 어느 정도까지 성령의 인도하심을 받은 것인지, 그들은 단지 필사자들에 불과한 것이었는지, 또는 그들 자신의 기억력, 추론 능력을 비롯해서 그들이 지닌 그 밖의 천부적인 재능들이 어느 정도나 성령의 감독 아래에서 활용되었는지를 설명하기는 쉽지 않다. 우리는 이 거룩한 사람들이 성령의 감동을 받아서 말하고 썼으며, 성령은 그들에게 임하여 그들이 이 일을 하는 것을 도왔다고 믿어야 한다. 성령은 그들의 마음속에 생각 자체를 불어넣어 주었을 뿐만 아니라 종종 특정한 말과 단어들을 그들의 입에 넣어주기도 하였을 가능성이 대단히 높고, 그들이 구약성서의 구절들을 설명하거나 복음 교회 속에서의 우리의 신앙과 실천을 위한 규칙들을 제시할 때에 그들을 한 치의 오류도 없이 언제나 모든 진리 가운데로 인도하였다. 그렇지만 서신들을 쓴 기자들은 사람마다 다양한 서체를 사용한 것과 마찬가지로 그들 자신만의 추론 능력, 글쓰기에 있어서 서로 다른 재능들을 어느 정도 사용하였을 것이지만, 이것은 서신들의 신적 권위를 조금도 손상시키거나 감소시키는 것이 아니었다. 우리는 이것을 근거로 들어서 가말리엘 문하에서 배운 바울이 쓴 글들이 어부들이었던 베드로와 요한이 쓴 글들과 문체상으로 서로 차이가 나는 이유를 설명할 수 있게 된다. 이러한 차이는 궁중에서 교육을 받은 선지자 이사야의 문체와 드고아의 목자였던 아모스의 문체 간에도 식별될 수 있다. 하지만 이러한 글들을 제대로 이해하고자 할 때에 최선의 길은 단어나 어구들에 지나치게 집착해서 비평하는 것이 아니라 성령의 감동을 받은 기자들이 자신이 쓴 글을 통해서 무엇을 말하고자 하는지 그 의도를 세심하게 살피는 것이다.

서신들이 다루는 내용은 성경의 나머지 부분들과 온전히 일치한다. 서신들 속에서 우리는 구약성서의 몇몇 구절들에 대한 빈번한 언급과 그 구절들에 대한 설명들을 발견한다. 히브리서는 레위기에 나오는 율법에 대한 최고의 해설서이다. 사실 신약성서는 메시야에 관한 모든 옛적의 약속들과 예언들의 성취를 보여주고, 장차 올 좋은 것들에 대한 옛적의 모형들과 그림자들을 설명해준다는 점에서 구약성서와 뗄래야 뗄 수 없는 관계를 맺고서 그 위에 구축되어 있다고 할 수 있다. 그러나 서신들 속에는 성경의 전반부에 대한 이러한 언급들 외에도 요한계시록에 나오는 적그리스도의 출현과 통치와 몰락에 관한 예언(이 거대한 배교에 관한 기사는 살후 2:3-4; 딤전 4:1-3에 나온다) 같이 완전히 새로운, 또는 적어도 좀 더 분명하고 세세하게 계시된 예언들이 담겨져 있다. 이 서신들에는 다른 곳들에서보다도 더 자세하게 논의된 복음에 관한 몇몇 위대한 가르침들, 특히 원죄, 중생한 자들 속에 거하는 죄, 그리스도의 의로 말미암은 칭의, 유대교의 의식(儀式)과 예법들의 폐지, 새 언약의 보증들의 참된 본질과 의도, 새 언약 아래에서 우리에게 주어진 책무들, 기독 교회 안에서 그것들이 영속적으로 사용되리라는 것에 관한 가르침이 들어 있다.

서신들의 전체적인 서술 방법은 거룩한 사랑, 선한 양심, 거짓 없는 믿음에서 나오는 실천적인 경건이라는 서신의 목적 — 사실 이것은 성경 전체의 목적이기도 하다 — 에 가장 잘 기여하는 그런 방법이다. 따라서 대부분의 서신들은 복음에 관한 위대한 가르침들, 기독교 신앙의 신조들로 시작되는데, 이러한 것들은 사람들이 믿음으로 받기만 한다면 사랑으로 역사하고 양심을 깨끗하게 하며 복음적인 순종을 낳는다. 서신들은 이러한 원리들을 먼저 서술한 후에 그것들로부터 실천적인 결론들을 이끌어내어서 신자들에게 강력한 권면들을 제시한다. 서신들이 이러한 방법을 취하는 것은 인간의 영혼이 지닌 본성과 능력(여기에는 깨닫는 능력이 가장 앞장을 서고, 의지와 감정과 실천력이 그 뒤를 따른다), 이치를 따라 드려지는 예배(reasonable service)라는 신앙 자체의 성격을 고려한 것이다. 우리는 모든 일에 있어서 미신적이고 허황된 것들이나 맹목적인 열정이나 정염(情炎)이 아니라 하나님의 마음과 뜻 안에서의 건전한 판단과 선한 깨달음을 따라 결단하여야 한다. 이것을 통해서 우리는 믿음과 실천, 진리와 거룩함이 반드시 서로 결합되어 있어야 한다는 것, 진리의 믿음이 없이는 도덕적인 의무들의 이행은 결코 하나님께 열납될 수 없고 우리 자신의 구원에도 소용이 없게 된다는 것을 배우게 된다. 믿음에 있어서 파선한 자들은 선한 양심을 유지할 수 없고, 많은 사람들 앞에서 믿음을 아무리 엄숙하게 고백한다고 할지라도 불의로 진리를 막는 자들은 결코 구원을 받지 못할 것이기 때문이다.

서신들이 구체적으로 어떠한 상황 속에서 씌어졌는지는 몇몇 서신들에서는 분명하게 나타나지만, 모든 서신이 다 그런 것은 아니다. 고린도전서는 그리스도의 교회들에서 사역자들의 경쟁과 신자들의 개인적인 선호로 말미암아 아주 초기에 발생한 불행한 분열로 인해서 씌어진 것으로 보이지만, 그렇다고 해서 그 주제만을 다루고 있는 것은 아니다. 갈라디아서는 주로 여기저기를 돌아다니면서 이방인 신자들을 미혹하여서 가르침과 예배에 있어서 순수한 복음으로부터 떠나게 만들었던 유대화주의자들을 겨냥해서 씌어진 것으로 보인다. 히브리서는 모세가 정한 율법 예식들에 여전히 몹시 집착하고 있었던, 기독교로 개종한 유대인들로 하여금 그러한 예식들을 버리도록 설득하기 위한 것이다. 특정한 인물들에게 보내진 서신들은 그 안에 삼척동자도 알 정도로 서신의 목적이 분명하게 나와 있다. 그러나 한 가지 확실한 것은 이 서신들 중 그 어느 것도 사사롭게 해석해서는 안 된다는 것이다. 구약의 시편들과 예언들은 대부분 특별한 경우에 씌어졌거나 선포되었지만, 영속적이고 보편적인 의미를 지니고 있기 때문에, 종말의 때에 살고 있는 우리에게도 매우 유익하다. 또한, 특정한 경우에 씌어져서 매우 제한적인 듯이 보이는 신약의 서신들도 마찬가지이다. 그리스도인들에게 당을 지어서 분열하여 서로에게 각을 세우지 말고, 복음적인 신앙과 예배를 더럽히지 말라고 경고할 필요성은 항상 존재한다. 동일한 일이 벌어질 때마다 이 서신들은 마치 그러한 일이 생긴 교회들과 사람들을 향하여 씌어진 것처럼 반드시 그들을 향하여 말씀한다.

우리가 지금까지 살펴본 이러한 전체적인 고찰만으로도 독자들을 서신서 자체로 인도하는 일은 충분히 되었을 것이기 때문에, 이제 이 사후의 유고(遺稿)를 결론부로 하는 매튜 헨리 목사님의 작품 전체를 간단하게 살펴보기로 하자. 성경 전체에 대한 이 강해서의 첫 번째 부분이 간행된 것은 지금부터 대략 14년 전이었다. 5년에 걸쳐서 구약성서에 대한 강해가 네 권으로 완성되었다. 신약성서에 대한 강해의 첫 번째 권은 좀 더 시간이 걸렸다. 왜냐하면, 이 영원히 기억될 저자는 항상 통상적인 목회 사역을 온전히 수행하였지만, 그가 신약성서의 역사서 부분에 대한 강해를 쓰고 있던 그의 생애의 마지막 수 년은 그가 보냈던 다른 나날들보다도 더욱 분주해지고 사정이 나빠져서 그는 시간을 제대로 낼 수가 없었기 때문이다. 이 시기에 그는 해크니(Hackney)로 이사했고, 날마다 거의 쉬지 않고 설교해야 했으며, 체스터(Chester)로 여러 번 여행하였고, 런던과 그 근방에 살고 있던 그의 친구들을 더 자주 방문해야 했으며, 건강도 점차 눈에 띄게 나빠졌기 때문에, 3년에 걸쳐서 역사서 부분을 다 완성한 것만도 대단한 일이었다. 그가 거룩한 열심, 지치지 않은 근면함, 특별한 총명함을 갖춘 사람이 아니었다면 그러한 여러 가지 어려운 사정 아래에서 그 정도의 기간 동안에 그러한 일을 해낼 수 없었을 것이다.

그는 신약의 역사서 부분을 다 집필하고서 출판을 위한 준비를 마쳐 놓긴 하였지만, 그 권이 출간되는 것을 보지 못하고 세상을 떠났다. 하나님의 교회는 그 세대에서 가장 유익한 사역자들 중의 한 사람을 갑자기 잃어버리게 되었다. 우리는 그동안에 그가 성경을 열어서 보여주는 즐거운 일을 통해서 잔치를 열어 그의 가족과 친구들을 접대할 때에 사용하였던 음식 부스러기들을 모아 왔다. 이제 남은 일은 우리가 이 마지막 권을 우리 하나님과 구주께서 열납하시고 축복하시기를 바라는 것뿐이다. 이 마지막 권은 원래부터 하나님과 구주께 영광을 돌리고 그 나라에 유익을 끼치기 위하여 씌어진 것이기 때문이다. 우리는 이 마지막 권이 과연 세상에서 환영을 받게 될지에 대하여 그리 염려할 필요가 없다. 왜냐하면, 앞서 출간된 책들이 영국과 아일랜드에서 아주 진지하고 원숙한 신앙을 지닌 그리스도인들에 의해서 아주 유익한 것으로 큰 호평을 받아 왔고, 이 마지막 권을 출간해서 이 작품 전체에 대한 재판을 다시 간행해 달라는 많은 사람들의 빗발친 요구가 있어 왔기 때문이다. 따라서 우리는 이 마지막 권이 사람들로부터 뜨거운 환영을 받게 되리라는 것을 의심하지 않는다. 우리는 재와 바람을 먹고 사느라고 영적이고 복음적인 모든 것이 지닌 풍미(風味)를 아주 많이 상실해 버린 세대 속에서 살고 있다는 것을 인정하지 않을 수 없지만, 지각을 사용함으로 연단을 받아 선악을 분별하는 자들이 여전히 많이 남아 있으리라는 것을 확신한다. 특히 가정 예배용으로 사용하기에는 강해문이 너무 길다고 생각하는 사람들이 있을 수 있는데, 그런 사람들은 한 번에 한 장의 일부만을 읽거나 주석들을 요약하여 사용하고, 나머지 부분은 시간이 있을 때에 읽으면 될 것이다. 왜냐하면, 여기에 나오는 강해문들이 꽤 분량이 많은 것은 사실이지만, 그것들을 진지하게 읽는 자들은 그것들 속에서 불필요한 내용이나 군더더기 말들을 전혀 발견하지 못하리라는 것을 우리는 확신하기 때문이다. 강해 속의 어느 대목에서 문맥의 흐름이 자연스럽지 못하거나 억지스러운 부분이 있는 것처럼 보인다면, 우리는 독자들이 그 대목을 잘 숙고해서 다시 한 번 읽어본다면 그 대목이 자연스러운 흐름 속에서 씌어진 것으로서 문맥에 잘 합치된다는 것이 드러나게 될 것이라고 믿는다.

성경에 대한 이 강해서가 너무 평범하고 친숙하며, 뛰어난 문장력과 강력한 비평이 결여되어 있다고 생각하는 사람들이 있다면, 우리는 그들이 마음을 모아서 이 강해서를 반복해서 읽어 보기를 바랄 뿐이고, 그렇게만 한다면 그들은 이 강해서의 문체가 자연스럽고 분명하며 이해하기 쉽다는 것을 발견하게 될 것이고, 이 강해서가 비평적인 언어로 씌어지지 않았지만, 풍부한 학식을 동원해서 씌어진 주석서들로부터는 거의 얻기 힘든 소중한 교훈이 이 강해서의 평범한 말들 속에 담겨져 있다는 것을 발견하게 될 것이라고 자신한다. 자신의 비평 재능에 대한 자부심을 가지고 있는 아주 많은 사람들이 성경의 명백한 진리들을 애매모호한 것으로 만들어 버리는 현재의 실정 속에서 애매모호한 것들을 명백한 것으로 분명하게 드러내는 유익한 은사를 지녔다는 점에서 매튜 헨리 목사님은 그 어떤 사람보다도 복된 분이었다.

그러나 우리는 이 위대하고 선한 작품이 스스로 말하도록 내버려둘 것인데, 이 작품이 날이 갈수록 더욱 널리 사용되고 더 많은 사랑을 받게 될 것이고, 하나님의 숙복하심으로 인하여 가족의 신앙과 성경을 아는 지식을 부흥시키고 촉진시키며, 성경에 대한 주석서들이 비록 인간의 말로 표현되었지만 유익이 있다는 것을 다시 한 번 깨닫게 해 줄 것임을 의심하지 않는다. 성경 주석서들은 언제나 교회의 큰 보배들로 여겨져 왔고, 올바른 분별력을 가지고 사용될 때에 성경의 권위를 약화시키기는커녕 성경을 더욱 존귀하고 유익하게 하는 데에 큰 기여를 해 왔다.

다음은 서신서들과 요한계시록에 대한 강해를 집필한 목회자들의 명단으로서 J. B. Williams, Esq., LL.D., F.S.A의 *Memoirs of the Life, Character, and Writings, of the Rev. Matthew Henry*, 8vo. p. 308에 수록되어 있던 것이다.

로마서	John Evans 목사[나중에 박사]
고린도전서	Simon Browne 목사
고린도후서	Daniel Mayo 목사
갈라디아서	Joshua Bayes 목사
에베소서	Samuel Rosewell 목사
빌립보서/골로새서	William Harris 목사[나중에 박사]
데살로니가전후서	Daniel Mayo 목사
디모데전후서	Benjamin Andrews Atkinson 목사
디도서/빌레몬서	Jeremiah Smith 목사
히브리서	William Tong 목사
야고보서	S. Wright 박사
베드로전서	Zec. Merrill 목사
베드로후서	Joseph Hill 목사
요한1, 2, 3서	John Reynolds of Shrewsbury 목사
유다서	John Billingsley 목사
요한계시록	William Tong 목사

서론

　지금까지 우리는 우리의 신앙의 창시자, 곧 복되신 구주의 역사에 나타난 우리의 거룩한 신앙의 기초를 흡족할 만큼 살펴보았다. 이 역사를 네 명의 영감을 받은 저자들이 기록하였으며, 이들 모두는 이 성스러운 진리 안에서 의견이 일치한다. 그리고 이 거룩한 진리의 명백한 증거는 예수께서 그리스도이시며 살아 계신 하나님의 아들이라는 사실이다. 이 반석 위에 그리스도의 교회가 세워졌다. 지금 우리 앞에 있는 이 책에서 말하는 내용이 바로 교회가 이 반석 위에서 어떻게 세워지기 시작하였는가 하는 점이며, 이에 대하여 우리는 오직 한 증인의 증언만을 가지고 있다. 왜냐하면 사도들에 관한 사실보다 그리스도에 관한 사실에 대하여 충분히 이야기되고 증명되는 일이 훨씬 필요하였기 때문이다. 만일 무한하신 지혜의 하나님께서 좋게 보셨다면 우리는 복음서들의 숫자만큼 사도들의 행적을 기록한 책들을 많이 가지게 되었을 것이다. 그러나 이 세상이라도 이 기록된 책들을 두기에 부족할 것이다(요 21:25). 그리고 우리가 사도행전 이 책 하나만을 활용한다 하더라도 우리는 충분히 그 목적을 이룰 수 있다. (언제나 거룩한 성경에 속한 것으로 인징되있던) 이 역사서는 다음과 같은 역힐을 한다고 볼 수 있다.

　I. 앞에 나온 복음서들을 뒤돌아볼 때 사도행전은 그 복음서들의 의미를 밝혀주고 그것들을 신뢰하도록 우리를 크게 도와준다. 복음서에서 약속된 언약들이 믿을 만한 것이었음을 우리는 사도행전에서 본다. 그 중에서도 특히 성령 강림과 그의 놀라운 역사가 사도들에게 임할 것이라는 큰 언약들이 그대로 이루어짐을 우리는 본다. (며칠만에 복음서에 나타난 사도들의 모습과는 아주 다른 모습을 우리는 사도행전에서 볼 수 있다. 그들은 더 이상 의지가 박약하거나 마음이 약하지 않고, 전에 어린 양들처럼 두려워 떨었던 그 때를 생각해 볼 때, 그들은 핍박 앞에서도 사자들처럼 담대하여져서 전에 증언할 수 없었던(요 16:12) 사실을 말할 수 있게 되었다.) 아울러 사도들을 통해 전하는 말씀이 사탄의 견고한 진을 무너뜨리는 능력이 되게 하시겠다는 언약 또한 사도행전에서 그대로 이루어짐을 우리는 본다. 사도들이 전에도 말씀을 전하기는 하였지만 비

교적 헛수고였다. 복음서에서 사도들에게 맡겨진 임무가 사도행전에서 실행되는 것을 우리는 발견한다. 복음서에서 사도들 속에 머물러 있었던 권능이, 사람들의 몸에 나타난 기적들(병든 자가 건강하게 되고 죽은 자가 살아나는 은혜의 기적들)로, 거역하는 자들을 쳐서 눈이 멀게 하거나 죽게 하는 심판의 기적들로 실행되는 것을 우리는 사도행전에서 발견한다. 더욱 큰 기적이 사람들의 마음속에 나타났다. 성령께서는 사람들에게 신령한 은사를 주셨고 총명과 방언을 주셨다. 그리고 복음서에서 우리는 그리스도의 목적을 보고 그의 언약을 보지만, 사도행전에서는 그 목적이 이행되고 그 언약이 성취되는 것을 본다. 복음서에서 마감된 그리스도의 부활에 대한 증거가 사도행전에서 넘치도록 확실하게 증거되었다. 이 확실한 증거는 그리스도께서 부활하신 후 그리스도와 이야기를 나눈 자들의 지속적이고도 담대한 증언으로 나타났다. (그들은 모두 그리스도를 버리고 도망하였으며 그 중에 하나는 그리스도를 부인하였다. 그리스도께서 부활하시지 않았더라면 그들은 다시 모이지 못하였을 것이며, 할 수 없이 흩어지고 말았을 것이다. 그러나 그리스도의 부활하심으로 말미암아 그들은 속박과 죽음을 당하는 환난에도 아랑곳하지 않고 이전보다 훨씬 더 단호하게 그리스도께 헌신할 수 있었다.)

뿐만 아니라 이 확실한 증거는 그리스도의 말씀대로 많은 사람들을 그리스도에 대한 믿음으로 돌아오게 하신 성령의 역사하심으로 나타났다. 그리스도께서는 마지막까지 남겨두었던 선지자 요나의 표적, 곧 그리스도의 부활이 그의 거룩한 사명에 대한 가장 강력한 증거가 되리라고 말씀하셨다. 그리스도께서 제자들에게 자신의 증인들이 되리라고 말씀하셨는데, 사도행전은 그리스도를 증거하는 제자들의 모습을 소개하고 있다. 그리스도께서는 제자들이 사람 낚는 어부들이 되리라고 말씀하셨는데, 사도행전에서 우리는 복음의 그물 안에 많은 사람들을 몰아넣는 제자들의 모습을 본다. 또한 그리스도께서는 제자들이 세상의 빛이 되리라고 말씀하셨는데, 사도행전에서 우리는 그들을 통해 세상이 밝아지는 것을 본다. 그런데 복음서에서 우리는 하늘로부터 밝아오는 최초의 여명을 알았지만 사도행전에서는 그 빛이 점점 더 밝아지는 것을 본다. 복음서에서 땅에 떨어진 한 알의 밀이 사도행전에서는 자라서 많은 열매를 맺는다. 복음서에 나오는 겨자씨가 사도행전에서는 큰 나무가 된다. 그리고 복음서에서 가까이 임했던 하나님의 나라가 사도행전에서는 설립된다. 그리스도께서는 복음 전도자들이 지독한 박해를 받을 것이라고 예언하셨는데 그 예언이 사도행전에서 충분히 성취된 것을 우리는 본다. 아울러 그리스도는 복음 전도자들이 고난을 당할 때 비상한 공급과 위로를 베풀어줄 것이라고 그들에게 보증하셨는데, 사도행전에서 그대로 이루어진 것을 우리는 본다. 구약 역사의 전반부에서 조상들이 받은 언약을 구약 역사의 후반부에서 확증해 주듯이(이와 같은 사실이 하나의 전액 영수증과 같은 역할을 하는 솔로몬의 멋지고 엄숙한 증명으로 분명해지는데, 이는 곧 열왕기상 8장 56절 "그 종 모세를 통하여 무릇 말씀하신 그 모든 좋은 약속이 하나도 이루어지지 아니함이 없도다"라는 말씀이다), 신약 역사의 후반부에 해당하는 사도행전은 전반부(복음서)에서 말한 그리스도의 세계가 이루어졌음을 정확하게 증언한다. 이처럼 전반부, 후반부, 이 두 부분은 서로를 확증하며 예증한다.

Ⅱ. 복음서들에 대한 해설인 (사도행전 다음에) 이어지는 서신서들을 전망해 볼 때, 사도행전은 그리스도의 죽으심과 부활의 신비, 그리고 우리가 복음서들에서 본 역사를 설명해 주는 역할을 한다. 마치 다윗의 역사가 다윗의 시편을 소개하고 또한 그 시편들의 실마리가 되듯이, 사도행전은 서신서들을 소개하며 또한 그것들의 실마리가 된다. 우리는 기독교회, 곧 **사람들 가운데 임하신** 하나님의 성막에 속한 일원들이며, 이는 우리의 영광이요 특권이다. 이제 이 책은 저 성막의 구성과 건축에 대하여 우리에게 설명한다. 네 복음서들은 이 집의 기초가 어떻게 놓였는지 우리에게 보여주었다.

이제 사도행전은 이 집의 상층부가 어떻게 오르기 시작하였는지 우리에게 보여주는데, 1. 첫째는 유대인들과 사마리아 사람들 가운데다. 이에 대하여는 이 책의 전반부에서 우리가 살펴볼 것이다. 2. 둘째는 이방인들 가운데다. 이에 대하여는 이 책의 후반부에서 우리가 살펴볼 것이다. 그 때로부터 우리 시대에 이르기까지 교회가 그리스도를 하나님의 아들과 세상의 구세주로 믿는 명백한 신앙고백을 지속하고 있다는 사실을 우리는 알 수 있다. 이 신앙고백은 그리스도로부터 세례를 받은 사도들에 의해 만들어져서 신앙공동체 가운데 들어왔다. 그리고 이 신앙공동체는 정기적으로 경건의 모임을 가지고 사도들의 교리를 받들며 함께 기도하고 떡을 떼었다. 또한 이 공동체는 기도와 말씀의 사역에 전념한 사람들의 인도와 동솔을 받았으며, 이와 같이 행하는 모든 곳의 모든 사람들과 영적인 교제를 나누었다. 지금 이와 같은 하나의 몸이 세상에 존재하며, 이 몸 안에 우리가 속하여 있는 것이다. 이제 우리가 이 책에서 유대교회와는 크게 다르고 그 유대교의 몰락 위에 세워진 교회의 창립과 기원을 보니 실로 우리에게는 큰 기쁨이요 영광이 아닐 수 없다. 그리고 이 교회의 출현은 사람으로 말미암지 않고 하나님으로 말미암은 것이 틀림없다. 우리의 신앙고백이 우리가 경건하게 따라야 하며 순종해야 하는 시온 산의 모형과 일치함을 우리가 깨달은 만큼 우리는 큰 확신과 기쁨으로 우리의 신앙고백을 계속하며 지지할 수 있다.

이 책에 관하여 두 가지 사실을 더 관찰해야 한다.

(1) 이 책의 저자. 이 책은 누가가 기록하였다. 누가는 네 복음서들 가운데 세 번째 복음을 자신의 이름을 담아 기록하였다. (박학다식한 휘트비[Whitby] 박사가 제시한 대로) 누가는 칠십인 문도들 가운데 한 명이었을 가능성이 매우 높다. 칠십인 문도들의 임무(눅 10:1 등)는 열두 제자들의 임무보다 거의 열등하지 않았다. 이 누가는 바울이 복음을 섬기고 고난을 당할 때 그와 가장 많이 함께 한 동료였다. "누가만 나와 함께 있느니라"(딤후 4:11). 우리는 이 책의 후반부에 나타나는 그의 문체를 통해서 그가 언제 어디서 바울과 함께 하였는지 알 수 있다. 왜냐하면 그는 16:10, 20:6과 같은 말씀에서, 그리고 거기서부터 이 책의 끝까지 "우리는 이러저러하였다"라고 말하고 있기 때문이다. 누가는 바울의 위험한 로마 항해에 동행하였다. 그 때에 바울이 로마에서 죄수가 되었고, 그 감옥에서 골로새서와 빌레몬서를 썼을 때 누가가 그와 함께 하였다. 이 두 서신에 누가의 이름이 나온다. 누가가 이 역사를 기록한 때는 바울이 로마의 감옥에 갇혀 있는 동안 그의 곁에서 그를 보좌하던 때인 듯하다. 왜냐하면 이 역사서는 바울이 "자기 셋집에서" 하나님의 나라를 전하였다는 말씀으로 끝나기 때문이다.

(2) 이 책의 이름. 일반적으로 헬라어 사본들은 사도들의 행적, 또는 거룩한 사도들의 행적이라고 기록하고 있다. 하늘과 성도들과 사도들과 선지자들아, 그로 말미암아 즐거워하라(계 18:20)는 말씀에서 사도들이 언급되어 있다. 어떤 사본에서는 복음서 저자 누가에 의한 사도행전이라고 소개하고 있다.

[1] 사도행전은 사도들의 역사다. 하지만 여기에는 스데반, 바나바, 기타 사도적인 인물들의 이야기가 있다. 이들이 비록 열두 사도는 아니었지만 사도들과 동일한 성령을 받고 동일한 사역을 한 사람들이다. 이 책에 기록된 사도들의

역사는 오직 베드로와 바울뿐인데(사도행전에서 바울은 열두 사도들 가운데 포함되었다), 베드로는 할례자의 사도로, 바울은 이방인의 사도로 소개되었다 (갈 2:8). 하지만 이 책은 나머지 사도들이 다른 곳에서 사도의 사명을 감당한 이야기를 짐작케 해주는 하나의 표본으로서 충분한 가치가 있다. 왜냐하면 사도들 가운데 한가하게 놀았던 자는 아무도 없기 때문이다. 그리스도에 관해 복음서에 기록된 것이 충분하다고 우리는 생각한다. 무한하신 지혜의 성령께서 그것으로 충분하다고 생각하셨기 때문이다. 이와 마찬가지로 사도들과 그들의 수고에 관해 사도행전에 기록된 것도 충분하다고 우리는 생각한다. 왜냐하면 구전을 통해 사도들의 수고와 고난, 그리고 그들이 세운 교회에 대하여 우리가 전해 듣는 내용은 전연 미심쩍고 불확실하기 때문이며, 또한 내 생각으로는, 우리가 조금도 만족스럽게 내세울 수는 없기 때문이다. 따라서 사도행전은 기초 위에 세워진 금이나 은이나 보석이며, 구전을 통해 전해진 것은 나무나 풀이나 짚이다.

[2] 사도행전은 사도들의 행적 혹은 행위(Gesta apostolorum)라고 일컬어진다. 프락세이스(Praxeis; 실천)란 주님께서 사도들에게 가르친 교훈을 실천하는 것을 의미한다. 사도들은 활동적인 사람들이었다. 비록 그들이 말씀에 의지하여 기적을 행하였지만 그것들이 사도들의 행적이라고 불려질 만하다. 사도들이 말하였거나 혹은 성령께서 그들을 통해 말씀하셨고, 그리하여 그들의 행적이 이루어졌다. 이 역사서에는 사도들의 설교와 고난으로 가득하다. 더욱이 그들은 복음을 전하는 일에 많은 수고를 하였으며, 고난을 마다하지 않았다. 복음전파와 그들의 고난으로 그들이 공적을 행하였기에 이 책이 그들의 행적이라고 일컬어지는 것이 마땅할 것이다.

제
— 1 —
장

개요

영감을 받은 역사가는 사도들의 행적을 다룬 이야기를 시작한다. I. 그의 복음서 곧 그리스도의 생애를 다룬 역사를 이야기하고 간략하게 요점을 되풀이하면서 그가 누가복음을 그랬던 것처럼 이 책을 친구 데오빌로에게 헌정함(1, 2절). II. 그리스도의 부활의 증거들에 대한 요약과 함께 제자들과의 회의, 지상에 사십 일 동안 계시며 제자들에게 주신 교훈들(3-5절). III. 그리스도의 승천에 대한 상세한 이야기와 승천하시기 전에 제자들과 그리스도의 담화, 승천하신 후에 천사가 제자들에게 한 말(6-11절). IV. 기독교의 시작에 대한 일반적인 이해와 그리스도의 승천으로부터 성령강림까지의 교회의 상태(12-14절). V. 유다의 죽음으로 인해 거룩한 모임에 생긴 빈 자리를 맛디아를 선출함으로 채우는 일에 대한 상세한 이야기(15-26절).

¹데오빌로여 내가 먼저 쓴 글에는 무릇 예수께서 행하시며 가르치시기를 시작하심부터 ²그가 택하신 사도들에게 성령으로 명하시고 승천하신 날까지의 일을 기록하였노라 ³그가 고난 받으신 후에 또한 그들에게 확실한 많은 증거로 친히 살아 계심을 나타내사 사십 일 동안 그들에게 보이시며 하나님 나라의 일을 말씀하시니라 ⁴사도와 함께 모이사 그들에게 분부하여 이르시되 예루살렘을 떠나지 말고 내게서 들은 바 아버지께서 약속하신 것을 기다리라 ⁵요한은 물로 세례를 베풀었으나 너희는 몇 날이 못되어 성령으로 세례를 받으리라 하셨느니라

I. 이 구절에서 데오빌로가 상기되고 있다. 우리가 이 책을 공부하기 전에 누가복음에 시선을 줄 필요가 있다. 이로써 우리는 중지된 곳에서 이 책이 어떻게 시작되는지 알 수 있고, 뿐만 아니라 물에 비치면 얼굴이 서로 같은 것 같이(잠 27:19), 그들의 주님의 행적, 곧 그의 은혜로운 행석을 보면 사도들의 행적을 알 수 있다.

1. 누가가 이 책을 헌정하는 후원자(그를 누가의 학생이라고 말하는 게 낫다.

왜냐하면 그에게 헌정하면서 누가는 그를 가르치고 지도할 뜻을 가지고 있을 뿐 그의 얼굴을 보거나 그의 도움을 받기를 바라지 않고 있기 때문이다)는 데오빌로다(1절). 이전에 누가가 복음을 헌정하는 서신에서 그를 데오빌로 각하라고 불렀다. 여기서는 누가가 데오빌로여 라고만 부르고 있다. 이는 그가 자신의 존귀함을 상실하였기 때문이 아니며 또는 그 존귀함이 줄어들고 저명함에 흠이 생겼기 때문도 아니다. 데오빌로가 어떤 직책을 가졌든지 아마도 직책을 내놓았을 가능성이 높다. 각하라는 호칭이 바로 그 직책 때문에 주어졌을 것이기 때문이다. 혹은 그가 이제는 나이 많이 늙었을 것이며, 자신에게 과분한 그런 존칭을 싫어했을 가능성도 있다. 혹은 누가가 더욱 친해져서 보다 자유롭게 그에게 말을 걸었을 가능성도 있다. 기독교와 이교도 저자들 모두 이처럼 그들의 작품을 어느 특정한 사람들에게 헌정하는 것이 일상적이었다. 하지만 성경 중에 일부를 이렇게 바친다는 것은 마치 구체적으로 우리의 이름을 적어 그것을 우리에게 보내는 양 우리 각자가 그것을 받아야 한다는 의미를 암시하고 있다. 먼저 쓴 것이 무엇이든지 그것은 우리의 배움을 위해 기록된 것이기 때문이다.

2. 누가복음이 여기서 내가 먼저 쓴 글이라고 일컬어지고 있다. 누가는 사도행전을 기억하면서 이 글을 주시하였는데, 이는 톤 프로톤 로곤, 곧 먼저 쓴 말씀의 지속성과 확실성을 나타내고자 함이다. 기록된 복음은 입으로 말한 것과 똑같이 참된 말씀이다. 아니 지금 우리가 알기에 우리가 믿을 수 있고 아울러 기록된 말씀과 일치하는 구전의 말씀은 없다. 누가는 이전에 글을 썼고, 이제는 거룩하게 영감을 받아 이 책을 저술한다. 그리스도의 학생들은 완전한 데로 나아가야 한다(히 6:1). 그러므로 그들의 안내자들은 그들을 도와야하며 여전히 백성에게 지식을 가르쳐야 한다(전 12:9). 그리고 그들의 이전의 수고가 아무리 많을지라도 그것 때문에 더 많은 수고를 하지 않아도 된다는 생각을 하지 말아야 한다. 오히려 그들은 지금 여기에 나오는 누가처럼 이전의 수고에 의해 자극을 받고 격려를 받아야 할 것이다. 누가는 먼저 쓴 글에서 기초를 세웠기 때문에 이제 그 기초 위에 사도행전의 역사를 기술할 것이다. 그러므로 이것으로 저것을 배격하지 말자. 새로운 설교들과 새로운 책들로 인해 옛 것들을 잊어버리지 말고 도리어 옛 것들을 상기하고 활용하자.

3. 누가복음의 내용은 예수께서 행하시며 가르치시기를 시작하신 모든 것이었다. 다른 세 명의 복음서 저자들의 주제도 동일하다. 다음의 사실들을 관찰하

라.

(1) 그리스도께서 행하시며 또한 가르치셨다. 그리스도께서 가르치신 교리는 그가 행하신 놀라운 일들에 의하여 확증되었다. 또한 그 놀라운 일들은 그리스도께서 하나님께로부터 오신 선생(요 3:2)임을 입증하였다. 그리스도께서 가르치신 의무들은 그가 행하신 거룩하고 은혜로운 일들 가운데 그대로 시행되었다. 왜냐하면 그리스도는 우리에게 본을 보이셨기 때문이다. 그리고 이와 같은 본이 그리스도께서 하나님께로부터 오신 선생임을 입증한다. 왜냐하면 그들의 열매로 그들을 알 것이기 때문이다(마 7:16). 가장 좋은 사역자들은 행하고 가르치는 자들이며, 그들의 삶이 지속적인 설교가 되는 자들이다.

(2) 예수께서 행하시며 가르치시기를 시작하셨다. 예수께서는 교회 안에서 가르치고 행해야 하는 모든 것의 기초를 세우셨다. 그의 제자들은 예수께서 시작하신 일을 계속 진행하여야 했으며, 동일한 것을 행하고 가르쳐야 했다. 그리스도께서는 그 일을 시작하셨고 사도들에게 맡겨 계속하도록 하셨지만 아울러 성령을 보내서서 그들로 행하고 가르칠 수 있도록 하셨다. 이는 그리스도께서 친히 시작하신 복음의 사역을 감당하려고 애를 쓰고 있는 사람들에게 위로가 된다. 이 구원은 처음에 주로 말씀하신 바요(히 2:3).

(3) 네 명의 복음서 저자들, 그리고 특히 누가는 예수께서 행하시며 가르치시기를 시작하신 모든 것을 우리에게 전해 주었다. 자세한 모든 것을 다 전해 주었다면 온 세상은 그 많은 분량을 담아두지 못하였을 것이다. 그래서 그토록 많고 다양한 모든 것들의 제목들과 표본들만 우리에게 전해졌다. 우리는 이것들을 통해 나머지 모든 것을 판단할 수 있다. 우리는 예수의 가르침의 시작(마 4:17)과 그의 표적의 시작을 본다(요 2:11). 누가가 비록 상세하게 모든 것을 기록하지는 않았지만, 그리스도의 모든 말씀과 행하심에 대하여 이야기하였고 우리에게 그런 것들에 대한 전체적인 개념을 알려주었다.

4. 복음서의 기간은 승천하신 날까지로 정해졌다(2절). 그 후에 예수께서 이 세상을 떠나셨고, 그의 육체적인 임재는 복음서에서 더 이상 나타나지 않았다. 마가복음은 하늘로 올려지사 라는 말씀으로 끝나며(막 16:19), 누가복음도 마찬가지다(눅 24:51). 그리스도께서는 마지막까지 행하심과 가르치심을 계속하시다가 마침내 승천하셨고 이에 보이지 않는 가운데 다른 일을 하셔야 했다.

Ⅱ. 그리스도의 부활의 진실을 옹호하며 증거한다(3절). 먼저 쓴 글에서 이야

기되었던 내용이 너무나 중요한 것이어서 모든 경우에 반복되는 것이 필요하였다. 그리스도의 부활에 대한 중요한 증거는 그리스도께서 친히 살아 계심을 나타내신 것이었다. 그리스도는 친히 살아 계심을 나타내셨고 그들에게 보이셨다. 그들은 정직한 사람들이었으며, 그리스도의 부활의 진실이 그들의 증언에 달려 있을 수 있다. 그렇다면 마음씨 좋은 사람들이 흔히 그러하듯이 문제는 그들이 과연 믿도록 강요당하지는 않았는가 하는 점이다. 아니다. 그들은 강요당하지 않았다. 왜냐하면,

1. 증거가 절대적으로 확실한 것이었기 때문이다. 테크메리아: 확실한 증거. 이는 그리스도의 살아 계심(그는 제자들과 함께 거니시고 대화하셨으며, 그들과 함께 먹고 마셨다), 그리고 사신 분이 다른 이가 아니라 그리스도 자신(친히)이라는 것에 대한 증거다. 그리스도는 여러 번 반복하여 손과 발과 허리에 난 상처를 제자들에게 보여주셨으며, 이는 그리스도의 부활에 대한 가장 확실한 증거였다.

2. 증거는 많았고 자주 나타났다. 사십 일 동안 그들에게 보이시며. 그리스도께서 제자들과 항상 함께 거주하지는 않았지만 자주 그들에게 나타나셨고, 그들을 점점 더 만족시켜 주셨으며, 이에 그리스도의 죽으심으로 인한 그들의 모든 슬픔이 사라지게 되었다. 그리스도께서는 존귀와 영광의 상태에 들어가신 이후에 오랫동안 지상에 계셨는데 이는 자기 제자들의 믿음을 굳게 해 주고 그들의 마음을 위로해 주기 위함이었다. 이러한 사실은 신자들에 대한 그리스도의 겸손과 긍휼을 보여주는 사례이며, 이로써 우리에게 있는 대제사장은 우리의 연약함을 동정하지 못하실 이가 아님(히 4:15)을 우리는 확신할 수 있다.

Ⅲ. 그리스도께서 제자들에게 주신 교훈에 나타난 암시는 자신이 이제 그들을 떠나야 한다는 사실이었다. 그리스도께서 제자들을 향하사 숨을 내쉬며 그들의 총명을 열어 주셨기 때문에 제자들은 이 사실을 더 잘 받아들일 수 있었다.

1. 그리스도는 제자들이 감당해야 할 사명을 가르쳐 주셨다. 그리스도는 택하신 사도들에게 성령으로 명하셨다(2절). 그리스도의 택하심에는 언제나 그의 사명이 따른다는 사실을 유념하라. 그러나 그리스도께서 택하여 사도직에 세우신 자들은 그가 그들에게 명령을 하는 대신에 높은 자리를 주시리라고 기대하였다. 사람이 집을 떠나 타국으로 갈 때에 그 종들에게 권한을 주어 각각 사무를 맡겼다

(막 13:34)는 말씀처럼 그리스도는 성령으로 그들에게 명하셨다. 그리스도는 친히 중보자로서 성령으로 충만하셨고 제자들에게 성령을 불어넣으셨다. 성령을 그들에게 주시면서 명령도 주셨다. 왜냐하면 보혜사가 곧 사령관이 될 것이기 때문이다. 성령의 직무는 그리스도께서 그들에게 말한 모든 것을 생각나게 하는 것이다. 그리스도는 사도들에게 성령으로 명하셨다. 이로써 말씀이 자리를 잡는다. 사도들의 사명을 확실하게 인증한 것이 바로 성령을 그들이 받은 일이었다(요 20:22). 그리스도께서는 그들에게 명령을 하기 전에는 승천하지 않으셨고, 이 명령을 하심으로써 비로소 자신의 임무를 완수하셨다.

2. 그리스도께서 사도들이 전해야 하는 교리에 관해 그들에게 가르치셨다. 하나님 나라의 일을 말씀하시니라. 그리스도는 전에 하나님 나라에 관한 전반적인 사상을 그들에게 가르쳐주셨으며, 정한 때에 그 나라가 세상에 세워질 것이라고 말씀하셨으나(마가복음 13장에 나오는 천국 비유에서), 여기서는 그 나라의 성격에 대하여 좀 더 많이 가르쳐 주셨다. 곧 하나님 나라는 성격상 이 세상에서는 은혜의 나라요 저 세상에서는 영광의 나라라고 가르쳐주셨고, 그런 나라를 통합시키는 큰 특권인 언약을 그들에게 공개하셨다. 이제 이 언약의 의도는 다음과 같은 것이었다.

(1) 사도들로 하여금 성령을 받을 준비를 하게 하고, 그들에게 계획된 사명을 감당하도록 하기 위함이다. 그리스도는 그들이 세상에 무엇을 말해야 하는지 은밀히 말씀하신다. 또한 진리의 성령께서 오시면 마찬가지로 세상에 무엇을 말해야 하는지 가르쳐 주신다는 것을 그들이 체험하게 될 것이다.

(2) 그리스도의 부활의 증거들 가운데 하나가 여기에 나온다. 곧 그리스도께서 살아 계심을 친히 본 제자들은 그가 그들에게 보여주신 것뿐만 아니라 그가 그들에게 말씀하신 것으로 인해 그의 부활하심을 깨달았다. 그리스도 외에는 아무도 이토록 명확하게, 이토록 완전하게 하나님 나라의 일을 말해 줄 수는 없었다. 그리스도는 정치나 사람들의 나라, 철학이나 자연의 세계에 대한 강론으로 사도들을 즐겁게 하지 않으셨고, 도리어 순수한 신학과 은혜의 나라, 그리고 그들이 가장 많이 힘써야 할 일과 그들이 가서 전해야 할 자들에 대하여 강론하셨다.

IV. 성령강림을 기다리라는 명령과 함께 이제 곧 그들이 성령을 받을 것이라는 특별한 보증을 사도들이 받는다(4, 5절).　사도와 함께 모이사. 이는 아마도 죽으시기 전에 약속하신 갈릴리의 산에서의 면담일 것이다. 왜냐하면 그리스도의 승천을 보기 위해서 모인 모임에 대하여는 그들이 모였을 때에(6절)라고 따로 말씀하고 있기 때문이다. 그리스도께서 지금은 갈릴리로 그들을 모으셨지만 그들이 그 곳에 계속 머물러 있겠다고 생각해서는 안 된다. 아니 그들은 예루살렘으로 돌아가 그 곳을 떠나지 말아야 한다. 다음의 사실을 관찰하라.

1. 그리스도는 사도들에게 기다리라고 명하신다. 이 명령은 무언가 큰 것에 대한 기대감을 높여주는 것이었다. 그리고 그들의 구주께서 높아지심으로 말미암아 그들이 무언가 큰 것을 기대할 수 있는 이유가 있었다.

(1) 그들은 약속된 때까지 기다려야 한다. 그 때는 몇 날이 못되어 임할 것이다. 믿음으로 약속된 은혜가 임하기를 바라는 자들은 정한 기간이 이를 때까지 인내로써 기다려야 한다. 그리고 본문과 같이 그 때가 가까이 올 때 우리는 다니엘처럼 그 은혜를 간절히 구해야 한다(단 9:3).

(2) 그들은 약속된 장소, 곧 예루살렘에서 기다려야 한다. 왜냐하면 성령께서 최초로 그 곳에서 부어져야 하기 때문이다. 그리고 그리스도께서 거룩한 시온 산에서 왕으로 임하셔야 했기 때문이다. 또한 여호와의 말씀이 예루살렘에서부터 나올 것이기 때문이다(사 2:3). 예루살렘이 모교회가 되어야 한다. 그 곳에서 그리스도께서 수치를 당하셨으며, 그러므로 그리스도께서 그 곳에서 영광을 얻으실 것이다. 원수와 핍박자들을 용서하라고 가르치는 이 은혜가 예루살렘에서 시행되었다. 사도들은 갈릴리에 있을 때보다 예루살렘에서 더 많은 위험에 노출되었다. 하지만 우리가 우리의 사명의 길을 갈 때는 우리의 안전에 대하여 하나님을 안심하고 신뢰할 수 있다. 이제 사도들은 공인의 입장을 취해야 했고, 그러므로 공적인 위치에서 위험을 감수해야만 한다. 예루살렘은 이러한 빛을 세울 수 있는 가장 알맞은 촛대였다.

2. 그들이 헛되이 기다리지 않으리라는 보증을 그리스도께서 사도들에게 주셨다.

(1) 그들에게 계획된 은혜가 임할 것이며, 그 은혜가 기다릴 만한 가치가 있는 것이었음을 그들이 깨닫게 될 것이다. 너희는 성령으로 세례를 받으리라. 즉, [1] "지금보다 더욱 충만하게 성령이 너희에게 부어지리라"는 뜻이다. 사도들은 이미 성령을 받았고(요 20:22), 그 은혜를 체험하였다. 그러나 이제 그들은 더 많은 분량의 성령의 은사와 은혜와 위로를 받을 것이며, 그러한 성령의 은혜들로

세례를 받을 것이다. 이 말씀은 성령의 부으심에 대한 구약의 약속들을 암시하는 듯하다(욜 2:28; 사 44:3; 32:15).

[2] 제사장들이 거룩한 직분을 감당할 때 물로 세례를 받고 씻음을 받은 것처럼 "너희는 성령으로 깨끗해지고 성결케 되리라." "그들은 성결의 표지를 받았지만 너희는 그 표지가 나타내는 성결의 실체를 받을 것이다. 성령께서 너희를 점점 더 진리 안으로 인도하실 때 너희가 진리로 성결케 되리라. 그리고 성령의 증거로 말미암아 너희의 양심이 깨끗해지고 이로 인하여 너희가 사도의 직분을 가지고 살아 계신 하나님을 섬길 수 있으리라."

[3] "이로써 너희가 이전에 너희 주님을 섬긴 것보다 효과적으로 섬길 것이며, 이스라엘이 모세에게 속하여 다 구름과 바다에서 세례를 받은 것처럼(고전 10:2) 너희가 그리스도의 인도함을 받아 그리스도에게 단단히 매인 바 될 것이며, 이로 인해 너희는 전과 같이 고난에 대한 두려움 때문에 그리스도를 버리는 일이 결코 없을 것이다."

(2) 이제 그리스도는 성령의 선물에 대하여 말씀하신다.

[1] 내게서 들은 바 아버지께서 약속하신 것이며 그러므로 그들이 신뢰할 수 있는 것이라고 말씀하신다. 첫째, 성령은 약속으로 주어졌다. 그리고 이전에 메시야에 대한 약속(눅 1:72)과 오늘날 영원한 생명에 대한 약속(요일 2:25)처럼 성령에 대한 이 약속은 이 때에 중대한 것이었다. 일시적인 복이 섭리에 의해 주어지지만 성령과 영적인 복은 약속으로 말미암아 주어진다(갈 3:18). 사람의 영혼이 자연적인 방법으로 우리에게 주어져 우리 안에 형성되는 것처럼(슥 12:1) 하나님의 영은 그렇게 우리에게 베풀어지지 않으며 오직 하나님의 말씀으로 우리에게 베풀어진다. ① 성령의 선물은 하나님의 말씀으로 베풀어질 만큼 귀한 것이며, 그리스도는 성령에 대한 약속을 그의 교회에 남길 만한 유산이라고 생각하셨다. ② 그리고 성령의 선물이 하나님의 말씀으로 베풀어진 것은 더욱 큰 확신을 위한 것이며, 아울러 하나님의 뜻이 변하지 아니한다는 사실을 약속을 기업으로 받는 자들이 확신할 수 있도록 하기 위함이다(히 6:17). ③ 또한 성령의 선물이 하나님의 말씀으로 베풀어진 것은 그것이 은혜, 곧 특별한 은혜가 되도록 하기 위함이며, 약속을 붙잡고 그 약속을 신뢰하는 믿음으로 받을 수 있도록 하기 위함이다. 둘째, 성령의 선물은 아버지께서 약속하신 것이었다. ① 이 약속은 그리스도의 아버지께서 하신 것이었다. 중보자이신 그리스도는 하

나님을 자신의 계획을 세우시고 그 모든 것을 주관하시는 자신의 아버지로 바라보셨다. ② 성령의 선물은 우리의 아버지께서 약속하신 것이었다. 만일 하나님께서 우리에게 아들의 명분을 주시고자 한다면 분명히 우리에게 아들의 영을 주실 것이다(갈 4:5, 6). 하나님은 빛들의 아버지로서(약 1:17), 모든 영의 아버지로서(히 12:9), 자비의 아버지로서(고후 1:3) 성령을 베푸실 것이다. 성령의 선물은 아버지의 약속이다. 셋째, 사도들은 아버지의 약속을 그리스도로부터 여러 번 들었는데, 특히 그리스도께서 죽으시기 바로 전에 그들에게 행하신 작별 설교에서 많이 들었다. 그 설교에서 그리스도께서는 보혜사가 오리라고 사도들에게 여러 번 보증하셨다. 우리가 그리스도로부터 들은 이 말씀이 하나님의 약속을 확실하게 하며, 우리로 그것을 신뢰하도록 장려한다. 하나님의 약속은 얼마든지 그리스도 안에서 예가 되니 그런즉 그로 말미암아 우리가 아멘 하여 하나님께 영광을 돌리게 되느니라(고후 1:20). "너희가 나에게서 이 말씀을 들었으니 내가 그대로 이루리라."

[2] 성령의 선물은 세례 요한의 예언대로다. 여기서 그리스도는 사도들로 하여금 다음과 같이 뒤돌아보게 하신다. "너희가 성령의 선물에 대하여 나에게서 들었을 뿐만 아니라 아울러 요한으로부터 들었다. 그가 너희를 나에게로 인계하면서 그는 말하기를, 나는 너희로 회개하게 하기 위하여 물로 세례를 베풀거니와 내 뒤에 오시는 이는 … 성령과 불로 너희에게 세례를 베푸실 것이요라고 하였다(마 3:11)." 지금 그리스도께서 요한의 말을 인용하실 뿐만 아니라 이와 같은 성령의 선물이 그들에게 이루어질 것이라고 말씀하신 것은 우리에게 큰 영광이다. 그의 종의 말을 세워 주며 그의 사자들의 계획을 성취하게 하며(사 44:26). 그러나 그리스도는 그의 사자들보다 더 뛰어난 일을 하신다. 은혜의 수단을 시행하는 데 있어서 그들이 쓰임을 받는 것은 영광스러운 일이지만 은혜의 성령을 베푸시는 것은 오직 그리스도의 권한이다. 그는 너희에게 성령으로 세례를 베푸시리라(막 1:8). 그리스도는 성령으로 가르치시고 여러분 안에서 중보하도록 성령을 베푸시는데 이는 최고의 사자들이 우리에게 전하는 일보다 더 뛰어난 일이다.

(3) 이제 이처럼 약속되고, 이처럼 예언되고 이처럼 기대되던 성령의 선물을 마침내 사도들이 받은 것을 우리는 다음 장에서 볼 수 있다. 우리는 이 약속이 완전히 성취된 것을 거기서 볼 수 있다. 오리라 하던 것이 이것이기에 우리는

다른 것을 기다리지 않는다. 왜냐하면 여기서 몇 날이 못되어 성령을 받으리라고 약속되었기 때문이다. 그들이 성령의 선물을 받기에 합당한 마음 상태를 매일 유지해야 하기 때문에 한참 동안 기다려야 한다고 그리스도께서 그렇게 말씀하지 않으셨다. 또 다른 성경에서는 보통의 신자들도 성령의 선물을 받으리라고 말하고 있다. 그렇다면 이 말씀은 사도들이 성령으로 말미암아 받은 특별한 힘을 말해 주는데, 곧 복음의 최초의 전파자들, 교회의 개척자들이 성령으로 말미암아 그 시대에 그리스도의 가르침과 그 증거를 전혀 오류가 없이 말할 수 있고, 후세를 위해 기록할 수 있는 힘을 받았다는 것을 말해 준다. 이러한 약속과 약속의 성취가 있었기에 우리가 신약성경을 거룩하게 하나님의 영감을 받은 말씀으로 받아들이며 우리의 심령을 거기에 맡기는 것이다.

⁶그들이 모였을 때에 예수께 여쭈어 이르되 주께서 이스라엘 나라를 회복하심이 이 때니이까 하니 ⁷이르시되 때와 시기는 아버지께서 자기의 권한에 두셨으니 너희가 알 바 아니요 ⁸오직 성령이 너희에게 임하시면 너희가 권능을 받고 예루살렘과 온 유대와 사마리아와 땅 끝까지 이르러 내 증인이 되리라 하시니라 ⁹이 말씀을 마치시고 그들이 보는데 올려져 가시니 구름이 그를 가리어 보이지 않게 하더라 ¹⁰올라가실 때에 제자들이 자세히 하늘을 쳐다보고 있는데 흰 옷 입은 두 사람이 그들 곁에 서서 ¹¹이르되 갈릴리 사람들아 어찌하여 서서 하늘을 쳐다보느냐 너희 가운데서 하늘로 올려지신 이 예수는 하늘로 가심을 본 그대로 오시리라 하였느니라

예루살렘에서 그리스도는 천사를 통해 갈릴리에서 만나자고 제자들에게 약속하셨다. 그리고 거기서 또 다시 예루살렘에서 만나자고 약속하셨다. 이와 같이 그리스도는 제자들의 순종을 시험해 보셨다. 그리고 그들이 기꺼이 순종하는 모습을 보셨다. 그들은 모여서 그리스도의 승천의 증인이 되었다. 우리는 그에 대한 이야기를 본문에서 보게 된다. 다음의 내용을 관찰하라.

I. 이 대담에서 제자들이 그리스도에게 여쭌 질문. 그리스도의 승천에 대하여 서로 물어보았던 제자들이 그리스도 앞에 모여서 동시에 그러한 질문을 이구동성으로 여쭈었다. 그들은 한 몸이 되었고 한 식구가 된 느낌으로 그리스도께 그러한 질문을 드렸다. 주께서 이스라엘 나라를 회복하심이 이 때니이까? 이 질문은 두 가지로 해석될 수 있다.

1. 분명히 당신께서는 이스라엘의 현재의 통치자들, 곧 당신을 죽음에 넘기고 그 계획을 달성하고, 순순히 이 나라를 가이사에게 내어주고 스스로 가이사의 부하들이라고 인정한 대제사장들과 장로들에게 이 나라를 돌리실 마음이 전혀 없으시겠지요? 뭐라고요? 당신과 우리를 미워하고 핍박한 저들에게 권력을 맡기신다고요? 이는 부당하니이다. 혹은 다음과 같은 뜻으로 해석될 수 있다.

2. "유대인들이 그들의 왕이신 당신께 복종하는 한 분명히 당신께서는 이 나라를 유대인들의 나라로 회복하실 것입니다." 이제 이 질문에는 두 가지 잘못이 있었다.

(1) 그러한 기대 자체가 잘못되었다. 그들은 그리스도께서 이스라엘 나라를 회복하실 것이라고 생각하였다. 즉, 그리스도께서 유대인들의 나라를 마치 다윗과 솔로몬의 시대, 아사와 여호사밧의 시대처럼 열방 가운데서 크고 중요한 나라로 만드실 것이라고 그들은 생각한 것이다. 또한 실로(Shiloh)처럼 그리스도께서 홀과 통치자의 지팡이를 유다에게 회복시켜 주실 것이라고 그들이 생각한 것이다(창 49:10). 그러나 그리스도는 자신의 나라를 세우기 위해 오셨다. 다시 말해서 그리스도는 이스라엘 곧 지상의 나라가 아니라 하늘나라를 회복하려고 오셨다. 여기서 다음의 사실을 확인하자.

[1] 심지어 의로운 사람들까지도 교회의 행복을 너무 지나치게 외형적인 겉치레와 권세에서 얻으려고 하는 경향이 강하다. 마치 나라가 회복되지 못하는 한 이스라엘은 영화롭지 못하거나, 그리스도의 제자들이 나라의 귀족들이 되지 못하는 한 명예롭지 못한 것처럼 사람들이 그렇게 생각하는 경향이 강하다. 그러나 우리가 이 세상에서는 십자가를 져야 하며 하나님의 나라는 저 세상에서 기대해야 한다고 성경은 말씀한다.

[2] 우리는 우리가 한번 받아들인 것을 계속 집착하는 경향이 있으며, 배운 것에 대한 편견을 극복하기가 힘들다. 젖먹이 때부터 메시야는 세상의 왕이어야 한다는 관념에 빠져있었던 제자들은 한참 지나서야 메시야의 나라를 영적인 것으로 생각할 수 있게 되었다.

[3] 우리는 본능적으로 자기 민족에게 호감을 가진다. 하나님께서 이스라엘을 회복시키지 않으시는 한 세상에는 하나님의 나라가 존재할 수 없다고 제자들은 생각하였다. 그러나 이스라엘이 멸망하든지 살아남든지 이 세상 나라들은 하나님께 속하게 되었으며 하나님께서는 그 나라들 가운데서 영광을 받으실

것이다.

[4] 우리는 성경을 오해하는 경향이 강하다. 즉, 비유적으로 말씀하신 것을 문자 그대로 이해하며, 우리의 생각대로 성경을 해석한다. 그러나 우리는 우리의 생각을 성경에 맞추어야 한다. 하지만 성령께서 임하시면 나중에 사도들이 그랬던 것처럼 우리의 잘못도 고쳐질 것이다.

(2) 제자들은 때에 관하여 질문한다. "주여, 주께서 이스라엘 나라를 회복하심이 이 때니이까? 지금 당신께서 우리를 불러 모으신 것은 바로 이러한 목적을 이루기 위함이며, 이스라엘 나라를 회복시킬 적절한 대책이 마련될 수 있겠지요? 분명히 이보다 더 좋은 기회는 있을 수 없습니다." 지금 이 말에서 그들은 목표를 잃어버렸다.

[1] 즉, 그들은 주님께서 결코 지시하지도 않고 물어보라고 허락하지도 않은 사실을 알고 싶어하였다.

[2] 또한 그들은 나라가 세워지기를 안달하였고, 그 나라에서 자기들에게 큰 몫이 떨어지기를 기대하였으며, 하나님의 계획을 앞질러 생각하였다. 그리스도는 그들이 보좌에 앉으리라(눅 22:30)고 말씀하셨다. 그리고 이제 그들의 마음을 채워줄 수 있는 것은 아무것도 없으며 오로지 그들이 즉시 보좌에 앉아야만 했고 그 때까지 기다릴 수가 없었다. 그러나 믿는 이는 다급하게 되지 아니하리로다(시 28:16). 도리어 믿는 자는 하나님의 때가 가장 좋은 때라고 확신하다.

Ⅱ. 잠시 전에 베드로가 요한에 관해 질문을 하사 그리스도께서 내가 올 때까지 그를 머물게 하고자 할지라도 네게 무슨 상관이냐(요 21:22)라고 저지하신 것처럼 이제도 그리스도는 이 질문을 가로막고 때와 시기는 아버지께서 자기의 권한에 두셨으니 너희가 알 바 아니요 라고 말씀하셨다. 그러나 이스라엘 나라가 회복될 것이라는 제자들의 기대를 반박하지는 않으셨다. 왜냐하면 잠시 후 성령의 부으심으로 말미암아 그들의 오해가 풀릴 것이기 때문이다. 성령을 받은 후 제자들은 더 이상 세상 나라에 대한 생각을 조금도 갖지 않게 되었다. 도리어 그들은 이 세상에 복음의 나라를 세우고자 하는 참된 기대감을 갖게 되었다. 이처럼 약속에 대한 그들의 오해가 하나님의 나라를 세우는데 조금도 방해가 되지 못할 것이다. 하시만 그리스도는 때를 묻는 그들의 질문을 가로막으신다.

1. 이러한 지식은 사도들에게 허락되지 않는다. 너희가 알 바 아니요. 곧, 그것은 너희가 물어볼 내용이 아니라는 말씀이다.

(1) 그리스도께서 지금 사랑 안에서 그들과 헤어지고 계신다. 그럼에도 불구하고 그리스도는 제자들에게 이와 같은 책망을 하신다. 이 책망은 모든 세대에 걸쳐 자기 교회에게 주시는 그리스도의 경고이다. 곧 우리 첫 조상들이 부딪혀 파멸하였던 반석에 교회들도 부딪혀 빠개지는 것을 조심하라는 경고다. 다시 말해서 금지된 지식에 대한 과도한 욕망, 곧 하나님께서 계시하지 않으셨기 때문에 알 수 없는 사실을 억지로 알려고 하는 지나친 욕망에 대하여 그리스도께서 경고하시는 것이다. 기록된 말씀 이상으로 알려고 하는 것은 어리석음이며, 그 이상을 더 알려고 하지 않는 것이 지혜이다.

(2) 다른 주제들에 관하여는 그리스도께서 제자들에게 많은 것을 가르쳐 주셨고(하나님 나라의 비밀을 아는 것이 너희에게는 허락되었으나, 눅 8:10), 아울러 더 많은 것을 그들에게 가르쳐 주실 성령을 약속하셨다. 이제 그들이 많은 계시로 우쭐대지 못하게 하려고 그리스도는 그들에게 알 필요가 없는 일들이 있다는 사실을 이해시키신다. 우리가 얼마나 많은 것들을 알지 못하는가 하는 사실을 고려할 때 우리의 지식을 자랑할 이유가 없음을 우리는 깨달을 것이다.

(3) 그리스도께서는 죽으시기 전에나 부활하신 후에나 사도들이 그들의 사명을 감당하기에 충분한 교훈을 베푸셨으며, 그리스도는 이러한 지식으로도 충분하게끔 그들을 인도하실 것이다. 그리스도인에게 있어서 쓸데없는 호기심은 억제되어야 하는 타락한 해학이기 때문이다.

(4) 그리스도께서는 친히 제자들에게 하나님 나라의 일을 말씀하셨고(3절), 성령께서 "장래 일을 너희에게 알리시리라"(요 16:13)고 약속하셨다. 마찬가지로 그리스도는 제자들이 관찰하고 지켜보아야 할 시대의 표적을 알려주셨다(마 24:33; 16:3). 그러나 그들이 미래의 사건들에 대한 자세한 내용이나 정확한 때를 알려고 해서는 안 되었다. 우리 자신 및 교회와 관련된 미래의 사건들의 때와 시기(하몬드는 the time and moments라고 해석하였음)에 대하여, 우리의 때 및 모든 때와 마지막 때에 대하여 우리는 모르고 있는 것이 좋으며 불확실한 상태로 놔두는 것이 좋다.

> 오 한없이 지혜로운 유피테르께서
> 빽빽한 밤의 구름 속에 모든 것을 감추었으니
> 미래의 전망이 인간의 시계의 한계 밖에 있구나 ─ 호라티우스

연중 계절에 있어서 일반적으로 여름과 겨울이 교차하는 것으로 우리는 알고 있지만 여름이든지 겨울이든지 어떤 날이 맑고 어떤 날이 흐린지 우리는 자세히 알지 못한다. 이 세상일도 마찬가지다. 여름과 같이 형통한 때에도 우리는 안심할 수 없으며, 그 때에 겨울과 같은 고난이 올 것이라는 말을 듣는다. 또한 겨울에 우리는 낙심하거나 실망하지 않고 여름이 다시 올 줄 확신한다. 하지만 그 때가 구체적으로 이 날이 될지 저 날이 될지 우리는 말할 수 없고, 우리는 어떤 날이 되든지 그 날에 순응해야 하며 그 날을 최대한으로 잘 이용해야 한다.

2. 그 때에 대한 지식은 하나님의 특권으로서 오직 하나님에게 속한 것이다. 때와 시기는 아버지께서 자기의 권한에 두셨으니. 그 밖에 어느 누구도 미래의 때와 시기를 나타낼 수 없다. 하나님은 모든 일을 다 아신다(행 15:18). 그러나 우리는 그렇지 않다. 시초부터 종말을 알리는 것은 오직 하나님의 권한이며, 이로써 하나님은 자신의 하나님 되심을 증거하신다(사 46:10). "때때로 구약 선지자들에게 때와 시기(예를 들면, 이스라엘 백성이 애굽에서 사백 년을 속박 당한 일과, 바벨론에서 칠십 년을 속박 당한 일)를 알려주기를 기뻐하셨지만 너희에게는 알려주기를 기뻐하지 않으시며, 그러므로 예루살렘이 멸망할 것이라는 사실 자체에 대하여는 너희가 잘 알지라도 얼마 후에 그 일이 있을지는 알지 못할 것이다. 그렇다고 너희가 과분하게 때와 시기에 대하여 아는 것을 허락하지 않으리라고 말씀하지는 않으셨다. 후에 하나님은 그 종 요한에게(계 1:1) 때와 시기에 대하여 아는 것을 허락하셨기 때문이다. 하지만 알게 하시거나 모르게 하시거나 하는 것은 하나님의 생각대로요 하나님의 권한에 두셨다. 그리고 신약의 예언에서 때와 시기에 관해 발견되는 내용은 신비롭고 이해하기 힘들다. 그러므로 우리가 이 말씀을 적용할 때 우리가 때와 시기를 분명하게 결정할 수 없다는 사실을 기억해야 한다. 벅스토르프(Buxtorf)는 메시야의 재림에 관해 랍비들의 격언을 전한다. "그 때를 추정하는 사람들을 죽이라."

III. 그리스도는 제자들이 해야 할 사역을 정해 주시고, 권위 있게 그 사역을 수행하고 성공시킬 능력을 그들에게 보장하신다. 때와 시기는 너희가 알 바 아니요. 이런 것을 알려고 하는 것은 너희에게 좋지 않다. 하지만 너희가 알아야 할 것이 있는데 너희가 성령의 임하심으로 말미암아 영적인 권능을 받을 것이라는 사실이다(8절). 그리고 너희가 이 권능을 헛되이 받지 않을 것이다. 왜냐하면 너희는 나와 내 영광을 증언하는 증인들이 될 것이기 때문이다. 그리고 너희의 증언도 헛되지 아니하리니, 너희의 증언이 이 곳 예루살렘에서 받아들여질 것이고, 주변 지역과 온 세상에서 받아들여질 것이기 때문이다(8절). 그리스도께서 우리 시대와 세대에 그의 영광을 섬기도록 해 주신다면 이 말씀 하나만으로 우리는 능히 해 낼 수 있다. 그러므로 오실 때와 시기에 대하여 우리 스스로 골치 아파하지 말자. 그리스도께서 본문에서 다음과 같은 사실을 제자들에게 말씀하신다.

1. 그들의 사역이 명예롭고 영광스러울 것이라는 사실을 말씀하신다. 내 증인이 되리라.

(1) 그들이 그리스도를 왕으로 선포할 것이며, 진리를 세상에 널리 알릴 것이며, 그 진리를 통해 그리스도의 나라가 세워지고 그리스도께서 다스리실 것이다. 그들은 숨김없이 그리고 진지하게 그리스도의 복음을 세상에 전해야 한다.

(2) 그들이 이 복음을 증언할 것이며, 그들의 증언을 확고히 할 것인데, 일반 증인들처럼 맹세로써 그렇게 하지 않고 기적과 초자연적인 은사라는 거룩한 인증으로써 그렇게 할 것이다. 일부 사본에서는 "너희가 나의 순교자가 되리라"고 번역하였다. 왜냐하면 사도들은 고난을 당하면서, 심지어 죽기까지 복음의 진리를 증언하였기 때문이다.

2. 그들이 이 사역을 감당할 능력을 충분히 받을 것이라는 사실을 말씀하신다. 그들 자신에게는 이 사역을 감당할 힘도 지혜도 용기도 부족하였다. 그들은 본래 세상의 약하고 미련한 것들이었다(고전 1:27). 그리스도께서 수난을 당하셨을 때 그들은 그리스도의 증인으로서 감히 나서지 못하였고 그럴 수도 없었다. "그러나 너희가 너희에게 임하시는 성령의 권능을 받으리라"(이렇게 해석될 수 있다). "너희 자신보다 더 나은 영에 의하여 활기를 띠고 행동하게 될 것이다. 이로써 너희가 복음을 전하고, 구약성경에서 복음을 입증할 권능을 가질 것이며(그들이 성령 충만하였을 때 구약성경에 감탄하였다, 행 18:28), 기적과 고난 이 두 가지로 복음을 확증할 것이다." 적용. 그리스도의 증인들은 그리스도께서 맡겨주신 일을 감당할 수 있는 권능을 받을 것이다. 그리스도께서 자기를 섬기게 하신 자들에게 섬길 수 있는 자격을 주실 것이며, 그들을 지원하실 것이다.

3. 그들의 영향력이 클 것이며 매우 넓어질 것이라는 사실을 말씀하신다. 너

희가 내(그리스도의) 증인이 되리라. 그리고 그의 뜻을 이루리라.

(1) "예루살렘 — 너희는 거기서부터 시작해야 한다. 거기서 많은 사람들이 너희의 증거를 받아들일 것이다. 그리고 받아들이지 아니하는 자들은 변명할 수 없게 되리라."

(2) "그 다음에 온 유대를 통해 너희의 빛이 비출 것이다. 너희가 이전에 온 유대에서 수고한 것은 별 소득이 없었지만 앞으로는 그렇지 아니하리라."

(3) "그 다음에 너희가 사마리아로 나아갈 것이다. 처음에는 너희가 사마리아인의 고을에 들어가 전도하는 것이 금지되었지만(마 10:5) 앞으로는 그 곳에 들어가 전도할 것이다."

(4) "너희가 땅 끝까지 이르러 쓰임받을 것이며, 너희가 온 세상에 복이 되리라."

IV. 그리스도께서 제자들에게 이러한 교훈을 남기신 후에 그들을 떠나가신다(9절).   이 말씀을 마치시고, 즉 하실 말씀을 다 하시고 그들에게 축복하시더니(눅 24:50), 그들이 보는데 곧 그리스도의 축복을 받으며 그들의 시선이 그리스도에게 고정되었는데 그리스도께서 점점 올려져 가시니 구름이 그를 가리어 보이지 않게 하더라. 우리는 여기서 그리스도의 승천을 본다. 그리스도는 엘리야처럼 불수레와 불말들에 의해 올리워지지 않으셨고, 무덤에서 부활하셨을 때처럼 순수하게 자신의 능력으로 하늘로 올라가셨다. 성도들이 부활할 때 성도들은 그리스도의 현재의 몸, 곧 영적인 몸, 능력으로 부활한 썩지 않는 몸을 갖게 될 것이다. 다음과 같은 사실을 주목하라.

1. 그리스도께서는 제자들이 보는 앞에서 승천하기 시작하셨다. 제자들은 그리스도께서 무덤에서 나오시는 모습을 보지 못하였다. 왜냐하면 그리스도께서 부활하신 이후에야 그들이 주님을 뵐 수 있었기 때문이다. 제자들은 그것으로 만족하였을 것이다. 하지만 제자들은 그리스도께서 하늘로 올라가시는 모습을 직접 보았다. 실제로 그들은 많은 관심과 간절한 마음으로 그리스도를 주시하였기 때문에 도저히 속을 수가 없었다. 아마도 그리스도께서는 제자들이 충분히 볼 수 있도록 속히 올라가시지 않고 천천히 올라가셨을 것이다.

2. 구름이 그를 가리어 보이지 않게 하더라. 이 구름은 빽빽한 구름이었는지 모른다. 왜냐하면 여호와께서 캄캄한데 계시겠다(왕상 8:12) 말씀하셨기 때문이다. 혹은 빛난 구름이었을 수도 있다. 이는 그리스도의 영광스러운 몸의 광채를 나

타낼 것이다. 그리스도께서 변모하셨을 때 그를 덮은 것은 빛난 구름이었기 때문에 이것이 가장 가능성이 높다(마 17:5). 그리스도께서 지상에서 멀리 떨어진 곳, 곧 보통 구름이 있는 곳까지 이르렀을 때 이 구름이 그를 영접하였을 것이다. 이 구름은 우리가 보통 볼 수 있는 퍼져있는 그런 구름이 아니었고 그리스도를 가리기 위한 그런 구름이었다. 지금 그리스도는 구름으로 자기 수레를 삼으셨다(시 104:3). 하나님은 자주 구름 가운데서 내려오셨다. 이제 하나님께서 구름 가운데서 올라가셨다. 하몬드(Hammond) 박사는 여기서 그리스도를 영접한 구름이 그를 모시는 천사들이었다고 생각한다. 왜냐하면 출애굽기 25장 22절과 레위기 16장 2절을 대조해 볼 때 천사들의 나타남이 대개 구름으로 묘사되어 있기 때문이다. 구름은 위의 세계와 아래 세계를 연결하는 일종의 교통수단이다. 구름 안에서 수증기가 땅에서 위로 보내어지고, 하늘로부터 이슬이 보내어진다. 그러므로 하나님과 사람 사이의 중보자이신 그리스도께서 구름을 타고 올라가시는 것이 합당하다. 그로 말미암아 하나님의 자비가 우리에게 내리고 우리의 기도가 하나님에게 올라간다. 이러한 장면이 그리스도를 볼 수 있었던 마지막 모습이었다. 허다한 증인들의 눈이 구름 속까지 그리스도를 따라 올라갔다. 그 다음에 그리스도에게 어떤 일이 있었는지 알고자 한다면 우리는 알 수 있다. 인자 같은 이가 하늘 구름을 타고 와서 옛적부터 항상 계신 이에게 나아가 그 앞으로 인도되매(단 7:13).

V. 그리스도께서 보이지 않는데도 제자들은 계속해서 자세히 하늘을 쳐다보고 있었다(10절). 더 이상 쳐다보아도 소용이 없었는데 왜 그리 했을까?

1. 아마도 그들은 그리스도께서 곧 그들에게 다시 오셔서 이스라엘 나라를 회복해 주실 것이라고 기대했을 것이다. 그리고 이제 그리스도와 헤어지는 것이 그들에게 유익이라는 사실을 믿기가 싫었을 것이다. 그리스도께서 그들에게 그러나 내가 너희에게 실상을 말하노니 내가 떠나가는 것이 너희에게 유익이라고 말씀하셨지만 그들은 여전히 그리스도의 육체적인 임재를 간절히 바랐다. 또는 선지자의 제자들이 엘리야에 대하여 생각했던 것처럼(왕하 2:7) 혹시나 그리스도께서 떨어져서 다시금 모실 수 있지 않을까 하는 생각으로 그리스도를 쳐다보았다.

2. 아마도 그들은 그리스도께서 승천하시는 지금 보이는 하늘에서 뭔가 변화가 일어나는 것을 보기를 기대하였을 것이다. 그리스도의 광채가 비침으로

써 그 때에 달이 수치를 당하고 해가 부끄러워하거나(사 24:23) 혹 기쁨과 승리의 어떤 표적을 달과 해가 나타내 보여줄 줄 그들이 기대하였다. 혹은 보이는 하늘이 열려 그리스도를 영접할 때에 아마도 그들은 그 보이는 하늘에서 영광스러운 광경이 펼쳐질 것을 기대하였을 것이다. 그리스도는 일찍이 제자들에게 말씀하시기를 앞으로 그들이 하늘이 열리는 것(요 1:51)을 보게 되리라고 하셨다. 그런데 어찌하여 그들이 이런 현상을 지금 기대해서는 안 되는 것인가?

VI. 두 천사가 사도들에게 나타나 하나님의 시의적절한 메시지를 전하였다.
우리 구주께서 공식적으로 하늘에 있는 예루살렘에 입장하시는 지금 천사들의 세계는 우리 구주를 영접할 만반의 준비를 하였다. 이들 두 천사가 그 때에 그 자리에 참석하지 못한 것을 아쉬워했을 것이라고 우리는 추정할 수 있다. 그러나 그리스도께서 내심으로 땅에 있는 자신의 교회에 대하여 얼마나 많은 관심을 가지고 있었는지 보여주기 위해 자신을 마중 나온 천사들 가운데 둘을 제자들에게 보내셨다. 그래서 그들이 밝게 빛나는 흰 옷 입은 두 사람으로 나타났다. 땅에 있는 그리스도의 종들을 섬기는 것이 곧 그리스도를 섬기는 것이라는 사실을 그들은 알고 있었다. 그것이 그들의 임무였기 때문이다. 이제 우리는 천사들이 사도들에게 한 말을 듣는다.

1. 천사들은 그들의 호기심을 억제하였다. 갈릴리 사람들아 어찌하여 서서 하늘을 쳐다보느냐? 천사들은 그들을 길릴리 사람들이라고 부른다. 이는 그들이 반석에서 떠내졌고(사 51:1) 그 반석이신 그리스도께서 그들을 그의 대사들로 삼으심으로 그들을 크게 높여 주셨다는 사실을 그들에게 상기시키기 위함이었다. 그러나 그들은 여전히 사람들이며 땅에 속한 그릇들, 곧 갈릴리 사람들임을 기억해야 한다. 갈릴리 사람들이란 호칭은 경멸하는 투로 무식한 사람들을 지칭한다. 이제 천사들은 다음과 같이 말한다. 교양 없고 점잖지 못한 갈릴리 사람들처럼 어찌하여 서서 하늘을 쳐다보느냐? 너희가 무엇을 보려고 하느냐? 너희가 보아야 할 것은 이미 모두 보았는데 어찌하여 더 보고 있느냐? 겁에 질려 당황한 사람들처럼, 어찌할 바를 몰라 깜짝 놀란 사람들처럼 어찌하여 서서 하늘을 쳐다보느냐? 그리스도의 제자들은 결코 서서 쳐다보아서는 안 된다. 그들에게는 가라는 확실한 명령과, 토대를 건설해야 하는 사명이 있기 때문이나.

2. 천사들은 그리스도의 재림에 대한 제자들의 믿음을 확고히 해 준다. 주님께서는 자주 자신의 재림에 대하여 제자들에게 말씀하셨다. 그리고 이 때에 천

사들이 보내심을 받은 것은 시의적절하게 주님의 말씀을 그들에게 상기시키도록 하기 위함이었다. "너희 가운데서 하늘로 올려지신 이 예수는 (너희가 그토록 오랫동안 쳐다보고 있는 이 예수, 다시금 너희와 함께 해 주셨으면 하고 바라는 이 예수께서 영원히 떠나시는 것이 아니라 정하신 날에) 하늘로 가심을 본 그대로 오시리라 하였느니라. 그러므로 너희는 그 약속된 날까지 예수께서 다시 오시기를 기대해서는 안 된다."

(1) "이 예수는 영광스러운 몸으로 친히 다시 오실 것이다. 전에 자기를 단번에 제물로 드려 죄를 없이 하시려고 세상 끝에 나타나신 이 예수는 죄와 상관 없이 자기를 바라는 자들에게 두 번째 나타나시리라(히 9:26, 28). 전에 치욕스럽게 심판을 당하시려고 오셨던 이 예수는 이제 영광스럽게 심판하시려고 다시 오실 것이다. 너희에게 사명을 맡기신 이 예수는 너희가 얼마나 맡은 사명을 이행하였는지 너희를 불러 회계하도록 하기 위해 다시 오실 것이다. 낯선 사람(욥 19:27)이 아니라 바로 그분이 오실 것이다."

(2) "그분은 본 그대로 오실 것이다. 예수는 구름 속에서 사라지셨고 천사들의 시중을 받으셨다. 그리고 이제 예수는 구름을 타고 천군 천사와 함께 오실 것이다! 그는 즐거운 함성과 나팔소리 중에 올라가셨다(시 47:5). 이제 그는 호령과 천사장의 소리와 하나님의 나팔 소리로 친히 하늘로부터 강림하실 것이다(살전 4:16). 너희가 지금은 구름 속에 가리우신 예수를 뵐 수 없다. 지금은 예수께서 가신 곳을 너희가 따라갈 수 없다. 그러나 그 때에 너희가 구름 속으로 끌어 올려 공중에서 주를 영접하게 하실 것이다(살전 4:17)." 우리가 서서 물끄러미 쳐다보며 시간을 낭비하는 대신 우리 주님의 재림에 대한 생각으로 활기를 얻고 깨어나야 할 것이다. 우리가 서서 물끄러미 쳐다보며 근심하는 대신 주님의 재림에 대한 생각으로 위로를 받고 용기를 내어야 할 것이다.

¹²제자들이 감람원이라 하는 산으로부터 예루살렘에 돌아오니 이 산은 예루살렘에서 가까워 안식일에 가기 알맞은 길이라 ¹³들어가 그들이 유하는 다락방으로 올라가니 베드로, 요한, 야고보, 안드레와 빌립, 도마와 바돌로매, 마태와 및 알패오의 아들 야고보, 셀롯인 시몬, 야고보의 아들 유다가 다 거기 있어 ¹⁴여자들과 예수의 어머니 마리아와 예수의 아우들과 더불어 마음을 같이하여 오로지 기도에 힘쓰더라

우리는 여기서 다음과 같은 사실을 알 수 있다.

I. 그리스도께서 승천하신 곳을 알 수 있다.   감람원이라 하는 산으로부터(12절). 이 곳은 베다니 동네가 있는 곳이었다(눅 24:50). 그 곳에서 그리스도께서 고난당하기 시작하셨다(눅 22:39). 그런 곳에서 그리스도께서 영광스럽게 승천하심으로써 사람들이 그에게 쏟아부었던 비난을 떨쳐버릴 수 있었다. 이처럼 그리스도의 수난과 승천이 한 곳에서 일어남으로써 둘의 연관성을 보여주었다. 이렇게 그리스도는 예루살렘과 배은망덕하게 그의 통치를 거부한 그 거민들 앞에서 그의 나라에 들어가셨다. 이에 대하여 이미 예언되었다. 그 날에 그의 발이 예루살렘 앞 곧 동쪽 감람 산에 서실 것이요(슥 14:4). 그리고 곧바로 다음의 말씀이 이어진다. 감람 산은 그 한 가운데가 동서로 갈라져. 좋은 감람나무이신 그리스도께서 바로 감람 산에서 승천하셨고, 우리는 그 곳에서 기름부음을 받는다(슥 4:12; 롬 11:24). 이 산이 예루살렘에서 가까워 안식일에 가기 알맞은 길이라고 본문은 말한다. 즉, 가까운 거리라는 말이다. 그 거리는 경건한 사람들이 공적인 예배를 드린 후 묵상을 위해 안식일 저녁에 걸었던 거리보다 멀지 않다. 어떤 이들은 그 거리가 일천 보 정도 된다고 추정하며, 어떤 이들은 이천 규빗, 어떤 이들은 일 마일 정도 된다고 추정한다. 실제로 베다니는 예루살렘에서 이 마일 정도 된다. 그러나 그리스도께서 기쁘게 승천하신 감람 산에서 예루살렘까지의 거리는 불과 일 마일 정도였다. 룻기 1장에 대한 갈대아인들의 해설서를 보면, 우리는 안식일과 성일들을 지켜야 하는데 그 날들에 이천 규빗 이상을 다녀서는 안 된다라고 말하고 있다. 이런 해석의 근거는 여호수아서 3장 4절이다. 거기에 보면, 요단을 건너갈 때 이스라엘 백성과 언약궤의 거리가 이천 규빗이 되어야 했다. 그러므로 하나님께서 안식일에 이천 규빗 이상을 걷지 말라고 명하신 것이 아니라 그들 스스로 그렇게 해석한 것이었다. 따라서 안식일 규례를 준수하기 위해 안식일에 여행하지 말고, 부득이한 경우 허락받아야 하며 그렇지 않을 경우 여행하지 말아야 한다는 이러한 규례는 우리와 상관이 없다(왕하 4:23).

II. 제자들이 돌아온 곳을 알 수 있다.   그들은 예루살렘으로 왔다. 비록 그 곳은 대적들의 소굴이었지만 주님의 약속이 있는 곳이었기 때문이다. 하지만 비록 그리스도의 부활 직후에는 그들이 감시의 대상이었고 그들 또한 유대인들을 두려워하였지만 그들이 갈릴리로 간 사실이 알려진 만큼 그들이 예루살렘에 돌아온 것을 아무도 알아채지 못하였을 것이며 더 이상 그들을 찾으려 하지도 않았던 것 같다. 하나님은 대적들의 소굴에서 자기 백성들이 숨을 수 있는 은신처를 마련해 주시며, 사울에게 영향을 끼쳐서 더 이상 다윗을 찾지 못하게 하신다. 예루살렘에서 그들이 유하는 다락방으로 올라갔다. 그들 모두가 한 방에서 숙식을 한 것은 아니었고 다만 매일 모여서 경건한 시간을 함께 지내며 성령의 강림을 기다렸다. 이 다락방에 대하여 학자들이 여러 가지 추측들을 한다. 어떤 이들은 그 곳이 성전 안에 있는 다락방들 중에 하나였다고 생각한다. 그러나 이 방들을 주관하였던 대제사장들이 그리스도의 제자들이 그 곳에 계속 머물도록 허락하였을 리 만무하다. 본서의 저자인 역사가 누가는 제자들이 늘 성전에서 하나님을 찬송하니라(눅 24:53)고 말하였다. 그들이 그 곳에 참여하는 것은 방해받지 않았을 것이다. 하지만 여기에 나오는 다락방은 개인의 집에 속한 방이었을 것이다. 옥스퍼드의 그레고리(Gregory) 교수는 다음과 같은 견해를 피력한다. 그는 이 구절에 대한 시리아의 주석학자의 말을 인용하는데 이 주석학자는 주장하기를, 그 방은 제자들이 유월절 만찬을 먹었던 바로 그 다락방이었다고 한다. 이 휘페로온(hyperoon)이 아노게온(anogeon)이라고도 불렸는데 두 단어 다 같은 뜻이다. 그는 말하기를, "유오디우스(Euodius)의 말대로 그 다락방이 복음서 저자 요한의 집에 있었는지 아니면 다른 사람들의 생각대로 요한 마가의 어머니 마리아의 집에 있었는지 확실하지 않다"라고 한다. 13장을 참고하라.

Ⅲ. 함께 모인 제자들이 누구였는지 알 수 있다. 열 한 제자들의 이름이 소개되었고(13절), 우리 주님의 어머니 마리아(14절)의 이름도 소개되었다. 이는 성경에서 마리아에 대하여 마지막으로 소개한 곳이다. 우리 주님의 골육인 아우들도 함께 있었다. 모인 무리의 수가 약 백이십 명(15절)이었는데 이 숫자가 되려면 추정하건대, 사도들의 친구들이요 복음전도자로 헌신했던 칠십 인의 제자들 전부 혹은 대부분이 그 곳에 함께 하였을 것이다.

Ⅳ. 그들이 시간을 어떻게 보내었는지 알 수 있다. 마음을 같이하여 오로지 기도에 힘쓰더라. 다음의 내용을 관찰하라.

1. 그들은 기도하고 간구하였다. 하나님의 모든 백성들은 기도하는 사람들이며, 기도에 힘쓴다. 지금은 그리스도의 제자들에게 고난과 위기의 때였다. 그들은 이리들 가운데 있는 양들과 같았다. 너희 중에 고난당하는 자가 있느냐 그는 기

도할 것이요(약 5:13). 기도는 염려와 두려움을 잠재울 것이다. 그들은 그들 앞에 있는 새로운 큰 일을 시작하기 전에 기도에 항상 힘쓰며(롬 12:12) 그 일을 할 때 하나님께서 자기들과 함께 해 달라고 간구하였다. 그리스도께서 그들을 파송하시기 전에 그들을 위한 기도의 시간을 가지셨으며, 이제는 제자들이 스스로를 위해 기도의 시간을 가졌다. 그들은 성령의 강림을 기다리고 있었으며 따라서 많은 기도를 드렸다. 예수께서 기도하실 때에 성령께서 주님 위에 내려오셨다(눅 3:21). 성령을 받기 위한 가장 훌륭한 준비는 바로 기도하는 것이다. 그리스도는 잠시 후 성령을 보내어 주리라고 약속하셨다. 이제 이 약속이 기도를 중단시키지 않았고, 도리어 기도를 자극하고 장려하였다. 하나님께서는 약속된 자비를 내려주시려고 준비하실 것이며, 약속이 성취될 때가 다가올수록 우리는 더욱더 간절히 기도해야 할 것이다.

2. 그들은 계속 기도하였고 기도하는데 많은 시간을 들였다. 평상시보다 더 자주 기도하였고, 오래 기도하였다. 그들은 기도의 시간을 결코 빠뜨리지 않았다. 그들은 약속대로 성령께서 오시기까지 끈기 있게 기도하기로 결심하였다. 항상 기도하고 낙심하지 말라(눅 18:1). 제자들이 하나님께 경배하고 찬미하였다고 성경은 말씀하고 있는데(눅 24:53), 여기서는 오로지 기도에 힘쓰더라고 말씀하고 있다. 언약에 대한 찬양은 언약성취를 바라는 예절 바른 자세이며, 이전에 받은 은혜에 대한 찬양 또한 더 큰 은혜를 바라는 올바른 자세이다. 이처럼 하나님께 간구할 때 우리는 이미 받은 자비와 은혜에 대하여 하나님께 영광을 돌려야 한다.

3. 그들은 마음을 같이하여 기도하였다. 이 말씀은 그들이 함께 거룩한 사랑 안에 있었고, 그들 가운데 어떠한 다툼이나 불화도 없었다는 것을 의미한다. 평안의 매는 줄로 성령이 하나 되게 하신 것을 힘써 지키는(엡 4:3) 자들이 성령의 위로를 받을 수 있는 준비가 가장 잘 되어 있는 사람들이다. 이 말씀은 또한 그들이 훌륭한 기도를 드렸다는 것을 의미한다. 말은 한 사람이 하였지만 기도는 모두가 하였다. 너희 중의 두 사람이 땅에서 합심하여 무엇이든지 구하면 하늘에 계신 내 아버지께서 그들을 위하여 이루게 하시리라(마 18:19). 많은 사람이 합심하여 함께 기도할 때 기도의 효력은 훨씬 더 커진다.

[15]모인 무리의 수가 약 백이십 명이나 되더라 그 때에 베드로가 그 형제들 가운데

일어서서 이르되 [16]형제들아 성령이 다윗의 입을 통하여 예수 잡는 자들의 길잡이가 된 유다를 가리켜 미리 말씀하신 성경이 응하였으니 마땅하도다 [17]이 사람은 본래 우리 수 가운데 참여하여 이 직무의 한 부분을 맡았던 자라 [18](이 사람이 불의의 삯으로 밭을 사고 후에 몸이 곤두박질하여 배가 터져 창자가 다 흘러 나온지라 [19]이 일이 예루살렘에 사는 모든 사람에게 알리어져 그들의 말로는 그 밭을 아겔다마라 하니 이는 피밭이라는 뜻이라) [20]시편에 기록하였으되 그의 거처를 황폐하게 하시며 거기 거하는 자가 없게 하소서 하였고 또 일렀으되 그의 직분을 타인이 취하게 하소서 하였도다 [21]이러하므로 요한의 세례로부터 우리 가운데서 올려져 가신 날까지 주 예수께서 우리 가운데 출입하실 때에 [22]항상 우리와 함께 다니던 사람 중에 하나를 세워 우리와 더불어 예수께서 부활하심을 증언할 사람이 되게 하여야 하리라 하거늘 [23]그들이 두 사람을 내세우니 하나는 바사바라고도 하고 별명은 유스도라고 하는 요셉이요 하나는 맛디아라 [24]그들이 기도하여 이르되 뭇 사람의 마음을 아시는 주여 이 두 사람 중에 누가 주님께 택하신 바 되어 [25]봉사와 및 사도의 직무를 대신할 자인지를 보이시옵소서 유다는 이 직무를 버리고 제 곳으로 갔나이다 하고 [26]제비 뽑아 맛디아를 얻으니 그가 열한 사도의 수에 들어가니라

유다의 죄는 자신에게 수치와 파멸을 가져다주었을 뿐 아니라 사도들의 모임에 빈 자리를 초래하였다. 열두 족장에서 비롯된 이스라엘의 열두 지파처럼 열두 명이 사도로 임명되었다. 그들은 교회의 관을 쓴 열두 별이었고(계 12:1), 그들을 위해 열두 보좌가 마련되었다(마 19:28). 배우는 학생들이었을 때에는 열두 명이었는데 선생이 된 지금은 열한 명이 되었기 때문에 모든 사도들은 열두 번째 사도가 어찌 되었는가 하고 묻지 않을 수 없었을 것이며, 그들의 모임 가운데 있었던 치욕을 생생하게 기억하였을 것이다. 그러므로 성령께서 임하시기 전에 그들은 그 빈 자리를 채우려고 하였고, 그 결과 오늘날 우리들은 그 완전한 수를 볼 수 있게 된 것이다. 아마도 우리 주 예수께서 하나님 나라의 일을 사도들에게 말씀하실 때 이 문제에 대하여도 지시하셨을 것이다. 다음과 같은 내용을 관찰하라.

I. 사람들은 이 문제에 관심이 있었다.

1. 이 집에는 약 백이십 명이 모였다. 이는 전체 인원수였다. 어떤 이들은 여자를 빼고 남자들만 계산한 숫자라고 생각한다. 라이트푸트박사는 계산하기를,

열한 명의 사도들과 칠십 인의 제자들, 거기에다가 그리스도의 모든 골육들과 마을 사람들을 합한 서른 한 명을 더해서 백이십 명이 되었다고 한다. 이들은 일종의 대회나 혹은 목사들과 유력한 장로의 모임이었다고 한다(4:23). 그 나머지는 감히 그들과 상종하는 사람이 없으나(행 5:13). 그들의 모임은 스데반이 순교당하는 박해를 받아 사도들 외에는 모두 뿔뿔이 흩어질 때까지 계속되었다고 한다(8:1). 그러나 이들 외에도 예루살렘에는 수천 명은 아닐지라도 수백 명의 신자들이 있었을 것이라고 라이트푸트 박사는 생각한다. 실제로 믿는 자가 많되 드러나게 말하지 못하였다는 말씀을 우리는 보게 된다(요 12:42). 이렇게 볼 때 라이트푸트 박사의 생각처럼 이 모임이 말씀의 전파와 기타 예배의 행위를 위해 별개의 회의로 모인 것이라고 생각할 수 없다. 또한 성령의 부으심과 다음 장에 기록된 회심 이후까지 이러한 모임이 있었다고 생각할 수 없다. 이 모임은 단순히 교회의 시작이었다. 이 백이십 명은 나무로 자라난 겨자씨였고, 덩어리 전체를 부풀린 누룩이었다.

2. 말씀은 베드로가 전하였다. 그는 지금까지 가장 적극적인 사람이었다. 그의 적극성과 열심이 두드러진 것을 보아 그가 주님을 부인함으로써 잃었던 입지를 완전히 회복한 것을 알 수 있다. 그리고 거룩한 역사(story)가 유대인들 가운데 세한되이 있는 동안에 베드로는 할례받은 자들의 사도가 되도록 예정되어 있었고, 이후에 이방인들에게 선파되면서 비율의 역사로 이어진다.

Ⅱ. 베드로가 다른 사도를 선출하자는 제안을 하였다. 베드로가 그 형제들 가운데 일어서서(15절). 베드로는 법률을 세운 사람이나 혹은 다른 사람들에 대한 지배권을 가진 사람처럼 앉아 있지 않고 도리어 서서 형제들에게 경의를 표하고 말하였다. 이제 그의 설교에서 우리는 다음과 사실을 생각해 볼 수 있다.

1. 유다의 죽음으로 인해 생긴 공백에 대한 설명. 베드로는 아주 상세하게 설명하고 있다. 그리스도께서 성령을 부어주신 후에 베드로는 이 일이 예언의 성취라고 지적한다. 본문에는 다음과 같이 내용이 있다.

(1) 유다가 받은 직무(17절): 이 사람은 본래 우리 수 가운데 참여하여 이 직무의 한 부분을 맡았던 자라. 우리도 이 직무를 받았다. 많은 사람들이 이 세상에서 성도들 가운데 참여하지만 귀한 자와 천한 자를 구분하는 날에 성도들 가운데서 발견되지 않을 것이라는 사실을 주목하라. 만일 우리가 그리스도인의 정신과 본바탕에 참여하지 못한다면 그 수에 참여하는 것이 무슨 소용이 있겠는가? 그

리스도의 이름으로 예언한 자들이 도리어 불법을 행한 자들로 심판을 받는 것처럼 유다도 비록 이 직무의 한 부분을 맡았지만 그것이 도리어 그의 죄와 타락을 악화시킬 뿐이었다.

(2) 이러한 직무를 받았음에도 불구하고 유다가 지은 죄. 그는 예수 잡는 자들의 길잡이가 되어 그리스도를 핍박하는 자들에게 그가 계신 곳을 알려 주었을 뿐만 아니라(이로 인해 핍박자들은 그리스도께서 안 보이는 곳에 계셨지만 쉽게 붙잡을 수 있었다) 노골적으로 그리스도를 붙잡는 일당의 선두에 서는 뻔뻔스러움을 보이기까지 하였다. 유다는 선두에 서서 그들을 그리스도께서 계시는 곳으로 안내하였고, 마치 명예로운 일을 자랑하듯이 그이니 그를 잡으라(마 26:48) 명령하였다. 주모자들이 가장 큰 죄인들이라는 사실을 주의하라. 더구나 그 직무로서 그리스도의 친구들을 안내해야 마땅한 자들이 도리어 그리스도의 원수들을 안내한 죄는 그 중에서도 가장 큰 죄다.

(3) 이 죄로 인한 유다의 멸망. 대제사장들이 그리스도와 그의 제자들의 목숨을 찾고 있다는 것을 눈치챈 유다는 그리스도를 배반함으로써 자기 목숨을 구할 뿐만 아니라 대제사장들 밑에서 자기의 수고의 몫으로 재산을 얻을 수 있다고 생각하였다. 그는 그 돈이 계약금이 되기를 희망하였다. 하지만 그 돈이 어떻게 되었는가 보라.

[1] 그는 너무나 치욕스럽게 자신의 돈을 다 잃고 말았다(18절). 그는 불의의 삯인 은 삼십 냥으로 밭을 샀다. 사실은 그가 밭을 산 것이 아니라 불의의 삯이 그 밭을 산 것이지만 이러한 거래로 부자가 되려는 그의 계획을 조소하기 위해 아주 완만하게 표현된 것이다. 게하시가 거짓으로 나아만으로부터 취한 재물을 가지고 밭을 사려고 했던 것처럼(왕하 5:26을 참고하라) 그는 자신의 소유로 밭을 산 것이라고 생각하였지만 그 밭은 나그네의 묘지가 되고 말았다. 이 밭이 그나 그의 가족에게 어떤 유익을 주었는가? 그 돈은 그에게 불의한 재물이었으며, 그 돈이 그를 속였다. 그의 불의의 삯이 그의 불의를 걸려 넘어지게 만드는 것이었다.

[2] 그는 한층 치욕스럽게 목숨을 잃었다. 성경은 그가 실망하고 물러가서 스스로 목매어 죽었다고 말씀하고 있다(마 27:5). 마태복음에는 더 이상의 기록이 없다. 그러나 본서에서는 더 많은 내용이 추가되었다. (후대의 역사가들이 이전의 역사에 더 많은 내용을 추가하기 때문이다.) 즉, 그는 목이 졸려 질식하거

나 혹은 슬픔과 공포에 숨이 막혀서 몸이 곤두박질하여 얼굴이 땅에 떨어졌다 (하몬드 박사). 한편으로는 그의 가슴이 부풀었기 때문에, 한편으로는 떨어지는 충격 때문에 배가 터져 창자가 다 흘러 나왔다. (우리가 막 9:26; 눅 9:42에서 볼 수 있듯이) 마귀가 아이에게서 나올 때 그 아이를 쥐어뜯고 내던지며 거의 죽게 만든 것을 보면, 마귀가 유다를 완전히 사로잡아 그를 곤두박질치게 만들고 배가 터져 죽게 만들었다고 해도 전혀 이상하지 않다. 마태의 말에 의하면 유다는 스스로 목매어 죽었는데, 그렇다면 그의 몸이 부풀어 오른 나머지 마침내 터지고야 말았을 것이다. (에드워드[Edwards] 박사에 의하면) 유다가 큰 소리를 내며 터졌다고 베드로가 말하고 있으며, 이 소리는 이웃이 다 들을 정도였으며 결과적으로 이 일이 예루살렘에 사는 모든 사람에게 알리어졌다(19절). 그의 창자가 다 흘러 나왔다. 내장의 모든 것을 다 알고 있는 의사답게 누가는 기록하고 있다. 창자가 흘러나오는 것은 반역자들이 받는 형벌이다. 유다가 주 예수님을 반역하였으므로 그의 창자가 흘러 나온 것은 당연한 일이었다. 예수께서 악한 종을 엄히 때릴 것(마 24:51; 문자적으로는 쪼개다는 뜻: 역자 주)이라고 말씀하셨을 때 그리스도께서는 이미 유다의 운명을 내다보셨을 것이다.

(4) 유다의 이러한 죽음이 공적으로 고시됨. 이 일이 예루살렘에 사는 모든 사람에게 알리어져. 이 일이 이를테면 신문에 게재되었고, 마을 사람들은 자기 선생을 배반한 자에게 하나님께서 놀라운 심판을 내리신 것이라고 이야기하였다 (19절). 제자들만 이런 이야기를 한 것이 아니라 모든 사람들의 입에 이런 이야기가 오르내렸으며, 아무도 이 일의 사실성에 대하여 이의를 제기하지 않았다. 알려졌다는 말씀은 의심할 바 없이 사실임이 알려졌다는 뜻이다. 그리스도를 죽이는데 가담했던 사람들이 이렇게 최초의 본보기로 형벌을 받은 유다의 모습을 보았을 때 마땅히 회개할 마음을 가졌을 것이라고 사람들은 생각할 것이다. 하지만 그들의 마음은 완고하였다. 그들 가운데 마음이 부드러운 자들은 말씀, 그리고 말씀과 더불어 역사하시는 성령으로 말미암아 틀림없이 회개하였을 것이다. 여기서 지명된 밭에 악명이 붙여진 증거가 나온다. 즉, 유다의 돈으로 구입된 밭이 아겔다마, 곧 피밭이라고 불렸는데, 그 이유는 이 밭이 핏값으로 구입되었기 때문이다. 그 순전하고 고귀한 피를 판 사는 물론 그 피를 산 자들까지도 이 핏값으로 영원히 악명을 면할 수 없게 되었다. 하나님께서 이 피에 대하여 심문하실 때 이 사람들이 장차 무엇이라 대답할지 보라.

(5) 이 일에 대한 말씀의 성취. 성경은 이에 대하여 분명하게 말씀하였다. 미리 말씀하신 성경이 응하였으니 마땅하도다(16절). 열둘 가운데 하나가 빠진 것에 대하여 아무도 놀라지 말며 실족하지 말자. 왜냐하면 다윗이 그의 죄를 예언하였을 뿐만 아니라(이에 대하여 그리스도께서는 요한복음 13장 18절에서 시편 41편 9절을 통해 유다의 죄를 아셨다. 그러나 내 떡을 먹는 자가 내게 발꿈치를 들었다 한 성경을 응하게 하려는 것이니라.) 또한,

[1] 그가 받을 형벌에 대하여도 예언하였기 때문이다(시 69:25). 그들의 거처가 황폐하게 하시며. 이 시편은 메시야를 나타낸다. 바로 몇 절 앞에서 그들이 쓸개를 나의 음식물로 주며 목마를 때에는 초를 마시게 하였다(시 69:21)는 말씀이 있는데, 이로 보아 바로 이어지는 다윗의 대적들의 멸망에 대한 예언은 그리스도의 대적들에게 적용되어야 하며, 특히 유다에게 적용되어야 한다. 아마도 유다는 예루살렘에 자신의 거처가 있었을 것이며, 이 일 때문에 누구나 거기서 사는 것이 무서웠을 것이며 따라서 그 곳은 황폐하게 될 수밖에 없었다. 이 예언과 악한 자에 관한 빌닷의 예언과 같다. 그가 의지하던 것들이 장막에서 뽑히며 그는 공포의 왕에게로 잡혀가고 그에게 속하지 않은 자가 그의 장막에 거하리니 유황이 그의 처소에 뿌려질 것이며(욥 18:14, 15).

[2] 그의 자리를 다른 사람이 대신하였다. 그의 직분을 타인이 취하게 하소서라는 말씀은 시편 109편 8절에서 인용한 것이다. 이 말씀을 인용하므로 베드로는 아주 적절하게 다음의 안건을 제안한다. 직분을 맡은 자의 악함 때문에 혹은 그러한 악으로 인한 불명예스러운 형벌 때문에 하나님께서 세우신 직분 자체(그것이 관리직이든 성직이든)가 무익하다고 우리가 생각해서는 안 된다. 맡은 자들의 과실 때문에 하나님의 목적이 좌절되거나 그의 위임이 취소되거나 그의 일이 실패하거나 하지 않을 것이다. 사람의 불신이 하나님의 약속을 무효화시키지 못할 것이다. 유다는 목매어 죽었지만 그의 직분이 없어진 것은 아니다. 성경은 그의 거처를 황폐하게 하시며 거기 거하는 자가 없게 하소서라고 말씀한다. 거기서 유다는 계승자를 얻지 못할 것이다. 하지만 이 말씀은 유다 자신에 대한 예언이지 유다의 직분에 대한 예언이 아니다. 원 가지가 잘려져 나간다면 다른 가지들이 접붙임을 받는데(롬 11:17), 이 같은 원리는 교회의 신도들과 아울러 직분자들에게도 똑같이 적용된다. 증인들이 부족하더라도 그리스도의 뜻은 결단코 흔들리지 아니할 것이다.

2. 베드로가 다른 사도를 선출하기 위해 행동을 취함(21, 22절). 여기서 다음과 같은 내용을 관찰하라.

(1) 빈 자리를 채우는 사람이 갖추어야 할 자질. 그것은 칠십 인의 문도들, 곧 주 예수께서 우리 가운데 출입하실 때에 항상 우리와 함께 다니던 사람이어야 하며 삼년 반 동안, 곧 그리스도께서 복음을 전하기 시작한 때인 요한의 세례로부터 우리 가운데서 올려져 가신 날까지 예수께서 전도하시고 기적을 행하시던 일을 목격한 사람이어야 한다. 근면과 충성과 꾸준함으로 낮은 자리에서 맡은 바 사명을 감수한 자들이 높은 자리에 발탁될 적임자다. 작은 일에 충성한 자들이 더 큰 일을 맡게 될 것이다. 오직 처음부터 끝까지 그리스도의 가르침과 행적을 잘 아는 자들 외에는 어느 누구도 그리스도의 사역자, 복음의 전파자, 교회의 지도자로 세워져서는 안 된다. 사도들과 함께 다니되 끝까지 다닌 자 외에는 아무도 사도가 되지 못할 것이다. 이따금씩 사도들을 방문한 자는 사도가 될 수 없으며 그들과 친밀하게 대화를 나눈 사람만이 사도가 되어야 한다.

(2) 빈 자리를 채우는 사람이 받을 소명. 그는 우리와 더불어 예수께서 부활하심을 증언할 사람이 되어야 한다. 이로써 그리스도께서 나타나셨을 때 열한 제자와 함께 다른 제자들도 함께 있었던 것으로 보인다. 그렇지 않다면 그들은 열한 제자들과 같이 그리스도의 부활에 대한 합법적인 증인들이 되지 못하였을 것이다. 사도들이 세상에 증언해야 했던 위대한 일은 바로 그리스도의 부활이었다. 왜냐하면 부활이야말로 그리스도의 메시아 되심을 보여주는 큰 승거이며, 그 안에 있는 우리의 소망의 근거였기 때문이다. 그들이 사도로 세워신 목적은 세속적인 지위와 지배권을 위한 것이 아니라 그리스도와 그의 부활의 권능을 전하게 하기 위함이었다.

Ⅲ. 유다의 사도직을 계승할 사람을 추천함.

1. 두 사람이 그 자리를 대신할 후보자로 지명되었다(23절). 그들은 그리스도를 늘 따라다닌 성실한 사람들로 알려졌다. 그들이 두 사람을 내세우니. 누구를 사도로 세워야 하는가의 문제를 열한 명의 사도들이 결의하지 않고 백이십 명의 성도들이 결의하였다. 베드로는 열한 명의 사도에게 말하지 않고 백이십 명의 성도들에게 말하였다. 그들이 지명한 두 사람은 요셉과 맛디아였다. 이 요셉이 바울이 말한 유스도라 하는 예수(골 4:11)와 동일인물이 아니라면 이들에 대한 기록은 다른 데서 찾아볼 수 없다. 유스도라 하는 예수는 할례파이며 하나

님의 나라를 위하여 함께 역사하는 자이며, 사도 바울에게 위로가 되었다고 기록되어 있다. 그러므로 그가 비록 사도가 되지는 못하였지만 중단 없이 봉사하였으며 낮은 자리에서 아주 필요한 인물이었다. 다 사도이겠느냐 다 선지자이겠느냐? 어떤 이들은 이 요셉이 작은 야고보(막 15:40)의 형제 요세(막 6:3)라고 생각한다. 야고보가 의로운 야고보라고 칭해졌던 것처럼 그는 의로운 요세라고 칭해졌다. 어떤 이들은 이 요세를 사도행전 4장 36절에 언급된 요셉과 혼동한다. 하지만 사도행전에 나오는 요셉은 구브로 출신이며 이 요세는 갈릴리 출신이다. 그들을 구분하기 위해 사도행전에 나오는 요셉은 **바나바** — 위로의 아들 — 라 칭해졌고, 이 요세는 **바사바** — 맹세의 아들 — 라고 칭해진 듯하다. 어떤 사람이 더 적합하다고 말할 수 없을 만큼 이 두 사람 모두 사도의 직분을 받을 만한 자격이 있는 자들이었다. 하지만 성도들은 이 두 사람 중에 한 사람이 사도의 직분을 받아야 한다고 합의하였다. 이 두 사람은 사도의 자리에 오르기 위해 자천하지도 노력하지도 않았으며, 다만 겸손하게 앉아 있다가 후보자로 지명되었을 뿐이다.

2. 그들은 기도로써 하나님의 인도를 부탁하였다. 이는 칠십 인 중에 한 명이 아니라 이 두 사람 중에 한 명을 뽑아달라는 기도였다(24, 25절). 왜냐하면 참석한 모든 사람들이 보기에 다른 사람들은 이 두 사람과 경쟁이 될 수 없었기 때문이다.

(1) 그들은 마음을 아시는 하나님께 간청한다. "뭇 사람의 마음을 아시는 주여, 우리는 사람들의 마음을 모르지만 하나님은 사람이 자기 자신을 아는 것보다 더 잘 아시나이다." 사도가 선택되었을 때 마음과 그 기질과 성질을 기준으로 선택되었다는 사실을 주목하라. 그런데 뭇 사람의 마음을 아신 예수께서는 지혜롭고 거룩한 목적을 위하여 유다를 열둘 가운데 하나로 택하셨다. 우리가 교회의 발전과 사역을 위해 기도할 때 우리의 기도를 받으시는 하나님께서 뭇 사람의 마음을 아신다는 사실이 우리에게 위로가 된다. 하나님은 그들을 눈으로 보실 뿐만 아니라 자기의 손 안에 두시고 원하시는 방향으로 그들을 돌이키시며, 만일 그들이 합당한 모습을 보이지 못할 경우 그들에게 다른 영을 주심으로써 자기의 목적에 합당하도록 이끄실 수 있다.

(2) 그들은 이 두 사람 중에 누가 하나님께서 선택하신 자인지 알고자 한다. 주여, 우리가 만족할 만큼 **보이시옵소서**. 하나님께서 자신의 종들을 택하시는

것이 당연하다. 하나님께서 섭리를 이루시거나 성령의 은사를 베푸심으로써 우리를 위해 누구를 택하시고 혹은 무엇을 택하셨는지 보여주실 때 우리는 하나님의 뜻에 따라야 한다.

(3) 그들은 하나님께서 택하신 자를 형제로 받아들일 준비가 되어 있었다. 그들은 스스로 높은 자리에 오르기 위해 다른 사람을 배제시키는 일을 꾸미지 않았으며, 봉사와 및 사도의 직무를 대신할 자를 모시기를 원하였으며, 그들과 하나가 되어 일하고 영광을 함께 나누기를 원하였다. 죄를 범함으로 유다는 이 직무를 버렸다. 그는 자기의 주님을 저버리고 배신함으로써 사도의 자리를 버리고 제 곳으로 갔다. 그 곳은 배신자가 가는 곳이며, 그에게 꼭 맞는 곳이며, 그 곳은 교수대이며 아울러 지옥이다. 이 곳이 그가 갈 곳이었다. 적용. 그리스도를 배신하는 자들은 그리스도와의 존귀한 관계를 상실하는 순간 온갖 고통 속에 빠지고 만다. 성경은 발람에 대하여 자기 곳으로 돌아갔다고 말씀하고 있다(민 24:25). 이에 대하여 유대의 랍비들 가운데 한 사람은 그가 지옥에 들어간 것이라고 해석한다. 휘트비 박사는 이그나티우스의 말을 인용하여 다음과 같이 말한다. "모든 사람에게는 '적당한 곳'(a proper place)이 예비되어 있다. 그 곳은 하나님께서 각 사람에게 행한 대로 보응하시는 곳이다." 우리 구주께서는 유다에 대하여 "그 사람은 차라리 태어나지 아니하였더라면 제게 좋을 뻔하였느니라"(마 26:24)고 말씀하심으로써 그가 갈 곳이 얼마나 고통스러운 곳인지 말씀하셨다. 그가 받을 고통은 차라리 태어나지 않는 것보다 못할 정도다. 유다는 외식하는 자였고 지옥은 그런 자들이 있을 적당한 곳이다. 그 곳에 있는 다른 죄인들도 자신의 몫을 보응으로 받는다(마 24:51).

(4) 궁금증은 제비뽑는 방식으로 해소되었다(26절). 제비뽑기는 다른 방식으로는 해결할 수 없는 문제를 해결하기 위해 쓰인 방법으로서 하나님께 호소하는 것이며, 다만 엄숙한 신앙의 방식으로 믿음의 기도와 함께 행해져야만 유효하다. 제비는 사람이 뽑으나 모든 일을 작정하기는 여호와께 있느니라(잠 16:33). 맛디아는 장로들처럼 안수에 의해 세움을 받지 아니하였다. 왜냐하면 그는 제비로 선택되었기 때문이다. 제비는 하나님의 행위다. 그러므로 그가 세례받을 때처럼, 맛디아가 그들 모두 몇 날이 못되어 받을 성령으로 세움을 입은 것이 분명하다. 그리하여 사도들의 수가 채워졌고, 이처럼 이후에 열두 사도 가운데 하나인 야고보가 순교당하였을 때에도 바울이 그를 대신하여 사도가 되었다.

제
— 2 —
장

개요

메시야에 대한 언약(아무리 최근에 주어진 언약이라도)과 그의 오심 사이에 여러 세대가 끼여 있었다. 하지만 성령에 대한 언약과 성령의 오심 사이에는 불과 며칠만이 끼여 있었다. 그들은 모든 사람에게 복음을 전하며 예루살렘에서 전도를 시작하라는 명령을 받았지만, 그 며칠 동안 그들은 이름도 없이 바람에 완전히 묶여 있었다. 그들은 숨은 채 전도하지 않았다. 하지만 본 장에서 북풍과 남풍이 불어 그들을 깨웠고, 우리는 이윽고 강단에 서 있는 그들을 보게 된다. 본 장의 내용은 다음과 같다. I. 사도들에게 성령께서 강림하심과 오순절에 사도들과 함께 한 사람들(1-4절). II. 사방으로부터 예루살렘에 몰려온 사람들이 이 사건에 대하여 다양하게 추측함(5-13절). III. 베드로가 이 때에 그들에게 전한 설교. 여기서 그는 이와 같은 성령 충만이 구약 언약의 성취였으며(14-21절), 그리스도의 메시야 되심을 확증하는 것이며, 이미 그의 부활로써 이 사실이 입증되었다(22-32절)고 증언한다. 또한 성령 충만은 그리스도의 승천의 결과이자 증거라고 증언한다(33-36절). IV. 초대교회 성도들의 뛰어난 경건과 사랑, 그리고 하나님께서 그들과 함께 하신 분명한 증표들과 그들 안에 있는 권능(42-47절).

[1]오순절 날이 이미 이르매 그들이 다같이 한 곳에 모였더니 [2]홀연히 하늘로부터 급하고 강한 바람 같은 소리가 있어 그들이 앉은 온 집에 가득하며 [3]마치 불의 혀처럼 갈라지는 것들이 그들에게 보여 각 사람 위에 하나씩 임하여 있더니 [4]그들이 다 성령의 충만함을 받고 성령이 말하게 하심을 따라 다른 언어들로 말하기를 시작하니라

I. 이 사건이 언제 어디서 일어났는지 상세하게 설명되었는데, 이는 이 사건의 확실성을 높이기 위함이다.

1. 오순절 날이 이미 이르매. 이 말씀에는 이 명절의 제정에 대한 언급이 있는 듯하다. 성경은 일곱 안식일의 수효를 채우라고 말씀하고 있는데(레 23:15), 그

기준 일은 첫 열매를 드린 날이며, 이 날은 유월절 다음 날, 곧 아법월 16일이며, 이 날은 그리스도께서 부활하신 날이었다. 이 날이 이미 이르렀다. 즉, 전 날의 일부인 밤이 이미 지나갔다.

(1) 성령께서 엄숙한 명절의 때에 강림하셨다. 왜냐하면 그 때에 나라 전역에서 예루살렘에 몰려온 큰 무리가 있었고, 이방인 출신의 개종자들이 있었기 때문이다. 이로 인해 성령 강림에 대한 소문이 더욱 널리 퍼질 수 있었고, 그 풍문이 빨리 퍼질 수 있었고, 이러한 요인이 복음을 온 나라로 퍼뜨리는데 크게 도움을 줄 수 있었다. 이전에 유월절이 그랬던 것처럼 유대의 명절들은 복음의 역사와 기쁨을 알리는데 기여하였다.

(2) 이 오순절은 시내 산에서 율법을 주신 것을 기념하며 지켜졌고, 율법을 받은 이 때로부터 유대교가 설립되었다. 라이트푸트 박사는 이 사건이 일어나기 전에 1447년 동안 이 명절이 지켜졌다고 추정한다. 그러므로 이 명절이 이르렀을 때 성령께서 불과 방언으로 강림하신 것은 한 나라가 아니라 모든 백성에게 복음적인 율법을 공포하기 위해 시의적절한 일이었다.

(3) 이 때의 오순절은 우연하게도 안식 후 첫날이었고, 이 같은 사실이 그 날을 더욱 귀하게 만들었으며, 기독교의 안식일은 여호와께서 두 가지 큰 은혜를 교회 안에서 늘 기억하도록 세우신 날이어야 함을 확증한다. 그 두 가지 은혜란 그리스도의 부활과 성령의 부으심이며, 이 두 가지 사건이 안식 후 첫날에 일어났다. 이와 같은 사실에 근거해 우리는 주의 날이라는 명칭으로 그 날을 정당하게 지켜야 할 뿐만 아니라 그 날을 거룩하게 구별하여 이 두 가지 큰 은혜를 주신 하나님을 찬송해야 한다. 어떤 교회들은 일 년에 한 번, 곧 부활절에 부활의 은혜를 감사하고 일 년에 한 번, 곧 성령강림절에 성령강림의 은혜를 감사하는데, 나는 절기 때 드리는 감사를 일 년 중 매 주일마다 우리의 기도와 찬양 가운데서 온전하고도 특별하게 드려야 한다고 생각한다. 제발 우리가 충분한 감정을 가지고 주일을 지킬 수 있기를 바란다!

2. 그들이 다같이 한 곳에 모였더니. 그 곳이 어떤 곳이었는지, 성전 안에서 공적인 기도시간에 그들이 참석하였는지(눅 24:53), 아니면 그들이 다른 시간에 모이는 개인의 다락방이었는지 우리는 알 수 없다. 그러나 그 곳이 예루살렘이었던 것은 분명하다. 왜냐하면 예루살렘은 하나님께서 그의 이름을 그 곳에 두시려고 택하신 곳이며, 거기서부터 여호와의 말씀이 나와 열방 가운데 흘러 들

어가게 되리라는 예언(사 2:3)이 있었기 때문이다. 그 곳은 이제 경건한 사람들 모두가 모이는 곳이었다. 이 곳에서 하나님은 그들을 만나주시고 복을 내려주시겠다고 약속하셨다. 그러므로 이 곳에서 하나님은 그들에게 이와 같은 복을 채워주신다. 예루살렘이 비록 그리스도께 상상조차 하기 힘든 치욕을 안겨드렸지만 그리스도는 도리어 예루살렘에게 이와 같은 영광을 보여주셨다. 이는 모든 곳에 있는 남은 자들을 가르치도록 하기 위함이었다. 여기서 제자들은 한 곳에 모여 있었다. 그리고 그들이 아직까지 여러 곳에 있지 않고 한 곳에 있었으며, 크지 않은 방 하나에 그들 모두가 모여 있었다. 여기에서 그들은 한마음이었다. 주님께서 그들과 함께 계셨을 때 누가 가장 큰가 하는 문제로 그들이 얼마나 자주 다투었는지 우리는 잊을 수 없다. 하지만 지금 이 모든 다툼은 끝났고, 우리는 더 이상 다투는 소리를 듣지 못한다. 그리스도께서 그들에게 숨을 내쉬셨을 때 그들은 이미 성령을 받았고, 이로 인하여 그러한 다툼의 원인이 되었던 오해를 그들이 풀 수 있게 되었고, 또한 거룩한 사랑을 열망하게 되었다. 그들은 평소보다 더 늦게까지 자주 함께 기도하였고(1:14), 이로 인해 그들은 서로를 더 사랑하게 되었다. 이와 같이 그리스도께서 그의 은혜를 제자들에게 베푸심으로 말미암아 그들로 성령의 선물을 받을 수 있는 준비를 하게 하셨다. 왜냐하면 은혜로우신 성령께서는 시끄럽고 소란스러운 곳에는 임하지 않으시며, 거친 물 위가 아니라 잔잔한 물가에 임하시기 때문이다. 성령께서 위로부터 우리에게 임하시기를 원하는가? 그렇다면 우리 모두 한마음을 이루자. 그리고 제자들 가운데 조금도 의심이 없었던 것처럼 감정과 관심이 서로 다를지라도 뜻을 합하여 서로 사랑하자. 형제가 연합하여 동거하는 곳에 주께서 복을 명하시기 때문이다.

II. 성령께서 어떤 모습으로 그들에게 임하셨는가? 우리는 구약에서 하나님께서 구름 가운데 임하셨다는 말씀을 종종 읽을 수 있다. 처음에 성막에 거하셨을 때에도, 나중에 성전에 거하셨을 때에도 하나님은 구름 가운데 임하셨는데, 이 구름은 하나님의 뜻에 대한 우리의 무지를 암시한다. 그리고 그리스도께서 구름 속에서 하늘로 올라가셨는데, 이는 우리가 위엣 세상에 대하여 얼마나 무지한가를 암시한다. 하지만 성령께서는 구름 속에서 강림하지 않으셨다. 왜냐하면 성령은 인간들의 마음을 덮고 있는 구름들을 쫓아버리고 흩어버리시고 세상에 빛을 전해 주셔야 했기 때문이다.

  1. 성령께서 임하실 때 성도들이 들을 수 있는 호출이 있었고, 이로 인하여 성도들은 무언가 큰 일이 일어날 수 있을 것이라고 기대할 수 있었다(2절). 본문은 다음과 같이 말씀한다. (1) 성령께서 홀연히 임하셨다. 평범한 바람처럼 서서히 임하지 않으시고 즉각적으로 절정에 이르렀다. 성도들의 기대와 동시에 성령께서 임하셨고, 함께 모여서 기다리며 아마도 어떠한 신앙적 의식을 행하였던 그들을 깜짝 놀라게 하셨다. (2) 우렛소리 같이(계 6:1) 하늘로부터 소리가 있었다. 하나님께서 바람을 그 곳간에서 내시고(시 135:7), 바람을 그 장중에 모으신다(잠 30:4)고 성경은 말씀하고 있다. (3) 그 소리는 바람의 소리였다. 왜냐하면 성령의 길은 곧 바람의 길이기 때문이다(요 3:8). 바람이 임의로 불매 네가 그 소리는 들어도 어디서 와서 어디로 가는지 알지 못하나니. 에스겔은 생명의 영이 마른 뼈 속으로 들어간다고 말씀하면서 바람에 대한 예언을 한다. 생기야 사방에서부터(from the four winds) 와서 이 죽음을 당한 자에게 불어서 살아나게 하라(겔 37:9). 또한 여호와께서 엘리야에게 임하셨을 때 바람 가운데 계시지 않았지만, 바람은 엘리야가 세미한 소리 가운데서 자신을 발견할 수 있도록 그를 준비시켰다(왕상 19:11, 12). 여호와의 길은 회오리바람과 광풍에 있고(나 1:3). 그리고 여호와는 폭풍 가운데서 욥에게 말씀하셨다(욥 38:1). (4) 그 바람은 급하고 강한 바람이었다. 성령은 큰 소리뿐만 아니라 큰 힘으로 임하셨고, 모든 것을 그 앞에 제압할 듯한 기세였다. 이러한 현상은 하나님의 성령께서 인간들의 마음, 그리고 세상에 미치는 강력한 영향과 작용을 암시하는 것이었다. 이로 말미암아 그들은 모든 망상을 무너뜨리는 하나님의 능력을 발휘해야 할 것이다. (5) 그 소리가 단순히 방이 아니라 그들이 앉은 온 집에 가득하였다. 아마도 그 소리가 온 성을 놀라게 하였을 것이다. 그러나 그 소리는 초자연적이었으며, 그 특별한 집에 집중되었음을 본문은 보여주고 있다. 이는 요나를 저지하기 위해 보내어진 바람이 오직 요나가 탄 배에만 불어닥친 것과 같다(욘 1:4). 또한 동방의 박사들을 인도하던 별이 그 아기가 있는 집 위에서 머물러 섰던 것과 같다(마 2:9). 이 별을 본 사람들이 어디로 가서 그 의미를 물어보아야 하는지 별이 그 길을 인도하였다. 이와 마찬가지로 그 온 집에 가득한 이 바람이 제자들에게 경외심을 갖게 하였고, 이에 그들은 진지하고 경건하고 차분한 마음의 상태를 가실 수 있었고, 이러한 마음의 상대로 성령을 받을 수 있었다. 이처럼 성령에 대한 확신을 가질 때 우리는 그의 위로를 받을 수 있으며, 거칠게 몰아치는 이

복된 바람으로 말미암아 우리의 심령이 부드럽고 차분한 미풍을 맞이할 수 있게 되는 것이다.

2. 성령께서 임하실 때 그들이 받은 은사를 보여주는 표적이 있었다. 그들은 마치 불의 혀처럼 갈라지는 것들을 보았다(3절). 그것들, 곧 그 갈라진 혀들이 임한 것이 아니라 그것이 임하였다(에카씨세— 단수임 : 역자 주). 다시 말해서 성령께서 구약의 선지자들에게 임하셨다는 말씀처럼 그들 각자에게 임하신 것이다. 또는 하몬드 박사는 이에 대하여 다음과 같이 묘사하였다. "그들 각자에게 타오르는 밝은 불과 같은 무언가가 나타났다. 그것이 갈라져서 혀와 흡사한 모양을 이루었고, 부분만 갈라졌던 것이 마침내 상단까지 나눠지고 갈라졌다." 초의 불꽃도 다소 혀와 같은 모양을 하고 있다. 자연주의자들은 유성을 이그니스 람벤스(ignis lambens), 곧 부드러운 불꽃이라고 부르고 맹렬한 불이라고 부르지 않는다. 성령의 불은 바로 이러한 것이었다. 다음의 내용을 관찰해 보자.

(1) 이 불에는 외적으로 지각할 수 있는 표적이 있었다. 이 표적은 제자들의 믿음을 확고하게 해 주고 다른 사람들에게 믿음을 심어주기 위한 것이었다. 이처럼 구약의 선지자들은 종종 표적들의 확인을 받아 최초의 사명을 시작하였고, 이로 말미암아 온 이스라엘이 그들이 선지자로 세움을 입은 것을 알 수 있었다.

(2) 그 주어진 표적이 바로 불이었다. 이는 그리스도에 관한 세례 요한의 예언의 성취로 나타난 것이었다. 그는 성령과 불로 너희에게 세례를 베푸실 것이요(마 3:11). 지금 그들은 시내 산에서 율법을 주신 것을 기념하고 있었다. 율법이 불 가운데서 주어졌기에 불 같은 율법이라고 칭해지듯이 복음도 마찬가지다. 에스겔의 사명은 **타는 숯불**(겔 1:13)의 형상으로 확증을 받았으며, 이사야의 사명은 그 입술에 **숯불**을 댐으로써 확증을 받았다(사 6:7). 성령은 불과 같이 심령을 녹이며, 찌꺼기를 분리시켜 태워버리며, 영혼 속에 있는 경건하고 헌신적인 열정을 불붙이며, 제단의 불처럼 성령 안에서 영적인 희생이 드려지게 된다. 그리스도께서 세상에 오신 목적이 바로 이 불을 붙이시기 위함이다(눅 12:49).

(3) 이 불이 갈라진 혀의 모양으로 나타났다. 성령의 역사는 다양하였다. 여러 가지 방언을 말하는 것도 그 중에 하나였다. 방언은 성령의 선물을 최초로 알리기 위해 채택된 것이었다. [1] 성령의 역사는 방언들이었다. 성령으로 말미암아 우리는 하나님의 말씀을 받고, 성령으로 말미암아 그리스도께서 세상에 말

씀하실 것이다. 또한 그리스도께서 제자들에게 성령을 주셨는데 그 목적은 그들에게 지식을 부여할 뿐만 아니라 그들의 지식을 세상에 널리 알리고 선포하도록 하기 위함이었다. 각 사람에게 성령을 나타내심은 유익하게 하려 하심이라(고전 12:7). [2] 이 혀(방언)가 갈라졌는데, 이는 하나님께서 모든 천체의 빛을 천하 만민을 위하여 배정하신 것처럼(신 4:19) 온 나라에게 그의 은혜의 지식을 나누어주실 것을 암시한다. 혀가 갈라졌으나 그들은 여전히 하나됨을 유지하였다. 언어가 다를지라도 마음은 진심으로 하나일 수 있다. 라이트푸트(Lightfoot) 박사는 바벨에서 언어가 나뉜 것은 불신자들을 떨쳐버리기 위한 것이었다고 말한다. 그들이 오직 하나님을 말하고 전하던 언어를 상실하였을 때 그들은 하나님에 대한 지식과 신앙을 완전히 상실하였고, 우상숭배에 빠졌기 때문이다. 그러나 이천 년 남짓 지난 지금 하나님은 이전과 다른 언어의 나누임으로 말미암아 나라들에게 자신에 대한 지식을 회복시키신다.

(4) 이 불이 얼마 동안 그들에게 임하여 있었는데, 이는 성령의 지속적인 거주를 나타낸다. 구약의 예언의 은사들은 드물게 또는 가끔씩 주어졌으나 그리스도의 제자들의 경우 표적은 금세 사라졌지만 성령의 은사들은 언제나 그들과 함께 있었다. 불꽃이 한 사람에게서 다른 사람에게로 옮겨갔는지 아니면 사람 수만큼 많은 불꽃들이 있었는지 확실하지 않다. 그러나 그 불꽃들은 대낮에도 볼 수 있을 정도로 강하고 밝았다.

Ⅲ. 이 불의 직접적인 효과가 무엇이었는가?

1. 그들이 다 성령의 충만함을 받고. 그들은 이전보다 더욱 풍부하고 강력하세 성령의 충만함을 받았다. 그들은 성령의 은혜로 충만하였고, 이전보다 더욱 거룩하게 되는 능력을 받아 거룩하고, 하늘에 속하고, 영적이며, 이 세상으로부터 멀리하며 저 세상을 더욱 잘 알게 되었다. 그들은 이전보다 그리스도의 사랑과 하늘에 대한 소망 안에서 더욱 위로가 넘쳐났고 더욱 기뻐하였으며, 그들의 모든 슬픔과 두려움이 다 사라져버렸다. 그들은 또한 이러한 사실을 증거하라고 성령의 은사로 충만하였으며, 이를 알리려는 것이 본문의 특별한 의도다. 그들은 복음 전파를 위해 기적을 행하는 권능을 받았다. 내가 보기에는 이 때에 열두 사도들뿐만 아니라 백이십 명의 모든 제자들이 성령의 충만함을 받았다. 곧, 사도들과 거의 같은 수준의 사람들이었고 사도와 같온 일에 헌신했던 칠십 인의 문도들과 복음을 전하였던 다른 사람들 모두가 성령 충만하였다. 그리스도

께서 위로 올라가실 때에 그 사람들에게 선물을 주셨는데(엡 4:8), 어떤 사람은 사도로(열둘), 어떤 사람은 선지자로, 어떤 사람은 복음 전하는 자로(칠십 인의 문도들, 순회 설교자들), 어떤 사람은 특정한 교회에 뿌리내린 목사와 교사로 삼으셨다(엡 4:11). 여기서 '다' 라는 말은 그 곳에 함께 한 모든 사람을 의미한다(1절; 참고, 1:14, 15).

2. 다른 언어들로 말하기를 시작하니라. 다른 언어를 배운 적이 전혀 없었지만 그들은 모국어 외에 다른 언어들을 말하기 시작하였다. 그들이 말한 내용은 일상적인 대화가 아니라 하나님의 말씀이었고, 그의 이름에 대한 찬양이었다. 왜냐하면 그들이 성령이 말하게 하심을 따라 말하였기 때문이며, 혹은 성령께서 그들에게 격언, 곧 본질적이고 중요한 말, 기억할 만한 가치가 있는 말을 허락해 주셨기 때문이다. 그들은 한 가지 언어는 물론이요 (마치 바벨로부터 흩어진 여러 부족들과 같이) 서로 다른 언어로 말하였을 뿐만 아니라 필요한 경우 모든 사람이 다른 언어들로 말할 수 있었을 것이다. 또한 그들이 자신의 말을 이해하였던 것은 물론이고 서로의 말을 이해하였을 것이라고 우리는 추정한다. 이는 바벨탑을 건설한 자들과 다른 점이었다(창 11:7). 그들이 여기저기서 이말 저 말을 하거나 엉터리 문장으로 더듬거리며 말하지도 않았다. 도리어 그들은 마치 모국어인 양 서슴없이, 적절하게 그리고 우아하게 말하였다. 기적으로 말미암은 것은 무엇이든지 최상이었다. 그들은 이전에 생각한 것이나 묵상한 것을 말하지 않았고, 성령이 말하게 하심을 따라 말하였다. 성령께서는 언어와 함께 말할 내용도 그들에게 알려주셨다.

(1) 이는 매우 큰 기적이었다. 이는 마음에 일어난 기적이었다(복음으로 말미암는 기적의 특성을 대부분 다 가지고 있음). 왜냐하면 그들의 마음속에서 말씀의 틀이 잡혔기 때문이다. 그들이 이러한 언어를 한 번도 배운 적이 없었고, 더구나 유창하게 말할 수 있을 만큼 외국어를 배운 적이 전혀 없었다. 아니 그들은 이러한 언어를 말하기는커녕 듣지도 못하였고 그런 개념조차 없었다. 그들은 학자도 아니었고 여행가도 아니었으며, 책이나 대화를 통해 이러한 언어를 접할 수 있는 기회도 없었다. 베드로는 앞에 나서서 자신의 언어로 충분히 말할 수 있었으나 나머지 사람들은 연설가들이 아니었으며, 이해력도 재빠르지 못하였다. 그러나 지금 조급한 자의 마음이 지식을 깨닫고 어눌한 자의 혀가 민첩하여 말을 분명히 하고 있다(사 32:4). 모세가 나는 입이 뻣뻣하고 혀가 둔한 자니

이다 라고 불평하였을 때 하나님은 이제 가라 내가 네 입과 함께 있어서 할 말을 가르치리라(출 4:12)고 하시고 아론이 너를 대신하여 말을 하리라고 말씀하셨다. 그런데 하나님은 지금 이 사자들에게는 더 많은 은혜를 베푸셨고, 인간의 입을 새롭게 만드셨다.

(2) 이는 매우 적절하고 필요하며 쓸모 있는 기적이었다. 제자들이 사용한 언어는 히브리어의 방언인 수리아어였다. 그들이 구약의 히브리 원어와 신약의 헬라어 원어를 이해하기 위해서는 이러한 은사를 받아야만 했다. 그러나 이것이 전부가 아니었다. 그들은 만민에게 복음을 전파하며 모든 민족을 제자로 삼으라는 사명을 받았다. 그러나 여기에 처음부터 극복하기 어려운 문제가 있었다. 어떻게 여러 가지 언어들을 숙달하여 모든 민족에게 알기 쉽게 전할 수 있을 것인가? 민족의 언어를 익히기 위해서는 그 곳에서 살아야 할 것이다. 그러나 그리스도는 민족에게 복음을 전하는 권세를 제자들에게 주신다는 사실을 입증해 보이기 위하여 그들에게 민족들의 언어로 전할 수 있는 재능을 베풀어주신다. 이는 그보다 큰 일도 하리라(요 14:12)는 그리스도의 약속의 성취였다. 모든 것을 고려해 볼 때, 당연히 이러한 일은 그리스도께서 행하신 기적적인 치료보다 더욱 큰 일이라고 여겨진다. 그리스도 자신은 다른 방언을 말하지도 않으셨으며, 제자들과 함께 하시는 동안 그들에게 다른 방언을 말하는 것을 허락하지도 않으셨다. 그러나 방언은 성령께서 그들에게 부어진 첫 번째 결과였다. 틸롯슨(Tillotson) 대주교는 생각하기를, 지금도 정직한 심령을 가진 사람들이 불신자들을 그리스도께로 돌아오게 하는 일을 진지하고도 활발하게 전개한다면 최초로 복음을 선포하였을 때처럼 하나님께서 특별하게 그러한 시도를 후원하실 것이라고 한다.

[5]그 때에 경건한 유대인들이 천하 각국으로부터 와서 예루살렘에 머물러 있더니 [6]이 소리가 나매 큰 무리가 모여 각각 자기의 방언으로 제자들이 말하는 것을 듣고 소동하여 [7]다 놀라 신기하게 여겨 이르되 보라 이 말하는 사람들이 다 갈릴리 사람이 아니냐? [8]우리가 우리 각 사람이 난 곳 방언으로 듣게 되는 것이 어찌 됨이냐? [9]우리는 바대인과 메대인과 엘람인과 또 메소보다미아, 유대와 갑바도기아, 본도와 아시아, [10]브루기아와 밤빌리아, 애굽과 및 구레네에 가까운 리비아 여러 지방에 사는 사람들과 로마로부터 온 나그네 곧 유대인과 유대교에 들어온 사람들과 [11]그레

데인과 아라비아인들이라 우리가 다 우리의 각 언어로 하나님의 큰 일을 말함을 듣는도다 하고 [12]다 놀라며 당황하여 서로 이르되 이 어찌 된 일이냐 하며 [13]또 어떤 이들은 조롱하여 이르되 그들이 새 술에 취하였다 하더라

제자들이 갑작스럽게 받은 이 비범한 은사에 대한 대중의 주목을 본문은 말하고 있다. 다음의 내용을 관찰하라.

I. 지금 예루살렘에는 큰 군중이 모여 있었는데 보통 때의 오순절 때보다 더 많이 모였던 것 같다. 예루살렘에 머물러 있더니. 거기에 모였던 경건한 유대인들은 신앙적이고 하나님을 경외하는('경건한' 이란 단어가 이러한 의미를 담고 있음) 사람들이었고, 군중 가운데 더러는 할례를 받고 유대교에 입교한 의의 개종자들(proselytes of righteousness)이었으며, 또 다른 이들은 우상을 버리고 참 하나님을 예배드리는데 헌신하였지만 의식법을 따르지는 아니한 문의 개종자들(proselytes of the gate)이었다. 예루살렘에 머물러 있던 자들 가운데 더러는 천하 각국으로부터, 곧 유대인들이 흩어졌던 곳이거나 이방인들이 개종한 곳으로부터 온 사람들이었다. 천하 각국으로부터라는 표현은 과장법이며, 이는 당시에 알려진 대부분의 지역으로부터 사람들이 몰려왔다는 의미이다. 오늘날의 런던이나 옛날의 두로가 각 지역으로부터 무역상들이 몰려드는 집결지였던 것처럼 당시 예루살렘은 각 지역에서 경건한 사람들이 모이는 곳이었다.

1. 우리는 이 나그네들이 어떤 나라로부터 왔는지 여기서 볼 수 있다. 더러는 동부에서 왔는데 바대인과 메대인과 엘람인과 또 메소보다미아 거주민들로서 셈의 후손들이다. 그 다음에 유대가 나오는데, 유대에 거주하는 사람들의 언어와 제자들이 사용한 언어가 동일하였지만 제자들은 북쪽 지방의 억양과 사투리를 섞어 말하였기 때문에 이 곳에 소개되었다. 이 말하는 사람들이 다 갈릴리 사람이 아니냐? 네 말소리가 너를 표명한다(마 26:73). 그런데 이러한 갈릴리 사람들이 지금은 유대의 주민들과 아주 똑같이 말하고 있는 것이다. 다음에는 갑바도기아, 본도, 그리고 특별히 아시아라고 칭해진 프로폰티스의 주변 나라의 주민들이 왔다. 이러한 나라들은 베드로가 기록한 흩어진 나그네들이 거주하던 나라들이었다(벧전 1:1). 다음에는 브루기아와 밤빌리아의 거주민들이 왔는데, 이 곳은 서부지역이고 로마로부터 온 나그네와 같은 야벳의 후손들이 살던 곳이다. 또한 애굽과 및 구레네에 가까운 리비아 여러 지방에 사는 사람들이 왔다. 그리고 어떤

이들은 그레데 섬으로부터 왔고, 어떤 이들은 아라비아 사막으로부터 왔다. 그러나 그들은 모두 본래 그러한 나라들 가운데 흩어졌던 유대인들이었거나 혹은 그 나라 태생이었으나 유대교로 개종한 사람들이었다. 휘트비(Whitby) 박사는 이 당시 필로(Philo)와 요세푸스(Josephus)와 같은 유대의 작가들의 말을 소개하였는데 그들은 말하기를, "유대인들은 온 세상 도처에 거주하며 어느 민족 가운데도 유대인들이 살지 않는 곳은 없다"고 하였다.

2. 그렇다면 이 모든 유대인들과 개종자들이 이 때에 무엇 때문에 예루살렘에 오게 되었는지 우리는 그 이유를 묻지 않을 수 없다. 그들이 예루살렘에 머물러 있었다는 말씀을 보아 오순절의 명절을 지키려고 일시적으로 그 곳에 방문한 것은 아니다. 그들은 그 곳에서 숙박하였는데, 그 이유는 이 당시 메시야의 나타나심에 대한 일반적인 기대가 있었기 때문이다. 당시 다니엘의 주간이 막 끝난 상태였고, 홀이 유다로부터 떠나 있었으며, 하나님의 나라가 당장에 나타날 줄로(눅 19:11) 일반적으로 생각하였기 때문이다. 이러한 정황 때문에 예루살렘에 대하여 매우 열심 있고 경건한 사람들이 그 곳에 와서 체류하였던 것이며, 이로 인하여 그들이 메시야의 나라와 그 나라의 축복에 일찍이 동참할 수 있게 되었던 것이다.

Ⅱ. 제자들이 자기네 말로 말하는 것을 들었을 때 이 나그네들은 놀라움에 사로잡혔다. 이러한 언어를 사용하던 사람들이 임하기 전에 제자들이 이런 여러 가지 언어들을 사용했다고 보아야 할 것이다. 왜냐하면 이러한 소문이 멀리까지 퍼졌다는 암시가 본문에 나오기 때문이다(6절). 이 소문을 듣고 큰 무리가 모여들었다. 특히 예루살렘 주민들보다 다른 나라 사람들이 이 놀라운 일에 더 큰 감동을 받고 많이 모여들었다.

1. 말하는 자들이 모두 자기 모국어 외에는 다른 언어를 알지 못하는 갈릴리 사람들이라는 사실을 몰려온 사람들이 알게 된다(7절). 그들은 학식이나 품위를 기대할 수 없는 천한 사람들이다. 하나님은 세상의 약하고 어리석은 자들을 택하여 지혜롭고 강한 자들을 낮추신다. 그리스도는 갈릴리 사람으로 여겨졌으며, 그의 제자들은 실제로 배우지 못하고 무식한 사람들이었다.

2. 저들은 그들이 자기네 말을 지성적으로 그리고 서슴없이 말하는 것을 인정하였다(그들은 아주 유능한 판단자들이었다). 그들의 밀솜씨는 지기네 나라 사람들보다 더 훌륭할 정도로 매우 정확하고 유창하였다. 우리가 우리 각 사람이

난 곳 방언으로 듣게 되는 것이 어찌 됨이냐? 이 사람 저 사람이 우리의 모국어로 말하는 것을 우리가 여기서 듣게 되다니 어찌 된 일인가? 바대 사람들은 제자들 가운데 한 사람이 자기네 말로 말하는 것을 듣고, 메대 사람들은 또 다른 한 사람이 자기네 모국어로 말하는 것을 들었다. 우리가 다 우리의 각 언어로 하나님의 큰 일을 말함을 듣는도다(11절). 그들 각각의 언어들은 예루살렘에 알려지지 않았을 뿐만 아니라 아마도 멸시되고 경시되었을 것이다. 그러므로 그런 언어를 예루살렘에서 듣는다는 것은 단순히 놀랍기만 한 것이 아니라 놀라우면서도 즐거운 일이었다. 이는 나그네들이 낯선 땅에서 보일 수 있는 자연스러운 현상이었다. (1) 그들이 들은 사도들의 강론의 내용은 하나님의 큰 일(메갈레이아 투 데우)이었다. 아마도 사도들이 그리스도와 그로 말미암는 구속, 그리고 복음의 은혜에 대하여 말했을 가능성이 높다. 이런 것들이야말로 참으로 하나님의 큰 일이며, 영원히 우리 눈에 기이한 일이 될 것이다. (2) 저들은 사도들이 자기네 말로 이 큰 일에 대하여 하나님을 찬송하고 또한 사람들을 가르치는 소리를 들었다. 사도들은 듣는 자들 혹은 묻는 자들의 언어를 파악하고 그에 따라 말하였다. 아마도 저들이 예루살렘에 한동안 거주한 고로 유대인의 언어에 상당히 능통하였기 때문에 설령 제자들이 유대인의 언어로 말하였다 할지라도 제자들의 말뜻을 이해하였을 것이다. [1] 그러나 방언으로 말한 것은 그들을 더욱 놀라게 하였고, 그들의 판단을 긍정적으로 끌어내는데 도움이 되었으며, 이 가르침이 하나님으로부터 나온 것임을 알게 하였다. 방언은 믿는 자들을 위하지 아니하고 믿지 아니하는 자들을 위하는 표적(고전 14:22)이다. [2] 방언으로 말한 것은 저들에게 더욱 친절한 일이었고, 그들의 호의를 얻는데 도움이 되었다. 왜냐하면 그것은 명백히 이방인들에 대한 호의의 표시였기 때문이다. 그러므로 하나님에 대한 지식과 예배가 더 이상 유대인들에게 국한되어서는 안 될 것이며, 유대인과 이방인을 구분하는 장벽이 무너져야 할 것이다. 이로써 하나님의 큰 일에 대한 거룩한 기록들이 난 곳 방언으로 보존되어야 한다는 것이 분명한 하나님의 마음이요 뜻이라는 사실을 우리는 알 수 있다. 성경은 서민의 언어로 읽혀져야 하며, 공공예배 또한 서민의 언어로 시행되어야 한다.

3. 모인 사람들이 이상하게 여기며 놀라운 일이라고 생각하였다(12절). 다 놀라며 당황하여. 도대체 이러한 현상의 의미가 무엇인지, 그것이 과연 그들의 큰 관심을 끌었던 메시야의 나라를 소개하는 것인지 그들은 의심하였다. 그들은

자문도 하고 서로 물어보기도 하였다. 이 어찌 된 일이냐? 분명히 이러한 현상으로 인해 그들은 방언을 말하는 이 사람들을 하늘로부터 온 사자들로 알고 그들을 존귀하고 특별하게 보게 되었다. 그러므로 마치 가시덤불 앞에서 모세가 내가 돌이켜 가서 이 큰 광경을 보리라고 한 것처럼 그들은 이 놀라운 광경을 지켜보았다.

Ⅲ. 유대와 예루살렘의 토박이들이 이러한 현상을 조롱하였다. 아마도 그들은 서기관과 바리새인들과 대제사장들이었을 것이다. 그들은 언제나 성령을 대적하였다. 그들이 새 술에 취하였다고 그들은 말하였다. 곧 이 축제의 시간에 너무나 많은 술을 마셨다는 것이다(13절). 물론 이 토박이들은 그들이 술을 마셨기 때문에 한 번도 배운 적이 없는 언어로 말할 수 있었다고 생각할 만큼 어처구니없는 사람들은 아니었다. 하지만 이 토박이 유대인들은 이방인들이 알아들었던 것처럼 다른 나라들의 언어로 실제로 말하는 것을 알아듣지 못하였고, 따라서 그들이 마치 술 취한 사람들처럼 횡설수설하거나 허튼 소리를 하고 있다고 여겼던 것이다. 때때로 술에 취해 횡설수설하는 사람을 이스라엘에서 어리석은 자(삼하 13:13)라고 말하였다. 이 토박이들이 그리스도의 기적 가운데 나타난 성령의 손가락을 믿지 않기로 결심하고 그가 귀신의 왕을 의지하여 귀신을 쫓아낸다(마 9:34)라는 말로 옆길로 빠졌었다. 그리고 이제 다시금 사도들의 설교에 나타난 성령의 소리를 믿지 않기로 결심하고 그들은 그들이 새 술에 취하였다는 말로 옆길로 빠졌다. 그들이 집 주인보고 술고래라고 불렀다면 그 집 식구들을 보고 술주정뱅이라고 한들 그것이 그리 놀라운 일은 아닐 것이다.

[14]베드로가 열한 사도와 함께 서서 소리를 높여 이르되 유대인들과 예루살렘에 사는 모든 사람들아 이 일을 너희로 알게 할 것이니 내 말에 귀를 기울이라 [15]때가 제삼 시니 너희 생각과 같이 이 사람들이 취한 것이 아니라 [16]이는 곧 선지자 요엘을 통하여 말씀하신 것이니 일렀으되 [17]하나님이 말씀하시기를 말세에 내가 내 영을 모든 육체에 부어 주리니 너희의 자녀들은 예언할 것이요 너희의 젊은이들은 환상을 보고 너희의 늙은이들은 꿈을 꾸리라 [18]그 때에 내가 내 영을 내 남종과 여종들에게 부어 주리니 그들이 예언할 것이요 [19]또 내가 위로 하늘에서는 기사를 아래로 땅에서는 징조를 베풀리니 곧 피와 불과 연기로다 [20]주의 크고 영화로운 날이 이르기 전에 해가 변하여 어두워지고 달이 변하여 피가 되리라 [21]누구든지 주의 이름을

부르는 자는 구원을 받으리라 하였느니라 [22]이스라엘 사람들아 이 말을 들으라. 너희도 아는 바와 같이 하나님께서 나사렛 예수로 큰 권능과 기사와 표적을 너희 가운데서 베푸사 너희 앞에서 그를 증언하셨느니라 [23]그가 하나님께서 정하신 뜻과 미리 아신 대로 내준 바 되었거늘 너희가 법 없는 자들의 손을 빌려 못 박아 죽였으나 [24]하나님께서 그를 사망의 고통에서 풀어 살리셨으니 이는 그가 사망에 매여 있을 수 없었음이라 [25]다윗이 그를 가리켜 이르되 내가 항상 내 앞에 계신 주를 뵈었음이여 나로 요동하지 않게 하기 위하여 그가 내 우편에 계시도다 [26]그러므로 내 마음이 기뻐하였고 내 혀도 즐거워하였으며 육체도 희망에 거하리니 [27]이는 내 영혼을 음부에 버리지 아니하시며 주의 거룩한 자로 썩음을 당하지 않게 하실 것임이로다 [28]주께서 생명의 길을 내게 보이셨으니 주 앞에서 내게 기쁨이 충만하게 하시리로다 하였으므로 [29]형제들아 내가 조상 다윗에 대하여 담대히 말할 수 있노니 다윗이 죽어 장사되어 그 묘가 오늘까지 우리 중에 있도다 [30]그는 선지자라 하나님이 이미 맹세하사 그 자손 중에서 한 사람을 그 위에 앉게 하리라 하심을 알고 [31]미리 본 고로 그리스도의 부활을 말하되 그가 음부에 버림이 되지 않고 그의 육신이 썩음을 당하지 아니하시리라 하더니 [32]이 예수를 하나님이 살리신지라 우리가 다 이 일에 증인이로다 [33]하나님이 오른손으로 예수를 높이시매 그가 약속하신 성령을 아버지께 받아서 너희가 보고 듣는 이것을 부어 주셨느니라 [34]다윗은 하늘에 올라가지 못하였으나 친히 말하여 이르되 주께서 내 주에게 말씀하시기를 [35]내가 네 원수로 네 발등상이 되게 하기까지 너는 내 우편에 앉아 있으라 하셨도다 하였으니 [36]그런즉 이스라엘 온 집은 확실히 알지니 너희가 십자가에 못 박은 이 예수를 하나님이 주와 그리스도가 되게 하셨느니라 하니라

여기서 우리는 베드로가 즉시 전한 설교를 통해 맺은 성령의 첫 열매들을 만나게 된다. 베드로의 설교는 낯선 언어로 다른 나라 사람들에게 전한 것이 아니라(놀라며 이 어찌 된 일이냐? 라고 물었던 그들의 질문에 베드로가 뭐라고 대답하였는지 우리는 본문에서 볼 수 없다) 당시 통용하던 언어로 유대인들, 심지어 조롱하던 자들에게 전한 것이었다. 왜냐하면 그는 먼저 자기들이 술 취하지 않았다는 사실을 알리고(15절) 유대인들과 예루살렘에 사는 모든 사람들에게 강론하고 있기 때문이다(14절). 또한 다른 제자들도 각 나라들의 언어로 그들의 말을 알아듣고 몰려온 사람들에게 하나님의 큰 일을 계속하여 말하

였다고 생각할 수 있다. 그 날 삼천 명이 회심하고 교회에 등록한 것은 오직 베드로의 설교만으로 이루어진 일이 아니라 백이십 명 모두가 전함으로 이루어진 일이었다. 그러나 오직 베드로의 설교만이 여기에 기록되었는데, 이는 베드로가 타락한 이후 하나님의 은혜를 완전히 회복하였다는 증거다. 그리스도를 비열하게 부인했던 베드로가 이제는 용기 있게 그리스도를 고백하고 있다. 다음과 같은 사실을 관찰해 보라.

I. 서론. 베드로는 서론에서 청중이 주목해 주기를 갈망하거나 요구하고 있다. 베드로가 열한 사도와 함께 서서(14절). 이는 그가 술 취하지 않았음을 보여준다. 열한 사도들은 베드로의 말에 동의하였고, 아마도 차례가 돌아왔을 때 그들도 마찬가지로 같은 의도로 말하였을 것이다. 가장 큰 권세를 가진 사도들은 조롱하는 유대인들에게 서서 말하였고, 반박하고 모독하는 사람들과 맞섰으나 다른 나라들로부터 온 개종자들, 곧 편견을 갖지 아니한 자들에게는 칠십 인의 제자들이 그 사람들의 언어로 말하도록 하였다. 이와 같이 그리스도의 사역자들 가운데 좀 더 큰 은사를 받은 사람들은 대적하며 창과 칼로 박해하는 자들을 교훈하라는 소명을 받았고, 다소 부족한 능력을 받은 사람들은 체념하는 사람들, 포도나무를 재배하는 사람들과 농부들을 가르치라는 소명을 받는다. 베드로는 자신의 말에 확신을 가지고 스스로 감동한 사람처럼 소리를 높였다. 그리고 그런 말을 하는 것을 두려워하거나 부끄러워하지 않았다. 베드로는 유대인들에게 전념하였다. 그러므로 14절은 다음과 같이 해석되어야 할 것이다. "특히 예루살렘에 거주하며 예수를 죽이는 일을 거들었던 너희여, 선에는 너희가 알지 못하였으나 이제는 너희가 알기를 원하는 이 일을 너희로 알게 할 것이니 내 말에 귀를 기울이라. 서기관들과 바리새인들의 말은 너희를 그리스도로부터 멀어지게 하지만 나의 말은 너희를 그리스도께로 인도할 것이다. 나의 선생님은 떠나셨다. 너희가 그의 말씀을 헛되이 들었고 이제는 이전처럼 그의 말씀을 더 이상 듣지 못할 것이다. 하지만 그분은 우리를 통해 너희에게 말씀하신다. 이제 우리의 말에 귀를 기울이라."

II. 그들의 모욕적인 비방에 대한 베드로의 답변(15절). 너희 생각과 같이 이 사람들이 취한 것이 아니라. 지금 다른 언어들로 말하고 있는 그리스도의 제자들은 지혜롭게 말하며, 그들이 무슨 말을 하고 있는지 알고 있으며, 또한 그들의 말을 듣고 있는 자들도 그들의 말뜻을 알고 있다. 그들은 제자들의 강론으로 말미암아 하나님의 큰 일에 대하여 알아가고 있다. 너희는 그들이 술에 취하였다고 생각할 수 없다. 왜냐하면 때가 제 삼 시(오늘날 아침 아홉 시)이기 때문이다. 안식일과 엄숙한 절기 때에 이 시간 전에 유대인들은 먹거나 마시지 아니하였다. 취하는 자들은 밤에 취하되 아침에는 취하지 않았다(살전 5:7). 내가 언제나 깰까 다시 술을 찾겠다 하는 자들은 그야말로 술고래다(잠 23:35).

Ⅲ. **기적적인 성령의 나타나심에 대한 설명**. 이는 그들 모두를 깨우쳐 그리스도에 대한 신앙을 받아들여 교회에 등록하도록 하기 위한 것이다. 베드로는 여기서 두 가지 문제를 풀어준다. 첫째 성령의 나타나심은 말씀의 성취이며 그리스도의 부활과 승천의 열매라는 사실이며, 둘째 결과적으로 성령의 나타나심이 이 두 가지 사실을 증거한다는 사실이다.

1. 성령의 나타나심은 메시야 왕국에 대한 구약 예언의 성취이며, 따라서 이 왕국이 임하였고 이에 대한 다른 예언들이 성취되었다는 증거다. 베드로는 선지자 요엘의 예언(욜 2:28)을 인용한다. 베드로가 성령 충만하였고 성령이 말하게 하심을 따라 말하였지만 성령을 도외시하거나 무시하지 않았다는 사실은 주목할 만하다. 아니, 그의 설교의 많은 부분이 구약의 인용이며, 그는 구약의 말씀에 호소하며 그 말씀으로 자신이 말하는 내용을 입증한다. 그리스도의 학자들은 결단코 성경 이상의 것을 배우지 않는다. 성령이 주어진 것은 성경의 권위를 빼앗기 위함이 아니라 도리어 우리로 하여금 성경을 이해하고 활용하도록 하기 위함이다. 다음의 내용을 관찰하라.

(1) 베드로가 인용하는 말씀(17-21절). 이 말씀은 말세, 곧 복음의 시대를 말한다. 복음의 시대가 말세라고 칭해지는 이유는 복음으로 시작된 하나님 나라의 세대가 거룩한 은혜의 마지막 체제이기 때문이며, 또한 우리가 다름 아닌 이런 체제의 연속을 마지막 시간까지 기대할 수 있기 때문이다. 혹은 말세란 구약 교회에서 예언이 끝난 후 큰 기간을 의미한다. 또는 말세란 유다 나라의 멸망 직전이며, 백성들의 말세는 20절에 언급된 주의 크고 영화로운 날 직전이다. "말세는 예언되고 약속되었으며, 따라서 너희는 그 때를 기대해야 하며 그 때에 놀라지 말아야 한다. 말세를 갈망하고 환영하며, 그것에 대하여 반론하지 말아야 한다. 왜냐하면 그러한 반론은 주목할 가치가 없는 것이기 때문이다." 베드로 사도는 말씀 전체를 살피는 것이 유익하기 때문에 전체 문장을 인용하고 있다. 이 인용된 말씀에서는 다음과 같이 예언되었다.

[1] 지금까지보다 더욱 풍성하고 더욱 폭넓은 성령의 나타나심이 하늘로부터 임할 것이다. 성령 충만한 구약의 선지자들이 이스라엘 백성에 대하여 예언하기를, 하나님께서 주의 선한 영을 주사 그들을 가르치실 것(느 9:20)이라고 하였다. 그러나 이제는 하나님께서 성령을 유대인뿐만 아니라 모든 육체에 부어주실 것이다. 곧 유대인들과 마찬가지로 이방인들에게도 하나님께서 성령을 부어주실 것이다. 하지만 베드로는 11장 17절에 나타난 대로 아직 여기까지는 이해하지 못하였다. 혹은 여기서 모든 육체란 모든 계급과 신분의 사람들을 의미할 수 있다. 유다의 박사들은 성령께서 오직 지혜롭고 부유한 사람들, 이스라엘 자손과 같은 사람들에게만 임하셨다고 가르쳤다. 그러나 하나님은 그런 자들의 규정에 매이지 않으신다.

[2] 성령께서 그들 안에서 예언의 영이 되실 것이다. 성령으로 말미암아 그들은 다가올 일들을 예언할 수 있게 될 것이며, 만민에게 복음을 전파하게 될 것이다. 이 권능은 성의 차별이 없이 주어질 것이다: 너희의 자녀들은(아들들과 딸들은) 예언할 것이요. 또한 나이의 차별도 없을 것이다: 너희의 젊은이들은 환상을 보고 너희의 늙은이들은 꿈을 꾸리라. 그들이 꿈 속에서 교회에 전해지는 거룩한 계시를 받을 것이다. 또한 이 권능은 외적인 신분의 차이도 없다: 내가 내 영을 내 남종과 여종들에게 부어 주리니 그들이 예언할 것이요(18절). 혹은 일반적으로 성령을 받는 남자들과 여자들을 하나님께서 남종과 여종이라고 부르신다. 구약에서 예언의 시대가 시작될 때에 선지자 학교가 있었다. 그리고 그 전에는 예언의 영이 다스리는 직무를 받은 이스라엘의 장로들에게 임하였다. 하지만 이제는 성령께서 낮은 계급의 사람들에게 부어질 것이다. 곧 선지자의 학교에 들어가지 못한 사람들에게도 성령께서 부어질 것이다. 왜냐하면 메시야 왕국은 순전히 영적이기 때문이다. 여기서 딸들(17절)과 여종들(18절)이 언급된 것을 보아 주목을 받은 여자들이(1:14) 남자들과 더불어 성령의 비상한 은사를 받았다고 우리는 추정할 수 있다. 전도자 빌립에게는 예언하는 딸 넷이 있었다(행 21:9). 그리고 사도 바울은 고린도교회에 방언과 예언의 은사가 넘쳐나는 것을 보고는 여자들이 이러한 은사를 공적으로 사용하는 것을 금할 필요가 있다고 깨달았다(고전 14:26, 34).

[3] 그들이 예언해야 할 한 가지 중요한 사실은 유다 나라에 임할 심판이었다. 이는 그리스도께서 예루살렘에 입성하실 때(눅 19:41), 그리고 죽으시기 전에

(눅 23:29) 친히 예언하신 중요한 주제였다. 그리고 이러한 심판은 그들이 복음을 멸시하고 반대한 것에 대한 형벌로서 피할 수 없는 것이었으며, 결국 이 심판이 그들에게 그대로 임하고 말았다. 이와 같이 성령의 놀라운 강림 가운데 나타난 하나님의 능력에 복종하지 아니하는 자들은 하나님의 무서운 진노에 빠지게 될 것이다. 굴복하지 않는 자들은 부서질 것이다.

첫째, 그리스도께서 죽으신 지 사십 년 후에 있었던 예루살렘의 몰락이 여기서 주의 크고 영화로운 날이라고 칭해졌다. 왜냐하면 이 사건이 모세의 체계에 종말을 고하였기 때문이다. 레위 지파의 제사직분과 의식법이 이로써 영원히 폐지되고 사라졌다. 이러한 황폐함은 어느 곳 어느 나라에도 없었으며, 전에도 없었고 앞으로도 없을 것이다. 그 날은 주의 날이었다. 왜냐하면 그 날은 그리스도를 십자가에 못 박고 그의 사역자들을 핍박한 자들에 대해 형벌하시는 날이었기 때문이다. 그 때는 송사를 위하여 신원하시는 해였고(사 34:8), 의인 아벨의 피로부터(마 23:35) 성도들과 순교자들의 피를 위하여 신원하시는 해였다. 그 때는 작은 심판의 날이었다. 그 때는 주목할 만한(notable) 날이었다. 요엘서에서 이는 두려운 날이라고 칭한다. 왜냐하면 지면의 사람들에게는 심판이 두려운 일이었기 때문이다. 그러나 이 날은 또한 에피파네(칠십인역을 따름), 곧 영화로운(glorious), 빛나는(illustrious) 날이었다. 왜냐하면 하늘에 계신 그리스도에게 그 날은 영화롭고 빛나는 날이었기 때문이다. 이 사건은 현현, 곧 그리스도의 재림의 날이었다. 주님은 재림에 대하여 친히 말씀하셨다(마 24:30). 유대인들의 멸망은 그들에게 미움과 핍박을 받은 그리스도인들에게 구원이었다. 그러므로 당시 선지자들은 고난을 당하는 그리스도인들에게 용기를 주기 위해 그 날을 자주 언급하였다. 주의 강림이 가까우니라(약 5:8). 심판주가 문 밖에 서 계시니라(약 5:9).

둘째, 이 멸망의 무서운 징조가 여기서 예언되었다. 또 내가 위로 하늘에서는 기사를 아래로 땅에서는 징조를 베풀리니 곧 피와 불과 연기로다. 주의 크고 영화로운 날이 이르기 전에 해가 변하여 어두워지고 달이 변하여 피가 되리라. 「유대 전쟁사」의 서문에서 요세푸스(Josephus)는 전쟁에 앞서 있었던 표적들과 불가사의한 일들에 대하여 말하고 있다. 곧 무시무시한 우렛소리, 번개, 그리고 지진이 있었다. 그리고 불타는 혜성이 일 년 동안 예루살렘 성 위에 계속 떠있었고, 불타는 검이 그 성을 가리키고 있는 모습이 보였다. 한밤중에 빛이 마치 대낮처럼 성전과 제단에 비추었다. 라이트푸트 박사는 이러한 징조들에 대해 다르게 해석한다. 여기서 피는 하나님의 아들의 피요, 불은 지금 임하고 계시는 성령의 불이요, 연기는 그리스도께서 승천하실 때 그를 가린 구름이요, 해가 어두워지고 달이 피가 되었다는 것은 그리스도께서 수난당하실 때 나타난 현상인데, 이 모든 징조들은 불신자들로 하여금 그들에게 임할 심판을 대비하라고 주신 분명한 경고였다는 것이다. 혹 이러한 징조들은 그 황폐함을 초래한 이전의 심판들에 매우 적절하게 적용될 수 있다. 피는 유대인들이 이웃 나라들, 곧 사마리아, 수리아, 헬라와 벌였던 전쟁들을 가리킨다. 이러한 전쟁을 치르면서 유대인들이 많은 피를 흘렸다. 또한 여기에는 유대인들의 내전과 선동하는 자들의 싸움도 포함된다. 그 때에 나가는 자에게도 들어오는 자에게도 평안은 없었다. 여기서 예언된 불과 연기는 문자적으로 유대인들의 성읍들, 회당들, 그리고 마지막으로 성전이 불에 탐으로 이루어졌다. 해가 어두워지고 달이 피가 되리라는 예언은 그들의 행정당국과 종교당국의 사멸과 그들의 지도자들의 소멸을 나타낸다.

셋째, 주의 백성의 확실한 보존이 여기서 약속되어 있다(21절): 주의 이름을 부르는 자(참된 그리스도인들에 대한 표현; 고전 1:2)는 구원을 받으리라. 그들은 심판을 면하고 영원한 구원의 전형과 전조가 될 것이다. 갈대아 사람들에 의해 예루살렘이 멸망당하였을 때, 곧 주의 진노의 날에 안전을 보증받은 남은 자들이 있었다. 그리고 로마인들에 의해 예루살렘이 멸망당하였을 때에도 그리스도인은 단 한 명도 죽지 않았다. 보기 드문 경건으로 스스로를 구별하는 자들은 특별한 보존으로 구별될 것이다. 그리고 구원받는 남은 자들은 여기에서 기도하는 사람들로 묘사되어 있다. 그들은 주의 이름을 부르는 자들이다. 이는 그들이 자기들의 어떠한 공로나 의로써 구원받는 것이 아니라 오로지 하나님의 은혜로 구원받는다는 것을 의미한다. 이 하나님의 은혜는 틀림없이 기도로 얻어진다. 그들의 견고한 망대는 그들이 부르고 있는 주의 이름이다.

(2) 이 예언의 말씀을 현재 일어난 사건에 적용함(16절): 이는 곧 선지자 요엘을 통하여 말씀하신 것이니. 현재의 사건은 이 말씀의 완전한 성취다. 곧 모든 육체에게 성령이 임하시리라는 말씀이 성취되었으며, 따라서 우리는 다른 메시야를 기다려서는 안 되는 것처럼 다른 은혜를 구해서도 안 된다. 우리 주님께서 이제까지 하늘에서 살아 계시며, 땅에 있는 자기 교회를 위하여 다스리시며

중보하시는 것처럼 지금 우리에게 주어진 이 은혜의 성령, 중보자, 혹은 보혜사 께서는 동일한 약속을 따라 땅에 있는 교회와 늘 함께 하실 것이며, 교회 안에 서 그리고 교회를 위하여, 그리고 평범하거나 비범하거나 교인들 각자 안에서 자신의 모든 역사를 이루실 것이다.

2. 성령의 나타나심은 그리스도의 선물이었으며, 그의 부활과 승천의 소산이 자 그에 대한 증거임. 이 성령의 선물을 기회로 삼아 베드로는 그들에게 예수 를 전한다. 베드로는 다음과 같이 또 다른 진지한 서언으로 이 부분을 시작한 다(22절):"이스라엘 사람들아 이 말을 들으라. 너희가 이 말을 들을 수 있는 것이 은혜요 또한 그 말에 주의하는 것이 너희의 의무이다." 그리스도에 관한 말씀 을 이스라엘 사람들은 받아들여야 할 것이다. 그 내용은 다음과 같다.

(1) 그리스도의 생애에 대한 개괄. 베드로는 예수를 나사렛 예수라고 부르는 데 예수께서 일반적으로 그 이름으로 알려지셨기 때문이다. 하나님께서… 너희 앞에서 그를 증언하셨느니라. 예수께서는 사람들의 비난과 저주를 받았지만 하 나님의 인정을 받으셨으며, 이로써 사람들의 모든 비난을 간단히 해치울 수 있 었다. 예수의 가르침이 사람들 앞에서 인정받도록 하기 위해 하나님은 그에게 기적을 행할 능력을 주셨으며, 이로써 예수께서 하나님에 의해 정해진 사람이 었음을 증거하셨다. 따라서 하몬드 박사는 본문을 다음과 같이 해석한다. "그는 너희 가운데서 뛰어나시고 두드러진 분이시니 이제 너희는 나의 말을 들으라. 그는 너희의 땅에서 영광스러운 빛으로 너희에게 보내어지고 세우심을 입었 다. 그가 어떠한 기적과 기사와 표적으로 유명해지셨는가 너희가 증인들이다. 그런 일들은 자연의 능력을 초월하고, 정상적인 과정을 뛰어넘거나 역행하는 것으로서 하나님께서 그를 통해 행하신 일들이었다. 즉, 그 일들은 예수께서 거 룩한 권능을 입어 행하신 일들이었고, 또한 하나님께서 분명히 그와 함께 동행 하심으로 행하신 일들이었다. 하나님께서 함께 하지 않으신다면 누구라도 그 런 일들을 행할 수 없었을 것이다." 베드로가 그리스도께서 행하신 기적들에서 강조하고 있는 바가 무엇인지 보라. [1] 그들은 중요한 사실을 부인할 수 없었 다. "너희도 아는 바와 같이 그런 일들이 너희 가운데서, 너의 지방, 도시, 너희의 종교적인 모임 가운데서 이루어졌다. 너희는 예수께서 행하신 기적들을 본 목 격자들이다. 너희가 과연 그 기적들을 반박할 어떤 자료를 가지고 있거나 제시 할 수 있는지 나는 묻는다." [2] 이러한 기적들로 인한 추론은 논쟁이 필요 없다.

왜냐하면 논리는 증거만큼 강하기 때문이다. 예수께서 그러한 기적들을 행하셨다면 분명히 이는 예수께서 하나님의 아들이요 세상의 구세주이심을 하나님께서 증거하시고 나타내신 일이었다. 왜냐하면 진리의 하나님께서 결단코 거짓을 보증하시지 않기 때문이다.

(2) 예수의 죽으심과 고난에 대한 설명. 불과 몇 주 전에 그들은 이 사실을 목격하였다. 모든 기적들 가운데 가장 큰 기적은 하나님의 증거를 받은 사람이 이와 같이 하나님의 버림을 받은 것처럼 보인다는 것이요, 또한 사람들 가운데 증거를 받은 사람이 그들 가운데서 그들에 의해 버림을 받으셔야 했다는 것이다. 이 두 기적들 모두를 베드로가 설명하였다(23절). 베드로는 예수의 죽으심을 [1] 하나님의 행위라고 생각하였다. 하나님 안에서 예수의 죽으심은 놀라운 은혜와 지혜의 행위였다. 하나님은 그를 죽음에 내주셨다. 그가 죽임을 당하시는 것을 허용하셨을 뿐만 아니라 그를 내주셨고 바치셨다. 이 같은 사실이 로마서 8장 32절에 설명되어 있다. 자기 아들을 아끼지 아니하시고 우리 모든 사람을 위하여 내주신 이가 … 그럼에도 불구하고 예수는 하나님의 증거를 받으셨고, 그의 죽으심에는 하나님께서 그를 인정하지 아니하심을 나타내는것이 아무것도 없었다. 왜냐하면 그의 죽으심이 하나님께서 정하신 뜻과 미리 아신 대로 무한한 지혜 가운데 거룩한 목적을 위해 이루어진 것이기 때문이다. 그리스도께서는 이 거룩한 목적에 친히 동의하셨고 또한 이 거룩한 목적을 이끌어내는 방법에 동의하셨다. 그리하여 하나님의 공의가 만족되고, 죄인들이 구원받으며, 하나님과 인간이 화목하고 그리스도 자신도 영광을 받으셨다. 예수께서 고난당하시고 죽으신 것은 하나님의 뜻을 따른 것일 뿐만 아니라 그의 뜻의 결정대로 하신 것이었다(엡 1:11). 영원한 작정에 따라 그것은 변경될 수가 없었다. 이에 그리스도께서 십자가를 감수하셨다. 아버지의 원대로 되기를 원하나이다(마 26:42). 아버지여, 아버지의 이름을 영광스럽게 하옵소서(요 12:28). 당신의 크신 목적이 이루어지게 하소서. [2] 베드로는 예수의 죽으심을 사람들의 행위로 생각하였다. 사람들 안에서 예수의 죽으심은 엄청난 죄와 어리석음의 행위였다. 하나님께서 하늘에서 가장 사랑하시는 자로 인정하신 분을 핍박한다는 것은 곧 하나님을 대적하는 일이요, 이 땅에서 가장 큰 축복이신 분을 핍박한다는 것은 그들이 받을 수 있는 은총을 거절하는 일이있다. 아무리 하나님께서 예수의 죽으심을 영원 전부터 작정하시고 그로 말미암아 영원 후까지 선을 초래하려고 하

셨을지라도 그들의 죄는 조금도 용서받지 못할 것이다. 왜냐하면 그들의 죄악은 도덕적으로 악한 근본에서 비롯된 자발적인 행동이었기 때문이다. "그들은 악한 손으로 그를 십자가에 못 박아 죽였다." 이 곳에 모인 사람들 가운데 더러는 십자가에 못 박으라고 소리쳤을 것이며, 그렇지 않으면 살인을 방조하였을 것이다. 베드로는 이 사실을 알고 있었다. 어쨌든 그 죄악은 당연히 국가적인 행위로 간주되었다. 왜냐하면 공회의 투표와 대중의 소리로 이 같은 일이 저질러졌기 때문이다. 이는 규칙이다. "과반수에 의해 공적으로 행해진 것을 우리는 전체에게 돌린다." 베드로는 특히 국민의 일원으로서 그 나라를 방문한 사람들에게도 책임을 지우는데 그것은 그들을 효과적으로 믿음과 회개로 돌이키기 위함이었다. 믿고 회개하는 것만이 그들이 죄의 책임을 면할 수 있는 유일한 방법이었기 때문이다.

(3) 예수의 부활에 대한 증거. 예수께서는 부활로써 죽는 치욕을 효과적으로 떨쳐버리셨다(24절). 하나님께서 그를 살리셨으니. 그를 죽음에 내주신 하나님께서 또한 그를 죽음에서 건져 내셨다. 하나님은 이로써 예수께서 행하신 표적들과 기적들과 같은 다른 증거보다도 더욱 차원 높은 증거를 그에게 해 주셨으며, 이러한 증거는 다른 모든 증거를 합친 것보다 효과적인 것이었다. 그러므로 베드로는 이러한 사실을 크게 역설한다.

[1] 베드로는 예수의 부활을 설명한다. 하나님께서 그를 사망의 고통에서 풀어 살리셨으니 이는 그가 사망에 매여 있을 수 없었음이라. 오디나스 ─ 사망의 고통. 이 단어는 산고의 고통을 묘사하는데 사용된다. 또한 어떤 이들은 이 단어가 예수의 심령의 고통과 고뇌를 의미한다고 생각한다. 그 때에 예수의 심령은 심히 비탄에 잠겼으며 심지어 사망에 이를 정도였다. 이러한 심령의 고통과 비탄으로부터, 이러한 심령의 산고로부터 아버지께서 풀어 살리셨고, 바로 그 때에 예수께서는 다 이루었다고 말씀하셨다. 이리하여 고드윈(Godwin) 박사는 예수의 사망의 고통을 다음과 같이 이해한다. "헤만의 노래에 나타난 대로 죽은 자처럼 누워 있는 두려움이 그리스도를 사로잡았다(시 88:5, 15). 하지만 그리스도는 그런 두려움보다 강하시므로 그 두려움을 헤치고 나오셨으며, 이것이 바로 그의 심령의 부활이었다(영적인 고뇌의 수렁에서 심령을 이끌어 내는 것은 위대한 일이다). 이 때문에 그의 심령이 지옥에 머물러 있을 수 없었다. 다음에 나오는 말씀, 주의 거룩한 자로 썩음을 당하지 않게 하실 것임이로다(27절)는 말씀은 곧

그의 몸의 부활을 말한다. 결국 이 두 가지 부활(심령의 부활과 몸의 부활)이 위대한 부활을 완성한 것이다." 라이트푸트 박사는 예수의 사망의 고통에 대하여 다른 해석을 한다. "그를 믿는 모든 자들과 관련하여 그를 사망의 고통에서 풀어 살리시므로 하나님께서 그리스도를 일으키셨다. 그리고 그의 부활로써 사망의 권세를 깨뜨리셨으며, 그의 백성에게 임한 사망의 고통을 멸하셨다. 그는 사망을 폐하시고 사망의 성질을 바꾸셨다. 예수께서 죽음에 오랫동안 사로잡혀 있는 것이 불가능하였으며 영원히 사로잡히는 것 또한 불가능하기 때문이다." 그러나 대부분은 이 말씀을 그리스도의 몸의 부활로 해석한다. (백스터[Baxter] 씨의 말대로) 여기서 사망은 적극적인 악으로 인한 고통은 아니지만 생명을 빼앗긴 형벌의 상태다. 하지만 하몬드 박사는 칠십인 역에서 이 단어가 줄(시 18:4)이라는 단어로 번역되었고, 베드로 사도도 이러한 의미로 사용하고 있다는 것을 보여준다. 이 말은 해방과 매임이라는 은유가 가장 잘 어울린다. 그리스도는 우리의 죄의 빚 때문에 매이셨으며 사망의 줄에 빠지셨다. 그러나 하나님의 공의가 채워졌기 때문에 공의로나 능력으로나 그리스도께서 그 곳에 억류되어 있는 것이 불가능하였다. 왜냐하면 그는 자신 안에 생명을 가지셨고, 자신의 능력으로 사망의 왕을 정복하셨기 때문이다.

[2] 베드로는 그리스도의 부활의 사실성을 증거한다(32절): 이 예수를 하나님이 살리신지라. 우리가 다 이 일에 증인이로다. 이 말씀은 그리스도께서 죽으시기 전부터 그와 친밀하던 우리 사도들과 그 외 동료들은 부활 후에도 그리스도와 친밀하게 지내었으며, 그분을 모시고 음식을 먹었다는 의미이다(행 10:41). 그들이 성령의 강림으로 권능을 받은 목적은 이 일에 대하여 능숙하고 신실하며 용기 있는 증인들이 되기 위함이며, 이에 그들이 예수를 훔쳐갔다고 대적들이 비난함에도 불구하고 이 사실을 증거한다.

[3] 그리스도의 부활이 성경의 성취임을 베드로가 보여준다. 왜냐하면 성경은 그리스도께서 썩음을 당하기 전에 반드시 부활할 것이라고 말하였기 때문이다. 그러므로 그리스도께서 죽어 무덤에 갇혀 계신다는 것은 있을 수 없는 일이었다. 다윗은 그리스도의 부활하심을 말하고 있으며 그 내용이 25절에 인용되어 있다. 베드로가 인용하는 성경 구절은 다윗의 말이다(시 16:8-11). 물론 부분적으로 이 말씀은 성도인 다윗에게 적용될 수 있는 것이지만 주로 예수 그리스도에 대한 예언이며, 여기서 다윗은 예수 그리스도의 모형이었다. 이 내용을

살펴보면 다음과 같다.

첫째, 베드로는 많은 분량의 구절을 인용하였다(25-28절). 이 모든 내용이 그리스도 안에서 성취되었기 때문이다. 이 구절들이 우리에게 보여주는 것은 다음과 같다. 1. 우리 주 예수께서는 사명을 감당하시는 동안 내내 아버지에 대하여 지속적인 관심을 가지셨다. 내가 항상 내 앞에 계신 주를 뵈었음이여. 예수께서는 아버지의 영광을 모든 일의 최종적인 목적으로 삼으셨다. 예수께서는 자신의 고난으로 하나님께서 영광을 받으실 것이며 그것이 자신에게 기쁨이 되리라는 것을 아셨다. 예수께서 고난당하시는 동안 내내 자기 앞에 있는 이 영광과 기쁨을 바라보셨다. 그는 이런 것들을 내다보시며 고난을 참으셨고 사명을 완수하셨다(요 13:31, 32; 17:4, 5). 2. 예수께서 자신과 함께 하시는 아버지의 존재와 능력을 확신하셨다. "그가 내 우편에 계시도다. 오른손(right hand, 우편)은 행동하는 손이며, 힘 있게 하고 인도하며 받쳐주는 손이다. 그러므로 나는 요동하지 아니하고 내가 곤란을 겪어야 하지만 나의 사명으로부터 물러서지 아니한다." 이는 구속의 언약의 조항이었다(시 89:21). 내 손이 그와 함께 하여 견고하게 하고 내 팔이 그를 힘이 있게 하리로다. 그러므로 예수께서는 자신이 행하시는 일이 실패하지 아니할 것이라고 확신하였다. 3. 우리 주 예수께서 슬픔을 당하셔야 했음에도 불구하고 기쁨으로 일을 수행하셨다. "나는 요동치 않을 것이며 도리어 내 손으로 주의 기쁨을 크게 해 드리는 것으로 만족하니 내 마음이 기뻐하고 내 혀도 즐거워하였다. 그리고 나의 슬픔에 대한 생각은 내게 아무것도 아니다." 우리 주 예수의 지속적인 기쁨은 일의 목적을 바라보는 것이요, 그 결과가 영광스러우리라고 확신하는 것이었다. 예수께서 자신의 사명을 너무나 기뻐한 나머지 그의 마음에는 어떻게 아버지께서 계획한 대로 결과를 이끌어 낼 수 있을까 하는 생각으로 충만하였다. 예수께서 성령으로 기뻐하시며(눅 10:21). 26절의 내 혀도 즐거워하였으며라는 말씀은 시편에서 나의 영광도 즐거워하며(시 16:9)라고 되어 있다. 이는 우리의 혀가 우리의 영광이라는 뜻이다. 말하는 기능은 우리에게 영광인데 그 말하는 기능이 하나님을 찬양하는데 쓰일 때 이보다 더 큰 영광은 없는 것이다. 그리스도의 혀는 기뻐하였다. 왜냐하면 그리스도께서 고난에 막 들어가려고 하실 때 만찬을 끝내시고 찬미하셨기 때문이다. 4. 그리스도는 자신의 죽으심과 고난으로 인해 행복한 결과가 있을 것이라는 낙관적인 기대를 가지셨다. 이러한 낙관적인 기대 때문에 그리스도는 고난을 통과하시면서 용기와 기쁨을 유지하실 수 있었다. 그의 몸이 죽임을 당하셨다. 그러나 육체도 희망에 거하리니. 그리스도의 몸이 무덤에 계시는 동안 휴식의 침대에 누워 계실 것이다. 그리고 희망은 그 육체에 달콤한 휴식을 제공할 것이다. 육체도 희망에 거하리니 이는 내 영혼을 음부에 버리지 아니하시며. 다음에 살펴볼 내용은 그리스도의 희망, 혹은 확신의 상태다. (1) 영혼이 육체로부터 분리된 상태가 계속되지 않으리라는 확신(희망)을 그리스도는 가지셨다. 왜냐하면 이러한 영혼과 몸의 분리의 상태는 인간의 영혼에게 상당히 불쾌함을 줄 것이며, 게다가 이는 진리로 죽음을 정복하신 그리스도를 죽음이 계속 승리하는 상태가 될 것이기 때문이다. 내 영혼을 음부(하데스, 곧 보이지 않는 상태를 의미함)에 버리지 아니하시며. "당신께서 영혼을 한동안 저리로 옮겨서 그 곳에 있게 하겠지만 당신은 영혼을 돌려보내실 것입니다. 당신께서 다른 사람들에게 영혼을 돌려주신 것처럼 나의 영혼을 그 곳에 버려두지 않으실 것입니다." (2) 그리스도께서 육체가 잠시 동안만 무덤에 누워 있을 것이라는 확신(희망)을 가지셨다. 주의 거룩한 자로 썩음을 당하지 않게 하실 것임이로다. 육체가 썩거나 악취가 날 정도로 계속 죽은 상태로 있지 아니할 것이다. 그러므로 죽은 지 삼 일 혹은 그 전에 육체는 반드시 살아난다. 그리스도는 하나님의 거룩하신 자로서 구속의 일을 이루도록 드려지고 구별된 분이셨다. 그러므로 그는 죽으셔야만 했다. 왜냐하면 그리스도께서 자신의 피로써 희생되어야 했기 때문이다. 하지만 그는 결코 썩음을 당하지 않으신다. 그의 죽으심이 하나님 앞에 향기가 되셨기 때문이다. 이 같은 희생은 희생제물에 관한 율법에 예시되어 있었다. 거기에 보면 먹지 아니한 화목제물의 고기는 셋째 날까지 남겨두어서는 안될 것이라고 명시되어 있다(레 7:15-18). 이는 제물이 썩어 거기서 악취가 날까봐 두려워한 까닭이다. (3) 그리스도는 자신의 죽으심과 고난으로 말미암아 자신은 물론이요 자기에게 속한 모든 자들을 복된 영생으로 들이게 될 것이라는 확신(희망)을 가지셨다. "주께서 생명의 길을 내게 보이셨고 또한 나로 말미암아 그 생명의 길을 세상에 알리게 하시고 열어주게 하셨다." 아버지께서 자기 속에 생명이 있음 같이 아들에게도 생명을 주어 그 속에 있게 하셨고(요 5:26). 나는 (생명을) 버릴 권세도 있고 다시 얻을 권세도 있으니(요 10:18). 곧 예수께서는 생명을 취할 수도 있고 버릴 수도 있다. 그에게 사망의 문이 열렸고 사망의 그늘진 문이 열렸으니(욥 38:17), 예수는 인간의 구속을 위하여 경우에 따라 그리로 들어가셨다가 다시

나올 수 있다. (4) 예수께서는 자신의 모든 슬픔과 고난이 결국 완전하고 영원한 행복으로 끝나리라고 확신(희망)하셨다. 주 앞에서 내게 기쁨이 충만하게 하시리로다. 그의 앞에 마련된 보상은 기쁨 곧 충만한 기쁨이었다. 하나님은 예수의 행하심에 대한 보상으로 이 기쁨을 주셨으며, 아울러 그를 위해 그리고 그를 믿는 모든 자들에게 이 기쁨을 주셨다. 아들이 승천하실 때 아버지는 그 아들을 기쁨으로 받으셨고, 옛적부터 항상 계신 자가 그를 맞이하시고 말로 할 수 없는 기쁨으로 그에게 채워주셨다. 이것이 바로 우리 주님의 기쁨이며 아울러 그에게 속한 모든 자들이 동참할 기쁨이다. 그들은 이 기쁨 안에서 영원히 행복할 것이다.

둘째, 베드로는 이 구절을 설명하는데 특히 그리스도의 부활과 관련된 내용을 자세히 설명한다. 그는 듣는 사람들을 향해 형제들아 라고 말하므로 존경을 표한다(29절). "형제들아, 너희가 이성적으로 판단해야 할 것이다. 너희가 형제들이므로 너희와 동족인 사람의 말을 흔쾌히 받아야 할 것이다. 그는 너희를 진심으로 염려하며 너희가 잘 되기를 바라는 자인데 그가 바로 다윗이다. 이제 내가 조상 다윗에 대하여 담대히 말할 수 있노니 그러므로 다윗이 이 구절에서 다윗 자신을 말하지 않고 오직 앞으로 오실 그리스도를 말하고 있는 것이라고 내가 말한다 할지라도 불쾌하게 생각하지 말라." 여기서 다윗이 조상이라고 일컬어지는데 그 이유는 그가 왕가의 조상이고 또한 그 세대에 대단히 유명하고 뛰어난 사람이었으며, 따라서 그의 이름과 그에 대한 회상이 사람들에게 매우 소중하였기 때문이다. 이제 우리가 다윗의 시편을 읽으면서 다음의 사실을 깊이 생각해야 한다. 1. 다윗은 여기서 자기 자신을 말한 것이 아니었다. 왜냐하면 다윗이 죽어 장사되어 그 묘가 오늘까지 예루살렘 안에 있기 때문이다. 베드로가 이 말을 하였을 때 다윗의 뼈와 재가 예루살렘 안에 있었다. 누구도 다윗이 부활하였다고 주제넘게 말하지 않았다. 그러므로 주의 거룩한 자로 썩음을 당하지 않게 하실 것임이로다라는 말은 결코 자신을 가리킨 말이 아니었다. 그는 분명히 썩음을 당하였다. 사도 바울은 이 같은 사실을 역설하였다(행 13:35-37). 다윗이 하나님의 마음에 합한 사람이었지만 그는 자신의 말대로 세상 모든 사람이 가는 길로 가게 되었노니 곧 죽어 무덤에 묻혔다(왕상 2:2). 2. 그러므로 다윗은 분명히 선지자로서 메시야를 바라보면서 그가 받을 고난을 말하였다. 이전의 선지자들도 메시야의 고난을 그에 따르는 영광과 함께 증언하였다. 다윗이 이 시편에서 이런 예언을 한 것이라고 베드로가 분명하게 보여주고 있다. (1) 다윗은 자기의 자손들 중에서 메시야가 나올 것을 알았다(30절). 하나님이 이미 맹세하사 그 자손 중에서 한 사람을 그 위에 앉게 하리라 하심을 알고. 하나님은 다윗에게 한 아들을 약속하셨고, 그의 나라의 위가 영원히 견고할 것이라고 약속하셨다 (삼하 7:12). 시편에 이르기를, 여호와께서 다윗에게 성실히 맹세하셨으니 변하지 아니하실지라 이르시기를 네 몸의 소생을 네 왕위에 둘지라(시 132:11)고 하였다. 우리 주님께서 탄생하셨을 때 주 하나님께서 그 조상 다윗의 왕위를 그에게 주시리니(눅 1:32)라는 약속이 있었다. 그리고 메시야가 다윗의 자손이라는 사실을 온 이스라엘이 알고 있었다. 즉, 육신으로, 인간으로 다윗의 자손이어야 했다. 다른 면에서, 곧 영으로, 신성으로 그는 다윗의 아들이 아니라 그의 주님이셨다. 조상들에게 언약하신 메시야가 다윗의 자손이요 후임이요 그가 다윗의 보좌를 이을 것이라고 하나님께서 다윗에게 맹세하셨기에 다윗이 자신의 시편을 기록할 때 이러한 관점을 견지하였다. (2) (아브라함이 멜기세덱에게 십일조를 드렸을 때 레위가 아브라함의 허리에 있었다고 한 것처럼) 다윗이 그 시편을 기록하였을 때 그의 후손인 그리스도는 결과적으로 그의 허리에 있었다. 그의 말이 자신을 지칭한 것이 아니라면(아닌 것이 분명하다) 우리는 그 말씀이 당시 그의 허리에 있던 그의 자손, 곧 그의 가문과 나라를 완전하고 영원히 세우실 메시야를 지칭한 것이라고 우리는 결론내려야 한다. 그러므로 다윗이 내 영혼을 음부에 버리시 아니하시며 주의 기록한 자로 썩음을 당하지 않게 하실 것임이로다라고 말하였을 때, 의심할 여지 없이 그가 그리스도의 부활에 대하여 말한 것이라고 이해해야 한다(31절). 그리스도께서 죽으시고 성경대로 다시 살아나셨다 (고전 15:3, 4). 그리고 우리는 그가 행하신 모든 일에 증인이다(행 10:39). (3) 여기서 그리스도의 승천 또한 잠깐 언급되었다. 다윗이 죽음으로부터 일어나지 못한 것처럼 그는 그리스도처럼 육체적으로 승천하지도 못하였다(34절). 게다가 다윗이 부활에 대하여 말하였을 때 그것이 그리스도의 부활을 의미한 것임을 증거하기 위하여 그는 다음과 같이 말한다. 곧 다윗이 다른 시편에서 그의 승귀의 다음 단계에 대하여 말할 때 그가 다른 사람을 지칭한 것을 보여주고 있는데 그분이 바로 그의 주님이었던 것이다(시 110:1). "주(여호와)께서 내 주를 죽은 자 가운데서 살리셨을 때 내 주에게 말씀하시기를 너는 내 오른쪽(가장 높은 위엄과 통치권이 있는 자리)에 앉아 있으라 하셨도다. 이 말씀은 섭리와 은혜의 나라의 통치를 네가 맡으라는 뜻이다. 내가 네 원수로 네 발등상이 되게 하기까지 왕으로서 그 곳에 앉아 있으라"(35절). 그리스도께서 무덤에서 부활하시고 더 높이 승천하셨으며, 따라서 다윗이 시편 16편에서 말한 바는 틀림없이 그리스도의 부활이며 자신의 부활이 아니다. 왜냐하면 다윗은 무덤에서 부활한 일도 없고 하늘로 승천한 일도 없기 때문이다.

(4) 베드로는 그리스도의 죽음, 부활 그리고 승천에 관한 강론을 다음과 같이 적용한다.

[1] 베드로는 현재 비범한 은사로 나타나신 성령의 놀라운 임재의 의미를 설명한다. 백성들 가운데 어떤 이들이 이 어찌된 일이냐? 라고 물었다. 이에 베드로가 "내가 그 의미를 말해주겠소"라고 말한다. 이 예수는 하나님의 우편에 높아지셨는데, 따라서 어떤 이들은 예수께서 거기에 앉아 계신다고 해석한다. 하나님이 오른손으로 예수를 높이시매. 여기서 오른손으로 라는 말은 권능과 권세로 우리는 해석한다. 이 모든 것이 한 분에게 임하였다. 예수께서 아버지에게로 올라가셨을 때 그가 약속하신 성령을 아버지께 받아서 너희가 보고 듣는 이것을 부어 주셨다(33절; 시 68:18). 성령은 예수께서 영광을 받으신 이후에야 비로소 부어질 수 있었다(요 7:39). 너희는 우리가 한 번도 배우지 아니한 말을 하는 것을 보고 듣고 있다. 사람들이 제자들의 음성과 언어의 변화를 들었던 것과 마찬가지로 아마도 그들의 용모에 눈에 띄는 변화가 있었을 것이다. 이것이 바로 성령으로 말미암는 것이다. 성령의 강림은 예수께서 높아지신 증거이며, 예수께서 아버지로부터 이 선물을 받으셨다는 증거다. 그리고 예수께서는 이 받으신 선물을 교회에 베푸시며, 이로써 그가 중보자, 곧 하나님과 교회 가운데 계시는 분이심을 분명히 보여준다.

첫째, 성령의 선물은 하나님의 약속의 이행이었다. 여기서는 약속하신 성령이라고 불려졌다. 능력의 하나님께서 매우 크고 소중한 약속들을 우리에게 많이 해 주셨지만 메시야에 관한 언약만큼이나 성령을 부어주시겠다는 이 언약은 고귀한 것이다. 이 언약은 나머지 모든 언약을 포함하고 있다. 그러므로 하늘 아버지께서 구하는 자에게 성령을 주시지 않겠느냐(눅 11:13)는 말씀은 좋은 것으로 주시겠다는 말씀(마 7:11) 과 같다. 그리스도께서는 약속하신 성령, 즉 약속된 성령 선물을 받으셨고, 그것을 우리에게 베푸셨다. 모든 약속들은 그리스도 안에서 예와 아멘이 된다.

둘째, 성령의 선물은 앞으로 계획된 모든 신령한 은혜에 대한 보증이었다. 여러분이 지금 보고 듣는 것은 앞으로 받을 더 큰 은혜를 보증하는 약조금에 불과하다.

[2] 이 같은 사실은 여러분 모두 그리스도 예수께서 참된 메시야이며 세상의 구주이심을 믿어야 한다고 증거한다. 이제 베드로가 전체 결론으로서 이 설교를 마무리지으니 이 사실은 논증된 진리라는 주장이다. 그런즉 이스라엘 온 집은 확실히 알지니 이 진리는 이제 충분한 증거를 받았다. 너희가 십자가에 못 박은 이 예수를 하나님이 주와 그리스도가 되게 하신 이 사실을 최선을 다해 증거하라는 임무를 우리가 받았다. 부활하시기까지 예수께서 자기가 그리스도인 것을 아무에게도 이르지 말라고 제자들에게 경고하셨다(마 16:20; 17:9). 그러나 이제는 이 진리를 집 위에서 이스라엘 온 집에 전해야 한다. 귀 있는 자는 들을지어다. 이 진리는 가능성으로 제시되는 것이 아니라 확실함으로 증언된다. 이 진리를 확실히 알려 주라. 이 진리를 믿을 만한 말씀으로 받아들이는 것이 그들의 의무임을 알려 주라.

첫째, 이 진리는 그들이 십자가에 못 박은 자를 하나님께서 영화롭게 하셨다는 것이다. 하나님께서 영화롭게 하기로 작정하신 분을 그들이 십자가에 못 박았고, 자신의 거룩한 사명에 대하여 충분한 증거를 보여주신 분을 사기꾼으로 몰아 죽였다는 이 같은 사실이 그들의 죄악을 한결 무겁게 한다. 그들이 그리스도를 십자가에 못 박았고 이로써 그에게 씻을 수 없는 오점을 남겼다고 생각하였지만 하나님께서 그를 영화롭게 하신 것은 찬양받으실 하나님의 지혜와 능력이다. 그리고 그들이 그리스도에게 돌린 경멸은 도리어 그의 광채를 반사하는 금박의 역할을 하였다.

둘째, 이 진리는 하나님께서 예수를 영화롭게 하시되 주와 그리스도가 될 정도로 영화롭게 하셨다는 것이다. 이 둘은 같은 의미다. 그는 모든 이들의 주시며, 강탈자가 아니라 정식으로 기름 부음을 받으신 그리스도다. 많은 신들을 모셨던 이방인들에게 그는 유일하신 주님이시다. 그리고 유대인들에게는 모든 직분을 갖추신 메시야다. 갈대아 역본이 말하는 대로 그는 왕이신 메시야다. 혹은 천사가 다니엘에게 말한 대로 기름 부음을 받은 자 곧 왕이시다(단 9:25). 이것이 바로 우리가 믿는 복음의 위대한 진리나. 그러므로 예루살렘에서 십자가에 못 박히신 이 예수에게 우리는 충성을 다해야 하며, 주와 그리스도이신 그의 보호를 기대해야 한다.

[37]그들이 이 말을 듣고 마음에 찔려 베드로와 다른 사도들에게 물어 이르되 형제들아 우리가 어찌할고 하거늘 [38]베드로가 이르되 너희가 회개하여 각각 예수 그리스도의 이름으로 세례를 받고 죄 사함을 받으라 그리하면 성령의 선물을 받으리니 [39]이 약속은 너희와 너희 자녀와 모든 먼 데 사람 곧 주 우리 하나님이 얼마든지 부르시는 자들에게 하신 것이라 하고 [40]또 여러 말로 확증하며 권하여 이르되 너희가 이 패역한 세대에서 구원을 받으라 하니 [41]그 말을 받은 사람들은 세례를 받으매 이 날에 신도의 수가 삼천이나 더하더라

우리는 지금까지 성령의 부으심이 복음 전도자들에게 끼친 놀라운 영향을 보았다. 베드로는 그의 전 생애에 있어서 지금처럼 충분하게 명쾌하게 능력 있게 말해 본 적이 한 번도 없었다. 이제 우리는 성령의 부으심의 또 다른 복된 열매를 볼 수 있는데 그것은 복음을 듣는 자들에게 끼친 영향으로 나타난다. 최초로 거룩한 메시지를 전하였을 때 그와 함께 거룩한 능력이 나타났다. 그 능력은 놀라운 일을 행하시는 하나님의 강력이었다. 그로 말미암아 즉시 수천 명의 사람들이 믿어 순종케 되었다. 그것은 하나님께서 시온에서부터 보내신 주의 권능의 규였다(시 110:2, 3). 우리는 여기서 그리스도 안에서 수확된 첫 열매 곧 수많은 영혼들을 얻게 된다. 존귀를 얻으신 구세주께서 이들 구원의 병거들을 타시고 이기고 또 이기려는 모습을 이 구절에서 보라(계 6:2).

이 구절에서 우리는 하나님의 말씀이 사람들의 마음속에 은혜의 역사를 시작하고 진행시키는 방법이 된다는 사실을 깨닫는다. 주의 성령께서 말씀으로 역사하신다. 이제 그 방법을 함께 관찰하자.

I. 그들은 놀라고 자신들의 죄를 깨닫고 심각한 질문을 하였다(37절). 그들이 이 말을 듣고. 그들은 참을성 있게 베드로의 말을 끝까지 들었다. 그리고 그들이 전에 그리스도의 말씀을 들을 때 방해했던 것처럼 베드로가 강론할 때 방해하지 않았다(그들이 말씀에 주목하게 되었다는 것은 한 가지 큰 수확이었다). 그런 다음 그들의 마음이 찔렸다. 마음에 찔려. 그들은 깊은 염려와 당황 속에서 전도자들에게 문의하기를 우리가 어찌할꼬? 라고 물었다. 그토록 딱딱하던 모든 심령이 갑작스럽게 그러한 감동을 받았다는 것은 매우 희한한 일이었다. 그들

은 유대인으로서 자기들의 종교가 자기들을 구원하고도 남는다는 소신 가운데 성장하였으며, 최근에 이 예수가 나약하고 치욕스럽게 십자가에 못 박히던 장면을 보았다. 또한 그들의 지도자들이 예수는 사기꾼이라고 하는 말을 들었다. 베드로는 그들이 예수를 법 없는 자들의 손을 빌려 못 박아 죽였다고 책망한 바 있다(2:23). 십중팔구 이 법 없는 자들의 손이 예수에 대한 그들의 악한 감정을 악화시켰을 것이다. 하지만 그들이 성경에 근거한 이 명백한 설교를 들었을 때 그 말씀에 큰 감동을 받았다.

1. 이 말씀이 그들을 괴롭게 하였다. 마음에 찔려. 우리는 전도자의 말을 듣고 마음에 찔려 전도자에게 이를 간 자들에 대한 이야기를 볼 수 있다(행 7:54). 그러나 이들은 자신들이 그리스도를 죽이는데 일조한 데 대하여 마음에 찔려 자신에게 분개하였다. 베드로가 그들의 이런 죄를 책망하면서 그들의 양심을 일깨워 살게 하였다. 이제 그들이 그리스도의 죽음에 대하여 반성을 하였고, 이러한 반성이 그들의 뼈를 찌르는 칼 같이 되었으며(시 42:10), 그들이 그리스도를 찔렀을 때처럼 그 양심의 칼이 그들을 찔렀다. 주의하라. 죄인들의 눈이 열릴 때 죄로 인해 그들의 마음은 찔리지 않을 수 없고, 내적인 불안을 체험하지 않을 수 없다. 이것이 바로 마음을 찢고(욜 2:13), 상하고 통회하는 마음을 가진다는 것이다(시 51:17). 진심으로 자신의 죄를 뉘우치고 부끄러워하며 그 결과를 두려워하는 자들은 마음에 찔림을 받는다. 마음의 찔림은 치명적이며, 그러한 동요 가운데서 (바울의 말대로) 나는 죽었다(롬 7:9). "나 자신에 대한 나의 모든 낙관적인 판단과 나 자신을 믿은 것이 나를 실패하게 하였다."

2. 이 말씀이 그들로 하여금 질문하게 만들었다. 마음에 가득한 것을 입으로 말함이라(마 12:34).

(1) 그들이 누구에게 질문을 하였는가? 베드로와 다른 사도들에게. 혹은 이 사도에게 혹은 저 사도에게. 그들은 자신들의 사정을 사도들에게 숨기지 않았다. 그들은 사도들의 말을 믿었고, 그들로부터 자문과 위로를 받기를 기대한다. 그들은 사도들의 책망으로부터 자신을 정당화하기 위해 서기관들과 바리새인들에게 호소하지 않는다. 도리어 사도들의 책망을 인정하고 그들에게 문의하고 그 사정을 알린다. 베드로가 그들에게 했던 대로(29절) 그들도 사도들을 가리켜 형제들이라고 부른다. 이는 존칭이라기보다 우정과 사랑의 표현이다. "너희도 사람들이므로 우리를 인간답게 대하라. 너희가 형제들이므로 우리를 형제

애로 대하라." 적용. 목회자는 영적인 의사다. 양심이 상한 자들은 그들의 상담을 받아야 할 것이다. 사람들이 마치 형제처럼 목회자와 스스럼없이 잘 알고 지내는 것이 유익하다. 목회자는 그들의 심령을 마치 자신의 심령을 다루듯이 대한다.

(2) 그들이 무엇을 묻는가? 우리가 어찌할꼬? [1] 몹시 난처한 처지에 있는 사람들처럼 그들은 말한다. 실제로 그들은 무엇을 해야 할지 몰랐고 완전히 놀란 상태였다. "우리가 십자가에 못 박은 예수가 주와 그리스도라고? 그렇다면 그를 십자가에 못 박은 우리들은 앞으로 어떻게 되는 건가? 우리 모두 망했다!" 적용. 우리 자신의 비참함을 깨닫지 못하고는 진정 행복할 수 있는 길은 없다. 우리가 영원히 멸망할 위기에 처해 있는 것을 깨달을 때 비로소 영원히 살 수 있는 희망이 있는 것이다. 그러나 그것을 깨닫기까지는 희망이 없다. [2] 그들은 다급한 사람들처럼 말한다. 그들은 사도들이 어떠한 지시를 내리든지 즉시 이행할 각오를 하였다. 그들은 시간을 갖고 생각하지 않고, 또한 사도들의 유죄판결을 좀 더 유리한 시기로 연기하려고 하지 않는다. 도리어 그들은 자신들이 마땅히 책임져야 할 고통을 어떻게 하면 면할 수 있는지 듣고자 한다. 적용. 죄를 깨닫는 자들은 평화와 용서에 이르는 길을 기꺼이 알고자 할 것이다(9:6; 16:30).

Ⅱ. 베드로와 사도들은 그들이 어떻게 해야 하는지 짧게 지시하며, 그렇게 하므로 그들이 무엇을 기대할 수 있는지 일러준다(38, 39절). 죄를 깨달은 죄인들은 위로를 받아야 한다. 상한 곳은 싸매어져야 한다(겔 34:16). 그들의 죄가 고약하더라도 절망적인 것은 아니며 그들에게 소망이 있다고 말해 주어야 한다.

1. 베드로는 그들이 행해야 할 지침을 가르쳐준다. (1) 회개하라. 회개는 난파당한 후 의지할 수 있는 널빤지와 같은 것이다. "너희가 그리스도를 죽게 함으로 얻게 된 이 징글맞은 죄의식을 계기로 너희의 다른 모든 죄에 대해서도 반성하고(마치 한 가지 큰 빚에 대한 독촉이 가난한 파산자의 모든 빚을 폭로하는 것처럼), 그에 대한 후회와 애통을 하도록 하라." 이 회개는 세례 요한과 그리스도께서 전하신 동일한 의무였다. 성령이 부어진 지금도 회개는 여전히 강조되어야 한다. "회개하라, 회개하라, 너희 마음을 돌이키라, 너희 길을 돌이키라. 죄의 결과를 인정하라." (2) 각각 예수 그리스도의 이름으로 세례를 받으라. 즉,

"그리스도의 도를 확실히 믿고, 그의 은혜와 다스리심에 복종하라. 그리고 세례의식을 받음으로 그리스도의 도를 공적으로 고백하고 이를 지키겠다고 서약하라. 그리스도와 그의 거룩한 종교로 개종하라. 그리고 너희의 불신을 단념하라." 그들은 예수 그리스도의 이름으로 세례를 받아야 한다. 그들은 전에 선지자들이 말하는 아버지와 성령을 믿었다. 하지만 그들은 또한 예수 그리스도의 이름을 믿어야 한다. 이는 곧 예수께서 그리스도, 조상들에게 약속하신 메시야이심을 믿는 것이다. "예수를 너희의 왕으로 모셔라. 그리고 세례를 받음으로 그에 대한 충성을 맹세하라. 그를 너희의 선지자로 모셔라. 그리고 그의 말씀을 들어라. 그를 너희를 구속하시는 제사장으로 모셔라." 이상이 세례를 받으라는 베드로의 의도인 듯하다. 왜냐하면 그들이 예수 그리스도의 의의 공로로 죄 사함을 받기 위해서는 그의 이름으로 세례를 받아야만 하기 때문이다. (3) 이 지침은 구체적으로 각자가 행해야 한다는 사실이 강조되어 있다. 너희가 각각. "아무리 큰 죄인인 너희들도 회개하고 믿기만 하면 세례받는 것을 환영한다. 또한 자신이 위대한 성자라고 생각하는 사람들도 여전히 회개하고 믿고 세례를 받아야 한다. 그리스도 안에는 너희 각자에게 주어지는 은혜는 충분하다. 아무리 많은 사람일지라도 각 사람의 경우에 맞는 은혜가 있다. 옛 이스라엘은 다 구름 아래에 있고 바다 가운데로 지나며 모세에게 속하여 진영 안에서 전체적으로 세례를 받았다(고전 10:1, 2). 왜냐하면 그 특별한 언약은 국가적이었기 때문이다. 하지만 이제는 너희가 각각 주 예수의 이름으로 세례를 받아야 하며, 이 큰 일을 스스로 시행해야 한다"(골로새서 1:28을 보라).

2. 베드로는 이 지침을 지키라고 그들에게 권한다. (1) "이를 지키므로 죄 사함을 받으라. 너희의 죄를 회개하라. 그리하면 너희가 멸망하지 아니하리라. 세례를 받고 그리스도를 믿어라. 그리하면 진리 안에서 너희가 의롭다 함을 받으리라. 모세의 율법으로는 이 의로움을 결단코 받지 못할 것이다. 이러한 목적으로 그리스도를 의지하라. 그리하면 너희가 이 의로움을 받을 것이다. 주의 만찬에서 잔이 죄 사함을 위해 그리스도의 피로 맺은 새 언약인 것처럼 세례는 그리스도의 이름으로 죄 사함을 받기 위한 것이다. 씻으라. 그리하면 너희가 씻음을 받을 것이다." (2) "우리와 같이 너희가 성령의 선물을 받으리라. 성령의 선물은 보편적인 은혜를 위해 작정된 것이다. 너희 중에 어떤 이들은 이처럼 외부로 나타나는 은사를 받을 것이며, 너희가 신실한 믿음으로 회개하면 각각 성령의

내적인 은혜와 위로를 받고, 약속의 성령으로 인치심을 받으리라." 적용. 죄 사함을 받는 모든 이들은 성령의 선물을 받는다. 의롭다 함을 받는 모든 이들은 죄 씻음을 받는다. (3) "과거 너희의 조상들과 마찬가지로 너희의 자녀들도 역시 이 언약에서 유익을 얻을 것이며 언약의 외적인 보증을 받을 자격을 가질 것이다. 그리스도에게 와서 헤아릴 수 없는 은혜를 받으라. 왜냐하면 죄 사함과 성령의 선물은 너희와 너희 자녀에게 약속하신 것이기 때문이다(39절)." 이 언약은 매우 직설적이었다. 나의 영을 네 자손에게, 나의 복을 네 후손에게 부어 주리니(사 44:3). 네 위에 있는 나의 영과 네 입에 둔 나의 말이 이제부터 영원하도록 네 입에서와 네 후손의 입에서와 네 후손의 후손의 입에서 떠나지 아니하리라(사 59:21). 하나님께서 아브라함과 언약을 맺으셨을 때 말씀하시기를, 내가 너와 네 후손의 하나님이 되리라(창 17:7)고 하셨다. 이에 이스라엘 백성은 누구나 자기 아들에게 난 지 팔일 만에 할례를 행하였다. 이제 이스라엘 백성이 세례를 받음으로 이 언약의 새로운 체제로 진입할 때 "나의 자녀들은 어떻게 되는 겁니까? 자녀들은 버림을 받습니까 아니면 나와 함께 구원을 받습니까?" 하고 묻는 것은 당연하다. 이에 베드로는, "너희의 하나님이 되리라고 하신 하나님의 큰 언약은 예전과 같이 너희와 너희 후손들에게 동일하기 때문에 그들은 구원을 받는다"고 한다. (4) "이 언약이 이전처럼 지금도 너희와 너희 후손들에게 적용되지만 너희와 너희 후손들에게만 적용되는 것은 아니며, 이 언약의 은혜는 먼 데 있는 모든 사람을 위해 계획된 것이다." 그러므로 우리는 먼 데 있는 이방인들의 자손들에게까지 이 언약의 적용을 확대해야 한다. 왜냐하면 아브라함의 복이 예수 그리스도를 통하여 이방인들에게 미치기 때문이다(갈 3:14). 이제는 먼 데 있는 자들, 곧 멀리 떨어진 이방 나라들, 그 가운데 있는 모든 자들에게도 이 언약의 복이 보내어진다. 단 이 보편적인 언약에 제한이 있는데, 각 나라 가운데 특별히 주 우리 하나님이 예수 그리스도와의 교제 가운데로 부르시는 자들에게 이 언약이 적용된다는 것이다. 적용. 하나님은 먼 데 있는 자들을 부르실 수 있고, 하나님께서 부르시는 자 외에는 예수 그리스도 안에 나올 수 없다.

Ⅲ. 베드로는 이러한 지침에 이어 꼭 필요한 경고를 한다(40절). 동일한 목적으로 베드로는 여러 말로 복음의 진리를 증거하고 복음에 따르는 의무를 권고하였다. 말씀이 역사하기 시작하자 이제 그는 이러한 권고를 하였다. 베드로는 많은 내용을 간략하게 말하였고(38, 39절), 사람들은 베드로가 모든 내용을

다 말하였다고 생각하였겠지만 아직 할 말이 더 있었다. 우리가 우리 영혼에 도움이 되는 말을 들었을 때 우리는 그러한 말을 더 듣고 싶어하지 않을 수 없다. 여러 가지 사실들을 말하는 가운데 그가 되풀이하여 가르친 듯한 내용은 너희가 이 패역한 세대에서 구원을 받으라, 그들로부터 벗어나라는 것이었다. 믿지 않는 유대인들은 패역하고 사악하고 완악한 세대였다. 그들은 하나님과 사람을 거역하였고(살전 2:14), 죄에 집착하여 멸망을 피할 수 없었다. 이제 그러한 자들에게 경고한다. 1. "그들이 받을 멸망으로부터 너희 자신을 힘써 구하라. 그리하여 그들이 처한 멸망에 빠지지 않도록 힘쓰고 (그리스도인들처럼) 이 모든 일을 피하도록 하라." 이 말은 곧 "회개하고 세례를 받으라. 그리하면 너희도 그들과 함께 죄에 동참하였던 자들이었으나 그들처럼 멸망에 빠지지 않을 것이다"라는 뜻이다. 내 영혼을 죄인과 함께 내 생명을 살인자와 함께 거두지 마소서(시 26:9). 2. "이를 위하여 그들과 함께 계속 죄를 범하지 말고, 불신앙을 고집하지 말라. 너희 자신을 구원하라. 즉, 이 패역한 세대로부터 너희 자신을 분리하고 구별하라. 그 패역한 족속 같이 패역하지 말라(겔 2:8). 그들과 같이 죄에 참여하지 말고 그리하여 그들이 걸릴 역병에 너희는 걸리지 않도록 하라." 적용. 악한 사람들로부터 우리 자신을 구별하는 것만이 우리 자신을 그들로부터 구원하는 유일한 길이다. 이렇게 하므로 비록 우리가 그들의 분노와 미움을 받게 되지만 우리는 실로 그들로부터 우리 자신을 구원하게 될 것이다. 그들이 어디로 황급히 가고 있는지 우리가 생각한다면, 그들의 흐름을 따라 떠내려가므로 위험에 처하기보다는 그들의 흐름을 거슬러 올라가므로 어려움을 당하는 편이 더 낫다는 것을 우리는 알게 될 것이다. 자신의 죄를 회개하고 예수 그리스도께 굴복하는 자들은 악한 자들과의 모든 밀접한 관계를 끊어버림으로써 자신들의 신실함을 입증해 보여야 한다. 너희 행악자들이여, 나를 떠날지어다라는 말은 자기 하나님의 계명을 지키기로 결심한 자가 할 수 있는 말이다(시 119:115). 우리는 악한 자들로부터 자신을 구원해야 하며, 이 같은 행동은 거룩한 두려움으로 그들을 피한다는 의미이다. 이로써 우리는 우리를 멸망시키려고 하는 대적으로부터 혹은 역병에 전염된 집으로부터 우리 자신을 구원할 것이다.

IV. 이로 인한 성공과 결과가 본문에 나온다(41절). 성령께서 말씀과 더불어 역사하셨고 말씀으로써 놀라운 일을 행하셨다. 청중들 가운데 그리스도의 죽으심과 그에 따른 경이로움을 목격한 자들이 많이 있었지만 그들에 의해 이와 같은 놀라운 일이 이루어진 것이 아니라 말씀의 선포로 이루어졌다. 왜냐하면 이는 구원을 주시는 하나님의 능력이기 때문이다(롬 1:16). 1. 그들이 말씀을 받았다. 우리가 말씀을 받고 깨닫고 환영할 때 오직 그 말씀만이 우리에게 은혜가 된다. 그들은 말씀이 판단한 것을 인정하였고 말씀이 제안한 것을 받아들였다. 2. 그들은 말씀을 기쁘게 받았다. 헤롯은 말씀을 기쁘게 들었으나 그들은 말씀을 기쁘게 받았다. 그 말씀이 그들을 겸손하게 하는 말씀이며 그 말씀을 받으므로 그들이 동족들에게 미움을 받게 되겠지만, 그럼에도 불구하고 그들이 하나님의 은혜로 말미암아 말씀을 받을 수 있다는 것을 기뻐하였다. 3. 그들은 세례를 받았다. 그들은 마음으로 믿어 입으로 시인하였고, 그리스도께서 세우신 거룩한 예식을 통해 그리스도의 제자로 등록하였다. 그리고 베드로가 "주 예수의 이름으로 세례를 받으라"고 말하였지만 (왜냐하면 당시 그리스도의 도를 가르치고 있었기 때문에) 그들에게 세례를 줄 때 그리스도께서 규정하신 온전한 의식이 아버지와 아들과 성령의 이름으로 행하여졌다고 생각하는 것이 합리적이다. 적용. 그리스도의 언약을 받는 자들은 세례를 받아야 한다. 4. 이로 말미암아 이 날에 신도의 수가 삼천이나 더하였다. 성령을 받은 모든 자들은 방언으로 설교하였고 손으로 세례를 베풀었다. 그 때는 바쁘게 수확하는 때였다. 말씀으로 삼천 명이 회심한 것은 약간의 떡 조각으로 사 오천 명을 먹이는 일보다 더 큰 일이었다. 이제 요셉이 죽은 후 이스라엘의 수가 증가하였던 것처럼 우리의 요셉이신 예수께서 죽으신 후 이스라엘의 수가 증가하기 시작하였다. 본문에 삼천이라는 숫자가 기록되어 있다(이는 남자들과 함께 여자들과 어린 이들이 포함된 숫자다. 참고. 창 14:21, 사람은 내게 보내고; 창 46:27, 모두 칠십 명이었더라). 이 숫자는 여기서 세례받은 사람들이 그리 많은 사람들이 아니었음을 암시한다. 가정의 가장들이 자기 자녀들과 종들과 함께 세례를 받아서 삼천이란 수가 되었을 것이다. 이들이 제자들의 수에 더해졌다. 적용. 그리스도와 연합하는 자들은 그리스도의 제자들의 수에 더해져야 한다. 우리가 하나님을 우리의 하나님으로 모실 때 우리는 하나님의 사람들을 우리의 사람들로 삼아야 한다.

[42]그들이 사도의 가르침을 받아 서로 교제하고 떡을 떼며 오로지 기도하기를 힘쓰

니라 [43]사람마다 두려워하는데 사도들로 말미암아 기사와 표적이 많이 나타나니 [44] 믿는 사람이 다 함께 있어 모든 물건을 서로 통용하고 [45]또 재산과 소유를 팔아 각 사람의 필요를 따라 나눠 주며 [46]날마다 마음을 같이하여 성전에 모이기를 힘쓰고 집에서 떡을 떼며 기쁨과 순전한 마음으로 음식을 먹고 [47]하나님을 찬미하며 또 온 백성에게 칭송을 받으니 주께서 구원받는 사람을 날마다 더하게 하시니라

우리는 종종 초대교회에 대하여 말하며 초대교회의 그 역사에 대해 호감을 갖는다. 본문에서 우리는 초대교회의 역사를 볼 수 있다. 초대교회는 참으로 유년기의 상태였으며, 그만큼 매우 순결한 상태였다.

I. 그들은 성례를 철저하게 지켰고, 경건과 헌신의 의식들이 많았다. 능력으로 인정받은 기독교는 그 심령으로 하여금 하나님과 교제하도록 이끌어줄 것이다. 하나님께서는 그런 모든 의식을 통해 우리로 하여금 하나님을 만나라고 명령하셨고 또한 우리를 만나주시겠다고 약속하셨다.

1. 그들은 말씀을 전하는 자리에 부지런히 그리고 꾸준하게 참석하였다. 계속하여 그들이 사도의 가르침을 받았으며, 결단코 그 가르침을 거절하거나 저버리지 아니하였다. 본문에서 볼 수 있듯이 그들은 계속해서 사도의 가르침 혹은 교육을 받았다. 또한 세례를 받음으로 그들은 제자가 되었고 자원하여 가르침을 받았다. 적용. 자신들의 이름을 그리스도 앞에 내어놓은 자들은 양심으로 그의 말씀을 들어야 한다. 이렇게 하므로 우리가 그리스도를 높일 수 있고, 우리의 가장 거룩한 믿음 안에서 우리 자신을 세워갈 수 있기 때문이다.

2. 그들은 성도들의 교제를 지속하였다. 그들은 지속적으로 교제하였고(42절), 날마다 마음을 같이하여 성전에 모이기를 힘썼다. 그들은 서로에게 호의를 가졌을 뿐만 아니라 서로 많은 대화를 나누었다. 그들이 패역한 세대에서 빠져나왔을 때 은둔자들이 되지 아니하고 서로 친밀하였고, 만남의 기회를 가졌다. 새들이 끼리끼리 날아다니는 것처럼 한 사람의 제자가 있는 곳에는 다른 제자들도 있었다. 이 그리스도인들이 어떻게 서로 사랑하는지 살펴보라. 그들은 서로에게 관심이 있었고, 서로를 위로하였으며, 서로의 유익을 진심으로 도모하였다. 그들은 경건한 예배 가운데서 서로 교제하였다. 그들은 성전에 모였다. 그 곳에서 만남을 가졌다. 하나님과의 사귐이야말로 우리가 서로 나눌 수 있는 최상의 교제이다(요일 1:3). 다음의 내용을 살펴보라. (1) 그들은 매일 성전에 있

었다. 안식일과 절기 때만이 아니라 평일에도 매일 성전에 있었다. 하나님을 경배하는 것이 우리의 매일의 일이 되어야 한다. 만날 수 있는 기회가 많으면 많을수록 더욱 좋다. 하나님은 시온의 문들을 사랑하시며 우리도 그리해야 한다. (2) 그들은 마음을 같이하였다. 불화나 다툼이 없었을 뿐 아니라 그들 가운데 거룩한 사랑이 넘쳤다. 그들은 공적인 예배 가운데 진심으로 연합하였다. 그들이 성전 뜰에서 유대인들을 만났지만 그리스도인끼리 따로 모였고, 그들만의 신앙으로 하나가 되었다.

3. 그들은 자주 주의 성만찬 의식에 참여하였다. 그들은 지속적으로 떡을 떼며, 그들의 주님의 죽으심을 기념하였다. 이로써 그리스도와의 관계, 십자가에 못 박히신 그리스도에 대한 그들의 의존을 부끄러워하지 않았다. 그들은 그리스도의 죽으심을 잊을 수가 없었고, 이 기념의식을 계속 실행하였다. 왜냐하면 성례는 그리스도께서 세우신 의식으로서 대대로 교회가 물려받아야 할 제도이기 때문이다. 그들은 집에서 떡을 떼었다. 카트 오이콘 — 집집마다. 그들은 성전에서 성만찬을 기념하는 것이 합당하지 않다고 생각하였다. 왜냐하면 그것은 그리스도인들만의 특별한 의식이었기 때문이다. 그러므로 그들은 개인의 집에서 성만찬을 거행하되 회심한 그리스도인들 가운데 편리하고 많이 모일 수 있는 집을 택하여 거행하였다. 그들은 이 집 저 집을 다니면서 조그마한 회당을 이루거나 가정 예배를 드렸다. 말하자면 집 안에 교회가 있었던 것이다. 그 곳에서 하나님께 예배드리기 위하여 늘 모이던 사람들이 함께 성만찬을 기념하였다.

4. 그들은 지속적으로 기도하였다. 이전과 마찬가지로 성령께서 부어지신 이후에도 그들은 성령을 기다리면서 간절한 기도를 계속 드렸다. 영원한 천국에서 찬송하게 될 때까지 기도는 결코 폐기되지 않을 것이다. 가르침과 기도 중간에 떡을 떼었다는 말이 나온다. 왜냐하면 떡을 떼는 일이 두 가지 일과 모두 관련이 있으며 두 가지 일에 도움을 주기 때문이다. 성만찬은 눈으로 보는 설교이며, 하나님의 말씀을 우리에게 확증하는 의식이다. 또한 성만찬은 우리의 기도에 대한 격려이며, 우리의 심령이 하나님께 올려지는 엄숙한 표현이다.

5. 그들은 감사를 넘치게 하였다. 그들은 지속적으로 하나님을 찬미하였다(47절). 기도할 때마다 찬미가 한 부분을 차지해야 할 것이며, 한 구석으로 밀려나서는 안 될 것이다. 성령의 선물을 받은 자들은 많은 찬송을 드릴 것이다.

II. 그들은 서로 사랑하였고 매우 친절하였다. 그들의 자비는 그들의 경건 만큼 훌륭하였고, 그들이 거룩한 의식에 참여함으로 그들의 마음이 서로 결합 되었으며, 서로를 사모하게 되었다.

1. 그들은 신앙의 교제를 위하여 자주 만났다(44절). 믿는 사람이 다 함께 있어. 한 군데 수천 명의 사람들이 전부 모였던 것이 아니었다(이는 불가능한 일이었 다). 라이트푸트(Lightfoot) 박사의 설명대로 그들은 언어, 나라, 혹은 단체에 따 라 여러 소모임 혹은 집회에서 함께 만났고 그 모임을 지속하였다. 이처럼 그 들의 모임이 지속될 수 있었던 것은 그 모임이 불신자들이 없었기 때문이요 또 한 같은 신앙고백을 나누고 같은 신앙의 의식들을 행하였기 때문이다. 이것이 에퓌 토 아우토, 곧 함께 있다는 말씀의 의미다. 그들은 함께 교제하였고, 이로써 서로에 대한 그들의 사랑이 표현되었고 증가되었다.

2. 그들은 모든 물건을 서로 통용하였다. 아마도 그들은 친교와 절제와 자유로 운 대화를 위해 공동의 식탁을 사용하였을 것이다(고대 스파르타인들처럼). 그 들은 많이 가진 자가 적게 가진 자와 나누기 위해 함께 음식을 먹었다. 이로써 많이 가진 것으로 인한 유혹을 물리칠 수 있었다. 또한 적게 가진 자들도 많이 가진 자들과 함께 하였다. 이로써 빈곤과 가난으로 인한 유혹을 물리칠 수 있 었다. 또한 그들에게는 서로에 대한 관심이 있었으며, 기회 있는 대로 서로를 도우려고 애를 썼다. 그들은 형제우애의 법을 따라 모든 물건을 서로 통용하였다. 한 사람도 다른 사람의 것을 탐내지 않았다. 왜냐하면 원하기만 하면 그것을 가질 수가 있었기 때문이다.

3. 그들은 매우 기쁘게 그리고 관대하게 가진 것을 통용하였다. 성만찬(집에 서 떡을 떼며)에서 나타난 경건이 함께 식사할 때에도 크게 나타났다. 그들은 기 쁨과 순전한 마음으로 음식을 먹었다. 그들은 하나님의 식탁에서 얻는 위로를 서 로 나누었고, 이는 그들에게 두 가지 유익한 효과를 가져다주었다. (1) 함께 음 식을 먹음으로 그들은 크게 즐거워하였고, 그들의 마음이 거룩한 기쁨으로 충 만하였다. 하나님께서 이제 자신들의 선행을 받으셨다는 것을 깨달으면서 그 들은 기쁨으로 음식을 먹었고 즐거운 마음으로 잔을 마셨다. 선한 그리스도인 들만큼 기뻐할 이유가 많은 사람은 아무도 없다. (2) 함께 음식을 먹음으로 그 들은 가난한 형제들에게 너그러운 마음을 가질 수 있었고, 자비로운 마음이 더 욱 커졌다. 그들은 기쁨과 순전한 마음으로 음식을 먹었다. 여기서 엔 아펠로테티

카르디아스란 너그러운 마음으로라는 뜻이다. 그들은 음식을 혼자서만 먹지 않았고 가난한 자들을 식탁에 초대하였다. 그것도 마지못해서가 아니라 진실한 마음으로 그리하였다. 적용. 그리스도인들은 마음과 손을 펴고 모든 선한 일에 많은 것을 심어야 한다. 왜냐하면 하나님께서 그들에게 많은 것을 심으셨고, 또 그들에게서 많은 것을 거두기를 바라시기 때문이다.

4. 그들은 자선을 위하여 기금을 모았다(45절). 그들은 재산과 소유를 팔았다. 어떤 이들은 땅과 집을 팔고, 또 어떤 이들은 집에 있는 물건과 가구를 팔아서 각 사람의 필요를 따라 나눠주었다. (백스터[Baxter]의 말대로) 이 같은 행동은 소유권을 폐지한 것이 아니라 이기주의를 없앤 것이다. 아마도 그들은 그리스도께서 부자에게 네 소유를 팔아 가난한 자들에게 주라고 하신 명령을 알았을 것이다. 그러나 이러한 행위는 마치 그리스도인들이라면 누구나 모든 장소 모든 시대를 막론하고 그들의 재산을 팔아 자선을 위해 돈을 분배해야 하는 것처럼 불변의 구속력 있는 법칙을 세우는 하나의 예로 이해해서는 안 된다. 왜냐하면 이후 바울의 서신들에서 부자와 가난한 자의 차이를 자주 말하고 있으며, 또한 그리스도께서도 "가난한 자들은 항상 너희와 함께 있다"고 말씀하셨으며, 그리고 부자는 부동산의 임대료와 이익금으로 가난한 자들에게 선을 베풀어야 할 것이기 때문이다. 만일 그들이 땅을 팔아 즉시 재산을 나눠준다면 그들은 거기서 나오는 이익금으로 구제할 수 없을 것이다. 여기에 기록된 사례는 비범하였다. (1) 베드로가 아나니아에게 네 마음대로 할 수가 없더냐(행 5:4)라고 말한 데서 알 수 있듯이 그들은 이렇게 하라는 하나님의 명령을 받지 않았다. 하지만 이러한 행위는 매우 칭찬할 만한 것으로서 그들이 세상보다 훨씬 더 고상하고, 이 세상을 멀리하며, 저 세상에 대한 확신을 가지며, 형제를 사랑하고, 가난한 자를 긍휼히 여기며, 기독교를 장려하고, 유아기의 교회를 발전시키는데 큰 열심을 가졌다는 증거였다. 사도들은 모두 그리스도를 따르기 위해 모든 것을 다 버렸기에 말씀과 기도하는 일에 전념할 수 있었다. 따라서 그들은 생계를 위해 어느 정도 지원받아야만 했다. 이와 같이 비범한 너그러움은 광야에서 이스라엘 백성이 성막 건축을 위해 넘치도록 헌물을 바쳤던 것과 같았다. 이스라엘 백성은 헌물이 너무 많아 바치는 것을 자제해야 했다(출 36:5, 6). 우리의 관례는 하나님께서 우리에게 복을 주신 만큼 드리는 것이다. 하지만 이 비범한 경우에 그들이 칭송받아야 하는 이유는 그들이 힘에 지나도록 드렸기 때문이다

(고후 8:3). (2) 이런 선한 일을 행한 자들은 유대인들이었다. 그리스도를 믿는 유대인들은 틀림없이 유대 나라가 곧 멸망할 것이며, 따라서 그 나라에 속한 재산이나 물건을 소유하지 못하게 되리라고 믿었다. 이에 그들은 그것들을 팔아 그리스도와 그의 교회를 위해 섬겼다.

Ⅲ. 하나님께서 그들의 행위를 인정하시고 그들과 함께 하신다는 증표를 보여주셨다(43절).   사도들로 말미암아 기사와 표적이 많이 나타나니. 이런 기사와 표적들은 사도들의 가르침을 확고하게 세워 주었으며, 그들의 가르침이 하나님으로 말미암았다는 사실을 명백하게 입증하였다. 그리스도께서 약간의 음식물을 가지고 수천 명을 먹이셨던 것처럼 기적을 행할 수 있는 자들은 자신들은 물론 자신들과 함께 있는 가난한 자들을 기적적으로 부양할 수 있었다. 그러나 자연의 기적으로 말미암은 것이나 은혜의 기적으로 말미암은 것(자기 재산을 팔아 구제한 일을 포함하여) 모두 하나님의 영광을 위한 일이었다.

주님께서 그들에게 기적을 행할 수 있는 능력을 주신 것은 주님께서 그들을 위하여 행하신 전부가 아니었다. 주께서 구원받는 사람을 날마다 더하셨다. 그들의 입의 말씀이 기적을 행하였으며, 하나님께서 그들의 노력에 복을 주셔서 믿는 자의 수가 늘어나게 하셨다. 적용. 교회에 영혼들을 더해 주시는 것은 하나님께서 행하시는 일이다. 이러한 사실을 깨달을 때 목회자나 그리스도인들이나 모두 큰 위로를 받는다.

Ⅳ. 하나님께서 함께 하시는 증표로 인히여 백성이 감동을 받았다.   그들은 밖에 서서 구경하던 자들이었다.

1. 그들이 사도들을 두려워하고 존경하였다(43절). 사람마다 두려워하는데. 즉, 많은 사람들이 사도들이 행한 기사와 표적을 보았는데, 자기들이 마땅히 존경해야 할 사도들이 존경받지 아니하므로 자기네 나라가 황폐하게 되는 일이 일어나지 아니할까 두려워하였다. 헤롯이 요한을 두려워하였던 것처럼 일반 백성들이 사도들을 두려워하였다. 서기관들이 긴 옷을 입고 다니며 시장에서 문안을 받았던 것처럼 겉으로나마 존경을 받을 수 있는 외적인 화려함은 전혀 없었지만 사도들은 영적인 은사를 많이 받아 진실로 존경을 받을 만하였고, 이로써 사람들이 마음속으로 그들을 존경하게 되었다. 모든 사람에게 두려움이 임하였다. 이상하게도 사람들은 그들의 장엄한 설교와 삶에 감동을 받았다.

2. 그들은 성도들에게 호의를 보였다. 물론 성도들을 멸시하고 미워한 자들이

있었다고 보는 것이 옳겠지만(바리새인들과 대제사장들은 분명히 그러했을 것이라고 우리는 확신한다), 그러나 대부분의 일반 백성들은 그들에게 호의를 가지고 있었다. 그들은 온 백성에게 칭송을 받았다. "저를 십자가에 못 박아라, 십자가에 못 박아라"고 소리쳤던 폭도들에게 그리스도께서 거칠게 이리저리 끌려 다니셨으니 사람들은 그의 가르침과 제자들이 더 이상 일반 백성들의 관심을 절대로 끌지 못하리라고 생각하였을 것이다. 그러나 우리는 여기서 제자들이 온 백성에게 칭송을 받는 모습을 볼 수 있다. 이렇게 볼 때 그들이 전에 그리스도를 핍박한 것은 제사장들의 술책에 넘어가 어쩔 수 없이 저지른 일이었음을 우리는 알 수 있다. 이제 그들은 제정신으로 돌아왔다. 적용. 가식이 없는 경건과 자비는 반드시 존경을 받을 것이다. 또한 온 마음으로 하나님을 섬기는 모습을 보일 때 믿지 않는 사람들이 신앙에 대하여 호감을 가질 것이다. 어떤 이들은 본절을, 그들이 온 백성에게 자선을 행하였다 (카린 에콘테스 프로스 홀론 톤 라온) 라고 해석한다. 그렇게 본다면, 성도들은 자기네 공동체에만 제한하여 선한 일을 행한 것이 아니라 일반에게 폭넓게 행하였다. 바로 이러한 것이 폭넓게 호감을 받을 수 있었던 요인이었다.

3. 그들은 제자들에게 넘어왔다. 비록 첫날만큼 많은 숫자는 아니지만 어쨌든 주께서 구원받는 사람을 날마다 더하셨다. 적용. 하나님께서 영원한 구원을 주시기로 작정하신 자들은 어느 때든지 효과적인 부르심을 받고 그리스도 앞에 나온다. 그리스도 안에 나오는 자들은 세례를 받음으로, 그리고 다른 의식들을 통해 거룩한 교제를 나눔으로 거룩한 언약을 맺고 교회에 더해진다.

제 3 장

개요

우리는 본 장에서 하나의 기적과 설교를 본다. 행해진 기적은 설교의 길을 터주고, 전해지는 도를 굳게 해 주며, 사람들의 마음속에 그 도가 들어갈 수 있는 길을 열어준다. 그 다음에 이어지는 설교는 그 기적을 설명하며, 갈아엎어진 땅에 씨를 뿌린다. I. 나면서 앉은뱅이 된 자를 말씀으로 고친 기적(1-8절)과 이 기적이 백성들에게 끼친 영향(9-11절). II. 이 때 전해진 설교의 영향으로 사람들이 그리스도께로 나오고, 그를 십자가에 못 박은 죄를 회개하며(12-19절), 그리스도께서 영광을 얻으신 지금 그를 믿으며, 그리스도를 영화롭게 하시려는 하나님의 계획에 순종한다(20-26절). 이 강론의 전반부는 상처를 드러내고, 후반부는 치료한다.

[1]제 구 시 기도 시간에 베드로와 요한이 성전에 올라갈새 [2]나면서 못 걷게 된 이를 사람들이 메고 오니 이는 성전에 들어가는 사람들에게 구걸하기 위하여 날마다 미문이라는 성전 문에 두는 자라 [3]그가 베드로와 요한이 성전에 들어가려 함을 보고 구걸하거늘 [4]베드로가 요한과 더불어 주목하여 이르되 우리를 보라 하니 [5]그가 그들에게서 무엇을 얻을까 하여 바라보거늘 [6]베드로가 이르되 은과 금은 내게 없거니와 내게 있는 이것을 네게 주노니 나사렛 예수 그리스도의 이름으로 일어나 걸으라 하고 [7]오른손을 잡아 일으키니 발과 발목이 곧 힘을 얻고 [8]뛰어 서서 걸으며 그들과 함께 성전으로 들어가면서 걷기도 하고 뛰기도 하며 하나님을 찬송하니 [9]모든 백성이 그 걷는 것과 하나님을 찬송함을 보고 [10]그가 본래 성전 미문에 앉아 구걸하던 사람인 줄 알고 그에게 일어난 일로 인하여 심히 놀랍게 여기며 놀라니라 [11]나은 사람이 베드로와 요한을 붙잡으니 모든 백성이 크게 놀라며 달려 나아가 솔로몬의 행각이라 불리우는 행각에 모이거늘

우리는 사도들로 말미암아 기사와 표적이 많이 나타났다(2:43)는 일반적인 말씀을 보았으나 이에 대한 구체적인 설명은 본서에 기록되지 않았다. 다만

여기서 우리는 실례로서 단 하나의 기적을 보게 된다. 사도들이 기적들을 행하였을 때 모든 사람들을 위하여 누구에게나 기적을 행한 것은 아니며 다만 성령의 지시를 따라 그들의 사명의 목적을 이루기 위하여 기적을 행하였다. 이와 마찬가지로 그들이 행한 모든 기적들이 이 책에 기록되지 아니하였고 다만 이 거룩한 역사의 목적을 이루기 위하여 성령께서 합당하다고 생각하신 단 하나의 기적만이 이 곳에 기록되었다.

I. 이 기적을 일으킨 사람들은 베드로와 요한이었으며, 그들은 사도들 가운데 주도적인 인물들이었다. 그들은 그리스도께서 세상에 계실 때에도 주도적인 사람들이었다. 한 사람(베드로)은 제자들 가운데서 가장 많은 말을 한 사람이었고, 또 한 사람(요한)은 선생님께서 가장 사랑하신 사람이었다. 이들의 주도적인 위치는 계속되었다. 수천 명이 회심하자 교회는 여러 공동체로 분할되었고, 아마도 베드로와 요한은 누가가 소속된 공동체를 주도하였을 것이다. 그러기에 누가는 그들이 말하고 행한 것을 상세히 기록할 수 있었다. 이후에도 누가는 바울을 수행하면서 그가 말하고 행한 것을 기록하였다. 이 모든 기록들은 다른 사도들의 행적을 엿볼 수 있는 견본들이 되었다.

베드로와 요한은 열두 제자들 가운데 각각 한 명씩 형제가 있었으며, 그들은 각자 자기 형제와 짝을 이루어 파송을 받곤 하였다. 하지만 이제는 자기 형제보다도 그들(베드로와 요한)이 더 유착된 듯이 보인다. 때때로 친구와의 연합이 친족 관계보다 더 강하다. 어떤 친구는 형제보다 친밀하니라(잠 18:24). 베드로와 요한은 그리스도의 부활 이후에 이전보다 특별히 가까워진 듯하다(요 20:2). (내 마음대로 추측해 본다면) 그들이 특별히 가까워질 수 있었던 이유는 사랑이 많던 제자 요한이 한때 넘어졌다가 회개한 베드로에게 동정심을 크게 느꼈기 때문일 것이며, 또한 다른 어떤 사도들보다도 베드로가 자기 죄 때문에 심히 통곡한 데서 더 큰 정을 느꼈기 때문일 것이며, 그리고 온유한 심령으로 베드로를 바로잡으려는 열심이 있었기 때문일 것이다. 그리고 베드로가 회개하자 그리스도께서 가장 사랑하시던 제자가 그의 격의 없는 친구가 되었다는 것은 그의 회개를 하나님께서 받아들이셨다는 좋은 증거였다. 다윗은 타락한 이후에 이렇게 기도하였다. 주를 경외하는 자들이 내게 돌아오게 하소서(시 119:79).

II. 기적이 일어난 시간과 장소가 여기에 기록되어 있다.

1. 그 곳은 성전 안이었다. 베드로와 요한이 성전에 올라갔다. 왜냐하면 그 곳은

군중이 모이는 장소였기 때문이다. 거기엔 복음의 그물을 던져 잡을 수 있는 고기 떼가 있었다. 특히 오순절 기간 동안에는 더욱 많았다. 이런 성전 안에서 기적이 일어날 것을 우리는 기대할 수 있다. 적용. 성전에 올라가 공적인 의식에 참여하는 것이 좋다. 그리고 함께 성전에 올라가는 것이 더 기분이 좋다. 사람이 내게 말하기를 여호와의 집에 올라가자 할 때에 내가 기뻐하였도다(시 122:1). 가장 좋은 사귐은 하나님을 예배하는 가운데 나누는 사귐이다.

2. 그 때는 기도 시간이었다. 그 시간은 공적인 예배 가운데 포함된 시간으로서 유대인들이 공통적으로 준수한 기도 시간이었다. 시간과 장소는 모든 행위를 있게 하는 두 가지 필수적인 요건이다. 이 두 가지가 합의에 의해 결정되어야 쉽게 덕을 세울 수가 있다. 공적인 예배를 드리기 위해서는 기도하는 집과 기도 시간이 있어야 한다. 제 구 시, 즉 오후 세 시는 유대인들이 기도하는 시간들 가운데 하나의 시간이었다. 이외에도 아침 아홉 시, 정오 열두 시에 그들은 기도하였다. 시편 55편 17절, 다니엘 6장 10절을 참고하라. 그리스도인들은 개인적으로 자기 나름의 기도 시간을 가지는 것이 유익하다. 물론 의무적인 것은 아니지만 이런 기도 시간들은 양심을 일깨워준다. 하나님이 모든 것을 지으시되 때를 따라 아름답게 하셨고(전 3:11).

Ⅲ. 기적적인 치료를 받은 환자가 여기에 소개되어 있다(2절).　그는 성전 문에서 구걸하는 가련한 앉은뱅이였다.

1. 그는 사고 때문이 아니라 나면서부터 앉은뱅이였다. 그는 어머니 뱃속에서부터 다리가 마비된 앉은뱅이였다. 그가 치료받은 내용에도 발과 발목이 곧 힘을 얻었다(7절)고 기록되어 있다. 이따금씩 이런 애처로운 경우들이 있다. 우리는 이런 모습을 연민의 감정을 품고 바라보아야 한다. 그리고 이러한 모습을 우리에게 보여주는 의도는 우리 모두 본질상 영적으로 앉은뱅이임을 알려 주려는 것이다. 우리는 나면서부터 힘없는 앉은뱅이이기 때문에 하나님을 위하여 일할 수도 행할 수도 없는 것이다.

2. 그는 거지였다. 생계를 위하여 일할 수 없는 그는 구걸을 하며 살아야 했다. 그는 하나님 앞에서 불쌍한 자였다. 그의 친구들이 그를 날마다 미문이라는 성전 문에 두었다. 성전에 들어가며 나가는 사람들에게 구걸을 하는 것 말고는 아무것도 할 수 없는 이러한 그의 모습이 얼마나 비참한가. 그 곳에는 많은 사람들이 모여 있었고, 그들은 자비를 기대할 만큼 착하고 경건한 무리들이었다.

그리고 이 때는 그 모인 사람들의 기분이 가장 좋다고 여겨졌고, 그런 곳에 그가 두어졌다. 궁핍하고 일할 수 없는 사람들은 구걸을 부끄러워해서는 안 된다. 만일 그가 그 곳에서 도움을 받지 못하였다면 매일 그 곳에 두어지지 않았을 것이다. 적용. 고넬료의 경우처럼 우리의 기도와 구제가 병행되어야 할 것이다 (10:4). 우리가 기도하러 성전에 올라갈 때 자선의 대상자들을 우리는 특별히 환대해야 할 것이다. 교회 입구에 있는 거지들이 구걸을 할 용기마저 갖지 못한다는 것은 유감스러운 일이다. 그들을 못 본 체 지나쳐서는 안 된다. 어떤 이들에 대하여 우리는 관심을 베풀어야 한다. 한 마리의 꿀벌(부지런한 사람)을 굶기는 한이 있더라도 열 마리의 수벌들(게으름뱅이들)을 먹이고 여러 마리의 말벌들(꽤 까다로운 사람들)을 먹이는 것이 더 낫다. 앉은뱅이가 놓인 성전 문의 이름이 여기에 소개되어 있다. 이 문은 미문(Beautiful)이라고 칭해졌다. 이 문의 비범한 광채와 장려함 때문에 붙여진 이름이었다. 라이트푸트(Lightfoot) 박사는 이 문이 이방인의 뜰에서 유대인의 뜰로 연결되는 문이었다고 말한다. 그리고 이 앉은뱅이가 이방인들에게 구걸하는 것을 떳떳치 않게 여긴 나머지 오직 유대인들에게만 구걸하였다고 추측한다. 그러나 휘트비(Whitby) 박사는 이 문이 성전에 들어가는 첫 번째 입구였다고 해석한다. 그리고 거룩하신 지존께서 거하시기로 허락하신 성전의 정면이었기 때문에 그 문을 화려하게 꾸몄다고 한다. 가난한 사람이 그 곳에 누워 구걸한다고 이 문의 아름다움이 훼손되지는 않았다.

3. 그는 베드로와 요한에게 몇 푼을 구걸하였다(3절). 그 몇 푼이 그가 그들로부터 기대한 최대한의 것이었다. 그들은 자비로운 사람들이라는 명성을 얻었고, 비록 가진 것이 많지는 않았지만 그들이 가진 것으로 자선을 베풀었다. 불과 몇 주 전에 소경과 저는 자들이 성전에서 그리스도께 나와 치료를 받았다 (마 21:14). 베드로와 요한이 그리스도의 사자들이었으며, 그리스도의 이름으로 전파하며 기적을 행하였다는 사실을 그가 알았다면 어찌하여 몇 푼 이상의 것을 구하지 않았겠는가? 그러나 베드로는 앉은뱅이가 찾지 아니한 것을 그에게 베풀어주었다. 그는 구걸을 하였으나 베드로는 치료를 해 주었다.

IV. 우리는 여기서 치료의 방법을 볼 수 있다.

1. 그의 기대가 한층 높아졌다. 많은 사람들이 자선 대상자들에게 하듯이 베드로는 그에게서 눈을 떼지 아니하고 오히려 그를 주목하였고 이로 인해 그를

불쌍히 여기는 마음이 들었다(4절). 요한도 역시 그렇게 하였다. 그들 모두 한 성령의 인도를 받았고, 이 기적을 일으키는데 함께 협력하였기 때문이다. 그들은 우리를 보라고 명하였다. 우리의 눈(마음의 눈)은 언제나 주님을 향해야 하며, 이에 대한 표시로 육체의 눈은 주님께서 은혜의 사역자로 쓰시는 자들을 마땅히 주시해야 한다. 이 사람은 사도들을 바라보라는 명령을 두 번씩 받을 필요가 없었다. 왜냐하면 이 명령을 받고 그가 그들에게서 무엇을 얻을까 하는 기대를 갖게 되고 그러므로 그는 사도들을 바라보았다(5절). 적용. 우리는 확고한 마음과 높아진 기대감을 가지고 하나님께 나와 그의 말씀에 유의하며 기도에 전념해야 한다. 우리는 하늘을 우러러보며 하나님께서 거기서 말씀하시는 바 은혜를 받기를 기대해야 한다. 그리고 기도가 하늘로 올려져서 평화로운 응답을 받을 것을 기대해야 한다. 아침에 내가 주께 기도하고 바라리이다(시 5:3).

2. 한 푼 얻을 수 있다는 그의 기대는 꺾이고 말았다. 베드로는 "은과 금은 내게 없으니 너에게 줄 게 하나도 없다"라고 말하였다. 그러나 베드로는 자기가 가지고 있는 무엇이든지, 동이 아니라 은과 금이라도 그에게 동냥할 뜻을 비쳤다. 적용. (1) 그리스도의 친구들과 그의 사랑을 받는 자들이 이 세상의 재물을 많이 가진다는 것은 흔치 않은 일이다. 사도들은 매우 가난하였다. 자신들의 생계는 이어갔지만 남을 도울 수 있는 여력은 없었다. 베드로와 요한도 많은 돈을 사도들의 발 앞에 두었으나 이 돈은 교회의 가난한 자들의 생계비로 충당되었다. 그리고 그들은 그들이 바친 논 가운데 소금이라도 사적인 용도로 진환하지 않았고, 기부자의 뜻을 거슬러 처리하지 않았다. 공적인 신탁물은 엄격하고도 정확하게 집행되어야 한다. (2) 자비를 베풀고 싶어하지만 감당할 능력이 없어서 못하는 사람들이 많은가 하면, 반대로 좋은 일을 할 수 있는 많은 재물을 가지고 있지만 그런 일을 하고 싶은 마음이 없어서 하지 않는 사람들도 많다.

3. 그럼에도 불구하고 그의 기대는 넘치게 충족되었다. 베드로는 그에게 줄 돈이 없었다. 하지만 (1) 그는 더 나은 것을 가지고 있었다. 그것은 하늘에 속한 것이요, 하늘로부터 내려오는 능력으로서 그의 병을 고쳐줄 수 있는 것이었다. 적용. 세상에서 가난한 자들이 영적인 은사와 은혜와 위로에 있어서는 아주 부요할 수 있다. 은과 금보다 무한히 더 나은 것을 우리는 확실히 소유할 수 있다(욥 28:12; 잠 3:14). (2) 베드로는 그에게 더 나은 것을 주었는데 그것은 질병의 치료였다. 앉은뱅이에게 많은 은과 금이 있고 또한 병을 고칠 수만 있다면 그

는 그 많은 은과 금을 기꺼이 지불하였을 것이다. 그가 치료를 받으므로 그는 생계를 위해 일할 수 있었고, 더 이상 구걸할 필요가 없게 되었다. 아니, 그는 궁핍한 자들에게 주며 살았을 것이다. 주는 것이 받는 것보다 복이 있다(행 20:35). 기적적인 치료는 그에게 임한 하나님의 은혜와 영광을 은과 금보다 훨씬 더 많이 보여주었다. 베드로가 은과 금은 없지만 내게 있는 이것을 네게 주노 니라고 말한 사실을 주목하라. 적용. 자선을 베풀 재물이 없을지라도 다른 방법 으로 가난한 자에게 자비를 베풀고 도움을 줄 수 있고 또 그래야 한다. 은과 금 은 없어도 사지와 감각 기관이 있으면 이것들을 가지고 소경과 앉은뱅이와 병 든 자를 도울 수 있다. 만일 가난할 때 그렇게 하지 않는다면 설령 은과 금이 생겨 그들을 도울 기회가 생길지라도 그들은 가난한 자들을 돕지 않을 것이다. 각각 은사를 받은 대로 하나님의 여러 가지 은혜를 맡은 선한 청지기 같이 서로 봉사 하라(벧전 4:10). 이제 치료가 어떻게 이루어졌는지 관찰하자. [1] 그리스도께서 그의 말씀을 보내어 그를 고치셨다(시 107:20). 치료의 은혜는 그리스도의 말씀으 로 임한다. 이 말씀이 그리스도로 말미암은 능력 있는 치료의 도구다. 그리스도 께서 친히 치료를 명하셨다. 사도들이 그리스도의 이름으로 치료를 말하였기 때문이다. 베드로가 앉은뱅이에게 일어나 걸으라고 명하였지만, 만일 그가 나사 렛 예수 그리스도의 이름으로라는 말을 먼저 하지 않았다면 그의 명령은 그에게 희롱이 되었을 것이다. "나는 나사렛 예수 그리스도로 말미암아 자신 있게 치 료를 명한다. 그로 말미암는 권능으로 치료가 될 것이며, 이로 인한 모든 영광 과 찬송은 그에게 돌려드려야 할 것이다." 그는 그리스도를 나사렛 예수라고 칭 한다. 이전에 그 이름은 불명예스러운 이름이었지만, 그가 하늘에 계시는 지금 은 세상에서 그에게 쏟아진 모욕이 도리어 그의 영광을 빛나게 하는 금박이 됨 을 암시한다. "그대들이 원하는 이름으로 그를 불러 보라. 그대들이 원한다면 나사렛 예수를 경멸하며 불러 보라. 그럴지라도 그대들은 그 이름으로 놀라운 일이 일어나는 것을 보게 되리라. 왜냐하면 그는 스스로 낮아지시므로 이처럼 높임을 받으셨기 때문이다." 베드로는 앉은뱅이에게 일어나 걸으라고 명령한다. 그러나 이러한 명령이 앉은뱅이 자신에게 일어나 걸을 수 있는 능력이 있다는 말이 아니다. 다만 앉은뱅이가 일어나 걸으려 할 때 그는 자신의 무능함을 깨 달을 것이고, 그 때에 그는 자기로 하여금 일어나 걷게 하실 수 있는 하나님의 능력을 의지할 때 비로소 그가 능히 일어나 걸을 수 있다는 말이다. 그는 일어나 걸음으로써 자신에게 권능이 임하였음을 증거해야 한다. 그는 위로를 받고, 찬양은 하나님께 돌리자. 영적으로 무능한 우리의 심령이 고침을 받을 때에도 마찬가지다. [2] 베드로는 손을 내밀어 그를 도와주었다(7절). 베드로는 일어나 걸으라고 명하였을 때와 마찬가지로 예수 그리스도의 이름으로 그의 오른손을 잡아 일으켰다. 베드로의 이러한 행동이 그를 치료하는 데 조금이라도 기여하였다는 뜻이 아니다. 다만 앉은뱅이가 자기의 명령대로 행한다면 그가 하나님으로부터 도움을 받을 것이라는 사실을 분명히 보여주는 하나의 표시였다. 하나님께서 말씀으로 우리에게 일어나 걸으라고 명령하실 때, 우리가 그 말씀에 우리의 믿음을 결합하고 우리의 심령을 그 말씀의 능력에 맡기면, 하나님은 그의 성령을 보내서 우리의 손을 잡아 일으키실 것이다. 우리가 다만 할 수 있는 일을 시작한다면 하나님께서는 우리가 할 수 없는 일도 할 수 있도록 은혜를 베풀어 주신다고 약속하셨다. 그리고 그 약속으로 말미암아 우리는 새로운 성품에 참여할 것이며 그 은혜가 헛되지 않을 것이다. 그 은혜는 당시에도 헛되지 않았다. 발과 발목이 곧 힘을 얻고. 앉은뱅이가 일어나려고 하지 않고 또 도움을 받으려 하지 않았다면 이런 일은 일어나지 않았다. 앉은뱅이나 베드로나 자기 역할을 하였다. 하지만 모든 것을 이루시는 이는 그리스도다. 그에게 힘을 넣어주신 이는 그리스도다. 떡을 뗄 때 수천 배로 늘어난 것처럼, 물을 항아리에 부을 때 포도주로 변했던 것처럼, 앉은뱅이가 지체를 움직일 때 그의 발에 힘이 공급되었다.

V. 이 치료로 환자 자신이 받은 감동이 여기에 소개되었다. 우리가 그의 입장이 되어본다면 그의 행동을 가장 잘 이해할 수 있을 것이다.

1. 그는 일어나라는 명령에 순종하여 뛰었다. 그는 자신의 발과 발목에 상당한 힘이 있다는 것을 깨닫고 (약한 사람들이 기운을 회복하기 시작할 때 그러하듯이) 두려움과 떨림으로 그 자리를 점잖게 빠져나갈 수 없었다. 잠을 자고 원기를 회복한 사람처럼 대담하게, 무척이나 민첩하게 그는 뛰어나갔다. 그는 그것이 자신의 힘이 아니라고 의심하는 모습이었다. 힘은 갑작스럽게 공급되었으며, 공급된 힘을 보여주는 것도 갑작스러웠다. 아주 오랫동안 불구로 누워 있던 사람이 누웠던 침대나 거적을 기쁘게 떠나는 것처럼 그는 그 자리에서 뛰쳐나갔다.

2. 그는 서서 걸었다. 의지하는 것이나 떨림도 없이 그는 꼿꼿이 섰고, 지팡이

없이 걸었다. 그는 힘차게 발을 옮기고 계속 움직였다. 이로써 그가 치료받은 것이 확실해졌으며, 그 치료는 완전한 것이었다. 적용. 하나님의 은혜의 역사를 체험한 사람들은 자신이 체험한 바를 증거해야 할 것이다. 하나님께서 우리 안에 능력을 주셨는가? 그렇다면 헌신을 실천하므로 하나님 앞에 서자. 항상 경건한 교제를 하므로 하나님 앞에서 걸어가자. 하나님으로부터 받은 힘으로 그를 위하여 결연히 일어나며, 그와 함께 기쁘게 걸어가자.

3. 나은 사람이 베드로와 요한을 붙잡았다(11절). 그가 왜 그들을 붙잡았는지 물을 필요가 없다. 내가 믿기에 그는 거의 인사불성이었다. 그는 너무나 황홀한 나머지 그가 지금껏 만난 사람들 가운데 최고의 은인들이었던 두 사람을 끌어안았으며, 상당히 격렬하게 끌어안았다. 그는 두 사람을 그대로 보내지 않고 자기와 함께 머물게 하였으며, 그동안에 하나님께서 그들을 통해 자신에게 행하신 일을 모든 사람들에게 알렸다. 그렇게 하므로 그는 두 사람에 대한 자신의 감정을 표현하였다. 그는 두 사람을 붙잡고 가지 못하게 하였다. 어떤 이들은 제안하기를, 두 사람이 떠나갈 경우 자신의 병이 재발할까봐 두려워한 나머지 그 두 사람을 끌어안은 것이라고 한다. 하나님의 치료를 받은 사람들은 하나님께서 자기를 고치는데 도구로 사용하신 사람들을 사랑하며, 그 이상의 도움이 자기에게 필요하다는 것을 깨닫는다.

4. 그는 그들과 함께 성전으로 들어갔다. 두 사람에 대한 그의 강한 애정이 그들을 붙잡았다. 그러나 그들을 성전에 들어가지 못하게 할 만큼 그가 꼭 붙잡지는 못하였다. 성전은 그들이 그리스도를 전하기 위해 가는 곳이었다. 우리는 친구들의 애정 어린 친절 때문에 우리의 사명의 길을 벗어나서는 결코 안 될 것이다. 그러나 두 사람이 그와 함께 머물고자 하지 않을 때 그는 두 사람과 함께 가기로 결심한다. 더구나 그들이 가는 곳은 바로 성전이다. 성전은 그가 오랫동안 병든 몸으로 구걸하며 지냈던 곳이다. 이전에 그리스도께서 성전 안에서 고쳐주신 삼십팔 년 된 병자처럼 그는 이제 성전 안에서 발견되었다(요 5:14). 그는 성전 안으로 들어가 하나님께 찬송과 감사를 드릴 뿐만 아니라 자신을 예수의 이름으로 고쳐준 사도들의 말씀을 듣는다. 그리스도의 능력을 체험한 사람들은 그리스도를 아는 지식이 자라나기를 간절히 사모해야 할 것이다.

5. 그는 성전에서 걷기도 하고 뛰기도 하며 하나님을 찬송하였다. 적용. 하

나님께서 우리의 심령과 몸에 주신 힘은 하나님을 찬송하는데 쓰여야 할 것이며, 우리는 그 힘으로 하나님을 영화롭게 하는 법을 배워야 할 것이다. 하나님의 이름으로 고침을 받은 사람들은 순전히 그의 이름과 그의 능력으로 행하여야 한다(슥 10:12). 이 사람이 뛸 수 있게 되자 그는 하나님 안에서 기뻐 뛰었고 하나님을 찬송하였다. 이는 예언의 성취였다. 그 때에 저는 자는 사슴 같이 뛸 것이며(사 35:6). 이 사람이 고침을 받자 그는 기쁨과 감사로 넘쳐났다. 참된 회심자들은 모두 걷기도 하고 하나님을 찬송한다. 그러나 아마도 젊은 회심자들은 찬양하는 중에 더 높이 뛸 것이다.

Ⅵ. 다음에 우리는 이 기적을 목격한 사람들이 그로 말미암아 얼마나 큰 감동을 받았는지 볼 수 있다.

1. 그들은 이 기적의 사실성을 완전히 믿었고 그에 대한 반론을 전혀 제기하지 못했다. 그가 본래 성전 미문에 앉아 구걸하던 사람인 줄 알고(10절). 그가 성전에 오랫동안 앉아 있었기 때문에 그들은 다 그를 알고 있었다. 이러한 이유 때문에 그가 이 은혜를 나타낼 그릇으로 선택되었던 것이다. 이제 그들은 그다지 사악하지 아니하였기에 그가 과연 성전에서 구걸하던 그 사람인가 하고 의심하지 않았다. 반면, 이전에 바리새인들은 그리스도께서 고치신 소경이 바로 그 소경인가 하고 의심하였었다(요 9:9, 18). 이제 그들은 그가 걷기도 하며 하나님을 찬송하는 것을 보았고(9절), 아마도 그의 마음에도 변화가 일어난 사실을 감지하였을 것이다. 왜냐하면 그는 전에 구걸할 때만큼 큰 소리로 하나님을 찬송하고 있었기 때문이다. 그것이 완전한 치료였다는 가장 확실한 증거는 그가 그것 때문에 하나님을 찬송하였다는 사실이었다. 거룩한 성별이 있을 때 온전한 은혜를 입은 것이다.

2. 그들은 놀랐다. 심히 놀랍게 여기며 놀라니라(10절). 크게 놀라며(11절). 그들은 너무 놀라 혼미하였다. 이는 성령의 부으심의 결과였다. 적어도 예루살렘에 사는 사람들만큼은 그리스도께서 친히 그와 같은 기적을 일으킨 장면을 대하였을 때보다 사도들이 행한 기적의 현장을 대하였을 때에 더욱 큰 감동을 받았다. 이것이 기적을 일으킨 목적이었다.

3. 그들은 베드로와 요한의 주변에 몰려들었다. 모든 백성이… 솔로몬의 행각이라 불리우는 행각에 모이거늘. 어떤 이들은 오로지 호기심을 채우려고 그러한 능력을 가진 사람들을 보려고 몰려들었다. 또 어떤 이들은 사도들이 전하는 말씀

을 듣고자 몰려들었다. 그런 사람들은 사도들의 도가 틀림없이 하나님으로부터 내려온 것이며 따라서 하나님의 인정을 받은 것이라고 결론내린 사람들이다. 그들은 솔로몬의 행각에 있던 두 사람에게로 몰려왔다. 솔로몬의 행각은 이방인의 뜰에 속하여 있었고, 그 곳에서 솔로몬은 성전의 외부 현관을 건설하였다. 솔로몬은 장엄한 현관을 세우고 그 곳에 자기의 이름을 새겼는데 그 같은 건축물 위에다 헤롯이 여러 개의 회랑을 세웠다. 이는 그가 제2의 솔로몬의 되려는 야망에서 한 일이었다. 바로 이 곳에 사람들이 모여서 이 큰 광경을 보고자 하였던 것이다.

[12]베드로가 이것을 보고 백성에게 말하되 이스라엘 사람들아 이 일을 왜 놀랍게 여기느냐? 우리 개인의 권능과 경건으로 이 사람을 걷게 한 것처럼 왜 우리를 주목하느냐? [13]아브라함과 이삭과 야곱의 하나님 곧 우리 조상의 하나님이 그의 종 예수를 영화롭게 하셨느니라 너희가 그를 넘겨 주고 빌라도가 놓아 주기로 결의한 것을 너희가 그 앞에서 거부하였으니 [14]너희가 거룩하고 의로운 이를 거부하고 도리어 살인한 사람을 놓아 주기를 구하여 [15]생명의 주를 죽였도다 그러나 하나님이 죽은 자 가운데서 그를 살리셨으니 우리가 이 일에 증인이라 [16]그 이름을 믿으므로 그 이름이 너희가 보고 아는 이 사람을 성하게 하였나니 예수로 말미암아 난 믿음이 너희 모든 사람 앞에서 이같이 완전히 낫게 하였느니라 [17]형제들아 너희가 알지 못하여서 그리하였으며 너희 관리들도 그리한 줄 아노라 [18]그러나 하나님이 모든 선지자의 입을 통하여 자기의 그리스도께서 고난 받으실 일을 미리 알게 하신 것을 이와 같이 이루셨느니라 [19]그러므로 너희가 회개하고 돌이켜 너희 죄 없이 함을 받으라 이같이 하면 새롭게 되는 날이 주 앞으로부터 이를 것이요 [20]또 주께서 너희를 위하여 예정하신 그리스도 곧 예수를 보내시리니 [21]하나님이 영원 전부터 거룩한 선지자들의 입을 통하여 말씀하신 바 만물을 회복하실 때까지는 하늘이 마땅히 그를 받아 두리라 [22]모세가 말하되 주 하나님이 너희를 위하여 너희 형제 가운데서 나 같은 선지자 하나를 세울 것이니 너희가 무엇이든지 그의 모든 말을 들을 것이라 [23]누구든지 그 선지자의 말을 듣지 아니하는 자는 백성 중에서 멸망 받으리라 하였고 [24]또한 사무엘 때부터 이어 말한 모든 선지자도 이 때를 가리켜 말하였느니라 [25]너희는 선지자들의 자손이요 또 하나님이 너희 조상과 더불어 세우신 언약의 자손이라 아브라함에게 이르시기를 땅 위의 모든 족속이 너의 씨로 말미암아 복을 받

으리라 하셨으니 ²⁶하나님이 그 종을 세워 복 주시려고 **너희**에게 먼저 보내사 **너희**로 하여금 돌이켜 각각 그 악함을 버리게 하셨느니라

여기서 우리는 베드로가 앉은뱅이를 고친 후 전한 설교를 볼 수 있다. 베드로가 이것을 보고. 1. 베드로가 한데 모여 군중을 이루고 있는 백성을 보고 그들에게 그리스도를 전할 기회를 잡았는데 사람들이 모이는 장소인 성전, 그 중에서도 솔로몬의 행각을 택하여 그리스도를 전하였다. 사람들로 와서 솔로몬의 지혜보다 더 뛰어난 지혜를 듣게 하자. 보라, 여기서 솔로몬보다 더 위대하신 분이 전해지고 있다. 2. 기적을 보고 감동을 받고 경탄해 마지않는 사람들을 보고 베드로는 갈아엎어져서 받을 준비가 되어 있는 땅에 복음의 씨앗을 뿌렸다. 3. 자신과 요한을 숭배하려는 사람들을 보고 베드로는 즉시 개입하여 자기들을 경배하지 못하도록 하고 오로지 그리스도만을 경배하도록 지도하였다. 바울과 바나바가 루스드라에서 했던 것처럼 그는 즉시 대응하였다. 14장 14, 15절을 보라. 이 설교에서

I. 베드로는 겸손하게 이 기적의 영광을 자기들에게 돌려서는 안 된다고 말한다. 자기들은 다만 그리스도의 종들이었을 뿐이며, 혹은 그리스도께서 기적을 행하시려고 사용하신 도구에 불과하였기 때문이다. 그들이 전한 도는 그들의 창작품도 아니고 그들에게 속한 것도 아니었으며, 오직 그리스도로부터 말미암은 것이었다. 베드로는 사람들을 이스라엘 사람들이라고 부르고 있다. 그들은 율법과 약속뿐만 아니라 복음과 성취와도 관계가 있는 사람들이었고 현세대와 관계된 사람들이었다. 베드로는 그들에게 두 가지 사실을 묻는다.

1. 어찌하여 기적 그 자체에 놀라느냐 하는 것이었다. 이 일을 왜 놀랍게 여기느냐? 그 기적은 참으로 놀라운 일이었고, 따라서 그들이 놀라는 것은 당연하였다. 하지만 그 기적은 그리스도께서 여러 번 행하신 그런 기적들과 다름 아닌데 그들이 그 때에는 주목하지 않았고 아무런 영향도 받지 않았다. 바로 얼마 전에 그리스도께서 죽은 나사로를 살리셨다. 그런데 어찌하여 그 사건은 희한하게 여기지 아니하고 이 사건만을 그렇게 여기는가? 적용. 어리석은 자들은 실수 없이 살펴보기만 하면 잘 알 수 있는 그런 일을 이상하게 생각한다. 최근에 그리스도께서 죽은 자들 가운데서 친히 부활하셨다. 어찌하여 이 일에 그들이 놀라지 않았는가? 어찌하여 그들이 이 일로 인해 믿음을 갖지 못하였는가?

2. 어찌하여 그들이 사도들을 숭배하였는가? 그들은 기적을 일으키는데 쓰인 도구들에 불과했다. 왜 우리를 주목하느냐?

(1) 사도들이 이 사람을 걷게 한 것은 사실이다. 이로써 분명해진 사실은 그들이 하나님의 보내심을 받았다는 것과 아울러 그들이 세상의 복이 되고 인류에게 은혜를 끼치는 자들이라는 사실이다. 그들이 보내심을 받은 것은 병든 심령들, 영적으로 앉은뱅이와 무능한 자들을 고쳐주며, 부러진 뼈들을 맞추어주고 그들에게 기쁨을 주기 위함이다.

(2) 그러나 그들이 개인의 권능과 경건으로 기적을 일으키지 않았다. 그 기적은 조금이라도 그들 자신의 능력으로 행하여진 것이 아니었다. 그들은 약이나 수술과 같은 의료행위로나 혹은 그들의 말의 능력으로 기적을 일으키지 않았다. 그들이 행한 능력은 온전히 그리스도부터 나온 것이었다. 그들의 어떠한 공로 때문에 기적이 이루어진 것이 아니었다. 그리스도께서 그들에게 주신 능력으로 그 기적을 일으킨 만큼 그들에게는 아무런 공로가 없었다. 그 기적은 그들의 거룩함으로 말미암지 않았다. 그들은 연약하고 어리석은 존재들이었으나 그리스도께서 그들을 사용하기 위해 택하셨을 뿐이다. 베드로는 죄 있는 사람이었다. 유다에게 무슨 거룩함이 있었는가? 그럼에도 불구하고 그는 그리스도의 이름으로 기적을 행하였다. 그들 중 어느 누구에게 이 기적을 일으킬 만한 거룩함이 있었는가? 그러므로 그들은 이 기적의 공로가 자신들에게 있다고 주장할 수 없었다.

(3) 사도들 개인의 권능과 경건으로 이와 같은 기적이 일어났다고 사람들이 생각하고 그들을 주목한 것은 그들의 오해에서 비롯된 것이었다. 적용. 하나님의 은혜의 도구들이 우리의 존경을 받아야 하지만, 우상화되어서는 안 된다. 은혜의 도구들이 행한 기적의 원천은 하나님이시라는 사실을 우리는 명심해야 한다.

(4) 베드로와 요한이 이 기적의 영광을 취하지 아니하고 정성스럽게 그리스도께 돌려드린 것은 칭찬받을 일이었다. 쓰임받는 사람들은 겸손에 주의를 기울여야 한다. 여호와여 영광을 우리에게 돌리지 마옵소서. 우리에게 돌리지 마옵소서. 오직 주는 인자하시고 진실하시므로 주의 이름에만 영광을 돌리소서(시 115:1). 모든 면류관은 그리스도의 발 앞에 벗어드려야 한다. 내가 한 것이 아니요 오직 나와 함께 하신 하나님의 은혜로라(고전 15:10).

Ⅱ. 베드로는 사람들에게 그리스도를 전한다.   사람들을 그리스도께 순종하도록 이끄는 이것이 그의 임무였다.

1. 베드로는 그리스도가 조상들에게 약속된 참 메시야라고 전한다(13절). (1) 왜냐하면 그는 하나님의 아들 예수이기 때문이다. 그리스도께서 하나님의 아들이라고 말하였다고 그들이 그를 신성모독자로 정죄하였지만 베드로는 이 사실을 공언한다. 그는 하나님의 아들 예수이시다. 예수는 하나님의 사랑받는 아들이시며, 우리에게는 구주 예수이시다. (2) 하나님께서 그를 영화롭게 하셔서 그의 교회의 왕, 제사장, 선지자로 세우셨다. 하나님은 그의 부활과 승천 및 그의 생애와 죽음 가운데서도 그를 영화롭게 하셨다. (3) 그리스도를 영화롭게 하신 하나님을 베드로는 우리 조상의 하나님이라고 자랑스럽게 소개한다(이스라엘 사람들에게 조상들의 이름은 위대한 것이었다). 아브라함과 이삭과 야곱의 하나님. 하나님은 그러한 조상들에게 땅의 모든 족속이 너와 네 자손으로 말미암아 복을 받으리라(창 28:14)고 약속하셨으며, 그들과 그 자손들에게 하나님이 되시리라고 약속하셨는데, 그 약속을 따라 그리스도를 세상에 보내신 것이다. 사도들은 그 조상들을 자기들의 조상들이라고 부르며, 하나님을 유대인들의 조상들의 하나님이라고 부르고 있는데, 이는 (유대인들이 시기의 눈초리로 사도들을 바라보고 있는데 대하여) 그들에게 유대 국가에 대한 악의가 없고 도리어 그 나라에 대한 존중과 관심이 있으며, 그 나라가 잘 되기를 바라는 사람들이었다는 것을 넌지시 알리는 표현이다. 그리고 사도들이 전한 복음은 다름 아닌 아브라함의 하나님의 마음과 뜻을 나타내는 계시였다. 행 26:7, 22; 눅 1:72, 73을 참고하라.

2. 베드로는 전과 같이 이 예수를 죽인 죄를 단호하게 유대인들에게 돌린다. (1) "너희가 그를 유다 나라를 대표하는 대제사장들과 장로들에게 넘겨주었다. 그가 마치 공공연한 골칫거리나 되는 것처럼 일반 백성인 너희가 그들의 사주를 받아 그를 죽이라고 소리쳤다." (2) "너희가 그를 거부하였고 그와의 관계를 거절하였으며, 그가 눈에 보이는 화려함과 권세를 가지고 나타나지 않았기 때문에 그를 너희의 왕으로 모시지 않았으며, 메시야로 여기지 아니하였다. 너희가 빌라도 앞에서 그를 거부하였으며, 로마의 총독 앞에서 너희 교회의 모든 기대를 끊어버렸으니 그가 그러한 너희의 행위를 비웃는 것이 당연하였다. 너희가 빌라도의 얼굴을 향하여 그를 거부하였도다(you denied him against the

face of Pilate; Dr Hammond)." "너희가 빌라도의 판단력을 무시하였다"(빌라도가 놓아 주기로 결의하였으나 백성들이 반대하였고 그의 뜻을 뒤엎었다). "너희는 빌라도보다 더 악하였다. 왜냐하면 너희가 빌라도의 판단을 따랐다면 그가 예수를 풀어주었을 테니까. 너희가 거룩하고 의로운 이를 거부하였다. 그는 스스로 거룩하고 의로운 분임을 나타내었으며, 그를 핍박하던 자들의 모든 악의도 그 사실을 부인할 수 없었다." 주 예수의 거룩하심과 의로움은 그의 무죄함보다 더 중요한 요소로서 그를 사형에 처한 자들의 죄를 크게 가중시키는 것이었다. (3) "너희가 도리어 살인한 사람을 놓아 주기를 구하여 그리스도께서 십자가에 못 박히셨다. 너희는 바나바를 주 예수보다 더 나은 존재로 여겼고, 이것이야말로 그리스도를 가장 크게 모욕한 행동이었다." (4) 너희가 생명의 주를 죽였도다. 대조해 보라. "너희가 살인자, 생명의 파괴자는 보호하고 구세주, 생명의 주는 죽였도다. 너희에게 생명의 왕이 되라고 보내심을 받은 그분을 죽였도다. 너희에게 자비를 베푸실 분을 저버릴 뿐만 아니라 거역하였도다. 너희의 생명이 되실 그분의 생명을 너희가 빼앗음으로 너희가 배은망덕한 일을 저질렀도다. 너희가 어리석게도 생명의 왕을 정복할 수 있다는 생각을 하였도다. 그러나 그분은 자신 안에 생명을 갖고 계시며 따라서 그가 버린 생명을 곧 도로 회복하셨다."

3. 베드로는 전과 같이 그리스도의 부활을 증명한다 (2:32). "마치 다른 어느 왕이 자신의 존엄과 지배권을 빼앗길 수 있는 것처럼 생명의 왕께서 자신의 생명을 빼앗길 수 있다고 너희는 생각하였다. 그러나 그것이 너희의 착각임을 너희가 깨달았다. 왜냐하면 하나님이 죽은 자 가운데서 그를 살리셨기 때문이다. 따라서 너희가 그를 사형에 처하므로 하나님을 대적하여 싸웠으며 그 결과 패배하고 말았다. 하나님이 죽은 자 가운데서 그를 살리셨으니 이로써 그의 요청을 들어주셨으며 그의 도를 확증해 주셨으며 그의 치욕스러운 고난을 제하셨다. 그리고 우리가 이 일에 증인이라.

4. 베드로는 이 병든 사람이 고침받은 공로를 그리스도의 능력으로 돌린다 (16절). 베드로는 자신이 깨달은 바를 말하기를, 그 이름을 믿으므로 그 이름이 이 사람을 성하게 하였다고 한다. 그리고 다시금 이 사실을 반복하여 말한다. 예수로 말미암아 난 믿음이 너희 모든 사람 앞에서 이같이 완전히 낫게 하였느니라.

여기서 (1) 베드로는 이 기적의 진실성에 관하여 청중들 자신들에게 호소한다. 이 기적이 일어난 그 사람은 너희가 보고 아는 사람이라고 말한다. 그가 전에는 베드로와 요한을 알지 못하였다. 따라서 그들 사이에 모종의 밀약이 있었을 것이라는 의혹을 가질 수 없었다. "그가 어렸을 때부터 앉은뱅이였다는 것을 너희가 알고 있다. 그 기적은 너희 모든 사람 앞에서 공개적으로 이루어졌다. 어느 한 구석에서 이루어진 일이 아니라 성전 문에서 이루어진 일이다. 그 기적이 어떻게 이루어졌는지 너희가 보았다. 그러므로 거기엔 속임이 있을 수 없다. 너희가 임의로 그 사실을 즉시 검증할 수 있었고 지금도 마찬가지다. 그 치료는 완전한 것이다. 그는 완전히 나았다. 그 사람이 걷고 뛰는 것을 너희가 보고 있다. 그에게 연약함이나 고통이 전혀 남아있지 않다."

(2) 이 사람은 사도들에게 그 기적을 일으킨 능력이 있다는 것을 알고 있다.

[1] 이 기적은 그리스도의 이름으로 이루어졌다. 단순히 주문을 외우듯이 그 이름을 말함으로 기적이 이루어진 것이 아니다. 그보다 우리가 그리스도부터 받은 사명과 명령으로 인해, 그리고 그가 우리에게 입혀준 능력으로 인해 그의 이름, 곧 모든 이름 위에 뛰어난 그리스도의 이름을 고백하고 가르치므로 그 기적이 우리에 의해 이루어진다. 결국 그 기적을 이룬 것은 그리스도의 권위, 그리스도의 명령이다. 어명을 집행하는 신하가 하위직이라 할지라도 그 어명이 그대로 집행되는 것과 마찬가지다.

[2] 그리스도의 권능은 그 이름을 믿음으로, 곧 그를 신뢰하고 의지하고, 믿음으로 그를 붙잡고 그에게서 기대함으로 임한다. 심지어 믿음 자체도 디 아우투, 곧 그로 말미암는(by him) 것이며, 그리스도께서 역사 속에 속하는 것이다. 믿음은 우리 자신의 것이 아니라 그리스도의 선물이다. 믿음은 그리스도를 위한 것이며 따라서 그 영광을 그리스도께서 받으신다. 왜냐하면 그리스도는 믿음의 주요 또 온전하게 하시는 분(the author and finisher of our faith)이시기 때문이다 (히 12:2). 라이트푸트 박사는 주장하기를, 이 구절에 믿음이 두 번이나 언급되었는데 하나는 이 기적을 행하는데 필수적인 사도들의 믿음에 대한 언급이요, 또 하나는 이 기적을 받아들이는데 필수적인 앉은뱅이의 믿음에 대한 언급이라고 한다. 그러나 나는 둘 다 오로지 전자만을 언급한 것은 아닐지라도 주로 전자를 언급한 것이라고 생각한다. 믿음으로 이 기적을 일으킨 사람들은 그리스도로부터 이 기적을 일으킬 수 있는 능력을 받았으며, 이에 그들이 모든 영광을 그리스도께 돌린 것이다. 기적에 대하여 이처럼 참되고 적절한 설명을 함

으로써 베드로는 자신들이 세상에 전해야 할 위대한 복음의 진리(예수 그리스도께서 모든 능력과 은혜의 원천이시며 위대한 치료자와 구세주가 되신다는)를 확립하는 한편, 아울러 그로 말미암아 은혜를 받을 수 있는 유일한 방법으로서 그를 믿어야 하는 복음에 대한 위대한 임무를 권하였다. 게다가 기적에 대한 해설은 그리스도로 말미암은 우리의 구원의 신비를 설명한다. 그 이름이 우리를 의롭다하며, 그 영광스러운 이름은 주 우리의 의이시다(The Lord our righteousness; 렘 23:6; 33:16). 그러나 우리는 구체적으로 그 이름을 믿고 우리에게 적용하므로 그 이름으로 말미암아 의롭다함을 얻는다. 이와 같이 베드로는 신랑의 신실한 친구처럼 그들에게 예수, 곧 십자가에 못 박히신 분을 그들에게 전파하였다. 그는 모든 관심을 기울여 그분을 섬기고 높였던 것이다.

Ⅲ. 그들이 그리스도를 사형에 처하는 죄를 범하였지만 베드로는 그들도 자비를 얻을 수 있다는 소망을 준다. 베드로는 최선을 다해 그들의 죄를 깨닫게 하지만 그들을 좌절로 몰아가지 않으려고 조심한다. 그 죄는 매우 컸다.

하지만 1. 그는 그 죄를 거리낌 없이 그들의 무지함에 돌림으로써 그들의 죄악을 누그러뜨린다. 그들이 생명의 주를 죽였다고 베드로가 말하였을 때 청중들이 큰 공포에 사로잡혔다는 것을 그가 아마도 그들의 표정을 통해 알았을 것이다. 이에 그들이 의기소침하거나 흩어질 기미가 보이자 베드로는 그들을 형제들이라고 부름으로써 그들에 대한 혹독한 비난을 경감시킬 필요가 있다는 것을 깨달았다. 또한 베드로가 그들을 형제들이라 부르는 것이 당연하였다. 왜냐하면 이 죄악에 있어서 그들과 동류였기 때문이다. 베드로도 거룩하고 의로운 이를 부인하였으며, 그를 알지도 못한다고 맹세하였다. 그는 불시에 그런 죄를 저질렀다. 형제들아 너희가 알지 못하여서 그리하였으며 너희 관리들도 그리한 줄 아노라(17절). 이는 베드로의 사랑의 말이었다. 이는 우리가 사람들을 어떻게 하면 가장 효과적으로 변화시킬 수 있는지 가르쳐준다. 베드로는 상처의 뿌리를 찾았고 이제 그 상처의 치료를 생각하기 시작하며, 이를 위하여 그들의 의사에 대한 긍정적인 생각을 주입할 필요가 있었다. 어떠한 말이 이보다 더 매력적일 수 있겠는가? 그가 이러한 말을 할 수 있었던 것은 그의 주님이 자기를 십자가에 못 박은 자들을 위해 그들이 행하는 일을 그들이 알지 못한다고 기도하셨던 그 모습을 본받았기 때문이다. 또한 관리들(통치자들)에 대하여도, 그들이 만일 알았더라면 영광의 주를 십자가에 못 박지 아니하였으리라(고전 2:8)고 기록되어 있다. 아마도 통치자들과 백성들 가운데 일부는 그들의 양심의 빛과 자각을 거스르면서 악의적으로 죄를 범하였을 것이다. 하지만 대부분은 바울이 무지와 불신앙으로 교회를 핍박했던 것과 마찬가지로(딤전 1:13) 흐름을 따라갔고 무지함으로 죄를 저질렀다.

2. 베드로는 생명의 주를 죽인 그들의 죄의 결과를 경감한다. 생명의 주를 죽였다는 이 말은 몹시 무시무시하게 들리지만 이는 성경대로 이루어진 일이었다(18절). 예언의 말씀이 그들의 죄를 필요로 한 것은 아니었지만 그리스도의 고난은 필요로 하였다. 따라서 그리스도께서 친히 말씀하시기를, 이같이 그리스도가 고난을 받으리라고 하셨다(눅 24:46). 너희가 알지 못하여서 그리하였으며라는 말씀은 이런 의미로 해석될 수 있다. "너희가 성경의 말씀을 성취하였으나 이를 알지 못하였도다. 하나님이 모든 선지자의 입을 통하여 자기의 그리스도께서 고난 받으실 일을 미리 알게 하신 것을 너희를 통해 이루셨다. 너희에게 그리스도를 넘겨주는 이것이 하나님의 계획이었으나 너희는 자신의 생각만을 하였고 이 계획에 대하여 전혀 무지하였다. 그의 뜻은 이같지 아니하며 그의 마음의 생각도 이같지 아니하고(사 10:7). 너희가 너희의 마음대로 행하고 있었을 때 하나님께서는 성경 말씀을 이루고 계셨던 것이다."

그리스도께서 고난 받으실 일이 하나님의 비밀스러운 작정 가운데 확정되었을 뿐만 아니라 이 약속을 이루기 위하여 모든 선지자의 입을 통하여 여러 세대 전에 세상에 선포되었다. 선지자들을 통해 이 일을 알게 하신 이는 하나님이셨으며, 그들은 하나님의 말씀이 완전하게 이루어질 것을 보게 될 것이다. 하나님은 알게 하신 것을 어떠한 변동도 없이 아주 꼼꼼하고 정확하게 이루셨다. 이제 그리스도를 핍박하고 사형에 처한 그들의 모든 죄에는 정상을 참작할 요소가 없지만(이는 분명히 엄청난 죄악임), 베드로는 그들에게 회개와 그에 따르는 자비에 대한 소망을 가지라고 권하였다. 이는 하나님의 은혜로운 계획들이 회개에 의해 진행되었기 때문이며(이는 요셉의 형들이 용서받을 수 없는 죄를 요셉에게 저질렀다고 생각하였을 때 요셉이 그의 형제들에게 준 권면과 동일하다. 그는 당신들은 나를 해하려 하였으나 하나님은 그것을 선으로 바꾸사 오늘과 같이 많은 백성의 생명을 구원하게 하시려 하셨나니 당신들은 두려워하지 마소서[창 50:15, 20-21]라고 말하였다), 특히 그리스도의 죽으심과 고난이 죄 사함을 위한 것이었고 자비의 근거였기 때문이다. 따라서 그는 이제 그들에게 소망을 가지라고 권하였던 것이다.

Ⅳ. 베드로는 그들에게 그리스도인이 되라고 권하며, 그렇게 하는 것이 그들에게 말로 할 수 없는 유익이 된다고 보증한다. 그리스도인이 된다는 것은 그들에게 영원한 유익이 될 것이다. 다음은 베드로의 설교의 적용 부분이다.

1. 베드로는 그들에게 무엇을 믿어야 하는지 말한다.

(1) 그들은 예수 그리스도께서 약속된 씨, 곧 하나님께서 아브라함에게 땅 위의 모든 족속이 너의 씨로 말미암아 복을 받으리라고 약속하신 바로 그 씨이심을 믿어야 한다(25절). 이는 아브라함의 언약과 연관된다(창 12:3). 이 오래 전의 언약이 이제 마침내 예수 안에서 성취되었다. 그는 육체를 따라 아브라함의 씨이며, 그 안에서 이스라엘 족속만이 아니라 땅 위의 모든 족속이 복을 받는다. 모두가 그로 말미암아 상당한 은혜를 받고 또 그 중에 어떤 이는 온갖 은혜를 받는다.

(2) 그들은 예수 그리스도께서 선지자이심을 믿어야 한다. 하나님은 이스라엘 형제 가운데서 모세와 같은 선지자 하나를 세울 것이라고 약속하셨다(22절). 그러므로 이는 모세 언약과 연관된다(신 18:18). 그리스도는 선지자시다. 왜냐하면 하나님께서 그로 말미암아 우리에게 말씀하시기 때문이다. 그리스도께서 모든 신령한 계시의 중심이 되시며, 그리스도로 말미암아 그 계시가 우리에게 전해진다. 그는 하늘의 사랑 받는 자 모세와 같은 선지자시다. 모세는 다른 어떤 선지자보다도 하나님의 뜻을 깊이 알았으며, 하나님과 허물없이 대화하였다. 그리스도는 모세와 같이 자기 백성을 속박에서 해방시킨 자이며, 광야에서 그들을 인도한 인도자이다. 모세가 전형적인 성막의 건축자였던 것처럼 그리스도는 참된 성막의 건축자시다. 모세는 사환으로 충성하였고 그리스도는 아들로서 충성하였다. 모세는 이스라엘의 불평의 대상이었고 바로에게 무시를 당하였으나 하나님은 그를 인정하셨고 그를 위임하셨다. 모세는 온유와 인내의 모범이며, 그리스도도 마찬가지다. 모세는 여호와의 말씀대로 죽었고 그리스도도 그리하셨다. 그 후에는 이스라엘에 모세와 같은 선지자가 일어나지 못하였나니(신 34:10). 그러나 모세보다 위대하신 자가 계시니 곧 그리스도시다. 그는 하나님께서 세우신 선지자다. 왜냐하면 그는 스스로 영광을 취하지 않으시고 하나님의 부르심을 받고 그 영광으로 나아가셨기 때문이다. 그는 먼저 이스라엘을 위해 세우심을 받았다. 그는 개인적으로 오직 이스라엘 가운데서 이 직분을 실행

하셨다. 그러므로 그는 그들 가운데서 세우심을 받았다. 육신으로 하면 그리스도가 그들에게서 나셨으니(롬 9:5) 이는 그들에게 임한 큰 영광이었으며, 그만큼 그들이 그리스도를 영접하는 것은 그들의 의무인 동시에 그들에게 장려할 일이었다. 그리스도께서 자기 백성에게 오셨다면 그들은 마땅히 그를 영접할 것이라고 사람들은 생각한다. 구약의 교회는 많은 선지자들을 모시고 그들의 가르침을 받는 복을 받았으며, 여러 세대 동안 선지자들이 끊이지 않았다(사무엘 때부터 이어 말한 모든 선지자(24절)라는 말씀이 바로 이러한 의미다. 사무엘 때부터 선지자의 시대가 시작되었다). 그러나 이러한 선지자들이 능욕을 당하였으며, 마침내 하나님께서 그 품속에 계시던 아들을 그들에게 보내셨다.

(3) 그들은 새롭게 되는 날이 주 앞으로부터 이를 것(19절)과 그들이 만물을 회복하실 때(21절)를 맞이할 것을 믿어야 한다. 미래의 상태, 곧 이 생명 이후에 다른 생명이 존재한다. 그러한 때가 주 앞으로부터, 곧 그 날의 영광스러운 출현, 마지막 때에 그의 재림으로 이를 것이다. 주님의 부재는 죄인들의 무사안일과 성도들의 의심을 유발한다. 하지만 그리스도의 재림은 신속히 다가오고 있다. 그의 재림은 죄인들의 무사안일과 성도들의 의심을 영원히 잠재울 것이다. 보라 심판주가 문 밖에 서 계시니라(약 5:9). 주의 임재는 다음과 같은 일을 초래할 것이다. [1] 만물을 회복하심(21절)이 있을 것이다. 만물이 소멸되고 새 하늘과 새 땅이 조성될 것이다(계 21:1). 지금은 온 세상이 슬퍼하고 인간의 죄 아래서 무서운 짐을 안고 탄식하고 있지만 그 때에는 온 세상이 새로워질 것이다. 어떤 이들은 이러한 현상(만물을 회복하심)을 말세의 하나의 현상으로 이해한다. 그러나 이는 하나님이 영원 전부터 거룩한 선지자들의 입을 통하여 말씀하신 바 만물의 마지막으로 이해하는 것이 옳다. 이에 대하여 아담의 칠대 손 에녹이 예언하였다(유 14). 그리고 다른 선지자들이 예언한 일시적인 심판은 바울 사도가 영원한 심판(히 6:2)이라고 부르고 있는 그것의 예표였다. 이는 구약보다 신약에서 더욱 분명하고 명확하게 계시되었으며, 복음을 받는 모든 사람들은 그 때를 기대한다. [2] 이와 함께 새롭게 되는 날이 임할 것이다(19절). 종일 수고하며 더위를 견딘(마 20:12) 사람들에게 시원한 그늘처럼 그 날은 주의 백성에게 위로가 될 것이다. 모든 그리스도인들은 현재의 수고와 고생이 끝난 후 하나님의 백성을 위해 마련된 안식을 기다린다. 이와 같은 소망으로 그들은 현재의 고난을 인내하며 사명을 수행한다. 그 때에 주 앞으로부터 임하는 새로움은 주 앞에서

영원히 지속될 것이다.

2. 베드로는 그들이 무엇을 해야 하는지 설명한다.

(1) 그들은 회개해야 한다. 그들은 잘못 행한 것이 무엇인지 잘 생각하고 바른 생각으로 돌아와 숙고하고 죄의 판결을 받아들여야 한다. 그들은 새롭게 시작해야 한다. 그리스도를 부인했던 베드로 자신도 회개하였으며, 이에 그들도 그렇게 회개하도록 권하였다.

(2) 그들은 돌이켜야 한다. 그들은 뒤로 돌아서서 그들의 얼굴과 발걸음을 이전과 다른 방향으로 향하여야 한다. 그들은 전에 반역을 하였던 그들의 주 하나님께로 돌이켜야 한다. 죄를 회개하는 것만으로 충분하지 않다. 우리는 죄에서 돌아서야 하며 다시는 죄로 돌아가지 말아야 한다. 그들은 유대교에 대한 고백을 기독교에 대한 고백으로 대신해야 할 뿐만 아니라 그들을 지배하고 있는 육체적이며 세속적이고 호색적인 마음을 거룩하고 하늘에 속한 마음으로, 그리고 거룩한 진리와 정서로 대신해야 한다.

(3) 그들은 위대한 선지자이신 그리스도의 말씀을 들어야 한다. "너희가 무엇이든지 그의 모든 말을 들을 것이라(22절). 그의 지시를 따르며, 그의 가르침을 받으며, 그의 통치를 받아라. 거룩한 위임을 받고 온 선지자들의 말씀을 백성들이 마땅히 들어야 하는 것처럼 거룩한 믿음으로 그의 말씀을 들어라. 너희가 그의 말을 들을 것이라. 곧 너희는 절대적인 신앙과 순종으로 그의 말씀을 따라야 할 것이다. 너희가 그의 모든 말을 들을 것이라. 그의 계명이 너희의 행동을 주관하게 하라. 그리고 그의 뜻을 온전히 복종하라. 그가 입으로 말씀하실 때마다 그 말씀을 환영하며, 설령 그 말씀이 혈육을 불쾌하게 한다 할지라도 그리하라." 여호와여 말씀하옵소서 주의 종이 듣겠나이다. 우리는 여기서 왜 우리가 그리스도의 말씀을 순종해야 하는지 분명한 이유를 보게 된다. 우리가 그의 부르시는 소리에 귀를 막고 목을 곧게 하여 그의 멍에를 메지 않으면 위험에 처하게 되기 때문이다(23절). 누구든지 그 선지자의 말을 듣지 아니하는 자, 곧 그의 말을 따르지 않는 자는 백성 중에서 멸망 받으리라. 구약의 선지자들을 경시함으로 성읍과 나라가 전쟁과 기근으로 멸망당할 위기에 처하였다. 그러나 이 위대한 선지자이신 그리스도를 경시하면 영혼의 멸망, 곧 영적이고 영원한 파멸을 당할 것이다. 구세주의 권면을 받지 않는 자들은 파멸자의 손에 빠지는 것 외에 달리 기대할 것이 전혀 없다.

3. 베드로는 그들이 무엇을 기대할 수 있는지 설명한다.

(1) 그들이 기대해야 하는 것은 죄 사함을 받는 일이다. 죄 사함은 복음을 받아들이는 모든 사람들의 특권이라고 성경은 언제나 말하고 있다(19절). 그러므로 너희가 회개하고 돌이켜 너희 죄 없이 함을 받으라. 이 말씀은 다음과 같은 사실을 포함하고 있다. [1] 죄 사함은 죄를 없이 하는 것이다. 이는 구름이 태양 광선에 의하여 사라지는 것과 같고(사 44:22). 부채를 탕감받고 장부에서 지우는 것과 같다. 하나님께서 용서하신다는 것은 다시는 그 죄인의 죄를 기억하지 않는다는 의미이다. 죄 사함은 글을 지우는 것처럼 잊혀지는 것이며, 죄인에 대하여 기록한 괴로운 모든 일들(욥 13:26)이 마치 스펀지로 닦듯이 닦아지는 것이다. 죄 사함은 속박을 푸는 것이며, 심판을 중지하는 것이다. [2] 우리가 죄를 회개하고 하나님께로 돌아서지 않는 한 우리는 죄 사함 받기를 기대할 수 없다. 그리스도께서 죄 사함을 이루기 위하여 죽으셨지만 우리가 그 은혜를 받기 위해서는 회개하고 돌아서야 한다. 회개 없이는 죄 사함도 없다. [3] 우리가 회개할 때 죄 사함 받을 수 있다는 희망에서 우리는 회개에 대한 강한 동기를 얻어야 할 것이다. 그러므로 너희가 회개하고 돌이켜 너희 죄 없이 함을 받으라. 그리고 그리스도 안에 있는 하나님의 은혜와 죄 사함의 소망에 대한 이해에서 비롯된 회개가 복음적인 회개다. 이것이 바로 최초의 위대한 회개의 논리였다. 회개하라 천국이 가까웠느니라. [4] 죄 사함의 가장 좋은 열매는 새롭게 되는 날이 주 앞으로부터 이르는 것이다. 우리가 죄 용서함을 받는다면 우리에게는 크게 기뻐할 이유가 있게 되는 것이다. 그러나 그 위로는 공개적인 법정에서 그 죄 사함이 인정을 받고, 우리의 의롭다함이 천사들과 사람들 앞에서 공포되었을 때, 곧 의롭다 하신 그들을 또한 영화롭게 하셨을 때(롬 8:30) 완성될 것이다. 우리가 지금은 하나님의 자녀이므로(요일 3:2) 이제 우리는 죄 씻음을 얻었다. 그러나 새롭게 되는 날이 이를 때까지는 아직 죄 씻음의 복된 열매들이 무엇인지 분명하지 않다. 수고와 싸움(안으로는 의심과 두려움과 싸우고, 밖으로는 어려움과 위험과 싸우는)을 해야 하는 이 때에 우리는 우리가 얻은 죄 사함에 대해 충분한 만족을 얻을 수 없다. 새롭게 되는 날, 곧 모든 눈물을 씻겨주시는 날 우리는 죄 사함으로 인해 충분한 만족을 얻을 것이다.

(2) 그들이 기대해야 하는 것은 그리스도의 재림으로 인한 위로다(20, 21절). "주께서 너희를 위하여 예정하신 그리스도 곧 예수를 보내시리라. 너희는 다른 섭

리, 다른 복음을 기대해서는 안 되며, 이 약속의 계속과 완성을 기대해야 한다. 모세가 자기와 같은 다른 선지자를 기대하라고 말했다고 하여 너희가 예수와 같은 다른 선지자를 기대해서는 안 된다. 물론 하나님이 만물을 회복하실 때까지는 하늘이 마땅히 그를 받아 둘 것이다. 그러나 너희가 회개하고 돌이키면 그리스도에 대하여 부족함을 알지 못할 것이다. 어떻게든 그리스도께서 너희에게 보이실 것이다." [1] 우리는 그리스도께서 이 세상에 직접 나타나심을 기대해서는 안 된다. 왜냐하면 승천하시므로 제자들의 시야에서 사라지신 그리스도를 하늘이 받아 두었고, 하늘은 그를 마지막 날까지 모시고 있을 것이기 때문이다. 그리스도의 육체의 임재는 이 복된 자리에 제한되며, 마지막 날, 곧 만물을 회복하실 때까지는 그리될 것이다. 그러므로 성만찬 때에 그리스도의 육체의 임재를 꿈꾸는 자들은 그리스도를 욕되게 하는 자들이며 이는 잘못된 생각이다. 영광을 받으신 구세주께서 보이시지 않는 것이 시련과 시험의 상태에 어울린다. 시험을 받는 우리들은 보이지 않는 것들의 증거인 믿음(그에 대한)으로 살아야 하기 때문이다. 그리스도께서 세상에서 믿은 바 되셔야 하기 때문에 영광 가운데서 올려지셨다(딤전 3:16). 반면, 하몬드 박사(Dr. Hammond)는 이 구절(21절)을 이렇게 해석한다. "그는 하늘, 곧 위에 있는 세상의 영광과 권세를 받으셔야 한다. 만물이 그에게 복종할 때까지 그는 통치하셔야 한다." 고전 15:25; 시 75:2. [2] 한편, 회개하고 돌이키는 모든 자들에게는 하나님께서 그리스도를 보내실 것이라고 약속되었다(20절). "주께서 너희를 위하여 그리스도 곧 예수를 보내시리라. 부활 전과 그 이후로 그의 제자들에 의해 너희에게 전해진 그리스도는 모두에게 만물을 충만케 하시는 자이시다." 첫째, "너희는 그의 영적인 임재를 체험할 것이다. 세상에 보내어진 그리스도께서 너희에게 보내어질 것이다. 너희는 그의 보내어짐으로 인해 위로를 받을 것이다. 그는 그의 복음 안에서 너희 가운데 보내어질 것이며, 복음이 그의 장막이 되고 전차가 될 것이다." 둘째, "주께서 예수 그리스도를 보내시므로 예루살렘과 믿지 않는 유대인들, 곧 그리스도와 기독교의 대적들의 나라를 멸망시키고, 그의 종들과 백성들을 그들로부터 구원하시며, 그들로 평화롭게 복음을 선포하게 하실 것이다. 그리고 그 때가 새롭게 되는 날이 될 것이며, 너희가 그 날에 참여하게 될 것이다." 그리하여 교회가 평안하여 든든히 서 가고(행 9:31). 하몬드 박사의 견해가 위와 같다. 셋째, "마지막 때에 세상을 심판하기 위하여 그리스도를 보내심이 너희에게는 복이 될 것이다. 이런 일이 되기를 시작하거든 일어나 머리를 들라 너희 속량이 가까 웠느니라(눅 21:28). 그 때까지는 하늘이 그를 받아 둘 것이기 때문에(21절) 그리스도를 보내신다는 말씀은 그 때와 관련이 있는 듯하다. 하나님의 뜻이 영원으로부터 계획된 것이므로 태초부터 그의 예언은 마지막 날의 일과 관련이 있었다. 하나님이 그의 종 선지자들에게 전하신 복음과 같이 마지막 날에 하나님의 그 비밀이 이루어질 것이다(계 10:7). 교회 안에 세우신 모든 질서는 마지막 날에 만물의 회복을 내다본 것이다.

4. 그들이 그리스도께로 돌아왔다면 그들이 어떠한 근거로 이러한 것들을 기대할 수 있는지 베드로는 설명한다. 그들이 그리스도를 부인하고 죽게 하였지만 그들이 이스라엘 백성인 까닭에 그리스도를 통해 은혜를 얻을 소망이 있다.

(1) 이스라엘 사람들로서 그들은 다른 어떤 나라보다 하나님의 사랑받는 나라였으며, 하나님께서 그들에게 베푸신 사랑은 메시야와 그의 나라와 관련이 있었다. 너희는 선지자들의 자손이요 또 하나님이 너희 조상과 더불어 세우신 언약의 자손이라(25절). 그들에게는 두 가지 특권이 있었다.

[1] 그들은 선지자들의 자손(children)이다. 이는 그들이 학교의 아이들처럼 선지자들의 제자들이었다는 의미이다. 그들은 선지자들의 아들들(sons)이 아니라 제자들이다. 구약에서 이와 같은 개념은 사무엘 선지자 이후로부터 나타난다. 그 때부터 그들은 예언의 영을 받기 위한 훈련을 받았다. 너희는, 선지자들이 자라났고 또 선지자들이 보냄을 받은 백성이다. 하나님께서 그들의 아들 중에서 선지자를 일으키신 것은 이스라엘에 대한 큰 사랑이라고 성경은 말씀한다(암 2:11). 구약과 신약의 모든 저자들은 아브라함의 씨였다. 하나님의 계시가 그들에게 맡겨진 것은 그들의 영광이요 혜택이었다(롬 3:2). 그들의 정부는 예언, 곧 계시에 의해 세워졌다. 그들의 일들은 여러 세대 동안 예언에 의해 처리되었다. 호세아 12장 13절을 보라. 여호와께서는 한 선지자로 이스라엘을 애굽에서 인도하여 내셨고 이스라엘이 한 선지자로 보호 받았거늘. 예언이 끊어졌던 구약 교회의 후기(중간기)에도 이스라엘 사람들은 선지자들의 자손이라고 불릴 수 있다. 왜냐하면 그들이 비록 깨닫지는 못하였지만, 매 안식일마다 그들의 회당에서 성경을 읽으면서 선지자들의 음성을 들었기 때문이다(행 13:27). 이제 이러한 사실에 자극을 받아 그들이 그리스도를 받아들여야 할 것이다. 또한 그들은 그리스도의 영접을 받기를 소망할 수 있다. 왜냐하면 그들의 선지자들이 이

은혜가 예수 그리스도께서 나타나실 때에 너희에게 임하리라(벧전 1:13)고 예언하였기 때문이다. 그러므로 그들이 가문을 무시하거나 그 중요성을 부인해서는 안 될 것이다. 선지자들과 성경의 예언으로 은혜를 받은 자들은 하나님의 은혜를 헛되이 받지 않으려고 애쓴다. 우리는 이 말씀을 구체적으로 목회자의 자녀들에게 적용할 수 있다. 그들의 부모의 경건이 신앙 면에서 그들을 충실하게 하고 또 진보하게 하는데 도움이 된다고 생각한다면, 그들은 그 경건을 하나님께 안심하고 구할 수 있고, 또한 하나님의 종들의 자손이 계속 이어지기를 바랄 수 있다.

[2] 그들이 선지자들의 자손이었다는 것은 언약의 상속자들이라는 의미이다. 너희는 또 하나님이 너희 조상과 더불어 세우신 언약의 자손이라. 하나님의 언약은 아브라함과 그의 씨와 맺어진 것이었으며, 그들이 바로 언약의 당사자인 아브라함의 씨였다. 따라서 그 언약의 복이 그들에게 상속되었다. "메시야의 언약이 바로 너희에게 주어졌으며, 따라서 너희가 받을 복을 저버리지 않고 완고한 불신으로 너희의 문에 빗장을 지르지만 않는다면 그 언약이 너희에게 복이 되기를 너희는 기대할 수 있다." 여기서 언급된 약속, 곧 땅 위의 모든 족속이 너의 씨로 말미암아 복을 받으리라는 약속은 아브라함 언약의 중요한 조항으로서 이는 주로 그리스도와 연관된 것이지만(갈 3:16) 아울러 그의 몸된 교회, 아브라함의 영적인 자손들인 모든 신자들을 포함한다. 그리고 육체를 따라 아브라함의 씨였던 자들이 가장 큰 특권을 가졌다. 땅 위의 모든 족속이 그리스도 안에서 복을 받는다면 육체를 따른 아브라함의 동족들은 얼마나 큰 복을 받겠는가!

(2) 이스라엘 백성으로서 그들은 신약의 은혜를 최초로 제안받았다. 그들이 선지자들의 자손이요 또 언약의 자손이었기 때문에 구세주가 먼저 그들에게 보내어졌다. 이로써 그들이 회개하고 돌이키면 그리스도께서 보내어져서 그들의 위로가 되실 것이라는 희망을 가질 수 있었다(20절). 또 주께서 너희를 위하여 예정하신 그리스도 곧 예수를 보내시리니. 하나님께서 그리스도를 너희에게만 보내신 것은 아니지만 너희 유대인들에게 가장 먼저 그리스도를 보내셨다(26절). 너희에게 먼저 보내사. 하나님께서 그리스도를 세워 왕과 구세주가 되게 하셨다. 그리고 이에 대한 증거로서 그를 죽은 자 가운데서 살리셨고, 그를 너희에게 보내어 복이 되게 하셨고, 특히 큰 복으로 너희로 하여금 돌이켜 각각 그 악함을 버리게 하셨다. 그러므로 너희는 이 복을 받을 수 있다. 너희의 죄악에서 돌이켜

라. 그리하면 너희는 용기를 얻어 복 받기를 희망할 수 있다.

[1] 그리스도께서 어디로부터 사명을 받았는지 우리는 여기서 볼 수 있다. 하나님이 그의 아들(종)을 세워 너희에게 보내셨다(26절). 하나님께서 그의 아들을 세우신 때는, 그를 선지자로 임명하시고, 하늘로부터 들려온 음성으로써 그의 아들 되심을 인정하시며, 그의 성령을 한량없이 채워주시고, 그리고 그를 보내셨을 때였다. 하나님께서 그를 보내신 목적은 그로 평화를 이루는 대리인이 되도록 하기 위함이다. 곧 진리를 증거하고, 잃은 영혼들을 찾아 구원하며, 대적하는 자들을 정복하라고 하나님께서 그를 보내셨다. 어떤 이들은 하나님께서 부활하게 하심으로 그의 아들을 세우셨다고 말한다. 부활이 그의 승귀의 첫 번째 단계였다는 것이다. 말하자면, 이것이 그의 직무의 갱신이었다. 하나님께서 그를 올려가심으로 우리로부터 그를 빼앗은 듯하지만, 사실상 하나님은 그의 복음과 성령 안에서 그를 우리에게 새롭게 보내셨다.

[2] 그리스도는 누구에게 보내어졌는가? "너희에게 먼저. 곧 아브라함의 씨인 너희, 선지자들의 자손이요 언약의 자손인 너희에게 복음의 은혜가 주어졌다." 선지자로서 그리스도의 직접적인 사역은 유대인들에게 국한되었다. 그 때에 그리스도는 이스라엘 집의 잃어버린 양 외에는 다른 데로 보내심을 받지 아니하였다(마 15:24). 그리고 그리스도께서 파송하신 제자들에게 다른 데로 가는 것을 허락하지 않으셨다. 부활하신 후에야 비로소 모든 나라들에게 그기 전해졌으나 제자들은 예루살렘에서 시작하였나(눅 24:47). 그늘이 다른 나라들로 갔을 때에도 그들은 먼저 그 곳에 있는 유대인들에게 전하였다. 그들은 장자였고, 따라서 복음을 먼저 받을 특권이 있었다. 심지어 그들이 그리스도를 죽였음에도 불구하고 그리스도께서 부활하셨을 때 먼저 그들에게 보내심을 받았다. 그의 죽으심으로 말미암는 은혜를 그들이 우선적으로 받도록 작정되어 있었기 때문이다.

[3] 그리스도께서 어떠한 임무로 보내심을 받았는가? "복 주시려고. 이것이 그리스도의 첫 번째 임무다. 너희에게 주어진 칭의를 너희가 받아들인다면, 너희가 마땅히 정죄를 받아 마땅하지만 그는 너희를 정죄하지 않으시고 의롭다고 하신다. 하나님은 먼저 너희에게 복 주시려고 그를 보내셨는데, 만일 너희가 그 복을 거절한다면 하나님은 그를 보내어 너희를 저주하게 하실 것이다"(말 4:6). 적용. 첫째, 그리스도가 세상에 오신 임무는 우리에게 복을 주시는 것이다. 공의

로운 해가 떠올라서 그의 날개 아래서 치료하시기 위함이다. 그리고 그리스도께서 세상을 떠나셨을 때 그 뒤에 복을 남겨두셨다. 왜냐하면 그리스도께서 제자들과 작별하시면서 그들을 축복하셨기 때문이다(눅 24:51). 그리스도는 그의 성령을 보내어 그들에게 큰 복, 곧 복 중에 복을 베풀어 주셨다(사 44:3). 둘째, 그리스도께서 오셔서 우리에게 베푸신 큰 복은 우리를 죄에서 돌이키게 하시고 죄로부터 우리를 구원하신 것이다(마 1:21). 우리가 죄에서 돌아섬으로 우리는 다른 모든 복을 받을 자격을 갖출 수 있게 되었다. 우리는 본래 죄를 고집하였다. 그러나 거룩한 은혜의 계획은 우리를 그 죄로부터 돌아서게 하는 것이며, 아니 그 죄와 싸우게 하는 것이다. 이로써 우리는 죄를 버릴 뿐만 아니라 미워할 수 있다. 복음에는 우리로 이러한 은혜로 나아가도록 하는 성질이 있다. 복음은 우리 모두가 죄에서 돌이키기를 요구할 뿐만 아니라 우리가 그렇게 할 수 있는 은혜를 약속한다. "그러므로 너희 편에서 할 일을 하라. 곧 회개하고 돌이키라. 그리하면 그리스도 편에서 자신의 할 일을 하실 것이다. 즉, 그리스도께서 너희로 하여금 돌이켜 각각 그 악함을 버리게 하시므로 너희에게 복을 베푸실 것이다."

제
— 4 —
장

개요

앞의 두 장에서 우리는 사도들이 행한 선한 일을 많이 보았다. 그 때에 서기관들과 바리새인들과 대제사장들이 어떤 상태였는지 나는 궁금하였다. 그들은 그리스도를 대했던 것처럼 사도들을 반박하고 반대하기 위해 나타나지 않았다. 분명히 그들은 처음에 성령의 부으심을 보고 당황하였으며 한동안 충격 속에 입을 다물고 있었다. 그러나 우리는 여기서 그들의 존재를 발견한다. 그들의 세력이 다시 규합된다. 그리고 드디어 그들과 사도들이 마주친다. 처음부터 복음은 반대에 부딪혔다. 여기서 I. 베드로와 요한이 제사장들의 명령으로 붙잡혀 감옥에 갇히게 된다(1-4절). II. 그들이 산헤드린 공회에서 심문을 받는다(5-7). III. 그들은 담대하게 그들이 행한 일을 인정하고 그들을 핍박하는 자들에게 그리스도를 전한다(8-12절). IV. 그들에게 대답을 할 수 없던 박해자들은 그들의 입을 막고, 앞으로 복음을 전하지 못하도록 위협하고 그들을 풀어준다(13-22절). V. 그들은 이미 체험한 은혜의 역사가 더 나타나게 해 달라고 하나님께 기도한다(23-30절). VI. 하나님께서 그들과 함께 하신다는 분명한 증거를 안팎으로 보여주심으로써 그들의 기두에 응답하신다(31-33절). VII. 빈는 자들이 거룩한 사랑으로 한마음이 되었고, 그들의 사랑을 가난한 자들에게 베풀었으며, 교회는 전보다 그리스도의 영광으로 넘쳤다(33-37절).

[1]사도들이 백성에게 말할 때에 제사장들과 성전 맡은 자와 사두개인들이 이르러 [2]예수 안에 죽은 자의 부활이 있다고 백성을 가르치고 전함을 싫어하여 [3]그들을 잡으매 날이 이미 저물었으므로 이튿날까지 가두었으나 [4]말씀을 들은 사람 중에 믿는 자가 많으니 남자의 수가 약 오천이나 되었더라

우리는 본문에서 하나님 나라의 일꾼들이 성공적으로 임무를 수행하자 어둠의 세력이 나타나 그들의 임무를 중단하려고 방해하는 장면을 본다. 그리스도의 종들이 굳은 결의를 하면 사탄의 대리인들이 앙심을 품을 것이다. 그러므로 사탄의 대리인들이 앙심을 품을수록 그리스도의 종들은 더욱 굳은 결

의를 해야 한다.

Ⅰ. 사도들, 곧 베드로와 요한은 그들의 임무를 계속하였고 그 수고가 헛되지 않았다. 성령께서 사도들에게 그들의 역할을 다할 수 있도록 힘을 주셨고, 일반 신자들에게도 그들의 역할을 다할 수 있도록 힘을 주셨다.

1. 설교자들이 그리스도의 도를 성실하게 전하였다. 사도들이 백성에게 말할 때에. 그들은 들을 수 있는 모든 사람들에게 말하였다(1절). 사도들이 말한 것은 그들 모두와 관계가 있었고, 그들은 공공연하게 공개적으로 말하였다. 그들은 백성을 가르쳤다. 전도자는 지혜자이어서 여전히 백성에게 지식을 가르쳤고(전 12:9). 사도들은 믿지 않는 자들을 믿고 회개하도록 가르쳤다. 그리고 믿는 자들도 위로받고 믿음에 굳게 서도록 가르쳤다. 사도들은 예수 안에 죽은 자의 부활이 있다고 가르쳤다. 죽은 자의 부활 교리는 (1) 예수 안에서 증명되었다. 사도들은 예수 그리스도께서 죽음에서 부활하신 것을 증언하였다. 예수 그리스도는 가장 먼저 부활하셨다(행 26:23). 사도들은 그들의 행위에 대한 보증으로서 그리스도의 부활을 전하였다. (2) 그리스도는 모든 신자들에게 부활을 보증하셨다. 죽은 자의 부활은 내세의 행복한 상태를 포함한다. 그런데 이 부활은 오직 예수 안에서만 얻을 수 있다고 그들은 전하였다(빌 3:10, 11). 그들은 국가의 문제들에 관여하지 않았고 다만 그들의 사명에만 집중하였다. 그들은 인생의 목적으로서 하늘나라를, 그리고 거기에 이르는 길로서 그리스도를 사람들에게 전하였다. 17장 18절을 보라.

2. 듣는 자들이 기쁘게 그 말씀을 받았다(4절). 말씀을 들은 사람 중에 믿는 자가 많으니. 아마도 들은 사람 모두가 믿지는 않았을 것이며, 그들 가운데 대부분의 사람들이 믿은 것은 아니었지만 그들 가운데 많은 사람들, 곧 약 오천 명이 믿었다. 이 숫자는 앞에서 본 숫자보다 많다. 복음이 어떻게 사람들 마음속에 파고 들어갔는지 살펴보라. 그것은 성령의 부으심의 결과였다. 전하는 자들이 핍박을 받았지만 말씀이 우세하였다. 기독교의 역사를 보면 교회가 고난을 당할 때 오히려 성장하는 때가 많았다. 교회의 유년기가 그러하였다.

Ⅱ. 대제사장들과 그 파는 이제 사도들을 박해하였고, 그들을 눌러 부술 행동을 취하였다. 사도들의 손이 잠시 묶였으나 그들의 마음은 조금도 흔들리지 않았다. 이제 다음과 같은 사실을 관찰하자.

1. 사도들 앞에 나타난 그들은 누구였는가? 그들은 제사장들이었다. 먼저 여

러분이 확실히 알 수 있는 사실은 그들이 언제나 그리스도와 그의 복음을 가로막는 공공연한 대적들이었다는 것이다. 가이사가 자신의 군주제도를 고집하였듯이 그들은 자신들의 제사장직을 지키려고 하였다. 누군가 스스로 선지자라고 밝히거나 제사장이라고 알려졌을 때 그들은 그를 경쟁자로 생각하고 용납하지 아니하였다. 성전 맡은 자도 그들과 함께 하였다. 그는 로마의 관리로서 성전을 보호하는 안토니아(Antonia) 망대에 주둔한 수비대의 대장이었던 것으로 추정된다. 그리하여 유대인들과 이방인들이 모두 힘을 합쳐 그리스도를 대적하였던 것이다. 또한 영혼의 존재와 내세를 부인하던 사두개인들도 그들과 함께 하여 사도들을 크게 반대하였다. 리처드 백스터의 말에 따르면, "사두개인들과 같은 물질주의자들이 이토록 맹렬한 박해자들이 되어야 했는지 사람들은 의아해할 것이다. 그들이 내세가 없다고 믿을진대 남들이 내세에 대한 소망을 가지는 것이 그들에게 무슨 해를 주겠는가? 하지만 영혼이 타락하면 그 기능도 모두 타락한다. 영적인 소경은 악의가 있는 마음과 잔인한 손을 갖는다."

2. 그들이 사도들의 설교에 어떠한 영향을 끼쳤는가? 그들은 사도들이 백성을 가르치고 전함을 싫어하였다. 복음의 도가 전파되고 사람들이 그 소리를 기꺼이 들으려 했던 것이 그들을 불쾌하게 하였다. 그들이 그리스도를 불명예스럽게 죽게 하였을 때, 그의 제자들이 그 후로 그리스도를 인정하는 것을 부끄러워하고 무서워할 것이며, 사람들이 그의 도에 대하여 어쩔 수 없이 편견을 가지게 되리라고 생각하였다. 하지만 그리스도의 복음이 근거를 잃기는커녕 오히려 근거를 마련한 것을 보고 그들은 당황하고 실망할 수밖에 없었다. 악인은 이를 보고 한탄하여 이를 갈면서 소멸되리니 악인들의 욕망은 사라지리로다(시 112:10). 기뻐했어야 마땅하며 천사들도 기뻐할 일을 도리어 그들은 싫어하였다. 그리스도의 나라의 영광이 도리어 슬픔이 된다는 사실은 불행한 일이다. 왜냐하면 그 나라의 영광이 영원하기 때문에 그들의 슬픔도 자연히 영원할 것이기 때문이다. 사도들이 예수 안에 죽은 자의 부활이 있다고 전하는 것을 그들은 싫어하였다. 사두개인들은 죽은 자의 부활이 전해지는 것 자체를 싫어하였다. 왜냐하면 그들이 부활의 교리를 반대하였기 때문이다. 이에 내세에 대해 듣는 것과 이 같은 사실이 훌륭하게 증거되는 것을 그들은 참을 수 없었다. 사도들이 예수 안에 죽은 자의 부활이 있으며 이에 그리스도께서 영광을 받는 것이 당연하다고 전하는 것을 대제사장들도 싫어하였지만 그들은 사두개인들과는 달리

죽은 자의 부활의 교리는 믿었다. 하지만 그들은 그 부활이 예수 안에 있다고 사도들이 전하고 증언하도록 내버려두느니 차라리 그 교리를 포기하고 말았다.

3. 그들이 사도들을 어디까지 핍박하였는가? (3절) 그들은 사도들을 붙잡았다 (즉, 그들의 종들과 관리들이 그들의 명령대로 행하였다). 그리고 가두었다. 즉, 관리의 감시 하에 이튿날까지 감금하였다. 때가 저녁 무렵이어서 심문할 수 없었기 때문이다. 그래봤자 고작 다음날까지 감금해 둘 뿐이었다. 하나님께서 자기의 종들을 고난에 대비하도록 점진적으로 훈련하시는 방법을 보라. 적은 시험들을 통해 좀 더 큰 시험을 대비하게 하신다. 지금은 그들이 가두는 데까지 박해하지만 나중에는 피를 흘리기까지 박해한다.

[5]이튿날 관리들과 장로들과 서기관들이 예루살렘에 모였는데 [6]대제사장 안나스와 가야바와 요한과 알렉산더와 및 대제사장의 문중이 다 참여하여 [7]사도들을 가운데 세우고 묻되 너희가 무슨 권세와 누구의 이름으로 이 일을 행하였느냐? [8]이에 베드로가 성령이 충만하여 이르되 백성의 관리들과 장로들아 [9]만일 병자에게 행한 착한 일에 대하여 이 사람이 어떻게 구원을 받았느냐고 오늘 우리에게 질문한다면 [10]너희와 모든 이스라엘 백성들은 알라 너희가 십자가에 못 박고 하나님이 죽은 자 가운데서 살리신 나사렛 예수 그리스도의 이름으로 이 사람이 건강하게 되어 너희 앞에 섰느니라 [11]이 예수는 너희 건축자들의 버린 돌로서 집 모퉁이의 머릿돌이 되었느니라. [12]다른 이로써는 구원을 받을 수 없나니 천하 사람 중에 구원을 받을 만한 다른 이름을 우리에게 주신 일이 없음이라 하였더라 [13]그들이 베드로와 요한이 담대하게 말함을 보고 그들을 본래 학문 없는 범인으로 알았다가 이상히 여기며 또 전에 예수와 함께 있던 줄도 알고 [14]또 병 나은 사람이 그들과 함께 서 있는 것을 보고 비난할 말이 없는지라

우리는 여기서 교회 법정의 재판장들 앞에서 베드로와 요한이 재판을 받는 모습을 본다. 그들의 죄목은 예수 그리스도에 관한 설교를 행하고 그의 이름으로 이적을 행하였다는 것이다. 그들이 하나님이나 사람들에게 할 수 있었던 최선의 섬김이 오히려 범죄가 되었다.

I. 여기서 법정이 열린다.   이번에는 괴상한 법정이 고의로 열린 듯하다. 다

음의 사실을 살펴보라.

1. 법정이 열린 시간은 전에 그리스도께서 심문을 받으셨을 때처럼 밤이 아니라 아침('on the morrow' (이튿날)가 아침으로도 번역됨: 역자 주)이었다. 왜냐하면 그들이 그리스도의 경우처럼 이번 박해에는 그다지 흥분한 상태가 아니었기 때문인 듯하다. 그들의 마음이 누그러지게 된다면 그것으로 끝날 수 있는 그런 일이었다. 그러나 그들은 아침까지 그 재판을 연기하였고 그 이상은 연기할 수 없었다. 왜냐하면 그들이 침묵을 지키는 것은 참을 수 없는 일이었고 따라서 시간만 허비하지 않으려 하였기 때문이다.

2. 장소는 예루살렘이다(5절). 거기는 그리스도께서 전에 어려운 일을 당하신 것처럼 그들도 어려운 일들을 겪어야만 한다고 제자들에게 말씀하셨던 바로 그 곳이다. 구속이 임하기도 전에 많은 사람들이 구속을 기다렸던 곳이 바로 예루살렘인데 정작 구속이 임하였을 때 그보다 더 많은 사람들이 그것을 바라보는 것조차 하지 않는다는 것은 그들의 죄를 더욱 가중시키는 일이었다. 신실한 도성이 어찌하여 매춘부가 되었는고! 마태복음 23장 37절을 보라. 그리스도께서 불빛을 내며 서 있던 예루살렘 도성을 바라보시고 우신 것은 그 곳의 미래를 내다보셨기 때문이다.

3. 법정의 재판관들. (1) 일반적으로 그들은 관리들과 장로들과 서기관들이었다(5절). 서기관들은 학식 있는 사람들이었디. 그들은 사도들과 논생을 하였고 사도들을 논박하기를 바랐다. 관리들과 장로들은 권력 있는 사람들이있나. 사도들이 그들에게 응하지 않는다면 그들은 어떤 이유로든 사도들의 입을 다물게 만들리라고 생각했다. 만일 그리스도의 복음이 하나님으로부터 나오지 않았더라면 복음은 뻗어나가지 못하였을 것이다. 왜냐하면 세상의 학식과 권력, 곧 서기관들의 학교와 장로들의 법정 모두가 복음을 반대하였기 때문이다. (2) 그 중에 몇 사람은 매우 저명하였다. 이번 박해의 두목인 안나스와 가야바가 여기에 소개되었다. 안나스는 산헤드린 공회의 의장이며, 가야바는 대제사장(여기서는 안나스가 대제사장으로 불리어지고 있지만)으로서 법정의 원로이다. 안나스와 가야바가 일년씩 교대로 대제사장의 직무를 수행했던 것 같다. 이 두 사람은 가장 적극적으로 그리스도를 대적하였다. 그 때에는 가야바가 대제사장이었고 지금은 안나스가 대제사장이다. 어쨌든 그들은 똑같이 그리스도와 그의 복음에 대하여 악의가 있었다. 요한은 안나스의 아들인 것으로 추정된

다. 그리고 알렉산더는 요세푸스의 기록에 의하면 당시에 뛰어난 인물이었다. 그 외에 대제사장에게 의지하고 그를 기대하던 대제사장의 문중이 그 곳에 있었으며, 그들은 분명히 대제사장의 말을 따라 사도들을 비난하고 대제사장의 편에 동의하려고 했을 것이다. 많은 친척들이 유익하지 못하였으니 많은 사람들에게 덫이 되었다.

Ⅱ. 죄수들이 심문을 받았다(7절).

1. 그들은 사도들을 법정에 세웠다. 그들은 사도들을 가운데 세우고 산헤드린 공회가 둘러앉았다. 라이트푸트(Lightfoot) 박사에 따르면 법정에 볼 일이 있는 자들은 그들 가운데 서거나 앉아야 했다(눅 2:46). 그리하여 성경의 예언이 성취되었다. 악한 무리가 나를 둘러 내 수족을 찔렀나이다(시 22:16). 그들이 벌들처럼 나를 에워쌌으나(시 118:12). 그들은 사도들을 사방으로 에워싸고 앉았다.

2. 그들이 사도들에게 물은 것은 너희가 무슨 권세와 누구의 이름으로 이 일을 행하였느냐 하는 것이었다. (그들이 주님에게도 같은 질문을 하였다. 마 21:23). "누가 너희를 위임하여 너희가 이러한 도를 전하고, 누가 너희에게 권세를 주어 너희가 이러한 기적을 행하느냐? 우리는 너희를 위임하지도 않았고 허락하지도 않았다. 그러므로 너희가 어디로부터 위임받았는지 우리에게 설명하라." 어떤 이는 생각하기를, 이러한 질문은 누군가의 이름을 불러야 기적이 행하여질 수 있다는 맹신적인 착상에서 나온 것이라고 한다(행 19:13). 유대의 퇴마사(귀신을 쫓아내는 사람)들은 예수의 이름을 사용하였다. 이제 그들은 사도들이 치료할 때 무슨 이름을 사용하였고, 또 설교할 때 무슨 이름을 나타내려고 하였는지 알았을 것이다. 사도들이 예수를 전하였고, 예수 안에 죽은 자의 부활, 병자의 고침이 있다고 전한 것을 그들은 잘 알고 있었다(2절). 그럼에도 불구하고 그들은 사도들을 괴롭히려고 질문하였고, 그들에게서 범죄로 보일 수 있는 단서를 잡으려고 애를 썼다.

Ⅲ. 사도들의 해명은 자신을 명백하게 하고 안전하게 하려는 것이기보다 주님의 이름과 영광을 나타내기 위한 것이었다. 일찍이 주님은 그들이 권력자들과 임금들 앞에 끌려가(이런 방법이 아니면 그들을 접촉할 수 없기에) 복음을 전할 기회를 갖게 될 것이며, 이는 그들에게 증거가 되려 함이라고 말씀하셨다(막 13:9). 다음의 내용을 살펴보라.

1. 누가 이러한 해명을 하도록 이끌었는가? 이 해명은 성령께서 지시하신 것

이다. 이 경우에 성령께서 전보다 더 큰 힘을 베드로에게 주셨다. 자신의 안전에 대한 거룩한 무관심으로 사도들은 그 때에 성령께서 지시하신 대로 그리스도를 전하려고 노력하였고, 이로써 **마땅히 할 말을 성령이 곧 그 때에 너희에게 가르치시리라**(눅 12:12)는 그리스도의 약속이 성취되었다. 그리스도의 충성스러운 대언자들은 결코 대답이 궁하지 않을 것이다(막 13:11).

2. 누구에게 지시가 내려졌는가? 그는 베드로다. 이야기를 주로 하던 베드로가 백성의 관리들과 장로들인 법정의 재판관들에게 연설하였다. 그 연설의 목적은 권력자들이 악하므로 그들에게서 권력을 빼앗기 위함이 아니었고, 그들이 맡은 권력에 대해 숙고하게 하므로 악을 버릴 수 있도록 설득하기 위함이었다. "너희는 백성의 관리들과 장로들이므로 다른 이들보다 때의 징조를 더 잘 알아야 할 것이다. 그러므로 메시야의 나라를 반대하지 말고 도리어 너희가 사명을 가지고 그 나라를 받아들이고 진척시켜야 할 것이다. 너희는 하나님의 백성 이스라엘의 관리들과 장로들이다. 너희가 그들을 잘못 인도하여 과오를 저지르게 한다면 너희가 그에 대해 상당한 보응을 치르게 될 것이다."

3. 어떠한 해명인가? 그것은 엄숙한 선언이다.

(1) 법정에서 그들에게 물은 질문에 대한 직접적인 대답은 그들이 예수 그리스도의 이름으로 행하였다는 것이었다(9, 10절). "오늘 우리에게 질문한다면, 곧 병자에게 행한 착한 일에 대하여 우리를 범죄사 취급하여 해명을 요구한나면, 이것이 우리를 투옥한 근거라면, 이것이 고발할 문제라면, 그리고 이 사람이 어떤 방법으로 누구에 의해 온전하게 되었느냐고 묻는다면, 우리는 기꺼이 대답할 것이요, 그것은 우리가 백성에게 대답한 것과 동일한 것이며(3:16), 지금 우리는 너희에게 그 대답을 다시 해 줄 것이다. 이 사실을 모르는 척하는 너희에게 알게 하리라. 너희뿐만 아니라 이스라엘의 모든 백성에게도 알게 하리라. 왜냐하면 그들도 모두 이 사실을 알기를 원하기 때문이다. 바로 예수 그리스도의 이름으로 이 병자가 온전하게 되었다. 그 이름은 고귀하고 능력 있고 유력한 이름이며, 모든 이름 위에 뛰어난 이름이다. 너희 관리들과 백성들 모두가 그를 나사렛 예수라고 경멸하여 부르고 십자가에 못 박았으나 하나님께서 그를 죽은 자로부터 일으키셨으며 그에게 가장 높은 존엄과 권세를 주셨으니 바로 그 이름으로 말미암아 이 사람이 건강하게 되어 너희 앞에 섰느니라. 이것이 바로 주 예수의 권세의 불후의 업적이다."

여기서 [1] 베드로는 자신과 자신의 동료들이 앉은뱅이를 고친 행위가 정당했다고 주장한다. 그 행위는 착한 일이었다. 그 행위는 구걸하는 것 외에는 생계를 위해 달리 아무것도 할 수 없던 사람에게 친절한 행위였다. 또한 예배드리려고 성전에 갔던 사람들에게도 친절한 행위였다. 왜냐하면 이제 구걸하는 자의 시끄럽게 떠드는 소리로부터 그들이 해방되었기 때문이다. "자, 우리가 이 착한 일 때문에 심문을 받는 것이라면 우리는 부끄러워할 이유가 없다(벧전 2:20; 행 4:14, 16). 이 때문에 우리를 곤란에 빠뜨리는 자들이 부끄러워해야 한다." 적용. 착한 사람들이 친절을 베풀고도 불이익을 당하는 것은 새로운 일이 아니다. Bene agere et male pati vere Christianum est — 친절을 베풀고도 처벌을 당하는 것은 그리스도인이 받을 몫이다.

[2] 베드로는 이 착한 일에 대한 모든 찬송과 영광을 예수 그리스도께 돌린다. "이 사람이 치료된 것은 우리의 능력이 아니라 예수 그리스도로 말미암은 것이다." 사도들은 자신들의 유익을 구하지 않았고, 이 기적으로써 법정의 호감을 사서 좋은 판단을 받으려고 하지 않았다. 오히려 "우리는 어떻게 되든지 주님 홀로 높임을 받으소서"라고 소원하였다.

[3] 베드로는 재판관들에게 바로 너희들이 이 예수를 죽인 자들이었다고 책망한다. "너희가 십자가에 못 박은 그가 너희가 이에 대하여 어떤 책임을 질지 보고 계신다." 베드로는 그들로 그리스도를 믿도록 하기 위해(그의 연설의 목적이 바로 이것이다) 그들의 죄를 깨닫게 하려고 노력하고 있는 것이다. 다른 모든 죄보다도 그리스도를 죽인 이 죄가 그들의 양심을 가장 깜짝 놀라게 하였을 것이다. 베드로는 그들에게 그 죄를 말하는 기회를 놓치지 않는다.

[4] 베드로는 그리스도를 위하는 한편 그의 반대자들을 반박할 수 있는 가장 강력한 증거로서 그리스도의 부활을 증명한다. 너희가 그를 십자가에 못 박았으나 하나님께서 그를 죽은 자 가운데서 살리셨다. "그들은 예수의 생명을 빼앗았으나 하나님께서 도로 그에게 생명을 주셨다. 그러니 너희의 한층 더한 박해도 별 소용이 없을 것이다." 베드로는 하나님께서 예수를 죽은 자 가운데서 살리셨다고 그들에게 말한다. 이에 그들은 부끄러운 나머지 백성들을 속이면서 그의 제자들이 밤에 와서 우리가 잘 때에 그를 도둑질하여 갔다(마 28:13)는 어리석은 말로 대답할 수밖에 없었다.

[5] 베드로는 구경하는 모든 자들에게 이 같은 사실을 전한다. 이는 그들로 하

여금 모든 이웃에게 다시 말하도록 하고, 높은 자나 낮은 자를 막론하고 모든 부류의 사람들에게 자신들이 처한 위험을 깨닫도록 하기 위함이다. "여기 있는 너희 모두는 알라. 그리하면 너희 모두가 아무리 그 사실을 아는 것을 방해하고 은폐하려고 할지라도 그들이 흩어지는 곳마다 모든 이스라엘 백성들이 알게 되리라. 이 기적들이 주문을 외워서가 아니라 사람들에 대한 은혜와 사랑의 거룩한 계시를 믿음으로 말미암아 예수의 이름으로 행하여진 사실을 신들의 주 하나님께서 아시므로 이스라엘이 알게 될 것이며 또한 모든 이스라엘이 알게 될 것이다."

(2) 사도들의 행동의 근거인 이 예수의 이름은 바로 우리가 구원받을 수 있는 유일한 이름이다. 베드로는 이 특별한 사례를 넘어서 보여주고자 한 것이 있었는데, 그것은 그들이 전한 도와 그들이 행한 기적으로 말미암아 세우고자 한 것이 특정한 종파나 당파가 아니었다는 것이다. 마치 유대 사회에 있던 철학자들의 분파처럼 사람들이 자기 마음대로 가입할 수도 있고 안 할 수도 있는 그런 종파를 세우기 위해 도를 전하고 기적을 행한 것이 아니라는 말이다. 다만 이 기적으로써 비준되고 확증된 것은 신성한 하나님의 교회이다. 이는 모든 사람들이 복종해야 하고 그 규례를 따라야 하는 곳이다. 사람들이 이 이름을 믿고 부르는 것은 해도 되고 안 해도 되는 그런 문제가 아니라 절대적으로 그렇게 해야 하는 문제다.

[1] 우리는 하나님에 대한 경의의 표현으로 예수의 이름에 감사해야 하며 그의 계획에 순종해야 한다(11절). "이 예수는 너희 건축자들의 버린 돌로서 집 모퉁이의 머릿돌이 되었느니라. 백성의 관리들과 장로들인 너희는 마땅히 교회의 건축자들이 되어야 하며 또 그렇게 되기를 열망해야 하는데 그 이유는 교회가 하나님의 건축물이기 때문이다. 여기에 너희에게 주어진 돌이 있으니 이는 건물의 가장 중요한 자리에 모셔야 하는 돌이며, 건물 전체를 받치는 주 기둥이 되어야 하는 돌이다. 하지만 너희가 그 돌을 경멸하고 거절하며 사용하지 아니하고 그것을 버려 단지 징검돌로 삼았다. 하지만 이 돌이 이제는 집 모퉁이의 머릿돌이 되었느니라. 너희가 거절한 이 예수를 하나님께서 그 오른손을 붙잡아 일으키셨고 그로 하여금 모퉁잇돌과 머릿돌이 되게 하셨고, 연합의 중심과 능력의 근원이 되게 하셨다." 아마도 베드로 사도가 이 인용문을 사용한 이유는 얼마 전 그리스도께서 대제사장들과 장로들로부터 그의 권위의 출처에 관한 질문에

대답하실 때 이 인용문을 사용하셨기 때문일 것이다(마 21:42). 성경은 우리가 영적인 싸움을 할 때 사용할 수 있는 검증된 무기다. 그러므로 우리는 성경을 굳게 붙잡아야 한다.

[2] 우리는 우리 자신의 유익을 위하여 그 이름에 감사해야 한다. 우리가 이 이름 안에 피하지 않으면, 그리고 그 이름을 우리의 피난처와 든든한 망대로 삼지 않으면 우리는 파멸할 것이다. 왜냐하면 예수 그리스도 외에는 우리가 구원받을 수 없기 때문이다. 우리가 영원히 구원받지 못한다면 우리는 영원히 파멸하는 것이다(12절). 다른 이로써는 구원을 받을 수 없나니. 병든 몸이 다른 이름으로 치료받지 못하는 것처럼 죄악된 영혼도 다른 이름으로는 구원받을 수 없다. "오직 예수 그리스도를 영접하고 그의 도를 받아야만 모든 영혼이 구원을 얻을 수 있다. 세상에 다른 종교는 없다. 모세가 전한 율법을 받았어도 이 이름 앞에 나와 그 전하는 말씀을 받지 못하는 자들은 구원을 얻을 수가 없다"(Dr. Hammond). 다음의 사실들을 알라. 첫째, 우리의 구원은 우리의 주된 관심사가 되어야 하며, 진노와 저주로부터의 해방, 그리고 하나님의 은혜와 복의 회복은 우리가 마음을 기울여야 할 중요한 것이다. 둘째, 우리의 구원은 우리 스스로 얻을 수 없고, 우리 자신의 공로나 힘으로 얻을 수 없다. 우리는 자신을 파멸시킬 수는 있지만 우리 자신을 구원할 수는 없다. 셋째, 구원하는 이름인 체하는 많은 이름들이 사람들 가운데 있지만 실제로는 그렇지 않다. 하나님과 인간 사이에 화목과 교통을 이루어주는 체하는 많은 종교단체들이 있지만 실상은 그렇지 못하다. 넷째, 오직 그리스도 그 이름으로만 구원에 필요한 은혜를 하나님으로부터 기대할 수 있으며, 우리의 예배가 하나님께 열납될 수 있다. 오직 그 이름으로만 우리가 구원받을 수 있고, 오직 그 이름으로만 우리의 모든 간구를 하나님께 드릴 수 있다는 이것이 그리스도의 이름의 영광이다. 이 이름이 우리에게 주어졌다(given). 하나님께서 그 이름을 지명하셨으니 이는 우리에게 값없이 주신 한량없는 은혜다. 그 이름이 천하(under heaven)에 주어졌다. 그리스도는 하늘에서 뿐만 아니라 하늘 아래에서도 위대한 이름을 가지신다. 왜냐하면 그는 하늘과 땅의 모든 권세를 갖고 계시기 때문이다. 그 이름은, 구원이 필요하며 멸망당할 위기에 처한 사람 중에 주어졌다. 우리는 그의 이름으로 구원받을 수 있으며, 그의 이름은 여호와 우리의 공의(렘 23:6)다. 다른 이름으로는 우리가 구원을 받을 수 없다. 그리스도를 알지 못하고 실제로 그를 믿지 않는 자

들이 하나님의 은혜를 깨달으랴! 그들은 자신들이 가진 식견을 따라 행동하겠지만 그것은 우리가 판단할 문제가 아니다. 우리가 아는 것은 이것이니, 우리가 그리스도로 말미암아, 오직 그분 때문에 구원의 은혜를 받을 수 있다는 것이다. 구원을 받을 만한 다른 이름을 우리에게 주신 일이 없음이라(12절). 곧 너를 위하여 네 이름을 불러 너는 나를 알지 못하였을지라도 네게 칭호를 주었노라(사 45:4).

Ⅳ. 이 해명으로 법정이 고발당하는 처지가 되었다(13, 14절).   이제 다음과 같은 그리스도의 약속이 이루어졌다. 내가 너희의 모든 대적이 능히 대항하거나 변박할 수 없는 구변과 지혜를 너희에게 주리라(눅 21:15).

1. 그들은 앉은뱅이가 나은 것이 착한 일이며 또한 기적이라는 사실을 부인할 수가 없었다. 그 사람이 베드로와 요한과 함께 그 곳에 서서 필요하다면 자신의 나음을 증명하려고 하였기 때문이다. 따라서 그들은 그런 사실을 비난하거나 논박하거나 헐뜯을 말이 없었다(14절). 그 착한 일이 안식일에 있지 않은 것이 다행이었다. 만일 안식일에 있었다면 그들은 틀림없이 그 일을 비난하였을 것이다.

2. 그들은 자기들의 모든 화려함과 권력으로 베드로와 요한을 위협할 수 없었다. 이 제사장들이 그리스도의 이름에 대하여 얼마나 잔인하고 피비린내 나는 대적들이었으며(그리스도 때문에 출두한 사람이라면 누구든지 벌벌 떨 정도로), 또한 근래에 이 제자들이 얼마나 겁이 많고 소심한 대언자들이었는지를 생각해 볼 때 이는 앉은뱅이가 고침을 받은 것 못지않은 기적이었다. 특히 베드로는 시시한 하녀를 두려워하여 그리스도를 부인하였다. 하지만 지금 그들은 베드로와 요한이 담대하게 말함을 보고있다(13절). 아마도 그들의 눈빛에 비범하고 아주 놀랄 만한 무언가가 있었을 것이다. 그들이 출두하였을 때 관리들을 두려워하지 않았을 뿐 아니라 도리어 그들을 위압하였다. 그들의 이마에는 당당한 무언가가 있었고, 그들의 눈에는 불꽃이 튀었고, 그들의 목소리는 겁을 주지는 않았지만 위엄이 있었다. 그들의 얼굴은 선지자들처럼 부싯돌 같이 굳어 있었다(사 50:7; 겔 3:9). 그리스도의 신실한 증인들의 용기는 종종 잔인한 박해자들을 당황케 하였다.

(1) 우리는 이제 그들이 크게 이상하게 여기는 모습을 보게 된다. 그들은 본래 학문 없는 범인으로 알았다가. 그들이 사도들과 그 무리들을 심문하면서 그들이 본래 갈릴리의 천한 출신이며, 어부로 자라났고, 교육을 받지 못하였으며, 학교

문턱에도 가보지 못하였고, 랍비 문하에서 한 번도 훈육 받지 못하였으며, 법정이나 대학에 밝지 못하였다는 것을 알 수 있었다. 여러분이 이 시간 자연과학, 수학 혹은 정치학에 대해 그들과 대화를 해 보면 그들이 그런 것에 대하여 아무것도 모르고 있다는 것을 여러분은 알 수 있을 것이다. 하지만 그들에게 메시야와 그의 나라에 대하여 말해 보라. 그리하면 그들은 아주 명석하게 확실한 증거를 가지고, 적절하게 그리고 아주 거침없이 말할 것이며, 이와 관련된 구약의 말씀들을 능숙하게 말할 것이며, 재판석에 앉아 있는 학식 높은 재판관들도 그들의 말에 응답하지 못하며, 그들과 논쟁하지 못할 것이다. 그들은 범인들 ─ 이디오타이 ─ 이었다. 여기서 범인이란 유명한 인물이 아닌 사람이라는 뜻이다. 그러므로 그들이 그렇게 차원 높은 주장을 한 데 대하여 그들은 이상하게 여길 수밖에 없었다. 그들은 문자 그대로 학문 없는 범인이었다. 재판관들은 그들이 마치 백치인 것처럼 경멸하듯 바라보았고 그들에게서 그 이상을 기대하지 않았는데, 그들이 거리낌 없이 말하는 것을 보고는 이상하게 여기지 않을 수 없었다.

(2) 그들의 놀라움이 크게 줄어든 것을 우리는 보게 된다. 전에 예수와 함께 있던 줄도 알고. 성전 안에서 사도들이 예수와 함께 있었던 것을 아마도 그들은 보았을 것이며, 이제 그 때에 보았던 그들의 모습이 생각났을 것이다. 혹 그들의 하인들이 그러한 정보를 알려주었을 것이다. 그들이 전에 예수와 함께 있었고, 예수에 정통하였으며, 예수를 따르며 그 밑에서 훈련받았다는 것을 이해하고는 그들의 담대함이 예수로부터 전수받은 것임을 깨달았다. 아니, 신령한 일에 있어서 그들이 보여준 담대함은 그들이 누군가로부터 교육을 받았다는 사실을 보여주기에 충분한 것이었다. 적용. 예수와 함께 있으며 그와 대화를 하고 교제하며, 그의 말씀을 따르고, 그의 이름으로 기도하며, 그의 죽으심과 부활을 기념하는 자들은 모든 일에 훌륭하게 처신하게 된다. 그리고 그런 사람들과 이야기를 나눠보면 그들이 예수와 함께 있던 자들인 줄 알게 된다. 예수와 함께 있는 것, 바로 이것이 그들을 거룩하고 훌륭하고 영적이며 기쁘게 만들어준다. 바로 이것이 사도들을 이 세상보다 훨씬 뛰어나게 해 주었으며, 또 다른 은혜로 채워주었다. 그들이 거룩한 산에 있었다는 것을 그들의 얼굴의 빛으로 우리는 알 수 있다.

[15]명하여 공회에서 나가라 하고 서로 의논하여 이르되 [16]이 사람들을 어떻게 할까 그들로 말미암아 유명한 표적 나타난 것이 예루살렘에 사는 모든 사람에게 알려졌으니 우리도 부인할 수 없는지라 [17]이것이 민간에 더 퍼지지 못하게 그들을 위협하여 이후에는 이 이름으로 아무에게도 말하지 말게 하자 하고 [18]그들을 불러 경고하여 도무지 예수의 이름으로 말하지도 말고 가르치지도 말라 하니 [19]베드로와 요한이 대답하여 이르되 하나님 앞에서 너희의 말을 듣는 것이 하나님의 말씀을 듣는 것보다 옳은가 판단하라 [20]우리는 보고 들은 것을 말하지 아니할 수 없다 하니 [21]관리들이 백성들 때문에 그들을 어떻게 처벌할지 방법을 찾지 못하고 다시 위협하여 놓아 주었으니 이는 모든 사람이 그 된 일을 보고 하나님께 영광을 돌림이라 [22]이 표적으로 병 나은 사람은 사십여 세나 되었더라

우리는 여기서 베드로와 요한의 재판 결과를 본다. 그들은 깃발을 흔들며 나왔다. 그들은 점차적으로 고난에 길들여지며, 적은 시험을 통해 더 큰 시험에 대비한다. 지금은 보행자와 함께 달릴 뿐이지만 이후에는 말과 경주하게 될 것이다(렘 12:5).

I. 여기서 이 사건에 대한 법정의 의논과 결의, 그리고 그들의 처리를 보여준다.

1. 감금된 사람들은 나가라는 명령을 받았디(15절). 명하여 공회에서 나가라 하고. 그들은 시도들을 밀리하고 싶었다. 사도들이 그들의 양심을 예리하게 썰렀기 때문이다. 그리고 그들로부터 강요된 자백을 듣고 싶지 않았다. 그들이 사도들의 말을 듣지 않았지만 우리는 여기서 사도들의 말이 기록된 것을 볼 수 있다. 그리스도의 대적들의 계획이 치밀한 음모 가운데 진행된다. 그리고 그들은 마치 주님으로부터 자기들의 꾀를 숨기려는 듯이 자기들의 음모를 깊이 묻어 둔다.

2. 이 문제에 대한 의논이 있었다. 서로 의논하여 이르되. 누구든지 자기 생각을 자유롭게 말하고, 이 중요한 사건에 충고한다. 그리하여 세상의 군왕들이 나서며 관원들이 서로 꾀하여 여호와와 그의 기름 부음 받은 자를 대적하리라(시 2:2)는 성경 말씀이 성취되었다. 제시된 논제는 이 사람들을 어떻게 할까? 라는 것이었다(16절). 그들이 설득력 있고 위엄 있는 진리의 능력에 굴복하였다면 이 사람들을 어떻게 처리해야 하는지 말하기가 편했을 것이다. 그들은 공회의 수석

자리에 사도들을 모시고 그들의 가르침을 받고 주 예수의 이름으로 세례를 받았어야 했다. 그리고 사도들의 모임에 가입했어야 했다. 그러나 사람들이 마땅히 해야 할 일을 하지 않을 때 무엇을 해야 할지 때때로 당황하는 것이 당연하다. 사람들이 그리스도의 진리를 받아들이기만 한다면 그 진리가 그들에게 어떠한 고통이나 불쾌함을 주지 않을 것이다. 그러나 그들이 불의로 진리를 막는다면(롬 1:18), 그 진리가 그들에게 무거운 돌이 되어 그들이 무엇을 해야 할지 알지 못하게 될 것이다(슥 12:3).

3. 그들이 마침내 결단을 내렸다. 그것은 두 가지였다.

(1) 사도들의 행위를 처벌하는 것이 위험하다는 것이었다. 그들이 그렇게 하고 싶은 마음은 굴뚝 같았지만 그렇게 할 용기가 나지 않았다. 왜냐하면 백성들이 사도들의 주장을 믿었고 그들이 행한 기적을 칭찬하였기 때문이다. 그리고 전에 백성들을 두려워하여 그리스도를 붙잡지 못하였을 때처럼 그들은 사도들을 크게 두려워하였다. 이로써 민중들이 우리 구세주를 죽이라고 외친 것은 강요되거나 조작된 일이었다는 것을 알 수 있다. 그 흐름이 얼마 후 이전의 수로로 다시 돌아온 것이다. 이제 그들은 백성들 때문에 베드로와 요한을 어떻게 처벌하고 처리해야 할지 알 수 없었다. 그들을 처벌하는 것이 부당한 일이라는 사실을 알고 있었으며, 따라서 하나님을 두려워하므로 그런 일은 하지 말았어야 당연하다. 하지만 그들은 그런 일을 단순히 위험한 일로만 생각하였고, 백성들을 두려워하므로 하지 않았을 뿐이다.

[1] 백성은 그 기적의 진실을 믿었다. 그것은 유명한 기적, 그노스톤 세메이온, 곧 누구나 잘 아는 기적이었다. 그 기적은 사도들이 그리스도의 이름으로 행하였으며, 그리스도께서 전에 자주 행하시던 기적과 같은 것이라고 알려졌다. 이는 그리스도의 능력을 보여주고 그의 도를 증명하는 유명한 사례였다. 이 일이 사도들이 전한 도를 확정하기 위해(일종의 표적으로서) 행하여진 큰 기적이라는 사실이 예루살렘에 사는 모든 사람에게 알려졌다. 누구나 이러한 입장을 받아들였다. 그 기적은 성전 문에서 행하여졌고 그러한 사실이 모든 사람들에게 알려졌다. 재판관들이 아무리 교활하고 뻔뻔스러워도 그러한 사실을 부인할 수 없었다. 만일 그들이 그런 사실을 부인했다면 모든 사람이 야유하였을 것이다. 그들이 자신들의 양심을 쉽게 속일 수 있었지만 세상을 속일 수는 없었다. 복음의 증거들은 부인할 수 없다.

[2] 그들이 기적의 사실성을 인정하였을 뿐만 아니라 모든 사람이 그 된 일을 보고 하나님께 영광을 돌렸다. 이 일로 인해 아직 그리스도를 믿지 못한 사람들도 가련한 사람에 대한 자비에 큰 감동을 받았고, 이를 자기 나라에 대한 영광으로 여겼으며, 이에 하나님께 찬양을 드리지 않을 수 없었다. 심지어 자연종교도 이렇게 해야 한다고 가르쳤다. 모든 사람들이 하나님께 영광을 돌린 그 일로 인해 도리어 제사장들이 베드로와 요한을 처벌하였다면 그들은 사람들의 모든 지지를 잃고 말았을 것이며, 하나님과 사람에게 원수가 되어 버림을 받았을 것이다. 그러므로 그들은 분노를 버리고 하나님을 찬양해야 할 것이며, 남은 분노도 억눌러야 할 것이다.

　(2) 그럼에도 불구하고 미래를 위하여 사도들의 입을 막는 것이 필요하였다(17, 18절). 그들은 사도들의 말과 행동에서 잘못된 것을 증거할 수 없었지만 더 이상 말하지도 말고 행동하지도 말라고 경고하였다. 그들의 관심은 그리스도의 도가 더 이상 퍼지지 못하게 하는 것이다. 의료단체가 마치 전염병을 일으키기 시작한 것처럼 의료단체와 사람들의 접촉을 막으려고 하고 있는 것이다. 지옥의 악의가 어떻게 천국의 계획과 맞서 싸우는지 보라. 하나님께서는 그리스도에 대한 지식을 온 세상에 퍼뜨리게 하실 것이지만, 대제사장들은 그 지식이 더 이상 퍼지지 못하게 방해할 것이며, 하늘에 계신 자가 이를 보고 웃으신다. 자 이 도의 퍼짐을 막기 위해 그들은,

　[1] 사도들에게 더 이상 도를 전하지 말리고 위협한다. 그들은 자기들의 권위(그들은 이 권위에 모든 이스라엘 사람들이 정말로 복종해야 한다고 생각함)로써 도무지 예수의 이름으로 말하지도 말고 가르치지도 말라는 규정을 만든다(18절). 그러나 그리스도의 도가 금지되어야 하는 어떠한 이유도 그들은 사도들에게 제시하지 않는다. 그들은 그리스도의 도가 잘못되었거나 위험한 것이거나 혹은 부덕한 풍조라고 말하지 못한다. 그들은 그 진짜 이유를 밝히기를 부끄러워했다. 왜냐하면 그렇게 될 경우 자신들의 위선과 악함이 드러나고 그들의 전제정치가 충격을 받기 때문이었다. Stat proratione voluntas — 그들은 자기들의 의지 외에는 어떠한 이유도 밝히지 못하였다. "우리가 너희에게 엄히 명하건대, 너희는 이 도를 공개적으로 전하지 말아야 함은 물론 이제부터는 개인적으로 어떤 사람에게도 이 이름으로 말하지 말아야 한다"(17절). 충성된 사역자들의 입을 막는 것과 세상의 빛 된 사람들을 말 아래에 두는 것이야말로 마귀의 나라

를 가장 이롭게 하는 것이다.

[2] 그들은 사도들을 심하게 위협한다. 이는 위태한 일이다. 사도들이 예수의 이름으로 말한다면 이 법정은 그것은 법정모독이라고 판단하고 불쾌하게 여길 것이다. 그러나 그리스도는 만민에게 복음을 전파하라고 사도들에게 명령하였을 뿐만 아니라 그들에 대한 지원과 상급을 약속하셨다. 지금 이 제사장들은 복음전파를 금할 뿐 아니라 그것을 흉악한 범죄로 다루겠다고 위협한다. 비록 그들의 위협과 살기가 등등하지만(행 9:1) 사도들은 세상의 위협에 대한 대가를 알고 있었다.

Ⅱ. 이 법정의 결의와 선언에도 불구하고 감옥에 갇힌 자들은 자신들의 사명을 계속하리라는 용기 있는 결단을 내린다(19, 20절).　베드로와 요한은 서로의 마음을 알기 위해 협의할 필요가 없었고(왜냐하면 그들 모두 한 성령의 인도를 받았기 때문에), 이윽고 한마음으로 함께 대답한다. "하나님 앞에서 너희의 말을 듣는 것이 하나님의 말씀을 듣는 것보다 옳은가 판단하라. 우리는 보고 들은 것을 말하지 아니할 수 없다. 우리는 이것을 선포할 사명이 있다." 교활한 뱀이 사도들의 입을 막으려고 유도했을 것이다. 그들이 선한 양심을 가진 이상 더 이상 복음을 전하지 않겠노라고 말할 수는 없었겠지만 그렇다고 자신들이 복음을 전하리라고 관리들에게 말할 필요 또한 없었다. 하지만 사자 같은 담대함이 있었기에 그들은 박해자들의 권위와 악의에 도전하였다. 결과적으로 그들은 복음을 계속하여 전하기로 결심하였다고 관리들에게 말하며, 그 명분 두 가지를 제시한다.

1. 복음을 계속 전하는 것이 하나님의 명령이기 때문이다. "너희가 우리더러 복음을 전하지 말라고 하지만 하나님께서 복음을 전하라고 우리에게 명령하셨고, 우리에게 맡기신 복음을 충성스럽게 전파하라고 부탁하셨다. 우리가 지금 하나님에게 순종해야 하겠느냐 아니면 너희에게 순종해야 하겠느냐?" 여기서 사도들은 자연법에서 일반적으로 인정된 격언에 호소한다. 즉, 사람들의 명령과 하나님의 명령이 충돌할 때 하나님의 명령을 취해야 한다는 것이다. 이는 영국의 관습법에 있어서 하나의 규칙이다. 영국의 관습법에서는 어떠한 성문율이라도 하나님의 율법에 위배된다면 그 법률은 무효라고 되어 있다. 무한히 지혜로우시고 거룩하신 하나님, 우리의 창조주시며 주권을 가지신 주님, 그리고 우리 모두를 심판하시는 재판장이신 하나님의 말씀을 듣기보다 연약하고

오류가 많은 인간들, 우리와 같은 피조물이요 백성인 사람들의 말을 듣는다는 것은 가장 어리석은 일이다. 이러한 사실은 너무나 분명하고 논쟁의 여지가 없고 자명하기에 우리는 감히 너희의 판단에 맡길 것이다. 비록 너희가 편벽되며 편견을 가지고 있을지라도 말이다. 인간의 명령에 순종하기 위해 하나님의 명령을 어기는 것이 하나님 앞에서 옳다고 생각하는가? 하나님 앞에서 옳은 것이 참으로 옳은 것이다. 왜냐하면 확신하건대, 하나님의 판단은 진리에 따른 것이며, 따라서 우리는 하나님의 판단에 따라 우리 자신을 다스려야 한다.

2. 사도들의 양심이 이러한 사실을 깨달았기 때문이다. 비록 그들이 그리스도의 도를 전하라는 명령을 하늘로부터 직접 받지는 못하였다 할지라도 그들은 공개적으로 보고 들은 것을 말하지 아니할 수 없었다. 엘리후 같이 그들 안에 이 진리가 가득하였고, 그들 안에 계신 성령께서 그들을 압박하셨기에 그들은 말을 하여야 시원할 수 있었다(욥 32:18, 20).

(1) 그들은 진리가 참으로 자기들에게 복된 변화를 일으켜 주었고, 자기들을 새로운 세상으로 이끌어 주었다고 느꼈으며, 이에 그 진리를 말하지 않을 수 없었다. 그리스도의 도의 능력을 체험하고 그 달콤함을 맛본 자들, 그리고 그것에 깊은 감동을 받은 자들은 그것을 말하게 되어 있다. 그 진리는 마치 골수에 있는 불과 같아서 전하지 않으면 견딜 수가 없다(렘 20:9).

(2) 그들은 다른 사람들에게도 그리스도의 도가 중요하다는 사실을 알고 있다. 그들은 멸망해 가는 영혼들을 관심 있게 바라보며, 그 영혼들이 예수 그리스도 외에는 영원한 파멸을 피할 수 없다는 것을 알고 있다. 그러므로 그들은 그 영혼들에게 충성스럽게 경고할 것이며, 바른 길을 보일 것이다. 그 도를 오직 우리만이 보고 들었다. 그러므로 우리가 그 도를 선포하지 않는다면 누가 알 수 있겠는가? 그러므로 우리가 주의 두려우심은 물론 그의 은혜를 알고 있기에 우리는 사람들을 권면한다. 그리스도의 사랑과 영혼들에 대한 사랑이 우리를 강권한다(고후 5:11, 14).

Ⅲ. 이제 감옥에 갇힌 자들이 해방된다(21절).   재판관들은 사도들을 다시 위협하였다. 그들이 사도들을 충분히 위협하였다고 생각하고 그들을 놓아주었다. 그들은 많은 사람들을 위협하여 자기들의 불의한 명령을 따르게 한 바 있다. 그들은 사람들을 파문시켜 두렵게 하는 방법을 알고 있었다(요 9:22). 그들이 다른 사람들에게 두려움을 주었던 것처럼 사도들에게도 똑같이 두려움을 줄

수 있으리라고 생각하였다. 그러나 그들의 생각은 잘못이었다. 사도들은 예수와 함께 있었기 때문이다. 그들이 사도들을 위협한 것, 그것이 그들이 행한 전부였다. 그들은 사도들을 위협하고 놓아주었다.

1. 사도들을 놓아준 이유는 그들이 감히 여론을 부인할 수 없었기 때문이다. 백성들은 이루어진 일을 보고 하나님께 영광을 돌렸다. 만일 재판장들이 이루어진 일에 대하여 사도들을 처벌하였다면 백성들이 재판장들을 그 자리에서 끄집어내었을 것이다(적어도 그들의 생각은 그러하였다). 하나님의 명령으로 관리가 된 자들이 악한 백성들에게 두려움과 억제가 되는 것처럼, 때때로 백성들이 하나님의 섭리에 의하여 악한 관리들에게 두려움과 억제가 된다.

2. 사도들을 놓아준 두 번째 이유는 그들이 기적을 반박할 수 없었기 때문이다. 이 표적으로 병 나은 사람은 사십여 세나 되었더라(22절). (1) 병 나은 사람이 나면서 못 걷게 된 사람이었기 때문에 그 기적은 더욱 놀라운 일이었다(3:2). 그가 자라면서 그의 병은 만성이 되었고, 고치는 것이 더욱 힘들어졌다. 나이를 많이 먹고 오랫동안 악에 길들여진 사람들이 그들의 영적인 무기력과 악한 습관을 고침받는다면, 하나님의 은혜의 권세는 이로써 훨씬 더 많은 찬미를 받을 것이다. (2) 고침받은 사실에 대한 확실한 증거가 있었다. 왜냐하면 사십여 세나 된 고침받은 사람은 그리스도께서 고쳐주신 소경과 같이 질문을 받았을 때 스스로 말할 수 있었기 때문이다(요 9:21).

[23]사도들이 놓이매 그 동료에게 가서 제사장들과 장로들의 말을 다 알리니 [24]그들이 듣고 한마음으로 하나님께 소리를 높여 이르되 대주재여 천지와 바다와 그 가운데 만물을 지은 이시요 [25]또 주의 종 우리 조상 다윗의 입을 통하여 성령으로 말씀하시기를 어찌하여 열방이 분노하며 족속들이 허사를 경영하였는고 [26]세상의 군왕들이 나서며 관리들이 함께 모여 주와 그의 그리스도를 대적하도다 하신 이로소이다 [27]과연 헤롯과 본디오 빌라도는 이방인과 이스라엘 백성과 합세하여 하나님께서 기름 부으신 거룩한 종 예수를 거슬러 [28]하나님의 권능과 뜻대로 이루려고 예정하신 그것을 행하려고 이 성에 모였나이다 [29]주여 이제도 그들의 위협함을 굽어보시옵고 또 종들로 하여금 담대히 하나님의 말씀을 전하게 하여 주시오며 [30]손을 내밀어 병을 낫게 하시옵고 표적과 기사가 거룩한 종 예수의 이름으로 이루어지게 하옵소서 하더라 [31]빌기를 다하매 모인 곳이 진동하더니 무리가 다 성령이 충만하여 담대히

하나님의 말씀을 전하니라

　　대제사장들이 베드로와 요한을 놓아준 후 그들이 무엇을 했는지 우리는 더 이상 알 수 없으며, 다만 두 증인들의 행로를 따라갈 수 있을 뿐이다.

　I. 그들은 그들의 동료들에게로 돌아간다.　동료들 가운데는 사도들, 목회자들, 그리고 아마도 여러 그리스도인들이 포함되었을 것이다(23절).　사도들이 놓이매 그 동료에게 가서. 동료들은 아마도 12장 12절에서처럼 모여서 고통을 함께 하며 그들을 위해 기도하였을 것이다. 사도들은 풀려나자마자 그들의 동료들에게 갔고 교회 안의 교제로 되돌아왔다. 1. 하나님께서 그의 증인이 되라고 그들을 풀어주시므로 그들을 높여 주셨지만 그들은 그 영광으로 우쭐대지도 않고 자기 형제들보다 더 높다고 생각하지도 않으며 그들의 동료에게 갔다. 뛰어난 은사가 있고 유능하다고 하여 우리가 성도들과 교제하는 의무 또는 특권을 무시해서는 안 된다. 2. 대적들이 그들을 심하게 위협하고 그들의 유대를 깨뜨리려고 노력하며 그들이 연합하여 행하는 일을 하지 못하게 하려고 하였지만, 그들은 그 동료에게 돌아갔고 관리들의 복수를 두려워하지 않았다. 그들이 풀려난 후 은밀한 곳에서 은둔하고 그 곳에서 시간을 소모하였다면 편안했을지 모른다. 그러나 공적인 지위를 가진 사람들이었기에 그들은 공적인 유익보다 개인적인 만족을 추구해서는 안 되었다. 그리스도의 제자들이 동료들과 함께 있는 것이야말로 그들이 동료들에게 할 수 있는 최선이다.

　II. 그들은 동료들에게 지난 일을 설명하였다.　제사장들과 장로들의 말을 다 알리니. 곧 그들이 하나님의 은혜로 재판관들에게 대답할 수 있었던 사실과 그 재판의 결과를 설명하였다. 그들이 동료들에게 말한 목적은 다음과 같다.

　1. 그들이 사역을 감당할 때에 사람들과 하나님으로부터 무엇을 기대할 수 있는지 알려주기 위함이었다. 그들이 사람으로부터 기대할 수 있는 것은 위협하는 것이고, 하나님으로부터 기대할 수 있는 것은 용기를 주시는 것이다. 사람들은 기를 쓰고 그들을 넘어뜨리려고 할 것이나 하나님은 그들이 견딜 수 있도록 돌보아주실 것이다. 이와 같이 주님 안에 있는 형제들은 매임과 어려운 체험을 통해 더욱 주님을 신뢰하게 될 것이다(빌 1:14).

　2. 그 일이 후손들의 유익을 위하여, 특히 그리스도의 부활에 대한 우리의 확고한 믿음을 위해 교회 역사 안에 기록되도록 하기 위함이었다. 대적에게 침묵

하는 것은 어떤 의미에서 대적의 증언에 동의하는 것이나 마찬가지다. 이 사도들은 대제사장들의 면전에서 하나님께서 예수를 죽은 자 가운데서 살리셨다고 말하였다. 대제사장들은 사도들의 편이 아니었지만 이 사실을 부인할 자신이 없었고, 최대한 조용하고 비밀스럽게 어느 누구에게도 말하지 말라고 사도들에게 명령하였다.

3. 이제 그들로 하여금 자신들과 함께 기도하고 찬양할 수 있도록 하기 위함이었다. 이와 같은 연합으로 하나님께서 더욱 영광을 받으실 것이며, 교회는 더욱 덕을 세우게 될 것이다. 그러므로 우리는 우리와 관계된 하나님의 섭리, 하나님의 함께 하심에 대한 우리의 체험을 형제들에게 전하므로 그들도 우리와 같이 하나님을 인정할 수 있도록 해야 할 것이다.

Ⅲ. 그들은 이 기회에 하나님께 간청한다. 그들이 제사장들의 무기력한 악과 고생한 사람들의 힘 있는 용기에 대한 소식을 듣고 동료들을 모아 기도하였다. 그들이 듣고 한마음으로 하나님께 소리를 높여 이르되. (모두가 한 성령의 감동을 받았으므로 그들이 동시에 같은 말을 했을 가능성은 있지만) 그들이 모두 동시에 똑같은 말을 했다고 추측하기는 어렵다. 다만 다른 모든 사람을 대표하여 한 사람이 하나님께 소리를 높일 때 나머지 사람들이 이에 동의하였다고 볼 수 있다. 호모쒸마돈, 이는 한마음으로 라는 뜻이다. 그들의 마음이 대표자와 하나였다. 한 사람이 말하였지만 그들 모두가 기도하였다. 한 사람이 목소리를 높였고, 그들 모두가 대표자와 함께 마음을 높였고, 결과적으로 그들 모두가 하나님께 목소리를 높인 셈이었다. 하나님 앞에서 생각이나 말이나 똑같기 때문이다. 모세가 하나님께 간구하였다는 말씀에서 우리는 그가 단 한 마디도 하지 않은 것을 보게 된다. 이제 이 진지한 간청에서 우리는 다음과 같은 내용을 볼 수 있다.

1. 그들은 하나님을 세상의 창조주로 경배한다(24절). 한마음과 한 입술로 그들은 하나님께 영광을 돌렸다(롬 15:6). 그들은 "대주재여, 당신은 유일하신 하나님이십니다. 주님, 당신은 우리의 주재시며 최고의 통치자이십니다." "당신은 하나님이시며 인간이 아니십니다. 하나님, 당신은 사람들의 손으로 만들어진 것이 아니라 만물의 창조자시며 사람들의 상상의 산물이 아니십니다. 당신은 천지와 바다와 그 가운데 만물을 지은 이시며 위에 있는 세상과 아래에 있는 세상, 그리고 그 안에 있는 모든 것을 지으신 분이십니다." 이처럼 우리 그리스

도인들은 이방인들로부터 자신을 구별한다. 그들은 스스로 만든 우상들을 경배하지만 우리는 우리와 온 세상을 지으신 하나님을 경배한다. 우리가 기도할 때 우리의 신조대로 시작하는 것이 좋다. 즉, 하나님께서 전능하신 아버지로서 천지의 조물주시며, 보이는 것과 보이지 않는 만물을 창조하신 분이라는 고백으로 기도를 시작하는 것이다. 사도들이 이 때에 세상의 구속이라는 신비로 충만하였지만 그들은 세상 창조의 역사를 잊어버리거나 간과하지 않았다. 기독교의 의도는 자연종교의 진리와 명령을 가리거나 밀쳐버리는 것이 아니라 확립하고 개선하는 것이다. 하나님의 종들이 만물을 지으신 하나님, 그러기에 만물의 때와 그 모든 결과를 주관하시는 하나님을 섬긴다는 사실이 그들에게 큰 용기가 되며, 모든 어려움 가운데서도 그들에게 힘을 줄 수 있다. 우리가 하나님께 이러한 영광을 돌린다면 우리는 이로써 위로를 얻을 수 있을 것이다.

2. 메시야 왕국이 세상에 처음 세워질 때 이와 같은 반대에 부딪히리라고 예언한 구약성경을 상고함으로써 그들은 현 세대에 나타난 하나님의 섭리를 인정한다(25, 26절). 천지를 지으신 하나님께서는 자신의 계획에 대한 어떠한 (효과적인) 반대에 부딪힐 수 없다. 왜냐하면 어느 누구도 감히 하나님과 겨루거나 다툴 수 없기 때문이다. 하나님은 그의 종 다윗의 입을 통하여 말씀하셨고 또 그의 펜을 통하여 기록하셨다. 다윗은 본문에도 나타나 있듯이 시편 2편의 저자다. 아마도 1편도 그의 작품인 것이 분명하며, 그 밖에 표제어에 그의 이름이 표기되지 않았지만 다른 사람의 이름도 없는 그런 시편들은 그의 작품일 것이다. 그러므로 메시야 왕국에 대한 반대를 보고 사도들은 놀라지 않으며, 그들의 가르침을 받는 모든 자들도 낙심하지 않는다. 왜냐하면 그것은 성경대로 이루어지는 것이기 때문이다. 시편 2편 1, 2절에서 예언된 내용은 다음과 같다. (1) 이방인들이 그리스도의 그의 나라에 대하여 분노할 것이며, 그 나라를 세우려는 시도에 노할 것이다. 왜냐하면 그것은 이방인의 신들을 헐어버리고, 이방인의 악을 방해하는 것이 되기 때문이다. (2) 사람들이 온갖 꾀를 동원하여 메시야 나라를 방해하며, 그 도를 가르치는 자들의 입을 막고, 그 나라의 종들에게 언짢은 표정을 지으며, 그 나라의 모든 유익을 분쇄할 것이다. 결과적으로 그들이 헛된 일을 한 것으로 드러나면 그 일을 행한 자들에게 그들은 감사하지 않을 것이다. (3) 특히 세상의 왕들이 그리스도의 왕국을 대적하여 일어날 것이다. 그럴 만한 이유도 없는데 그리스도의 왕국이 그들의 권세를 방해하고 그들

의 특권을 압박하고 있다고 그들은 경계하는 것 같다. 세상의 왕들은 섭리의 하나님으로 말미암아 은혜를 입고 명예를 얻었기에 하나님을 가장 위해야 하는데도 오히려 거룩한 은혜에 문외한이 되며 원수들이 되어 하나님을 가장 크게 대적한다. (4) 관리들이 함께 모여 하나님과 그리스도를 대적할 것이다. 개인적으로 권세를 가진 군주들뿐만 아니라 권세 있는 관리들, 곧 위원회, 의회가 함께 모여 주와 그의 그리스도(곧 자연과 계시의 종교)를 대적하려고 의논하고 결정한다. 그리스도를 대적하는 행위를 하나님은 자신을 대적하는 행위로 여기신다. 기독교는 왕들과 관리들의 지원과 후원을 받기는커녕(그들의 권세나 재원을 지원받지 못함) 그들의 반대에 부딪히고 그들과 싸워야 했다. 그들은 기독교를 무너뜨리려고 동맹하였으나 기독교는 형통하였다.

3. 그들은 관리들이 그리스도를 대적하고 그에게 악을 행할 것이라는 그러한 예언이 현재 이루어졌다고 진술한다. 예언이 이루어진 것을 우리는 본다(27, 28절). 과연(of a truth:정말로) 그러하다. 그것은 분명한 사실이다. 너무나도 명백하여서 부인할 수 없다. 헤롯과 빌라도와 두 명의 로마 총독들이 이방인(총독의 지휘 하에 있는 로마 군병들)과 이스라엘 백성(유대들의 관리들과 그들의 영향을 받은 폭도들)과 합세하여 하나님께서 기름 부으신 거룩한 종 예수를 거슬러 공모하였다. 어떤 사본에서는 또 다른 상황을 덧붙이고 있다. 엔 테 폴레이 수 타우테(이 거룩한 도시에서). 다른 어느 도시보다도 이 도시에서는 그리스도께서 환영을 받으셔야 마땅했었다. 그러나 그들은 하나님의 권능과 뜻대로 이루려고 예정하신 그것을 행하려고 이 성에 모였다. 여기서 우리는 다음과 같은 사실을 알 수 있다.

(1) 하나님께서 그리스도에 관하여 지혜롭고 거룩한 계획을 가지셨다. 그리스도께서는 유아시절에 불린 것처럼(눅 2:27, 43) 여기서 종(KJV에서는 child[아기로 번역됨) 예수라고 불렸는데, 이는 높아진 상태에서도 그가 우리를 위해 낮아지신 것을 부끄러워하지 않으시고 그의 마음이 계속해서 온유하고 겸손하다는 사실을 의미한다. 높은 영광 중에도 그리스도는 여전히 하나님의 어린 양이시며 아기 예수시다. 그러나 그는 거룩한 아기 예수시다(누가복음 1장 35절에서 그렇게 불려졌다. 거룩한 이). 하나님의 거룩한 아기. 파이다 수, 이 단어는 아들과 종 모두를 의미한다. 그는 하나님의 아들이셨다. 그런데 구속의 일을 행하실 때 그는 아버지의 종으로 행하셨다(사 42:1). 내가 붙드는 나의 종. 하나님께서

기름 부으시고 일할 수 있는 자격을 주시고 부르신 분이 바로 그리스도이셨다. 그러므로 그는 주의 그리스도라고 불려졌다(26절). 하나님께서 예수에게 기름을 부으셨는데 관리들이 그에게 분노하고 악을 행하였기에 사도들이 예수를 이처럼 부르고 있는 것이다. 관리들은 예수를 인정하지 않기로 결의하였으니 그에게 복종하는 것은 더욱 있을 수 없는 일이었다. 사울이 다윗을 시기한 것은 그가 주의 기름 부음받은 자였기 때문이다. 그리고 다윗이 기름 부음을 받았다는 소식을 블레셋 사람들이 듣고 그를 치러 올라왔다(삼하 5:17). 이제 그리스도에게 기름을 부으신 하나님께서 이후에 될 일을 작정하셨다. 그리스도께서 기름 부음을 받으신 목적은 구세주가 되기 위함이다. 그러므로 그가 죄를 대속할 희생제물이 되는 것이 예정되어 있었다. 그는 죽어야만 했다. 자신에 의해서가 아니라 누군가에 의해서 죽임을 당하셔야 했다. 하나님은 어떤 손에 의해 죽임을 당하실지 사전에 이미 지혜롭게 작정하셨다. 그리스도를 죄인과 악인으로 다룰 자들에 의해 죽임을 당하시도록 작정되었다. 그리스도께서 천사들이나 선한 사람들에 의해 죽임을 당하실 수가 없었다. 그러므로 그리스도는 욥과 같이 악인에게 넘겨져야만 했다(욥 16:11). 다윗이 시므이에게 넘겨져 저주를 받았던 경우와 같다(삼하 16:11). 하나님께서 그리스도에게 명령하셨고, 하나님의 손과 하나님의 뜻이 이를 결정하였다. 그리스도의 죽으심은 하나님의 뜻이요 그의 지혜였다. 실행능력을 의미하는 하나님의 손(28절의 하나님의 권능이 KJV에서는 하나님의 손으로 번역됨)이 여기서 삽입된 것은 그리스도의 죽으심이 그의 목적과 작정에서 비롯되었음을 보여주기 위함이다. 하나님에게 있어서 말과 행동은 두 가지 일이 아니다. 우리의 경우에도 그리해야 한다. 하나님의 손과 뜻은 언제나 일치한다. 여호와께서 그가 기뻐하시는 모든 일을… 다 행하셨도다(시 135:6). 하몬드 박사(Hammond)는 하나님의 손이 예정하셨다는 이 구절이 속죄일에 두 마리의 염소를 놓고 대제사장이 제비를 뽑는 것을 암시한다고 주장한다(레 16:8). 그 때에 대제사장이 손을 높이 들어 주님을 위한 제비를 뽑으면 그 때에 뽑힌 염소는 즉시 희생을 당했다. 제비는 사람이 뽑으나 모든 일을 작정하기는 여호와께 있느니라(잠 16:33). 이처럼 하나님의 손이 되어질 일을 예정하셨으니 그것이 곧 그리스도께서 희생제물이 되어 죽임을 당하시는 일이었다. 하나님의 손이 예정을 하셨다는 말씀에 대해 내가 추측해 본다면, 여기서 하나님의 손은 욥기 13장 26절의 말씀과 같이 행동하시는 손이 아니라 기록하시는 손이다. 주께서 나를 대적하사 괴로운 일들을 기록하시며. 그리고 하나님의 예정은 진리의 글에 기록된 것이며(단 10:21), 그리스도를 가리켜 기록한 것이다(시 40:7)라고 성경은 말한다. 성경을 기록한 것이 바로 하나님의 손이며, 그의 손이 그의 뜻을 따라 기록하셨다. 그리스도의 위임은 바로 하나님의 손에서 이루어졌다.

(2) 이 계획을 이루는데 악하고 부정한 도구들이 사용되었다. 물론 그들이 이러한 계획을 의도하거나 그들의 마음이 생각하지는 못하였다. 헤롯과 빌라도, 이방인들과 유대인들이 서로 사이가 나빴지만 그리스도를 대적하는 데는 하나가 되었다. 하나님께서 그들의 행위를 통해 자신의 목적을 이루셨지만 이러한 사실이 그들의 악의와 악독에 대한 변명거리가 되지 못하였다. 이는 하나님께서 순교자들의 피를 교회 부흥의 씨로 삼으셨지만 이러한 사실이 피를 흘린 박해자들의 죄악을 경감시키지 못하였던 것과 같다. 하나님께서 죄를 통해 선을 이루어내신다고 하여 죄가 덜 악한 것은 아니다. 그러나 하나님은 이로써 더 큰 영광을 받으시며, 하나님의 신비가 완성될 때 그 영광이 드러날 것이다.

4. 이 때에 이 사건과 관련하여 사도들이 간구한다. 대적들이 함께 모여 그리스도를 대적하였으며, 따라서 그들이 그리스도의 종들을 대적하는 것은 이상한 일이 아니었다. 제자가 선생보다 낫지 아니하며, 선생보다 나은 대접을 기대해서도 안 된다. 그러나 그들이 모욕을 당하므로 기도한다.

(1) 대적들의 악의를 아시라고 그들은 하나님께 간구한다. 주여 이제도 그들의 위협함을 굽어보시옵고(29절). 앞에서 인용한 시편에서 주께서 그들을 지켜보시겠다고 말씀하신 것처럼 그들을 지켜보시옵소서. 당시 대적들은 그들(이스라엘)의 맨 것을 끊고 그(하나님)의 결박을 벗어 버리자고 결의하였다. 하지만 하늘에 계신 이가 웃으심이여 주께서 그들을 비웃으신다(시 2:3, 4). 그 때에 처녀 딸 시온이 큰 왕 앗수르 왕의 무기력한 위협까지도 조소한다(사 37:22). 주여 이제도, 여기서 타 번은 지금을 강조하며, 그 때, 곧 대적들이 힘으로 가장 크게 위협할 그 때가 하나님께서 자기 백성을 위해 임하실 때임을 의미한다. 그들은 하나님께서 무엇을 하셔야 하는지 요구하지 않고, 다만 히스기야처럼 하나님께 자신을 맡기고 있다(사 37:17). "여호와여 귀를 기울여 들으시옵소서. 여호와여 눈을 뜨고 보시옵소서. 그들이 말하는 바를 주께서 아시나이다. 주는 재앙과 원한을 감찰하시나이다(시 10:14). 우리가 주께 호소하오니 그들의 위협함을 굽어보시옵고 그들

의 손을 묶으시거나 그들의 마음을 돌이키소서. 진실로 사람의 노여움은 주를 찬송하게 될 것이요 그 남은 노여움은 주께서 금하시리이다(시 76:10)." 우리가 부당하게 위협을 당하고 그것을 끈기 있게 견뎌내야 할지라도, 주님 앞에 그 문제를 내어놓고 맡김으로써 편안할 수 있다는 사실이 우리에게 위로가 된다.

(2) 그들의 심령을 붙들어 주시며, 그들에게 생기를 불어넣어 주셔서 계속해서 사역을 기쁘게 감당하게 해 달라고 그들은 하나님께 간구한다. 또 종들로 하여금 담대히 하나님의 말씀을 전하게 하여 주시오며. 제사장들과 관리들이 입을 열지 말라고 명령하였지만 그들은 계속해서 하나님의 말씀을 전하게 해 달라고 기도한다. 적용. 위협을 당할 때에 우리의 근심이 너무 지나쳐 그 어려움으로 인해 우리의 사역이 방해를 받아서는 안 될 것이며, 우리는 어떠한 고난을 당하더라도 힘을 내어 우리의 사역과 사명을 계속해서 기쁘고 확고부동하게 감당해야 할 것이다. 그들은 "주여 그들의 위협함을 보시옵소서. 그들을 놀라게 하시며 그들의 입을 막아주시고 그들의 얼굴에 수치가 가득하게 하소서"라고 기도하지 않고, "그들의 위협함을 보시옵소서. 우리로 기운을 차리게 하시고 우리의 입을 여시며 우리의 마음에 용기로 가득하게 하옵소서"라고 기도한다. 다음의 사실에 주의하라. [1] 하나님의 심부름을 하라고 보냄을 받은 자들은 담대하게, 자유롭게 그들의 메시지를 전해야 하며, 누가 성을 내더라도 하나님의 모든 뜻을 선포하기를 주저하지 말아야 한다. 그들이 전하는 바를 의심하지 말고 그것을 말할 때 위축되지 말아야 한다. [2] 담대하게 하나님의 말씀을 전할 수 있는 능력을 얻기 위해 하나님을 찾아야 한다. 하나님의 도우심과 격려를 간절히 바라는 자들이 그러한 은혜를 받을 수 있다. 하나님의 일꾼들은 주 하나님의 능력 안에서 사역을 감당해야 한다. [3] 대적들이 우리를 위협하는 목적은 우리의 손을 약하게 하고 우리로 사명을 감당하지 못하게 하려는 것이므로 우리는 이러한 위협을 당할 때 더욱 각성하여 큰 용기와 확고부동함으로 우리의 사명을 감당해야 할 것이다. 그들이 무모하게 그리스도를 대적하고 있는가? 그리스도를 위하는 우리는 부끄러워서라도 그들 앞에서 숨지 말자.

(3) 그들이 전한 도가 견고하게 세워지도록 기적을 행할 능력을 자기들에게 달라고 그들은 하나님께 간구한다. 앉은뱅이가 일어난 사건이 복음전파에 큰 도움이 되는 것을 그는 체험하였다. 따라서 그들은 앞으로도 이러한 일이 일어나서 복음전파에 큰 도움이 되게 해 달라고 기도한다. 주여, 우리로 담대하게

하시고 손을 내밀어 병을 낫게 하옵소서. 적용. 하나님께서 함께 하시는 증거와 하나님의 능력만큼 신실한 종들의 사역에 힘을 주는 것은 없다. 그들의 기도의 제목은 다음과 같다. [1] 주님의 손을 내밀어 사람들의 육체와 영혼을 고쳐 주옵소서라고 그들은 기도한다. 주님께서 손을 내밀어 주시지 않으면 그들이 설교하고(사 65:2) 치유할 때(행 9:17) 그들의 손을 내밀지라도 아무 소용이 없을 것이다(9:7). [2] 표적과 기사가 거룩한 종 예수의 이름으로 이루어지게 하옵소서. 이로써 사람들을 설득하게 하시고, 대적들의 뜻을 꺾게 하소서. 그리스도는 그의 종들을 위임한 증표로서 그들에게 기적을 행할 능력을 약속하셨다(막 16:17, 18). 하지만 그들은 이를 위해 기도해야 한다. 그들이 그런 능력을 소유하였더라도 지속적으로 그 능력을 발휘하기 위해서는 기도해야 한다. 그리스도께서도 친히 간구하시므로 그 능력이 그에게 주어졌다. 다음의 사실을 주의하라. 사도들이 이렇게 기도한 목적은 그리스도의 영광이다. 즉, 예수, 곧 거룩한 종 예수의 이름으로 기적이 나타나므로 그의 이름이 모든 영광을 얻게 해 달라고 그들이 기도한 것이다.

Ⅳ. 하나님께서 이 간구에 은혜로운 응답을 하셨는데 말이 아니라 능력으로 응답하셨다.

1. 하나님께서 그들의 기도를 받으셨다는 표적을 보여주셨다(31절). 빌기를 다하매(아마도 그들 가운데 많은 사람들이 연속적으로 기도하였을 것이다). 그들이 한 사람씩 순서를 따라 기도하였다(고전 14:31). 그리고 그들이 그 날의 임무를 완수하였을 때 모인 곳이 진동하였다. 성령께서 부어졌을 때와 같은(2:1, 2) 급하고 강한 바람이 있었고, 그 바람이 그들이 기도하던 집을 흔들었다. 이러한 진동은 그들에게 경외심을 일깨워주고 그들의 기대를 높여주기 위한 것이었으며, 또한 하나님께서 참으로 그들과 함께 하신다는 확실한 증표를 보여주기 위한 것이었다. 아마도 그들은 학개의 예언의 말씀을 생각하였을 것이다. 모든 나라를 진동시킬 것이며… 내가 이 성전에 영광이 충만하게 하리라(학 2:7). 이 진동은 그들이 하나님을 보다 더 경외하고 사람을 두려워하지 말아야 하는 확실한 이유를 보여주는 것이었다. 이 곳을 진동시키신 분은 그의 종들을 위협한 자들의 마음을 이처럼 떨게 만드실 수 있다. 하나님은 군주들의 영혼을 폐하시며 세상의 왕들에게 무서운 분이시다. 그들의 믿음이 굳건하고 흔들리지 않도록 그 곳이 진동하였던 것이다.

2. 하나님께서 그들에게 성령을 더 많이 부어주셨으며, 이것이 바로 그들이 기도한 이유였다. 그들이 의심 없이 드린 기도가 열납되었고 응답되었다. 무리가 다 성령이 충만하여. 그들은 이전보다 더욱 성령이 충만하였다. 이로써 그들이 용기를 얻었을 뿐만 아니라 하나님의 말씀을 담대하게 전할 수 있었고, 사람들의 교만하고 거만한 모습을 두려워하지 않을 수 있었다. 성령께서 무엇을 말해야 할지, 어떻게 말해야 할지 가르쳐 주셨다. 늘 성령의 권능을 입었던 자들이 하나님을 섬기며 겪었던 여러 가지 사건이 있을 때마다 새롭게 성령의 공급을 받는 기회를 가졌다. 그들은 법정에서 성령이 충만하였고(8절) 이제는 강단에서 성령이 충만하였으니, 이는 우리가 실제로 하나님의 은혜를 의지하여 살아야 할 것을 가르쳐 주며, 이 같은 자세가 매일의 사명에서 요구된다. 우리는 새로운 기회가 있을 때마다 새로운 기름 부음을 받아야 할 필요가 있다. 하나님의 섭리와 마찬가지로 하나님의 은혜에 있어서도 우리는 일반적으로도 그를 힘입어 살며 기동하며 존재하며(행 17:28), 아울러 특별한 행위에 있어서도 그를 힘입어 움직인다. 우리는 여기서 너희 하늘 아버지께서 구하는 자에게 성령을 주시지 않겠느냐(눅 11:13)는 약속의 성취를 볼 수 있다. 왜냐하면 무리가 다 성령이 충만한 것은 그들의 기도의 응답이었기 때문이다. 또한 우리는 이 은사가 향상된 경우를 볼 수 있다. 이는 은사를 받은 모든 자에게 필요한 것이다. 은사를 받고 활용하라. 은사를 활용하고 더 많이 받으라. 성령이 충만하였을 때 그들이 온전히 담대하게 말씀을 전하였다. 성령의 도우심이 모는 사람에게 임하여 유익을 주었기 때문이다. 달란트는 활용되어야 하고 묻어 두어서는 안 된다. 주 하나님께서 성령으로 그들을 도우심을 깨달을 때 그들이 부끄러워하지 아니할 것을 안다(사 50:7).

[32]믿는 무리가 한마음과 한 뜻이 되어 모든 물건을 서로 통용하고 자기 재물을 조금이라도 자기 것이라 하는 이가 하나도 없더라 [33]사도들이 큰 권능으로 주 예수의 부활을 증언하니 무리가 큰 은혜를 받아 [34]그 중에 가난한 사람이 없으니 이는 밭과 집 있는 자는 팔아 그 판 것의 값을 가져다가 [35]사도들의 발 앞에 두매 그들이 각 사람의 필요를 따라 나누어 줌이리 [36]구브로에서 난 레위족 사람이 있으니 이름은 요셉이라 사도들이 일컬어 바나바라(번역하면 위로의 아들이라) 하니 [37]그가 밭이 있으매 팔아 그 값을 가지고 사도들의 발 앞에 두니라

우리는 이 구절에서 사회 일반에 대한 생각을 가질 수 있으며, 그것은 참으로 최초의 교회의 정신과 상황에 대한 아름다운 생각이다. 이 생각은 conspectus sae culti(콘스펙투스 사이 쿨티), 곧 유아와 순결의 시대에 대한 소견이다.

I. 제자들이 서로를 끔찍이 사랑하였다. 믿는 무리가 한마음과 한 뜻이 되어 서로 사랑하는 모습을 보는 것이 얼마나 흐뭇하고 즐거운지 보라(32절). 그들 가운데는 불화나 분열 따위와 같은 것이 없었다. 다음의 내용을 살펴보라.

1. 믿는 무리가 예루살렘에 있었는데, 거기서 대제사장들의 악한 영향이 매우 거셌다. 어떤 날은 삼천 명이 회심하였고, 또 어떤 날에는 오천 명이 회심하였다. 그리고 믿는 자의 수가 날마다 교회에 더해졌다. 의심할 여지 없이 그들 모두가 세례를 받고 신앙을 고백하였다. 그리스도의 신앙을 전하도록 사도들에게 용기를 주신 성령께서 신앙을 고백할 용기를 그들에게도 주셨기 때문이다. 적용. 교회의 부흥은 교회의 영광이다. 믿는 자들의 질도 중요하지만 그 무리의 수가 늘어나야 한다. 이제 교회가 빛나며, 그 빛이 임하였다. 그 때에 심령들이 구름과 같이 교회의 보금자리로 날아오며 비둘기들같이 그 창문으로 날아온다(사 60:1, 8).

2. 그들 모두가 한마음과 한 뜻이었다. 아주 많은 사람들이 그 곳에 있었고, 그들이 세상에서 다른 연령, 성격, 조건을 가지고 있었으며 믿기 전에는 서로를 전혀 몰랐지만 마치 오랫동안 잘 알고 지내온 사이처럼 그들은 매우 친밀하였다. 회심하기 전에 그들은 아마도 유대인 사회에서 다른 종파에 속했을 것이고, 따라서 사회 문제에 대하여 의견 충돌이 있었을 것이다. 하지만 이제 이들 모두는 그러한 불화를 잊고 제쳤으며, 그리스도를 믿는 신앙 안에서 하나가 되었다. 모두가 주님과 연합함으로 거룩한 사랑 안에서 서로 연합하였다. 그리스도께서 죽으시기 전에 제자들에게 서로 사랑하라고 가르치셨는데 이들의 하나됨이 바로 주님의 가르치심의 열매였다. 또한 예수께서 죽으시기 전에 제자들을 위해 그들도 하나가 되게 하옵소서라고 기도하셨다. 교인들이 모여 사는 곳에서 각기 사역자들의 인도를 받고 있었기 때문에 그들의 집회와 예배의 모임이 구분되어 있었다고 보아야 한다. 하지만 그들 사이에는 시기나 불쾌함이 일어나지 않았다. 왜냐하면 그들 모두가 한마음과 한 뜻이었기 때문이다. 그리고 다른 모임에 속한 교인들을 마치 자기 모임에 속한 자들처럼 사랑하였다. 당시에 이

런 일이 일어났던 만큼, 오늘날에도 성령께서 하늘로부터 우리에게 부어질 때 똑같은 일이 일어나는 것을 보고 우리는 실망하지 않을 것이다.

Ⅱ. 사역자들이 큰 힘을 얻어 계속 자신들의 임무를 감당하였다(33절).

사도들이 큰 권능으로 주 예수의 부활을 증언하니. 그들이 전한 도는 그리스도의 부활이었다. 이 사실은 기독교의 진리를 세우는데 도움을 주었을 뿐만 아니라 그것으로 말미암는 적절한 추론으로 그 진리를 충분히 변론하므로 그리스도인들이 가지는 모든 의무와 특권과 위로를 쉽게 설명할 수 있었다. 그리스도의 부활이 바르게 이해되고 활용될 때 우리는 신앙의 큰 신비 안으로 들어가게 될 것이다. 사도들이 부활을 증언할 때 보여준 큰 권능은 다음과 같은 사실을 뜻한다. 1. 그들이 큰 힘과 용기를 가지고 이 교리를 전하고 공언하였다는 뜻이다. 그들이 이 교리를 전할 때 살며시, 수줍게 하지 않고 생기 있고 확고부동하게 전하였다. 그들 스스로 이 진리를 충분히 확신하고 있었고, 또한 다른 사람들도 그렇게 되기를 간절히 바랐다. 2. 그들의 교리를 세우기 위해 기적을 행하였다는 뜻이다. 큰 능력의 일들을 행하며 그들은 그리스도의 부활을 증거하였고, 하나님께서 친히 그들의 증인이 되어 주셨다.

Ⅲ. 주 우리 하나님의 아름다움이 그들과 그들의 모든 행사 위에 비추었다.
무리가 큰 은혜를 받아. 모든 사도들뿐만 아니라 모든 신자들에게도 카리스 메갈레, 곧 큰(굉장히 좋고 비상한) 은혜가 임하였다. 1. 그리스노께서 그들에게 풍성한 은혜를 부어 주셨다. 이는 그들에게 큰 권능을 베푸심으로 위대한 일을 할 수 있는 자격을 주시기 위함이었다. 이 은혜는 위로부터 임하였다. 2. 그들의 말과 행동에 있어서 이 은혜로 말미암은 분명한 열매가 있었다. 이로 인해 그들은 존경을 받았고 하나님의 사랑을 입었으며, 하나님 보시기에 값진 존재가 되었다. 3. 어떤 이들은 이 은혜 가운데 그들이 시민들로부터 받은 친절이 포함되어 있다고 생각한다. 모든 사람이 그들 안에 있는 아름다움과 훌륭함을 보고 그들을 존경하였다.

Ⅳ. 그들은 가난한 자들에게 매우 너그러웠고 이 세상에 대해서는 무감각하였다. 바로 이러한 모습이 그들 안에 하나님의 은혜가 있다는 큰 증거였으며, 그들이 사람들의 존경을 받을 수 있었던 요인이었다.

1. 그들은 재물에 대한 소유권을 주장하지 않았다. 재물에 대해서는 아이들까지도 의식하고 시기를 느끼며, 세상 사람들은 라반처럼 자랑하며(네가 보는

것은 다 내 것이라; 삼상31:43), 나발처럼 자랑한다(내 떡과 물; 삼상 25:11). 그런데 이 신자들은 저 세상에 있는 기업에 대한 소망에 열중하였으며 따라서 이 세상의 것은 그들에게 아무것도 아니었다. 자기 재물을 조금이라도 자기 것이라 하는 이가 하나도 없더라. 그들이 재물을 버리지는 않았으나 그것에 무관심하였다. 그들은 자신의 재물을 교만하고 뽐내는 태도로, 또 그것을 자랑하고 의지하는 태도로 자기 것이라고 주장하지 않았다. 그들이 감동을 받고 그리스도를 위해 모든 것을 버렸으며, 앞으로도 계속하여 그리스도를 붙잡기 위하여 모든 것을 버릴 마음이었기 때문에 그 재물을 자기 것이라고 주장하지 않았던 것이다. 그들은 그 무엇이든 자기 것이라고 말하지 않았다. 우리는 죄밖에는 우리 것이라고 주장할 수 있는것이 아무것도 없다. 우리가 세상에서 가지고 있는 것은 우리 것이 아니라 하나님의 것이다. 그것은 우리가 하나님으로부터 받아서 하나님을 위해 사용해야 하는 것이며, 따라서 하나님 앞에서 회계해야 하는 것이다. 자기 것(이디온)이라 하는 이가 하나도 없더라. 왜냐하면 모두가 나눠줄 마음과 통용할 생각을 가졌기 때문이다. 그들은 혼자서 양껏 먹는 것을 바라지 않았고, 자신과 가족들이 먹고 남는 것을 이웃에게 나누어 주었다. 재산이 있는 사람들은 그것을 모아두는데 열중하지 않고 기꺼이 나눠 주었으며, 자신은 궁핍하여도 자기 형제들을 도우려고 하였다. 그들이 한마음과 한 뜻이 된 것이 놀랄 일이 아닌 것은 그들이 이 세상 재물에 대하여 마음을 비웠기 때문이다. 내 것 , 네 것 하는 것이 큰 불화를 일으키는 요인이다. 사람들이 자기 것을 소유하고도 더 많은 것을 움켜쥐려고 하는 데서 전쟁과 싸움이 일어난다.

2. 그들은 많은 자선을 베풀었다. 그리하여 결과적으로 모든 물건을 서로 통용하였다. 그 중에 가난한 사람이 없으니 공급하는데 세심한 배려를 하였기 때문이다. 정부의 도움으로 연명하던 사람들이 그리스도인이 되었을 때 아마도 정부의 도움이 끊겼을 것이다. 그러므로 교회가 그들을 돌보는 것이 당연하였다. 복음을 받아들인 가난한 사람들이 많았던 만큼 일부의 교인들이 그들을 부양할 만큼 부유하였으며 하나님의 은혜로 그들이 자원할 수 있었다. 많이 거둔 자도 남지 아니하였고 적게 거둔 자도 모자라지 아니하였느니라(고후 8:15). 왜냐하면 많이 가진 자가 그 남은 것을 적게 거둔 자에게 나눠 주므로 아무도 부족함이 없게 된 것이다. 복음으로 말미암아 모든 물건을 서로 통용하게 되었다. 하지만 이는 가난한 자들이 부한 자들의 것을 빼앗도록 허용한 것이 아니라 부한 자들

이 가난한 자들을 구제하라고 명하신 것이다.

3. 그들 가운데 많은 사람들이 자신의 재산을 팔아 구제 기금을 마련하였다. 이는 밭과 집 있는 자는 팔아 그 판 것의 값을 가져다가(34절). 라이트푸트(Lightfoot) 박사는 이 때가 유대 나라에서 오십 년째 되는 희년(그들이 천사백 년 전에 가나안 땅에 정착한 이후 28회가 되는)이었을 것이라고 추정한다. 따라서 그 해에 판 땅은 다음 희년 때까지 되돌려 받지 못하므로 상당한 값을 받았을 것이며, 땅을 판 사람들은 많은 돈을 모았을 것이다.

(1) 이렇게 모은 돈으로 그들이 무엇을 하였는지 우리는 여기서 보게 된다. 사도들의 발 앞에 두매. 그들은 합당하다고 생각한 사람들에게 그 돈을 맡겨서 처리하게 하였다. 아마도 사도들은 이 기금에서 생활비를 후원받았을 것이다. 그렇지 않다면 그들이 달리 어디서부터 후원받았겠는가? 다음의 내용을 주목하라. 사도들이 그 돈을 그들의 발 아래에 두게 한 것은 그들이 세상 재물을 거룩하게 경멸한다는 것을 표시하기 위함이었다. 그들은 그 돈이 그들의 손이나 품속에 두기보다는 그들의 발 아래 놓아두는 것이 더 낫다고 생각하였다. 발 아래 둠으로써 그 돈을 축적하지 아니하고 적합한 사람들이 각 사람의 필요를 따라 나누어 주었다. 공공연한 자선을 베풀 때는 다음과 같이 세심한 배려가 있어야 한다.

[1] 필요한 자들에게 나누어 주어야 한다. 곧 나이가 먹었거나, 너무 어리거나, 병들었거나, 혹은 신체의 장애가 있거니, 혹은 징신이 박약하거나, 활동하지 못하거나, 섭리 가운데 십자가의 고난을 당하고 있거나, 혹은 손실이나 억압을 당하고 있거나, 혹은 많은 짐을 지고 있어서 스스로 충분한 생계를 마련할 수 없는 그런 사람들에게 나누어 주어야 한다. 이런저런 이유로 인해 정말로 궁핍한 사람들, 그리고 그들을 도울 수 있는 친척이 없는 사람들, 그리고 누구보다도 선한 일을 하고 선한 양심을 지키느라 궁핍해진 사람들이 배려의 대상이 되고 공급되어야 한다. 이렇듯 기부금을 현명하게 지원해야 훌륭한 구제가 될 수 있다.

[2] 본래 의도한 대로 사람들에 대한 편견이 없이 각 사람의 필요를 따라 나누어져야 한다. 자선을 베풀 때 지켜야 하는 규칙은 공정한 집행과 아울러 똑같이 궁핍하고 똑같이 구제를 받아야 할 사람들이 똑같이 도움을 받아야 한다는 것이다. 말 그대로 구제는 궁핍한 자들에게 시행되어야 한다.

(2) 이 너그러운 자선을 베푸는 데 있어서 특별히 돋보인 한 사람이 여기에 언급되어 있다. 그는 바나바였다. 그는 나중에 바울의 동역자가 되었다. 다음의 내용을 살펴보라.

[1] 그에 관한 설명이 나온다(36절). 그의 이름은 요셉이다. 그는 레위족 사람이었다. 흩어진 유대인들 가운데는 레위인들이 있었다. 아마도 그가 유대인들의 회당 예배를 주재하였으며, 그 지파의 사명에 따라 유대인들에게 주님에 대한 선한 지식을 가르쳤을 가능성이 높다. 그는 예루살렘에서 멀리 떨어진 구브로(Cyprus)에서 태어났다. 그의 부모가 유대인이었지만 그 곳에 정착하였다. 그가 사도들과 교제한 이후에 사도들이 그의 이름을 바꾸어준 것이 주목된다. 그가 아마도 칠십인 문도들 가운데 한 명이었을 가능성이 있다. 그의 은사와 은혜가 자라나면서 그의 존재가 두드러졌고 사도들의 존경을 받았다. 사도들이 그를 귀하게 여겨 이름을 하나 지어주었으니 그것이 바나바(예언의 아들이라는 뜻)였다. 그가 예언하는 비범한 은사를 받았기 때문이다. 하지만 그로티우스(Grotius)의 주장에 따르면, 헬라파 유대인들이 그를 기도하는 파라클레시스(권면)라고 불렀다. 그렇게 볼 때 바나바라는 이름은 권면의 아들이라고 해석된다. 곧 화해시키고 설득하는 탁월한 능력을 가진 자라는 뜻이다. 우리는 이에 대한 실례를 11:22-24에서 볼 수 있다. 한편, 우리 성경은 이를 위로의 아들이라고 번역하였다. 즉, 그는 성령의 위로 안에서 행하는 쾌활한 그리스도인이었다는 뜻이다. 이러한 성령의 위로로 말미암아 그의 마음이 넓어져 가난한 자들에게 자선을 베풀 수 있었다. 혹은 그가 주의 백성을 위로하는데 뛰어난 재능이 있는 자였다는 뜻이다. 그는 상처를 입고 고통당하는 심령에게 평안의 말을 전하였다. 그는 이렇게 다른 사람을 위로하는 훌륭한 재능을 가지고 있었다. 사도들 가운데 보아너게, 곧 우레의 아들(막 3:17)이라고 불린 두 명의 사도들이 있었는가 하면 여기에는 위로의 아들이 있다. 이렇듯 각각 자기만의 은사를 가지고 있었다. 어느 쪽도 다른 사람을 비난해서는 안 되며 양쪽 다 서로를 감싸주어야 한다. 한 쪽은 상처를 찾아내고, 또 한 쪽은 그 상처를 치료하고 싸매어 주도록 하자.

[2] 여기서 바나바의 자선과 그가 기금에 큰 보탬이 된 이야기를 기술하고 있다. 이처럼 특별히 그의 이야기가 기술되고 있는 것은 그가 얼마 후 하나님의 교회 안에서 탁월한 섬김을 보여주었기 때문이며, 특히 이방인들에게 복음을

전하는데 뛰어난 역할을 하였기 때문이다. 그리고 그가 이방인들에게 복음을 전한 것이 자기 나라에 대한 악한 감정으로 한 것이 아니라는 것을 보여주기 위함이다. 우리는 본문에서 바나바가 유대의 회심자들을 위해 자선을 행한 것을 볼 수 있다. 혹은 아마도 그의 사례를 다른 사람들을 바르게 이끌기 위한 방책으로 삼고 그들에게 본을 삼기 위해 여기에 기술하였을 것이다. 그가 밭이 있으매. 그 밭이 그가 태어난 구브로에 있었는지, 아니면 그가 지금 살고 있는 유대에 있었는지, 혹은 다른 곳에 있었는지 확실하지 않지만 어쨌든 그것을 팔았다. 그것을 판 것은 이익을 위해 다른 땅을 사기 위한 것이 아니었다. 그는 이스라엘의 주 하나님이 자신의 기업이 되신다는 사실을 잘 알고 있었고, 세상의 기업을 귀하게 여기지 않는 참 레위인으로서 그 밭에 더 이상 미련을 두지 않고 자선을 베풀기 위해 그것을 팔아 그 값을 가지고 사도들의 발 앞에 두었다. 이처럼 그는 복음 전도자가 되고자 했던 사람으로서 이 세상의 재물로부터 자유로웠다. 그리고 그가 그 값을 사도들의 발 앞에 둔 것에 대한 대가로 그의 이야기가 본문에 기록되었으니 그가 손해 본 것이 전혀 없었다. 성령께서 내가 불러 시키는 일을 위하여 바나바와 사울을 따로 세우라(13:2)고 말씀하셨을 때 결과적으로 그가 사도들의 수에 포함되었다. 이렇듯 그가 사도들을 사도들로 모시고 존경하였기 때문에 그가 사도가 되는 보상을 받았다.

제
— 5 —
장

개요

본 장은 다음과 같은 구조로 되어 있다. I. 아나니아와 삽비라의 죄와 형벌. 그들은 성령을 속였기 때문에 베드로의 말씀에 엎드러져 죽었다(1-11절). II. 복음을 전파할 때 능력이 나타나므로 능력으로 교회가 크게 부흥함(12-16절). III. 사도들이 감옥에 갇혔으나 기적으로 감옥에서 풀려나고 전과 같이 복음을 계속하여 전하라는 새로운 명령을 받음. 이에 대하여 핍박하는 자들이 크게 속상해함(17-26절). IV. 사도들이 공회 앞에서 심문을 받고 그들의 행위의 정당성을 역설함(27-33절). V. 가말리엘이 공회에서 조언함. 가말리엘이 그들을 벌하지 말고 그냥 내버려두고 앞으로 어떻게 될지 두고 보자고 함. 공회가 그의 말에 즉시 동의하여 사도들이 풀려남(34-40). VI. 공회가 복음을 전하지 말라고 금지하고 사도들을 모욕하였음에도 불구하고 그들이 즐겁게 사역을 계속함(41, 42절).

[1]아나니아라 하는 사람이 그의 아내 삽비라와 더불어 소유를 팔아 [2]그 값에서 얼마를 감추매 그 아내도 알더라 얼마만 가져다가 사도들의 발 앞에 두니 [3]베드로가 이르되 아나니아야 어찌하여 사탄이 네 마음에 가득하여 네가 성령을 속이고 땅 값 얼마를 감추었느냐 [4]땅이 그대로 있을 때에는 네 땅이 아니며 판 후에도 네 마음대로 할 수가 없더냐 어찌하여 이 일을 네 마음에 두었느냐 사람에게 거짓말한 것이 아니요 하나님께로다 [5]아나니아가 이 말을 듣고 엎드러져 혼이 떠나니 이 일을 듣는 사람이 다 크게 두려워하더라 [6]젊은 사람들이 일어나 시신을 싸서 메고 나가 장사하니라 [7]세 시간쯤 지나 그의 아내가 그 일어난 일을 알지 못하고 들어오니 [8]베드로가 이르되 그 땅 판 값이 이것뿐이냐 내게 말하라 하니 이르되 예 이것뿐이라 하더라 [9]베드로가 이르되 너희가 어찌 함께 꾀하여 주의 영을 시험하려 하느냐 보라 네 남편을 장사하고 오는 사람들의 발이 문 앞에 이르렀으니 또 너를 메어 내가리라 하니 [10]곧 그가 베드로의 발 앞에 엎드러져 혼이 떠나는지라 젊은 사람들이 들어와 죽은 것을 보고 메어다가 그의 남편 곁에 장사하니 [11]온 교회와 이 일을 듣는 사람들이 다 크게 두려워하니라

본 장은 우울하게도 '그러나' 로 시작된다. 이 말이 앞 장에서 우리가 가진 즐겁고 기분 좋은 전망을 중지시킨다. 개인과 마찬가지로 교회도 최상의 상황에서 '그러나'(정반대의 상황)를 맞이할 수 있다. 1. 제자들은 매우 거룩하였고 하늘 지향적이었으며 아무런 문제가 없어 보였다. 그러나 그들 가운데 위선자들이 있었다. 그들의 마음이 하나님 앞에서 바르지 못하였다. 그들이 세례를 받았을 때 경건의 모양은 있으나 경건의 능력은 부인하였으며 그 능력에 이르지 못하였다. 이편 하늘에서는 최상의 공동체 안에 선과 악이 혼재해 있다. 가라지는 추수 때까지 알곡 사이에서 자랄 것이다. 2. 그리스도께서 부자 청년에게 권하신 그 온전함(그들이 가진 것을 팔아 가난한 자들에게 준 것)을 이 부부가 실천하였다는 것은 제자들이 칭찬할 만한 일이었다. 그러나 정직에 대한 가장 큰 증거였다고 생각되었던 그 행동이 알고 보니 위선을 가리는 가면이요 포장이었다. 3. 지금까지 사도들이 행한 표적과 기사들은 선한 것들이었다. 그러나 이제는 심판의 기적으로 나타났다. 이처럼 선하신 증거 다음에는 엄격한 증거가 따르며, 이로써 하나님은 사랑의 대상인 동시에 두려움의 대상이 된다는 사실을 알 수 있다.

I. 아나니아와 그의 아내 삽비라의 죄. 남편과 아내가 함께 연합하여 선한 일을 도모하는 모습은 보기에 아름답다. 하지만 부부가 악한 일에 공모하는 것은 아담과 하와와 같다. 아담과 하와는 합의하여 금단의 열매를 먹었고 그 때에 불순종 가운데서 하나가 되었다. 이들 부부의 죄는 다음과 같다.

1. 그들은 훌륭한 제자들이라는 평판을 듣고 싶어했고, 제일 훌륭한 제자들이라는 말을 듣고 싶어했지만 정작 그들은 참된 제자가 아니었다. 그들은 그리스도의 포도원에서 가장 많은 열매를 맺는 나무들로 인정받고자 하였으나 정작 그 나무의 뿌리는 그리스도의 포도원에 내리지 못하였다. 그들은 소유를 팔아 그 값을 사도들의 발 앞에 두었다(바나바처럼). 이로써 외견상 그들은 아주 중요한 신자들 뒤에 처지지 않고 박수갈채와 칭찬을 받을 수 있었으며, 교회에서 승진할 수 있는 아주 좋은 위치에 이르렀다. 이에 그들은 조만간 세속적인 화려함과 위세로 빛날 것이라고 생각했을 것이다. 적용. 위선자들은 한 쪽으로는 자신을 부인하지만 다른 면에서 자신을 위한다. 그들이 한편으로 세속적인 이익을 보류하는 것은 다른 편으로 이익을 얻을 수 있다는 예상을 하였기 때문이다. 아나니아와 삽비라는 기독교의 신앙을 고백하는 체하려 하였고 이로써 육

체를 과시하려고 하였다. 그리고 그들이 신앙고백을 실천할 수 없다는 사실을 알았을 때 그들은 하나님을 조롱하고 다른 성도들을 속이려고 하였다. 부자 청년이 그리스도를 따르는 척하고 싶지 않았고, 그 신앙이 위기에 처할 경우 한계를 극복하지 못할 것을 알았을 때 근심하며 간 것은 오히려 칭찬할 만하고 훨씬 더 옳았다. 아나니아와 삽비라는 자기들이 그 한계를 뛰어넘을 수 있는 체하여 제자가 되는 명예를 얻을 수 있을 것처럼 행동하였으나 정작 그들은 제자가 되지 못하였고, 제자도의 망신거리였다. 적용. 사람들이 내적인 본질이 허락하지 않는데 겉으로 장황하게 고백하는 것은 때로 치명적인 결과를 초래한다.

2. 그들은 세상의 재물을 몹시 탐내었고 하나님과 그의 섭리를 믿지 않았다. 그들은 땅을 팔았고 뜨거운 열심에 그 판 값 전부를 경건한 용도로 바치려는 생각밖에 없었다. 그들은 그렇게 하리라고 맹세하였거나 적어도 그런 목적을 품었다. 그러나 돈을 받자 그들의 마음이 약해졌고 그 값에서 얼마를 감추었다(2절). 그들이 돈을 사랑하였기 때문이다. 그 돈을 한 번에 사도들의 손에 맡기기에는 너무 많다고 생각하였다. 어쩌면 그들이 돈을 스스로 원하게 될지도 모른다고 생각하였다. '지금은 모든 물건을 통용하지만 그런 상태가 오래가지 못할 것이며, 아무것도 남겨두지 않는다면 궁핍할 때에 어떻게 해야 하나' 라는 생각에 이르렀을 것이다. 그들은 하나님께서 공급해 주신다는 하나님의 말씀을 받지 않았다. 그들은 다른 사람들보다 더 지혜롭게 처신해야 한다고 생각하고 궂은 날을 위하여 남겨두었다. 그리하여 그들은 하나님과 재물을 겸하여 섬길 수 있다고 생각하였다. 값의 일부를 사도들의 발 앞에 둠으로 하나님을 섬기고, 나머지 일부를 자신들의 주머니에 넣어둠으로써 재물을 섬겼다. 그들이 신원 보증금의 형식으로 수중에 얼마를 갖고 있지 않으면 그들에게 모든 것을 채우실 수 있는 하나님이라도 그들을 충분히 채워주지 못하실 것처럼 그렇게 생각하였다. 그들이 두 마음을 품었으니 이제 벌을 받을 것이라(호 10:2). 그들은 둘 사이에서 머뭇거렸다. 그들이 완전히 세속적인 사람들이었다면 그들의 소유를 팔지 않았을 것이다. 그리고 그들이 완전한 그리스도인들이었다면 그 값의 일부를 남겨두지 않았을 것이다.

3. 그들은 사도들을 속일 수 있다고 생각하였다. 판 값의 일부만 바쳐도 전부를 바친 것으로 사도들이 믿을 것이라고 생각하였다. 그들은 다른 사람들만큼 경건과 헌신의 확실한 모습으로 와서 마치 전부인 양 사도들의 발 앞에 판 값

을 두었다. 그들은 하나님과 성령을 속였고, 그리스도와 교회와 목회자들을 속였다. 이것이 그들의 죄였다.

Ⅱ. 아나니아는 이러한 죄에 상응하는 저주와 형벌을 받았다.　그가 돈을 바치고 다른 사람들처럼 칭찬과 격려를 받을 것을 기대하였으나 베드로는 아무런 심문이나 조사도 없이 그를 책망하고, 단호하게 그의 범죄를 비난하고 그에 대한 책임을 물으며 그 죄의 본질을 드러낸다(3, 4절). 베드로 안에 계신 하나님의 성령께서 아무런 정보도 없이 그러한 사실을 알아내셨다(이 남자와 그의 부인 외에는 이 세상에서 이 사실을 아는 사람이 아무도 없었음). 뿐만 아니라 아나니아의 마음속 깊은 곳에 자리잡고 있는 불신의 본질을 식별해내셨다. 그렇기에 베드로가 느닷없이 그를 책망하였던 것이다. 그것이 갑작스런 유혹 앞에서 연약하여 넘어진 죄였다면 베드로는 아나니아를 옆으로 데리고 가서 집에 돌아가 나머지 돈을 가지고 와서 그들을 속이려고 한 그의 어리석음을 회개하라고 명하였을 것이다. 하지만 그의 마음속에 이러한 악을 행할 생각으로 가득하였다는 것을 베드로가 알고 회개할 기회를 주지 않았다. 베드로는 여기서 아나니아에게 다음과 같은 것을 보여주었다.

1. 아나니아의 죄의 근원. 사탄이 네 마음에 가득하여. 사탄이 아나니아에게 죄를 제안하고 그의 머릿속에 주입하였을 뿐만 아니라 죄를 행하도록 결단을 촉구하였다. 선하신 성령에 반대되는 깃은 무엇이든지 악한 영으로부터 나오는 것이며, 속된 마음이 지배하고 우세한 심령은 사탄으로 가득한 심령이다. 어떤 이들은 생각하기를, 아나니아가 성령을 받고 그의 은사로 충만한 사람들 가운데 한 명이었지만 그가 성령을 분노케 하여 떠나시게 하였고, 이제 사탄이 그 마음에 가득하게 되었다고 한다. 이는 여호와의 영이 사울에게서 떠나셨을 때 악령이 그를 번뇌하게 하였던 사실과 일치한다(삼상 16:14). 사탄은 거짓말하는 영이다. 사탄이 아합 시대의 선지자들의 입을 통해 거짓말을 하였고, 또한 아나니아의 입을 통해 거짓말을 하였으며, 이러한 거짓말로써 그가 아나니아의 마음에 가득하였다는 것을 드러내었다.

2. 아나니아의 죄의 실체. 네가 성령을 속이고. 그의 죄는 사탄이 그의 마음에 가득하지 않았다면 범할 수 없는 그런 가증한 성격의 죄였다.

(1) 여기에 "성령께 거짓말하고"(lying to the Holy Ghost)라고 번역한 구절, 프슈사스타이 세 토 프뉴마 토 하기온을 어떤 이들은 "성령을 속이다'(belie the Holy

Ghost)라고 번역한다. 그렇다면 이 구절은 두 가지 의미로 해석될 수 있다.

[1] 그가 자신 안에 계시는 성령을 속였다는 의미이다. 라이트푸트 박사가 이러한 해석을 지지하며 다음과 같이 주장한다. 곧, 아나니아는 평신도가 아니라 목회자였으며, 성령의 선물을 받은 백이십 명의 성도들 가운데 한 명이었는데(바나바에 대한 기록 바로 다음에 그에 관한 내용이 기술된 것으로 보아), 그가 감히 성령의 선물을 숨기고 속이고 모욕을 하므로 성령을 속였다는 주장이다. 혹은 이렇게 주장한다. 자기의 소유를 팔아서 사도들의 발 앞에 그 값을 둔 사람들은 성령의 특별한 감동을 받아 그렇게 훌륭하고 관대한 행동을 할 수 있었는데, 아나니아가 다른 사람들처럼 성령의 감동을 받은 것 같이 가장하여 그런 행동을 하였다는 것이다. 그런데 반대로 그의 비열한 행동으로 그가 성령의 인도를 전혀 받지 않았다는 사실이 드러났다는 것이다. 그의 행동이 성령의 역사였다면 완전하였을 텐데 그렇지 못하였다는 것이다.

[2] 그가 판 값을 둔 사도들 안에 계신 성령을 속였다는 의미다. 사도들이 성령으로 행한다는 사실을 그는 알지 못하였다. 그리하여 사도들이 받은 헌금을 충실하게 분배하지 않을 것이라고 의심하였고(이는 마치 사도들이 맡은 것을 가지고 부정을 저지른 것처럼 여기는 비열한 생각이었음), 혹은 자신이 속이는 것을 그들이 눈치채지 못할 것이라고 확신하였다. 성령의 은사를 받은 사람들도 다른 사람들처럼 쉽게 속아 넘어가리라고 생각하고 행동한 그는 성령을 속인 셈이었다. 게하시의 주인이 그에게 "내 마음이 (너와) 함께 가지 아니하였느냐?"(왕하 5:26)라는 책망을 들은 것같이 아나니아는 사도들 안에 계신 성령을 속였다. 본문에 나오는 아나니아처럼 이스라엘의 집과 유다의 집도 같은 책망을 받았다. 그들이 "여호와께서는 계시지 아니하니"라고 말함으로 여호와를 배반하고 속였기 때문이다(렘 5:11, 12). 이처럼 아나니아는 사도들이 완전히 자신과 다를 바 없다고 생각하였으며, 이러한 생각이 바로 사도들 안에 계시는 성령을 속이는 죄를 범하게 하였다. 그는 사도들 안에 계신 성령께서 심령을 분별하지 못하시는 분인 것처럼 생각하고 행동하였으나, 사도들은 모두 각 사람에게 나누어진 성령의 은사를 받은 사람들이었다. 고린도전서 12:8-11을 보라. 성령의 영감을 받은 것처럼 속이는 자들은 자신의 상상이나 견해나 경험을 교회에 강요하면서 말하기를, 자신들이 위로부터 감동을 받았다고 한다. 하지만 정작 그들은 위로부터 감동을 받은 것이 아니라 자신들의 교만, 탐욕, 혹은

지배하고픈 욕망으로 행하는 것이기에 결국 그들은 성령을 속이는 죄를 범하는 것이다.

(2) 그러나 우리의 성경(KJV)은 "성령께 거짓말하다"(lie unto the Holy Ghost0라고 번역되었으며, 이러한 번역은 4절의 지지를 받는다. 사람에게 거짓말한 것이 아니요 하나님께로다.

[1] 아나니아는 고의적인 거짓말, 곧 계획적인 사기를 칠 목적으로 거짓말을 하였다. 그는 자신의 소유(집이나 토지)를 팔고 이것이 판 값이라고 베드로에게 말하였다. 그는 아마도 애매한 뜻을 담은 말로, 표리부동하게 자신의 생각을 표현하였을 것이며, 이렇게 하므로 그 문제를 어느 정도 변명할 수 있고, 새빨간 거짓말에 대한 책임을 면할 수 있으리라고 생각하였다. 혹 그가 아무 말도 하지 않았을 수도 있다. 그는 판 값 전부를 가져온 다른 사람들처럼 행동하였을 것이다. 그리고 사람들이 그가 전부를 바쳤다고 생각하고, 따라서 다른 사람들처럼 자기도 칭찬을 받을 것이라고 기대하였다. 그리고 그들처럼 공금을 이용할 권리를 가질 것이라고 기대하였다. 이러한 기대감에 그는 다른 사람들같이 전부를 가져온 것처럼 은연중에 꾸몄다. 하지만 이것은 거짓이었다. 왜냐하면 그는 일부를 남겨두었기 때문이다. 적용. 많은 사람들이 위에 있으려는 교만과 사람들의 칭찬을 받으려는 욕망으로 추잡한 거짓말을 하고 있다. 특히 가난한 자들에게 자선을 베푸는 일을 히면서도 이런 서짓말을 한다. 그러므로 우리는 우리에게 주어시는, 혹은 우리가 주는 기짓된 선물을 자랑하는 일이 없도록 하기 위해서 참된 선물까지도 자랑해서는 안 된다. 이것이 바로 자선을 베풀 때 오른손이 하는 것을 왼손이 모르게(마 6:3) 하라고 우리 주님께서 훈계하신 의미이다. 한 번도 하지도 않은 선한 일을 했다고 자랑하는 자들, 혹은 결코 지키지 않을 약속을 하는 자들, 혹은 사실보다 과장되게 선한 일을 한다고 말하는 자들은 아나니아의 거짓말과 같은 죄를 범하는 사람들이다. 우리 모두 그러한 생각을 하는 것조차 무서워해야 한다.

[2] 베드로는 이를 가리켜 성령께 거짓말한 것이라고 말하였다. 아나니아가 사도들 앞에 돈을 가져왔다기보다 오히려 사도들 안에 계시는 성령께 가져온 것이다. 따라서 4절의 말씀처럼 사람에게 거짓말한 것이 아니요 하나님께 거짓말을 한 것이다. 여기서 우리가 마땅히 추론할 수 있는 것은 성령께서 하나님이시라는 사실이다. 왜냐하면 성령께 거짓말한 것이 곧 하나님께 거짓말한 것이

라고 말하고 있기 때문이다. "하나님의 성령에 의하여 행하는 사도들에게 거짓 말을 한 자들은 하나님께 거짓말을 한 자들이라고 할 수 있다. 왜냐하면 사도들이 하나님의 능력과 권세로 행하였기 때문이다. 따라서 (휘트비[Whitby] 박사의 말대로) 성령의 능력과 권세는 곧 하나님의 능력과 권세다." 휘트비 박사의 논증을 더 살펴보면 이렇다. "아나니아가 하나님께 거짓말한 것이라고 말한 것은 사도들 안에 계신 성령께 거짓말을 하였기 때문이다. 성령은 사람들의 마음과 행동의 은밀한 것을 그들로 하여금 분별하게 하셨으며, 이러한 분별은 오직 하나님만의 속성이다. 그러므로 성령을 속이는 자는 곧 하나님을 속이는 자다. 하나님만의 속성을 가진 분은 결과적으로 하나님의 본체가 되시기 때문이다.

3. 죄의 가중(4절). 땅이 그대로 있을 때에는 네 땅이 아니며 판 후에도 네 마음대로 할 수가 없더냐? 이 말씀은 두 가지로 이해될 수 있다.

(1) "너는 값의 일부를 감추어둘 이유가 없었다. 팔기 전에 땅은 너의 것이었고 그 땅을 저당 잡히지도 않았고 그것을 담보로 빚을 지지도 않았다. 그 땅이 팔렸을 때 그 돈을 네 마음대로 처리할 수 있었다. 따라서 너는 전부는 물론 일부를 가져올 수도 있었다. 너는 갚아야 할 빚도 없었고, 아마도 부양해야 할 자녀들도 없었다. 따라서 네가 그 값의 일부를 감추어야 할 어떠한 압박도 받지 않았다. 너는 이유 없이 죄를 범한 자이다."

(2) "너는 네 땅을 전부 팔 필요도 없었고 그 값을 사도들의 발 앞에 가져올 필요도 없었다. 네가 원하는 대로 돈으로 가질 수도 있었고 땅으로 가지고 있을 수도 있었다. 너는 결코 일부분을 전부라고 가장해서는 안 되었다." 베드로 사도가 제시하는 자선의 법칙은 억지로, 마지못해 하지 말라는 것이다. 왜냐하면 하나님은 즐겨 내는 자를 사랑하시기 때문이다(고후 9:7). 빌레몬은 선한 일을 하되 억지로 하지 않고 자의로 해야만 했다(몬 1:14). 맹세하고 지불하지 않는 것보다 차라리 맹세하지 않는 것이 낫다. 일부를 숨겨두기보다 차라리 그의 땅을 전혀 팔지 않는 것이 나았다. 절반을 바치기보다 차라리 선한 일을 하는 척하지 않는 것이 나았다. "판 후에도 네 마음대로 할 수가 없더냐? 하지만 맹세한 다음에는 네 마음대로 하면 안 되었다. 네가 주님 앞에서 입을 연 이상 되돌릴 수 없었다." 이와 같이 우리가 하나님께 마음을 드린 다음에는 마음이 갈라져서는 안 된다. 자기 아이가 아닌 어미처럼 사탄은 절반이라도 취하려고 한다. 하지만 하나님은 전부를 받으시거나 아무것도 받지 않으신다.

4. 이처럼 가중된 모든 죄의 책임이 그에게 쏟아졌다. 어찌하여 이 일을 네 마음에 두었느냐? 주의하라. 사탄이 그의 마음에 가득하여 이런 짓을 하였지만, 마음속에 이런 일을 품은 것은 그 자신이었다고 성경은 말한다. 이는 우리가 아무리 죄의 책임을 마귀에게 전가하려 하여도 우리의 죄가 가벼워지지 않는다는 사실을 보여준다. 마귀가 우리를 시험은 할지라도 죄를 강요하지는 못한다. 오직 각 사람이 시험을 받는 것은 자기 욕심에 끌려 미혹됨이니(약 1:14). 악한 말이나 행동이 드러나는 것은 이미 죄인이 그 악함을 자기 마음속에 품었기 때문이다. 네가 만일 거만하면 너 홀로 해를 당하리라(잠 9:12). 마지막 책망은 매우 고조되어 있지만 아주 정당하다. 사람에게 거짓말한 것이 아니요 하나님께로다. 이사야 선지자가 역설한 내용은 이스라엘이 사람만 괴롭힌 것이 아니라 하나님도 괴롭혔다는 사실이었다(사 7:13). 모세는 이스라엘 백성에게 너희의 원망은 우리를 향하여 함이 아니요 여호와를 향하여 함이로다(출 16:8)라고 책망하였다. 당신은 당신과 같은 사람인 우리들을 속일 수는 있을 것이다. 그러나 스스로 속이지 말라 하나님은 업신여김을 받지 아니하신다(갈 6:7). 우리가 하나님을 속일 수 있다고 생각한다면 결국 우리가 속이는 것은 우리 자신의 영혼뿐이라는 사실을 알게 될 것이다.

Ⅲ. 아나니아의 죽음과 장사(5, 6절).

1. 아나니아는 그 자리에서 죽었다. 아나니아가 이 말을 듣고, 아나니아는 말이 없었다. 혼인예복을 입지 않고 혼인잔치에 들어왔다고 책망을 받은 사람처럼 그는 말이 없었다. 그가 변명할 말이 없었기 때문이다. 이 뿐만이 아니다. 그는 확실히 충격을 받고 말이 없었다. 왜냐하면 그는 그 충격으로 죽었기 때문이다. 베드로가 책망을 하므로 아나니아에게 이런 일이 일어날 것을 의도하거나 기대했는지는 분명하지 않다. 그의 아내 삽비라에게는 이런 일을 의도하거나 기대했을 가능성이 높다. 베드로가 특별히 죽음을 말하였기 때문이다(9절). 어떤 이는 생각하기를, 헤롯처럼 한 천사가 그를 쳐서 죽게 하였다고 한다(12:23). 혹은 그의 양심이 죄책감을 느낌으로 말미암아 그가 이토록 두려워하고 놀라게 되었고, 결국 그 중압감에 눌려 죽었을 것이다. 그리고 그가 성령께 거짓말을 했다는 사실을 깨달았을 때 성령 모독죄는 용서받을 수 없다는 사실을 기억하였을 것이며, 아마도 이러한 생각이 그의 마음에 비수처럼 찔렀을 것이다. 사도들의 입술에 있는 하나님의 말씀의 권세를 보라. 그 말씀은, 이 사람에게는 생

명에 이르는 생명의 냄새요 저 사람에게는 사망에 이르는 사망의 냄새다(고후 2:16). 복음이 의롭다 하는 자들이 있는가 하면 복음이 저주하는 자들도 있다. 아나니아가 받은 형벌이 가혹하게 보일 수도 있다. 하지만 우리는 그 형벌이 정당하였다고 확신한다.

(1) 이러한 형벌의 의도는 최근에 사도들에게 부어진 성령의 영광을 유지하는 것이며, 이로써 복음의 나라를 세우기 위함이다. 아나니아는 성령도 속임을 당할 수 있는 것처럼 성령을 크게 모욕하였다. 이는 사도들의 증거를 무효화시킬 위험성을 갖는 것이었다. 사도들이 성령으로 말미암아 이러한 거짓을 찾아내지 못하였다면 어떻게 그들이 이러한 성령으로 사람들에게 계시된 하나님의 깊은 것을 깨달을 수 있었겠는가? 그러므로 이러한 희생을 치르고서라도 사도들의 은사와 권능에 대한 신뢰를 얻는 것이 무엇보다 필요하였다.

(2) 이 형벌은 또한 새로운 시대가 시작됨에 있어서 다른 이들로 하여금 이와 유사한 생각을 하지 못하도록 하려는 의도가 있었다. 마술사 시몬이나 박수 엘루마가 이와 같은 형벌을 받지는 않았다. 하지만 아나니아는 최초의 본보기였다. 이는 성령을 받는 것이 얼마나 기분 좋은 일인지 느끼게 해주는 증거인 동시에 성령을 거역하고 경멸하는 것이 얼마나 위험천만한 일인지도 느끼게 해주는 증거이다. 그들이 금송아지를 경배하고 안식일에 땔감을 구함으로 얼마나 가혹한 형벌을 받았는가! 이로써 제2계명과 4계명이 새롭게 주어졌다. 나답과 아비후가 다른 불로 제사를 드리고, 고라와 그의 무리들이 반역함으로 그들도 얼마나 가혹한 형벌을 받았는가! 이로써 하늘로부터 불이 새롭게 내려왔고, 모세와 아론의 권위가 새롭게 세워졌다. 얼마 전에 자기 선생님을 모른다고 거짓말을 하였던 베드로가 이런 일을 행하였다는 것은 그것이 개인적인 원한으로 한 일이 아니라는 것을 보여준다. 자신부터 흠이 있었기에 그는 범죄한 자들을 불쌍히 여겼을 것이다. 자신부터 회개하고 죄 용서함을 받은 사람이었기에 그는 이러한 모욕을 용서하였을 것이며, 이 죄인이 회개할 수 있도록 애썼을 것이다. 하지만 이 형벌은 베드로 안에 계신 하나님의 성령께서 하신 일이었다. 바로 성령께서 모욕을 당하셨고, 따라서 성령께서 그 형벌을 주신 것이었다.

2. 그는 즉시 장사되었다. 이렇게 하는 것이 유대인들의 풍습이었다(6절). 젊은 사람들, 이들은 아마도 교회에서 죽은 자를 장사하는 직분을 맡은 자들이었

을 것이다. 로마인들 가운데 그러했던 것처럼 교회에도 장사를 전담한 사람들이 있었던 것 같다. 혹은 이 젊은 사람들이 사도들을 섬기는 자들이었거나 사도들을 만나려고 기다리던 자들이었을 것이다. 그들이 시체를 천에 싸서 성 밖으로 메고 나가 장사하였다. 비록 그가 죄 가운데 하나님의 즉각적인 심판으로 죽었지만 그들은 정중하게 장사지내 주었다.

Ⅳ. 아나니아의 아내 삽비라가 받은 벌. 아마도 삽비라가 먼저 죄를 범하고 남편에게 이 금지된 열매를 먹으라고 유혹하였을 것이다. 사도들이 있는 곳에 그녀가 들어왔다. 아마도 그 곳은 솔로몬의 행각이었을 것이다. 왜냐하면 우리가 그들을 그 곳에서 발견할 수 있기 때문이다(12절). 그 곳은 성전의 일부로서 그리스도께서 다니셨던 곳이다(요 10:23). 세 시간쯤 지나 그의 아내가 … 들어오니. 땅을 파는데 동의한 것에 대하여 교회가 감사할 것을 기대하고 그녀는 들어왔다. 아마도 그 땅은 남편의 유산으로서 그녀의 이름으로 등록되어 있었거나 혹은 그 땅의 삼분의 일이 그녀의 몫이었을 것이다. 그녀는 그 일어난 일을 알지 못하였다. 이상한 점은 아무도 그녀에게 달려와 남편의 갑작스런 죽음을 말해 주지 않았다는 점이며, 이로 인해 그녀는 그 상황을 피할 수 없었다. 어쩌면 누군가 알려주려 하였지만 그녀가 집에 없었기 때문에 알리지 못하였을 것이다. 이에 그녀가 바친 헌금에 대하여 축복을 받으려고 사도들 앞에 나타났을 때 축복은거녕 저주를 받고 말았나.

1. 베드로가 그 땅 판 값이 이것뿐이냐 내게 말하라(8절)고 물었을 때 그녀가 남편과 함께 죄를 공모한 것이 드러났다. 여기서 땅 판 값은 아나니아가 사도들의 발 앞에 가져온 액수를 지칭한다. "네가 그 땅을 팔고 받은 액수가 이것뿐이냐? 더는 없느냐?" 그러자 그녀는 대답한다. "아닙니다. 더는 없습니다. 이것이 우리가 받은 전부입니다." 아나니아와 그의 아내는 하나같이 똑같은 이야기를 하였다. 이 거래는 은밀하게 이루어졌고, 이들이 똑같은 이야기를 하므로 아무도 반박할 수가 없었다. 그러므로 그들은 거짓말을 해도 안전할 것이며 신뢰를 얻을 것이라고 생각하였다. 서로 선한 일을 격려해야 할 관계가 도리어 악한 일을 부추기고 있으니 이러한 모습은 보기가 애처롭다.

2. 그녀에 대한 판결이 내려졌다. 그녀는 남편이 당한 파멸에 동참해야 한다(9절).

(1) 그녀의 죄가 드러났다. 너희가 어찌 함께 꾀하여 주의 영을 시험하려 하느냐?

베드로가 판결을 내리기 전에 그녀의 가증스러운 행위를 알려주며 그녀의 악한 죄를 보여준다. 관찰. [1] 그들이 주의 영을 시험하였다. 이는 이스라엘이 광야에서 하나님을 시험한 것과 같다. 그들은 여호와의 권능을 보여주는 놀라운 증거들을 많이 본 후에 여호와께서 우리 중에 계신가 안 계신가(출 17:7)라고 말하였다. 그들은 주님의 임재뿐만 아니라 주님의 인도하심도 시험하면서 하나님이 광야에서 식탁을 베푸실 수 있으랴(시 78:19)라고 말하였다. 여기서도 마찬가지다. "사도들 안에 계신 성령께서 이러한 거짓을 어찌 알 수 있으랴? 우리가 전부라고 말하는데 이것이 값의 일부라는 사실을 그들이 어찌 알 수 있으랴?" 하나님이 무엇을 아시며 흑암 중에서 어찌 심판하실 수 있으랴?(욥 22:13) 그들은 사도들이 방언의 은사를 받은 것을 알고 있었지만 영들을 분별하는 은사를 받은 줄은 몰랐다. 죄를 지으면서도 안전과 무해를 상상하는 자들은 하나님의 성령을 시험하는 자들이다. 마치 하나님께서 자기들과 같은 존재인 양 그들이 그렇게 착각하고 하나님을 시험하는 것이다. [2] 그들이 죄를 행하기로 함께 공모하였다. (그들은 하나님께서 맺어주신 부부로서) 똘똘 뭉쳐 악의 연대를 이루었다. 선한 일에 불화하고 악한 일에 화합한다면 부부관계나 다른 관계 사이에 어떤 관계가 더 나쁘다고 말하기 어렵다. 더구나 그들이 합의를 이룬 것은 성령을 시험하는 일이었다. 그들이 이 문제에 있어서 서로의 권고를 따르기로 약속하였을 때 주의 성령께서도 그들의 의도를 알지 못할 것이라고 생각하였다. 이렇게 그들은 자신들의 의도를 주님으로부터 숨기기 위해 깊이 감추었다. 하지만 결과적으로 그들의 의도는 헛된 것이었다. "너희가 이처럼 얼빠진 존재가 되다니 어떻게 된 일인가? 도대체 얼마나 지독한 우둔함이 너희를 사로잡았기에 더 이상 논쟁이 될 수 없는 일을 너희가 감히 시도하려고 하느냐? 세례받은 그리스도인들인 너희가 자신을 알지 못하는가? 너희가 어찌하여 이 큰 위험을 무릅쓰려고 하느냐?"

(2) 그녀의 죽음이 기록되었다. 보라 네 남편을 장사하고 오는 사람들의 발이 문 앞에 이르렀으니(아마도 베드로가 그들이 오는 소리를 들었거나 혹은 그들이 멀리 가지 않았다는 것을 알았을 것이다) 또 너를 메어 내가리라. 합의하여 금지된 열매를 먹은 아담과 하와가 낙원에서 함께 쫓겨난 것처럼, 합의하여 주의 영을 시험한 아나니아와 삽비라는 세상에서 쫓겨났다.

3. 판결이 실행되었다. 사형 집행인이 필요 없었다. 베드로와 말이 떨어지기

가 무섭게 때때로 치료의 권세가 임하는 것처럼 죽음의 권세가 임하였다. 하나님께서는 그 이름만 불러도 죽이기도 하시고 살리기도 하신다. 그 입(지금은 베드로가 주님의 입이었다)에서 화와 복이 나온다(애 3:38). 곧 그가 베드로의 발 앞에 엎드러져. 하나님께서 어떤 죄인들은 급히 벌하시고 또 어떤 죄인들은 오래 참으신다. 이러한 차별에는 분명히 합당한 이유가 있지만 하나님은 그 이유를 우리에게 설명해 줄 책임이 없으시다. 그녀는 지금까지 그녀의 남편이 죽었다는 소식을 듣지 못하였다. 다만 그 사실을 알고 자신의 죄를 깨닫자 곧 죽음의 형벌이 그녀에게 임하여 번개처럼 그녀를 쳤고 돌풍처럼 그녀를 취하였다. 갑작스러운 죽음 가운데 많은 경우는 이처럼 엄청난 죄에 대한 형벌로 간주되어서는 안 된다. 갑작스럽게 죽는 모든 사람들이 다른 사람들보다 더 큰 죄인이라고 우리는 생각해서는 안 된다. 속히 가는 것이 은혜일 수 있다. 어쨌든 갑작스러운 죽음은 우리 모두가 그 때를 항상 준비해야 한다는 사실을 미리 경고한다. 하지만 여기서는 갑작스러운 죽음이 분명히 심판이었다. 어떤 이들은 아나니아와 삽비라의 영원한 상태에 관하여 의문을 제시하였다. 즉, 육신은 멸하고 영은 주 예수의 날에 구원을 받게 하려고(고전 5:5) 갑작스럽게 죽은 것이라고 주장한다. 근친상간한 고린도교인에게 회개할 기회가 주어졌던 것처럼 이들에게 회개할 기회가 주어졌다면 나 또한 그런 관대한 견해에 동의해야 할 것이다. 하지만 여기서는 숨겨진 것이 없다. 본문은 그가 베드로의 발 앞에 엎드러졌다고 말씀하고 있다. 미망히 전부를 내어놓았어야 했는데 그렇게 하지 않은 그곳에 그녀는 자신을 내어놓았다. 말하자면 부족분을 그녀 자신으로 채운 것이었다. 장사를 지낸 젊은 사람들이 들어와 그녀가 죽은 것을 보았다. 그들이 아나니아처럼 시신을 쌌다고 본문은 말하고 있지 않다. 다만 그들이 그대로 메어다가 그의 남편 곁에 장사하였다. 아마도 비문이 그들의 무덤 위에 세워졌을 것이며, 이는 그들이 성령을 속인 자들에 대한 하나님의 진노의 본보기였다는 사실을 고지하였을 것이다. 어떤 이들은 과연 사도들이 그들이 가지고 온 돈을 받았을까 하고 질문한다. 나는 그들이 받았을 것이라고 생각하고 싶다. 그들은 이것은 핏값이라 성전고에 넣어 둠이 옳지 않다(마 27:6)라고 말한 자들과 같이 미신적이지 않았다. 깨끗한 자들에게는 모든 것이 깨끗하니. 그 새물이 받는 자들에게는 부정한 것이 아니었다. 남긴 일부의 재물이 그것을 감춘 자들에게는 부정한 것이었다. 고라의 폭도들이 바친 향로도 사용되었다.

V. 이 사건이 사람들에게 미친 영향. 이야기 중간에 이에 대한 기록이 나온다(5절). 이 일을 듣는 사람이 다 크게 두려워하더라. 곧 사람들이 베드로가 말한 것을 듣고 이어서 벌어진 일을 목격하고 다 크게 두려워하였다. 혹은 그 이야기의 소문을 들은 모든 자들이 크게 두려워하였다. 의심할 여지 없이 이 이야기가 온 성에 돌았다. 이에 온 교회와 이 일을 듣는 사람들이 다 크게 두려워하였다(11절). 1. 교회에 등록한 자들은 이로써 감동을 받고 하나님과 그의 심판을 두려워하였고, 지금 그들을 주장하시는 성령의 역사를 크게 존경하였다. 이 사건은 그들의 거룩한 기쁨을 꺾거나 방해하지 않았고, 다만 이 사건이 진지한 기쁨을 누리며 떨림으로 두려워하도록 가르쳐 주었다. 이 사건 후에 사도들의 발 앞에 돈을 바친 모든 사람들은 그 값에서 조금이라도 남겨두는 것을 두려워하였다. 2. 이 소문을 들은 모든 사람들은 대경실색하여 이 거룩하신 하나님 여호와 앞에 그리고 사도들 안에 계시는 여호와의 영 앞에 누가 능히 서리요 (삼상 6:20)라고 이구동성으로 말하였다.

[12]사도들의 손을 통하여 민간에 표적과 기사가 많이 일어나매 믿는 사람이 다 마음을 같이하여 솔로몬 행각에 모이고 [13]그 나머지는 감히 그들과 상종하는 사람이 없으나 백성이 칭송하더라 [14]믿고 주께로 나아오는 자가 더 많으니 남녀의 큰 무리더라 [15]심지어 병든 사람을 메고 거리에 나가 침대와 요 위에 누이고 베드로가 지날 때에 혹 그의 그림자라도 누구에게 덮일까 바라고 [16]예루살렘 부근의 수많은 사람들도 모여 병든 사람과 더러운 귀신에게 괴로움 받는 사람을 데리고 와서 다 나음을 얻으니라

두 명의 위선자들에게 이 끔찍한 심판이 내려졌음에도 불구하고 우리는 여기서 복음의 진보에 대한 기술을 본다.

I. 여기에는 사도들이 행한 기적들에 대한 전반적인 기술이 있다(12절). 사도들의 손을 통하여 민간에 표적과 기사가 많이 일어나매. 심판이 한 번 있었던 것에 비해 자비의 기적들은 많이 일어났다. 이제 복음의 능력이 자비와 은혜의 제 길을 찾았다. 하나님께서 계신 곳에서 나와 벌하셨지만 이제는 그 자리, 곧 속죄소로 다시 돌아가셨다. 그들이 행한 기적들이 그들의 거룩한 사명을 검증하였다. 그 기적들이 적게 나타난 것이 아니라 많이 나타났고, 다양하게 그리고

자주 반복되었다. 그 기적들은 표적과 기사였으며, 하나님의 임재와 권능을 보여주는 명백한 증표였다. 그 기적들이 구석에서 일어나지 않고 사람들 사이에서(민간에) 일어났다. 그들은 기적들을 마음껏 조사하였다. 만일 그 기적들 가운데 조금이라도 사기나 공모가 있었다면 그들이 그것을 찾아내었을 것이다.

Ⅱ. 사도들이 행한 기적들의 결과가 무엇인지 우리는 여기서 볼 수 있다.

1. 이로써 교회가 연합되었고, 굳세게 사도들을 따르며 서로 사랑하였다. 교인들이 다 마음을 같이하여 솔로몬 행각에 모였다.

(1) 그들은 성전 곧 솔로몬의 행각이라 불리는 열린 공간에서 만났다. 이상한 점은 성전 관리들이 그들이 거기서 만남을 지속하도록 묵인해 주었다는 것이다. 그러나 하나님께서 그들의 마음을 움직여 잠시 그 곳에서 모이는 것에 대해 관대하게 대하도록 만드셨다. 이는 복음을 좀 더 쉽게 전파하기 위함이었다. 그리고 거기서 사고 파는 것을 허락한 자들이 말씀을 전하고 듣는 것을 금한다는 것은 수치스러운 일이었기에 허락할 수밖에 없었을 것이다. 교인들 모두가 공적인 예배로 모였다. 신앙집회의 제도가 일찍이 교회에서 시행되었으며, 이 제도가 결단코 폐지되거나 없어져서는 안 된다. 왜냐하면 이러한 집회 안에서 신앙고백이 유지되기 때문이다.

(2) 교인들이 그 곳에서 마음을 같이하여 가르침을 받고 예배를 드리고 그리고 제자훈련을 받았다. 이스라엘 백성이 고라와 그의 무리들이 죽은 데 대하여 모세와 아론을 원망하였지만 초대교회 교인들은 아나니아와 삽비라의 죽음에 대하여 아무런 불만이나 불평도 하지 않았다. 이스라엘 자손의 온 회중이 모세와 아론을 원망하여 이르되 너희가 여호와의 백성을 죽였도다 하고(민 16:41). 악을 가려내는 심판으로 위선자들을 떼어놓음으로써 신실한 구별이 이루어지고, 이로써 교인들 서로 훨씬 더 가까워지고 교회는 복음의 사역에 힘을 쏟을 수 있게 된다.

2. 이로써 그리스도의 나라의 최초의 사역자들이었던 사도들이 큰 존경을 받았다.

(1) 다른 사역자들이 사도들을 가까이하지 못하였다. 그 나머지는 감히 그들과 상종하는 사람이 없으나. 다른 사람들이 사도들을 맞먹거나 어울리지 못하였다. 다른 사역자들도 성령을 받고 방언을 말하였지만 사도들처럼 표적과 기사를 행하지는 못하였다. 그러므로 그들은 사도들의 우월성을 인정하였고 매사에

사도들에게 복종하였다.

(2) 백성이 칭송하더라. 모든 사람들이 사도들을 크게 존경하였고 좋게 평하였으며, 사도들에 대하여 하늘의 은혜를 받고 이 땅에 말할 수 없는 복을 전하는 사람들이라고 말하였다. 대제사장들이 그들을 헐뜯고 최대한 중상모략을 하였지만 그들에 대한 백성들의 칭송을 막을 수는 없었다. 백성들이 사도들의 실상을 목격하였기 때문이다. 관찰. 사도들이 스스로를 칭송하지 않았다. 그들은 모든 영광을 정성스럽게 그리고 신실하게 그리스도께 돌렸으나 백성이 그들을 칭송하였다. 자기를 낮추는 자들은 높아질 것이며, 오직 하나님께만 영광을 돌리는 자들은 영광을 얻을 것이다.

3. 교회가 숫자 면에서 성장하였다(14절). 믿고 주께로 나아오는 자가 더 많으니. 하나님께서 참으로 교회 안에 계심을 그들이 깨달았을 때 의심할 여지 없이 그들 모두 교회에 등록하였다. 아나니아와 삽비라의 본보기를 보고 그들이 단념하기는커녕 오히려 그런 엄격한 기율을 지키는 공동체에 매력을 느꼈다. 관찰.

(1) 주 예수님을 믿는 자들이 더해졌고, 그의 신비로운 몸에 등록하였다. 우리를 그리스도로부터 분리시키고 떼어놓는 것 외에는 그의 신비로운 몸으로부터 우리를 분리시키고 떼어놓을 수 있는 것은 아무것도 없다. 많은 사람들이 그리스도께로 인도되었지만 여전히 또 다른 사람들이 그리스도께로 인도되어 그와 연합된 자들의 수가 늘어난다. 하나님의 신비가 완성되고 택한 자의 수가 찰 때까지 증식이 이루어질 것이다.

(2) 남자들 뿐 아니라 여자들도 회심하였다고 보고된다. 이는 유대교의 일반적인 현상과 달랐다. 유대교에서 여자들은 할례의 표를 받지 않았으며 중요한 절기에 참여할 의무도 없었다. 그리고 여자들의 뜰은 성전 바깥뜰에 있었다. 그러나 그리스도께서 세상에 계실 때 그리스도를 따르는 사람들 가운데 의로운 여자들이 있었던 것처럼 그리스도께서 승천하신 후에도 그리스도를 믿은 사람들 가운데 의로운 여자들이 큰 주목을 받았다.

4. 사도들이 많은 환자들을 만났고 그 모든 병을 고쳐줌으로써 자신들은 물론 그들의 가르침까지 큰 명성을 얻었다(15, 16절). 사도들이 많은 표적과 기사를 행하므로 온갖 종류의 환자들이 그들로부터 은혜를 입기 위하여 모여들었고, 도시에서도 시골에서도 모여들어 은혜를 받았다.

(1) 도시에서. 병든 사람을 메고 거리에 나가. 사람들이 환자들을 메고 거리로

데리고 온 것은 아마도 환자들이 솔로몬의 행각이라는 성전 내부로 들어오는 것을 제사장들이 허락하지 않았기 때문일 것이다. 또한 사도들이 환자들 집을 일일이 방문할 여력이 없었기 때문이다. 그리고 사람들이 환자들을 침대와 요 위에 뉘였다(그들이 걸어가거나 서 있을 수 없을 만큼 연약하였기 때문). 그리고 베드로가 지날 때에 혹 그의 그림자라도 누구에게 덮일까 바랐다. 물론 모든 사람에게 그 그림자가 덮이지는 않았고 대충 그렇게 보일 뿐이었지만 바라는 만큼 효과가 있었다. 마치 여자가 그리스도의 옷자락에 손만 대었는데도 나음을 얻은 것처럼 그림자가 옆으로 지나가기만 하여도 나음을 얻었다. 이로써 그리스도의 말씀이 이루어졌다. 나를 믿는 자는 내가 하는 일을 그도 할 것이요 또한 그보다 큰 일도 하리니(요 14:12). 하나님은 자기 백성의 우편 그늘이 되심으로써 그들을 보호하신다. 그리고 왕이신 그리스도의 인자하신 힘이 큰 바위 그늘에 비유된다.

베드로는 환자들과 태양 사이에 서서 그들을 치유한다. 곧 도울 힘이 없는 피조물의 능력을 그들이 의존하는 것을 막고, 이로써 오로지 자기 안에 충만하신 은혜의 성령의 도우심만을 기대하게 한다. 그리고 이러한 기적들이 베드로의 그림자로 이루어졌다면 다른 사도들도 이런 기적들을 행하였다고 생각하는 것이 마땅하다. 실제로 바울이 쓰던 손수건으로도 이러한 기적들이 나타났다(19:12). 분명한 것은 베드로나 바울의 마음속에 정말로 고쳐주려는 의지가 있었다는 점이다. 그러므로 죽은 성도들의 유물 속에 치료의 능력이 있다고 추론하는 것은 터무니없는 생각이다. 우리는 누군가 그리스도의 유물로 치유를 받았다는 말씀을 본 적이 없다. 만일 그런 일이 있었다면 지금도 그리해야 할 것이다.

(2) 지방에서. 예루살렘 부근의 수많은 사람들이 몸이 아픈 사람과 더러운 귀신들에게 괴로움 받는 사람(곧 정신적으로 고통을 받는 사람)을 데리고 왔다. 그들 모두가 고침을 받았다. 고장 난 몸과 고장 난 마음이 회복되었다. 이러한 기적으로 말미암아 사도들은 그들이 선포한 가르침의 기원이 하늘이라는 사실을 사람들에게 설득할 수 있었다. 아울러 이 세상의 행복을 도모하는 하나의 견본을 보여줌으로써 그들의 마음을 사도들과 그들이 전한 가르침에 끌어들일 수 있었다.

[17]대제사장과 그와 함께 있는 사람 즉 사두개인의 당파가 다 마음에 시기가 가득하여 일어나서 [18]사도들을 잡아다가 옥에 가두었더니 [19]주의 사자가 밤에 옥문을 열고 끌어내어 이르되 [20]가서 성전에 서서 이 생명의 말씀을 다 백성에게 말하라 하매 [21]그들이 듣고 새벽에 성전에 들어가서 가르치더니 대제사장과 그와 함께 있는 사람들이 와서 공회와 이스라엘 족속의 원로들을 다 모으고 사람을 옥에 보내어 사도들을 잡아오라 하니 [22]부하들이 가서 옥에서 사도들을 보지 못하고 돌아와 [23]이르되 우리가 보니 옥은 든든하게 잠기고 지키는 사람들이 문에 서 있으되 문을 열고 본즉 그 안에는 한 사람도 없더이다 하니 [24]성전 맡은 자와 제사장들이 이 말을 듣고 의혹하여 이 일이 어찌 될까 하더니 [25]사람이 와서 알리되 보소서 옥에 가두었던 사람들이 성전에 서서 백성을 가르치더이다 하니

선한 사업이 성공하리라는 희망으로 진행되기는커녕 오히려 반대에 부딪혔다. 해를 끼치려고 결심한 자들이 선을 행하는 자들과 화해할 리 없다. 인류의 파괴자 사탄은 인류에 은혜를 끼치는 자들을 지금까지 대적하여 왔으며 앞으로도 그럴 것이다. 사도들이 교육과 치유를 계속하는데 방해가 없었다면 그것이 오히려 이상할 것이다. 본문에서 우리는 사도들을 둘러싸고 지옥의 악과 천국의 은혜가 싸우고 있는 것을 볼 수 있다. 하나의 세력은 이 선한 사역을 못하게 방해하고 또 다른 세력은 그 사역에 생기를 불어준다.

I. 제사장들이 사도들에게 분을 내고 감옥에 가두었다(17, 18절). 관찰.

1. 사도들의 대적들과 박해자들이 누구였는가? 대제사장, 곧 안나스 혹은 가야바가 주모자였다. 만일 그리스도의 신령하고 하늘에 속한 도가 사람들 가운데서 입지를 얻고 우세하게 된다면 그들은 자기들의 재물과 지위, 권세와 전제정치가 완전히 위태롭게 되고 필연적으로 사라지고 말 것이라는 사실을 알고 있었다. 이 때에 앞장서서 대제사장들 편에 선 자들이 사두개인의 당파였다. 그들은 특히 그리스도의 복음을 증오하였는데 그 이유는 그리스도의 복음이 그들이 부인하던 보이지 않는 세계의 교리, 죽은 자의 부활, 미래의 상태를 확립하고 수립하였기 때문이다. 신앙이 없는 사람들이 참되고 순결한 신앙을 박해하는 것은 당연하다.

2. 그들이 얼마나 사도들에게 악을 행하였고 분을 내었는가? 사람들이 떼지어 사도들에게 몰려들어 큰 무리가 된 사실을 보고 들었을 때 그들은 흥분하여

일어났는데 도저히 참을 수 없어서 이를 막기로 결심한 사람들 같았으며, 그리스도의 가르침을 전하고 병든 자를 고치는 사도들에게 시기가 가득하였다. 그리고 그들의 분노는 사도들의 말씀을 듣고 병든 자들을 데리고 오는 사람들에게도 미쳤다. 또한 사태가 이 지경이 되도록 방임하고 애초에 사도들을 제압하지 못한 자신들과 그들의 당파에게도 분노가 미쳤다. 이처럼 그리스도와 그의 복음의 대적들은 다른 사람들은 물론 자신들에게도 고통이 된다. 시기가 어리석은 자를 살해한다.

3. 그들이 사도들을 어떻게 처리하였는가?(18절) 혹은 그들 자신의 손으로(그들의 악이 그들을 비열하게 만들었다), 혹은 관리들의 손으로 사도들을 잡아다가 옥에 가두었다. 그 곳은 흉악범이 갇히는 곳이었다. 이로써 그들이 노린 것은 다음과 같은 것들이었다. (1) 사도들을 제지하는 것이었다. 그들이 사도들에게 사형이나 구속을 시킬 수 있는 죄명을 씌울 수는 없었지만 잠시나마 그들을 감옥에 가둠으로써 일을 하지 못하게 하고자 하였다. 그리하여 그리스도의 대사들이 일찍이 갇혀 있게 되었던 것이다. (2) 사도들에게 공포를 주어 그들로 사명을 감당하지 못하게 하려는 것이었다. 지난번에도 그들이 사도들을 위협하였으나 그것은 위협에 그칠 뿐이었다(4:21). 그러나 이제 그것이 그들에게 위협이 되지 못한다는 사실을 깨닫고는 그들을 감옥에 가두어 두렵게 하였다. (3) 시도들에게 망신을 주려는 것이었다. 그들이 사도들을 감옥에 가두기로 마음먹은 의도는 그들을 천하게 만늘어 사람들로 하여금 그들을 칭송하지 못하게 하려는 것이었다. 사탄은 복음의 전파자들과 고백자들을 천하게 보임으로써 복음을 방해하려는 계획을 실행하였던 것이다.

Ⅱ. 하나님께서 천사를 보내어 사도들을 감옥에서 풀어주셨고 복음 전파의 사명을 다시 하게 해 주셨다. 어둠의 권세가 사도들을 대적하지만 빛들의 아버지께서 그들을 위해 싸워주시며, 빛의 천사를 보내어 그들의 정당성을 변호해 주신다. 주님은 자기의 증인들과 대변인들을 절대로 버리지 않으시고 그들을 세우시고 지원하신다.

1. 사도들이 합법적으로 감옥에서 풀려났다(19절). 사도들이 사방으로 갇혀 있었음에도 불구하고 주의 사자가 밤에 옥문을 열고 끌어내었다. 간수들이 불침번을 서고 감옥 문을 든든히 지켰음에도 불구하고 주님께서는 아무런 죄를 뒤집어쓰지 않고 나갈 수 있는 권세를 사도들에게 주셨고 모든 반대를 물리치게 하

셨다. 본문의 해방은 특별히 베드로의 해방을 말하는 것은 아니지만(12:7 등) 둘 다 일어난 기적의 내용은 동일하였다. 적용. 감옥은 그다지 어둡거나 든든하지 않다. 왜냐하면 하나님께서 그 곳에 있는 자기 백성을 방문하실 수 있으며 원하신다면 그들을 그 곳에서 데리고 나오실 수 있기 때문이다. 사도들이 천사들의 인도로 감옥에서 나온 것은 그리스도의 부활과 흡사하다. 그리스도께서도 무덤이라는 감옥에서 나오셨다. 그러므로 그리스도께서는 사도들의 부활에 대한 증거를 확증해 주실 것이다.

2. 사도들은 합법적으로 사명을 계속하라는 사명을 받았다. 이를 위하여 대제사장의 억압으로부터 풀려난 것이다. 천사가 그들에게 명하였다. 가서 성전에 서서 이 생명의 말씀을 다 백성에게 말하라. 사도들이 기적적으로 풀려났을 때 그들이 대적들의 손에서 벗어난 것이 자신들의 삶을 위한 것이었다고 생각해서는 안 되었다. 아니 그것은 바로 더욱 담대하게 그들의 사명을 감당하라는 것이었다. 병에서 회복되고 어려움에서 풀려나는 것은 우리의 안락한 삶을 위한 것이 아니라 우리의 섬기는 삶을 통해 하나님께서 영광받기 위한 것임을 우리는 기억해야 한다. 내 영혼을 살게 하소서 그리하시면 주를 찬송하리이다(시 119:175). 내 영혼을 옥에서 이끌어 내사 주의 이름을 감사하게 하소서(시 142:7). 이제 그들이 받은 사명에 관하여 관찰해 보자.

(1) 그들이 어디에서 전해야 했는가? 성전에 서서 말하라. 사도들이 그들의 사역을 중단할 수는 없는 노릇이었을지라도 은밀한 장소에서 그 사역을 계속하는 것이 현명할 것이라고 사람들은 생각할 것이다. 은밀한 곳이 성전보다 제사장들의 비위를 건드리지 않고 자신들을 노출시키지 않을 수 있는 곳이기 때문이다. 그런데 그것이 아니었다. "성전에서 말하라. 왜냐하면 이 곳이 집합 장소이며, 이 곳이 너희 아버지의 집이며, 이 곳이 아직 심하게 황폐되지 않았기 때문이다." 그리스도의 복음을 전하는 자들은 큰 집회에서 전할 수 있는 기회를 가질 수 있는 한, 구석으로 물러가서는 안 된다.

(2) 그들이 누구에게 전해야 했나? "백성에게 말하라. 방백들과 통치자들이 아니라 백성에게 말하라. 왜냐하면 방백들과 통치자들은 듣지 않을 것이기 때문이다. 그러나 백성들은 가르침받기를 원하고 갈망하며 그들의 영혼이 그리스도에게 고귀하기 때문이다. 그러므로 너희도 그들의 영혼을 고귀하게 여겨야 한다. 관심이 있는 모든 사람들에게 말하라."

(3) 그들이 어떻게 전해야 했나? 가서, 서서, 말하라. 곧, 모든 사람들이 들을 수 있도록 공적으로 말하고 서서 말해야 한다는 의미이다. 또한 그들은 담대하게 그리고 단호하게 말해야 한다는 의미이다. 서서 말하라. 곧, "그 말씀을 지키고 그 말씀으로 살다 죽을 각오를 한 사람들처럼 말하라."

(4) 그들이 무엇을 말해야 했나? 이 생명의 말씀을 다. 너희 가운데서 늘 말하던 이 생명. 아마도 그들이 감옥에서 서로 위로하기 위해 천국에 관한 담화를 하였을 텐데 이 생명이란 바로 천국의 생명을 의미한다. "너희 자신들이 하나님의 위로를 받은 것과 동일한 위로를 다른 사람들도 받을 수 있도록 가서 세상에 전하라." 혹은 "사두개인들은 이 생명을 부인하기에 너희를 핍박한다. 그들이 분노하고 있는 것을 너희가 알고 있지만 그래도 전하라." 혹은 "너희가 전하였고, 성령께서 너희 입 속에 넣어주신 이 생명의 말씀을 전하라." 적용. 복음의 말씀은 생명의 말씀, 곧 소생하게 하는 말씀이다. 그 말씀은 영이며 생명이다. 우리가 구원받을 말씀이 바로 본문이 말하는 생명의 말씀이다(행 11:14). 복음이 바로 이 생명의 말씀이다. 왜냐하면 복음은 우리의 가족뿐만 아니라 우리의 길에 특권을 보증하며, 아울러 미래뿐만 아니라 지금 이 순간에도 생명의 약속을 보증하기 때문이다. 그러나 이것이 이 생명이라고 불리는 것은 복음서에서 영적이며 영원한 생명이 계시되어 있기 때문이다. 그 말씀이 바로 여러분 앞에 있다. 적용. 복음은 생명과 죽음의 문제를 다루고 있으며, 목사들은 복음을 설교해야 하고 성도들은 이를 들어야 한다. 그들은 이 생명의 말씀을 다 말해야 하며 위협 때문에, 혹은 통치자들의 비위를 맞추려는 마음 때문에 복음을 조금이라도 감추어서는 안 된다. 그리스도의 증인들은 맹세코 진리 전체를 말해야 한다.

Ⅲ. 사도들은 사명을 계속 수행하였다(21절). 그들이 듣고. 성전에서 계속 전하는 것이 하나님의 뜻이라는 말씀을 듣고 사도들이 솔로몬의 행각(12절)으로 돌아왔다.

1. 그들은 새로운 명령을 받고 크게 만족하였다. 당시 그들이 자유를 얻게 되면 지금까지 하던 대로 성전에서 공개적으로 전파해야 하는지 의심하였을 것이다. 왜냐하면 한 도시에서 핍박을 받으면 다른 도시로 피하라는 말씀을 그들이 들었기 때문이다. 그런데 천사가 성전에서 전하라고 명령을 내린 지금, 그들의 길은 분명하였고, 그들은 어떠한 어려움도 무릅쓰고 성전 안으로 들어갔으며,

사람의 얼굴을 두려워하지 않았다. 적용. 우리가 오직 우리의 사명으로 만족할 수 있다면 우리의 임무는 이 사명을 끝까지 감당하는 것이다. 그 때에 우리는 비로소 하나님을 기쁘게 신뢰할 수 있다.

2. 사도들은 논의나 지체함 없이 즉시 그 명령을 실행하였다. 그들이 새벽에 (곧 성전 문이 열리자마자, 사람들이 그 곳에 몰려오기 시작하자마자) 성전에 들어가서 하나님 나라의 복음을 사람들에게 가르쳤다. 사람이 그들에게 해를 끼칠까 하는 두려움이 전혀 없었다. 이러한 경우는 아주 특이한 것이었다. 복음의 모든 보화가 그들의 손에 맡겨졌다. 만일 그들이 잠잠하면 복음의 원천은 막히고, 그 모든 사역이 실패로 돌아가며 끝나게 될 것이다. 그들의 경우는 위험 속에 빠져서는 안 되는 보통 사역자들의 경우와 달랐다. 하나님께서 선을 행할 수 있는 기회를 주실 때, 비록 우리가 인간 권세의 억압과 공포에 눌려 있을지라도, 그러한 기회를 잃지 말고 위험을 무릅쓰고 나아가야 할 것이다.

IV. 대제사장과 그의 당파는 기소를 진행하였다(21절). 그들은 사도들을 기소할 충분한 증거가 있다고 생각하고 공회를 소집하였다. 이 공회는 대단히 큰 회의였는데 왜냐하면 그들이 이스라엘 족속의 원로들을 다 모았기 때문이다. 다음의 내용을 관찰하라.

1. 그들은 그리스도의 복음과 그 전파자들을 진압하기 위하여 많은 준비를 하였고 또한 큰 기대를 하였다. 왜냐하면 그들이 당파 전부를 소집하였기 때문이다. 지난번 사도들을 감금했을 때는 그들이 단지 대제사장의 친족들로 구성된 위원회 앞에 그들을 소환하였을 뿐이다. 그 위원회는 신중하게 행동해야 했다. 그러나 이제는 보다 확실하게 처리하기 위해 그들은 파산 텐 게루시안, 곧 모든 원로들을 소집하였다. 이는 예루살렘에 있는 세 가지 법정 전부를 의미하는데, 여기에는 칠십 인의 장로들로 구성된 산헤드린 공회, 성전 바깥문에 세워진 두 재판소, 그리고 성전 안쪽 문 혹은 미문에 있는 이십삼 명의 재판관으로 이루어진 법정이 포함된다(라이트푸트 박사). 전부 참석하였다면 모두 일백육십 명의 재판관들이 그 곳에 모였을 것이다. 이는 대적들의 혼란과 그들에 대한 사도들의 변증이 더욱 공개적으로 이루어지도록 하기 위한 하나님의 섭리였다. 그리고 법정이 아니면 복음을 들을 수 없는 자들로 하여금 복음을 듣게 하기 위한 하나님의 섭리였다. 물론 대제사장은 이런 의도를 알지 못하였고 생각도 하지 못하였다. 그는 자신의 모든 세력을 총동원하여 사도들을 방해하고 그들을

즉시 제거하는데 모두의 뜻을 모으려는 심산이었다.

2. 그들은 크게 실망하였고, 그들의 얼굴에는 부끄러움이 가득하였다. 하늘에 계신 이가 웃으심이여. 법정이 얼마나 근엄하게 열렸는지 우리는 알 수 있다. 그리고 대제사장이 사도들에게 근엄한 말로 자기들이 모인 이유를 밝히는 모습을 상상할 수 있다. 그 내용은 이런 것이었다. "최근에 아주 위험한 파가 예수의 가르침을 전파함으로 예루살렘에서 일어났으니 우리 교회를 지키기 위해 (지금까지 이러한 위험이 한 번도 없었다) 신속하고도 효과적으로 그 파를 제압하는 것이 필요하다. 지금 그 주모자들이 감옥에 갇혀 있으므로 지금이 이 위험한 파를 제압할 절호의 기회다. 이제 우리가 합의하기만 하면 이 파를 처리할 수 있다." 여기까지 진행되자 한 관리가 죄수들을 법정으로 끌고 오라고 즉시 전하였다. 그러나 그들이 얼마나 당황하는지 보라.

(1) 관리들이 돌아와서 감옥에는 아무도 없다고 전한다(22, 23절). 지난번에 사도들을 소환하였을 때는 그들이 그들 앞에 나왔었다(4:7). 그러나 지금은 그들이 사라졌고, 관리들은 다음과 같이 보고한다. 우리가 보니 옥은 든든하게 잠겨 있었습니다. (감옥 문이 열릴 소지가 하나도 없었습니다). "지키는 사람들이 의무를 소홀히 하지 않았습니다. 우리가 보니 지키는 사람들이 문에 서 있었고 잘못된 것은 하나도 없었으며, 죄수들이 도망칠 염려가 없는 상태였습니다. 그런데 우리가 들어가 보니 그 안에는 한 사람도 없더이다. 즉, 우리가 끌고 갈 사람들이 하나도 없었습니다." 아마도 그들이 일반 죄수들은 그 곳에서 보았을 것이다. 어떤 식으로 천사가 사도들을 데리고 나갔을까? (지키는 사람들이 졸고 있는 동안에) 천사가 감옥 문을 열었다가 다시 단단히 잠갔는지 성경은 말씀하고 있지 않다. 어쨌든 사도들은 그 곳에서 없어졌다. 어떻게 경건한 자를 시험에서 건져내시는지, 주님의 이름을 위하여 묶인 자들을 풀어주시는지 우리는 모르지만 주님은 알고 계신다. 주님은 이처럼 적절한 때에 경건한 자를 구원하신다. 이제 관리들이 돌아왔을 때 법정이 얼마나 썰렁했는지 생각해 보자. 성전 맡은 자와 제사장들이 이 말을 듣고 모두 오도 가도 못하고 서로를 쳐다보면서 의혹하여 이 일이 어찌 될까 하였다(24절). 그들은 심히 당황하였고 어찌할 바를 몰랐으며, 지금까지 살아오면서 이렇게까지 낙심해 본 적은 결코 없었다. 여러 가지 억측들이 난무하였고, 어떤 이들은 그들이 요술을 부려 감옥에서 탈출하였다고 말하였다. 또 어떤 이들은 이 죄수들이 백성들의 많은 사랑을 받고 있었고 그들

의 친구가 많다는 것을 알고는 지키는 사람들이 그들을 숨겨두고 장난을 치고 있는 것이라고 말하였다. 어떤 이들은 이처럼 놀라운 탈출이 있은 후 다음에는 그들에게 또 어떤 일이 이어질지 두려워하였다. 또 어떤 이들은 생각하기를, 예루살렘에서 그들을 쫓아내면 그들이 다른 지방으로 여기저기 다니며 또 다시 복음을 전하여 그 곳에서 더 큰 해악을 끼치게 될 것이고, 그러면 이 전염병이 퍼지는 것을 자기들의 힘으로는 도저히 막을 수 없을 것이라고 생각하였다. 이제 그들은 이 병을 고치기는커녕 더욱 악화시켰다는 두려움에 빠지기 시작하였다. 적용. 그리스도의 뜻을 괴롭히고 방해하는 자들은 자신들을 괴롭히고 방해한다.

(2) 그들의 의혹은 어느 정도 한정되어 있었다. 하지만 또 다른 사자의 보고로 인해 그들의 괴로움은 더욱 커진다. 그 사자는 죄수들이 성전에서 가르치고 있다고 보고하였다(25절). "보소서 옥에 가두었던 사람들, 곧 법정에 소환을 받고 당신들이 하찮게 여기는 자들이 바로 당신들 앞에서 당신들을 무시하고 이 성전에 서서 백성을 가르치더이다." 일반적으로 감옥에서 탈출한 죄수들은 다시 잡힐까봐 자취를 감춘다. 하지만 이 죄수들은 탈출한 후 그들을 핍박하는 자들의 영향력이 가장 큰 곳에 감히 나타난다. 이제 어떤 것보다도 바로 이러한 사실이 그들을 당황케 하였다. 보통 범인들도 감옥을 탈출할 수 있다. 하지만 이 죄수들은 자기들이 탈출을 성공한 후 그 사실을 용기 있게 공공연히 인정할 만큼 희한한 사람들이었다.

[26]성전 맡은 자가 부하들과 같이 가서 그들을 잡아왔으나 강제로 못함은 백성들이 돌로 칠까 두려워함이더라 [27]그들을 끌어다가 공회 앞에 세우니 대제사장이 물어 [28]이르되 우리가 이 이름으로 사람을 가르치지 말라고 엄금하였으되 너희가 너희 가르침을 예루살렘에 가득하게 하니 이 사람의 피를 우리에게로 돌리고자 함이로다 [29]베드로와 사도들이 대답하여 이르되 사람보다 하나님께 순종하는 것이 마땅하니라 [30]너희가 나무에 달아 죽인 예수를 우리 조상의 하나님이 살리시고 [31]이스라엘에게 회개함과 죄 사함을 주시려고 그를 오른손으로 높이사 임금과 구주로 삼으셨느니라 [32]우리는 이 일에 증인이요 하나님이 자기에게 순종하는 사람들에게 주신 성령도 그러하니라 하더라 [33]그들이 듣고 크게 노하여 사도들을 없이하고자 할새 [34]바리새인 가말리엘은 율법교사로 모든 백성에게 존경을 받는 자라 공회 중에 일어나

명하여 사도들을 잠깐 밖에 나가게 하고 [35]말하되 이스라엘 사람들아 너희가 이 사람들에게 대하여 어떻게 하려는지 조심하라 [36]이전에 드다가 일어나 스스로 선전하매 사람이 약 사백 명이나 따르더니 그가 죽임을 당하매 따르던 모든 사람들이 흩어져 없어졌고 [37]그 후 호적할 때에 갈릴리의 유다가 일어나 백성을 꾀어 따르게 하다가 그도 망한즉 따르던 모든 사람들이 흩어졌느니라 [38]이제 내가 너희에게 말하노니 이 사람들을 상관하지 말고 버려 두라 이 사상과 이 소행이 사람으로부터 났으면 무너질 것이요 [39]만일 하나님께로부터 났으면 너희가 그들을 무너뜨릴 수 없겠고 도리어 하나님을 대적하는 자가 될까 하노라 하니 [40]그들이 옳게 여겨 사도들을 불러들여 채찍질하며 예수의 이름으로 말하는 것을 금하고 놓으니 [41]사도들은 그 이름을 위하여 능욕 받는 일에 합당한 자로 여기심을 기뻐하면서 공회 앞을 떠나니라 [42]그들이 날마다 성전에 있든지 집에 있든지 예수는 그리스도라고 가르치기와 전도하기를 그치지 아니하니라

사도들이 백성들에게 무엇을 가르쳤는지 성경은 말씀하고 있지 않지만 그것은 분명히 천사의 지시대로 이 생명의 말씀을 전하였을 것이다. 하지만 사도들과 공회 사이에 있었던 일을 본문은 설명하고 있다. 사도들이 가르칠 때보다 고난을 당할 때 하나님의 능력과 힘이 더 크게 나타났다. 이제 우리는 다음과 같은 사실을 볼 수 있다.

I. 사도들이 두 번째 붙잡히다. 다시금 붙잡히는 것이 하나님의 계획이었다면 왜 그들이 첫 번째 감금에서 풀려났을까 하는 생각을 할 수 있을 것이다. 하나님의 의도는 교만한 자들을 낮추고 핍박하는 자들의 격분을 억제하기 위함이었다. 사도들이 풀려난 것은 그들이 재판을 두려워했기 때문이 아니요 다만 큰 대적들 앞에 자발적으로 나타날 각오가 되어 있었기 때문이었다는 사실을 이제 하나님께서 보여주실 것이다.

1. 관리들이 사도들을 데리고 왔으나 강제로 하지 못하였고 최대한 존중과 친절을 보여주었다. 사도들을 강단에서 끌어내리거나 결박하거나 끌어내리지 못하였고 공손하게 다가가서 말을 걸었다. 그 곳이 성전, 곧 거룩한 곳이었기 때문에 그렇게 했을 것이라고 어떤 이들은 생각할 것이다. 또한 사도들이 아나니아를 죽게 하였던 것처럼 자기들을 죽게 할까봐, 혹은 엘리야처럼 하늘로부터 불을 내리게 할까봐 사도들을 두려워한 나머지 그렇게 했을 것이라고 어떤

이들은 생각할 것이다. 그러나 그들이 폭력을 자제한 이유는 백성들을 두려워 하였기 때문이다. 백성들은 사도들을 크게 존경하였고, 따라서 만일 관리들이 사도들에게 조금이라도 욕을 보이기만 한다면 그들을 돌로 쳐 죽일 기세였다.

2. 하지만 관리들은, 사도들을 난폭하게 대하며 그들을 힘들게 하기로 결심한 자들에게로 그들을 데리고 갔다. 그리하여 마치 범법자처럼 그들을 끌어다가 공회 앞에 세웠다(27절). 그리하여 악한 일과 악한 일을 하는 자들에게 두려움이 되어야 마땅한 권력이 도리어 선한 일을 행한 자들에게 두려움이 되었다.

II. 사도들이 심문을 받다. 사도들이 이 위엄 있는 공회 앞에 끌려오자 그 법정의 대변인으로서 대제사장이 그들을 고소한 이유를 설명하였다(28절).

1. 그 이유는 그들이 당국의 명령을 복종하지 않았으며, 그들에게 내린 훈령과 금지령을 따르지 않았다는 것이었다(28절). "우리가 화를 참으면서 이 이름으로 사람을 가르치지 말라고 우리의 직권으로 엄히 명하지 않았더냐? 그런데 너희가 우리의 명령을 불복하여 우리의 허락도 받지 않음은 물론이요 오히려 우리의 분명한 지시를 거역하고 나가서 가르쳤다." 이처럼 하나님의 계명을 무시하는 자들은 공통적으로 자신들의 명령에 사람들을 꽁꽁 묶어두려 하며 자신들의 권리를 주장한다. 우리가 너희에게 엄금하지 아니하였느냐? 맞다. 그랬다. 하지만 베드로는 동시에 하나님의 권세가 그들의 권세보다 높고, 그들의 명령 대신 하나님의 명령을 지켜야 한다고 말하지 않았던가? 그들은 베드로의 이 말을 잊고 있었던 것이다.

2. 그들이 사도들을 고소한 이유는 사도들이 유대교의 허락을 받지 못하고 모세의 율법과 일치하지 않는 거짓된 도 혹은 적어도 희귀한 도를 백성들 가운데 전파한다는 것이었다. "너희가 너희 가르침을 예루살렘에 가득하게 하니 이로 인해 너희가 세상의 평화를 흔들어놓았으며, 세상의 제도로부터 백성들을 유인해 갔도다." 어떤 이들은 이 말씀을 다음과 같이 오만하게 경멸하는 말로 해석한다. "주목할 가치가 없는 너희의 어리석고 몰상식한 도를 가지고 너희가 시끄럽게 하였으며 심지어 위대하고 거룩한 도시인 예루살렘에도 이 도로 가득하게 하였고 모든 사람들의 입에 회자되게 하였도다." 자기들이 형편없이 보던 사람들이 상당히 중요한 존재가 된 데 대하여 그들은 화가 나 있다.

3. 그들이 사도들을 고소한 이유는 그들이 정부에 대하여 악의를 가지고 있으며, 정부가 악하고 압제적이고 하나님과 사람에게 미움을 받고 있다고 말함

으로써 사람들을 선동하려 하였다는 것이다. "이 사람의 피를 우리에게로 돌리고자 함이로다. 즉, 하나님 앞에서의 죄악과 사람들 앞에서의 부끄러움을 우리에게 돌리려고 하는도다." 이처럼 그들은 사도들에게 법정 불복종과 방해죄뿐만 아니라 선동죄와 내란죄, 그리고 반란음모죄를 뒤집어씌웠다. 사도들이 이렇게 백성들을 선동한 이유는 무죄할 뿐만 아니라 선하고 위대한 예수를 자기들이 죽게 하였고 이 일에 로마인들까지 끌어들였기 때문이라고 한다. 뻔뻔스럽게 악한 짓을 행하는 자들이 훗날 그에 대한 이야기를 듣지도 않고 비난도 받지 않으려는 모습을 우리는 여기서 볼 수 있다. 그들이 그리스도를 열렬하게 박해하였을 때 대담하게도 "그 피를 우리와 우리 자손에게 돌릴지어다. 우리로 그에 대한 책임을 영원히 지게 해 달라"(마 27:25)고 외쳤다. 그러나 시간을 갖고 냉정하게 생각해 본 지금 그의 피에 대한 책임을 자기 집으로 돌리는 것은 대단한 치욕이라고 여기고 있다. 이처럼 그들이 양심으로 죄를 깨닫고 정죄를 당하였으며, 전에는 겁도 없이 죄책에 연루되려고 하였지만 지금은 그 죄책 아래 놓이게 되는 것을 두려워하고 있다.

Ⅲ. 고소에 대해 사도들이 답변하다. 베드로와 사도들이 같은 취지로 대답하였다. 따로따로 심문을 받았는지 혹은 공동으로 심문을 받았는지 모르겠지만, 그들은 주님의 약속대로 성령께서 그들에게 주신 동일한 대답을 하였다. 일찍이 주님께서는 그들이 공회 앞에 끌려갈 때 그들이 말해야 할 내용을 동시에 그들에게 주실 것이라고 약속하신 바 있다.

1. 사도들은 산헤드린이 아무리 대단해도 자기들이 그 명령을 따르지 않은 것을 옳다고 주장하였다. 사람보다 하나님께 순종하는 것이 마땅하니라(29절). 사도들은 기적을 행하였던 능력을 언급하지 않고(이미 기적은 충분히 그들을 변호하였으며, 따라서 그들은 겸손하게 스스로 기적을 언급하지 않는다), 다만 보편적으로 인정하는 교훈에 호소한다. 이 교훈은 타고난 양심도 찬성하며 사도들의 경우에 가슴에 사무치는 것이다. 곧 하나님은 사도들에게 그리스도의 이름으로 가르치라고 명령하셨으며, 따라서 대제사장들이 금하였다 할지라도 그들은 그 명령을 순종해야 한다. 적용. 하나님을 위해 사명 감당하는 자들을 불순종한다고 처벌하는 그러한 통치자들은 하나님을 기억하는 자들이요, 그들에게 대답할 말이 너무 많다.

2. 사도들은 예루살렘을 그리스도의 가르침으로 가득하게 하는 행동이 옳다

고 주장하였다. 물론 사도들이 그리스도를 높임으로 그리스도를 악하게 잡아 죽인 자들의 체면을 손상시켰다. 이로 인해 사도들이 그리스도와 같이 피를 흘린다 할지라도 자기들은 이를 감사할 수 있다는 것이다. 사도들의 죄목은 그리스도와 그의 복음을 전하였다는 것이다. 그 때에 사도들은 다음과 같이 대답한다. "자, 우리는 이 그리스도께서 누구인지, 그리고 그의 복음이 무엇인지 너희에게 말할 것이다. 그 후에 우리가 그것을 전하지 말아야 하는지 너희가 판단하라. 아니, 너희가 듣든지 아니 듣든지 우리는 너희에게 전할 기회를 가질 것이다."

(1) 대제사장들이 이 예수에게 모욕을 주었다고 사도들이 그들의 면전에서 말한다. "너희가 그를 나무에 달아 죽였다. 너희는 이를 부인하지 못한다." 사도들은 변명을 늘어놓거나 용서를 구하는 대신 그리스도의 피를 흘린 죄를 그들에게 돌리고 계속 책망하며 단호히 말한다. "너희가 그를 죽였도다. 그를 죽인 것은 너희가 한 짓이다." 적용. 사람들이 자기들의 잘못을 지적하는 말을 들으려 하지 않는다고 그들의 잘못을 정확하게 지적해 주지 않는 것은 옳지 못하다. 일반적으로 죄를 책망하지 않는 구실은 시대가 그것을 받아들이지 않는다는 것이다. 그러나 죄를 책망해야 하는 직분을 가진 사람들은 이러한 말에 위압당해서는 안 된다. 시대가 책망을 받아야 하며 마땅히 그래야 할 것이다. 크게 외치라 목소리를 아끼지 말라(사 58:1). 크게 외치고 두려워하지 말라.

(2) 사도들은 하나님께서 이 예수에게 어떠한 영광을 돌리셨는지 그들에게 말해 준다. 그리고 예수의 가르침을 핍박하는 자들이 옳은지 아니면 전파하는 자들이 옳은지 판단해 보라고 한다. 베드로는 하나님을 우리 조상의 하나님이라고 부른다. 곧 하나님은 우리의 하나님이실 뿐만 아니라 너희의 하나님도 되신다는 말이다. 이로써 그리스도를 전파하는 것이 새로운 신을 전하는 것이 아니며 사람들을 유혹하여 다른 신들을 경배하게 하려는 것이 아님을 베드로가 보여준다. 즉, 그들이 모세와 선지자들의 가르침과 반대되는 종교단체를 세운 것이 아니라 유다의 조상들의 하나님을 신봉하였다는 것이다. 그들이 전한 그리스도의 이름이 하나님께서 조상들과 맺으신 한 언약의 성취였으며, 하나님께서 그들에게 주신 율법은 그에 대한 모형이며 형상이었다는 것이다. 아브라함과 이삭과 야곱의 하나님이 곧 우리 주 예수 그리스도의 하나님이시요 아버지다. 하나님께서 그리스도에게 어떠한 영광을 주셨는지 살펴보자.

[1] 하나님께서 그를 세우셨다(raised up : 개역개정판에는 '살리셨다' 로 번역됨). 하나님께서 예수에게 권세를 주시고 그에게 위대한 일을 맡기셨다. 이는 하나님께서 모세를 통해 너희 형제 가운데서 나와 같은 선지자를 세우리라(raise up)고 약속하신 언약을 지칭하는 듯하다. 하나님께서 그를 어두운 곳에서 올려 세우셔서(raised him up) 위대하게 하셨다. 혹은 이 말씀이 그를 무덤에서 일어나게 하신 것을 의미할 수도 있다. "너희가 그를 죽였지만 하나님께서 그의 생명을 회복시켜 주시므로 하나님과 너희가 다투고 있느니라. 우리가 어느 편에 서야 마땅하겠느냐?"

[2] 하나님께서 그를 오른손으로 높이셨다. 휩소세 - 높이셨다. "너희가 그를 모욕하였지만 하나님은 그에게 영광으로 관을 씌우셨다. 그러므로 하나님께서 영화롭게 하신 그를 우리가 높이는 것이 마땅하지 아니하냐?" 하나님께서 그를 높이시되 테 덱시아 아우투, 곧 오른손으로, 즉 그의 권능으로 높이셨다. 성경에 이르기를, 그리스도께서 하나님의 능력으로 인하여 사신다고 말하였다. 혹은 그리스도께서 하나님 우편에 올라가셔서 그 곳에 앉아 계시고 그 곳에서 안식하시고 그 곳에서 다스리신다. "하나님께서 그리스도에게 가장 높은 권세를 부여하셨기 때문에 우리는 그의 이름으로 가르쳐야 한다. 왜냐하면 하나님께서 그에게 모든 이름 위에 뛰어난 이름을 주셨기 때문이다."

[3] "하나님께서 예수를 임금과 구주로 삼으셨다. 그러므로 우리는 그의 이름으로 전해야만 한다. 그가 임금이시므로 우리가 그의 통치의 법을 널리 알려야 하며 또한 그가 구주이시므로 그의 은혜의 제안을 알려야 한다." 관찰. 우리가 그리스도를 우리의 왕으로 모시지 않는 한 그를 우리의 구세주로 모실 수 없다. 우리가 그의 통치를 받기 위해 우리 자신을 드리지 않는 한 우리는 그의 구속과 치유를 기대할 수 없다. 구약의 사사들은 구원자들이었다. 그리스도의 통치는 우리의 구원을 위한 것이며, 믿음은 우리의 죄 속에서(in our sins) 우리를 구하는 것이 아니라 우리의 죄로부터(from our sins) 우리를 구하시는 완전하신 그리스도를 모시는 것이다.

[4] 이스라엘에게 회개함과 죄 사함을 주시려고 하나님께서 예수를 임금과 구주로 삼으셨다. 그러므로 사도들은 이스라엘 백성에게 예수의 이름으로 가르쳐야 한다. 왜냐하면 그 은혜가 첫째로 이스라엘을 위해 예정되었기 때문이다. 그 나라를 진실로 사랑하던 자들은 아무도 이 사실을 반박할 수 없었다. 이스라엘

의 관리들과 장로들이 회개와 용서와 같은 큰 복을 이스라엘에게 베풀려고 오신 이를 어찌하여 대적하는가? 만일 그리스도께서 높아지셔서 로마의 속박으로부터 이스라엘을 구원하고 이웃 나라들을 지배하게 하셨다면 대제사장들이 온 마음으로 그를 환영하였을 것이다. 하지만 회개와 용서는 그들이 중요하게 여기지 않고 필요로 하지 않는 은혜다. 그러므로 그들이 그의 가르침을 결코 인정할 수 없었던 것이다. 관찰. 첫째, 회개와 용서가 함께 움직인다. 회개가 있는 곳에는 용서가 반드시 따라온다. 은혜는 받을 만한 자들에게 주어진다. 반면, 회개 없이는 용서도 없다. 죄의 권세와 지배로부터 자유함을 얻은 자들 외에는 아무도 죄의 책임과 형벌로부터 자유로울 수가 없다. 회개는 죄로부터 돌아서서 죄를 대항하는 것이다. 둘째, 회개와 용서를 베풀 수 있는 분은 예수 그리스도시다. 복음의 언약이 우리에게 요청하는 것은 곧 우리에게 약속하신 것이다. 우리가 회개하라는 명령을 받았는가? 그와 동시에 그리스도께서 말씀과 더불어 역사하시는 그의 성령으로 말미암아 우리에게 회개를 베풀라는 명령을 받으셨다. 그의 성령으로 말미암아 우리의 양심이 깨어나고, 죄를 뉘우치며, 마음과 삶에 효과적인 변화를 체험한다. 새 마음이 곧 그리스도의 역사이며, 상한 심령이 그가 공급하시는 희생제물이다. 그리스도께서 회개를 베푸신 다음 용서하지 않으신다면 그는 손수 행하신 일을 망치게 될 것이다. 우리가 회개하는 것이 얼마나 절실한지 깨달아라. 그리고 우리 안에 회개를 이루시는 그의 은혜를 얻기 위해 우리가 믿음으로 그리스도께 우리 자신을 바쳐야 한다는 사실을 기억하라.

[5] 이 모든 사실이 훌륭하게 증명되었다. 첫째, 사도들 스스로 증명하였다. 그들은 사람들이 요구하기만 하면, 맹세코 그리스도께서 부활하시고 하늘로 올라가신 것을 자신들이 직접 보았으며, 또한 그들의 마음에 그의 힘 있는 은혜가 임하여 자신들의 본래 능력 이상의 놀라운 차원을 체험하였다고 증명할 각오가 되어 있다. "우리는 이 일에 증인이다. 곧 우리는 그리스도께서 이 진리를 세상에 전파하라고 임명하신 증인들이다. 그러므로 만일 우리가 너희의 바라는 대로 잠잠하다면 우리는 그리스도의 신뢰를 저버리는 것이요 불성실한 자들이 될 것이다." 소송이 있을 때 모든 사람들 가운데 증인들은 잠잠히 있어서는 안 된다. 왜냐하면 그 소송의 결과가 그들의 증거에 달려있기 때문이다. 둘째, 하나님의 성령께서 증명하였다. "우리는 자격이 있는 증인들이며, 어느 누

구의 재판을 받더라도 우리의 증언은 충분하다." 하지만 이것이 전부가 아니다. 성령도 그러하니라. 성령은 하늘로부터 온 증인이다. 왜냐하면 그리스도께 순종하는 자들에게 하나님께서 성령의 은사와 은혜를 베풀어 주셨기 때문이다. 그러므로 우리는 이 이름으로 가르쳐야 한다. 왜냐하면 성령께서 바로 이러한 목적으로 우리에게 주어졌고, 우리는 그의 역사를 막을 수 없기 때문이다. 적용. 순종하는 신자들에게 성령을 주심은 그들에게 순종하는 믿음을 줄 뿐만 아니라 그들로 훌륭한 일꾼이 되게 하여 기독교의 진리를 확실하게 증언하게 하기 위함이다. 하나님은 아들의 이름과 자신의 이름으로 성령을 주셨다(요 14:26). 그리고 아들의 기도의 응답으로 하나님께서 성령을 주셨으며(요 14:16), 아니 그보다 아버지로부터 성령을 보내신 이가 바로 그리스도 자신이셨다(요 15: 26; 16:7). 이러한 사실은 아버지께서 아들에게 주신 영광을 나타내 보여준다. 성령의 위대한 일은 그리스도를 의롭다 증거하고(딤전 3:16), 또한 그를 영화롭게 하는 일이다. 성령의 모든 은사의 목적은 그리스도를 높이기 위함이며, 이는 그리스도의 가르침이 거룩하다는 사실을 증명한다. 만일 그리스도의 가르침이 거룩하지 않았다면 이처럼 거룩한 성령의 능력으로 그의 가르침이 이루어지지 못하였을 것이다. 마지막으로, 그리스도께 순종하는 자들에게 성령을 주심은 그들의 순종을 돕고 그들의 순종에 대해 즉각 보상하기 위함이다. 이러한 사실은 그리스도께 순종하는 것이 하나님의 뜻임을 분명하게 보여준다. "그러므로 그리스도를 서역하고 너희의 말을 듣는 것이 옳은지 판단해 보라."

Ⅳ. 사도들의 답변이 법정에 영향을 끼치다. 사도들의 답변은 판단력과 학식과 거룩함이 없으면서도 있는 척하는 사람들로부터 기대할 수 없는 훌륭한 변론이었다. 분명히 이런 명쾌한 답변은 관리들로 하여금 죄수들을 방면하지 않을 수 없게 만들었고, 또한 재판관들의 결정을 바꾸어놓았다. 그러나 그들은 그 논리에 승복하기보다는 오히려 크게 분노하였다.

1. 그들은 사도들의 답변에 분노하였다. 그들은 크게 노하였다. 사도들 앞에서 자신들의 죄가 드러난 것에 대하여 크게 노하였다. 그리스도의 복음이 충분한 논리를 펼치며 결과적으로 승리한 듯이 보이자 완전히 미쳐버렸다. 이러한 목적으로 설교가 백성들에게 선포되었을 때 그들은 죄를 후회하는 경건한 마음으로 애통하며 마음의 찔림을 받았다. 그러나 여기서는 사람들이 크게 노하였다. 이처럼 동일한 복음이 어떤 이들에게는 생명에 이르는 냄새가 되기도 하고 또

어떤 이들에게는 사망에 이르는 사망의 냄새가 되기도 한다. 복음의 원수들은 복음이 주는 위로를 빼앗길 뿐만 아니라 스스로 무시무시한 공포를 자초하고 자기 자신을 괴롭힌다.

2. 그들은 사도들에 대한 악의로 분노하였다. 사도들의 숨을 끊기 전에는 그들의 입을 막을 수 없다는 사실을 알고는 그들은 사도들을 없이하고자 음모를 꾸민다. 그렇게 하므로 송사를 끝내기를 바랐다. 사도들이 마음에 성스러운 평안과 평온함, 그리고 완전한 침착함과 달콤한 기쁨으로 그리스도의 일을 계속하였다. 그러나 박해자들은 지속적인 마음의 혼란과 불안으로 스스로를 괴롭히면서 그리스도를 대적하였다.

V. 이 때에 공회의 지도자인 가말리엘이 위엄 있는 충고를 하였다. 그의 안목은 이 고집불통들의 분노를 완화시켰으며 사나운 박해를 저지시켰다. 여기서 가말리엘은 직업이나 분파로는 바리새인이라고 소개되었고, 직분상으로는 율법교사, 곧 구약성경을 연구하고 성경의 저자들에 대하여 강론하고 학생들을 훈련한 사람이라고 소개되었다. 바울은 그의 문하생으로 컸다(22:3). 구전에 따르면, 스데반과 바나바도 가말리엘 문하에서 자라났다고 한다. 어떤 이는 말하기를, 그리스도께서 성전에서 바쳐졌을 때 그리스도를 품에 안았던 시므온의 아들이 바로 가말리엘이요, 또한 그가 유명한 힐렐의 손자였다고 한다. 지혜와 행위 면에서 그가 모든 백성에게 존경을 받는 자라고 본문은 말한다. 본문에 나타난 그의 모습을 보아 그는 온건한 사람이었고, 좀처럼 성내지 않는 그런 사람이었다. 침착함과 관용을 지닌 사람들은 선동자들을 제지하므로 존경을 받았다. 이들의 제지가 없었다면 그들은 온 세상에 불을 질렀을 것이다. 이제 다음과 같은 사실을 관찰해 보자.

1. 그는 전에 있었던 사건을 인용하면서 공회에 꼭 필요한 경고를 준다. 일어나 명하여 사도들을 잠깐 밖에 나가게 하고. 이는 그가 좀 더 자유롭게 말하고 대답하기 위함이었다. 재판관들이 사건에 대하여 토의할 때 죄수들이 밖으로 나가는 것이 당연하였다. 그리고 그는 공회원들의 마음을 진정시키고 이 문제의 중요성을 강조하였다. 그들이 이처럼 크게 흥분한 상태로는 제대로 고찰할 수가 없었다. 이스라엘 사람들아 너희가 이 사람들에게 대하여 어떻게 하려는지 조심하라(35절). 이 사건은 평범한 사건이 아니므로 성급하게 결정되어서는 안 될 것이다. 이러한 주장을 강요하기 위해 그는 공회원들을 가리켜 "이스라엘 사람

들아"라고 부른다. "너희는 이성의 지배를 받아야 하는 인간이다. 그러므로 이성이 없는 말이나 노새처럼 되지 말라. 너희는 계시의 지배를 받아야 하는 이스라엘 사람들이다. 그러므로 하나님과 그의 말씀에 대하여 관심이 없는 이방인들처럼 되지 말라. 너희가 이 사람들에게 대하여 어떻게 하려는지 조심하라." 적용. 하나님의 백성을 핍박한 자들이 자기가 파놓은 함정에 빠지지 않으려면 자신들을 돌아보는 것이 상책이었다. 우리가 의로운 자의 마음을 아프게 하지 않기 위해서 누군가에게 괴로움을 주는 것을 조심해야 한다.

2. 가말리엘은 이전의 사건들을 인용하여 자신의 주장을 펼친다. 그는 당쟁을 일삼고 선동하던 두 사람의 경우를 예로 든다(사도들도 그들과 같다고 공회원들은 생각하였을 것이다). 두 선동자들의 기도는 수포로 돌아갔다. 그는 이 사실로부터 다음과 같이 추론한다. 즉, 만일 이 사람들이 본보기가 된 선동자들과 같다면 이 운동은 소멸될 것이며, 하나님의 섭리로 인해 그들은 얼이 빠져버리고 좌절되고 말 것이며, 그러므로 그들을 핍박할 필요가 없다는 것이다.

(1) 잠시 큰 소란을 일으킨 드다라는 사람이 있었다. 그는 교회와 국가를 개혁하라는 거룩한 사명을 받고 하나님으로부터 보내심을 받은 위대한 자요, 혹은 교사 혹은 왕이라고 스스로 선전하였다. 가말리엘은 여기서(36절) 드다에 관해 말한다. [1] 그의 세력이 얼마나 되었는가? "그를 약 사백 명이나 따랐다. 그들은 아무것도 모르고 그를 따랐거나 혹은 자신들의 사정이 조금 나아질 것을 기대하고 그를 따랐다. 그리고 그들이 가공할 단체가 된 듯 보였다." [2] 그의 주장이 얼마나 빨리 내동댕이쳐졌는가? "그가 죽음을 당하매(아마도 전쟁 중에) 더 이상 야단법석을 떨 필요가 없었다. 그를 따르던 모든 사람들이 흩어져 없어졌고 마치 태양 앞에서 눈처럼 녹아 없어졌다. 이제 그 경우와 이 경우를 비교해 보자. 너희가 이 당파의 주모자인 예수를 죽였다. 너희가 그를 제거하였다. 만일 그가 너희가 말한 대로 사기꾼과 사칭하는 자라면 드다의 경우처럼 그의 죽음은 그의 운동의 끝이 될 것이며, 결국 그를 따르던 자들이 흩어지게 될 것이다." 지금까지 있었던 일을 통해 우리는 앞으로 되어질 일을 추론할 수 있다. 목자의 죽음으로 양 떼가 흩어지게 될 것이다. 만일 평강의 하나님께서 양들의 큰 목자를 죽은 자 가운데서 이끌어내지 않으셨다면(히 13:20), 그의 죽음으로 양들은 완전히 흩어지고 말았을 것이다.

(2) 갈릴리의 유다도 똑같은 경우였다(37절). 관찰. [1] 그의 시도. 그 후라고 기

록되어 있지만 어떤 이는 '이 외에' 라고 해석한다. 유다의 난이 드다의 난 이후 얼마 후에 있었다고 가정하면서 나는 '그 후' 라고 말하겠다. 왜냐하면 유다의 난이 일어난 때는 호적(세금을 거두기 위한 것)할 때, 곧 우리 주님이 탄생하시던 때(눅 2:1)였기 때문이다. 요세푸스는 드다의 난이 쿠스피우스 파두스(Cuspius Fadus) 때에 일어났다고 말하고 있지만 호적할 때는 클라우디우스 가이사(Claudius Caesar) 때였으며, 몇 년 후 가말리엘이 이 사건을 말하였다. 그러므로 이 둘은 같은 시대에 일어난 사건일 수가 없다. 이 사건들이 언제 일어났는지, 그리고 호적할 때가 우리 주님이 탄생하시던 날과 같은 때인지 혹은 조금 뒤인지 구체적으로 단정짓기는 힘들다. 어떤 이들은 이 갈릴리의 유다가 이른 바 요세푸스가 말한 유다스 가울로니테스(Judas Gaulonites)와 동일 인물이라고 생각하지만 또 다른 사람들은 아니라고 생각한다. 가말리엘의 기억에 생생히 남아있는 것으로 보아 이들이 최근의 인물이었을 가능성이 높다. 이 갈릴리의 유다가 일어나 백성을 꾀어 따르게 하였다. 백성들은 그의 주장을 그대로 믿었다. 그러나 [2] 그의 시도는 실패하였다. 산헤드린 공회가 개입하지 않았고 유다를 비난하지 않았는데도(그럴 필요조차 없었다) 유다의 난은 진압되었다. 그가 죽임을 당하매 따르던 모든 사람들이 흩어져 없어졌다. 세금을 거두기 위해 호적할 때에 많은 사람들이 자유에 대한 열망으로 말미암아 어리석게도 목숨을 버렸고, 다른 사람들까지도 같은 함정에 빠뜨렸다. 하나님의 섭리대로 그들이 세상의 왕을 섬기는 것이 좋았을 것이다.

3. 전반적인 문제에 대한 가말리엘의 입장

(1) 공회가 사도들을 핍박해서는 안 된다는 것이다(38절). 이제(타 뉜) 내가 너희에게 말하노니. 지금 당면한 문제에 대한 나의 조언은 다음과 같다. "이 사람들을 내버려두라. 그들이 행한 일에 대하여 핍박하지 말고 앞으로 그들이 할 일에 대하여 금지하지 말라. 그들을 못 본 체하고 그들 마음대로 하도록 놔두라. 이 사람들을 상관하지 말고 버려 두라." 이스라엘 백성이나 로마인들의 감정을 상하지 않으려고 혹은 이들을 더욱 멀어지게 하지 않으려고 가말리엘이 정책적으로 이런 말을 했는지는 확실하지 않다. 사도들은 보이는 무기를 가지고 어떤 일을 도모한 적이 한 번도 없었다. 그들의 무기는 육적인 것이 아니었다. 그러므로 그들을 진압하기 위해 보이는 무기를 사용해서는 안 되었다. 또는 그가 기독교의 교리에 대한 신념이 조금이라도 있었는지, 적어도 개연성이라도

가지고 있었는지, 그리고 기독교의 교리가 조심스럽게 다루어져야 한다고 생각하였는지, 적어도 공정한 심판을 받아야 한다고 생각하였는지는 분명하지 않다. 그가 그저 양심상 핍박을 반대하려고 온화하고 조용한 심령으로 한 마디 한 것인지도 분명하지 않다. 또는 가말리엘의 의지와 상관 없이 이 때에 사도들을 구원하기 위해 하나님께서 그의 입에 이 말을 넣어 주셨는지도 분명하지 않다. 다만 확실한 것은 가말리엘의 말 가운데 그리스도의 종들이 풀려나되 자랑스럽게 풀려나도록 하기 위한 하나님의 주도적인 섭리가 있었다는 사실이다.

(2) 공회가 이 문제를 하나님의 섭리에 맡겨야 한다는 것이다. "결과를 기다려라. 그리고 어떻게 되는지 지켜보라. 이 사상과 이 소행이 사람으로부터 났으면 무너질 것이요 만일 하나님께로부터 났으면 너희가(아무리 힘을 쓰고 꾀를 써도) 그들을 무너뜨릴 수 없을 것이다." 분명히 악하고 부도덕한 집단은 반드시 진압되어야 한다. 만일 행정관들이 이런 일을 하지 않는다면 그들이 차고 있는 검은 쓸모 없는 것이 될 것이다. 하지만 선한 행위를 하며, 그것이 하나님으로부터 났는지 아니면 사람으로부터 났는지 분명하지 않다면 그냥 내버려두고 운명에 맡기는 것이 상책이다. 이러한 경우 그 집단을 진압하려고 외적인 무력을 조금이라도 사용해서는 안 된다. 그리스도는 검의 힘이 아니라 진리의 힘으로 다스리신다. 그리스도께서 요한의 세례에 관하여 그것이 하늘로부터냐 사람으로부터냐(눅 20:4)라고 물으셨다. 사도들이 전한 교리와 세례에 관해서도 똑같이 질문이 적용되는 것이 마땅하였다. 그리스도 앞서 행하여진 세례 요한의 세례가 그러한 질문을 받은 만큼 그리스도의 뒤를 따른 사도들의 세례도 똑같은 질문을 받아야 했다. 앞(세례 요한의 경우)에서 하늘로부터인지 사람으로부터인지 대답할 수 없었던 그들이기에 이번 경우에도 지나친 자신감은 금물이었다. 어떤 식으로 하든 그들을 박해해서는 안 되는 까닭이 여기에 있었다.

[1] "만일 이 사상과 소행, 곧 예수의 이름으로 모임을 갖고 조직을 이루는 이러한 일이 사람으로부터 났으면 무너질 것이다. 그것이 자기들이 무엇을 하고 있는지도 모르는 어리석고 바보 같은 사람들의 사상이요 소행이라면 잠시 내버려 두라. 그리하면 그들 스스로 숨이 막힐 것이며, 그들의 어리석음이 만인 앞에 드러나게 되어 웃음거리가 될 것이다. 만일 그것이 종교를 구실로 세속적인 이익을 챙기려는 정치적이고 계획적인 사람들의 사상과 소행이라도 그냥 잠시

내버려 두라. 그리하면 그들의 가면이 벗어질 것이며 그들의 부정행위가 만인 앞에 드러나 미움을 받게 될 것이다. 하나님의 섭리는 결코 그것을 묵인하지 않을 것이다. 그것은 잠시 후에 무너질 것이다. 그러므로 너희가 그 집단을 핍박하고 반대할 필요가 없다. 그것을 없애기 위해 너희가 애써 고생하여 비난을 받을 이유가 없다. 너희가 잠시만 기다리면 그것은 스스로 무너질 것이기 때문이다. 힘을 쓸데없이 사용하는 것은 낭비다."

[2] (너희와 같이 똑똑한 사람들이 오해하여) 이 사상과 소행이 하나님으로부터 나왔고 이 설교자들이 하나님으로부터 위임와 지시를 받았으며 그들이 구약의 선지자들처럼 참으로 세상에 하나님의 말씀을 전하는 자들이라는 것이 사실로 판명된다면 그 때에 너희가 그들을 핍박하고 그들을 없이하고자(33절) 한 일에 대하여 어찌 변명하겠는가? 그러므로 너희는 다음과 같은 결론을 내려야 한다. 첫째, "그들을 핍박하는 것은 헛된 일이다. 만일 하나님께로부터 났으면 너희가 그들을 무너뜨릴 수 없겠고 도리어 하나님을 대적하는 자가 될까 하노라. 지혜로도 못하고, 명철로도 못하고 모략으로도 여호와를 당하지 못하느니라(잠 21:30). 하늘에 계신 이가 웃으심이여(시 2:4)." 하나님으로부터 나온 것은 무엇이든 아무리 심한 핍박을 받을지라도 결코 무너지지 않는다는 이 사실이 진정으로 하나님 편에 서 있고 오직 하나님의 뜻만을 바라보며 그의 영광을 목적으로 삼는 사람들에게 위로가 될 것이다. 하나님으로부터 나온 것은 계속 유지되며 무너지지 않는다. 둘째, "그들을 핍박하는 것은 너희 자신에게 위험한 일이다. 너희가 어쩌다가 하나님을 대적하는 자가 되지 않으려면 제발 그들을 내버려 두라. 이 논쟁에서 누가 잘못될지 나는 너희에게 말할 필요가 없다." 자기를 지으신 이와 더불어 다툴진대 화 있을진저(사 45:9). 그는 무력한 대적으로 진압될 뿐만 아니라 자기의 의로운 왕을 배반한 자로 여겨질 것이다. 하나님의 신실한 백성을 미워하고 학대하며, 그의 신실한 종들을 억압하며 금지하는 자들은 하나님을 대적하는 자들이다. 왜냐하면 그들을 핍박하는 것을 하나님께서는 자신에 대한 대적으로 여기시기 때문이다. 하나님의 백성을 건드리는 자들은 곧 하나님의 눈동자를 건드리는 자들이다. 자, 이상이 바로 가말리엘이 조언한 내용이다. 핍박하는 사람들은 제발 이러한 조언을 충분히 고려하기를 우리는 바란다. 비록 그가 어떤 사람이었는지 우리는 알 수 없지만 그의 조언은 좋은 생각이며 아주 당연한 말이기 때문이다. 유대 작가들의 전승에 따르면 그는 철저하게 그리스도와

그의 복음을 철저하게 박해하며 살다가 죽었다고 하며, 비록 그가 (적어도 본문에서는) 그리스도의 제자들을 핍박하는 것을 막았지만, 유대인들이 그리스도인들과 기독교를 근절시켜 달라고 오늘까지도 사용하고 있는 기도문을 만든 사람이었다고 한다. 반면, 천주교도들의 전승에 따르면 그가 그리스도인이 되어 기독교의 뛰어난 후원자가 되었으며 이전에 자기 밑에서 배웠던 바울의 제자가 되었다고 한다. 정말 그랬다면 우리가 사도행전이나 서신서 어디에선가 그에 대한 이야기를 들을 수 있어야 할 것 같다.

VI. 모든 문제에 대한 공회의 결정(40절).

1. 그들은 가말리엘의 조언에 크게 동의하였고 결과적으로 사도들을 없애려는 계획을 취소하였다. 그들은 가말리엘의 말에 타당한 이유가 있다는 것을 깨달았고, 그의 조언이 당장 그들의 분노를 상당히 가라앉혔다.

2. 하지만 그들의 확고한 판단과 양심과 반대로 그들의 분노가 식어지는 것을 참을 수 없었다. 그래서 그들을 내버려 두라는 조언을 받기는 했지만 그들은 (1) 사도들을 채찍질하였다. 사도들을 범인으로 취급하여 그들이 회당에서 하던 대로 채찍질하였고, 옷을 벗기고 때렸다. 이렇듯 사도들이 받은 능욕에 대하여 본문은 기록하고 있다(41절). 이로써 사도들이 복음 전하는 것을 부끄러워하고 또한 백성들도 그들의 말을 듣는 것을 부끄러워할 줄 그들은 생각하였다. 마치 빌라도가 우리 주님에게 아무런 잘못이 없다고 선포하고서도 자기를 드러내기 위해 주님에게 매질을 한 것과 같다. (2) 그들은 예수의 이름으로 말하는 것을 금하였다. 이는 사도들이 전파한 내용에서 다른 아무런 잘못도 찾아내지 못할지라도 전파하는 그 행동 자체를 비난한 근거를 마련하기 위함이었다. 즉, 그것이 율법에 위배되는 것이며, 허가 없이 행동한 것일 뿐만 아니라 상부의 지시를 어긴 것이라고 비난하기 위함이었다.

VII. 이와 같은 무례와 모욕 속에서도 사도들은 놀라운 용기와 절개를 보여주었다. 소송이 취하되자 그들은 공회 앞을 떠났다. 그들은 법정을 비난하거나 그들이 받은 부당한 대우에 대하여 항변하는 말을 한 마디도 하지 않았다. 욕을 당하되 맞대어 욕하지 아니하고 고난을 당하되 위협하지 아니하였다. 그리고 가말리엘이 언급한 분, 곧 공의로 심판하시는 이에게 부탁하였다(벧전 2:23). 온통 그들의 관심사는 자신들의 심령의 평안을 지키며, 어떠한 반대를 무릅쓰고서라도 복음 증거의 사명을 온전히 감당하는 것이었다. 그들은 이 두 가지 관심사를 잘 감당하였다.

1. 그들은 불굴의 기쁨으로 고난을 견뎌내었다(41절). 그들이 공회 앞을 떠났을 때 아마도 팔과 손에 채찍에 맞은 흔적을 가지고 있었을 것이며, 종들과 어중이떠중이들의 야유소리를 들었을 것이며, 혹은 그들이 수치스러운 형벌을 받았다는 사실이 공중에 알려졌을 것이다. 그러나 그들은 그리스도를 부끄러워하지 않고 그 이름을 위하여 능욕 받는 일에 합당한 자로 여기심을 기뻐하였다. 그들은 명망 있는 사람들로서 한 번도 비난받을 일을 한 적이 없었기에 수치심을 가질 수밖에 없었다. 일반적으로 순수한 영혼들이 그러하듯이 그들이 사람들에게 수치스러운 사람으로 보였다는 것이 가장 견디기 힘든 고통이었다. 하지만 그들이 그리스도께 속하였고 그리스도를 위해 일하였기 때문에 자신들이 그리스도의 이름을 위하여 이처럼 모욕을 당하였다고 생각하였다. 그들의 고난이 그리스도의 이름을 알리는데 크게 도움을 주리라고 생각하였다.

그러므로 그들은 (1) 고난을 영광으로 여겼다. 그들이 능욕 받는 일에 합당한 자라고 생각하였다. 카텍시오데산 아티마스테나이, 곧 그들은 그리스도를 위해 모욕을 당하는 것을 영광으로 알았다. 그리스도를 위해 모욕을 당하는 일이야말로 진정한 승진이다. 왜냐하면 그로 인해 우리가 그리스도의 모습을 닮아가며, 그리스도를 위해 섬길 수 있기 때문이다.

(2) 그들은 주님께서 그들에게 처음에 하신 말씀을 기억하면서(마 5:11, 12) 고난받는 일을 기뻐하였다. 나로 말미암아 너희를 욕하고 박해하고 거짓으로 너희를 거슬러 모든 악한 말을 할 때에는 너희에게 복이 있나니 기뻐하고 즐거워하라. 그들이 모욕을 견뎌낼 뿐만 아니라 모욕당하는 것을 기뻐하였다. 고통이 그들의 기쁨을 줄이지 못하였다. 오히려 그들이 받은 고통이 그들의 기쁨을 늘려주었다. 우리가 선을 행하고 부당한 고통을 당한다면 우리는 그런 고통을 당할 수 있도록 베풀어 주신 은혜를 기뻐해야 한다.

2. 그들은 지칠 줄 모르는 끈기로 자신들의 사명을 계속 감당하였다(41절). 그들은 복음을 전한다는 이유로 벌을 받았고 더 이상 전하지 말라는 명령을 받았다. 그러나 그들은 가르치기와 전도하기를 그치지 아니하였다. 그들은 기회를 놓치지 않았으며, 열심이나 적극성이 조금도 줄지 않았다. 관찰.

(1) 그들은 언제 전하였는가? 날마다 전하였다. 안식일 혹은 주일만 전한 것이 아니다. 주님께서 하시던 대로(마 26:55; 눅 19:47) 그들은 날마다 하루도 빠짐

없이 전하였다. 그들은 그러다가 자신들이 죽지 않을까 혹은 듣는 자들이 식상해하지 않을까 하고 두려워하지 않았다.

(2) 그들은 어디서 전하였는가? 공적으로는 성전에서, 사적으로는 집에서 전하였다. 곧, 모든 사람들이 자주 드나드는 혼잡한 모임에서든지, 특별한 의식을 위해 그리스도인들이 모이는 선별된 모임에서든지 그들은 전하였다. 그들은 다른 사람들에게 양해를 구하고 전해야 한다고 생각하지 않았다. 왜냐하면 때를 얻든지 못 얻든지 말씀을 전파해야 했기 때문이다. 성전에서는 그들이 대적들의 눈에 다소 노출되었지만 자신들의 집에서만 말씀을 전하지 않았다. 오히려 그들은 위험한 지역으로 들어가 전하였다. 그들이 거룩한 곳 성전에서 말씀을 전할 자유가 있었지만, 집에서, 심지어 오두막집에서 전하는 것을 불평하지 않았다. 그들은 맡겨진 자들의 집을 방문하여 상황에 따라 그들에게 필요한 교훈의 말씀을 전하였으며, 심지어 어린이들과 종들에게도 전하였다.

(3) 그들이 전한 말씀의 주제. 그들은 예수는 그리스도라고 전하였다. 그들은 예수 그리스도에 관해 전하였다. 이것이 전부가 아니었다. 그들은 그리스도를 높였으며, 그들의 말을 들은 자들에게 그리스도를 그들의 왕과 구주로 모시라고 요구하였다. 그들은 자신을 전하지 않았으며 오직 그리스도를 전하였다. 마치 신랑의 친구들처럼 그들은 그리스도의 유익을 위해 사명을 감당하였다. 성직자들의 가장 큰 잘못은 그리스도 외에 다른 것을 전하려고 하는 것이다. 하지만 사도들은 자기를 기쁘게 하려고 전도의 주제를 바꾸지 않았다. 그리스도를 전하는 것이 복음 사역자들의 불변의 임무가 되어야 한다. 그리스도, 십자가에 못 박히신 그리스도, 그리고 영광을 얻으신 그리스도를 전하는 일만이 우리가 회복해야 할 일이다.

제
— 6 —
장

개요

본 장에서 우리는 다음과 같은 내용을 볼 수 있다. I. 구제를 베푸는 문제로 제자들이 불평함(1절). II. 구제를 담당하고 사도들의 짐을 덜어줄 일곱 집사를 택하여 세움(2-6절). III. 숫자가 더해짐으로 교회가 성장함(7절). IV. 일곱 집사 중 스데반에 대한 상세한 이야기. 1. 그리스도를 위한 그의 위대한 활동(8절). 2. 스데반이 기독교의 대적들로부터 받은 박해와 스데반과 대적들의 논쟁(9, 10절). 3. 스데반이 산헤드린 공회 앞에 소환되어 정죄당함(11-14절). 4. 하나님께서 스데반의 시련을 인정하심(15절).

[1]그 때에 제자가 더 많아졌는데 헬라파 유대인들이 자기의 과부들이 매일의 구제에 빠지므로 히브리파 사람을 원망하니 [2]열두 사도가 모든 제자를 불러 이르되 우리가 하나님의 말씀을 제쳐 놓고 접대를 일삼는 것이 마땅하지 아니하니 [3]형제들아 너희 가운데서 성령과 지혜가 충만하여 칭찬 받는 사람 일곱을 택하라 우리가 이 일을 그들에게 맡기고 [4]우리는 오로지 기도하는 일과 말씀 사역에 힘쓰리라 하니 [5]온 무리가 이 말을 기뻐하여 믿음과 성령이 충만한 사람 스데반과 또 빌립과 브로고로와 니가노르와 디몬과 바메나와 유대교에 입교했던 안디옥 사람 니골라를 택하여 [6]사도들 앞에 세우니 사도들이 기도하고 그들에게 안수하니라 [7]하나님의 말씀이 점점 왕성하여 예루살렘에 있는 제자의 수가 더 심히 많아지고 허다한 제사장의 무리도 이 도에 복종하니라

앞에서 우리는 교회가 대적들과의 싸움에서 승리하는 모습을 보았다. 이제 우리는 교회의 내부적인 문제가 정리되는 것을 보게 된다. 본문은 다음과 같은 내용으로 이루어져 있다.

I. 교인들이 불행하게도 의견 차이를 보이므로 안 좋은 결과를 초래할 수도 있었지만 현명하게 화합하였고 적절하게 해결됨. 그 때에 제자(처음으로 부르심을 받아 그리스도를 배우는 그리스도인들)가 더 많아졌는데(1절) 이로 인해

원망이 생겼다.

1. 제자들의 수가 더 많아졌다는 사실은 분명히 우리에게는 기쁨이요, 제사장들과 사두개인들에게는 괴로움이었다. 복음에 대한 박해가 복음의 진보를 막은 것이 아니라 도리어 성공을 도왔다. 애굽 안에 있던 어린 유대 교회처럼 초대교회는 핍박을 받으면 받을수록 더욱 성장하였다. 전도자들이 매를 맞고 위협을 당하며 모욕을 당하였지만 백성들은 그들의 도를 받아들였으며 핍박 중에 보여준 그들의 놀라운 인내와 기쁨에 감동을 받았다. 그리고 전도자들이 훌륭한 정신으로 고난을 견디어내므로 사람들을 설득하였다.

2. 하지만 제자들의 수가 늘어나면서 생긴 불화가 우리를 낙담시킨다. 이 일 전까지 그들은 모두 한마음이었다. 이러한 모습이 영광스럽게 주목을 받았다. 하지만 수가 늘어난 지금 그들은 원망하기 시작하였다. 옛 세상처럼 사람들의 수가 많아지자 스스로 부패하였다. 주께서 이 나라를 창성하게 하셨으나 그 즐거움을 더하지는 않으셨다(사 9:3; KJV와 개역개정판의 번역이 다름 : 역자 주). 아브라함과 롯의 식구가 늘어났을 때 그들의 목자들 사이에 다툼이 일어났던 것처럼 수가 많아지자 불화가 생겼다. 그러나 이 원망은 노골적인 충돌로 발전하지는 않았고 은밀한 가슴앓이 정도였다.

(1) 원망한 사람들은 히브리 사람들을 미워한 헬라파 유대인들이었다. 그들은 헬라와 기티 지역에 흩어저 살았던 유대인들이었다. 그들은 헬라어를 말하였고, 헬라어로 된 성경을 읽었으며, 토종 히브리인이 아니었다. 그들 가운데 많은 사람들이 절기 때 예루살렘에 왔다가 그리스도를 믿었고, 교회에 등록하여 그 자리에 계속 머물게 되었다. 이 사람들이 히브리 사람들, 곧 히브리어 성경을 읽던 토종 유대인들을 원망하였다. 헬라파 유대인들과 토종 유대인들 양쪽 모두에서 일부가 그리스도인들이 되었다. 그러나 그리스도를 믿는 믿음으로 서로 끌어안는 힘이 부족하였던 것 같다. 그들이 회심하기 전에 서로에게 가졌던 약간의 시기심이 마땅히 없어졌어야 했지만 옛 누룩이 약간 남아있었다. 그리스도 예수 안에는 헬라인이나 유대인이 없고, 히브리인과 헬라인의 차별이 없으며, 오직 모두가 똑같이 그리스도를 영접하므로 그리스도를 위해 서로를 귀하게 여겨야 한다.

(2) 이 헬라파 유대인들의 원망은 자기들의 과부들이 매일의 구제에서 빠진다는 것이었다. 히브리 과부들은 더 많은 돌봄을 받았다. 관찰. 교회의 최초의 논쟁은

돈 문제에 관한 것이었다. 저 세상의 존귀한 것들을 받으리라고 고백하는 자들이 이 세상의 하찮은 것들 때문에 다툰다는 것은 애석한 일이다. 가난한 자들을 구제하기 위해 많은 돈을 모금하였다. 하지만 이런 일을 할 때 흔히 있는 일이지만 구제 헌금을 분배하는데 있어서 모든 사람을 만족시키기란 불가능한 일이었다. 사도들이 이 헌금을 받아 헌금한 사람들의 의도대로 골고루 분배하려고 최선을 다했으며, 최대한 공평하게 나눠주고자 하였으며 따라서 헬라 과부들보다 히브리 과부들을 더 우대하지 않은 것이 분명하다. 하지만 사도들은 헬라파 유대인들로부터 자기의 과부들이 푸대접을 받는다는 원망을 들었다. 물론 헬라의 과부들도 실제로 구제를 받았지만 히브리의 과부들처럼 많이 받지 못하였다거나 혹은 많은 사람들에게 전해지지 않았다거나 혹은 때에 맞게 공급되지 않았다고 그들은 원망하였다.

[1] 이러한 원망은 근거가 없거나 부당한 것이었다. 사실 원망할 만한 이유가 없었다. 그러나 어느 모로 불리한 입장에 있던 사람들(헬라파 유대인은 히브리인 중에 히브리인이던 사람들에 비해 불리한 입장이었다)은 사실이 그렇지 않은데도 너무 예민한 나머지 무시당하고 있다고 생각하기 쉽다. 가난한 사람들이 일반적으로 범하기 쉬운 실수는 자기들에게 주어진 것에 대하여 감사하기보다는 투덜거리며 시끄럽게 떠들어댄다는 점이다. 그들은 실수로 자기들이 조금 받거나 다른 사람들이 더 많이 받은 것을 쉽게 알아낸다. 이런 고통의 뿌리는 시기와 탐심이며, 이러한 요소는 부유한 사람들은 물론 가난한 사람들에게도 존재한다. 아무리 겸손할지라도 이러한 요소는 누구나 가지고 있으며, 우리 스스로 그러한 감정을 극복해야 한다.

[2] 한편 우리는 그들에게 불평할 만한 근거가 있었을 것이라고 추정해 볼 것이다. 첫째, 어떤 이들은 주장하기를, 다른 가난한 사람들은 충분히 공급을 받았지만, 히브리인들이 지킨 고대의 규칙 때문에 집행하는 자들이 과부를 구제에서 제외시켰다고 한다. 고대의 규칙이란 과부는 자녀들이 부양해야 한다는 것이다(딤전 5:4). 둘째, 여기서 과부들은 가난한 사람 전부를 대표한다고 나는 생각한다. 왜냐하면 교회 명부에 기록되고 구제를 받은 많은 사람들이 과부들이었기 때문이다. 그들은 남편 생전에 남편의 노동으로 부양을 받았으나 남편이 죽으면서 곤경에 빠지게 되었다. 공무를 집행하는 사람들이 특별히 과부들을 위험으로부터 보호해야 하는 것처럼(사 1:17; 눅 18:3), 구제하는 사람들은 특별히

과부들에게 필요한 것을 공급해 주어야 한다. 딤전 5:3을 보라. 관찰. 본문에 나오는 과부들과 다른 가난한 사람들이 매일 돌봄을 받았다. 아마도 그들은 앞날에 대한 계획을 하지 못하였고, 장래를 위해 저축할 수도 없었다. 그러므로 재정 관리자들은 친절하게 그들에게 매일의 양식을 주었다. 그들은 그 날 벌어 그 날 먹고 살았다. 헬라파 과부들은 비교적 소외를 당한 것 같다. 아마도 부유한 히브리파 유대인들이 부유한 헬라파 유대인들보다 더 많은 헌금을 했다는 사실을 구제를 집행하던 사람들이 고려했을 것이다. 헬라파 유대인들은 히브리파 유대인들처럼 토지를 팔아 바치지는 않았을 것이다. 따라서 가난한 헬라파 사람들을 구제할 헌금이 부족하였을 것이다. 그럴지라도 구제를 집행하는 자들이 헬라파 사람들을 관대하게 대해야 했지만 그들은 인색한 생각을 하였고 불공평하였다. 적용. 세상에서 질서가 가장 잘 잡혀있는 교회 안에도 잘못된 일, 실정, 혹은 불평거리, 혹은 적어도 약간의 원망들이 있을 것이다. 그런 문제들이 가장 적은 교회가 최상의 교회다.

Ⅱ. 이 문제의 멋진 해결, 그리고 원망의 원인을 제거하기 위해 내놓은 수단. 여태껏 사도들이 이 문제를 지도해 왔다. 문제가 사도들에게 보고되었고, 원망할 만한 일이 있을 때 사도들에게 호소하였다. 사도들은 그들 밑에 있는 사람들을 사용해야 했다. 사도들이 모든 일을 다 처리할 수 없었으며, 또한 불공평을 확고하게 물리치지 못하였다. 그러므로 사도들보다 더 여유를 가진 사람들, 그리고 사도들보다 재정을 잘 운영할 수 있는 사람들이 선택을 받아 이 문제를 처리해야만 하였다. 관찰.

1. 사도들이 어떠한 방법으로 이 문제를 제안하였는가? 열두 사도가 모든 제자를 불러. 여기서 모든 제자들은 예루살렘에 있던 기독교인들의 지도자들, 곧 지도적인 인물들을 가리킨다. 열두 사도는 지도자들 없이는 아무것도 결정하지 않았다. 승리는 지략이 많음에 있기 때문이다(잠 24:6). 이러한 성격의 문제에 있어서 사도들보다는 이 땅의 일에 정통한 사람들이 최고의 좋은 조언을 할 수 있었다.

(1) 사도들은 큰 사명을 받았기 때문에 자신들이 이렇게 큰 자금을 결코 운용할 수 없다고 주장한다(2절). 우리가 하나님의 말씀을 제쳐 놓고 접대를 일삼는 것(serve tables)이 마땅하지 아니하니. 성전 안에서 돈 바꾸는 자들이 상(tables) 앞에서 일한 것처럼, 돈을 받고 지불하는 일은 바로 상(tables) 앞에서 일하는 것

이었다. 이러한 일은 사도들이 본래 받은 소명과는 다른 일이었다. 그들은 하나님의 말씀을 전해야 했다. 물론 그들이 무엇을 전해야 할지 연구해야 할 경우는 없었다(왜냐하면 그들이 말씀을 전해야 할 바로 그 때에 말씀을 받았기 때문이다). 하지만 그 일은 사람이 전력을 기울여야 되는 일이라고 그들은 생각했다. 사도 한 사람이 우리 열 사람, 천 사람보다 더 능력이 있었지만 그들은 자신들의 모든 생각, 관심, 시간을 전적으로 바쳐야만 했다. 만일 그들이 돈을 주고받는 상 앞에서 일한다면 그들은 상당 부분 하나님의 말씀 전하는 것을 소홀히 할 수밖에 없었고, 말씀을 전하는 일에 집중할 수가 없었다. Pectora nostra duas non admittentia curas (우리의 마음은 두 가지 다른 사역에 집중할 수 없다). 비록 상 앞에서 일하는 것이 경건한 일이고, 부유한 그리스도인들의 자선을 돕고 가난한 그리스도인들의 필요를 도우며 결국 그리스도를 위하는 일이었지만 사도들은 이러한 필요성 때문에 말씀을 전하는 일 외에 시간을 빼앗기지 않았다. 그들이 등에 채찍을 맞는다고 해서 그 사명을 소홀히 해서는 안 되는 것처럼 그들의 발 앞에 돈이 놓아졌다고 해서 그들이 말씀을 전하는 일을 소홀히 해서는 안 될 것이다. 제자들의 숫자는 적었을 때에는 사도들이 그들의 주된 업무에 지장을 받지 않고 이 문제를 해결할 수 있었다. 하지만 제자들이 수가 증가한 지금 그들은 이 문제로 인해 지장을 받지 않을 수 없었다. 마땅하지 아니하니. 우크 아레스톤. 좋지 아니하니. 곧 생명의 양식으로 영혼들을 먹이는 일을 소홀히 하면서까지 가난한 자들의 육체를 구제하는 일에 신경을 쓰는 일은 좋지 않다는 뜻이다. 적용. 복음을 전하는 일은 최우선의 사명이며, 목사가 감당할 수 있는 가장 의미 있고 가장 필요한 일이다. 따라서 목사는 복음 전하는 일에 전념해야 하며(딤전 4:15), 자기 생활에 얽매이지 말아야 한다(딤후 2:4). 아니, 목사는 하나님의 집 밖의 일에는 일체 얽매이지 말아야 한다(느 11:16).

(2) 그러므로 사도들은 접대할 수 있는(디아코네인 트라페자이스) 사람 일곱을 택하기를 원한다(2절). 지금까지 사도들이 해 온 것보다 그들이 더욱 열심히 해야 한다. 이 일에 합당한 사람들은 비록 사도들처럼 말씀 사역과 기도하는 일에 전념하지는 않았을지라도 가끔씩 말씀 전하고 기도하는 일에 헌신해야 한다. 그리고 그들은 교회의 재정을 관리해야 한다. 곧 재정을 시찰하고 지출하며 기록해야 하고, 명절에 쓸 물건을 사야 하며(요 13:29), 영적인 행사를 하는데(in ordine ad spiritualia), 필요한 모든 것을 준비하여 모든 일이 질서 있게 잘 이루

어지도록, 또한 아무것도 소홀함이 없도록 해야 한다.

[1] 이 사람들은 합당한 자격이 있어야 한다. 이 사람들은 택함을 받아 사도들이 세워야 한다. 백성이 이 직무에 합당하지 않은 사람들을 선택할 권한이 없고 사도들 또한 그런 사람들을 세울 권한이 없다. 일곱을 택하라. 현재로서는 이 정도의 숫자로도 충분하다고 사도들은 생각하였다. 필요하다면 나중에 더 추가될 수도 있었다. 이 일곱은 다음과 같은 조건이 되어야 한다. 첫째, 칭찬받는 사람이어야 한다. 즉 부정한 일이 없는 사람, 이웃들로부터 순수한 사람, 신실한 사람, 보증할 만한 사람, 아무런 흠도 없는 믿을 수 있는 사람이라고 인정받아야 한다. 아울러 모든 일에 덕스럽고 칭찬받을 만한 사람이라는 말을 들어야 한다. 마튀루메누스 ─ 인간관계에서 좋은 증거를 듣는 사람들. 적용. 교회의 직분을 맡은 자들은 칭찬을 받고 흠이 없어야 하며, 아울러 훌륭한 성품을 지녀야 한다. 훌륭한 성품은 그들의 직무에 대한 신망을 얻는 것과 아울러 정당한 직무수행을 위해 꼭 필요한 조건이다. 둘째, 그들은 성령이 충만해야 한다. 성령의 은사와 은혜는 그들이 맡은 일을 바르게 수행하는데 필수적인 조건이다. 그들은 정직해야 함은 물론 재능이 있고 용기가 있는 사람들이어야 한다. 마치 이스라엘의 재판장들이 능력 있는 사람들, 곧 하나님을 두려워하며 진실하며 불의한 이익을 미워하는 자들이어야 함과 같다(출 18:21). 이런 조건들이 갖추어져야 성령이 충만하다고 할 수 있다. 셋째, 그들은 지혜가 충만해야 한다. 정직하고 선량한 것으로는 충분하지 않으며, 그들은 분별이 있고 현명해야 한다. 그래야 강요를 당하지 않고 일을 우선순위에 따라 행할 수 있다. 성령 충만과 지혜 충만이 병행된 것은 성령께서 지혜의 영이시기 때문이다. 우리는 성령께서 지혜의 말씀을 주신다는 사실을 체험한다. 지혜의 말씀이란 한 성령께서 주시는 지식의 말씀의 다른 형태이다(고전 12:8). 공금을 맡은 자들은 지혜가 충만해야 한다. 그래야 성실하고도 검소하게 공금을 다룰 수 있다.

[2] 교인들이 이 사람들을 지명해야 한다. "너희 가운데서 일곱을 택하라. 너희 가운데서 누가 이 위탁물을 잘 집행할 수 있는 사람인지 생각해 보라. 또 너희가 누구를 가장 안심하고 맡길 수 있는지 생각해 보라." 누가 어떤 성품을 가졌는지에 대하여는 사도들보다 교인들이 더 잘 알거나 적어도 더 잘 조사할 수 있다고 여겨졌다. 따라서 이들을 택하는 일이 교인들에게 맡겨졌다.

[3] 사도들이 그들을 안수하여 세울 것이며 재정을 맡길 것이다. 그래야 그들

이 무엇을 해야 하는지 알 수 있고, 또 그들이 양심적으로 그 일을 할 수 있을 것이기 때문이다. 또한 사도들이 그들의 권위를 세워주어야 관련된 사람들이 이러한 일에 있어서 누구한테 문의하고 제시해야 할지 알 수 있을 것이기 때문이다. 우리가 이 일을 그들에게 맡기고. 우리의 여러 가지 영어 번역본에는 바로 이 곳에 인쇄 오류가 있었다. 왜냐하면 너희가 이 일을 그들에게 맡기고 라고 인쇄되어 있기 때문이다. 그렇게 되면 마치 교인들에게 그들을 세우는 권세가 있다는 뜻이 되어버린다. 그러나 그들을 세우는 권세는 분명히 사도들에게 있었다. "우리가 이 일을 그들에게 맡겨서 재정을 처리하게 하며, 또 그것이 낭비되는지 부족한지 살피게 할 것이다."

(3) 사도들은 목회자로서 그들의 사명에 전념하기로 약속한다. 사도들이 이 골치 아픈 일에서 완전히 손을 떼게 되면 그들의 사명에 집중할 수 있을 것이다. 우리는 오로지 기도하는 일과 말씀 사역에 힘쓰리라. 관찰.

[1] 복음 전파의 두 가지 큰 사역이 무엇인가? 말씀과 기도다. 이로써 하나님과의 교제, 그리고 그의 백성과의 교제가 지속되고 유지될 수 있다. 하나님은 말씀으로 백성들에게 말씀하시고 백성들은 기도로 하나님께 말씀드린다. 이 두 가지가 서로 연관이 있다. 이 둘로써 그리스도의 나라가 발전되며 확장된다. 우리는 마른 뼈들에게 예언하며 그 다음에 하나님으로부터 생명의 영이 임하여 그들 속에 들어가게 해 달라고 기도해야 한다. 말씀과 기도로 우리의 다른 의식들이 거룩해지며, 성례가 효능을 가진다.

[2] 복음 사역자들의 주 임무가 무엇인가? 그것은 기도하는 일과 말씀 전하는 일에 계속적으로 전념하는 것이다. 그들은 이러한 일을 위해 공적으로든 사적으로든 헌신해야 한다. 정해진 시간이든 아니든 기도하는 일과 말씀 전하는 일에 힘써야 한다. 그들은 말씀을 전하므로 사람들에게 하나님의 입이 되어야 하며, 또한 기도하므로 하나님에게 사람들의 입이 되어야 한다. 죄인들을 깨우쳐 회개하도록 하며, 성도들을 양육하고 위로하기 위해 우리는 그들을 위해 기도를 올려드릴 뿐만 아니라 말씀을 전하므로 약속된 방법대로 우리의 기도를 힘써 후원해야 한다. 또한 우리는 그들에게 말씀을 전할 뿐만 아니라 그들을 위해 기도해야 한다. 그래야 말씀의 전파가 효력을 나타낼 것이다. 하나님의 은혜는 우리의 전파 없이도 모든 것을 행할 수 있지만 우리의 전파는 하나님의 은혜 없이는 아무것도 행할 수 없다. 사도들은 성령의 특별한 은사를 받아 방언

을 하며 기적을 행하였다. 하지만 그들이 지속적으로 힘쓴 것은 말씀 전하는 일과 기도하는 것이었다. 이로써 그들은 교회를 세울 수 있었다. 사도적인 권위가 충만하지 못해도 ─ 사도적인 권위를 가지고 있다고 가장하는 자들은 대담하게 불법을 행하는 자들임 ─ 사도적인 사역을 최선을 다해 훌륭하게 감당하는, 곧 기도와 말씀 전하는 일에 지속적으로 전념하는 그런 사역자들이 의심할 여지 없이 사도들의 계승자들이다. 그리하면 그리스도께서 세상 끝날까지 항상 함께 하실 것이다.

2. 사도들의 이러한 제안을 제자들이 어떻게 동의하였으며, 어떻게 즉시 실행하였는가? 이러한 제안은 제자들에게 절대적인 권위로 강요된 것이 아니었다. 물론 사도들이 그리스도 안에서 아주 담대하게 명령할 수도 있었지만(몬 8), 이 제안은 아주 편안하게 제시되었다. 그러므로 온 무리가 이 말을 기뻐하였다(5절). 사도들이 세상일에 빠지지 않고 다른 사람들에게 그 일을 맡기려는 것을 보고 그들은 기뻐하였다. 사도들이 말씀과 기도하는 일에 전념하리라는 말을 듣고 그들은 기뻐하였다. 그러므로 그들이 이 문제에 대하여 논쟁하지도 않았고 그렇게 실행하는 것을 미루지 않았다.

(1) 그들은 사람들을 선정하였다. 모든 사람이 똑같은 사람들을 눈여겨본다는 것은 있을 수 없는 일일 것이다. 모든 사람이 각각 자기 친구가 좋다고 생각하였다. 그러나 투표 결과 다수표는 여기에 거명된 사람들이 받았다. 다른 후보들과 유권자들은 투표결과를 인정하였으며, 아무런 소란도 피우지 않았다. 교회 공동체에 소속된 자들은 마땅히 그래야 한다. 특별한 직분인 사도는 제비로 선출되었다. 이는 하나님의 직접적인 행동이었다. 그러나 가난한 자들을 구제하는 자들은 교인들의 투표로 선출되었다. 하지만 이 가운데도 하나님의 섭리가 있었다. 하나님은 모든 사람들의 마음과 입술을 친히 주장하신다. 우리는 선출된 사람들의 명단을 본문에서 볼 수 있다. 어떤 이들은 이들이 앞서 칠십 인의 문도들 가운데 속한 자들이었다고 생각한다. 하지만 그럴 가능성은 없어 보인다. 왜냐하면 칠십 인의 문도들은 그리스도께서 복음을 전하도록 하기 위해 친히 임명하셨기 때문이다. 사도들과 마찬가지로 그들도 하나님의 말씀 전하는 일을 소홀히 하면서까지 구제의 일을 한다는 것은 마땅하지 않다. 그러므로 일곱 사람은 성령의 부으심을 받은 이후에 회심한 자들이었을 가능성이 높다. 왜냐하면 세례를 받는 모든 자들에게 성령을 선물로 받을 것이라는 약속이 주어

졌기 때문이다. 그 약속에 따르면, 그 선물은 바로 성령의 충만함이며, 구제하는 일을 하도록 선택된 사람들에게는 성령의 충만함이 필수적이었다. 우리는 이 일곱 사람들에 대하여 다음과 같이 어림짐작할 수 있다.

[1] 그들은 자신들의 재산을 팔아 그 돈을 헌금한 사람들이었을 것이다. caeteris paribus(그 밥에 그 나물이다). 많은 액수를 헌금한 사람들이 그 헌금을 나누어주는 일에도 가장 적합하였다.

[2] 이 일곱 사람들은 모두 헬라파 유대인들이었을 것이다. 왜냐하면 그들 모두 헬라식 이름을 가지고 있기 때문이다. 그리고 자기들처럼 이방인들이었던 사람들에게 헌금이 맡겨져야 헬라파 유대인들의 원망(이것이 바로 이러한 교회의 조직을 야기하였음)이 수그러들 것이기 때문이다. 그들이 같은 혈족을 소홀히 하지 않을 것은 자명한 사실이다. 니골라는 일곱 집사 중 한 명이었던 것이 확실하다. 왜냐하면 그는 안디옥의 개종자였기 때문이다. 니골라가 안디옥의 개종자였다면, 어떤 이들은 생각하기를, 이러한 표현 방식이 다른 집사들 모두가 예루살렘에서 개종한 자들이었음을 암시한다고 한다. 첫 번째 이름은 스데반이다. 그는 일곱 집사의 영광이며, 믿음과 성령이 충만한 사람이었다. 그는 그리스도의 가르침에 대한 강한 믿음이 있었고 믿음이 가장 충만하였다. 어떤 이들은 믿음과 용기가 충만하였다고 해석한다. 이렇게도 해석할 수 있는 것은 스데반이 성령이 충만하고, 성령의 은사와 은혜로 충만하였기 때문이다. 그는 비범한 사람이었으며, 선한 모든 일에 탁월하였다. 그의 이름은 **면류관**을 의미한다. **빌립**이 그 다음에 소개되었다. 왜냐하면 그가 집사의 직분을 잘 감당하므로 인정을 받았고, 이후에 전도의 직분도 받았고, 사도들의 단짝이며 보조자가 되었다. 그는 분명히 전도자로 칭해졌다(21:8; 참고. 엡 4:11). 그리고 빌립의 전도와 세례를 베푼 행위(8:12에서 우리는 이런 사실을 볼 수 있음)는 분명히 집사로서 한 일이 아니라(왜냐하면 집사의 직분은 말씀을 전하는 사역과 달리 구제하는 것이기 때문임) 복음 전도자로서 한 일이었다. 빌립의 직분이 승진되었을 때 집사의 직분은 중단한 것으로 보는 것이 마땅하다. 이 두 직분을 다 수용할 수 없기 때문이다. 스데반에 대하여는 그가 복음 전도자라고 입증할 만한 아무런 증거도 우리는 찾을 수 없다. 왜냐하면 스데반은 오직 회당에서 변론하였을 뿐이며, 법정에서 자신의 목숨을 위해 항변하였기 때문이다(9절, 참고, 7:2). 마지막에 소개된 이름은 니골라다. 어떤 이들은 말하기를, 후에 니골라가

유다처럼 타락하였다고 한다. 성경에서 읽을 수 있는 바 니골라는 니골라 당의 창시자가 되었다(계 2:6, 15). 그리고 거기서 그리스도께서 니골라 당에 대하여 거듭 말씀하시기를, 자신이 미워하시는 것이었다고 하셨다. 하지만 고대의 학자들 가운데 더러는 니골라를 이러한 비난으로부터 구해준다. 그들은 비록 상스럽고 부정한 분파가 자칭 니골라의 이름으로 칭해졌지만 그것은 부당하다고 우리에게 말한다. 왜냐하면 니골라는 아내를 가진 자들이 갖지 못한 자처럼 하라고 주장하였을 뿐인데 그들이 악하게 추론하여 주장하기를, 아내를 가진 자들은 공동으로 소유하라고 하였다. 그러므로 테르툴리아누스는 물건의 공용에 대하여 말할 때 특별히 예외를 말하였다. Omnia indiscreta apud nos, praeter uxores (우리 가운데 모든 것이 공용이나 우리의 아내들만은 예외다.─ Apol. cap, 39.)

(2) 사도들은 그들에게 구제하는 직분을 주었다(6절). 교인들이 그들을 사도들에게 천거하였고, 사도들은 교인들의 천거를 인정하고 그들을 임명하였다.

[1] 사도들은 그들이 더욱더 성령과 지혜가 충만하게 해 달라고 기도하였다. 그리하여 맡은 일을 잘 감당하고, 이로써 교회에 은혜를 끼치며 특히 가난한 양 떼에게 은혜를 끼치게 해 달라고 기도하였다. 교회는 교회의 일을 맡는 자들을 위해 기도함으로써 하나님의 은혜에 그들을 부탁해야 한다.

[2] 그들에게 안수하니라. 곧 사도들이 주님의 이름으로 그들을 축복하였다. 안수하였다는 것은 야곱이 요셉의 아들들에게 축복한 것처럼 그들에게 축복하였다는 것을 의미한다. 논란의 여지 없이 낮은 자가 높은 자에게서 축복을 받느니라 (히 7:7). 집사들이 사도들에게 축복을 받았고, 가난한 자들을 돌보는 자들이 목사들에게 축복을 받았다. 사도들이 그들을 위해 축복 기도를 하면서 안수함으로써 기도에 대한 응답으로 축복이 임하였다는 것을 그들에게 확실히 보증하였다. 그리고 안수는 그들에게 그 직분을 행사할 권위를 주는 것이었으며, 아울러 교인들에게는 집사들에게 복종할 책임을 주는 것이었다.

Ⅲ. 이후의 교회의 발전. 이렇게 교회의 질서가 세워지자(원망의 원인이 제거되고 불만이 수그러들자) 신앙이 제자리를 찾았다 (7절). 하나님의 말씀이 점점 왕성하여. 사도들이 이전보다 말씀 전하는 일에 전념하기로 결심한 지금 복음이 더욱 퍼져나갔고 더 큰 능력으로 복음이 전해졌다. 목회사들이 세속적인 일로부터 풀려나고 온전히 자신의 사명에 열중할 때 복음을 성공적으로 전할 수 있게 될 것이다. 씨앗이 자라나면 삼십 배, 육십 배, 백 배의 결실을 거두게

되는 것처럼 하나님의 말씀도 그처럼 자라난다고 성경은 말한다.

2. 그리스도인의 수가 많아졌다. 예루살렘에 있는 제자의 수가 더 심히 많아지고. 그리스도께서 세상에 계실 때 예루살렘에서 거둔 성과가 미미하였다. 그러나 이제 그 도시에는 아주 많은 회심자들이 생겼다. 하나님께서 가장 악한 지역에서도 남은 자들을 모으신다.

3. 허다한 제사장의 무리도 이 도에 복종하니라. 여기에 나오는 제사장들처럼 복종하지 않을 듯하던 자들이 복음에 복종하자 하나님의 말씀과 은혜가 크게 확대되었다. 제사장들은 복음을 반대하였거나 적어도 반대한 자들과 연관이 있었다. 모세의 율법으로 말미암아 승진된 제사장들이 그리스도의 복음 앞에 기꺼이 나왔다. 그들이 무리를 지어 온 듯하다. 그들은 서로의 명예를 지켜주고 서로의 관계를 유지하기로 합의하고 즉시 교회에 등록하여 그들의 이름을 그리스도에게 양도하였다. 폴리스 오클로스 — 허다한 제사장의 무리가 하나님의 은혜로 편견을 극복하고 그리스도의 도에 복종하였다. 따라서 그들의 개종을 다음과 같이 설명할 수 있다. (1) 그들이 복음의 가르침을 받아들였다. 그들의 지각이 권세 있는 그리스도의 진리에 사로잡혔고, 거역하는 모든 생각이 그리스도에 대한 순종으로 바뀌었다. 고후 10:4, 5. 복음은 믿어 순종하게 하시려고 알게 하신 바라고 성경은 말한다(롬 16:26). 믿음은 순종의 행위다. 왜냐하면 하나님의 계명은 우리더러 믿으라는 것이기 때문이다(요일 3:23). (2) 그들은 복음의 모든 계율과 교훈에 즐거이 순종함으로써 그리스도의 복음에 대한 신실한 믿음을 보여주었다. 복음의 의도는 우리의 마음과 삶을 깨끗하게 하고 개선하는 것이다. 믿음으로 계명을 받으면 우리는 틀림없이 그 계명에 순종하게 된다.

[8]스데반이 은혜와 권능이 충만하여 큰 기사와 표적을 민간에 행하니 [9]이른 바 자유민들 즉 구레네인, 알렉산드리아인, 길리기아와 아시아에서 온 사람들의 회당에서 어떤 자들이 일어나 스데반과 더불어 논쟁할새 [10]스데반이 지혜와 성령으로 말함을 그들이 능히 당하지 못하여 [11]사람들을 매수하여 말하게 하되 이 사람이 모세와 하나님을 모독하는 말을 하는 것을 우리가 들었노라 하게 하고 [12]백성과 장로와 서기관들을 충동시켜 와서 잡아가지고 공회에 이르러 [13]거짓 증인들을 세우니 이르되 이 사람이 이 거룩한 곳과 율법을 거슬러 말하기를 마지 아니하는도다 [14]그의 말에 이 나사렛 예수가 이 곳을 헐고 또 모세가 우리에게 전하여 준 규례를 고치겠다 함

을 우리가 들었노라 하거늘 [15]공회 중에 앉은 사람들이 다 스데반을 주목하여 보니 그 얼굴이 천사의 얼굴과 같더라

의심할 여지 없이 스데반은 구제를 행하는 일을 부지런히 그리고 충성스럽게 감당하였으며, 모두를 만족시킬 수 있는 좋은 방법으로 그 일을 하려고 애를 썼다. 그가 비범한 은사를 받은 사람이며 더 지위에 오를 수 있는 사람으로 여기에 나타나 있지만 그는 주어진 직분을 감당하는 것을 하찮게 여기지 않았다. 작은 일에 충성한 그는 더 큰 일을 맡았다. 비록 그가 설교하고 세례를 주면서 복음을 전한 것으로 나타나 있지 않지만 우리는 그가 매우 존귀한 일에 부르심을 받았고 또 그 일에서 인정을 받은 것을 여기서 볼 수 있다.

I. 스데반은 그리스도의 이름으로 기적을 행하므로 복음의 진리를 입증하였다(8절).

1. 은혜(믿음: KJV에는 'faith' 로 되어 있음: 역자 주)와 권능이 충만하여. 즉, 그는 강한 믿음의 소유자였고, 이 믿음으로 큰 일을 할 수 있었다. 믿음이 충만한 사람은 능력이 충만하다. 왜냐하면 믿음은 우리에게 하나님의 능력을 보증하기 때문이다. 스데반의 믿음이 충만하여 불신이 들어갈 틈이 없었고 오직 하나님의 은혜가 역사할 수 있는 자리를 마련해 주었다. 그리하여 선지자의 말처럼 그는 여호와의 영으로 말미암아 능력으로 충만하였다(미 3:8). 믿음으로 말미암아 우리는 자아를 비우고 그리스도로 충만해진다. 그리고 그리스도는 하나님의 지혜와 능력이 되신다.

2. 스데반이 이처럼 공개적으로, 그리고 사람들 앞에서 큰 기사와 표적을 민간에 행하였다. 그리스도의 기적은 가장 엄격한 조사를 두려워하지 않았다. 스데반이 비록 직분상 설교자는 아니었지만 이러한 큰 기적을 행한 것은 이상한 일이 아니었다. 왜냐하면 이러한 기적을 행하는 것이 분명한 성령의 은사였다는 사실을 우리는 성경에서 알 수 있기 때문이다. 어떤 사람에게는 능력 행함을, 어떤 사람에게는 예언함을(고전 12:10, 11). 이러한 표적이 설교자들에게만 따른 것이 아니라 믿는 자들에게도 따랐다(막 16:17).

II. 스데반은 기독교를 반대하고 논박했던 자들에게 기독교를 변증하였다(9, 10절). 다른 사람들이 포도나무 재배자와 농부로 일하는 동안, 스데반은 고도의 분야에서 논쟁자로서 신앙의 유익을 위해 일하였다.

1. 스데반의 대적들이 누구였는지 본문은 말씀하고 있다(9절). 그들은 유대인들, 그 중에서도 헬라파 유대인들, 곧 흩어진 유대인들이었다. 그들은 본토 유대인들보다 종교에 대한 열심이 더 컸던 것 같다. 그들이 사는 곳에서 종교의 관습과 고백을 계속 유지한다는 것은 어려운 일이었다. 그 곳에서 그들은 얼룩덜룩한 새들의 처지였고, 그들이 예루살렘에 온다는 것은 많은 비용과 수고 없이는 안 되는 일이었다. 이러한 요인으로 인하여 그들은 보다 쉽게 신앙고백을 할 수 있었던 본토인들보다 유대교에 보다 적극적으로 집착할 수밖에 없었다. 그들은 이른 바 자유민의 회당이라고 불린 회당 소속이었다. 로마인들은 그들을 리베르티(Liberti), 또는 리베르티네스(Libertines)라고 불렀다. 그들은 외국인으로 지내다가 그 곳에 귀화한 사람들이며, 혹은 나면서 노예가 되었지만 후에 해방되어 자유 시민이 된 사람들이었다. 어떤 이들은 생각하기를, 이 자유민들이 바울처럼 로마의 시민권을 얻은 유대인들이었다고 한다(22:27). 스데반과 논쟁할 때 바울은 이 자유민의 회당에 소속된 사람들 가운데 가장 급진적인 인물이었으며, 다른 사람들을 이 논쟁에 끌어들였을 가능성이 높다. 왜냐하면 바울이 스데반을 돌로 쳐서 죽이는데 앞장 선 것을 우리가 볼 수 있기 때문이다. 그 밖에 구레네인, 알렉산드리아인의 회당에 소속된 사람들도 있었다. 유대의 작가들은 이 회당들에 대하여 언급하고 있다. 또 다른 이들은 길리기아와 아시아에 있던 회당 소속이었다. 로마의 자유 시민이었던 바울이 만일 자유민의 회당 소속이 아니었다면 다소 태생인 그는 길리기아의 회당에 소속되었을 것이다. 그가 둘 다에 소속되었을 가능성도 있다. 다른 나라에서 태어나고 그 나라들과 이해관계가 있었던 유대인들은 예루살렘에 갈 기회가 많았으며 또한 그 곳에서 거주하기도 하였다. 나라마다 유대인의 회당이 있었다. 런던 안에 프랑스 교회, 화란 교회, 덴마크 교회가 있는 것과 같다. 이러한 회당들은 그 나라의 유대인들이 어려서부터 유대의 학문을 배우는 학교들이었다. 이제 이러한 회당의 교사와 교수였던 자들이 복음이 성장하는 것을 보고, 또한 관리들이 복음의 성장을 묵인하는 것을 알고, 그 복음이 유대의 종교에 어떤 영향을 끼칠까 두려워하였다. 그들은 유대교를 위해 복음을 경계하였고, 자기들의 주장이 선하며 자기들이 복음을 충분히 처리할 것이라고 확신하였다. 그리하여 그들은 논쟁의 힘으로 기독교를 무너뜨리려고 하였다. 논쟁은 공정하고 합리적인 방법이었으며, 따라서 어떠한 종교라도 이에 응해야 한다. 너희 우상들은 소송하라 야곱

의 왕이 말하노니 너희는 확실한 증거를 보이라(사 41:21). 그런데 왜 그들이 스데반과 논쟁하였는가? 왜 그들이 사도들과 논쟁하지 않았는가? (1) 그들이 사도들을 학문 없는 범인으로 알고 무시하였기 때문이라고 어떤 이들은 생각한다. 그들은 사도들이 논쟁할 수 없는 수준 이하의 사람들이라고 생각하였으나 스데반은 타고난 학자이며 따라서 그들의 논쟁의 좋은 상대자라고 생각하였다는 것이다. (2) 다른 사람들은 생각하기를, 그들이 사도들을 두려워하였기 때문이라고 한다. 그들이 낮은 직분을 가진 스데반을 다루듯이 사도들을 자유롭게 편안하게 다룰 수가 없기 때문이라는 것이다. (3) 아마도, 그들이 공개적인 도전을 하자 제자들이 스데반을 선택하여 그들의 전사로 임명하였을 것이다. 왜냐하면 사도들이 하나님의 말씀 전하는 일을 제쳐두고 논쟁에 임하는 것은 합당하지 않았기 때문이다. 스데반은 교회의 집사였으며 아울러 매우 예리하고 재능이 있는 젊은이였으며, 사도들보다 논객들을 다루는데 더 적임자였기 때문에 이 일에 임명되었다. 어떤 역사가들은 말하기를, 스데반이 가말리엘의 문하에서 성장하였으며, 사울과 그 외 사람들이 그를 탈선자로 여기고 수배하였으며, 특별한 분노로 그를 표적으로 삼았다고 한다. (4) 스데반이 그들과 논쟁하여 설득하기를 열망하였기 때문에 그들이 그와 논쟁하였을 가능성이 있다. 이러한 목적으로 쓰시려고 하나님께서 스데반을 부르셨을 것이다.

2. 이 논쟁에서 스데반이 어떻게 이 목적을 이루었는지 우리는 볼 수 있다(10절). 스데반이 지혜와 성령으로 말함을 그들이 능히 당하지 못하여. 그들의 논증은 힘이 없었고 또 스데반의 논리에 대응하지 못하였다. 스데반은 이처럼 저항할 수 없는 논증으로 예수는 그리스도라고 증거하였으며, 아주 명쾌하고도 충분하게 말함으로 그들이 그의 말을 조금도 반박할 수가 없었다. 물론 그들이 설득당하지는 않았지만 혼란스러워 하였다. 성경은 그들이 스데반을 능히 당하지 못하였다고 말씀하지 않고, 스데반이 지혜와 성령으로 말함을 능히 당하지 못하였다고 말씀하고 있다. 내가 너희의 모든 대적이 능히 대항하거나 변박할 수 없는 구변과 지혜를 너희에게 주리라(눅 21:15)던 주님의 약속이 이제 이루어졌다. 그들은 스데반과 논쟁하기만 하면 자기들의 입장이 굳어지리라고 생각하였다. 하지만 그들의 논쟁 상대는 스데반 안에 계시는 하나님의 영이셨으며, 따라서 그들은 상대가 되지 못하였다.

Ⅲ. 마침내 스데반은 자신의 피로써 논쟁에 도장을 찍었다. 우리는 다음 장

에서 그가 그렇게 한 사실을 보게 될 것이다. 여기서는 그의 대적들이 스데반을 죽음으로 몰고 가는 몇 단계를 우리가 볼 수 있다. 그들이 스데반의 논증에 답변하지 못하자 그를 범죄인으로 기소하고 그에 대하여 위증을 하고 그를 저주하였다. (백스터[Baxter]는 이 부분에서 해설하기를) "우리는 적대적인 사람들과 논쟁할 때 이러한 말투를 사용한다. 그렇게 많은 사람들이 양심의 가책도 없이 거짓 맹세하는 자들을 미워하는데도 위증을 일삼고 법을 가장하는 종교인들이 세상에서 그다지 많이 살해당하지 않는 것은 기적에 가깝다." 그들은 사람들을 매수하여 위증하게 만들었다. 즉, 무슨 말을 해야 할지 가르쳤고, 그 다음에 그 말에 대해 맹세하도록 지시하였다. 스데반이 그들의 잘못을 증거하고 그들에게 바른 길을 제시하였다는 이유로 그들은 그에게 점점 더 크게 분노하였다. 사실은 이에 대하여 최대의 감사를 표현했어야 했는데 그들은 반대로 행동하였다. 스데반이 그들에게 진실을 말하였기 때문에 그들의 적이 되었는가? 이제 여기서 관찰해 보자.

1. 그들은 온갖 꾀를 다 동원하여 정부와 폭도들로 하여금 스데반에게 분노하도록 충동하였다. 한 가지 꾀로 성공하지 못한다면 그들은 또 다른 꾀를 동원할 것이다(12절). 백성을 충동시켜. (가말리엘의 조언에 따라) 산헤드린 공회가 스데반을 풀어 주는 것을 옳게 여긴다면 그들은 대중들의 격노와 소요를 일으켜 그를 죽이려고 하였을 것이다. 그들은 또한 장로들과 서기관들을 충동하는 방법을 알고 있었다. 백성들이 스데반을 보호한다면 그들은 권력을 이용하여 자기들의 뜻을 이룰 것이다. 이처럼 그들의 활에는 두 개의 줄이 있었고, 따라서 그들은 자신들의 표적을 맞추리라고 믿어 의심치 않았다.

2. 그들이 스데반을 어떻게 법정으로 데려갔는가? 스데반이 대수롭지 않게 생각하고 있었을 때 그들이 와서 잡아가지고 공회에 이르렀다. 그들은 무리를 지어 와서 마치 먹이를 잡아채는 사자처럼 그를 덮쳤다. 여기서 '잡아가지고' 라는 단어의 의미가 이러한 뜻을 가지고 있다. 그들은 스데반을 거칠고 난폭하게 다룸으로써 그를 경계하지 않으면 법정에서 도망가거나 혹은 강압적으로 묶어두지 않으면 격투를 벌여야 하는 위험인물로 백성과 정부 모두에게 부각시켰다. 그를 잡아가지고 그들은 의기양양하게 공회로 끌고 왔다. 이러한 과정이 순식간에 이루어졌기 때문에 그와 함께 한 친구가 하나도 없었던 것으로 보인다. 많은 사람들이 함께 붙잡혀오면 그들이 서로에게 용기를 주고 위로를 준다는

사실을 그들이 알고 있었다. 따라서 그들은 따로따로 처리하는 방식을 취한다.

3. 그들은 스데반을 처치할 증거를 마련하였다. 그들은 우리 구세주를 재판할 때 그랬던 것처럼 핑곗거리를 주지 않기로 결심하였고, 이에 증인들을 구하였다. 증인들은 벌써 준비되어 있었다. 그리고 그들로 하여금 스데반이 모세와 하나님을 모독하는 말을 하는 것을 우리가 들었노라(11절), 이 거룩한 곳과 율법을 거슬러 말하기를 마지 아니하는도다(13절)라고 말하도록 시켰다(11절). 왜냐하면 예수께서 그들의 거룩한 곳을 헐고 그들의 율법적인 관습을 고치실 것이라고 스데반이 말하는 것을 그들이 들었기 때문이다(14절). 스데반이 그러한 취지로 말을 한 것은 사실일 것이다. 하지만 스데반을 악하게 증언한 자들은 거짓 증인들이라고 칭해졌다. 왜냐하면 비록 그들의 증언 가운데 사실인 측면이 있기는 하였지만, 그들이 스데반의 말을 악하게 해석하고 왜곡하였기 때문이다. 관찰.

(1) 그들이 증거로 제시한 스데반의 전반적인 죄는 무엇이었나? 그것은 스데반이 하나님을 모독하는 말을 하였다는 것이다. 그리고 거짓 증인들은 스데반의 죄를 가중시키기 위해 이렇게 말한다. "거슬러 말하기를(KJV, 신성모독적인 말; blasphemous words) 마지 아니하는도다. 신성모독은 그의 일상적인 말이며, 어느 모임에서든 신성을 모독하는 말을 한다. 가는 곳마다 그의 대화 가운데 그의 신성모독적인 생각을 스며들게 하는 것이 그의 임무다." 이러한 증언 또한 스데반이 완고하게 불복종하였다는 것과 경고를 멸시하였다는 사실을 알리는 말이다. 즉, "그가 경고를 받았음에도 불구하고 신성모독적인 말을 그치지 아니하였다"고 그들은 증언한 것이다. (우리의 조물주 하나님을 경멸하고 비난하는) 신성모독을 사람들은 당연히 극악한 범죄로 여긴다. 그러므로 사람들은 스데반의 박해자들이 하나님의 이름을 높이는데 깊은 관심을 가지고 있으며, 이 때문에 경계심을 늦추지 않는 것이라고 생각하였을 것이다. 구약의 증인들과 순교자들이 그랬던 것처럼 신약의 순교자들도 마찬가지였다. 여호와께서 영광을 받으실지어다라고 말하면서 그들을 미워하고 내친 자들이 그들의 형제들이었다. 그들은 이런 악을 행하면서 하나님을 섬기는 것처럼 가장하였다. 스데반이 모세와 하나님을 모독하는 말을 하였다는 비난을 받았다. (여기서 모세라는 말이 하나님의 영감으로 쓰여진 모세 오경을 지칭한 것이라면) 어디까지나 모세를 모독한 자들은 곧 하나님 자신을 모독한 자들이라는 그들의 말은 옳다. 성경을 모독하고 비웃는 자들은 하나님 자신을 모독하고 경멸하는 자들이다.

하나님의 크신 뜻은 율법을 크게 하며 존귀하게 하려는 것이다(사 42:21). 그러므로 율법을 비방하고 경멸하는 자들은 하나님의 이름을 모독하는 자들이다. 이는 주께서 주의 말씀을 주의 모든 이름보다 높게 하셨음이라(시 138:2). 그러나 과연 스데반이 모세를 모독하였는가? 결단코 그렇지 않다. 그는 모세를 모독한 것과는 거리가 멀다. 그리스도와 그의 복음을 전하는 자들은 결코 모세를 모독하는 듯이 보이는 말을 조금도 한 적이 없다. 그들은 언제나 모세의 글을 경외심을 가지고 인용하였고, 그 글에 호소하였으며, 다름 아니라 모세의 말대로 된 것이라고 말하였을 뿐이다. 그러므로 스데반이 모세를 모독했다고 하는 기소는 너무나 부당하다.

(2) 이러한 기소가 어떻게 지지를 받고 작성되었는지 살펴보자. 자, 정말로 스데반이 모세를 모독한 것이 사실이라면 그가 이 거룩한 곳과 율법을 거슬러 말하기를 마지 아니하는도다 라고 모두 비난할 수 있다. 그렇다면 모세와 하나님 자신에 대한 모독으로 간주되어야 마땅하다. 그러나 그들의 기소는 증거를 대야 하는 시점에서 점점 힘을 잃고 만다.

[1] 그는 거룩한 곳을 모독하였다는 죄목으로 기소당하였다. 어떤 이들은 이 곳을 거룩한 성 예루살렘으로 이해한다. 그들이 이 성을 위해 크게 경계하였다는 것이다. 하지만 그보다는 성전, 곧 거룩한 집을 의미한다. 그리스도께서는 성전을 헐뜯는 말을 하셨다는 이유로 신성모독 죄를 뒤집어쓰셨다. 죄악으로 성전을 더럽힌 때에도 그들은 성전의 영광에 많은 관심을 가진 듯하다.

[2] 그는 율법을 모독하였다는 죄목으로 기소당하였다. 그들은 율법을 자랑하고 신뢰하였다. 그들이 율법을 범함으로 하나님을 욕되게 하였을 때에도 그러하였다(롬 2:23). 그들이 어떻게 이처럼 기소할 수 있는가? 그들의 기소가 또 다시 힘을 잃는다. 그들이 스데반이 말하는 것을 직접 들었다고 하면서 스데반을 기소하였다. 그러나 어떻게 듣게 되었는지, 어떤 내용이었는지, 그들은 설명할 의무가 자신들에게 있다고 생각하지 않는다. 그들은 스데반으로부터 이 나사렛 예수가 이 곳을 헐고 또 모세가 우리에게 전하여 준 규례를 고치겠다는 말을 들었다고 말한다. 그러나 스데반은 성전이나 율법을 헐뜯는 말을 했다는 죄목으로 기소될 수 없었다. 오히려 제사장들이 성전을 장사하는 집이나 강도의 굴혈로 만들어서 그 곳을 더럽혔다. 그런데도 그들은 성전을 위해 열심을 냈다고 여겨졌고, 반대로 결코 성전을 나쁘게 이야기한 적이 없고 본래의 의미대로 성전을 기도

하는 집으로 알고 출석한 사람은 기소되었다. 하지만 **첫째**, 스데반이 나사렛 예수가 이 곳을 헐 것이다, 곧 성전을 멸하고 예루살렘을 멸하실 것이라고 말한 것은 사실이다. 그러나 이 성전이 실로처럼 영속하지 못할 것이라고 말한 것이 과연 성전 모독인가? 그리고 의로우시고 거룩하신 하나님께서 성전을 능욕한 자들에게 더 이상 성소의 특권을 주지 않겠다는 것이 과연 성전 모독인가? 선지자들이 그들의 조상들에게 경고하기를, 이 거룩한 곳이 갈대아인들에게 멸망당하리라고 하지 않았던가? 아니, 성전이 처음 세워졌을 때 하나님께서 친히 동일한 경고를 하지 않으셨던가? 이 성전이 비록 높을지라도 그리로 지나가는 자마다 놀라 이르되 여호와께서 무슨 까닭으로 이 땅과 이 성전에 이같이 행하셨는고 (대하 7:21). 그들이 계속하여 반역한다면 나사렛 예수께서 그 땅과 나라를 멸하실 것이라고 그렇게 말한 사람이 과연 신성모독자인가? 오히려 그들이 감사해야 할 것이다. 종교적인 선언을 악하게 오용하는 자들이 있다. 그들은 대화 중 불쾌한 생각이 들면 종교를 구실로 자기에게 주어진 비난을 자기 종교에 대한 모독으로 간주한다. **둘째**, 스데반은 모세가 우리에게 전하여 준 규례를 고치겠다고 말하였다. 메시야 시대에는 변화가 있을 것이며, 실체가 임하면 그림자는 사라질 것이라고 그들은 기대하였다. 그러나 이 변화는 율법의 본질적인 변화기 이니라 오히려 율법의 완성이었다. 그리스도께서 율법을 폐하러 오시지 않고 완성하려고 오셨다. 그리스도께서 모세가 전하여 준 규례 중 일부를 고치신다면 그것은 더 나은 규례를 도입하고 세우는 것이 될 것이다. 만일 유대 교회가 이 새로운 제도 가운데 들어오기를 완고하게 거절하지 않고 또 의식법에 집착하지 않았다면, 잘은 모르지만 아마 그 땅이 멸망당하지 않았을 것이다. 그런데 스데반은 그들의 멸망을 막을 수 있는 확실한 길로 그들을 안내하였으며, 또한 그들이 그 길로 가지 않으면 분명히 멸망할 것이라고 알려주었는데, 바로 그 일을 했다는 이유 때문에 신성모독자로 기소되었다.

Ⅳ. 스데반이 공회에 붙잡혀 갔을 때 하나님께서 어떻게 그를 세우셨는지, 그리고 하나님께서 그의 곁에 계신 증거가 어떻게 나타났는지 우리는 여기서 **볼 수 있다**(15절).   공회 중에 앉은 사람들, 곧 제사장들, 서기관들, 그리고 장로들이 다 스데반을 주목하여 보았다. 스데반은 전에 그들이 한 번도 스네반을 보지 못했던 낯선 사람이었다. 그런데 그들이 보니 그 얼굴이 천사의 얼굴과 같았다. 재판관들이 죄수의 얼굴을 관찰하는 것은 흔히 있는 일이다. 때로 그 얼굴

에 죄 혹은 무죄의 흔적이 나타나기 때문이다. 그런데 스데반이 천사와 같은 얼굴을 하고 법정에 등장했다.

1. 이는 다름 아니라 그가 크게 즐거워하고 기뻐하는 얼굴을 하였다는 의미이며, 또한 그에게 두려워하거나 박해자들에게 분노하는 기색이 조금도 없었다는 의미일 것이다. 그는 마치 생애 중에 지금처럼 기뻤던 적이 한 번도 없었던 것처럼 보였다. 왜냐하면 그 순간 그는 그리스도의 복음을 공개적으로 증거한 후 순교자가 받을 면류관을 바라보며 밝게 서 있었기 때문이다. 그가 천사처럼 보였다고 모든 사람이 말할 만큼 그의 얼굴에는 흐트러지지 않는 평온, 담대한 용기, 그리고 말로 설명할 수 없는 온화함과 위엄이 섞여 있었다. 사두개인들이 눈앞에서 육체를 입은 천사를 보았을 때 그들은 천사들의 존재를 충분히 인정할 수밖에 없었다.

2. 더욱이 그의 얼굴에는 놀랄 만한 영광과 광채가 있었던 것 같다. 마치 우리 구세주께서 변모하셨을 때처럼, 혹은 모세가 산에 내려왔을 때처럼 그의 얼굴이 그러하였다. 이로써 하나님은 자기의 신실한 증인을 높여 주시고, 그를 핍박하는 자들과 재판관들로 당황하게 하셨다. 스데반의 얼굴이 이러함에도 불구하고 그를 고소할 경우 그들의 죄가 가중될 것이며, 그들이 참으로 빛에 대하여 반역하고 있다는 사실이 드러날 것이다. 스데반 자신이 그 얼굴이 빛나고 있었다는 사실을 알고 있었는지 우리는 본문에서 알 수 없다. 그러나 공회 중에 앉은 사람들은 그것을 다 보았다. 그리고 아마도 서로에게 이 사실을 알렸을 것이다. 그들이 이 모습을 보고 스데반이 하나님의 인정받는 자라는 사실을 깨달을 수밖에 없었는데도 그들이 그를 심판대에서 좋은 자리로 앉히지 않았다는 것은 대단히 부끄러운 일이었다. 지혜와 거룩함이 사람의 얼굴을 빛나게 한다. 하지만 최악의 경멸 앞에서는 지혜와 거룩함도 사람을 지켜주지 못한다. 스데반의 얼굴의 광채가 그를 지켜주지 못하였다는 것은 놀랄 일이 아니다. 만일 스데반이 모세에게 조금이라도 모욕을 주는 죄를 범하였다면 하나님께서 그에게 모세의 영광을 입히지 않았으리라는 사실은 너무나 분명하다.

제 7 장

개요

우리 주 예수께서 그를 섬기고 고난을 받도록 사도들을 부르셨을 때 나중 된 자가 처음 되고 처음 된 자가 나중 되리라고 말씀하셨다. 그런데 이 말씀이 스데반과 바울에게서 두드러지게 이루어졌다. 그들은 둘 다 사도들에 비하여 나중에 회심한 자들이었으나 섬김과 고난에 있어서 앞서 나갔다. 하나님께서 영광과 은혜를 베푸실 때 종종 십자가를 주신다. 본 장에서 우리는 스데반의 순교를 볼 수 있다. 그는 교회의 최초의 순교자로서 이 거룩한 군대의 선봉장이었다. 그러므로 다른 어느 누구보다도 그는 핍박을 받는 모든 자들에게 자기처럼 순교하도록 인도하고 격려하는데 큰 공을 세운 사람이다. 본문의 내용은 다음과 같다. I. 스데반이 기소된 문제와 상황에 대하여 공회 앞에서 변론함. 성전이 파괴되고 의식법의 규례가 고쳐진다고 말한 것이 하나님을 모독한 것이 아니며 그 이름의 영광에 아무런 해를 끼치지 않는 것이라고 밝혔다. 1. 그는 구약의 역사로 돌아가 하나님께서 그의 은혜를 결단코 성전이나 의식법에 국한하지 않았다는 사실을 고찰하였다. 그리고 그들이 그런 기대를 할 수 있는 하등의 이유가 없다고 밝혔다. 왜냐하면 유대인들은 언제나 주님의 분노를 일으킨 백성이었고 자기들의 잘못으로 특권을 상실하였기 때문이다. 아니, 이 거룩한 곳과 율법은 다가올 좋은 것의 모형에 불과하였다. 따라서 그런 것들이 더 나은 것들에게 자리를 양보해야 한다고 말한 것이 전혀 그들을 경멸한 말이 아니었다(1-50절). 2. 스데반은 자기를 핍박하고 자기를 심판하는 자리에 앉아있는 자들에게 이 사실을 적용한다. 그는 그들의 죄악 때문에 그들의 성전과 나라의 파멸이 초래된 것이라고 하면서 그들을 심하게 꾸짖었다. 그의 꾸짖음은 그들이 도저히 참고 들을 수 없을 정도였다(51-53절). II. 스데반을 돌로 쳐 죽임. 그가 순교할 때 인내하고 기뻐하며 경건한 모습을 보임(54-60절).

[1]대제사장이 이르되 이것이 사실이냐 [2]스데반이 이르되 여러분 부형들이여 들으소서 우리 조상 아브라함이 하란에 있기 전 메소보다미아에 있을 때에 영광의 하나님이 그에게 보여 [3]이르시되 네 고향과 친척을 떠나 내가 네게 보일 땅으로 가라 하

시니 ⁴아브라함이 갈대아 사람의 땅을 떠나 하란에 거하다가 그의 아버지가 죽으매 하나님이 그를 거기서 너희 지금 사는 이 땅으로 옮기셨느니라 ⁵그러나 여기서 발붙일 만한 땅도 유업으로 주지 아니하시고 다만 이 땅을 아직 자식도 없는 그와 그의 후손에게 소유로 주신다고 약속하셨으며 ⁶하나님이 또 이같이 말씀하시되 그 후손이 다른 땅에서 나그네가 되리니 그 땅 사람들이 종으로 삼아 사백 년 동안을 괴롭게 하리라 하시고 ⁷또 이르시되 종 삼는 나라를 내가 심판하리니 그 후에 그들이 나와서 이 곳에서 나를 섬기리라 하시고 ⁸할례의 언약을 아브라함에게 주셨더니 그가 이삭을 낳아 여드레 만에 할례를 행하고 이삭이 야곱을, 야곱이 우리 열두 조상을 낳으니라 ⁹여러 조상이 요셉을 시기하여 애굽에 팔았더니 하나님이 그와 함께 계셔 ¹⁰그 모든 환난에서 건져내사 애굽 왕 바로 앞에서 은총과 지혜를 주시매 바로가 그를 애굽과 자기 온 집의 통치자로 세웠느니라 ¹¹그 때에 애굽과 가나안 온 땅에 흉년이 들어 큰 환난이 있을새 우리 조상들이 양식이 없는지라 ¹²야곱이 애굽에 곡식 있다는 말을 듣고 먼저 우리 조상들을 보내고 ¹³또 재차 보내매 요셉이 자기 형제들에게 알려지게 되고 또 요셉의 친족이 바로에게 드러나게 되니라 ¹⁴요셉이 사람을 보내어 그의 아버지 야곱과 온 친족 일흔다섯 사람을 청하였더니 ¹⁵야곱이 애굽으로 내려가 자기와 우리 조상들이 거기서 죽고 ¹⁶세겜으로 옮겨져 아브라함이 세겜 하몰의 자손에게서 은으로 값 주고 산 무덤에 장사되니라

스데반은 지금 국가의 공회 앞에서 재판을 받고 신성모독죄로 기소되었다. 우리는 앞 장에서 증인들이 스데반을 불리하게 증언한 사실을 설명하였다. 즉, 그가 모세와 하나님을 모독하는 말을 하였다고 그들은 증언하였다. 그 이유는 그가 이 거룩한 곳과 율법을 거슬러 말하였기 때문이라는 것이다.

Ⅰ. 대제사장은 증언에 대하여 답변하라고 스데반에게 명한다(1절).

1. 그는 의장이자 법정의 입이었다. 그러므로 그는 이렇게 말하다. "너 법정에 선 죄수야, 너에 대한 증언을 들었느냐? 그렇다면 이에 대하여 너는 무엇이라 말하겠느냐? 이것이 사실이냐? 네가 이러한 목적으로 말한 적이 있느냐? 네가 그런 적이 있다면 지금 그 말을 취소하겠느냐? 아니면 그 말을 고집하겠느냐? 죄가 있느냐 없느냐?" 이 말은 외견상 공정하다는 표시를 하기 위한 것이었다. 대제사장은 거만한 자세로 말한 듯하며, 그는 이미 이 소송에 대하여 판단을 내린 듯하다. 그렇다면 스데반이 아무리 변론을 하고 설명을 한다해도 신성모독

자로 판결되는 것이 뻔할 것이다.

Ⅱ. 스데반이 변론을 시작하는데 그 변론은 길다. 그는 곧바로 본론으로 들어갔다(50절). 아마도 그의 대적들이 그가 말하도록 내버려 두었다면 이 변론은 훨씬 길어졌을 것이다. 전체적으로 우리는 다음과 같이 고찰할 수 있다.

1. 이 변론에서 나타난 사실은 스데반이 성경에 대하여 능통하였다는 점이다. 따라서 그는 구약의 말씀과 사건을 완전하게 인용하였다. 그는 성경을 보지 않고 즉석에서 성경의 이야기를 말할 수 있었는데, 그러한 내용들이 그의 목적에 꼭 들어맞았다. 그는 성령으로 충만하였다. 물론 성령께서 그에게 새로운 사실을 계시하거나 유대 나라에 대한 하나님의 은밀한 작정을 그에게 보여주신 것은 아니며, 그것으로 이 부정하는 자들을 깨닫게 한 것은 아니다. 하지만 성령께서는 스데반으로 하여금 구약의 말씀을 기억나게 하셨으며, 그 말씀을 가지고 그들의 죄를 깨닫게 하는 방법을 그에게 가르쳐 주셨다. 성령 충만한 자들은 스데반처럼 말씀 충만할 것이다.

2. 스데반은 칠십인역의 말씀을 인용하고 있다. 이로써 그가 회당에서 칠십인역을 사용한 헬라파 유대인이었던 것으로 보인다. 이처럼 그가 칠십인역을 인용하므로 이 변론에서 히브리 원어와 차이를 보이고 있다. 법정의 재판장들은 이를 정정하지 않았다. 왜냐하면 스데반이 어떻게 칠십인역을 사용하게 되었는지 그들이 알고 있었기 때문이다. 그가 성령으로 말씀을 전하는데 조금도 성령의 권위가 떨어지시도 않는다. 왜냐하면 약간의 차이가 중요한 것이 아니기 때문이다. 다음과 같은 격언이 있다. Apices juris non sunt jura (율법의 사소한 점들이 율법 자체는 아니다). 본문은 창세기에 나타난 교회의 역사를 요약하고 있다. 관찰.

(1) 서론 : 여러분 부형들이여 들으소서. 이는 아첨하는 말이 아니라 예의바르고 품위를 갖춘 말이며, 그가 재판장들에게 기대와 공정한 판단을 바란다는 것을 보여준다. 그는 사람들에게 인간답게 대접받기를 바라고 있으며, 부형들, 곧 남자들, 형제들, 아버지들이 부성애와 형제애를 가지고 자신을 다루어주기를 바라고 있다. 그들은 스데반을 유대교로부터 배교한 자로 보고 있고, 또한 그들에 대한 대적으로 보고 있다. 하지만 그들의 신념을 반대로 돌이키기 위해 스데반은 그들을 부형들이라고 부르며, 자신을 그들 중에 있는 한 사람으로 생각하기로 마음먹는다. 스데반은 그들의 주의를 환기시킨다. 들으소서. 그는 그들도 알

고 있는 사실을 그들에게 막 말하려고 하였는데, 그래도 자기 말에 귀를 기울여 달라고 간청한다. 비록 그들도 그 모든 사실을 알고 있다 할지라도 철저하게 마음을 기울이지 않고는 그 사실을 자신들에게 적용하는 법을 알 수 없기 때문이다.

(2) 본론. 이 내용은 단순히 듣는 자들을 즐겁게 해 주고 기분을 전환하게 해 주는 긴 민담과는 다르다(물론 주의하지 않고 읽는 자들에게는 어떤 내용이라도 그렇겠지만). 그 모든 내용은 철저하게 의도적이었다. 그 의도는 그들이 성전과 율법에 대하여 애착을 가진 만큼 하나님께서는 갖지 않았다는 사실을 보여주는 것이다. 성전이 세워지고 의식법이 주어지기 오래 전에 하나님께서는 세상에 하나의 교회를 세우셨고, 따라서 이 두 가지(성전과 의식법)의 시대가 끝날 때 하나님께서 교회를 세우실 것이다.

[1] 스데반은 하나님께서 아브라함을 갈대아 우르에서 부르신 사건으로부터 시작한다. 하나님께서는 언약의 수탁자가 되도록, 그리고 구약 교회의 조상이 되도록 아브라함을 구별하셨다. 이 같은 사실이 성경에 기술되어 있고(창 12:1 등), 느헤미야 9:7,8에 언급되어 있다. 아브라함의 고향은 우상을 숭배하는 나라였는데 그 곳이 바로 메소보다미아(2절), 즉 갈대아 사람의 땅이었다(4절). 거기서부터 하나님은 두 번에 걸쳐 아브라함을 옮기셨다. 한 번에 너무 먼 거리를 이동하지 않게 하셨다. 하나님은 그를 친절하게 대하셨다. 먼저 하나님은 아브라함을 갈대아 사람의 땅에서 하란(Haran)으로 옮기셨다. 이 곳은 우르와 가나안의 중간 지점이었다(창 11:31). 또 5년 후에 그의 아버지가 죽었을 때 거기서부터 너희 지금 사는 이 땅, 곧 가나안 땅으로 옮기셨다. 하나님께서 아브라함에게 처음으로 말씀하셨을 때에 영광의 하나님이 어떤 형상으로 그에게 나타나셔서(2절) 그와 교통하신 듯하다. 그 이후로부터 하나님은 아브라함과 계속 교통하셨고, 기회 있을 때마다 그에게 말씀하셨으나 영광의 하나님의 형상을 보이지는 않으셨다.

첫째, 우리는 아브라함의 부름 받음으로부터 다음과 같은 사실을 관찰할 수 있다. 1. 우리는 모든 면에서 하나님을 인정해야 하며 구름기둥과 불기둥으로 인도하시는 그의 섭리에 유의해야 한다. 성경은 아브라함이 옮겼다고 말씀하지 않고, 하나님이 그를 거기서 너희 지금 사는 이 땅으로 옮기셨느니라고 말씀한다. 2. 하나님께서 자기와 언약을 맺으신 자들을 이 세상 자녀들과 구별하신다.

그들은 효과적으로 그 나라, 그 땅, 그 태생으로부터 부름을 받는다. 그들은 세상에 무관심해야 하며, 세상과 세상에 있는 모든 것, 심지어 그들 곁에 있는 것까지도 초월하여 살아야 한다. 그리고 하나님께서 더 좋은 나라, 곧 천국에서 그들에게 보상해 주실 것을 믿어야 한다. 하나님의 택하신 백성들은 절대적인 믿음과 순종으로 하나님을 따라야 한다.

둘째, 스데반의 경우는 어떠하였는지 알아보자. 1. 그들은 스데반을 하나님을 모독한 자요 교회를 배신한 배교자로 기소하였다. 그러므로 스데반은 자신이 아브라함의 자손이라는 사실을 보여주며, 또한 자신이 우리 조상 아브라함이라고 말할 수 있고 아브라함의 하나님을 경배하는 자라는 사실을 자랑한다. 그렇기 때문에 그는 영광의 하나님이라고 부르고 있는 것이다. 그는 또한 자신이 하나님의 계시를 인정하며, 특히 그 계시로 말미암아 유대 교회가 세워지고 만들어졌다는 사실을 밝힌다. 2. 그들은 할례받은 사실을 자랑한다. 그러므로 스데반은 아브라함이 할례받기 전에 먼저 하나님의 인도하심을 받았으며 하나님과 교제하였다는 사실을 밝힌다. 8절까지는 아브라함이 할례받지 않았다. 이러한 논리로 바울은 아브라함이 믿음으로 의롭다함을 받았다고 증거하였다. 왜냐하면 아브라함이 할례받지 않았을 때 의롭다함을 받았기 때문이다. 스데반의 논리도 이와 같다. 3. 그들은 거룩한 곳에 대한 큰 열심이 있었다. 이 곳은 가나안 땅 전역을 의미할 수도 있다. 왜냐하면 가나안이 거룩한 땅, 임마누엘의 땅이라고 불렸기 때문이다. 그리고 성전의 파괴는 곧 거룩한 땅의 파괴를 의미하였다. 스데반은 "이제 성전을 자랑할 필요가 없다"고 말한다. 그는 그 이유를 다음과 같이 말한다. (1) "너희가 너희의 조상들이 다른 신들을 섬겼던 갈대아 우르에서 나왔으며, 너희가 최초로 이 땅에 이민 온 사람들이 아니기 때문이다. 너희를 떠낸 반석과 너희를 파낸 우묵한 구덩이를 생각하여 보라 … 아브라함이 혼자 있을 때에 내가 그를 부르고 그에게 복을 주어 창성하게 하였느니라(사 51:1, 2). 너희의 시작이 미약하였음을 생각하라. 그리고 너희가 어떻게 하나님의 은혜를 입었는가 생각하라. 그리하면 너희가 영원히 자랑하지 못할 것을 알게 될 것이다. 동방에서 의인을 불러 자기 발 앞에 이르게 하신 이가 바로 하나님이시다(사 41:2). 그러나 그의 후손이 타락한다면 하나님께서 이 거룩한 곳도 파괴하실 수 있다는 사실을 그들에게 알리자. 왜냐하면 하나님은 그들에게 빚을 진 분이 아니시기 때문이다." (2) "아브라함이 가나안 땅에 오기 전에 멀리 떨어진 메소보다미아에 있을 때, 아니 하란에 거하기도 전에 하나님께서 영광 중에 그에게 나타나셨다. 그러므로 하나님께서 이 땅에만 갇혀 계신다고 생각해서는 안 된다. 교회의 씨를 동쪽 끝에서 가져오신 하나님께서는 마음만 먹으면 서쪽 끝에 있는 또 다른 지역에다 그 열매를 옮기실 수 있다." (3) "하나님께서 아브라함을 이 땅으로 서둘러 옮기시지 않았다. 오히려 아브라함은 이 땅으로 오는 과정에서 많은 시간을 지체하였는데, 이는 하나님께서 너희들만큼 이 땅에 그다지 많은 애착을 갖지 않으셨으며, 그의 영광이나 그의 백성의 행복이 이 땅에 매여 있지 않다는 것을 보여주는 것이다. 그러므로 성전이 파괴되리라는 말이 신성모독이나 반역이 아니다."

[2] 아브라함이 갈대아 우르에서 부르심을 받은 후에 많은 세월 동안 아브라함과 그의 후손들이 정착하지 못한 땅을 하나님께서 그와 그의 후손에게 소유로 주신다고 약속하셨다(5절). 그러나 첫째, 그에게 아직 자식이 없었다. 이후에 사라는 오랜 동안 자식을 낳지 못하였다. 둘째, 아브라함은 그 땅에서 나그네에 불과하였으며, 하나님은 그 땅에서 아무런 유업도 그에게 주지 않으셨으며, 아니 발 붙일 만한 땅도 유업으로 주지 아니하셨다. 따라서 그는 낯선 땅에서 언제나 옮겨 다녔으며, 그 곳에서 자기 것이라고 주장할 수 있는 것이 아무것도 없었다. 셋째, 그의 자손들도 오랜 동안 그 땅을 차지하지 못하였다. 사백 년 후에 그들이 나와서 이 곳에서 나를 섬기리라. 그러나 7절까지는 아니었다. 넷째, 그들이 그 땅을 차지하기 전에 많은 고통과 어려움을 겪어야만 한다. 그들은 종살이를 하게 되며 낯선 땅에서 푸대접을 받게 될 것이다. 이는 그들이 죄 때문에 광야에서 헤매었던 것처럼 어떤 특정한 죄에 대한 형벌 때문에 이런 고통을 당하는 것이 아니었다. 그들이 애굽에서 종살이를 하게 된 이유에 대한 어떠한 설명도 우리는 발견할 수 없다. 하지만 하나님은 다음과 같이 약속하셨다. 이삭의 출생 때로부터 사백 년 되는 해에 종 삼는 나라를 내가 심판하리니 그 후에 그들이 나와서 이 곳에서 나를 섬기리라(7절). 이제 이러한 사실은 우리에게 다음과 같은 사실을 가르쳐준다. 1. 하나님께서 행하시는 모든 일은 이미 하나님 자신이 아시는 일이다. 아브라함이 유업이나 후사를 얻지 못하였을 때 이 두 가지 모두를 얻게 될 것이라고 하나님은 말씀하셨다. 그 하나는 약속의 땅이요, 또 다른 하나는 약속의 자녀다. 그러므로 아브라함은 이 둘을 믿음으로 받은 것이었다. 2. 하나님의 약속이 비록 더디지만 반드시 이루어진다. 비록 우리가 기대하는 만큼 속히 이

루어지지는 않겠지만 그 약속들은 때가 이르면 이루어질 것이다. 3. 하나님의 백성이 한동안 고난을 받을 수 있겠지만 하나님은 마침내 자기 백성을 구원하시며 또한 그들을 억압한 자들에게 보응하실 것이다. 왜냐하면 진실로 땅에서 심판하시는 하나님이 계시기 때문이다(시 58:11).

이 말이 스데반의 의도를 어떻게 드러내는지 알아보자. 1. 자존심이 아주 강한 유대 나라는 처음에는 매우 미약하였다. 그들의 조상 아브라함이 갈대아 우르에서 얼떨결에 나온 것처럼 그 지파와 조상들도 애굽의 종살이에서 나왔으며, 그 때에 그들의 수효는 모든 민족 중에 가장 적었다(신 7:7). 그들이 자신들의 죄로 말미암아 멸망을 초래할 때 마치 그들의 멸망이 세계의 멸망인 것처럼 크게 떠들어댈 이유가 어디 있는가? 하나님의 관심이 그들에게만 있는가? 아니다. 그들을 애굽에서 인도하신 하나님은 전에 위협하신 대로(신 28:68) 그들을 다시금 애굽으로 끌어가실 수 있다. 그래도 하나님은 손해 보지 않으시니 그는 돌들을 일으켜 아브라함의 자녀로 삼으실 수 있기 때문이다. 2. 아브라함의 언약이 천천히 이루어졌고, 또 외견상 모순되는 면이 여기서 인지되고 있는 것으로 보아 그 언약이 영적인 의미를 가지고 있었다는 사실을 우리는 분명히 볼 수 있다. 즉, 그 땅이 전해 주는 주된 의미는 더 나은 나라 곧 천국이었다는 것이다. 사도는 이와 같은 논증으로 족장들이 이방의 땅에 있는 것 같이 약속의 땅에 거류한 것은 하나님이 계획하시고 지으실 터가 있는 성을 바랐음이라고 말한다(히 11:9, 10). 그러므로 예수께서 이 곳을 멸하실 것이라고 말한 것이 신성모독이 아니었다. 아울러 우리는 "그가 우리를 하늘에 있는 가나안으로 인도하시고, 그 곳을 우리에게 주실 것이며, 이 땅의 가나안은 모형이요 상징에 불과하였다"고 우리는 말할 수 있다.

[3] 나머지 창세기의 부분을 차지하는 내용은 아브라함의 가족에게 임하신 하나님의 은혜, 그리고 그 가족에 관한 하나님의 섭리다.

첫째, 하나님께서 아브라함과 그의 자손에게 하나님이 되시겠다고 맹세하셨다. 이에 대한 증표로 아브라함과 그의 남자 후손은 할례를 받으라고 명하셨다(창 17:9, 10). 할례의 언약을 아브라함에게 주셨더니. 곧 할례가 증표가 되는 언약이었다. 따라서 아브라함이 아들을 낳고 여드레 만에 할례를 행하였다(8절). 이로써 아브라함은 하나님의 율법에 매이는 동시에 하나님의 언약에 가입하게 되었다. 할례는 이 둘과의 연관성을 가졌다. 곧 할례는 하나님 편에서 내가 너에게 약속한 모든 것을 이루어주는 하나님이 되리라는 언약의 보증이었고, 인간 편에서 너는 내 앞에서 행하여 완전하라(창 17:1)는 계명을 의미하였다. 이후에 아브라함의 자손이 여호와를 섬기는 자손이 되도록 하기 위해 특별한 돌보심이 있었을 때 그들은 번성하기 시작하였다. 이삭이 야곱을, 야곱이 우리 열두 조상을 낳으니라. 이 열두 조상이 각 지파의 뿌리였다.

둘째, 요셉은 그의 아버지의 집에서 가장 사랑받는 자요 복둥이였으나 그의 형들에게 배반을 당하였다. 형들은 그의 꿈 때문에 요셉을 미워하여 애굽에 팔았다. 이렇듯 일찍이 이스라엘의 자녀들은 탁월하고 다른 사람들보다 우수한 자들을 시샘한다. 요셉처럼 형제들 가운데 하나(나사렛 사람)였던 그리스도를 대적한 것이 이러한 사실을 보여주는 확실한 사례다.

셋째, 하나님은 요셉의 고통을 인정하시고 성령의 감동으로 그와 함께 계셨다(창 39:2, 21). 성령의 감동은 그의 마음에 임하였고 그에게 위로를 주었다. 하나님은 요셉과 관계 있는 사람들의 마음을 감동하셨고 그들 앞에서 요셉에게 은혜를 베풀어 주셨다. 그리하여 마침내 하나님은 그를 곤경에서 건져주셨다. 바로 왕이 애굽의 왕국에서 요셉을 2인자로 세웠다(시 105:20-22). 이처럼 그는 애굽 사람들 가운데서 크게 성공을 하였을 뿐만 아니라 이스라엘의 목자와 반석이 되었다(창 49:24).

넷째, 야곱이 애굽으로 내려가지 않을 수 없게 되었다. 기근으로 말미암아 그가 가나안에서 떠나야 했기 때문이다. 그 때에 애굽과 가나안 온 땅에 흉년이 들어 큰 환난이 있을새 우리 조상들이 양식이 없는지라(11절). 비옥한 땅이 불모지로 변했다. 그 때에 야곱이 애굽에 곡식(그의 아들이 지혜로 저장해 놓은 것)이 있다는 말을 듣고 먼저 우리 조상들을 보내었다(12절). 첫 번째 갔을 때는 그들이 요셉을 알아보지 못하였으나 두 번째에는 요셉이 그들에게 알려지게 되었고, 그리고 그들이 요셉의 친족이라는 사실과 그들이 요셉을 의지하였다는 사실이 바로에게 드러나게 되었다(13절). 그래서 요셉이 사람을 보내어 그의 아버지 야곱과 온 친족 일흔다섯 사람을 청하였다. 창세기에는 그들이 일흔 명이라고 기록되어 있다(창 46:27). 그러나 칠십인역에서는 일흔다섯이라고 기록되어 있다. 스데반 혹은 누가는 칠십인역을 따르고 있다. 누가복음 3장 36절에는 히브리 원문에는 없고 칠십인역에는 있는 가이난이 삽입되어 있다. 어떤 이들은 주장하기를, 앞서 갔던 요셉과 그의 아들들을 빼고(그러면 그 숫자는 육십 사명으로 줄어든

다) 뺀 숫자에 열한 족장의 아들들을 더하면 일흔다섯 명이 된다고 한다.

다섯째, 야곱과 그의 아들들이 애굽에서 죽었으나(15절) 가나안으로 옮겨져 장사되었다(16절). 여기서 매우 큰 어려움이 발생한다. 본문은 그들이 세겜으로 옮겨졌고 야곱은 세겜에 장사되지 않고 헤브론 근처 막벨라 굴에 장사되었다고 말한다. 막벨라 굴은 아브라함과 이삭이 장사된 곳이다(창 50:13). 요셉의 뼈는 실제로 세겜에 장사되었다(수 24:32). (본 이야기에 기록되지는 않았지만) 다른 모든 족장들의 뼈가 요셉의 뼈와 함께 옮겨진 듯하며, 그들 각자가 요셉과 같은 유언을 남긴 것으로 보인다. 따라서 세겜은 족장들의 뼈가 묻힌 곳이지 야곱의 뼈가 묻힌 곳은 아닌 것으로 이해해야 한다. 그렇다면 세겜에 있는 무덤은 야곱이 산 것이며(창 33:19), 이러한 사실이 성경에 기록되어 있다(수 24:32). 그렇다면 왜 본문은 그 곳을 아브라함이 산 것이라고 말하고 있는가? 이에 대한 휘트비(Whitby) 박사의 해설이 명쾌하다. 그는 다음과 같이 해설하였다. "야곱이 애굽으로 내려가 죽었고, 그와 우리 조상들이 세겜으로 옮겨졌다. 야곱은 아브라함이 돈을 주고 산 무덤에 장사되었다(창 23:16). (혹은 아브라함, 이삭, 야곱이 그 곳에 장사되었다.) 그리고 다른 족장들은 세겜의 조상 하몰의 자손들에게서 산 무덤에 장사되었다."

이제 이런 이야기를 한 스데반의 의도기 무엇인지 알아보자 1. 그는 유대 나라의 출발이 미약하다는 사실을 계속해서 그들에게 상기시키므로 그 나라의 영광을 자랑하지 못하게 막는다. 아무것도 아닌 그들이 영광을 누리고, 적은 수효에 불과했던 그들이 큰 나라를 이룰 수 있었던 것은 놀라운 은혜로 말미암은 것이었다. 그러나 그들을 높이신 하나님의 목적에 그들이 부응하지 못한다면 그들은 멸망 외에 다른 아무것도 기대할 수 없다. 선지자들은 그들이 애굽에서 구원을 받았다는 사실을 자주 상기시키므로 그들이 하나님의 율법을 경멸한 사실을 크게 강조하였다. 그리고 여기서도 그들에게 이러한 사실을 말함으로써 그들이 그리스도의 복음을 경멸한 사실을 강조하고 있다. 2. 스데반은 그들이 저지르고 있는 악이나 족장들이 행한 악이나 마찬가지라는 사실을 일깨우고 있다. 족장들은 동생 요셉을 시기하고 애굽에 팔아먹었다. 이와 똑같은 정신으로 그들이 그리스도와 그의 사역자들에게 악을 범하고 있는 것이다. 3. 그들이 지나치게 맹목적으로 사랑하는 거룩한 땅을 족장들은 오랫동안 차지하지 못하였으며, 그 곳에서 기근을 만나고 큰 곤란을 겪었다. 그러므로 그 땅이 오랫동안 죄로 오염됨으로 말미암아 결국 멸망을 당한다 할지라도 이를 이상하게 생각하지 말아야 한다. 4. 가나안 땅에 장사되기를 열망한 족장들의 믿음은 분명히 그들이 하늘나라를 바라보았다는 것을 증명하였다. 그리고 이 예수의 계획은 그들을 하늘나라로 인도하는 것이었다.

[17]하나님이 아브라함에게 약속하신 때가 가까우매 이스라엘 백성이 애굽에서 번성하여 많아졌더니 [18]요셉을 알지 못하는 새 임금이 애굽 왕위에 오르매 [19]그가 우리 족속에게 교활한 방법을 써서 조상들을 괴롭게 하여 그 어린 아이들을 내버려 살지 못하게 하려 할새 [20]그 때에 모세가 났는데 하나님 보시기에 아름다운지라 그의 아버지의 집에서 석 달 동안 길리더니 [21]버려진 후에 바로의 딸이 그를 데려다가 자기 아들로 기르매 [22]모세가 애굽 사람의 모든 지혜를 배워 그의 말과 하는 일들이 능하더라 [23]나이가 사십이 되매 그 형제 이스라엘 자손을 돌볼 생각이 나더니 [24]한 사람이 원통한 일 당함을 보고 보호하여 압제 받는 자를 위하여 원수를 갚아 애굽 사람을 쳐죽이니라 [25]그는 그의 형제들이 하나님께서 자기의 손을 통하여 구원해 주시는 것을 깨달으리라고 생각하였으나 그들이 깨닫지 못하였더라 [26]이튿날 이스라엘 사람끼리 싸울 때에 모세가 와서 화해시키려 하여 이르되 너희는 형제인데 어찌 서로 해치느냐 하니 [27]그 동무를 해치는 사람이 모세를 밀어뜨려 이르되 누가 너를 관리와 재판장으로 우리 위에 세웠느냐 [28]네가 어제는 애굽 사람을 죽임과 같이 또 나를 죽이려느냐 하니 [29]모세가 이 말 때문에 도주하여 미디안 땅에서 나그네 되어 거기서 아들 둘을 낳으니라

스데반의 변론이 계속된다.

I. 이스라엘 백성의 놀라운 번성. 짧은 시간 안에 하나님의 놀라운 섭리로 말미암아 한 가족이 한 나라가 되었다.

1. 약속하신 때가 가까우매 그들이 하나의 민족이 되었다. 아브라함과 언약을 맺은 후 처음 이백십오 년 동안 언약 백성의 숫자는 불과 칠십 명으로 늘어났을 뿐이다. 하지만 두 번째 이백십오 년 동안에는 무려 싸울 수 있는 남자들만 육십만 명이 되었다. 중요한 순간에 가까이 이르면 때때로 섭리의 속도가 빨라진다. 하나님의 언약이 천천히 이루어진다고 낙심하지 말자. 하나님은 잃어버린 듯이 보이는 시간을 만회하는 법을 알고 계신다. 그리고 구속의 해가 다가올

때 하나님은 하루에 갑절의 일을 하실 수 있다.

2. 애굽에서 그들은 억압을 받고 가혹한 통치를 받았다. 그들의 생활이 너무 고통스러웠을 때 그들이 자녀가 없기를 바랐을 것이라고 누구든 생각할 것이다. 하지만 그들은 하나님께서 적당한 때에 그들을 찾아오실 것이라는 믿음으로 결혼하였다. 그리고 이처럼 하나님을 영화롭게 한 그들에게 하나님께서 생육하고 번성하라고 말씀하시고 복을 주셨다. 지금까지 고난의 시간이 교회의 성장의 시간이 되어 왔다.

Ⅱ. 이스라엘 백성이 애굽에서 겪은 극심한 고통(18, 19절). 그들의 숫자가 늘어나는 것을 애굽 사람들이 보자 그들은 이스라엘의 짐을 더욱 무겁게 하였다. 이 부분에서 스데반은 세 가지 사실을 관찰한다.

1. 애굽 사람들의 비열한 배은망덕. 이스라엘 백성은 요셉을 알지 못하는 새 임금에게 억압을 당하였다. 즉, 새 왕은 요셉이 그 나라를 위해 세운 공을 고려하지 않았다. 만일 새 임금이 이러한 사실을 고려했다면, 그는 요셉의 친족들과 가족에게 이토록 모진 벌을 가하지 않았을 것이다. 복된 사람들을 해치는 자들은 은혜를 모르는 자들이다. 이스라엘 백성은 그들이 살던 시대와 장소에서 복덩어리였다.

2. 애굽 사람들의 몸서리쳐지는 꾀와 수법. 그들은 이스라엘 민족을 교활하게 나누었나. 그들은 사, 우리가 그들에게 내하여 지혜롭게 하자 라고 밀하였다. 이로써 그들은 자신을 안전하게 할 줄 생각했다. 하지만 그들의 처신은 어리석은 것으로 판명되었다. 왜냐하면 그들이 이로써 진노를 쌓았기 때문이다. 자기 형제를 속이고 무자비하게 대하면서도 자신을 위해 지혜롭게 행하고 있다고 생각하는 자들은 큰 실수를 하고 있는 것이다.

3. 애굽 사람들의 야만적이고 비인간적인 잔학함. 이스라엘 민족을 완전히 근절하기 위해 그들은 그 어린 아이들을 내버려 살지 못하게 하려 하였다. 유아 살해는 유아기의 나라를 눌러 부수기 위한 적절한 방법으로 보였다. 이제 스데반이 그들에게 말하려고 하는 의도는 이런 것이다. 즉, 그들의 시작이 얼마나 미약했는지 그들로 더 잘 알게 하려는 것이다. (애굽에 있는 어린 아이들을 버리는 계획으로 인해) 어찌할 수 없이 버림받은 유아의 비참한 상태가 그들의 미약함을 잘 말해 준다(겔 16:4). 또한 권리를 몰수당하고 부끄러운 존재였던 그들이 하나님의 돌보심을 받는 은혜를 얼마나 많이 받았는지 더 잘 알게 하려는

것이다. 뿐만 아니라 유아기의 교회를 핍박하는 그들의 악행이 마치 애굽 사람들이 유아기의 유대교회를 핍박한 것만큼 사악하고 불의하며, 결국 헛되고 쓸데없는 것이라는 사실을 그들로 깊이 생각하도록 하려는 것이다. "이전에 애굽 사람들이 어린 아이들을 버린 것처럼 당신들이 우리를 핍박하고 젊은 회심자들을 박해하는 것이 현명한 처사라고 생각한다. 하지만 당신들은 그러한 행동이 쓸데없는 짓이라는 사실을 깨닫게 될 것이며, 당신의 악의에도 불구하고 그리스도의 제자들은 늘어나고 번성할 것이다."

Ⅲ. 모세가 민족의 구원자로 성장함.   스데반이 기소된 이유 중 하나가 모세를 모독하는 말을 하였다는 것이었다. 이에 대한 반론으로 스데반은 여기서 모세를 크게 높여 말한다.

1. 모세는 이스라엘의 박해가 가장 극에 달했을 때, 특히 신생아를 살해하는 아주 잔인한 상황에서 태어났다. 그 때에 모세가 났다(20절). 모세가 세상에 나오자마자 (우리 구세주께서 베들레헴에서 태어나셨을 때처럼) 잔인한 칙령으로 말미암아 그 자신이 희생될 뻔하였다. 하나님께서 자기 백성의 구원을 준비하고 계실 때 그들의 길은 암담하였고 그들의 고통은 깊어만 갔다.

2. 하나님 보시기에 아름다운지라. 그가 태어나자마자 얼굴에서 빛이 나기 시작했다. 이는 영광스러운 조짐으로서 하나님께서 그에게 입혀주신 빛이었다. 아스테이오스 토 데오, 곧 그는 하나님 보시기에 아름다웠다. 그는 모태로부터 성별되었고, 이 때문에 그가 하나님 앞에서 아름답게 보일 수 있었다. 왜냐하면 거룩한 아름다움은 하나님 보시기에 소중한 것이기 때문이다.

3. 그는 유아 시절에 놀라운 보호를 받았다. 먼저, 그를 사랑하는 부모의 돌보심으로 보호를 받았다. 그의 아버지의 집에서 석 달 동안 길리더니. 석 달은 그의 부모가 그를 기를 수 있는 최대한의 기간이었다. 그 후 은혜로운 섭리로 말미암아 바로의 딸이 그를 데려다가 자기 아들로 길렀다(21절). 하나님께서 특별히 사용하기로 계획하신 자들을 특별히 보호하신다. 그러면 아기 모세만 하나님께서 이처럼 보호하셨는가? 하나님은 거룩한 아이 예수를 해하려고 모이는 대적들로부터 아기 예수(4:27에서 종은 아기로 번역되기도 함)께 속한 사람들을 모세보다 훨씬 더 안전하게 보호하실 것이다.

4. 모세는 대학자가 되었다(22절). 그는 애굽 사람의 모든 지혜를 배웠다. 당시 애굽 사람들은 온갖 종류의 고도의 학문으로 유명하였다. 특히 철학, 천문학,

그리고 (그들이 우상을 숭배하는데 이용한) 상형문자가 유명하였다. 궁궐에서 학문을 닦은 모세는 최고의 책들과 가정교사들과 친교를 통해 온갖 예술과 학문에 있어서 향상할 수 있는 기회를 가졌고, 또 그것들에 대한 재능을 발휘하였다. 그가 애굽의 마술사들의 불법적인 연구와 실습을 익히 알았지만 그렇다고 조상들의 하나님을 잊지 않았으며, 다만 마술사들로 하여금 끽소리 못하게 할 만큼 알았을 뿐이다.

5. 그는 애굽에서 고관이 되었다. 말과 하는 일들이 능하더라는 말씀은 이 같은 사실을 의미하는 것으로 보인다. 그는 자신의 생각을 능숙하게 말하지 못하고 더듬거리며 말을 하였지만 아주 좋은 생각을 말하였으며, 그가 말한 모든 내용은 동의를 이끌어 내었고, 명료함과 논리가 있었다. 그리고 사업에 있어서도 아무도 그만한 용기와 지도력과 성공을 따라할 수 없었다. 그는 이러한 일들을 위해 이처럼 인간적으로 준비가 되어 있었다. 하지만 하나님의 계시가 없었다면 그는 완전한 준비를 하지 못하였을 것이다. 박해자들이 스데반에게 모세를 모독하였다고 악하게 비난하였음에도 불구하고 이로써 스데반이 그들만큼이나 모세에 대하여 고상하고 영광스러운 생각을 가지고 있었다는 사실이 드러날 것이다.

IV. 이스라엘을 구원하기 위한 모세의 시도. 이스라엘 백성이 이를 일축하였지만 막지는 않았다. 스데반은 이러한 사실(모세의 시도)을 강조하고 있으며, 이것이 이 역사의 핵심을 이루고 있다(출 2:11-15). 이에 대하여 사도 바울은 다른 해석을 하고 있다(히 11:24-26). 즉, 모세의 시도가 거룩한 자기 부정의 행위로 소개되어 있으며, 모세가 소명을 받은 공적인 사명을 시작하는 의도적인 서곡 혹은 입문으로 묘사되어 있다. 나이가 사십이 되매. 곧 애굽의 궁궐에서 고위직을 맡을 적령기에 그 형제 이스라엘 자손을 돌볼 생각이 났다(하나님께서 그런 마음을 주셨기 때문에). 그리고 어떤 방법으로 그들을 도울 수 있을까 하고 궁리하였다. 또한 그는 공적인 자격을 갖춘 공인으로 나타났다.

1. 모세는 이스라엘의 구원자로서 등장하였다. 그는 박해받는 이스라엘 사람을 대신하여 복수하는 가운데 그를 학대하는 애굽 사람을 죽이는 본을 보여주었다(24절). 그는 공적인 지위를 가진 사람들이 가져야 하는 감정을 가졌는데, 그의 형제가 원통한 일 당함을 보고 그 형제를 불쌍히 여겼고, 악을 행하는 자에게 의로운 분노를 느꼈다. 그리고 압제 받는 자를 위하여 원수를 갚아 애굽 사람

을 쳐죽였다. 만일 그가 사사로운 사람에 불과하였다면 그는 합법적으로 행동할 수 없었을 것이다. 그러나 모세는 자신이 하늘로부터 받은 임무가 자신을 지원해 줄 것을 알았고, 그의 형제들이 하나님께서 자기의 손을 통하여 구원해 주시는 것을 깨달으리라고 생각하였다. (하지만 그들은 자기들을 핍박하는 나라를 하나님께서 심판하시리라는 아브라함의 언약을 깨닫지 못하였다). 하나님의 권위를 나타내는 거룩한 능력을 받지 못하였다면 모세가 정신력으로나 육체의 힘으로나 그런 일을 하지 못하였을 것이다. 만일 이스라엘 백성이 시대의 징조를 깨닫기만 했더라도 그들은 모세의 이러한 시도를 구원의 날이 밝아오고 있는 것으로 이해할 수 있었을 것이다. 그들이 깨닫지 못하였더라. 그들은 모세의 행동이 모세를 그들의 구원자로 선포하기 위해 깃발을 세우고 나팔을 부는 계획된 것이라는 사실을 알지 못하였다.

2. 모세는 이스라엘의 재판장으로서 등장하였다. 모세는 이튿날 두 명의 싸우는 히브리 사람들을 화해시키려고 하는 가운데 재판장의 모습을 보였다. 거기서 모세는 분명히 공적인 태도를 취하였다(26절). 이스라엘 사람끼리 싸울 때에 모세가 와서 위엄과 권위 있는 태도로 그들을 화해시키려 하였다. 그리고 마치 왕이 그들 사이의 논쟁을 판결하듯이, 너희는 형제인데 어찌 서로 해치느냐라고 말하였다. 왜냐하면 (대부분의 다툼이 그러하듯이) 양측 모두에게 잘못이 있다는 것을 그가 알았기 때문이다. 그래서 화해와 우정을 도모하기 위해서는 상호 간에 용서와 겸손이 필요하였다. 모세가 이스라엘의 구원자가 되려고 하였을 때, 그는 애굽 사람을 쳐 죽임으로 이스라엘을 애굽 사람들의 손에서 건져내었다. 한편, 그가 이스라엘의 재판장과 입법자가 되고자 하였을 때, 그는 철장이 아니라 황금 홀을 가지고 그들을 다스렸다. 그들이 싸웠을 때 모세는 그들을 죽이지 않고 그들에게 훌륭한 계명과 율례를 주었으며, 그에게 쏟아진 그들의 불평과 항소를 해결하였다(출 18:16). 그러나 그 동무를 해치는 사람이 모세를 밀어뜨렸다(27절). 모세의 책망이 공정하고 친절한 것이었음에도 불구하고 그는 이를 받아들이지 않고 도리어 안면을 몰수하고 누가 너를 관리와 재판장으로 우리 위에 세웠느냐라고 대들었다. 교만하고 논쟁하기 좋아하는 심령들은 규제와 조정을 참지 못한다. 이 이스라엘 사람들은 구원자의 구원을 받아 그들의 정신이 그의 합리적인 통치를 받기보다는 오히려 그들의 몸이 십장들에게 가혹하게 다스려지기를 원하였다. 악행자는 모세의 책망에 심하게 격분한 나머지 모

세가 자기 민족을 위해 애굽 사람을 죽인 일을 비판하였다. 사실 그들이 원하였다면 그 사건은 모세가 앞으로 이스라엘을 위해 더 큰 봉사를 할 수 있다는 전조였다. 네가 어제는 애굽 사람을 죽임과 같이 또 나를 죽이려느냐? 이 말은 모세의 행동을 범죄행위로 비난하고 또 그를 고소하겠다고 위협하는 말이었다. 이는 사실 모세의 행동은 애굽 사람들에게는 도전의 깃발을 내거는 행동이었고, 이스라엘에게는 사랑과 구원의 기치를 내거는 행동이었다. 모세가 이 말 때문에 도주하여 미디안 땅에서 나그네 되어 거기서 이드로의 딸과 결혼하여 아들 둘을 낳았다(29절).

이제 이 이야기가 스데반의 의도를 어떻게 드러내는지 알아보자.

1. 그들은 모세를 모독하였다는 이유로 스데반을 기소하였는데, 이에 대응하여 스데반은 오히려 그들의 조상들이 모세를 모독하였다고 응수한다. 그러므로 그들이 모세를 위한다는 미명 아래 이처럼 말다툼을 벌이는 대신 부끄러워해야 하고, 겸손해야 한다. 사실상 스데반은 그들 못지않게 모세를 크게 존경하였다.

2. 그들이 스데반을 핍박한 것은 그들이 모세와 그의 율법을 세운 데 반해 스데반은 그리스도와 그의 복음을 변호하려고 논쟁하였기 때문이다. 스데반은 다음과 같은 이유 때문에 "그러나 너희가 주의해야 한다"고 말한다.

(1) "너희 소상들이 그랬던 것처럼 하나님께서 높이사 임금과 구주로 삼으신(5:31) 분을 너희도 거절하고 물리치지 않도록 주의해야 한다. 너희가 고의적으로 빛에 대하여 눈감지 않는다면, 하나님께서 이 예수로 말미암아 애굽에 있을 때보다 더 심각한 노예상태로부터 너희를 건져주실 것을 너희가 깨닫게 될 것이다. 너희가 그분을 물리칠까 주의하고, 도리어 그분을 너희의 관원과 재판장으로 영접하라."

(2) "너희는 조상들이 갔던 길로 가지 않도록 주의해야 한다. 이 때문에 그들은 버림을 받아 노예상태로 죽었으며, 사십 년이 지나기 전에는 구원이 임하지 못하였다. 우리가 조상들의 길로 간다면 결과는 똑같을 것이다. 너희가 복음을 물리친다면 복음은 이방인들에게 보내어질 것이다. 너희가 그리스도를 모시려고 하지 않는다면 너희는 그리스도를 보지 못할 것이며, 파멸을 당하고 말 것이다"(마 23:38, 39).

[30]사십 년이 차매 천사가 시내 산 광야 가시나무 떨기 불꽃 가운데서 그에게 보이거늘 [31]모세가 그 광경을 보고 놀랍게 여겨 알아보려고 가까이 가니 주의 소리가 있어 [32]나는 네 조상의 하나님 즉 아브라함과 이삭과 야곱의 하나님이라 하신대 모세가 무서워 감히 바라보지 못하더라 [33]주께서 이르시되 네 발의 신을 벗으라 네가 서 있는 곳은 거룩한 땅이니라 [34]내 백성이 애굽에서 괴로움 받음을 내가 확실히 보고 그 탄식하는 소리를 듣고 그들을 구원하려고 내려왔노니 이제 내가 너를 애굽으로 보내리라 하시니라 [35]그들의 말이 누가 너를 관리와 재판장으로 세웠느냐 하며 거절하던 그 모세를 하나님은 가시나무 떨기 가운데서 보이던 천사의 손으로 관리와 속량하는 자로서 보내셨으니 [36]이 사람이 백성을 인도하여 나오게 하고 애굽과 홍해와 광야에서 사십 년간 기사와 표적을 행하였느니라 [37]이스라엘 자손에 대하여 하나님이 너희 형제 가운데서 나와 같은 선지자를 세우리라 하던 자가 곧 이 모세라 [38]시내 산에서 말하던 그 천사와 우리 조상들과 함께 광야 교회에 있었고 또 살아 있는 말씀을 받아 우리에게 주던 자가 이 사람이라 [39]우리 조상들이 모세에게 복종하지 아니하고자 하여 거절하며 그 마음이 도리어 애굽으로 향하여 [40]아론더러 이르되 우리를 인도할 신들을 우리를 위하여 만들라 애굽 땅에서 우리를 인도하던 이 모세는 어떻게 되었는지 알지 못하노라 하고 [41]그 때에 그들이 송아지를 만들어 그 우상 앞에 제사하며 자기 손으로 만든 것을 기뻐하더니

여기서 스데반은 모세에 대한 이야기를 계속한다. 누구든 이 말이 과연 모세를 모독한 자의 말인지 판단해 보라. 이보다 모세를 높이는 말은 없을 것이다.

I. 모세가 가시나무 떨기에 임한 하나님의 영광을 본 장면(30절). 사십 년이 차매. (이 기간 동안 모세는 미디안에서 묻혀 지내었고, 지금은 늙었다. 이 때쯤 사람들은 과거의 일을 회상하게 될 것이다.) 그제야 그가 행한 모든 일들이 하나님의 능력과 약속의 결과라는 사실이 분명해질 수 있었다. (이삭이 늙은 부모님에게서 태어남으로 그가 약속의 자녀라는 사실이 분명해진 것처럼.) 이제 팔십 세가 된 모세는 사십 년 간 자기를 부인한 데 대한 보상으로 그가 나면서부터 받은 영광스러운 직분을 시작한다. 관찰.

1. 하나님께서 모세에게 보이신 곳. 시내 산 광야(30절). 하나님께서 그 곳에서 모세에게 보이셨을 때 그 곳이 바로 거룩한 땅이었다(33절). 스데반이 이 사실

을 언급한 의도는 성전 이외의 장소에서는 하나님과 아무런 교제를 할 수 없는 양 성전을 자랑하던 자들을 자제시키기 위함이었다. 반면, 하나님은 시내 광야의 구석진 장소에서 모세를 만나주셨고 그에게 자신을 보여주셨다. 하나님께서 장소에 매여있다고 생각한다면 이는 잘못된 생각이다. 하나님은 자기 백성을 광야로 인도하실 수 있으며, 그 곳에서 그들에게 편안하게 말씀하실 수 있다.

2. 하나님께서 모세에게 보여주신 방법. 가시나무 떨기 불꽃 가운데서(우리 하나님이 소멸하는 불이시기 때문에). 가시나무 떨기는 타는 재질이었지만 그 떨기 속의 불꽃은 타지 않았다. 이는 애굽에 있는 이스라엘의 상태를 표현한 것이었다. (애굽에서 이스라엘 백성은 고난의 불 속에 있었지만 그들은 고난의 불에 소멸되지 않았다.) 아마도 이 불꽃은 그리스도의 성육신, 곧 신성과 인성의 연합에 대한 모형이라고 생각될 수 있을 것이다. 가시나무 떨기에 임한 불꽃처럼 하나님께서 육체로 임하신 것이다.

3. 이로 인한 모세의 충격. (1) 모세가 그 광경을 보고 놀랍게 여겨(31절). 이는 모세가 가진 애굽의 모든 학문으로도 설명할 수 없는 현상이었다. 처음에 그는 호기심에 이런 현상을 알아보려고 하였다. 내가 돌이켜 가서 이 큰 광경을 보리라(출 3:3). 하지만 그가 가까이 가면 길수록 그는 더욱 놀라움에 사로잡혔다. (2) 모세가 무시워 감히 바라보지 못하더라. 감히 그는 확고부동하게 그 곳을 바라볼 수 없었다. 그는 곧 그것이 불타는 유성이 아니라 여호와의 천사였다는 것을 깨달았다. 이는 다름 아닌 언약의 천사, 곧 하나님의 아들 자신이셨다. 이러한 사실이 그로 하여금 무섭게 만들었다. 스데반은 모세와 하나님을 모독했다는 이유로 기소를 당하였다(6:11). 모세가 작은 신이라도 되는 듯이 그들은 스데반을 기소하였지만 모세는 우리와 똑같은 성정을 가진 인간일 뿐이었다. 특히 모세는 하나님의 위엄과 영광이 나타나자 무서워 떠는 인간이었을 뿐이다.

II. 모세가 하나님의 언약을 들었다는 선언(32절). 주의 소리가 있어. 믿음은 들음에서 말미암기 때문이다. 주의 소리는 다음과 같은 내용이었다. 나는 네 조상의 하나님 즉 이브라함과 이삭과 야곱의 하나님이라. 이 소리는 다음과 같은 의미를 가진다.

1. "나는 전에 있던 바로 그 하나님과 동일한 자니라." 오래 전 하나님께서 아브라함에게 약속하신 언약은 "내가 너의 하나님이 되리라"는 것이었다. 이제

하나님께서 이렇게 말씀하신다. "그 언약이 지금도 충분한 효력이 있다. 그 언약은 취소되지도 잊히지도 않았으며, 나는 전에 있던 아브라함의 하나님이니라. 이제 나는 이러한 사실을 분명히 보여주리라." 하나님께서 이스라엘에게 베푸신 모든 은혜와 모든 영광은 바로 이 아브라함의 언약에 근거한 것이며, 이 언약에서 비롯된 것이었다.

2. "나는 지금처럼 앞으로도 동일하리라." 아브라함, 이삭, 야곱의 죽음이 하나님과 그들 사이의 언약관계를 깨뜨릴 수 없다면(그들의 죽음이 이 언약관계를 깨뜨릴 수 없음이 분명한 것처럼), 다른 그 무엇도 이 언약관계를 깨뜨릴 수 없다. 그러므로 하나님은 (1) 이제 육체로부터 분리된 영혼들에게 하나님이 되실 것이다. 우리 구주께서 이로써 미래의 상태를 증거하셨다(마 22:31, 32). 아브라함은 죽었지만 여전히 하나님은 그의 하나님이시며, 그러므로 아브라함은 여전히 살아 있다. 하나님께서는 아브라함의 하나님이 되어 주시겠다는 언약의 참된 의미를 결단코 아브라함이 이 세상에 있을 때 완전히 이루어주지 않으셨다. 그러므로 이 언약이 저 세상에서 완전히 이루어지는 것이 틀림없다. 사두개인들이 영생과 불멸이 없다고 확신하였기 때문에 예수님께서 복음의 말씀으로 영생과 불멸이 있다는 사실을 폭로하셨다. 그러므로 복음을 변호하고 그것을 전하려고 노력한 사람들은 모세를 모독하기는커녕 도리어 최대한 모세의 면목을 세워준 자들이며, 하나님께서 가시나무 떨기에서 모세에게 보여주신 그 영광스러운 광경을 발견한 사람들이다. (2) 하나님은 그들의 후손들에게 하나님이 되실 것이다. 하나님께서는 그 후손들에게 그들의 조상들의 하나님이라고 선언하시면서 그들에게도 그의 사랑을 베푸실 것이라고 공표하셨다. 조상들로 말미암아 사랑을 입은 자라(롬 11:28; 신 7:8). 이제 복음 전도자들은 이 언약을 전하였다. 이제도 여기 서서 심문 받는 것은 하나님이 우리 조상에게 약속하신 것을 바라는 까닭이니 이 약속은 우리 열두 지파가 밤낮으로 간절히 하나님을 받들어 섬김으로 얻기를 바라는 바인데… (행 26:6, 7). 그런데 유대인들은 거룩한 곳과 율법을 지지한다는 구실로 율법이 주어지기 전, 그리고 성전이 건축되기 전 아브라함과 그의 후손들, 곧 그의 영적인 후손들과 맺은 언약을 반대하고 있다. 하나님의 영광은 영원히 높여지고 우리의 자랑은 영원히 침묵해야 하기 때문에 하나님은 율법에 의해서가 아니라 약속에 의해서 우리의 구원이 되셔야 한다. 그러므로 율법을 모독하였다는 이유로 그리스도인들을 핍박한 유대인들은

언약을 모독하고 그 안에 들어있는 모든 은혜를 스스로 저버렸다.

Ⅲ. 하나님께서 이스라엘을 애굽에서 건져내라고 모세에게 주신 사명. 유대인들은 그리스도의 경쟁자로 모세를 세웠다. 그런데 스데반은 그렇게 하지 않는다고 유대인들은 그가 모세를 모독하였다고 그를 고발하였다. 하지만 스데반은 모세가 이스라엘의 구원자로서 그리스도의 훌륭한 모형이었다고 여기서 증거한다. 하나님께서 친히 아브라함의 하나님이라고 선포하신 후 계속하여 다음과 같이 명령하셨다.

1. 모세에게 경건한 자세를 취하라고 명령하셨다. "네 발의 신을 벗으라. 천하고 냉정하고 속된 생각으로 거룩한 것을 대하지 말라. 네 발을 삼갈지어다(전 5:1). 네가 하나님 앞에 나아갈 때 서두르지 말고 경솔하지 말고 조용히 나아가라."

2. 모세에게 매우 철저한 섬김을 명령하셨다. 모세가 명령을 받아들일 준비를 할 때 하나님은 그에게 사명을 주실 것이다. 모세는 이스라엘을 애굽 땅에서 나가게 해 달라고 바로에게 요구하며 그 요구를 강력히 주장하라는 사명을 받았다(34절). 관찰. (1) 하나님께서 이스라엘의 괴로움을 주목하셨다. 내 백성이 애굽에서 괴로움 받음을 내가 확실히 보고 그 탄식하는 소리를 듣고. 하나님은 자기 교회의 괴로움과 자기의 핍박받는 백성의 탄식하는 소리를 긍휼히 여기는 마음으로 주목하셨다. 그리고 그들의 구원은 하나님의 긍휼하심으로 말미암아 시작된다. (2) 하나님께서 모세를 통하여 그들을 구속하기로 결성하셨다. 그들을 구원하려고 내려왔노니. 하나님께서는 어디에나 계시지만 하나님께서 그들을 구원하려고 내려오셨다는 표현을 사용한 것은 그 구원이 그리스도께서 이루신 구원의 모형이 되기 때문이다. 즉, 그리스도께서 우리 사람들을 위하여, 그리고 우리의 구원을 이루기 위하여 하늘로부터 내려오셨다. 먼저 하늘에 오르신 이가 내려오셨다. 모세는 반드시 쓰임받아야만 하는 사람이었다. 이제 내가 너를 애굽으로 보내리라. 하나님께서 그를 보내신다면 하나님께서는 그를 붙잡아주시고 승리케 하실 것이다.

Ⅳ. 이 사명을 수행하는 모세. 이러한 점에서 모세는 메시아의 그림자였나. 그리고 스데반은 모세에 대한 백성의 경멸과 모욕을 논평하였고, 또한 그들을 구원하는데 모세의 중재하는 역할이 컸음에도 불구하고 그의 통치를 거절한 이스라엘의 죄악을 논평하였다.

1. 하나님은 이스라엘 백성이 경멸하였던 자를 높이 세워주셨다(35절). 거절하던 그 모세를. 모세의 친절한 제안과 선한 직무를 그들은 비웃음으로 거절하면서, 누가 너를 관리와 재판장으로 세웠느냐? 레위의 자손 너희가 분수에 지나도다라고 말하였다(민 16:3). 이러한 모세를 하나님께서 가시나무 떨기 가운데서 보이던 천사의 손으로 관리와 속량하는 자로서 보내셨다. 하나님께서 모세와 함께 한 천사의 손으로 그를 보내었다는 말씀은 그가 완전한 구원자가 되었다는 의미로 이해될 수 있다. 자, 이러한 예를 통하여 스데반은, 공회원들의 조상들이 모세를 거절하였듯이 지금 그들이 누가 너를 선지자와 왕으로 세웠느냐? 누가 너에게 이 권세를 주었느냐? 라고 말하면서 거부한 이 예수를 하나님께서 왕과 구세주, 통치자와 구원자로 세우셨다고 공표하고 있는 것이다. 스데반의 이러한 말은 잠시 전 사도들이 유대인들에게 말한 대로이며(5:30, 31), 건축자들의 버린 돌이 집 모퉁이의 머릿돌이 되었다(행 4:11)는 말씀과도 일치한다.

2. 하나님께서 모세를 통해 그들에게 은혜를 보이셨고, 비록 그들이 그를 밀어내었지만 모세는 그들을 앞장서서 섬겼다. 하나님께서는 그들에 대한 모세의 섬김을 마땅히 멈추게 하실 수도 있었다. 하지만 백성들의 거역은 모두 잊혀졌고, 그들은 응분의 책망을 받지 않았다. 그들의 거역에도 불구하고 모세가 애굽 땅에서 기사와 표적을 보인 후 그들을 인도해내었다. 이러한 놀라운 일들은 그들의 구원이 완성될 때까지 홍해와 광야에서 사십 년 동안 필요할 때마다 계속되었다. 스데반은 구약 교회를 형성하는데 하나님께서 모세를 영광스러운 도구로 쓰셨다고 그를 칭송하고 있는 만큼 그가 모세를 모독하였다는 말은 사실과 거리가 멀다. 다만 모세가 하나님의 도구에 불과하였고, 이 예수 앞에서는 무색하여진다고 말한 것은 그의 명예를 조금도 훼손하는 것이 아니었다. 스데반은 여전히 이 예수에 대하여 변론하고 자신의 공동체에 들어오기를 이 유대인들에게 촉구하고 있다. 그들을 두려워하기 때문이 아니라 다만 그들도 예수의 은혜를 받아야 하기 때문이다. 마치 이스라엘 백성이 한때 모세를 거절하였지만 그로 말미암아 구원을 받은 것처럼 예수를 거절한 그들도 예수로 말미암아 은혜 받기를 그는 바랐던 것이다.

V. 그리스도와 그의 은혜에 대한 모세의 예언(37절). 모세는 그리스도의 모형일 뿐 아니라 (그리스도의 날을 실제로 예견한 사람들은 그다지 많지 않았다) 그리스도에 대하여 이야기하였다(37절). 이스라엘 자손에 대하여 하나님이 너

희 형제 가운데서 나와 같은 선지자를 세우리라 하던 자가 곧 이 모세라. 모세가 이러한 예언을 한 것은 하나님께서 그에게 가장 큰 영광 중의 하나를 주신 것이다(아니, 다른 모든 영광을 능가하는 영광이다). 하나님은 세상에 오실 위대한 선지자를 모세를 통하여 이스라엘 자녀들에게 알리셨고 그에 대한 그들의 기대를 일으키셨으며, 그를 영접하도록 요구하셨다. 모세가 이스라엘 백성을 애굽에서 인도하여 낸 사실을 이야기할 때 이 모세라고 지칭하므로 그의 명예를 높여주었다(출 6:26). 이와 마찬가지로 여기서도 이 모세라고 지칭하고 있다. 이러한 표현은 스데반의 의도를 충분히 보여준다. 예수께서 의식법의 규례를 바꾸셔야 한다고 스데반이 역설하고 있지만, 그는 모세의 예언이 얼마나 정확하게 성취되었는지 보여줌으로써 결과적으로 모세에게 최대한의 경의를 표한 만큼 스데반 자신은 결코 모세를 모독하지 않았다는 것을 나타낸 셈이었다. 모세의 예언은 너무나 정확하였으며, 이는 그리스도께서 친히 유대인들에게 말씀하신 바와 같다. 모세를 믿었더라면 또 나를 믿었으리니 이는 그가 내게 대하여 기록하였음이라(요 5:46).

1. 모세가 하나님의 이름으로 백성에게 이르기를, 그들 가운데 한 선지자가 일어날 것인데 그 선지자는 자신과 같이 통치자요 구원자요 재판장이요 입법자가 될 것이라고 하였다(신 18:15, 18). 그러므로 그는 모세가 전한 규례를 바꿀 권세를 가질 것이며, 더 좋은 언약의 중보자로서 더 나은 소망을 가져다 줄 것이라고 하였다.

2. 모세는 그 선지자의 말을 듣고 그의 지시를 받으며, 그가 가져올 규례의 변화를 인정하고, 모든 일에 그에게 복종하라고 백성에게 명하였다. "그리고 이것이야말로 너희가 모세와 그의 율법에게 줄 수 있는 최대의 경의가 될 것이다. 모세는 너희는 그를 들을지니라고 말하였다. 그리스도께서 변화하셨을 때 하늘의 소리가 이와 똑같은 명령을 반복하였으며, 그 때에 모세는 침묵함으로써 그 소리에 동의하였다.

VI. **모세가 애굽에서 이스라엘 백성을 인도하는 도구가 된 후 계속적으로 그 백성에게 보여준 철저한 섬김**(38절). 이 점에서도 또한 모세는 그리스도의 모형이었다. "모세가 전한 규례를 바꿀 권세가 그리스도에게 있다"고 말하는 깃이 모세를 모독하는 것이 아닌 만큼 그리스도는 모세를 훨씬 능가하신다. 모세가 그리스도의 모형이 된다는 것은 그의 영광이었다.

1. 모세는 광야 교회에 있었다. 그는 사십 년 동안 광야 교회의 제반 사무를 주재하였으며, 여수룬에서 왕이었다(신 33:5). 이스라엘 진영이 여기서 광야 교회라고 일컬어진다. 왜냐하면 이스라엘 진영은 하나님의 통치 죽에 거룩한 헌장으로 연합되었고, 하나님의 계시를 받은 거룩한 공동체였기 때문이다. 비록 완전한 형태를 갖추지는 못하였지만 광야 교회는 하나의 교회였다. 이스라엘이 가나안에 들어왔지만 그들은 각기 소견대로 하였다(신 12:8, 9). 모세가 그런 교회 안에 있었다는 것은 그에게 영광이었다. 만일 모세가 그 교회를 위해 중보하지 않았더라면 그 교회는 여러 번 파멸했을 것이다. 그러나 그리스도는 광야 교회보다 더 탁월하고 영광스러운 교회의 주재시요 인도자시다. 교회 안에서 그리스도는 모세보다 더 많은 원기와 생기를 주신다.

2. 모세는 시내 산에서 말하던 그 천사와 우리 조상들과 함께 있었다. 모세는 시내 산에서 두 번에 걸쳐 사십 일 동안 언약의 천사 곧 미가엘과 함께 있었다. 모세는 직접 하나님과 교제하였으나 그리스도께서 영원 전부터 그랬던 것처럼 결코 하나님의 품 속에 있지는 못하였다. 이 말씀은 다음과 같이 해석될 수도 있다. 모세가 광야 교회에 있었으나 시내 산에서, 곧 가시나무 떨기에서 말씀하신 천사와 함께 있었다. 왜냐하면 그 가시나무 떨기가 시내 산에 있었다고 말씀하고 있기 때문이다(30절). 그 천사가 모세 앞서 갔고 그를 인도하였다. 그렇지 않았다면 모세는 이스라엘을 인도할 수 없었을 것이다. 이에 대하여 하나님께서 말씀하시기를(출 23:20), 내가 사자를 네 앞서 보내리라고 하셨다(출 33:2). 그리고 민수기 20장 16절을 보라. 그는 천사와 함께 교회 안에 있었고, 천사 없이 그는 교회를 섬길 수 없었다. 하지만 그리스도께서는 친히 광야 교회와 함께 한 바로 그 천사였다. 그러므로 그리스도께서 모세보다 더 높은 권세를 가지고 계신다.

3. 모세가 살아 있는 말씀을 받아 그들에게 주었다. 모세는 십계명뿐만 아니라 여호와께서 모세에게 말씀하신 다른 교훈들도 전하였다. 여호와께서는 이스라엘 자녀들에게 전하라고 말씀하시면서 모세에게 말씀을 주셨다.

(1) 하나님의 말씀은 확실하고 오류가 없으며, 논의의 여지가 없는 권위와 책무를 지닌 계시다. 하나님의 말씀을 계시로 인정하고, 그 계시에 의해 모든 논쟁이 끝나야 한다.

(2) 그것은 살아 있는 말씀이다. 왜냐하면 그것이 말못하고 죽어 있는 이교도

의 우상의 말이 아니라 살아 계신 하나님의 계시이기 때문이다. 하나님께서 하시는 말씀은 영이며 생명이다. 모세의 율법은 생명을 줄 수 있는 것이 아니라 생명에 이르는 길을 보여주었을 뿐이다. 네가 생명에 들어가려면 계명들을 지키라(마 19:17).

(3) 모세가 하나님으로부터 이 말씀을 받았다. 그는 하나님으로부터 처음 받은 것 외에는 아무것도 백성들에게 계시로 전하지 않았다.

(4) 하나님으로부터 받은 살아 있는 말씀을 백성들이 준수하고 지키도록 그는 충성스럽게 전하였다. 하나님의 말씀이 유대인들에게 맡겨진 것은 그들의 중요한 특권이었다. 그리고 그 말씀이 그들에게 맡겨진 것은 모세의 손을 통해서였다. 모세가 그들에게 양식을 주지 않은 것처럼 하늘의 율법도 모세가 준 것이 아니었으며(요 6:32), 오로지 하나님께서 주신 것이었다. 그리고 그의 종 모세를 통하여 그러한 규례를 주신 하나님께서는 분명히 그의 기뻐하신 뜻을 따라 그의 아들 예수로 말미암아 그 규례를 바꾸실 수 있다. 그의 아들 예수는 모세가 받은 것보다 더욱 살아 있는 말씀을 받아 우리에게 주신다.

VII. 이러함에도 불구하고 백성이 모세를 경멸함. 스데반이 모세를 모독하였다고 기소한 자들은 그들의 조상들이 과연 무슨 짓을 하였는지 대답해야 할 것이다. 그리고 그들도 조상들의 전철을 밟고 있다.

1. 그 조상들이 모세에게 복종하지 아니하고자 하여 거절하였다(39절). 그들은 모세에게 불평하고 거역하였으며, 그의 말을 순종하지 않았다. 그리고 때로는 모세를 돌로 쳐죽이려고 하였다. 모세는 참으로 그들에게 훌륭한 율법을 주었으나 분명한 사실은 율법으로는 나아오는 자들을 언제나 온전하게 할 수 없다는 것이다(히 10:1). 왜냐하면 율법을 받은 조상들의 그 마음이 도리어 애굽으로 향하였고 그들이 모세의 인도 하에 먹은 만나 혹은 가나안 땅에서 기대한 젖과 꿀보다도 애굽의 마늘과 양파를 더 좋아하였기 때문이다. 관찰. 그들이 은밀하게 모세에게 불평한 것은 그들이 애굽을 좋아하였기 때문이다. 결과적으로 이러한 마음으로 인해 그들은 애굽으로 돌아가려고 하였다. 적어도 그 마음으로는 애굽으로 돌아가고 있었다. 많은 사람들이 경건의 모양과 고백을 보여줌으로 가나안을 향해 나아가는 체하고 있지만, 그들의 마음으로는 롯의 아내가 소돔으로 돌이켰듯이 애굽으로 돌아가고 있다. 이들은 탈선한 자들로 취급될 것이다. 왜냐하면 하나님께서 보시는 것은 마음이기 때문이다. 자, 모세가 그들에게

전한 규례가 그들을 변화시키지 못한다면, 그리스도께서 오셔서 그 규례를 바꾸시고 좀 더 영적인 예배의 방식을 소개하시는 것에 놀라지 말라.

2. 하나님 대신에 그들이 송아지를 만들었다. 이는 하나님을 모욕한 것은 물론 모세를 모욕한 것이다. 왜냐하면 애굽 땅에서 우리를 인도하던 이 모세는 어떻게 되었는지 알지 못하노라는 말에서 알 수 있듯이 그들이 모세를 신뢰하지 못한 까닭에 송아지를 만들었기 때문이다. 마치 송아지가 모세의 부족을 충분히 채워줄 것처럼, 그리고 그들을 약속의 땅으로 앞장서 인도해줄 것처럼 그들이 생각하였던 것이다. 율법이 그들에게 주어졌던 그 때에 그들이 송아지를 만들어 그 우상 앞에 제사하며 자기 손으로 만든 것을 기뻐하였다. 그들은 새로운 신을 자랑하였고 이에 백성이 앉아서 먹고 마시며 일어나서 뛰놀았다(출 32:6). 이 모든 사실로 보아 율법이 하지 못한 일이 많았으며, 율법이 육신으로 말미암아 연약하여 할 수 없었다. 그러므로 율법이 더 나은 손에 의해 온전해져야만 했다. 그리고 그리스도께서 그렇게 하셨다고 말한 스데반은 모세를 모독한 자가 아니었다.

[42]하나님이 외면하사 그들을 그 하늘의 군대 섬기는 일에 버려 두셨으니 이는 선지자의 책에 기록된 바 이스라엘의 집이여 너희가 광야에서 사십 년간 희생과 제물을 내게 드린 일이 있었느냐 [43]몰록의 장막과 신 레판의 별을 받들었음이여 이것은 너희가 절하고자 하여 만든 형상이로다 내가 너희를 바벨론 밖으로 옮기리라 함과 같으니라 [44]광야에서 우리 조상들에게 증거의 장막이 있었으니 이것은 모세에게 말씀하신 이가 명하사 그가 본 그 양식대로 만들게 하신 것이라 [45]우리 조상들이 그것을 받아 하나님이 그들 앞에서 쫓아내신 이방인의 땅을 점령할 때에 여호수아와 함께 가지고 들어가서 다윗 때까지 이르니라 [46]다윗이 하나님 앞에서 은혜를 받아 야곱의 집을 위하여 하나님의 처소를 준비하게 하여 달라고 하더니 [47]솔로몬이 그를 위하여 집을 지었느니라 [48]그러나 지극히 높으신 이는 손으로 지은 곳에 계시지 아니하시나니 선지자가 말한 바 [49]주께서 이르시되 하늘은 나의 보좌요 땅은 나의 발등상이니 너희가 나를 위하여 무슨 집을 짓겠으며 나의 안식할 처소가 어디냐 [50]이 모든 것이 다 내 손으로 지은 것이 아니냐 함과 같으니라

본문에는 두 가지 내용이 들어있다.

I. 스데반은 그들 조상의 우상숭배를 비난한다. 이스라엘이 금송아지를 섬

기므로 자신(하나님)을 버린 데 대한 형벌로서 하나님은 그들로 우상을 숭배하도록 내버려두셨다. 이는 죄에 대한 모든 형벌 중에 가장 슬픈 형벌이었다. 이방 세계가 우상을 숭배하는 것은 하나님께서 그들을 상실한 마음대로 내버려 두셨기 때문이다. 이스라엘이 우상과 연합하고 금송아지와 연합하며 머지않아 바알브올에게 나아갔을 때 하나님은 그들을 버려 두셨다고 말씀한다(42절). 하나님이 외면하사 그들을 그 하늘의 군대 섬기는 일에 버려 두셨으니. 특히 하나님은 우상을 섬기지 말도록 책임지고 경고하셨으며, 왜 그래서는 안 되는지 그 이유를 그들에게 말씀해 주셨다. 그래도 그들이 고집을 부렸을 때 그들 마음의 정욕대로 하도록 내버려 두셨다. 그리고 억제하는 은혜를 거두셨고, 그 때에 그들은 자기 뜻대로 행하였고 부끄럽게도 어떤 백성보다도 우상에 열중하였다. 신명기 4장 19절과 예레미야 5장 25절을 비교해 보라. 스데반은 이에 대한 증거로 아모스 5장 25절에서 한 구절을 인용한다. 그들을 책망한 구약 선지자의 말씀을 인용하여 그들의 성품과 운명을 말하는 것이 그들의 미움을 덜 받을 수 있기 때문이다.

1. 구약의 선지자는 이스라엘이 광야에서 자기 하나님께 희생 제물을 드리지 않았다고 책망하였다(42절). 너희가 광야에서 사십 년간 희생과 제물을 내게 드린 일이 있었느냐? 드린 적이 없다. 하나님께 희생 제물을 드리는 일이 언제나 중단되었다. 그들은 두 번째 해가 지나면서 유월절조차도 지키지 않았다. 그들이 정착하지 못한 동안에 유월절을 지키라고 주장하지 않으신 것은 하나님의 겸손 때문이었다. 하나님께서 제사 드리는 것을 특별히 면제시켜 주셨는데 오히려 그들이 우상에게 희생제물을 드림으로 하나님께 얼마나 악하게 보답하였는지 생각해 보라. 이러한 행동이 또한 모세가 그들에게 전해 준 규례에 대한 열심을 가로막았고, 이 예수에 의해 고쳐진 규례를 가지는 것을 두려워하게 만들었다. 사실상 이 규례들은 모세를 통해 전해진 직후에 사십 년 동안 쓸모 없이 폐지되었다.

2. 구약의 선지자는 그들이 가나안에 들어간 이후에 다른 신들에게 희생제사를 드렸다고 책망하였다(43절). 몰록의 장막과 신 레판의 별을 받들었음이여. 몰록은 암몬 자손들의 우상이었다. 그들은 야만스럽게 자기 자녀들을 희생제물로 바쳤다. 그들은 두려움 없이, 그리고 자신과 자기 가족에 대한 비통함 없이 그런 희생을 바칠 수 있었다. 그러나 이스라엘이 이 변태적인 우상숭배에 이르자

하나님께서 그 하늘의 군대 섬기는 일에 버려 두셨다. 역대하 28장 3절을 보라. 이 제껏 이스라엘 백성이 강한 미혹에 빠져 버림받았고, 이는 불순종의 자녀들 가운데 사탄의 세력이 역사한다는 분명한 사례다. 그러므로 그들의 우상숭배 행위가 여기서 단호하게 지적된다. 너희가 몰록의 장막을 받들었음이여, 너희가 그것에 복종하였고 신 레판의 별을 받들었음이여. 어떤 이들은 몰록이 해를 의미하므로 레판은 달을 의미한다고 생각한다. 또 다른 이들은 레판이 토성을 의미한다고 해석한다. 왜냐하면 토성은 시리아어와 페르시아어에서 레판이라고 불려지기 때문이다. 칠십인역은 이를 보다 일반적으로 알려진 명칭인 기윤(Chiun: 암 5:26)이라고 번역하였다. 은이 디아나(Diana : 달의 여신)의 사당을 모시는 것처럼 이러한 명칭들은 별을 상징하는 이미지를 갖고 있었으며, 여기서는 그들이 절하고자 하여 만든 형상이라고 일컬어지고 있다. 라이트푸트(Lightfoot) 박사는 이 명칭들이 성운과 행성을 포함하여 별이 총총한 하늘을 나타내는 상징들이며, 이러한 상징들이 레판 — 천체와 같은 고상한 표현 — 이라고 일컬어졌다고 생각한다. 이 천체를 우상으로 만드는 것은 불쌍한 것이지만 적어도 금송아지보다는 낫다! 이 때문에 이스라엘이 내가 너희를 바벨론 밖으로 옮기리라는 위협을 받은 것이다. 아모스서에서는 다메섹 밖으로(5:27)라고 기록되어 있다. 여기서 다메섹은 북녘 땅 바벨론을 의미한다. 하지만 스데반은 열 지파(이스라엘)의 포로생활에 대한 시각으로 이를 바벨론으로 바꾼다. 열 지파는 바벨론 밖으로, 곧 고산 강 가, 메대 사람의 여러 고을에 끌려갔다(왕하 17:6). 그러므로 이 장소가 파멸될 것이라는 말을 이상하게 여기지 말아야 한다. 왜냐하면 그들은 구약의 선지자들로부터 이러한 말을 여러 번 들었기 때문이다. 오로지 악한 통치자들 외에는 아무도 구약의 선지자들을 성전 모독자로 비난하지 않았다. 예레미야가 기소되어 논쟁이 벌어졌을 때 미가 선지자가 시온은 밭 같이 경작지가 될 것이며 예루살렘은 돌 무더기가 되며 이 성전의 산은 산당의 숲과 같이 되리라고 예언하였지만 그가 당시에 책망받지 않았다는 사실이 지적되었다(렘 26:18, 19).

Ⅱ. 스데반은 특히 성전과 관련하여 이 사람이 이 거룩한 곳을 거슬러 말하기를 마지 아니하는도다(6:13)라고 자신을 기소한 것에 대하여 답변한다(44-50절). 예수께서 이 거룩한 곳을 멸하실 것이라고 말했다고 하여 그가 기소되었다. (스데반은 말하기를) "내가 그렇게 말한들 무엇이 잘못이냐? 거룩하신 하나

님의 영광은 이 거룩한 곳의 영광 가운데 매여 있지 않다. 이 곳은 먼지 가운데 있지만 하나님의 영광은 아무런 손상 없이 보존될 수 있다." 그 이유는 다음과 같다.

1. 우리 조상들이 광야로 들어가 가나안으로 향하여 갈 때에야 비로소 고정된 예배장소를 가질 수 있었다. 그리고 오래 전 족장들은 그들의 장막 옆에서, 곧 야외에서 마련한 제단에서 하나님께서 받으실 만한 예배를 드렸다. 구약교회의 처음 순결한 시대에 거룩한 곳 없이 예배를 받으신 하나님께서는 이 거룩한 곳이 파멸되어도 그의 영광이 조금도 축소되지 않고 예배를 받으실 수 있고 또 그럴 것이다.

2. 그 거룩한 곳은 처음에 초라한 이동용 장막에 불과하였으며 이는 일시적인 것을 나타내며 언제나 지속되도록 고안된 것이 아니었다. 장막이 커튼으로 이루어졌지만 성전에 자리를 양보하였거늘 이 거룩한 곳이 비록 돌로 지어졌지만 어찌하여 볼썽사납지 않게 종식될 수 없으며, 더 나은 곳에 자리를 양보할 수 없겠는가? 장막을 성전으로 대체한 것이 하나님을 모욕한 일이 아니요 도리어 존경하는 일이었던 것처럼, 이제 물질적인 성전이 영적인 성전으로 대체되는 것도 마찬가지로 하나님을 모욕하는 일이 아니요 존경하는 일이다. 그리고 마침내 영적인 성전이 영원한 성전으로 대체될 때가 올 것이다.

3. 그 장막은 증기의 장막이었고, 장차 올 좋은 것, 곧 사람이 세운 것이 아니라 주께서 세우신 참 장막의 모형이었다(히 8:2). 장막과 성전이 장차 천국에서 공개될 하나님의 성전(계 11:9)을 증거하기 위해, 그리고 그리스도께서 이 땅에 장막을 치고 거하셨다는 사실(요 1:14)과 그의 몸 된 성전을 증거하기 위해 세워진 것은 그것들 모두의 영광이었다.

4. 그 장막은 하나님께서 지시하신 대로 만들어졌다. 곧 모세가 본 그 양식대로 만들게 하신 것이다. 이는 그 장막이 장차 올 좋은 것과 관련이 있다는 것을 암시한다. 장막이 세워진 것은 하늘의 뜻이었고, 그 의미와 성향도 그러하였다. 그러므로 손으로 지어진 이 성전을 헐고 손으로 지어지지 아니한 다른 성전을 지어야 한다고 말한 것이 그 영광을 조금도 축소하는 것이 아니었다. 그런데 그리스도께서 기소된 죄목(막 14:58)과 스데반이 기소된 죄목이 바로 이런 말을 하였다는 것이었다.

5. 그 장막은 처음에 광야에서 지어졌다. 그것은 너희가 사는 이 땅의 토산물

이 아니었다. 너희는 그것이 영원히 이 땅에만 한정되어야 한다고 생각한다. 하지만 그 장막은 처음에 그것을 세운 자들 이후 세대인 우리 조상들에 의해 이방인들의 땅, 곧 가나안 땅으로 들여졌으며, 그것은 하나님께서 우리 조상들 앞에서 쫓아내신 저주받은 나라들의 땅에 오랫동안 있었다. 하나님께서 이방인의 나라들 가운데 물질적인 장막을 세우셨거늘 어찌하여 영적인 성전을 세우지 못하시겠는가? 이 영적인 장막은 예수, 곧 여호수아와 함께 온 사람들에 의해 들여왔다. 구분하기 위해, 그리고 오류를 막기 위해 본문과 히브리서 4장 8절 두 구절에서 여호수아라고 해석해야 한다. 하지만 헬라어로는 예수인데 여기서 여호수아라고 이름한 데는 묵시적인 암시가 있을 수 있다. 곧 구약의 여호수아가 상징적인 장막을 들여온 것처럼 신약의 여호수아가 참 장막을 이방인들의 지역에 들여와야 한다는 것이다.

6. 그 장막은 다윗 때까지 여러 세대 동안 사백 년 이상 지속되었으며, 그 때까지 성전을 건축할 생각을 조금도 하지 않았다(45절). 그러다가 다윗이 하나님 앞에서 은혜를 받아 하나님의 처소를 지어드리도록 허락해 주시기를 열망하였다. 이 처소는 지속적이고 고정된 장막이고, 또는 쉐키나를 위한 거주지이며, 혹은 야곱의 하나님의 임재의 상징이다(46절). 하나님의 은혜를 받은 자들은 사람들 가운데서 하나님 나라의 유익을 구하는 모습을 보여야 할 것이다.

7. 하나님께서는 성전 곧 백성들이 그토록 자랑하는 거룩한 곳에 대하여 그다지 애정을 보이지 않으셨다. 따라서 다윗은 성전을 건축하기를 열망하였지만 거절당하였다. 하나님께서 다윗에게 말씀하셨듯이 하나님은 성전 건축을 서두를 마음이 없으셨다(삼하 7:7). 그러므로 하나님의 처소를 건축한 사람은 다윗이 아니라 그의 아들 솔로몬이었다. 다윗은 성전 건축이 되기 전에, 우리가 시편에서 읽어볼 수 있는 것처럼, 공적인 예배에서 하나님과 즐거운 교제를 가졌다.

8. 하나님은 손으로 지은 성전이 그의 기쁨이 아니며, 그의 안식과 기쁨의 완전함을 위해 아무것도 더할 필요가 없다고 종종 선언하셨다. 솔로몬이 성전을 봉헌하였을 때, 하나님께서는 손으로 지은 성전에 거하지 않으신다는 사실을 인정하였다. 하나님께는 그런 것들이 필요 없으며, 그런 것들로 인해 얻는 이득도 없으며, 또한 그런 것들 안에 갇혀 계시지도 않는다. 온 세상이 하나님의 성전이며, 하나님은 온 세상에 임재하여 계시며, 온 세상에 그의 영광을 가득 채우

신다. 하나님께서 자신을 나타내기 위해 성전을 요구하신 적이 있는가? 참으로 이방의 거짓된 신들에게는 손으로 지어진 신전들이 필요하였다. 왜냐하면 자신들이 손으로 지어진 신들이었기 때문이다(41절). 그리고 그 신전 외에는 자신을 나타낼 만한 곳이 달리 없었다. 그러나 한 분뿐이시며 참되고 살아 계신 하나님은 성전이 필요 없다. 왜냐하면 하늘은 그의 보좌이며 거기에 거하시며, 땅은 그의 발등상이며 그 땅을 다스리시기 때문이다(49, 50절). 그러므로 내가 이미 가지고 있는 이 집과 비교해 너희가 나를 위하여 무슨 집을 짓겠으며 나의 안식할 처소가 어디냐? 내가 안식하기 위해 혹은 나를 나타내기 위해 내게 어떤 집이 필요하겠느냐? 이 모든 것이 다 내 손으로 지은 것이 아니냐? 그리고 그의 영원하신 능력과 신성이 그가 만드신 만물에 분명히 보여 알려졌다(롬 1:2). 이로 인해 다른 신들을 섬기는 자들이 핑계치 못한다. 세상이 이처럼 하나님의 성전이며, 그 안에 하나님께서 계시되어 있는 만큼 그 성전 안에서 하나님께서 경배를 받으셔야 할 것이다. 땅이 하나님의 영광으로 충만하며, 따라서 그것이 그의 성전인 만큼(사 6:3), 땅은 하나님에 대한 찬송으로 충만해야 할 것이다(합 3:3). 땅의 모든 끝이 하나님을 경외하리로다(시 67:7). 이러한 이유로 땅이 그의 성전이다. 그러므로 예수께서 이 성전을 헐고 온 나라들이 수용되는 다른 성전을 세우리라고 한 말은, 아무리 그들이 그렇게 해석하더라도 이 거룩한 곳에 대한 비난이 전혀 아니었다(15:16, 17). 그리고 스데반이 여기서 인용한 성경구절을 숙고해 보면(사 66:1-3) 이상할 것이 없다. 이 말씀은 예배의 외형적인 요소를 하나님께서 상대적으로 멸시하신다는 사실을 나타내고 있다. 그렇게 볼 때 이 말씀은 한편으로는 믿지 않는 유대인들에 대한 거절을 분명히 예고한 것이며, 또 한편으로는 회개하는 심령으로 교회에 들어온 이방인들에 대한 환영을 분명히 예고한 것이다.

[51]목이 곧고 마음과 귀에 할례를 받지 못한 사람들아 **너희도 너희** 조상과 같이 항상 성령을 거스르는도다 [52]**너희** 조상들이 선지자들 중의 누구를 박해하지 아니하였느냐 의인이 오시리라 예고한 자들을 그들이 죽였고 이제 **너희는** 그 의인을 잡아 준 자요 살인한 자가 되나니 [53]**너희는** 천사가 전한 율법을 받고도 지키지 아니하였도다 하니라

(이 변론의 줄거리를 보아) 스데반이 이 변론에서 보여주려고 한 것은 성전처럼 성전 예배도 끝나야 하며, 아버지를 신령과 진정으로 섬기는 예배에 자리를 양보하는 것이 성전과 성전 예배의 영광이라는 것이다. 메시야 왕국에서는 이러한 예배가 수립되었고, 반면 옛 율법의 화려한 의식은 제거되었다. 그러므로 스데반은 그가 지금까지 말한 모든 내용을 자신의 목적에 좀 더 가깝게 적용하려고 하였다. 하지만 그들이 자신의 의도를 받아들이지 않으리라는 사실을 그는 알고 있었다. 그들은 스데반이 말한 구약의 역사를 참을성 있게 들을 수 있었다(그것은 그들이 익히 아는 지식의 한 부분이었다). 하지만 그들의 권세와 전제정치가 마감되고 교회는 거룩과 사랑의 정신, 그리고 하늘에 속한 마음에 의해 통치되어야 한다고 스데반이 그들에게 말하려고 한다면, 그들은 스데반의 말을 듣지 않을 것이다. 스데반이 이러한 사실과 그들이 그의 말을 묵살할 것을 알았을 것이다. 그러므로 변론 중간에 그는 갑자기 말을 중단한다. 그리고 지혜, 용기, 권능의 영으로 충만한 그가 핍박자들을 심하게 책망하고 그들의 본심을 폭로하였다. 만일 그들이 복음의 증거를 인정하지 않는다면 그 증거가 그들을 치는 증거가 될 것이기 때문이다.

I. 그들은 조상들처럼 완고하고 고집스러웠으며, 하나님께서 그들을 교정하시고 변화시키려고 취하신 여러 가지 방법으로도 아무런 영향을 받지 않았다. 그들은 조상들처럼 하나님의 말씀과 그의 섭리에 완고하였다.

1. 그들은 목이 곧았다(51절). 그들의 목은 하나님의 통치라는 즐겁고 쉬운 멍에를 메지 않았고 끌지도 않았다. 오히려 멍에에 익숙하지 않은 황소 같았다. 그들은 하나님 앞에서 머리를 숙이지 않았고, 복종하지 않았으며, 그 앞에서 스스로 겸비하지 않았다. 곧은 목은 굳은 마음, 완고하고 반항적인 마음과 같은 것이다. 그것은 굴복하지 않을 것이다. 이것이 바로 유대 나라의 전체적인 성격이었다(출 32:9; 33:33, 35; 34:9; 신 9:6, 13; 31:27; 겔 2:4).

2. 그들은 마음과 귀에 할례를 받지 못한 사람들이었다. 그들의 몸은 할례라는 표시로써 하나님께 바쳐졌다고 공언하였지만 그들의 마음과 귀는 하나님께 드려지지 않았고 바쳐지지 않았다. "이름과 외관으로는 너희가 할례받은 유대인들이지만 마음과 귀로는 여전히 할례받지 못한 이방인들이다. 너희는 이방인들보다도 너희 하나님의 권위에 복종하지 않는다(렘 9:26). 너희는 억제할 수 없는 탐욕과 타락의 세력 하에 있고, 이로 인해 너희 귀가 하나님의 음성을 들

지 못하며, 가장 위엄 있고 감동적인 그 음성에 너희 마음이 굳어있다." 그들은 손으로 하지 아니한 할례, 곧 육의 몸을 벗는 것이요 그리스도의 할례를 받지 못하였다(골 2:11).

Ⅱ. 그들은 조상들처럼 하나님께서 그들을 변화시키기 위해 취하신 방법에 영향을 받지 않았을 뿐만 아니라 하나님의 방법에 화를 내고 분노하였다. 너희도 너희 조상과 같이 항상 성령을 거스르는도다.

1. 그들은 성령께서 선지자들을 통해 말씀하시는 것을 거슬렀다. 그리고 그들은 선지자들을 반대하고 반박하고 미워하고 조롱하였다. 특히 너희 조상들이 선지자들 중의 누구를 박해하지 아니하였느냐? 라는 설명을 보아 이러한 의도가 분명하였다. 성령의 감동으로 말한 자들을 핍박하고 묵살함으로 그들은 성령을 거슬렀다. 그들의 조상들은 하나님께서 세우신 선지자들 안에 계신 성령을 거슬렀다. 마찬가지로 그들은 그리스도의 사도들과 사역자들 가운데 계시는 성령을 거슬렀다. 그리스도의 사도들과 사역자들도 같은 성령으로 말하였으며, 구약의 선지자들보다 더 많은 은사를 받았지만 더 많이 거절당하였다.

2. 그들은 양심으로 반항하면서 성령을 거슬렀으며, 양심의 설득과 지시에 응하지 않았다. 성령께서 옛 세상과 겨루셨던 것처럼 그들과도 겨루셨으나 허사였다. 그들은 성령을 거슬렀으며, 죄를 자각하지 않고 타락하였으며, 빛을 거역하였다. 언제나 성령을 거스른 우리의 죄악된 마음속에는 성령을 거스르기를 원하고 그의 감동과 싸우는 육체가 존재한다. 하지만 때가 차매 하나님의 택함을 입은 자들의 마음속에는 이러한 반항이 정복되고 압도당하며, 한바탕 싸움 후에 그리스도의 보좌가 심령 속에 세워지고, 높아진 모든 생각이 그 보좌에 사로잡힌다(고후 10:4, 5). 그러므로 이러한 변화를 초래하는 그 은혜가 불가항력적(irresistible)이기보다 승리적(victorious) 은혜라고 칭해져야 더 적절할 것이다.

Ⅲ. 그들은 그들의 조상들처럼, 하나님께서 그들을 사명으로 부르시고 그들에게 자비를 베풀기 위하여 그들에게 보내신 자들을 핍박하고 죽였다.

1. 그들의 조상들은 구약 선지자들을 잔인하고도 끊임없이 핍박한 자들이었다(52절). 너희 조상들이 선지자들 중의 누구를 박해하지 아니하였느냐? 그들은 어느 정도 선지자들 모두에게 타격을 가하였다. 왕들이 선지자들을 박해하지 않았을 때, 곧 선정이 베풀어졌을 때에도 그 나라 안에는 선지자들을 조롱하고

욕하는 악한 무리들이 있었고, 선지자들 대부분은 마침내 율법이나 대중의 격분을 구실로 처형당하였다. 선지자들을 박해하는 죄를 더욱 악화시킨 요소는 바로 선지자들의 임무 때문이었다. 그들은 선지자들의 임무에 대하여 앙심을 품었던 것이다. 그 임무는 의인이 오시리라 예고한 것이며, 그 백성을 향한 하나님의 자비로운 뜻, 곧 때가 차매 그들 가운데 메시야를 보내시겠다는 하나님의 뜻을 알린 것이었다. 이런 기쁜 소식을 전한 자들이 구애와 사랑을 받고, 가장 훌륭한 은인의 대접을 받았어야 마땅했다. 하지만 도리어 그들은 가장 악랄한 악인의 대접을 받고 말았다.

2. 베드로가 말한 대로(3:14, 15; 5:30) 그들은 직접 그 의인을 잡아 준 자요 살인한 자들이었다. 그들은 유다를 매수하여 그 의인을 배신하게 하였고, 마찬가지로 빌라도에게 압력을 행사하여 그를 정죄하게 만들었다. 그러므로 그들이 그 의인을 배신하고 죽은 자들이라는 비난을 면할 수 없다. 이처럼 그들은 그의 오심을 예언한 선지자들을 죽인 자들의 순수혈통이었다. 그들이 그리스도를 죽임으로써 설령 구약 시대에 그들이 살았을지라도 그들의 조상들처럼 선지자들을 죽였을 것이라는 사실을 보여주었다. 우리 구세주께서 그들에게 말씀하신 것처럼, 그들은 모든 선지자들의 피를 흘린 죄과를 자신들에게 돌렸다. 하나님의 아들을 조금도 존경하지 아니한 그들이 선지자들 중 누구에게 조금이라도 존경을 나타내었는가?

IV. 그들은 조상들처럼 하나님의 계시를 경멸하였으며, 그 계시의 인도와 지배를 받지 않았다. 그들의 죄가 더 중한 것은 하나님께서 그들의 조상들에게 율법을 주신 것처럼 그들에게는 복음을 주셨지만 그것이 허사였다는 것이다.

1. 그들의 조상들이 율법을 받고 순종하지 않았다(53절). 하나님께서 처음에는 율법을 말씀해 주셨지만 나중에는 율법의 위대한 규례들을 기록해 주셨다. 하지만 그 율법의 규례들을 그들은 이상하고 이질적인 것으로 여기고 그 규례들에 좀처럼 관심을 보이지 않았다. 그들이 천사가 전한 율법을 받았다고 본문은 말한다. 우레와 번개와 나팔 소리가 있는 중에 율법을 받는 의식을 천사들이 수행하였기 때문이다. 성경은 율법이 천사들을 통하여 베푸신 것이라고 말하며(갈 3:19), 하나님께서 그 율법을 주시기 위하여 일만 성도 가운데에 강림하셨다고 말한다(신 33:2). 여기서 일만 성도란 바로 천사들을 일컫는 말이었다(히 2:2). 천사들의 참여는 율법과 율법 수여자에게 공히 영광을 돌리는 일이었고,

또 우리의 존경을 증대시켰어야 마땅한 것이었다. 하지만 이렇게 율법을 받은 자들은 그 율법을 지키지 않았고 도리어 금송아지를 만들어서 중요한 순간에 그 율법을 즉시 깨뜨리고 말았다.

2. 그들은 이제 섭리에 따라 천사들이 아닌 성령을 통해 복음을 받았다. 그리고 나팔소리가 아닌 그보다 더 희한한 방언의 선물 가운데 받았다. 하지만 그들은 그 복음을 받아들이지 않았다. 그들보다 앞서 불순종한 조상들처럼 그들은 너무나 분명한 증거 앞에 복종하지 않았다. 그들 모두는 하나님의 율법이나 복음이나 따르지 않기로 결심하였던 것이다.

스데반이 더 많은 말을 하였을 것이라고 생각할 만한 까닭은 충분하다. 설령 그들이 스데반을 괴롭혔을지라도 그는 말하였을 것이다. 하지만 스데반은 악하고 이성 없는 사람들에게 말을 해야 했고, 따라서 그들은 도리를 말하지도 또한 듣지도 않았다.

[54]그들이 이 말을 듣고 마음에 찔려 그를 향하여 이를 갈거늘 [55]스데반이 성령 충만하여 하늘을 우러러 주목하여 하나님의 영광과 및 예수께서 하나님 우편에 서신 것을 보고 [56]말하되 보라 하늘이 열리고 인자가 하나님 우편에 서신 것을 보노라 한대 [57]그들이 큰 소리를 지르며 귀를 막고 일제히 그에게 달려들어 [58]성 밖으로 내치고 돌로 칠새 증인들이 옷을 벗어 사울이라 하는 청년의 발 앞에 두니라 [59]그들이 돌로 스데반을 치니 스데반이 부르짖어 이르되 주 예수여 내 영혼을 받으시옵소서 하고 [60]무릎을 꿇고 크게 불러 이르되 주여 이 죄를 그들에게 돌리지 마옵소서 이 말을 하고 자니라

우리는 여기서 기독교의 최초의 순교자의 죽음을 볼 수 있다. 이 이야기에는 박해자들의 난폭과 격분에 대한 생생한 사례(만일 우리가 그리스도를 위해 고난을 받는다면 우리가 받을 것으로 예상할 수 있는 상황)가 담겨 있고, 아울러 박해받는 자가 얻을 수 있는 용기와 위로에 대한 사례도 담겨 있다. 여기에는 지옥 불과 어둠, 그리고 천국의 빛과 밝음이 공존한다. 그리고 이 두 가지는 (거울 뒤에 입힌) 박(箔)처럼 서로를 돋보이게 한다. 본문에는 스데반의 재판에서 공회가 투표하였다는 말이 없다. 절대다수에 의해 그는 유죄가 되었고, 신성모독자에 대한 율법의 규례에 따라 돌로 쳐죽이라는 판결이 내려졌

다. 하지만 그가 돌에 맞아 죽은 것은 공회의 지시 없이 백성들의 폭력에 의해서 이루어진 것은 아니었다. 왜냐하면 정식 처형의 통례적인 의식이 있었기 때문이다. 즉 그는 성 밖으로 내쳐졌고, 증인들의 손이 먼저 그를 쳤다.

여기서 그의 대적들과 박해자들의 정신적인 심한 동요, 그리고 그의 영혼의 놀라운 평정을 관찰해 보자.

I. 스데반의 박해자들 안에 있는 부패의 힘을 보라. 그것은 완전한 악이며, 지옥이 부서져 풀려난 모습이었다. 사람들은 육체를 입은 마귀들이 되었고, 뱀의 후손이 독액을 뿜어내었다.

1. 그들이 이 말을 듣고 마음에 찔려 그를 향하여 이를 갈거늘(54절). 디에프리온토(찔려), 이 단어는 히브리서 11장 37절에도 나오는데, 거기서 톱으로 켜는 이라고 번역되었다. 순교자들이 육체적인 고통을 당한 만큼 그들은 심적인 고통을 당하였다. 스데반이 한 마디 말도 못하도록 그들의 죄를 논리 정연하게 몰아대고, 이에 아무 말도 할 수 없게 되자 그들은 분노로 가득하게 되었다. 2장 37절에 나오는 사람들처럼 그들이 애통함으로 마음에 찔린 것이 아니라 5장 33절의 경우처럼 분노와 격분으로 그 마음이 상한 것이었다. 바울의 표현대로 스데반은 그들을 엄히(아포토모스) 꾸짖었다(딛 1:13). 왜냐하면 그들의 마음이 책망으로 인해 상하였기 때문이다. 적용. 복음을 거절하고 반대하는 자들은 실질적으로 자신들을 괴롭히는 자들이다. 하나님에 대한 대적은 마음을 상하게 하는 일이요, 믿음과 사랑은 마음을 치료하는 일이다. 변론을 하기 전에 천사처럼 보였던 스데반이 천사처럼, 하늘로부터 온 사자처럼 말하고 그가 결론을 맺기도 전에 그들은 그물에 걸린 영양 같이 여호와의 분노로 가득하였고(사 51:20), 스데반의 담대한 변론에 대한 반박을 포기하였으면서도 이에 굴복하지 않기로 결의하였다.

2. 그를 향하여 이를 갈거늘. 이는 다음과 같은 뜻을 가진다. (1) 스데반에 대한 큰 악의와 분노. 욥은 자신의 대적이 자기에게 이를 갈았다고 원망하였다(욥 16:9). 이 말씀은 우리가 그 고기를 배부르게 먹었도다!(욥 31:31; Oh that We had of his flesh to eat! ; 개역개정판에서는, 주인의 고기에 배부르지 않은 자가 어디 있느뇨? 라고 번역됨)라는 말과 같은 뜻이다. 그들은 성난 개들처럼 스데반을 향하여 이를 드러내었다. 그러므로 바울은 할례당에 대하여 주의를 시키면서 개들을 삼가라고 말하였다(빌 3:2). 성도들에 대한 악의는 사람들로 하여금 성난 짐

승이 되게 한다. (2) 그들 안에 있는 심한 분노. 그들은 스데반 안에 하나님의 능력과 임재가 있는 것을 보자 속이 상하였고, 그 마음이 분하였다. 악인은 이를 보고 한탄하여 이를 갈면서 소멸되리니(시 112:10). 이를 가는 것은 종종 저주받은 자가 공포와 고통을 표현하는 방식이다. 지옥의 원한을 품은 자들은 그것과 함께 지옥의 고통을 당할 수밖에 없다.

3. 그들이 큰 소리를 지르며(57절). 이로써 서로를 자극하였고, 자신과 서로의 양심이 부르짖는 소리를 묵살시켜 버렸다. 스데반이 하늘이 열리고 인자가 하나님 우편에 서신 것을 보노라고 말하자 그들은 큰 소리를 질렀는데 이는 스데반의 말하는 소리가 귀에 들리지 않도록 하기 위함이었다. 적용. 올바른 주장, 특히 기독교의 올바른 주장을 소란과 아우성으로 묻어버리려고 하는 시도는 흔히 있는 일이다. 부족한 이성을 소란으로 메우려 하는 것이다. 조용히 들리는 지혜자들의 말들이 우매한 자들을 다스리는 자의 호령보다 나으니라(전 9:17). 마치 전쟁에 나가는 군사들이 목숨을 건 전투를 앞에 두고 자신들의 기백과 정신력을 모으기 위해 함성을 지르듯이 그들은 큰 소리를 질렀다.

4. 귀를 막고. 이는 자신들의 시끄러운 소리를 듣지 않으려 함이거나 혹은 스데반의 신성모독의 발언을 도저히 듣고 있을 수 없다는 구실로 그렇게 한 것이다. 그리스도께서 이후에 인자가 영광 중에 오리라(마 26:64)고 말씀하시자 가야바가 자기의 옷을 찢은 것처럼, 여기서도 이들은 스데반이 인자가 하나님 우편에 서신 것을 보노라고 말하자 도저히 그 말을 듣는 것을 참을 수 없다는 듯이 그들의 귀를 막아 버렸다. 그들이 귀를 막은 행동은 다음과 같은 의미가 있었다. (1) 이는 그들의 고의적인 완고함의 명백한 실례였다. 그들을 설득시키려는 의도가 보이는 것은 무엇이든지 듣지 않으리라고 그들은 결심하였다. 선지자들이 종종 한탄하였던 이유가 바로 이러한 완고함 때문이었다. 그들은 귀를 막은 귀머거리 독사 같으니 술사의 홀리는 소리도 듣지 않고 능숙한 술객의 요술도 따르지 아니하는 독사로다(시 58:4, 5). (2) 이는 천벌 받은 완고함을 보여주는 결정적인 징조였으며, 하나님께서는 그들을 이런 상태에 버려두셨다. 그들은 귀를 막았고, 이에 하나님께서는 의로운 심판의 방법으로 그들의 마음을 막으셨다. 이것이 바로 지금 믿지 않는 유대인들에게 일어나고 있는 일이었다. 이 백성의 마음을 둔하게 하며 그들의 귀가 막히고 그들의 눈이 감기게 하라(사 6:10). 스데반은 그들의 성격에 대하여 이처럼 목이 곧고 마음과 귀에 할례를 받지 못한 사람들(51절)이

라고 표현하였다.

5. 일제히 그에게 달려들어. 백성과 백성의 장로들, 재판장들, 박해자들, 증인들, 그리고 구경꾼들 모두가 마치 먹이에게 덤벼드는 야수들처럼 그에게 덤벼들었다. 그들이 얼마나 격렬하였고 성급하였는지 보라. 스데반이 달아날 위험이 없었음에도 불구하고 그들은 그에게 달려들었다. 그들이 악한 일에 얼마나 일치되었는지 보라. 그들은 일제히 그에게 달려들었고, 이로써 그가 공포에 질리게 되고 당황하기를 바랐다. 그들은 스데반의 영혼의 평정과 편안함을 시기하였다. 스데반은 이런 급박한 상황 속에서도 놀랍게도 영혼의 평정과 편안함을 누렸다. 그들 모두는 스데반을 초조하게 만들기 위해 온갖 노력을 기울였던 것이다.

6. 성 밖으로 내치고 돌로 칠새. 마치 스데반이 예루살렘에서, 아니 이 세상에서 살 자격이 없는 것처럼 그들은 그를 성 밖으로 내쳤고, 다음과 같은 모세의 율법을 실행한다는 구실로 그를 돌로 쳤다. 여호와의 이름을 모독하면 그를 반드시 죽일지니 온 회중이 돌로 그를 칠 것이니라(레 24:16). 동일한 법정이 그리스도의 신성모독죄를 밝혀내었을 때 그들은 이처럼 그를 사형에 처하였다. 그러나 그를 더 치욕스럽게 하고자 그들은 그리스도가 십자가에 못 박히기를 원하였고, 하나님께서는 성경의 성취를 위해 그대로 허락하셨다. 격노함으로 그들이 형을 집행하였는데 이러한 그들의 행위 가운데는 다음과 같은 뜻이 내포되어 있다. 그들이 스데반을 성 밖으로 내친 것은 그들이 도저히 그의 모습을 볼 수 없었기 때문이다. 그들은 스데반을 저주받은 존재로, 만물의 찌꺼기로 취급하였다. 그에게 반대 증언한 증인들은 다음과 같은 율법에 따라 사형을 집행하는데 앞장섰다. 이런 자를 죽이기 위하여는 증인이 먼저 그에게 손을 댄 후에 뭇 백성이 손을 댈지니라(신 17:7). 특히 신성모독의 경우에는 증인들이 앞장섰다(레 24:14; 신 13:9). 이로써 증인들이 자기들의 증언을 확증하였다. 한 사람을 돌로 쳐죽이는 것은 힘든 일이었다. 증인들은 일하는데 불편하지 않도록 겉옷을 벗었다. 그리고 사울이라 하는 청년의 발 앞에 두었다. 여기서 우리가 처음으로 그의 이름에 대한 언급을 보게 된다. 그 이름이 바울로 바뀌고 그가 박해자에서 전도자가 될 때 우리는 그 이름을 보다 더 잘 알고 사랑하게 될 것이다. 스데반을 죽이는 데 가담한 일에 대하여 그는 훗날 후회하며 반성하였다(22:20). 또 주의 증인 스데반이 피를 흘릴 때에 내가 곁에 서서 찬성하고 그 죽이는 사람들의 옷을 지킨 줄 그

들도 아나이다(행 22:20).

Ⅱ. 스데반 안에 있는 은혜의 힘을 보라. 그리고 그 안에서 역사하고 있는 하나님의 놀라운 은혜를 보라. 그를 박해하던 자들이 사탄으로 가득하였을 때 그는 평상시보다 더욱 성령 충만하였고, 전투를 위해 신선한 기름을 부음받았다. 이는 그 날에 더욱 큰 힘을 발휘하기 위함이었다. 그리스도의 이름으로 치욕을 당하면 복 있는 자로다 영광의 영 곧 하나님의 영이 너희 위에 계심이라(벧전 4:14). 스데반이 공적인 직무(집사)에 선택되었을 때 성경은 그를 성령이 충만한 사람이라고 기술하였다(6:5). 그리고 순교의 부름을 받은 지금도 그는 똑같은 상태다. 적용. 성령 충만한 자들은 그리스도를 위하는 일이나 혹은 그리스도를 위해 고난당하는 일이나 그 무슨 일이든 할 수 있다. 하나님께서 그의 이름을 위하여 어려운 일을 하라고 부르시는 자들에게는 그 일을 할 수 있는 자격을 주실 것이며, 그들을 성령 충만하게 하심으로써 그들로 하여금 그 모든 일들을 부족함이 없이 해내게 하실 것이다. 그들이 그리스도를 위한 고난이 넘친 것처럼 그리스도 안에서 받는 위로도 더욱 넘치게 될 것이며, 그러므로 아무것도 그들을 흔들지 못한다. 우리는 이 위험한 순간에 이 복된 순교자와 복되신 예수 간에 놀라운 교제를 나누는 장면을 보게 된다. 그리스도의 제자들이 종일 주를 위하여 죽임을 당하게 되며 도살할 양 같이 여김을 받게 될 때(시 44:22), 이러한 고통이 그들을 그리스도의 사랑으로부터 멀어지게 하는가? 그리스도께서 그들을 보다 적게 사랑하시는가? 결코 아니다. 우리가 보고 있는 이 말씀이 그렇지 않음을 보여주고 있다.

1. 고통 중에 있는 스데반을 위로하시고 영화롭게 하시려고 그리스도께서 그에게 은혜롭게 나타나심. 그들의 마음이 찔리고 그를 향하여 이를 갈고 그를 집어삼킬 듯하였을 때, 스데반은 그리스도의 영광을 보고 말로 할 수 없는 기쁨으로 충만하였다. 주님께서 그의 영광을 보여주신 것은 스데반을 격려할 뿐 아니라 모든 시대에 하나님의 고통받는 모든 종들을 지지하고 위로하기 위함이었다.

(1) 스데반이 성령 충만하여 하늘을 우러러 주목하여(55절). [1] 이와 같이 스데반은 박해자들의 권세와 격분을 초월하였다. 말하자면, 시온의 딸로서 그들을 멸시하고 조소하였다(사 37:22). 그들의 시선은 악의와 무자비함을 가득 담은 채로 스데반에게 고정되었다. 하지만 스데반은 하늘을 우러러 보았고, 결코 그들

의 시선에 개의치 않았으며, 현재의 자연적인 생명에는 아무런 관심이 없는 듯한 표정으로 영원한 생명에 열중하였다. 그가 어느 정도 위험한지, 혹은 어떤 길로 도망칠 수 있는지 보려고 주변을 살피기보다 그는 하늘을 우러러 보고 있다. 오직 그 곳으로부터 도움이 오고, 그 쪽으로 가는 길만이 열려져 있다. 그들이 사방으로 그를 에워싸고 있지만 그들은 하늘과의 교통을 방해할 수 없다. 적용. 하나님과 위의 세상에 대한 믿음의 시선은 사람에 대한 두려움을 극복하는데 크게 도움이 될 것이다. 그런 두려움에 사로잡힐 때 우리는 우리의 조물주이신 여호와를 잊어버린다(사 51:13). [2] 이와 같이 스데반은 자신의 고통을 하나님의 영광, 그리스도의 명예로 돌렸다. 말하자면, 그 고통을 하늘에 호소하였으며(주여, 내가 당신을 위하여 이 고통을 당하나이다), 그의 몸으로 그리스도께서 찬미를 받으셔야 한다는 간절한 기대를 표현하였다. 제물로 바쳐질 각오가 되어있는 지금 그는 자원하는 마음으로 자신을 내어드리는 자답게 단호히 하늘을 우러러 주목하고 있다. [3] 이와 같이 스데반은 경건한 외침으로 눈과 함께 그의 영혼을 하늘에 계신 하나님께로 들어 올렸고, 이 시험을 올바르게 통과할 수 있도록 지혜와 은혜를 베풀어달라고 하나님께 간청하였다. 하나님께서는 자기를 위해 고통당하는 그의 종들과 함께 하실 것이라고 약속하셨다. 우리는 이를 위해 하나님께 구해야 할 것이다. 하나님은 그의 종들 가까이에 계시지만 그는 구하는 자들의 소원을 들어주신다. 너희 중에 고난당하는 자가 있느냐 그는 기도할 것이요(약 5:13). [4] 이와 같이 스데반은 천국을 갈망하였다. 그는 박해자들의 격노로 인해 얼마 안 있어 자신이 천국에 이를 것을 알고 있었다. 임종하는 성도들이 확고하게 천국을 우러러보는 것이 좋다. 죽음이 저 너머 더 좋은 곳으로 나를 인도하리. 사망아, 네가 쏘는 것이 어디 있느냐? [5] 이로써 스데반은 그가 성령 충만하였다는 사실을 보여주었다. 은혜의 성령께서 계시고 역사하시고 통치하시는 곳에서 그는 심령의 눈을 위로 향하게 하신다. 성령 충만한 자들은 확고하게 하늘을 우러러볼 것이다. 왜냐하면 그들의 마음이 그 곳에 있기 때문이다. [6] 이로써 스데반은 곧 임하게 될 하나님의 영광과 은혜를 받을 자세를 취하였다. 우리가 하늘로부터 임하는 음성을 듣고자 한다면 우리는 확고하게 하늘을 우러러보아야 할 것이다.

(2) 스데반은 하나님의 영광을 보았다(55절). 그 이유는 하늘이 열리는 것을 그가 보았기 때문이다(56절). 어떤 이들은 생각하기를, 그의 눈이 좋아졌고, 그

시력이 초자연적인 능력으로 자연의 한계를 뛰어넘어 삼층천을 보았다고 한다. 비록 광대한 거리이지만 모세의 시야가 넓어져서 가나안 전역을 볼 수 있었던 것처럼 그의 시력이 좋아졌다는 것이다. 또 다른 이들은 생각하기를, 이전에 이사야와 에스겔의 경우처럼 그의 눈 앞에서 하나님의 영광이 펼쳐졌다고 한다. 즉, 계시록 21장 2절의 말씀처럼 하늘이 그에게 내려왔다는 것이다. 스데반이 가고자 한 하늘이 열리므로 그 앞에 행복한 광경이 펼쳐졌고, 이에 그는 이러한 광경을 바라보므로 즐겁게 죽음을 통과하고 위대한 죽음을 맞이할 수 있었다. 우리도 믿음으로 확고하게 위를 우러러본다면, 그리스도를 묵상함으로 하늘이 열려 있고 휘장이 찢어져 있으며 지성소 안으로 들어가는 새롭고 산 길이 열려 있는 것을 볼 수 있을 것이다. 하늘은 하나님과 인간들의 교통을 위해 열려 있으며, 이를 통하여 하나님의 은혜와 복이 우리에게 내려오며, 우리의 기도와 찬송이 하나님께 올라간다. 하나님께서 그의 말씀에서 이 사실을 계시하신 만큼 우리도 하나님의 영광을 볼 수 있고, 이 광경을 바라보므로 우리는 고난과 죽음에 대한 공포를 이겨낼 수 있다.

(3) 스데반은 예수께서 하나님 우편에 서신 것을 보고(55절), 또한 인자가 하나님 우편에 서신 것을 보았다(56절). 사람의 아들이신 예수께서는 인간의 본성을 가진 채 하늘로 올라가셨으며, 거기서 몸을 입고 계시므로 우리의 눈으로 뵐 수 있다. 그래서 스데반이 예수를 뵐 수 있었다. 구약의 선지자들이 하나님의 영광을 보았을 때 천사들이 함께 수행하였다. 이사야의 환상 중에 쉐키나 곧 하나님의 임재가 나타났을 때 스랍들이 수행하였으며, 에스겔의 환상에서는 그룹들이 수행하였다. 이 두 경우 모두 천사들의 수행을 보여주는데, 천사들은 하나님의 뜻을 수행하는 종들이다. 하지만 본문에는 천사들에 대한 언급이 없다. 물론 그들은 하나님의 보좌와 어린 양 주변을 둘러싸고 있다. 스데반은 천사들 대신 하나님의 은혜의 중보이신 예수께서 하나님 우편에 계신 것을 보았다. 거룩한 천사들의 모든 직무보다 그분으로 말미암아 하나님께 더 큰 영광이 돌려진다. 예수 그리스도의 얼굴에서 하나님의 영광의 빛이 가장 밝게 빛나고 있다. 왜냐하면 거기서 그의 은혜의 영광을 비추고 있기 때문이나. 예수의 얼굴은 하나님의 영광이 가장 밝게 빛나는 견본이다. 하나님은 그 주변에 있는 천만 천사들보다 그 우편에 서 계시는 예수와 함께 더욱 영광스럽게 나타나신다. [1] 여기에는 그리스도께서 아버지 우편에까지 높아지신 증거가 있다. 사도들이 그

리스도의 승천을 목격하였으나 구름이 그를 가리어 보이지 않게 하는 바람에 그들은 그리스도께서 하나님 우편에 앉으신 모습을 보지는 못하였다. 그런데 그리스도께서 하나님 우편에 계신 것을 보았는가? 그렇다. 스데반이 그리스도께서 하나님 우편에 서신 것을 보았고, 그 모습에 크게 만족하였다. 스데반이 하나님 우편에 서신 그리스도를 뵈었는데, 이는 그리스도의 초월적인 위엄과 그의 주권적인 통치권, 그의 통제할 수 없는 능력과 우주적인 힘을 의미하였다. 하나님 우편에서 우리에게 무엇을 주든, 우리로부터 무엇을 받든, 우리에 관해 무엇을 행하든, 그 모든 것은 그리스도로 말미암아 이루어진다. 그는 하나님 우편이기 때문이다. [2] 그리스도께서 늘 거기에 앉아 계신다고 말한다. 그러나 스데반은 그리스도께서 거기에 서신 것을 보았다. 이는 그리스도께서 현재 고통받고 있는 자신의 종에게 평상시보다 훨씬 더 많은 관심을 보이셨다는 것을 의미한다. 박해자들에게 기소당한 스데반을 변호하기 위해 그리스도께서 재판장으로서 서 계셨다. 여호와께서 그의 거룩한 처소에서 일어나심이니라(슥 2:13). 여호와께서 그의 처소에서 나오사 땅의 거민의 죄악을 벌하실 것이라(사 26:21). 그리스도는 스데반을 받고 그에게 면류관을 주시기 위해 서 계셨다. 그리고 그동안에 스데반 앞에 마련된 기쁨의 장면을 보여주기 위해 서 계셨다. [3] 이 장면은 스데반을 격려하기 위해 연출된 것이었다. 스데반은 그리스도께서 자신을 위해 계시며, 따라서 누구든 그를 대적할 수 없다는 사실을 본 것이다. 우리 주 예수께서 고뇌 가운데 계셨을 때, 한 천사가 그에게 나타나 힘을 주었다. 하지만 스데반의 경우는 그리스도께서 친히 나타나셨다. 적용. 하나님 우편에 계신 예수를 보는 것만큼 임종하는 성도들에게 위로가 되고 고통당하는 성도들에게 격려가 되는 것은 없다. 하나님을 송축하라. 믿음으로 우리는 하나님 우편에 계시는 그리스도를 볼 수 있다.

(4) 스데반은 자신이 본 것을 주변 사람들에게 말하였다(56절). 보라 하늘이 열리고 인자가 하나님 우편에 서신 것을 보노라. 스데반에게는 힘이 되었던 그 장면이 그들에게는 죄를 깨닫게 하는 요인이 되었어야 하며, 이처럼 하늘이 미소 짓는 사람을 처형하는 것을 주의하라는 경고가 되었어야 했다. 이에 그가 본 것을 공표하였다. 그들이 원하는 대로 스데반의 증거를 이용하도록 하라. 설령 일부가 이로 인해 화를 낸다 할지라도 다른 이들은 아마도 그들이 박해한 이 예수를 다시 생각해 보고 그를 믿게 될 수도 있기 때문이다.

2. 예수 그리스도에 대한 스데반의 경건한 자세. 그가 하나님의 영광을 보았다고 기도하지 않은 것이 아니라 도리어 기도에 매달렸다. 그들이 돌로 스데반을 치니 스데반이 부르짖어(59절). 그가 하나님께 부르짖었고 이로써 그가 순수한 이스라엘 사람이라는 것을 보여주었지만 그들은 하늘에 속한 자를 대적하는 것이 얼마나 위험한 일인지 생각하지 않고 계속 그에게 돌을 던졌다. 그들은 돌을 던졌지만 스데반은 하나님께 부르짖었다. 아니, 그들이 돌을 던졌기에 그가 하나님께 부르짖었다. 적용. 사람들에게 부당하게 미움과 박해를 받는 자들이 누리는 위로는 하나님께 나아가 부르짖을 자격을 얻는다는 것이다. 본문에 나오는 대로 사람들은 귀를 막지만(57절) 하나님은 그렇지 않다. 스데반은 지금 성에서 쫓겨났지만 자기 하나님으로부터는 쫓겨나지 않았다. 그가 지금 세상과 작별을 하고 있지만 이로 인해 하나님께 부르짖고 있다. 우리는 살아 있는 한 하나님께 부르짖어야 한다. 적용. 기도하며 죽는 것이 복되다. 그 순간에 우리에게 도움이 필요하다. 즉, 우리가 행하여 보지 못한 일을 하기 위하여 죽음의 순간에 우리가 가져보지 못한 힘이 필요하다. 우리는 어떻게 기도만으로 그러한 도움과 힘을 불러올 수 있을까? 스데반이 죽는 순간에 하나님께 올린 두 번의 짧은 기도가 그 비결을 보여준다. 그는 다음과 같이 영혼을 담은 기도를 하나님께 드렸다.

(1) 그는 자신을 위한 기도를 드린다. 주 예수여 내 영혼을 받으시옵소서. 그리스도도 이처럼 자신의 영혼을 즉시 아버지의 손에 맡기셨다. 우리는 여기서 우리의 영혼을 중보자이신 그리스도의 손에 맡겨 그로 말미암아 우리의 영혼이 아버지에게 천거되도록 해야 한다는 교훈을 얻는다. 스데반은 아버지 우편에서 계시는 예수를 보았고, 이에 그에게 부르짖는다. "복되신 예수여, 당신께 속한 모든 영혼들을 위해 거기에 계시오니 이제 당신 손으로 떠나고 있는 나의 영혼을 받으소서." 관찰. [1] 영혼이 곧 사람이며, 따라서 살든지 죽든지 우리의 큰 관심은 영혼에 대한 것이어야 한다. 스데반의 몸은 돌 세례를 받고 형편없이 깨지고 부서지고 함몰되었다. 세상에 있는 이 장막 집이 심하게 두들겨 맞고 욕을 당하였다. 그러나 그의 몸은 어찌되든지 간에 그는 "주여 나의 영혼을 안전하게 해 주소서, 나의 가련한 영혼이 잘 되게 하옵소서"라고 말한다. 이처럼 우리가 살아있는 동안에 우리의 관심은 영혼에 있어야 한다. 몸은 굶주리고 헐벗는다 할지라도 영혼은 잘 먹고 잘 입어야 하며, 몸은 고통 가운데 있다 할

지라도 영혼은 편안히 거해야 한다. 우리가 죽을 때 멸시받고 깨진 그릇처럼 내팽개쳐지지만, 영혼은 영광의 그릇으로 나타날 수 있으며, 이에 신선한 파산 (죽음)을 통하여 하나님께서 그 마음과 분깃에 힘이 되어주신다. [2] 우리 주 예수께서는 우리가 구해야 하는 하나님이시다. 그러므로 우리는 살든지 죽든지 영혼을 그분께 맡기고 평안해야 한다. 스데반은 여기서 그리스도께 기도드린다. 우리도 이렇게 해야 한다. 하나님의 뜻은 모든 사람으로 아버지를 공경하는 것 같이 아들을 공경하게 하려 하심이다(요 5:23). 우리는 그리스도께 우리 자신을 맡겨야 한다. 그 날에 오직 그리스도만이 우리가 맡긴 영혼을 지켜 주실 수 있다. 우리가 임종할 때 그리스도를 바라보아야 한다. 왜냐하면 그의 공로 외에는 감히 저 세상에 이르지 못하며, 그로 말미암지 않고는 죽음의 순간에 어떠한 위로도 얻지 못하기 때문이다. [3] 임종 시에 그리스도께서 우리의 영혼을 받아 주신다는 이 사실을 우리는 크게 주의하여 위로를 얻어야 한다. 우리가 죽을 때 그리스도께서 우리의 영혼을 받으신다는 이 사실을 우리는 살아있는 동안 늘 주의해야 한다. 만일 그리스도께서 우리의 영혼을 거절하시고 부인하신다면 그것이 어디로 가겠는가? 그 영혼이 우는 사자에게 먹이가 되는 것을 어찌 면할 수 있겠는가? 그러므로 우리는 우리의 영혼을 그리스도께 날마다 맡겨야 하며, 그의 통치를 받고 그로 말미암아 성결해지고, 천국에 합당한 존재가 되어야 한다. 그렇지 않으면 그리스도께서 우리의 영혼을 받지 않으실 것이다. 우리가 살아있는 동안 이것이 우리의 관심이 된다면, 우리가 죽을 때 우리 영혼이 영원한 집에 영접될 것이라는 위로를 받을 수 있다.

(2) 여기에 박해자들을 위한 스데반의 기도가 나온다(60절).

[1] 어떤 상황에서 이런 기도를 드렸는지 주목할 만하다. 이 기도는 앞의 기도보다 더욱 엄숙하게 드려지는 듯이 보이기 때문이다. 첫째, 그는 무릎을 꿇고 기도하였다. 이는 겸손의 표현이었다. 둘째, 그는 크게 불러 기도하였다. 이는 그의 끈질김을 보여주는 것이다. 그런데 왜 스데반은 앞의 기도보다 이 기도에서 더 많은 겸손과 끈질김을 보여주어야 했는가? 물론 그가 자신을 위해 기도할 때 간절하게 했다는 것을 아무도 의심하지 않을 것이다. 하지만 그의 대적을 위한 기도에서는 타락한 성품이 티끌만큼만 있어도 안 되었기 때문이다. 따라서 그는 자신의 존재에 대해 진심으로 증명해 보이는 것이 필요하였던 것이다.

[2] 기도의 내용. 주여 이 죄를 그들에게 돌리지 마옵소서. 여기서 스데반은 자기

를 박해한 자들을 위해 아버지여 저희를 사하여 주옵소서 라고 기도하신 주님의 본을 따랐다. 또한 그는 그리스도를 위해 고난당하는 모든 성도들이 그를 따라 자기를 박해하는 자들을 위해 기도하는 본을 보였다. 기도는 전도의 효과를 가질 수 있다. 이는 스데반을 돌로 친 자들에게도 마찬가지였다. 그가 무릎을 꿇은 것은 그가 기도하고 있다는 것을 그들에게 보여주기 위함이었다. 그리고 큰 소리로 외친 것은 그가 무슨 말을 하는지 알리고 그들에게 다음과 같은 교훈을 주기 위함이었다. **첫째**, 그들이 행한 일이 죄, 곧 큰 죄였다는 것이다. 하나님의 자비와 은혜가 아니었다면 그들은 그 죄에 대한 책임을 면치 못하고 영원한 혼란에 빠지고 말았을 것이다. **둘째**, 그들이 스데반에게 악과 광포를 행하였음에도 불구하고 그는 그들을 가엾게 여겼다. 그리고 자신의 죽음에 대하여 하나님께서 그들에게 복수해 주시기를 바라지 않았고, 그 죄에 대한 책임을 조금이라도 그들에게 돌리지 말아달라고 진심으로 하나님께 기도하였다. 이에 대한 애처로운 심판이 있을 것이다. 만일 그들이 회개하지 않는다면 분명히 책임을 면치 못할 것이다. 하지만 스데반으로서는 그런 재앙의 날을 바라지 않았다. 이 사실을 그들에게 알리자. 그들이 차분히 생각하였다면 그들을 너무나도 쉽게 용서하는 그를 그렇게 쉽게 죽이지는 못하였을 것이다. 피 흘리기를 좋아하는 자는 온전한 지를 미워하고 정직한 지의 생명을 찾느니라(잠 29:10). **셋째**, 그 죄가 매우 가증하였지만 그들이 회개하면 용서받을 수 있다는 믿음을 버리지 말아야 한다. 만일 그들이 진심으로 죄를 내어놓는다면 하나님께서는 그 죄에 대한 책임을 그들에게 돌리지 않으실 것이다. 성 아우구스티누스는 다음과 같이 말하였다. "바울이 스데반의 기도를 들었다고 당신은 생각하는가? 그가 듣고 비웃었을 가능성이 높다(audivit subsannans, sed irrisit — 그가 조소하며 들었다). 하지만 후에 바울은 그 기도로 은혜를 입었으며, 그 기도 때문에 잘 되었다."

3. 스데반이 이 말과 함께 임종함. 이 말을 하고 자니라. 혹은 스데반이 이 기도를 드렸을 때 치명적인 타격을 받았다. 적용. 의인에게 죽음은 잠자는 것에 불과하다. 영혼(스데반이 그리스도의 손에 맡긴)의 잠을 자지 말고 육체의 잠을 자라. 이는 육체의 모든 슬픔과 수고로부터의 안식이다. 이는 수고와 고통으로부터의 완전한 쉼이다. 스데반은 누구 못지않게 빨리 죽었다. 하지만 죽었을 때 그는 잠들었다. 그는 마치 잠을 청하려는 사람처럼 마음의 평정을 가지고 죽음을 맞이하려고 힘썼다. 죽음은 눈을 감는 것에 불과하였다. 관찰. 스데반은 자

기를 핍박하는 자들을 위해 기도하면서 잠이 들었다. 이러한 기록을 보아 그가 그들을 위해 기도해야 비로소 편안하게 죽을 수 있다고 생각한 듯하다. 모든 사람들을 가엾게 여기는 가운데 죽는 것이 우리의 임종을 편안히 맞이하는데 큰 기여를 한다. 그 때에 비로소 우리는 편안하게 그리스도께 속하게 된다. 생명의 해가 우리의 진노로 기울게 하지 말자. 그는 잠들었다. 통용어인 라틴어는 덧붙이기를, 주 안에서 잠들었다고 말한다. 그는 주님의 사랑의 품속에서 잠든 것이었다. 그가 이렇게 잠들었다면 잘 될 것이다. 그는 부활의 아침에 다시 깨어날 것이다.

제
— 8 —
장

개요

본 장에서 우리는 그리스도인들이 받은 박해, 그로 인한 기독교의 전파에 대한 기술을 볼 수 있다. 이상하지만 분명한 사실은 그리스도의 제자들이 고난을 당하면 당할수록 더욱 증가되었다는 것이다. I. 교회가 고난을 당하는 장면이다. 스데반이 순교당하자마자 매우 심한 폭풍이 일어나 많은 사람들이 예루살렘을 떠날 수밖에 없었다. II. 빌립의 사역과 그 때에 흩어진 사람들의 사역으로 말미암아 교회가 퍼져나가는 장면이다. 우리는 여기서 다음과 같은 내용을 볼 수 있다. 1. 사마리아에 복음이 전해지다(4, 5절). 심지어 마술사 시몬까지도 복음을 받아들이다(9-13절). 베드로와 요한의 안수로 믿는 사마리아 사람들 가운데 일부가 성령의 은사를 받다(14-17절). 그리고 마술사 시몬이 성령의 은사를 줄 수 있는 능력을 달라고 돈을 제시하자 베드로가 그를 심하게 책망하다(18-25절). 2. 에디오피아 나라의 높은 신분인 내시에 의해 그 곳에 복음이 전해지다. 그는 수레를 타고 예루살렘에서 고향으로 돌아가던 중이었다(26-28절). 빌립이 그에게 보냄을 받고 수레 안에서 그리스도를 전하고(29-35절), 그리스도에 대한 그의 신앙고백을 듣고 그에게 세례를 베풀고(36-38절), 그를 두고 떠남(39-40절). 이처럼 여러 가지 방법으로 복음이 나라들 가운데로 퍼져나갔고, 그럭저럭 "그들 모두가 복음을 듣지 않았을까?"

[1]사울은 그가 죽임 당함을 마땅히 여기더라 그 날에 예루살렘에 있는 교회에 큰 박해가 있어 사도 외에는 다 유대와 사마리아 모든 땅으로 흩어지니라 [2]경건한 사람들이 스데반을 장사하고 위하여 크게 울더라 [3]사울이 교회를 잔멸할새 각 집에 들어가 남녀를 끌어다가 옥에 넘기니라

본문에서 우리는 다음과 같은 내용을 볼 수 있다.

I. 스데반의 죽음 이후의 일. 사람들이 이 일에 어떠한 반응을 보였는가? 그러한 경우에 일반적으로 사람들의 감정에 따라 다양한 반응을 보인다. 그리스도께서 제자들과 작별하시면서 그들에게 말씀하시기를, 너희는 곡하고 애통하겠으

나 세상은 **기뻐하리라**(요 16:20)고 하셨다. 따라서

1. 스데반의 죽음을 많은 사람들이 하나같이 기뻐하였다. 특히 그 중에서도 한 사람이 기뻐하였는데 그는 나중에 바울이라고 일컬어진 사울이었다. 사울은 그가 죽임 당함을 마땅히 여기더라. 쉬뉴도켄 ― 사울이 그의 죽음을 기쁘게 찬성하였다(이 단어의 뜻). 사울은 스데반의 죽음을 기뻐하였다. 그는 이 일로 인해 기독교의 성장이 멈추기를 기대하면서 이 피비린내 나는 장면을 눈요기하였다. 바울이 이러한 내용을 삽입하도록 누가에게 지시했다고 우리는 생각할 수 있다. 이 일이 바울 자신에게는 부끄러움이지만 값없는 은혜에 대해서는 영광이기 때문이다. 그만큼 바울은 스데반의 피에 대한 책임이 자신에게 있다고 고백하였으며, 이러한 기록으로 그의 책임은 더욱 커졌다. 그가 이처럼 고백하고 기록으로 남긴 것은 후회함으로 또는 마지못해서 한 것이 아니라 기쁨과 온전한 만족으로, 마치 그런 일을 즐기는 사람처럼 그렇게 한 것이다.

2. 다른 사람들 곧 경건한 사람들이 스데반의 죽음을 애통하였다(2절). 어떤 이들은 경건한 사람들을 소위 개종자로 이해한다. 아마도 스데반 자신도 개종자였을 것이다. 혹은 이 단어가 좀 더 넓게 해석될 수 있다. 다른 사람들보다 더 경건하고 열심이 있던 교인들이 가서 그 부서지고 깨진 가련한 유해를 수습하여 예를 갖추고 매장을 하였는데, 그 곳은 아마도 얼마 전 나그네들을 묻기 위해 사두었던 피 밭이었을 것이다. 그들이 스데반을 엄숙하게 장사하였고, 그를 위해 크게 애곡하였다. 그의 죽음이 자신에게 큰 유익이었고 또한 교회에는 큰 섬김이었지만, 그들은 큰 손실을 입고 애통하였다. 그만큼 스데반은 섬기는 능력이 탁월하였고, 집사로서 또한 변론가로서 유능한 사람이었다. 그런 사람들이 떠날 때 마음에 남지 않는다면 오히려 잘못된 일일 것이다. 경건한 사람들이 스데반에게 마지막 경의를 표한 것은 다음과 같은 의미가 있었다.

(1) 이는 스데반의 주장을 그들이 부끄러워하지 않았으며, 대적들의 진노를 부끄러워하지 않았다는 것을 보여준 것이었다. 비록 대적들이 지금은 기뻐 날뛰지만, 스데반의 주장은 의로운 주장이며 그가 마침내 승리자가 될 것이다.

(2) 이는 예수 그리스도의 이 신실한 종, 곧 복음을 위한 최초의 순교자를 그들이 높이 평가하고 크게 존경하였다는 사실을 보여준 것이었다. 비록 불명예스럽게 죽었을지라도 그에 대한 기억을 그들이 언제나 소중하게 간직할 것이다. 그들은 하나님께서 영화롭게 하신 자를 영화롭게 하는 법을 배우고 있다.

(3) 이는 죽은 자의 부활과 오는 세상의 생명에 대한 그들의 믿음과 소망을 증명하는 것이다.

Ⅱ. 교회의 박해에 대한 이야기는 스데반의 순교로 시작된다. 유대인들의 분노가 이렇듯 스데반을 향하여 아주 격렬하게 일어나고 고조되자 그 분노는 금방 가라앉거나 수그러들지 않았다. 피를 본 사람은 성경에서 종종 피에 목마른 자로 일컬어진다. 그들이 피 맛을 보자 더 많은 피에 목말라하였다. 스데반의 임종 기도, 스데반이 임종 시 받은 위로로 인하여 대적들이 굴복하고 그들의 마음이 녹아져 고상한 그리스도인들의 생각과 기독교 안으로 들어왔어야 하지 않느냐고 사람들은 생각할 것이다. 하지만 그들이 그렇게 되지 않은 듯하다. 박해는 계속되었다. 왜냐하면 그들이 아무것도 얻은 것이 없는 것을 보고는 더욱 격분하였기 때문이다. 마치 하나님을 대하여 완고해지는 것이 그들의 소망인 양 그들은 계속해서 폭행하기로 결심하였다. 아마도 스데반을 돌로 쳐죽인 장소에서 그들 중 아무도 맞아 죽은 사람이 없었기 때문에 그들의 마음이 완전히 굳어져 악을 행하게 되었다. 제자들은 스데반이 의기양양하게 자신의 길을 끝까지 가는 것을 보면서 스데반이 했던 것처럼 더욱 담대하게 그들과 변론을 하였을 것이다. 그리고 이러한 모습이 그들의 분노를 더욱 자극하였을 것이다. 관찰.

1. 누가 박해를 받았는가? 그것은 예루살렘에 있는 교회였다. 교회가 세워지자마자 박해를 받았다. 말씀 때문에 환난과 핍박이 있을 것이라고 그리스도께서 자주 알려주신 대로였다. 그리스도께서는 특히 예루살렘이 그의 제자들에게 크게 분노하게 될 것이라고 예고하셨다. 왜냐하면 그 성이 선지자들을 죽이고 그 곳에 보내어진 자들을 돌로 쳐죽이는 데 악명 높았기 때문이다(마 23:37). 어쩐지 이 박해로 인해 많은 사람들이 처형된 것으로 보인다. 바울이 이 때에 많은 성도를 옥에 가두며 또 죽일 때에 내가 찬성 투표를 하였다고 인정하였다(행 26:10).

2. 이 일에 적극적인 사람이 누구였는가? 젊은 바리새인 사울만큼 열정적이고 분주한 사람이 없었다(3절). 사울(앞에서 두 번 언급되었으며, 지금도 악명 높은 박해자로 소개되었다)은 교회를 잔멸하였다. 그는 교회를 훼손하고 무너뜨릴 수 있는 일은 무엇이든 다 하였다. 그는 자신이 그리스도의 제자들에게 어떠한 해를 끼치는지 개의치 않았고, 언제 그 못된 짓을 그칠지도 알지 못하

였다. 그의 목적은 복음을 이스라엘에서 끊어버리는 것이었고, 그 이름이 더 이상 기억되지 않게 하는 것이었다(시 83:4). 그는 대제사장들이 그들의 목적을 위해 이용할 수 있는 최적의 도구였다. 그는 제자들을 고발하는 정보대장이었고, 신앙집회를 추적하고 혐의가 있는 모든 사람들을 잡아들이는 일을 담당하는 위원회의 사자였다. 사울은 학자, 신사로 키워졌으나 자기가 몹시 나쁜 일을 하고 있다는 생각을 하지 못하였다.

(1) 그는 밤낮을 가리지 않고 문을 부수고 각 집에 들어가 수색하였으며, 그런 목적을 이룰 수 있는 무력을 동원하였다. 그는 집회를 갖곤 했던 집이나 그리스도인들이 있는 집, 혹은 그리스도인이 있다고 생각되는 집에 들어갔다. 아무리 안전한 은신처라도 아무도 안전할 수 없었다.

(2) 그는 남녀 불문하고 그리스도인들을 아주 치욕스럽고도 무자비하게 끌어내었고, 연약한 여성도 예외 없이 길거리로 끌고 나왔다. 그는 그리스도인을 복음에 물든 비열한 자로 인식하고 그들을 잡으려고 낮게 웅크리고 있었고, 그만큼 극단적인 편견을 가진 자였다.

(3) 그리스도인들이 그리스도를 부인하지 않는 한 그는 그들을 재판하고 죽이기 위해 감옥에 감금하였다. 어떤 경우에는 그가 그리스도인으로 하여금 강제로 신성 모독하는 말을 하게 하기도 하였다(26:11).

3. 박해의 결과가 무엇인가? 다 유대와 사마리아 모든 땅으로 흩어지니라(1절). 여기서 흩어진 사람들은 믿는 모든 자들이 아니라 주로 타격을 입은 모든 전도자들이었다. 그들을 체포하라는 영장이 발부되었다. 우리 주님의 규칙(한 성에서 핍박을 받으면 다른 곳으로 피하라는)을 기억하고 그들은 합의 하에 유대와 사마리아로 흩어졌다. 고난에 대한 두려움이 컸기 때문이 아니라(유대와 사마리아는 예루살렘에서 그다지 멀지 않았다. 그들이 거기서 공공연히 나타난다면 박해자들이 그 곳에 곧 손을 뻗을 것이다) 그들이 이 박해 사건을 온 땅으로 흩어지라는 하나님의 섭리로 바라보았기 때문이다. 지금까지 그들의 사역이 예루살렘에서 잘 이루어졌다. 이제는 다른 곳의 긴급성을 생각할 때였다. 그들의 주님은 그들이 먼저 예루살렘에서 증인들이 되어야 하지만 그 다음에는 온 유대와 사마리아, 그리고 땅끝까지 이르러 증인이 되어야 한다고 말씀하셨다(1:8). 따라서 그들이 이 방법을 준수하고 있는 것이다. 박해가 우리의 사역을 그만두게 할 수는 없지만 하나님의 섭리를 따라 우리를 다른 곳으로 보내어 사역하게 할

수 있다. 사도 외에는. 전도자들이 다 흩어졌지만 사도들은 아니었다. 아마도 그들은 얼마 동안 예루살렘에 머물라는 성령의 지시를 받았을 것이다. 하나님의 특별한 섭리로 말미암아 그들은 폭풍으로부터 보호를 받았고, 또한 하나님의 특별한 은혜로 말미암아 폭풍에 맞설 수 있었다. 그들은 예루살렘에 머물렀으며, 이에 얼음을 깨뜨리기 위해 보냄을 받은 다른 전도자들이 그들의 도움을 절실히 바랄 때 언제든지 그 곳에 갈 채비를 갖추었다. 마치 그리스도께서 친히 가려고 계획하신 곳에 먼저 제자들을 보내신 것과 같다(눅 10:1). 사도들은 사람들의 생각보다 더 오랫동안 예루살렘에 함께 머무르면서 그 때에 온 세상에 가서 모든 족속으로 제자를 삼으라는 주님의 명령을 숙고하였다. 15:6, 갈 1:17을 보라. 그러나 그들이 보낸 복음전도자들의 행한 일이 곧 그들이 행한 일로 간주되었다.

⁴그 흩어진 사람들이 두루 다니며 복음의 말씀을 전할새 ⁵빌립이 사마리아 성에 내려가 그리스도를 백성에게 전파하니 ⁶무리가 빌립의 말도 듣고 행하는 표적도 보고 한마음으로 그가 하는 말을 따르더라 ⁷많은 사람에게 붙었던 더러운 귀신들이 크게 소리를 지르며 나가고 또 많은 중풍병자와 못 걷는 사람이 나으니 ⁸그 성에 큰 기쁨이 있더라 ⁹그 성에 시몬이라 하는 사람이 전부터 있어 마술을 행하여 사마리아 백성을 놀라게 하며 자칭 큰 자라 하니 ¹⁰낮은 사람부터 높은 사람까지 다 따르며 이르되 이 사람은 크다 일컫는 하나님의 능력이라 하더라 ¹¹오랫동안 그 마술에 놀랐으므로 그들이 따르더니 ¹²빌립이 하나님 나라와 및 예수 그리스도의 이름에 관하여 전도함을 그들이 믿고 남녀가 다 세례를 받으니 ¹³시몬도 믿고 세례를 받은 후에 전심으로 빌립을 따라다니며 그 나타나는 표적과 큰 능력을 보고 놀라니라

먹는 자에게서 먹는 것이 나오고 강한 자에게서 단 것이 나왔느니라(삿 14:14)는 삼손의 수수께끼가 여기서 다시금 풀린다. 고의적으로 교회를 말살하려던 박해가 하나님의 뒤엎는 섭리로 말미암아 복음을 더욱 확장시키는 계기가 되고 말았다. 그리스도께서 내가 불을 땅에 던지러 왔노라(눅 12:49)고 말씀하셨다. 박해자들은 불붙은 자들을 흩어버리면 그 불을 끌 수 있을 것이라고 생각하였으나 도리어 그들이 불을 번지게 하는데 도움을 주었을 뿐이다.

I. 흩어진 성도들 모두가 행한 일에 대한 전체적인 설명이 여기에 나온다(4

절). 그 흩어진 사람들이 두루 다니며 복음의 말씀을 전할새. 그들은 고난이 무서워서 숨지도 않았으며, 그들이 받은 고난을 자랑하려고 드러내지도 않았다. 다만 흩어진 모든 곳에서 그리스도에 대한 지식을 전하려고 왔다 갔다 한 것이다. 그들은 모든 곳에 두루 다녔다. 이방인들의 길로, 사마리아인들의 성으로 들어갔다. 전에는 그들이 이런 곳에 들어가는 것이 금지되었었다(마 10:5). 그들은 함께 모이지 않았다. 물론 함께 모이면 그들이 힘을 얻을 수 있었지만 그렇게 하지 않았다. 오히려 그들은 뿔뿔이 흩어져 편히 쉬지 않고 할 일을 찾았다. 그들은 두루 다니며 세상에 복음을 전하고 복음의 말씀을 증거하였다. 이처럼 그들은 복음에 대한 열정으로 충만하였고, 이 복음을 그 지역에 가득 채우려고 애를 썼다. 전도자들은 설교로 복음을 증거하였으며, 다른 이들은 일반적인 대화 가운데 복음을 전하였다. 그리스도와 그의 제자들은 유대 지역에서 많은 교제를 나누었던 만큼 이제 그들은 더 이상 외인이 없는 한 지역 안에 있었다. 그리하여 그 곳에 세워진 기초 위에 건물을 쌓아올리고자 한 것이다. 예수께서 얼마 전 그 곳에서 가르치신 교훈이 어찌 되었는지 그 지역 사람들에게 알려야 할 필요가 있었다. 그 교훈은 없어지지도 또 잊히지도 않고 온 세상에 전하여지고 있었다. 아마도 그들도 그 교훈을 믿게 되었을 것이다.

II. 빌립의 행적에 대한 자세한 설명. 이후에 우리는 또 다른 이들의 약진과 성공에 대한 이야기를 듣게 되겠지만(11:19), 여기서는 빌립의 활동에 주목할 것이다. 빌립은 사도가 아니었고 구제의 일을 하도록 집사로 택함을 받고 임명된 사람이었으며, 집사의 직분을 잘 감당하므로 아름다운 지위와 그리스도 예수 안에 있는 믿음에 큰 담력을 얻었다(딤전 3:13). 스데반은 순교자의 지위를 얻었고 빌립은 복음전도자의 지위를 얻었다. 그가 어쩔 수 없이 말씀과 기도하는 일에 전념하게 되었을 때 그의 집사의 직분은 의심할 여지 없이 면직되었다. 빌립이 사마리아에서 복음을 전하고 있었는데 어떻게 예루살렘에서 구제의 일을 할 수 있었겠으며, 집사의 직분을 감당할 수 있었겠는가? 아마도 스데반과 빌립의 공백을 다른 두 사람이 택함을 받아 대신하였을 것이다. 관찰.

1. 빌립의 성공적인 전도와 그가 받은 환영.

(1) 그가 택한 장소는 사마리아였다. 그 곳은 사마리아의 수도였고, 그 지역의 중심지였다. 이 성의 건축에 대하여 우리는 열왕기상 16장 24절에서 볼 수 있으며, 지금은 세바스테라고 불린다. 어떤 이들은 이 곳이 세겜 혹은 수가와 동일

한 곳이라고 생각한다. 그렇다면 이 곳은 그리스도께서 가신 적이 있는 사마리아의 성이었다(요 4:5). 당시 그리스도께서 그 곳에서 기적을 행하지 않으셨는데도 그 성의 많은 사람들이 그리스도를 믿었다(39, 41). 그로부터 삼 년 후인 지금 빌립이 그 때에 시작된 사역을 진행하고 있다. 유대인들은 사마리아인들과 관계를 하지 않았지만 그리스도께서는 그의 복음을 보내어 모든 대립을 근절하셨다. 특히 유대인들과 사마리아인들이 그리스도의 교회 안에서 하나가 됨으로 그들 사이에 있던 대립이 근절되었다.

(2) 빌립이 전한 교리는 그리스도였다. 그는 그리스도 외에 다른 것은 아무것도 알지 않기로 결심하였다. 빌립은 그들에게 그리스도를 전하고 선포하였다. 그리스도란 말의 뜻은 왕이다. 왕이 왕관을 쓸 때 그의 영토 전역에 그의 왕 됨이 선포되었다. 요한복음 4장 25절에 나타난 대로 사마리아인들은 메시야의 강림을 기대하였다. 그런데 지금 빌립이 메시야께서 이미 오셨다고 그들에게 말하고 있으며, 그리고 사마리아인들이 메시야를 환영하고 있는 것이다. 목회자들의 사명은 그리스도, 곧 십자가에 못 박히시고 영광을 얻으신 그리스도를 전하는 것이다.

(3) 그의 교리를 확증하기 위해 제시한 증거가 바로 기적이었다(6절). 그의 직무가 하늘로부터 위임받았다는 것을 그들에게 설득하기 위해 그는 그 직무에 따르는 이 명백한 하늘의 보증을 그들에게 보여주었다(이로 인해 그들이 빌립의 말을 신뢰할 뿐만 아니라 그 말에 복종해야 했다). 이 보증은 진리의 하나님께서 결코 거짓말을 하지 않는다는 것을 보여준 것이었다. 그들은 기적을 부인할 수 없었다. 그들은 빌립이 행한 기적을 듣고 보았다. 그들은 위엄 있게 말하는 빌립의 소리를 들었고, 놀랍게도 즉시 그 말의 결과가 이루어지는 것을 목격하였다. 그가 말하면 그대로 되었다. 그리고 기적의 특성은 그의 직무의 목적에 부합하는 것이었고, 그 목적을 밝혀주었다.

[1] 그가 보냄을 받은 목적은 사탄의 권세를 깨뜨리는 것이었다. 이에 대한 증표로서 그가 주 예수의 이름으로 떠나라고 명하면 많은 사람에게 붙었던 더러운 귀신들이 나갔다(7절). 복음이 전파되는 곳에는 사탄이 사람늘에 대한 장악을 풀 수밖에 없었다. 귀신에게 사로잡혔을 때 정신이 나갔던 사람들이 그 후에는 회복되어 정신이 되돌아왔다. 복음을 받아들이고 그 복음에 복종하는 곳에서는 어디에서나 악한 영들이 떠난다. 특히 더러운 영들(개역개정판에서는 ‘귀신

들' 로 번역됨), 곧 영혼을 거슬러 싸우는 육체의 정욕으로 기우는 모든 기질이 떠난다. 왜냐하면 하나님께서 우리를 부정함에서부터 거룩으로 부르셨기 때문이다(살전 4:7). 이는 사람들의 몸에서 더러운 영들이 떠나간다는 뜻이다. 본문에서는 그 영들이 크게 소리를 지르며 나갔다고 말씀하고 있다. 이는 그것들이 그들의 뜻과 반대로 마지못해 나갔다는 뜻이다. 그것들은 자기들이 더 큰 권세에 의해 정복당하였다는 사실을 인정할 수밖에 없었던 것이다(막 1:26; 3:11; 9:26).

[2] 그가 보냄을 받은 목적은 사람들의 정신을 고치고 병든 세상을 치료하고 건강한 상태로 회복시키는 것이었다. 이에 대한 증표로서 **많은 중풍병자와 못 걷는 사람**이 나았다. 일반적인 치료과정으로는 고치기 힘든 질병들이 명기되었다(이로 인해 기적적인 치료가 더욱 빛나게 됨). 이러한 질병들은 죄라는 질병과 도덕적 불능상태를 가장 잘 표현하고 있다. 이러한 것 때문에 사람들의 심령이 하나님을 섬기는 데 곤란을 겪는 것이다. 복음 안에 있는 하나님의 은혜는 영적인 절름발이와 중풍병자를 치료하며, 하나님의 은혜가 아니면 그들 스스로 일어설 수 없다(롬 5:6).

(4) 이렇게 입증된 빌립의 교리가 사마리아에서 받아들여졌다(6절). 무리가 빌립의 말도 듣고 행하는 표적도 보고 한마음으로 그가 하는 말을 따르더라. 처음에는 사람들이 기적을 주목하였으나 점차 그의 교리를 인정하였다. 사람들의 영혼과 영원에 관한 말씀을 그들이 주목하기 시작하였을 때, 곧 그들이 하나님의 말씀을 경청하기 시작하였을 때 그들에게 상당한 소망이 있게 되었고, 그 말씀을 듣고 싶어하는 사람들처럼, 그리고 말씀에 관심을 가진 사람들처럼 말씀을 이해하고 기억하기를 갈망하였다. 호이 오클로이, 곧 대중(다수)이 빌립의 말을 따랐다. 여기서 한 사람, 저기서 한 사람이 따른 것이 아니라 일제히 그의 말을 따랐다. 그들 모두가 같은 생각이었다. 복음의 교리는 함께 탐구되어지고 편벽됨이 없이 함께 듣는 것이 적합하였다.

(5) 그들이 빌립의 설교를 따른 결과 만족을 얻었고 성과가 있었다(8절). 그 성에 큰 기쁨이 있더라. 그들이 빌립의 전도함을 믿고 남녀가 다 세례를 받았다(12절). 관찰.

[1] 빌립이 하나님 나라에 관하여 설명하였다. 곧 그 나라의 성격과 그 나라의 법령, 그 나라의 자유와 특권을 설명하였고, 그리고 그 나라의 충성된 백성들이

져야 하는 의무를 설명하였다. 그리고 그는 그 나라의 왕이신 예수 그리스도의 이름, 곧 모든 이름 위에 뛰어난 그 이름을 설명하였다. 그 이름의 위엄 있는 권세와 힘으로 그 이름을 높여 드렸으며, 그 이름에 계시된 예수 그리스도를 전하였다.

[2] 사람들은 빌립의 말을 주목하였을 뿐만 아니라 그 말을 마침내 믿었고, 그 말이 사람들이 아니라 하나님으로부터 말미암았다고 확신하였으며, 이에 그 말의 지시에 굴복하였다. 그들은 지금까지 이 산에서 하나님을 예배하였고 이 산에 대한 큰 믿음을 가졌지만, 이제는 그동안 집착하였던 이 산에 대한 미련을 버리고 참으로 예배하는 자들이 되었다. 곧 영과 진리로 아버지를 예배하고, 참된 성전이신 그리스도의 이름으로 예배하였다(요 4:20-23).

[3] (비록 그들이 사마리아인들이었지만) 그들이 주저함 없이 믿고 지체 없이 세례를 받고 기독교 신앙을 공적으로 고백하며 끝까지 그 신앙을 고수하기로 언약하였을 때, 그리고 물로 그들을 씻었을 때 그들이 정식으로 교회의 성찬에 참여하는 것을 허락받았으며, 제자들이 그들을 형제로 인정하였다. 유대 교회에서는 남자들만을 할례를 통해 가입할 수 있었다. 하지만 예수 그리스도 안에서는 남자나 여자가 따로 없고(갈 3:28), 둘 다 그리스도의 환영을 받으며, 가입 의식은 여자들도 할 수 있는 것이다. 그리고 비록 육체로는 이스라엘이 아니더라도 그들도 영적인 이스라엘로 계수된다(민 1:2). 초창기에 집행된 성만찬에 여자가 참여하였는지는 분명하지 않지만 어쨌든 여자들도 성만찬에 참여할 수 있었다는 것을 우리는 쉽게 추측할 수 있다.

[4] 이로 인해 큰 기쁨이 생겼다. 밭에 감추어진 보화의 비유에 나오는 사람처럼 그들 각자 즐거워하였다. 복음으로 인하여 그들의 성에 초래된 은혜 때문에 그들 모두가 기뻐하였다. 만일 사마리아가 대제사장들의 관할권 안에 있었다면 도저히 있을 수 없는 은혜가 아무런 방해 없이 그 곳에 임하였다. 적용. 복음이 전해지는 곳에는 큰 기쁨이 생긴다. 그러므로 세상에 복음이 전파되는 것을 구약에서는 열방 가운데 기쁨이 퍼지는 것으로 자주 예언되었다. 온 백성은 기쁘고 즐겁게 노래할지니(시 67:4; 살전 1:6). 그리스도의 복음이 제대로 받아들여지기만 한다면 그것은 사람들로 하여금 우울하게 만들지 않고 도리어 기쁨으로 충만하게 한다. 왜냐하면 그것은 온 백성에게 미칠 큰 기쁨의 좋은 소식이기 때문이다(눅 2:10).

2. 사마리아 성에서 복음이 더욱 놀라운 성공을 거둘 수 있었던 요인이 무엇이었는가?

(1) 마술사 시몬이 그 곳에서 활동하며 사람들의 관심을 크게 받았으나 그들은 빌립이 말한 것을 믿었다. 경험적으로 보아 나쁜 것을 배우지 않는 것이 선한 것을 배우는 것보다 더 힘든 일이다. 이 사마리아인들은 비록 이방인들처럼 우상숭배자들은 아니었지만 조상으로부터 물려받은 전통으로 인하여 복음에 대한 편견이 없었다. 하지만 그들은 최근에 미혹을 받고 마술사 시몬을 따랐다. 시몬은 사마리아인들 사이에서 소문난 사람이었고, 기묘하게 **사마리아 백성을 매혹시켰다(놀라게 하였다)**. 우리는 여기서 다음과 같은 사실을 알 수 있다.

[1] 사탄의 미혹이 어찌나 강하였는지 그들은 이 대단한 사기꾼에게 이용당하였다. 이 마술사는 한동안, 아니 오랫동안 그 성에 있으면서 마술을 행하였다. 우리 구세주께서 사마리아에 머무신 이후에 그는 아마도 마귀의 교사를 받아 그 곳에 왔을 것이며, 그 목적은 우리 주님께서 그 곳에서 행하신 업적을 망쳐놓기 위함이었다. 사탄의 방법은 언제나 선한 일을 싹부터 꺾어버리는 것이었다 (고후 11:3; 살전 3:5).

첫째, 시몬은 자신이 대단한 존재인 체하였다. 자칭 큰 자라 하니. 그리하여 그는 모든 사람들이 자기를 믿고 존경하게끔 하였다. 그 밖에 다른 모든 일에 대해서는 사람들이 자기 좋은 대로 행하도록 하였다. 그는 사람들의 삶을 개선하거나 그들의 예배와 헌신을 향상시킬 의도가 없었고, 오직 자신이 **티스 매가스,** 곧 상당히 거룩한 사람이라고 그들로 믿게 만들 뿐이었다. 순교자 유스티누스는 그가 프로톤 데온, 곧 주신(主神)으로 숭배되었다고 말한다. 그는 자신이 하나님의 아들, 메시야라고 자처하였고, 이에 어떤 이들은 그렇게 생각하였다. 그는 혹은 천사로 혹은 선지자로 자처하였다. 아마도 그는 어떤 명예로운 호칭으로 가장해야 할지 스스로 단정짓지 못한 듯하다. 어쨌든 그는 상당히 큰 자로 여겨지기를 원하였다. 교만, 야망, 허영은 언제나 세상이나 교회 모두에게 큰 화를 가져오는 원인이 되어왔다.

둘째, 사람들은 그가 원하는 대로 그에게 영광을 돌렸다. 1. 낮은 **사람부터** 높은 사람까지 그들은 그를 따랐다. 젊은이도 늙은이도, 가난한 자도 부유한 자도, 다스리는 자도 다스림을 받는 자도 모두 함께 그를 따랐다. 그들은 그에게 경의를 표하였다(10, 11절). 아마도 메시야가 오실 때가 다 되었기 때문에 그들이 그에게 더욱 경의를 표하였을 것이다. 이 때쯤 큰 자가 오실 것이라는 기대가 일반적으로 팽배해 있었다. 아마도 그는 그들 지역의 토박이였을 것이다. 그렇기에 그들이 좀 더 기꺼이 그를 받아들였을 것이다. 그들은 그에게 경의를 표함으로써 스스로를 반성할 수 있었다. 2. 그들은 이 사람은 크다 일컫는 하나님의 능력이라고 말하였다. 그 능력은 바로 세상을 만든 능력이었다. 사람들이 얼마나 무지하고 지각이 없기에 사탄의 능력으로 행한 일을 마치 하나님의 능력으로 행한 것처럼 오해하고 있는지 보라. 이와 같이 이방 세계에서 마귀들은 신으로 통한다. 적그리스도의 왕국에서는 온 땅이 놀랍게 여겨 짐승을 따르고, 그 짐승은 용에게 권세를 받고, 그 입을 열어 신성을 모독한다(계 13:2-5). 3. 그들은 시몬의 마술에 속아 이 지경이 되었다. 시몬은 마술을 행하여 사마리아 백성을 놀라게 하였다(9, 11절). 즉, (1) 마술로 사람들의 마음을 매혹시켰다. 적어도 그들 중 일부는 매혹되었고, 매혹된 그들이 또 다른 이들을 꾀었다. 사탄은 하나님의 허락을 받아 그들에게 시몬을 따를 마음을 주었다. 바울은 어리석도다 갈라디아 사람들아, 누가 너희를 꾀더냐?(갈 3:1)라고 말하였다. 이 사람들은 시몬에 의해 꾀임을 당하였다고 본문은 말씀하고 있다. 그리하여 그들은 희한하게도 얼이 빠져서 거짓을 믿고 말았다. 혹은 (2) 미술로 그가 많은 표적과 거짓된 기사를 행하였다. 이런 것들이 겉으로는 기적처럼 보였으나 실제로는 그렇지 않았다. 이는 마치 애굽의 마술사들이 보여준 일들, 그리고 악한 자가 행한 일들과 같은 것이었다(살후 2:9). 그들이 바로 알지 못하였기에 시몬의 마술에 속았던 것이다. 하지만 그들이 빌립이 행한 진짜 기적들을 보았을 때 하나는 진짜고 하나는 가짜였음을 분명히 알게 되었고, 또한 아론의 지팡이와 마술사들의 지팡이 사이에 큰 차이가 있다는 것을 알게 되었다. 겨가 어찌 알곡과 같겠느냐?(렘 23:28).

이처럼 마술사 시몬이 그들에게 영향을 미쳐 그들 모두가 얼떨결에 자신의 잘못을 그 앞에서 인정하였지만, 그들이 시몬과 빌립의 차이를 깨닫고는 시몬을 따르지 않았고 더 이상 그를 존경하지도 않고 도리어 빌립을 존경하였다. 따라서 우리는 다음과 같은 사실을 깨닫는다.

[2] 하나님의 은혜의 힘이 얼마나 강한가! 그 은혜의 힘으로 그들이 진리 그 자체이신 그리스도께 돌아왔다. 나는 말하건대 그분이야말로 진실을 깨닫게 하시는 진정 위대한 분이시다. 말씀과 함께 역사하는 은혜로 말미암아 사탄에게 사로잡혔던 자들이 그리스도께 순종하게 되었다. 무장한 용사 사탄이 자기 궁

전을 지키고 안전하다고 생각하였을 때, 그리스도께서는 그보다 더 강한 자로서 사탄을 쫓아내고 전리품을 나누었으며, 포로의 상태를 종식하였으며, 사탄이 의 기양양하게 사로잡았던 자들을 해방시키므로 그의 승리의 트로피가 되게 하셨다. 이제 마술사 시몬이 매혹시켰던 자들도 믿게 되었으니 우리는 최악의 경우에도 낙심하지 말자.

(2) 이보다 더 놀라운 사실이 있는데, 그것은 마술사 시몬이 회심하여 그리스도에 대한 신앙을 가졌다는 것이다. 그는 한동안 신앙을 표시하고 고백하였다. 사울도 선지자들 중에 있느냐? 그렇다. 시몬도 믿었다. 빌립이 참된 교리를 전하였다고 그는 확신하였다. 왜냐하면 빌립의 교리가 진짜 기적으로 확증된 것을 그가 보았기 때문이다. 시몬 자신이 거짓된 기적으로 사람들을 속였기 때문에 다른 사람들보다 더 잘 판단할 수 있었다.

[1] 즉흥적인 회심이 더 나아가 세례를 받는 데까지 이르렀다. 그는 다른 신자들처럼 세례를 받고 교회에 들어오는 것을 허락받았다. 빌립이 실수로 시몬에게 세례를 주었거나 혹은 서둘러 세례를 주었다고 우리가 생각할 까닭은 없다. 비록 그가 아주 악한 사람이요 마술사요 하나님의 영광을 사칭한 자였지만, 자기의 죄를 진지하게 고백하고 예수 그리스도를 믿음으로 세례를 받은 것이었다. 회심하기 전에 아무리 큰 죄악을 저질렀더라도 그 죄악이 진실한 회심을 한 자에게 하나님의 은혜가 임하는 것을 막지 못하는 만큼 신앙을 고백하는 자들이 교회의 교제에서 따돌림당해서는 안 될 것이다. 탕자가 돌아오면, 그가 또다시 난봉을 부릴지 우리가 확신할 수 없지만 우리는 그를 기쁘게 환영해야 한다. 지금 시몬이 위선자에 불과하였으며 실제로 악독이 가득하며 불의에 매인 바 되었고(23절) 그를 잠깐 동안만 시험해보았더라도 즉시 그런 죄악의 상태가 드러났겠지만, 그럼에도 불구하고 빌립은 그에게 세례를 주었다. 왜냐하면 마음을 살피는 것은 하나님의 특권이기 때문이다. 교회와 사역자들은 기회가 주어지는 대로 자비의 판단을 기준으로 결정해야 한다. 법에 관한 다음과 같은 격언이 있다. *Donec contrarium patet, semper praesumitur meliori parti* — 우리는 가능한 한 오랫동안 최선을 희망해야 한다. 그리고 교회의 질서에 관한 다음과 같은 격언이 있다. *De secretis non judicat ecclesia* — 마음의 비밀은 오직 하나님만이 판단하신다.

[2] 즉흥적인 믿음이 그가 빌립과 함께 하는 동안에는 지속되었다. 후에 그가

기독교 신앙을 버렸지만 즉시 버려지는 않았다. 그는 빌립과 사귀려고 애를 썼다. 그리고 지금까지 자신이 상당히 큰 자라고 자처했던 그가 이제는 복음전도자의 발 아래 앉아 있기를 만족해한다. 아주 나쁜 사람들이라도 때로는 아주 좋은 심기를 가질 수 있다. 그 마음이 계속해서 탐욕을 좇아가는 자들도 하나님의 백성들처럼 하나님 앞에 나올 수 있을 뿐만 아니라 그 백성들과 함께 할 수 있다.

[3] 즉흥적인 믿음이 기적으로 인해 생겼고 또 유지되었다. 그는 표적과 기적이 잘 행해진 것을 보고 놀랐다. 이처럼 거룩한 진리에 대한 증거를 보고 놀라면서도 그 능력을 한 번도 체험하지 못하는 많은 사람들이 있다.

[14]예루살렘에 있는 사도들이 사마리아도 하나님의 말씀을 받았다 함을 듣고 베드로와 요한을 보내매 [15]그들이 내려가서 그들을 위하여 성령 받기를 기도하니 [16]이는 아직 한 사람에게도 성령 내리신 일이 없고 오직 주 예수의 이름으로 세례만 받을 뿐이더라 [17]이에 두 사도가 그들에게 안수하매 성령을 받는지라 [18]시몬이 사도들의 안수로 성령 받는 것을 보고 돈을 드려 [19]이르되 이 권능을 내게도 주어 누구든지 내가 안수하는 사람은 성령을 받게 하여 주소서 하니 [20]베드로가 이르되 네가 하나님의 선물을 돈 주고 살 줄로 생각하였으니 네 은과 네가 함께 망할지어다 [21]하나님 앞에서 네 마음이 바르지 못하니 이 도에는 네가 관계도 없고 분깃 될 것도 없느니라 [22]그러므로 너의 이 악함을 회개하고 주께 기도하라 혹 마음에 품은 것을 사하여 주시리라 [23]내가 보니 너는 악독이 가득하며 불의에 매인 바 되었도다 [24]시몬이 대답하여 이르되 나를 위하여 주께 기도하여 말한 것이 하나도 내게 임하지 않게 하소서 하니라 [25]두 사도가 주의 말씀을 증언하여 말한 후 예루살렘으로 돌아갈새 사마리아인의 여러 마을에서 복음을 전하니라

하나님은 사마리아의 전도자로서 빌립의 사역을 놀랍게 인정해 주셨지만 그는 다만 전도자의 일만 할 수 있었다. 사도들의 경우 그들의 직분의 존엄성을 세워주기 위해 그들에게 예약된 특별한 권능이 있었다. 본문에서 우리는 사도들 가운데 두 명, 곧 베드로와 요한이 행한 일에 대한 설명을 볼 수 있다. 열두 사도는 예루살렘에 모여 있었고(1절), 사마리아도 하나님의 말씀을 받았다는 소식과 수많은 영혼들이 추수되었다는 소식, 그리고 그 곳에서 더 많은 영

혼들이 그리스도께로 모여올 것 같다는 소식이 그들에게 전해졌다(14절). 하나님의 말씀이 그들에게 전해졌을 뿐만 아니라 그들에 의해 받아들여졌다. 그들은 하나님의 말씀을 환영하였고 그 빛을 인정하였으며, 그 권세에 복종하였다. 사도들이 … 듣고 베드로와 요한을 보내매. 누군가 말한 대로, 베드로가 사도들 중에 수장이었다면 그가 사도들 중에 누군가를 사마리아에 보내었을 것이다. 혹 사마리아에 갈 이유가 있었다면 자발적으로 갔을 것이다. 그러나 이와는 달리 그는 교회의 명령에 복종하였고, 몸 된 교회를 섬기는 종으로서 교회가 보내는 곳으로 갔다. 가장 뛰어난 두 사도들이 사마리아로 보냄을 받았다.

1. 그 목적은 빌립을 격려하고 돕고 그의 영향력을 강화하기 위함이었다. 높은 지위에 있고, 은사와 은혜에 있어서 뛰어난 사역자들은 낮은 지위에 있는 사람들에게 어떻게 도움을 줄까, 어떻게 그들을 격려하고 유익을 줄까 궁리해야 할 것이다.

2. 그들이 그 곳에 간 목적은 사마리아 사람들 가운데 시작된 선한 일이 지속되도록 하기 위함이었다. 그들은 하늘에 속한 은혜를 사마리아 사람들에게 풍성하게 베풀었고, 영적인 은사를 베풀었다. 이제 다음과 같은 사실을 살펴보자.

Ⅰ. 사도들이 신실한 자들을 어떻게 향상시키고 진보시켰는가? 본문은 아직 한 사람에게도 성령 내리신 일이 없고(16절)라고 말씀하고 있다. 오순절 날에 성령의 강림으로 인한 비범한 권능이 아직 그들에게 나타나지 않은 것이다. 그들 중에 아무도 방언의 은사를 받지 못하였다. 방언은 성령의 부음을 받은 가장 직접적이고 통상적인 결과였던 것으로 보인다. 10장 45절을 보라. 방언이 믿지 않는 자들에게는 뛰어난 표적이었고, 믿는 자들에게는 아주 유용한 것이었다. 그들은 방언과 더불어 다른 은사들도 받지 못하였고, 오직 주 예수의 이름으로 세례만 받을 뿐이었으며, 다만 구원에 필요한 것, 곧 그리스도와 언약을 맺고 그에게 관심을 가지고 있었다. 이에 그들이 비록 방언을 말하지 못하였지만 기쁨과 만족을 얻었다(8절). 참으로 그리스도께 굴복하고, 은혜의 성령의 정결케 하시는 감화와 효능을 체험한 자들은 비록 그들을 빛나게 해 줄 그런 은사를 받지 못하였더라도 감사할 이유가 분명하며 불평할 이유가 없다. 하지만 그들이 복음의 더 큰 영광을 위하여 현재 상태보다 더욱 완전한 데로 나아가야 하겠기에 사도들이 그 곳에 내려갔던 것이다. 우리는 빌립이 성령의 이러한 은사를 받았다고 당연히 생각한다. 하지만 빌립에게는 그 은사를 베풀 권능이 없었다.

따라서 사도들이 이 은사를 베풀기 위해 사마리아에 와야 했다. 사도들은 세례 받은 모든 자들에게 은사를 베풀지 않았으며, 다만 그들 가운데 일부에게 은사를 베풀었다. 아마도 이러한 은사는 교회 내에 어떤 직분을 세우려는 의도에서 베풀어진 듯하며, 혹은 최소한 교회의 적극적인 교인들에게 주어진 듯하다. 어떤 사람에게는 이런 성령의 은사가, 또 다른 사람에게는 다른 은사가 주어졌다. 고린도전서 12:4, 8; 14:26을 보라.

이제 이러한 목적을 위하여, 1. 사도들이 그들을 위하여 기도하였다(15절). 성령은 우리 자신들에게만 주어지지 않고 기도에 대한 응답으로 다른 사람들에게도 주어진다(눅 11:13). 또 내 신을 너희 속에 두리라(겔 36:27). 그래도 이스라엘 족속이 이같이 자기들에게 이루어 주기를 내게 구하여야 할지라(37절). 우리가 영적으로 행복하기를 바라는 자들을 위해 성령의 새롭게 하시는 은혜를 베풀어 달라고 기도하는 이 모범에서 용기를 얻을 수 있다. 이에 힘을 얻고 우리도 자녀들, 친구들, 그리고 우리의 목회자들을 위해 기도해야 한다. 그들이 성령을 받을 수 있게 해 달라고 우리는 간절히 기도하고 또 기도해야 한다. 왜냐하면 성령 받는 것에 모든 복이 포함되어 있기 때문이다.

2. 사도들이 그들에게 안수하였다. 이는 그들의 기도가 응답되었음을 보여주는 것이다. 사도들이 안수하자 그들은 성령의 선물을 받았다. 곧 그들이 성령을 받고 방언을 말하였다. 고대에 권위 있는 자들이 사람들에게 축복할 때 그들에게 손을 얹고 축복하였다. 이처럼 안수함으로 사도들이 새로운 회심자들을 축복하였고, 그 중에 일부를 사역자로 임명하였으며, 또 다른 사람들은 교회에 속한 것을 확인해 주었다. 오늘날 우리들은 이처럼 안수함으로 성령을 베풀 수 없다. 다만 이 말씀은 우리가 누군가를 위해 기도할 때 전심을 다해야 한다는 것을 보여준다.

Ⅱ. 그들 가운데 있는 위선자를 사도들이 어떻게 찾아내고 쫓아내었는가? 이 위선자는 마술사 시몬이었다. 사도들은 고귀한 자와 비열한 자를 구분하는 법을 알고 있었다. 다음의 내용을 관찰하라.

1. 시몬이 사악한 제안을 하였고 이로써 그의 위선이 드러났다(18, 19절). 시몬이 사도들의 안수로 성령 받는 것을 보고(이로써 그리스도의 가르침에 대한 그의 믿음이 더욱 굳어지고 사도들에 대한 존경심이 더욱 커졌어야 했는데) 기독교가 고상한 마술에 불과하다는 이상한 생각을 갖게 되었다. 그는 자신도 사

도들과 동등하게 될 수 있다는 생각을 하였고, 그러므로 돈을 드려 이 권능을 내게도 주라고 말하였다. 시몬은 자기가 성령을 받을 수 있게 자기에게 안수해 달라고 사도들에게 요구하지 않고(왜냐하면 그럴 경우 어떤 일이 벌어질지 예견하지 못하였기 때문이다), 다만 다른 사람들에게 이 성령의 선물을 줄 수 있는 능력을 자신에게 전수해 달라고 요구하였다. 그는 사도의 영광을 얻기를 열망하였지만 그리스도인의 정신과 소양을 갖기를 조금도 바라지 않았다. 그가 바라는 것은 다른 사람들을 유익하게 하는 것이 아니라 자신의 영광이었다. 자, 그는 이러한 제안을 통하여 다음과 같은 잘못을 범하였다.

(1) 그는 사도들을 크게 모욕하였다. 마치 사도들이 돈을 위해서는 무슨 일이든지 하고 자기같이 돈을 사랑하는 장사꾼인 것처럼 사도들에게 이런 제안을 한 것이다. 그러나 사도들은 그리스도를 위해 가진 것을 버렸고, 이는 더 많이 얻으려는 목적과는 거리가 먼 것이었다.

(2) 그는 기독교를 크게 모욕하였다. 기독교를 증거하려고 행해진 기적들이 마치 마법의 기술로 이루어진 것처럼 그는 말을 하였던 것이다. 그러나 사도들이 보여준 기적들은 시몬 자신이 전에 행하였던 마술과는 근본적으로 다른 것이었다.

(3) 그는 발람처럼 예언에 대한 대가를 노리는 그의 속셈을 보여주었다. 만일 그가 돈을 벌 생각이 없었다면 이 능력을 전수하기 위해 돈을 제시하지 않았을 것이다.

(4) 그는 자신의 거만을 보여주었다. 그는 결코 겸손하지 않았다. 세례받기 전에 철면피였던 그는 탕자처럼 고용된 품꾼 중 하나로 써 달라고 요청했어야 했다. 하지만 그는 가족 안에 들어오자마자 그 집안의 지배인 못지않은 지위를 달라고 하였고 오직 사도들만이 가지고 있고 빌립 자신도 갖지 못한 능력을 위임받으려고 하였다.

2. 시몬의 제안이 거절되고 베드로가 이에 대하여 통렬하게 책망하였다(20-23절).

(1) 베드로가 그의 죄를 보여준다(20절). 네가 하나님의 선물을 돈 주고 살 줄로 생각하였으니. [1] 시몬은 이 세상의 재물을 과대평가하였다. 마치 재물이 그 무엇과도 견줄 만한 것인 양 생각하였다. 솔로몬의 말대로 돈이 지금 있는 생명과 관련하여 범사에 이용되기 때문에(전 10:19) 마치 돈이 장차 있을 생명과 관

련된 모든 것을 보증하고, 또한 돈으로 죄 사함, 성령의 선물, 그리고 영생까지도 구입할 수 있을 것이라고 그는 생각하였다. [2] 그는 성령의 선물을 과소평가하고 이를 자연과 섭리의 일반적인 은사와 동등하게 생각하였다. 그는 사도의 능력이 의사의 진찰이나 변호사의 변호만큼 후한 보수를 받을 만한 것이라고 생각하였다. 하지만 이러한 생각은 은혜의 성령에 대한 가장 큰 경멸이었다. 로마교회에서 사죄와 은혜를 사고 판 모든 행위는 이와 마찬가지로 하나님의 선물을 돈 주고 살 줄로 생각한 결과이다. 그러나 하나님의 은혜는 명백히 돈 없이 값없이 받을 수 있다.

(2) 베드로는 시몬의 인격을 밝힌다. 그의 인격은 그가 저지른 악에서부터 추론되었다. 사람의 어긋난 모든 말이나 모든 행동으로부터 우리는 그의 신앙 고백이 위선이었다고 추론할 수는 없다. 하지만 시몬의 경우는 은혜의 상태와 절대로 양립할 수 없을 만큼 근본적인 죄였다. 그가 제시한 돈(이 역시 마술로 얻은 것임)이 그가 여전히 세속적이고 육체적인 정신의 지배를 받고 있음을 보여주는 명백한 증거다. 그는 여전히 하나님의 성령의 일을 받지 못하고 깨닫지도 못하는 육적인 사람이었다. 그러므로 베드로는 그에게 다음과 같이 단호히 말한다.

[1] 하나님 앞에서 네 마음이 바르지 못하니(21절). "네가 믿는다고 고백하고 세례를 받았지만 아직도 너는 신실하지 못하구나." 우리는 마음이 신실해야 한다. 마음이 바르지 못하면 우리도 바르지 못하다. 마음이 하나님 앞에서 열려 있어야 한다. 하나님은 마음을 아시고 우리의 마음을 보고 판단하신다. 우리의 마음이 하나님 앞에 있으며, 하나님은 속지 않으신다. 만일 하나님 보시기에 우리의 마음이 바르지 못하다면 우리가 아무리 믿음이 있다고 뽐낼지라도 그것은 헛되고 소용없는 것이다. 우리의 관심사는 우리 자신이 흠 없이 하나님 앞에 나타나는 것이다. 그렇지 않으면 우리는 스스로 속이고 멸망에 이르게 될 것이다. 어떤 이는 이러한 사실을 특별히 시몬의 제안에 적용한다. 시몬의 요구는 거절당하였다. 왜냐하면 그의 마음이 하나님 앞에서 바르지 못하였기 때문이다. 그의 목적은 하나님의 영광이나 그리스도의 영광이 아니라 자신의 이익을 얻는 것이었다. 구하여도 받지 못함은 정욕으로 쓰려고 잘못 구하기 때문이라(약 4:3).

[2] 내가 보니 너는 악독이 가득하며 불의에 매인 바 되었도다(23절). 베드로는 분명히 밝힌다. 우리가 영혼과 영원의 문제를 다룰 때 분명히 밝히는 것이 좋다. 시몬은 사람들 가운데 큰 명성을 얻었고 최근에는 하나님의 백성들 가운데서

도 좋은 평판을 들었지만 베드로는 여기서 그의 시커먼 인격을 드러낸다. 적용. 사람이 죄의 영향력 아래 있으면서도 경건의 모양을 취할 수 있다. 베드로는 내가 보니라고 말한다. 베드로가 시몬의 시커먼 인격을 알았던 것은 그에게 분별의 영이 있었기 때문이 아니라 시몬의 제안을 통해 그것이 드러났기 때문이다. 적용. 위선자들의 가장은 곧 들통이 난다. 여우의 본성은 양의 탈을 쓸지라도 드러난다. 사실상 여기에 드러난 시몬의 인격은 악한 모든 사람들의 인격이다. 첫째, 그들은 악독이 가득하다. 마치 담즙이 우리에게 쓰듯이 그들은 하나님께 고역스럽다. 죄는 하나님께서 미워하시는 가증한 것이며, 죄인들은 이로 인해 하나님 앞에서 가증스럽다. 그들은 본질상 악하다. 내재하는 죄는 담즙과 쑥을 내는 쓴 뿌리다(신 29:18). 기능이 부패하였고, 정신은 선한 모든 것을 싫어한다(히 12:15). 이러한 말씀은 죄의 치명적인 결과를 예고한다. 나중은 쑥 같이 쓰고(잠 5:4). 둘째, 그들은 불의에 매인 바 되었다. 즉 죄에 대한 책임으로 말미암아 위로는 하나님의 심판을 면하지 못하며, 죄의 권세로 인해 아래로는 사탄의 지배를 받는다. 그들은 사탄의 뜻대로 끌려간다. 그리고 이는 애굽에서의 노예생활처럼 삶을 고통스럽게 하는 비통한 속박이다.

(3) 베드로는 두 가지로 시몬의 파멸을 예고한다.

[1] 그는 스스로 과대평가한 세상의 재물과 함께 몰락할 것이다. 네 은과 네가 함께 망할지어다. 첫째, 베드로는 이로써 시몬의 제안을 최대한 경멸하고 분개하므로 거절한다. "네가 우리에게 뇌물을 주어 우리의 책임을 저버리게 할 수 있고, 우리가 받은 능력을 이처럼 무가치한 손에 넘겨주리라고 생각하느냐? 돈을 갖고 가버려라. 우리는 아무런 연관이 없을 것이다. 사탄아 내 뒤로 물러가라." 우리는 돈으로 악한 일을 행하라는 유혹을 받을 때 우리는 돈이 참으로 썩어질 것이라는 사실을 알고 그로 인해 치우치지 말아야 할 것이다. 의인의 특성은 손을 흔들어 뇌물을 받지 않는 것이다(사 33:15). 둘째, 베드로는 시몬이 이 같은 마음을 계속 가지고 있다면 완전히 파멸당하고 말 것이라고 경고한다. "네 돈이 없어질 것이요 네가 그것을 상실하리라. 그리고 네가 돈으로 구입할 수 있는 모든 것도 없어질 것이다. 음식은 배를 위하여 있고 배는 음식을 위하여 있으나 ― 소유물은 돈을 위하여 있고 돈은 소유물을 위하여 있으나 ― 하나님은 이것 저것을 다 폐하시리라(고전 6:13). 이것들이 소비되어 사라질 것이나 아직 이것이 최악은 아니다. 네 은과 네가 함께 망할지어다. 돈이 너의 파멸을 부채질할

것이며, 너의 멸망하는 영혼을 무겁게 짓누를 것이다. 돈이 좋게 활용될 수도 있었고(눅 16:9), 구제헌금으로 사도들의 발 앞에 드려질 수도 있었다. 그런데 구제헌금이 아니라 뇌물로 제시되었다가 거절당하였다. 아들아, 이것을 기억하라."

[2] 그는 스스로 과소평가한 영적인 복을 받지 못할 것이다(21절). "이 도에는 네가 관계도 없고 분깃 될 것도 없느니라. 너는 성령의 은사와 아무런 관계가 없다. 너는 그 의미를 이해하지 못하고 있으며, 또 그 은사에서 제외되었으며 네 문이 닫혀졌다. 너는 성령을 받을 수 없고 다른 사람들에게 성령을 베푸는 능력을 받을 수도 없다. 왜냐하면 하나님 앞에서 네 마음이 바르지 못하기 때문이다. 기독교가 이 세상에서 생계를 이어가기 위한 거래라고 네가 생각한다면 너는 복음이 제시하는 저 세상에 있는 영생을 조금도 얻지 못할 것이다." 적용. 첫째, 기독교 신앙을 고백하면서도 그리스도 안에서 얻을 몫이 없고(요13:8) 하늘의 가나안에서 받을 분깃이 없는 사람들이 많다. 둘째, 그들은 하나님 앞에서 그 마음이 바르지 못하고, 바른 영으로 생기를 받지 못하였고, 바른 통치를 받지 못하였으며, 올바른 목적을 지향하지 못하였다.

(4) 그럼에도 불구하고 베드로는 시몬에게 좋은 충고를 한다(22절). 베드로가 시몬에게 화가 났지만 그를 포기하지는 않았다. 그리고 이번 일이 아주 나쁜 경우라고 그에게 알려 주었지만 그렇다고 절망적인 생각을 갖게 하지는 않았다. 이스라엘에게 아직도 소망이 있나니(스 10:12). 관찰.

[1] 베드로가 시몬에게 한 충고. 시몬이 먼저 해야 할 일이 있다. 첫째, 그는 회개해야 한다. 그는 자신의 잘못을 깨닫고 돌이켜야 한다. 즉, 그 마음과 습관이 변화되어야 한다. 그리고 겸손해야 하고 자신이 행한 일에 대하여 부끄러워해야 한다. 그의 회개는 구체적이어야 한다. "이것을 회개하라. 너의 잘못을 인정하라. 그리고 뉘우쳐라." 그는 스스로 죄의 짐을 짊어져야 한다. 그것을 실수나 잘못된 열정이라고 말함으로 변명해서는 안 되며, 그것을 자신의 악함, 자신의 부패의 결과라고 고백함으로 죄를 토해내야 한다. 잘못된 말을 하고 잘못된 행동을 한 자들은 최대한 철저하게 회개함으로 그 잘못을 다시는 되풀이하지 말아야 한다. 둘째, 그는 하나님께 기도해야 한다. 그는 회개할 마음을 달라고, 그리고 회개할 때 용서해 달라고 하나님께 기도해야 한다. 죄를 고백하는 자들은 하나님을 향한 갈망과 그리스도에 대한 신뢰가 포함된 기도를 드려야 한다. 죄

인들이 회개와 기도로 사도들과의 친교에 들어오도록 허락받는 만큼 스스로 자신을 위대한 사람이라고 생각하는 마술사 시몬이 그 친교에 초대될 수 있는 길은 회개와 기도밖에 없다.

[2] 베드로가 시몬에게 준 격려. 혹 마음에 품은 것(너의 악한 생각)을 사하여 주시리라. 적용. 첫째, 마음의 생각 속에 악한 것, 곧 잘못된 의지, 타락한 감정, 악한 계획이 있을 수 있으며, 우리는 이런 것들을 회개하고 돌이켜야 한다. 둘째, 마음의 생각이 아무리 악할지라도 우리가 회개하면 용서받고 책임을 면하게 될 것이다. 여기서 베드로가 혹이라는 표현을 쓴 것은 시몬의 회개의 진정성에 대해 의심하였기 때문이지 그가 진정으로 회개할지라도 과연 용서받을 수 있을는지 의심하였기 때문이 아니다. 따라서 이 구절을 마음에 품은 것을 참으로 사하여 주시리라고 해석할 수 있다. 또는 이 구절이 의미하는 바는, 그가 진실로 회개하면 용서받는 일은 의심의 여지가 없다고 복음이 약속하였을지라도 그가 지은 죄가 너무나 크기에 과연 용서받을 수 있을까 하고 의심이 된다는 것이다. 혹시 소망이 있을지로다(애 3:29).

[3] 시몬이 자기를 위해 기도해 달라고 요청함(24절). 시몬은 베드로의 말에 놀라 당황하였다. 그는 자신의 제안이 흔쾌히 받아들여질 줄 알았는데 도리어 분노를 일으킨 것을 깨달았다. 그래서 그는 부르짖는다. 나를 위하여 주께 기도하여 말한 것이 하나도 내게 임하지 않게 하소서. 여기에 첫째, 긍정적인 면이 있다. 그는 책망을 받아들였고 그 호된 꾸지람에 겁이 났으며 그 완강한 마음이 크게 떨렸다. 그리하여 그는 사도들에게 자기를 위해 기도해 달라고 부탁하였으며 아울러 그들에게 있는 권리를 자기도 얻기를 원하였다. 사도들이 천국에서 큰 권리를 가지고 있다고 그는 믿었다. 둘째, 여기에 부족한 면이 있다. 그는 자신을 위해 기도해 달라고 사도들에게 부탁만 하였지 자기 스스로 기도하지는 않았다. 그는 마땅히 스스로 기도해야 했었다. 사도들이 자기를 위해 기도해 주기만을 바란 까닭은 그의 관심이 자신의 타락을 억제하고 그의 마음이 하나님의 은혜로 말미암아 하나님 앞에서 바르게 되는데 있었던 것이 아니라 다만 그가 받아야 했던 심판을 모면하려는데 있었기 때문이다. 마치 바로가 모세에게 자기를 위해 간구해 주기를 원한 것은 그가 이러한 죄, 이러한 마음의 완고함을 떨쳐버리고 싶었기 때문이 아니라 다만 죽음을 모면하려는데 있었던 것과 같다(출 8:8; 10:17). 어떤 이들은 베드로가 아나니아와 삽비라의 경우처럼 어떤

구체적인 심판을 그에게 선고하였으나 시몬이 굴복하자 사도의 중재로 중지되었다고 생각한다. 혹은 정황으로 보아 하나님의 진노가 그에게 임할 것을 그가 추측하였을 것이며, 이에 그가 이처럼 두려워하여 용서를 빌었을 것이다.

마지막으로, 사도들이 일을 마치고 예루살렘으로 돌아왔다. 사도들은 아직 흩어지지 않았다. 그들이 사도로서 그들에게 맡겨진 일을 하기 위해 사마리아에 왔지만 그들은 모든 복음 사역자들에게 공통된 사역에 전념하였다. 1. 사도들은 사마리아 성에서 설교자들이었다. 그들은 주의 말씀을 증언하였다. 곧 복음의 진리를 엄숙하게 증언하였으며, 다른 사역자들이 전한 것을 확증하였다. 그들은 비록 사도들이었지만 새로운 어떤 것을 전하려고 하지 않았고 다만 그들이 받은 바 주의 말씀을 증언하였을 뿐이다. 2. 돌아오는 길에 그들은 순회하는 설교자들이었다. 사마리아인들의 여러 마을을 지나면서 그들은 복음을 전하였다. 그 집회가 숫자 면에서 도시만큼 크지는 않았지만 그 심령들을 귀하게 여기고 그들에게 복음을 전하는 것을 하찮게 생각하지 않았다. 하나님께서 이스라엘 마을들에 사는 거민들을 귀중하게 여기시므로 우리도 그리해야 할 것이다(삿 5:11).

[26]주의 사자가 빌립에게 말하여 이르되 일어나서 남쪽으로 향하여 예루살렘에서 가사로 내려가는 길까지 가라 하니 그 길은 광야라 [27]일어나 가서 보니 에디오피아 사람 곧 에디오피아 여왕 간다게의 모든 국고를 맡은 관리인 내시가 예배하러 예루살렘에 왔다가 [28]돌아가는데 수레를 타고 선지자 이사야의 글을 읽더라 [29]성령이 빌립더러 이르시되 이 수레로 가까이 나아가라 하시거늘 [30]빌립이 달려가서 선지자 이사야의 글 읽는 것을 듣고 말하되 읽는 것을 깨닫느냐 [31]대답하되 지도해 주는 사람이 없으니 어찌 깨달을 수 있느냐 하고 빌립을 청하여 수레에 올라 같이 앉으라 하니라 [32]읽는 성경 구절은 이것이니 일렀으되 그가 도살자에게로 가는 양과 같이 끌려갔고 털 깎는 자 앞에 있는 어린 양이 조용함과 같이 그의 입을 열지 아니하였도다 [33]그가 굴욕을 당했을 때 공정한 재판도 받지 못하였으니 누가 그의 세대를 말하리요 그의 생명이 땅에서 빼앗김이로다 하였거늘 [34]그 내시가 빌립에게 대답하여 말하되 청컨대 내가 묻노니 선지자가 이 말한 것이 누구를 가리킴이냐 자기를 가리킴이냐 타인을 가리킴이냐 [35]빌립이 입을 열어 이 글에서 시작하여 예수를 가르쳐 복음을 전하니 [36]길 가다가 물 있는 곳에 이르러 그 내시가 말하되 보라 물이 있

으니 내가 세례를 받음에 무슨 거리낌이 있느냐 [37](없음) [38]이에 명하여 수레를 멈추고 빌립과 내시가 둘 다 물에 내려가 빌립이 세례를 베풀고 [39]둘이 물에서 올라올새 주의 영이 빌립을 이끌어간지라 내시는 기쁘게 길을 가므로 그를 다시 보지 못하니라 [40]빌립은 아소도에 나타나 여러 성을 지나 다니며 복음을 전하고 가이사랴에 이르니라

우리는 여기서 에디오피아 내시가 그리스도의 신앙으로 회심하는 이야기를 본다. 이로 인해 그리스도에 대한 지식이 그가 살던 나라에 전해지게 되었다고 우리는 생각할 수 있으며, 이는 성경의 성취였다. 구스인은 하나님을 향하여 (열방 중에 최초로) 그 손을 신속히 들리로다(시 68:31).

I. 복음 전도자 빌립이 지시를 받고 길을 가다가 이 에디오피아 사람을 만난다(26절). 사마리아에 교회가 세워지고 사역자들을 임명한 후 사도들은 예루살렘으로 돌아갔다. 하지만 빌립은 그 지역에서 새로운 곳을 개척하는 일에 헌신하기를 기대하면서 그 곳에 남아 있었다. 우리는 여기서 다음과 같은 사실을 볼 수 있다.

1. 천사가 어느 방향으로 가야할지 그에게 지시하였다(아마도 꿈이나 밤의 환상 중에). 일어나서 남쪽으로 향하여 … 가라. 천사들은 복음을 전하는 일을 하지 않았지만 5장 19절에서처럼 종종 사역자들에게 메시지를 전하므로 조언하고 격려하는 일을 하였다. 오늘날 우리는 그러한 인도를 기대할 수 없다. 하지만 사역자들의 이동과 정착에 관한 하나님의 특별한 섭리가 분명히 존재한다. 하나님께서는 진심으로 자신이 인도하는 길을 따르고자 하는 자들을 이리저리 인도하실 것이다. 하나님께서 친히 그들을 인도하시리라. 빌립은 남쪽으로 향하여 예루살렘에서 가사로 내려가는 길까지 갔다. 그 길은 유대 광야를 지나는 길이었다. 빌립은 그 쪽으로, 곧 광야를 통과하는 일반 도로인 내부로 들어갈 생각을 결코 하지 않았다. 거기서 일을 찾을 수 있는 가능성도 없었다. 그러나 네거리 길에 가서 이방인들을 불러오라고 예언한 구세주의 비유를 따라 그는 그리로 보내어졌다(마 22:9). 때때로 하나님은 성공할 것 같지 않은 곳에서 그의 사역자들에게 기회의 문을 열어주신다.

2. 빌립은 이 지시에 순종하였다(27절). 그는 이의 없이 일어나 갔다. "그 곳에 무슨 일이 있습니까?" 혹은 "거기에 무슨 선한 일이 있을까요?"라고 묻지도 않

았다. 그는 갈 바를 알지 못하고, 혹은 누구를 만나야 하는지도 알지 못한 채 나아갔다.

II. 이 내시에 대한 설명(27절). 이 특별한 은혜를 받은 사람이 누구며 어떤 사람인지 설명하고 있다.

1. 그는 외국인으로 에디오피아 사람이었다. 에디오피아가 둘이었다. 하나는 가나안 동편 아라비아에 있는 것이다. 그런데 여기에서는 남쪽 곧 애굽 저편에 위치한 아프리카 에디오피아다. 이 곳은 예루살렘으로부터 멀리 떨어진 곳이었다. 땅 끝까지도 모두 우리 하나님의 구원을 보리라는 언약대로 그리스도 안에서 멀리 있던 자들이 가까워졌다. 에디오피아인들은 마치 태생적으로 낙인이 찍힌 것처럼 아프리카 나라들, 흑인들 가운데 가장 천하고 비열한 사람들로 여겨졌다. 그러나 복음이 그들에게 전해졌다. 비록 그들이 검고 태양에 그을렸지만 하나님의 은혜가 그들에게 임하였다.

2. 그는 그의 나라에서 신체상으로는 아니지만 지위 상으로 높은 사람, 곧 내시였다. 그는 왕실의 시종장 혹은 재산 관리인이었다. 그는 높은 지위로나 개인적인 성품으로나 존경을 받은 만큼 상당한 권세를 가졌고, 에디오피아 여왕 간다게 밑에서 강력한 세도를 누렸다. 여기서 간다게는 남방 여왕이라고 일컬어지는 스바 여왕의 후계자였을지 모른다. 이 나라는 여왕들의 통치를 받았고, 간다게는 애굽 왕 바로처럼 왕의 공식 호칭이었다. 그는 여왕의 모든 국고를 맡았다. 그만큼 여왕이 그를 절대적으로 신임하였다. 우리의 부르심에는 능한 자가 많지 아니하며 문벌 좋은 자가 많지 아니하나 더러 있다.

3. 그는 예배하러 예루살렘에 온 것으로 보아 유대교로 개종한 사람이었다. 어떤 이들은 그가 할례를 받고 절기를 지킨 의로운 사람이었다고 생각한다. 그러나 다른 이들은 그가 개종한 이방인에 불과했으나 우상숭배를 끊고 이방인의 뜰에서 가끔씩 이스라엘의 하나님을 예배하였다고 생각한다. 그렇다면 이방인에게 복음을 전한 최초의 사람은 베드로가 아니었다. 어떤 이들은 스바 여왕 이후로 이 나라에 참되신 하나님을 알았던 유적이 있었을 것이라고 생각한다. 아마도 이 내시의 조상이 스바 여왕의 수행원 가운데 한 명이었을 것이며, 그가 예루살렘에서 체험한 바를 후손들에게 전해 주었다는 것이다.

III. 빌립과 내시가 함께 친밀한 대화를 나눔. 이제 빌립은 자신이 광야로 들여보내어진 의미를 알았을 것이다. 왜냐하면 거기서 한 수레를 만났고, 그 수

레는 임시 회당의 역할을 하였기 때문이다. 결과적으로 한 사람이 회심에 이르렀을 것이며, 잘은 모르지만 온 나라가 회심하게 되었을 것이다.

1. 빌립이 예루살렘에서 가자를 향해 가고 있는 이 여행자의 길동무가 되라는 명령을 받는다. 이 사람은 여행 온 목적을 모두 완수하였다고 생각하였지만 하나님의 주권적인 섭리는 아직 이루어지지 않았다. 이 사람은 사도들이 기독교 신앙을 전하였고 많은 사람들이 그 신앙을 고백하던 예루살렘에 체류하였다. 하지만 거기서 그는 기독교 신앙을 주목하지 않고 묻지 않았다. 아니, 기독교 신앙을 무시하고 등을 돌렸을 것이다. 그러나 하나님의 은혜가 그를 쫓아와 광야에서 그를 덮치고 압도한다. 이와 같이 하나님은 종종 찾지 아니하던 자에게 찾아냄이 되신다(사 65:1). 빌립이 이전처럼 천사로부터 지시를 받지 아니하고 성령의 지시를 받는데, 성령께서 그의 귀에 속삭이신다(29절). "이 수레로 가까이 나아가라. 저 신사가 너를 알아볼 수 있을 만큼 가까이 나아가라." 우리는 길거리에서 우연히 동행하게 되는 사람들에게 선을 행하려고 노력해야 할 것이다. 이와 같이 의인의 입술은 많은 사람들을 즐겁게 한다. 우리가 어떤 감동을 주어야 하는 만큼 모든 나그네들을 수줍어해서는 안 될 것이다. 우리가 전혀 알지 못하는 사람들에 대하여 우리가 알아야 할 사실은 그들에게도 영혼이 있다는 것이다.

2. 빌립은 그 사람이 수레에 앉아서 성경을 읽고 있는 것을 발견한다(28절). 빌립이 달려가서 선지자 이사야의 글 읽는 것을 듣고. 그는 함께 한 사람들의 유익을 위하여 소리 내어 읽었다(30절). 그는 여행의 지루함을 달래주었을 뿐만 아니라 철학, 역사, 정치학, 더구나 연애소설이나 연극을 읽지 않고 성경 이사야서를 읽음으로써 시간을 아꼈다. 이사야서는 그리스도께서 친히 읽으신 책이며(눅 4:7), 여기서는 내시가 읽고 있다. 우리는 특별히 이 책을 읽도록 권해야 할 것이다. 아마도 내시는 성경의 이 부분이 예루살렘에서 읽혀지고 설명되는 것을 들었을 것이며, 그가 들은 바를 회상하기 위해 반복해서 이 부분을 읽고 있었을 것이다. 적용.

(1) 성경과 크게 친해지는 것이 우리 모두의 사명이다.

(2) 높은 지위에 있는 사람들은 다른 사람들보다 경건의 연습을 더 많이 해야 할 것이다. 왜냐하면 그들의 모범이 많은 사람들에게 영향을 줄 것이며, 또한 그들은 시간을 마음대로 쓸 수 있기 때문이다.

(3) 시간을 아껴 거룩한 사명을 감당하는 것은 일하는 사람들의 지혜다. 시간은 귀하다. 따라서 자투리 시간을 하나도 놓치지 않고 주워 모아 매 순간 좋은 결산이 되도록 무언가를 채운다는 것은 세상에서 최고의 절약이다.

(4) 우리가 공적인 예배를 드리고 돌아올 때 거기서 불붙은 선한 감동을 유지하고 거기서 조성된 좋은 느낌을 보존하기 위해 개인적으로 경건의 방법을 활용해야 할 것이다(대상 29:18).

(5) 성경을 열심히 연구하는 사람들은 순조롭게 지식을 향상시킬 수 있다. 있는 자는 받을 것이요(막 4:25).

3. 빌립이 내시에게 정중하게 질문한다. 읽는 것을 깨닫느냐? 책망하는 투가 아니라 그를 섬기려는 의도로 묻는다. 적용. 우리가 하나님의 말씀을 읽고 들을 때 깨닫는 것이 중요하며, 특히 그리스도에 관해 읽고 들은 것을 깨닫는 것이 중요하다. 그러므로 우리는 진정 깨달았는지 못하였는지 자문해야 할 것이다. 이 모든 것을 깨달았느냐?(마 13:51). 당신은 이 모든 것을 바로 깨달았는가? 우리가 말씀을 깨닫지 못하는 한 성경에서 유익을 얻을 수 없다(고전 14:16, 17). 그리고 하나님의 은혜는 구원에 필요한 것을 쉽게 이해할 수 있게 해 주셨다는 것이다.

4. 내시는 빌립의 도움이 필요한 것을 느끼고 빌립의 동행을 요구한다(31절). "지도해 주는 사람이 없으니 어찌 깨달을 수 있느냐? 그러므로 부탁하건대 이리 와서 나와 함께 하라."

(1) 내시는 자신이 생각과 능력과 학식이 부족한 사람인 것처럼 말한다. 비록 빌립이 낯선 사람이었지만 그가 읽은 것을 깨달았는지 빌립으로부터 질문을 받은 것을 그는 무례한 언동으로 여기지 않았다. 빌립은 도보로 길을 갔기 때문에 아마도 천하게 보였을 것이다. 되지 못한 많은 사람들은 이런 질문을 무례한 언동으로 여기고 또한 이런 질문을 한 사람을 건방진 사람이라고 부르고 "당신과 상관없으니 당신 일이나 잘 하라"고 할 것이다. 그러나 그는 이 질문을 기꺼이 받아들이고 매우 정중하게 내가 어찌 깨달을 수 있느냐 라고 대답한다. 우리는 그가 지성인이었으며 성경의 의미를 잘 알고 있었나고 충분히 생각할 수 있다. 하지만 그는 겸손하게 자신의 부족함을 고백한다. 적용. 배우는 자들은 자신이 가르침을 받아야 한다는 사실을 알아야 한다. 선지자는 자신이 모르는 것을 먼저 시인해야 하며, 그 후에 천사가 그에게 가르쳐 준다(슥 4:13).

(2) 내시는 가르침을 받고 누군가 자기를 안내해 주기를 매우 갈망하는 자처럼 말한다. 그는 비록 깨닫지 못하는 것이 많이 있는데도 불구하고 성경을 읽었다. 성경에는 모호하고 이해하기 힘든 내용들이 많고, 아니 종종 오해하는 부분이 많을지라도 우리는 성경을 멀리하지 말고 우선 쉬운 내용부터 연구하며 점차로 어려운 내용을 이해하려고 노력해야 한다. 왜냐하면 지식이나 은혜는 서서히 자라기 때문이다.

(3) 내시는 빌립에게 와서 같이 앉으라고 청하였다. 예후가 만군의 여호와를 위한 자기의 열심을 여호나답에게 과시하려고 그를 자기 병거에 태운 것처럼(왕하 10:16) 내시는 빌립을 청하지 아니하였다. 오히려 그는 "와서 나의 무지를 보고 나를 가르쳐 주라"고 말한다. 빌립이 자기에게 성경의 내용을 설명해 주는 호의를 베푼다면 그는 기꺼이 예의를 갖추어 빌립을 자기 수레에 모실 마음이었다. 적용. 성경을 바로 이해하기 위해서는 우리를 안내할 누군가가 절실히 필요하다 — 좋은 책이든지 좋은 사람이든지. 그러나 무엇보다도 우리를 모든 진리로 이끄시는 분은 은혜의 성령이시다.

IV. 내시가 낭독한 성경에 대한 빌립의 설명과 그 의미. 복음 전도자들은 구약성경에 정통한 사람들의 해석을 접할 기회를 가졌고 또 그 해석을 받아들였다. 특히 여기에 나오는 내시처럼 실제로 구약 연구에 돌입하였을 때 더욱 그러하였다.

1. 내시가 읽고 있었던 곳은 이사야 53장이었으며, 그 중에 여기에 인용된 (32, 33절) 두 구절은 7절과 8절이다. 여기에 기록된 두 구절은 칠십인역에서 인용된 것이며, 이는 어떤 면에서 히브리 원문과 다르다. 그로티우스(Grotius)는 내시가 히브리 원문을 읽었으나 누가가 자신이 기록한 언어에 더 가까운 칠십인역을 인용하였다고 생각한다. 그리고 내시가 에디오피아에 있는 많은 유대인들로부터 그들의 신앙과 언어를 배웠을 것이라고 추측한다. 그러나 칠십인역이 만들어진 애굽이 에디오피아에 인접해 있고 예루살렘과 에디오피아 사이에 놓여 있다는 사실을 고려할 때 그 역본이 내시에게 매우 친숙하였을 것이라고 나는 생각한다. 이사야 20장 4절에 보면 애굽과 에디오피아 사이에 많은 교류가 있었다. 히브리 원문과 가장 큰 차이점은 다음과 같다. 원문에는 그가 감금과 판결로 끌려갔다(He was taken from prison and judgment ; 극도의 폭력으로 서둘러 집행되었고 한 재판소에서 다른 재판소로 돌진하였다. 또는 폭력과 판

결로 인해 그가 끌려갔다. 즉, 그가 끌려간 것은 사람들의 격노와 계속된 아우성, 그로 인한 빌라도의 판결로 인한 것이었다)라고 되어 있는데, 여기서는 그가 굴욕을 당했을 때 공정한 재판도 받지 못하였다라고 기록되었다. 그들이 일반적인 재판조차 거절할 정도로 그들이 보기에 그는 초라하고 비천하게 보였다. 그리고 모든 사람이 누려야 하는 혜택인 공정성에 반하여 그들은 그가 무죄하다고 선언하였으면서도 사형선고를 내렸다. 그의 죄를 입증할 만한 아무런 증거도 없었지만 그는 죽임당하셨다. 이와 같이 그가 굴욕을 당했을 때 공정한 재판도 받지 못하였다. 그 의미는 히브리 원문과 상당히 일치한다. 이 구절들은 다음과 같이 메시야에 관하여 예언한 말씀이다.

(1) 메시야가 죽으실 것이며, 희생제물이 된 어린 양처럼 도살자에게 끌려갈 것이라는 예언이다. 곧 그의 생명이 사람들 가운데서 빼앗기고, 땅에서 빼앗길 것이라는 내용이다. 그런데 까닭도 없이 그리스도의 죽으심이 믿지 않는 유대인들에게 걸림돌이 되었다. 그의 죽으심이 바로 자기들의 선지자들이 분명하게 예언한 것이고 그의 약속을 이루는데 필수적인 것이었는데도 말이다! 그 때에 십자가로 죄가 그쳤다.

(2) 메시야가 불법적으로 죽으시고, 폭력으로 죽으실 것이며, 성급히 그의 생명을 빼앗기실 것이며, 공정한 재판도 받지 못할 것이라는 예언이다. 그는 끊어져 없어지되 스스로 없어지는 것은 아니다(단 9:26). 우리 주 예수께서 고난당하셨을 때만큼 모범적인 인내는 결코 없었다.

(3) 메시야가 인내하며 죽으실 것이라는 예언이다. 털 깎는 자 앞에 있는 어린 양같이, 아니 도살자 앞에서 그는 입을 열지 않으셨다. 우리 주 예수께서 고난당하셨을 때 보여주신 인내만큼 모범적인 인내는 결코 없었다. 그 때에 그는 고발당하시고 모욕을 당하셨으며, 침묵하시고 맞대어 욕하지 아니하시고 위협하지 아니하셨다(벧전 2:23).

(4) 또한 메시야가 무궁한 세대에 이르기까지 영원히 살아 계실 것이라는 예언이다. 나는 누가 그의 세대를 말하리요? 라는 말씀을 이렇게 이해한다. 히브리어에서 세대는 한 생명의 존속기간을 의미한다(전 1:4). 메시야가 얼마나 오랫동안 존속하시는지 누가 상상하거나 말할 수 있겠는가? 비록 메시야의 생명이 땅에서 빼앗김을 당하였지만 하늘에서 끝없고 무수한 세대에 이르기까지 살아 계실 것이기 때문이다. 이사야 53장 10절 말씀과 같이 그의 날은 길 것이다.

2. 이에 대한 내시의 질문은 선지자가 이 말한 것이 누구를 가리킴이냐? 라는 것이다(34절). 그가 이 예언의 말씀과 구절, 그리고 어법에 대하여 무언가 비판적인 말을 해 주기를 바란 것이 아니다. 그는 예언의 전체적인 의도를 알기를 바랐으며, 그에게 해결의 열쇠를 주기를 바랐다. 그 열쇠를 사용하여 그는 이 까다로운 구절의 의미를 파악하기를 원하였다. 대개 예언은 성취됨으로 분명해지기까지는 난해한 부분을 가지고 있었다. 이 구절도 마찬가지였다. 그는 중요한 질문을 하였고 이는 매우 민감한 질문이었다. "여기서 선지자는 다른 선지자들처럼 학대받는 것이 예상되는 자기를 가리켜 말한 것인가? 아니면 당대의 혹은 오는 세대의 타인을 가리켜 말한 것인가?" 현대의 유대인들은 이 사람이 메시야를 가리킨다고 인정하지 않겠지만 그들의 고대의 학자들은 메시야를 가리킨다고 해석하였다. 아마도 내시는 이러한 해석을 알았을 것이며, 어느 정도는 이해하고 있었을 것이다. 그래서 결국 그는 이 질문을 하므로 빌립의 강론을 유도하였다. 지식을 향상시키는 방법은 학식 있는 자에게 묻는 것이기 때문이다. 사람들은 그(제사장)의 입에서 율법을 구하게 되어야 할 것(말 2:7)이기 때문에 그들은 그리스도의 사역자들의 입에서 복음을 구하여야 하며, 특히 구약에 감추어진 보물을 구해야 한다. 좋은 가르침을 받는 길은 좋은 질문을 하는 것이다.

3. 빌립은 자신에게 주어진 기회를 이용하여 십자가에 못 박히신 예수 그리스도에 관한 복음의 신비를 그에게 공개한다. 빌립은 이 글에서 시작하여(그리스도께서 같은 예언서 중 다른 구절을 인용하셨듯이, 눅 4:21) 그에게 예수를 전하였다(35절). 이것(예수를 전한 것)이 빌립의 설교를 설명한 전부였다. 이는 우리가 앞서 본 베드로의 설교에서도 사실상 마찬가지였다. 복음 사역자들의 사명은 예수를 전하는 것이며, 이것이야말로 효과적인 전도이다. 아마도 빌립이 그가 받은 방언의 은사를 사용하여 이 에디오피아 사람에게 그 나라 언어로 그리스도를 전하였을 것이다. 그리고 여기서 우리는 집에 앉았을 때에든지 길을 갈 때에든지 말씀을 강론하라는 규례(신 6:7)를 따라 말씀을 전하는 사례를 볼 수 있다.

V. 내시가 그리스도의 이름으로 세례를 받았다(36-38절). 내시가 그리스도의 가르침을 예루살렘에서 들었을 것이며, 이로써 그리스도의 가르침이 그에게 완전히 생소한 것은 아니었을 것이다. 그렇다면 이토록 신속하게 그리스도께 그 마음이 사로잡히게 된 까닭이 무엇일까? 그것은 승기를 잡은 빌립의 전

도와 더불어 성령의 강력한 역사가 함께 하였기 때문이다. 이제 우리는 여기서 다음과 같은 내용을 볼 수 있다.

1. 내시가 스스로 세례받기를 정중하게 제안함(36절). 그들이 길 가다가 그리스도에 대하여 이야기하였고, 내시가 더 많은 질문을 하면 이에 빌립이 흡족하게 대답해 주면서 물 있는 곳에 이르렀다. 여기서 물 있는 곳은 내시가 세례받을 만한 곳이라고 생각한 우물, 강, 혹은 연못이었다. 이처럼 우연인 듯이 보이는 섭리의 힌트로 말미암아 하나님은 자기 백성에게 의무를 생각나게 하신다. 이 힌트가 아니었다면 아마도 그들은 자신들의 의무를 생각하지 못하였을 것이다. 내시는 빌립이 얼마나 짧은 시간 동안 자기와 함께 할 수 있는지, 또는 이후에는 어디에서 그에게 질문할 수 있는지 알지 못하였다. 다음 여정에도 빌립과 함께 여행할 것을 그는 기대할 수 없었다. 그러므로 빌립이 옳게 생각한다면, 지금 세례받기를 제안하였다. "물이 있으니 내가 세례를 받음에 무슨 거리낌이 있느냐? 이 물을 지나치면 한동안 우리는 물을 만나지 못할 것이다. 내가 세례를 받음으로 그리스도의 제자가 되어서는 안 될 어떤 이유라도 있는가?" 관찰.

(1) 그는 세례를 강요하지 않았다. "여기 물이 있으니 내가 세례받기로 결심하였고"라고 말하지 않았다. 만일 빌립이 반대할 경우 그는 당분간 세례받는 것을 미룰 생각이었기 때문이다. 세례받는 것이 옳지 않다고 빌립이 생각한다거나 혹 의식의 관례상 이렇듯 신속한 집행을 인정하지 않는 무언가가 있다면, 그는 세례받기를 고집하지 않을 생각이었다. 아무리 진보적인 열심이라도 질서와 규칙에 복종해야 한다.

(2) 그는 세례받기를 열망하였다. 빌립이 그래서는 안 된다는 이유를 보여주지 않는 한 그는 지금 세례받기를 열망하고 있으며, 그것을 미룰 마음이 없다. 적용. 우리 자신을 하나님께 엄숙하게 바칠 때 신속히 바치는 것이 좋으며 지체하지 말아야 한다. 지금이 가장 좋은 때다(시 119:60). 세례가 상징하는 은혜를 받은 자들은 그 은혜의 표시인 세례받기를 미루지 말아야 할 것이다. 내시는 자기 안에 지금 역사하고 있는 좋은 감동이 식어지고 감소될까봐 두려워하였다. 그러므로 즉시 세례라는 끈으로 자기의 심령을 주님께 묶어두어 못을 박고자 하였다.

2. 빌립이 세례의 특권을 가질 수 있다고 선언함(37절). "네가 온 마음으로 믿으면 받을 수 있다(개역개정판에는 생략되었음). 즉, 내가 너에게 예수에 관하여

전한 이 가르침을 네가 믿으면, 하나님께서 그에 관하여 기록한 말씀을 네가 받아들이고 그것이 참된 줄 시인하면 네가 세례를 받을 수 있다." 그는 온 마음으로 믿어야 한다. 사람이 마음으로 믿어야 한다. 곧 복음의 진리에 대하여 이성적으로 동의함으로 머리로 믿을 뿐 아니라 복음의 말씀에 그 뜻을 일치함으로 마음으로 믿어야 한다. "네가 온 마음으로 믿는다면 너는 이로써 그리스도와 연합되었으며, 네가 그렇다고 증언한다면 너는 세례를 받음으로 교회에 들어올 수 있다."

3. 내시가 세례를 받기 위해 신앙고백을 함. 그의 고백은 매우 짧지만 세례 받기에 충분한 것이었다. 나는 예수 그리스도께서 하나님의 아들이심을 믿노라. 이전에 그는 참되신 하나님을 경배하는 자였으며, 따라서 그가 지금 해야 할 일은 그리스도 예수를 주로 받아들이는 것이었다. (1) 그는 예수께서 그리스도이시며, 언약된 메시야, 곧 기름 부음 받은 자임을 믿는다. (2) 그는 그리스도께서 예수, 곧 자기 백성을 그 죄에서 구원하시는 구세주이심을 믿는다. (3) 이 예수 그리스도께서 하나님의 아들이심을 그는 믿는다. 곧 예수 그리스도께서 아버지와 동일한 신성을 갖고 계시며, 만유의 상속자(히 1:2)이심을 그는 믿는다. 이는 기독교의 중요하고도 독특한 교리다. 누구든지 온 마음으로 이 교리를 믿고 고백하는 자는 그 자신과 그 후손이 세례받을 수 있다.

4. 내시가 즉시 세례를 받음. 내시가 마부에게 멈추라고 지시하였다. 이에 명하여 수레를 멈추고. 이 곳은 그가 여행하던 중 말에게 마초를 주기에 가장 좋은 장소였다. 그들 모두 다 물에 내려갔다. 여행 중에는 물 길을 그릇이 없었기 때문에 그들이 물에 내려간 것이다. 그들이 옷을 벗고 벌거벗은 채로 물에 내려가지는 않았지만 관례에 따라 맨발로 내려갔고, 아마도 발목이나 다리 중간 부분까지 물에 잠갔을 것이다. 그리고 이 내시가 아마도 방금 읽은 예언에 따라 빌립이 그에게 물을 뿌렸다. 빌립이 내시를 발견하였을 때 읽은 말씀 조금 앞에 이 예언이 기록되어 있었는데 그 예언이 이 경우에 일치하였다(사 52:15). 그가 나라들을 뿌릴 것이며(개역개정판에는 '놀라게 할 것이며' 라고 번역됨) 왕들과 위대한 사람들이 그로 말미암아 그들의 입을 봉하고 그에게 복종하고 묵종하리니 이는 그들이 아직 그들에게 전파되지 아니한 것을 볼 것이요 아직 듣지 못한 것을 깨달을 것임이라. 관찰. 빌립이 최근에 마술사 시몬에게 속아 그에게 세례를 주었다. 후에 시몬이 진실한 회심자가 아니라는 것이 분명해졌지만, 그는 내시의

신앙고백을 듣고 그에게 즉시 세례를 주기를 주저하지 않았다. 평소보다 더 오래 시험하지 않았다. 혹 어떤 위선자들이 교회 안에 몰려든다 할지라도, 나중에 그들이 우리에게 슬픔과 수치를 준다 할지라도, 우리는 그리스도보다 더 좁은 문을 만들어서는 안 된다. 그들의 배교에 대하여는 그들이 책임을 질 것이며 우리가 지지 않을 것이다.

Ⅵ. 빌립과 내시는 이윽고 헤어졌다. 이는 이 이야기의 다른 부분만큼이나 의외다. 사람들은 내시가 빌립과 함께 머물거나 혹 빌립을 데리고 그의 나라로 데리고 가기를 기대했을 것이다. 그 지역에는 많은 사역자들이 있으므로 빌립을 내줄 수 있었고 또 그럴 만한 가치가 있었지만 하나님은 반대로 지시하셨다. 그들이 물에서 올라올 새 내시가 자기 수레로 다시 올라가기 전에 주의 영이 빌립을 이끌어갔다(39절). 그리고 세례 후 보통 권면의 시간이 있었으나 성령은 내시에게 권면할 시간도 주지 않으셨다. 아마도 빌립은 내시에게 권면할 작정이었고 내시는 빌립의 권면을 기대하였을 것이다. 그러나 빌립의 갑작스런 사라짐이 권면의 부재를 만회하기에 충분하였다. 왜냐하면 빌립의 사라짐이 초자연적인 일로 보였고, 내시가 보는데서 빌립이 공중으로 이끌려 갔기 때문이다. 이러한 기적이 빌립에게 일어난 것은 그가 기적을 행한 것만큼이나 그의 가르침을 확증하는 사건이었다. 빌립이 이끌리므로 내시는 그를 다시 보지 못하였다. 그는 자신의 성직자를 잃은 후 다시금 자기 성경을 활용하게 되었다. 이제 우리는 다음과 같은 내용을 보게 된다.

1. 내시가 배치됨. 내시는 기쁘게 길을 가므로. 그는 자기 길을 갔다. 고향에는 그가 할 일이 있었고, 이에 그는 성급히 그 곳으로 가야 했다. 이러한 행보는 기독교에 전혀 모순되지 않는 것이었다. 사람들이 은둔자가 되는 것에는 거룩함도 없고 완전함도 없다. 반면 기독교는 사람들이 생활 속으로 들어가고 또 들어가야 하는 종교다. 하지만 그는 기쁘게 길을 갔다. 그의 신앙의 갑작스러운 회심과 변화, 혹은 진보를 생각할 때 그는 아무런 후회도 없었고, 다시금 생각하였을 때 그에게 넘치는 확신을 주었다. 그리하여 그는 말할 수 없는 영광스러운 즐거움으로 기뻐하며 (벧전 1:8) 길을 갔다. 그의 삶은 더할 나위 없이 기뻤다. 그가 기뻐한 것은 다음과 같은 것이었다. (1) 자신이 그리스도와 연합된 것과 그에 대한 관심을 기뻐하였다. (2) 그리고 자기 나라 사람들에게 복음을 전할 수 있게 된 것을 그는 기뻐하였다. 그리고 그들 가운데 있는 그의 권력으로 그

들을 그리스도와의 관계로 이끌어줄 생각에 기뻤다. 왜냐하면 그는 단순한 그리스도인이 아니라 사역자로 돌아왔기 때문이다. 어떤 사본들은 이 구절을 이렇게 해석한다. 둘이 물에서 올라올 새 성령께서 내시에게 임하셨고(사도들이 안수하는 의식 없이) 주의 사자가 빌립을 이끌어갔다.

2. 빌립이 배치됨(40절). 빌립은 아소도에 나타나. 아소도 혹은 아스돗은 전에 블레셋의 성읍이었다. 주의 사자 혹은 영이 그를 그 곳에 떨어뜨려 놓았다. 그 곳은 내시가 향하던 가사에서 약 50km 정도 되는 곳이었다. 라이트푸트(Lightfoot) 박사는 내시가 이 곳에서 배를 타고 바닷길로 자기 고향으로 갔을 것이라고 생각한다. 그런데 빌립은 어디에서나 빈둥거리지 않았다. 여러 성을 지나 다니며 복음을 전하고 가이사랴에 이르니라. 거기서 그는 정착하였다. 정확한 것은 아니지만, 이후로부터 그는 이 곳에 주로 거주하였을 것이다. 왜냐하면 가이사랴에 그의 집이 있었던 것을 우리가 볼 수 있기 때문이다(21:8). 순회 전도자로 그리스도를 위하여 성실하게 일하였던 그는 마침내 안정된 생활을 취한다.

제
— 9 —
장

개요

　　본 장은 다음과 같은 내용으로 구성되어 있다. I. 그리스도의 복음을 잔인무도하게 핍박했던 바울이 회심하여 복음을 고백하고 전하는 사람이 된 유명한 이야기. 1. 바울이 박해하는 임무를 가지고 다메섹으로 가던 도중에 그리스도께서 그에게 나타나심으로 그가 최초로 깨닫고 감동을 받음. 그리고 죄를 깨닫고 두려움에 사로잡혔을 때의 그의 상태 (1-9절). 2. 하늘의 지시를 받음으로 아나니아를 통해 그가 세례를 받음(10-19절). 3. 바울이 즉시 그리스도의 복음을 전하고 그가 전한 바를 증거함(20-22절). 4. 바울이 박해를 받고 가까스로 도망쳐 살아남(23-25절). 5. 예루살렘에서 형제들에게 인정받음. 그리고 거기서 복음을 진히고 박해를 받음(26-30절). 6. 이후에 교회가 얼마동안 평안을 누림(31절). II. 오랫동안 중풍병으로 누워있던 애니아를 바울이 치료함(32-35절). III. 죽었던 다비다가 베드로의 기도로 살아남(36-43절).

¹사울이 주의 제자들에 대하여 여전히 위협과 살기가 등등하여 대제사장에게 가서 ²다메섹 여러 회당에 가져갈 공문을 청하니 이는 만일 그 도를 따르는 사람을 만나면 남녀를 막론하고 결박하여 예루살렘으로 잡아오려 함이라 ³사울이 길을 가다가 다메섹에 가까이 이르더니 홀연히 하늘로부터 빛이 그를 둘러 비추는지라 ⁴땅에 엎드러져 들으매 소리가 있어 이르시되 사울아 사울아 네가 어찌하여 나를 박해하느냐 하시거늘 ⁵대답하되 주여 누구시니이까 이르시되 나는 네가 박해하는 예수라 ⁶너는 일어나 시내로 들어가라 네가 행할 것을 네게 이를 자가 있느니라 하시니 ⁷같이 가던 사람들은 소리만 듣고 아무도 보지 못하여 말을 못하고 서 있더라 ⁸사울이 땅에서 일어나 눈은 떴으나 아무 것도 보지 못하고 사람의 손에 끌려 다메섹으로 들어가서 ⁹사흘 동안 보지 못하고 먹지도 마시지도 아니하니라

　　우리는 스데반의 이야기에서 두세 번 사울이 언급된 사실을 알고 있다. 이는 성경 기자가 바울의 이야기로 넘어가기를 간절히 바랐기 때문이다. 이

제 우리는 바울의 이야기를 접하게 된다. 이는 베드로와 완전히 작별하는 것이 아니라 다만 베드로가 할례받은 자들의 사도였던 반면 이방인들의 사도인 바울을 이제부터 주로 다루게 된다는 의미이다. 그의 이름은 히브리어로 사울 — 욕망(desired) — 이었다. 그와 이름이 같은 사울 왕이 키가 크고 위풍당당했던 것에 비해 그의 키는 상당히 작은 듯하다. 고대인들 중에 한 사람은 그를 호모 트리쿠비탈리스(Homo tricubitalis), 곧 키가 4피트 반(137cm)인 사람이라고 불렀다. 그가 로마 시민들 사이에서 불렸던 로마의 이름은 바울— 작은(little) — 이었다. 그는 길리기아의 성이자 로마인들의 자유시(독립 국가를 이룬 도시)인 다소에서 출생하였고 바울 자신도 로마의 자유민이었다. 그의 부모는 둘 다 토종 유대인들이었다. 그러므로 그는 자칭 히브리인들 중에 히브리인이라고 하였다. 그는 유다 지파에 병합된 베냐민 지파 출신이었다. 그는 처음에 다소 학파에서 교육을 받았으며, 아덴에서 약간의 학문을 익혔다. 거기서 그는 헬라 철학과 시를 접하였다. 그 후 그는 예루살렘에 있는 대학으로 가서 신학과 유대의 율법을 배웠다. 그의 스승이 저명한 바리새인인 가말리엘이었다. 그는 타고난 재능이 비범하였으며 학문에 있어서 엄청난 진보를 하였다. 게다가 그는 수공예 직업을 가지고 있었다(그는 천막 만드는 기술이 있었다). 라이트푸트의 말에 따르면, 이 직업은 학문을 하는 유대인들 사이에서 일반적인 것이었다. 그들은 생계를 유지하고 게으름을 극복하기 위해 이 직업을 가졌다고 한다. 이 젊은이에게 하나님의 은혜가 임하여 본문에 기록된 엄청난 변화를 일으켰다. 그 때가 그리스도의 승천 이후 약 1년여 되었다. 우리는 본문에서 다음과 같은 내용을 볼 수 있다.

I. 회심하기 전 바울의 악한 상태. 회심하기 전 바울은 기독교의 숙적이었으며, 기독교를 받아들인 모든 사람들을 박해함으로써 기독교의 뿌리를 뽑으려고 전력을 다하였다. 다른 한편으로 그는 율법의 의로는 흠이 없는 자였고, 부도덕한 것이 없는 사람이었으나 다만 그리스도를 모독하고 그리스도인들을 박해하였으며 둘 모두에게 해를 끼쳤다(딤전 1:13). 그리고 그는 그리스도의 이름을 마땅히 대적해야 하는 줄로 생각하였으며, 요한복음 16장 2절에 예언된 대로 이것을 하나님을 섬기는 일이라고 여길 만큼 그의 양심은 심히 어두웠다. 여기서 우리는 다음의 내용을 볼 수 있다.

1. 기독교에 대한 그의 총체적인 증오와 분노(1절). 사울이 주의 제자들에 대하

여 여전히 위협과 살기가 등등하여. 박해받은 사람들은 주의 제자들이었다. 이 때문에 사울이 그들을 미워하고 박해하였다. 그의 박해는 위협하고 죽이는 일이었다. 위협하는 박해가 있다(4:17, 21). 이는 무섭게 하고 사기를 꺾는 것이다. 위협을 당한다고 금방 죽지는 않는다. 그러나 사울의 위협을 받고도 그들이 굴복하지 않고 그리스도를 떠나지 않으면 그는 그들을 죽이고 처형하였다(22:4). 위협과 살기가 등등하였다는 말은 박해하는 것이 그에게 당연한 일이었고 계속적인 업무였음을 보여준다. 그는 물을 만난 물고기처럼 기세등등하였다. 그는 열기와 맹위를 내뿜었다. 독사처럼 그의 호흡은 유독하였다. 그는 가는 곳마다 그리스도인들에게 죽음을 내뿜었다. 그는 교만하게 그리스도인들에게 우쭐대었고(시 12:4, 5), 분노로 그들에게 독을 내뱉었다. 사울의 기세등등함은 다음과 같은 의미를 가진다.

(1) 그는 박해를 계속 고집하였다. 그는 자기가 죽인 그리스도인들의 피에 만족하지 않고 거머리처럼 계속 피를 다오 다오(잠 30:15)라고 외쳤다.

(2) 잠시 후 그가 다른 마음을 가질 수밖에 없었다. 비록 위협과 살기가 등등하였지만 그가 이와 같은 삶을 지속할 수는 없었다. 그런 기세등등함은 곧 멈추게 될 것이다.

2. 다메섹에서 그리스도인들을 박해하기 위한 사울의 구체직인 계획. 스데반의 죽음으로 박해를 피해 도망갔던 자들에 의해 최근에 다메섹에 복음이 전해졌다. 그들은 그 곳은 안전하고 무사하다고 생각하였다. 그리고 권세 있는 자들이 그들의 전도를 눈감아 주었다. 다메섹의 그리스도인들이 이처럼 전도한다는 소문을 듣고 사울은 그들을 방해할 결심을 하였다. 이를 위해 그는 대제사장에게 위임장(공문)을 신청하고 다메섹으로 갔다(1, 2절). 그리스도인들을 박해하기 위해 사울이 대제사장을 선동할 필요가 없었다. 대제사장이 그리스도를 박해하는데 앞장섰기 때문이다. 그러나 젊은 박해자가 늙은 박해자보다 훨씬 더 미친 듯이 노하여 질주하였다. 죄를 주도하는 자들이 죄인들 중에 괴수다. 서기관들과 바리새인들이 만든 종교인들이 그들(서기관과 바리새인) 자신보다 그들의 지옥의 자녀 됨을 칠 배나 더 증거할 것이다. 이 위임장은 장로들로부터 받은 것이라고 사울은 말한다(22:5). 이 노하여 펄펄 뛰는 고집쟁이는 산헤드린 공회의 직인이 찍힌 위임장을 받은 것을 자랑하였다. 이제 이 위임장은 다메섹에 있는 유대인들의 회당이나 집회에서 그리스도를 믿는 이 새로운

분파 혹은 이단에게 호의를 갖고 있는 사람이 있는지 조사할 수 있는 권한을 그에게 부여하는 것이었다. 그런 사람을 찾기라도 하면 남자든 여자든 그를 예루살렘 감옥으로 보내고 공회의 법에 따라 처벌할 생각이었다. 관찰.

(1) 여기서 그리스도인들은 그 도를 따르는 사람이라고 기록되어 있다. 원문에는 그 도의 사람(those of the way)이라고 되어 있다. 아마도 그리스도인들은 길(the Way) 되신 그리스도로 말미암아 스스로를 그렇게 불렀을 것이다. 혹은 그들이 길을 가고 있는 중이며 아직 집에 이르지 못하였다고 생각했기 때문에 스스로를 그렇게 불렀을 것이다. 혹은 대적들이 그리스도인들을 옆길, 파벌, 당파로 여기고 그렇게 표현하였을 것이다.

(2) 대제사장과 산헤드린 공회는 모든 나라들 가운데 있는 유대인들을 지배하려고 하였다. 그들은 종교 문제에 있어서 회당을 통해 그들의 권위에 복종하게 하였으며, 심지어 유대 정부의 관할에 속하지 아니한 자들까지도 다스리려 하였다. 당시 유대의 제사장들이 했던 것처럼 오늘날에도 로마의 교황이 이러한 통치권을 주장하고 있지만 사실 그에게는 그런 통치권을 행사할 만한 능력이 없다.

(3) 실상은 유대교회의 최초의 원리와 일치됨에도 불구하고 그들이 이단이라고 불렀던 그 도 가운데서 하나님을 경배한 모든 자들이 남녀를 불문하고 이 위임장으로 말미암아 박해를 받을 수밖에 없었다. 연약한 여성들의 경우 박해를 면제해 주거나 최소한 동정해 줄 만하였지만 사울의 박해 앞에서는 그들도 예외가 아니었다. 이러한 무자비함은 천주교의 박해자들도 사울에 조금도 뒤지지 않는다.

(4) 사울은 그들 모두를 중죄인으로 다루어 그들을 결박하고 예루살렘으로 끌고 오라는 명령을 받았다. 이 위임장은 공권력으로 그리스도인들을 체포할 수 있고, 사울이 위협과 학살을 토해낼 수 있는 기회였기에 이는 그리스도인들을 한층 더 무섭게 만든 반면, 사울을 뽐내게 만들었을 것이다. 사울이 이러한 일을 하고 있을 때 하나님의 은혜가 임하여 그를 변화시켰다. 그러므로 아무리 큰 죄인이라도 돌이킬 수 있는 갱생의 은혜를 기대하고, 아무리 큰 죄라도 용서하시는 하나님의 긍휼을 바라보자. 바울 자신이 하나님의 긍휼을 입어 기념비적인 인물이 되었기 때문이다.

Ⅱ. 바울 안에 갑작스럽고 회한하게도 복된 변화가 일어났다. 이 변화는 평

범한 방법이 아닌 기적으로 일어났다. 바울의 회심은 교회의 기적 중에 하나였다. 그 실상은 다음과 같다.

1. 변화가 일어난 장소와 시간. 사울이 길을 가다가 다메섹에 가까이 이르더니. 그 곳에서 그리스도께서 그를 만나셨다.

(1) 그는 길을 가던 중이었다. 성전에 있었던 것도 아니고 회당에 있었던 것도 아니며 그리스도인들의 모임 가운데 있었던 것도 아니라 길을 가던 중이었다. 회심의 역사가 대개는 공적인 의식을 활용하여 일어나기는 하지만 꼭 교회 안에서만 일어나는 것은 아니다. 어떤 이들은 침대에서 잠자다가 변화를 받는다(욥 33:15-17). 또 어떤 이들은 길을 가다가 변화를 받는다. 생각은 자유롭다. 따라서 침대 위에 있을 때 우리는 조용히 생각하며 반성할 기회를 가질 수 있다. 바람이 임의로 부는 것처럼 성령께서는 침대 위에서도 우리에게 임하실 수 있다. 어떤 이들은 말하기를, 사울에게 공개적으로 주님의 음성이 들린 것은 사기나 속임수를 쓴다는 의심을 없애기 위함이었다고 한다.

(2) 그의 여행의 목적지인 다메섹 근처에서 그 성에 들어가려는 순간에 이러한 변화가 있었다. 다메섹은 시리아의 수도였다. 어떤 이들은 말하기를, 사울이 이방인들의 사도가 되어야 했기 때문에 그가 이방 지역에서 회심하고 그리스도를 믿게 되었다고 한다. 다메섹은 진에 하나님의 백성을 박해하기로 악명 높은 곳이었다. 그들은 철 타작기로 길르앗을 압박하였다(암 1:3). 이제 그런 일이 다시금 일어날 것 같은 상황이었다.

(3) 그는 악한 길을 가고 있었다. 다메섹에서 그리스도인들을 박해하는 계획을 수행하려고 하였고, 그 곳에서 새로 태어난 기독교인을 삼켜버리리라는 생각에 빠져 있었다. 적용. 때때로 죄인들이 가장 악할 때, 죄악을 맹렬히 쫓아가고 있을 때 하나님의 은혜가 그들에게 임하며, 그만큼 하나님의 긍휼과 능력이 영광스럽게 베풀어진다.

(4) 그가 받은 잔인한 칙령과 법령이 폐지될 시간이 다가왔다. 이제 다행히도 그 칙령이 중지되었다. 이 사건은 다음과 같은 의미를 가진 것으로 보인다. [1] 이 사건은 다메섹에 있는 불쌍한 성도들에 큰 은혜였다. 아나니아의 말에 나타나 있듯이(13, 14절), 다메섹의 성도들은 사울이 온다는 사실을 알고 있었으며, 그의 위협을 두려워하였다. 마치 먹이를 찾아다니는 이리 앞에서 불쌍한 어린 양들처럼 떨었다. 사울의 회심으로 인해 그들은 당분간 안심할 수 있었다. 그리

스도께서는 경건한 자를 시험으로부터 건져내는 여러 가지 방법을 가지고 있다. 때로는 박해하는 자들을 변화시킴으로써 그들을 구원하시며, 때로는 박해하는 자들의 진노하는 마음을 억제하고 한동안 진정시킴으로써 그들을 구원하신다(시 76:10). 본문에 나오는 신약의 사울처럼 구약의 사울도 다윗을 향하여 한 번 이상 그 마음이 부드러워졌으며(삼상 24:16; 26:21), 그 심령이 새로워졌고, 안정적인 기분을 유지하였다. [2] 악한 계획의 실행이 중지된 것은 사울 자신에게도 큰 은혜였다. 그가 그 계획을 속행하였더라면 아마도 그의 악의 분량이 가득 채워졌을 것이다. 적용. 하나님께서 내적인 은혜의 효력으로든 혹은 외적인 섭리의 사건으로든 우리가 죄악된 목적을 실행하는 것을 막으신다면 우리는 이를 거룩한 은혜의 표징으로 생각해야 할 것이다(삼상 25:32).

2. 그리스도께서 사울에게 영광 중에 나타나심. 2절에는 하늘로부터 빛이 그를 둘러 비추는지라는 말씀만 있다. 하지만 뒤에 나오는 말씀으로 볼 때(17절) 주 예수께서 이 빛 가운데 계셨고 그가 길 가던 중에 나타나신 것을 알 수 있다. 그는 의로우신 주님을 뵈었다(22:14). 26장 13절을 보라. 그가 스데반처럼 멀리서 하늘에 계신 주님을 뵈었는지, 혹은 공기 중에서 가깝게 뵈었는지 확실하지 않다. 그리스도께서 이처럼 비상한 상태로 이 낮은 세상에 아주 잠시 직접 방문하셨다는 가정은 하늘이 그리스도를 받았다는 말씀과 모순되지 않는다. 바울이 사도가 되기 위해서는 그가 주님을 반드시 뵈어야 했기 때문에 주님께서 이 세상을 방문하셔야 했던 것이다(고전 9:1; 15:8).

(1) 이 빛이 홀연히 ― 엑사이프네스 ― 그에게 비추었다. 홀연히(엑사이프네스)란 바울이 전혀 예측하지 못한 시점을 말하며, 사전에 어떠한 경고도 없는 상태를 말한다. 그리스도께서 불쌍한 심령들에게 나타나실 때 갑작스럽게 그리고 아주 놀랍게 나타나셔서 그들에게 선하신 은혜를 예고하신다. 그리스도께서 부르신 제자들은 이러한 사실을 체험하였다. 부지중에 내 마음이 … 이르게 하였구나(아 6:12).

(2) 이 빛은 하늘로부터 온 빛이었으며, 하늘의 하나님, 빛의 아버지로 말미암은 빛의 원천이었다. 그것은 햇빛 위에 있는 빛이었다(26:13). 왜냐하면 한낮에도 볼 수 있는 빛이었으며, 정오의 강렬한 햇빛보다 더 밝은 빛이었기 때문이다(사 24:23).

(3) 이 빛이 그의 얼굴뿐만 아니라 그 주변을 둘러 비추었다. 사울은 사방 어

디를 보아도 주위에 온통 빛이 비추는 것을 체험하였다. 그리고 이러한 현상이 의도한 바는 그를 깜짝 놀라게 하여 그의 주의를 깨우기 위함이었으며(이처럼 그가 아주 비범한 상황을 보게 되었을 때 무슨 소리를 들으려고 기대하는 것은 당연한 일일 것이다), 아울러 그의 지각을 깨우쳐 그리스도를 알게 한다는 것을 예시하기 위함이었다. 마귀는 어둠 속에서 영혼에게 접근한다. 이렇게 하여 마귀는 그 영혼을 사로잡는다. 그러나 그리스도는 빛 가운데서 영혼에게 오신다. 왜냐하면 그는 세상의 빛이시기 때문이다. 그리스도는 빛으로서 우리를 영광스럽게 밝혀주신다. 세상을 창조하셨을 때처럼 새로운 창조에 있어서도 최초로 나타나는 것은 빛이다(고후 4:6). 그러므로 모든 그리스도인들은 빛의 자녀들이라고 성경은 말한다(엡 5:8).

　3. 사울의 멈춤과 분리. 땅에 엎드러져(4절). 어떤 사람들은 사울이 도보로 가는 중이었으며, 아마도 벼락치는 소리가 동반된 이 빛이 그를 너무나 두렵게 한 나머지 도저히 발을 딛고 있을 수가 없어서 땅에 엎드러졌을 것이라고 생각한다. 땅에 엎드러지는 것은 보통 숭배하는 자세이나 여기서는 놀란 자세이다. 발람이 이스라엘을 저주하러 갈 때처럼 아마도 사울은 말을 탔을 것이다. 아마도 사울이 발람보다 더 빨리 달렸을 것이다. 왜냐하면 사울이 지금 공무를 수행하기 위해 서둘리 가던 중이었으며, 더 멀리 가는 중이었기 때문이다. 이렇게 보면 사울이 도보로 여행을 하였을 가능성은 희박하다. 이 갑작스러운 빛이 그가 올라탔던 말을 깜짝 놀라게 하였을 것이며, 이로 인해 말이 사울을 내동댕이쳤을 것이다. 사울의 몸이 땅에 떨어졌는데도 다치지 않은 것은 하나님의 선하신 섭리였으나 천사들은 그의 모든 뼈를 보호하라는 특별히 사명을 받았다. 그리하여 그의 뼈가 하나도 부러지지 아니하였다. 그와 함께 한 사람들 모두가 땅에 엎드러졌지만(26:14) 이 사건의 의도는 사울에게 있었다. 사울이 엎드러진 의미는 다음과 같이 생각될 수 있다.

　(1) 그것은 그리스도의 임재의 효과이자 그를 둘러 비춘 빛의 효과였다. 적용. 그리스도께서 불쌍한 심령들에게 임재할 때 그들은 겸손하게 된다. 그들은 자신들을 부끄럽게 생각하고 낮추며, 겸손히 하나님의 뜻에 복종한다. 욥은 말하기를, 이제는 눈으로 주를 뵈옵나이다 그러므로 내가 스스로 거두어들이고 티끌과 재 가운데에서 회개하나이다(욥 42:5, 6)라고 하였다. 이사야는 말하기를, 화로다 나여 망하게 되었도다 나는 입술이 부정한 사람이요(사 6:5)라고 하였다.

(2) 그것은 계획된 진보를 향한 첫걸음이었다. 그는 그리스도인이 되도록 계획되었을 뿐만 아니라 성직자, 위대한 사도가 되도록 계획되었다. 따라서 그는 땅에 엎드러져야 했다. 적용. 그리스도께서 큰 영광을 누리도록 계획하신 자들은 처음에 공통적으로 낮아진다. 지식과 은혜 면에서 빼어나도록 계획된 자들은 자신들의 무지와 죄악을 깨닫고 처음에 공통적으로 낮아진다. 하나님께서 사용하실 자들은 자신들이 사용되기에 합당하지 못함을 깨닫고 처음에 엎드러진다.

4. 사울이 고소를 당함. 엎드러짐으로 인해 감금된 사울은 마치 법정에 세워진 것처럼 그에게 사울아 사울아 네가 어찌하여 나를 박해하느냐라고 말하는 소리를 들었다. (이 음성은 그에게만 말하는 특별한 것이었다. 왜냐하면 그와 함께 한 자들도 소리를 들었지만 그들은 그 뜻을 알지 못하였기 때문이다. 7절). 관찰.

(1) 사울은 하늘로부터 내려온 빛을 보았을 뿐만 아니라 하늘로부터 내려온 소리를 들었다. 하나님의 영광이 나타나는 곳에는 어디나 하나님의 말씀이 들려졌다(출 20:18). 모세에게도(민 7:89) 그리고 선지자들에게도 그리하였다. 하나님의 임재는 결코 아무 말씀 없이 이루어지지 않았다. 왜냐하면 하나님은 그의 모든 이름보다 그의 말씀을 중요하게 여기시기 때문이다. 보이는 것은 언제나 말씀의 문을 열기 위한 것이었다. 사울이 소리를 들었다. 적용. 믿음은 들음으로 말미암는다. 그러므로 성령은 듣고 믿음으로써 받는다고 성경은 말한다(갈 3:2). 그가 들은 소리는 그리스도의 소리였다. 그가 그 의인을 뵈었을 때 그 음성을 들었다(22:14). 적용. 우리가 그리스도의 음성으로 알고 말씀을 들을 때 그 말씀이 우리에게 유익을 줄 것이다(살전 2:13). 내 사랑하는 자의 목소리로구나(아 2:8). 오직 그의 음성만이 마음을 움직일 수 있다. 보고 듣는 것이 학습의 두 가지 감각이다. 본문에서 그리스도는 이 두 개의 문을 통해 사울의 마음에 들어가셨다.

(2) 사울이 들은 말씀이 그를 크게 자각하게 하였다.

[1] 그의 이름이 두 번이나 불려졌다. 사울아 사울아. 어떤 이들은 생각하기를, 사울의 이름을 부름으로 다윗을 크게 핍박한 사울을 암시하고 있다고 한다. 실로 그는 두 번째 사울이었으며, 첫 번째 사울이 다윗을 대적한 것처럼 그는 다윗의 자손을 크게 대적하였다. 그의 이름을 부른 것은 그리스도께서 그에게 특

별한 관심을 보이신 것을 의미한다. 내가 … 너를 위하여 네 이름을 불러 너는 나를 알지 못하였을지라도 네게 칭호를 주었노라(사 45:4). 출애굽기 33장 12절을 보라. 그의 이름을 부른 것은 그로 하여금 마음 깊이 뉘우치게 하기 위함이었으며, 그를 부르신 주님에 대한 논쟁을 그치게 하기 위함이었다. 적용. 하나님께서 일반적으로 말씀하신 것을 우리 자신에게 적용할 때 우리에게 유익이 있다. 그리고 일반적으로 표현된 교훈과 언약 속에 마치 하나님께서 우리 이름을 불러 말씀하신 것처럼 우리 자신의 이름을 끼워 넣을 때 우리에게 유익이 있다. 하나님께서 어이, 모든 자들아 라고 말씀하실 때 사실 어이 이 사람아, 사무엘아 사무엘아, 사울아 사울아 라고 말씀하신 것이다. 사울아 사울아 라고 두 번 부르신 것은 다음과 같은 사실을 암시한다. 첫째, 사울이 깊은 잠에 빠졌다. 따라서 하나님께서 땅이여, 땅이여, 땅이여(렘 22:29)라고 말씀하신 것처럼 그를 계속 부를 필요가 있었다. 둘째, 은혜로우신 예수께서 그와 그의 회복에 대하여 깊은 관심을 가지셨다. 예수께서 마르다야 마르다야(눅 10:41), 시몬아, 시몬아(눅 22:37), 예루살렘아 예루살렘아(마 23:37)라고 부르신 것처럼 진지하게 사울을 부르신다. 예수께서는 위험이 임박한 사람, 아슬아슬한 순간에 있는 사람, 이제 막 떨어지려고 하는 사람에게 말씀하시듯이 사울의 이름을 부르신다. "사울아 사울아, 네가 어디로 가고 있는지, 네가 지금 무엇을 하고 있는지 알고 있느냐?"

[2] 사울에게 제시된 고발은 네가 어찌하여 나를 박해하느냐는 것이었다. 관찰. 첫째, 사울이 성도가 되기 전에 그는 자신이 죄인, 그것도 그리스도를 대적한 큰 죄인임을 알게 되었다. 이제 그는 자기 속에 있는 악을 알게 되었다. 전에는 이러한 악을 전혀 알지 못했다. 죄는 살아나고 그는 죽었다. 적용. 겸손히 죄를 자각하는 것이 죄로부터 돌아서서 구원받는 첫 걸음이다. 둘째, 사울은 한 가지 특별한 죄를 깨달았다. 이 죄에 대하여 그는 가장 악명이 높았고, 또 그 죄를 정당화하였다. 이 죄를 깨달음으로 말미암아 다른 모든 죄도 깨닫게 되었다. 셋째, 그가 깨달은 죄는 박해다. 네가 어찌하여 나를 박해하느냐? 이는 돌과 같은 마음을 충분히 녹일 수 있을 만큼 애정이 매우 깊은 충고다. 관찰. 1. 죄를 짓고 있는 사람. "그는 너이다. 너는 무지하고 거칠고 생각 없는 군중 가운데 한 사람이 아니다. 군중은 듣는 무엇이든 헐뜯고 오명을 남긴다. 하지만 너는 많은 교육을 받았고, 좋은 재능과 소양을 가졌으며, 성경을 알고 있다. 조금만 생각해 보면 너의 재능과 지식이 너의 박해가 어리석은 짓이라는 것을 보여줄 것이다. 따라

서 너는 다른 사람보다 더 악하다." 2. 죄의 대상자. "나는 너에게 아무런 해도 끼치지 않았다. 나는 너에게 은혜를 베풀기 위해 하늘로부터 땅으로 내려왔고, 얼마 전 너를 위해 십자가에 못 박혔다. 그것으로 충분하지 않느냐? 그런데도 나는 여전히 너로 말미암아 새로이 십자가에 못 박혀야만 한다." 3. 죄의 종류와 죄의 지속성. 그 죄는 박해였다. 그는 이 때에 박해하는 일을 하고 있었다. "너는 지금까지 박해하여 왔고, 또 지금도 그 일을 계속하고 있다." 그는 이 때에 누군가를 감옥에 집어넣지 않았고 죽이지도 아니하였다. 하지만 그가 다메섹에 온 용건은 바로 이 일 때문이었다. 그는 지금 이 일을 계획하였고 이 일을 생각하며 기뻐하였다. 적용. 악을 계획하는 자들이나 악을 행하는 자들이나 하나님 보시기에 동일하다. 4. 그에게 던져진 질문. "네가 어찌하여 나를 박해하느냐?" (1) 이는 한탄의 말이다. "네가 어찌하여 나의 제자들을 불의하게 그리고 무정하게 대하느냐?" 그리스도께서 자신을 박해한 자들에게도 여기서 자기의 제자들을 박해한 자들에게 하신 것처럼 강하게 한탄하신 적은 없었다. 제자들을 박해한 것이 바로 사울의 죄라고 그리스도께서 한탄하신다. "네가 어찌하여 네 자신과 너의 하나님께 해를 끼치느냐?" 적용. 죄인들의 죄는 주 예수께 매우 고통스러운 짐이 된다. 주님은 죄를 몹시 가슴 아파하시며(막 3:5), 그 죄에 눌리신다(암 2:13). (2) 이는 설득하는 말이다. "네가 어찌하여 나를 박해하느냐? 그럴 만한 이유를 말할 수 있느냐?" 적용. 우리가 어찌하여 여차여차히 행하는지 종종 자신에게 물어보는 것이 좋다. 이로써 우리는 죄가 부당한 것이라는 사실을 식별할 수 있다. 그리스도의 제자들을 박해하는 죄만큼 부당하고 변명의 여지가 없는 죄도 없다. 특히 그들을 박해하는 것이 곧 그리스도를 박해하는 것이라는 사실이 밝혀졌는데도 그리한다는 것은 참으로 터무니없는 죄다. 하나님의 백성을 삼키는 자들은 무지하다(시 14:4). "네가 어찌하여 나를 박해하느냐?" 사울은 자신이 단순히 하찮고 약하고 어리석은 무리들, 곧 바리새인들이 기분 나쁘게 생각하며 그들 보기에 눈꼴신 사람들을 박해하고 있었다고 생각하였다. 그들을 욕보이는 모든 행동이 곧 하늘에 계신 분을 욕보이는 것이라는 사실을 그는 거의 생각하지 못하였다. 만일 사울이 이러한 사실을 알았더라면 영광의 주님을 박해하지 않았을 것이다. 적용. 성도들을 박해하는 것이 곧 그리스도 자신을 박해하는 행동이다. 그리스도께서는 성도들을 대적하는 행위를 자신에 대한 대적 행위로 여기신다. 따라서 그러한 자들은 마지막 날에 심판을 받을 것이다(마 25:45).

5. 이 고발에 대한 사울의 질문과 이에 대한 답변(5절).

(1) 그는 그리스도에 대하여 묻는다. 주여 누구시니이까? 사울은 양심의 가책을 받으면서도 자신에게 던져진 고발에 대하여 즉각적인 답변을 하지 않는다. 만일 우리의 죄에 대하여 하나님과 우리가 변론한다면 우리는 천 분의 일도 답변하지 못할 것이며, 특히 박해의 죄에 대하여는 더더욱 답변하지 못할 것이다. 죄에 대한 자각이 양심을 강력하게 찌를 때 모든 변명과 자기 정당화를 침묵시킨다. 가령 내가 의로울지라도 대답하지 못하겠고(욥 9:15). 그러나 사울은 그의 재판관이 누구인지 알고 싶어한다. 그는 주여 라는 경칭을 사용한다. 그리스도의 이름을 모독한 그가 이제는 주여 라고 말한다. 누구시니이까 라는 그의 질문은 적절한 것이다. 이는 그가 그리스도를 몰랐다는 것을 의미한다. 양들이 목자의 음성을 알아듣듯이 그는 그리스도의 음성을 알아듣지 못하였으나 그를 알기를 원하였다. 그를 둘러싼 이 빛으로 말미암아 자기에게 말씀하시는 그 음성이 하늘로부터 온 것이라는 사실을 그는 확신한다. 그리고 자기 앞에 펼쳐진 모든 것이 하늘로부터 말미암은 것으로 알고 존귀하게 여긴다. 주여 누구시니이까? 당신의 이름이 무엇이니이까?(삿 13:17; 창 32:29). 석용. 예수 그리스도를 알고 싶어 할 때 사람에게 소망이 있다.

(2) 그리스도께서 즉각적인 답변을 하신다. 여기서 우리는 다음과 같은 사실을 알 수 있다.

[1] 그리스도께서 사울에게 자신을 계시하심. 그리스도는 진지한 물음에 언제든지 기꺼이 답변해 주신다. 나는 네가 박해하는 예수라. 예수의 이름을 사울이 모르지는 않았다. 그는 여러 번 그 이름에 반감을 가졌으며, 고의로 그 이름을 망각 속에 묻어버렸다. 그가 박해한 것이 바로 그 이름이었다는 것을 그는 알고 있었으나 그 이름이 하늘로부터 혹은 지금 자기를 둘러 비추고 있는 영광 중에 들려질지 거의 생각하지 못하였다. 적용. 그리스도께서 심령들에게 자신을 나타내심으로써 자신과 교제하게 하신다. 그는 첫째, 나는 예수며 구세주이며 나사렛 예수라고(22:8) 말씀하셨다. 사울은 예수를 모독하였을 때 그 이름을 부르곤 하였다. "나는 네가 조롱할 때 나사렛 예수라고 부르곤 했던 바로 그 예수라." 영광 중에 계신 지금 자신의 모욕을 부끄러워하지 아니하시는 모습을 예수께서 그에게 보여주고자 하셨다. 둘째, "나는 네가 박해하는 예수라. 그러므로

네가 이 악한 길을 계속 고집한다면 위험에 처하게 될 것이다." 죄가 그리스도를 대적하고 모욕하며, 그의 계획에 반대한다는 사실을 깨닫는 것만큼 심령을 효과적으로 깨우치고 겸손하게 하는 것은 없다.

[2] 사울에 대한 부드러운 책망. 가시채(막대기)를 뒷발질하기가 네게 고생이니라(개역개정판에는 생략됨). 가시를 차는 것은 고통스러운 일이며, 또한 터무니없고 악한 일이다. 그런 일을 하는 자에게는 치명적인 결과가 있을 것이다. 양심의 가책을 억누르고 덮어버리며, 하나님의 진리와 계명을 거역하고, 그의 섭리에 도전하며, 하나님의 사역자들이 그들을 책망한다는 이유로, 또한 그들의 말씀이 막대기와 같고 못과 같이 아픔을 준다는 이유로 그들을 박해하고 반대하는 자들은 가시채(막대기)를 발로 차는 셈이다. 사람들은 하나님의 말씀 곧 하나님의 채찍으로 맞을 때 더욱더 반항하며 책망을 받을 때 화를 내며, 책망하는 자들 앞에서 도망치며, 가시채를 발로 차고, 대답할 거리를 찾을 것이다.

6. 사울이 마침내 주 예수께 굴복함(6절).

(1) 그리스도께서 그를 다루셨을 때 그의 기분과 심정. [1] 그는 큰 공포에 사로잡힌 사람처럼 떨었다. 적용. 은혜로우신 성령으로 말미암아 찔림을 받은 강한 죄의식은 깨어난 영혼으로 하여금 떨게 만든다. 영원하신 하나님께서 진노하시고 모든 창조물이 자신과 대치하고 있으며, 그 심령이 금방 멸망할 것 같은 상태에 있는 것을 깨닫게 되었을 때 어찌 죄인이 떨지 않을 수 있겠는가! [2] 사울은 새로운 세상에 들어온 사람처럼 놀라움에 사로잡혔고, 자기가 어디에 있는지 몰랐다. 적용. 확신을 주고 돌이키게 하시는 그리스도의 사역은 깨어난 심령을 놀라게 하며 다음과 같이 감탄으로 충만하게 할 것이다. "하나님께서 내게 행하신 이 일이 무엇이며, 또 앞으로 행하실 일이 무엇인가?"

(2) 사울이 이러한 심정을 가졌을 때 예수 그리스도께 청원함. 주여 내가 어찌하리이까?(개역개정판에는 생략됨) 이는 다음과 같이 해석될 수 있다. [1] 그리스도의 가르침을 진지하게 요청한 것이다. "주여, 제가 지금까지 잘못된 길을 걸어온 것을 깨달았습니다. 당신께서 저의 잘못을 보여주셨으니 저를 바로잡아 주소서. 당신께서 나의 죄를 보여주셨으니 이제 저로 하여금 용서받고 평화로운 길을 알게 하소서." 형제들아 우리가 어찌할꼬(행 2:37)라는 질문과 같은 것이다. 적용. 그리스도께서 구원의 길을 가르쳐주시기를 간절히 열망한다는 것은 그 심령 속에 선한 역사가 시작되었다는 증거다. [2] 주 예수의 지도와 통치를

진지하게 따르겠다는 것이다. 이는 은혜받은 바울이 처음으로 한 말이었으며, 이 말과 함께 영적인 삶이 시작되었다. 주 예수여, 내가 어찌하리이까? 그는 과연 어떻게 해야 하는지 몰랐을까? 그의 주머니에 공문을 가지고 있지 않았던가? 그 임무를 수행하는 것 외에 무엇을 해야 했는가? 아니다. 그는 이미 그 일을 충분히 하였으며, 이제 그의 주인을 교체하고 좋은 일에 헌신하기로 결심하였다. 대제사장과 장로들이 내가 어떻게 하기를 바랄까, 나의 악한 욕망과 열정이 내가 어떻게 하기를 바랄까 하는 질문이 이제는 그에게 존재하지 않는다. 그는 이제 주여, 내가 어찌하리이까 라고 질문한다. 회심할 때 큰 변화는 의지에서 일어나며, 이 변화는 그리스도의 뜻에 굴복하는 것이다.

(3) 그리스도께서 바울의 질문에 대하여 다음과 같은 대답으로 그에게 지시하심. 너는 일어나 (여기서 가까운) 시내로 들어가라. 네가 행할 것을 네게 이를 자가 있느니라. 바울이 이후의 지도를 약속받고 충분한 위로를 얻었다. 하지만 [1] 지금은 바울이 지도를 받을 수가 없었다. 얼마 안 있어 그가 무엇을 해야 하는지 듣게 될 것이다. 그러나 현재로서는 들은 말씀을 생각해야 한다. 먼저 그가 그리스도를 박해한 일을 잠시 돌아보고 낮아져야 한다. 그 후에 비로소 그는 앞으로 해야 할 일을 지시받게 될 것이다. [2] 바울이 하늘로부터 들린 음성으로 지시를 받을 수가 없었다. 그는 떨고 있었고 놀란 상태였기 때문에 지시를 받을 수 없었던 것이 분명하다. 그러므로 그와 같은 사람을 통해 그가 무엇을 해야 하는지 지시를 받게 될 것이다. 사람에 대한 공포는 그를 두렵게 하지 못할 것이며, 사람의 손이 그에게 힘겨운 것이 되지 못할 것이다. 이스라엘이 시내 산에서 구한 것이 바로 사람의 중보였다. 혹 주님의 답변은 바울이 좀 더 안정을 찾고 놀람이 진정될 때 그리스도께서 그에게 자신을 나타내 보이실 것을 암시한다. 그리스도는 자기 백성에게 점차적으로 자신을 보여주신다. 그리고 지금은 그들이 알지 못하지만 그리스도께서 하실 일, 그리고 그 백성들에게 지시할 일 모두를 그들이 후에 알게 될 것이다.

7. 바울의 일행은 이 사건으로 얼마나 큰 영향을 받았고, 어떠한 감동을 받았는가? 그들은 바울처럼 땅에 엎드려졌으나 지시를 받지 못하고 일어났다. 반면, 바울은 일어나지 않았고 계속 엎드려져 있다가 일어나라는 말씀을 듣고서야 비로소 일어났다. 바울은 다른 동료들보다 더 무거운 짐에 눌려 있었기 때문이다.

바울의 일행이 일어났을 때 (1) 그들은 당황한 사람들처럼 말을 못하고 서 있었다(7절). 아마도 그들 가운데 최고의 권력을 가진 바울과 함께 그들은 악한 임무를 수행하고 있었으며, 바울 못지않게 악의를 품고 있었다. 그러나 비록 그들이 빛을 보았고 그로 인해 엎드러지고 말을 못하게 되었지만 그들 가운데 어느 누구도 회심하였다는 사실을 우리는 찾을 수 없다. 성령과 하나님의 은혜 없이 어떠한 외면적인 방법으로도 심령 속에 변화를 자발적으로 일으키지 못한다. 바로 성령과 하나님의 은혜를 받았느냐 못 받았느냐에서 차이가 나타난다. 함께 여행을 한 이 사람들 가운데서 오직 한 사람만이 취하심을 입었고 다른 사람들은 버려졌다. 말을 못하고 서 있더라. 그들 가운데 아무도 바울처럼 주여 누구시니이까? 내가 어찌하리이까? 라고 말하지 않았다. 그러나 하나님의 자녀들 가운데 아무도 벙어리로 태어나지 않는다.

(2) 같이 가던 사람들은 소리만 듣고 아무도 보지 못하여. 그들은 바울이 말하는 소리를 들었으나 그가 누구에게 말하는지 보지 못하였고, 바울이 들은 말씀을 뚜렷하게 듣지 못하였다. 이러한 사실은 바울이 후에 이 사건에 대하여 말한 내용과 일치한다(22:9). 거기서 바울은 이렇게 말하였다. 나와 함께 있는 사람들이 빛은 보면서도(그들이 빛 가운데 계신 분을 볼 수 있었는데도 보지 못함) 나에게 말씀하시는 이의 소리는 듣지 못하더라. 그들이 혼란스러운 소리를 들었지만 주님께서 하신 말씀을 이해하지는 못하였다. 이리하여 교회에 대한 바울의 분노의 앞잡이가 되려고 이 곳까지 온 그들은 바울에게 임한 하나님의 능력의 목격자로 쓰임받는다.

8. 사울은 이후에 어떤 상태가 되었는가?(8, 9절)

(1) 사울이 땅에서 일어나. 그리스도께서 일어나라고 명령하시자 그는 일어났다. 그러나 아마도 아무 도움 없이 일어나지는 않았을 것이다. 그에게 보인 환상으로 그는 몽롱하고 약하여졌을 것이다. 넓적다리 마디가 녹는 듯하고 무릎이 서로 부딪친 벨사살만큼은 아니더라도 환상을 봄으로 말미암아 힘이 없어진 다니엘만큼(단 10:16-17) 바울은 힘이 없어졌을 것이다.

(2) 눈은 떴으나 바울은 환상이 사라진 것을 깨달았다. 그리고 그는 아무도 보지 못하였고 그와 함께 사람들, 그 주위에서 이제 막 움직이기 시작한 사람들도 보지 못하였다. 그 찬란한 빛이 너무나 강렬하므로 눈이 부셔서 그의 시력이 약화된 것은 아니다(Nimium sensibile laedit sensum). 그렇다면 그와 함께 한 사람들도 바울처럼 시력을 잃었을 것이기 때문이다. 바울에게 이러한 현상이 생

긴 것은 다른 사람들은 보지 못한 그리스도의 모습을 그가 뵈었기 때문이다. 이처럼 믿음으로 그리스도의 얼굴에서 하나님의 영광을 뵐 때 눈이 부시게 되어 이 세상의 모든 것에 대한 시력이 약해진다. 바울에게 자신과 그의 복음을 보여주기 위하여 그리스도께서는 그에게서 다른 것을 볼 수 있는 시력을 없애셨다. 바울은 오직 예수만을 바라보기 위해 다른 것에서 눈을 떼어야만 했다.

(3) 사람의 손에 끌려 다메섹으로 들어가서. 바울이 들어간 집이 공관인지 아니면 친구의 집인지 분명하지 않다. 그러나 그리스도의 제자들을 붙잡아 예루살렘으로 압송한 그가 이제는 그리스도에게 사로잡혀 다메섹으로 끌려갔다. 이로써 그는 (본래 보지 못하여 잘못되기 쉬운) 그 심령이 모든 진리 가운데로 들어가기 위하여 그리스도의 은혜가 얼마나 필요하였는지 배우게 되었다.

(4) 사흘 동안 보지 못하고 먹지도 마시지도 아니하니라(9절). 어떤 이들은 바울이 고린도후서 12장에서 말하고 있는 바, 바로 이 때에 삼층천에 올라갔다고 생각하지만 나는 그렇게 생각하지 않는다. 삼층천은커녕 바울은 이 때에 지옥의 한복판에 있으면서 자기 앞에 나열된 그의 죄 때문에 하나님을 크게 두려워하고 있었다. 그는 자신의 영적인 상태에 관하여 캄캄하였고, 죄로 인해 심령이 상한 나머지 그는 먹을 것이나 마실 것을 즐길 수 없었던 것이다.

[10]그 때에 다메섹에 아나니아라 하는 제자가 있더니 주께서 환상 중에 불러 이르시되 아나니아야 하시거늘 대답하되 주여 내가 여기 있나이다 하니 [11]주께서 이르시되 일어나 직가라 하는 거리로 가서 유다의 집에서 다소 사람 사울이라 하는 사람을 찾으라 그가 기도하는 중이니라 [12]그가 아나니아라 하는 사람이 들어와서 자기에게 안수하여 다시 보게 하는 것을 보았느니라 하시거늘 [13]아나니아가 대답하되 주여 이 사람에 대하여 내가 여러 사람에게 듣사온즉 그가 예루살렘에서 주의 성도에게 적지 않은 해를 끼쳤다 하더니 [14]여기서도 주의 이름을 부르는 모든 사람을 결박할 권한을 대제사장들에게서 받았나이다 하거늘 [15]주께서 이르시되 가라 이 사람은 내 이름을 이방인과 임금들과 이스라엘 자손들에게 전하기 위하여 택한 나의 그릇이라 [16]그가 내 이름을 위하여 얼마나 고난을 받아야 할 것을 내가 그에게 보이리라 하시니 [17]아나니아가 떠나 그 집에 들어가서 그에게 안수하여 이르되 형제 사울아 주 곧 네가 오는 길에서 나타나셨던 예수께서 나를 보내어 너로 다시 보게 하시고 성령으로 충만하게 하신다 하니 [18]즉시 사울의 눈에서 비늘 같은 것이 벗어져

다시 보게 된지라 일어나 세례를 받고 [19]음식을 먹으매 강건하여지니라 사울이 다메섹에 있는 제자들과 함께 며칠 있을새 [20]즉시로 각 회당에서 예수가 하나님의 아들이심을 전파하니 [21]듣는 사람이 다 놀라 말하되 이 사람이 예루살렘에서 이 이름을 부르는 사람을 멸하려던 자가 아니냐 여기 온 것도 그들을 결박하여 대제사장들에게 끌어 가고자 함이 아니냐 하더라 [22]사울은 힘을 더 얻어 예수를 그리스도라 증언하여 다메섹에 사는 유대인들을 당혹하게 하니라

하나님의 행사는 완전하다. 하나님께서 시작하시면 결말을 내고야 마신다. 사울이 그리스도 발 앞으로 인도되어 주여 내가 어찌하리이까 라고 말하였을 때 그의 안에서 선한 일이 시작되었다. 그리스도는 자기 앞에 나온 자를 결코 버리지 않으셨다. 사울이 비록 삼일 간 눈이 멀어 있었을 때 애처롭게 금욕을 하였지만 그는 버림받지 않았다. 여기서 그리스도는 손수 그리스도를 돌보신다. 그리스도는 상하게 하신 후 치료하시고, 때리신 후 싸매시며, 죄를 지적하신 후 위로해 주신다.

I. 아나니아가 사울에게 가서 그를 돌보고 치료하며 도와주라는 지시를 받았다. 슬픔을 주신 분이 불쌍히 여기신다.

1. 쓰임받은 사람은 다메섹에 아나니아라 하는 제자다. 그는 최근에 예루살렘에서 그 곳으로 쫓겨 온 사람이 아니라 다메섹 토박이였다. 왜냐하면 율법에 따라 경건한 사람으로 거기 사는 모든 유대인들에게 칭찬을 듣는 아나니아라 하는 이(행 22:12)라고 소개되어 있기 때문이다. 그는 최근에 복음을 받고 그리스도께 헌신하였다. 어쩐지 그는 목회자의 직권을 행한 듯이 보인다. 비록 그가 사도의 직분을 받지는 못한 듯하지만 그는 적어도 이 경우에는 목회자의 직권을 행하였다. 그런데 어찌하여 이 중요한 순간에 예루살렘으로부터 사도들이나 전도자 빌립이 파송되지 않았을까? 최근에 내시에게 세례를 베푼 전도자 빌립이 잠시 성령으로 말미암아 이리로 이끌려올 수도 있었는데 어찌하여 그렇게 되지 않았을까? 그 이유는 분명하다. 그리스도께서 중요한 일에서 다양한 일꾼들을 사용하시므로 명예가 소수에 의해 독점되지 않도록 하기 위함이었다. 왜냐하면 그리스도께서는 일꾼들에게 일을 맡기심으로써 평범하고 세상에 알려지지 않은 자들에게 명예를 주고 그들을 격려하시기 때문이다. 그러므로 비록 아주 탁월하지는 않지만 성실한 은혜를 받았다면 우리는 그러한 사역자들을 우리가

있는 자리에서 떠받들어야 한다.

2. 아나니아가 받은 지시는 다소의 사울이 머물고 있는 집, 아마도 여관에 가서 문안하라는 것이었다. 그리스도께서 환상 중에 아나니아의 이름을 부르셨다(10절). 아나니아가 하나님의 말씀을 듣고 전능자의 환상을 본 것은 이번이 처음이 아니었을 것이다. 왜냐하면 아무런 두려움이나 당황함이 없이 그가 선뜻 "주여 내가 여기 있나이다, 저더러 가라 하는 곳에 가겠고 저더러 행하라 하는 것을 행하겠나이다"라고 대답하였기 때문이다. 그 때에 그리스도께서 말씀하신다. 일어나 직가라 하는 거리로 가서 유다의 집(나그네들이 묵는 곳)에서 다소 사람 사울이라 하는 사람을 찾으라. 적용. 그리스도께서는 자기의 사람들이 고통 중에 있을 때 그들을 어디에서 찾을 수 있는지 잘 아신다. 그들의 친척들이 그들에게 무슨 일이 벌어졌는지 모르고 있을 때에도 그들의 친구는 천국에 계시며, 그 친구는 그들이 어떤 거리, 어느 집, 아니 그 이상으로 그들의 기분이 어떤지도 알고 계신다. 그리스도는 역경 중에 있는 자들의 심령을 알고 계신다.

3. 아나니아가 이 나그네를 방문하여 그를 섬겨야 하는 두 가지 이유를 들었다.

(1) 아나니아가 가는 것이 바울의 기도에 대한 응답이다.

이 때문에 [1] 아나니아는 바울을 두려워할 필요가 없었다. 비울이 전에는 예수 믿는 자들을 박해하였다. 그것은 틀림없는 사실이다. 하지만 그는 진실로 회심한 사람이다. 왜냐하면 그가 기도하는 중이기 때문이다. 여기서 보라(behold; 개역개정판에는 생략됨)는 단어는 확실성을 나타낸다. "너는 이 사실을 믿고 가서 보아라." 그리스도께서는 바울이 기도하는 모습을 보고 너무 기뻐하신 나머지 다른 사람들로 하여금 이 사실을 주목하게 하신다. 나와 함께 즐기자 나의 잃은 양을 찾아내었노라(눅 15:6). 또한 보라는 단어는 의외성을 의미한다. "보고 경탄하라. 전에 위협과 학살만을 행하던 자가 이제는 기도를 하고 있도다." 하지만 사울이 기도하는 것이 그토록 의외의 일이었을까? 그는 바리새인이 아니었던가? 다른 바리새인들이 행한 것처럼 그가 회당과 길모퉁이에서 오래 기도했다고 생각하는 것이 당연하지 않겠는가? 맞다. 하지만 지금 그는 전과 다른 자세로 기도하기 시작하였다. 그 때에 바울은 기도문을 읊조렸으나 이제는 진실로 기도하였다. 적용. 중생의 은혜는 사람으로 하여금 언제나 기도하게 한다. 살아있는 그리스도인이 기도하지 않는 것은 곧 살아있는 사람이 호흡하지 않는 것과 같다. 호흡 없이 생명이 없는 것처럼 기도 없이 은혜는 없다.

[2] 아나니아가 전속력으로 사울에게 가야 하는 이유. 그가 기도하고 있기 때문에 지체할 시간이 없다. 어린아이가 울면 애정어린 유모는 신속히 젖을 물릴 것이다. 여기서 사울은 에브라임처럼 멍에에 익숙하지 못한 송아지처럼 탄식하며 가시채를 뒷발질하고 있다. "제발! 빨리 그에게 가라. 가서 그가 사랑하는 아들이요, 기뻐하는 자녀임을 그에게 말하라. 내가 그를 책망하여 말할 때마다 깊이 생각하노라(렘 31:18-20)." 사울이 당시 어떠한 상태였는지 관찰해 보자. 그는 죄를 자각하고 떨며 놀란 상태였다. 우리의 죄가 우리 앞에 펼쳐지면 우리는 기도하게 될 것이다. 그는 눈이 멀고 병이 드는 등 육체적인 고통을 당하고 있었다. 너희 중에 고난당하는 자가 있느냐 그는 기도할 것이요(약 5:13). 그리스도께서는 사울이 무엇을 해야 하는지 앞으로 말씀해 주실 것이라고 그에게 약속하셨다(6절). 이에 사울은 자기를 가르쳐 줄 한 사람을 보내어 달라고 기도하고 있는 것이다. 적용. 하나님께서 약속하신 바를 우리는 간청해야 한다. 이를 위해 구해야 하며 특히 거룩한 교훈을 위해 구해야 한다.

(2) 사울이 자기에게 와서 자기의 시력을 회복시켜 줄 사람을 환상 중에 보았기 때문이다. 아나니아의 방문으로 그의 꿈이 이루어져야 한다. 그 꿈은 하나님께서 주신 것이었기 때문이다(12절). 그가 아나니아라 하는 사람이 들어와서 자기에게 안수하여 다시 보게 하는 것을 보았느니라. 이제 바울이 본 이 환상을 고찰하여 보자.

[1] 이 환상은 그의 기도에 대한 즉각적인 응답이었다. 그가 기도에 몰입하자 하나님과 교제를 유지할 수 있었다. 그는 기도하는 중에 자신의 고통스러운 사정을 하나님 앞에 펼쳐 보였고, 이에 하나님께서 곧 자신을 나타내시며 자비로우신 은혜의 뜻을 보여주셨다. 우리를 향하신 하나님의 생각을 안다는 것은 매우 고무적인 일이다.

[2] 이 환상은 그의 기대를 높여주고 아나니아의 방문을 더욱 크게 환영하도록 하기 위한 것이었다. 사울이 이런 이름의 사람이 올 것이라는 말씀을 환상 가운데서 들었기 때문에 사울은 아나니아를 하나님으로부터 온 사자로서 흔쾌히 영접할 수 있었다. 영적인 의사와 환자를 맺어주는 것이 얼마나 위대한 일인가 알라. 이를 위하여 여기서 두 번의 환상이 보였다. 하나님께서 섭리 가운데 환상 없이 사자를 고통받는 영혼에게로 인도하시고, 매우 희귀한 말씀의 해

석자를 보내셔서 의를 보여주실 때 감사해야 한다.

Ⅱ. 아나니아가 사울에게 가는 것을 반대하며 주님께서 그 반대에 대답하신다. 주님께서 자기 종들의 명분을 얼마나 겸손하게 인정해 주시는가 보라.

1. 아나니아는 사울이 그리스도의 제자들을 박해한 악명 높은 박해자라는 사실을 진술한다(13, 14절).

(1) 그의 말대로 예루살렘에서 사울이 그리스도의 제자들을 박해하였다. "주여 이 사람에 대하여 내가 여러 사람에게 듣사온즉 그는 그리스도의 복음을 반대한 악랄한 대적입니다. 최근의 박해로 인해 뿔뿔이 흩어졌던 사람들 가운데 많은 사람들이 다메섹에 들어왔는데, 그들이 말하기를 그가 예루살렘에서 주의 성도에게 적지 않은 해를 끼쳤다 하더이다. 그만큼 그는 아주 독살스러운 사람이며 아주 난폭한 박해자이며 해악의 장본인입니다. 그가 교회를 얼마나 많이 때려 부수었는지요. 성도들이 가장 무서워하는 존재는 대제사장이 아니라 바로 사울입니다."

(2) "이번에 다메섹에 온 그의 임무는 우리 그리스도인들을 박해하는 것입니다. 여기서도 주의 이름을 부르는 모든 사람을 결박할 권한을 대제사장들에게서 받았나이다. 그는 그리스도를 경배하는 성도들을 중죄인으로 다루고 있습니다." 지금 아나니아는 왜 이처럼 반대하고 있는 건가? "저는 그를 섬길 의무가 없습니다. 우리에게 이처럼 무자비한 일을 행하고 계획한 사람에게 제가 왜 친절을 베풀어야 하나요?" 그리스도는 악을 선으로 갚고 우리를 박해하는 자를 위하여 기도하라는 교훈을 우리에게 가르쳐주셨다. 그러나 만일 사울이 정말로 그리스도인들을 박해하는 자라면, [1] 아나니아가 그를 방문하는 것이 안전할까? 사자의 입 안에 들어간 어린 양처럼 스스로 위험을 자초하는 것이 아닌가? 그가 이처럼 위험을 자초한다면 경솔하다는 비난을 피하지 못할 것이다. [2] 그에게 가는 것이 어떤 성과가 있을까? 그토록 완고한 마음이 조금이라도 부드러워질 수 있겠는가? 흑인이 피부 색깔을 바꿀 수 있겠는가?

2. 그리스도께서 반대를 잠재우신다(15, 16절). "그가 얼마나 나쁜 사람이었는지 내게 말하지 말라. 내가 너무나 잘 알고 있다. 너는 전속력으로 너의 길을 가라. 그리고 최선을 다해 그를 도우라. 왜냐하면 그는 택한 나의 그릇, 혹은 도구이기 때문이다." 그는 복음이라는 보화를 많은 사람들에게 전하기 위해 보관하는 그릇이었다. 그는 질그릇(고후 4:7)이었으나 택한 그릇이었다. 하나님은

사용하실 그릇을 친히 고르신다. 자신이 사용할 그릇을 자신이 고르는 것은 당연한 일이다. 너희가 나를 택한 것이 아니요 내가 너희를 택하여 세웠나니(요 15:16). 그는 존귀한 그릇이다. 그러므로 현재의 절망의 상태로 내버려두어서는 안 되며, 멸시받고 깨어진 그릇이나 기쁨을 주지 못한 그릇처럼 내팽개쳐져서는 안 된다.

(1) 그는 훌륭한 일을 하도록 예정되어 있다. 이 사람은 내 이름을 이방인과 임금들과 이스라엘 자손들에게 전하기 위하여 택한 나의 그릇이라. 그는 이방인의 사도가 되어 이방 나라들에게 복음을 전할 몸이었다. 영혼들은 그리스도의 이름의 깃발 아래 모여 입대해야 하며, 사울은 그 모임의 기수가 되어야 한다. 그는 그리스도의 이름을 전해야 하며, 아그립바 왕과 가이사 왕 앞에서 그 이름을 증거해야 한다. 또한 이스라엘 자녀들을 위해 일하는 많은 손길들이 있었지만 그는 그들 앞에서도 그리스도의 이름을 전해야 한다.

(2) 그는 많은 고난을 받도록 예정되어 있다(16절). 그가 내 이름을 위하여 얼마나 고난을 받아야 할 것을 내가 그에게 보이리라. 지금까지 박해하던 그가 이제부터는 박해를 받을 것이다. 주께서 이러한 사실을 보이신 것은 그를 이러한 시련으로 이끄시겠다는 것을 의미한다. 주께서 주의 백성에게 어려움을 보이시고(시 60:3), 곧 사전에 어려움 당할 것을 알게 하시고, 이로써 어려움을 당할 때 그가 놀라지 않게 하신다. 적용. 그리스도의 이름을 전하는 자들은 그의 이름을 위하여 십자가를 지는 것을 예상해야 한다. 그리스도를 위하여 일하는 자들은 일하는 만큼 그리스도를 위해 고난을 받아야 한다. 사울은 많은 고난을 받아야만 한다. 이러한 사실이 젊은 회심자에게 달갑지 않은 위로가 된다고 사람들은 생각할 것이다. 그러나 이는 오직 담대하고 용감한 정신을 가진 군사에게 하는 말이며, 그러한 군사는 군에 입대하면 전투를 시작하며 곧바로 행동을 개시한다. 그리스도를 위한 사울의 고난은 그리스도를 영화롭게 하고 교회를 섬기는 데 크게 이바지할 것이다. 그리고 그에 비례하여 영적인 위로를 받을 것이며, 영원한 영광으로 보상을 받을 것이다. 따라서 그리스도의 이름을 위하여 그가 많은 고난을 받아야 한다는 말이 그 젊은 군사의 기를 죽이는 말이 아니다.

Ⅲ. 아나니아는 큰 감동을 받고 그리스도의 심부름으로 즉시 사울에게 간다. 그는 사울에게 가는 것을 처음에는 반대하였으나 주님의 설명을 듣고 반대를 그치고 더 이상 자신의 생각을 고집하지 않았다. 이의가 해소된 후 우

리가 해야 할 유일한 일은 우리의 임무를 수행하는 것이며, 반대에 얽매이지 않는 것이다.

1. 아나니아는 사울에게 메시지를 전하였다(17절). 아마도 아나니아는 침대에 누워있는 사울을 발견했을 것이며, 그를 환자로 대하였을 것이다.

(1) 아나니아는 그에게 안수하였다. 병든 자에게 손을 얹을 때 낫는 것은 믿는 자들에게 따르겠다고 약속된 표적들 가운데 하나다(막 16:18). 사울에게 안수한 것은 바로 그런 의도에서였다. 사울이 다메섹에 있는 제자들에게 난폭한 손을 휘두르기 위해 왔지만, 여기서 한 제자가 그에게 치료의 손을 얹었다. 피 흘리기를 좋아하는 자는 온전한 자를 미워하고 정직한 자는 생명을 찾느니라(잠 29:10; 개역개정판에는 정직한 자의 생명을 이라고 번역됨).

(2) 아나니아는 사울을 형제라고 불렀다. 왜냐하면 사울이 아직 세례를 받지는 않았으나 하나님의 은혜를 함께 나눈 자가 되었기 때문이다. 아나니아가 사울을 흔쾌히 형제로 인정한 것은 비록 지금까지는 사울이 하나님을 모독하고 그의 자녀들을 박해하였지만 하나님께서 그를 흔쾌히 아들로 인정하셨다는 사실을 공표한 것이었다.

(3) 다메섹 도상에게 사울을 붙잡고 사로잡은 그 손으로 주님은 위임장을 주신다. "네가 오는 길에서 나타나셨던 예수, 그를 박해하던 너의 죄를 깨닫게 하신 그 예수께서 지금 나를 보내어 너를 위로하게 하셨다." Una eademque manus vulnus opemque tulit — 상처난 손이 치료한다. "그의 빛이 너를 눈멀게 하였으나 그가 나를 보내셔서 너의 눈을 씻게 하사 치료받게 하신다." 아나니아는 사울에게 아주 적절하게 선지자의 말씀으로 메시지를 전하였을 것이다. 오라 우리가 여호와께로 돌아가자 여호와께서 우리를 찢으셨으나 도로 낫게 하실 것이요 우리를 치셨으나 싸매어 주실 것임이라. 여호와께서 이틀 후에 우리를 살리시며 셋째 날에 우리를 일으키시리니 우리가 그의 앞에서 살리라(호 6:1, 2). 부식제가 더 이상 사용되지 않고 이제는 진정제가 사용된다.

(4) 사울이 시력을 회복할 뿐만 아니라 성령으로 충만할 것이라고 아나니아가 보장한다. 사울은 사도이며, 또한 사도들의 수장에 뒤지지 않는다. 그러므로 그는 다른 사람들이 사도들을 통해 성령을 받은 것과 달리 직접 성령을 받아야 한다. 사울이 세례받기 전에 아나니아가 그에게 안수한 것은 성령을 베풀기 위한 일이었다.

2. 아나니아는 그의 임무가 좋은 결과를 가져올 줄 알았다.

(1) 사울에게 베푸신 그리스도의 은혜 면에서 좋은 결과를 가져올 줄 알았다. 아나니아의 말씀으로 사울은 시력을 회복하고 어둠에서 해방되었다. 눈먼 자가 시력을 회복하는 것은 갇힌 자들을 해방시키시는 그리스도의 사명을 설명해 준다(눅 4:18; 사 42:7). 그리스도의 사명은 맹인의 눈을 뜨게 하고, 갇힌 자를 해방시키는 것이다. 사울은 시력을 회복함으로써 영적인 속박으로부터 해방되었다(18절). 즉시 그의 눈에서 비늘 같은 것이 벗어졌다는 것은 바로 이 같은 사실을 의미하였다. 치료는 갑작스럽게 이루어졌고, 이는 그 치료가 기적이었음을 보여준다. 그리고 이는 다음과 같은 것으로부터 그의 회복을 알려주는 일이었다.

[1] 회심하지 않은 어두운 상태로부터의 회복이다. 사울이 하나님의 교회를 박해하고 바리새인의 정신과 방식을 따를 때 그는 눈먼 상태였다. 그는 율법 혹은 복음의 의미를 깨닫지 못하였다(롬 7:9). 그리스도는 종종 바리새인들이 눈먼 맹인인데도 그것을 깨닫지 못한다고 말씀하셨다. 그들은 우리가 본다 라고 말하였다(요 9:41). 사울은 이러한 사실을 깨닫게 됨으로써 바리새인의 맹목으로부터 구원받았다. 적용. 회심의 은혜는 영혼의 눈을 뜨게 해 주며, 영혼의 눈에서 비늘을 벗겨주어(26:18) 보게 하며, 어둠에서 빛으로 돌아오게 한다. 사울이 이방인들 가운데 보냄을 받은 것은 바로 복음을 전함으로써 그들의 눈을 뜨게 해 주기 위함이었다. 그러므로 사울 자신이 이러한 은혜를 체험해야 했다.

[2] 양심의 가책과 하나님의 진노 하에서 두려워하고 있는 어둠으로부터의 회복이다. 요나가 삼일 동안 지옥 같은 시간을 보내었던 것처럼 사울이 삼일 동안 어둠 속에 지내면서 온통 혼미한 상태에 빠져 있었다. 그러나 이제 그의 눈에서 비늘이 벗겨지고 구름이 사라졌으며, 의의 태양(Sun of righteousness)이 그의 영혼 위에 떠올라 그의 날개로 치료하셨다.

(2) 사울이 그리스도께 복종하는 면에서 좋은 결과를 가져올 줄 알았다. 사울은 세례를 받고 그리스도의 통치에 복종하였으며, 자신을 그리스도의 은혜에 맡겼다. 이리하여 그는 그리스도의 학교에 입학하였으며, 그의 가족으로 입적되었고, 그의 군대로 입대하였으며, 평생 그리스도와 연합하였다. 원하는 바를 얻었고 해결되었다. 사울은 이제 그리스도의 제자로서 그리스도를 반대하지 않을 뿐 아니라 전적인 헌신으로 그리스도를 섬기고 영화롭게 하는 자가 되

었다.

IV. 사울 안에서 시작된 선한 일이 놀랍게도 계속 진행되었다. 새롭게 태어난 이 그리스도인은 만삭되지 못하여 난 자 같아 보였으나 곧 성숙해진다.

1. 그는 육체의 힘을 얻었다(19절). 그는 삼일 동안 금식하였다. 그동안 그의 심령이 무거운 짐에 눌려 있었기 때문에 그의 몸이 매우 쇠약해졌다. 하지만 그가 음식을 먹고 강건하여졌다(19절). 주님은 몸을 위하시며 따라서 우리는 몸을 돌보아야 하며 건강한 상태를 유지해야 한다. 그래야 영혼이 하나님을 섬기는데 힘을 얻을 수 있으며, 우리의 몸으로 그리스도를 존귀하게 할 수 있다(빌 1:20).

2. 사울이 다메섹에 있던 제자들과 교제하고 그들과 대화하며 그들의 모임에 참석하고 연합하였다. 그는 최근까지 제자들에 대하여 위협과 살기가 등등하였다. 그러나 지금은 그들에게 사랑과 호의를 베풀고 있다. 이리가 어린 양과 함께 살며 표범이 어린 염소와 함께 누우며(사 11:6). 적용. 하나님을 자기 하나님으로 모시는 자들은 그의 백성도 모신다. 사울이 제자들과 교제하였는데 그 이유는 그들 안에서 상냥함과 미덕을 보았고 또한 그들을 사랑하였기 때문이며, 그리고 그들과 교제하므로 지식과 은혜가 향상되었기 때문이다. 이처럼 그는 기독교 신앙을 고백하였고, 제자들과 교제함으로 그리스도의 제자임을 공개적으로 선포하였다.

3. 그는 회당에서 그리스도를 전파하였다(20절). 하나님은 이를 위하여 그를 비범하게 부르셨고 또한 비범한 자격을 주셨다. 그가 그리스도를 전파할 수 있도록 하나님은 즉시 그에게 그의 아들을 계시하셨다(갈 1:15, 16). 그는 그리스도로 충만한 나머지 그 안에 계신 성령의 강권하심으로 그리스도를 다른 사람들에게 전하지 않을 수 없었다. 그는 내가 말을 하여야 시원할 것이라(욥 32:20)고 말한 엘리후와 같은 심정이었다. 관찰.

(1) 어디에서 전하였나. 유대인의 회당이었다. 왜냐하면 그 곳에서 유대인들에게 제일 먼저 전할 수 있었기 때문이다. 회당은 유대인들의 집회 장소였다. 전에 그 곳에서 그는 유대인들과 만나 그리스도를 비난하고 그의 제자들을 형벌하곤 하였다. 바울은 모든 회당에서 제자들을 형벌하였다(26:11).

(2) 무엇을 전하였나. 그는 그리스도를 전파하였다. 그가 설교자가 된 후 이 원칙을 끝까지 고수하였다. 우리는 우리를 전파하는 것이 아니라 오직 그리스도 예

수의 주 되신 것… 을 전파함이라(고후 4:5). 바울은 오직 십자가에 못 박히신 그리스도만을 전파하였다. 그는 그리스도가 하나님의 아들, 곧 하나님의 사랑하는 아들이시라고 전하였다. 그리고 하나님께서 그리스도를 기뻐하시고 그 안에서 우리와 함께 하시며, 그리스도 밖에서는 하나님께서 우리와 함께 하실 수 없다고 전하였다.

(3) 사람들이 어떤 반응을 보였나(21절). 듣는 사람이 다 놀라 말하되 "이 사람이 예루살렘에서 이 이름을 부르는 사람을 멸하려던 자가 아니냐? 그런데 지금은 그가 친히 이 이름을 부르고 있고 다른 사람들에게 그 이름을 부르라고 권하고 있으며, 그 이름을 부르는 자들의 힘을 북돋우고 있지 않느냐?" - 이 얼마나 놀라운 변화인가! 사울도 선지자들 중에 있느냐?(삼상 10:12) 사울이 그리스도인들을 발견하는 대로 전부 사로잡아 그들을 결박하여 대제사장들에게 끌어 가고자 함이 아니냐? 그랬다. 그가 지금처럼 그리스도를 전할 줄 누가 생각했겠는가? 이렇듯 기독교의 진리를 박해했던 것으로 악명 높았던 자가 갑자기 총명하고 강인하며 포용력 있는 기독교의 전파자가 된 사실을 많은 사람들이 기독교의 진리에 대한 큰 증거로 간주하였다. 사람의 정신 속에 일어난 이러한 기적은 사람의 몸에 일어난 기적보다 더 빛났다. 사람이 이처럼 달라진 마음을 가지는 것은 방언을 말하는 것보다 위대하였다.

4. 사울은 그리스도의 가르침을 반대한 자들을 논박하고 당혹하게 하였다(22절). 그는 강단에서나 학교에서나 두각을 드러내었고, 진리를 전하는 면에서나 전한 것을 변론하는 면에서 초자연적인 능력을 보여주었다.

(1) 그는 더욱 강해졌다. 그는 그리스도의 복음을 더 깊이 알게 되었고, 그의 경건한 열정은 더욱 뜨거워졌다. 그는 더욱 담대하고 단호하게 복음을 변호하였다. 비난을 받을수록 힘을 더 얻었다. 그의 새로운 친구들은 전에 그가 박해자였다고 비판하였으며, 그의 옛 친구들은 그가 지금 배반자가 되었다고 비난하였다. 그러나 사울은 자신의 회심에 대한 여러 가지 말들로 인해 낙심하지 않고 더욱더 담대해졌으며, 그들이 그에게 할 수 있는 가장 나쁜 말에도 여유 있게 대답할 수 있었다.

(2) 그는 적대자들을 굴복시켰고 다메섹에 사는 유대인들을 당혹하게 하니라. 그는 그들을 조용하게 만들었고 부끄럽게 만들었다. 무관심한 사람들까지도 만족할 정도로 그들의 반론을 논박하였으며, 그들이 대답할 수 없도록 논리적

으로 그들을 눌렀다. 유대인들과의 모든 대화 가운데서 그는 예수를 그리스도, 곧 하나님의 기름 부음 받은 자, 조상들에게 약속된 참된 메시야라 증언하였다. 그는 이를 증언, 곧 심비바존 — 확언하고 확증하였으며, 설득력 있게 가르쳤다. 그가 많은 사람들을 그리스도에 대한 신앙으로 돌아오게 하고, 그가 때려 부수려 했던 다메섹의 교회를 성장시키는 도구였다고 우리는 믿어 의심치 않는다. 따라서 먹는 자에게서 먹는 것이 나오고 강한 자에게서 단 것이 나왔느니라(삿 14:14)는 말씀이 그에게 적용된다.

[23]여러 날이 지나매 유대인들이 사울 죽이기를 공모하더니 [24]그 계교가 사울에게 알려지니라 그들이 그를 죽이려고 밤낮으로 성문까지 지키거늘 [25]그의 제자들이 밤에 사울을 광주리에 담아 성벽에서 달아 내리니라 [26]사울이 예루살렘에 가서 제자들을 사귀고자 하나 다 두려워하여 그가 제자 됨을 믿지 아니하니 [27]바나바가 데리고 사도들에게 가서 그가 길에서 어떻게 주를 보았는지와 주께서 그에게 말씀하신 일과 다메섹에서 그가 어떻게 예수의 이름으로 담대히 말하였는지를 전하니라 [28]사울이 제자들과 함께 있어 예루살렘에 출입하며 [29]또 주 예수의 이름으로 담대히 말하고 헬라파 유대인들과 함께 말하며 변론하니 그 사람들이 죽이려고 힘쓰거늘 [30]형제들이 알고 가이사랴로 데리고 내려가서 다소로 보내니라 [31]그리하여 온 유대와 갈릴리와 사마리아 교회가 편안하여 든든히 서 가고 주를 경외함과 성령의 위로로 진행하여 수가 더 많아지니라

누가는 여기서 바울이 아라비아로 여행한 것을 언급하지 않는다. 바울은 회심 직후에 아라비아로 갔다고 직접 말한 바 있다(갈 1:16, 17). 하나님께서 그 속에 하나님의 아들을 계시하자마자 그는 (다른 회심자들이 했던 것처럼) 사도들의 지시를 받기 위해 예루살렘으로 가지 아니하고 아라비아로 갔다. 그는 그 새로운 땅에서 배우기보다는 가르칠 기회를 얻었을 것이다. 그 후에 그는 다메섹으로 돌아왔고, 회심 후 삼 년 만에 본문에 기록된 일들이 일어난 것이다.

I. 그는 다메섹에서 어려움을 겪었고, 죽음의 위기를 가까스로 모면하였다.

1. 그의 위험은 무엇이었나?(23절) 유대인들이 사울 죽이기를 공모하더니. 유대인들이 다른 복음전도자들보다 바울에게 더 분노하였다. 그 이유는 바울이 다

른 전도자들보다 더 활발하고 열심히 전도하였고 더 성공적이었기 때문이며, 아울러 그가 과거에 비상한 탈선자였다가 그리스도인이 된 사실이 그들을 반박하는 증거가 되었기 때문이다. 본문은 그들이 그를 죽이려고 밤낮으로 성문까지 지켰다고 말씀하고 있다. 그들은 바울을 위험한 인물이라고 모함하여 총독의 분노를 일으켰고, 이에 총독은 바울이 출입할 때 그를 체포하기 위해 성을 지키게 하였다(고후 11:32). 그런데 그리스도께서는 바울이 그의 이름을 위하여 얼마나 고난을 받아야 할 것을 보이셨다(16절). 그 때에 정부가 즉시 그를 잡으려고 군사를 동원한 것이 큰 고난이었고, 이 고난과 함께 이후에 그가 겪은 다른 모든 고난으로 말미암아 그는 무시하지 못할 인물이 되었다. 사울은 그리스도인이 되자마자 전도자가 되었고, 전도자가 되자마자 고난받는 자가 되었다. 이토록 신속하게 그는 정상으로 승진하였다. 적용. 하나님께서 은혜를 베푸시는 자는 일반적으로 큰 시련을 겪는다.

2. 그가 어떻게 구출되었는가? (1) 사울을 죽이려는 공모가 사울에게 발각되었다. 그 계교가 사울에게 알려지니라. 이 정보가 하늘로부터 왔는지 혹은 사람들로부터 온 것인지 본문은 말하지 않는다. (2) 제자들이 그를 탈출시킬 방법을 궁리하였다. 낮에는 그를 숨겨주었다. 그리고 밤에 경비가 삼엄한 성문을 지날 수가 없었기 때문에 제자들이 사울을 광주리에 담아 성벽에서 달아 내렸고, 이에 바울 자신의 말대로(고후 11:33) 그 손에서 벗어났다. 이 이야기는 우리가 하나님의 길로 들어설 때 시험을 예상하고 준비해야만 한다는 사실을 우리에게 보여주며, 아울러 주님께서 경건한 자를 시험에서 어떻게 건져내시는지 알고 계시며, 또한 시험당할 즈음에 또한 피할 길을 내시며(고전 10:13), 그 시험으로 말미암아 우리가 하나님의 길을 중단하거나 혹은 그 길에서 떨어지지 않도록 해 주신다는 사실을 우리에게 보여준다.

Ⅱ. 그가 회심 후 예루살렘에 처음 갔을 때 어려움을 겪었다(26절). 그는 예루살렘에 갔다. 이는 그가 직접 말한 예루살렘 방문이라고 추측된다(갈 1:18). 그 후 삼 년 만에 내가 게바를 방문하려고 예루살렘에 올라가서 그와 함께 십오 일을 머물렀다고 그는 말한다. 하지만 나는 이 여행이 그 이전의 여행이었다고 생각하고 싶다. 왜냐하면 그의 예루살렘 출입, 그의 전도와 변론(28, 29절)은 십오 일 이상의 기간을 요구하기 때문이다. 그 밖에 그는 여기서 낯선 사람으로 예루살렘을 방문하였으나 갈라디아서에서는 히스토레사이, 곧 베드로와 의논하기 위해

예루살렘을 방문하였으며, 그 때는 이미 베드로와 친밀한 사이였다. 하지만 이는 동일한 방문일 수도 있다. 이제 다음의 내용을 관찰해 보자.

1. 사울의 친구들이 그를 얼마나 부끄러워하였는가?(26절) 사울이 예루살렘에 가서 대제사장들과 바리새인들을 방문하지 않고(오래 전 그들에게 작별을 고하였다) 제자들을 사귀고자 하였다. 그는 가는 곳마다 멸시받고 박해받는 백성 중 한 사람으로 자인하고 그들과 사귀었다. 사울의 눈에 그들은 땅의 존귀한 자들이며 그의 모든 기쁨이 그들 안에 있었다. 사울은 그들과 사귀며 그들과 교제하기를 열망하였다. 그러나 그들은 그를 이상하게 보았고, 그를 향하여 문을 닫았으며, 그가 곁에 있으면 그들이 그를 두려워한 나머지 아무런 신앙의 의식을 행하지 않았다. 유대인들은 그를 버리고 박해하며 그리스도인들은 그를 받아 주지 않고 환대하지 않았을 때 바울은 시험에 빠져 자신이 나쁜 상황에 처해 있다고 생각할 수도 있었다. 이처럼 그는 여러 가지 시험 앞에서 의의 갑옷이 필요하였다. 이와 마찬가지로 우리 모두는 어떤 상황에서도 의의 갑옷을 입고 우리의 대적들의 불의한 대우나 혹은 우리 친구들의 불친절한 대우로 말미암아 낙심하지 않도록 해야 한다.

(1) 그들이 사울을 경계한 원인이 무엇이었나 보라. 그가 제자 됨을 믿지 아니하니. 그들은 사울이 제자로 가장하여 그들 가운데 스파이 혹은 밀고자로 잠입했다고 믿었다. 그들은 그가 얼마 전 광분하여 다메섹에 왔으며, 그 때까지도 악랄한 박해자인 것으로 알고 있었다. 그 이후로 그에게 있어난 일에 대하여 그들은 전혀 듣지 못하였다. 그러므로 그가 양의 탈을 쓴 늑대일 뿐이라고 그들은 생각하였다. 그리스도의 제자들은 그들의 친교에 누구를 받아들일 것인가에 대하여 조심할 수밖에 없었다. 영을 다 믿지 말라(요일 4:1). 의심과 경신(쉽게 믿음)의 두 극단 사이에서 중용을 지키기 위해서는 뱀 같은 지혜가 필요하다. 그러나 내 생각에는 관용을 베풀다가 과오를 범하는 것이 더 안전하다. 왜냐하면 알곡이 하나라도 뽑혀서 버려지기보다는 가라지가 있는 편이 더 낫다고 주님께서 판결을 내리셨기 때문이다.

(2) 경계심이 어떻게 없어졌는가 보라(27절). 바나바가 (사울을) 데리고 사도들에게 갔다. 사도들은 밑에 있는 제자들처럼 조심하지 않았고, 사울은 처음으로 사도들과 교제하려고 하였고 그들에게 다음과 같은 사실을 증거하였다. [1] 그리스도께서 그에게 행하신 일. 그가 길에서 어떻게 주를 보았는지와 주께서 그에게 말씀하신

일. [2] 이후로 그가 그리스도를 위하여 행한 일. 다메섹에서 그가 어떻게 예수의 이름으로 담대히 말하였는지를 전하니라. 바나바가 어떻게 이 사실을 다른 사람들보다 더 잘 알 수 있었는지 우리는 알 수 없다. 그 때에 그가 다메섹에 있었는지, 혹은 그 곳에서 편지를 받았는지, 혹은 다메섹 성의 누군가와 이야기를 하였는지, 혹은 전에 헬라의 회당에서 또는 가말리엘 밑에서 바울을 알고 있었는지, 그를 신뢰할 만한 이유가 있었기 때문에 그로부터 직접 회심한 이야기를 들었는지 모른다. 어쨌든 그는 사울을 신뢰하였기에 다메섹의 제자들로부터 어떠한 추천장도 받지 않고 사도들에게 소개하였다. 어떤 사람처럼 그에게는 추천서가 필요 없다고 생각하였던 것이다(고후 3:1). 적용. 한 젊은 회심자를 믿음의 공동체 안에 소개하는 것은 매우 좋은 일이다. 우리도 기회 있는 대로 그런 일을 해야 할 것이다.

2. 사울의 대적들이 그에게 얼마나 독을 품었는가?

(1) 사울은 제자들의 공동체에 들어갔고, 이는 그의 대적들에게 적지 않은 분노를 일으켰다. 사울이 그리스도의 승리의 기념물이 되고 그의 은혜의 포로가 된 것을 본다는 것은 믿지 않는 유대인들에게 큰 고통이었다. 전에 그가 그들의 주장을 대변한 투사였었는데 이제는 제자들과 함께 있어 예루살렘에 출입하며, 그들(제자들)이 그를 자랑스럽게 여기고 그 안에 계신 하나님을 찬양하는 소리를 들을 때 그들은 심히 화가 났다.

(2) 그가 나타나 그리스도의 뜻을 담대히 전하였을 때 그들의 분노는 더욱 커졌다. 또 주 예수의 이름으로 담대히 말하고. 적용. 그리스도를 위하여 변호하는 자들은 담대히 말할 이유가 있다. 왜냐하면 그들에게는 그만한 명분이 있기 때문이다. 즉, 그들이 변호하는 분은 마침내 자신과 그들을 위하여 변호할 분이기 때문이다. 헬라파 유대인들도 사울에게 화가 나 있었다. 왜냐하면 사울이 그들에게 속한 자였기 때문이다. 그들이 사울을 논쟁으로 끌어들였다. 그러나 다메섹의 유대인들이 사울을 당해낼 수 없었던 것처럼 그들 또한 사울을 당해낼 수 없었다. 한 여 순교자는 말하기를, 자신이 그리스도를 위하여 논쟁할 수는 없지만 그리스도를 위하여 죽을 수는 있다고 하였다. 그러나 바울은 두 가지를 겸비하였다. 사울은 강인한 기질로 대적을 압도하였으며 주 예수께서 그를 통해 영광을 받으셨다. 그가 무지하고 믿지 않았을 때는 타고난 민첩함과 열정적인 기질로 인해 기독교 신앙을 맹렬하고도 고집스럽게 박해하였으나 이제는 그

동일한 기질로 인해 신앙을 아주 열정적으로 그리고 담대하게 변호하였다.

(3) 이로 인해 그의 생명이 위태롭게 되었으나 가까스로 도망하였다. 헬라파 유대인들이 논쟁으로 도저히 사울을 당해낼 수 없다는 것을 깨닫고는 다른 식으로 그를 침묵시킬 궁리를 하였다. 그 사람들이 죽이려고 힘쓰거늘. 스데반이 지혜와 성령으로 말함을 그들이 능히 당하지 못하자(행 6:10) 그들이 스데반을 죽이려고 했던 것처럼 이제도 그들은 사울을 죽이려고 하였다. 최후의 논쟁을 위하여 박해를 수단으로 사용한다는 것은 명분 없는 짓이다. 이러한 음모가 누설되었고, 이 젊은 투사를 살리기 위한 행동이 실행되었다(30절). 형제들이 알고 가이사랴로 데리고 내려가서 다소로 보내니라. 형제들은 스데반이 헬라파 유대인들과 논쟁을 벌이다가 처형된 사실과 이 사건이 혹독한 박해의 시작이 되었던 사실을 기억하였다. 그러므로 그들은 그러한 분위기가 다시 시작되는 것을 두려워한 나머지 서둘러 바울을 그 곳에서 내어보내었다. 바울이 도망가야 나중에 다시 싸울 수 있다. 예루살렘에서 도망간 그는 그의 출생지인 다소에서 섬길 수 있었다. 그래서 형제들은 바울이 제발 그리로 가기를 간절히 바랐고, 그 곳에서 예루살렘에서보다 더 안전하게 그의 사역을 계속할 수 있기를 희망하였다. 아울러 이 때에 바울이 예루살렘을 떠난 것은 그의 말대로(22:17, 18) 하늘의 지시로 인한 것이었다. 그 때에 그리스도께서 그에게 나타나셔서 속히 예루살렘에서 나가라고 지시하셨는데, 이는 그가 이방인들에게 보내져야 했기 때문이다(15절). 하나님의 일꾼들은 그 사명을 완수할 때까지 대적들의 모든 음모로부터 보호받을 것이다. 그리스도의 증인들은 증언을 마칠 때까지 죽음을 당할 수가 없다.

Ⅲ. 이제 교회들에게 자유와 평안의 찬란한 빛이 비추었다(31절). 교회가 평안하여. 사울이 회심하자 교회들이 평안을 얻었다. 박해자가 사라지자 그가 불안케하고 괴롭혔던 자들이 편안해졌다. 혹은 그가 예루살렘을 떠나자 헬라파 유대인들의 분노가 약간 수그러들었고, 사울이 떠난 지금 그들은 다른 전도자들에 대하여 더 잘 참아주었다. 관찰.

1. 교회가 평안하였다. 폭풍이 지나간 후에 고요함이 찾아왔다. 우리는 언제나 힘든 시간들을 예상해야 하지만, 그 시간들이 항상 지속되지는 않을 것이라고 예상할 수 있다. 이 시간은 다음에 올 폭풍을 대비하기 위해 그들에게 허락된 휴식기였다. 이미 세워진 교회들은 대부분 성지의 영역인 유대, 갈릴리, 그리고

사마리아에 있었다. 이는 그리스도께서 친히 기초를 세우신 최초의 교회들이었다.

2. 그들은 이 밝은 휴식 시간을 잘 활용하였다. 형통한 날에 그들은 현실에 안주하거나 방종하지 않고 그들의 사명에 충실하였으며 그들의 평안을 잘 활용하였다.

(1) 든든히 서 가고. 그들의 거룩한 신앙이 든든히 섰다. 그들이 지식과 은혜의 방편을 보다 자유롭고 지속적으로 누리면 누릴수록 그들의 지식과 은혜는 늘어났다.

(2) 주를 경외함과. 그들은 전보다 더 모범적으로 하늘에 속한 거룩한 교제를 나누었다. 그리하여 그들과 교제한 모든 자들이,분명히 저 사람들 안에는 하나님을 경외함이 지배적이었다고 말할 정도로 그들은 경건하게 생활하였다.

(3) 성령의 위로로 진행하여. 그들의 신앙생활은 충실하였을 뿐 아니라 즐거웠다. 그들은 주님의 삶의 길을 고수하고 그 길에서 노래하였다. 성령의 위로가 그들의 유일한 위로였고 그것이 그들의 최고의 기쁨이었다. 그들은 어렵고 고통스러운 날뿐만 아니라 평안하고 형통한 날에도 성령의 위로에 의지하여 살았다. 그들의 기쁨이 가장 충만하였을 때 그들은 성령의 위로 없이 땅의 위로만으로 만족할 수가 없었다. 이 둘의 관계를 관찰하라. 그들이 주를 경외하였을 때 성령의 위로로 진행하였다. 신중하게 사는 사람들이 꼭 기쁘게 살아간다.

3. 하나님께서 복을 주시므로 그들의 수가 더 많아졌다. 수가 더 많아지니라. 애굽에서 이스라엘의 수가 많아진 것처럼 때때로 교회는 고난받는 동안에 부흥한다. 그러나 항상 고난받는다면 지존하신 하나님의 성도들은 지쳐 소멸되고 말 것이다. 때로는 교회의 평안이 성장에 기여한다. 왜냐하면 교회의 평안이 목회자들에게 기회를 늘려주며, 처음에는 고난을 두려워하던 자들을 교회로 불러들이기 때문이다. 주를 경외함과 성령의 위로 가운데 그들이 행하였을 때 수가 더 많아졌다. 이처럼 말씀으로 은혜를 받지 못하는 사람들이라도 신앙의 고백자들과 교제하므로 은혜를 받을 수 있다.

[32]그 때에 베드로가 사방으로 두루 다니다가 룻다에 사는 성도들에게도 내려갔더니 [33]거기서 애니아라 하는 사람을 만나매 그는 중풍병으로 침상 위에 누운 지 여덟 해라 [34]베드로가 이르되 애니아야 예수 그리스도께서 너를 낫게 하시니 일어나 네 자

리를 정돈하라 한대 곧 일어나니 ³⁵룻다와 사론에 사는 사람들이 다 그를 보고 주께로 돌아오니라

Ⅰ. 베드로가 흩어진 전도자들이 새롭게 새운 교회들을 방문하였다(32절).

1. 그 때에 베드로가 사방으로 두루 다니다가. 베드로는 어느 한 교회에 상주하는 담임목사가 될 수 없었고, 열악한 전도자들의 가르침을 확증하고, 믿는 자들에게 성령을 베풀고, 사역자들을 세우기 위해 많은 교회들을 순회해야 했다. 그는 디아 판톤, 곧 사방으로 두루 다녔다. 이들은 앞 장에서 언급된 유대, 갈릴리, 사마리아의 교회들이다. 그는 주님처럼 항상 옮겨 다니며 선한 일을 하였다. 하지만 그의 본부는 여전히 예루살렘이었다. 우리는 12장 2절에서 예루살렘에서 감옥에 갇혀있는 베드로를 보게 될 것이다. 룻다에 사는 성도들에게도 내려갔더니. 룻다는 베냐민 지파의 한 성인 롯(혹은 로드)과 동일한 곳인 듯하다(대상 8:12; 스 2:33). 여기서 그리스도인들이 성도들이라고 불리고 있다. 이 말은 성 베드로와 성 바울처럼 아주 특별하고 탁월한 사람들뿐 아니라 그리스도에 대한 신앙을 진지하게 고백한 모든 사람에게 적용되는 말이다. 땅에 있는 성도들은 존귀한 자들이니(시 16:3).

Ⅱ. 베드로가 애니아를 치료하였다. 애니아는 팔 년 동안 누워만 지낸 남자였다(33절).

1. 그의 병세는 너무나 한탄스러웠다. 그는 중풍병을 앓고 있었다. 아마도 완전히 마비된 상태였을 것이다. 그가 침상에만 누워있을 정도로 병세가 심각하였다. 그의 병은 만성이었다. 왜냐하면 여덟 해 동안이나 그가 침상 위에 누워있었기 때문이다. 추측컨대, 환자 자신이나 주변 사람들 모두 그의 치료를 단념하였으며, 그가 무덤에 들어가기까지 침상 위에 계속 누워있는 수밖에 달리 방도가 없다고 결론을 내렸을 것이다. 그런데 그리스도는 자연적인 방법으로는 고칠 수 없는 그런 질병을 가진 환자들을 택하셔서 타락한 인간의 상태가 얼마나 절망적인가를 보여주신 다음 그들을 치료하셨다. 우리가 이 가련한 사람처럼 힘이 없을 때 주님은 말씀을 베풀어 우리를 치료하신다.

2. 그의 치료는 매우 감탄할 만한 것이었다(34절). (1) 베드로는 애니아의 사정을 그리스도께 아뢰었고, 그를 고치기 위해 그리스도를 끌어들였다. 애니아야 예수 그리스도께서 너를 낫게 하시니. 베드로는 자기 자신의 어떠한 힘으로 고치

는 체하지 않고 그 치료가 그리스도의 행위라고 선언한다. 그리하여 도움을 받기 위해 그리스도를 바라보라고 그에게 지시하며, 즉각적인 치료를 그에게 보증한다. "그리스도께서 너를 낫게 하실 것이라"가 아니라 "그리스도께서 너를 낫게 하신다"라고 베드로는 말한다. 그리고 베드로는 완전한 치료를 보증한다. "그리스도께서 너를 편안하게 해 주신다"가 아니라 "그리스도께서 너를 낫게 하신다"라고 베드로는 말한다. 베드로는 자신이 그리스도께 기도하므로 그리스도께서 그를 낫게 하신다고 표현하지 않았다. 그는 그리스도로 말미암은 권위를 가지고 있고 그분의 마음을 아는 사람으로서 그리스도께서 그를 낫게 하셨다고 선언한다.

(2) 베드로는 애니아에게 스스로 분발하여 움직이라고 명령하였다. "모든 사람들이 네가 완전히 나은 것을 볼 수 있도록 일어나 네 자리를 정돈하라." 은혜의 능력으로 말미암아 우리의 모든 일 가운데 역사하시는 분이 그리스도이시기 때문에 우리는 할 일도 없고 아무런 의무도 없다고 말하지 말자. 물론 예수 그리스도께서 당신을 낫게 하시지만 당신 자신도 일어나야 하며 그리스도께서 당신에게 주시는 그 능력을 활용해야 한다. "일어나 네 자리를 정돈하라. 그리하여 더 이상 질병의 자리가 아니라 휴식의 자리로 만들라."

(3) 이 말씀과 더불어 능력이 임하였다. 그는 즉시 일어났고 그 자리를 아주 기쁘게 정돈하였다.

Ⅲ. 이 사건이 많은 사람들에게 큰 영향을 끼쳤다(35절).   룻다와 사론에 사는 사람들이 다 그를 보고 주께로 돌아오니라. 이 지역들에 사는 모든 사람들이 이 기적을 듣고 주께로 돌아왔다고 생각하기 힘들다. 그러나 룻다와 사론 지역에 사는 대부분의 사람들이 주께로 돌아왔다. 사론은 비옥한 평원 혹은 골짜기로서 사론은 양 떼의 우리가 되겠고 라고 예언되었다(사 65:10).

1. 그들 모두는 이 기적의 진실을 조사하고, 못 본 체하지 않았다. 그들은 고침받은 사람을 보았고, 그 치료가 그리스도의 능력으로, 그의 이름으로 말미암은 기적적인 치료임을 깨달았다. 그리고 이 사건이 지금 세상에 전파된 그리스도의 가르침을 확증하고 실증하기 위해 계획된 것임을 깨달았다.

2. 이 사건을 통해 기독교 교리가 하나님으로 말미암은 것이라는 확실한 증거를 그들 모두가 받아들이고 주께로 돌아왔다. 즉, 그들이 유대교에서 기독교로 돌아섰다. 그들은 그리스도의 가르침을 받아들이고 그의 의식을 따랐으며,

그리스도에게 자신들을 맡김으로 그의 통치와 가르침과 구원을 받았다.

[36]욥바에 다비다라 하는 여제자가 있으니 그 이름을 번역하면 도르가라 선행과 구제하는 일이 심히 많더니 [37]그 때에 병들어 죽으매 시체를 씻어 다락에 누이니라 [38]룻다가 욥바에서 가까운지라 제자들이 베드로가 거기 있음을 듣고 두 사람을 보내어 지체 말고 와 달라고 간청하여 [39]베드로가 일어나 그들과 함께 가서 이르매 그들이 데리고 다락방에 올라가니 모든 과부가 베드로 곁에 서서 울며 도르가가 그들과 함께 있을 때에 지은 속옷과 겉옷을 다 내보이거늘 [40]베드로가 사람을 다 내보내고 무릎을 꿇고 기도하고 돌이켜 시체를 향하여 이르되 다비다야 일어나라 하니 그가 눈을 떠 베드로를 보고 일어나 앉는지라 [41]베드로가 손을 내밀어 일으키고 성도들과 과부들을 불러 들여 그가 살아난 것을 보이니 [42]온 욥바 사람이 알고 많은 사람이 주를 믿더라 [43]베드로가 욥바에 여러 날 있어 시몬이라 하는 무두장이의 집에서 머무니라

여기서 우리는 베드로가 복음을 확증하기 위해 행한 또 다른 기적을 보게 된다. 이번의 기적은 이전의 기적을 능가하는 것이었다. 곧 얼마 동안 죽었던 다비다를 살려낸 것이다. 다음의 내용을 살펴보자.

I. 이 기적이 일어난 다비다의 삶과 죽음과 성품(36, 37절).

1. 그녀는 욥바에 살았다. 욥바는 단 지파에 속한 항구로서 요나가 다시스로 도망할 때 배를 탔던 곳이며, 지금은 야포(Japho)라고 불린다.

2. 그녀의 이름은 히브리식으로는 다비다였고 헬라식으로는 도르가였다. 두 이름 다 기분 좋은 짐승인 암사슴을 뜻한다. 납달리는 아름다운 소식을 발하는 놓인 암사슴에 비유되었고(창 49:21), 아내는 친절하고 애정어린 남편에게 사랑스러운 암사슴에 비유되었다(잠 5:19).

3. 도르가는 그리스도의 신앙을 받아들이고 세례를 받은 제자였다. 뿐만 아니라 그녀는 많은 사람들에게 자선을 베풀었다. 그녀는 선행으로 그녀의 믿음을 보여주었다. 그녀의 선행은 심히 많았다. 그녀의 머리는 어떻게 선한 일을 할까 하는 걱정과 계획으로 가득하였다. 존귀한 자는 존귀한 일을 계획하나니 그는 항상 존귀한 일에 서리라(사 32:8). 그녀의 손은 쉴새없이 선한 일을 하였다. 그녀는 선한 사업을 도모하였고, 결코 게으르지 않았으며, 선한 일을 힘쓰고(딛 3:8) 지속적으로 하는 비결을 배웠다. 풍성한 열매가 맺힌 나무처럼 그녀의 선

행이 심히 많았다. 선한 말은 많지만 선행은 하나도 없는 사람들이 많다. 그러나 다비다는 훌륭한 말이 아니라 훌륭한 행동을 하는 사람이었다. Non magna loquimur, sed vivimus − 우리는 위대한 일을 말하지 않고 실천한다. 선행들 가운데서도 특히 그녀의 구제하는 일이 주목할 만하였다. 그녀는 선한 행실과 믿음의 열매인 경건을 실천하였을 뿐만 아니라 구제와 자선을 베풀었다. 이는 그녀가 이웃을 사랑하고 이 세상을 멀리함으로 가능한 일이었다. 관찰. 그녀는 그녀가 낸 구제헌금뿐만 아니라 구제하는 일로 말미암아 칭찬을 받았다. 자선을 베풀 수 있는 재산을 갖고 있지 못한 사람들이라도 손으로, 혹은 발로 수고하므로 가난한 자들에게 자선을 베풀 수 있다. 자선을 베풀 마음이 없는 자들은 아무리 겉으로는 베푸는 척해도 설령 부자라 할지라도 자비를 베풀지 않는다. 그녀는 선행이 심히 많았다. 혼 에포이오이 − 그녀는 행하였다. 곧 이 단어는 그녀의 행함을 강조하고 있다. 곧 그녀가 자선을 베푼 일을 보면 전력을 기울여 자선을 행하였고 끈기 있게 해내었다. 그 일은 바로 구제하는 일이었다. 그녀는 이 일을 하려고 결심하거나 계획하거나 말하는데 그치지 않고 실제로 행하였다. 그녀는 이 일을 시작만 하지 않고 끝까지 완성하였다(고후 8:11; 9:7). 이러한 모습이 바로 확실한 제자의 삶이요 성품이다. 그리스도의 제자들은 모두가 이러한 모습을 가져야 할 것이다. 이처럼 우리가 많은 열매를 맺으면 참으로 그리스도의 제자일 것이다(요 15:8).

4. 그녀는 쓰임받는 중에 옮겨졌다(37절). 그 때에 병들어 죽으매. 가난한 자들을 보살피는 자들이 받은 약속은 그들이 절대로 병들지 않는다는 것이 아니다. 그러나 주님은 그들을 병상에서 붙드실 것이며, 적어도 그들의 영혼을 붙드실 것이며, 병상 중에도 그들을 편안하게 하실 것이다(시 41:1, 3). 그들이라고 절대로 죽지 않는다는 소망을 가질 수 없다(진실한 이들[남자들]이 거두어 감을 당하며[사 57:1], 자비한 여자들 역시 거두어 감을 당한다는 것을 다비다는 증거한다). 그러나 그들은 그 날에 주의 긍휼을 입을 것을 소망할 수 있다(딤후 1:18).

5. 그녀의 친구들과 주변 사람들은 평상시처럼 그녀를 즉시 장사하지 않았다. 왜냐하면 베드로가 와서 그녀를 다시 살게 해 주기를 기대했기 때문이다. 하지만 그들은 관습에 따라 그녀의 시체를 씻었다. 전해지는 바에 따르면 시체를 따뜻한 물로 씻었는데 혹시 그 몸에 생명이 남아있을 경우 그 몸을 소생시키기 위함이었다고 한다. 따라서 물로 씻었다는 것은 그녀가 정말로 죽었다는

것을 보여주기 위한 것이었다. 그들은 그녀를 소생시키기 위해 일상적인 방법을 모두 시도해 보았지만 살릴 수 없었다. Conclamatum est – 최후의 통곡소리가 들렸다. 그들은 수의를 입힌 다비다의 시체를 꺼내어 다락에 뉘었다. 여기서 다락은 아마도 그 마을의 신자들이 공적으로 모이는 장소였을 것이며, 이로 인해 베드로가 오면 그 곳에서 좀 더 진지하게 그녀를 살릴 수 있도록 그들이 그 곳에 시체를 두었다고 라이트푸트(Lightfoot) 박사는 생각한다.

Ⅱ. 다비다의 믿음의 친구들이 신속하게 베드로에게 사람을 보내어 와 달라고 간청함. 이는 장례식에 참석해 달라는 요청이 아니라 가능하다면 그 장례식을 막아달라는 요청이었다(38절). 베드로가 지금 있는 룻다는 욥바에서 가까운 곳에 있었다. 욥바에 있는 제자들이 베드로가 그 곳에서 애니아를 병상에서 일으켰다는 소식을 들었다. 따라서 그들은 두 사람을 보내었다. 두 사람을 보낸 것은 메시지를 보다 엄숙하고 정중하게 전하기 위함이며, 이는 베드로가 지체 말고 와 주기를 그들이 바랐기 때문이다. 죽은 자를 살리는 큰 임무를 점잖게 거절할까봐 그들은 그 곳 사정을 베드로에게 말하지 않았다. 두 사람이 베드로를 그들에게 모시고 오면 그 일을 맡기려고 하였다. 그들의 친구가 죽었기 때문에 의사를 데리고 오기에는 너무 늦었다. 그러나 베드로를 모시고 오는 데는 늦지 않았다. Post mortem medicus – 죽은 다음에 의사는 소용이 없다. 그러나 Post mortem apostolus – 죽은 다음에 사도는 소용이 있다.

Ⅲ. 베드로가 왔을 때 사람들이 그에게 보여준 자세(39절). 베드로가 일어나 그들과 함께 가서. 그들이 베드로에게 무엇을 원하는지 말하지 않았지만 그는 기꺼이 그들과 함께 갔다. 두 사람이 자신에게 보내어진 데는 이런저런 타당한 이유가 있을 것이라고 그는 믿었기 때문이다. 여기서 큰 사도가 스스로 모든 사람에게 종이 된 것을 볼 수 있다(고전 9:19). 신실한 사역자들은 능력이 있는 한, 모든 사람이 원하는 대로 하는 것을 못마땅해하지 말아야 할 것이다. 베드로는 다락에 누운 시체를 보았고, 과부들이 따랐다. 아마도 이 과부들은 교회에 속한 가난한 과부들이었을 것이다. 그들이 그 곳에서 다음과 같은 일을 하였다.

1. 그들이 죽은 자를 기리고 있었는데 이는 선한 일이다. 그들이 그 곳에 있었다는 것은 참으로 칭찬할 만하며 본받을 만한 일이다. 살아있는 사람들이 죽은 자를 기리는 가운데 얌전하게 술 취하지 않고, 살아있는 사람들의 아첨이나 악의적인 의도가 없이, 순수하게 하나님의 영광을 위하고 다른 사람들에게 덕

스럽고 칭찬할 만한 것을 일깨워 준다는 것은 좋은 일이다. 다비다에 대한 칭찬은 말이 아니라 행동으로 보인 그녀의 선행에 따른 것이다. 여기서는 연설하는 가운데 그녀에 대한 찬사나 기념비에 새겨진 시도 없었으나 과부들이 도르가가 그들과 함께 있을 때에 지은 속옷과 겉옷을 다 내보였다. 욥이 살아있는 동안 누린 낙은 가난한 자들의 허리가 양털로 따뜻하여서 그를 위하여 복을 비는 일이었다(욥 31:20). 다비다가 죽었을 때 과부들의 등이 그녀가 그들을 위해 지어준 옷 때문에 그녀를 칭송한 것이 그녀의 명예가 되었다. 사람들이 말을 하든 안 하든 그 행한 일로 말미암아 성문에서 칭찬을 받으리라(잠 31:31). 한 무리의 노쇠한 과부들의 옷을 밤낮으로 지어준 일은 너무나도 존경할 만한 일이며, 그들이 은인을 못 보게 될 때에 복을 빌 것이다. 이는 한 무리의 게으른 보병들에게 호화로운 제복을 지어주는 것보다 더 복받을 일이다. 아마도 뒤에서 보병들의 등은 그 옷을 지어준 자들을 저주할 것이다(전 7:21). 선행은 참으로 위대한 일이며 즉시 좋은 결말이 나오기 때문에 지혜롭고 선한 모든 자들은 선행에서 기쁨을 취한다. 관찰.

(1) 다비다의 자비가 어떤 식으로 나타났는가? 의심할 여지 없이 그녀가 다른 식으로도 구제를 실천하였겠지만 여기서는 옷을 지어준 것으로 나타났다. 다비다는 가난한 과부들을 위하여 손수 속옷과 겉옷을 지어 주었을 것이다. 아마도 이 과부들은 그럭저럭 먹고 살 수는 있었으나 옷을 살 돈을 벌 수는 없었을 것이다. 헐벗은 자를 보면 입혀주는(사 58:7) 이것이야말로 온전한 사랑이다. 헐벗은 자를 보고 그에게 덥게 하라고 말함으로 충분하다고 생각해서는 안 된다(약 2:15, 16).

(2) 가난한 사람들이 그녀의 친절한 행위에 대하여 얼마나 고마워했는가? 그들은 옷을 보여주며 자기들이 다비다의 은혜로 옷을 입게 된 것을 부끄러워하지 않았다. 이 과부들이 했던 것처럼 은혜를 입은 후 자신이 받은 그 은혜를 보여줌으로써 최소한 그 은혜를 인정하는 것이 마땅하며 그렇지 않는 자들은 참으로 배은망덕한 사람들이다. 구제를 받은 사람들이 구제한 사람들처럼 그 사실을 감출 의무는 없다. 가난한 사람들이 부자들을 무정하다, 무자비하다고 비난하기 전에 먼저 자기 자신들을 돌아보고 자신들이 감사하지 않고 은혜를 잊어버리지 않았나 숙고해야 한다. 과부들이 도르가가 지어준 속옷과 겉옷을 보여준 것은 그녀의 사랑뿐 아니라 현숙한 여인인 그녀의 근면을 칭송한 것이었

다. 현숙한 여인은 손으로 솜뭉치를 들고 손가락으로 가락을 잡으며 그는 곤고한 자에게 손을 펴며 궁핍한 자를 위하여 손을 내밀며 자기 집 사람들은 다 홍색 옷을 입었으므로 눈이 와도 그는 자기 집 사람들을 위하여 염려하지 아니하며 그는 자기를 위하여 아름다운 이불을 지으며 세마포와 자색 옷을 입는다(잠 31:19-22).

2. 그들은 여기서 그녀의 죽음을 애통하고 있었다. 그들은 베드로 곁에 서서 울고 있었다. 인정 많은 사람이 떠났을 때 그는 그로부터 특별한 사랑을 받은 사람들의 마음에 남아있을 것이다. 과부들이 도르가를 위해 울 필요는 없다. 그녀는 다가올 악을 피하여 옮겨진 것이기 때문이다. 그녀는 자신의 일로부터 쉼을 얻고 그녀가 한 일들이 그녀의 뒤를 따른다. 또한 그녀 뒤에 그 일들이 남는다. 그들이 울어야 하는 이유는 자신들과 그들의 자녀들이 이처럼 착한 여인을 볼 수 없기 때문이며, 또한 그와 같은 사람을 만나 볼 수 없기 때문이다. 관찰. 과부들은 착한 도르가가 그들과 함께 있을 때에 행한 일을 주목하였으나 지금 그녀는 그들 곁을 떠났다. 이것이 그들의 슬픔이다. 자비로운 사람들은 가난한 사람들이 언제나 그들 곁에 있다는 사실을 깨닫는다. 한편 가난한 사람들도 그들 곁에 자비로운 사람들이 함께 있다는 사실을 깨닫는다면 좋을 것이다. 빛이 잠시 우리와 함께 있는 동안 우리는 그 빛을 신용해야 한다. 왜냐하면 빛이 언제나 우리와 함께 있는 것이 아니기 때문이다. 빛 된 사람들이 떠나면 우리는 그들이 우리와 함께 있을 때 행하였던 일을 생각할 것이다. 베드로가 혹 그들을 측은히 여겨 무언가 도와줄 수 있을까 하여, 그리고 그들에게 동정을 베푼 사람을 살려낼까 하여 과부들이 베드로 앞에서 슬피 울며 그의 마음을 자극한 것 같다. 오늘날 자비로운 사람들이 죽을 때 우리는 그들을 다시 살려 달라고 기도하지는 않는다. 그러나 그들이 병들었을 때 우리는 그들에 대한 감사의 표현으로 그들의 회복을 위해 기도하는데, 병든 그들이 죽지 않고 사는 것이 하나님의 뜻이라면 제발 살려 달라고 기도한다.

Ⅳ. 그녀를 소생시킨 방법.

1. 은밀하게. 그녀는 공적인 예배로 사용되었던 다락방에 뉘어져 있었으며, 시체 주위에 큰 무리가 모여서 일이 어떻게 되는가 기대감을 가지고 바라보았던 것 같다. 그러나 베드로가 사람을 다 내보내었다. 베드로는 슬피 울고 있던 과부들을 비롯하여 친척들 몇 명만 제외하고 모든 사람을 내보내었으며, 아마도 교회의 중직들은 함께 기도하기 위해 남게 하였을 것이다. 그리스도께서도 기도

의 동역자들을 남게 하셨다(마 9:25). 이리하여 베드로는 과시와 허식처럼 보이는 모든 것을 거절하였다. 교인들을 보려고 왔지만 베드로는 보이기 위해 오지 않았다. 그가 사람을 다 내보낸 것은 좀 더 자유롭게 하나님 앞에서 기도에 전념하기 위함이었고, 또한 사람들의 시끄럽고 떠들썩한 통곡으로 방해받지 않기 위함이었다.

2. 기도로. 베드로가 애니아를 고칠 때에는 은연 중에 기도하였다. 그러나 이번은 그보다 더 큰 일이었기에 그는 마치 그리스도께서 나사로를 살리실 때 기도하셨던 것처럼 본격적으로 하나님께 진지한 기도를 드리기 시작하였다. 그러나 그리스도의 기도는 아들의 권위를 가진 것으로 자기가 원하는 자를 살리시는(요 5:21) 그런 기도였다. 반면 베드로는 지시를 받은 종으로서 복종하는 것이며, 이에 그는 무릎을 꿇고 기도하였다.

3. 말씀, 곧 살리는 말씀, 영혼과 생명의 말씀으로. 베드로는 돌이켜 시체를 향하였다. 이는 베드로가 기도할 때 시체를 등진 것을 암시한다. 그는 시체를 봄으로 믿음이 훼방을 받지 않도록 하려고 다른 곳을 보았다. 그는 아브라함처럼 바랄 수 없는 중에 바라고 믿었으며, 방해거리가 되고 있는 곤란함을 보지 않고 지금 시체가 죽었다고 생각하지 아니하였다. 이는 우리가 하나님의 약속을 의심하지 않아야 한다는 교훈을 주는 것이다(롬 4:18-20). 그러나 그가 기도한 다음에는 돌이켜 시체를 향하여 주님의 본을 따라 주님의 이름으로 다비다야 일어나라고 말하니 그녀가 다시 살아났다. 이 말과 함께 능력이 나타났고, 그녀가 살아났으며, 죽을 때 감았던 눈을 떴다. 이와 같이 죽은 영혼이 영적으로 살아날 때 처음으로 보이는 생명의 흔적은 마음의 눈을 뜨는 것이다(26:18). 다비다가 베드로를 보고 앉은 것은 그녀가 참으로 살아난 것을 보여주는 것이다. 그리고 베드로가 손을 내밀어 일으켰다. 그녀가 여전히 허약함으로 고생을 하였기 때문에 베드로가 손을 내민 것이 아니라 그녀의 소생을 환영하기 위해, 그리고 그녀가 떠나 있었던 살아있는 자들과의 교제 가운데로 인도하기 위해 손을 내민 것이다. 그리고 마지막으로 베드로는 다비다의 죽음을 슬퍼하던 성도들과 과부들을 불러 들여 그가 살아난 것을 보였다. 이로써 그들이 큰 위로를 받았으며, 특히 다비다의 죽음을 마음을 새겼던 과부들은 더할 나위 없는 위로를 받았다. 엘리야(왕상 17:23), 엘리사(왕하 4:36), 그리고 그리스도께서(눅 7:15) 죽었던 아들을 그 어머니에게 건네주었던 것처럼 베드로가 다비다를 과부들에게 건네주었다.

죽은 자가 살아남으로 말미암아 크게 기뻐하고 만족해하였다.

V. 이 기적이 가져온 좋은 결과.

1. 많은 사람들이 이로 말미암아 복음의 진리를 믿게 되었다. 즉, 복음이 하늘로부터 온 것이며 사람들로 말미암은 것이 아닌 것을 깨닫고 주님을 믿었다(42절). 이 사실을 온 욥바 사람이 알았다. 이 사실이 사람들의 입을 통해 속히 퍼져 나갔다. 욥바는 항구 도시였기 때문에 이 사실이 그 곳에서부터 금세 다른 곳으로 퍼졌을 것이다. 어떤 이들은 이 소식에 전혀 개의치 않았지만 많은 사람이 이로 인해 영향을 받았다. 하나님의 계시를 믿게 하는 이것이 바로 기적의 목적이었다.

2. 베드로가 권유를 이기지 못하여 얼마 동안 이 성에 머물렀다. 그 곳에 전도할 기회의 문이 열려진 것을 알고 베드로는 다른 일로 다른 곳에 보내어질 때까지 그 곳에 여러 날 머물렀다. 그는 다비다의 집에 머무르지 않았다. 비록 그녀가 부자였지만 베드로가 자신의 영화를 구하는 듯이 보일까봐 그녀의 집에 있지 않고 시몬이라 하는 무두장이, 평범한 상인의 집에서 머물렀다. 이는 베드로의 겸손을 보여주는 증거이다. 이로써 그는 높은 데 마음을 두지 말고 도리어 낮은 데 처하는 삶을 우리에게 가르쳐주었다(롬 12:16). 베드로가 해변에 위치한 가난한 무두장이의 집에서 이름 없이 묻히는 듯하였으나 하나님께서 그를 고귀한 섬김의 자리로 옮겨주셨다. 이러한 사실이 다음 장에 기록되었나. 자기를 낮추는 자는 높아지리라(눅 14:11).

제
— 10 —
장

개요

　　본 장의 이야기는 사도행전에 매우 새롭고 주목할 만한 전환점을 제공한다. 지금까지는 예루살렘과 다른 모든 곳에서 그리스도의 종들이 오직 유대인들, 혹은 할례받고 유대교로 개종한 헬라인들에게만 복음을 전하였다. 하지만 이제는 "우리가 이방인에게로 향한다." 여기서는 이방인들에게도 믿음의 문이 열려 있다. 참으로 이방인인 우리 죄인들에도 복음이 전해진다. 베드로 사도는 할례받지 아니한 이방인들을 기독교에 입장시킨 최초의 사람이다. 그리고 로마의 백부장인 고넬료는 그 가족과 친구들과 함께 기독교에 들어온 최초의 사람이다. 여기에서 우리는 다음과 같은 내용을 볼 수 있다. I. 고넬료가 환상 중에 베드로에게 사람을 보내라는 지시를 받고 지시대로 베드로에게 사람을 보냄(1-8절). II. 베드로가 환상 중에 고넬료에게 가라는 지시를 받음. 비록 고넬료가 이방인이었지만 베드로는 아무런 거리낌 없이 지시를 따름(9-23절). III. 베드로와 고넬료가 가이사랴에서 만남(24-33절). IV. 베드로가 고넬료의 집에서 그와 그의 친구들에게 전한 말씀(34-43절). V. 고넬료와 그의 친구들이 최초로 성령의 세례를 받고 이후에 물로 세례를 받음(44-48절).

[1]가이사랴에 고넬료라 하는 사람이 있으니 이달리야 부대라 하는 군대의 백부장이라 [2]그가 경건하여 온 집안과 더불어 하나님을 경외하며 백성을 많이 구제하고 하나님께 항상 기도하더니 [3]하루는 제 구 시쯤 되어 환상 중에 밝히 보매 하나님의 사자가 들어와 이르되 고넬료야 하니 [4]고넬료가 주목하여 보고 두려워 이르되 주여 무슨 일이니이까 천사가 이르되 네 기도와 구제가 하나님 앞에 상달되어 기억하신 바가 되었으니 [5]네가 지금 사람들을 욥바에 보내어 베드로라 하는 시몬을 청하라 [6]그는 무두장이 시몬의 집에 유숙하니 그 집은 해변에 있다 하더라 [7]마침 말하던 천사가 떠나매 고넬료가 집안 하인 둘과 부하 가운데 경건한 사람 하나를 불러 [8]이 일을 다 이르고 욥바로 보내니라

이방인들에게 복음이 전해지고 나그네요 외인들이었던 이방인들이 성도들과 함께 동일한 시민이요 하나님의 권속이 된 일은 사도들에게는 매우 신비하고 놀라운 일이었기에 우리는 이 위대한 일이 시작된 상황을 주의 깊게 살펴볼 필요가 있다. 이 일은 경건의 신비에 속한 것이요, 이방인들에게 전파되시고 세상에서 믿은 바 되신 그리스도께 속한 것이다(딤전 3:16). 이전에 이방인들이 유대인들의 회당에 들어와 전파된 복음을 듣는 것이 전혀 불가능한 일은 아니었을 것이다. 하지만 아직은 복음이 이방인들에게 계획적으로 전파되지 아니했으며, 그들 가운데 아무도 세례를 받지 못하였다. 고넬료가 최초로 복음을 듣고 세례를 받은 사람이었다. 여기서 우리는 다음과 같은 내용을 보게 된다.

I. 이방인들 가운데 그리스도의 첫 열매가 된 이 고넬료가 누구이며 직업이 무엇인지 우리에게 설명함. 여기서 우리는 고넬료가 탁월하고 착한 사람이었다는 사실을 볼 수 있다. 두 가지 성격을 겸비하기가 쉽지 않은데 그는 두 성격을 겸비하였다. 두 성격이 합치면 서로를 빛나게 한다. 착함은 탁월함을 아주 유익하게 만들며, 탁월함은 착함을 훨씬 더 쓸모 있게 만든다.

1. 고넬료는 군대의 지휘관이었다(1절). 그는 당시 가이사랴에 배치되었다. 가이사랴는 최근에 헤롯 대왕이 재건축하고 요새화한 강한 성이었다. 그리고 아우구스투스 가이사(Augustus Caesar)에게 경의를 표하기 위해 가이사랴(Caesarea)라고 칭하였다. 이 곳은 해변에 위치하고 있어서 로마와 점령시의 통신을 유지하는데 상당히 유리한 지역이었다. 보통 로마의 총독은 이 곳에 주재하였다(23:23, 24: 25:6). 바로 이 곳에 로마 군대의 부대가 있었고, 이 부대는 아마도 총독의 경호부대였을 것이다. 여기서 이달리야 부대라고 칭해진 것은 그들이 충성심이 뛰어난 토종 로마인들 또는 이탈리아인들이었기 때문일 것이다. 고넬료는 이런 부대를 통솔할 수 있는 지휘권을 가지고 있었다. 그의 이름 고넬료는 고대 로마의 귀족들 가운데 매우 흔한 이름이었다. 그는 상당한 계급과 풍채를 가진 지휘관인 백부장이었다. 우리는 복음서에서 우리 주님 당시에 이와 같은 계급을 가졌던 한 사람에 대한 이야기를 읽을 수 있다. 거기서 주님은 그를 크게 칭찬하신 바 있다(마 8:10). 이방인이 최초로 복음을 받도록 정해졌을 때 그는 이방의 철학자도 아니었고 더구나 이방의 제사장도 아니었고(그들은 자기들의 생각과 숭배만을 고집하였고 그리스도의 복음에 대한 편견을 가지고 있었다) 비교적 자유로운 생각을 가지고 있었던 이방의 군인이었다. 그런 자유

로운 생각을 가진 자 앞에 기독교가 분명하게 제시되었을 때 그는 그것을 받아들이지 않을 수 없었고 환영한다고 말하지 않을 수 없었다. 유대인들 가운데 최초로 회심한 자들은 배우지 못하고 무식한 어부들이었지만 이방인들 가운데 최초의 회심자는 그런 사람이 아니었다. 왜냐하면 복음 안에는 세련된 학문과 많은 교육을 받은 사람들에게 권할 수 있는 그런 요소가 있다는 것을 세계가 알아야 될 것이기 때문이다. 우리가 생각하기에 이 백부장은 세련된 학문과 많은 교육을 받은 사람이었다. 군인들과 군대의 지휘관들은 자신들의 직업이 억압당하는 사람들을 해방시키는 것이며, 그들에게 삶의 기회를 더 많이 주는 것이기 때문에 자신들이 경건하지 않다 할지라도 용서해 달라고 항변하지 말라. 왜냐하면 여기에 기독교를 받아들인 군대의 지휘관이 있기 때문이다. 그는 기독교를 받아들였으면서도 자신의 위치에서 쫓겨나지도 해고되지도 않았다. 마지막으로, 이방인들이 교회 안에 들어왔을 뿐만 아니라 최초에 들어온 사람이 로마 군대의 지휘관이었다는 사실은 유대인들에게는 치욕이었다. 왜냐하면 로마 군대는 유대인들에게 멸망의 가증한 것이었기 때문이다.

2. 그는 나름대로 경건한 사람이었다. 그는 매우 착한 성품을 타고났다(2절). 그는 우상숭배자도 아니었고, 거짓 신이나 우상을 숭배하지도 않았으며, 그런 우상숭배를 처벌하기 위해 대부분의 이방 세계가 빠진 부도덕한 행위에 열중하지도 않았다.

(1) 그는 참되고 살아 계신 하나님을 존경하는 도리에 사로잡혔다. 그는 경건하고 하나님을 경외하는 사람이었다. 그는 유일신 하나님, 곧 천지를 지으신 창조자를 믿었고 그의 영광과 권위를 경외하였으며, 하나님께 죄를 범하는 것을 두려워하였다. 비록 그가 군인이었지만 하나님 앞에서 벌벌 떨었고 그 때문에 그의 용맹에 대한 신뢰가 조금도 떨어지지 않았다.

(2) 그는 가정 안에서 신앙을 지켰다. 온 집안과 더불어 하나님을 경외하며. 그는 자기 집 지붕 하에서는 어떠한 우상숭배도 허락하지 않았고, 자신은 물론 그의 모든 식솔들이 주님을 섬기게 하였다. 착한 사람은 있는 힘을 다해 자기 주변에 있는 사람 역시 착하도록 인도할 것이다.

(3) 그는 매우 자비로운 사람이었다. 그는 백성을 많이 구제하였다. 유대교의 특이성에도 불구하고 그는 유대 백성을 구제하였다. 그는 이방인이었지만 어떤 종교를 가졌는지 묻지 않고 정말로 자비가 필요한 사람에게 기꺼이 구제를

베풀었다.

(4) 그는 많은 기도를 하였다. 하나님께 항상 기도하더니. 그는 기도 시간을 정해놓고 그 시간에 끊임없이 기도하였다. 적용. 하나님을 경외하는 마음이 강할 때 자비와 경건의 행위가 함께 나타나며, 둘 중 하나라도 빠지지 않을 것이다.

Ⅱ. 하늘에서부터 천사를 통하여 고넬료에게 지시가 내려짐. 그 지시는 베드로에게 사람을 보내어 그를 청하라는 것이었다. 만일 고넬료가 이러한 지시를 받지 않았다면 결코 이런 일을 하지 않았을 것이다.

1. 이런 지시가 어떻게, 어떤 방법으로 그에게 내려졌는가? 그는 환상 중에 천사가 그에게 전해준 지시를 받았다. 시간은 대략 구 시쯤, 곧 오후 세시쯤이었다. 우리는 이 때에 한창 바쁘고 누군가를 만난다. 하지만 성전 안에서는 이 때가 저녁 희생제물을 드리는 시간이었기 때문에 경건한 사람들은 이 때가 기도의 시간이었다. 이는 우리의 모든 기도가 큰 희생을 통해 드려져야 한다는 것을 암시한다. 당시 고넬료는 기도하던 중이었다. 이에 대해 고넬료 자신이 증거한다(30절). 이제 우리는 본문에서 다음과 같은 사실을 알 수 있다.

(1) 하나님의 사자가 그에게 들어왔다. 빛나는 얼굴과 들어오는 태도로 인해 그가 인간 이상의 어떤 존재, 다름 아니라 하늘로부터 직접 내려온 천사라는 사실을 고넬료는 알았다.

(2) 그는 육체의 눈으로 천사를 밝히 보았다. 상상으로 펼쳐진 꿈속이 아니라 그의 시력에 나타난 환상 중에서 그가 천사를 본 것이다. 그에게 큰 만족을 주기 위해 환상은 증거와 함께 나타났다.

(3) 천사가 고넬료야 하고 그 이름을 불렀다. 이는 하나님께서 그를 특별하게 주목하셨다는 것을 암시한다.

(4) 이러한 현상은 고넬료를 한동안 당황케 하였다(4절). 고넬료가 주목하여 보고 두려워. 아무리 지혜롭고 더할 나위 없이 착한 사람들이라도 비범한 사자가 하늘로부터 나타날 때 갑작스런 두려움에 빠지고 만다. 의당 죄인은 하늘로부터 좋은 소식을 기대할 만한 까닭이 없다는 것을 알고 있기 때문이다. 그러므로 고넬료는 "주여 무슨 일이니이까?"라고 외친다. 그는 뭔가 잘못된 것을 두려워하는 사람처럼 진실을 알게 되므로 그 두려움이 풀어지기를 간절히 바라면서 이렇게 외친 것이다. 혹은 여호수아나 사무엘처럼 하나님의 마음을 알아 거기에 따르기를 간절히 원하는 사람처럼 이렇게 외친 것이다. 여호수아는 내

주여 종에게 무슨 말씀을 하려 하시나이까?(수 5:14)라고 외쳤고, 사무엘은 말씀하옵소서 주의 종이 듣겠나이다(삼상 3:10)라고 말하였다.

2. 고넬료에게 전해진 메시지의 내용이 무엇이었나?

(1) 그가 가진 능력을 따라 행한 일을 하나님께서 받으셨다는 사실을 그는 보증받았다(4절). 네 기도와 구제가 하나님 앞에 상달되어 기억하신 바가 되었으니. 관찰. 기도와 구제가 병행되어야 한다. 우리의 기도 뒤에는 구제가 뒤따라야 한다. 왜냐하면 하나님께서 기뻐하시는 금식은 주린 자에게 심정이 동하는 것이기 때문이다(사 58:10). 우리 안에 있는 것이 깨끗해지기 위해서는 기도하는 것만으로는 충분하지 않으며, 우리가 가진 것으로 구제해야 한다(눅 11:41). 또한 우리의 구제에는 기도가 뒤따라야 한다. 그래야 하나님께서 그것을 기쁘게 받아주시며, 아울러 구제받는 자들에게 은혜가 될 수 있다. 고넬료는 바리새인들처럼 사람들에게 보이려고 기도하고 구제한 것이 아니라 진지하게 하나님 앞에서 기도하고 구제하였다. 그리하여 그의 기도와 구제가 하나님 앞에 상달되어 기억하신 바가 되었다는 소식을 듣게 되었던 것이다. 그의 기도와 구제가 하늘에 기록되었다. 하늘에는 하나님을 경외하는 모든 자들의 행위를 기록하는 기념 책이 있다. 따라서 고넬료의 잘한 일이 다음과 같이 기억될 것이다. "네 기도가 응답될 것이며, 네 구제가 보상받으리라." 율법 아래에서 희생제물은 기념을 위한 것이라고 말한다. 레위기 2:9, 16; 5:12; 6:15을 보라. 기도와 구제는 영적인 제물이며, 하나님께서는 이를 알고 싶어하시고 주시하신다. 유대인들에게 전해진 하나님의 계시가 이방인들에게는 자연의 빛과 법칙을 지시하는 것일 뿐만 아니라 오실 메시야를 약속한 것이라고 고넬료는 그렇게 믿고 따랐다. 그의 행위는 믿음으로 인한 것이었으며, 하나님께서 그 믿음의 행위를 열납하셨다. 그리스도의 복음을 받은 이방인들이 세례받은 그리스도인이 되어야 하는 것처럼 모세의 율법을 받은 이방인들이 꼭 할례받은 유대인들이 되어야 하는 것은 아니었다.

(2) 그는 최근에 세상에 알려진 하나님의 은혜를 더 많이 깨닫기 위해 물어보라는 지시를 받았다(5, 6절). 지금 사람들을 욥바에 보내어 베드로라 하는 시몬을 청하라. 그는 무두장이 시몬의 집에 유숙하니 그 집은 해변에 있다 하더라. 사람을 보내어 그를 청하면 그가 올 것이다. 그리고 그가 오면 주여 무슨 일이니이까?라는 너의 질문에 대한 응답으로 네가 무엇을 해야 하는지 그가 말해 줄 것이다. 지금 여기서 놀라운 두 가지 사실을 생각해 볼 수 있다.

[1] 고넬료가 하나님을 경외하는 중에 기도하고 구제하였으며, 자신은 물론 그의 가정이 경건한 생활을 유지하였으며, 이 모든 것을 하나님께서 받으셨다. 하지만 그가 해야 할 그 이상의 일이 있다. 그는 하나님께서 이제 막 사람들 가운데 세우신 기독교 신앙을 받아들여야 한다. 이 말은 그가 원하면 그렇게 할 수 있다는 뜻이나 기독교가 그를 향상시키고 그를 즐겁게 할 수 있다는 뜻이 아니다. 그보다 그가 반드시 기독교 신앙을 받아들여야 한다는 뜻이다. 지금까지 그의 섬김을 하나님께서 받으셨지만 이제 미래를 위해 그가 하나님을 반드시 받아들여야 한다. 메시야에 관한 언약을 믿는 자는 이제 그 언약이 성취된 사실을 믿어야 한다. 하나님께서 아들에 관하여 구약의 예언서보다 더 많은 계시를 기록하게 하신 지금 하나님은 우리가 받은 그 복음을 받아들일 것을 요구하신다. 우리가 예수 그리스도를 믿지 않는 한, 우리의 기도나 구제가 하나님 앞에 상달되어 기억하신 바 될 수 없다. 왜냐하면 우리가 기도와 구제를 하기 전에 먼저 믿음을 가져야 하기 때문이다. 그의 계명은 이것이니 곧 그 아들 예수 그리스도의 이름을 믿는 것이다(요일 3:23). 주께서 하나님이심을 믿는 자들의 기도와 구제만이 하나님 앞에 상달될 수 있다. 또한 예수께서 그리스도이심을 전해 들은 자들의 인격과 기도와 구제가 하나님께 열납되기 위해서는 그들이 들은 사실을 반드시 믿어야 한다.

[2] 지금 하늘로부터 온 천사가 고넬료에게 말하고 있다. 하지만 고넬료는 이 천사로부터 그리스도의 복음을 받아서도 안 되고 또한 그가 무엇을 해야 하는지 천사로부터 들어서도 안 된다. 고작 천사가 말할 수 있는 모든 것은 "베드로에게 사람을 보내어 그를 청하라. 그리하면 그가 너에게 말하리라"는 것이었다. 앞에서 천사가 한 말이 복음을 높이기도 하였지만 또한 이는 복음의 사역을 높이기도 한 것이다. 측량할 수 없는 그리스도의 풍성함을 이방인에게 전하게 하시려고 이 은혜를 주신 것은 지극히 높은 천사들에게가 아니라 모든 성도 중에 지극히 작은 자보다 더 작은 자들에게이며(엡 3:8), 이는 심히 큰 능력은 하나님께 있고 우리에게 있지 아니함을 알게 하려 함이다(고후 4:7). 따라서 천사의 말은 그리스도께서 세우신 교회의 위임을 받쳐준 것이었다. 하나님이 우리가 말하는 바 장차 올 세상을 천사들에게 복종하게 하심이 아니니라(히 2:5). 그렇다면 하나님께서 장차 올 세상을 누구에게 복종하게 하시는가? 그들은 바로 주권자이신 인자이시며, 또한 그의 대리인이며 그 나라의 사역자들(ministers; 장관들)들이다. 따

라서 지금 천사가 고넬료를 두렵게 하지 못한 것처럼 천사들의 위엄이 우리를 두렵게 하지 못하고 그 손으로는 우리를 누르지 못한다(욥 33:7). 천사가 할 수 없는 일을 반드시 사도가 해야 한다는 것이 그에게 영광인 만큼, 목적을 가지고 하늘로부터 급파된 천사가 고넬료에게 사람을 보내어 사도를 청하라고 지시한 것은 사도에게 더 큰 영광이었다. 충성된 사역자와 순종하는 사람들을 함께 엮어주는 것이 천사의 훌륭한 일이다. 그러므로 아주 위대한 사람들도 쓰임받기를 기뻐해야 할 것이다.

Ⅲ. 천사의 지시를 고넬료가 즉각 순종함(7, 8절).　고넬료는 신속히 욥바에게 사람들을 보내어 베드로를 모셔오도록 하였다. 만일 고넬료 자신만 관여되어 있었다면 그가 직접 욥바로 갔을 것이다. 그러나 그에게는 가족, 친척, 그리고 친구들이 있었으며, 이 작은 모임이 함께 욥바로 갈 수 없었기 때문에 그는 사람을 베드로에게 보내었다. 관찰.

1. 그가 언제 사람을 보내었는가? 그에게 말한 천사가 떠나자마자 논의하거나 지체하지 않고 그는 하늘에서 보여준 환상을 따라 순종하였다. 그는 천사의 말을 통하여 자신에게 지시된 중요한 일이 있다는 것을 알았으며, 속히 그 일을 갖기를 갈망하였다. 그는 지체하지 않고 이 지시를 따랐다. 우리의 영혼이 관련된 일에 있어서 우리가 시간을 낭비하지 않는 것이 좋다.

2. 누구를 보내었는가? 그는 하나님을 경외한 집안 하인 둘과 부하 중에서 그를 한결같이 섬긴 경건한 사람 하나를 보내었다. 관찰. 경건한 백부장에게 경건한 부하들이 있었다. 일반적으로 적은 헌신적 사랑이라도 군인들에게는 큰 효과를 나타낸다. 그런데 지휘관이 그 이상의 헌신적인 사랑을 보인다면 군인들은 그보다 더 큰 충성을 하게 될 것이다. 군인들을 다스리는 권한을 가진 군대의 지휘관들은 백부장의 경우에서 알 수 있듯이(마 8:9), 부하들에게 신앙을 장려할 수 있는 기회가 많으며, 그들의 권한을 잘만 이용하면 그들의 통솔을 받는 자들이 적어도 악과 세속적인 것에 빠지는 것을 막을 수 있다. 관찰. 이 백부장이 자기를 수행할 몇 명의 부하들을 선택해야 했을 때 경건한 자들을 골랐다. 경건한 자들을 발탁하고 장려해야 다른 부하들에게도 경건을 장려할 수 있기 때문이다. 고넬료는 다음과 같은 다윗의 기준을 따라 사람을 발탁하였다. 내 눈이 이 땅의 충성된 자를 살펴 나와 함께 살게 하리니 완전한 길에 행하는 자가 나를 따르리로다(시 101:6).

3. 고넬료가 경건한 부하들에게 어떤 지시를 내렸는가?(8절) 이 일을 다 이르고, 곧 고넬료는 자신이 받은 환상과 베드로에게 사람을 보내어 청하라는 천사의 명령을 그들에게 말하였다. 왜냐하면 베드로가 오는 것은 그들도 관련이 있는 일이었기 때문이다. 고넬료처럼 그들도 구원받아야 할 영혼들이 있었기 때문이다. 그러므로 그는 베드로를 어디에서 만날 수 있다는 것만 그들에게 말하지 않고(사실 종은 주인이 하는 것을 몰라도 되므로 그것으로 충분하다고 생각할 수도 있었다) 어떤 사명으로 베드로가 와야 하는지까지도 말하였다. 그 목적은 결국 베드로가 반드시 오게끔 그들로 끈덕지게 조르게 하기 위함이었다.

[9]이튿날 그들이 길을 가다가 그 성에 가까이 갔을 그 때에 베드로가 기도하려고 지붕에 올라가니 그 시각은 제 육 시더라 [10]그가 시장하여 먹고자 하매 사람들이 준비할 때에 황홀한 중에 [11]하늘이 열리며 한 그릇이 내려오는 것을 보니 큰 보자기 같고 네 귀를 매어 땅에 드리웠더라 [12]그 안에는 땅에 있는 각종 네 발 가진 짐승과 기는 것과 공중에 나는 것들이 있더라 [13]또 소리가 있으되 베드로야 일어나 잡아 먹어라 하거늘 [14]베드로가 이르되 주여 그럴 수 없나이다 속되고 깨끗하지 아니한 것을 내가 결코 먹지 아니하였나이다 한대 [15]또 두 번째 소리가 있으되 하나님께서 깨끗하게 하신 것을 네가 속되다 하지 말라 하더라 [16]이런 일이 세 번 있은 후 그 그릇이 곧 하늘로 올려져 가니라 [17]베드로가 본 바 환상이 무슨 뜻인지 속으로 의아해 하더니 마침 고넬료가 보낸 사람들이 시몬의 집을 찾아 문 밖에 서서 [18]불러 물되 베드로라 하는 시몬이 여기 유숙하느냐 하거늘

고넬료는 베드로를 청하라는 분명한 지시를 하늘로부터 받았다. 만일 하늘의 지시가 아니었다면 그는 베드로에 대한 소문을 듣지 못하였을 것이며 그를 주목하지도 못하였을 것이다. 한편 고넬료와 베드로의 만남을 이루는 과정에서 또 하나의 어려움이 있었다. 그것은 베드로가 초청을 받고 과연 고넬료에게 오겠는가 하는 의문이었다. 베드로가 한 번의 손짓으로 고넬료에게 가는 것을 경솔하다고 생각한 것 같지는 않다. 또는 고넬료 같이 상류층의 사람에게 베드로가 그의 교리를 전하기를 꺼려한 것 같지도 않다. 그것은 어디까지나 양심의 문제였다. 고넬료는 매우 덕망이 있고 좋은 점이 많은 사람이지만 그는 이방인이며 할례받지 않았다. 하나님께서는 율법에서 그의 백성들이 우

상을 숭배하는 나라들과 연합하는 것을 금하셨기 때문에 그들은 자기와 같은 종교를 가진 사람들 외에는 누구하고도 교제하지 않았다. 그들이 무심코 이방인과 접촉하기만 하더라도 의식적인 부정에 빠지는 상태가 되었다(요 18:28). 베드로는 자기 민족의 이런 지독한 고집불통의 관념을 극복하지 못하였다. 따라서 고넬료에게 가는 것을 꺼릴 것이다. 이제 이러한 문제를 제거하기 위해 그는 여기서 환상을 본다. 이 환상은 고넬료가 그에게 보낸 메시지를 받을 수 있도록 그를 준비시키기 위한 것이다. 마치 아나니아가 바울에게 가기 위해 준비해야 했던 것과 마찬가지다. 구약 성경은 이방인들이 교회 안에 들어오는 것을 분명하게 예언하였다. 그리스도께서는 모든 족속을 제자로 삼으라고 지시하시므로 이에 대한 암시를 분명히 하였다. 그러나 주님의 마음을 잘 알고 있었던 베드로 자신도 여기서 환상을 통해 계시를 받기까지는 이 말씀을 이해하지 못하였다. 이는 이방인들이 복음으로 말미암아 그리스도 예수 안에서 함께 상속자가 되고 함께 지체가 되고 함께 약속에 참여하는 자가 됨이라(엡 3:6). 관찰.

I. 이 환상이 임한 상황

1. 그 때는 고넬료의 사자들이 그 성에 가까이 갔을 그 때였다(9절). 베드로는 그들이 오는 것을 전혀 모르고 있었으며, 그들은 베드로가 기도하는 것을 전혀 모르고 있었다. 그러나 베드로와 사자들 모두를 알고 계신 분이 그들의 만남을 준비하고 계셨으며, 그들의 협상을 용이하게 하고 계셨다. 하나님의 모든 목적에는 **때**, 곧 적절한 때가 있다. 그리고 하나님께서는 종종 그의 종들이 생각지도 못한 것을 생각나게 하셔서 적절한 때에 그것을 활용하게 하신다.

2. 그 때에 베드로가 기도하려고 지붕에 올라갔다. 그 때가 정오였다. (1) 베드로는 맡은 일이 많았지만 은밀히 많은 기도를 하였다. (2) 그는 다윗의 본을 따라 제 육 시에 기도하였다. 다윗은 아침과 저녁뿐 아니라 정오에 하나님께 기도하였다(시 55:17). 아침부터 저녁까지 식사하지 않는 것은 너무 길다고 우리들은 생각할 것이다. 그런데 아침부터 저녁까지 기도하지 않는 것에 대하여는 어느 누가 너무 길다고 생각하는가? (3) 그는 지붕에서 기도하였다. 거기서 그는 은밀한 상태로 아무 소리도 듣지 않고 또 그의 소리가 새어나가지 않는 가운데 기도할 수 있었고, 산만함과 겉치레를 모두 피할 수 있었다. 그 지붕에서 그는 하늘 전체를 바라볼 수 있었고, 이로써 그는 하나님을 더욱 간절히 사모하며 기도하였다. 또한 그 곳에서 그는 성과 지방을 전부 볼 수 있었고, 이로써 그는 사람들을

더욱 불쌍히 여기며 그들을 위해 기도하였다. (4) 그는 기도를 마친 후 즉시 이 환상을 보았다. 이는 복음 전파를 위한 그의 기도에 대한 응답이었다. 이처럼 마음을 바쳐 하나님께 기도하는 것은 하나님의 은혜와 사랑을 깨닫기 위한 훌륭한 준비다.

3. 그 때에 그는 매우 시장하여 식사를 기다리고 있었다(10절). 그가 아침에 분명히 기도는 하였지만 아마도 식사는 하지 않았던 것 같다. 그래서 지금 먹고자 하였다. 에쎌레 규사싸이 - 그가 맛보고자 하였다. 이는 먹는 것에 대한 베드로의 절제를 보여준다. 그가 매우 시장하였을 때에도 약간 맛보는 것으로 만족하고 먹을 것에 덤벼들지 않았다. 지금 이 시장함은 고기에 대한 환상으로 들어가기 위한 적절한 계기이다. 이는 마치 광야에서 그리스도의 굶주림이 돌을 떡덩이로 만들라는 사탄의 유혹을 받는 계기가 된 것과 유사하다.

Ⅱ. 베드로가 본 환상은 고넬료가 본 환상처럼 평이하지 않고 비유적이며 알기 어려운 것이었는데 이는 깊은 감동을 주기 위함이었다.

1. 그는 무아지경 혹은 황홀경에 빠졌으나 그것은 두려움이 아닌 묵상의 황홀경이었다. 이처럼 황홀경에 완전히 빠지므로 그는 외부의 일을 주의하지 못할 뿐 아니리 느끼지도 못하였다. 그는 이 세상에 대하여는 길을 잃었고 그의 심령이 완전히 자유롭게 신령한 것과 교제하였다. 그는 마치 무죄한 상태의 아담, 곧 깊은 잠에 빠진 아담 같았다. 우리가 세상을 멀리하면 힐수록 하늘에 가까워진다. 지금 베드로가 몸 안에 있었는지 몸 밖에 있었는지 그 자신도 말할 수 없었으니 우리는 더더욱 말할 수 없다(고후 12:2, 3). 창 15:12; 행 22:17을 참고하라.

2. 베드로는 하늘이 열리는 것을 보았다. 이로 인해 고넬료에게 가는 그의 권세가 참으로 하늘로부터 말미암은 것임을 확신할 수 있었다. 그의 감정을 바꾼 것은 거룩한 빛이었고, 그에게 임무를 맡긴 것은 거룩한 권세였다. 하늘의 열림은 감추어졌던 신비가 열려진 것을 의미하였다(롬 16:25).

3. 베드로는 각종 짐승들이 가득한 보자기를 보았다. 이 보자기가 하늘로부터 내려와 땅에 있는 그 앞에서, 즉 그가 지금 있는 시붕에서 펼쳐졌다. 여기에는 땅의 짐승들뿐 아니라 날 수 있는 공중의 새들이 있었는데 그것들이 그의 발 앞에 펼쳐졌다. 그리고 길들인 짐승들뿐 아니라 야생 동물들도 있었다. 그러나 바다의 물고기들은 없었다. 왜냐하면 물고기는 특별히 부정하지 않았고, 지느

러미와 비늘을 가진 것은 무엇이든 먹을 수 있었기 때문이다. 이처럼 가득한 이 보자기는 그리스도의 교회를 나타낸다고 어떤 이들은 주장한다. 보자기는 하늘, 곧 열려진 하늘로부터 내려왔는데, 하늘로부터 내려올 뿐 아니라(계 21:2) 교회로부터 보내어진 영혼들을 받기 위함이다. 이 보자기는 네 귀가 매어 있었는데, 이는 세상 모든 곳으로부터 이 곳에 들어오기를 원하는 자들을 받기 위함이다. 그리고 그 곳에 받아들여진 자들이 밖으로 떨어지지 않도록 안전하게 지키기 위함이다. 이 안에서 우리는 모든 지역, 모든 나라, 모든 언어를 발견하며, 헬라인이나 유대인이나 차별이 없고, 야만인이나 스구디아인이나 불리함이 없다(골 3:11). 복음의 그물은 악한 자나 선한 자, 정한 자나 부정한 자 모두를 에워싼다. 혹 이것은 하나님의 섭리의 관대함에 적용될 수 있다. 곧 하나님의 섭리는 의식법을 금지하기 전에 모든 짐승을 이용할 수 있는 자유를 인간에게 주었으며, 이 의식법의 철회로 말미암아 지금 우리의 자유가 회복되었다. 이 환상을 통해 우리가 배울 수 있는 것은 하늘로부터 우리에게 내려온 열등한 짐승들로부터 우리가 가질 수 있는 모든 이익과 사용 가치를 깨닫는 것이다. 하나님께서 우리를 위해 적당하게 그것들을 만드시고, 그것들에 대한 권리와 지배권을 인간에게 주신 것은 하나님의 은혜다. 주여, 사람이 무엇이기에 주께서 그를 생각하시며 인자가 무엇이기에 주께서 그를 돌보시나이까!(시 8:4-8). 그것들이 하늘에서 내려온 것을 깨달을 때 그 짐승들을 가지고 누리는 우리의 즐거움과 그것들을 이용하여 하나님을 섬기는 우리의 의무가 배가될 것이다!

4. 베드로는 하늘의 음성으로 하나님께서 그에게 보내신 이 풍성하고 다양한 것들을 이용하라는 명령을 받았다(13절). "일어나 잡아 먹어라. 정한 것과 부정한 것을 조금도 차별하지 말고 마음에 원하는 것을 취하라." 율법에서 먹는 것을 구별한 의도는 유대인과 이방인을 구별하기 위한 것이었다. 이러한 규례로 말미암아 유대인들은 이방인과 함께 식사하는 것이 어려웠다. 왜냐하면 그럴 경우 유대인들에게 금지된 음식이 그들 앞에 차려질 것이기 때문이다. 이제 그런 금지 조항이 삭제되므로 이방인들과 교제하고 자유롭게 그들과 친해지는 것이 가능하다. 이방인들이 먹는 것을 이제는 유대인들이 먹을 수 있고, 따라서 유대인들이 이방인들과 함께 먹을 수 있고, 그들의 친한 이웃이 될 수 있다.

5. 베드로는 자기의 기준을 고수하였고, 비록 배가 고팠지만 이 명령에 결코 귀를 기울이지 않았다(14절). "주여 그럴 수 없나이다. 비록 굶주림은 돌담도 허

문다지만 하나님의 율법은 우리에게 돌담보다 더 강한 울타리여야 하며, 쉽게 허물어져서는 안 됩니다." 비록 그 율법을 철회한다는 하늘의 음성을 그가 들 었지만 그는 그 율법을 고수하려고 하였다. 왜냐하면 베드로는 잡아 먹어라는 말씀이 자기가 과연 말씀, 곧 기록된 율법을 더욱 확실히 붙잡는지 알아보려고 시험하는 명령이라고 이해할 수밖에 없었기 때문이다. 그렇다면 주여 그럴 수 없나이다라는 그의 대답은 매우 선한 것이었다. 금지된 열매를 먹으라는 시험 은 절대로 받아들여서는 안 되며, 단호히 물리쳐야 한다. 우리는 주여 그럴 수 없나이다라고 한 베드로의 사상에 깜짝 놀라지 않을 수 없다. 그의 명분은 이렇 다. "속되고 깨끗하지 아니한 것을 내가 결코 먹지 아니하였나이다. 이 문제에 있어 서만큼은 제가 지금까지 완전함을 지켰나이다. 그리고 앞으로도 지킬 것입니 다." 하나님께서 그 은혜로 오늘날까지 우리를 큰 죄로부터 지켜 주셨다면 우 리는 자발적으로 악은 어떤 모양이라도 버리라(살전 5:22)는 논리로 베드로의 이 같은 사상을 활용해야 할 것이다. 경건한 유대인들이 이러한 사상에 투철하 였다. 안티오쿠스(Antiochus) 통치 하에서 일곱 형제들, 곧 영광스러운 순교자 들은 돼지고기를 먹느니 차라리 가장 잔인한 방법으로 처형당하는 쪽을 택하 였다. 왜냐하면 돼지고기를 먹는 것은 율법이 금지하는 것이었기 때문이다. 이 렇게 볼 때 베드로가 자신은 금지된 음식에 전혀 식욕을 느끼지 않았다고 자신 의 양심을 걸고 흔쾌히 말한 것은 그다지 놀랄 일이 아니다.

6. 두 번째 하늘의 음성으로 하나님께서 이에 해당하는 율법을 폐지한다고 선포하셨다(15절). 하나님께서 깨끗하게 하신 것을 네가 속되다 하지 말라. 율법을 만드신 분이 원하시면 그것을 변경할 수 있으며, 그 문제를 최초의 상태로 환 원시킬 수 있다. 구약 시대에 적합한 도리를 위하여 하나님께서 유대인들에게 이러이러한 음식을 금하셨으며, 구약 시대가 지속되는 동안 그들은 양심에 거 리껴서 어쩔 수 없이 구약의 도리에 복종할 수밖에 없었다. 그러나 이제 하나 님께서는 신약 시대에 적합한 도리를 위하여 그러한 금지 조항을 제거하시고 자유롭게 해 주셨다. 즉, 전에는 우리에게 부정한 것을 이제는 깨끗하게 하셨 다. 그러므로 우리는 새로운 도리를 활용해야 하며, 그리스도께서 우리를 자유롭 게 하려고 자유를 주셨으니 그러므로 굳건하게 서서 다시는 종의 멍에를 메지 말아야 한다(갈 5:1). 그리고 하나님께서 지금 깨끗하다고 선언하신 것을 속되거나 부 정하다고 하지 말아야 한다. 적용. 우리는 모세의 율법으로 말미암은 음식의 구

분으로부터 그리스도의 복음으로 말미암아 자유롭게 된 것, 그리고 이제 하나님께서 지으신 모든 것이 선하므로 거절할 것이 아무것도 없게 된 것을 큰 은총으로 환영해야 한다(딤전 4:4). 우리가 이러한 자유를 환영해야 하는 이유가 이로 인해 돼지고기, 산토끼, 집토끼, 그리고 우리의 몸에 유익하고 건강에 좋은 다른 음식을 먹을 수 있게 되었기 때문만은 아니다. 그 주된 이유는 이로 말미암아 양심이 두려움 없이 하나님을 섬기는 본질적인 문제에 있어서 무거운 멍에를 벗어버리게 되었기 때문이다. 복음이 의무를 만들어내기는 했지만 그것은 자연의 법칙에 따른 의무와는 다른 것이며, 더구나 모세의 율법처럼 죄가 아닌 것을 죄로 만들지는 않았다. 일 년 중 어느 때에, 어떤 음식을 금하라고 강요하고 신앙의 기준을 여기에 두는 사람들은 하나님께서 깨끗하게 하신 것을 속되다 하는 사람들이며, 베드로의 오류를 계승한 사람들이다.

7. 이런 일이 세 번 있었다(16절). 보자기는 약간 올라갔다가 두 번째 다시 내려왔고, 세 번째 잡아 먹어라는 똑같은 소리와 함께 하나님께서 깨끗하게 하신 것을 속되다고 하지 말아야 한다는 똑같은 논리가 제시되었다. 그러나 베드로의 거부가 두 번째 세 번째에도 반복되었는지는 분명하지 않다. 분명한 것은 그가 처음에 거부하였을 때 충분한 답변을 들은 것은 아니었다는 것이다. 바로가 두 번에 걸쳐 꿈을 꾼 것처럼 베드로가 세 번에 걸쳐 환상을 본 것은 그 일의 확실함을 보여주기 위함이었으며, 그로 하여금 그 일에 더욱 주목하도록 하기 위함이었다. 하나님의 일에 관한 교훈은 설교를 귀로 듣든지 혹은 성례를 눈으로 보든지 간에 자주 반복되어야 할 필요가 있다. 대저 경계에 경계를 더하며 경계에 경계를 더하며 교훈에 교훈을 더하며 교훈에 교훈을 더하되 여기서도 조금, 저기서도 조금 하는구나 하는도다(사 28:10). 마침내 그 그릇이 하늘로 올려져 갔다. 이 그릇이 유대인들과 이방인들을 포함한 교회를 나타낸다고 생각하는 사람들은 이 그릇이 하늘로 올려져 간 것은 믿는 이방인들이 교회 안에, 또한 천국 곧 위에 있는 예루살렘 안에 입장할 것을 의미하는 것이라고 생각한다. 그리스도는 믿는 모든 자들에게 하늘나라를 열어주셨다. 따라서 하늘나라에서 우리는 이스라엘의 모든 지파 가운데서 인침을 받은 자들 외에 모든 나라에서 능히 셀 수 없는 큰 무리를 볼 것이다(계 7:9). 그들은 하나님께서 깨끗하게 하신 자들이다.

Ⅲ. 하나님은 섭리 가운데 이 환상을 시의적절하게 설명해 주셨고, 이에 베드로는 그 의도를 깨닫게 되었다(17, 18절).

1. 그리스도께서 보여주신 것을 베드로는 곧바로 깨닫지 못하였다(요 13:7). 베드로가 본 바 환상이 무슨 뜻인지 속으로 의아해 하더니. 베드로는 그 환상이 하늘로부터 온 것이라는 사실을 의심할 이유가 없었다. 다만 그의 의심은 그 환상의 의미에 대한 것이었다. 적용. 그리스도께서 계시하시되 점차적으로 계시하시며, 한꺼번에 모든 것을 계시하지 않으신다. 주님은 문제를 완전히 풀어주시기 전에 그의 종으로 하여금 잠깐 동안 의심하도록 버려두시며, 한 가지 일에 대하여 곰곰이 생각하게 하시고, 마음속으로 이리저리 검토하게 하신다.

2. 하지만 베드로는 얼마 안 있어 깨닫게 되었다. 왜냐하면 곧이어 고넬료가 보낸 사람들이 시몬의 집을 찾아 문 밖에 서서 불러 묻되 베드로라 하는 시몬이 여기 유숙하느냐라고 하였기 때문이다. 이제 이들의 방문으로 이 환상의 의미가 무엇인지 분명해질 것이다. 적용. 하나님은 우리 앞에 무슨 일이 있는지 알고 계시며, 따라서 앞일에 대비하여 우리를 어떻게 준비시켜야 하는지도 알고 계신다. 그러므로 우리가 어떠한 경우에 주님의 교훈을 활용해야 하는지 알게 될 때 주님께서 우리에게 가르쳐주신 그 의미를 더 잘 알 수 있게 된다.

[19]베드로가 그 환상에 대하여 생각할 때에 성령께서 그에게 말씀하시되 두 사람이 너를 찾으니 [20]일어나 내려가 의심하지 말고 함께 가라 내가 그들을 보내었느니라 하시니 [21]베드로가 내려가 그 사람들을 보고 이르되 내가 곧 너희가 찾는 사람인데 너희가 무슨 일로 왔느냐 [22]그들이 대답하되 백부장 고넬료는 의인이요 하나님을 경외하는 사람이라 유대 온 족속이 칭찬하더니 그가 거룩한 천사의 지시를 받아 당신을 그 집으로 청하여 말을 들으려 하느니라 한대 [23]베드로가 불러 들여 유숙하게 하니라 이튿날 일어나 그들과 함께 갈새 욥바에서 온 어떤 형제들도 함께 가니라 [24]이튿날 가이사랴에 들어가니 고넬료가 그의 친척과 가까운 친구들을 모아 기다리더니 [25]마침 베드로가 들어올 때에 고넬료가 맞아 발 앞에 엎드리어 절하니 [26]베드로가 일으켜 이르되 일어서라 나도 사람이라 하고 [27]더불어 말하며 들어가 여러 사람이 모인 것을 보고 [28]이르되 유대인으로서 이방인과 교제하며 가까이 하는 것이 위법인 줄은 너희도 알거니와 하나님께서 내게 지시하사 아무도 속되다 하거나 깨끗하지 않다 하지 말라 하시기로 [29]부름을 사양하지 아니하고 왔노라 묻노니 무슨 일로 나를 불렀느냐 [30]고넬료가 이르되 내가 나흘 전 이맘때까지 내 집에서 제구 시 기도를 하는데 갑자기 한 사람이 빛난 옷을 입고 내 앞에 서서 [31]말하되 고넬

료야 하나님이 네 기도를 들으시고 네 구제를 기억하셨으니 ³²사람을 욥바에 보내어 베드로라 하는 시몬을 청하라 그가 바닷가 무두장이 시몬의 집에 유숙하느니라 하시기로 ³³내가 곧 당신에게 사람을 보내었는데 오셨으니 잘하였나이다 이제 우리는 주께서 당신에게 명하신 모든 것을 듣고자 하여 다 하나님 앞에 있나이다

우리는 여기서 베드로 사도와 백부장 고넬료의 만남을 볼 수 있다. 바울은 이방인의 사도로 이방인들 가운데서 추수하도록 작정되었고, 베드로는 할례받은 자들의 사도로 작정되었지만 베드로가 이러한 구도를 깨뜨리고 이방인들 가운데 첫 열매를 수확하라는 지시를 받는다. 이는 이방인들에 대한 증오라는 묵은 누룩을 계속 간직하고 있던 믿는 유대인들로 하여금 이방인들이 교회 안에 들어오는 것을 좀 더 쉽게 허락하도록 하려는 의도였다. 이방인들이 최초로 유대인의 사도에 의하여 교회 안에 들어왔을 때, 이방인 회심자들에게 할례를 강요했던 자들을 베드로는 반박한다(15:7). 너희도 알거니와 하나님이 이방인들로 내 입에서 복음의 말씀을 들어 믿게 하시려고 오래 전부터 너희 가운데서 나를 택하시고. 이제 다음의 내용을 살펴보자.

I. 베드로는 고넬료의 사자들을 따라가라는 성령의 지시를 받는다(19, 20절). 이것이 바로 환상에 대한 설명이었다. 이제 수수께끼가 풀렸다. 베드로가 그 환상에 대하여 생각할 때에. 그는 환상에 대한 생각에 잠겨 있었고, 그 때에 그 문제가 풀렸다. 적용. 하나님의 일을 배우고자 하는 자들은 그 일들을 깊이 생각해야 한다. 성경을 깨닫기 원하는 자들은 밤낮으로 성경을 묵상해야 한다. 베드로는 환상에 대하여 어찌할 바를 몰랐으나 다음에 그에 대한 설명을 들을 수 있었다. 이처럼 우리가 무엇을 해야 할지 모를 때 하나님의 지시를 받기 위해 눈을 들어 하나님을 바라보아야 한다. 관찰.

1. 그가 누구로부터 지시를 받았는가? 성령께서 베드로가 어떻게 해야 할지 그에게 말씀하셨다. 그 지시는 천사가 하지 않고 베드로 안에서 성령께서 하신 것이었다. 이를테면 하나님께서 사무엘에게 말씀하셨듯이(삼상 9:15) 성령께서 그 안에 계셔서 그의 귀에 은밀하게 속삭이셨거나, 혹은 그의 마음을 강하게 감동하셔서 그것이 언약에 따른 하나님의 영감이라는 것을 알게 하셨다(요 16:13).

2. 어떠한 지시였나? (1) 고넬료의 하인들이 그에게 와서 말하기 전에 하인 세

명이 그와 말하고자 한다는 지시를 베드로가 들었다(19절; 왜 '세 명'인지는 7절을 보라). 그리고 베드로는 명상, 곧 환상에 대한 생각을 멈추고 그들을 맞으러 내려왔다(20절). 하나님의 말씀과 전능자의 환상의 뜻을 구하는 자들은 언제나 골똘히 생각만 하고 있어서는 안 되며, 때로는 넓게 보아야 한다. 그래야 그들이 탐구하는데 도움이 되는 일을 만날 수 있다. 성경은 매일 성취되고 있다. (2) 베드로는 고넬료가 비록 이방인이지만 의심하지 말고 사자들을 따라 고넬료에게 가라는 지시를 받았다. 베드로가 가되 마지못해하거나 망설임 없이, 혹은 합법성에 관한 의심 없이 기쁘게 가야 한다. 그가 과연 갈 수 있는지 혹은 그가 꼭 가야 하는지 의심하지 말아야 한다. 왜냐하면 가는 것이 그의 사명이기 때문이다. "함께 가라 내가 그들을 보내었느니라. 그리고 네가 그들과 함께 간 것 때문에 어떠한 비난을 받더라도 내가 너를 지켜주리라." 적용. 우리가 어떤 일을 하라는 확실한 소명을 받았을 때, 이전의 편견이나 선입관, 혹은 사람들의 비난에 대한 두려움으로 말미암아 의심하고 망설임으로 인해 혼란에 빠지는 우를 범하지 말아야 할 것이다. 각각 자기 마음으로 확정할지니라(롬 14:5).

II. 베드로는 하인들과 그들이 전한 메시지를 모두 받아들인다. 베드로가 내려가 그 사람들을 보고(21절). 베드로가 길에서 벗어나거나 혹은 그들을 꺼리는 사람처럼 대화하기를 거부하거나 혹은 권세 있는 사람처럼 그들을 기다리게 하기는커녕 친히 그들을 맞이하였고, 자기가 그들이 찾는 사람이라고 말하였다.

그리고 1. 그는 그들의 메시지를 호의를 가지고 받아들인다. 그는 너무도 솔직하고 겸손한 태도로 그들의 임무가 무엇이며, 자기에게 무슨 말을 하려고 하느냐고 묻는다. 너희가 무슨 일로 왔느냐? 이에 그들이 자신들의 임무를 말한다(22절). "로마의 백부장 고넬료는 매우 정직한 신사요 이웃들 가운데서 가장 경건하고 하나님을 경외함이 무리 중에서 뛰어난 자입니다(느 7:2). 비록 그가 유대인은 아니지만 유대 온 족속이 칭찬하는 사람입니다. 그들 모두 고넬료가 양심적이고 근실하며 사랑이 많은 사람이라고 칭찬합니다. 그러므로 당신이 그를 만나는 것은 당신에게 조금도 불명예가 되지 않을 것입니다. 그는 하나님으로부터 지시를 받았습니다. 에크레마티스쎄 — 곧 하나님으로부터 계시를 받았는데, 천사가 그 계시를 그에게 전하였습니다. (모세 율법도 천사들이 전한 것이었다.) 이 계시를 통해 당신을 그 집으로 청하여 말을 들으라는 지시를 받았던 것입니다.

(지금 그의 집에서 당신을 기다리고 있으며, 당신을 환대할 준비를 하고 있습니다.) 당신이 어떠한 말씀을 주실지 모르지만 그가 들을 수 있는 말씀이며, 다른 어느 누구로부터도 들을 수 없는 좋은 말씀일 것입니다." 믿음은 들음에서 난다. 베드로가 이 사실을 다시 말할 때 그는 보다 자세하게 말하였는데, 그 말씀이 너와 네 온 집이 구원받을 말씀이라고 하였다(행 11:14). "그를 방문하십시오. 천사가 그더러 당신을 모셔오라고 지시하셨습니다. 그에게 오십시오. 그는 당신이 전할 구원의 말씀을 듣고 받아들일 각오를 하고 있습니다."

2. 베드로는 친절하게 사자들을 환대하였다(23절). 베드로가 불러 들여 유숙하게 하니라. 베드로는 그들더러 가서 쉬고 자비를 들여 여관에서 묵으라고 말하지 않았다. 그 대신 자기 부담으로 자기 숙소에서 머물게 하였다. 베드로를 위해 사람들이 준비한 음식(10절)을 그들이 자유롭게 나누었을 것이다. 베드로가 저녁식사를 주문하였을 때 어떠한 교제가 있을지 그는 거의 생각하지 않았다. 하지만 하나님께서는 그런 교제가 있을 것을 미리 아셨다. 적용. 그리스도인들과 사역자들은 능력껏 대접을 해야 한다. 한 가지 예를 들면 나그네를 대접하는 일이다. 베드로는 사자들이 비록 이방인들이었지만 그의 숙소에서 묵게 하였다. 그는 즉시 그들을 데리고 함께 식사하였다. 그들 가운데 두 명은 하인들이었고, 다른 한 명은 일반 병사였지만 베드로는 그들을 자기 집에 들이는 것을 가치 없는 일이라고 생각하지 않았다. 아마도 베드로는 그들과 대화하면서 고넬료와 그의 가족에 대하여 물었을 것이다. 물론 사도들이 성령의 지시를 받았지만 기회 있는 대로 다른 정보를 이용하기도 하였다.

III. 베드로가 그들과 함께 고넬료에게 갔으며, 거기서 고넬료가 자신을 영접하고 환대할 준비를 하고 있는 것을 보았다.

1. 베드로가 그들과 함께 갔을 때 욥바에서 온 어떤 형제들도 함께 갔다(23절). 우리가 후에 보듯이 그들 가운데 여섯 명이 베드로와 동행하였다(11:12). 베드로가 그들과 동행하기를 원하였다. 이는 이방인들에 관해 베드로가 처신한 것과 그가 고넬료에게 가야 했던 확실한 근거를 그들이 증언해 줄 수 있도록 하기 위함이었다. 그래서 베드로가 그들을 초대하였다. 또는 형제들이 베드로를 수행하겠다고 제안하였다. 그들은 베드로와 함께 여행하는 영광과 행복을 얻기를 원하였다. 이는 초대교회 신자들이 사역자들에 대한 그들의 존경심을 보여주는 한 가지 방법이었다. 신자들은 여행 중인 사역자들을 수행하였는데, 이

는 그들의 체면을 세워주고, 그들을 보호하며, 또 기회 있을 때마다 그들을 섬기기 위함이었다. 아울러 사역자들을 섬길 뿐 아니라 그들과의 대화를 통해 은혜를 받고자 하는 기대로 인해 신자들이 그들과 동행하였다. 대화를 통해 다른 사람들에게 유익을 줄 수 있는 사람들이 혼자 여행하므로 그런 기회를 얻지 못한다는 것은 안타까운 일이다.

2. 고넬료는 베드로를 맞이할 준비를 하고 가까운 친구들을 모아 기다리고 있었다. 욥바에서 가이사랴까지는 하루 이상 거의 이틀 정도 여행하는 거리였다. 왜냐하면 그들이 출발한 지 이튿날(24절)에, 곧 그 날 오후에(30절) 가이사랴에 들어갔기 때문이다. 그들은 도보로 갔을 것이다. 사도들은 일반적으로 도보로 다녔다. 베드로가 고넬료의 집에 들어갔을 때 다음과 같은 사실을 보았다.

(1) 고넬료가 베드로를 기다리고 있었으며, 이러한 모습이 베드로에게 용기를 주었다. 고넬료가 기다리더니. 이러한 손님은 기다릴 가치가 있었다. 고넬료가 상당한 조바심으로 기다렸다 할지라도 나는 그를 비난할 수 없다. 왜냐하면 천사가 베드로한테 들으라고 지시한 그 중대한 사실이 무엇인지 그가 간절히 알고 싶어했기 때문이다.

(2) 많은 사람들이 베드로를 기다리고 있었으며, 이러한 모습이 베드로에게 더욱 큰 용기를 주었다. 베드로가 영적인 은사를 나누어주기 위해 몇 사람을 데리고 온 것처럼 고넬료 또한 자신의 가족뿐 아니라 그의 친척과 가까운 친구들을 모아 기다렸다. 베드로에게 기대했던 천국의 교훈을 그들과 함께 나누기 위함이며, 또한 은혜를 끼칠 기회를 베드로에게 더 많이 주기 위함이다. 적용. 우리가 영적인 양식을 혼자 먹으려고 해서는 안 될 것이다(욥 31:17). 우리의 친척과 친구들에 대한 애정과 존경의 표시로서 우리들은 그들을 초청하여 우리와 함께 신앙적인 활동에 동참하게 하고 우리와 함께 설교를 듣게 해야 한다. 고넬료 자신이 마땅히 해야 하는 것을 그의 친척들과 친구들도 역시 마땅히 해야 한다고 그는 생각하였다. 그러므로 그들로 와서 직접 들을 수 있게 하였으며, 이는 그 때에 자신이 변화된 것을 보고 그들이 놀라지 않도록 하기 위함이었다.

Ⅳ. 베드로와 고넬료의 첫 번째 회견이 여기에 나온다. 여기서 우리는 다음과 같은 사실을 볼 수 있다.

1. 고넬료가 베드로에게 보여준 과도한 존경과 경의(25절). 마침 베드로가 들

어올 때에 고넬료가 맞이하였다. 그 때에 고넬료가 친구처럼 베드로의 팔을 끼거나 끌어안지 않았다. 그랬다면 베드로가 그의 환영을 받아들였을 것이다. 그러나 고넬료가 베드로의 발 앞에 엎드려 절하였다. 어떤 이들은 생각하기를, 고넬료가 동양의 관습을 따라 베드로를 왕이나 위대한 사람으로 대우한 것이라고 한다. 또 다른 이들은 생각하기를, 고넬료가 베드로를 성육신하신 신성으로, 혹은 메시야 자신으로 여긴 듯하다고 한다. 인간을 숭배하는 것은 실로 잘못된 일이다. 하지만 당시 그의 무지를 고려한다면 이러한 행동은 용서할 수 있는 문제다. 아니 어찌 보면, 그러한 행동은 고넬료 안에 매우 칭찬할 만한 무언가가 있었다는 증거였다. 즉, 그의 속에는 거룩하고 하늘에 속한 일에 대한 큰 존경이 들어있었던 것이다. 그가 바른 지식을 얻기까지는 설령 베드로를 메시야라고 여기고 그를 경배하였을지라도 이상할 것은 없다. 하늘로부터 온 천사가 베드로를 청하라고 그에게 지시하였기 때문이다. 그럼에도 불구하고 인간일 뿐 아니라 죄인에 불과한 베드로, 곧 메시야의 외형적인 계승자를 숭배한 일은 완전히 용서받을 수 없는 일이며, 온 세상이 짐승에게 경배하리라는 예언을 우리가 이전에 듣지 않았다면 그런 터무니없는 일이 믿어지지 않을 것이다(계 13:4).

2. 자신에게 주어진 이러한 존경을 베드로가 겸손하게, 그리고 참으로 정당하고 경건하게 거절함(26절). 베드로가 손으로 일으켜 (그가 이만한 존경을 받아야 할지 혹은 할례받지 아니한 이방인에게 많은 사랑을 보여주어야 할지 생각할 겨를이 없었지만) 이르되 "일어서라 나도 사람이라. 그러므로 내가 이러한 경배를 받을 수 없다" 라고 하였다. 하늘의 선한 천사들 같이 교회의 선한 천사들은 오직 하나님께 돌려야 하는 영광이 조금이라도 자기들에게 돌려지는 것을 참지 못한다. 천사가 요한에게 그리하지 말라(곧 자기를 경배하지 말라; 계 19:10; 22:9)고 말한다. 베드로 사도 또한 이런 식으로 고넬료에게 말하였다. 바울은 자기가 본 것을 아무도 지나치게 생각하지 못하도록 얼마나 주의하였는지 모른다(고후 12:6)! 그리스도의 신실한 종들은 비방을 듣는 것보다 자신들이 신성시되는 것을 도저히 견디지 못한다. 베드로는 자신에 대한 과도하지만 큰 존경이 자신의 설교에 도움을 줄 것이라는 추측을 용납하지 않았다. 고넬료가 오해할지라도 그냥 내버려둘까? 아니다. 베드로는 질그릇 속에 보화를 담고 있는 사람일 따름이라는 사실을 고넬료에게 알려서 그가 베드로가 아닌 보화 자체를

귀중히 여기도록 하였다.

Ⅴ. 베드로와 고넬료가 그들을 모이게 하신 하나님의 섭리에 대하여 서로 이야기하였다.　　더불어 말하며— 쉬노밀론 아우토— 들어가(27절). 베드로는 고넬료와 허물없이 이야기하며 들어갔다. 이는 자유로운 대화로서 고넬료가 베드로에게 가진 듯한 불안을 떨쳐버리기 위한 노력이었다. 베드로가 들어갔을 때 기대 이상으로 여러 사람이 모인 것을 보았다. 이에 베드로가 선을 행할 기회를 더 많이 가지는 것은 물론 더욱 엄숙한 자세로 이번 섬김에 임하게 되었다.

1. 이제 베드로는 하나님께서 그 이방인들에게 가라고 지시하셨다고 선언한다(28, 29절). 그들은 다른 나라 사람 곧 외인이며 할례받지 아니한 이방인과 교제하며 가까이 하는 것이 유대인들에게 허용되지 아니하였으며, 위법(아쎄미톤)으로 여겨졌다는 사실을 알고 있었다. 그런 조항은 하나님의 율법에 정해진 것이 아니라 유대의 지혜자들의 법령에 의한 것이며, 유대인들은 그것을 구속력이 있는 것으로 여겼다. 그들은 길거리에서나 가게에서 이방인들과 대화하거나 거래하는 것을 금하지는 아니하였으나 이방인들과 함께 먹는 것은 금하였다. 심지어 요셉의 시대에도 애굽 사람들과 히브리 사람들이 함께 먹을 수 없었다(창 43:32). 다니엘의 세 친구는 왕의 음식으로 자기를 더럽히지 아니하였다(단 1:8). 그들은 이방인의 집 안으로 들어갈 수 없었다. 왜냐하면 그들이 그러한 행동으로 인해 자신들이 의식적으로 더럽혀진다고 생각하였기 때문이다. 이처럼 유대인들은 이방인늘을 깔보았다. 또한 이방인들도 라틴 시인들의 여러 시에 나타나 있는 대로 유대인들을 경멸하는데 있어서 그들에게 뒤지지 않았다. 그러나 이제 베드로는 말한다. "하나님께서 환상을 통해 내게 보여주셨으니, 이는 나로 아무도 속되다 하거나 깨끗하지 않다 하지 않게 하기 위함이며, 또한 나라 때문에 누구와 사귀는 것을 거절하지 않도록 하기 위함이다." 새로운 회심자들에게 이 패역한 세대에서 구원을 받으라(행 2:40)고 가르친 베드로가 이제 경건한 이방인들의 거룩한 세대와 연합하는 법을 친히 배우고 있다. 이제 의식적 (ceremonial) 요소는 폐지되었고, 도덕적 요소가 크게 존중받게 되었다. 이 문제에 관하여 자신이 어떻게 마음을 바꾸게 되었는지 그 동기를 그들에게 알리는 것이 필요하다고 베드로는 생각하였다. 즉, 그의 마음을 바꾼 것은 하나님의 계시였다고 베드로는 알린다. 베드로는 이처럼 계시의 빛에 의존함으로써 자신의 행동에 대한 신랄한 비판을 피하고자 하였다. 이리하여 하나님은 분리의 담

을 허무셨다.

(1) 베드로는 최대한 자신의 선한 임무를 기꺼이 행할 것이라고 그들에게 보증하였다. 그가 이방인들을 멀리 했던 것은 그들에 대한 개인적인 혐오감 때문이 아니었고, 다만 그에게 하늘의 허락이 필요하였기 때문이었다. 이제 허락을 받자 그는 이방인들을 섬긴다. "내가 부름을 사양하지 아니하고 왔노라. 내가 지금까지 유대인들에 전한 동일한 복음을 너희에게 기꺼이 전하려 하노라." 그리스도의 제자들은 이방인들에게 복음을 전하고 싶은 막연한 생각을 갖지 않을 수 없었으나 오직 유대교로 개종한 그런 이방인들에게만 전해야 한다고 생각하였다. 베드로는 그러한 오류가 고쳐지지 않았다고 인정하고 있다.

(2) 베드로는 그들에게 어떤 도움을 줄 수 있는지 묻는다. "묻노니 무슨 일로 나를 불렀느냐? 너희가 나에게 기대하는 것이 무엇이냐? 혹은 너희가 내게 무슨 볼일이 있느냐?" 적용. 하나님의 종들의 도움을 바라는 자들은 그들이 바른 목적을 제시하였는지 그리고 선한 뜻으로 그리하였는지 유의해야 한다.

2. 고넬료는 베드로를 청하라는 하나님의 지시를 받았으며, 베드로에게 사람을 보낸 것은 순전히 그 지시에 순종한 것이라고 설명한다. 복음의 일꾼들을 초청하고 시중을 들 때 우리의 목적이 분명해야 한다. 우리는 의식(ordinance)을 제정하고 그 의식을 활용하기 위한 성직을 세울 때 복음의 일꾼들을 초청하였다.

(1) 고넬료는 천사가 자기에게 나타나 베드로를 초청하라고 지시했던 이야기를 들려준다. 그것을 자랑하려는 것이 아니라 베드로를 통해 하늘의 메시지를 듣고자 하는 기대감을 확실히 보여주려는 것이다.

[1] 그는 환상이 어떻게 전개되었는지 말한다(30절). 나흘 전 이맘때까지 금식을 하는데(개역개정판과 다름), 이 때는 베드로가 온 지금 시간, 곧 오후 중반쯤이었다. 이 때쯤 유대인이 아닌 경건한 사람들이 보다 진지하고 엄숙한 기도를 드리기 위해 금식을 한 것으로 나타난다. 니느웨 왕이 금식을 선포하였다(욘 3:5; 개역개정판과 다름). 어떤 이들은 이 말씀을 다음과 같이 다르게 해석한다. 나흘 전부터 내가 이 시간까지 금식을 하였다. 그렇게 보면 그 때부터 이 시간까지 고넬료는 음식을 조금도 먹지 아니하였다. 하지만 이 말은 환상을 이야기하기 위한 서론으로 나온 말이다. 그러므로 분명히 전자의 해석이 옳다. 그는 회당이 아니라 집에서 제 구 시 기도를 하고 있었다. 사람들이 어느 곳에 거하든지 그 곳

에서 기도하기를 바란다. 집에서 드린 고넬료의 기도는 골방에서의 은밀한 기도가 아니라 가족이 함께 있는 공개된 방에서 드린 것이었다. 아마도 그가 기도를 마친 후 이 환상을 보았을 것이다. 관찰. 제 구 시, 곧 오후 세 시에 대부분의 사람들은 여행을 하거나 장사를 하며, 밭에서 일을 하고, 친구를 방문하며, 오락을 하거나 식사 후 낮잠을 잤다. 그러나 고넬료는 그 때에 기도하였다. 이는 신앙이 그에게 얼마나 큰 관심사였는지 잘 보여준다. 그가 하늘로부터 메시지를 들은 것은 바로 그 때였다. 하나님으로부터 편안하게 말씀을 듣고자 하는 사람들은 많은 기도를 드려야 할 것이다.

[2] 고넬료는 하늘의 메시지를 자기에게 전해준 사자를 설명한다. 갑자기 한 사람이 빛난 옷을 입고 내 앞에 서서. 마치 그리스도께서 변화하셨을 때처럼, 그리고 그리스도께서 부활하셨을 때(눅 24:4)와 승천하셨을 때(행 1:10) 나타났던 두 천사의 모습처럼 그는 빛난 옷을 입고 나타남으로 빛의 세계와의 연관성을 보여주었다.

[3] 우리가 앞에서 보았듯이(4-6절) 고넬료는 자기가 받은 메시지를 재차 설명한다(31, 32절). 다만 여기서는 네 기도를 들으시고 라고 기록되었다. 우리는 그의 기도의 내용이 무엇인지 알 수 없다. 그러나 이 메시지가 그의 기도에 대한 응답이었다면, 우리는 다음과 같이 추측할 수 있을 것이다. 즉, 고넬료는 본성의 빛의 한계를 깨닫고 어떻게 하면 죄 용서함을 빌고 하나님의 은혜를 받을까 하는 절박한 심정으로 자신을 발견하고 아울러 구원의 길을 발견하게 해 달라고 하나님께 기도했을 것이다. 이에 천사가 말한다. "그래, 베드로를 청하라. 그리하면 그가 그러한 발견을 네게 주리라."

(2) 고넬료는 자신과 그의 친구들이 베드로가 전할 메시지를 받을 준비가 되어 있다고 말한다(33절). 지시를 받은 대로 내가 곧 당신에게 사람을 보내었는데 우리가 이방인인데도 오셨으니 잘하였나이다. 적용. 신실한 사역자들은 그들로부터 교훈을 받기를 갈망하는 사람들에게 마땅히 가야 하며, 아울러 초청을 받았을 때에도 가야 한다. 그것이 그들이 할 수 있는 최선의 행위다. 자, 베드로는 자신의 본분을 감당하기 위해 왔다. 그렇다면 그들도 본분을 다할 것인가? 그렇다. "당신은 말씀을 전할 준비가 되어 있고, 우리는 말씀을 들을 준비가 되어 있습니다"(삼상 3:9, 10). 관찰.

[1] 그들이 경건하게 말씀에 참석함. "우리는 다 하나님 앞에 있나이다. 우리는

경건한 자세로 이 자리에 있으며, 예배자로서 이 곳에 모였습니다. (이렇듯 그들은 마음을 가다듬고 진지하고 엄숙한 분위기를 만들었다.) 당신이 그런 정당한 이유와 그런 사명을 가지고 우리에게 오셨고, 전에 우리가 한 번도 얻지 못하였고 아마 앞으로도 다시는 얻을 수 없는 그만큼 귀중한 은혜를 이번에 우리가 얻을 수 있기 때문에 우리는 지금 이 시간 이 장소에서 (비록 개인의 집이지만) 예배 드릴 준비가 되어 있습니다. 우리가 (이 곳에) 다 있나이다, 파레스멘 ― 우리는 임무 수행 중입니다. 그리고 부르심을 받을 준비가 되어 있습니다." 만일 하나님의 특별한 임재가 우리의 의식(儀式) 가운데 나타난다면, 우리 또한 특별한 자세로 의식에 참여해야 한다. 곧 내가 여기 있나이다 라고 고백하는 자세로 참여해야 한다. "초청받은 우리 모두가 여기 있나이다. 우리에게 속한 모두, 우리 안에 있는 모두가 여기 있나이다." 인간 전부가 여기 있어야 한다. 여기 있는 몸과 마음만이 아니라 땅 끝에 있는 어리석은 자들까지 여기 있어야 한다. 그러나 경건한 참여를 가능케 하는 것은 다 하나님 앞에 있나이다라는 자세다. 우리가 거룩한 의식 가운데 주님께 나아갈 때, 마치 주님 앞에 있는 것처럼 그리고 주님의 눈을 바라보는 것처럼 나아가야 한다.

[2] 이러한 참석 자세의 의미. "우리는 주께서 당신에게 명하신 모든 것을 듣고자 하여 다 하나님 앞에 있나이다. 하나님께서 당신에게 전하라고 맡기신 모든 것을 듣기 원하나이다." 관찰. 첫째, 베드로는 하나님께서 명하신 모든 것을 전파하기 위해 그 곳에 있었다. 그가 복음을 전파하는 막대한 사명을 받은 만큼 그는 전해야 할 교훈을 매우 풍성하게 가지고 있었다. 둘째, 그들은 베드로가 말하고 싶은 것을 듣고자 한 것이 아니라 하나님께서 말하라고 명하신 바를 듣고자 하였다. 사도들 생각에 따라 공포하든지 말든지 하라고 그리스도의 진리가 그들에게 맡겨진 것이 아니다. 그리스도의 진리가 그들에게 맡겨진 이유는 세상에 널리 공포하도록 하기 위함이었다. "우리는 모든 것을 듣고자 하며, 처음부터 끝까지 말씀을 전하는 동안 내내 참석하고자 합니다. 그렇지 않다면 우리가 어떻게 모든 것을 들을 수 있겠습니까? 우리는 당신이 위임받은 모든 말씀을 다 듣기 원합니다. 그 말씀이 혈육을 기쁘게 하지 않을지라도, 그리고 우리의 이전의 의지나 혹 현재의 세속적인 이익에 상반될지라도 우리는 그리하기 원합니다. 우리는 모든 것을 듣고자 합니다. 그러므로 우리에게 유익한 것은 하나도 남기지 말고 전해 주십시오."

³⁴베드로가 입을 열어 말하되 내가 참으로 하나님은 사람의 외모를 보지 아니하시고 ³⁵각 나라 중 하나님을 경외하며 의를 행하는 사람은 다 받으시는 줄 깨달았도다 ³⁶만유의 주 되신 예수 그리스도로 말미암아 화평의 복음을 전하사 이스라엘 자손들에게 보내신 말씀 ³⁷곧 요한이 그 세례를 반포한 후에 갈릴리에서 시작하여 온 유대에 두루 전파된 그것을 너희도 알거니와 ³⁸하나님이 나사렛 예수에게 성령과 능력을 기름 붓듯 하셨으매 그가 두루 다니시며 선한 일을 행하시고 마귀에게 눌린 모든 사람을 고치셨으니 이는 하나님이 함께 하셨음이라 ³⁹우리는 유대인의 땅과 예루살렘에서 그가 행하신 모든 일에 증인이라 그를 그들이 나무에 달아 죽였으나 ⁴⁰하나님이 사흘 만에 다시 살리사 나타내시되 ⁴¹모든 백성에게 하신 것이 아니요 오직 미리 택하신 증인 곧 죽은 자 가운데서 부활하신 후 그를 모시고 음식을 먹은 우리에게 하신 것이라 ⁴²우리에게 명하사 백성에게 전도하되 하나님이 살아 있는 자와 죽은 자의 재판장으로 정하신 자가 곧 이 사람인 것을 증언하게 하셨고 ⁴³그에 대하여 모든 선지자도 증언하되 그를 믿는 사람들이 다 그의 이름을 힘입어 죄 사함을 받는다 하였느니라

우리는 여기서 고넬료와 그 친구들에게 전한 베드로의 설교를 볼 수 있다. 정확히 말하면 베드로의 설교의 요약이라고 할 수 있다. 왜냐하면 이외에도 베드로가 많은 말을 하였을 것이라고 능히 짐작할 수 있기 때문이다. 그가 매우 장엄하고 진지하게 말했을 것이라고 보이나 입을 열어 말하되(34절)라는 구절을 보면 자유롭고 자세하게 말한 것으로 보인다. 바울은 고린도인들이여, 너희를 향하여 우리의 입이 열렸다(고후 6:11)고 말한 바 있다. 이는 "당신들이 듣고 싶어하기만 하면 우리가 말하기 좋아하는 사람이라는 것을 당신들이 알게 될 것이다"라는 뜻이다. 지금까지 사도들의 입은 할례받지 못한 이방인들에게 닫혀 있었고, 그들에게 한 마디 말도 하지 않았다. 그러나 이제 하나님께서 에스겔에게 주셨던 것처럼 그들에게 열린 입을 주셨다(겔 29:21). 이번 베드로의 훌륭한 설교는 듣는 사람들의 상황에 놀랄 정도로 적합한 것이었다. 그것은 새로운 설교였다.

I. 왜냐하면 그의 설교를 들은 사람들이 이방인들이었기 때문이다. 그럼에도 불구하고 그들이 그리스도의 복음에 관심이 있었기에 베드로는 그들에게 복음을 전해야 했으며, 유대인들과 동등한 자격으로 그 은혜를 누릴 권리를 그

들에게 인정하였다. 이러한 문제가 명확히 정리되어야 할 필요가 있었다. 그렇지 않다면 무슨 낙으로 베드로가 그들에게 설교를 할 수 있었겠으며, 혹은 그들이 그의 설교를 들을 수 있었겠는가? 그러므로 베드로는 하나님은 사람의 외모를 보지 아니하신다는 사실을 확실한 원칙으로 규정한다. 구약 성경은 너는 재판할 때에 외모를 보지 말라(신 1:17)고 말씀하고 있다. 재판관들은 이런 행동을 해서는 안 되었으며(신 16:19; 잠 24:23), 불공평한 판단을 한 경우 책망을 받았다(시 82:2). 성경은 하나님께서 사람의 외모를 보지 아니하신다고 여러 번 말씀하였다(신 10:17; 대하 19:7; 욥 34:19; 롬 2:11; 골 3:25; 벧전 1:17). 하나님은 근본적인 가치와 거리가 먼 외형적인 이점 때문에 사람을 외모로 판단하지 않으신다. 하나님은 사람의 가치와 중요성에 대한 판단을 절대로 곡해하지 않으시며, 사람의 미모나 신장, 국적, 가문, 관계, 재물, 혹은 세상에서의 명예 때문에 악한 일을 하는 악인을 묵인하지 않으신다. 은혜의 공급자이신 하나님은 당신 마음대로 주권적으로 은혜를 베푸신다(신 7:7, 8; 9:5, 6; 마 20:10). 그러나 재판장이신 하나님은 은혜를 베푸실 때처럼 마음대로 판결을 내리지 않으신다. 각 나라 중(그리고 각 종파 중) 하나님을 경외하며 의를 행하는 사람은 다 받으시는 줄 깨달았도다(35절). 이 사실은 다음과 같은 점에서 명백하다.

1. 하나님은 완고하게 살다가 죽은 악한 유대인을 결코 의롭다 하지 않으시고 구원하지 않으셨으며, 또 앞으로도 그러하실 것이다. 비록 그가 아브라함의 후손이며 히브리인 중에 히브리인이며, 할례에 참여한 모든 영광과 이점을 가졌을지라도 하나님은 그를 의롭다하지도 구원하지도 않으실 것이다. 악을 행하는 각 사람의 영에는 진노와 분노, 환난과 곤고로 보응하실 것인데, 먼저 선민의 특권을 누리고 신앙 고백을 한 유대인들은 하나님의 심판으로부터 자기를 숨기기는커녕 오히려 자신의 죄를 한결 무겁게 한다. 하나님께서 다른 나라들보다 유대인들에게 보이는 교회의 위엄을 베풀어주셨지만, 만일 그들이 그들의 신앙 고백에 반하는 부도덕한 행위에 몰두한다면 그 위엄의 특별한 자격을 하나님께서 인정하지 않으실 것이다. 지금 유대인들의 국가적인 죄는 유난히도 교회를 핍박하는 것이었다.

2. 하나님은 정직한 이방인을 한 번도 거절하거나 거부하지 않으셨으며 앞으로도 그러하실 것이다. 비록 유대인이 가지는 특권과 이점을 가지지 못하였을지라도 고넬료 같이 하나님을 경외하고 경배하며, 모든 사람들에게 공정하고

자비를 베푸는 의를 행하고, 자신이 가진 빛을 따라 진지한 헌신을 드리며 순전한 대화를 하며 살아가는 그런 사람을 하나님은 거절하지 않으신다. 비록 지금까지 혈통 상 아브라함의 후손과 거리가 멀고 경멸할 만한 혈통일지라도, 아니 아주 악명 높은 혈통일지라도 하나님은 그에게 편견을 갖지 않으실 것이다. 하나님은 나라나 혈통으로 사람들을 판단하지 않으시고 마음으로 사람들을 판단하신다. 의로운 사람이 있는 곳에서 하나님은 자신의 의로우심을 보이실 것이다(시 18:25). 관찰. 하나님을 경외하는 것과 의를 행하는 것이 함께 가야 한다. 왜냐하면 사람들에 대한 의가 참된 신앙의 일부분인 것만큼 하나님에 대한 신앙이 보편적인 의의 일부분이기 때문이다. 경건과 정직은 함께 가야 하며, 어느 것도 다른 것의 부족함을 대신할 수 없다. 그러나 이것들이 우세한 사람들은 의심할 여지 없이 하나님께서 받으신다. 타락 이후 어떠한 인간도 예수 그리스도의 중보를 통하지 않고는 하나님의 은혜를 받을 수 없다. 오직 예수 그리스도 안에 있는 하나님의 은혜로 말미암아 하나님은 인간을 받으신다. 그러나 예수 그리스도를 알지 못하므로 그에게 확실한 존경을 드릴 수 없는 사람이라 할지라도 그는 하나님을 경외하고 의를 행할 수 있는 은혜를 하나님으로부터 받을 수 있다. 그리고 하나님께서 고넬료에게 주셨던 것처럼 하나님을 경외하고 의를 행할 수 있는 은혜를 받은 사람들의 선행을 하나님께서 그리스도를 통하여 받으실 것이다.

(1) 하나님은 사람의 외모를 보지 아니하신다는 사실은 베드로가 깨닫기 전에 언제나 있었던 진리였다. 그것은 처음부터 판단의 확고한 규칙이었다. 네가 선을 행하면 어찌 낯을 들지 못하겠느냐? 선을 행하지 아니하면 죄가(그리고 형벌이) 문에 엎드려 있느니라 죄가 너를 원하나 너는 죄를 다스릴지니라(창 4:7). 하나님께서는 심판의 큰 날에 사람들이 어느 나라에 속하였느냐 하는 것을 묻지 않으실 것이며, 다만 그들이 어떠한 존재였는지, 그들이 무슨 일을 하였는지, 그들이 하나님과 이웃에게 어떠한 감동을 주었는지 하는 문제를 물으실 것이다. 사람들의 성품이 유대인들과 이방인들 사이에 존재하는 큰 차이로 말미암아 아무런 이익이나 불이익을 받지 않을진대, 하물며 그리스도인들 사이에 있을 수 있는 그보다 적은 정서와 관습의 차이로 말미암아 어떠한 이익이나 불이익도 없을 것이다. 마치 로마서 14장의 먹는 것과 날에 대한 문제와 같이 그런 차이는 하나님 앞에서 아무런 영향을 미치지 못한다. 하나님의 나라는 먹는 것과 마시는

것이 아니요 오직 성령 안에 있는 의와 평강과 희락이라(롬 14:17). 이런 것들(의와 평강과 희락)로 하나님을 섬기는 자를 하나님께서 받으시며, 그런 사람은 사람들에게 인정을 받아야 한다. 왜냐하면 하나님께서 인정하시는 사람을 우리가 감히 거절할 수 없기 때문이다.

(2) 이제 이러한 진리가 지금까지보다 더 분명하게 되었다. 지금까지 이 위대한 진리가 이스라엘과 맺어진 독특한 언약과 그들이 달았던 차별의 기장(badge)으로 인해 어둡게 되었다. 의식법은 이스라엘과 다른 나라를 구분하는 분리의 담이었다. 율법 안에서 하나님께서 그 나라에 은혜를 베푸신 것은 사실이다(롬 3:1, 2; 9:4). 그렇기 때문에 그들 가운데 어떤 사람들은, 자기들이 비록 자기 하고 싶은 대로 살지라도 하나님께서 받으실 것이 확실하나 이방인은 한 사람도 하나님께서 받지 않으실 것이라고 쉽게 추측하였다. 하나님께서 이러한 오류를 막고 수정하기 위해 선지자들을 통해 많은 말씀을 하셨으며, 이제 마침내 독특한 언약을 폐지하고 의식법을 폐기하시므로 이 문제를 풀어주시고 유대인과 이방인을 하나님 앞에서 평등하게 함으로써 효과적으로 이러한 오류를 고치셨다. 여기서 베드로는 자신이 본 환상과 고넬료가 본 환상을 비교함으로써 이러한 사실을 깨닫게 되었다. 이제 분명한 것은 그리스도 예수 안에서는 할례나 무할례나 효력이 없다는 것이다(갈 5:6; 골 3:11).

II. 그들이 이스라엘의 경내에 거주하는 이방인들이었기 때문에 그들도 알 수밖에 없었던 사실들, 곧 우리 주님의 생애와 가르침, 설교와 기적들, 죽으심과 수난에 대하여 베드로가 그들에게 설명한다. 왜냐하면 이러한 내용들은 이스라엘 곳곳에 두루 전파되었던 사실이었기 때문이다(37절). 사역자들이 하나님의 일에 관한 지식을 갖고 있던 사람들을 대할 때 이러한 사실이 사역자들의 활동을 용이하게 하였으며, 이에 사역자들은 이 사실에 근거하여 호소하며 교리를 주장하였다.

1. 그들은 일반적으로 말씀, 곧 하나님께서 이스라엘 자손들에게 보내신 복음을 알고 있었다. 그것을 너희도 알거니와(37절). 이방인들이 복음을 듣는 것이 허락되지 않았지만(그리스도와 그의 제자들은 이스라엘 집의 잃어버린 양 외에는 다른 데로 보내심을 받지 아니하였다; 마 15:24) 그 복음을 들을 수밖에 없었다. 복음이 당시 도시와 시골 모두의 이야깃거리였다. 그리스도께서 세상에 계셨을 때 그에 대한 소문이 어떻게 가나안 곳곳으로 퍼져갔는지 우리는 복음서에서 자

주 접할 수 있다. 이처럼 그리스도의 복음에 대한 소문도 이후에 세계 곳곳으로 퍼져갔다(롬 10:18). 너희도 알거니와 그 말씀은 거룩한 말씀이요, 능력과 은혜의 말씀이다.

(1) 이 말씀의 목적이 무엇이었나? 하나님께서 말씀을 통하여 예수 그리스도로 말미암은 평화의 기쁜 소식을 반포하셨다. 유앙겔리조메노스 에이레넨이 평화의 기쁜 소식이라고 해석되어야 한다. 당연히 전쟁을 선포해야 마땅한데 평화를 선포하시는 분이 하나님 자신이다. 하나님은 자신이 예수 그리스도로 말미암아 세상과 화목하기를 원하신다는 사실을 그들에게 알리신다. 하나님께서 그리스도 안에 계시사 세상을 자기와 화목하게 하신다(고후 5:19).

(2) 이 말씀이 누구에게 전해졌는가? 먼저는 이스라엘 자손들이었다. 이스라엘 자손들에게 제일 먼저 제공되었다. 그들의 이웃들은 이 모든 소식을 들었고, 복음의 유익을 부러워하였다. 이스라엘이 받은 율법의 유익보다도 복음의 유익을 그들은 더욱 부러워하였다. 그 때에 뭇 나라 가운데에서 말하기를 여호와께서 그들을 위하여 큰 일을 행하셨다 하였도다(시 126:2).

2. 그들은 이스라엘에게 전해진 이 복음의 말씀에 관한 여러 사실들을 알고 있었다.

(1) 그들은 요한이 복음의 말씀을 소개하기 위해 전하였던 회개의 세례를 알고 있었다. 요한이 회개의 세례를 진힘과 동시에 복음의 역사가 최초로 시작되었다(막 1:1). 그들은 요한이 얼마나 비범한 사람이었는지 알고 있었으며, 또한 그의 전파가 주의 길을 예비하는 직접적인 의도였다는 것도 알고 있었다. 그들은 아주 많은 무리가 요한의 세례를 받았으며, 요한이 얼마나 큰 영향력을 끼쳤고 그 영향력으로 무슨 일을 하였는지 알고 있었다.

(2) 요한의 세례 이후 즉시 그리스도의 복음, 곧 화평의 복음이 온 유대에 두루 전파되었으며 그 복음의 운동이 갈릴리에서부터 일어났다는 것을 그들은 알고 있었다. 열두 사도들과 칠십 인의 제자들, 그리고 우리 주님께서 그 땅의 전역에서 이 기쁜 소식을 반포하였다. 그리하여 가나안 땅의 모든 도시와 촌락에 복음이 전하여지지 않을 수 없었다고 우리는 생각한다.

(3) 그들은 나사렛 예수께서 세상에 계셨을 때 두루 다니시며 착한 일을 행하셨다는 사실을 알고 있었다. 그들은 예수께서 그 나라에 영적으로나 육신적으로나 얼마나 큰 은혜를 베푸는 분이었는지 알고 있었다. 예수께서 모든 사람에게

착한 일을 행하는 것을 업으로 삼으셨고, 아무에게도 한 번도 상처를 입히지 않으셨다. 그는 게으르지 않으셨고, 언제나 일하셨으며, 이기적이지 않고 착한 일을 행하셨다. 또한 한 장소에만 틀어박혀 계시지 않았고, 사람들이 그의 도움을 구하러 올 때까지 기다리지 않고 오히려 그들에게 나아가셨으며, 이리저리 두루 다니셨다. 그리고 그가 가시는 곳마다 착한 일을 행하셨다. 이로 말미암아 예수께서는 자신이 선하시고 또한 선을 행하시는 하나님으로부터 보내어졌다는 것을 보여주셨다. 그가 착한 일을 행하신 이유는 그 자신이 착하시기 때문이다. 그러므로 예수께서 자기를 증언하지 아니하신 것이 아니니(행 14:17) 선한 일로써 자신을 증언하셨다. 또한 예수께서 하나님과 우리를 섬기실 때 지칠 줄 모르는 열심을 우리에게 본보기로 보여주셨다. 우리가 세상에 온 것은 할 수 있는 한 모든 선한 일을 하기 위함이다. 그러므로 우리는 그리스도를 본받아 언제나 계속적으로 선한 일을 넘치게 해야 한다.

(4) 그들은 특히 예수께서 마귀에게 눌린 모든 사람을 고치셨다는 사실을 알고 있었다. 예수께서는 마귀의 힘에 눌려 있는 사람들을 해방시키셨다. 이로써 예수께서 사람들에게 은혜를 베푸시기 위해 하나님으로부터 보내심을 받았을 뿐만 아니라 마귀의 일을 멸하려고 보내심을 받았다는 사실이 분명해졌다. 예수께서 마귀와의 싸움에서 많은 승리를 거두셨기 때문이다.

(5) 그들은 유대인들이 예수를 죽였다는 사실을 알고 있었다. 유대인들은 예수를 나무에 달아 죽였다. 베드로가 유대인들에게 설교하였을 때 너희가 예수를 죽였다고 말하였다. 그러나 이방인들에게 설교하고 있는 지금, 그들이 죽였다고 말한다. 그들에게 예수께서 착한 일을 행하시고 또 많은 착한 일을 행하실 뜻을 품으셨었다. 이방인들도 이 모든 사실을 알고 있었다. 하지만 이 사실이 단순히 보도에 불과하며, 일반적으로 보도가 사실 이상으로 부풀려지는 것처럼 이 사실도 과장된 것이라고 그들이 생각하지 못하게 하려고 베드로 자신은 물론 다른 사도들도 이 사실을 증거하였다(39절). 우리는 그가 행하신 모든 일에 증인이라. 즉, 우리는 예수께서 유대인의 땅과 예루살렘에서, 도시와 시골에서 전하신 교리의 증인이다.

3. 그들은 이 모든 사실로 인해 예수께서 일찍이 보여주신 것처럼 전파하고 행하시는 사명을 하늘로부터 받았음을 알았다. 베드로가 그의 강론에서 계속 되풀이한 내용이 바로 이것이며, 기회 있을 때마다 이러한 사실을 그들에게 말

하였다. 베드로가 그들에게 알린 사실은 다음과 같은 것들이었다.

(1) 이 예수가 만유의 주시라는 사실이다. 이는 삽입어구로 기록되어 있지만 예수 그리스도께서 하나님과 인간 사이에 화목을 이루시는 만유의 주시라는 사실은 베드로가 증언하고자 한 중요한 주제다. 예수 그리스도는 하나님으로서 모든 것 위에 뛰어나시며 영원히 찬송할 분이실 뿐만 아니라 중보자로서 하늘과 땅의 모든 권세를 가지고 만물을 심판하실 분이시다. 그는 천사들의 주시다. 천사들은 모두 그의 겸손한 종들이다. 그는 어둠의 권세자들의 주시다. 왜냐하면 그가 어둠의 권세자들을 이기셨기 때문이다. 그는 만국의 왕이시며, 모든 육체를 다스릴 권세를 가지고 계신다. 그는 성도들의 왕이시며, 하나님의 모든 자녀들이 그의 학생들, 그의 신하들, 그의 군사들이다.

(2) 하나님이 그에게 성령과 능력을 기름 붓듯 하셨다는 사실이다. 예수 그리스도는 거룩한 기름 부음으로 말미암아 권위를 부여받았고 또한 그가 행하신 모든 일을 이룰 수 있었다. 이 때문에 그는 그리스도라고 칭해졌다. 그리스도, 곧 메시야는 기름 부음 받은 자라는 뜻이다. 예수께서 세례를 받으실 때 성령께서 그 위에 임하셨고, 그는 능력이 충만하여져서 말씀을 전하셨고 아울러 거룩한 사명에 대한 보증인 기적을 행하셨다.

(3) 하나님이 그와 함께 하셨다는 사실이다(38절). 그의 사역들은 하나님 안에서 이루어졌다. 하나님께서 그를 보내셨을 뿐만 아니라 줄곧 그와 함께 하셨고, 그를 인정하셨으며, 그의 곁에 계셨고, 그의 모든 섬김과 고난 가운데서 그를 도우셨다. 적용. 하나님께서 기름 부으신 자들과 함께 하신다. 하나님께서 자기의 영을 부어주신 자들과 친히 함께 하실 것이다.

Ⅲ. 그들이 이 예수에 관한 정보를 더 이상 알지 못하였기 때문에 베드로가 죽은 자로부터의 부활을 그들에게 선포하며, 그에 대한 증거를 말한다. 그리하여 그의 죽으심이 끝이라는 생각을 그들로 갖지 못하도록 하였다. 아마도 그들은 예수께서 죽은 자로부터 부활하셨다는 이야기를 가이사랴에서 들었을 것이다. 하지만 그의 제자들이 밤에 와서 그를 도둑질하여 갔다(마 28:13)는 유대인들의 비열한 유언비어로 말미암아 이에 대한 이야기가 얼마 안 있어 잠잠해졌다. 그러므로 베드로는 예수 그리스도로 말미암은 평화의 말씀의 근간을 이루는 것으로서 이 부활의 진실을 역설한다.

1. 예수 그리스도께서 일어나신 능력은 의심할 바 없이 하나님의 능력이었다

(40절). 하나님이 사흘 만에 다시 살리사. 이 부활의 사건은 사람들이 예수에게 쏟아부었던 모든 비방과 고발이 잘못되었음을 증명하였으며, 아울러 예수께서 십자가의 피로써 인간의 죄를 대속하신 구속을 하나님께서 받으셨다는 사실을 충분히 증명하였다. 그가 감옥을 부순 것이 아니라 합법적으로 죗값을 소멸하신 것이다. 하나님께서 그를 다시 살리셨다.

2. 그의 부활에 대한 증거들이 의심할 바 없이 명백하였다. 왜냐하면 하나님께서 그를 공개적으로 나타내셨기 때문이다. 하나님께서 그를 나타내셨다 — 에도켄 아우톤 엠파네 게네싸이 — 분명히 보여지게 하셨다. 그가 나타나심으로, 나타나신 분이 그 자신이며 다른 사람이 아니라는 것을 아무도 부정하지 못하게 되었다. 그의 나타나심은 결과적으로 그의 부활의 진실에 대한 증명이 되었다. 예수께서 정말 공개적으로 자기를 나타내신 것이 아니나(이런 면에서는 공개적이라고는 할 수 없다) 분명히 자기를 나타내셨다. 자기를 나타내시되 그의 죽으심을 목격한 모든 백성에게 하신 것이 아니었다. 그들은 예수 그리스도의 기적 가운데 나타난 그의 거룩한 사명에 대한 모든 증거들을 거절함으로써 이 위대한 사건의 증인이 될 수 있는 특혜를 박탈당하고 말았다. 예수께서 도둑질을 당하였다고 즉시 날조하고 거짓말을 한 자들은 마땅히 미혹을 당하여 그런 거짓말을 믿고 말았으며, 진실을 깨달을 수 있는 은혜를 입지 못하고 말았다. 그만큼 보지 못하고 믿는 자들이 더욱 복이 있을 것이다. — "예수께서 모든 사람에게 자신을 나타내지 않으신 것은 그들 가운데 경건치 않은 자들이 자신들의 오류로부터 즉시 풀려나게 하면 안 되었기 때문이다. 그리고 큰 믿음과 그에 대한 보상은 어려움과 함께 얻어질 수 있다." — 테르툴리아누스, Apol. cap. 11. 그러나 비록 모든 사람이 예수 그리스도를 목격하지 못하였지만 그의 부활의 진실을 증명할 수 있는 충분한 숫자가 그를 목격하였다. 유언자들이 꼭 모든 사람들 앞에서 마지막 자신의 뜻을 밝히고 유언을 해야 하는 것은 아니다. 합법적인 숫자의 신뢰할 수 있는 증인들 앞에서 유언을 하는 것으로 충분하다. 따라서 그리스도의 부활도 자격이 있는 증인들 앞에서 증명되었다.

(1) 그들이 우연히 부활의 증인들이 된 것이 아니었다. 그들은 하나님께서 미리 택하신 증인들이었다. 이를 위해 그들이 주 예수 밑에서 훈련을 받았고, 그와 친밀한 교제를 나누었다. 이처럼 이전에 예수를 알았기에 그의 부활을 더욱 확신할 수 있었다.

(2) 그들은 갑자기 일시적으로 예수를 뵌 것이 아니었다. 그들은 예수와 자유로운 대화를 많이 나누었다. 그들은 예수께서 죽은 자 가운데서 부활하신 후 그를 모시고 음식을 먹었다. 이 말씀은 예수께서 먹고 마시는 것을 그들이 보았다는 것을 의미한다. 그들은 디베랴 바다에서 예수와 함께 식사한 것을 증거하였으며, 또한 두 제자가 엠마오에서 그와 저녁밥을 먹은 것을 증거하였다. 이는 예수께서 실제 몸을 가지셨다는 사실을 입증하는 것이다. 그러나 이것이 전부가 아니었다. 그들은 조금도 두려워하거나 놀라지 않고 예수를 뵈었다. 두려워했거나 놀랐다면 그들은 증인의 자격을 가지지 못하였을 것이다. 그들이 이처럼 조금도 두려워하거나 놀라지 않을 수 있었던 것은 예수를 자주 뵈었기 때문이며, 그들이 예수를 모시고 음식을 먹을 정도로 친밀한 교제를 나누었기 때문이다. 이스라엘의 존귀한 자들이 하나님의 영광을 분명히 뵈었던 증거가 성경에 기록되어 있다(출 24:11). 그들은 하나님을 뵙고 먹고 마셨더라.

IV. 이 모든 사실로부터 베드로는 결론을 내리는데, 이는 그들 모두가 반드시 이 예수를 믿어야 한다는 것이었다. 베드로가 보내심을 받은 것은 고넬료가 반드시 해야 할 일을 일러주기 위함이었다. 그것은 이런 것이었다. 고넬료의 기도와 구제는 매우 훌륭하였다. 그러나 그에게 한 가지 부족한 것이 있었다. 이제 그는 그리스도를 믿어야만 한다. 관찰.

1. 왜 그는 그리스도를 믿어야만 하는가? 믿음은 증언과 관계가 있다. 그리스도인의 믿음은 사도들과 선지자들의 터 위에 세워졌고, 그들이 전한 증언 위에 세워졌다.

(1) 믿음은 사도들의 증언으로 세워졌다. 베드로는 수석 사도로서 다른 사도들을 대표하여 말하기를, 하나님께서 그들에게 명하사 백성에게 전도하되 그리스도에 관하여 증언하게 하셨다고 말한다. 이로써 사도들의 증언은 신뢰할 수 있을 뿐만 아니라 근거 있는 것이며, 우리가 믿을 수 있는 것이다. 사도들의 증언은 곧 하나님의 증언이다. 그들은 세상에 대한 하나님의 증인들이다. 그들은 새로운 소식으로서 복음을 증언할 뿐만 아니라 기록(record)으로서 복음을 증언하며, 그 기록에 의하여 사람들이 심판을 받아야 한다.

(2) 믿음은 구약의 선지자들의 증언으로 세워졌다. 선지자들은 이미 예수의 고난에 관하여 증언하였을 뿐만 아니라 그 고난의 의도와 의미에 관하여 증언하였다. 선지자들의 증언은 예수의 고난에 관한 사도들의 증언을 크게 확증하

였다(43절). 그에 대하여 모든 선지자도 증언하되. 우리는 고넬료와 그의 친구들이 선지자들의 글에 대하여 무지하지 않았다고 판단할 수 있다. 이 두 부류의 구름 같은 증인들의 입술이 정확히 일치하며, 이를 통하여 이 말씀이 세워졌다.

2. 그들이 예수 그리스도에 관하여 무엇을 믿어야 하는가?

(1) 우리 모두는 그리스도를 재판장으로 모셔야 할 책임이 있다는 것이다. 사도들이 세상에 증거하라고 명령을 받은 것이 바로 이것이니, 곧 이 예수가 하나님이 살아 있는 자와 죽은 자의 재판장으로 정하신 자이시라는 사실이다(42절). 그는 구원의 조건을 정할 수 있는 능력이 있으며, 그 규정에 따라 우리가 심판 받아야 하며, 살아 있는 자와 죽은 자 모두와 유대인과 이방인 모두가 그 규정에 복종해야 한다. 그는 그 큰 날에 모든 인생들, 곧 살아 있는 자들, 그리고 죽은 자로부터 부활하게 될 모든 자들의 영원한 조건을 결정하도록 임명되었다. 하나님은 그(예수)를 죽은 자 가운데서 다시 살리신 것으로 모든 사람에게 믿을 만한 증거를 주셨고(행 17:31) 이에 우리 모든 이의 큰 관심은 이 사실을 믿고 예수의 은혜를 구하는 것이며, 그를 우리의 친구로 삼는 것이다.

(2) 우리가 예수를 믿으면 우리의 의이신 그로 말미암아 우리가 의롭다 함을 얻게 될 것이라는 사실이다(43절). 선지자들이 그리스도의 죽으심에 대하여 말하였을 때 그의 이름을 힘입어, 곧 그 이름 때문에, 그리고 그의 공로로 인하여, 그를 믿는 사람들이 다 유대인이나 이방인이나 할 것 없이 죄 사함을 받는다 하였다. 죄 사함을 받는다는 이 위대한 진리를 믿는 것이 우리에게 필요하다. 죄 사함을 받지 못하면 우리는 파멸한다. 믿음이 있는 양심은 이 위대한 진리를 심히 알고 싶어한다. 육체적인 유대인들은 그들의 의식적인 희생과 정결로부터 죄 사함을 기대하였으며, 이방인들 또한 자신들의 보상으로부터 죄 사함을 기대하였으나 이 모든 것은 헛된 것이었다. 죄 사함은 오로지 그리스도의 이름을 통해서만 가능하며, 오직 그 이름을 믿는 자들에게만 가능하다. 그 이름을 믿는 자들은 죄 사함을 보증받을 수 있다. 그들의 죄는 용서받을 것이며, 그들에게 죄의 선고는 없을 것이다. 그리고 죄 사함은 다른 모든 은혜와 축복의 기초가 된다. 왜냐하면 죄 사함으로 인해 은혜와 축복을 가로막은 장애물이 제거되기 때문이다. 죄를 용서받는다면 모든 것이 형통하며 영원히 형통할 것이다.

[44]베드로가 이 말을 할 때에 성령이 말씀 듣는 모든 사람에게 내려오시니 [45]베드로

와 함께 온 할례받은 신자들이 이방인들에게도 성령 부어 주심으로 말미암아 놀라니 ⁴⁶이는 방언을 말하며 하나님 높임을 들음이러라 ⁴⁷이에 베드로가 이르되 이 사람들이 우리와 같이 성령을 받았으니 누가 능히 물로 세례 베풂을 금하리요 하고 ⁴⁸명하여 예수 그리스도의 이름으로 세례를 베풀라 하니라 그들이 베드로에게 며칠 더 머물기를 청하니라

　　　　우리는 여기서 베드로가 고넬료와 그의 친구들에게 전한 설교의 결과를 볼 수 있다. 그는 헛되이 수고하지 않았으며, 그들 모두가 그리스도께로 돌아왔다. 우리는 여기서 다음과 같은 내용을 볼 수 있다.

I. 베드로의 말씀을 들은 자들에게 성령을 베푸심으로써 하나님께서 베드로의 말씀을 공인하셨고, 아울러 그 말씀을 들은 것을 인정하셨다(44절). 　베드로가 이 말을 할 때에. 아마도 베드로가 더 많은 말을 할 계획이었지만 성령께서 초자연적인 은사와 능력으로 말씀 듣는 모든 사람에게 내려오시는 명백한 징후를 보고 자신이 말할 권리를 기꺼이 양보하였다. 베드로는 그들에게 성령께서 임하시는 모습이 마치 처음 사도들에게 임하신 것과 같았다고 말한다(11:15). 그러므로 어떤 이들은 생각하기를, 처음 성령께서 임하셨을 때처럼 급하고 강한 바람과 갈라진 혀가 함께 나타났을 것이라고 한다. 관찰.

1. 성령께서 그들에게 언제 임하셨는가? 베드로가 말씀을 전하였을 때디. 이처럼 하나님은 베드로의 말에 대하여 증인이 되셨으며, 거룩한 능력으로 함께 하셨다. 그리하여 그들 가운데 사도의 표(고후 12:12)가 나타났다. 베드로가 성령을 준 것은 아니었지만 베드로의 말씀과 함께 성령께서 주어졌다. 이로써 베드로가 하나님의 보내심을 받은 것이 분명해졌다. 다른 이들의 경우에는 그들이 세례를 받은 이후에 성령이 부어졌는데, 이는 확증을 주기 위함이었다. 그러나 이 이방인들의 경우에는 세례받기 전에 성령이 부어졌다. 아브라함은 할례받기 전에 믿음으로 의롭다함을 받았는데, 이로 보아 하나님은 방법에 매이지 않으시며 외적인 표에 제한되지 아니하신다는 것을 알 수 있다. 성령께서는 할례나 세례를 받지 아니한 자들에게도 임하셨다. 살리는 것은 영이니 육은 무익하니리(요 6:63).

2. 성령께서 그들에게 어떻게 임하셨는가?(46절) 그들이 한 번도 배우지 않았던 방언을 말하였다. 이 방언은 아마도 히브리어, 곧 거룩한 말이었을 것이다.

설교자들이 청중에게 그리스도의 교훈을 전하기 위해 통속적인 말을 할 수 있었던 것처럼 청중도 설교자들이 구약에서 제시한 증거들을 원어로 점검하기 위해 거룩한 언어를 즉시 배웠다. 혹 그들이 방언을 말할 수 있었다는 것은 그들 모두가 사역자로 예정되었다는 것을 암시하였다. 이번 최초의 성령의 강림이 그들에게 임하심으로 그들이 다른 사람들에게 복음을 전할 수 있는 자격을 얻게 되었다. 그들이 이제 막 이 자격을 얻게 된 것이다. 그러나 여기서 우리가 관찰할 내용이 있다. 그들이 방언을 말하였을 때 하나님을 높였다는 사실이다. 그들은 그리스도와 구속의 은혜를 말하였다. 이는 베드로가 하나님께 영광이 되도록 그들에게 전하였던 내용들이다. 최초로 성령의 강림을 체험했던 사람들도 이와 같이 하나님을 높였었다(2:11). 적용. 우리가 어떠한 은사를 받든지 그것으로 하나님을 높여야 한다. 특히 말의 은사를 최대한 활용하여 우리는 하나님께 영광을 돌려야 한다.

  3. 그 자리에 있었던 믿는 유대인들이 어떠한 느낌을 받았는가?(45절) 할례받은 신자들이 놀랐다. 베드로와 함께 온 유대인들은 여섯 명이었다. 이방인들에 성령이 임하시는 것을 보고 그들은 깜짝 놀랐으며, 아마도 불쾌한 느낌도 가졌을 것이다. 왜냐하면 이방인들에게도 성령이 부어졌기 때문이다. 유대인들은 성령의 강림이 자기 민족에만 적합하다고 생각하였다. 그들이 이방인들에게도 성령이 임하리라고 예언한 구약 성경을 바로 깨달았다면 이렇게 놀라지 않았을 것이다. 우리의 잘못된 생각으로 말미암아 우리는 하나님의 섭리와 은혜의 방편에 있어서 스스로 어려움을 야기한다.

Ⅱ. 베드로는 성령께서 임하신 사람들에게 세례를 베풀어서 그것이 하나님의 역사였음을 인정하였다. 관찰.

  1. 그들이 성령을 받았지만 세례를 받을 필요가 있었다. 하나님은 제정된 의식에 매이지는 않지만 우리는 매여 있다. 아무리 비범한 은사를 받았을지라도 우리는 의식을 건너뛰지 못하며, 은사를 받은 만큼 우리는 의식을 따라야 할 의무가 있다. 우리 시대에 어떤 이들은 "그들이 성령으로 세례를 받았는데 물로 세례를 받아야 할 이유가 어디 있느냐? 물세례는 성령 세례 아래에 있다"라고 주장한다. 아니다. 물세례는 성령 세례 아래에 있는 것이 아니다. 물세례는 그리스도께서 제정하신 의식이며, 보이는 교회에 들어가는 입문이며, 새 언약의 인증이다.

2. 비록 그들이 이방인이었지만 성령을 받으므로 세례를 받을 수 있었다(47절). 이 사람들이 우리와 같이 성령을 받았으니 아무리 엄격한 유대인이라고 하여도 누가 능히 물로 세례 베풂을 금하리요? 논리가 확실하다. 예시된 실체를 받은 사람들에게 우리가 표지를 거절할 수 있는가? 하나님께서 언약의 은혜를 베푸신 자들이 언약의 인침을 받을 자격이 없겠는가? 확실히 우리와 같이 성령을 받은 자들은 우리와 같이 세례를 받아야 한다. 왜냐하면 우리가 하나님의 지시를 따르는 것이 마땅하며, 하나님께서 교제의 대상으로 받아주신 사람들을 우리도 받아 교제하는 것이 당연하기 때문이다. 하나님께서 믿음의 후손들에게 성령을 부어주시겠다고 약속하셨다. 그렇다면 우리와 같이 약속하신 성령을 받은 사람들에게 물세례를 누가 금할 수 있겠는가? 이제 그들이 세례를 받기 전에 성령이 그들에게 부어진 이유가 분명하다. 베드로가 환상을 보지 않았더라면 그들에게 설교하는 것에 대하여 확신하지 못하였을 것처럼 성령이 그들에게 부어지지 않았더라면 베드로가 그들에게 세례 베푸는 것에 대하여 확신을 하지 못하였을 것이기 때문이다. 하다못해 베드로가 할례받은 신자들의 비난을 면치 못하였을 것이다. 이처럼 이방인들을 교회로 이끌기 위해 하나의 보기 드문 거룩한 은혜의 수단이 이어졌다. 선하신 하나님의 은혜가 선한 사람들의 자선보다 훨씬 더 광범위하다는 사실은 우리에게 너무나 당연하다!

3. 베드로가 친히 그들에게 세례를 베풀지 않고 세례를 베풀라고 명령하였다(48절). 아마도 베드로와 함께 갔던 형제들이 베드로의 명령대로 세례를 베풀었을 것이다. 그리고 베드로가 세례 베풀기를 거절한 것은 아마도 바울이 세례 베풀기를 거절한 이유와 같았을 것이다. 바울이 세례 베풀기를 거절한 이유는 자기에게 세례를 받은 자들이 그 세례 때문에 우월감을 갖지 못하도록 하기 위함이었으며, 또한 자신의 이름으로 세례를 받았다 말하지 못하게 하려 함이었다(고전 1:15). 사도들은 가서 세례를 베풂으로 모든 족속을 제자 삼으라는 명령을 받았다. 그러나 그들이 전념하였던 것은 기도와 말씀을 전하는 일이었다. 사도 바울은 그리스도께서 나를 보내심은 세례를 베풀게 하려 하심이 아니요 오직 복음을 전하게 하려 하심이라고 말하였다(고전 1:17). 바울에게 있어서 세례를 베푸는 일보다 복음을 전하는 일이 더 귀하고 소중한 일이었다는 것이다. 그러므로 세례를 베푸는 일은 대개 사도 밑에 있는 사역자들에게 맡겨졌다. 이들이 세례를 베풀라는 사도들의 명령을 받고 세례를 베풀었다. *Qui per alterum facit, per*

seipsum facere dicitur — 다른 사람을 시켜 하는 일은 그 자신이 행하는 것과 마찬가지라고 말할 수 있다.

Ⅲ. 그들은 베드로의 사역을 통해 더 큰 은혜를 얻기를 갈망하므로 베드로의 말씀과 하나님의 역사 모두를 인정하였다.   그들이 베드로에게 며칠 더 머물기를 청하니라. 그들이 베드로더러 계속 머물도록 강요할 수는 없었다. 베드로가 다른 곳에서도 해야 할 일이 있었다는 것을 그들도 알고 있었다. 당장에 예루살렘에서 그를 기다리고 있었다. 그러나 그들이 베드로를 즉시 떠나보낼 마음은 없었다. 그들은 얼마 동안만이라도 그들 가운데 머물러 달라고 베드로에게 간청하였다. 이는 그들이 베드로로부터 하나님의 나라에 관하여 배우기 위함이었다. 적용. 1. 그리스도를 어느 정도 아는 사람들은 더욱 알기를 갈망할 수밖에 없다. 2. 성령을 받은 사람들도 말씀의 사역의 필요성을 깨달아야 한다.

제
— 11 —
장

개요

본 장은 다음과 같은 내용으로 구성되어 있다. I. 베드로가 고넬료와 그의 친구들을 교회 안으로 받아들인 데 대하여 형제들이 비난하자 불가피하게 이에 대하여 해명하였고, 형제들이 묵인함(1-18절). II. 안디옥과 인근 지역에서 복음이 큰 성공을 거둠(19-21절). III. 안디옥에서 시작된 선한 역사가 처음에는 바나바의 섬김으로, 나중에는 그와 연합한 바울의 섬김으로 계속되었고, 그리스도인이란 이름이 최초로 그 곳의 제자들에게 붙여짐(22-26절). IV. 다가올 기근에 대한 예언, 그리고 이에 대하여 유대에 있는 가난한 성도들을 구제하기 위해 이방인 출신의 회심자들이 헌금함(27-30절).

¹유대에 있는 사도들과 형제들이 이방인들도 하나님의 말씀을 받았다 함을 들었더니 ²베드로가 예루살렘에 올라갔을 때에 할례자들이 비난하여 ³이르되 네가 무할례자의 집에 들어가 함께 먹었다 하니 ⁴베드로가 그들에게 이 일을 차례로 설명하여 ⁵이르되 내가 욥바 시에서 기도할 때에 황홀한 중에 환상을 보니 큰 보자기 같은 그릇이 네 귀에 매어 하늘로부터 내리어 내 앞에까지 드리워지거늘 ⁶이것을 주목하여 보니 땅에 네 발 가진 것과 들짐승과 기는 것과 공중에 나는 것들이 보이더라 ⁷또 들으니 소리 있어 내게 이르되 베드로야 일어나 잡아 먹으라 하거늘 ⁸내가 이르되 주님 그럴 수 없나이다 속되거나 깨끗하지 아니한 것은 결코 내 입에 들어간 일이 없나이다 하니 ⁹또 하늘로부터 두 번째 소리 있어 내게 이르되 하나님이 깨끗하게 하신 것을 네가 속되다고 하지 말라 하더라 ¹⁰이런 일이 세 번 있은 후에 모든 것이 다시 하늘로 끌려 올라가더라 ¹¹마침 세 사람이 내가 유숙한 집 앞에 서 있으니 가이사랴에서 내게로 보낸 사람이라 ¹²성령이 내게 명하사 아무 의심 말고 함께 가라 하시매 이 여섯 형제도 나와 함께 가서 그 사람의 집에 들어가니 ¹³그가 우리에게 말하기를 천사가 내 집에 서서 말하되 네가 사람을 욥바에 보내어 베드로라 하는 시몬을 청하라 ¹⁴그가 너와 네 온 집이 구원받을 말씀을 네게 이르리라 함을 보았다 하거늘 ¹⁵내가 말을 시작할 때에 성령이 그들에게 임하시기를 처음 우리에게 하신

것과 같이 하는지라 [16]내가 주의 말씀에 요한은 물로 세례를 베풀었으나 **너희는** 성령으로 세례를 받으리라 하신 것이 생각났노라 [17]그런즉 하나님이 우리가 주 예수 그리스도를 믿을 때에 주신 것과 같은 선물을 그들에게도 주셨으니 내가 누구이기에 하나님을 능히 막겠느냐 하더라 [18]그들이 이 말을 듣고 잠잠하여 하나님께 영광을 돌려 이르되 그러면 하나님께서 이방인에게도 생명 얻는 회개를 주셨도다 하니라

고넬료에게 복음이 전해진 일은 우리 같은 가련한 죄인들인 이방인들에게는 크게 기쁘고 감사할 만한 일이었다. 이는 어둠 가운데 앉아 있던 우리들에게 빛이 임한 것이었기 때문이다. 이제 이 사건이 믿지 않는 유대인들뿐 아니라 믿는 유대인들에게도 크게 놀랄 만한 것이었기에 그 사건이 어떻게 받아들여졌는지, 그에 대하여 어떠한 설명이 있었는지 알아볼 필요가 있다. 우리는 여기서 다음과 같은 사실을 알 수 있다.

I. 예루살렘과 그 부근에 있는 교회에 이 사실이 알려졌다. 가이사랴는 예루살렘에서 그리 멀지 않은 곳이었기에 그들이 이 소식을 얼마 안 있어 들을 수 있었다. 어떤 이는 선의로, 어떤 이는 악의로 이 소식을 퍼뜨렸을 것이다. 그리하여 베드로 자신이 예루살렘에 돌아오기도 전에 예루살렘과 유대에 있는 사도들과 형제들이 이방인들도 하나님의 말씀, 즉 그리스도의 복음, 다시 말해서 하나님의 한 말씀이 아니라 하나님의 말씀 자체를 받았다 함을 들었다. 하나님의 말씀은 모든 계시의 요약이며 중심이다. 그들이 그리스도를 받았다. 왜냐하면 그 이름은 하나님의 말씀이라 칭하여졌기 때문이다(계 19:13). 이방 나라들 가운데로 흩어졌던 유대인들과 유대교로 개종한 이방인들뿐 아니라 그 때까지 그들과 일반적으로 교제하는 것조차도 불법이라고 여겨졌던 이방인들까지도 교회 공동체에 허입되었다. 그들이 하나님의 말씀을 받았다는 것은 다음과 같은 사실을 의미한다.

1. 하나님의 말씀이 그들에게 전하여졌다. 이는 이방인들에게는 기대 이상으로 큰 영광이었다. 그러나 만민에게 복음을 전파하라(막 16:15)는 명령을 받은 사람들조차도 이러한 사실을 이상하게 여긴 듯하다는 것이 나로서는 놀랍다. 편협한 교만과 완고함이 종종 거룩한 진리에 대한 명확한 발견을 끈질기게 방해한다.

2. 그들이 하나님의 말씀을 환대하고 복종하였다. 이에 하나님의 말씀이 기대 이상으로 그들에게 큰 역사를 이루었다. 복음이 이방인들에게 전파된다 할지라도 아무 소용이 없을 것이라는 생각을 유대인들은 하였을 것이다. 왜냐하면 복음의 증거들이 이방인들이 받지 못한 구약에서 상당 부분 나왔기 때문이다. 유대인들은 이방인들을 종교적인 성향이 없는 사람들이라고 보았고, 또한 종교적인 감동을 받지 못하는 사람들이라고 생각하였다. 그러므로 그런 이방인들이 주의 말씀을 받았다는 소식을 듣고 그들은 놀라 자빠졌다. 적용. 검증해 보면 너무 유순한 사람들인데도 우리는 그들에게 선을 행하기를 너무 쉽게 단념해 버린다.

Ⅱ. 믿는 유대인들이 이에 대하여 비난하였다(2, 3절). 베드로가 예루살렘에 올라갔을 때에 할례자들, 곧 여전히 할례를 숭배하였던 유대의 회심자들이 베드로를 비난하였다. 그들은 베드로가 무할례자의 집에 들어가 함께 먹은 것이 죄라고 하며 베드로를 책망하였다. 이로 인해 베드로가 사도직을 몰수당하지는 않는다 하더라도 그 직분을 더럽힌 만큼 교회의 책망을 받아 마땅하다고 그들은 생각하였다. 그들은 베드로가 오류가 없는 사람이라고 전혀 생각하지 않았으며, 또한 베드로에 대하여, 모든 사람이 그에게 의무를 다해야 하나 그는 아무에게도 의무가 없는 교회의 최고의 머리라고 조금도 생각하지 않았다. 여기서 우리는 다음과 같은 사실을 깨달을 수 있다.

1. 교회를 독점하는 것은 교회의 독이며 큰 손실이다. 교회로부터 반대자들을 추방하고 은혜의 수단으로부터 배제시키는 것도 마찬가지다. 교회의 재물에만 몰두하는 편협한 심령들이 있다. 그들은 세상의 재물을 독점하려 하며 이 땅 가운데에서 홀로 거주하려 하는 자들이다(사 5:8). 이런 사람들은 요나의 정신을 가진 사람들이다. 요나는 자기 백성만을 위하는 투기심으로 니느웨 사람들이 하나님의 말씀을 받는 것을 분히 여겼으며, 이러한 자신의 감정을 당연시하였다.

2. 그리스도의 사역자들은 설령 그들의 공공연한 대적들뿐 아니라 그들의 확실한 친구들로부터 비난을 받거나 혹 불평을 듣는다 할지라도 이를 이상하게 생각하지 말아야 한다. 그들의 어리석은 행동과 연약함뿐 아니라 그들의 시의적절한 선한 행실에 대해서도 이상하게 생각하지 말아야 한다. 우리가 한 일을 증거하였다면 우리의 형제들이 어떠한 반응을 보일지라도 우리는 베드로처럼

스스로 기뻐할 수 있어야 한다. 그리스도를 섬기는데 열정적이고 담대한 사람들은, 신중함을 구실로 냉정하고 냉담한 자들로부터 비난받는 것을 예상해야 한다. 포용력이 있고 관대하며 자비로운 원칙을 가진 사람들은, 자부심이 강하고 엄격한 자들로부터 비난받는 것을 예상해야 한다. 그들은 너는 네 자리에 서 있고 내게 가까이 하지 말라 나는 너보다 거룩함이라고 말한다(사 65:5).

Ⅲ. 베드로가 이 문제에 대하여 충분히 설명하므로 아무런 논쟁이나 사과가 필요 없게 되었고, 결과적으로 자신을 정당화시키고 또 믿는 유대인들을 충족시켰다(4절). 베드로가 그들에게 이 일을 차례로 설명하였다. 곧 베드로가 그들 앞에 사건의 전말을 순서대로 털어놓은 후 과연 자신이 잘못 행한 것인지 간절히 호소할 수 있었다. 왜냐하면 그 일은 처음부터 끝까지 자신의 일이 아니라 하나님의 일임이 분명하였기 때문이다.

1. 만일 그들이 문제의 핵심을 바로 이해하였다면 자신과 다투지 않고 도리어 자신을 칭찬하였을 것이라고 베드로는 생각한다. 우리는 비난하는 것을 절제하고 아껴야 할 이유가 있다. 왜냐하면 우리가 앞에 나서서 비난해야 하는 이유를 바로 이해했다면 그에 일치하는 원인을 바로 알고 있어야 하기 때문이다. 다른 사람들이 수상쩍게 보이는 행동을 하는 것을 볼 때 우리는 그들과 다투기보다는 그들이 무슨 근거로 그리하였는지 알아보아야 할 것이다. 만일 우리가 그렇게 해 볼 기회를 갖지 못한다면 기회를 가질 때까지 그에 대하여 최대한 긍정적으로 생각해야 할 것이다. 때가 이르기 전에 아무것도 판단하지 말라(고전 4:5).

2. 베드로는 기꺼이 그들의 입장에서 서서 그들을 이해시키려고 애를 쓴다. 베드로는 자신이 사도들 가운데 수석이라고 주장하지 않는다. 왜냐하면 베드로의 거짓된 후계자들이 주장하는 최고의 지배권에 대한 생각을 그는 조금도 갖지 않았기 때문이다. 그는 "자신이 근거 있게 행하였으니 이에 만족한다"고 그들에게 말하면 그 뿐이라고 그렇게 생각하지 않았다. 사실 베드로는 그 일로 골치를 앓을 필요가 없었다. 하지만 그는 이방인들에 관하여 자기 안에 있는 소망의 이유를 기꺼이 밝힌다. 그리고 자기가 왜 그들(믿는 유대인들)과 같은 이전의 감정을 철회하였는지 이유를 밝힌다. 처음에 나쁘게 보이고 형제들을 성나게 하였던 우리의 행동의 진실을 밝히는 것이 우리 자신과 형제들에 대한 우리의 의무다. 그리하여 우리는 우리 형제들의 앞길을 막고 있는 장애물을 제거

해야 한다. 이제 베드로가 어떻게 변론하였는지 살펴보자.

(1) 그는 환상을 통해 의식법에 의한 차별을 더 이상 갖지 말라는 지시를 받았다고 변론하였다. 그는 우리가 앞에서(10:9 이하) 본 환상을 언급한다(5, 6절). 거기서 땅에 드리웠더라고 말한 보자기를 여기서는 자기 앞에까지 드리워졌다고 말한다. 이러한 상황은 이 환상이 특별히 베드로 자신에게 지시하기 위해 계획된 것이었음을 암시한다. 이처럼 사람들, 심지어 우리들에게까지 보여주신 하나님의 모든 계시는 믿음으로 우리 자신에게 적용해야 한다는 것을 우리는 알아야 할 것이다. 여기서 추가된 또 하나의 상황은 그 보자기가 그에게 드리워졌을 때 그가 그것을 주목하여 보았다는 것이다(6절). 만일 우리가 거룩한 지식 가운데로 인도된다면 우리는 그 거룩한 것에 우리의 마음을 집중하여 숙고해야 할 것이다. 베드로는 차별 없이, 양심을 위하여 묻지 말고 모든 종류의 고기를 먹으라고 했던 모종의 지시를 그들에게 설명한다(7절). 홍수 이후부터는 사람이 모든 고기를 먹을 수 있었다(창 9:3). 그러던 것이 이후에 의식법에 의하여 제한되었다. 그러나 이제 그러한 금지가 풀렸고, 다시금 완전히 환원되었다. 그리스도의 의도는 어떤 법으로 우리 먹을 것을 제한하는 것이 아니라 절제와 자제이며, 육신의 양식보다 영생에 이르는 양식을 더욱 취하는 것이다. 베드로 자신도 믿는 유대인들만큼이나 이방인들과 교제하거나 그들의 음식을 먹는다는 생각을 싫어하였기 때문에 그에게 주어진 사유를 아래와 같이 거질하였었노라고 변론한다. 주님, 그럴 수 없나이다. 속되거나 깨끗하지 아니한 것은 결코 내 입에 들어간 일이 없나이다(8절). 그러나 그는, 상황이 변하였고, 전에 더러웠던 사람들과 물건들을 하나님께서 깨끗하게 하셨으니 더 이상 그들을 속되다 하지 말고 선택된 사람들이 만지기에 부정한 것이라고 여겨서는 안 된다는 소리를 하늘로부터 들었다. 이처럼 하나님께서 사정을 변경하셨기에 베드로는 자신의 생각을 바꾼 것 때문에 비난을 받지 않을 수 있었다. 이런 성격의 일에 있어서 우리는 현재의 빛에 따라 행동해야 한다. 사정이 달라질 수 있는데도 더 나은 발견을 까닭 없이 싫어할 정도로 우리의 생각에 집착해서는 안 된다. 우리가 달리 생각하면 하나님이 이것도 우리에게 나타내실 것이다(빌 3:15). 자신이 잘못 보지 않았다는 것을 그들이 확신할 수 있도록 베드로는 이런 일이 세 번이나 있었다고 그들에게 설명한다. 즉, 잡아 먹으라는 동일한 명령, 하나님께서 깨끗하게 하신 것을 속되다 하지 말라는 동일한 이유가 두 번 세 번 반복되

었다고 말하였다. 게다가 그것이 하나님이 보이신 환상이라는 것을 그에게 확증하기 위해 그가 본 것들이 공중으로 사라지지 않고 그것들이 내려왔던 하늘로 다시 끌려 올라갔다.

(2) 그는 고넬료가 보낸 사자들을 따라가라는 성령의 특별한 지시를 받았다고 변론하였다. 그리고 환상의 목적이 이 문제에 있어서 그의 의심을 풀어주기 위한 것이었다고 생각하도록 베드로는 사자들이 온 시간을 그들에게 진술한다. 그 때는 베드로가 환상을 본 직후였다. 이것으로 그의 길을 인도하는데 충분하지 않지 않을까 하여 성령께서 가이사랴에서 파송된 사람들과 아무 의심 말고 함께 가라고 베드로에게 명령하셨다(11, 12절). 비록 그들이 이방인들이었지만 그들과 함께 가는 것에 대하여 조금도 꺼리지 말라는 명령이었다.

(3) 베드로는 할례받은 형제들과 함께 갔다고 변론하였다. 이는 자기뿐 아니라 그 형제들도 의혹을 풀기 위함이었다. 그리고 욥바에서 같이 간 이 형제들은 이에 대한 반대를 예상하고 베드로가 무슨 이유로 나아갔는지 증언해 줄 사람들이었다. 베드로는 단독으로 행동하지 않고 조언을 받고 행동하였다. 또한 분별없이 움직이지 않고 신중하게 움직였다.

(4) 베드로는 고넬료 또한 환상을 보았다고 변론하였다. 고넬료는 환상 중에 베드로에게 사람을 보내어 청하라는 지시를 받았다(13절). 그가 우리에게 말하기를 천사가 내 집에서 서서 말하되 네가 사람을 욥바에 보내어 베드로라 하는 시몬을 청하라. 하나님과 교제하는 자들, 하늘과 늘 교통하는 자들이 서로 받은 은혜와 체험을 나누는 것이 얼마나 아름다운지 살펴보라. 이로 인하여 그들은 서로의 믿음을 강하게 해줄 수 있다. 베드로는 고넬료의 환상을 통해 자신이 받은 환상의 진실을 더욱 확신할 수 있었고, 또한 고넬료도 베드로의 환상을 통해 더욱 확신할 수 있었다. 여기에서 천사가 고넬료에게 말한 내용이 약간 더해졌다. 앞에서는 베드로를 청하라 네가 어찌해야 할지 그가 네게 말하리라라고 되어 있다(10:6, 32). 그러나 여기서는 "그가 너와 네 온 집이 구원받을 말씀을 네게 이르리라(14절). 그러므로 네가 그를 청하는 것이 중요하며 네게 유익이 될 것이다"라는 뜻이 더해졌다. 적용. [1] 복음의 말씀으로 우리는 영원한 구원을 받을 수 있다. 다만 그 말씀을 듣고 읽음으로가 아니라 그 말씀을 믿고 순종함으로다. 복음의 말씀은 우리 앞에 구원을 놓고 그것이 무엇인지 우리에게 보여준다. 곧 우리에게 구원의 길을 열어준다. 우리가 말씀에서 지시한 바를 따르면 우리는

분명히 진노와 저주로부터 구원받을 것이며 영원히 행복할 것이다. [2] 그리스도의 복음을 받아들이는 자들은 그로 인해 그 가족도 구원을 얻을 것이다. 너와 네 온 집이 구원을 받으리라. 이는 너와 네 온 집이 언약을 맺게 될 것이며, 구원의 방도를 알게 될 것이라는 뜻이다. 또한 네 집이 너처럼 믿음으로 말미암아 구원의 은혜를 받게 될 것이며, 심지어 네 집에 있는 가장 천한 종도 그리할 것이다 라는 뜻이다. 오늘 구원이 이 집에 이르렀으니(눅 19:9). 지금까지 구원은 유대인들의 전유물이었다(요 4:22). 그러나 이제는 구원이 유대인들에게 임하였던 것처럼 이방인들에게도 임하였다. 지금까지 유대 나라에 전유되었던 것만큼 구원의 언약, 특권, 방법이 이제는 어느 점으로 보아도 충분하고 완전하게 열방에 전해졌다.

(5) 모든 논란을 잠재운 것은 이방의 청중들에게 성령께서 강림하신 것이라고 베드로는 변론하였다. 이는 이방인들을 교제권 안으로 받는 것이 하나님의 뜻이었음을 보여주는 완전한 증거였다. [1] 이는 분명하고 부인할 수 없는 사실이었다(15절). "내가 이 말을 시작할 때에(아마도 베드로는 할례받지 아니한 사람들에게 전도하는 것이 과연 옳은지 의심하면서 속으로 내키지 않는 은밀한 느낌을 가졌을 것이다), 성령이 볼 수 있는 표로서 그들에게 임하시기를 처음 우리에게 하신 것과 같이 하는지라." 처음에 성령께서 사도들에게 임하신 사실에는 오류가 있을 수 없었다. 그 때처럼 이방인들에게 성령께서 임하신 것이다. 이로써 하나님께서 고넬료의 가정에서 이루어진 일을 증명하셨고, 이에 대한 허가를 선언하셨다. 성령께서 부어지심으로 베드로가 복음을 전한 일은 분명히 옳은 일이 되었다. 사도 바울은 이런 논리를 전제로 하여 갈라디아인들과 논쟁하였다. 너희가 성령을 받은 것이 율법의 행위로냐 혹은 듣고 믿음으로냐?(갈 3:2) [2] 이로써 베드로는 주님께서 떠나시면서 남기신 말씀이 생각났다(1:5). 요한은 물로 세례를 베풀었으나 너희는 성령으로 세례를 받으리라(16절). 이 말씀의 의미는 분명하다. 첫째, 성령은 그리스도의 선물이고, 그의 언약의 결과이며 성취였다. 이 큰 약속은 주님께서 승천하실 때 그들에게 남기신 것이었다. 그러므로 이 신물이 그리스도로부터 인하였다는 사실은 의심할 여지가 없었다. 그들이 성령으로 충만한 것은 그리스도의 행위였다. 그리스도의 입술로 약속되어진 만큼 그 약속은 그의 손에 의해 성취되었으며, 성령의 강림은 그의 은혜의 표였다. 둘째, 성령의 선물은 일종의 세례였다. 성령의 선물을 받은 사람들은 세례

요한이 직접 물로 세례를 베푼 어떤 사람들보다도 더 존귀한 방식으로 세례를 받은 셈이다. [3] 과연 이 사람들이 세례를 받아야 하는지 말아야 하는지 하는 의심이 제기되었을 때 베드로는 이렇게 약속된 언약과 지금 베풀어진 이 선물을 비교하면서 이 문제는 그리스도께서 친히 결정하셔야 한다고 결론을 내렸다(17절). "하나님이 우리가 주 예수 그리스도를 믿을 때에 주신 것과 같은 선물을 그들에게도 주셨으니 내가 누구이기에 하나님을 능히 막겠느냐? 하나님께서 성령으로 세례를 베푸신 그들에게 내가 물로 세례 베풀기를 거절할 수 있겠느냐? 하나님께서 실체를 베푸신 자들에게 내가 그 실체에 대한 표시를 하는 것을 거절할 수 있겠느냐? 내가 누구냐? 내가 무엇이기에 하나님을 금할 수 있느냐? 하나님의 뜻을 조종하거나 하늘의 계획을 반대하는 것이 내게 합당한 일이냐?" 적용. 심령의 회심을 방해하는 자들은 하나님을 가로막는 자들이다. 그들은 하나님께서 자신과의 교제를 허락하신 자들을 어떻게 몰아낼까 하고 궁리한다.

IV. 베드로가 이러한 설명으로 이 문제에 대한 그들의 의심을 풀어주었고 모든 것이 해결되었다. 이와 같은 예로서, 두 지파 반이 요단 언덕에 제단을 세운 진짜 의도와 뜻을 비느하스와 이스라엘 방백들에게 설명하였을 때 논쟁이 그쳤고, 그렇게 된 것을 그들이 기뻐하였다(수 22:30). 어떤 사람들은 한번 사람을 비난하면 그것이 나중에 명백한 잘못이고 근거가 없는 것이 판명되었는데도 불구하고 그 비난에 눌어붙는다. 여기서는 그렇지 않았다. 이 형제들은 비록 그들이 할례를 받았고 잘못된 편견을 가지고 있었어도 베드로의 변론을 들었을 때 다음과 같은 반응을 보였다.

1. 그들은 비난을 거두고 침묵을 지켰다. 베드로가 한 일에 대하여 더 이상 아무 말도 하지 않았다. 그들은 손으로 입을 가렸다. 왜냐하면 그 일이 하나님께서 하신 일이라는 것을 이제 깨달았기 때문이다. 유대인들처럼 자신들의 존엄을 자랑하였던 사람들이 이제는 하나님께서 이방인들로 하여금 그들과 동등하게 나누게 하심으로써 그들의 자랑을 부끄럽게 하고 계신다는 사실을 깨닫기 시작하였다. 그리하여 이제 네가 나의 성산에서 다시는 교만하지 않게 할 것이라(습 3:11)는 예언이 성취되었다.

2. 그들은 돌이켜 찬송하였다. 그들은 베드로와 말다툼을 중단하였을 뿐만 아니라 하나님께서 베드로의 사역으로 이루신 일에 대하여 하나님께 영광을 돌렸다. 그들의 잘못이 고쳐진 것에 대하여 감사하였다. 그리고 하나님께서 이방

인에게도 생명 얻는 회개를 주셨도다 라고 말하면서 그들이 이방인들에게 보여주려고 하였던 것 이상으로 하나님께서 그들에게 많은 은혜를 베푸신 것을 감사하였다. 하나님께서는 이방인들 가운데 그의 종이 들어갈 문을 열어주시므로 그들이 회개할 방법을 허락하셨을 뿐만 아니라 그들에게 성령을 부어주시므로 회개할 은혜를 허락하셨다. 보혜사 성령께서 임하실 때 첫째, 죄를 깨닫게 하여 애통하게 하시며, 다음에 그리스도를 보고 그를 기뻐하게 하신다. 적용.

(1) 참된 회개는 생명에 이르게 한다. 이 생명은 영적인 생명이다. 자신의 죄를 참으로 회개한 사람들은 모두 새로운 생활, 거룩한 생활, 하늘에 속한 신령한 생활로 참된 회개를 증명해 보인다. 회개함으로 죄에 대하여 죽은 자들은 이후에 하나님에 대하여 산다. 그리고 그 때에야 비로소 참된 삶을 누리기 시작하며, 영원한 생명에 이르게 된다. 참으로 회개한 자들은 모두 영적으로 살 것이다. 곧 하나님의 은혜가 회복될 것이며, 이것은 생명보다 더 나은 생명이다. 그들은 죄 사함에 대한 확신으로 위로를 받을 것이며, 영원한 생명에 대한 증거를 받을 것이며, 마침내 그 결실을 보게 될 것이다.

(2) 회개는 하나님의 선물이다. 이 선물을 받아들이는 것은 하나님의 거저 주시는 은혜이며, 이 강력한 은혜가 우리 안에서 회개를 일으키며, 마음을 제거하고 살처럼 부드러운 마음을 준다(겔 11:19). 하나님께서 구하시는 제사(희생제물)는 상한 심령이라(시 51:17). 이 어린 양(희생제물)을 공급하시는 분은 하나님 자신이다.

(3) 하나님께서 생명을 주시려고 작정하신 심령들마다 회개케 하신다. 왜냐하면 회개는 이 세상에서 사죄 받은 기쁨과 확고한 평안을 얻고, 저 세상에서 하나님을 뵙고 즐거워하기 위한 필수적인 준비이기 때문이다.

(4) 이방인들과 함께 이스라엘에게 회개함과 죄 사함을 주시려고(5:31) 하나님께서 그 아들 예수를 높이신 것은 우리에게 큰 위로이다.

[19]그 때에 스데반의 일로 일어난 환난으로 말미암아 흩어진 자들이 베니게와 구브로와 안디옥까지 이르러 유대인에게만 말씀을 전하는데 [20]그 중에 구브로와 구레네 몇 사람이 안디옥에 이르러 헬라인에게도 말하여 주 예수를 전파하니 [21]주의 손이 그들과 함께 하시매 수많은 사람들이 믿고 주께 돌아오더라 [22]예루살렘 교회가 이 사람들의 소문을 듣고 바나바를 안디옥까지 보내니 [23]그가 이르러 하나님의 은혜를

보고 기뻐하여 모든 사람에게 굳건한 마음으로 주와 함께 머물러 있으라 권하니 [24] 바나바는 착한 사람이요 성령과 믿음이 충만한 사람이라 이에 큰 무리가 주께 더 하여지더라 [25] 바나바가 사울을 찾으러 다소에 가서 [26] 만나매 안디옥에 데리고 와서 둘이 교회에 일 년간 모여 있어 큰 무리를 가르쳤고 제자들이 안디옥에서 비로소 그리스도인이라 일컬음을 받게 되었더라

본문은 안디옥 교회에서 교회를 개척하고 성장시키는 이야기를 볼 수 있다. 안디옥은 시리아의 수도이며, 이후에 로마 제국 가운데 세 번째로 큰 성이었던 것으로 여겨진다. 로마와 알렉산드리아만이 이보다 더 컸으며, 이들 성의 수장들 다음에 안디옥의 수장이 자리하였다. 이 곳은 구약의 하맛 (Hamath) 혹은 리블라(Riblah)라는 곳에 위치하였다. 이 역사서의 저자인 누가는 그가 이 작품을 헌정한 데오빌로와 함께 안디옥 출신이었던 것으로 보인다. 누가가 안디옥에서 복음이 성공을 거둔 사실을 특별히 주목한 것은 이 때문이었을 것이며, 또한 앞으로 기술할 이야기의 주인공인 바울이 이 곳에서 알려지기 시작하였기 때문일 것이다. 이제 안디옥 교회에 관하여 관찰해 보자.

I. 안디옥에서 최초의 복음전도자들은 오륙 년 전(혹자의 계산에 따르면) 스데반이 순교할 때 있었던 박해로 인하여 예루살렘에서부터 흩어진 자들이었다 (19절). 그들이 베니게와 기타 다른 곳으로 흩어져 말씀을 전하였다. 하나님께서 그들로 박해를 당하게 하신 것은 그들로 하여금 세상에 흩어져 하나님의 씨앗으로 뿌려지고 이로 인하여 많은 열매를 맺게 하기 위함이었다. 이처럼 교회가 고통당하는 목적은 선을 이루기 위함이다. 야곱이 레위 지파를 저주한 것(내가 그들을 야곱 중에서 나누며 이스라엘 중에서 흩으리로다; 창 49:7)이 도리어 복이 된 것과 같다. 대적들의 의도는 그들을 흩어버리고 방황하게 하는 것이었지만 그리스도의 의도는 그들을 흩어 사용하시는 것이었다. 이와 같이 사람의 분노가 도리어 하나님에 대한 찬양으로 바뀐다.

1. 환난으로 말미암아 흩어진 자들이 그들의 임무를 떠나지 않았다. 얼마간 그들이 고난을 피하였지만 섬김을 피하지는 않았다. 오히려 그들은 이전보다 더 넓은 기회의 장으로 돌진하였다. 복음전도자들을 핍박한 자들은 이로 인하여 그들이 이방 세계에 복음을 전하는 것을 막고자 하였다. 하지만 결과적으로는 그들이 이방 세계에 복음이 더 빨리 전해지도록 재촉하였을 뿐이다. 그들이 이

러한 결과를 의도하지도 않았고, 또한 마음속으로 생각하지도 못하였다. 한 성에서 핍박을 당한 자들이 또 다른 성으로 피신하였으나 그들은 자신들의 신앙을 가지고 갔다. 그 신앙으로 인하여 그들은 스스로 위로를 받았을 뿐 아니라 다른 사람들에게도 그 신앙을 전하였다. 그리고 이로써 그들이 피신한 것은 고난을 두려워하였기 때문이 아니라 더 많이 섬기려고 힘을 비축해 두기 위한 것이었음을 보여주었다.

2. 그들의 수고를 주께서 크게 기뻐하신 것을 깨닫고 그들은 더욱더 열심히 사명을 감당하였다. 그들이 유대, 사마리아, 그리고 갈릴리에서 성공적으로 전한 후 가나안 지경을 넘어 베니게, 구브로 섬, 그리고 시리아로 나아갔다. 비록 그들이 멀리 가면 갈수록 더 많은 위험에 노출되었지만 그럼에도 불구하고 그들은 나아갔다. plus ultra(플루스 울트라) ─ 더 멀리, 이것이 그들의 모토였다. 어떠한 고통에도 불평하지 않고, 어떠한 위험도 두려워하지 않으며 선한 일을 계속 수행하며 선하신 주님을 섬겼다.

3. 그들은 모든 곳에 흩어졌던 유대인들에게만 말씀을 전하였다. 흩어진 유대인들은 자체 회당을 가지고 있었고 거기서 유대인들끼리 모였다. 믿는 유대인들이 거기서 그들에게 복음을 전하였다. 이방인들도 그들과 동일한 후사가 되었으며, 한 몸에 속하게 되었다는 사실을 그들은 아직 이해하지 못하였다. 그리하여 이방인들로 하여금 유대인들이 되게 하거나 그렇지 않으면 이방인으로 남게 하였다.

4. 그들은 특히 안디옥에 있었던 헬라파 유대인들에게 힘을 기울였다. 전도자들 가운데 많은 사람들이 유대와 예루살렘 태생이었다. 그러나 그들 가운데 일부는 바나바(4:36)와 시몬(막 15:21)처럼 구브로와 구레네에서 태어났고 교육은 예루살렘에서 받았다. 헬라파 유대인들인 이들은 자기 종파 사람들에게 특별한 관심을 가졌고, 안디옥에서 그들에게 온 힘을 기울였다. 라이트푸트(Lightfoot) 박사는 말하기를, 그들이 안디옥에서 자치권과 선거권을 가진 유대인들이었기 때문에 헬라파라고 칭해졌다고 한다. 왜냐하면 안디옥이 시리아에 속한 헬라 성이었기 때문이다. 흩어진 신자들이 그들에게 주 예수를 전하였다. 그들이 지속적으로 전한 주제가 바로 주 예수였다. 그리스도의 종들이 그리스도 외에 무엇을 전해야 하겠는가? 그리스도의 종들은 그리스도, 곧 십자가에 못 박혀 죽으시고 영광을 얻으신 그리스도만을 전해야 하지 않겠는가?

5. 그들의 전도가 놀라운 성공을 거두었다(21절).

(1) 그들이 전도할 때 하나님의 능력이 함께 하였다. 주의 손이 그들과 함께 하시매. 어떤 이들은 이러한 능력을 교리를 확증하기 위해 기적을 행하는 능력으로 이해한다. 제자들이 나가 두루 전파할새 주께서 함께 역사하사 그 따르는 표적으로 말씀을 확실히 증언하시니라(막 16:20). 하나님도 표적들과 기사들과 여러 가지 능력과 및 자기의 뜻을 따라 성령이 나누어 주신 것으로써 그들과 함께 증언하셨느니라(히 2:4). 그러나 내가 이해하기로는 이 능력은 루디아의 마음이 열린 것처럼 듣는 자들의 마음에 역사하는 거룩한 은혜의 능력이다. 왜냐하면 많은 사람들이 기적을 보고도 회심하지 않았기 때문이다. 성령으로 말미암아 그 지각에 빛이 임하고, 진심으로 그리스도의 복음에 굴복하는 때가 바로 능력의 날이다. 이 날에 자원하는 자들이 주 예수의 깃발 아래 모였다(시 110:3). 그들은 다만 표면적인 귀에다 대고 말했을 뿐이지만 주의 손이 그들과 함께 하시매 사람들의 마음과 양심이 깨어났다. 주의 손이 말씀과 함께 하였을 때 결과적으로 주의 말씀이 사람들의 마음속에 새겨졌고, 이로써 사람들이 복음의 소식을 믿게 되었다. 그리고 그 때에 여호와의 팔이 나타났으며(사 53:1), 강한 손으로 알려주셨다(사 8:11). 이들은 사도들이 아니라 평범한 사역자들이었지만 주의 손이 그들과 함께 하시매 놀라운 일들을 행할 수 있었다.

(2) 좋은 일이 넘치게 이루어졌다. 수많은 사람들이 믿고 주께 돌아오더라. 그들이 불리한 외적인 조건 하에 수고한 것을 감안할 때 예상하지 못한 많은 사람들이 주께 돌아온 것이었다. 모든 종류의 사람들이 골고루 그리스도께로 나아와 순종하였다. 관찰. 어떤 변화가 일어났는가? [1] 그들이 믿었다. 그들이 복음의 진실을 확신하였고 하나님께서 그의 아들에 관하여 주신 기록에 찬성하였다. [2] 이로 인한 결과와 증거는 그들이 주께 돌아온 것이다. 그들이 우상숭배에서 돌아섰다고 말할 수는 없다. 왜냐하면 그들은 유일하신 참되신 하나님을 경배하는 유대인들이었기 때문이다. 하지만 그들은 율법의 의를 믿는 데서 돌아서서 믿음으로 말미암는 그리스도의 의를 신뢰하였다. 그들은 단정치 못하고 부주의하며 육체적인 삶의 방식에서 돌아서서 거룩하고 하늘에 속한, 그리고 영적이며 신령한 삶을 살았다. 그들은 보이기 위해 의식적으로 하나님을 예배하는 데서 돌아서서 영과 진리로 하나님을 예배하였다. 그들이 주 예수께 돌아왔고 주님은 그들에게 모든 것의 모든 것이 되셨다. 이것이 바로 그들에게 나

타난 회개의 역사였으며, 이러한 역사가 우리에게도 나타나야 한다. 이 회개의 역사는 그들의 믿음의 열매였다. 진실로 믿는 자들은 주께로 돌아오게 될 것이다. 우리가 복음 안에서 제시된 그리스도를 진심으로 영접하지 않는다면 우리가 아무리 고백을 하거나 혹 믿는 체 하더라도 사실은 복음을 믿는 것이 아니다.

Ⅱ. 이처럼 안디옥에서 시작된 좋은 일이 더할 나위 없이 계속되었다. 이렇게 세워진 교회는 바나바와 사울의 섬김으로 점점 더 부흥하였다. 그들은 다른 전도자들이 세운 기초 위에서 교회를 섬겼고 다른 사람들의 노력한 것에 참여하였다(요 4:37, 38).

1. 예루살렘 교회가 바나바를 안디옥에 보내어 새로 생긴 이 교회를 양육하게 하였으며, 전도자들과 성도들의 수고를 격려하게 하고 거기서 그리스도의 뜻을 따르게 하였다.

(1) 예루살렘 교회가 안디옥에도 복음이 전해졌다는 반가운 소식을 들었다(22절). 그 지역에서 복음의 사역이 어떻게 이루어졌는지 사도들이 알고 싶어 하였다. 사방에 있었던 전도자들이 서로 연락을 취하고 있었기 때문에 수많은 사람들이 안디옥에서 회심하였다는 이 소문이 금세 예루살렘 교회의 귀에 들어갔을 것이다. 교회의 중임을 맡은 자들은 밑에 있는 사람들에게 관심을 가져야 한다.

(2) 예루살렘 교회가 신속하게 바나바를 안디옥에 파송하였다. 그들은 바나바가 가서 이제 막 시작된 소망스러운 일들을 돕고 격려해 주기를 바랐다. 그들은 온 교회의 사절 또는 대표자로 바나바를 보내어 그들 가운데 복음이 성공적으로 전해진 것을 축하하였다. 사실 이 일은 전하는 자들이나 듣는 자들 모두에게 기뻐할 일이었기 때문에 예루살렘 교회는 그들 모두와 함께 기뻐하였다. 바나바는 안디옥까지 가야 했다. 비록 먼 거리였지만 그는 공적인 섬김을 위하여 기꺼이 먼 여행을 감수하였다. 바나바가 이런 유의 일에 특별한 재능을 가지고 있었을 가능성이 많다. 즉, 그는 활동적이고 사교적이며 움직이는 것을 좋아하였을 것이며, 다른 사람들은 집에서 좋은 일을 하기를 좋아하지만 그는 멀리 가서 좋은 일을 하기를 좋아하였을 것이다. 이는 스불론의 정신과 흡사하다. 다른 지파들은 잇사갈처럼 장막에 있음을 즐거워하였으나 스불론은 밖으로 나감을 기뻐하였다(신 33:18). 이 방면에 재능이 있었기에 그는 이번 일을 섬기

는데 적임자였다. 하나님은 다양한 은사를 주시어 다양하게 섬기게 하신다.

(3) 바나바는 복음이 안디옥에 들어간 것을 보고 크게 기뻐하였으며, 또한 그의 고향 사람들, 곧 구브로 사람들(바나바는 이 지역 출신이었음; 4:36) 가운데 몇이 이 일에 쓰임을 받았다는 것을 알고 기뻐하였다(23절). 그가 이르러 하나님의 은혜를 보았을때, 즉 안디옥 사람들에게 하나님께서 자비를 베푸신 증표와 그들 가운데 역사하신 증거들을 보았을 때 기뻐하였다. 그는 시간을 가지고 조사하였는데 그들의 공적인 예배뿐 아니라 그들의 일상적인 대화 가운데, 그리고 그들의 가족들 가운데에도 하나님의 은혜가 있는 것을 보았다. 하나님의 은혜가 있는 곳에는 그 은혜가 드러나 보인다. 마치 그 열매를 보아 나무를 아는 것과 같다. 열매가 보이면 그 나무의 존재는 인정받아야 마땅하다. 누군가에게 선한 것이 있는 것을 보거든 우리는 그것을 하나님의 은혜라고 칭하고 그 은혜를 기뻐하고 즐거워해야 한다. 우리는 다른 사람들 안에 하나님의 은혜가 있는 것을 보고 기뻐해야 하며, 특히 기대하지 않았던 곳에서 그 은혜를 보거든 더욱 기뻐해야 한다.

(4) 바나바는 신자들의 믿음을 굳게 하기 위해 최선을 다했다. 그는 신자들을 권하였다 ― 파레칼레이. 바나바의 이름은 이와 동일한 단어로 이루어졌다(4:36). 휘오스 파라클레세오스 ― 위로의 아들. 그의 재능이 이런 식으로 발휘되었다. 위로하는 자면 위로하는 일(롬 12:8)을 하게 하라. 위로의 아들(그의 이름이 이렇게 해석됨)인 그가 굳건한 마음으로 주와 함께 머물러 있으라 권하였다. 사람들 가운데 선한 일이 시작된 것을 기뻐한 만큼 그는 이 시작된 일이 계속되도록 더욱 열심히 그들을 권하였다. 우리에게 즐거움을 주는 자들을 우리는 권해야 할 것이다. 바나바는 그들 가운데 하나님의 은혜가 있는 것을 보았기 때문에 기뻐하였고, 그러므로 더욱 열심히 그들이 힘써야 할 일을 권하였다. [1] 주와 함께 머물러 있으라고 권하였다. 적용. 주께 돌아온 자들은 주와 함께 머물러 있기를 힘써야 한다. 곧 주님을 바짝 따라가며 주님을 따르는데 지치거나 피곤치 않도록 힘써야 한다. 주 예수와 함께 머물러 있다는 것은 그를 의지하고 그에게 헌신하는 삶을 사는 것이다. 주 안에서와 그 힘의 능력으로 강건하여지려고(엡 6:10) 그를 꼭 붙잡을 뿐 아니라 그에게 꼭 붙잡히는 것이다. [2] 굳건한 마음으로 주와 함께 머물러 있으라고 권하였다. 곧, 총명하고 견고하며 찬찬한 결의로 주와 함께 머물러 있으라는 것이다. 이러한 결의는 좋은 바탕 위에 세워지며 그

런 기초 위에서 견고해진다(시 108:1). 이는 우리의 마음을 주님의 마음에 줄로 매는 것이다. 또한 룻처럼 돌아가라 강권하지 마옵소서(룻 1:16)라고 말하는 것이며, 다시 말하면 주님을 따르는 것을 포기하라고 강권하지 마옵소서 라고 말하는 것이다.

(5) 여기서 그는 훌륭한 성품을 보여주었다(24절). 바나바는 착한 사람이요 성령과 믿음이 충만한 사람이라. 이 때에도 그는 자신의 훌륭함을 나타내었다. [1] 자신이 매우 부드럽고 상냥하며 예의바른 기질의 소유자이며, 그래서 은혜를 베푸는 솜씨와 다른 사람들을 가르칠 수 있는 재능이 있음을 보여주었다. 그는 의로운 사람이었을 뿐 아니라 착한 사람, 곧 무던한 사람이었다. 이런 성품을 가진 사역자들은 다른 사람들의 호감을 얻으며 다른 사람들의 좋은 평판에 크게 의존하여 가르친다. 그는 착한 사람, 곧 사랑이 넘치는 사람이었다. 그래서 재산을 팔아 그 돈을 가난한 사람들에게 나눠주므로 그의 착한 성품을 보여주었다(4:37). [2] 이로써 성령의 은사와 은혜를 받았다는 것이 입증되었다. 만일 그가 성령 충만하고 주의 영의 능력으로 충만하지 않았다면 그 자신의 타고난 착한 성품만으로 이 사역을 할 수 있는 자격을 얻지 못하였을 것이다. [3] 그는 믿음이 충만하였다. 그러했기에 다른 사람들에게 기독교의 신앙을 전파하기를 원하였다. 그는 은혜로운 믿음으로 충만하였고, 또한 사랑으로 역사하는 믿음의 열매가 충만하였다. 그는 온전한 믿음(딤 1:13)을 소유하였기 때문에 다른 사람들도 그러한 믿음을 갖도록 강권하였다.

(6) 그는 안에 있는 사람들을 세워주는 것은 물론이요 밖에 있는 사람들을 데리고 와서 착한 일을 할 수 있도록 도와주었다. 큰 무리가 주께 더하여지더라. 이로써 교회가 부흥되었다. 많은 사람들이 주님 앞으로 돌아왔으나 아직 더 많은 사람들이 주님 앞에 돌아와야 할 것이다. 명하신 대로 하였으되 아직도 자리가 있나이다(눅 14:22).

2. 바나바는 사울을 데리러 갔다. 안디옥에서 그와 연합하여 복음의 일을 감당하기 위함이었다. 사울에 대하여 들은 최근의 소식은 예루살렘에서 그의 목숨이 위태로워지자 다소로 보내어졌다는 것이었다. 다소는 그가 태어난 성이며, 그 곳에 간 이후 착한 일을 계속한 것이 분명한 듯하다. 그런데 이제 바나바가 다소로 갔는데, 간 목적은 사울에게 이루어진 일을 보고 안디옥에서 어떠한 기회의 문이 열려 있는지 그에게 말해 주기 위함이었으며, 또한 그와 함께 와

서 그 곳에서 지내고 싶은 마음을 전하기 위함이었다(25, 26절). 본문에서 바나바는 두 가지 사실에서 착한 사람이었던 것으로 보인다.

(1) 그는 고통을 감수하고서라도 활동적이고 유능한 사람을 어두운 데서 끌어내었다. 예루살렘에 있던 제자들이 사울을 피하였을 때 그들에게 그를 소개한 사람이 바나바였다. 구석에 몰려 있는 사울을 공적인 신분으로 이끌어낸 사람도 바나바였다. 촛불을 말 아래에서 가져다가 촛대에 꽂아 두는 것은 매우 착한 일이다.

(2) 그는 사울을 안디옥에 데리고 와 말하는 자(14:12), 곧 보다 대중적인 설교자가 되게 하였다. 이로 인해 사울은 빛나고 자기는 가려졌을 것이다. 하지만 그것이 모두를 위한 일이었기에 그는 기꺼이 가려지기를 바랐다. 하나님께서 은혜로 우리가 가진 재능을 따라 선한 일을 하게 허락하실지라도, 우리보다 더 큰 재능을 가진 사람들이 더 많은 기회를 갖고 우리보다 더 많은 일을 한다면 우리는 이를 기뻐해야 한다. 바나바는 사울을 데리고 오면 자신이 작아질 수 있었음에도 불구하고 그를 안디옥으로 데리고 왔다. 이런 바나바의 선행은 우리 자신의 유익보다 그리스도의 유익을 구해야 한다는 교훈을 우리에게 깨우쳐 준다.

3. 그 밖에 우리는 여기서 더 많은 사실을 알 수 있다.

(1) 바울과 바나바가 안디옥 교회에서 어떻게 섬겼는가? 그들은 온전히 일 년간 그 곳에 있으면서 경건한 모임을 인도하며 복음을 전하였다(26절). 관찰. [1] 교회가 자주 모였다. 신자들의 경건한 모임은 그리스도께서 자신의 영광을 위하여, 그리고 제자들이 위로를 받고 유익을 얻도록 하기 위하여 친히 명하셨다. 구약의 하나님의 백성들은 회막문 앞에 자주 모였다. 이제는 만남의 장소가 늘어났다. 비록 어려움과 위험이 있을지라도 그들은 함께 모였다. [2] 사역자들은 그런 모임들의 지도자들이었다. 그들은 그리스도의 이름으로 모임을 주도하였고, 그리스도를 따르는 모든 자들은 그 이름을 섬겼다. [3] 사역자들의 사역 중 하나는 경건한 모임을 주도하면서 무리를 가르치는 일이었다. 사역자들은 기도와 찬송으로 하나님 앞에서 백성들의 입이 되었고, 또한 성경을 설명하고 주님에 대한 지식을 가르치는 일에 있어서는 하나님의 입이 되었다. [4] 사역자들이 큰 힘을 얻는 때는 많은 무리를 가르칠 수 있는 기회를 가질 때이며, 많은 고기가 잡히기를 바라면서 고기 떼를 향해 복음의 그물을 던지는 때이다. [5] 전도는

밖에 있는 자들을 설득시키고 회개시키기 위한 것일 뿐 아니라 안에 있는 자들을 교육하고 가르치기 위한 것이다. 조직된 교회는 교사들을 가져야 한다.

(2) 이제 안디옥 교회가 어떠한 존경을 받았는가? 제자들이 안디옥에서 비로소 그리스도인이라 일컬음을 받게 되었더라. 아마도 그들이 스스로를 이렇게 칭하였을 것이며, 이러한 칭호로 연합되었을 것이다. 교회 혹은 사역자들의 엄숙한 결의로 이렇게 칭하였는지, 아니면 기도하고 전도하던 중에 자주 사용하다가 무의식중에 이 이름을 얻게 되었는지 우리는 알 수 없다. 그러나 바울과 바나바와 같은 위대한 사람들이 그 곳에 오래 머무는 동안 신자들의 절대적인 추종을 받으며 아무런 반대를 당하지 않으면서 안디옥 교회가 다른 어느 교회보다 큰 칭송을 받고 더욱 무시하지 못할 존재가 되었으며, 바로 이러한 상황이 그 곳에서 최초로 그리스도인이라는 칭호를 얻게 된 이유가 되었던 것 같다. 만일 다른 모든 교회들을 다스리는 모 교회가 있었다면, 그 모 교회는 로마 교회보다 안디옥 교회에 더 영광스러운 칭호를 주었을 것이다. 지금까지 그리스도에게 헌신한 자들을 제자들이라고 칭하였다. 이들은 그리스도께서 쓰시기 위해 자기 밑에서 훈련하신 자들이다. 그러나 이제부터는 그들이 그리스도인이라 일컬어졌다.

[1] 그리하여 시금까지 대적들이 그들에게 붙인 수치스러운 이름이 아마도 더이상 사용되지 않고 그리스도인이라는 이름으로 대체뇌었을 것이다. 대적들은 교인들을 나사렛 이단(24:5)이라고 칭하거나, 이름도 없이 그렇고 그런 사람들이라고 불렀다. 그런 편견을 없애기 위해 교인들은 대적들도 인정할 수밖에 없는 자기들만의 이름을 스스로 정하였다.

[2] 이로써 회심하기 전에 유대인과 이방인들이라는 이름으로 구분되었던 사람들이 회심 후에 하나의 동일한 이름으로 일컬어질 수 있었다. 이로써 그들이 이전의 구분된 이름들을 잊어버릴 수 있었고, 논쟁의 씨앗이 될 수 있는 이전의 차별의 흔적을 교회 안으로 그대로 가지고 들어오는 것을 막을 수 있었다. 아무도 "나는 유대인이었다", 혹은 "나는 이방인이었다"는 말을 하지 못하였다. 유대인이든 이방인이든 이제는 "나는 그리스도인이다"라고 말해야 했다.

[3] 이 이름으로 그들은 주님께 영광을 돌리기 위해 애를 썼고, 그들이 주님과의 관계를 인정하기를 부끄러워하지 않고 도리어 자랑하였다. 플라톤의 학생들이 자칭 플라톤주의자(Platonist)라고 칭하고, 다른 위인들을 따르던 학생들

이 그 위인의 이름을 따라서 스스로 칭하였던 것처럼 교인들은 그리스도인이라는 이름을 자랑스럽게 여겼다. 그들은 개인의 이름인 예수의 이름을 따라 짓지 않고 그의 직함인 그리스도 − 기름 부음 받은 자 − 의 이름을 따라 지었다. 그리하여 예수는 그리스도라는 그들의 신조를 그리스도인이라는 칭호에 반영한 것이다. 이 신조가 그들이 생사를 걸고 믿는 진리라는 사실을 온 세상에 알리고자 하였다. 대적들은 역으로 이 이름을 이용하여 그들을 비난하고 그들에게 죄를 덮어씌우고자 하였다. 그럴지라도 교인들은 그리스도인이라는 이름을 자랑스럽게 여겼다.

[4] 그리스도인이라는 이름을 통해 교인들은 그리스도에 대한 그들의 믿음과 그로부터 받은 은혜를 고백하였다. 그들이 기름 부음 받은 그리스도를 믿었을 뿐 아니라 자신들도 기름 부음을 받았다(요일 2:20, 27). 그리고 성경은 하나님께서 그리스도 안에서 우리에게 기름을 부으셨다고 말씀한다(고후 1:21).

[5] 이로써 그들 모두가 그리스도의 이름을 늘 고백하였고, 이로 말미암아 강하고 지속적인 책임의식을 가지고 그리스도의 율례에 복종하고, 그리스도의 본을 따르며, 그리스도의 영광을 위해 헌신하였으며, 명성과 칭찬을 그에게 돌렸다. 우리가 그리스도인들인가? 그렇다면 우리는 매사에 그리스도인처럼 생각하고 말하고 행동해야 하며, 그 존귀한 이름이 조금도 비난받지 않도록 행동해야 한다. 알렉산더는 자기와 똑같은 이름을 가진 군사가 겁쟁이로 알려지자 Aut nomen, aut mores muta(네 이름을 바꾸든지 아니면 너의 태도를 바꾸든지 하라)고 하였다. 우리는 그리스도로부터 그런 말을 듣지 않아야 한다. 우리가 스스로 그리스도인으로 여기고 그에 따라 처신하는 만큼, 우리는 다른 사람들도 그리스도인으로 여기고 대해야 한다. 비록 마음속에 있는 모든 것을 다해 그리스도인을 사랑할 수는 없을지라도, 우리는 그리스도인을 그리스도라는 이름 때문에 사랑하고 존경해야 한다. 왜냐하면 그는 그리스도께 속하였기 때문이다.

[6] 이로써 성경의 예언이 성취되었다. 성경은 복음 교회에 관하여 너는 여호와의 입으로 정하실 새 이름으로 일컬음이 될 것이며(사 62:2)라고 예언하였다. 그리고 타락하고 변질된 유대인들의 교회에 관하여는 주 여호와 내가 너를 죽이고 내 종들은 다른 이름으로 부르리라(사 65:15)고 말씀하였다.

[27]그 때에 선지자들이 예루살렘에서 안디옥에 이르니 [28]그 중에 아가보라 하는 한

사람이 일어나 성령으로 말하되 천하에 큰 흉년이 들리라 하더니 글라우디오 때에 그렇게 되니라 ²⁹제자들이 각각 그 힘대로 유대에 사는 형제들에게 부조를 보내기로 작정하고 ³⁰이를 실행하여 바나바와 사울의 손으로 장로들에게 보내니라

우리 주 예수께서 하늘에 오르신 후 사람들에게 은사를 베푸셨으니, 곧 사도들과 복음전도자들뿐 아니라 선지자들에게 베푸셨다. 선지자들은 성령으로 말미암아 앞으로 있을 일을 예견하고 예언하였다. 이 예언은 기독교의 진리를 확신하는데 도움을 주었고(왜냐하면 이 선지자들이 예언한 모든 일이 그대로 되었기 때문이다. 이로 인해 그들이 하나님으로 말미암아 온 자들이라는 사실이 입증되었다. 신 18:22; 렘 28:9), 아울러 교회에 큰 덕을 끼쳤으며, 교회를 지도하는 데 크게 기여하였다. 이제 여기서 우리는 다음과 같은 내용을 볼 수 있다.

I. 이 선지자들 가운데 일부가 안디옥을 방문하였다(27절).   그 때에. 곧 바나바와 사울이 안디옥에 살고 있었던 때에, 선지자들이 예루살렘에서 안디옥에 이르렀다. 얼마나 많은 선지자들이 왔는지 우리는 알 수 없다. 또한 우리가 나중에 안디옥 교회에 선지자들이 있었던 것을 알 수 있는데(13:1), 이들 가운데 누가 그 선지자들이었는지 알 수 없다.

1. 그들은 예루살렘으로부터 왔다. 아마도 그들이 선지자로서 예루실렘에서 그다지 존경을 받지 못하였기 때문일 것이다. 그들은 예루살렘에서 어느 정도 사명이 다한 줄 알았고, 이에 그 곳을 떠날 시간이 되었다고 생각하였다. 예루살렘은 선지자들을 죽이고 핍박하기로 악명 높았다. 따라서 예루살렘이 이러한 선지자들을 빼앗기는 것은 당연한 일이었다.

2. 그들이 안디옥에 이른 것은 안디옥 교회가 부흥한다는 소문을 듣고 그 곳에서 섬기기를 바랐기 때문이다. 이와 같이 성도들은 각각 은사를 받은 대로 봉사해야 한다(벧전 4:10). 바나바는 안디옥에 이르러 교인들을 위로하였고, 그들이 위로를 잘 받았다. 이제 바나바는 선지자들을 그들에게 보내어 그리스도께서 약속하신 대로 그들에게 장래 일을 알리게 하였다(요 16:13). 적은 일에 충성하는 자들은 더 큰 일을 맡게 될 것이다. 성경의 예언을 가장 잘 깨달을 수 있는 길은 성경의 교훈을 순종하는 것이다.

II. 이 선지자들 가운데 한 사람이 곧 큰 흉년이 들리라는 구체적인 예언을

하였는데 그의 이름이 아가보였다. 그는 또한 바울이 투옥될 것을 예언하였다(21:10, 11). 그는 아마도 공적인 집회 시간에 일어나서 예언을 하였을 것이다(28절). 관찰.

1. 그가 예언의 말씀을 어디로부터 받았는가? 그의 예언은 자신으로부터 나오지 않았고, 그의 공상도 아니었으며, 천문학적인 예보도 아니었고, 또한 이차 원인인 현재의 활동에 대한 어림짐작도 아니었다. 다만 그는 예언의 영이신 성령으로 흉년이 들리라고 예언한 것이다. 마치 요셉이 그를 능하게 하신 성령으로 바로의 꿈을 해몽하고 애굽에 흉년이 들 것을 예언한 것과 같고, 또한 엘리야가 아합 시대에 이스라엘에 흉년이 들 것을 예언한 것과 같다. 이처럼 하나님은 그의 종 선지자들에게 비밀을 계시하셨다.

2. 예언의 내용이 무엇이었나? 천하에 큰 흉년이 들리라. 불순한 기후로 말미암아 곡식이 귀하고 비싸지며, 이에 가난한 많은 사람들이 양식이 없어 죽을 것이다. 이러한 현상은 한 나라에 국한되지 않고 천하에, 곧 로마 제국 전체에 나타날 것이다. 로마인들은 거만하게도 이전의 알렉산더와 같이 그들의 제국을 천하라고 칭하였다. 그리스도께서는 기근이 있을 것이다 라고 개괄적으로 예언하셨다(마 24:7; 막 13:8; 눅 21:11). 그러나 아가보는 아주 놀랄 만한 기근이 임박하였다고 예언하였다.

3. 예언의 성취. 글라우디오 때에 그렇게 되니라. 흉년은 글라우디오 가이사 이 년에 시작되어 적어도 사 년까지 계속되었다. 요세푸스(Josephus)도 이렇게 말하였지만 로마의 여러 역사가들 또한 이렇게 말하였다. 하나님께서 사람들에게 생명의 양식을 보내어주셨지만 그들이 그 양식을 거절하고 그 풍성한 만나를 싫어하였다. 그러므로 하나님께서 당연히 양식을 끊으셨고, 흉년으로 그들을 벌하셨다. 이 일에 있어서 하나님은 정당하셨다. 그들은 하나님 앞에서 열매를 맺지도 못하였고 하나님께 드리지도 않았다. 이에 하나님께서 그들의 땅을 불모지로 만드셨다.

Ⅲ. 교인들이 이 예언을 잘 활용하였다. 예언이 임박하였다는 말을 듣고 교인들은 애굽 사람들처럼 자신들을 위하여 곡식을 저장하지 않고 그리스도인답게 다른 사람들을 구제하기 위하여 곡식을 모았다. 이것이 우리의 고난과 빈곤을 대비하는 최선책이다. 하나님은 가난한 자를 보살피는 자에게 복을 약속하셨다. 가난한 자를 보살피는 자에게 복이 있음이여. 재앙의 날에 여호와께서 그를 건

지시리로다. 여호와께서 그를 지키사 살게 하시리니 그가 이 세상에서 복을 받을 것이라(시 41:1, 2). 가난한 자에게 은혜를 베풀고 주는 자들은 환난 때에 부끄러움을 당하지 아니하며 기근의 날에도 풍족할 것이다(시 37:19, 21). 기근에 대하여 우리가 할 수 있는 최선의 준비는 이 약속을 믿고 선을 행하고 나누는 것이다(눅 12:33). 많은 사람들이 많이 나눠 주었기 때문에 그들이 부족하게 되었다고 말한다. 하지만 성경은 우리가 나눠 주므로 풍성해질 수 있다고 말씀한다. 일곱에게나 여덟에게 나눠 줄지어다. 무슨 재앙이 땅에 임할는지 네가 알지 못함이니라(전 11:2). 관찰.

1. 그들이 작정한 내용. 제자들이 각각 그 힘대로 유대에 사는 형제들에게 부조를 보내기로 작정하였다(29절).

(1) 자선의 대상으로 추천된 사람들은 유대에 사는 형제들이었다. 우리가 기회 있는 대로 모든 사람에게 착한 일을 행해야 하지만 우리는 믿음의 식구들에게 더욱 큰 관심을 가져야 한다. 가난한 사람은 누구든지 우리가 소홀히 여겨서는 안 되지만 특별히 하나님의 백성에게 관심을 기울여야 한다. 개교회가 교회 안에 있는 가난한 사람을 돌보아야 한다는 교훈을 우리는 일찍이 예루살렘 교회의 모범을 통해 배웠다. 예루살렘 교회는 늘 구제하였기 때문에 가난한 사람이 없었다(4:34). 그러나 그 내에 성도들의 나눔은 더욱 확장되었고, 안디옥 교회가 유대에 있는 가난한 사람들을 형제들이라고 부르면서 그들에게 부조를 보내었다. 유대에 사는 유대인들에게 돈을 보내고, 그런 목적으로 모금하는 것이 흩어진 유대인들의 관습이었던 것 같다(키케로는 자신의 시대에도 그런 관습이 있었다고 말한다). 이 같은 사실은 다른 나라들보다 유대에 가난한 사람들이 많았다는 것을 보여준다. 이 때문에 유대에 있는 부유한 자들이 가난한 자들을 기아에서 구제하는 책임을 감당할 수 없었다. 비록 땅은 비옥하였지만 열매를 맺지 못하였는데 그 이유는 거기에 사는 자들의 죄악 때문이었으며, 혹은 그들이 다른 나라들과 거래하지 않았기 때문이다. 이제 우리는 그 나라에서 그리스도인들이 된 대부분의 사람들이 가난하였다고 추정할 수 있다(마 11:5, 가난한 자에게 복음이 전파된다). 그리고 가난한 사람들이 그리스도인들이 되었을 때 그들은 가난한 자의 명부에서 지워졌고, 공적인 구호에서 제외되었다. 따라서 기근이 임하면 그들이 크게 곤궁해지리라는 것을 쉽게 예견할 수 있었다. 그들 가운데 누구라도 먹을 것이 없어 죽는다면 기독교의 신앙고백이 큰 비난을 면

치 못할 것이다. 그러므로 기근이 임박하였다는 사실을 알고 일찌감치 가난한 교인들을 배려하여 비축한 물건을 사전에 보내었다. 구제를 미루다가 막상 기근이 닥치면 너무 늦어버리지 않도록 하기 위함이었다.

(2) 모든 사람이 각각 그 힘대로 이 선한 일에 협력하기로 제자들이 합의하였다. 멀리 다른 나라들에서 사는 유대인들은 무역을 통해 부유해졌으며, 부유한 그리스도인들 가운데 많은 이들이 그리스도인들이 되었다. 그들의 많은 재물이 멀리 떨어져 있던 그들의 가난한 형제들의 부족함을 채워주었다. 우리는 이러한 경우를 고찰해 보아야 한다. 곧 우리 가운데 사는 자들만 구제를 받을 수 있는 것은 아니다. 자선을 베푸는 사람들은 하나님께서 그들에게 주신 것을 가지고 장사하는 상인과 같다. 상인들은 먼 곳에 있는 지역에 물품을 보내 이득을 본다. 우리도 이처럼 멀리 있는 궁핍한 사람들에게 구제를 베풀어야 한다. 그러므로 우리가 도움을 요청받을 때 앞장서서 도와주어야 할 것이다. 모두가 각각 그 힘대로 부조를 보내기로 작정하였는데, 여기서 그 힘대로란 자신과 자기 식구를 부양하고 남은 것으로, 하나님께서 복을 주신 대로라는 뜻이다. 우리의 힘대로라고 말할 때 그것은 스스로 판단해야 할 문제이지만 우리가 의로운 판단을 할 수 있도록 주의해야 한다.

2. 그들이 실행한 것. 그들은 작정한 대로 실행하였다(30절). 이를 행하여. 그들은 말만 하지 않고 행동을 하였다. 이런 종류의 착한 일들이 많이 계획되고 권해지지만 실행되지 못하고 결국 수포로 돌아간다. 하지만 교인들은 작정한 대로 추진하고 물건을 모으되 충분하다고 생각할 만큼 상당한 양을 모았다. 이에 안디옥 교회는 비록 바나바와 바울의 수고가 안디옥에서도 필요하였지만 그들을 예루살렘에 보내어 그 곳 장로들에게 전하게 하였다.

(1) 그들은 유대에 있는 교회들의 사역자, 목회자들이었던 장로들에게 물품을 보내었다. 이는 베푸는 자들이 그 힘대로 기증한 만큼 분배하는 것 또한 수혜자들의 필요대로 하기 위함이었다.

(2) 부조가 바나바와 사울의 손으로 보내어졌는데, 아마도 그들은 예루살렘에 갈 기회를 갖고 싶어했을 것이다. 그렇기에 이 일을 자원하여 맡았다. 요세푸스(Josephus)는 말하기를, 이 때에 이라테스(Irates) 왕이 자신의 구호금을 예루살렘의 가난한 자들에게 베풀라고 그 곳의 지도자들에게 보내었다고 한다. 그리고 아디아베니(Adiabeni)의 여왕 헬레나(Hellena)가 당시에 예루살렘에 있으면

서 그 곳과 인근 지역에서 많은 사람들이 기아로 죽었다는 소식을 듣고 구브로와 알렉산드리아로부터 식량을 보내도록 조치하였으며, 그 식량을 그 곳 백성들에게 분배해 주었다고 한다. 라이트푸트(Lightfoot) 박사는 바울이 황홀경을 체험한 때가 "고린도전서를 쓰기 십사 년 전"(고후 12:1, 2)이라는 사실에 근거하여 계산해 본 결과, 그가 성전에서 황홀한 중에(그가 직접 한 말임; 행 22:17) 셋째 하늘에 이끌려간 때는 바로 부조를 가지고 예루살렘에 갔던 때였다고 한다. 그 때에 그리스도께서, 그 곳에서부터 이방인에게로 보내리라고 그에게 말씀하셨다. 그리스도의 말씀을 따라서 그는 안디옥으로 돌아오자마자 곧바로 이방인에게로 갔다. 특별한 경우에 복음의 사역자들이 교회의 부조를 전하는 심부름꾼이 되는 것은 조금도 비난할 일이 아니다. 물론 기도하는 일과 말씀 사역에 힘쓰는 사람들이 그러한 일을 지속적으로 맡게 되면 보통 그보다 더 중요한 일을 크게 소홀하게 될 것이다.

제
— 12 —
장

개요

본 장에서 우리는 다음과 같은 이야기를 볼 수 있다. I. 야고보 사도의 순교, 그리고 유대의 왕 헤롯 아그립바에 의해 베드로가 감금됨(1-4절). II. 베드로를 위한 교회의 기도에 대한 응답으로 천사가 베드로를 도와 감옥에서 기적적으로 탈출시킴(6-19절). III. 헤롯의 교만이 극에 달하자 하나님의 공의의 대리인인 천사가 그를 쳐서 죽임(20-23절). 바나바와 사울이 예루살렘에서 안디옥 교회가 맡긴 임무를 수행하고 있는 동안에 이런 일이 있었기 때문에 우리는 마지막 부분에서 그들이 안디옥으로 돌아오는 이야기를 볼 수 있다.

[1]그 때에 헤롯 왕이 손을 들어 교회 중에서 몇 사람을 해하려 하여 [2]요한의 형제 야고보를 칼로 죽이니 [3]유대인들이 이 일을 기뻐하는 것을 보고 베드로도 잡으려 할새 때는 무교절 기간이라 [4]잡으매 옥에 가두어 군인 넷씩인 네 패에게 맡겨 지키고 유월절 후에 백성 앞에 끌어 내고자 하더라

바울이 회심한 이후로 우리는 제사장들이 예루살렘에서 성도들을 박해한다는 이야기를 더 이상 듣지 못하였다. 아마도 바울에게 임한 놀라운 변화, 그리고 다메섹에서 그리스도인들을 박해하려던 계획이 실패한데 따른 실망감이 그들을 다소 위축시켰을 것이며, 다시금 이 사람들을 상관하지 말고 버려 두라, 이 문제가 어떻게 되는지 두고 보라고 한 가말리엘의 충고를 생각나게 하였을 것이다. 그러나 여기서는 다른 곳으로부터 폭풍이 불어온다. 보통은 성직자들의 선동으로 시민들의 힘이 모아져 박해가 이루어지는데 여기서는 그렇지 않다. 헤롯은 본래 에돔의 혈통이었지만 유대교로 개종한 듯하다. 요세푸스는 말하기를, 헤롯이 모세의 의식에 열광적이었으며 그 의식을 고집하였다고 한다. 그는 (헤롯 안디바스[Herod Antipas]처럼) 갈릴리의 분봉왕이었을 뿐 아니라 글라우디오 황제의 위임을 받은 유대의 총독이었다. 그는 대부분 예루살렘에 거

주하였으며, 이 때에도 그 곳에 있었다. 우리는 여기서 헤롯이 행한 세 가지를 볼 수 있다.

I. 헤롯 왕이 손을 들어 교회 중에서 몇 사람을 해하려 하였다(1절). 헤롯 왕이 교회에 손을 들었다는 것은 그의 손이 지금까지는 자신의 양심에 묶여 있었다는 것을 암시한다. 그러나 이제는 양심을 거슬러 고의로, 즉 살의를 품고 그의 손을 들었다. 혹자는 헤롯이 교회 중에서 몇 사람을 괴롭히려고 그들에게 손을 들었다고 해석한다. 헤롯은 그들을 박해하기 위해 자신의 관리들을 풀어 그들을 잡아 감금하였다. 헤롯의 박해가 어떻게 점점 심해지는지 보자.

1. 그는 처음에는 교회 중에서 몇 사람을 박해하였다. 그들은 별로 주목받지 못한 사람들이었다. 처음에는 작은 사냥감을 목표하였으나 이후에는 사도들을 표적으로 삼았다. 그는 교회에 악을 행하였다. 다른 어떤 이유가 있어서 그들을 박해한 것이 아니었다. 다만 그들이 교회에 속하였고 그리스도에게 속하였다는 이유만으로 그들을 박해하였다.

2. 헤롯은 처음에는 그들을 괴롭히기만 하였다. 그들을 감옥에 집어넣고 벌금을 부과하며 그들의 집과 재산을 노략질하였으며, 그리고 다른 방식으로 그들을 괴롭혔다. 그러나 나중에는 잔인한 정도가 심해졌다. 이처럼 그리스도의 종들은 더 큰 고난을 위해 작은 고난으로 훈련받는다. 환난은 인내를, 인내는 연단을, 연단은 소망을 이루는 줄 앎이로다(롬 5:3-4).

II. 헤롯 왕은 요한의 형제 야고보를 칼로 죽였다(2절). 여기서 우리는 다음과 같은 사실을 생각해 볼 수 있다.

1. 순교자는 누구였는가? 그는 요한의 형제 야고보였다. 다른 야고보 곧 요세의 형제 야고보와 구분하기 위해 이렇게 칭하였다. 여기에 나오는 야고보를 큰 야고보라고 칭하였고, 다른 야고보를 작은 야고보라고 칭하였다. 순교의 영광을 얻은 이 야고보는 그리스도의 제자들 가운데 수제자 세 명 중 한 명이었으며, 그리스도의 변화와 고뇌를 목격한 증인들 중에 한 명이었다. 이러한 모습을 목격하면서 그는 순교를 위한 준비를 하였다. 그는 그리스도께서 보아너게 — 우레의 아들들 — 라고 칭한 형제 중 한 명이다. 세례 요한이 다른 헤롯에게 했던 것처럼 아마도 그는 영혼을 깨우는 강력한 설교로 헤롯이나 헤롯 주변에 있는 사람들을 자극하였을 것이다. 그의 설교가 그가 곤경에 빠지게 된 계기가 되었을 것이다. 그는 세베대의 아들들 중의 하나였으며, 그리스도께서 그들에게 다음

과 같이 말씀하신 바 있다. 너희가 과연 내 잔을 마시려니와 내 좌우편에 앉는 것은 내가 주는 것이 아니라 내 아버지께서 누구를 위하여 예비하셨든지 그들이 얻을 것이니라(마 20:23). 이제 이러한 그리스도의 말씀이 그에게 그대로 이루어졌다. 그는 순교함으로 그리스도의 우편에 앉게 되었다. 참으면 또한 함께 왕 노릇 할 것이요(딤후 2:12). 그는 모든 족속으로 제자를 삼으라고 위임을 받은 열두 제자 중 하나였다. 그가 예루살렘을 떠나기 전에 죽임을 당한 것은 마치 세상에 사람들이 번성해야 할 때 가인이 아벨을 죽인 것과 같았다. 당시의 한 사람은 다른 시대의 많은 사람보다 귀했다. 사도 한 사람을 죽이므로 얼마나 많은 사람들을 죽였는지 헤롯은 알지 못하였다. 그렇다면 어찌하여 하나님께서 이를 허락하셨을까? 성도의 피가 하나님 보시기에 귀중하다면(시 116:15) 사도들의 피는 훨씬 더 귀중하다. 그러므로 하나님의 깊은 생각으로 그의 피를 흘리게 하심이 분명하다. 아마도 하나님께서는 남은 사도들로 하여금 열방들 가운데로 흩어지게 하시고 더 이상 예루살렘에 안주하지 못하도록 그들을 일깨워주고자 하셨을 것이다. 또는 사도들이 세상에 복음을 전하는 사명을 받았지만 그들이 죽을지라도 하나님께서는 그들 없이 그의 일을 하실 수 있고 또 그렇게 하실 것이라는 사실을 보여주고자 하셨을 것이다. 야고보 사도의 순교는 다른 사도들도 순교를 예상하고 준비해야 한다는 것을 보여주는 것이었다. 로마 가톨릭교회의 전승을 따르면, 이 야고보가 순교하기 전에 스페인에 가서 복음을 전하였다고 하지만 이는 완전히 근거 없는 이야기다. 이러한 전승은 전혀 확실하지 않으며 아무런 근거가 없다.

2. 야고보 사도는 어떠한 죽음을 당하였는가? 그는 칼로 죽임을 당하였다. 즉, 그의 머리가 칼에 잘려졌다. 로마인들은 도끼로 참수당하는 것보다 칼로 참수당하는 것을 더 수치스럽게 여겼다. 유대인 사회에서는 일반적으로 참수를 행하지 않았다. 그러나 왕들이 비공개의 갑작스러운 사형을 구두로 명령을 내리면 이러한 사형방식이 아주 신속하게 집행되었다. 다른 헤롯이 세례 요한을 죽였던 것처럼 이 헤롯이 야고보를 비밀리에 옥에 가둔 채 죽였을 가능성이 높다. 우리가 스데반의 순교에서 볼 수 있었던 것처럼 이 위대한 사도의 순교에 있어서 좀 더 자세하고 충분한 설명을 볼 수 없는 것이 이상하다. 그러나 짧은 진술임에도 불구하고 우리가 이로써 충분히 알 수 있는 것은 이 최초의 복음 전도자들이 복음의 진리를 자신들의 피로써 보증할 정도로 확신하였다는 사실이

다. 우리가 언제라도 진리를 고수하라는 요청을 받는다면 피 흘리기까지 지키도록 그들은 이로써 우리에게 용기를 주었다. 구약의 순교자들은 칼로 죽임을 당하였다(히 11:37). 그리고 그리스도는 화평이 아니요 검을 주러 오셨다(마 10:34). 이에 대한 준비로 우리는 성령의 검, 곧 하나님의 말씀으로 무장해야 하며, 사람들이 검으로 우리에게 무엇을 할 수 있는지 두려워하지 말아야 한다.

Ⅲ. 헤롯 왕은 베드로를 옥에 가두었다. 그는 베드로가 사도들 중에 가장 뛰어난 사도라는 이야기를 들었다. 이에 그는 베드로 사도를 제거함으로써 명예를 얻고자 하였다. 관찰.

1. 헤롯 왕이 야고보를 참수한 후 더 나아가 베드로도 잡으려 하였다. 적용. 피에 목마른 자들에게는 피가 그들을 더욱 목마르게 할 뿐이다. 그리고 다른 죄들처럼 박해의 길은 몰락의 길이다. 사람들이 이 죄에 빠지면 쉽게 중단할 수 없다. 사람들이 이 죄에 빠지면 그 죄를 계속 저질러야 한다는 것을 그들은 알게 된다. Male facta male factis tegere ne perpluant— 한 가지 악한 행동이 다른 악을 낳고 결국 빠져나올 길이 없다. 죄악의 길로 대담하게 한 걸음 내딛은 자들은 사탄에게 약점을 잡혀 결국 사탄이 유혹하는 대로 또 다른 죄를 범하게 되며, 아울러 하나님의 진노를 불러일으켜 그들이 버림을 받게 되고 점점 악화되어 간다. 그러므로 첫 번째 죄를 주의하는 것이 우리의 지혜다.

2. 헤롯 왕은 유대인들이 이 일을 기뻐하는 것을 보고 그리히었디. 관할. 유대인들은 비록 야고보의 피를 흘리라고 헤롯을 자극하지는 않았지만 그의 흘린 피를 보고 즐거워하였으므로 그의 피에 대한 값을 치러야 했다. 범죄에는 사후 종범들이 있다. 곧 다른 사람들의 박해를 즐거워하며 선한 사람들이 박해당하는 모습을 보고 기뻐하고 아하 소원을 성취하였다(시 35:25)고 소리치거나 혹은 그 박해를 비밀히 찬동하는 자들은 동일한 박해자들로 간주되어야 할 것이다. 왜냐하면 모든 사람이 마땅히 맹렬히 비난해야 할 악한 행동에 오히려 박수갈채를 보낼 때 피 흘린 박해자들은 더욱 대담하게 계속 박해하며 그들의 손이 강화되고 그들의 마음이 완고해지며, 그들의 양심의 견제는 질식해버린다. 헤롯이 사도들을 박해하도록 유혹을 받았던 것처럼 그(박해자)들도 역시 그와 같은 일을 하도록 강한 유혹을 받고 있다. 왜냐하면 헤롯이 유대인들이 이 일을 기뻐하는 것을 보았기 때문이다. 빌라도가 그리스도를 정죄하였던 것처럼 헤롯이 그리스도를 정죄하지 않았다 할지라도 그가 유대인들의 비위를 거스른 것

때문에 그들을 두려워할 이유는 없었다. 하지만 그는 그렇게 함으로써 유대인들의 비위를 맞추기를 바랐고 이로써 유대인들에게서 이득을 취하고자 하였으며, 다른 문제에서 유대인들의 비위를 거스른 것을 보상하고자 하였다. 적용. 사람들의 비위를 맞추는 것을 일삼는 자들은 스스로 사탄에게 쉬운 먹잇감이 된다.

3. 주목해야 할 점은 헤롯이 베드로를 잡은 시간이다. 때는 무교절 기간이라. 그 때는 유월절 축제 때였다. 그 때에 유대인들의 대표적인 구원을 기념하는 의식이 마땅히 그들의 영적인 구원을 받아들이는 계기가 되어야 했다. 그런데 오히려 그들은 율법에 열중한다는 구실로 영적인 구원을 아주 격렬하게 거절하였다. 그리고 무교절 기간에 악하고 악의에 찬 옛 누룩으로(고전 5:8) 가장 심술궂고 격분하였다. 유대인들이 절기를 지키려고 사방에서 예루살렘으로 올라온유월절에 그들은 그리스도인들과 기독교를 서로 괴롭혔으며, 다른 때보다도 더욱 심하게 박해하였다.

4. 여기에서 베드로가 감옥에 갇히는 이야기가 나온다(4절). 헤롯이 베드로를 잡았을 때 그를 심문하고 옥에 가두었을 것이다. 여기서 옥은 비밀감옥일 것이다. 어떤 이들은 말하기를, 몇 년 전 베드로와 다른 사도들이 갇혔다가 천사의 도움으로 탈출했던 바로 그 감옥에 갇힌 것이라고 한다(5:18). 베드로는 한 조당 군인 네 명씩 네 패, 곧 열여섯 명의 군인들에게 맡겨졌다. 그들은 베드로가 도망가지 못하도록, 혹은 그의 친구들이 그를 구출하지 못하도록 한 번에 네 명씩 감시하였다. 그리하여 그들은 베드로를 단단히 묶어두었다고 생각하였다.

5. 헤롯의 계획은 유월절 후에 베드로를 백성 앞에 끌어내고자 하는 것이었다. (1) 헤롯은 베드로의 창피한 꼴을 백성들 앞에 보이고자 하였다. 아마도 헤롯이 비밀리에 야고보를 처형한 것에 대하여 백성들이 못마땅하게 여겼을 텐데, 이는 공청회도 없이 한 사람을 죽인 것이 부당한 일이라고 생각했기 때문이 아니라 그가 처형되는 모습을 지켜볼 수 있는 기쁨을 그들이 빼앗겼다고 생각했기 때문일 것이다. 이제 그들의 생각을 알게 된 헤롯은 결박된 베드로의 모습을 보여주어 그들을 기쁘게 해 주려고 하였고, 이처럼 재미있는 장면으로 그들의 눈을 즐겁게 해 주려고 하였다. 이렇듯 헤롯은 매우 야심차게 백성을 즐겁게 하려고 하였다! (2) 그는 유월절 후에 이런 일을 하려고 하였다. 메타 타 파스카 ― 이는 분명히 유월절 후에 라고 해석되어야 마땅하다. 왜냐하면 이 단어들은 언

제나 그렇게 번역되기 때문이다(KJV에는 부활절 후에라고 번역되었음). 유월절 대신에 복음의 축제일을 넌지시 말하는 것은 신약에서 전혀 볼 수 없는 일인데 굳이 그렇게 하려는 것은 바로 유대교와 우리 기독교를 혼합시키려는 의도이다. 헤롯은 유월절이 끝나기까지는 베드로의 형을 선고하려 하지 않았다. 백성들 가운데 누군가가 유월절의 관례에 따라 그를 풀어주라고 요구하게 되면 그가 그러한 재미를 보지 못할까 두려워하였기 때문이다. 혹은 명절의 열기가 식고 예루살렘 성이 무미건조해진 후에 베드로를 공개 재판하고 처형하므로 그들을 즐겁게 하고자 하였을 것이다. 이처럼 음모가 꾸며졌고, 헤롯과 백성 모두 이러한 야만적인 놀이를 즐기기 위해 명절이 끝나기만을 고대하였다.

[5]이에 베드로는 옥에 갇혔고 교회는 그를 위하여 간절히 하나님께 기도하더라 [6]헤롯이 잡아 내려고 하는 그 전날 밤에 베드로가 두 군인 틈에서 두 쇠사슬에 매여 누워 자는데 파수꾼들이 문 밖에서 옥을 지키더니 [7]홀연히 주의 사자가 나타나매 옥중에 광채가 빛나며 또 베드로의 옆구리를 쳐 깨워 이르되 급히 일어나라 하니 쇠사슬이 그 손에서 벗어지더라 [8]천사가 이르되 띠를 띠고 신을 신으라 하거늘 베드로가 그대로 하니 천사가 또 이르되 겉옷을 입고 따라오라 한대 [9]베드로가 나와서 따라갈새 천사가 하는 것이 생시인 줄 알지 못하고 환상을 보는가 하니라 [10]이에 첫째와 둘째 파수를 지나 시내로 통한 쇠문에 이르니 문이 저절로 열리는지라 나와서 한 거리를 지나매 천사가 곧 떠나더라 [11]이에 베드로가 정신이 들어 이르되 내가 이제야 참으로 주께서 그의 천사를 보내어 나를 헤롯의 손과 유대 백성의 모든 기대에서 벗어나게 하신 줄 알겠노라 하여 [12]깨닫고 마가라 하는 요한의 어머니 마리아의 집에 가니 여러 사람이 거기에 모여 기도하고 있더라 [13]베드로가 대문을 두드린대 로데라 하는 여자 아이가 영접하러 나왔다가 [14]베드로의 음성인 줄 알고 기뻐하여 문을 미처 열지 못하고 달려 들어가 말하되 베드로가 대문 밖에 섰더라 하니 [15]그들이 말하되 네가 미쳤다 하나 여자 아이는 힘써 말하되 참말이라 하니 그들이 말하되 그러면 그의 천사라 하더라 [16]베드로가 문 두드리기를 그치지 아니하니 그들이 문을 열어 베드로를 보고 놀라는지라 [17]베드로가 그들에게 손짓하여 조용하게 하고 주께서 자기를 이끌어 옥에서 나오게 하던 일을 말하고 또 야고보와 형제들에게 이 말을 전하라 하고 떠나 다른 곳으로 가니라 [18]날이 새매 군인들은 베드로가 어떻게 되었는지 알지 못하여 적지 않게 소동하니 [19]헤롯이 그를 찾아도 보지 못

라매 파수꾼들을 심문하고 죽이라 명하니라 헤롯이 유대를 떠나 가이사랴로 내려 가서 머무니라

우리는 여기서 베드로가 감옥에서 탈출하는 이야기를 볼 수 있다. 이로써 베드로를 죽이려던 헤롯의 음모는 수포로 돌아가고 말았고, 베드로의 목숨은 더 큰 섬김을 위해 보존되었다. 그리하여 이 피비린내 나는 억수 같은 박해는 멈추어졌다.

I. 베드로의 구원을 더욱 빛나게 한 첫 번째 사실은 그것이 기도에 대한 분명한 응답이었다는 것이다(5절). 철저한 감시 하에 베드로는 옥에 갇혔고, 따라서 그를 무력으로나 혹은 비밀리에 빼낸다는 것은 절대 불가능한 일이었다. 하지만 교회는 그를 위하여 간절히 하나님께 기도하였다. 왜냐하면 기도와 눈물은 교회의 무기이기 때문이다. 교회는 기도로 대적들을 물리칠 뿐 아니라 친구들을 도울 수 있다. 교회가 사용하는 방법은 바로 기도와 눈물이다.

1. 베드로의 재판이 지체되므로 기도할 시간이 주어졌다. 야고보는 너무나 급히 그리고 비밀리에 죽임을 당하였기 때문에 성도들이 그를 위해 기도할 시간이 없었을 것이다. 야고보의 경우에 하나님께서 성도들의 기도를 들어주시지 않기로 작정하셨기 때문에 그들에게 기도할 시간을 허락하지 않으신 것이다. 야고보는 희생 제물로 드려지므로 성도들의 믿음에 이바지해야 했다. 그러므로 그를 위한 기도가 허락되지 않았으며 제한되었다. 하지만 베드로는 성도들과 함께 계속 지내야 했으며, 따라서 그를 위한 기도가 필요하였으며 이에 하나님께서 헤롯으로 하여금 처형을 연기하게 하심으로써 기도할 시간을 성도들에게 허락하셨다. 그러나 그(헤롯)의 뜻은 이같지 아니하며 그의 마음의 생각도 이같지 아니하였다(사 10:7)

2. 성도들은 베드로를 위하여 매우 뜨겁게 기도하였다. 그들의 기도는 하나님을 기쁘시게 할 만큼 간절하였고, 헤롯의 의도를 좌절시킬 만큼 뜨거웠으며, 사자의 입에서 어린 양을 잡아챌 정도로 열정적이었다. 야고보의 죽음으로 놀란 성도들은 베드로를 위하여 더욱 열정적으로 기도하게 되었다. 그들이 이처럼 계속 박해를 당한다면 대적들이 교회를 완전히 끝장내지 않을까 그들은 두려워하였다. 스데반도 없고 야고보도 없다. 이제 그들이 베드로마저 빼앗아갈까? 모든 상황이 그들에게 불리하였고, 이러한 생각이 근심 위에 근심을 더하였

다(빌 2:28). 적용. 그리스도의 종들의 죽음과 고난이 그리스도의 나라를 세우는데 크게 이바지할 수 있지만 교회는 그들의 목숨, 자유, 평안을 위해 간절히 기도해야 할 의무가 있다. 때때로 섭리의 하나님은 교회로 하여금 그리스도의 종들을 위해 간절히 기도하도록 만들기 위해 그들을 절박한 위험에 빠뜨리신다.

3. 끊임없이 기도를 드렸다. 이에 해당하는 헬라어는 프로슈케 에크테네스 ─ 간절한 기도다. 고뇌 중에 드린 그리스도의 기도를 묘사하는데 사용된 단어가 '더욱 간절히' 다. 의인의 간구(간절한 기도)는 역사하는 힘이 크다(약 5:16). 어떤 이들은 간절한 기도가 지속적이고 끊임없는 기도를 의미한다고 생각한다. 우리도 그렇게 해석한다. 그들은 끊임없이 기도하였다. 그들의 기도는 장시간에 걸친 기도였다. 그들은 공적인 집회 때에 베드로의 구출을 위해 기도하였다(아마도 유대인들을 두려워하여 숨어서 기도하였을 것이다). 그리고 집으로 돌아가 가족이 함께 기도하였다. 그 후에도 그들은 골방에 들어가 기도하였다. 이처럼 그들은 끊임없이 기도하였다. 그들은 베드로를 위해 한 번 기도하고 두 번 기도하고 세 번 기도하였으며, 낮에도 계속 기도하고 밤에도 계속 기도하였다(12절). 적용. 교회가 고난당하고 위기에 처할 때 교회는 기도해야 한다. 우리는 항상 기도해야 하지만 교회가 어려움을 당할 때 우리는 특별히 기도에 힘써야 한다.

Ⅱ. 베드로의 구원을 더욱 빛나게 한 두 번째 사실은 에스너 9장 1, 2절의 말씀처럼 왕의 어명을 시행하는 날이 가까웠을 때 베드로가 구출되었다는 것이다. 베드로가 언제 구출되었는지 관찰해 보자.

1. 헤롯이 베드로를 잡아내려고 하던 바로 그 전날 밤에 베드로가 구출되었다. 이로 인해 베드로의 구출은 그의 친구들에게는 더욱 큰 위로가 되었고, 그의 대적들에게는 더욱 큰 혼란을 주었다. 아마도 교우들 가운데 헤롯에 이해관계를 가지고 있던 사람들이나 그 주변에 있던 사람들이 베드로를 풀어주기 위해 노력하였으나 허사였다. 왜냐하면 헤롯이 그를 죽이려고 결심하였기 때문이다. 그리고 이제 이런 식으로 베드로를 구출하는 것을 단념하였다. 왜냐하면 내일이 바로 베드로를 잡아내기로 정한 날이었기 때문이다. 그들은 주님의 경우처럼 베드로도 새빨리 해치우려고 하였나, 바로 그 때 하나님께서 베드로를 위하여 도망갈 문을 열어주셨다. 적용. 하나님께서 도우시는 때는 최악의 상황에 이르렀을 때, 곧 갇힌 자나 놓인 자가 없을 때(신 32:36)이다. 이 때문에 "나쁠수록

좋다"는 말이 생겨난 것이다. 이삭이 제단에 묶여있고 아브라함이 그를 죽이려고 손에 쥔 칼을 내밀었을 때, 여호와이레, 곧 여호와께서 준비하셨다.

2. 베드로가 두 군인 틈에서 두 쇠사슬에 매어 있었을 때 구출되었다. 베드로가 움직이기만 해도 군인들이 깨어났을 것이다. 게다가 의심할 여지 없이 감옥 문은 빗장 질러 잠겨 있었는데도 불구하고 좀 더 확실하게 감시하기 위해 파수꾼들이 문 밖에서 옥을 지키고 있었다. 그러므로 아무도 베드로를 구출할 엄두를 내지 못하였다. 한 명의 죄수를 지키기 위해 인간의 꾀가 모두 동원되었다. 헤롯은 분명히 빌라도처럼 힘대로 굳게 지키라(마 27:65)고 말했을 것이다. 인간이 하나님도 어쩔 수 없을 것이라고 생각할 때 하나님은 인간으로 하여금 어쩔 도리 없도록 만드신다.

3. 베드로가 두 군인 틈에서 누워 자고 있었을 때 구출되었다. (1) 위험이 임박했고 빠져나갈 길이 전혀 보이지 않았음에도 불구하고 베드로는 무서워하지 않았다. 죽음이 자기 코앞에 다가와 있었지만 그는 평안히 누워 잤다. 그것도 대적들이 깨어있는 가운데 그리하였다. 이는 그가 선한 뜻을 위해 고난을 당하였으며, 선한 양심으로 고난을 당하였기 때문이다. 그리고 하나님께 가장 큰 영광을 돌리도록 하나님께서 자신에게 시험을 허락하셨다고 그가 확신하였기 때문이다. 오직 공의로 심판하시는 이에게 부탁하므로(벧전 2:23) 그의 심령이 편안히 거하였다. 비록 감옥에 갇혀 있고 두 군인 틈에 있었지만 사랑하는 자에게 잠을 주시듯이 하나님께서 그에게 잠을 주셨다. (2) 베드로는 구출되는 것을 기대하지 않았다. 베드로는 깨어서 오른쪽을 바라보거나 왼쪽을 바라보지 않았고 다만 누워 잤다. 따라서 자신이 구출 받은 사실에 완전히 놀랐다. 교회도 이처럼 깜짝 놀랄 구원을 받는다. 우리는 꿈꾸는 것 같았도다(시 126:1).

III. 베드로의 구원을 더욱 빛나게 한 세 번째 사실은 그를 구원하기 위해 천사가 하늘로부터 파송을 받았다는 것이다. 이로 인해 그의 피신이 가능하였고 보증되었다. 이 천사가 베드로에게 합법적인 석방을 가져다주었고, 베드로는 그 혜택을 누렸다.

1. 주의 사자가 나타나매. 에페스테 — 곁에서 그를 지켜보았다. 그는 사람들에게 버림받은 자처럼 보였으나 그의 하나님께서는 그를 잊지 않으셨다. 주께서는 그를 생각하셨다(시 40:17). 감옥 문들과 파수꾼이 그와 그의 모든 친구들을 격리시켰지만 하나님의 천사들을 격리시킬 수는 없었다. 여호와의 천사가 주를 경외

하는 자를 둘러 진 치고 그들을 건지시는도다(시 34:7). 군대가 나를 대적하여 진 칠지라도 내 마음이 두렵지 아니하며 전쟁이 일어나 나를 치려 할지라도 나는 여전히 태연하리로다(시 27:3). 하나님의 백성이 어디에 있든지, 그들이 아무리 둘러싸여 있을지라도 그들에게는 하늘을 향한 길이 열려져 있으며, 그 어떠한 것도 하나님과 교통하는 것을 막을 수 없다.

2. 옥중에 광채가 빛나며. 그 곳은 캄캄한 곳이며 때는 밤중이었지만 베드로는 자신의 길을 분명히 볼 수 있었다. 어떤 사람들은 말하기를, 구약에서는 천사들이 나타난 곳 주변에 빛이 비추었다는 말씀을 볼 수 없다고 한다. 왜냐하면 구약은 어두운 세대였고, 천사들의 영광이 그 때에는 가려졌기 때문이다. 그러나 신약에서는 천사들이 빛 가운데서 나타났다고 표현한다. 이는 복음으로 말미암아 위엣 세상이 환하게 밝혀졌기 때문이다. 베드로와 쇠사슬로 연결되어 있었던 두 군인은 (다윗이 사울의 창과 물병을 몰래 가져올 때 사울과 그의 군사들이 깊은 잠에 빠져 있었던 것처럼) 잠시 동안 깊은 잠에 빠졌다. 혹 그들이 깨어 있었을지라도 그리스도의 무덤에서 파수하던 자들이 그랬던 것처럼 천사의 나타남을 보고 그들은 충격을 받아 죽은 사람과 같이 되었을 것이다.

3. 천사가 베드로의 옆구리를 쳐 깨웠다. 여기서 쳤다는 것은 그를 잠에서 깨울 만큼 부드럽게 두드렸다는 의미이다. 비록 그에게 빛이 비취었어도 깨어나지 못할 만큼 깊은 잠에 빠져 있었지만 부드러운 두드림만으로 그를 깨울 수 있었다. 의로운 사람이 위기의 순간에 잠을 자고 말씀의 빛과 그로 인한 깨달음으로 깨어나지 못할 때, 그들은 옆구리에 예리한 고통이 가해진다는 것을 예상해야 한다. 계속 잠자리에 있는 것보다 이처럼 옆구리에 고통이 가해짐으로 일어나는 것이 더 좋다. 천사가 이처럼 옆구리를 치면서 한 말은 급히 일어나라는 것이었다. 베드로가 지체함으로 일을 그르칠까봐 천사가 두려워한 나머지 이런 말을 한 것이 아니었고, 다만 베드로가 잠에 빠져 있어서는 안 되었기 때문에 이 말을 한 것이다. 다윗이 뽕나무 꼭대기에서 걸음 걷는 소리를 들었을 때 그는 재빨리 일어나 분발해야만 했다(삼하 5:24).

4. 쇠사슬이 그 손에서 벗어지더라. 군인들이 베드로를 확실하게 붙잡아 두기 위해 그에게 수갑을 채운 듯하지만 하나님께서 그의 손을 풀어주셨다. 수갑이 그의 손에서 풀어졌다면, 이는 힘 있는 삼손이 삼실을 끊을 때처럼 쉽게 풀어졌을 것이다. 이 쇠사슬에 관해 내려오는 구전에 따르면, 두 군인 가운데 하나가

거룩한 유품으로 이 쇠사슬을 보관하였다고 한다. 그리고 오랜 후에 이 쇠사슬이 유독시아(Eudoxia) 여왕에게 바쳐졌다고 한다. 이 쇠사슬로 인하여 무슨 기적이 일어났다는 이야기를 나는 듣지 못하였다. 로마 가톨릭 교회는 베드로의 쇠사슬을 기념하여 매년 8월 첫 주에 베드로의 쇠사슬의 축제라는 절기를 지킨다. 그런데 이 때는 유월절 기간이었다. 분명히 로마 가톨릭교회는 세상을 노예로 만들 양으로 이처럼 베드로의 쇠사슬을 맹신한다!

5. 베드로는 즉시 겉옷을 입고 천사를 따르라는 지시를 받고 그렇게 하였다(8, 9절). 베드로가 깨어났을 때 무엇을 해야 할지 알지 못했고 다만 천사의 지시를 따랐을 뿐이다. (1) 베드로는 허리띠를 졸라매야 했다. 허리띠를 풀고 잠이 든 자들은 아무것도 할 수 없기에 그들이 일어나서 가장 먼저 해야 할 일은 허리띠를 졸라매는 것이다. (2) 베드로는 걷기 위해 신발 끈을 조여야 했다. 거룩한 은혜의 능력으로 결박이 풀린 자들은 평안의 복음의 예비한 것으로 신을 신어야 한다. (3) 베드로는 겉옷을 입고 그대로 천사를 따라가야 했다. 베드로가 하늘로부터 온 사자의 안내와 보호를 받고 큰 용기와 기쁨으로 나아갈 수 있었다. 베드로가 나와서 천사를 따라갔다. 영적인 감금에서 구원받은 자들은 이스라엘이 노예의 집에서 나왔을 때처럼 구원자를 따라가야 한다. 이스라엘은 그 곳에서 나와서 갈 바를 알지 못하였으나 다만 그들의 구원자를 따라갔다. 이제 베드로가 천사를 따라 나왔을 때 천사가 하는 것이 생시인 줄 알지 못하고, 곧 사실인 줄 알지 못하고 환상을 보는가 하였다고 본문은 말한다. 베드로는 전에 환상을 본 적이 있었다. 그 때에 하늘의 환상이 너무 생생하고 많은 증거를 동반하였기 때문에 그것이 실제인지 환상인지 구분하기가 어려울 정도였다. 여호와께서 시온의 포로를 돌려 보내실 때에 우리는 꿈꾸는 것 같았도다(시 126:1). 베드로가 그러하였다. 그는 새로운 사실이 너무나 황홀하여 사실이 아닌 줄 생각하였다.

6. 베드로는 천사에 이끌려 위험에서부터 안전하게 구출되었다(10절). 파수꾼들이 통로들마다 지키고 있었고, 베드로와 천사가 감옥에서 나왔을 때 그 곳을 통과해야 했지만 그들은 아무런 저항 없이 통과하였다. 아니 그들은 전혀 발견되지 않았다. 파수꾼들의 눈도 감겨졌고 그들의 손도 묶였으며 그들의 정신도 혼미한 상태였다. 그리하여 천사와 베드로는 안전하게 첫째와 둘째 파수를 지났다. 이 파수꾼들은 하나님께서 혼미한 심령과 보지 못할 눈과 듣지 못할 귀를 주신(롬 11:8) 유대 교회의 파수꾼들을 상징하였다. 그 파수꾼들은 맹인이요 꿈

꾸는 자들이요 누워 있는 자들이요 잠자기를 좋아하는 자들이다(사 56:10). 하지만 여전히 쇠문이 존재하고 있었다. 결국 그 쇠문이 그들의 발걸음을 멈추게 할 것이다. 그 파수꾼들이 깨어나기만 하면 마치 바로가 홍해에서 이스라엘을 다시 잡기를 희망했던 것처럼 그들이 죄수를 다시 붙잡을 것이다. 그러나 천사와 베드로는 쇠문까지 전진하였고, 마치 이스라엘 앞에 홍해처럼 문이 열렸다. 그들은 그 문에 손도 대지 않았으나 저절로 열렸다. 이로써 고레스에게 비유적으로 언약된 말씀이 문자 그대로 이루어졌다(사 45:1, 2). 내가 성문들이 닫히지 못하게 하리라. 내가 … 놋문을 쳐서 부수며 쇠빗장을 꺾으리라. 아무도 베드로를 추격하지 못하도록 하기 위해 아마도 쇠문은 다시금 저절로 닫혔을 것이다. 적용. 하나님께서 자기 백성을 위해 구원을 베푸실 때 그들이 이겨낼 수 없는 곤경은 없다. 심지어 쇠문조차도 저절로 열렸다. 이 쇠문을 통과하므로 베드로는 성 혹은 요새를 벗어나 마을로 들어갔다. 마을 안팎에 문이 있었는지 분명하지 않다. 어쨌든 그들은 이 쇠문을 지나서 거리로 진입하였다. 베드로의 이러한 구원은 그리스도로 말미암은 우리의 구속을 상징한다. 우리의 구속이 종종 죄수들의 해방으로 묘사된다. 구속은 갇힌 자들에게 자유를 선포할 뿐 아니라 그들을 감옥에서 해방시킨다. 회심한 심령이 받는 구속의 은혜는 언약의 피로 말미암아 갇힌 자들이 물 없는 구덩이에서 놓임을 받는것이다(슥 9:11). 주의 천사와 같이 하나님의 은혜는, 첫째, 감옥에 빛을 비추는데 이는 지각을 열어주는 것을 뜻한다. 둘째, 잠자는 죄수의 옆구리를 쳐서 깨우는데 이는 양심을 깨우는 것을 의미한다. 그리고, 셋째, 하나님의 은혜는 손에서 쇠사슬을 풀어주는데 이는 의지의 갱신을 의미한다. 그리고 주의 천사는 겉옷을 입고 따라오라고 명령한다. 우리는 곤경을 통과해야 하며 사탄과 그의 앞잡이들의 방해 또한 극복해야 한다. 그리고 첫 번째 두 번째 감시인들, 곧 패역한 세대로부터 우리는 구원받기를 소원해야 한다. 우리가 하나님의 역사에 우리 자신을 맡긴다면 하나님의 은혜로 말미암아 구원받을 것이다. 마침내 쇠문은 우리 앞에서 열려질 것이며, 우리는 새 예루살렘에 들어가게 될 것이다. 거기서 우리는 우리의 포로된 모든 흔적으로부터 완전히 자유하게 될 것이며, 하나님 자녀의 영광스러운 자유를 누리게 될 것이다.

7. 베드로가 구출되자 천사가 곧 떠나고 베드로 혼자 남게 되었다. 베드로는 대적들의 손에서 벗어났기 때문에 더 이상의 안내가 필요치 않았다. 이쯤 되자

그는 자기가 어디에 있고 자기 교우들을 어떻게 찾아야 할지 알 수 있었다. 안내는 더 이상 필요 없었다. 그러므로 하늘로부터 온 그의 보호자 겸 안내자는 그에게 작별을 고하였다. 적용. 평범한 방법이 사용될 때는 기적을 기대하지 말아야 한다. 베드로를 쫓는 간수들이 더 이상 존재하지 않고 쇠문도 없을 때 그에게 필요한 것은 천사들의 보이지 않는 평범한 도움일 뿐이다. 천사들은 하나님을 경외하는 자들을 둘러 진 치며 그들을 구원한다.

IV. 베드로의 구출이 얼마나 대단한 일이었는지 깨달은 우리는 이제 그것이 베드로 자신과 다른 사람들에게 얼마나 큰 은혜가 되었는지 살펴보아야 한다. 우리는 여기서 다음과 같은 사실을 알 수 있다.

1. 베드로가 정신이 들자 이 사실을 알게 되었다(11절). 이제 막 잠에서 깬 사람에게 한꺼번에 희한하고 놀라운 많은 일들이 닥칠 때 그는 잠시 동안 혼란에 빠지게 된다. 따라서 그는 자신이 어디에 있는지 몰랐고, 무엇을 했는지도 몰랐으며, 그것이 꿈인지 생시인지도 몰랐다. 하지만 마침내 베드로가 정신이 들어 완전히 깨어났고, 그것이 꿈이 아니라 실제 일어난 일이었다는 것을 깨달았다. "내가 이제야 참으로 알겠노라. 알레토스 — 참으로(truly). 이제 그것이 환상이 아니라 실제인 줄 내가 알겠노라. 이제 나는 주 예수께서 그의 천사를 보내신 것을 확신한다. 천사들은 주님께 복종하며 그의 심부름을 수행한다. 그 천사가 나를 단단히 붙잡았다고 생각한 헤롯의 손에서 벗어나게 하였고, 이에 유다 백성의 모든 기대에서 벗어나게 하였다. 유다 백성은 이튿날 베드로가 처형당하는 모습을 볼 것을 의심하지 않았으며, 그 일이 기독교의 최후가 되길 기대하였다. 그들은 이 일로 단번에 기독교 전체가 사라질 것을 기대하였다." 이 때문에 일반 백성뿐 아니라 유대인 대부분이 이번 일에 대하여 큰 기대를 하였다. 베드로가 생각을 가라앉혔을 때 하나님께서 자신을 위해 행하신 진실을 깨달았다. 그는 처음에 너무 기쁜 나머지 이 사실을 믿을 수가 없었다. 이와 같이 영적인 속박으로부터 구원받은 영혼들은 하나님께서 자기 안에서 무슨 일을 행하셨는지 처음에는 깨닫지 못한다. 많은 사람들이 은혜의 진리를 받았으면서도 그에 대한 증거를 요구한다. 이러한 변화가 실제로 자기 안에서 일어났는지, 혹은 꿈속에서 일어났는지 그들은 의심한다. 그러나 아버지께서 곧 보내실 보혜사가 오시면 그들은 얼마나 은혜로운 변화가 자기 안에서 일어났는지, 그리고 얼마나 행복한 상태에 그들이 진입하였는지 확실히 알게 될 것이다.

2. 베드로가 교우들에게 와서 이 사실을 알렸다. 이에 대한 자세하고도 흥미진진한 이야기가 본문에 나온다.

(1) 베드로는 당시의 상황을 깊이 생각하였다(12절). 그는 자신이 당한 위험이 얼마나 긴급한 것이었으며, 그가 받은 구원이 얼마나 큰 것이었는지 깊이 생각하였다. 그리고 이제 자신이 무엇을 해야 하는지, 이 구원을 그는 어떻게 선용해야 하는지, 다음에 자신이 해야 할 일이 무엇인지 깊이 생각하였다. 하나님의 섭리 가운데는 우리의 지혜를 활용하는 공간이 포함되어 있다. 물론 하나님께서 자신이 시작하신 일의 실행과 완성을 보증하셨다. 하지만 하나님은 우리가 하나님의 일을 깊이 생각하기를 기대하신다.

(2) 베드로는 곧장 교우의 집으로 갔다. 그 곳은 아마도 베드로가 있던 곳에서 가까웠을 것이다. 그 곳은 바나바의 누이이자 요한 마가의 모친 마리아의 집이었다. 그 집은 제자들이 은밀히 모이는 장소로 자주 이용되었던 것 같다. 그 이유는 그 집이 구석진 곳에 있었기 때문이거나 혹은 마리아가 다른 사람들보다도 적극적으로 제자들에게 집을 내어주었기 때문일 것이다. 분명히 그 집은 하나님의 언약궤를 모셨다가 복을 받은 오벧에돔의 집과 같은 곳이었다. 집 안에 있는 교회가 작은 성소의 역할을 할 수 있다.

(3) 그 곳에서 베드로는 한밤중에 여러 사람이 모여 기도하고 있는 모습을 발견하였다. 그리고 그 기도는 다음 날 재판을 받을 베드로를 위한 것이었으며, 이에 하나님께서 어떤 수를 써서라도 그를 구원할 방도를 찾아내려고 하셨다. 관찰. [1] 그들은 끈덕짐에 대한 증거로 끊임없이 기도하였다. 그들은 하나님께 베드로의 상태를 단 한 번 아뢰는 것으로 충분하다고 생각하지 않고 계속해서 아뢰었다. 이처럼 사람들은 항상 기도하고 낙망하지 말아야 한다(눅 18:1). 자비를 계속 기대하고 있는 한 우리는 이를 위해 계속 기도해야 한다. [2] 일이 위기에 처하고 바로 다음 날 결정되는 것이 분명해졌을 때, 그들은 전보다 더욱 간절하게 기도하였다. 하나님께서 이처럼 베드로를 위해 기도할 마음을 주셨다는 것은 하나님께서 베드로를 구원하기로 작정하셨다는 좋은 징조였다. 왜냐하면 하나님은 결단코 야곱의 자손에게 "내 얼굴을 헛되이 찾으라"고 말씀하지 않으셨기 때문이다(시 27:8). [3] 그들은 이 때에 기도하러 모였다. 이 일로 그들이 발각된다면 정부에 미움을 받게 되겠지만 그리스도께서 합심기도를 얼마나 장려하셨는지 그들은 잘 알고 있었다(마 18:19, 20). 기도로 자신들의 힘을 결합하는

것이 언제나 하나님의 기도하는 백성들의 습관이었다(대하 20:4; 에 4:16). [4] 이 일을 위하여 여러 사람이 모였는데, 아마도 그 방에 가득 모였을 것이다. 말씀과 기도에 전념했던 사역자들 가운데 첫 번째 사람이 기도하고, 두 번째 사람이 기도할 때 나머지 성도들이 그들과 함께 기도하였을 것이다. 혹 기도하는 자들이 사역자가 아니었을지라도 분명히 그 가운데는 기도하는 법을 알고 있는, 곧 때에 맞게 기도하고 계속 기도하되 함께한 사람들의 감정이 감동되어 그들의 기도에 보조를 맞출 수 있도록 기도할 수 있는 교우들이 많았을 것이다. 이 때는 다른 사람들이 잠을 자던 밤중이었다. 그들이 밤에 모여 기도하였다는 사실은 그들의 사려분별과 아울러 그들의 열심을 보여주는 한 가지 사례였다. 적용. 그리스도인들이 기도회로 모이는 것이 아름답고, 특별히 고난의 때에 모이는 것이 더욱 아름답다. 그러한 기도 모임에 빠지지 말자. [5] 이처럼 그들이 기도에 힘썼을 때 베드로가 왔으며, 이는 그들의 기도에 대한 즉각적인 응답이었다. 마치 하나님께서 다음과 같이 말씀하시는 듯하였다. "너희가 베드로를 너희에게 돌려달라고 기도하는구나. 자 여기 베드로가 있다." 그들이 부르기 전에 내가 응답하겠고 그들이 말을 마치기 전에 내가 들을 것이며(사 5:24). 이처럼 다니엘이 여호와 앞에 간구할 때 그의 기도에 대한 응답으로 천사가 날아왔다(단 9:20, 21). 구하라 그리하면 너희에게 주실 것이요 찾으라 그리하면 찾아낼 것이요 문을 두드리라 그리하면 너희에게 열릴 것이니(마 7:7).

(4) 베드로가 대문을 두드렸고, 그를 집안에 들이기까지 한바탕 큰 소동이 있었다(13-16절). 베드로가 대문을 두드린대. 베드로가 대문을 두드린 의도는 교우들을 잠에서 깨우려는 것이었다. 그러나 그의 의도와는 달리 그가 교우들의 기도 모임을 방해하고 있다는 것을 알지 못하였다. 만일 그의 교우들이 감옥에 찾아가 사적으로 그와 이야기할 수 있었다면 베드로가 이 기도 모임을 알았을 것이다. 베드로가 그 집에 가려고 마음먹은 것도 그가 이 기도 모임을 생각하였기 때문이었다. 그 집에서 많은 교우들을 볼 줄 그는 알고 있었다. 그가 대문을 두드렸을 때, [1] 여자 아이가 소리를 들으러 나왔다. 그녀는 밀고자를 두려워하여 문 밖에 교우가 있는지 적이 있는지, 그리고 그 용무가 무엇인지 확인한 후 문을 열어주려고 하였다. 이 여자 아이가 교회 식구였는지, 그 집의 종이었는지 딸이었는지 본문은 밝히고 있지 않다. 다만 그 이름이 밝혀 있는 것으로 보아 그녀는 그리스도인들 가운데서 주목받았던 것 같으며, 같은 또래의 아이

들보다 열심이 있었던 것 같다. [2] 그녀는 베드로의 기도하는 소리, 설교하는 소리, 대화하는 소리를 자주 들어왔기 때문에 베드로의 음성인 줄 알고 크게 기뻐하였다. 하지만 그녀는 추위에 떨고 있는 베드로를 즉시 영접하지 않았고. 너무 기쁜 나머지 문을 미처 열지 못하였다. 이처럼 우리는 때때로 교우들에 대한 감정이 너무 북받쳐 오른 나머지 그들에게 불친절한 행동을 할 때가 있다. 그녀는 무아경의 기쁨에 빠져 넋을 잃고 문을 미처 열지 못하였다. [3] 그녀는 달려 들어갔다. 그녀는 아마도 교우들이 모여 있던 다락방으로 올라갔을 것이며, 가서는 베드로가 분명히 대문 앞에 와 있다고 말했을 것이다. 그녀는 혹시 속는 것이 아닐까, 대적이 대문 앞에 와 있지 않을까 하는 두려움 때문에 대문을 열어줄 용기를 갖지 못하였지만 교우들에게 베드로가 와 있다는 사실을 전하였다. 그런데 베드로가 문 앞에 와 있다고 전하였을 때 그들은 "네가 미쳤다. 그가 감옥에 있는데 어떻게 이 곳에 올 수 있느냐"라고 말하였다. 때때로 우리는 가장 바라던 것이 이루어졌을 때 그 사실을 믿기를 꺼려하는 경향이 있다. 왜냐하면 우리 자신에게 속기를 두려워하기 때문이다. 그리스도께서 부활하셨을 때 제자들도 너무 기뻐 믿지 못하였다(눅 24:41). 그러나 그녀는 베드로가 왔다는 사실을 끝까지 주장하였다. 그러자 교우들은 그러면 그의 천사라고 말하였다(15절). 여기서 천사라는 단어의 의미는 다음과 같다. 첫째, 베드로의 이름을 사용한 사람이 바로 베드로가 보낸 사자라는 의미다. 어떤 이들의 해석에 의하면, 앙겔로스는 종종 단지 사자라는 의미에 지나지 않는다. 이 단어는 요한의 사자들(눅 7:24, 27), 그리스도의 사자들(눅 9:52)에 사용되었다. 여자 아이가 베드로의 음성을 알아듣고 베드로가 온 줄 확신하였을 때 교우들은 문 앞에 서 있던 사람이 스스로 베드로라고 칭하였기 때문에 여자 아이가 그런 줄 믿은 것이라고 생각하였다. 그러므로 그들은 이 난제를 이렇게 해결하려 하였다. "문 앞에 있는 사람은 베드로의 심부름을 온 사람이야. 그런데 그 사람이 마치 베드로 자신인 것처럼 네가 착각한 거야." 하몬드(Hammond) 박사는 이 해석이 가장 이해하기 가장 쉬운 것이라고 생각한다. 둘째, "여기서 천사는 베드로의 수호천사다. 베드로의 외모와 음성을 가진 천사가 베드로의 모습을 하고 문 앞에 서 있었다." 베드로의 임박한 죽음에 대한 전소로서 그의 천사가 나타난 것이라고 그들이 상상했다고 어떤 이들은 생각한다. 이러한 생각은 사람이 죽기 전에 그의 감시자, 곧 어떤 혼이 그 사람이 다른 곳에 있을 때 그의 외모와 옷을 입고 나타난다고 믿는 민속적인 관념과 일치한다. 서민들은 이를 그의 감시자, 곧 그의 천사, 수호자라고 부른다. 그렇다면 마가의 다락방에 모였던 교우들은 천사의 방문을 자기들의 기도가 거절당한 불길한 징조라고 결론내렸을 것이다. 그리고 유령이 "이제 그만 좀 하자. 베드로는 죽어야만 해. 더 이상 그 문제를 거론하지 말아"라고 말할 것으로 짐작했을 것이다. 만일 우리가 천사라는 단어를 이렇게 이해한다면, 그 말이 증명하는 유일한 한 가지는 사람이 죽기 얼마 전에 그의 감시자가 나타나 보인다는 그러한 관념을 그들이 가졌다는 사실일 뿐 실제로 그러한 존재가 있다는 것이 아니다. 또 다른 이들은 생각하기를, 그들이 이 자를 그들의 기도에 대한 응답을 전하려고 하늘로부터 온 천사로 여겼다고 한다. 하지만 천사들이 출현할 때 우리는 그와 같은 요소를 전혀 발견할 수 없는데 어찌하여 그들이 베드로의 음성과 모습을 가진 천사를 상상했다고 말할 수 있겠는가? 아마도 이런 생각을 가진 사람들은 여기서 유대인들의 관념을 말하였을 것이다. 유대인들은 모든 의인에게는 그를 담당하는 특별한 수호천사가 있으며, 그 천사가 때때로 그의 모습으로 가장하여 나타난다는 맹신적인 착상을 하였다. 이방인들은 이를 한 사람을 돌보는 착한 수호신이라고 칭하였다. 하지만 성경 어디에도 그러한 것을 말하고 있지 않기 때문에 이를 교리화 할 수 있는 근거가 없다. 우리가 믿는 것은 천사들이 구원받은 후사들의 유익을 위하여 섬기는 영들이라는 사실이며, 또한 그들이 구원받은 후사들을 위한 **명령**을 받들며, 그들 주위를 떠나지 않는다는 사실이다. 모든 성도가 천사들의 보호를 받는다고 우리는 믿지만 성도 각자에게 자신만의 수호천사가 있다고 꼭 주장할 필요는 없다.

(5) 마침내 교우들은 베드로를 들어오게 하였다(16절). 교우들이 문 열어주기를 지체하였지만 베드로는 문 두드리기를 그치지 아니하니 마침내 그들이 베드로를 들어오게 하였다. 그의 앞길을 가로막았던 쇠문은 한 번도 두드리지 않았는데도 저절로 열렸지만, 그를 고대하던 교우 집 대문은 저절로 열리지 않았고 한참동안 두드려야 했다. 천사가 행한 놀라운 일로 인하여 베드로가 우쭐대지 못하게 하려고 그는 이와 같이 겉으로 보기에는 그의 교우들에게 경멸을 당하는 것 같은 치욕을 겪었다. 하지만 교우들이 그를 보자 놀라며 기뻐하였다. 그 놀라움과 기쁨은 방금 그로 인해 슬퍼하고 염려하였던 것에 비례하였다. 베드로를 보는 것이 그들에게는 최고의 놀라움이며 기쁨이었다.

(6) 베드로는 교우들에게 자신이 구원받은 사실을 설명하였다. 베드로가 그를 위해 열심히 기도하려고 모인 교우들에게 왔을 때 그들은 이에 못지않은 열심으로 베드로의 구원을 축하해 주려고 그 주변으로 몰려들었다. 자신이 어떠한 위험에 빠졌었는지 그들에게 말하려고 하였을 때 그들이 어찌나 시끄럽게 떠들든지 베드로는 그들에게 말할 수가 없어서 손짓하여 조용하게 하고 큰 소리로 잠잠하라고 명령할 수밖에 없었다. 그러고 나서 그는 천사를 통해 주 예수께서 자기를 이끌어 옥에서 나오게 하던 일을 말하였다. 베드로는 자신의 구원을 위해 교우들이 기도하는 모습을 보았으므로 그들과 헤어지기 전에 그들과 함께 자신이 구원받은 사실에 대하여 하나님께 감사를 드렸을 것이다. 혹 베드로가 하나님께 감사하기 위해 그 곳에 머물지 못하였다 할지라도 그의 교우들은 그 곳에 머물며 하나님께 감사하였을 것이다. 기도로 얻어진 것은 찬송으로 소모되어야 한다. 우리가 위로를 받은 만큼 하나님은 언제나 영광을 받으셔야 한다. 다윗은 하나님이 자기 영혼을 위하여 행하신 일을 선포하고, 자기 기도를 물리치지 아니하신 하나님을 송축한다(시 66:16,20).

(7) 베드로는 다른 교우들에게도 자신이 구원받은 이야기를 전하게 하였다. 또 야고보와 형제들에게 이 말을 전하라 하고. 야고보와 다른 형제들은 아마도 그 때에 다른 장소에서 모여 같은 목적을 가지고 은혜의 보좌 앞에 나아갔을 것이다. 함께 은혜의 보좌 앞에 나아가는 것은 성도의 교제를 나누는 한 가지 방법이다. 그리고 함께 기도로 하나님과 씨름하는 것은 비록 에스더와 모르드개처럼 떨어져 있지만 한마음으로 행동하는 방법이다. 베드로는 야고보와 형제들에게 자신이 구원받은 사실을 알리게 하였는데, 이는 그들이 안심하고 베드로에 대한 염려로부터 해방될 수 있도록 하기 위함이었을 뿐 아니라 그들로 자신과 함께 돌이켜 하나님께 감사할 수 있도록 하기 위함이었다. 관찰. 헤롯이 칼로 한 야곱을 죽였지만 여기에 또 다른 야곱이 나온다. 그도 역시 예루살렘에 있는 그의 방을 지키며 그 곳에 있는 형제들을 통솔하였다. 하나님께서 일을 하실 때 결단코 그 일을 할 일꾼이 부족하여 못하지는 않을 것이다.

(8) 베드로는 당장 자신의 안전을 위하여 장소를 옮겨야 할 형편이었고, 그리하여 그렇게 하였다. 그는 떠나 다른 곳으로 갔고, 이에 좀 더 안전할 수 있었다. 그는 그 성내를 훤히 알고 있었고, 그가 피신할 수 있는 곳이 어딘지 잘 알고 있었다. 적용. 하나님께서 합법적인 방법으로 자기를 보호할 기회를 주시는 한,

자기를 부인하고 그리스도를 위하여 고난을 받아야 하는 기독교의 법칙도 자기를 보호하고 안전을 도모하는 자연의 법칙을 폐기하지 않는다.

Ⅴ. 베드로의 교우들이 그의 구원을 기뻐하는 것을 살펴보았으므로 이제 우리는 그로 인한 대적들의 혼란을 살펴보도록 하자. 베드로를 죽이는 것에 대한 백성의 기대가 큰 만큼 그들의 혼란도 컸다.

1. 이 일로 인해 파수꾼들이 가장 크게 놀랐다. 왜냐하면 죄수를 놓치는 일이 얼마나 큰 형벌을 가져오는지 그들이 잘 알고 있었기 때문이다(18절). 날이 새매 그들이 죄수가 없어진 것을 깨달았고, 어떤 이들의 해석처럼, 베드로가 어떻게 되었는지 군인들 사이에 적지 않은 소동이 있었다. 베드로는 사라졌고, 그가 어디로 갔는지 아무도 몰랐다. 그들은 지난밤까지 그가 있었다는 사실만을 생각할 수 있을 뿐이었다. 하지만 베드로는 새처럼 날아갔다. 그들은 베드로에 관한 어떠한 소문도 어떠한 소식도 들을 수 없었다. 이로 인하여 그들 사이에 싸움이 일어났다. 하나가 "네 잘못이야"라고 하면, 또 다른 하나가 "아니야, 이건 네 잘못이야"라고 말하였다. 달리 자신의 허물을 벗을 방도가 없었기에 서로를 비방하므로 책임을 면하려고 할 뿐이었다. 죄수가 도망가면 보안관이 그 죄를 물어야 한다. 이처럼 그리스도의 복음을 박해한 자들은 그 복음을 자신들이 반대하였음에도 불구하고 결국 그리스도의 복음이 승리하는 정당한 이유를 보고 분노로 가득하게 된다.

2. 구출된 죄수를 찾기 위해 가택들을 수색하였지만 헛수고였다(19절). 헤롯이 그를 찾아도 보지 못하매. 하나님께서 숨기신 자를 누가 찾을 수 있겠는가? 바룩과 예레미야가 추적을 당하였지만 안전할 수 있었던 것은 여호와께서 그들을 숨기셨기 때문이었다(렘 36:26). 공공연한 위험의 때에 모든 신자들은 하나님을 그들의 은신처로 삼는다. 그 곳은 무지한 세상이 그들을 찾을 수 없을 만큼 은밀한 곳이며, 무능한 세상이 미칠 수 없을 만큼 강한 난공불락의 요새다.

3. 파수꾼들이 도망을 묵인하였다는 책임을 뒤집어쓰게 되었다. 헤롯이 파수꾼들을 심문하고 베드로가 어떻게 도망하였는지 만족스러운 설명을 하지 못하는 것을 보고 그들을 죽이라 명하였다. 이러한 헤롯의 명령은 로마법에 따른 것이었다. 그리고 열왕기상 20장 39절에 보면, 만일 그를 잃어버리면 네 생명으로 그의 생명을 대신해야 하리라고 기록되어 있다. 이 파수꾼들은 베드로에게 필요 이상으로 가혹하게 대하였을 것이며(참고. 16:24), 또한 베드로와 다른 죄수들에

게 욕설을 퍼부었을 것이다. 이 때문에 베드로의 피신이 그들의 잘못이 아닌데도 그들이 죽임을 당한 것은 당연한 일이었다. 더구나 그들에게 교회를 핍박하라고 지시한 헤롯에게 죽임을 당하고 말았다. 악인들이 교회를 박해하는 일에 가담할 때 주께서는 그들을 심판하시므로 자신의 존재를 알리신다. 혹 그들이 하나님의 정의로운 심판을 받을 만한 짓을 하지 않았고 무죄한 사람들이 하나님께서 행하신 일로 고난을 당하였다고 가정한다면, 우리는 어떤 이들의 다음과 같은 추측을 쉽게 수용할 수 있을 것이다. 즉, 베드로가 도망함으로 크게 실망한 유대인들을 즐겁게 하려고 파수꾼들을 죽이라고 명하였지만 실제로는 그들이 처형당하지 않았을 것이다. 얼마 후 헤롯의 죽음으로 파수꾼들을 죽이려는 계획이 수포로 돌아갔을 것이다.

4. 헤롯 자신도 은거하였다. 헤롯이 유대를 떠나 가이사랴로 내려가서 머무니라. 헤롯은 먹이를 놓친 사자처럼 속이 상하였다. 더욱이 그가 베드로에 관하여 유대 백성의 모든 기대를 부풀려놓았고, 세례 요한의 목을 헤로디아에게 선물하였던 것처럼 베드로의 목을 곧 접시에 담아 주겠노라고 유대인들에게 말하였기 때문에 그의 상심은 더욱 컸다. 이러한 자랑이 허사가 되었다는 사실, 그리고 그의 확신에도 불구하고 그의 말이 이루지 못하였다는 사실이 그를 부끄럽게 만들었다. 그의 교만한 영혼이 이를 치욕스럽게 여기므로 그는 유대에 더 이상 머물지 못하고 가이사랴로 내려가게 되었다. 요세푸스는 헤롯이 온 유대를 나스린 지 제3년 말에 가이사랴로 내려갔다고 말한다(「유대 고대사」,19.343). 그리고 그가 그리로 간 목적이 로마 제국의 귀족과 상류 사회가 참여하는 성대한 자리를 마련하고 그 곳에서 가이사의 건강과 그의 영광을 기원하는 축제를 열려는 것이었다고 말한다.

[20]헤롯이 두로와 시돈 사람들을 대단히 노여워하니 그들의 지방이 왕국에서 나는 양식을 먹는 까닭에 한마음으로 그에게 나아와 왕의 침소 맡은 신하 블라스도를 설득하여 화목하기를 청한지라 [21]헤롯이 날을 택하여 왕복을 입고 단상에 앉아 백성에게 연설하니 [22]백성들이 크게 부르되 이것은 신의 소리요 사람의 소리가 아니라 하거늘 [23]헤롯이 영광을 하나님께로 돌리지 아니하므로 주의 사자가 곧 치니 벌레에게 먹혀 죽으니라 [24]하나님의 말씀은 흥왕하여 더하더라 [25]바나바와 사울이 부조하는 일을 마치고 마가라 하는 요한을 데리고 예루살렘에서 돌아오니라

이 말씀에서 우리는 다음과 같은 내용을 볼 수 있다.

I. 헤롯의 죽음. 헤롯이 야고보를 죽일 뿐 아니라 베드로를 죽이려고 계획한 것까지 하나님께서 기억하셨다. 죄인들은 책임을 추궁당할 것인데, 그들이 저지른 악행뿐 아니라 미수에 그친 악행까지도 추궁당할 것이다(시 28:4). 곧 그들이 저지른 못된 짓뿐 아니라 그들이 저지르려고 했던 못된 짓까지도 추궁당할 것이다. 헤롯이 이후에 산 기간은 불과 잠시 동안이었다. 어떤 죄인들은 하나님께서 신속히 파멸시키신다.

1. 헤롯의 죄악이 극에 달하였다. 그는 교만으로 인하여 그 많은 죄를 저질렀다. 일반적으로 악인이 패망하기 직전에 교만이 극에 달하며, 거만한 마음은 넘어짐의 앞잡이다(잠 16:18). 느부갓네살은 매우 살벌한 사람이었고 엄청난 박해자였다. 하지만 이 왕이 입으로 교만한 말을 하였을 때 하나님의 심판이 그에게 임하였다. 이 큰 바벨론은 내가 능력과 권세로 건설하여 나의 도성으로 삼고 이것으로 내 위엄의 영광을 나타낸 것이 아니냐?(단 4:30) 모든 교만한 자를 발견하여 낮아지게 하는 것이 하나님의 영광이다(욥 40:12). 본문이 이러한 사례를 두드러지게 소개하고 있으며, 하나님께서 교만한 자를 물리치신다는 사실을 잘 보여주고 있다.

(1) 두로와 시돈 사람들이 헤롯을 성나게 한 듯하다. 이 도시들은 지금 로마의 지배를 받고 있었는데 이 도시들이 어떤 잘못을 저질렀는지 헤롯이 매우 분개하였으며, 그들이 그 분노를 느낄 정도였다. 사소한 문제라 할지라도 헤롯처럼 교만하고 오만한 사람에게는 분노를 일으킬 수 있다. 이 때문에 헤롯은 이 두 도시들과 싸움을 할 생각을 가졌다. 헤롯은 이 백성들을 매우 불쾌하게 여겼고, 이 도시들은 그의 노함이 마치 사자의 부르짖음 같고 살육의 사자(使者)와 같다는 것을 알게 되었다.

(2) 헤롯을 성나게 한 사람들은 비록 그들이 잘못을 한 것이 아닐지라도 이런 권력자와 다투는 것이 쓸데없는 짓이라는 것을 알고 그에게 굽실굽실하였다. 잘잘못을 떠나 이러한 권력자는 그들에게 벅찬 상대였다. 그들은 어떻게든 그와 화목하려고 애를 썼다. 관찰. [1] 그들이 문제를 해결하고자 했던 이유. 그들의 지방이 왕국에서 나는 양식을 먹는 까닭이었다. 두로와 시돈은 무역을 하는 도시들이었고 그들에게는 땅이 적었기 때문에 항상 가나안 땅의 곡식을 공급받았다. 유다와 이스라엘 땅 사람이 네 상인이 되었음이여 민닛 밀과 과자와 꿀과 기름과

유향을 네 물품과 바꾸어 갔도다(겔 27:17). 이제 만일 헤롯이 두로와 시돈에 수출 금지령을 내린다면(그들은 그가 얼마나 많은 사람들이 굶주리는지 개의치 않고 곧 보복할 수 있는 사람이라는 것을 잘 알고 있었다), 그들의 지방이 동요할 것이다. 그러므로 그와 관계를 유지하는 것이 그들에게 득이었다. 하나의 지방이 사람을 의지하는 것보다 우리 인생이 하나님을 의지하는 데 있어서 훨씬 더 지속적이며 간절해야 하건대, 하나님과 화목하고 그 앞에 우리 자신을 낮추는 것이 우리의 지혜가 아니겠는가? 왜냐하면 우리가 그를 힘입어 살며 기동하며 존재하기 때문이다(행 17:28). [2] 그들이 파멸을 방지하기 위해 취했던 방법. 아마도 뇌물과 귀한 선물을 통해 그들이 왕의 침소 맡은 신하 블라스도를 설득하여 친구로 삼았다. 뇌물과 귀한 선물로 매수하는 것이 일반적으로 사람들이 조신들을 친구로 삼는 방법이다. 두로와 시돈의 방백들은 이처럼 고용된 끄나풀에 불과한 자들에게 그들의 사업뿐 아니라 감정까지도 지배당해야 하는 곤란한 운명에 처해 있었다. 하지만 이성의 지배를 받지 아니하는 헤롯과 같은 사람들은 자존심과 격정으로 대처하기보다 이런 식으로 구슬리는 편이 나았다. 블라스도는 헤롯의 귀 역할을 하였다. 그는 헤롯의 분노를 누그러뜨리는 재주를 가지고 있었다. 그리하여 두로와 시돈의 사신들이 와서 공식적으로 항복하고 왕의 용서를 구하며, 왕의 관용을 얻기 위해 부복하며, 다시는 그런 잘못을 저지르지 않겠다고 약속하였다. 이렇게 왕의 교만을 충족시키므로 그의 흥분을 가라앉히고자 하였다.

(3) 헤롯이 평소처럼 아주 화려하고 위엄 있게 등장하였다. 그는 왕복을 입고 단상에 앉았다(21절). 요세푸스는 이 때에 헤롯이 취했던 화려한 모습을 이야기하였다(「유대 고대사」, 19.344). 그는 말하기를, 이 때에 헤롯이 아주 화려하게 은으로 장식된 예복을 입었는데 그 예복은 해가 비취면 사람들이 눈이 부셔서 바라볼 수 없고 위압을 당할 정도로 강렬한 빛을 반사하도록 정교하게 지어졌다고 한다. 어리석은 사람들은 외모로 사람을 평가한다. 헤롯처럼 그런 평가를 듣고 자만하는 자들, 그런 평가를 얻으려고 애를 쓰고 호감을 사려고 하는 자들 또한 어리석은 사람들보다 나을 게 없다. 그는 왕의 마음의 허전함을 왕복으로 메울 수 있을 것이라고 생각하였다. 그리고 마치 자신이 밟고 있는 단상이 자기 주위에 있는 모든 것을 짓밟을 수 있는 특권을 주는 것처럼 착각하고 단상에 앉았다.

(4) 그는 두로와 시돈 사람들에게 멋진 연설을 하였다. 아마도 그는 두로와 시돈 사람들의 잘못을 꼬집고 그들의 굴복을 촉구한 후에 그들의 잘못을 자신이 눈감아 줄 것이고 그들에게 다시금 호의를 베풀 것이라고 보증함으로 연설을 마쳤을 것이다. 그는 너무나 교만하여 죽이고 싶은 자들은 죽이고 살리고 싶은 자들은 살릴 수 있는 권한이 자신에게 있다고 생각하였다. 아마도 그는 두로와 시돈 사람들로 하여금 자신들의 운명이 어떻게 되나 하고 마음 졸이게 하다가 이 연설을 하였을 것이며, 이로써 그가 베푸는 은혜가 그들에게 더욱 만족스럽고 놀랄 만한 사건으로 느껴지게 하였을 것이다.

(5) 헤롯을 의지하고 그의 호의로 이익을 얻고 있던 백성이 그에게 박수갈채를 보내며 다음과 같이 크게 소리쳤다. 이것은 신의 소리요 사람의 소리가 아니라(22절). 하나님은 위대하시고 선하시다. 그런데 그들은 생각하기를, 그의 복장과 단상에 나타난 헤롯의 위대함, 그들을 용서한 그의 선함이 하나님 못지않으며, 따라서 그가 다름 아닌 신이라고 칭해질 만하다고 생각하였다. 아마도 그는 위엄 있는 태도와 함께 온정을 베푸는 태도로 연설을 하였을 것이며, 이러한 태도가 청중들의 마음을 감동시켰을 것이다. 혹은 실제로 그들의 마음에 어떠한 감동도 받지 못하였을 수도 있으며, 사실상 그에 대하여 전혀 좋게 생각하지 않았을 수도 있다. 다만 그들이 헤롯을 형편없이 생각하였을지라도 그에게 아첨하므로 새롭게 조성된 그와의 평화조약을 강화하기로 결심하였을 것이다. 권력자들이 아첨꾼들의 말에 귀를 기울이고 그들을 장려하면 쉽게 그들의 먹이가 되고 만다. 이에 대하여 그로티우스(Grotius)는 다음과 같이 말하였다. "관리들이 신들이라고 칭해졌으며(시 82:1) 더구나 왕들이나 군주들은 단순한 사람들이 아니었다. 본문에서처럼 이방인들은 살아있거나 죽은 그들의 왕들에게 신의 명예를 주었다. 하지만 왕들 뿐만 아니라 원로원 의원들과 재판관들도 신들이라 칭해졌다." 감각으로 사는 자들은 마치 하나님이 자신들과 같은 존재인 것처럼 하나님을 모독하며, 사람들이 신인 것처럼 사람들을 신성시한다. 이익 때문에 그들은 사람들을 칭송한다. 오직 하나님만이 받으셔야 하는 영광을 사람들에게 돌리는 것은 하나님에 대한 큰 모욕일 뿐 아니라 그렇게 아첨을 받고 우쭐대는 사람들에게도 큰 모욕이다. 왜냐하면 이는 그들로 하여금 자신의 존재를 망각하게 하며, 그들을 교만하게 부풀려서 결과적으로 마귀의 정죄 속으로 빠져들게 하는 극도로 위험한 일이기 때문이다.

(6) 이러한 부당한 칭송을 헤롯이 받고 즐거워하며 우쭐대었다. 이것이 바로 그의 죄였다. 그는 그의 친구들에게 이렇게 소리 지르게 하거나 혹은 백성의 입 속에 그러한 말을 넣어주라고 개인적으로 지시하지 않았다. 또한 그러한 찬사에 대하여 백성에게 답례를 하지 않았고 자신에 대한 백성의 평가에 응답하지 않았다. 하지만 아무 말도 하지 않은 것이 바로 그의 잘못이었다. 그는 백성의 아첨을 꾸짖지 않았고 백성이 자신에게 신의 호칭을 붙여준 것을 부인하지 않았고, 영광을 하나님께로 돌리지 아니하였다(23절). 도리어 그 영광을 자신이 취하였다. 그는 혼자서 그 영광을 독차지하려고 하였고, 백성이 자신을 신이라고 생각하기를 원하였으며, 자신이 신의 영광을 누리기를 바랐다. Si populus vult decipi, decipiatur(백성이 사기를 당해도 당하게 내버려 두었다). 더욱이 그는 유일신 하나님을 믿는다고 고백한 유대인이었기에 그의 죄는 많은 신들과 많은 주들을 모신 이방의 제왕들보다 더 컸다.

2. 그의 죄악이 형벌을 받았다. 주의 천사가 곧 쳤다(모든 심판의 권한이 그리스도에게 위임되었기 때문에 그리스도의 지시로 말미암아 주의 천사가 친 것이다). 그 이유는 헤롯이 영광을 하나님께로 돌리지 아니했기 때문이다(하나님은 자신의 영광에 대하여 질투하시며, 따라서 자신에게 영광을 돌리지 않는 자들로부터 영광을 받고야 말 것이다). 이에 헤롯이 벌레에게 먹혀 죽었다. 이제 헤롯이 그리스도의 교회를 박해하고 야고보를 죽이며 베드로를 감옥에 가두었던 일, 그리고 그 밖에 그가 행한 모든 악에 대하여 보응을 받은 것이었다. 헤롯의 파멸을 관찰하라.

(1) 그를 처형한 대행자는 천사, 곧 주의 사자였다. 천사가 그를 처형하라는 지시를 받고 실행하였다. 천사는 이러한 성격의 일을 하는데 사용되곤 하였다. 소위 파멸의 천사다. 혹은 천사, 곧 본 장 앞 부분에서 베드로를 구원한 천사가 헤롯을 쳤다. 이러한 부리는 영들은 하나님의 뜻에 따라 거룩한 공의나 거룩한 자비를 수행하는 종들이다. 헤롯이 백성의 칭송을 받고 뽐내고 있던 그 순간에 천사가 중병으로 그를 쳤다. 이처럼 두로의 왕도 교만하게 나는 신이라. 내가 하나님의 자리에 앉아 있다라고 말한 바 있었다. 그러나 그의 마음이 하나님의 마음 같은 체할지라도 그는 사람이요 신이 아니머, 사람의 손으로 죽임을 당하는 연약한 인간에 불과하다(겔 28:2-9). 헤롯도 마찬가지였다. 권세 있는 왕들이 알아야 하는 사실은 하나님만이 전능하신 분이며 아울러 천사들 또한 그들보다 더 큰 힘

들 가지고 있다는 것이다. 헤롯이 영광을 하나님께로 돌리지 아니하므로 주의 천사가 곧 쳤다. 천사들은 하나님의 영광을 지켜 드린다. 그들은 명령을 받으면 곧바로 하나님의 특권을 강탈하고 그의 영광을 빼앗는 자들을 친다.

(2) 헤롯을 파멸시키는 도구는 벌레에 지나지 않았다. 헤롯은 벌레에게 먹혀 죽었다. 게노메노스 스코레코브로토스― 그가 벌레에게 먹혔다. 이 말씀은 다음과 같이 해석된다. 그는 썩었고, 썩은 나무와 같이 되었다. 무덤 속에서 몸이 벌레에게 괴멸되나 헤롯의 몸은 살아있는 동안에 썩었고, 이윽고 벌레들의 먹이가 되었다. 큰 박해자 안티오쿠스도 이렇게 죽었다. 다음의 사실을 이해하자.

[1] 우리의 몸은 참으로 미천한 것이다. 우리의 몸은 자체적으로 분해될 종자를 지니고 있고, 이로 인하여 하나님께서 말씀만 하시면 금세 소멸되고 말 것이다. 최근에 현미경을 통하여 놀랄 만한 발견을 하였는데, 그것은 인간의 몸 안에 수많은 벌레들이 있으며, 이것들이 몸의 질병을 유발시킨다는 사실이다. 이 때문에 우리는 우리의 몸을 자랑해서는 안 될 것이며, 우리의 몸이 이룬 어떠한 업적도 뽐내서는 안 될 것이다. 또한 우리가 몸이 원하는 대로 해서는 안 될 것이다. 왜냐하면 그렇게 하는 것은 단지 벌레에게 먹이를 주는 것일 뿐이기 때문이다.

[2] 하나님께서 기뻐하시면 참으로 약하고 경멸할 만한 생물도 그의 심판의 도구로 이용하실 수 있다. 바로는 이와 파리로 괴롭힘을 당하였고, 에브라임은 좀으로 소멸되었으며, 헤롯은 벌레에게 먹혔다.

[3] 하나님께서는 교만한 자들을 낮추시되 그들로 하여금 극도의 굴욕을 느낄 정도로 낮추시며, 그들에게 가장 큰 치욕을 퍼부으신다. 헤롯은 단순히 멸망 당한 것이 아니라 그의 교만한 영광이 충분히 더럽혀지도록 벌레에게 먹혀 멸망당하였다. 헤롯의 죽음에 대하여 유대인이었던 요세푸스가 자세히 이야기하였다(「유대 고대사」, 19.343-350). "헤롯이 가이사랴로 내려온 것은 가이사를 위한 축제를 거행하기 위함이었다. 축제 둘째 날 아침 그는 극장에 들어섰고, 그 때에 그는 앞에서 언급한 화려한 예복을 입고 있었다. 아첨꾼들이 그를 신이라고 경의를 표하고 자신들에게 친절을 베풀어 달라고 간청하였다. 지금까지 그들은 헤롯을 사람으로 숭상하였으나 이제 그들은 그 속에 인간성 이상의 어떤 탁월한 것이 존재한다고 고백하였다. 그는 이런 사악한 아첨(이 역사가는 이렇게 표현하였음)을 거절하거나 징계하지 않았다. 얼마 안 있어 그가 올려다보니

올빼미 한 마리가 자기 머리 위에 앉아 있는 것을 보았고, 그와 동시에 그는 심한 복통에 시달리며 배를 움켜쥐었다. 그 복통은 처음부터 심한 급성이었다. 그는 친구들에게로 눈을 돌려 이런 취지의 말을 하였다. '너희가 신이라고 칭하고 죽지 않을 존재라고 불렀지만 지금 나는 인간으로 판명되었고 죽을 수밖에 없는 존재로 드러났다.' 그의 고통은 중단 없이 계속되었고 조금도 완화되지 않았으며, 마침내 44세의 나이로 죽었다. 그 때까지 그는 왕으로 7년을 통치하였다."

Ⅱ. 이후 복음의 진보.

1. 뿌린 씨앗처럼 하나님의 말씀은 흥왕하여 더하더라. 복음이 삼십 배 육십 배 백 배로 성장하였다. 복음이 전해지는 곳마다 수많은 사람들이 그 복음을 받아들였고 교회에 가입되었다(24절). 야고보가 죽은 후에 하나님의 말씀이 흥왕하였다. 왜냐하면 애굽에서의 이스라엘처럼 교회는 고난을 당하면 당할수록 성장하기 때문이다. 순교자들의 고난이 사람들을 기독교로 나오지 못하게 막은 것보다는 그들이 보여준 용기와 위안, 그리고 그들을 하나님께서 인정하신 일이 더 많은 사람들을 기독교로 끌어들였다. 헤롯의 죽음 이후에 하나님의 말씀이 흥왕하였다. 이러한 박해자가 무서운 심판으로 제거되었을 때 기독교의 뜻이 곧 그리스도의 뜻이라는 사실을 많은 사람들이 믿고 이에 그 뜻을 받아들였다.

2. 바나바와 사울이 임무를 마치자마자 안디옥으로 돌아왔다. 바나바와 사울이 부조하는 일을 마쳤을 때, 곧 헌금의 목적대로 꼭 필요한 사람들에게 분배해 준 후, 그들은 예루살렘에서 돌아왔다. 예루살렘에 많은 교우들이 있었지만 그들의 할 일이 안디옥에 있었다. 사명이 있는 곳에 우리는 있어야 하며, 필요 이상으로 그 곳을 떠나 있어서는 안 된다. 목회자가 공무로 초청을 받고 해외로 나가 그 사명을 다한 다음에는 그를 필요로 하는 고국에 그가 할 일이 있다는 것을 기억해야 한다. 바나바와 사울이 안디옥에 돌아왔을 때 그들과 함께 마가라 하는 요한도 함께 왔다. 우리가 앞에서 본 대로 마가의 어머니의 집에서 기도 모임을 가졌었다. 마가의 어머니는 바나바의 누이였다. 아마도 바나바는 그 집에 묵었을 것이며, 바울도 예루살렘에 있는 동안 그와 함께 있었을 것이다. 그 때에 그 집에 집회가 열렸을 것이다(바울은 있는 곳마다 선한 일을 도모하였기 때문). 그들이 예루살렘에 있는 동안 그 가족과 친해졌고, 이로 인해 그들이 안

디옥에 돌아올 때 그 집 아들을 그들 밑에서 훈련시켜 복음의 일꾼으로 사용하기 위해 그를 데리고 오게 되었다. 사역을 위해 젊은이들을 교육시켜 사용하는 것은 선배 사역자들이 해야 할 아주 좋은 일이며, 신흥 세대에 대한 훌륭한 섬김이다.

디옥에 돌아올 때 그 집 아들을 그들 밑에서 훈련시켜 복음의 일꾼으로 사용하기 위해 그를 데리고 오게 되었다. 사역을 위해 젊은이들을 교육시켜 사용하는 것은 선배 사역자들이 해야 할 아주 좋은 일이며, 신흥 세대에 대한 훌륭한 섬김이다.

제
— 13 —
장

개요

"가서 모든 족속으로 제자를 삼으라"는 광대한 명령에 비례하여 복음이 이방인들에게 널리 전파되었다는 어떠한 사실도 우리는 아직까지 접할 수 없었다. 이제 고넬료와 그의 친구들이 세례를 받음으로 이방의 문이 열려졌지만 그 이후로 복음이 오직 유대인들에게만 전해졌다(11:19). 이제 막 이방 세계에 비추기 시작한 빛이 소멸된 것처럼 보였다. 하지만 본 장에서는 그 거대하고도 선한 사업이 수년 내에 되살아난다. 유대인들이 최초로 복음의 제시를 받지만 그들이 거절하자 이방인들도 함께 복음의 제시를 받게 될 것이다. 본 장의 구조는 다음과 같다. I. 하나님의 지시로 바나바와 사울이 선교사역, 곧 복음을 열방 가운데 전파하는 위대한 성직에 임명됨(그리고 아마도 다른 사도들이나 혹은 사도적 권위를 가진 사람들이 그리스도의 명령으로 동일한 사명을 받고 흩어졌을 것이다)(1-3절). II. 바나바와 사울이 구브로에 복음을 전파함과 그들이 마술사 엘루마의 반대에 부딪힘(4-13절). III. 바울이 비시디아 안디옥의 회당에서 유대인들에게 전한 설교의 요지. 이는 그들이 일반적으로 유대인들에게 전한 설교의 표본과 그들이 취한 방법을 보여준다(14-41절). IV. 이방인들의 요구를 받고 그들에게 복음을 전함. 그리고 유대인들이 복음을 거절하자 그들이 복음에 대하여 품었던 불쾌함에 대하여 사도들이 변증하고 이를 하나님께서 인정해 주심(42-49절). V. 불신하는 유대인들이 사도들에게 고통을 주자 그들이 다른 곳으로 옮기게 됨(50-52절). 결과적으로 본 장이 보여주고자 한 것은 사도들이 매우 조심스럽게, 매우 점진적으로, 그리고 타당성을 가지고 복음을 이방 세계에 전하고 이방인들을 교회 안으로 수용하였다는 사실이다. 이방인들을 교회 안으로 수용한 일은 유대인들에게는 커다란 모욕이었으며, 바울은 이에 대하여 그의 서신에서 열심히 변호하였다.

[1]안디옥 교회에 선지자들과 교사들이 있으니 곧 바나바와 니게르라 하는 시므온과 구레네 사람 루기오와 분봉 왕 헤롯의 젖동생 마나엔과 및 사울이라 [2]주를 섬겨 금식할 때에 성령이 이르시되 내가 불러 시키는 일을 위하여 바나바와 사울을 따로 세우라 하시니 [3]이에 금식하며 기도하고 두 사람에게 안수하여 보내니라

우리는 여기서 바나바와 사울에게 이방인들에게 복음을 전파하라는 지시와 명령이 내리는 것을 볼 수 있다. 그들은 금식과 기도와 함께 안수로써 위임을 받았다.

I. 여기서는 개척하여 세운 안디옥 교회의 당시 상황에 대한 설명을 담고 있다 (11:20).

1. 선한 사역자들이 어떻게 공급되었나? 그 곳에는 선지자들과 교사들이 있었다(1절). 그들은 은사와 은혜 그리고 재능에 있어서 뛰어난 사람들이었다. 그리스도께서 승천하신 후 어떤 사람은 선지자로 어떤 사람은 교사로 삼으셨다(엡 4:11). 이들은 겸임이었다. 아가보는 선지자지만 교사는 아니었던 것 같으며, 많은 사람들이 교사지만 선지자는 아니었다. 하지만 여기서 언급된 사람들은 때때로 거룩한 감동을 입었고, 특별한 경우에 하늘로부터 직접 지시를 받았다. 이 때문에 그들이 선지자라는 칭호를 얻었다. 동시에 그들은 교회의 경건한 모임에서 공인된 교사들로서 성경을 설명하였고 그리스도의 도리를 적절하게 적용하였다. 이들은 그리스도께서 보내시겠다고 약속하신 선지자들, 서기관들, 교사들이었으며(마 23:34), 모든 점에서 교회를 섬길 수 있는 자격을 갖춘 사람들이었다. 안디옥은 큰 성이었기 때문에 그리스도인들이 많았다. 따라서 그들은 한 장소에 모두 모일 수 없었다. 따라서 그들의 각각의 모임을 주관하며 그들에게 하나님의 마음을 전해 줄 많은 교사들이 필요하였다. 바나바의 이름이 처음으로 언급되었다. 아마도 그가 연장자였기 때문일 것이다. 그리고 사울의 이름이 나중에 언급되었다. 아마도 그가 가장 어렸기 때문일 것이다. 하지만 후에 나중 된 자가 먼저 되어 사울이 교회에서 가장 뛰어나게 되었다. 세 명의 다른 이름들이 언급되었다.

(1) 시므온 혹은 시몬. 그를 머리 색깔로 구별하기 위해 니게르, 곧 검은 시몬이라고 이름지었다. 우리가 흑태자(the Black Prince: 영국 에드워드 3세의 왕자 에드워드[1330-76]; 역자 주)라고 이름지은 것과 같다.

(2) 구레네 사람 루기오. 어떤 이들은 사도행전을 기록한 누가와 동일인물이라고 생각한다(라이트푸트 박사가 이런 주장을 한다). 누가는 원래 구레네 사람으로 구레네 대학이나 예루살렘 회당에서 교육을 받았으며, 그 곳에서 처음으로 복음을 받았다.

(3) 마나엔. 그는 아무래도 상당한 지위를 가진 인물이었던 같다. 왜냐하면

그가 분봉왕 헤롯의 젖동생이었기 때문이다. 그는 헤롯과 같은 젖을 먹고 자라났고 같은 학교에서 같은 선생님에게 배웠으며, 더 나아가 헤롯의 충실한 동료이자 단짝이었다. 그는 헤롯과 모든 것을 나눈 학우이자 친구였다. 따라서 그는 왕실에서 높은 자리에 오를 수 있는 전도유망한 사람이었다. 그러나 마나엔은 그리스도를 위하여 그 모든 희망을 버렸다. 마치 모세가 장성하여 바로의 공주의 아들이라 칭함 받기를 거절한 것처럼(히 11:24) 그는 세상의 모든 것을 버렸다. 그가 함께 자라난 헤롯과 한패가 되었다면 블라스도(12:20)의 자리를 차지하고 헤롯의 시종이 되었을 것이다. 그러나 분봉왕과 함께 박해자가 되는 것보다 성도와 함께 고난받는 것이 더 낫다.

2. 그들이 어떻게 쓰임을 받았는가?(2절) 그들이 주를 섬겨 금식하였다. 관찰.

(1) 부지런하고 충실한 교사들은 진실하게 주님을 섬긴다. 그리스도인들을 가르치는 자들은 먼저 그리스도를 섬긴다. 그들은 참으로 그리스도에게 영광을 돌리며 그의 나라를 위하여 일한다. 기도와 말씀전파(여기에서는 둘 다 해당됨)로 교회를 섬기는 자들은 먼저 주를 섬겨야 한다. 왜냐하면 그들은 그리스도를 위한 교회의 종들이기 때문이다. 그들은 봉사하면서 그리스도를 바라보아야 한다. 그리하면 그들이 그리스도로부터 상급을 받을 것이다.

(2) 주님을 섬기는 것이야말로 어떻게든 교회와 교사들의 공인된 직무여야 한다. 이 일에 시간을 바쳐야 한다. 아니, 우리는 이 일에 매일 시간을 떼어 바쳐야 한다. 그리스도인들과 사역자들이 주 예수를 섬기는 것 외에 무엇을 하겠는가? (골 3:24; 롬 14:18)

(3) 경건한 금식이 주를 섬기는데 유용하다. 경건한 금식은 우리의 겸손의 표시이자 금욕의 방법이다. 물론 요한의 제자들과 바리새인들이 금식을 하였을 때 그리스도의 제자들은 신랑이 그들과 함께 있는 동안에는 금식하지 않았다. 그러나 신랑이 떠나고 난 후에 그들은 이미 자기를 부인하고 어려움을 참아내는 법을 잘 배운 자들로서 많은 금식을 하였다.

Ⅱ. 교사들이 예루살렘에서 경건한 금식과 기도를 위한 여러 모임을 주도하는 동안 성령께서 바나바와 사울을 따로 세우라고 지시하셨다. 성령이 이르시되, 하늘의 음성으로, 혹은 선지자들의 마음에 임한 강한 감동으로 성령께서 내가 불러 시키는 일을 위하여 바나바와 사울을 따로 세우라고 말씀하셨다. 성령께서 그 일을 상술하지 않으셨으며, 다른 이들은 모를지라도 바나바와 사울은 알고

있던 이전의 소명을 언급하셨다. 특별히 사울은 이방인에게 그리스도의 이름을 전해야 하며(9:15), 이방인에게로 보내심을 받으리라(22:21)는 말씀을 들었다. 이방인에게 복음을 전하는 문제는 이 사건 이전에 예루살렘에서 이미 해결되었다. 즉, 베드로, 야고보, 요한이 할례자들에게 복음 전하는 일을 맡은 것처럼 바울과 바나바는 이방인들에게 가서 복음을 전해야 한다고 결정을 하였던 것이다(갈 2:7-9). 바나바 또한 바울과 함께 자신이 이방인들에게 복음 전하는 이 사명을 받았다는 사실을 알았을 것이다. 하지만 그들이 추수의 주님으로부터 지시를 받기까지는 주제넘게 추수하는 이 일에 나서지 않았다. 당신의 낫을 휘둘러 거두소서 땅의 곡식이 다 익어 거둘 때가 이르렀음이니이다(계 14:15). 주님의 지시는 바나바와 사울을 따로 세우라는 것이었다. 다음의 내용을 관찰해보자.

1. 그리스도께서 자신의 영으로 그의 사역자들을 지명하셨다. 왜냐하면 그들이 그리스도의 일을 할 수 있는 자격을 얻고, 그 일을 하고 싶은 마음이 생기며, 이 일에 합당하지 않은 다른 걱정으로부터 벗어날 수 있었던 것은 바로 그리스도의 영으로 말미암았기 때문이다. 성령께서 그리스도의 일을 위하여 구별하신 사람들이 있다. 성전 일에 드려지고 자신을 기꺼이 바친 제사장들처럼 성령께서는 그들을 다른 사람들과 구별하셨다. 그리고 재능이 많고 성실하고 유능한 사사들도 구별되라는 지시를 받았다.

2. 그리스도의 종들은 그리스도와 성령을 위하여 따로 세워진다. 나를 위하여 그들을 따로 세우라. 그들은 그리스도의 일을 해야 하며, 성령의 인도 하에서 하나님 아버지께 영광을 돌려야 한다.

3. 사람들이 그리스도의 종으로 따로 세워진 목적은 바로 일을 하라는 것이다. 그리스도께서는 종들이 게으르도록 내버려두지 않으신다. 감독의 직분을 얻으려함은 선한 일을 사모하는 것이라(딤전 3:1). 그가 따로 세워진 이유는 바로 선한 일 때문이다. 말씀과 가르침에 수고하는(딤전 5:17) 이 일 때문에 그가 따로 세워진 것이다. 정권을 잡으라고 따로 세우신 것이 아니라 수고하라고 따로 세우신 것이다.

4. 그리스도의 종들은 이미 정해진 일을 위하여 따로 세움을 받았다. 지금까지 그리스도의 모든 종들은 부르심을 받았다. 그들은 처음에 외적인 소명을 통해 지시를 받고 택하심을 받았다.

Ⅲ. 이러한 지시에 따른 그들의 임직은 일반적인 목회를 위한 것이 아니라

(바나바와 사울은 둘 다 오래 전에 이미 목회자들이었다) 특별한 목회사역을 위한 것이었다. 이 사역에는 특별한 무언가가 필요하였고, 새로운 위임이 필요하였다. 하나님께서 이번에는 선지자들과 교사들을 통해 이들을 위임하는 것이 적합하다고 여기셨다. 결과적으로 교사들이 교사들을 임명해야 한다는 이러한 지시를 하나님께서 교회에 내리신 것이다(선지자는 지금 우리가 전혀 기대할 수 없다). 그리고 이는 그리스도의 말씀을 전하는 자들이 후세를 위하여 충성된 사람들에게 위임하며, 그들이 또 다른 사람들을 가르칠 수 있도록(딤후 2:2) 해야 한다는 것이었다. 여기서 시므온, 루기오, 마나엔, 그리고 당시 안디옥 교회 안에서 충성하던 사람들이 지시받은 대로 금식하며 기도하고 두 사람에게 안수하여 보내었다(3절). 관찰.

 1. 그들이 바나바와 사울을 위하여 기도하였다. 의로운 사람들이 선한 일을 행하려 할 때 그들은 진지하고 특별한 기도를 받아야 하며, 특히 함께 수고하고 함께 군사 된 형제들의 기도를 받아야 한다.

 2. 그들은 다른 봉사를 할 때처럼 금식하며 기도하였다(3절). 그리스도께서는 사도들을 파송하시기 전에 기도로 밤을 지새우심으로써 이 같은 본을 보여주셨다.

 3. 그들이 바나바와 사울에게 안수하였다. 이로써 (1) 그들은 바나바와 사울이 안디옥 교회에서 담당했던 사역으로부터 그들을 해방시켜 주었다. 그리고 그들이 멋들어지게 승낙을 얻어 퇴장할 뿐 아니라 명예스럽고도 좋은 평판을 들으며 퇴장하는 것을 인정해 주었다. (2) 선지자들과 교사들은 임직을 받은 사람들에게 복을 빌었고, 하나님께서 그들과 함께 해 주셔서 그들로 성공하게 해 달라고 간구하였고, 이를 위하여 그들의 사역 가운데 성령으로 충만하게 해 달라고 기도하였다. 선지자들과 교사들의 이러한 의도가 14장 26절에서 설명되었다. 두 사도가 이룬 그 일을 위하여 전에 하나님의 은혜에 부탁하던 곳이라. 이는 그들과 동등하거나 열등한 사람들로부터 안수를 받을 정도로 바나바와 사울이 겸손했던 것을 보여주는 사례였다. 또 한편으로는 교사들이 택하심을 받은 바나바와 사울의 영광을 시기하지 않고 도리어 기쁘게, 그리고 진심어린 기도를 드리고 그들을 위임한 행위로서 이는 교사늘의 좋은 성품을 보여주는 사례였다. 그리고 교사들이 신속하게 바나바와 사울을 파송한 것은 그들이 개간해야 할 경작되지 아니한 땅의 사람들을 배려하였기 때문이다.

⁴두 사람이 성령의 보내심을 받아 실루기아에 내려가 거기서 배 타고 구브로에 가서 ⁵살라미에 이르러 하나님의 말씀을 유대인의 여러 회당에서 전할새 요한을 수행원으로 두었더라 ⁶온 섬 가운데로 지나서 바보에 이르러 바예수라 하는 유대인 거짓 선지자인 마술사를 만나니 ⁷그가 총독 서기오 바울과 함께 있으니 서기오 바울은 지혜 있는 사람이라 바나바와 사울을 불러 하나님의 말씀을 듣고자 하더라 ⁸이 마술사 엘루마는 (이 이름을 번역하면 마술사라) 그들을 대적하여 총독으로 믿지 못하게 힘쓰니 ⁹바울이라고 하는 사울이 성령이 충만하여 그를 주목하고 ¹⁰이르되 모든 거짓과 악행이 가득한 자요 마귀의 자식이요 모든 의의 원수여 주의 바른 길을 굽게 하기를 그치지 아니하겠느냐 ¹¹보라 이제 주의 손이 네 위에 있으니 네가 맹인이 되어 얼마 동안 해를 보지 못하리라 하니 즉시 안개와 어둠이 그를 덮어 인도할 사람을 두루 구하는지라 ¹²이에 총독이 그렇게 된 것을 보고 믿으며 주의 가르치심을 놀랍게 여기니라 바울과 바나바가 비시디아 안디옥에서 전도하다 ¹³바울과 및 동행하는 사람들이 바보에서 배 타고 밤빌리아에 있는 버가에 이르니 요한은 그들에게서 떠나 예루살렘으로 돌아가고

본문에서 우리는 다음과 같은 내용을 볼 수 있다.

I. 바나바와 바울이 구브로라는 유명한 섬에 온 것에 대한 개괄적인 설명. 아마도 바나바가 이 곳에서 태어났기 때문에 그들이 이리로 향하였을 것이며 (4:36), 그는 자신의 새로운 임무에 따른 수고의 첫 열매를 얻기를 원하였을 것이다. 관찰.

1. 그들이 성령으로 말미암아 파송을 받은 사실이 그들의 사역에 큰 용기를 주었다(4절). 성령께서 그들을 보내셨다면 성령께서 그들과 함께 가실 것이며, 그들에게 힘을 주시고, 그들의 일을 도와주시며, 그들로 성공하게 하실 것이다. 그러므로 그들은 어떠한 군기(軍旗)도 두려워하지 않고 기꺼이 평온한 항구였던 안디옥을 떠나 사납게 날뛰는 바다를 항해할 수 있었다.

2. 그들은 구브로 맞은편에 있던 항구 도시 실루기아에 내려갔고, 거기서 바다를 지나 구브로에 이르렀다. 그들이 구브로 섬에 첫발을 내딛은 곳이 살라미였는데, 살라미는 이 섬의 동편에 있는 성이었다(5절). 그들이 그 곳에서부터 좋은 씨를 뿌리면서 온 섬 가운데로 지나서 바보에 이르렀다(6절). 바보는 그 섬의 서편 해안이었다.

3. 그들이 가는 곳마다 하나님의 말씀을 유대인의 여러 회당에서 전하였다. 그들은 유대인들을 소외시키기는커녕 그들에게 우선권을 주었다. 그래서 그들로 믿지 않는 것에 대하여 변명할 여지가 없게 만들었다. 바나바와 바울이 그들을 모으려고 하였으나 그들이 원하지 아니하였다. 바나바와 바울은 비밀리에 행하지도 아니하였고 모르는 사람들에게 메시야를 전하지도 아니하였으나 그들의 가르침이 유대인 회당장들의 비난의 대상이 되었다. 만일 회당장들이 무슨 말을 하였다면 그들의 가르침을 반대하는 말을 하였을 것이다. 바나바와 바울은 회당장들이 그들을 회당에서 내어쫓지 않는 한 단독으로 행동하지 아니하였고 회당장들과 합의 하에 행동하였다.

4. 그들은 요한을 수행원으로 두었다. 그는 그들의 일상적인 일을 돕는 종이 아니라 하나님의 일을 돕는 도우미로서 바나바와 바울이 가려고 했던 길을 준비하고, 그들이 시작한 일을 계속하도록 도와주었다. 혹은 그들이 공개적으로 전한 말씀을 들은 자들과 허물 없이 대화하고 그들에게 사실을 설명하여 주었다. 이러한 사람이 그들에게 여러 가지로 쓸모가 있었을 것이며, 특히 낯선 지역에서 더욱 쓸모가 있었을 것이다.

II. 바나바와 바울이 마술사 엘루마와 부딪히게 된 일에 대한 구체적인 설명. 그들이 바보에서 엘루마와 만났고, 바보는 총독이 거주하는 곳이었다. 그곳은 비너스 신전으로 유명한 곳이있으며, 이 때문에 바보의 비너스(Paphian Venus)라고 일컬어졌다. 그러므로 이 곳은 다른 곳보다 더욱더 마귀의 일을 멸하기 위해 하나님의 아들이 나타나셔야 했다(요일 3:8).

1. 그 곳에 서기오 바울이라는 이름을 가진 황제의 대리인이 사도들을 격려하였고, 그들의 메시지를 듣고자 하였다. 그는 로마 황제의 통치 하에 있던 그 지방의 총독이었다. 그는 신중한 성격의 소유자였으며, 지성적이며 생각이 깊어서 감정이나 편견이 아닌 이성으로 판단하였다. 이에 그는 바나바와 바울을 불러 하나님의 말씀을 듣고자 하였다. 적용. 우리의 들은 바가 하나님께로 이끄는 경향을 보일 때, 더 많은 사실을 들으려고 하는 것이 신중한 자세다. 하나님의 마음과 뜻을 알고 싶어하는 자들은 아무리 이 세상에서 어리석은 자로 분류될지라도 지혜로운 사람들이다. 서기오 바울은 지위가 높고 권세가 있는 사람이었고, 복음을 전하는 사람들은 세상에 이름이 나지 않은 사람들이었지만 그는 그들의 말씀을 듣고자 하였다. 사람은 하나님의 메시지가 무엇인지 알려고 해야 한

다. 그래야 그 메시지를 기꺼이 받을 것이다.

2. 이 유대인 엘루마, 곧 마술사가 그들을 반대하였고, 그들의 전하는 바를 기를 쓰고 막으려고 하였다. 이 유대인이 사도들에게 악의를 품고 있었기 때문에 그들은 어쩔 수 없이 이방인들에게로 향하였다.

(1) 이 엘루마는 예언의 은사를 가진 체하는 사람이었고, 마술사, 거짓 선지자였다. 그가 점치는 기술이 있었기 때문에 신령한 자로 오해되었다. 그는 마술사로서 사람들의 운명을 말해주고, 잃어버린 것을 찾아내는 것처럼 행세하였다. 아마도 그는 이를 위해 마귀와 결탁하였을 것이다. 그의 이름은 바예수 — 여호수아의 아들 — 였다. 그 뜻은 구원의 아들이다. 그러나 시리아어로는 바쇼마— 교만의 아들, 과장의 아들 — 라고 칭해졌다.

(2) 그는 궁정에서 총독을 붙잡고 늘어졌고 총독과 함께 있었다. 총독이 바나바와 바울을 초대한 것처럼 그를 초대한 것 같지는 않다. 그런데 주제넘게 끼어들어 그에게서 이익을 얻으려고 하였고 돈을 뜯어내려고 하였다.

(3) 그는 바로의 궁전에서 애굽의 마술사들이 모세와 아론을 대적한 것 같이 (딤후 3:8) 바나바와 사울을 대적하려 하였다. 그는 자칭 하늘의 사자라며 사도들이 하늘의 사자됨을 부인하였다. 그는 그들을 대적하여 총독으로 믿지 못하게 힘썼으며(8절), 총독이 복음을 받아들일 마음이 있는 것을 알아채고 그로 하여금 복음을 받아들이지 못하도록 방해하였다. 적용. 사탄은 지위가 높고 권력이 있는 사람들이 신앙을 가지지 못하도록 특별히 애를 쓴다. 권력 있는 사람들이 선하든 악하든 많은 사람들에게 영향을 끼칠 수 있다는 것을 그는 잘 알고 있기 때문이다. 여하간 사람들로 하여금 그리스도의 진리와 도에 대하여 편견을 갖도록 하는 자들은 마귀의 일을 하고 있는 것이다.

(4) (여기서 처음으로 바울이라고 일컬어진) 사울이 엘루마에게 거룩한 분노를 쏟아 부었다. 바울이라고 하는 사울이(9절). 사울은 히브리식 이름이다. 그는 베냐민 지파였다. 바울은 로마의 시민권자로서 로마식 이름이다. 지금까지는 그가 유대인들과 많은 친분을 가지고 있었기 때문에 유대식 이름으로 일컬어졌다. 그러나 이방인들에게 파송된 지금은 이방인들 가운데서 다소나마 자신을 알리기 위해 로마식 이름으로 일컬어진다. 바울은 로마 시민들 가운데 아주 흔한 이름이었다. 하지만 어떤 이들은 생각하기를, 그가 서기오 바울을 회개시켜 그리스도를 믿게 한 지금에 와서야 비로소 바울이라는 이름을 사용하였지

그 전에는 한 번도 사용하지 않았다고 한다. 즉, 한 나라를 정복한 자가 그 나라의 이름을 따서 게르마니쿠스(Germanicus), 브리타니쿠스(Britannicus), 아프리카누스(Africanus)라고 칭하였던 것처럼 그리스도의 복음으로 말미암아 얻은 이 승리를 기념하기 위해 바울이라는 이름을 취하였다는 것이다. 혹은 베스파시아누스(Vespasian)가 유대인 요세푸스에게 플라비우스(Flavius)라는 이름을 선사하였던 것처럼, 서기오 바울이 사울에 대한 호의와 존경에 대한 표로서 바울이라는 이름을 직접 선사하였을 가능성도 있다. 이제 본문은 바울의 상태를 다음과 같이 소개한다.

[1] 이 때에 바울이 성령이 충만하였고, 그리스도의 공공연한 적을 대적하는 거룩한 열정으로 충만하였는데 이는 성령의 은혜 중 하나다 ― 소멸하는 영(사 4:4). 그는 적에게 하나님의 진노를 선포하는 능력으로 충만하였는데 이 또한 성령의 은사 중 하나였다 ― 심판하는 영(사 4:4). 그의 마음속에 특별한 열정이 있었다. 마치 선지자가 여호와의 영으로 말미암아 능력과 정의와 용기로 충만해졌고(미 3:8), 또 이마가 화석보다 굳은 금강석 같았으며(겔 3:9), 그 입이 날카로운 칼 같이(사 49:2) 되었던 것처럼 바울에게 특별한 열정이 있었다. 바울의 말은 사사로운 분노에서 나온 것이 아니라 성령께서 그의 심령에 주신 강한 감동으로부터 나온 것이다.

[2] 바울이 그를 주목하였다. 엘루마를 내려다보며 그의 사악한 뻔뻔스러움에 반대하여 거룩한 배짱을 보여주었다. 바울은 마치 중심을 살피시는 하나님의 눈으로 바라보는 것처럼 그를 주목하며 그의 속을 꿰뚫어보았다. 여호와의 얼굴은 악을 행하는 자를 향하사(시 34:16). 바울의 시선이 엘루마에게 고정되었는데, 이는 혹 그의 표정에서 자신의 행위를 후회하는 흔적을 볼 수 있을까 하는 기대가 있었기 때문이다. 만일 바울이 이러한 흔적을 조금이라도 볼 수 있었다면 뒤이어 일어나는 파멸은 일어나지 않았을 것이다.

[3] 바울은 엘루마에게 그의 실체를 보여주었는데, 감정적으로 한 것이 아니라 인간보다 인간을 더 잘 아시는 성령으로 말미암아 한 것이었다(10절). 바울은 엘루마의 실체를 다음과 같이 설명한다. 첫째, 그는 지옥의 앞잡이였다. 악한 자에 속한 가인, 곧 사람의 모습을 한 마귀가 자신의 행위가 악하고 그의 형제의 행위는 의롭다는 이유만으로 그 형제를 죽인 이후로 이 세상(여인의 후손과 뱀의 후손의 전쟁터)에는 이런 자들이 존재해 왔다. 바 예수 ― 예수의 아들 ― 라고

일컬어진 이 엘루마는 실제로는 마귀의 자녀였으며, 마귀의 모습을 가졌으며, 마귀의 정욕을 행하였으며, 마귀를 위하여 일하였다(요 8:44). 자녀가 아버지를 닮듯이 그는 두 가지 면에서 마귀를 닮았다. 1. 간교함. 뱀은 여호와 하나님이 지으신 들짐승 중에 가장 간교하니라(창 3:1). 엘루마는 지혜는 없었지만 매우 간교하였으며, 사람들을 속이는 숙련된 기술이 있었다. 2. 악행. 그는 악행이 가득한 자, 곧 앙심을 품고 질이 나쁜 사람이었으며, 하나님과 선에 대한 앙심 깊은 대적이었다. 적용. 넘치는 교활함과 악독함이 사람을 마귀의 자식으로 만든다. 둘째, 그는 천국의 적이었다. 그가 마귀의 자식이라면 당연히 모든 의의 원수가 될 것이다. 왜냐하면 마귀가 모든 의를 대적하기 때문이다. 적용. 그리스도의 가르침을 대적하는 자들은 모든 의를 대적하는 자들이다. 왜냐하면 그리스도의 가르침 안에서 모든 의가 요약되며 성취되기 때문이다.

[4] 바울이 엘루마의 죄악을 나무라고 훈계하였다. "주의 바른 길을 굽게 하고 잘못 전하며 곡해하기를 그치지 아니하겠느냐? 그리고 사람들이 주의 바른 길 안으로 들어가 그 길로 행하는 것을 방해하기를 그치지 아니하겠느냐?" 적용. 첫째, 주의 길은 바르다. 주의 길은 완전히 바르다. 주 예수의 길은 의로우며, 천국과 행복에 이르는 유일한 길이다. 둘째, 이 바른 길을 굽게 하는 자들이 있다. 그들은 (내가 범죄하여 옳은 것을 그르쳤으나 내게 무익하였구나[욥 33:27]라고 자인한 엘리후의 고백처럼) 스스로 이 길을 떠나 헤맬 뿐 아니라 다른 사람들을 잘못 인도하며, 그들에게 이 길에 대한 부당한 편견을 심어준다. 마치 그리스도의 가르침이 불확실하고 믿을 수 없는 것이고, 그리스도의 계명들이 비이성적이고 비현실적인 것이며, 그리스도에 대한 섬김이 재미없고 무익한 것처럼 곡해한다. 이는 주의 바른 길을 부당하게 왜곡하는 것이며, 이 길을 굽은 길인 양 꾸미는 간교한 악이다. 셋째, 주의 길을 굽게 하는 자들은 일반적으로 철면피다. 그 길의 정당성이 매우 강력하고 위엄 있는 증거로써 그들 앞에 제시되지만 그들은 그 길을 굽게 하기를 그치지 아니할 것이다. Etsi suaseris, non persuaseris─당신이 충고하나 결단코 설득시키지는 못할 것이다. 그들은 자기 길을 고집할 것이다. 그들은 모르는 자들을 사랑하고 그들을 따라갈 것이다(렘 2:25).

[5] 바울은 엘루마에게 당장 눈이 멀 것이라며 하나님의 심판을 선고하였다(11절). "보라 이제 주의 손이 네 위에 있다. 주의 손은 의로운 손이다. 하나님께서 이제 막 네 위에 손을 얹어 놓으시려 하며, 너를 꼼짝 못하게 붙잡으시려 한다.

왜냐하면 네 팔로 하나님을 대적하였기 때문이다. 네가 맹인이 되어 얼마 동안 해를 보지 못하리라. 주의 바른 길을 확증하기 위하여 이 기적이 행하여진 것 못지않게, 아울러 그의 죄악을 입증하려는 의도로 이 기적이 행하여졌다. 그 결과 주의 바른 길을 굽게 하기를 그치지 아니한 자들의 악을 보여주었고, 또한 그의 죄악에 대한 형벌이 그에게 임하였다. 이것은 적절한 형벌이었다. 그는 복음의 빛에 대하여 마음의 눈을 닫았다. 그러므로 그의 육신의 눈이 햇빛에 대하여 닫힌 것은 당연한 일이었다. 그는 총독의 눈으로 보지 못하게 하려 하였고(그는 이 세상 신의 대리인으로서 이 세상 신은 믿지 아니하는 자들의 마음을 혼미하게 하여 그리스도의 영광의 복음의 광채가 비치지 못하게 한다[고후 4:4]), 따라서 그 자신의 눈이 볼 수 없게 된 것이다. 이는 오히려 온건한 형벌이었다. 그는 죽었어야 마땅한데 눈만 보지 못하였을 뿐이다. 그것도 얼마 동안만이다. 만일 그가 회개하고 자백함으로 하나님께 영광을 돌린다면 그의 시력이 회복될 것이다. 아니, 설령 그가 회개하지 않는다 할지라도 하나님의 심판이나 자비로 말미암아 그가 과연 회개할지 시험해 보기 위해서 그의 시력이 회복될 것이다.

[6] 이 심판이 즉시 시행되었다. 마치 소돔 사람들이 롯을 핍박하였을 때 그들에게 나타났던 현상처럼 즉시 안개와 어둠이 그를 덮었다. 이 사건이 엘루마를 잠잠게 하였고, 그로 심히 당황하게 만들었으며, 그가 그리스도의 가르침을 대적하여 말했던 모든 사실에 대하여 효과적으로 논박하였다. 자신의 눈이 먼 자가 총독의 양심을 인도하는 양 사칭하지 못하게 하라. 만일 그가 회개하지 아니한다면 이 사건은 앞으로 그가 받을 훨씬 더 고통스러운 형벌에 대한 전조가 될 것이다. 그는 자기 수치의 거품을 뿜는 바다의 거친 물결이요 영원히 예비된 캄캄한 흑암으로 돌아갈 유리하는 별들 중 하나이기 때문이다(유 1:13). 엘루마는 자기를 인도할 사람을 두루 구하므로 결과적으로 기적의 사실을 스스로 증명하였다. 그가 길을 찾지 못하고 자기를 인도해 줄 친구를 한 명도 찾지 못하고 있는데, 과연 그가 스스로 대단하다고 생각했던 마술의 모든 기술이 이제 어디에 존재한단 말인가!

3. 총독으로 믿지 못하게 하려고 힘썼던 엘루마의 모든 노력에도 불구하고 총독은 믿게 되었다. 그리고 마술사에게 일어난 이 기적(모세 앞에 서지 못할 정도로 마술사들에게 생긴 애굽의 악성 종기[출 9:11]와 같이)이 총독을 믿게 하는데 도움이 되었다. 총독은 매우 분별 있는 사람이어서 이 희한한 일을 간파하였고, 이

희한한 일이 신으로부터 말미암았다는 것을 알아챘다.

(1) 바울의 설교에서. 그는 주의 가르치심을 놀랍게 여겼다. 주 그리스도의 가르침, 아버지에 대한 바울의 깨달음을 듣고 총독은 크게 놀랐다. 그 가르침은 주의 인격, 속성, 직분, 일에 관한 것이다. 적용. 그리스도의 가르침은 놀랄 정도로 대단한 것이다. 우리가 그리스도의 가르침을 알면 알수록 우리는 더 많은 분별력을 가지고 그 가르침에 경탄해하며 기가 찰 것이다.

(2) 이 기적에서. 이에 총독이 그렇게 된 것을 보고 바울의 능력이 마술사의 능력을 크게 능가한다는 것을 알았고, 엘루마가 낭패를 보고 크게 당황하는 모습을 보고 그는 믿었다. 성경에는 그가 세례를 받고 완전한 회심자가 되었다는 말씀이 없으나 그랬을 가능성이 높다. 바울의 임무는 어중간하지 않았다. 하나님에 대한 그의 사역은 완전하였다. 총독이 그리스도인이 되었을 때 그가 통치권을 버리거나 물러나지 아니하였다. 추측컨대, 그는 그리스도인 행정 장관으로서 그의 영향력으로 그 섬에 기독교를 선전하는데 큰 도움을 주었을 것이다. 로마 가톨릭 교회는 우리가 사도행전에서 볼 수 있는 훌륭한 회심자들에게 주교직을 부여하였는데 그들의 전승에 따르면, 이 서기오 바울이 프랑스 나르본(Narbon)의 주교가 되었다고 한다. 바울이 스페인으로 여행하는 길에 그를 나르본에 두었다고 한다.

Ⅲ. 바나바와 바울이 구브로 섬을 떠남. 아마도 그들은 기록된 사실보다 더 많은 일을 하였을 것이다. 본문에는 비범했던 일, 곧 총독이 회심한 사건만이 기록되었을 것이다. 그들이 사명을 완수하였을 때, 1. 그 지방을 떠나 버가에 이르렀다. 바울과 및 동행하는 사람들이 함께 갔고, 아마도 구브로에서 바울 팀이 불어났고, 그와 함께 가려는 사람들이 많아졌을 것이다. 아나크쎈테스 호이 페리 톤 파울론 ― 바울과 및 동행하는 사람들이 바보에서 떠났다. 이 말씀은 바울도 함께 떠났다는 것을 암시한다. 그러나 이 말씀의 의도는 바울의 새로운 친구들이 바울에게 가졌던 애정을 보여주려는 것이다. 이로 인하여 그들은 언제나 바울과 함께 하며 절대로 그와 떨어지려 하지 않았다. 2. 그 때에 요한 마가가 바울과 바나바의 동의도 없이 그들에게서 떠나 예루살렘으로 돌아갔다. 그는 선교사역을 좋아하지 않았거나 혹은 예루살렘에 가서 자기 어머니를 보기를 원하였다. 이는 그의 실수였다. 우리는 후에 이에 대한 이야기를 다시 듣게 될 것이다.

¹⁴그들은 버가에서 더 나아가 비시디아 안디옥에 이르러 안식일에 회당에 들어가 앉으니라 ¹⁵율법과 선지자의 글을 읽은 후에 회당장들이 사람을 보내어 물어 이르되 형제들아 만일 백성을 권할 말이 있거든 말하라 하니 ¹⁶바울이 일어나 손짓하며 말하되 이스라엘 사람들과 및 하나님을 경외하는 사람들아 들으라 ¹⁷이 이스라엘 백성의 하나님이 우리 조상들을 택하시고 애굽 땅에서 나그네 된 그 백성을 높여 큰 권능으로 인도하여 내사 ¹⁸광야에서 약 사십 년간 그들의 소행을 참으시고 ¹⁹가나안 땅 일곱 족속을 멸하사 그 땅을 기업으로 주시기까지 약 사백오십 년간이라 ²⁰그 후에 선지자 사무엘 때까지 사사를 주셨더니 ²¹그 후에 그들이 왕을 구하거늘 하나님이 베냐민 지파 사람 기스의 아들 사울을 사십 년간 주셨다가 ²²폐하시고 다윗을 왕으로 세우시고 증언하여 이르시되 내가 이새의 아들 다윗을 만나니 내 마음에 맞는 사람이라 내 뜻을 다 이루리라 하시더니 ²³하나님이 약속하신 대로 이 사람의 후손에서 이스라엘을 위하여 구주를 세우셨으니 곧 예수라 ²⁴그가 오시기에 앞서 요한이 먼저 회개의 세례를 이스라엘 모든 백성에게 전파하니라 ²⁵요한이 그 달려갈 길을 마칠 때에 말하되 너희가 나를 누구로 생각하느냐 나는 그리스도가 아니라 내 뒤에 오시는 이가 있으니 나는 그 발의 신발끈을 풀기도 감당하지 못하리라 하였으니 ²⁶형제들아 아브라함의 후손과 너희 중 하나님을 경외하는 사람들아 이 구원의 말씀을 우리에게 보내셨거늘 ²⁷예루살렘에 사는 자들과 그들 관리들이 예수와 및 안식일마다 외우는 바 선지자들의 말을 알지 못하므로 예수를 정죄하여 선지자들의 말을 응하게 하였도다 ²⁸죽일 죄를 하나도 찾지 못하였으나 빌라도에게 죽여 달라 하였으니 ²⁹성경에 그를 가리켜 기록한 말씀을 다 응하게 한 것이라 후에 나무에서 내려다가 무덤에 두었으나 ³⁰하나님이 죽은 자 가운데서 그를 살리신지라 ³¹갈릴리로부터 예루살렘에 함께 올라간 사람들에게 여러 날 보이셨으니 그들이 이제 백성 앞에서 그의 증인이라 ³²우리도 조상들에게 주신 약속을 너희에게 전파하노니 ³³곧 하나님이 예수를 일으키사 우리 자녀들에게 이 약속을 이루게 하셨다 함이라 시편 둘째 편에 기록한 바와 같이 너는 내 아들이라 오늘 너를 낳았다 하셨고 ³⁴또 하나님께서 죽은 자 가운데서 그를 일으키사 다시 썩음을 당하지 않게 하실 것을 가르쳐 이르시되 내가 다윗의 거룩하고 미쁜 은사를 너희에게 주리라 하셨으며 ³⁵또 다른 시편에 일렀으되 주의 거룩한 자로 썩음을 당하지 않게 하시리라 하셨느니라 ³⁶다윗은 당시에 하나님의 뜻을 따라 섬기다가 잠들어 그 조상들과 함께 묻혀 썩음을 당하였으되 ³⁷하나님께서 살리신 이는 썩음을 당하지 아니하였나니 ³⁸그러

므로 형제들아 너희가 알 것은 이 사람을 힘입어 죄 사함을 너희에게 전하는 이것이며 [39]또 모세의 율법으로 너희가 의롭다 하심을 얻지 못하던 모든 일에도 이 사람을 힘입어 믿는 자마다 의롭다 하심을 얻는 이것이라 [40]그런즉 너희는 선지자들을 통하여 말씀하신 것이 너희에게 미칠까 삼가라 [41]일렀으되 보라 멸시하는 사람들아 너희는 놀라고 멸망하라 내가 너희 때를 당하여 한 일을 행할 것이니 사람이 너희에게 일러줄지라도 도무지 믿지 못할 일이라 하였느니라 하나라

밤빌리아에 있는 버가는 특별히 아데미(디아나) 여신을 위해 세워진 신전으로 유명한 곳이었다. 그러나 바울과 바나바가 버가에 이르렀고(13절), 그들이 버가에서 더 나아갔다(14절)는 말씀 외에는 그들이 그 곳에서 한 일에 대하여 아무런 언급이 없다. 하지만 그리스도의 여행의 역사처럼 사도들의 선교여행의 역사는 기록될 만한 가치 있는 많은 일들을 간과하고 있다. 왜냐하면 만일 낱낱이 기록된다면 이 세상이라도 이 기록된 책을 두기에 부족하기 때문이다(요 21:25). 우리가 보게 되는 다음 장소는 비시디아에 있다고 한 또 다른 안디옥인데, 이는 사도들이 파송을 받은 시리아의 안디옥과는 다른 곳이다. 비시디아는 밤빌리아에 접경하고 있는 소아시아 지방이었다. 안디옥은 이 지방의 수도였던 것 같다. 많은 유대인들이 그 곳에 살았고, 그들에게 제일 먼저 복음이 전파되었다. 그리고 본문의 말씀은 그들에게 행한 바울의 설교다. 그 내용은 사도들이 모든 곳에서 유대인들에게 일반적으로 전하였던 것이었을 것이다. 유대인들에게 전도하는 좋은 방법은 신약이 구약과 정확히 일치한다는 사실을 보여주는 것이었다. 유대인들은 구약을 받아들일 뿐 아니라 그 말씀에 열광하였다. 우리는 여기서 다음과 같은 사실을 알 수 있다.

I. 바울과 바나바가 안디옥에서 유대인들의 종교 집회에 나타남(15절). 그들이 최근에 로마 총독이 회심하는 좋은 결과를 얻었지만, 그들이 안디옥에 이르렀을 때, 그 곳 총독을 방문하지 않았고 그의 비위를 맞추지도 않았다. 오히려 그들은 유대인들에게 마음을 쏟았다. 이는 그들이 유대인들에게 호의를 가지고 있었고 그들의 행복을 간절히 바랐다는 확실한 증거다.

1. 그들은 유대인들의 안식일 예배 시간을 준수하였다. 자기네들끼리 있을 때에는 주의 첫째 날을 기독교의 안식일로 지켰다. 하지만 그들이 유대인들과 만나기 원한다면 제칠일 안식일에 만나야 했다. 그러므로 그러한 경우에 그들은

때때로 제칠일 안식일을 준수하였다. 그리스도의 죽으심으로 말미암아 의식법이 폐지되었지만 아직 예루살렘의 폐허 속에 의식법이 매장되어 있었다. 그러므로 제4계명의 도덕적 의미가 완전히 기독교의 주일로 옮겨졌지만 유대인들의 성일인 안식일에 그들과 만나는 것이 부조리한 일은 아니었다.

2. 바울과 바나바는 유대인들의 예배 장소, 곧 회당에서 그들을 만났다. 적용. 안식일은 거룩한 집회에 참석하여 거룩하게 지켜야 한다. 안식일은 공적인 예배를 위해 제정된 날이다. 안식일에는 성회로 모여야 하고, 이 때문에 이 날에는 아무 노동도 하지 말아야 한다. 바울과 바나바는 나그네들이었다. 그러나 우리가 어디를 가든지 하나님께 예배드리는 신실한 사람들을 찾아내어 (여기서 이 사도들이 행한 대로) 모든 성도들과 교제를 지속하기를 바라는 자들처럼 그들과 함께 예배를 드려야 한다. 그들은 나그네들이었지만 회당에 들어가 앉는 것을 허락받았다. 공적인 예배의 장소에서는 아주 가난한 자라 할지라도 나그네들이 편안하게 예배드릴 수 있도록 배려해 주어야 한다. 우리가 그들에 대하여 달리 아는 것이 전혀 없을지라도 한 가지 알아야 하는 것은 그들에게도 소중한 영혼이 있다는 것이다. 우리는 그 영혼들에게 사랑을 베풀어야 할 의무가 있다.

II. 그들이 설교하도록 초대를 받음.

1. 회당의 평상시의 예배가 끝났다. 율법과 선지자의 글을 읽은 후에(15절). 그들은 율법서와 선지서에서 한 부분씩을 읽고 그 날의 교훈을 나누었다. 적용 우리가 함께 하나님께 예배드릴 때 기도와 찬양뿐 아니라 하나님의 말씀을 읽고 들음으로 예배 드려야 한다. 이로써 우리는 우리의 주님이시자 율법을 베푸신 하나님께 그 이름에 합당한 영광을 돌려 드린다.

2. 이 순서가 끝나자 회당장들이 그들에게 설교해 줄 것을 요청하였다(15절). 회당장들은 심부름꾼을 보내어 정중하게 메시지를 전하였다. 형제들아 만일 백성을 권할 말이 있거든 말하라. 아마도 회당장들이 사전에 그들과 만나 개인적으로 친교를 나누었을 것이다. 그들이 복음에 대해 호의를 보이지 않았을지라도 최소한 바울이 전하는 말씀을 듣고 싶은 호기심을 가졌을 것이다. 이에 그들이 바울에게 설교를 허락하였을 뿐 아니라 백성에게 권하는 말을 부탁하였다. 적용. (1) 공적인 집회에서 성경을 있는 그대로 읽는 것만으로는 충분치 않고, 설명이 필요하며 백성이 성경에서 훈계를 받아야 한다. 이는 그물을 넓게 치는 것이며, 말씀이 그들에게 유익이 되도록 도움을 주는, 즉 말씀을 자신에게 적용하게 하

는 일이다. (2) 공적인 예배를 주관하고 주도하는 자들은 백성이 함께 모였을 때 그들에게 권면의 말씀을 베풀어야 한다. (3) 낯선 목회자가 훌륭하다는 사실을 조건으로 하여, 때때로 그로부터 권면의 말씀을 듣는 것이 백성에게 크게 유익하다. 바울이 이처럼 회당장들의 초대를 받지 못하였을 때에도 그는 종종 회당에서 설교하였을 것이다. 왜냐하면 그는 많은 싸움 중에 하나님의 복음을 전하였기 때문이다(살전 2:2). 그런데 여기에 나오는 이 회당장들은 보통의 회당장들보다 더 숭고하고 관대하였다.

Ⅲ. 회당장들의 초대를 받고 바울이 유대인들의 회당에서 전한 설교. 바울은 자기 동향인 유대인들에게 그리스도를 전할 수 있는 기회를 기꺼이 받아들였다. 바울은 자기가 나그네이기 때문에 그들에게 말씀을 전하는 것이 자기의 임무가 아니라고 이의를 제기하지 않았으며, 아울러 자기가 유대인들에게 그리스도를 전함으로 그들로부터 미움을 받을 수 있다는 이유로 그들의 초대를 거절하지 않았다. 오히려 바울은 말할 준비가 되어 있고 결심이 서 있는 사람처럼 일어나 손짓하였다. 이러한 행동은 듣는 자들의 주의를 환기시키려는 의도였다. 바울은 연설자로서 그의 손을 흔들었는데, 이는 조용히 하고 주목하기를 바라는 의도였을 뿐 아니라 그들에게 감동을 주려 함이었고, 아울러 진지하게 보이기 위함이었다. 당시 회당 안에는 백성에게 권할 말을 할 수 있도록 허락한 것에 대하여 회당장에게 반항하고픈 사람들이 있었을 것이며, 그들이 바울의 설교 듣는 것을 허락하지 않고 모종의 소란과 소동을 일으키려 했을 것이다. 그런데 바울이 그의 점잖은 손짓으로 이러한 요동을 잠재우려고 하였던 것이다. "날 때부터 유대인들인 이스라엘 사람들과 유대교로 개종한 하나님을 경외하는 사람들아 나를 좀 주목하시오. 영원한 평안에 관심을 갖고 있는 너희에게 내가 할 말이 있소. 나는 그 말을 헛되이 말하지 않을 것이오." 본문에는 이 훌륭한 설교가 기록되어 있다. 이 설교는 이방인들에게 복음을 전하였던 사람들도 처음에는 유대인들이 구원받고 은혜를 받도록 설득하려고 온갖 노력을 기울였음을 보여준다. 전도자들은 유대 민족에 대한 편견을 조금도 갖지 않았으며, 유대인들이 멸망당하기를 조금도 바라지 아니하고 오히려 돌이켜 살기를 바랐다. 이 설교에서 다룬 모든 내용들은 그들에게 심판을 확신시키거나 그 개념이 그들의 정서 가운데 살며시 파고 들어가도록 하는 것들이며, 이로써 그들로 하여금 그리스도를 약속된 메시야로 영접하도록 하고자 하였다.

1. 바울은 유대인들이 하나님의 사랑을 받는 백성임을 인정한다. 하나님은 유대인들과 특별한 관계를 맺었고, 그들을 위해 큰 일들을 행하셨다. 다른 나라에서 살았으므로 그 민족들과 혼합될 위험이 더 많았던 흩어진 유대인들은 고국에 살던 유대인들보다 그들의 독자성을 지키려고 더욱 열심을 내었다. 이에 바울이 그들의 명예를 세워주려고 여기서 매우 조심스럽게 다음과 같이 말하였다.

(1) 온 땅의 하나님께서 특별한 방법으로 이 백성 이스라엘의 하나님이 되시며 그들과 언약을 맺으셨다. 그리고 그들에게 그의 마음과 뜻을 계시하셨는데, 이는 다른 어떤 나라 백성에게 보여주지 않으신 것이었다. 이처럼 그들이 특별한 교훈으로 통치를 받고 특별한 언약을 믿음으로써 그들이 이웃나라들로부터 구별되었고 존귀하게 되었다.

(2) 하나님께서 이스라엘의 조상들을 그의 친구로 택하셨다. 아브라함은 하나님의 벗이라고 일컬어졌다. 또한 하나님께서 조상들을 선지자로 택하셨다. 그들을 통하여 하나님께서 그의 교회에게 자신의 의도를 나타내고자 하셨으며, 그들로 하여금 교회와 맺은 자신의 언약의 수탁자가 되게 하셨다. 하나님은 선지자들로 하여금 자신이 이스라엘에게 은혜를 베푸신 이유를 알게 하셨다. 그 이유는 비록 그들이 은혜 받을 만한 자격이 없고 오히려 벌을 받아야 했지만 그들의 조상들을 택하신 것을 끝까지 고수하셨기 때문이다(신 7:7). 그들이 조상들로 말미암아 사랑을 입은 자라(롬 11:28).

(3) 하나님께서 이스라엘 백성을 높여 주셨고 그들에게 큰 영광을 베푸셨으며 한 민족을 이루도록 번성케 하셨고, 그들이 애굽 땅에서 나그네 되고 하나님의 은혜를 받을 만한 자격이 없었을 때 그들을 하찮은 존재로부터 존귀한 존재로 끌어올리셨다. 그들은 이 사실을 기억해야 하며, 따라서 하나님께서 그들에게 채무자가 아니라는 것을 알아야 했다. 왜냐하면 그들이 하나님의 은혜를 받은 것이 오직 그의 기쁘신 뜻으로(ex mero motu) 말미암은 것이었으며 그들의 훌륭한 가치에 근거한 것이 아니었기 때문이다. 그러므로 그 은혜는 하나님 마음대로 폐지할 수 있는 것이었다. 설령 하나님께서 마침내 그들의 특권의 울타리를 뜯어내실지라도 그분께는 아무런 잘못이 없었다. 그들은 하나님께 빚진 자들이었고, 따라서 하나님께서 그의 교회에게 베푸신 더 많은 계시를 받아들여야 했다.

(4) 나그네였을 뿐 아니라 포로 되었던 애굽 땅에서 하나님께서 이스라엘을 큰 권능으로 인도하여 내셨고, 이스라엘에는 자비였고 그들을 압제한 자들에게는 심판이었던 크고 많은 기적들을 행하시므로 그들을 해방시키셨다(이적과 기사, 신 4:34). 그리고 수많은 생명들, 곧 애굽의 모든 장자와 바로, 그리고 그의 모든 군대를 홍해에서 희생시키면서까지 이스라엘을 해방시키셨다. 내가 애굽을 너의 속량물로, 구스와 스바를 너를 대신하여 주었노라(사 43:3).

(5) 하나님께서 광야에서 약 사십 년간 그들의 소행을 참으셨다(18절). 에트로포포레센. 어떤 이들은 이 단어가 에트로포포레센 ─ 그가 그들을 훈련하셨다 ─ 으로 번역되어야 한다고 생각한다. 왜냐하면 이 단어가 칠십인역에서 하나님께서 그 백성에게 보여주신 부성애의 뜻으로 사용되었기 때문이다(신 1:31). 두 가지 의미('참으셨다'와 '훈련하셨다')가 모두 포함되어 있을 수도 있다. 왜냐하면 [1] 하나님께서 광야에서 사십 년 동안 많은 것을 공급해 주셨기 때문이다. 매일의 양식을 먹을 수 있었던 것이 기적이었고, 이 기적으로 말미암아 그들이 굶어 죽지 않을 수 있었다. 그들에게 부족한 것이 전혀 없었다. [2] 또한 하나님께서 그들에게 많이 참으셨기 때문이다. 그들은 분노를 일으키게 하고 불평하며 불신하는 백성이었지만 하나님께서는 그들을 참아주셨고, 그들이 행한 대로 갚지 않으시고 모세의 기도와 중보를 통해 여러 번 분노를 참고 돌이키셨다. 우리가 이 세상에서 살아가는 동안 내내 하나님께서 이처럼 자애로운 아버지처럼 우리를 대해 주셨으며, 우리의 부족함을 채워 주셨고, 우리의 출생으로부터 지금까지 우리를 기르셨으며(창 48:15), 용서의 하나님으로서(이스라엘을 용서하셨던 것처럼, 느 9:17) 우리에게 관대하게 대해 주셨고, 우리가 잘못 행한 것을 매우 엄하게 평가하지 않으셨다는 사실을 우리는 인정해야 한다. 우리는 하나님의 인내를 시험하였고 아직도 지치지 않고 계속 시험하고 있다. 유대인들이 자기들의 특권을 너무 지나치게 주장하지 못하도록 해야 한다. 왜냐하면 그들이 수없이 자신들의 특권을 상실하였기 때문이다.

(6) 하나님께서 가나안 땅을 그들에게 기업으로 주셨다(19절). 이스라엘에게 자리를 내주고 멸절될 운명이었던 가나안 땅 일곱 족속을 멸하사 그 땅을 제비를 통해 그들에게 나누어 주시고 차지하게 하셨다. 이는 그들에 대한 하나님의 분명한 은혜였다. 이로써 그들이 큰 존귀를 얻도록 하셨고, 조금이라도 그들의 명예를 떨어뜨리지 않으셨다.

(7) 가나안에 정착한 이후 하나님께서 하늘로부터 능력을 받은 사람들을 세우셔서 이스라엘의 권리를 침해하고 압제한 자들의 손에서 그들을 구원하셨다 (20, 21절).

[1] 하나님께서 사사를 주셨다. 그들은 공직을 수행할 자격을 갖춘 사람들이었다. 프로 레 나타(pro re nata) — 필요한 때마다 그들의 심령을 직접 감동하심으로 그들을 공직으로 부르셨다. 그들은 분을 일으키는 사람들이었고, 결코 노예상태가 아니었는데도 죄로 말미암아 노예가 되곤 하였지만 그들이 간구할 때마다 하나님은 그들의 구원자를 일으키셨다. 비평가들은 사백오십 년간을 계산하는데 상당한 어려움을 느낀다. 출애굽한 때로부터 다윗이 시온성에서 여부스 족속을 축출한 때까지 — 이 때에 이방 나라들을 완전히 몰아내었다 — 사백오십 년 간이었다. 이 기간의 대부분은 사사들의 시대였다. 또 다른 사람들은 다음과 같이 추론한다. 여호수아의 죽음부터 엘리의 죽음까지 사사들이 통치한 기간은 삼백삼십 구년이었는데 마치 사백오십 년인 것처럼 말했다는 것이다. 그 이유는 이스라엘이 여러 나라들에게 짓밟혀 노예상태가 되었던 기간이, 사실상 사사들의 통치 기간 안에 포함되는데도, 마치 그 기간과 별개인 것처럼 언급되었기 때문이다. 이제 이스라엘이 다른 나라들의 노예상태로 있었던 기간을 합산하면 백십일 년이 되며, 이를 삼백삼십 구년에 더하면 사백오십 년이 된다. 실제로 그렇게 많지 않은 것 같지만 그 정도 된다.

[2] 하나님께서 선지자 사무엘을 통해 이스라엘을 통치하셨다. 사무엘은 성령의 감동을 받고 그들의 사무를 관장하였다.

[3] 그 후에 그들이 왕을 구하거늘 기스의 아들 사울을 왕으로 세워 주셨다(21절). 사무엘의 통치와 사울의 사십 년간의 통치 기간은 일종의 신정에서 왕정으로 변이되는 과정이었다.

[4] 드디어 하나님께서 다윗을 왕으로 세우셨다(22절). 사울의 악정 때문에 하나님께서 그를 폐하시고 다윗을 왕으로 세우셨다. 그리고 하나님께서 다윗과 그의 아들과 다윗왕조에 대한 언약을 맺으셨다. 하나님께서 한 왕을 제거하셨을 때 그 나라를 목자 없는 양처럼 버려두지 않으시고, 곧 다른 왕을 높이셔서 그를 비열하고 미약한 처지에서 일으키시고 높이 세우셨다(삼하 23:1). 바울은 하나님께서 다윗에 관하여 주신 증거를 인용하고 있다. 첫째, 다윗을 선택하신 분은 하나님이셨다. 내가 내 종 다윗을 찾아내어 나의 거룩한 기름을 그에게 부었도다(시

89:20). 하나님께서 친히 그를 선정하셨다. 찾아내었다는 말은 탐색하였다는 뜻이다. 하나님께서 마치 이스라엘 온 가정들을 돌아다니신 것처럼 그 뜻에 합한 한 사람을 찾으셨는데 그가 바로 다윗이었다. 둘째, 다윗의 성품이 거룩하였다. 그는 하나님 마음에 맞는 사람이었으며, 하나님께서 얻고자 하신 사람, 하나님의 형상이 새겨진 사람이었다. 그러므로 하나님께서 그를 크게 기뻐하시고 증거하셨다. 이 성품은 그가 기름 부음을 받기 전부터 있었던 것이다(삼상 13:14). 여호와께서 그의 마음에 맞는 사람, 곧 하나님께서 원하시는 사람을 구하셨다. 셋째, 다윗의 행위가 거룩하였고, 하나님의 지시를 받았다. 그가 내 뜻을 다 이루리라. 그는 하나님의 뜻을 이루기를 원하고 노력할 것이며, 또한 이룰 수 있고, 그 일에 헌신하여 완수할 것이다. 이 모든 말들은 이스라엘 백성에 대한 하나님의 은혜를 보여줄 뿐 아니라(바울 사도는 유대인들이 이러한 사실을 인정하고 감사하기를 간절히 바라고 있다) 바울이 유대인들에게 전하고자 한 또 다른 성격의 더 큰 은혜를 보여주는 것이었다. 이제 바울이 복음을 전함으로 이 더 큰 은혜를 그들에게 제시하였다. 이스라엘의 출애굽, 가나안 정착은 장차 올 좋은 일의 그림자였다(히 10:1). 이스라엘 정권의 변화는 그 나라가 아무것도 온전하게 못하였고(히 7:19), 그러므로 메시야의 영적인 나라가 출현해야 한다는 사실을 보여준 것이다. 이제 이 메시야의 나라가 세워지고 있었다. 만일 그들이 그 나라를 인정하고 복종한다면 이는 이스라엘 백성의 영광이 될 것이다. 그러므로 혹 바울이 전하는 복음이 유대 교회의 참된 미덕을 조금이라도 훼손시키지 않을까 하는 의구심으로 그들의 복음 전파에 대하여 경계심을 가질 필요가 전혀 없었다.

2. 바울은 우리 주 예수에 관한 전반적인 이야기를 유대인들에게 해 준다. 그는 다윗으로부터 다윗의 후손에 이르기까지 역사를 설명하면서 이 예수께서 바로 다윗이 약속받은 후손(23절)이라는 사실을 증거한다. 하나님이 약속하신 대로 이새의 뿌리, 하나님 마음에 맞는 이 사람의 후손에서 이스라엘을 위하여 구주를 세우셨으니 곧 예수라. 이 예수의 이름 안에 구원이라는 의미가 담겨 있다.

(1) 그리스도의 복음이 유대인들에게 전해졌을 때 그들이 복음을 받아들이되 정말로 받을 만한 말씀으로 받아들여야 한다. [1] 이 복음은 구약에서 구원자들이라고 일컬어졌던 사사들처럼 대적의 손에서 그들을 건지신 구주에 관한 것이다. 하지만 역사에 나타난 대로 사사들이 할 수 없었던 일을 이 한 분 구주께서 이

루셨는데 그것이 그들의 죄로부터 그들을 구원하신 것이었다. 이 죄가 그들의 가장 큰 대적이었다. [2] 하나님께서 하늘의 위임을 받은 구주를 세우셨다. [3] 먼저 이스라엘을 위하여 구주를 세우셨다. 구주께서 이스라엘을 축복하기 위해 보내어졌다. 복음은 먼저 이스라엘을 모으려는 의도를 가졌다. [4] 이스라엘 백성은 옛 왕족인 다윗의 후손을 세우신 것을 크게 기뻐하였다. 그러나 이 때에 온 나라가 크게 부끄러워할 정도로 이 같은 사실이 어둠 속에 묻혀버리고 말았다. 하나님께서 그들을 위하여 구원의 뿔을 그 종 다윗의 집에 일으키신 사실을 그들이 크게 기뻐해야 마땅했다(눅 1:69). [5] 하나님이 구주를 세우신 것은 다윗에게 약속하신 대로(시 132:11)이며, 구약 후기에 구약교회에게 약속하신 대로였다. 내가 다윗에게 한 의로운 가지를 일으킬 것이라(렘 23:5). 이 약속은 열두 지파가 밤낮으로 간절히 하나님을 받들어 섬김으로 얻기를 바라는 바였다(행 26:7). 그런데 어찌하여 그들이 이 약속을 냉랭하게 생각하는가? 어찌하여 이 약속이 그들에게 이같이 되었는가?

(2) 바울이 이 예수에 관하여 다음과 같이 그들에게 말한다.

[1] 세례 요한이 예수의 선구자요 예비자였다. 세례 요한은 모든 사람이 선지자로 인정한 위대한 인물이었다. 유대인들은 메시야의 오심이 갑작스러운 것이어서 그를 영접해야 할지 말아야 할지 생각할 겨를이 없었다고 변명할 수 없었다. 왜냐하면 그들이 요한을 통해 충분한 경고를 받았기 때문이다. 예수께서 오시기에 앞서 요한이 먼저 전파하였다(24절). 요한은 두 가지 일을 하였다. 첫째, 회개의 세례를 전파함으로 예수께서 오시는 길을 예비하였다. 요한은 선발된 소수의 제자들만이 아니라 이스라엘 모든 백성에게 회개의 세례를 전파하였다. 그는 백성의 죄를 드러내고 임박한 진노를 그들에게 경고하였으며, 회개하고 회개에 합당한 열매를 맺으라고 촉구하였다. 그리고 세례라는 엄숙한 의식 혹은 표시로써 확실한 회개를 유도하였다. 이로써 그는 주를 위하여 세운 백성을 준비하였다(눅 1:17). 즉, 이처럼 세례 요한을 통하여 죄인이라는 것을 깨닫게 되었을 때 그들이 주의 은혜를 받을 수 있었다. 둘째, 요한은 그리스도께서 오셨음을 알렸다(25절). 요한이 그 달려갈 길을 마칠 때에, 곧 그의 사명을 원기 왕성하게 수행하며 놀라운 성공을 거두었고 확고한 세력을 얻었을 때 그는 그의 사역을 도와준 사람들에게 다음과 같이 말한다. "너희는 나를 누구로 생각하느냐? 너희는 나에 대하여 어떤 생각을 갖고 있으며, 나에게서 기대하는 것이 무엇이냐? 너희는

내가 너희가 기다리고 있는 메시야라고 생각하고 있을 것이다. 그러나 그것은 오해다. 나는 그리스도가 아니라(참고. 요 1:20). 그리스도가 문 앞에 와 계시다. 보라, 내 뒤에 오시는 이가 있으니 그는 모든 점에서 나보다 훨씬 뛰어나신 분이다. 나는 그분 곁에서 가장 천한 일을 할 가치도 없다. 나는 그 발의 신발 끈을 풀기도 감당하지 못하리라. 그러니 그분이 어떤 분이신지 너희가 추측할 수 있으리라."

[2] 그리스도를 환영하고 자진하여 충성스러운 신하들이 되었어야 마땅한 유대의 관리들과 백성이 오히려 그를 핍박하고 죽이는 자들이 되었다. 사도들이 그리스도를 구주로 전파할 때 그의 치욕적인 죽음을 감추고 가리기는커녕 도리어 언제나 십자가에 못 박히신 그리스도를 전파하였다. 그리고 그의 수난을 더욱 치욕스럽게 만든 것은 그리스도께서 자기 백성에 의해 십자가에 못 박히셨다는 사실이다. 그리스도를 십자가에 못 박은 자들은 거룩한 성 – 왕의 성 – 예루살렘에 사는 자들, 그리고 그들의 관리들이었다(27절). 첫째, 그들의 죄는 그리스도에게서 죽일 죄를 하나도 찾지 못하였으나, 곧 그들이 그의 죄를 입증할 수 없었고, 죄를 범한 어떠한 혐의도 찾지 못하였으나(그리스도를 심문한 재판장 자신도 그들이 고소한 모든 말을 듣고 나서 그에게서 죄를 찾지 못하였다고 선언하였음; 눅 23:14) 빌라도에게 죽여 달라 한 것이다. 그리고 그들이 매우 격렬하고 난폭하게 그리스도를 처형하라고 외치므로 결국 빌라도로 하여금 그를 십자가에 못 박도록 압력을 행사한 것이다. 빌라도는 그들의 압력을 견디지 못하고 그의 기분과 양심을 거슬러 그리스도를 십자가에 못 박고 말았다. 그들은 그리스도에게서 조그만 죄도 찾을 수 없었지만 어처구니없게 그에게 사형선고를 내렸다. 바울은 베드로처럼 다음과 같이 청중을 비난할 수 없었다(2:23). 너희가 법 없는 자들의 손을 빌려 못 박아 죽였다. 이들이 비록 유대인들이었지만 예루살렘으로부터 먼 곳에 있었기 때문이다. 하지만 바울은 예루살렘에 있던 유대인들과 관리들을 책망하는데, 이는 흩어진 유대인들이 자기 나라에 대한 자부심을 가질 이유가 별로 없다는 것을 보여주기 위함이었다. 왜냐하면 자기 나라에 대한 자부심이 이처럼 무겁고 더러운 죄를 초래하였고, 이에 메시야로 말미암은 모든 은혜로부터 그들이 제외되는 것이 당연한 일이었기 때문이다. 그들이 그리스도를 능욕하였지만 그들은 아직 능욕당하지 않았다. 하지만 이 모든 사실에도 불구하고 이 복음의 전파는 예루살렘에서 시작될 것이다. 둘째, 그들이

이러한 죄를 저지른 것은 예수를 알지 못하였기 때문이다(27절). 그들은 예수가 누구인지, 그가 어떠한 목적으로 세상에 오셨는지 알지 못하였다. 그들이 알았더라면 영광의 주님을 십자가에 못 박지 않았을 것이다. 그리스도께서 그들이 모르고 죄를 범한 사정을 인정하셨다. 자기들이 하는 것을 알지 못함이니이다(눅 23:34). 베드로도 그렇게 말하였다. 형제들아 너희가 알지 못하여서 그리하였으며 너희 관리들도 그리한 줄 아노라(행 3:17). 또한 그들이 선지자들의 말을 알지 못하였기 때문에 죄를 범하였다. 그들은 안식일마다 낭독되는 선지자들의 말씀을 들었지만 그 의미를 알지 못하였다. 메시야께서 고난을 받아야 한다는 선지자들의 예언을 그들은 이해하지도 생각하지도 못하였다. 만일 이해하였다면 그들이 결단코 그리스도의 수난의 도구가 되지 않았을 것이다. 적용. 선지서를 읽는 많은 사람들이 선지자들의 음성을 깨닫지 못하며, 성경의 의미를 이해하지 못한다. 그들이 복음의 소리를 귀로만 들을 뿐 머리로 그 뜻을 깨닫거나 마음으로 그 맛을 느끼지 못한다. 그러므로 사람들이 그리스도를 알지 못하며, 그에게로 나아가는 법을 알지 못한다. 그 이유는 그들이 그리스도에 관하여 미리 증거한 선지자들의 음성을 알지 못하기 때문이다. 셋째, 하나님께서 구약의 예언을 성취하기 위하여 그들을 주관하셨다. 그들이 하나님의 기름 부음 받은 자를 거드리지 말라고 경고한 선지자들의 말을 알지 못하므로 예수를 정죄하여 선지자들의 말을 응하게 하였다. 기름 부음 받은 자 곧 왕이 끊어져 없어질 것이라(단 9:26)고 예언된 말씀대로 이루어졌다. 적용. 사람들이 성경의 교훈을 어길지라도 그들이 성경의 예언을 이루는 일이 있을 수 있다. 특히 그리스도를 박해한 것처럼 교회를 박해할 때 더욱 그런 일이 있을 수 있다. 때때로 성경의 예언이 난해한 이유가 여기에 있다. 만일 성경의 예언이 너무 분명하고 명백하다면 그 예언이 성취되지 못할 것이다. 그래서 바울이 여기서 선지자들의 말을 알지 못하므로 성경을 이루었다고 말하고 있는 것이다. 이 말은 만일 그들이 선지자들의 말을 이해하였다면 성경을 이루지 못하였을 것이라는 뜻을 함축하고 있다. 넷째, 메시야의 수난에 관하여 예언된 모든 말씀이 그리스도 안에서 이루어졌다(29절). 성경에 그를 가리켜 기록한 말씀을 다 응하게 한 것이라. 메시야가 목마를 때 신포도주를 주어 마시게 한 것도 이루어졌고, 그의 장사됨에 관하여 예언된 말씀도 이루어졌다. 후에 나무에서 내려다가 무덤에 두었으나. 이 문맥에서는 메시야의 부활을 보다 빛나게 하는 것으로서 그의 장사됨을 소개하였다. 무덤에 장사되어 더 이상 이 세상과 아무런 관계가 없고 이 세상도 그들과 아무런 관계가 없게 된 자들처럼 그리스도께서 별세하셨다. 그러므로 우리의 죄와의 완전한 결별이 우리가 그리스도와 함께 장사되었다는 말로 표현된다. 의로운 그리스도인은 살아서 그리스도와 함께 장사되기를 간절히 원할 것이다. 그들이 그리스도를 무덤에 두고 그를 묶어두었다고 생각하였다.

[3] 그가 죽은 자로부터 다시 살아나셨고 썩음을 당하지 아니하였다. 이것이 전파되어야 할 위대한 진리였다. 이는 복음의 전체 구조를 받치는 주된 기둥이며, 그러므로 바울이 다음과 같이 이를 크게 강조하며 설명한다.

첫째, 그리스도께서 하나님의 승낙 하에 부활하셨다. 그가 우리의 죄의 빚 때문에 무덤에 갇히셨을 때 그는 감옥을 부수지 않으셨고, 정당하고 합법적으로 그 묶임으로부터 해방되셨다(30절). 하나님이 죽은 자 가운데서 그를 살리신지라. 하나님께서 천사를 보내어 무덤 입구를 막고 있는 돌을 굴려내게 하셨고, 그가 죽으시면서 아버지 손에 의탁하셨던 영혼을 그에게 돌려주셨고 성령으로 그를 소생시키셨다. 그가 언제나 누워 있으리라는 기대로 그의 대적들이 그를 무덤에 두었다. 그러나 하나님은 아니다 라고 말씀하셨다. 하나님의 뜻대로 되느냐 아니면 대적들의 뜻대로 되느냐 하는 문제가 곧 결정되었다.

둘째, 그리스도가 부활하셨다는 충분한 증거가 있었다(31절). 그가 매우 친밀한 자들에게 여러 날, 여러 장소, 여러 시기에 보이셨다. 그들이 갈릴리로부터 예루살렘에 부활하신 그리스도와 함께 올라갔으며, 그들이 이제 백성 앞에서 그의 증인이 되었다. 그들이 증인으로 임명되었고, 여러 번 부활의 사실을 증언하였으며 또 증언할 각오를 하였고 결국 이를 위해 죽어야 했다. 바울이 부활하신 그리스도를 직접 뵈었다고 말한 적은 한 번도 없으나 그는 부활의 진실을 다른 사람들보다 더 크게 확신하였다.

셋째, 그리스도의 부활은 족장들에게 하신 약속의 이행이었다. 그리스도의 부활은 참된 소식이자 좋은 소식이었다. "이를 선언함에 있어서 우리가 너희에게 기쁜 소식을 전파하노니 이는 특히 너희 유대인들이 받을 만한 것이다. 우리가 너희를 조금이라도 헐뜯거나 나쁜 짓을 하려고 이 교리를 전하는 것이 아니다. 다만 우리가 전파하는 이 교리를 너희가 바르게 받아들이고 이해한다면 너희가 큰 영광과 만족을 누리게 될 것이다. 왜냐하면 그리스도의 부활 안에서 너희 조상들에게 주신 약속이 너희에게 이루어졌기 때문이다." 유대인들이 최초로 언약을 받은 족장들의 자손들이므로 그 언약이 속한 유대 민족의 명예를 바울은 인정한다(롬 9:4). 구약의 큰 언약이 바로 메시야에 관한 언약이었다. 땅의 모든 족속이 메시야로 말미암아 복을 받으리라(창 28:14). 아브라함의 가문만이 복을 받는 것이 아니다. 물론 메시야가 아브라함의 가문 중에서 세워지는 것이 그 가문의 영광이겠지만, 그렇게 세워지는 목적은 모든 가문이 공통적으로 은혜를 받도록 하기 위함이었다. 적용. 1. 하나님께서 예수를 일으키셨다. 곧 하나님께서 그를 끌어올리셨고, 높이셨다. 그를 일으키셨다는 말씀은 죽은 자 가운데서 살리셨다는 의미이다. 우리는 일으키셨다는 말을 두 가지 의미(세우셨다는 의미와 살리셨다는 의미)로 모두 해석할 수 있다. 예수께서 세례를 받으실 때 하나님께서 그를 선지자로 세우셨고, 죽으실 때 구속을 이루는 제사장으로 세우셨다. 그리고 승천하실 때 만유를 다스리시는 왕으로 세우셨다. 그를 죽은 자 가운데서 일으키셨다는 말씀은 이런 모든 임무에 대한 확증이자 비준이며, 하나님께서 그에게 이 모든 직분을 맡기셨다는 증거였다. 2. 그리스도의 부활은 조상들에게 메시야를 보내겠다고 약속하시고 그로 말미암아 모든 은혜와 복을 내려주시겠다고 약속하신 언약의 성취다. "이분이 바로 오리라 하던 그분이다. 너희가 기대하던 모든 것은 아닐지라도 하나님께서 메시야 안에서 약속하신 모든 것을 너희가 그를 통해 받으리라." 바울이 우리 자녀들에게 이 약속을 이루게 하셨다고 함으로 성취된 약속을 받은 유대인들 총수에 자신을 집어넣는다. 지, 복음을 전한 사람들이 듣는 사람들을 자기 나라의 원수로 여기지 아니하고 그들에게 이 기쁜 소식을 전하였다면, 그들은 복음 전도자들을 가장 좋은 친구들로 반갑게 맞이하며 그들의 가르침을 쌍수를 들어 받아야 마땅하다. 왜냐하면 그들이 언약을 그토록 소중히 여긴다면 언약의 성취를 더욱더 소중히 여길 것이기 때문이다. 이방인들에게 복음을 전하는 것이 유대인 입장에서는 속이 상하는 일이었겠지만, 그것은 그들이 받은 언약, 곧 모든 족속이 메시야를 통해 복을 받으리라는 언약을 침해하는 일이 결코 아니었다. 도리어 이방인들에게 복음을 전하지 않는다면 그 언약이 성취되지 못하였을 것이다.

넷째, 그리스도의 부활은 그가 하나님의 아들이심을 보여주는 확실한 증거다. 그리고 그리스도의 부활은 시편 2편에 기록된 말씀, 곧 너는 내 아들이라 오늘 내가 너를 낳았도다 라는 말씀을 확증해 준다. 그리스도의 죽은 자로부터의 부활이 언약을 증거하기 위해 의도된 것이었으며, 이는 사도 바울의 증언을 보아 명백하다(롬 1:4). 죽은 자들 가운데서 부활하사 능력으로 하나님의 아들로 선포되셨으니 곧 우리 주 예수 그리스도시니라(롬 1:4). 그리스도께서 은밀한 데서 세상에 나오셨을 때 하나님께서 그에 관하여 하늘의 음성으로 이는 내 사랑하는 아들이요(마 3:17)라고 증언하셨는데 이는 시편 2편 너는 내 아들이라는 말씀을 인용한 것이다. 이러한 말씀 안에는 다음과 같은 풍성한 진리가 숨어있다. 이는 이 예수를 만물이 존재하기 전에 아버지께서 낳으셨다는 뜻이다. 아들은 아버지에게 속하였으므로 그는 하나님의 영광의 광채시요 그 본체의 형상이시다(히 1:3). 그는 로고스, 곧 영원한 지성의 영원한 사고(the eternal thought of the eternal mind)이셨다. 그는 동정녀의 태 안에 성령의 능력으로 잉태되었다. 이러므로 나실 바 거룩한 이는 하나님의 아들이라 일컬어지리라(눅 1:35). 그는 하나님의 세상 창조와 통치의 대리인이셨고, 세상을 구속하고 하나님 자신과 화목하게 하신 주인공이셨으며, 하나님의 집에서 아들이요 만물의 후사로서 충성하셨다. 세례받으셨을 때와 변화하셨을 때에 하늘로부터 선언되었던 그 모든 사실들이 이제 그의 부활로써 부정할 수 없도록 확실하게 입증되었다. 오래 전에 선언되었던 그 천명이 그 때에 확증되었다. 그리고 하나님의 아들이시며 따라서 그 속에 생명이 있으셨기 때문에 그는 누워 있을 수 없었고 다시금 생명을 회복할 수밖에 없었다. 그의 시대가 영원하다는 언급 때문에 내가 너를 낳았도다라고 말하는 것이 잘못된 것은 아니다. 왜냐하면 영원부터 영원까지는 하나님에게 이를테면 영원한 한 날과 마찬가지이기 때문이다. 그런데 그 영원함이 또한 다음과 같은 개념으로 그의 부활과 조화될 수 있다. "내가 너를 낳은 이 날, 그리고 너에게 주어진 모든 것을 생기게 한 이 날." 왜냐하면 성경에, 우리 주 예수 그리스도의 아버지 하나님을 찬송하리로다 그의 많으신 긍휼대로 예수 그리스도를 죽은 자 가운데서 부활하게 하심으로 말미암아 우리를 거듭나게 하사 산 소망이 있게 하시며(벧전 1:3)라고 기록되어 있기 때문이다.

다섯째, 삼일 만에 일어나시고 썩음을 당치 않으시되, 하늘의 생명으로 일어나셨고, 이에 살아났던 사람들이 다시 썩음으로 돌아간 것처럼 다시는 썩음으로 돌아가지 않으신다. 즉, 죽음의 상태로 돌아가지 않으신다. 이로써 더욱더 그가 약속된 메시야라는 사실이 확증되었다.

a. 그는 다시는 죽지 않을 몸으로 부활하셨다. 로마서 6장 9절에 이렇게 표현되었다. 이는 그리스도께서 죽은 자 가운데서 살아나셨으매 다시 썩음으로 돌아가지

아니하시고(롬 6:9). 여기서 무덤이 썩음으로 일컬어졌다(욥 17:14). 나사로는 세마포를 동인 채로 무덤에서 나왔다. 왜냐하면 그는 다시 그 세마포를 사용해야 했기 때문이다. 그러나 그리스도는 다시는 그것을 사용하지 않으시고 뒤에 남겨두고 나오셨다. 자, 이것이 바로 내가 너희를 위하여 영원한 언약을 맺으리니 곧 다윗에게 허락한 확실한 은혜이니라(사 55:3)고 한 성경의 예언의 성취였다. 타 호시아 다비드 타 피스타― 다윗의 거룩한 것, 성실한 것. 다윗에게 하신 언약에서 크게 강조되고 있는 것이 하나님의 성실하심이며(시 89:1, 2, 5, 24, 33), 그의 거룩함으로 맹세하였다는 사실이다(시 89:35). 그 은혜를 베푸시는 일을 맡으신 분이 다시 죽지 않을 몸으로 부활하셨다는 사실이 그들에게 확실한 은혜가 된다. 만일 그리스도가 죽고 다시 살아나지 못하였다면, 또는 살아나되 다시 죽을 몸으로 살아났다면, 우리는 확실한 은혜를 받지 못할 것이며, 혹은 적어도 그 은혜를 확신할 수 없었을 것이다.

b. 그리스도가 죽으신 지 얼마 후에 부활하시므로 그의 몸이 썩음을 당치 않으셨다. 몸은 삼일까지는 썩지 않는다. 이러한 사실이 다윗에게 약속되었으며, 그 약속이 다윗에게 허락한 확실한 은혜 중에 하나다. 시편 16편 10절에 보면 그에게 다음과 같이 약속되었다. 주께서 주의 거룩한 자로 썩지 않게 하실 것임이니이다(35절, 개역개정판은 "주의 성도를 멸망시키지 않으실 것임이니이다"라고 번역됨 : 역자 주). 하나님께서는 다윗이 후손 중에 메시야를 세우시겠다고 다윗에게 약속하셨다. 그러므로 그는 인간이어야 하지만 다른 인간들처럼 썩음을 보지 않을 것이다. 이 언약은 다윗에게서 성취될 수 없었고, 그리스도를 기다렸다.

(a) 이 언약은 다윗 자신에게서 이루어질 수 없었다(36절). 왜냐하면 다윗은 당시에 하나님의 뜻을 따라 섬기다가 잠들어 그 조상들과 함께 묻혀 썩음을 당하였기 때문이다. 우리는 여기서 족장 다윗이 살다가 죽고 장사되었으며 이후에는 줄곧 죽음의 권세 하에 있게 되었다는 짧은 이야기를 볼 수 있다. [a] 그의 삶 : 그가 죽음의 잠에 빠지기 전에 하나님의 뜻을 따라 섬겼다. 다윗은 유능하고 의로운 사람이었다. 그는 하나님의 뜻을 따라 세상에서 의를 행하였다. 그는 하나님의 말씀을 자신의 규칙으로 삼았다. 그는 당시에 하나님의 말씀 안에서 하나님을 섬겼고, 또한 언제나 하나님의 신실한 종으로서 사람들을 섬기고 기쁘게 하였다(왕이 무슨 일을 하든지 무리가 다 기뻐하므로[삼하 3:36]). 갈라디아서 1장 10절

을 보라. 그는 사람들을 유익하도록 섬겼으나 사람들의 뜻을 따라 섬기지는 않았다. 그를 공직에 명하시고 자격을 주시고 소명을 받게 하신 하나님의 섭리의 뜻을 따라 그는 자기 세대를 섬겼다. 모든 피조물은 우리에게 있어서 우연한 것이 아니라 하나님이 있게 하신 것이다. 다윗은 그가 살았던 시대에 복이 되었다. 그는 그 세대를 섬긴 종이었다. 많은 사람들이 그들의 세대에 저줏거리가 되고 전염병 같은 존재가 되며 짐이 된다. 미천하고 궁핍한 처지에 있는 사람들도 자기 세대를 섬기기 위해 살아야 한다는 사실을 염두에 두어야 한다. 그리고 세상에서 의를 행하고자 하는 사람들은 자신을 모든 **사람들의 종으로 드려야** 한다(고전 9:19). 우리는 우리 자신을 위해 태어나지 않았다. 우리는 공동체를 힘써 섬겨야 한다. 그러나 여기서 다윗과 그리스도 사이에 차이가 있다. 다윗은 오직 자신의 세대, 곧 자신이 살았던 그 시대만을 섬겼다. 그러므로 그가 행해야 할 일을 마치고 기록해야 할 것을 기록하였을 때, 그는 죽었고 무덤에 계속 묻혀 있었다. 하지만 그리스도는 (다윗처럼 기록된 말씀뿐 아니라 자신의 힘으로) 모든 세대를 섬길 수 있었으며, 다윗과 달리 야곱의 집을 영원히 다스리신다. 그리스도는 40년간 통치한 다윗과 달리 해와 달이 존재하는 동안 내내 모든 시대를 다스리신다(시 89:29, 36, 37). 그의 보좌는 하늘의 날과 같으며, 영원한 세대들이 그로 말미암아 복을 받는다(시 72:17). [b] 그의 죽음: 그는 잠들었다. 하나님과 자기 세대를 섬기느라 살고 수고한 사람들에게는 죽음이 잠이며, 고요한 안식이다. 관찰. 그는 자기 세대를 다 섬기고 하나님께서 자기에게 맡겨주신 일을 다 감당하기까지 잠들지 않았다. 하나님의 종들에게는 맡겨진 사명이 있다. 그들이 맡겨진 일을 완수하기까지는 안식에 들어가지 않는다. 하나님의 증인들은 증거를 마치기까지 결코 죽지 않는다. 수고한 사람들의 잠, 곧 죽음은 달콤할 것이다(전 5:12). 다윗은 성전건축을 허락받지 못하였다. 그러므로 그가 성전건축을 작정하고 이를 위한 준비를 마쳤을 때 그는 잠들었고, 그 일을 솔로몬에게 넘겨주었다. [c] 그의 장사됨: 그가 조상들과 함께 묻혔다. 비록 그가 다윗 성에 장사되고(왕상 2:10), 베들레헴에 있는 그의 부친 이새의 묘실에 묻히지 않았지만 그는 조상들과 함께 묻혔다고 말할 수 있다. 왜냐하면 일반적으로 무덤은 우리보다 앞서간 우리 조상들의 주소이기 때문이다(시 49:19). [d] 그가 무덤 속에 계속 머무름: 그가 썩음을 당하였다. 우리가 확신하건대 다윗은 다시 살지 못하였다. 베드로가 족장 다윗에 대하여 기탄없이 말할 때 이 사실을 강조한 바 있다(2:29). 다윗이 죽어 장사되어 그 묘가 오늘까지 우리 중에 있도다. 그는 썩음을 당하였다. 그러므로 이 언약은 다윗 안에서 이루어질 수 없었다. 그러나,

(b) 주 예수 안에서 이 언약이 성취되었다(37절). 하나님께서 살리신 이는 썩음을 당하지 아니하였나니. 주 예수 안에서 확실한 은혜가 우리를 위해 확보되었다. 그는 제삼일에 부활하셨다. 그러므로 썩음을 당하지 아니하였다. 그리고 더 이상 죽을 몸으로 부활하지 않았기 때문에 다시는 죽지 않으신다. 그러므로 이 언약은 주 예수 안에서 이해되어야 하며, 달리 이해될 수 없다.

c. 바울은 이처럼 주 예수에 관하여 설명한 후 적용에 들어간다.

(a) 이야기 중에 그들의 마음을 끌기 위하여 바울이 듣는 사람들에게 말하기를, 그들이 이 모든 일에 관련이 있다고 하였다(26절). "이 구원의 말씀을 너희에게 보내셨다(개역개정판에는 우리에게 보내셨다 라고 번역되었다). 만일 너희의 불신앙으로 말미암아 이 말씀을 거절한다면 그건 너희의 자업자득이다. 하지만 구원의 말씀이 너희에게 보내어졌다. 너희가 믿지 않는다면 그것은 너희의 잘못이다." 그 말씀이 자기들이 상종하지 않던 이방인들에게 보내어졌기 때문에 결국 그 말씀이 자기들에게 보내어진 것이 아니라고 유대인들이 짜증스럽게 말하는데 그것은 논리에 맞지 않는 것이다. 왜냐하면 구원의 말씀은 먼저 유대인들에게 보내어졌기 때문이다. "이 구원의 말씀이 너희 사람들에게 보내어졌지 범죄한 천사들에게 보내어신 것이 아니다. 이 구원의 말씀이 살아있는 너희 사람들에게 보내어졌지 죽어 저주 받은 회중에게 보내어진 것이 아니다. 그들에게 은혜의 날은 끝났다." 그러므로 바울은 부드럽게 그리고 존중하는 자세로 그들에게 다음과 같이 말한다. 너희는 형제들이다. 그러므로 우리는 우리와 함께 이 큰 구원을 위하여 바로 서 있는 사람들을 구원의 말씀을 받은 자들로 여겨야 한다. 하늘의 보증으로써 구원의 말씀을 받는 자들은 다음과 같다. [a] 바울처럼 본래의 유대인들, 히브리인 중에 히브리인들이다. "비록 타락한 족속이었지만 아브라함의 후손이며, 그런 너희에게 이 구원의 말씀이 보내어졌다. 아니, 너희가 타락한 족속이었기 때문에 너희를 죄로부터 구원하려고 이 구원의 말씀이 보내어졌다." 의로운 가문에서 태어난 것이 유리하다. 물론 구원이 인세나 경건한 부모의 자녀들에게 당연히 임하는 것은 아니지만 적어도 구원의 말씀은 그들이 받을 수 있다. 아브라함이 그의 자식과 권속에게 명할 것이다(창

18:19). [b] 개종자들, 곧 태생적으로는 이방인들이나 어느 정도 유대교로 전향한 사람들이다. "너희 중 하나님을 경외하는 사람들(13:26). 자연종교의 감각을 가지고 있고, 그 율법을 받았으며, 그 위로를 붙잡은 너희에게 이 구원의 말씀이 보내어졌다. 한 걸음 더 나아가 너희에게는 계시종교에 대한 새로운 발견과 지도가 필요하며, 너희는 이를 위한 마음의 준비를 하고 그 은혜를 받기 위해 구원의 말씀을 확실하게 환영해야 할 것이다."

(b) 바울이 강론을 끝내면서 그가 그리스도에 관하여 말한 바를 청중에게 적용한다. 그는 이 예수에 관하여 그들에게 길게 이야기하였다. 이제 그들은 이 모든 이야기가 우리에게 무슨 의미가 있느냐고 물으려 할 것이다. 이에 바울은 그것이 그들에게 무슨 의미가 있는지 분명히 말한다.

[a] 그들이 예수 그리스도를 영접하고 이 구원의 말씀을 믿는다면 말로 할 수 없는 이득이 될 것이다. 그들이 가장 큰 위험으로부터 해방될 것이며, 죄에 대한 책임을 면할 것이다. "그러므로 형제들아 너희가 알 것은 이것이다. 우리는 너희에게 이 말씀을 선포하라는 허락을 받았고, 너희는 이 말씀에 주목하라고 초대를 받은 것이다." 바울은 쓸데없이 그들 앞에 서서 구원의 말씀을 늘어놓은 것이 아니라 그 말씀이 그들을 설득하리라는 희망을 가지고 그들에게 전한 것이다. 왜냐하면 그들이 인간, 곧 설득이 가능한 이성적인 존재들이기 때문이다. 또한 그들이 형제들, 곧 그들과 같은 사람들의 말을 듣고 상대하는 존재들이기 때문이다. 그들은 바울과 같은 태생이요 같은 나라 사람들이다. 복음전도자들이 청중을 향하여 형제라고 부르는 것이 옳다. 이는 그들에게 스스럼없이 말하기 위한 방편이며, 그들의 행복에 대한 애정 깊은 관심을 나타내는 것이며, 또한 복음에 대한 그들의 동등한 관계를 보여주는 것이다. 그리스도의 복음을 듣는 모든 자들은 두 가지 사실을 알아야 한다. 첫째, 복음은 법정에서 만왕의 왕의 왕권과 위엄을 반역하였다고 선고된 사람들에게 만왕의 왕께서 사면을 허락하신 법령이다. 이 은혜의 법령이 실시되고 선포되는 것은 하나님과 사람 사이에 그리스도께서 중보가 되셨기 때문이다(38절). "죽으시고 부활하신 이 사람을 힘입어 죄 사함을 너희에게 전한다. 우리가 하나님의 이름으로 너희에게 전해야 하는 것은, 너희의 죄가 비록 많고 클지라도 용서받을 수 있다는 사실이며, 또한 하나님의 영광이 조금도 손상되지 않고 어떻게 그렇게 용서받을 수 있는가, 어떻게 죄 사함을 받을 수 있는가 하는 점이다. 우리가 전하는 것은 죄 사함

을 받게 하는 회개이며, 또한 회개와 죄 사함 모두를 주는 하나님의 은혜다. 죄 사함은 이 사람으로 말미암는다. 죄 사함은 그의 공로로 말미암아, 그의 이름 안에서, 그의 권위로 얻는다. 그러므로 너희는 그를 알아야 하며 그에게 관심을 가져야 한다. 우리는 너희에게 죄 사함을 전한다. 그것이 우리가 너희에게 전하는 구원이며, 하나님의 말씀이다. 그러므로 너희는 우리를 환영하고 너희의 친구로 여겨야 하며, 좋은 소식을 전하는 자로 여겨야 한다." 둘째, 모세의 율법이 우리를 위해 할 수 없는 것을 복음이 해 준다. 유대인들은 율법을 자랑하였다. 율법이 속죄제물과 화목제물, 그리고 여러 가지 정결예식을 명하였고, 그들은 이로써 하나님 앞에서 의롭다 함을 얻을 수 있다고 생각하였다. 이에 바울은 다음과 같이 말한다. "그것이 아니다. 너희가 알아야 하는 것은, 모세의 율법으로 너희가 의롭다 하심을 얻지 못하던 모든 일에도 오직 그리스도 이 사람을 힘입어 믿는 자마다 의롭다 하심을 얻는 이것이라." 그러므로 그들은 복음을 받아들여야 하며, 복음에 반대하여 율법을 고수해서는 안 된다. 왜냐하면 복음이 율법을 폐하지 아니하고 완성하는 것이기 때문이다. 적용. 1. 죄인들의 큰 관심은 의롭다 함을 얻고 죄 사함을 받으며 하나님 앞에서 의인으로 인정받는 것이다. 2. 진실로 의롭다 함을 받는 자들은 그들의 모든 죄를 사함받는다. 왜냐하면 죄인에게 어떠한 책임이라도 과해진다면 그는 파멸이기 때문이다. 3. 죄인이 모세의 율법으로 의롭나 함을 얻는 것은 불가능하다. 모세의 도덕법으로도 불가능하다. 왜냐하면 우리 모두가 모세의 도덕법을 위반하였으며, 지금도 매일 범하고 있어서 그것이 우리를 의롭다고 하기는커녕 도리어 정죄하기 때문이다. 모세의 교정하는 법으로도 안 된다. 이는 황소와 염소의 피가 능히 죄를 없이 하지 못하기(히 10:4) 때문이며, 그것이 진노하신 하나님의 공의를 채워주지 못하고 또는 죄인들의 상한 양심을 풀어주지 못하기 때문이다. 율법은 의식적이고 상징적인 관례에 불과하다. 히 9:9; 10:1, 4을 보라. 4. 우리는 예수 그리스도로 말미암아 완전한 의를 얻는다. 그로 말미암아 완전한 속죄가 이루어졌기 때문이다. 우리는 우리의 재판장이자 우리의 의가 되시는 예수 그리스도로 말미암아 의롭다 함을 얻는다. 그는 주 곧 우리의 의가 되신다. 5. 그리스도를 믿고 의지하며 그의 통치를 받는 모든 자들은 그로 말미암아 의롭다 함을 얻으며, 그들 외에는 아무도 의롭다 함을 얻을 수 없다. 6. 율법이 연약하여 할 수 없는 그것을 그리스도의 복음은 한다. 그러므로 모세의 율법과 그 제도의 영광을 드러내려는 열심에서 그리스도의 복음과 그 완전한 제도의 의도를 시기하는 것은 어리석은 짓이다.

[b] 만일 그들이 그리스도의 복음을 거절하고, 이제 그들에게 제시된 복음에 등을 돌린다면 그것은 그들의 최대의 불행이 될 것이다(40, 41절). "그런즉 삼가라. 너희가 친절한 초대장을 받았으니 삼가 그것을 멸시하거나 거절하지 않도록 하여라." 적용. 복음을 전해들은 자들은 자신을 돌아보고 근신해야 하며, 주어진 은혜를 거절한 자로 발견되지 않도록 주의해야 한다. "선지자들이 믿는 자들에게 임할 것이라고 말한 축복과 은혜에 이르지 못할 뿐 아니라 선지자들이 불신을 고집하는 자들에게 임할 것이라고 말한 파멸에 빠지지 않도록 주의하라. 그런즉 너희는 선지자들을 통하여 말씀하신 것이 너희에게 미칠까 삼가라." 적용. 협박은 경고다. 완고한 죄인들에게 파멸이 임하리라고 한 것은 그것이 임하지 않도록 조심하라고 깨우치기 위한 것이다. 이제 우리는 여기에서 하박국 1장 5절의 예언이 인용된 것을 볼 수 있다. 거기서 유대 나라가 갈대아인들에게 파멸당할 것이 예언되었는데 그 파멸은 믿을 수 없을 만큼 전대미문의 파멸이 되리라는 것이었다. 이 예언이 여기서 로마인들에 의한 유대 나라의 임박한 파멸에 적용되었다. 그들의 파멸의 이유는 그리스도의 복음을 거절한 것이었다. 사도 바울은 칠십인 역을 따라 보라 멸시하는 사람들아(보라, 이방인들 가운데 있는 너희여)라고 말한다. 왜냐하면 칠십인 역이 사도의 의도에 좀 더 가깝기 때문이었다. 첫째, "선지자들이 말한 죄가 너희에게 임하지 않도록 주의하라. 그 죄는 복음과 복음의 제시를 멸시하는 죄요, 복음에 참여하도록 허락받은 이방인들을 멸시하는 죄다. 보라 멸시하는 사람들아라는 말을 듣지 않도록 조심하라." 적용. 신앙을 멸시하고 하찮은 것으로 여기고 그 앞에 굴복하지 아니하다가 많은 사람들이 파멸하였다. 둘째, "선지자들이 말한 바 심판이 너희에게 임하지 않도록 주의하라. 그렇지 않으면 놀라고 멸망할 것이다. 즉, 놀라울 정도로 멸망할 것이다. 너희의 멸망이 너희 자신과 너희 주변의 모든 사람들에게 놀라움이 될 것이다." 놀라운 구원을 받지 못한 자들은 놀라고 멸망할 것이다. 교회의 특권을 누리고 그 특권으로 구원받을 것이라고 자만하며 우쭐하던 자들은 자기들의 헛된 억측이 빗나갔다는 사실과 그들이 누린 특권이 오히려 그들의 죄를 더욱 견딜 수 없도록 가중시킬 뿐이라는 사실을 깨닫고 놀랄 것이다. 믿지 않는 유대인들이 기대할 것은, 하나님께서 그들의 때를 당하여 한 가지 일을 행할 것인데 그 일은 사람이 그들에게 일러줄지라도 도무지 믿지 못할 일이다. 이는 다

음과 같은 파멸로 이해할 수 있다. 1. 그들의 죄로 인한 파멸이다. 이는 그들이 하나님의 큰 일, 곧 그리스도로 말미암은 세상의 구속을 믿지 못하는 것을 의미한다. 이 구속의 은혜가 그들에게 가장 진지하게 선포될지라도 그들은 도무지 믿지 못할 것이다. 우리가 전한 것을 누가 믿었느냐?(사 53:1) 그것이 불가능한 일이 없는 하나님께서 하신 일이며 거짓말을 못하시는 하나님께서 선언하신 일이지만 그들은 그것을 믿지 아니할 것이다. 그들의 때를 당하여 이 일이 이루어진 영광과 이점을 가진 자들이 그 일을 믿는 은혜를 얻지 못하였다. 또는 2. 그들의 몰락으로 인한 파멸이다. 유대 국가의 해체, 하나님의 왕국이 이방인들에게 넘어감, 그들의 성전과 예루살렘 성의 몰락, 그리고 그 백성들의 흩어짐은, 그들이 하늘의 총아들이었다는 것을 생각하면, 아무도 그렇게 되리라고 생각하지 못한 일이었다. 그들에게 닥친 참화는 일찍이 어느 민족도 경험하지 못한 그런 것이었다(마 24:21). 갈대아인들에 의한 그들의 파멸이 예언되었으며, 그 예언이 그들의 마지막 몰락으로 실현되었다. 대적과 원수가 예루살렘 성문으로 들어갈 줄은 세상의 모든 왕들과 천하 모든 백성이 믿지 못하였었도다(애 4:12). 이처럼 행악자에게는 불행이 있으며, 특히 그리스도를 멸시하는 자들에게 그러하다(욥 31:3).

[42]그들이 나갈새 사람들이 청하되 다음 안식일에도 이 말씀을 하라 하더라 [43]회당의 모임이 흩어진 후에 유대인과 유대교에 입교한 경건한 사람들이 많이 바울과 바나바를 따르니 두 사도가 더불어 말하고 항상 하나님의 은혜 가운데 있으라 권하니라 [44]그 다음 안식일에는 온 시민이 거의 다 하나님의 말씀을 듣고자 하여 모이니 [45]유대인들이 그 무리를 보고 시기가 가득하여 바울이 말한 것을 반박하고 비방하거늘 [46]바울과 바나바가 담대히 말하여 이르되 하나님의 말씀을 마땅히 먼저 너희에게 전할 것이로되 너희가 그것을 버리고 영생을 얻기에 합당하지 않은 자로 자처하기로 우리가 이방인에게로 향하노라 [47]주께서 이같이 우리에게 명하시되 내가 너를 이방의 빛으로 삼아 너로 땅 끝까지 구원하게 하리라 하셨느니라 하니 [48]이방인들이 듣고 기뻐하여 하나님의 말씀을 찬송하며 영생을 주시기로 작정된 자는 다 믿더라 [49]주의 말씀이 그 지방에 두루 퍼지니라 [50]이에 유대인들이 경건한 귀부인들과 그 시내 유력자들을 선동하여 바울과 바나바를 박해하게 하여 그 지역에서 쫓아내니 [51]두 사람이 그들을 향하여 발의 티끌을 떨어 버리고 이고니온으로 가거늘

[52]제자들은 기쁨과 성령이 충만하니라

이 이야기의 의도는 (바울이 자기 자신을 충분히 변호한 것처럼, 롬 11장) 이방인들에게 복음을 전한 것에 대한 유대인들의 비난으로부터 사도들, 특히 바울을 변호하기 위한 것이다. 그런 점에서 바울은 가능한 모든 경고와 함께 적당한 동정을 계속 보여준다. 여기서 우리는 하나의 사례를 볼 수 있다.

I. 유대인들 가운데 얼마가 이방인들이 아니라 그들 자신에게 복음을 전파한 것에 대하여 몹시 성을 내었으며, 복음 듣는 것을 참지 못하고 바울이 가르치는 동안에 회당에서 나갔다(42절). 이는 바울과 그의 교리를 경멸하는 행동이며 회중의 동요를 유도하는 행동이었다. 아마도 그들끼리 속삭이며 서로 나가자고 선동하였을 것이며, 이의 없이 그렇게 하였다. 이제 이러한 행동은 다음과 같은 사실을 나타내 보여준다.

1. 노골적인 불신앙. 다른 이들이 복음을 들으러 나와 믿음을 보인 데 반해 그들은 불신앙을 교양 없이 공언하였다. 그들은 이처럼 그리스도와 그의 가르침과 법도에 대한 경멸을 노골적으로 공언하였고, 이를 부끄러워하거나 수치스럽게 여기지도 않았다. 그들은 다른 사람들의 마음속에도 복음에 대한 편견이 생기게 하려고 노력하였다. 그들은 다른 사람들도 자기들의 사악한 길을 따르도록 유혹하려고 밖으로 나갔다.

2. 완고한 불신앙. 회당 밖으로 나감으로써 그들이 복음을 믿지 않았다는 것을 보여주었으며, 아울러 앞으로도 믿지 않겠다고 결심하였기 때문에 그들을 납득시키려 하는 그런 말을 일부러 듣지 않았다. 그들은 귀머거리 독사 같이 귀를 막아버렸다. 그들 스스로 복음을 외면하였다. 그들이 복음을 듣기도 전에 회당에서 나와 버렸기 때문에 그들에게서 복음이 거두어진 것은 당연한 것이다. 분명한 것은 사람이 먼저 하나님을 버리기 전에는 하나님께서 어느 누구도 버리지 않으신다는 사실이다.

II. 버릇없고 성질이 나쁜 그런 유대인들이 복음 듣기를 외면한 것에 반해 이방인들이 자원하여 복음을 듣고자 하였다. 사람들이 청하되 다음 안식일에도 이 말씀을 하라 하더라. 주중에 둘째 날과 다섯째 날이 일부 회당에서는 강론이 있는 날이었다. 그러나 그들이 모인 날은 다음 안식일이었던 것으로 보인다(44절). 그들은 다음과 같이 청하였다.

1. 유대인들에게 했던 말씀을 그들에게 똑같이 해 달라고 청하였다. 이 설교에서 바울이 유대인들과 개종자들에게는 구원의 말씀을 전하였으나 이방인들은 배려하지 않았다. 그러므로 이방인들은 바울이 유대인들에게 했던 것처럼 그리스도로 말미암는 죄 사함의 교리를 자기들에게 전해 달라고 청하였다. 유대인들이 버린 것, 아니 싫어한 것을 이방인들이 열망하였다. 따라서 베드로가 고넬료의 초청을 받고 복음을 전하였던 것처럼 바울도 이방인들의 청을 받고 그들에게 복음을 전한 것은 정당한 것이었다. 생명의 떡을 간절히 바라는 자들에게 누가 떼어주기를 거절하겠는가? 밥상을 받은 자녀들이 발 밑에서 애원하는 가난한 자들에게 나눠주기를 어찌 거절하겠는가?

2. 똑같은 교훈을 자기들에게 해 달라고 청하였다. 그들이 그리스도의 도를 들었으나 처음 들었을 때는 그것을 이해하지 못하였고 들은 바 모든 내용을 다 기억할 수도 없었다. 그러므로 다시금 그 교훈을 해 달라고 그들이 청하였다. 적용. 그리스도의 말씀을 반복해서 듣는 것이 좋다. 우리는 들은 바를 다시 듣기를 원해야 한다. 그리하여 그 말씀이 우리 속에 뿌리내리며 잘 박힌 못과 같이 어떤 비바람에도 뽑히지 않도록 해야 한다. 같은 말을 듣는 것을 부담스럽게 여기지 말아야 하는데 이는 그것이 안전하기 때문이다(빌 3:1). 유대인들이 단 한 번도 들으려 하지 않았던 것을 이방인들이 자주 들으려 했다는 사실이 유대인늘의 나쁜 성실을 너욱 악화시킨다. 그리고 유대인들이 세운 나쁜 본을 이방인들이 따르지 않았다는 사실이 이방인들의 착한 성품을 더욱 칭찬할 만하게 만든다.

Ⅲ. 많은 유대인들과 개종자들이 복음을 듣고 감동을 받았다. 유대인들로 하여금 복음전파를 거절하도록 선동한 자들이 이런 경우에 늘 하던 대로 "그들이 하나님의 모든 백성을 몰아내었다"고 소리쳤다. 그러자 바울이, "아니다. 그렇지 않다. 많은 유대인들이 그리스도를 영접하고 그리스도 안에 있다"고 말하였다. 바울 자신이 유대인 중 한 사람이었다(롬 11:1, 5). 그래서 본문에 다음과 같이 기록되어 있다. 유대인과 유대교에 입교한 경건한 사람들이 많이 바울과 바나바를 따르니. 그들이 바울과 바나바로부터 더 많은 교훈과 위로를 받았다.

1. 그들이 하나님의 은혜에 복종하였고, 그 축복과 위로를 받았는데, 이는 그들이 계속적으로 은혜를 유지하도록 권고를 들었다는 것을 암시한다. 그들이 바울과 바나바를 따랐다. 즉, 그들이 바울과 바나바의 제자가 되었으며, 그보다

그리스도의 제자가 된 것이다. 바울과 바나바는 그리스도의 대리인들이었다. 그리스도와 연합하는 자들은 먼저 그리스도의 종들과 연합하고 그들을 따라야 할 것이다. 그리고 바울과 바나바가 이방인들에게 보냄을 받았지만 그들의 가르침을 받고자 했던 유대인들을 환영하였다. 바울과 바나바는 그들이 원하기만 하면 모든 유대인들과 그들의 친구들에게 복을 빌어주었다.

2. 그들이 믿음을 유지하도록 권고와 격려를 받았다. 바울과 바나바가 스스럼없이 그리고 우정을 가지고 더불어 말하고 항상 하나님의 은혜 가운데 있으라 권하니라. 곧 그들이 받은 도를 견고히 붙들고 은혜의 복음에 대한 믿음, 은혜의 성령에 대한 의지, 그리고 은혜의 방편에 대한 활용을 계속 유지하라고 권면을 받았다. 이런 것을 계속 유지하는 사람들에게는 하나님의 은혜가 부족하지 아니할 것이다.

IV. 그 다음 안식일에는 복음을 듣기 위해 즐거이 참석하였다(44절). 온 시민이 거의 다(그들 대부분은 이방인이었다) 하나님의 말씀을 듣고자 하여 모였다.

1. 바울과 바나바가 주중에 쉬지 않고 말씀을 전하였겠지만 그들로 그리스도를 알게 하고 그리스도를 더욱 기대하도록 하기 위해 주일에도 할 기회를 놓치지 않고 말씀을 전하였다(어떤 이들은 이방인들이 원하여 사도들이 말씀을 전하였다고 생각한다). 사도들은 공적인 설교뿐 아니라 사적인 강론과 대화를 통해 복음을 전하였다. 지혜가 회당뿐 아니라 많은 사람들이 모이는 장소와 광장에서 소리쳤다(잠 1:20, 21).

2. 이 지혜가 그 안식일에 굉장히 많은 사람들을 회당으로 끌어 모았다. 어떤 이들은 호기심에 새로운 소식을 들으려고 왔고, 또 어떤 이들은 복음이 유대인들에게 재차 제시되는 데 대하여 유대인들이 어떤 반응을 보일까 궁금하여 왔다. 그리고 하나님의 말씀을 들었던 많은 사람들이 더 많이 들으려고 왔는데, 사람의 말로 받지 아니하고 하나님의 말씀으로 받으려고 왔다(살전 2:13). 우리는 하나님의 말씀의 통치를 받고 판단을 받아야 한다. 이제 모인 사람들 가운데 매우 고무적인 청중들이 있었기 때문에 바울은 이방인들에게 전할 명분을 얻었다. 밭이 희어져 추수하게 되었다. 그러므로 그가 어찌 낫을 들고 추수하지 않겠는가?

V. 유대인들이 이에 분노하였다. 그들이 복음을 받아들이지 않을 뿐 아니

라 복음을 들으려고 모인 사람들을 보고 분노가 가득하였다(45절). 유대인들이 그 무리를 보았을 때 바울이 마치 창문에 날아드는 비둘기들처럼 사람들이 몰려오는 것을 보고 그 하는 일에 얼마나 큰 용기를 얻었을까 라고 생각하였으며, 이 무리들 가운데 상당수가 그리스도를 영접할 가능성이 꽤 높을 것이라고 생각하였다. 이러한 생각에 그들이 시기가 가득하였다.

1. 그들은 사도들이 백성에게 관심을 갖는 것을 시기하였고, 그들이 설교하려고 할 때 회당에 사람들이 가득한 것을 보고 분하게 여겼다. 이는 바리새인들이 그리스도에게 가졌던 못된 심보와 동일한 것이었다. 온 세상이 그를 따르는 것을 보고 그들의 마음이 찢어졌다. 천국이 열렸는데 그들은 들어가지 않을 뿐 아니라 그 곳에 들어간 자들에게 분을 내었다.

2. 그들은 사도들이 전한 교리를 반대하였다. 바울이 말한 것을 반박하고 트집을 잡으며 반론을 제기하면서 바울의 말에서 이러저러한 잘못을 찾아내려 하였고 그를 비방하였다. 안테레곤 안티레곤테스 ―그들이 반박하고 또 반박하였다. 그들은 상상할 수 있는 최대한의 악의와 격정으로 반박하였다. 그들은 반박을 계속하였고, 그 무엇도 그들을 잠잠하게 하지 못하였으며, 반박을 위한 반박을 하였으며, 그리고 너무나 분명한 사실을 부인하였다. 그들이 반박의 구실을 찾을 수 없었는네도 그리스도와 그의 복음에 대하여 악한 말을 쏟아내었고 그리스도와 그의 복음을 모독하였다. 육체는 하나님의 성령의 일을 받지 못하는데, 그 육체의 언어로 그들이 성령의 일을 반박하고 육체가 된 마귀들의 언어를 쏟아내며 성령의 일을 욕한다. 일반적으로 반박으로 시작하는 자들은 욕으로 끝을 낸다.

VI. 여기서 사도들이 유대인들에 대한 의무로부터 벗어나 자유롭게 구원의 말씀을 이방인들에게 전할 터인데 이는 유대인 자신들의 무언의 승낙으로 인한 것이라고 엄숙하고 노골적으로 선포한다. 유대인들은 하나님의 나라를 이방인들에게로 옮긴 것이 사도들의 잘못이라고 하였는데 그들은 절대로 사도들을 탓할 수 없었다. 왜냐하면 그들의 행동으로 말미암아 그들이 영원히 불평할 수 없게 되었기 때문이다. 여기에 나타난 그들의 행동 자체가 영원히 그들의 불평을 차단하였다. "제공과 거절은 법적으로 훌륭한 상환이다." 유대인들은 율법을 제공받았고 이를 거절하였다. 그러므로 복음을 받아들인 이방인들에게 아무런 말도 해서는 안 된다. 이러한 사실을 바울과 바나바가 담대하게 밝혔다고 분문은 말한다(46절). 전에는 사도들이 유대인들의 기분을 상하게 할까봐 그리고 그들에게 거침돌이 될까봐 이방인들에게 호의를 보이는 것을 조심하였지만 이제는 담대하였다. 적용. 복음 전도자들이 뱀 같이 지혜롭고 비둘기 같이 순결할 때가 있는가 하면 사자와 같이 담대함을 보여야 할 때가 있다. 그리스도의 뜻을 반대하는 자들이 앞뒤를 가리지 않을 때 그리스도의 뜻을 옹호하는 자들은 소심하지 말아야 한다. 반대하는 자들 가운데 조금이라도 회개할 희망이 보인다면 우리는 온유함으로 훈계해야 한다(딤후 2:25). 그러나 오랜 동안 그런 방법이 통하지 않으면 우리는 그들이 반대하는 결과가 무엇인지 담대하게 말해야 한다. 복음의 후원자들이 복음의 원수들의 무례함을 대할 때 놀라지 말고 담대해야 한다. 왜냐하면 복음을 전하는 분명한 명분이 있다는 것을 그들이 확신하며, 그들이 신뢰한 분이 그들을 지켜 주실 줄 알기 때문이다. 이제 바울과 바나바는 유대인들에게 복음의 은혜를 정중히 제시한 다음에 이방인들에게 복음을 전할 것이라고 그들에게 분명히 통지한다. (바울이 롬 11:14에서 말한 대로) 이는 그들이 아무쪼록 유대인들을 시기하게 하여 그들 중에서 얼마를 구원하려 함이었다.

1. 사도들은 유대인들이 먼저 복음의 제시를 받을 권리가 있다고 인정한다. "하나님의 말씀을 마땅히 먼저 너희에게 전할 필요가 있다. 너희는 약속을 받은 민족이며, 이스라엘 집의 잃어버린 양이며, 그리스도께서도 먼저 너희에게 보내심을 받았다고 생각하셨다." 그리고 복음전파를 예루살렘에서 시작하라(눅 24:47)는 그리스도의 명령은 다른 나라로 들어간 모든 전도자들에게 우선 먼저 유대인들에게 복음을 전하라고 하신 무언의 지시였다. 유대인들이 율법을 받았으므로 복음을 받아야 했다. 자녀로 먼저 배불리 먹게 할지니(막 7:27).

2. 사도들은 복음을 거부한 유대인들을 책망한다. "너희가 그것을 버렸다. 너희는 복음을 받지 아니할 것이다. 너희가 복음의 제시를 받기는커녕 그것을 모욕으로 여긴다. 사람이 복음을 버리면 하나님께서 당연히 그들에게서 복음을 취하실 것이다. 만나를 싫어하여 그것을 이 하찮은 음식이라고 한 사람들에게 어찌 만나를 주겠는가? 또는 복음의 특권을 버린 자들, 우리는 다윗과 나눌 분깃이 없다고 말하는 자들에게 어찌 강제적으로 복음의 특권을 주겠는가? 여기서 그들은 영생을 얻기에 합당하지 않은 자로 자처한다. 어떤 면에서 우리 모두는 영생을 얻기에 합당하지 않은 자로 여겨야 한다. 우리 안에 영생을 얻을 만한 자격

이 전혀 없고, 우리 힘으로 그 자격을 얻을 수 없기 때문이다. 우리는 그런 시늉을 하지만 우리 힘으로 영생을 얻을 자격을 갖지 못한다는 사실을 깨달아야 한다." 그러나 여기에서 영생을 얻기에 합당하지 않은 자로 자처한다는 말의 의미는 다음과 같다. "너희가 영생을 얻기에 적합하지 않다는 것을 스스로 보여주고 있다. 너희는 영생을 요구하지 아니하고 포기하고 있다. 아버지께서 영생을 맡기신 그분의 손에서 너희가 영생을 취하려 하지 않기 때문에 결과적으로 이 심판을 자처하고 있다. 너희 입으로 말미암아 너희가 심판을 받을 것이다. 오직 그리스도로 말미암아 영생을 얻을 수 있지만 너희는 그 영생을 얻으려 하지 않으며, 따라서 너희가 파멸을 당할 것이며 영생을 전혀 얻지 못할 것이다."

3. 사도들이 이러한 사실에 근거하여 이방인들에게 복음을 전한다. "너희가 제시된 영생을 받아들이지 아니하므로 우리의 길은 분명하다. 우리가 이방인에게로 향하노라. 한 사람이 영생을 받아들이지 않는다면 다른 사람이 그것을 받아들일 것이다. 혼인잔치에 먼저 초대받은 사람들이 오지 않는다면 우리는 대로와 산울 가로 나가서 원하는 자들을 초대해야 한다. 왜냐하면 혼인잔치에 손님들로 가득 채워져야 하기 때문이다. 가까운 친척이 친척의 역할을 하지 않는다면 다른 사람이 그 역할을 하는 것을 불평하지 말아야 한다"(룻 4:4).

4. 사도들은 하나님의 보증으로써 이방인들에게 복음을 전하는 것을 정당화한다(47절). "주께서 이같이 우리에게 명하셨기 때문이다. 주 예수께서 먼저 예루살렘과 유대에서 증거한 후 그 후에 땅 끝까지 증거하며 만민에게 복음을 전파하고 모든 족속을 제자를 삼으라고 지시하셨다." 이는 구약의 예언에 따른 것이다. 메시아께서 유대인들의 불신을 전망하고 내가 헛되이 수고하였도다라고 말씀하셨을 때 이스라엘은 모이지 않을지라도 그는 영광을 얻으리라는 위로의 말씀을 들으셨다. 메시야가 헛되이 피를 흘리지 않으셨고, 그의 구속이 헛되지 않았으며, 그의 도가 헛되이 전파되지 않았고, 그의 성령이 헛되이 보내어지지 않았다. "왜냐하면 내가 너를 일으킬 뿐 아니라 이방의 빛으로 삼았기 때문이다. 그 빛은 잠시 동안 비추는 빛이 아니라 영속적인 빛이다. 내가 너를 빛으로 삼았으므로 너는 땅 끝까지 구원이 되리라." 적용. (1) 그리스도는 구주이실 뿐 아니라 구원 자체가 되시며, 그가 친히 우리의 의, 생명, 그리고 힘이 되신다. (2) 그리스도께서 구원이 되시는 곳마다 빛이 되신다. 그리스도는 지각을 밝혀주어 영혼을 구원하신다. (3) 그리스도는 땅 끝까지 이방인들에게 빛과 구원이 되시며 또 되셔

야 한다. 모든 족속이 그리스도를 환영할 것이며, 열방 가운데 여러 나라들이 그의 말씀을 들을 것이며(롬 10:18), 마침내 그리스도의 나라가 될 것이다. 세상의 한 모퉁이이며 소위 땅 끝에 있는 우리의 이 섬(영국)에 그리스도의 나라가 세워지므로 이 예언이 부분적이나마 성취되었다. 그리고 시간이 지나면서 이방인의 충만한 수가 들어오기까지 이 예언이 점점 더 성취될 것이다.

VII. 유대인들이 경멸하며 거절하였던 것을 이방인들이 기쁘게 받아들였다 (48, 49절). 상속인들이 없어서 땅을 빼앗기는 일은 결코 없다. 유대인들이 넘어짐으로 구원이 이방인에게 이르렀다. 그들의 넘어짐이 세상의 풍성함이 되며 그들의 실패가 이방인의 풍성함이 되었다. 이렇듯 사도는 이방인들의 구원의 당위성을 자세하게 설명하였다(롬 11:11, 12, 15). 원 가지들인 유대인들이 잘려져 나갔고, 돌 감람나무의 가지였던 이방인들이 참 감람나무에 접붙임을 받았다(17, 19절). 이제 여기서 우리는 이방인들이 어떻게 그들의 변화를 유리하게 받아들였는지 볼 수 있다.

1. 그들이 위로를 받았다. 이방인들이 듣고 기뻐하여. 그들이 의식을 따라 유대교로 개종하는 것보다 더 분명하게 확실한 방법으로 하나님의 언약과 교회에 들어가는 것을 허락받았다는 것은 그들에게 기쁜 소식이었다. 분리의 벽이 제거되었고 그들이 유대인들처럼 메시야의 왕국의 축복을 누리게 되었으며, 유대인들에게 눌리지 않고도 그들의 언약에 참여할 수 있게 되었다. 이는 온 백성에게 미칠 큰 기쁨의 좋은 소식이었다. 적용. 우리가 구원받을 수 있게 되었고 그 자격을 얻을 수 있게 되었다는 사실은 우리의 기쁨이 되어야 한다. 이방인들이 자기들도 은혜를 받을 수 있고 은혜의 말씀이 그들에게 전해지며 은혜의 수단이 열려졌다는 말을 듣고 기뻐하였다. "이제 우리에게도 소망이 있다." 많은 사람들이 그리스도에 관심을 가지고 기뻐해야 하는데도 과연 자기들이 그리스도에 관심이 있는지 없는지 의심하며 슬퍼한다. 황금 홀이 그들에게 제시되었고, 그들이 와서 그 윗부분을 잡으라고 초대되었다.

2. 그들이 하나님을 찬양하였다. 하나님의 말씀을 찬송하며. 여기서 하나님의 말씀은 근본적인 말씀이신 그리스도 자신을 의미한다. 그들은 그리스도를 깊이 존경하였고, 자신들이 그리스도에 대하여 가진 고상한 생각을 표현하였다. 혹은 여기서 하나님의 말씀은 복음을 의미한다. 그들이 복음을 알면 알수록 그것에 감탄하였다. 오! 이 복음에는 그 얼마나 놀라운 빛, 능력, 보화가 따라오는

가! 복음의 진리, 복음의 교훈, 복음의 약속들이 얼마나 훌륭한가! 다른 모든 제도들을 얼마나 크게 능가하는 것인가! 그 기원이 얼마나 거룩하고 신성한가! 그래서 그들이 주의 말씀을 찬송하였다. 주께서 주의 모든 이름보다 높게 하신 것이 바로 이 말씀이며(시 138:2), 크게 하며 존귀하게 하려 하시는 것이 바로 이 말씀이다(사 42:21). 그들이 주의 말씀을 찬송한 이유는 다음과 같다. (1) 이제 말씀에 대한 지식이 널리 확산되었고 유대인들에게만 국한되지 않았기 때문이다. 적용. 주의 말씀의 영광은 널리 퍼질수록 더 밝게 빛난다는 사실에 있다. 주의 말씀은 촛불과 같지 않고 햇빛과 같아서 힘 있게 뻗어나간다. (2) 이제 말씀에 대한 지식을 그들도 가질 수 있게 되었기 때문이다. 적용. 주의 말씀을 아는 자들은 그 말씀을 크게 높이며, 자신이 그 능력에 사로잡혔고 그 달콤함으로 위로를 받았다고 경험적으로 말한다.

3. 그들 중 많은 사람들이 기독교 신앙을 고백할 뿐 아니라 신실하게 그 신앙에 순종하였다. 영생을 주시기로 작정된 자는 다 믿더라. 하나님께서 영원 전에 복을 주시기로 작정하신 자들 속에 그의 영으로 말미암아 참된 믿음을 심어주셨다. (1) 하나님께서 믿도록 은혜를 주신 자들은 믿었다. 하나님께서 신비하고 강력한 역사로 말미암아 그들로 하여금 그리스도의 복음에 복종하게 하셨으며, 그의 권능의 날에 자원하게 하셨다. 아버지께서 이끄신 자들은 그리스도께 나왔으며, 성령께서 복음 앞에 나오도록 그들을 효과적으로 부르셨다. 이것이 소위 하나님께서 역사하신 믿음이며(골 2:12), 그리스도를 죽은 자들 가운데서 다시 살리신 바로 그 능력으로 말미암은 믿음이다(엡 1:19, 20). (2) 하나님께서 이 은혜를 주심은 영생을 얻기로 작정된 모든 자들로 믿게 하기 위함이었다. (하나님께서 미리 정하신 그들을 또한 부르셨다[롬 8:30]). 영생을 얻고 싶어하는 자들, 그들의 영원한 상태에 대하여 관심 있는 자들, 그리고 영생을 다짐받으려고 마음먹은 자들은 그리스도를 믿었다. 하나님께서 그리스도 안에 이 생명을 두셨으며, 그는 이 생명으로 나아가는 유일한 길이 되신다. 그들 안에 그리스도를 믿는 이 믿음이 생긴 것은 하나님의 은혜였다. 포로된 자들은 이처럼 고레스의 선언으로 은혜를 받았고, 하나님께서 그들의 마음을 감동하서서 예루살렘에 있는 여호와의 집을 건축하게 하셨다(스 1:5). 그리스도의 은혜로 말미암아 영생을 얻고 싶어하고 이를 그들의 목표로 삼는 자들은 그리스도를 믿게 될 것이다.

4. 그들이 믿었을 때 그리스도에 대한 지식과 그의 복음을 이웃들 가운데 퍼

뜨리는 일을 하였다(49절). 주의 말씀이 그 지방에 두루 퍼지니라. 주의 말씀이 큰 기쁨으로 그 큰 도시에 받아들여지자 곧 사방으로 퍼져나갔다. 새로운 회심자들이 그들 안에 충만한 은혜를 다른 사람들에게 기꺼이 전하였다. 주께서 말씀을 주시니 소식을 공포하는 여자들은 큰 무리라(시 68:11). 그리스도를 알게 된 자들은 그들과 친분이 있는 다른 사람들을 그리스도께로 인도하기 위해 애쓸 것이다. 크고 부요한 도시에서 복음을 받은 사람들은 마치 학문과 철학처럼 교양 있고 고상한 사람들만이 누릴 수 있는 것처럼 복음을 독점할 생각을 하지 말아야 할 것이며, 오히려 그 지역에서 그들과 똑같이 구원받아야 할 영혼을 가진 평범한 사람들, 가난하고 무식한 사람들에게 복음을 반포하는 일을 해야 할 것이다.

VIII. 바울과 바나바는 기독교의 씨앗을 뿌린 후 그 장소를 떠나 다른 곳으로 가서 똑같은 일을 하였다. 여기서 우리는 그들이 그들의 가르침을 확증하기 위해, 그 진리를 사람들에게 설득시키기 위해 기적을 행하였다는 어떠한 사실도 읽을 수 없다. 그 때에는 하나님께서 사람들에게 확신을 심어주기 위해 그런 놀랄 만한 방편을 사용하셨지만 하나님께서 원하시면 그런 방편 없이도 그의 일을 하실 수 있었다. 하나님의 성령께서 직접 감동하심으로 생기는 믿음이야말로 그런 믿음을 가진 사람들에게는 가장 큰 기적이었다. 하지만 아마도 바울과 바나바는 기적을 행하였을 것이다. 왜냐하면 그들이 다음 장소에서 기적을 행하였다는 사실을 우리가 볼 수 있기 때문이다(14:3). 이제 여기서 우리는 다음과 같은 사실을 보게 된다.

1. 믿지 않는 유대인들이 사도들을 그 지역(연안)에서 쫓아내었다. 사도들이 먼저 그들에게 등을 돌렸고, 그러자 그들이 사도들에게 발꿈치를 들었다. 그들이 선동하여 바울과 바나바를 박해하게 하였다(50절). 그들이 대중을 선동하여 사도들이 길을 갈 때 그들에게 무례한 짓을 하게 하였다. 또한 그 시내 유력자들을 선동하여 그들로 사도들을 감금하고 벌을 주게 하였다. 사도들이 지혜롭고 기운 좋게 말하는 것을 그들이 방해할 수 없게 되자 그들은 이처럼 야만적인 방법을 사용하였다. 야만적인 방법은 완고한 불신앙이 취하는 최후 수단이다. 사탄과 그 대리인들은 복음전도자들이 성공을 거두는 것을 보면 단단히 화가 나며, 따라서 그들에 대한 박해를 반드시 선동할 것이다. 이리하여 세상에서 훌륭한 사람들이 일을 잘하고도 불행한 일을 겪으며, 그들이 인류에게 이바지를 한 만큼 보상을

받기는커녕 박해를 당하는 것이 그들의 공통된 운명이었다. 관찰.

　(1) 유대인들이 사도들에게 어떠한 방법으로 고통을 주었는가? 유대인들이 경건한 귀부인들을 선동하였다. 그들 스스로는 아무런 세력도 행사할 수 없었지만 그 도시에서 사회적 지위가 있는 부인들을 이용하였다. 그들은 유대교에 많은 영향을 받은 부인들이었으며, 할례 등을 행할 의무가 없는 개종자들이었다. 그러므로 여기서 그들을 경건한 귀부인들이라고 칭하였다. 그들은 여성의 특성에 따라서 나름대로 열성적이었으나 편협하였다. 거짓된 이야기와 허위 진술로 인해 그들이 쉽게 그리스도의 복음에 대하여 몹시 성을 내었다. 실제로 그리스도의 복음이 모든 종교를 완전하게 하는 것이었는데도 마치 모든 종교를 파괴하는 것처럼 그들이 오해하였다. 귀부인들이 경건하게 보이고 경건한 예배에 충실한 것은 좋은 일이다. 그들이 세상일을 적게 하면 할수록 영혼들을 위하여 더 많은 일을 할 것이며, 하나님과 교제하는 시간이 더 많아질 것이다. 하지만 여기에 나오는 사람들처럼 하나님께 헌신한다는 구실로 그리스도에 대한 증오를 표출한다는 것은 참으로 슬픈 일이다. 뭐라! 박해하는 여인들이라니! 여인들이 그들만의 부드러움과 동정심을 망각할 수 있는가? 그러면서 귀부인은 무슨 귀부인이란 말인가! 귀부인들이 어찌 자신들의 존귀를 더럽히며, 창피를 당하며 이토록 천박한 일을 하는가? 경건한 여인들이라니 참으로 희한한 일이로다! 경건한 여인들이 그리스도의 종들을 죽이려 하겠는가? 그러고도 하나님을 섬긴다고 하겠는가? 열심을 가진 자들은 지식을 따라 열심을 내야 할 것이다. 유대인들이 이 경건한 귀부인들을 통하여 그 시내 유력자들을 마찬가지로 선동하였다. 그들은 행정관들이며 통치자들이었다. 그들은 권력을 가지고 사도들을 반대하였다. 스스로 심술궂은 패거리의 도구가 될 만큼 그들은 사려 깊지 못하였다. 이 패거리는 자기들도 하나님의 나라에 들어가지 못할 뿐 아니라 그리로 들어가고 있는 자들도 못 들어가게 하는 자들이었다.

　(2) 그들이 그리스도의 복음을 몰아내었다. 그 지역(연안)에서 쫓아내니. 그들이 사도들을 추방하였는데 사도들이 관할 구역에서 완전히 나갈 때까지, 우리 식으로 말하자면, 경찰관들로 따라붙게 하였다. 노골적인 폭력이었다. 이처럼 사도들이 두려워서 도망간 것이 아니라 노골적인 폭력에 의해서 쫓겨난 것이었다. 이는 최초의 교회 개척자들이 한 곳에 너무 오래 머무르지 못하게 하려는 하나님의 섭리의 한 방편이었다. 이 동네에서 너희를 박해하거든 저 동네로 피

하라 그리하면 너희가 곧 이스라엘의 모든 동네를 다닐 수 있으리라(마 10:23). 이는 또한 성품이 좋은 사람들로 하여금 사도들에게 온정을 베풀 수 있도록 하기 위한 하나님의 방법이었다. 박해를 받는 사람들을 불쌍히 여기는 것은 당연한 일이며, 더욱이 박해를 당하는 사람들이 부당하게 당한다는 사실을 우리가 알 때 그들을 좀 더 불쌍히 여기고 그들을 도울 마음을 갖게 된다. 그 연안에서 사도들이 쫓겨나므로 과연 그들이 무슨 악을 저질렀는지 사람들이 묻고 싶어졌으며, 아마도 그 사람들이 박해자들 편이 되기보다 사도들의 친구가 되었을 것이다.

2. 사도들이 불신하는 유대인들을 버렸다(51절). 두 사람이 그들을 향하여 발의 티끌을 떨어 버렸다. 사도들이 성에서 나갈 때 성문에 앉아있던 그들 앞에서 이러한 의식을 행하였다. 혹은 사도들이 그 지역의 경계지에서 나갈 때 그들이 그 곳에서 나가는 곳을 보도록 파송 받은 자들 앞에서 이러한 의식을 행하였다.

이로 인하여 (1) 사도들이 더 이상 그들과 아무런 관계를 갖지 않을 것이며, 그들의 물건은 아무것도 취하지 않는다고 선언하였다. 왜냐하면 사도들이 구한 것은 그들의 물건이 아니라 그들 자신이었기 때문이었다. 그들은 티끌과 같은 존재들이다. 그러므로 이제 그 티끌을 그들이 갖게 한다. 이로써 그 티끌이 사도들에게 붙어 있지 않을 것이다.

(2) 사도들이 그들의 불신에 대한 혐오를 표현하였다. 비록 그들이 유대인 태생이었지만 그리스도의 복음을 거절하므로 사도들이 보기에 그들은 이교도와 세속적인 사람들보다 나을 게 없었다. 유대인이든 이방인이든 믿으면 하나님께서 동등하게 받아주시며 의로운 사람들이 된다. 그러나 믿지 않으면 그들은 똑같이 혐오스러운 사람들이 된다.

(3) 이리하여 사도들이 그들을 무시하였고, 그들과 그들의 악에 대한 경멸감을 표현하였다. 사도들의 이러한 의식은 마치 다음과 같이 말하는 것과 같다. "무슨 일이건 멋대로 해봐라. 우리는 너희가 두렵지 않다. 우리는 우리가 섬기는 분, 우리가 신뢰해 온 그분을 알고 있다."

(4) 이리하여 사도들이 그들에게 복음의 은혜를 전하였다는 증거를 남겼다. 그 증거가 심판의 날에 그들을 고소할 것이다. 이 티끌이, 복음전도자들이 그들 가운데 있었으나 그들이 사도들을 추방하였다는 사실을 증거할 것이다. 그래

서 그리스도께서 사도들더러 발에서 티끌을 떨어버리라고 지시하신 것이다(마 10:14; 눅 9:5). 사도들이 이고니온으로 간 것은 안전을 위한 일이 아니라 사역을 위한 일이었다.

3. 안디옥에 남아 있었던 새로운 회심자들은 어떤 기분이었는가?(52절) 바울과 바나바가 큰 용기와 기쁨으로 모욕을 견디어낼 뿐 아니라 그들의 사역을 계속 감당하는 모습을 제자들이 보았을 때 그들 역시 고무되었다.

(1) 그들이 매우 기뻐하였다. 바울과 바나바가 그 연안에서 추방되었고, 아마도 다시 들어오면 사형당하는 처지가 되어 못 들어오게 되었을 때 사람들은 제자들이 슬픔과 두려움에 싸일 것이라고 예상하였을 것이다. 또한 개척자들이 떠나면 교회 개척은 곧 물거품이 되고 말 것이라고 예상하였을 것이다. 그리고 그 다음에는 그 곳에 있는 제자들이 그 곳에서 추방될 것이며, 그 곳은 그들의 터전이었기 때문에 이는 그들에게 더욱 큰 슬픔이 되리라고 예상하였을 것이다. 하지만 그렇지 않았다. 제자들은 그리스도 안에서 기쁨이 충만하였다. 그리고 그리스도께서 그들 가운데서 그의 사역을 계속하시며 완성하시며, 그들을 고통으로부터 지켜 주시고 그 고통 가운데서 그들을 붙잡아 주신다는 더할 나위 없는 확신을 얻었다. 그리하여 그들의 모든 두려움이 믿음으로 말미암은 기쁨에 삼키어섰나.

(2) 그들은 담대하였고, 어떠한 어려움을 겪을지라도 만드시 그리스도께 붙어 있겠다는 거룩한 결심으로 고무되어 있었다. 이러한 상태는 특히 그들이 성령이 충만하므로 말미암아 가능하였다. 이와 똑같은 표현이 베드로의 담대함, 스데반의 담대함(7:55), 그리고 바울의 담대함(13:9)을 나타내기 위해 사용된 바 있다(4:8). 우리가 신앙의 능력으로 이러한 위로와 담대함을 누리고 또한 우리 마음속에 이런 것들로 충만하면 충만할수록 우리는 신앙 고백으로 인해 겪는 어려움을 기꺼이 맞이한다.

제
— 14 —
장

개요

본 장에서 우리는 바울과 바나바의 사역을 통해 복음이 이방인 가운데 전파되는 이야기를 볼 수 있다. 복음이 이방 지역을 계속 점령하여 갔으나 앞에서처럼 불신하는 유대인들의 반대에 부딪힌다. 여기서는 다음과 같은 내용으로 구성되어 있다. I. 바울과 바나바가 이고니온에서 얼마 동안 성공적으로 복음을 전파하였으나 유대인과 이방인의 박해로 인하여 그 곳에서 쫓겨나 부득이 이웃 지방으로 옮겨감(1-7절). II. 루스드라에서 앉은뱅이를 고치고 그로 인하여 그 곳 사람들이 그들을 숭배하려고 하였으며, 이에 바울과 바나바가 극단으로 흐르는 것을 막기 위해 애를 씀(8-18절). III. 유대인들의 선동으로 사람들이 바울에게 격분한 나머지 그들이 바울을 돌로 쳤고 그가 죽은 줄 생각함(19, 20절). IV. 바울과 바나바가 세운 교회에 확신을 주고 질서를 잡기 위해 방문함(21-23절). V. 그들이 파송을 받은 안디옥으로 돌아옴. 돌아오는 길에 그들이 복음을 전하였고, 돌아와서는 그들의 여행에 관하여 안디옥 교회에 보고함. 내가 보기에는 그들이 캠페인을 벌였다(24-28절).

[1]이에 이고니온에서 두 사도가 함께 유대인의 회당에 들어가 말하니 유대와 헬라의 허다한 무리가 믿더라 [2]그러나 순종하지 아니하는 유대인들이 이방인들의 마음을 선동하여 형제들에게 악감을 품게 하거늘 [3]두 사도가 오래 있어 주를 힘입어 담대히 말하니 주께서 그들의 손으로 표적과 기사를 행하게 하여 주사 자기 은혜의 말씀을 증언하시니 [4]그 시내의 무리가 나뉘어 유대인을 따르는 자도 있고 두 사도를 따르는 자도 있는지라 [5]이방인과 유대인과 그 관리들이 두 사도를 모욕하며 돌로 치려고 달려드니 [6]그들이 알고 도망하여 루가오니아의 두 성 루스드라와 더베와 그 근방으로 가서 [7]거기서 복음을 전하니라

이 구절에서 우리는 다음과 같은 내용을 볼 수 있다.

I. 이고니온에서의 복음 전파. 사도들은 그 곳에서 안디옥으로 물러날 수밖에

없었다. 순교자들의 피가 교회의 씨앗이 되었던 것처럼 신앙 고백자들의 추방이 그 씨앗을 퍼뜨리는데 도움을 주었다. 관찰.

1. 그들이 회당에서 유대인들에게 최초로 복음을 전하였다. 사도들이 회당으로 갔다. 회당은 유대인들을 만날 수 있는 장소였다. 사도들이 가는 곳마다 먼저 유대인들을 열심히 섬겼다. 비록 안디옥의 유대인들이 그들을 야만스럽게 대하였지만 그렇다고 이고니온의 유대인들에게 복음 전하는 것을 거절하지 않았다. 아마도 이고니온의 유대인들이 좀 나은 성품을 가졌을 것이다. 어느 교파이건 총체적으로 정죄해서는 안 되며, 다른 사람들의 실수로 누군가가 고통을 받아서도 안 된다. 더욱이 우리에게 악을 행한 자들에게 선을 베풀자. 피 흘리기를 좋아하는 자는 온전한 자를 미워하고 정직한 자의 생명을 찾느니라(잠 29:10).

2. 사도들이 서로 도왔다. 두 사도가 함께 유대인의 회당에 들어갔다는 사실을 주목해야 한다. 둘이 함께 들어간 것은 그들의 일치와 상호 간의 호의를 보여 주기 위함이다. 이를 보고 사람들이 그들이 서로 사랑하는 모습을 보라고 말하게 되며, 기독교에 대하여 호감을 가질 수 있다. 함께한 사도들은 서로의 입장을 지지해 주고 서로의 증거를 확증하여 주었다. 두 증인의 입으로나 또는 세 증인의 입으로 그 사건을 확정할 것이며(신 19:15). 어느 날은 함께 가고 어느 날은 따로 가지 않았다. 처음에는 함께 가고 얼마 후에는 따로 가지 않았다. 그들은 언제나 함께 갔다.

Ⅱ. 그 곳에서 전도의 성공. 그들이 많은 사람들에게 복음을 말하였고, 수천 명은 아닐지라도 아마 유대와 헬라, 곧 이방인들 모두 합하여 수백 명은 믿었다. 관찰.

1. 이제 복음이 유대인들과 이방인들에게 함께 전파되었다. 각 종파에서 믿은 사람들이 함께 교회 안으로 들어왔다. 앞 장 말미에서는 유대인들에게 먼저 전파되었고 그들 중에 얼마가 믿었으며, 그 후에 이방인들에게 전파되었고 그들 중에 얼마가 믿었다. 하지만 여기에서는 그들이 동격으로 함께 모였다. 그렇다고 유대인들이 그들의 우선권을 상실하여 뒤로 처져 있지 않았고, 다만 이방인들이 유대인들과 대등한 관계로 올라선 것이다. 이 둘을 한 몸으로 하나님과 화목하게 하려 하심이라(엡 2:16). 이 둘이 함께 차별 없이 교회에 들어왔다.

2. 사도들의 전도 방법이 훌륭하였던 것 같다. 이로 인해 그들의 전도가 성공을 거두었다. 허다한 무리가 믿도록 그들이 말하였다. 그들이 아주 분명하고 설득력 있게 말하였고, 확실한 증거와 성령의 나타남, 그리고 성령의 능력이 함께 하

였다. 그들이 매우 따뜻하고 다정하게 말하며, 사람들의 영혼에 큰 관심을 보이므로 자신들이 전하는 바를 그들 스스로 확신하고 있다는 것을 사람들이 감지할 수 있었다. 또한 그들의 말하는 바가 마음에서부터 나온다는 것을 사람들이 감지하였고, 이에 그 사람들의 마음에 쉽게 와 닿을 수 있었다. 그들이 열정적으로, 진지하게, 담대하게, 용기 있게 말하므로 진실로 하나님께서 그들과 함께 하셨도다 라고 사람들이 말할 수밖에 없었다. 하지만 전도 성공의 요인을 전도의 방법으로 돌릴 수 없고 그 방법을 활용하신 하나님의 성령에게 돌려야 한다.

Ⅲ. 사도들의 전도가 그 곳에서 반대에 부딪히고 고통을 당하게 됨. 사도들이 허다한 회심자들로 인하여 자만하지 않도록 하기 위하여 그들에게 육체의 가시가 주어졌다.

1. 다른 곳에서처럼 믿지 않는 유대인들이 그들의 고통의 첫 번째 요인이었다(2절). 유대인들이 이방인들의 마음을 선동하여. 복음이 많은 이방인들에게 영향을 미치고 그들이 복음을 받아들이자 유대인들 가운데 일부가 거룩한 질투심을 느끼고 그들도 역시 복음을 받아들였지만(롬 11:14) 한편으로 다른 유대인들은 악한 질투심을 느끼고 복음을 대적하게 되었다. 이와 같이 좋은 교훈처럼 좋은 예가 어떤 이들에게는 생명에 이르게 하는 생명의 냄새가 되고 또 다른 이들에게는 사망에 이르게 하는 사망의 냄새가 된다. 고후 2:15, 16을 보라.

2. 유대인들에게 자극을 받아 불만을 품게 된 이방인들이 사도들의 고통의 도구가 되었을 것이다. 이방인들의 귀에다 대고 계속 시끄럽게 떠들던 유대인들의 거짓된 선동으로 인해 그들이 형제들에게 악감을 품게 되었다. 본래 그들은 형제들에게 호감을 느끼고 있었다. 그들은 모든 모임에서 기회를 놓치지 않았을 뿐 아니라 조금이라도 안면이 있는 사람들에게 자진하여 일부러 다가가서 기독교에 대한 부정적인 견해를 그들 속에 심어주기 위해 온갖 꾀나 악의를 동반한 말을 하였다. 그리고 기독교가 자기들의 이교신학과 숭배를 크게 파괴하는 것이라고 사람들에게 말하였으며, 또한 자기들로서는 기독교인이 되기보다 이방인들이 되겠다고 말하였다. 이처럼 그들은 회심자들과 개종자들 모두를 대적하여 심술궂고 몹시 기분 나쁜 마음씨를 가졌다. 옛 뱀은 여인의 후손을 대적하여 독이 있는 혀로 이 이방인들의 마음속에 독을 주입하였다. 이것이 바로 독초와 쑥을 지닌 쓴 뿌리였다. 의인들을 향하여 불만을 품은 자들이 의인들이 잘못되기를 바라고 그들을 나쁘게 말하며 나쁜 일을 꾀한다 할지라도 전혀 이

상할 것이 없다. 그 모든 것이 악한 뜻을 품은 데서 비롯되기 때문이다. 에카코산 ― 그들이 이방인들의 마음을 간섭하고 산란케 하였다(일부 비평가들이 이렇게 해석함). 불신하는 유대인들이 뻔뻔스럽게 애걸복걸하며 이방인들을 계속적으로 집적거렸다. 박해자들의 도구가 되는 사람들은 계속적으로 선동하는 비참한 생활을 한다.

Ⅳ. 이러한 반대에도 불구하고 사도들의 사역은 계속되고, 하나님께서 이를 인정하심(3절). 우리는 여기서 다음과 사실을 알 수 있다.

1. 사도들이 주어진 책임에 따라 충성스럽고 부지런히 그리스도를 위하여 일하였다. 이방인들이 그들에게 악감을 품었기 때문에 그들이 철수했어야 하며 서둘러 그 곳에서 빠져나왔어야 했다고 사람들은 생각한다. 혹은 사도들이 설교를 할지라도 조심스럽게 했어야 한다고 생각한다. 왜냐하면 이미 몹시 화가 난 사람들에게 설교할 경우 그들을 더욱 성나게 할 것이기 때문이다. 그런데 그들은 철수하지도 설교를 중단하지도 않았다. 반대로 두 사도가 오래 있어 주를 힘입어 담대히 말하였다. 새로운 회심자들에 대한 그 성읍의 악의와 증오를 알면 알수록 사도들은 더욱 힘을 얻어 그들의 사역을 계속하였으며, 새 신자들의 믿음을 굳게 하고 그들을 위로할 필요성이 더욱 많아졌다는 것을 알았다. 두 사도가 담대히 말하고, 믿지 않는 유대인들을 성나게 하기를 두려워하지 않았다. 하나님께서 믿지 않는 유대인들에 관하여 에스겔 선지자에게 말씀하신 바가 이제 사도들에게 유익이 되었다. 내가 그들의 얼굴을 마주보도록 네 얼굴을 굳게 하였고 그들의 이마를 마주보도록 네 이마를 굳게 하였으되(겔 3:7-9). 그러나 여기서 그들에게 생기를 준 것이 무엇인지 관찰하라. 두 사도가 주를 힘입어 담대히 말하니. 주님의 힘 안에서 담대히 말하였고, 주님을 신뢰함이 그들의 말을 뒷받침하였다. 그들이 자신에게 있는 그 무엇을 조금도 의지하지 않았다. 그들이 주 안에서와 그 힘의 능력으로 강건하여졌다(엡 6:10).

2. 그리스도께서 내가 항상 너희와 함께 있으리라고 약속하신 대로 사도들과 함께 일하셨다. 사도들이 그리스도의 이름과 그 힘을 의지하고 나아갔을 때 그의 은혜의 말씀을 담대히 증거할 수 있었다. 적용. (1) 복음은 은혜의 말씀이며, 우리를 향한 하나님의 선하신 뜻의 보증이며, 하나님께서 이 말씀의 수단을 통하여 우리 안에서 역사하신다. 복음은 그리스도의 은혜의 말씀이다. 따라서 오직 그리스도 안에서만 우리는 하나님의 총애를 받을 수 있다. (2) 아멘이시요 충

성된 증인이신 그리스도께서 친히 이 은혜의 말씀을 증명하셨다. 그리스도는 복음이 하나님의 말씀이며, 우리의 목숨을 무릅쓰고 전할 수 있는 것이라고 보증하셨다. 주께서 함께 역사하사 그 따르는 표적으로 말씀을 확실히 증언하시니라(막 16:20)는 말씀이 최초의 복음전도자들에 대하여 일괄적으로 보증하신 말씀이라면, 여기서 주께서 그들의 손으로 표적과 기사를 행하게 하여 주사 자기 은혜의 말씀을 증언하셨다는 말씀은 구체적으로 사도들에게 보증하신 말씀이라고 할 수 있다. 여기서 그들의 손으로 자연 세상에서 행한 표적은 말씀으로 이루어진 기적뿐 아니라 거룩한 은혜의 능력으로 말미암아 사람들의 심령 가운데 이루어진 더 큰 기적을 포함한다. 주께서 그들과 함께 하시고 그들이 주와 함께 하므로 좋은 일이 넘치도록 일어났다.

V. 이 사건으로 인해 도시가 둘로 나뉨(4절).　그 시내의 무리가 나뉘었다. 두 무리 다 적극적이고 강경하였다. 관리들과 상류층의 사람들, 그리고 보통 사람들 가운데 믿지 않는 유대인들을 따르는 자들이 있었는가 하면 사도들을 따르는 자들도 있었다. 바나바가 열두 사도에 속하지 않았으며, 바울처럼 특별하게 부르심을 받지도 않았지만 여기서 사도로 여겨지고 있다. 왜냐하면 이방인들을 섬기라고 성령께서 특별히 지명하시므로 교회가 이들을 따로 세웠기 때문이다. 복음을 전파하는 이 사업이 널리 알려졌기 때문에 그 시내의 무리가 모두 복음 편에 서든지 반대편에 서든지 하였다. 아무도 중립에 서지 않았다. "우리를 위하든지 아니면 우리의 대적이든지, 하나님을 위하든지 아니면 바알을 위하든지, 그리스도를 위하든지 아니면 바알세불을 위하든지, 둘 중에 하나가 될 수밖에 없다."

1. 우리는 여기서 내가 세상에 화평을 주려고 온 줄로 아느냐 내가 너희에게 이르노니 아니라 도리어 분쟁하게 하려 함이로라(눅 12:51-53)고 예언하신 그리스도의 말씀의 뜻을 깨달을 수 있다. 모든 사람들이 만장일치로 그리스도의 기준을 따른다면 우주적인 화합이 이루어질 수 있을 것이다. 사람들이 그리스도의 복음 안에서 일치할 수 있다면 다른 문제에서 험악한 불화나 불일치가 전혀 없을 것이다. 그러나 여기서 불일치하므로 불화가 바다처럼 커졌다. 비록 사도들이 오기 전에 이 도시가 연합되었고 지금은 나뉘어졌지만 그렇다고 사도들이 이고니온에 온 것을 비난해서는 안 된다. 왜냐하면 모두가 지옥에 가는 것보다는 그 도시의 일부분이라도 천국에 가는 것이 더 좋기 때문이다.

2. 우리는 여기에서 대비책을 마련할 수 있다. 복음 전파가 분열을 초래한다 할지라도 우리는 이를 이상하게 여기거나 마음의 상처를 받지 말아야 한다. 우리가 파멸로 향하는 강물을 따라 흘러 내려가기보다는 그 강물을 거슬러 올라가는 분리자로서 비난과 박해를 받는 편이 더 낫다. 우리는 사도들을 따라야 하며, 유대인들을 따르는 자들을 두려워하지 말아야 한다.

VI. 대적들이 사도들을 공격함. 사도들에 대한 악한 감정이 마침내 폭력으로 터져 나왔다(5절). 관찰.

1. 누가 음모를 꾸몄는가? 이방인과 유대인과 그 관리들. 이방인들과 유대인들은 서로 증오하는 사이였지만 그리스도인들을 대적하기 위해 서로 연합하였다. 마치 헤롯과 빌라도, 사두개인들과 바리새인들이 그리스도를 대적하기 위해 연합하였던 것처럼, 그리고 구약에서 그발과 암몬과 아말렉(시 83:7)이 이스라엘을 대적하기 위해 서로 연합하였던 것처럼 그들도 그리하였다. 교회의 대적들이 교회를 멸하려고 이처럼 연합할 수 있다면 교회는 모든 개인적인 반목을 제쳐두고 친구가 되어야 하며, 교회 보존을 위해 연합을 해야 하지 않을까?

2. 그 음모가 무엇이었나? 이제 관리들이 자기네 편이 되었으므로 그들이 자기네 목적을 달성할 수 있다는 것을 믿어 의심치 않았다. 그들의 계획은 관리들을 악의적으로 이용하여 두 사도를 모욕하며 돌로 쳐서 죽이는 것이었다. 그리하여 그들이 사도들의 복음 운동을 격침시키기를 원하였다. 그들은 사도들의 명성과 목숨 두 가지 모두를 빼앗을 작정이었다. 사도들에게는 토지도 재산도 없었기 때문에 그들이 사도들로부터 빼앗을 수 있는 것은 이 뿐이었다.

VII. 사도들이 부당하고 악한 사람들에게서 건져짐(6, 7절). 사도들이 대적들의 음모를 알고 도망하였다. 이 음모가 꾸며지기 시작할 때 사도들이 이를 알았으며, 명예로운 퇴각(이는 창피스러운 도주가 아니었다)을 하였는데, 그들이 간 곳은 루스드라와 더베였다. 그 곳에서 1. 사도들이 무사하였다. 이고니온에 있는 박해자들은 당장은 사도들을 그들의 경계 밖으로 밀어낸 것으로 만족하고 그들을 더 이상 추적하지 않았다. 하나님은 폭풍 가운데서도 자기 백성이 피할 은신처를 마련하신다. 아니, 하나님 자신이 은신처가 되시며 또 되실 것이다. 2. 사도들이 일을 얻었고, 이것이 그들이 그 곳에 간 목적이었다. 이고니온에서 기회의 문이 그들 앞에서 닫혔을 때 루스드라와 더베에서 새로운 기회의 문이 열렸다. 그들이 이 두 성과 그 근방으로 가서 거기서 복음을 전하였다. 박해의 때에 목회자들이 사역지를 떠날 명분을 찾을 수 있지만 그렇다고 그 사역 자체를 떠나서는 안 된다.

[8]루스드라에 발을 쓰지 못하는 한 사람이 앉아 있는데 나면서 걷지 못하게 되어 걸어 본 적이 없는 자라 [9]바울이 말하는 것을 듣거늘 바울이 주목하여 구원받을 만한 믿음이 그에게 있는 것을 보고 [10]큰 소리로 이르되 네 발로 바로 일어서라 하니 그 사람이 일어나 걷는지라 [11]무리가 바울이 한 일을 보고 루가오니아 방언으로 소리 질러 이르되 신들이 사람의 형상으로 우리 가운데 내려오셨다 하여 [12]바나바는 제우스라 하고 바울은 그 중에 말하는 자이므로 헤르메스라 하더라 [13]시외 제우스 신당의 제사장이 소와 화환들을 가지고 대문 앞에 와서 무리와 함께 제사하고자 하니 [14]두 사도 바나바와 바울이 듣고 옷을 찢고 무리 가운데 뛰어 들어가서 소리 질러 [15]이르되 여러분이여 어찌하여 이러한 일을 하느냐 우리도 여러분과 같은 성정을 가진 사람이라 여러분에게 복음을 전하는 것은 이런 헛된 일을 버리고 천지와 바다와 그 가운데 만물을 지으시고 살아 계신 하나님께로 돌아오게 함이라 [16]하나님이 지나간 세대에는 모든 민족으로 자기들의 길들을 가게 방임하셨으나 [17]그러나 자기를 증언하지 아니하신 것이 아니니 곧 여러분에게 하늘로부터 비를 내리시며 결실기를 주시는 선한 일을 하사 음식과 기쁨으로 여러분의 마음에 만족하게 하셨느니라 하고 [18]이렇게 말하여 겨우 무리를 말려 자기들에게 제사를 못하게 하니라

본문에서 우리는 다음과 같은 내용을 볼 수 있다.

I. 바울이 루스드라에서 나면서 걷지 못한 앉은뱅이를 기적적으로 치료하였다. 베드로와 요한도 이러한 앉은뱅이를 기적적으로 치료한 적이 있다(3:2). 그 때에는 유대인들 가운데 복음을 소개한 계기가 되었고, 지금은 이방인들 가운데 복음을 소개하는 계기가 되고 있다. 그 때의 기적이나 지금의 기적 모두 사람들의 영적인 무능력을 보여주려는 의도에서 일어난 것이다. 그들 모두 하나님의 은혜로 힘을 얻을 때까지는 날 때부터 앉은뱅이였다. 우리가 아직 연약할 때에(무능할 때에) 그리스도께서 경건하지 않은 자를 위하여 죽으셨다(롬 5:6). 관찰.

1. 가련한 앉은뱅이의 비참한 상태(8절). 그는 발을 쓰지 못하였다. 땅을 딛거나 조금이라도 힘을 주지 못할 정도로 그의 발은 힘이 없었다. 잘 알려진 바와

같이 그는 어머니의 태에서부터 그리되었고, 그래서 한 번도 걸어 본 적도 서 본 적도 없었다. 그러므로 우리는 이 경우를 보아 사지를 쓸 수 있는 것에 대하여 하나님께 감사해야 한다. 그리고 사지가 없는 사람들은 자기들에게만 그런 불행이 있는 것이 아니라는 것을 알 수 있다.

2. 그에게 치료에 대한 기대가 생겼다(9절). 그는 바울이 말하는 것을 들었는데, 그들은 말씀에 큰 감동을 받았을 것이다. 그 때부터 말씀을 전하는 자들에게 하나님의 능력이 함께 한다고 믿었고, 이로 인하여 자신의 불구를 치료할 수 있을 것이라고 믿었다. 바울이 분별의 영으로써 이러한 그의 생각을 알았다. 아마도 부분적으로는 그의 얼굴 모습에서 그러한 기대를 엿볼 수 있었을 것이다. 바울이 구원받을 만한 믿음이 그에게 있는 것을 보았다. 그는 마음속으로 치료받기를 갈망했고 희망했다. 베드로가 고친 앉은뱅이는 이러한 갈망을 분명히 가지고 있지 않았다. 왜냐하면 그가 바란 것은 오직 한 푼이었기 때문이다. 이스라엘 중 아무에게서도 이만한 믿음을 보지 못하였노라(마 8:10).

3. 고침을 받음. 구원받을 만한 믿음이 그에게 있는 것을 보고 바울이 말씀을 보내어 그를 고쳤다(시 107:20). 적용. 하나님께서는 당신께서 주신 간절한 열망과 소망을 실망시키지 않으실 것이다. 바울이 큰 소리로 그에게 말했다. 왜냐하면 앉은뱅이가 어느 정도 떨어져 있었기 때문이며, 또한 그 기적이 그리스도의 능력으로 이루어진 참된 기적임을 보여주기 위함이었다. 참된 기적은 주절거리며 속살거리는(사 8:19) 사기꾼들이 행한 거짓된 기적들과는 완전히 다르다. 하나님께서는 나는 감추어진 곳과 캄캄한 땅에서 말하지 아니하였다고 말씀하신다(사 45:19). 바울은 주변에 있는 모든 사람들이 다 알아들 수 있도록, 그리고 그 결과를 기대할 수 있도록 큰 소리로 앉은뱅이에게 말하였다. 이 앉은뱅이는 거지가 아니었던 것으로 보인다. 본문은 그가 앉아 있었다고 말씀하고 있는데 구걸하려고 앉아 있었던 것은 아니다. 하지만 그가 다른 사람들이 주변에서 걸어다니는 모습을 보고 자신은 불구라는 사실을 생각할 때 상당히 우울해했을 것이라고 우리는 상상할 수 있다. 그러므로 바울의 말을 그가 얼마나 환영했겠는가! "네 발로 바로 일어서라. 너 자신을 도우 라 그리하면 하나님께서 너를 도우시리라. 네게 힘이 있든 없든 일어나 보라. 그리하면 네게 일어날 힘이 있다는 것을 알게 되리라." 어떤 사본에는 내가 주 예수 그리스도의 이름으로 말하노니 네 발로 일어서라고 기록되어 있다. 바울의 말에 이러한 의미가 담겨 있는 것이 분

명하며, 아마도 이렇게 표현했을 가능성이 많다. 그리고 그의 말에 능력이 따랐다. 곧바로 그 사람이 일어나 걸었다. 그가 앉아 있던 자리에서 일어나 똑바로 섰을 뿐 아니라 그가 완전히 치료된 것을 보여주었다. 즉시 모든 사람들 앞에서 이리저리 걸어 다녔다. 여기서 다음과 같은 성경의 예언의 성취되었다. 이방의 세계 곧 사막이 백합화 같이 피어 즐거워하며, 그 때에 저는 자는 사슴 같이 뛸 것이다(사 35:1, 6). 하나님의 은혜로 영적인 불구를 치료받은 사람들은 거룩한 희락으로 일어나며 거룩한 교제 가운데 걸어감으로 자신이 치료받은 사실을 보여주어야 한다.

Ⅱ. 이 치료가 사람들에게 준 감동. 사람들이 이에 놀랐다. 그들은 지금껏 이와 같은 일을 듣지 못하였으며, 따라서 무아지경에 이르렀다. 바울과 바나바는 그 지역에서 타인들이요 망명자들이며, 도피자들이었다. 모든 상황이 어울려서 그들을 초라하고 비천하게 만들었다. 비록 그리스도께서 많은 기적들을 행하셨어도 유대인들 가운데서 극도의 모욕을 피할 수 없었지만 여기서는 이 한 가지 기적만으로 사도들이 이 사람들 앞에서 정말로 위대하고 명예롭게 되고도 남았다. 우리는 여기서 다음과 같은 사실을 발견한다.

1. 사람들이 사도들을 신들로 여긴다(11절). 승리한 기분으로 자기네 방언(일반 사람들이 사용하는 말), 곧 루가오니아 방언으로 그들이 큰 소리로 말하였다. 이는 헬라어의 지방 사투리였다. 신들이 사람의 형상으로 우리 가운데 내려오셨다. 그들은 바울과 바나바가 구름 속에서 자기들에게로 내려왔다고 상상하였다. 그리고 그들이 비록 사람의 모양을 하고 있지만 신들과 다를 바 없는 거룩한 권세자들이라고 생각하였다. 이러한 관념은 이교의 사상과 일치하였다. 이교에는 신들이 이 천한 세상을 방문했다는 전설적인 이야기가 있었다. 그리고 신들이 자기네를 방문한 사실을 매우 자랑스럽게 생각하였다. 시인들이 신들에 대하여 노래한 개념에 따라, 자기들이 신들 가운데 누구라고 자처할 만큼 그들은 이러한 관념을 가지고 있었다(12절). 그들이 바나바는 제우스라 하였다. 그들이 바나바를 신으로 여긴다면 그를 신들의 왕으로 삼는 것도 문제 될 것이 없을 것이다. 그가 아마도 연상이었을 것이며, 보다 풍채가 좋고 잘생긴 사람이었으므로 그의 외모가 위풍당당하게 보였을 것이다. 그리고 바울은 헤르메스라 하였다. 헤르메스는 신들의 사자였고, 심부름꾼이었다. 바울이 바나바와 같은 풍채를 가지고 있지는 않았지만 주로 말하는 자였고 언어 구사력이 있었다. 따라서

그가 기질과 소질에 있어서 헤르메스 같은 요소를 가지고 있는 것처럼 보였을 것이다. 제우스가 헤르메스를 데리고 다니곤 하였다고 그들은 말하였다. 그리고 제우스가 자기네 성을 방문한다면 이렇게 헤르메스를 데리고 다닌다고 추측할 것이다.

2. 그런 까닭에 제사장이 그들에게 제사하고자 하였다(13절). 제우스의 신당이 그 성의 보호자와 수호자로서 그들 성문 앞에 있었던 것 같다. 그 우상과 신당의 제사장이 사람들이 이렇게 외치는 소리를 듣고 즉시 낌새를 알아챘으며, 그가 자신의 의무를 해야 할 때가 되었다고 생각하였다. 그는 비용이 많이 드는 많은 희생제물을 제우스 상에 바쳤다. 그러나 제우스가 직접 그들 가운데 있다면(in propria persona) 제사장은 상상할 수 있는 최대한의 영광을 돌려야 할 것이다. 사람들이 제사장과 함께 기꺼이 그런 일을 하고자 했다. 대중의 고함소리에 공허한 마음들이 얼마나 쉽게 흥분되는지 보라. 여기 제우스가 나타났다고 군중이 소리를 지르면 제우스의 제사장이 먼저 낌새를 알아채고 즉시 제사를 드린다. 하나님의 아들 그리스도께서 내려오시고 사람의 모양으로 나타나셨으며 매우 많은 기적들을 행하셨지만, 사람들이 그에게 희생 제사를 드리기는커녕 오히려 그들의 교만과 악의에 그를 희생시켰다. 그가 세상에 계셨으며 세상은 그로 말미암아 지은 바 되었으되 세상이 그를 알지 못하였고 자기 땅에 오매 자기 백성이 영접하지 아니하였나(요 1:10, 11). 그런데 바울과 바나바가 한 가지 기적을 행하자 즉시 신격화되었다. 이 세상 신은 육적인 마음으로 하여금 진리를 싫어하게 만들기 때문에 그런 신의 능력으로는 간단한 자백도 할 수 없다. 그들이 사도들에게 희생 제사를 드리기 위해 소를 가지고 왔고, 그 희생 제물을 장식하기 위해 화환들을 가지고 왔다. 이 화환들은 꽃들과 리본들로 이루어졌다. 그리고 그들이 제물로 바칠 황소의 뿔에 금을 입혔다.

희생 제사를 위해 짐승들을 먹인다.
처음에는 장식되고 그 다음에 피를 흘린다.
— Minutius Felix의 작품 중 옥타비우스의 말.

III. 바울과 바나바가 자신들에게 주어진 부당한 존경을 거부하며, 최선을 다해 물리친다. 이방의 제왕들 가운데 많은 자들이 스스로 신이라고 칭하였고,

자기가 신의 영광을 누리는 것을 자랑하였다. 하지만 그리스도의 종들은 실제로 사람들에게 은혜를 베푸는 사람들이었지만, 자기가 신인 것처럼 가장하는 이런 전제군주들과 달리 자기들에게 제시된 그러한 영광을 거절하였다. 이런 전제군주들의 후계자는 하나님의 성전에 앉아 자기를 하나님이라고 내세우는(살후 2:4) 자이며, 그는 우리 주 하나님으로 숭배되는 교황이라고 말할 수 있다. 관찰.

1. 바울과 바나바가 이 때에 거룩한 분노를 품었다. 두 사도 바나바와 바울이 듣고 옷을 찢었다. 사람들이 그들을 비방하고 돌로 치자고 말하였을 때 그들이 옷을 찢었다는 말씀을 우리는 볼 수 없다. 그들은 마음의 동요 없이 이런 일을 견딜 수 있었다. 하지만 사람들이 그들을 신격화하고 숭배하자고 말하였을 때 그들은 견딜 수 없었다. 그래서 자기들보다 하나님의 영광을 더욱 염려하여 옷을 찢었다.

2. 그들이 이를 막기 위해 노력하였다. 그들은 이러한 행위를 묵인하지 않았다. 또한 "사람들이 속는다면 속도록 내버려두자"고 말하지도 않았다. 더구나 사람들이 이러한 잘못을 계속하도록 참아준다면 자기들의 신변의 안전과 사역의 성공 모두에 도움이 될 것이며, 악을 선하게 이용할 수 있다고 스스로에게 그리고 서로에게 제안하지도 않았다. 아니다. 하나님의 진리는 사람의 거짓말의 도움을 필요로 하지 않는다. 그리스도께서 그들을 사도로 세우심으로 그들에게 충분한 영광을 베푸셨기 때문에 그들이 왕들의 영광이나 신들의 영광을 취할 필요가 없었다. 그들이 그리스도의 대사, 하나님의 비밀을 맡은 자로 칭해졌을 때 제우스와 헤르메스로 칭해지는 것보다 훨씬 더 위대한 칭호를 얻었다. 그들이 이를 어떻게 막아내었는지 살펴보자.

(1) 그들이 이 소식을 듣자마자 곧바로 무리 가운데 뛰어 들어갔다. 사람들이 어떻게 하나 보려고 잠시도 머뭇거리지 않았다. 그들이 주님의 종들로서 무리 가운데 뛰어 들어감으로 그들이 조금도 신들처럼 보이려 하지 않았고 신들의 신분을 취하려 하지 않았다는 것을 보여주었다. 그들은 경배를 받기를 기대하면서 가만히 서 있지 않았다. 오히려 무리들 가운데 뛰어 들어감으로 자신들에 대한 경배를 분명하게 거절하였다. 염병이 시작되었을 때 아론이 죽은 자와 산 자 사이에 섰을 때처럼(민 16:47) 많은 근심을 가지고 본격적으로 뛰어 들어갔다.

(2) 그들은 모든 사람이 들을 수 있도록 큰 소리로 "여러분이여 어찌하여 이러한 일을 하느냐? 당신들이 어찌하여 우리를 신으로 모시려 하느냐? 그것은 당신들이 할 수 있는 가장 터무니없는 일이다"라고 소리치므로 사람들을 설득하였다. 그 이유는 이렇다.

[1] "우리의 본성이 이를 수용하지 않을 것이다. 우리도 여러분과 같은 성정을 가진 사람이라." 호모이오파테이스. 이는 엘리야에 대하여 사용된 단어와 동일하다(약 5:18). 거기서는 우리와 성정이 같은 이라고 번역되었다. "우리도 사람일 뿐이다. 그러므로 너희가 오직 하나님에게 있는 것을 우리에게서 기대한다면 너희의 잘못이다. 너희가 오직 하나님께 속한 영광을 우리나 다른 사람들에게 돌린다면 이는 하나님을 모욕하는 행동이 될 것이다. 우리는 너희가 보고 있는 몸을 가지고 있을 뿐 아니라 너희와 같은 성정을 가진 사람들이며, 다른 사람들과 같은 마음(시 33:15)을 가지고 있다. 물에 비치면 얼굴이 서로 같은 것 같이 사람의 마음도 서로 비치느니라(잠 27:19). 당연히 우리는 인간 본성의 동일한 약점을 가지고 있고, 인간생활의 동일한 재난을 면하기 어렵다. 우리는 사람들일 뿐 아니라 죄인들이며 고난을 당하는 사람들이다. 그러므로 우리가 신격화되어서는 안 될 것이다."

[2] "우리의 교리가 직접적으로 이를 반대한다. 너희의 신들을 폐하는 것이 우리의 임무인데 오히려 너희의 신들의 숫자에 우리가 디해져야 하는가? 여러분에게 복음을 전하는 것은 이런 헛된 일을 버리고 살아 계신 하나님께로 돌아오게 함이라. 우리가 이런 일을 당하여 너희를 돌아오게 하는 것이 우리의 임무임을 너희에게 보여주어야 할 것이다." 사도들이 이 일을 계기로 그들이 우상을 버리고 하나님께로 돌아오는(살전 1:9) 것이 얼마나 당연한가를 보여주었다. 사도들이 우상숭배를 싫어한 유대인들에게 설교할 때는 그리스도 안에 있는 하나님의 은혜만을 전하면 되었고, 선지자들이 조상들에게 말씀하였을 때처럼 우상숭배의 해독을 전할 필요가 없었다. 그러나 사도들이 이방인들에게 설교할 때는 그들이 따른 자연종교의 오류를 고쳐주어야 했고, 그들을 엄청난 타락으로부터 구출해야 했다. 여기서 사도들이 이방인들에게 전한 말씀의 내용을 보라.

첫째, 그들과 그들의 조상들이 숭배했던 신들, 그리고 그 모든 숭배의식들은 헛된 일이며, 이성적으로는 설명할 수 없을 만큼 쓸모 없고 이치에 맞지 않고 무익한 일이며, 그것으로부터 아무런 유익을 얻을 수 없다. 구약에서 우상들이 종종 헛된 것이라고 일컬어졌다(신 32:21; 왕상 10:13; 렘 14:22). 우상은 세상에 아무 것도 아니다(고전 8:4). 신으로 가장한 우상은 아무것도 아니며, 속이는 것이며, 가짜다. 우상은 그것을 의지하고 그것으로부터 구원을 바라는 사람들을 속인다. 그러므로 이런 헛된 것들로부터 돌아서라. 에브라임이 "내가 다시 우상과 무슨 상관이 있으리요?(호 14:8), 내가 다시는 우상숭배에 빠지지 않으리라"고 말한 것처럼 혐오감과 증오심을 가지고 우상으로부터 돌아서라.

둘째, 사도들이 이방인들에게 하나님께로 돌아오라고 말하였는데 그 하나님은 살아 계신 하나님이시다. 지금까지 이방인들이 그들을 전혀 도울 능력이 없는 죽은 우상들을 숭배하였다(사 64:9). 또는 이방인들이 (지금 그들이 꾀하고 있는 것처럼) 그들을 쉽게 도울 능력이 없는 죽어가는 사람들을 숭배하였다. 그러나 이제 살아 계신 하나님을 경배하라고 설득당하고 있다. 그 하나님 자신 안에 생명이 있고, 그 생명은 우리를 위한 생명이요 영원한 생명이다.

셋째, 이 하나님이 세상을 만드신 창조주시며, 모든 존재와 능력의 근원이시다. "그가 하늘과 땅과 바다와 그 가운데 모든 것을 만들고, 심지어 너희가 지금 신들로 숭배하는 그런 것들도 만드셨다. 그러므로 그는 너희가 숭배하는 신들의 하나님이시다. 너희는 너희가 만든 신들을 숭배하고 있다. 그것들은 너희가 상상하여 만든 것이며, 너희 손으로 만든 작품이다. 너희는 참되신 하나님을 섬기고 너희 자신을 속이지 말라고 우리가 명한다. 모든 것을 주관하시는 주님을 경배하라. 그리고 그의 피조물과 백성들에게 절하므로 너희 자신의 명예를 해치지 말라."

넷째, 하나님께서 오래 참으심으로 말미암아 우상숭배에 대하여 세상을 멸하지 않으셨다(16절). 지나간 세대에, 곧 여러 세대 동안 오늘에 이르기까지, 모든 민족으로 자기들의 길들을 가게 방임하셨다. 다른 신들을 섬기지 말라고 명령을 받은 이 우상숭배자들이 이렇게 생각했을 것이다. "지금까지 우리가 이 신들을 섬겨오지 않았는가? 그리고 우리 앞서 아득한 옛날부터 우리 조상들도 그리하지 않았는가? 그런데 어찌하여 우리가 그처럼 그 신들을 계속 섬기지 않겠는가?" 아니다. 너희가 그 신들을 섬긴 것은 하나님의 인내를 시험한 것이었으며, 이로 인하여 너희가 끊어지지 않은 것은 경이로운 자비였다. 너희가 무지하였을 때, 잘 알지 못하였을 때 행한 일에 대하여 하나님께서 너희를 멸하지 않으셨지만(17:30), 복음을 세상에 보내신 지금, 그리고 그로 말미암아 하나님 자신과 그 뜻을 유대인에게만 아니라 모든 민족에게 알게 하신 지금, 너희가 여전히 우상숭배를 계속한다면 하나님은 지금껏 하신 대로 너희를 참지 않으실 것이다. 거룩한 계시를 받지 못한 모든 나라들, 즉 유대인들 외에 모든 민족들의 경우는 하나님께서 자기들의 길들을 가게 방임하셨다. 왜냐하면 그들이 그들의 양심과 생각들(롬 2:15) 외에는 자신의 길을 점검하거나 조절할 아무것도 가지고 있지 않았기 때문이다. 그들에게 성경도 없었고 선지자들도 없었다. 그러므로 그들이 길을 잘못 들었어도 변명의 여지가 있었다. 하지만 하나님께서 세상에 계시를 보내어 모든 민족에게 반포하게 하신 지금의 경우는 다르다. 하나님이 모든 민족으로 자기들의 길들을 가게 방임하시고, 그들을 마음의 정욕대로 내버려 두신 것을 우리는 모든 민족에 대한 심판으로 이해할 수 있다. 그러나 이제 모든 민족의 얼굴을 가린 가리개와 열방 위에 덮인 덮개를 제하시는(사 25:7) 때가 되었다. 이제 너희가 이런 헛된 일에 대하여 더 이상 변명하지 못할 것이며, 반드시 그것들로부터 돌아서야 한다. 적용. 1. 지금까지 하나님께서 우리에 대하여 오래 참으심은 우리로 회개하도록 하기 위함이며, 우리로 대담하게 죄를 지속하게 하므로 하나님을 진노케 하기 위함이 아니다. 2. 우리가 몰랐을 때 행한 잘못이 잘 알게 되었을 때의 잘못을 지원하지 않는다.

다섯째, 그들이 하나님의 말씀의 지시나 교정을 받지 못하였을 때에도 하나님께서 행하신 일들을 통하여 그들이 바로 행해야 한다는 사실을 알 수 있었고, 또 알았어야 한다(17절). 유대인들이 헛된 우상들을 반박하고 하나님을 증거하는 데 사용해야 했던 규례와 법도를 이방인들은 가지고 있지 않았고, 증거판이나 증거의 성막도 없었다. 그러나 하나님께서 자기를 증언하지 아니하신 것이 아니었다. 하나님께서 이방인들 속에 두신 증언(자연적인 양심의 지시) 외에 그들 주변에 하나님을 증거하는 증언들, 곧 풍성한 일반 섭리가 있었다. 이방인들에게 성경이 없었다는 것이 그들의 변명의 여지가 되었다. 그러므로 하나님께서 유대 나라를 징계하셨던 것처럼 그들의 우상숭배에 대하여 그들을 멸하지 않으셨다. 그러나 이것이 그들의 완전한 변명거리가 되지는 못하였다. 성경이 없었다는 변명의 여지에도 불구하고 그들은 하나님 앞에서 큰 죄를 저질렀다. 왜냐하면 하나님에 대한 다른 증언들이 있었기 때문이다. 그 증언들이 오직 하나님 한 분만이 경배를 받으셔야 하며, 그들을 만족하게 하신 하나님을 섬겨야 한다는 사실을 그들에게 충분히 알려주었다. 그런데도 그들이 하나님을 멀리한 것은 가장 큰 불의요 배은망덕한 죄였다. 자기를 증언하지 아니하신 것이 아닌 하나님이 우리를 안내자 없이 버려두지 않으셨고, 우리가 변명할 수 없게 안내해 주셨다. 우리가 오직 하나님께만 돌려야 마땅한 영광을 다른 어떤 것에 돌린다면 하나님에 대한 모든 증언은 곧 우리에 대한 고발이 되는 것이다.

1. 풍성한 일반섭리가 하나님이 한 분이시라는 사실을 우리에게 증언한다. 풍성한 일반섭리는 이러한 목적으로 널리 시행되고 있다. 비와 결실기가 우연히 올 수 없으며, 이방인 우상 가운데 능히 비를 내리게 할 자가 없으며, 하늘이 능히 소나기를 내릴 수 없다(렘 14:22). 자연의 모든 권세들이 자연의 하나님 안에 있는 주권적인 권세를 우리에게 증언한다. 그 권세들이 바로 하나님에게서 기인하였고, 그를 의지하여 존재한다. 하늘이 우리에게 비를 내리는 것이 아니라 하나님께서 하늘로부터 우리에게 비를 내리시며, 하나님께서 비의 아비가 되신다(욥 38:28).

2. 우리가 이러한 풍성한 일반 섭리를 통해 얻는 은혜가 우리에게 증언하는 것은 우리에게 쓸모 있도록 만들어진 피조물에게 우리가 감사해서는 안 되며 그 모든 것을 지으신 창조주께 감사해야 한다는 사실이다. 하나님이 선한 일을 하사 자기를 증언하지 아니하신 것이 아니었다. 하나님은 그의 위대하심에 대한 증거보다도 그의 선하심에 대한 실례들이 우리의 존경과 경배를 받을 수 있는 권리를 더욱 풍성하고 설득력 있게 증거한다고 생각하신 듯하다. 왜냐하면 그의 선하심이 곧 그의 영광이기 때문이다. 세상에는 여호와의 인자하심이 충만하도다(시 33:5). 여호와께서는 모든 것을 선대하시며 그 지으신 모든 것에 긍휼을 베푸시는도다. 그러므로 주께서 지으신 모든 것들이 주께 감사하나이다(시 145:9, 10). 하나님께서 우리를 선대하시는데, 그의 공기를 우리에게 주셔서 호흡하게 하시며, 그의 땅을 밟고 다니게 하시고, 그의 태양 빛으로 우리로 보게 하신다. 그러나 우리 각자가 하나님의 선하심을 가장 잘 느낄 수 있는 실례는 매일 우리를 위하여 먹을 것과 마실 것을 공급하신다는 것이다. 사도는 이 사실을 강조하며, 하나님께서 어떻게 우리를 선대하시는지 보여주기를 원한다.

(1) 우리의 양식이 원인들의 긴 연결을 통하여 준비되는데 하나님께서 그 모든 원인들의 제일 원인이 되신다. 나는 하늘에 응답하고 하늘은 땅에 응답하고 땅은 곡식과 포도주와 기름에 응답하고 또 이것들은 이스르엘에 응답하리라(호 2:21, 22). 하나님은 하늘에서 비를 내리시므로 우리를 선대하신다. 비는 우리의 마실

물이 된다. 만일 비가 내리지 않는다면 물 샘도 없을 것이며 우리는 곧 목말라 죽을 것이다. 하나님께서 우리에게 비를 내리시므로 우리에게 결실기를 주신다. 하늘이 철과 같다면 땅은 놋과 같이 될 것이다(레 26:19). 땅을 윤택하게 하는 것이 하나님의 강이며, 이로써 하나님께서 우리에게 곡식을 주신다(시 65:9-13). 일반 섭리의 모든 시행 중에 최고의 하나님이라는 관념을 형성하므로 이방인들이 두려움을 나타내고 그에 대한 경외심에 놀라게 한 이것이 바로 우레였다. 그러므로 이방인들이 제우스를 뇌신(雷神)이라고 불렀고, 그 손에 벼락을 잡은 존재로 표현하였다. 시편 29편 3절에 보면 이러한 사실이 간과되어서는 안 될 것 같다. 그러나 사도는 여기서 우리로 하나님을 경배하도록 하기 위해 우리 앞에 하나님의 선하심을 소개하며, 이로써 우리가 하나님과 관계된 모든 일에 있어서 좋은 생각을 가질 수 있게 한다. 그리고 하나님은 하늘로부터 비를 내리시며 결실기를 주시는 선을 행하시고 우리를 선대하시는 분으로서 우리로 그를 사랑하고 기뻐하게 한다. 만일 어느 때고 비가 내리지 않거나 결실기를 맞이하지 못한다면 그것은 자업자득이다. 우리에게 오고 있는 좋은 것을 우리로부터 내쫓고, 하나님의 은혜의 흐름을 막는 것은 죄다.

(2) 하나님께서 우리에게 만족을 주신다. 음식과 기쁨으로 우리의 마음에 만족하게 하신 분이 하나님이시다. 하나님은 모든 사람에게 부요하시다(롬 10:12). 그는 우리에게 모든 것을 후히 주사 누리게 하시는 하나님이시다(딤전 6:17). 그는 은혜를 베푸시는 분이실 뿐 아니라 후히 주시는 분이시며, 우리에게 필요한 것을 주시며 또한 그것을 기쁨으로 누리게 하신다(전 2:24). 그는 음식으로 우리의 마음에 만족하게 하셨다. 즉, 우리의 마음이 만족할 만큼 음식을 주시며, 혹은 우리의 마음에 소원하는 대로 음식을 주신다. 단순히 필요한 것을 주시는데 그치지 않고 충분한 것, 맛있는 것, 다양한 것을 주신다. 그에 대한 지식을 상실하고 다른 신들을 숭배한 나라들조차 하나님이 좋은 것으로 그들의 집을, 그들의 입을, 그들의 배를 채우셨다(욥 22:18; 시 17:14). 세상에서 하나님 없이 산 이방인들도 하나님으로 살았다. 바로 이 때문에 우리를 미워하는 자에게 선을 베풀라고 그리스도께서 말씀하셨다(마 5:44, 45). 이 이방인들이 음식으로 그 마음에 만족하게 되었다. 이것이 그들의 더없는 행복이며 만족이었으며, 그들은 너 이상 바라지 않았다. 하지만 이런 것들이 그 심령을 족하게 하지 못할 것이며(겔 7:19), 영혼의 가치를 아는 사람들은 이런 것들로 만족하지 못할 것이다. 그러나 사도들은 자신

들을 하나님의 은혜를 나눈 자들로 여기고 있다. 우리 모두는 하나님께서 음식과 기쁨으로 우리 마음에 만족을 주신다는 사실을 인정해야 한다. 우리는 단순히 음식만 먹는 게 아니라 기쁨으로 즐겁게 살아갈 수 있다. 우리가 평생에 슬픔 속에서 먹지 않는 것이 하나님에 대한 의무이다. 적용. 우리는 음식뿐 아니라 우리의 기쁨에 대하여 하나님께 감사해야 한다. 하나님은 우리가 기쁘게 사는 것을 허락하시며, 기뻐할 이유, 기뻐할 마음을 주신다. 우리의 마음이 음식과 기쁨으로 만족한다면 그 마음은 반드시 사랑과 감사로 충만해야 할 것이며, 또한 사명과 순종으로 넓어져야 할 것이다(신 8:10; 28:47).

마지막으로, 사도들이 무리를 말린 것이 성공하였다(18절). 이렇게 말하여 겨우 무리를 말려 자기들에게 제사를 못하게 하니라. 이 우상숭배자들이 아주 열심히 우상숭배를 착수하였다. 사도들이 신격화 되는 것을 거부하였지만 소용없었다. (사도들의 거부를 그들은 겸손해서 그런 줄 알았다.) 사도들이 분개하고 그 악을 무리에게 보여주었지만 별 소용이 없었다. 왜냐하면 사도들이 무리의 행동을 제지할 수 없었기 때문이다. 개중에는 제사장이 자기 사명을 하지 않았다고 그를 비난하려 하였다. 여기서 우리는 이교도의 우상숭배를 일으킨 것이 무엇인지 알 수 있다. 그것은 위로의 근원되신 하나님께 존경을 드리지 않고 위로의 수단에다 존경을 돌리는 것이다. 바울과 바나바가 앉은뱅이를 고쳤고, 이로 인해 무리가 그러한 능력을 주신 하나님께 영광을 돌리지 않고 그들을 신격화하였다. 이로 보아 우리는 오직 하나님께 돌려야 할 영광을 다른 사람이나 혹 우리 자신에게 돌리지 않도록 조심해야 한다.

[19]유대인들이 안디옥과 이고니온에서 와서 무리를 충동하니 그들이 돌로 바울을 쳐서 죽은 줄로 알고 시외로 끌어 내치니라 [20]제자들이 둘러섰을 때에 바울이 일어나 그 성에 들어갔다가 이튿날 바나바와 함께 더베로 가서 [21]복음을 그 성에서 전하여 많은 사람을 제자로 삼고 루스드라와 이고니온과 안디옥으로 돌아가서 [22]제자들의 마음을 굳게 하여 이 믿음에 머물러 있으라 권하고 또 우리가 하나님의 나라에 들어가려면 많은 환난을 겪어야 할 것이라 하고 [23]각 교회에서 장로들을 택하여 금식 기도 하며 그들이 믿는 주께 그들을 위탁하고 [24]비시디아 가운데로 지나서 밤빌리아에 이르러 [25]말씀을 버가에서 전하고 앗달리아로 내려가서 [26]거기서 배 타고 안디옥에 이르니 이 곳은 두 사도가 이룬 그 일을 위하여 전에 하나님의 은혜에 부탁하

던 곳이라 [27]그들이 이르러 교회를 모아 하나님이 함께 행하신 모든 일과 이방인들에게 믿음의 문을 여신 것을 보고하고 [28]제자들과 함께 오래 있으니라

우리는 여기서 바울과 바나바의 섬김과 고난에 대한 자세한 이야기를 볼 수 있다.

I. 바울이 돌에 맞아 죽은 줄 알고 버려졌으나 기적적으로 다시 소생하였다 (19, 20절). 무리가 바나바보다 바울을 공격하였다. 왜냐하면 바울이 주로 말하는 자였고, 바나바보다 그들의 속을 태우고 귀찮게 하였기 때문이다. 관찰.

1. 무리가 바울에게 몹시 성을 내었다. 바울이 그들에게 어떠한 해를 끼쳤다고 그들이 주장하지는 않았다. (만일 그들이 바울이 하고자 한 일을 모욕으로 오해하였다면 바울에게 신의 영광을 돌리지 않았을 것이다. 아무리 그들이 바울의 잘못을 쉽게 용서할지라도 그에게 신의 영광을 돌리지는 않을 것이다.) 그러나 유대인들이 안디옥에서 왔다. 그들은 바울과 바나바가 루스드라에서 큰 존경을 받았다는 소리를 듣고 분히 여겼다. 그리하여 그들은 바울과 바나바가 당쟁을 일삼고 선동적이며 위험한 사람들이어서 그 곳에 머물게 해서는 안 된다고 무리를 충동하였다. 그리스도의 복음에 대한 유대인들의 분노가 얼마나 격한지 보라. 어디서든 복음이 발붙이는 것을 그들은 참을 수 없었다

2. 이 야만적인 유대인들에 의해 그들이 상당히 흥분하였다. 폭도가 일어나 돌로 바울을 칠 정도였다. 그들의 이러한 난폭한 행동은 합법적인 판결에 의한 것이 아니라 대중의 폭동에 의한 것이었다. 그들이 바울을 돌로 때려 눕히고 시외로 끌어 내쳤다. 그를 시외로 끌어 내친 것은 그가 시내에서 살 자격이 없다고 여겼기 때문이거나 혹은 죽은 줄로 알고 장사지내려고 짐마차에 태워 끌고 간 것이다. 부패하고 육욕적인 마음은 악한 것으로 기우는 경향이 매우 강하여 극단으로 치우친다. 즉, 한편으로는 악을 제어하기가 너무 힘들고 또 다른 한편으로는 악에 설득당하는 것이 너무 쉽다. 육욕적이고 세속적인 사람들의 심령이 얼마나 잘 변하고 변덕스러운가를 보라. 그들은 진실을 알지도 못하고 또 깊이 생각하지도 않는다. 전에 사도들을 인간 이상으로 대우했던 그들이었으나 이제는 짐승보다 못한 존재, 가장 흉악한 인간, 가장 끔찍한 범인으로 취급한다. 오늘은 호산나라고 외치고 내일은 십자가에 못 박으라고 외친다. 우리는 반대의 사례도 볼 수 있다(28장). 방금 이 사람은 살인한 자로다 라고 말한 뒤 금세 그는

신이라고 말을 바꾼다(4, 6절). 대중의 호흡은 바람처럼 돌아선다. 바울이 헤르메스였다면 그는 왕좌에 앉혀졌을 것이다. 아니 사당에 모셔졌을 것이다. 그러나 그가 그리스도의 충성스러운 종이라면 그는 돌에 맞아 시외로 끌어 내쳐질 것이다. 이처럼 강한 망상에 쉽게 빠지는 사람들은 진리를 사랑하고 받아들이기를 싫어한다.

3. 바울이 하나님의 능력으로 구원받았다. 시외로 끌어 내치니라 제자들이 둘러 섰을 때에(20절). 루스드라에서 얼마가 제자가 된 듯하다. 그들은 사도들을 신격화하는 것과 그들을 내치는 것 사이에서 중용을 찾았다. 비록 그들이 새로운 회심자들이었지만 이와 같이 바울이 쓰러졌을 때 바울을 지지할 용기를 가지고 있었다. 사실 바울을 돌로 친 사람들이 바울을 인정한 제자들을 돌로 칠 위험이 충분히 있었지만 그들은 용기 있게 바울을 지지하였던 것이다. 이 제자들이 더 이상의 폭력으로부터 바울을 보호하기 위하여 바울 곁에 둘러섰다. 그리고 바울이 살았는지 죽었는지 보려고 그 곁에 서 있었다. 뜻밖에 바울이 일어났다. 바울이 죽지는 않았지만 심하게 다치고 상하였으며 실신하였다. 그는 가사 상태였기에 기적이 아니고는 금방 소생할 수가 없었고, 그 도시 안으로 들어올 수가 없었다. 적용. 하나님의 충성된 종들이 죽음의 단계에 들어가 친구들과 대적들 모두에게 죽은 것처럼 보일지라도 하나님께서 함께 하시는 한 죽지 아니할 것이다. 거꾸러뜨림을 당하여도 망하지 아니하고(고후 4:9).

II. 사도들이 반대에 부딪혔음에도 불구하고 그들의 사명을 계속 수행하였다. 무리가 바울에게 던진 모든 돌들이 그의 사명을 떠나게 하지는 못하였다. 그들이 바울을 시외로 끌어 내쳤다(19절). 그러나 바울이 그들을 무시하기나 하는 것처럼 다시금 그 성에 들어왔다. 이는 바울이 그들을 두려워하지 않았다는 것을 보여주기 위함이었다. 이런 것들이 그를 전혀 흔들지 못하였다. 그러나 이 곳에서의 박해를 계기로 그들이 다른 곳에서 쓰임받을 기회를 찾게 되었다. 그래서 그들이 곧바로 루스드라를 떠난다.

1. 그들이 더베로 가서 새로운 땅을 갈고 씨를 뿌렸다. 이튿날 바울이 바나바와 함께 출발하여 멀리 떨어진 한 성에 도착하였다. 그 곳에서 그들이 복음을 전하여 많은 사람을 제자로 삼았다(21절). 그 성에 디모데가 있었고, 그는 안디옥에서 바울을 만나 이 모든 순회 여행 중에 그를 수행한 제자들 가운데 하나였다. 이 이야기와 관련하여, 바울은 안디옥과 이고니온과 루스드라에서 당한 일과 어떠한

박해를 받은 것을 그(디모데)가 알았다고 그에게 말한다(딤후 3:11). 더베에서 일어난 일은 하나도 기록되지 않았다.

2. 그들이 돌아와서 다시금 그들의 일을 하였고, 그들이 씨를 뿌린 밭에다 물을 주었다. 그리고 더베에 필요한 만큼 머물다가 그들이 복음을 전했던 루스드라, 이고니온, 그리고 안디옥으로 돌아갔다(21절). 지금까지 우리가 사도들이 기초를 세우고 선한 일을 시작하는데 사용했던 방법에 대한 교훈적인 이야기를 들었고, 이제부터는 그 기초 위에 건축하고 선한 일을 지속하는 등의 내용을 여기서 보게 될 것이다. 그들이 무슨 일을 하였는지 살펴보자.

(1) 그들이 제자들의 마음을 굳게 하였다. 그들을 견고하게 하는데 필요한 내용을 그들에게 반복하여 가르쳤다(22절). 새로운 회심자들은 흔들리기 쉽고 조그만 일에도 충격을 받는다. 그리고 그들의 옛 친구들은 자기들을 떠나지 말아달라고 빌었다. 그들은 옛 친구들을 자기들보다 더 지혜롭다고 여기는데 그 친구들이 그들의 변화가 불합리하고 무례하며 그리고 위험하다고 늘어놓았다. 또한 출세에 대한 기대로 말미암아 그들은 조상들의 전통을 고수해야 한다는 유혹을 받았다. 그들은 흐름을 거슬러 올라가는 위험을 두려워하였다. 이 모든 것이 그들을 유혹하여 조만간 믿음에서 후퇴하리라는 생각을 갖게 한다. 그러나 사도들이 와서 이것이 하나님의 참된 은혜임을 증언하노니 너희는 이 은혜에 굳게 서라(벧전 5:12), 그리고 그리스도 인에 있는 그들의 분복을 상실할 위험을 제하고, 그리스도에 대한 믿음을 버림으로 이익을 취하지 말라고 그들에게 말한다. 그들이 어떠한 시험을 당할지라도 그들은 그리스도로부터 그 모든 시험을 통과할 힘을 얻을 것이다. 또한 그들이 어떤 손해를 볼지라도 그들은 충분한 보상을 받을 것이다. 사도들이 이러한 말씀으로 제자들의 마음을 굳게 하였다. 이처럼 사도들은 제자들의 경건한 결심을 굳게 하였고, 이로써 그들로 어떠한 희생을 치르더라도 그리스도의 능력 안에서 그리스도를 붙잡게 하였다. 적용. [1] 회심한 사람들은 결심을 굳혀야 한다. 심어진 사람들은 뿌리를 내려야 한다. 목회자의 사역은 죄인들을 깨우치는 것과 아울러 성도들을 세우는 것이다. Non minor est virtus quam quaerere parta tueri— 유지하는 것이 때로는 획득하는 것 못지않게 어렵다. 진리의 교육을 받은 사람들은 그들이 교육받은 사실의 확실성을 알아야 한다. 결심한 사람들은 그 결심이 굳건해야 한다. [2] 진정한 확증은 마음의 확증이다. 그것은 배교자들에게 가혹한 형벌을 가함으로써 몸을

묶어두는 것이 아니라 마음을 묶어두는 것이다. 훌륭한 목회자들은 적절한 압박으로 성도들의 영혼을 묶어둔다. 제자들의 마음을 효과적으로 굳게 할 수 있는 것은 다름 아닌 하나님의 은혜다.

(2) 사도들이 이 믿음에 머물러 있으라 권하였다. 혹은 이를, 사도들이 그들을 격려하였다라고 해석할 수도 있다. 끝까지 견디는 것이 그들의 사명이자 유익이 된다고 사도들이 제자들에게 말하였다. 곧 그리스도께서 하나님의 아들이 되시고 세상의 구주가 되신다는 믿음 안에 거하는 것이 그들의 사명이요 유익이 된다는 말이었다. 적용. 믿음 안에 있는 사람들은 세상의 냉소와 핍박으로 말미암아 그 믿음을 버리도록 온갖 유혹을 당하지만, 그 모든 시험에도 불구하고 이 믿음에 머물러 있어야 한다. 그들은 이 믿음에 머물러 있으라고 자주 권면을 받을 필요가 있다. 계속적으로 배교의 유혹에 둘러싸여 있는 사람들은 믿음을 끝까지 지키도록 강도 높은 권면을 계속 받아야 한다.

(3) 사도들은 그들이 하나님의 나라에 들어가려면 많은 환난을 겪어야 할 것이라고 역설하였다. 그들 뿐 아니라 우리도 마찬가지다. 하나님의 나라에 들어가기를 원하는 모든 사람들은 그리로 가는 길에 환난과 핍박을 당할 것을 예상해야 한다. 하지만 이런 예상을 하는 것이 과연 제자들의 마음을 굳게 하여 이 믿음에 머물러 있으라고 권하는 방법인가? 어떤 이들은 생각하기를, 그러한 예상이 오히려 성도들에게 충격을 주어 그들을 지치게 할 것이라고 한다. 그렇지 않다. 사실을 똑바로 말하고 모든 사실을 밝힐 때에 그것이 그들의 마음을 굳게 하고 그리스도께 붙어있도록 하는데 도움이 될 것이다. 그들이 환난과 많은 고난을 당하리라는 것은 사실이다. 즉, 최악의 경우를 만날 것이다. [1] 그것은 정해진 것이다. 그들은 그 환난을 견디어내야 하며, 구제 방법이 없다. 상황은 이미 정해졌고 변경될 수가 없다. 우리를 주관하시는 주님께서는 무릇 그리스도 예수 안에서 경건하게 살고자 하는 자는 박해를 받으리라(딤후 3:12)고 우리의 길을 정하셨다. 그리고 우리에게 권세 있게 명하시는 주님은 그리스도의 제자가 되고자 하는 모든 자들은 반드시 자기 십자가를 져야 한다고 결정하셨다. 그러므로 우리가 그리스도께 굴복하였을 때 이미 자기 십자가를 지겠다고 동의한 것이다. 우리가 먼저 앉아 그 비용을 계산할 때 똑바로 계산하였다면 우리가 십자가 지는 것이 그 계산 가운데 포함되었을 것이다. 말씀 때문에 환난과 핍박을 당할지라도 그것은 이미 우리가 앞서 통지를 받은 것에 불과하다. 이는 내게 작정하신 것을

이루실 것이라(욥 23:14)는 말씀대로 되는 것이다. 상황은 변할 수 없이 정해졌다. 바위가 그 자리에서 옮겨지겠느냐?(욥 18:4) [2] 고난은 그리스도의 군사들뿐 아니라 지도자들이 감당해야 할 몫이다. 너희뿐 아니라 우리가 (그것이 고난이라 할지라도) 그것을 감당해야 한다. 그러므로 너희의 고난이 너희에게 거침돌이 되지 말아야 하는 만큼 우리의 고난도 우리에게 거침돌이 되지 말아야 한다. 살전 3:3을 보라. 아무도 이 여러 환난 중에 흔들리지 않게 하려 함이라 우리가 이것을 위하여 세움 받은 줄을 너희가 친히 알리라. 그리스도께서 앞서 받으신 고난 이상의 섬김을 사도들에게 요구하지 않으신 것처럼 사도들도 평신도들에게 과도한 섬김을 요구하지 않았다. [3] 우리가 많은 환난을 예상해야 하지만 우리가 그 환난을 반드시 통과하리라는 사실은 고무적이다. 환난은 홍해와 같지만 주님은 구속받은 자들이 지날 수 있도록 그 홍해의 길을 열어주셨다. 우리는 고난으로 내려가야 하지만 다시금 올라올 것이다. [4] 우리가 그 고난을 통과할 뿐 아니라 하나님의 나라에 들어가게 될 것이다. 마지막에 누릴 기쁨과 영광이 우리가 그 길을 가면서 당한 모든 어려움과 고난을 충분히 보상해 줄 것이다. 우리가 십자가를 통과해야 하는 것은 사실이지만 우리가 계속 그 길로 나아가고 뒤돌아서지 아니한다면 면류관을 얻는다는 것 또한 사실이다. 이러한 믿음의 소망으로 말미암아 우리는 환난을 편안하고 즐겁게 맞이할 것이다.

(4) 사도들이 각 교회에서 장로들을 택하여 세웠다. 이제 이 두 번째 방문에서 그들은 어느 정도 질서를 세웠고, 세움을 받은 사역자들의 인도 하에 경건한 교제를 나누게 하였으며, 말씀을 배우는 자와 가르치는 자를 구분하였다. [1] 각 교회가 지도자 혹은 우두머리를 두었다. 그들의 직분은 교인들과 함께 기도하는 일이요, 정규 집회에서 교인들에게 설교하는 일이며, 그들에게 복음의 모든 의식들을 집행하는 일이고, 또한 교인들을 감독하고 무식한 자를 훈계하며 무법한 자들을 권계하며 마음이 약한 자들을 격려하고 거슬러 말하는 자들을 책망하는 일이었다. 각 교회는 교회를 주관할 사람을 한 사람 또는 그 이상 반드시 모셔야 한다. [2] 그 지도자들이 바로 장로들이었다. 장로의 자격은 지혜와 어른으로서의 근엄함이며, 장로의 임무는 어른의 권위로 통솔하는 것이었다. 새로운 계명을 만드는 것이 그들의 임무가 아니며(이는 왕이시요 위대한 입법가이신 주님의 권한이다. 교회 정치는 절대군주제이며, 입법권은 절대적으로 그리스도께 있다), 다만 그리스도께서 명하신 계명을 자신들이 먼저 순종하고 복종하는 가

운데 교인들이 순종하고 실행하는가를 감독하는 것이다. [3] 이런 장로들이 위임되었다. 자천이든 타천이든 추천된 사람들(사도들이 올렸든 평신도들이 올렸든)의 자격은 사도들이 판단하였다. 사도들이 가장 훌륭한 판단을 할 수 있었기 때문이다. 사도들이 헌신된 사람들을 엄격하게 구별하여 그들에게 목회직분을 맡기고 교회를 책임지게 하였다. [4] 이 장로들이 교회에 덕을 세우고 제자들을 섬길 수 있도록 임명되었다. 믿음 안에 있는 자들이 교회 안에서 세워져서 장로들의 도움을 받을 필요가 있다. 목사와 교사로 삼으셨으니 이는 성도를 온전하게 하며 봉사의 일을 하게 하며 그리스도의 몸을 세우려 하심이라(엡 4:11, 12).

(5) 금식 기도 하며 그들이 믿는 주께 그들을 위탁하였다. 적용. [1] 사람들이 믿게 되었을 때에도 그들에 대한 목회자들의 돌봄이 끝난 것이 아니다. 그들을 계속 감독하고 계속 가르치고 훈계할 필요가 있다. 그들의 믿음은 여전히 부족하기 때문에 온전해져야 할 필요가 있다. [2] 믿는 사람들을 돌보는 목회자들은 결국 주님께 그들을 위탁해야 하며, 주님의 보호와 그의 은혜로우신 인도에 맡겨야 한다. 아버지여, 당신의 이름으로 그들을 보전하옵소서. 목회자들은 주님의 보호에 자신들을 맡기고 또한 교인들을 맡겨야 한다. [3] 그들이 기도로써 주님께 맡겨져야 한다. 그리스도께서는 기도 중에(요 17장) 그의 제자들을 아버지께 맡기셨다. 그들은 아버지의 것이었는데 내게 주셨나이다 아버지여 그들을 지켜주옵소서 (개역개정판과 다름). [4] 제자들을 주님께 맡기되 "그들이 믿는 주께" 맡긴다는 말씀이 우리에게 큰 위로가 된다. 그들 스스로 주께 맡긴 사람들을 우리가 주님께 맡기는 것이다. 우리가 주님께 맡긴 그 사람들 스스로가 자신들을 주님께 맡기었고, 또한 사도들과 우리가 주님께 의탁한 것을 그 날까지 그가 능히 지키실 줄을 그들이 확신(딤후 1:12)하고 있는 것이다. [5] 죄에 대한 겸손의 표로서, 또한 우리의 기도에 힘을 돋우기 위하여 기도와 함께 금식을 하는 것이 좋다. [6] 믿음의 친구들과 작별할 때 가장 좋은 작별 인사는 그들을 주님께 의탁하고 맡기는 것이다.

3. 그들이 전에 있었던 다른 곳으로 가서 계속 복음을 전하였으나 교회를 이룰 만큼 많은 회심자들을 얻지는 못하였던 것 같다. 그래서 그들이 그리로 간 것은 회심의 사역을 계속 수행하기 위함이었다. 그들이 안디옥(비시디아의)에서부터 비시디아 가운데로 지났는데, 그 지방 안에 안디옥이 있었다. 거기서 그들이 밤빌리아 지방에 이르렀는데, 밤빌리아의 중심 도시는 전에 사도들이 방

문했던 버가였다(13:13). 사도들이 그 곳에 간 것은 말씀을 전하고(25절), 재차 권하기 위함이었으며, 또한 그들이 전에 복음을 받았을 때보다 더 훌륭한 성품을 갖추었는지 알아보기 위함이었다. 그들이 어떤 성과를 올렸는지는 우리가 알 수 없다. 이후 그들이 밤빌리아의 도시이며 해변가에 위치한 앗달리아로 내려갔다. 그들이 한 장소에 오래 머물지 않았지만 훗날 그 위에 건물이 세워질 수 있도록 기초를 놓고, 때가 이르면 큰 수확을 얻도록 씨를 뿌리려고 노력하였다. 이제 그리스도의 비유가 설명되었다. 그리스도는 하나님 나라를 때가 이르러 전체 덩어리를 부풀게 한 작은 누룩에 비유하셨다. 그리고 처음에는 아주 적지만 큰 나무로 성장한 겨자씨 한 알에 비유하셨다. 사람이 땅에 겨자씨를 심었는데 그것이 자라나 나중에 그것이 얼마나 큰지 알 수 없을 정도가 되었다.

III. 사도들이 마침내 그들을 이번 선교 여행에 파송한 수리아 지방의 안디옥으로 돌아왔다. 앗달리아에서 배를 타고 안디옥으로 왔다(26절). 우리는 여기서 다음과 같은 사실을 보게 된다.

1. 그들이 왜 안디옥으로 왔는가? 이 곳이 두 사도가 전에 하나님의 은혜에 부탁하던 곳이었기 때문이다. 그들이 천국에 대하여 큰 관심을 가지고 있었다 하더라도 전에 그들이 이 곳에서 이 가치 있는 일을 위하여 하나님의 은혜에 진지하게 부탁하였었다. 그들은 자기들을 하나님께 부탁한 사람들에게 아무리 경의를 표해도 부족하다고 생각하였다. 두 사도가 이룬 그 일을 위하여 자기들을 하나님의 은혜에 부탁한 형제들이 그 일에 대한 보고를 인정했다고 그들이 생각했다. 그리고 형제들의 기도로 그들이 힘을 얻었던 것처럼 형제들의 칭찬으로 힘을 얻을 수 있다고 생각했다.

2. 그들이 어려움을 극복한 일을 어떻게 이야기하였는가?(27절) 그들이 이르러 교회를 모아. 아마도 안디옥에는 보통 한 장소에 모일 수 없는 많은 그리스도인들이 있었을 것이다. 그래서 이 때에는 교인들 가운데 지도자들을 불러 모았다. 이스라엘 지파들의 수장들의 모임을 종종 이스라엘의 총회라고 칭한 것처럼, 목회자들과 안디옥 교회의 지도자들의 모임을 여기서 교회라고 일컬은 것이다. 혹은 장소가 허용하는 만큼만 사람들을 모았을 것이다. 혹은 여러 번 모이거나 장소를 바꿔서 모였을 것이다. 사도들이 교회를 모았을 때 두 가지 사실을 설명하였다.

(1) 그들이 사역을 할 때 하나님께서 함께 하신 증표들에 대하여. 그들이 하나님이 함께 행하신 모든 일을 보고하였다. 그들은 자신들이 행한 일을 말하지 않고 (만일 그랬다면 허영의 냄새가 풍겼을 것이다), 하나님께서 그들과 함께 또한 그들을 통해 행하신 일을 말하였다. 적용. 어느 때나 행한 우리의 작은 일에 대한 칭송을 하나님께 돌려 드려야 한다. 왜냐하면 우리 안에 계셔서 선한 뜻과 행동을 가능하게 하실 뿐 아니라 우리와 함께 하시므로 우리의 일의 결과를 좋게 해 주시는 분이 바로 하나님이시기 때문이다. 하나님의 은혜는 목회자들의 설교 없이도 무슨 일이든 이룰 수 있다. 반대로 하나님의 은혜 없이는 목회자들, 심지어 바울이 설교할지라도 아무런 결실을 맺을 수 없다. 말씀의 효력 면에서는 은혜의 역사만이 인정받아야 한다.

(2) 그들이 이방인들 가운데서 일한 결실에 대하여. 그들은 하나님께서 이방인들에게 믿음의 문을 여신 것을 보고하였다. 하나님께서 복음의 잔치에 초대받도록 그들에게 명하셨을 뿐 아니라 그 초대를 받아들일 수 있도록 많은 사람들의 마음을 감동하셨다. 적용. [1] 믿음의 문을 통하지 않고는 그리스도의 나라에 들어갈 수 없다. 우리는 그리스도를 확실히 믿어야 한다. 그렇지 않으면 그리스도의 은혜에 참여할 수 없다. [2] 믿음의 문을 열어주시고, 우리가 믿어야 하는 진리를 열어 보이시고 그 진리를 받아들일 수 있도록 우리의 마음을 여신 분이 하나님이시다. 하나님께서는 실제적으로 그리스도의 교회 안으로 들어올 수 있는 문을 활짝 열어주셨다. [3] 우리는 하나님께서 이방인들에게 믿음의 문을 열어주신 것, 모든 민족이 믿어 순종하게 하시려고 알게 하신 바(롬 16:26), 복음을 받아들일 수 있는 마음을 주신 것을 감사해야 한다. 이리하여 복음이 퍼졌고, 점점 더 복음의 빛이 밝게 비추었으며, 아무도 하나님께서 여신 문을 닫을 수 없었다. 지옥과 세상의 모든 권세도 그 문을 닫을 수 없다.

3. 당분간 그들이 어떻게 지내었는가? 제자들과 함께 오래 있으니라(28절). 아마도 처음에 계획한 것보다 더 오래 그 곳에 머물렀을 것이다. 이는 그들이 대적들을 두려워하였기 때문이 아니라 그들의 친구들을 사랑하였기 때문이다. 그래서 그들과 작별하기가 싫었던 것이다.

제 ― 15 ― 장

개요

지금까지 우리는 이방 지역에서 복음을 전파하기 위한 사도들의 영광스러운 여행을 큰 기쁨으로 동행하였고, 유대인들과 이방인들 모두가 교회에 가입하므로 교세가 확장되는 것을 보았다. 그리고 하나님께서 언제나 사도들에게 승리의 원동력이 되어주셨다는 사실에 감사드린다. 앞 장 말미에서 우리는 사도들이 안디옥에서 쉬면서 그동안 그들이 체험한 사실을 보고하므로 교회에 덕을 세우는 모습을 보았다. 애석한 것은 그들이 그 밖에 다른 일로 힘을 소비해야 한다는 사실이다. 우리는 본 장에서 그들을 괴롭힌 다른 일 (즐겁지 아니한)을 보게 된다. 그리스도인들과 목회자들이 논쟁을 시작하며, 교세 확장에 전념해야 할 그들이 교회의 분열을 수습하는데 전력을 쏟는다. 그들이 마귀의 나라와 싸워야 할 판에 그리스도의 나라 안에서 평화를 유지하기 위해 야단법석을 떤다. 하지만 이 사건과 이에 대한 기록이 교회에 큰 유익을 준다. 이는 그리스도인들 가운데 불미스러운 내분을 대비하라고 우리에게 경고를 주며, 아울러 그들을 하나되게 하는데 어떤 방법을 동원할 수 있는지 가르쳐준다. 본문은 나음과 같은 내용으로 구성되어 있다. I. 유대화주의적인 교사들로 인해 안디옥에서 논쟁이 벌어짐. 그들은 믿는 이방인들에게 할례와 의식법의 멍예를 씌우려 하였다(1, 2절). II. 이 문제에 대하여 예루살렘 교회에 자문을 구하기로 하고 이를 위하여 대표단을 그리로 보내었고, 이로 인해 예루살렘 교회에서도 같은 문제로 논쟁이 시작됨(3-5절). III. 이 때에 개최된 대회에서 어떤 일이 진행되었는지 이야기함(6절). 베드로의 입장(7-11절). 바울과 바나바의 증거(12절). 그리고 마지막으로 이 문제를 해결하기 위해 야고보가 제안한 내용(13-21절). IV. 이 논쟁의 결과와 이방인 회심자들에게 보내어진 알림장. 여기에는 유대인들에 대해 처신하는 방법을 지시하는 내용이 담겼다(22-29절). V. 이러한 결정사항을 안디옥 교회가 전달받고 그 결정을 기뻐함(30-35절). VI. 바울과 바나바가 이방인들에게 전도하기 위해 두 번째 선교여행을 계획함. 이 때에 그들이 협력자 문제로 다투고 헤어짐. 하나는 이 길로, 하나는 저 길로 감(36-41절).

[1]어떤 사람들이 유대로부터 내려와서 형제들을 가르치되 너희가 모세의 법대로 할

례를 받지 아니하면 능히 구원을 받지 못하리라 하니 [2]바울 및 바나바와 그들 사이에 적지 아니한 다툼과 변론이 일어난지라 형제들이 이 문제에 대하여 바울과 바나바와 및 그 중의 몇 사람을 예루살렘에 있는 사도와 장로들에게 보내기로 작정하니라 [3]그들이 교회의 전송을 받고 베니게와 사마리아로 다니며 이방인들이 주께 돌아온 일을 말하여 형제들을 다 크게 기쁘게 하더라 [4]예루살렘에 이르러 교회와 사도와 장로들에게 영접을 받고 하나님이 자기들과 함께 계셔 행하신 모든 일을 말하매 [5]바리새파 중에 어떤 믿는 사람들이 일어나 말하되 이방인에게 할례를 행하고 모세의 율법을 지키라 명하는 것이 마땅하다 하니라

나라나 교회나 상황이 매우 순조롭고 유쾌할 때에도 안심하는 것은 어리석은 짓이다. 그리고 산이 굳게 서 있고 요동하지 않는다고 생각하는 것 또한 어리석은 짓이다. 우리가 예상치 못하고 막을 수 없는 이러저러한 근심거리가 발생할 것이나 우리는 이에 대비해야 한다. 일찍이 세상에 천국이 있었다면 그것은 분명히 당시의 안디옥 교회일 것이다. 당시 그 교회 안에 훌륭한 많은 사역자들, 또한 은총을 받은 바울이 있었고, 그들이 거룩한 믿음 안에 교회를 세우고 있었다. 그런데도 그들의 평화가 깨지고 다툼이 생겨난 것을 우리는 여기서 볼 수 있다.

I. 교회 가운데 새롭게 생긴 교리로 인해 이러한 분쟁이 발생하였다. 이 새로운 교리는 이방인 회심자들도 의무적으로 할례와 의식법을 준수해야 한다는 것이었다(1절). 유대교로 개종한 많은 사람들이 그리스도인이 되었다. 그런데 이 새로운 교리를 주장한 사람들이 기독교로 개종한 사람들을 유대인이 되게 하려고 하였다.

1. 이러한 교리를 주장한 사람들은 유대로부터 내려온 어떤 사람들이었다. 이들이 바리새인들이었다고 생각하는 사람도 있고(5절), 혹은 믿음의 도에 순종한(6:7) 제사장들이었다고 생각하는 사람도 있다. 이들이 유대로부터 왔는데, 아마도 예루살렘에 있는 사도들이 보낸 것처럼 행세하였을 것이며, 적어도 사도들의 후원을 받는 것처럼 꾸몄을 것이다. 자기들의 관념을 퍼뜨릴 계산으로 이들이 안디옥에 왔는데 안디옥이 이방인들에게 복음을 전한 사람들의 본부이며, 이방인 회심자들의 집결지였기 때문이다. 만일 그들이 이 곳을 장악할 수만 있다면 이 누룩이 모든 이방인 교회에 쉽게 퍼질 것이다. 그들이 교묘하게 형

제들의 환심을 샀으며, 그들이 신앙을 갖게 된 것을 매우 기뻐하는 체하고 그들의 회심을 축하하였다. 그러나 한 가지 부족한 것이 있으니 그들이 할례를 받아야 한다고 말한다. 적용. 지금까지 훌륭한 가르침을 받은 사람들은 다시금 무지하지 않도록, 혹은 잘못된 가르침을 받지 않도록 경계할 필요가 있다.

2. 그들이 말한 입장, 곧 그들이 내세운 논리는 이런 것이었다. 곧 그리스도인이 된 이방인들이 모세의 법대로 할례를 받지 아니하면, 이로써 의식법의 모든 계율을 순종하지 아니하면 능히 구원을 받지 못하리라는 주장이었다.

(1) 많은 유대인들이 그리스도를 믿는 신앙을 받아들였지만 여전히 율법에 열성을 가진 자들이었다(행 21:20). 그들은 율법이 하나님으로 말미암은 것과 그 권위의 신성함을 알고 있었으며, 율법의 오랜 제도를 존중하였고, 이런 율법의 제도를 준수하며 자랐다. 그리고 종종 이러한 제도에 참석하므로 경건한 감동을 받았을 것이다. 그러므로 그들이 세례를 받고 기독교에 입문한 후에도 정결한 음식을 먹었고, 의식적인 부정함을 씻어내는 결례를 행하였으며, 성전 의식에 참여하며 유대인들의 절기를 지켰다. 여기서 이러한 행위들이 묵인되었다. 왜냐하면 교육으로 인한 편견이 단번에 모두 극복될 수 없기 때문이다. 그리고 수년 내에 이러한 오류가 성전 파괴와 유대교의 완전한 소멸로 효과적으로 수정될 것이며, 이로써 모세의 의식은 완전히 쓸모 없이 되고 말 것이다. 그들이 모세의 의식에 자신들만 빠지는 것으로 만족하지 못하고 이방인 회심자들에게도 똑같은 의무를 강요하였다. 적용. 우리 안에는 우리의 견해와 버릇을 다른 모든 사람들에게 하나의 규칙과 법으로 만들고, 우리 주변에 있는 모든 사람들을 우리의 기준으로 판단하며, 우리가 잘하고 있기 때문에 우리와 똑같이 하지 않는 모든 사람들은 잘못 행하고 있는 것이라고 결론을 내리는 성향이 있다.

(2) 그리스도가 메시야라고 믿은 그런 유대인들이 율법에 대한 그들의 애착을 떨쳐버릴 수 없었던 만큼 그들이 메시야에 대하여 가졌던 어리석은 생각도 떨쳐버릴 수 없었다. 그들은 메시야가 유대 나라를 위하여 세상 나라를 세우실 것이며, 이 나라를 빛나고 승리한 나라로 만들 것이라고 생각하였다. 그러나 그들이 기대한 대로 되어진 것이 아직 하나도 없게 되자 그들은 실망하였다. 그런데 그리스도의 교리가 이방인들 가운데 받아들여지고 그리스도의 나라가 이방인들 가운데 세워지기 시작했다는 소식을 듣게 된 지금, 만일 그리스도를 영접한 자들에게 모세의 율법도 받아들이도록 설득할 수만 있다면, 그들의 목적

을 달성할 수 있을 것이며, 비록 방법이 다르기는 하지만 유대 나라가 그들이 원하는 대로 유력한 나라가 되리라고 소망하였다. "그러므로 반드시 형제들에게 할례를 받고 율법을 지키지 않으면 안 되도록 부담을 주자. 그리하면 우리의 종교로 우리의 주권이 커질 것이며, 머지않아 우리가 로마의 멍에를 벗어버릴 수 있을 것이다. 뿐만 아니라 이웃나라들의 목에 그 멍에를 씌울 것이며, 그리하면 우리가 기대하던 메시야 나라가 도래할 것이다." 적용. 그리스도의 나라에 대하여 잘못된 개념을 가진 사람들이 잘못된 방법으로 그 나라를 세우려 한다는 것은 놀랄 일이 아니다. 본문에 나오는 이 사람들의 행동처럼 그런 사람들은 오히려 그리스도의 나라를 파괴하는데 공헌한다.

(3) 이 일이 있기 오래 전에 유대인 사회에서 이방인 개종자들의 할례 문제에 관한 논란이 있었다. 휘트비(Whitby) 박사가 요세푸스의 고대사에서 이러한 사실을 알아내었다 (20. 38-45). "아디아베네(Adiabene)의 헬렌(Helen) 여왕의 아들 이자테스(Izates)가 유대교를 받아들였을 때 아나니아는 할례받지 않고도 유대교를 받아들일 수 있다고 선언하였다. 그러나 엘르아살은 할례받지 않은 상태로 있다는 것은 대단한 불경건이라고 주장하였다." 그리고 두 명의 저명한 이방인들이 요세푸스에게로 피신하였을 때(그의 자서전에서 밝힘) "유대인들 가운데 열심당원들이 그들에게 할례를 강요하였다. 그러나 요세푸스가 그들을 설득하여 할례를 강요하지 못하게 하였다." 모든 시대에 편협한 사람들과 온건한 사람들 사이에 이와 같은 다툼이 있어왔다.

(4) 그들이 할례를 어찌나 크게 강조하였는지 눈에 띌 정도였다. 그들은 이렇게 말하였다. "너희가 모세의 법대로 할례를 받아야 한다. 그리하면 메시야 나라에 큰 공헌을 하게 될 것이다. 그리고 이로써 너희와 유대인 회심자들 사이에 있는 문제가 해소될 것이며, 너희와 유대인 회심자들이 더욱 친하게 사귀게 될 것이다." 뿐만 아니라 다음과 같이 말하였다. "너희가 할례를 받지 아니하면 능히 구원을 받지 못하리라. 너희가 이런 점에서 우리의 마음과 방식을 따르지 않는다면 결단코 천국에 들어가지 못할 것이며, 따라서 당연히 지옥에 가야 한다." 적용. 대개 교만한 사기꾼들이 자신들의 허구를 강요하기 위해 지옥의 형벌로 위협한다. 그들은 자기들이 믿는 대로 믿지 않고 자신들이 행하는 대로 행하지 아니하면 구원받지 못한다고 사람들에게 말한다. 이러한 그들의 입장은 위험한 정도가 아니라 절망적이다. 이처럼 유대인들은 형제들이 자기네 교회에 속

하여 자기들의 공동체 안에 들어오지 아니하고 자기들의 예배의식을 따르지 아니하면 아무리 착하고 그리스도를 믿을지라도 그들이 구원을 받을 수 없다고 말하였다. 구원 자체로서 그들을 구원할 수 없다는 주장이다. 자기네 울타리 안에 있는 사람들 외에는 그리스도 안에 있는 사람이 아무도 없다. "너희가 이러저러하지 아니하면 구원받을 수 없다"고 말하기 전에 우리 자신부터 하나님의 말씀으로 보증을 받았는지 살펴보아야 한다.

Ⅱ. 그리스도께서 이방인들에게 구원의 문을 열어주신 지금 유대인들에게만 구원이 있다는 이 분파적인 개념에 대하여 바울과 바나바가 반대하였다(2절). 바울 및 바나바와 그들 사이에 적지 아니한 다툼과 변론이 일어난지라. 그들은 이 교리에 결단코 굴복하지 아니하고 앞에 나서서 공개적으로 이 교리를 반박하였다.

1. 그리스도의 충성스러운 종들로서 바울과 바나바는 그리스도의 진리가 배신당하는 것을 보고만 있지 않았다. 그리스도께서 오신 목적이 우리를 의식법의 멍에로부터 해방시키기 위함이며, 유대인들과 이방인들 사이에 분리의 벽을 허물고, 자기 안에서 둘을 연합시키기 위함이라는 것을 그들은 알고 있었다. 그러므로 그들은 세례만 받으라고 가르쳤는데 이방인들에게 할례를 준다는 소식을 듣고 참을 수 없었다. 유대인들이 이방인들과 연합하려고 하였다. 즉, 유대인들이 자기들의 의식을 전부 따르도록 이방인늘에게 강요하였다. 그 때끼지는 이방인들을 자기들의 형제로 여기지도 아니하고 그들에게 감사도 하지 않는다. 이는 그리스도께서 그들을 연합시키기 위해 사용하신 방법이 아니므로 수용할 수 없었다.

2. 이방인 회심자들에게 영적인 아버지로서 바울과 바나바는 그들의 자유가 침해당하는 것을 보고 있을 수 없었다. 예수 그리스도를 믿기만 하면 구원을 얻으리라고 그들이 이방인들에게 말하였다. 그런데 할례를 받지 않고 모세 율법을 지키지 아니하면 믿음만으로는 구원받을 수 없다는 이야기를 듣는데, 이는 처음 믿은 사람들에게 실망이 되는 말이었고, 그들의 신앙생활에 걸림돌이 되었으며, 그들로 하여금 애굽으로 돌아갈 생각을 갖게 하는 것이었다. 그러므로 사도들이 나서서 이 교리를 반대하였다.

Ⅲ. 이 위험스러운 개념이 가져올 해악을 막고 이에 관련된 사람들의 마음을 달래고 이런 개념을 발설한 자의 입을 막기 위한 즉각적인 수단이 강구되었다.

이 곤란한 문제를 해결하기 위해 바나바와 바울 및 교인들 가운데 몇 사람을 예루살렘에 있는 사도와 장로들에게 보내기로 작정하였다. 안디옥 교회가 이에 대하여 조금이라도 의심하였기 때문이 아니다. 그들은 그리스도께서 그들에게 자유를 주신 것을 알고 있었다. 하지만 그들이 이 문제를 예루살렘으로 보낸 것은 다음과 같은 이유 때문이었다.

1. 이 교리를 가르친 사람들이 예루살렘에서 왔기 때문이다. 그리고 그들이 이방인 회심자들에게 할례를 주라고 예루살렘에 있는 사도들로부터 지시를 받은 것처럼 가장하였기 때문이다. 그러므로 과연 그들이 예루살렘 교회로부터 그러한 지시를 받은 적이 있는지 알아보기 위해 예루살렘에 사람들을 보내는 것은 매우 당연한 일이었다. 모든 것이 잘못되었으며, 이들이 사도의 권위를 사칭하였다는 사실이 금방 밝혀졌다. 이들이 예루살렘에서 나간 것은 사실이었다(24절). 그러나 그들은 예루살렘의 사도로부터 이런 지시를 받은 적이 전혀 없었다.

2. 만일 예루살렘에 있는 사도와 장로들(당시 예루살렘 교회가 다른 모든 교회들보다 모세 율법에 가장 큰 애착을 가지고 있었다)이 이러한 교리를 반대한다는 사실을 이 교리를 배운 사람들이 확인하게 되면, 그들이 한층 확고하게 이 교리를 반대할 것이며 또한 그로 인해 충격을 받거나 불안해질 위험이 줄어들 것이었기 때문이다. 그리고 그들이 사도들의 권위로 이 문제를 다룬다면 이는 사도들의 지시를 받은 것처럼 꾸민 이 선동자들을 침묵시키고 무색케 하는데 가장 손쉬운 방법이 될 것이었기 때문이다.

3. 예루살렘에 있는 사도들이 아직 완전하게 해결되지 못한 문제에 대하여 조언할 수 있는 적임자들이었기 때문이다. 사도들은 결코 오류가 없는 심령을 가진 매우 훌륭한 사람들이며 안디옥 교회에게 특별한 존재들로서 그들의 결정이 이번 논쟁을 종식시킬 것처럼 보였기 때문이다. 그러나 (바울이 유대화주의적인 교사들, 거짓 사도들, 속이는 일꾼, 그리스도의 십자가의 원수들을 자주 고발한데서 알 수 있듯이) 교회의 평화를 방해하는 큰 대적의 간교와 악의로 말미암아 이러한 효과를 이끌어내지는 못하였다.

IV. 그들이 이러한 목적으로 예루살렘으로 갔다(3절). 여기서 우리가 다음과 같은 사실을 깨닫는다.

1. 예루살렘으로 떠날 때 그들이 명예로운 전송을 받았다. 그들이 교회의 전송

을 받고. 전송하는 것은 훌륭한 사람들에게 경의를 표하는 것으로 당시에 많이 사용되던 방식이었으며, 성경은 이와 같이 하는 것이 합당하다고 말씀하셨다 (요삼 1:6). 이리하여 교회가 이방인 회심자들의 자유를 침해하는 행동을 반박하고 자기들이 변호한 사람들에게 호감을 보여주었다.

2. 그들이 예루살렘으로 가던 중에 선한 일을 하였다. 그들은 시간을 낭비할 사람들이 아니었다. 이에 그들이 가는 길에 교회들을 방문하였다. 그들이 베니게와 사마리아로 지나면서 이방인들이 주께 돌아온 일을 말하였다. 그리고 복음이 이방인들 가운데서 얼마나 놀라운 성과를 거두었는지 말하였다. 이러므로 그들이 형제들을 다 크게 기쁘게 하였다. 적용. 복음의 진보는 크게 기뻐할 일이며 또 그래야만 한다. 그리스도의 가정 안에 있는 믿는 형제들은 더 많은 식구들이 그 가정에서 태어날 때 기뻐한다. 이 가정은 자녀들이 많이 태어난다고 결코 가난해지지 않기 때문이다. 그리스도와 천국 안에는 그들 모두가 받을 충분한 분깃이 있고 그들 모두가 누릴 수 있는 충분한 기업이 있다.

Ⅴ. 그들이 예루살렘에서 진심어린 환영을 받았다(4절).

1. 예루살렘의 친구들이 그들을 크게 환대하였다. 그들이 교회와 사도와 장로들에게 영접을 받고 형제로 환영을 받았다. 그리고 안디옥 교회의 사자의 자격으로 회견을 하였다. 예루살렘 교회와 사도와 장로들은 최대한 사랑과 우정을 표하면서 그들을 맞이하었다.

2. 그들이 예루살렘의 친구들을 크게 환대하였다. 그들은 하나님이 자기들과 함께 계셔 행하신 모든 일을 말하고 이방인들 가운데서 행한 성공적인 사역을 그들에게 설명하였는데, 그들이 행한 것이 아니라 다만 하나님이 자기들과 함께 계셔 행하신 모든 일이라고 말하였다. 즉, 하나님께서 그들 안에 은혜를 주시므로 그런 일을 행할 수 있게 하셨고, 듣는 사람들 마음속에 은혜를 주시므로 그들로 복음을 받아들일 수 있게 하셨다는 말이었다. 그들이 가면서 씨를 뿌렸고 돌아오면서 물을 주었다. 그러나 모든 경우에 자라나게 하신 이는 하나님이시라고 그들이 기꺼이 인정하였다. 적용. 하나님을 위해 쓰임받고 그의 일꾼이 되는 것이 큰 영광이다. 왜냐하면 하나님께서 그런 사람들과 함께 일하시기 때문이다. 따라서 하나님께서 모든 영광을 받으셔야 한다.

Ⅵ. 그들이 예루살렘에서 열린 같은 모임에서 반대에 부딪혔다(5절). 바나바와 바울이 이방인들의 많은 심령들이 그리스도께로 나와 추수되었다고 설명

하였고 그 주변에 있던 모든 사람들이 이를 축하하였을 때, 바리새파 중에 어떤 믿는 사람들이 일어났다. 그들은 이방인들이 주께 돌아왔다는 소식을 매우 냉담하게 받아들였다. 물론 그들도 그리스도를 믿었지만 아직 이방인 회심자들을 받아들이는 것을 기뻐하지 않았고, 그들에게 할례를 줄 필요가 있다고 생각하였다. 관찰.

1. 복음에 대하여 큰 편견을 가진 사람들은 그 편견에 세뇌되어 왔다. 그 편견이 너무 심하므로 그 요새는 하나님으로 말미암아 허물어질 수밖에 없었다. 그리스도께서 세상에 계셨을 때 관원들과 바리새인들은 그를 거의 또는 전혀 믿지 아니하였다. 하지만 이제 바리새파 중에 어떤 사람들이 믿었다. 그들 중 많은 사람들이 진실하게 믿기를 우리는 바란다.

2. 사람들이 편견을 갑자기 버린다는 것은 아주 어려운 일이다. 바리새인이었던 그들이 그리스도인이 된 이후에도 옛 누룩을 상당히 가지고 있었다. 그들 모두가 그렇지는 않았고 일부가 그랬다고 바울은 증거한다. 그들은 의식법에 열심을 가졌고, 이방인들을 싫어하였다. 그리하여 이방인들이 할례를 받지 않는 한, 그리고 모세의 율법을 지키겠다고 약속하지 않는 한 자기네 공동체 안에 들어오는 것을 허락할 수가 없었다. 그들의 입장에서는 모세의 율법을 지키는 것이 필수적이었다. 그들로서는 이방인 회심자들이 모세의 율법에 복종하지 않는 한 그들과 교제하기를 원치 않았다.

[6]사도와 장로들이 이 일을 의논하러 모여 [7]많은 변론이 있은 후에 베드로가 일어나 말하되 형제들아 너희도 알거니와 하나님이 이방인들로 내 입에서 복음의 말씀을 들어 믿게 하시려고 오래 전부터 너희 가운데서 나를 택하시고 [8]또 마음을 아시는 하나님이 우리에게와 같이 그들에게도 성령을 주어 증언하시고 [9]믿음으로 그들의 마음을 깨끗이 하사 그들이나 우리나 차별하지 아니하셨느니라 [10]그런데 지금 너희가 어찌하여 하나님을 시험하여 우리 조상과 우리도 능히 메지 못하던 멍에를 제자들의 목에 두려느냐 [11]그러나 우리는 그들이 우리와 동일하게 주 예수의 은혜로 구원받는 줄을 믿노라 하니라 [12]온 무리가 가만히 있어 바나바와 바울이 하나님께서 자기들로 말미암아 이방인 중에서 행하신 표적과 기사에 관하여 말하는 것을 듣더니 [13]말을 마치매 야고보가 대답하여 이르되 형제들아 내 말을 들으라 [14]하나님이 처음으로 이방인 중에서 자기 이름을 위할 백성을 취하시려고 그들을 돌보신

것을 시므온이 말하였으니 [15]선지자들의 말씀이 이와 일치하도다 기록된 바 [16]이후에 내가 돌아와서 다윗의 무너진 장막을 다시 지으며 또 그 허물어진 것을 다시 지어 일으키리니 [17]이는 그 남은 사람들과 내 이름으로 일컬음을 받는 모든 이방인들로 주를 찾게 하려 함이라 하셨으니 [18]즉 예로부터 이것을 알게 하시는 주의 말씀이라 함과 같으니라 [19]그러므로 내 의견에는 이방인 중에서 하나님께로 돌아오는 자들을 괴롭게 하지 말고 [20]다만 우상의 더러운 것과 음행과 목매어 죽인 것과 피를 멀리하라고 편지하는 것이 옳으니 [21]이는 예로부터 각 성에서 모세를 전하는 자가 있어 안식일마다 회당에서 그 글을 읽음이라 하더라

우리는 여기서 이 때에 공문이 아닌 동의에 의해 소집된 회의를 볼 수 있다(6절). 사도와 장로들이 이 일을 의논하러 모여. 그들이 단독으로 판단을 내리지 않고 판단을 위해 함께 모여 이 문제에 대한 서로의 생각을 듣고자 하였다. 왜냐하면 고문들이 많아야 안전하고 만족할 수 있기 때문이다. 그들은 성급하게 판단하지 않고 이 문제에 대하여 심사숙고하였다. 그들이 내심으로는 이 문제에 관하여 확신을 가지고 있었지만 그럼에도 불구하고 이 문제를 숙고할 시간을 갖고 반대편의 말을 듣고자 하였다. 또한 사도들은 장로들이나 밑에 있는 목회자들을 제외하고 이에 관한 판단을 내리지 아니하였다. 그만큼 그들이 겸손하였고 장로들과 목회자들을 존중하였다. 은사와 은혜를 많이 받은 사람들, 그리고 교회 안에서 직급이 아주 높은 사람들은 후배들과 밑에 있는 사람들을 존중해야 한다. 내가 말하기를 나이가 많은 자가 말할 것이요 연륜이 많은 자가 지혜를 가르칠 것이라 하였노라 그러나 사람의 속에는 영이 있고 전능자의 숨결이 사람에게 깨달음을 주시나니 어른이라고 지혜롭거나 노인이라고 정의를 깨닫는 것이 아니니라(욥 32:7-9). 여기에 교회를 담임하는 목회자들에게 주는 행동지침이 있다. 어려운 문제가 발생할 때 상호 간에 조언과 장려의 말을 듣기 위해 진지한 모임을 소집하라. 이로써 그들이 서로의 마음을 알 수 있고 서로의 입장을 강화할 수 있으며, 협력하여 행할 수 있다. 이제 우리는 여기서 다음과 같은 내용을 볼 수 있다.

I. 이 내회에서 행한 베드로의 연설. 베드로가 이 대회에서 우선권이나 주도권을 조금도 주장하지 않았다. 그는 이 때에 이 모임의 주인이 아니었고, 의장이나 조정자는 더더욱 아니었다. 그가 대회를 열기 위해 가장 먼저 말한 것

을 우리는 볼 수 없고(베드로가 일어나 말하기 전에 많은 변론이 있었다), 뜻을 모아 동의를 얻기 위해 마지막에 말한 사실도 볼 수 없다. 다만 그는 이 모임의 성실하고 신중하고 열성적인 참가자였으며, 요령 있게 매우 비중 있는 자료를 제시하였다. 그가 제시한 자료는 다른 사람들 것보다 더 중요한 것이었다. 왜냐하면 그가 가장 먼저 이방인들에게 복음을 전한 사람이었기 때문이다. 찬반 두 갈래로 많은 변론이 있었다. 이러한 경우에 마땅히 있어야 할 자유로운 연설이 허용되었다. 바리새파 중에 여러 사람들이 참석하였고, 발언권을 얻어 자기들과 같은 입장을 보인 안디옥의 사람들을 지지하는 발언을 하였다. 아마도 이들의 발언에 대한 답변은 장로들이 하였을 것이다. 이런 문제들이 해결되기 전에 마땅히 공정한 논의가 있어야 한다. 양쪽의 말을 듣고 난 후 베드로가 일어나 말하였다. 그는 형제들아 라는 말로 입을 열었다. 나중에 야고보도 같은 말로 연설을 시작하였다(13절). 그 내용은 다음과 같다.

1. 베드로는 얼마 전 부르심을 받고 이방인들에게 복음을 전파했던 일을 그들에게 상기시켰다. 그는 이미 해결된 문제에 대하여 이의를 제기하는 것을 의아하게 여겼다. 너희도 알거니와 오래 전부터, 곧 아프 헤메론 아르카이온 — 복음이 시작된 날로부터 하나님이 택하시되 우리 사도들 가운데서 택하셔서 이방인들에게 복음을 전파하게 하셨는데 내가 바로 그 사람이었다. 이는 내 입에서 복음의 말씀을 들어 믿게 하시려는 것이었다(7절). 알다시피 내가 이 문제로 의심을 받았으나 누명을 벗고 모든 사람들이 기뻐하였었다. 하나님께서 이방인에게도 생명 얻는 회개를 주신 것을 모든 사람이 기뻐하였다. 그리고 아무도 이방인들에게 할례를 주라는 말을 하지 않았고 그런 생각조차 하지 않았다. 11장 8절을 보라. "그런데 나의 입을 통해 복음을 들은 사람들과 달리 어찌하여 바울의 입을 통해 복음의 말씀을 들은 이방인들은 할례를 받도록 강요받아야 하는가? 그 때 그 사람들의 허락 조건보다 어찌하여 지금 이 사람들의 허락 조건이 더 까다로워야 하는가?"

2. 베드로는 자기가 이방인들에게 복음을 전할 때 하나님께서 얼마나 놀랍게 자신의 행동을 인정해 주셨으며, 이방인들이 기독교 신앙을 진지하게 받아들인 사실을 인정하셨는가를 참석자들에게 상기시켰다(8절). "마음을 아시는 하나님, 그러므로 사람들을 정확하게 판단하실 수 있는 하나님이 그들에게도 성령을 주어 참으로 그들이 하나님의 자녀들임을 증언하셨다. 사도들인 우리에게와 같이

그들에게도 은혜와 위로뿐 아니라 성령의 특별하고도 기적적인 은사를 베푸셨다." 11장 15-17절을 보라. 적용. 주께서 사람들의 마음을 아시기 때문에 그는 자기 백성을 아신다(딤후 2:19). 그리고 우리의 마음을 아신다. 하나님께서 성령을 주시는 자들을 자기 백성이라고 증언하신다. 그러므로 우리가 약속의 성령으로 인치심을 받았다고 성경은 말한다(엡 1:13). 이는 하나님께서 표시하셨다는 뜻이다. 하나님께서는 이방인들에게 할례나 율법 준수를 요구하지 말고 자신과 교제할 수 있는 특권을 그들에게 허락하라고 명령하셨다. 그러므로 그들이 그러한 조건만으로 그들이 우리와 교제하는 것을 우리가 허락해야 되지 않겠는가? "하나님이 그들이나 우리나 차별하지 아니하셨느니라(9절). 그들이 비록 이방인들이지만 우리 유대인들만큼 그리스도의 은혜를 받고 은혜의 보좌 앞에 나올 수 있는 특권을 가진다. 그런데 왜 우리가 그들보다 더 거룩한 것처럼(사 65:5) 그들을 멀리해야 하는가?" 적용. 하나님께서 우리의 형제들을 받아들이기 위해 만드신 조건 외에 우리가 다른 어떤 조건도 만들어서는 안 된다(롬 14:3). 이제 이방인들의 마음이 믿음으로 깨끗해졌으므로 그들이 하나님과 교제하기에 합당하였다. 그 믿음은 하나님께서 그들 속에서 역사하신 증거다. 그러므로 율법이 우리에게 요구한 의식법을 그들이 따르지 않는다면, 그들이 우리와 교제하기에 부적합하다고 어찌 생각할 수 있겠는가? 적용.

(1) 마음은 믿음으로 말미암아 정결케 된다. 믿음으로 말미암아 우리가 의롭다 함을 받고 우리의 양심이 정결케 되며 뿐만 아니라 믿음으로 말미암아 성화의 역사가 시작되고 계속된다.

(2) 믿음으로 말미암아 마음이 정결케 된 사람들은 그 믿음 안에서 서로를 거의 닮아가게 된다. 그러므로 그들 사이에 아무리 큰 차이가 있을지라도 그것이 그다지 중요하지 않게 된다. 왜냐하면 모든 성도들의 믿음은 똑같이 귀중하며 비슷하게 귀중한 결과를 가져오기 때문이다(벧후 1:1). 믿음으로 말미암아 그리스도와 연합된 사람들은 서로 하나된 사람으로 여기기 때문에 유대인과 이방인 사이에 존재하는 모든 차이들까지도 믿음 안에서 융합되고 사라진다.

3. 베드로는 이방인들에게 모세 율법의 짐을 지운 교사들(그들 중에 일부가 이 회의에 참석하였을 것이다)을 신랄하게 비난하였다(10절). 그런 사실이 너무나 분명하기 때문에 베드로가 정답게 말할 수가 없었다. "하나님께서 그들을 자기 백성으로 인정하셨는데 그런데 지금 너희가 어찌하여 하나님을 시험하여 우

리 조상도 우리도 능히 메지 못하던 멍에를 제자들, 믿는 이방인들과 그들의 자녀들의 목에 두려느냐?"(제자들은 할례를 멍에로 생각하였다.) 그들의 이러한 시도에서 베드로는 다음과 같은 그들의 의도를 밝혀낸다.

(1) 그들이 하나님을 크게 모독하였다. "다름 아닌 성령의 선물이란 증표로써 하나님께서 이미 해결하시고 결정하신 문제에 이의를 제기하므로 너희가 하나님을 시험하고 있다. 결과적으로 너희가 '하나님께서 자신이 무슨 일을 하셨는지 아시는가? 하나님께서 그 일을 신중하게 하셨는가? 하나님께서 자기 행동에 책임을 지시겠는가?' 라고 묻고 있다. 오직 유대인들에게만 의식법을 적용하기를 계획하신 하나님께서 율법의 시대가 지난 지금 이방인들에게도 자기들과 똑같이 율법의 짐을 지우시는지 아닌지 너희가 시험하려 하고 너희의 욕망을 채우려 하는가?" 그들이 하나님을 시험하여 말하기를, 이러저러한 조건을 따르지 아니하면 사람들이 구원을 받을 수 없다고 하지만 정작 하나님은 그런 조건을 정하신 적이 없다. 그들은 마치 구원의 하나님께서 자기들의 기준을 따라야 하는 것처럼 말한다.

(2) 그들이 제자들에게 아주 큰 잘못을 저질렀다. 그리스도께서는 포로된 자들에게 자유를 선포하기 위하여 오셨다. 그런데 오히려 그들은 그리스도께서 자유롭게 하신 사람들을 노예로 삼기 위해 두루 다닌다. 느헤미야 5장 8절을 보라. 의식법은 무거운 멍에였다. 이 율법의 규례들이 너무 많고 너무 다양하며 너무 거창하였기 때문에 그들과 그들의 조상들은 이 율법을 지키기가 어렵다는 것을 알았다. 음식을 구별하는 것이 무거운 멍에였다. 이 때문에 삶이 고달팠고 뿐만 아니라 끊임없는 가책으로 양심이 괴로웠다. 어쩔 수 없이 무덤이나 시체를 만져야 할 경우 이로 인해 야기된 괴로움, 그로 인한 부정, 그리고 그런 부정을 정결케 하는 것에 관한 많은 규례들이 무거운 짐이었다. 그리스도께서 우리에게서 이러한 멍에를 벗겨 주시려고 오셨다. 그리고 이 멍에 아래서 수고하고 무거운 짐진 자들을 부르시고 그들에게 자신의 가벼운 멍에를 얹어 주셨다. 그리스도께서 유대인들의 목에서 벗겨주신 이 멍에를 이제 이방인들의 목에 씌우려 한 이 교사들의 행위는 그들에게 가장 큰 침해였다.

4. 유대의 교사들은 할례가 구원받는데 필수적이라고 주장한 반면, 베드로는 유대인이나 헬라인 모두 오직 우리 주 예수 그리스도의 은혜로 구원받고 다른 길은 없다고 증거한다(11절). 우리는 주 예수의 은혜로 구원받는 줄을 믿노라. 피스튜

오멘 소쎄나이 ― 우리가 구원받는 줄을 믿노라 혹은 우리와 같은 방법으로 ― 카쏀 혼 트로폰 카케이노이 ― 그들이 구원받는 줄을 믿노라. "할례를 받은 우리가 믿고 구원을 받은 것처럼 할례를 받지 아니한 그들도 믿음으로 구원을 받는다. 우리의 할례가 우리에게 아무 이익이 되지 못하는 것처럼 그들의 무할례가 그들에게 불이익이 되지 못할 것이다. 우리가 구원을 받기 위해 그리스도의 은혜를 믿고 믿음으로 말미암는 그 은혜를 받아야 하듯이 이방인들도 구원받기 위해 우리와 마찬가지로 그리스도의 은혜를 믿어야 한다. 유대인들이 구원받는 방법과 이방인들이 구원받는 방법이 다른 것이 아니다. 그리스도 예수 안에서는 할례나 무할례나 효력이 없으되 사랑으로써 역사하는 믿음뿐이니라(갈 5:6). 우리나 이방인들 모두 그리스도의 복음 외에 모세의 율법이 필수적인 것이 아닌데 어찌하여 우리가 그들에게 모세의 율법을 짐 지워야 하겠는가?"

Ⅱ. 이 대회에서 바나바와 바울의 진술이 중요한 역할을 하였다. 사실 그들이 말한 내용이 여기서 기술될 필요는 없었다. 왜냐하면 앞 장에서 그들이 하나님께서 자기들로 말미암아 이방인 중에서 행하신 표적과 기사에 관하여(12절) 이미 말한 바 있기 때문이다. 그들이 안디옥 교회에 이런 사실을 보고하였고(14:27), 예루살렘으로 오는 길에 형제들에게 이런 사실을 말하였으며(15:3), 그리고 다시금 이 대회에서 말하였다. 이 자리에서 그들이 말하는 것이 매우 적절히었다. 그들이 다룬 논제는 이방인들이 모세의 율법에 복종해야 한다는 것이었다. 이제 이에 반대하여 바울과 바나바가 율법 없이 이방인들에게 순수한 복음을 전파한 것을 하나님께서 인정해 주셨으며, 따라서 그들에게 율법을 강요하는 것은 하나님께서 행하신 일을 망쳐놓는 것이라고 명백히 진술하였다. 관찰.

1. 그들이 진술한 내용. 그들이 영광스럽고 감동적인 모든 사건들과 함께 하나님께서 자기들로 말미암아 이방인 중에서 행하신 표적과 기사에 관하여 증언하였다. 즉, 하나님께서 자연의 영역에서 기적들을 일으키심으로 그들의 전도를 인가해 주셨으며, 은혜의 영역에서 기적들을 일으키심으로 큰 성공을 거두게 해 주셨다는 증언이었다. 이와 같이 하나님께서는 유대의 교사들이 정죄한 이 사도들을 높여주셨고, 결과적으로 유대의 교사들이 업신여긴 이방인들을 높여주셨다. 하나님께서 그들의 주장을 변호해주셨는데 그들에게 어느 누구의 변호가 또 필요하겠는가? 이방인들의 회심 자체가 놀라운 일이었고, 아무리 생각해 보아도 다름 아닌 기적이었다. 그들이 듣고 믿음으로 성령을 받았다면 그들이 어

찌하여 율법의 행위로 말미암아 곤경에 빠져야 하는가? 갈라디아서 3장 2절을 보라.

2. 무리가 그들의 말을 경청함. 온 무리(투표권을 없었으나 방청하기 위해 들어온 사람들)가 가만히 있어 바나바와 바울이 말하는 것을 들었다. 지금까지 제시된 모든 증거들보다 이들의 이야기에 무리가 더욱 집중하여 경청한 듯이 보인다. 자연과학과 의학에서 실험만큼 확실한 것이 없으며, 법률에서 판례만큼 확실한 것이 없듯이, 하나님의 세계에서는 은혜의 말씀에 대한 완벽한 해석만큼 은혜의 성령의 역사를 잘 설명해 주는 것은 없다. 무리가 가만히 있어 이 사도들의 말을 경청하였다. 하나님을 경외하는 사람들은 하나님께서 자기들의 영혼을 위해 어떠한 일을 행하셨는지 말해줄 수 있는 사람들의 말을 기꺼이 들어야 할 것이다(시 66:16).

Ⅲ. 야고보가 이 대회에서 한 말. 야고보는 바울과 바나바의 말을 가로막지 않았다. 그가 이미 그들의 보고를 들은 적이 있었겠지만 계속 말하도록 놔두었는데, 이는 교회에 유익을 주기 위함이었다. 일선에서 선교하는 훌륭한 사도들로부터 교인들이 유익을 얻을 수 있었기 때문이다. 사도들이 말을 마치매 야고보가 일어났다. 너희는 하나씩 하나씩 예언할 수 있느니라(고전 14:31). 하나님은 질서의 하나님이시다. 야고보는 바나바와 바울이 말해야 할 내용을 다 말하게 한 후 그 말을 적용하였다. 다양한 목회자들의 말을 듣는 것이 유익하며, 그럴 때에 하나의 진리가 다른 진리를 배격하지 아니하고 끌어안는다.

1. 야고보가 참석한 사람들을 존중하며 말을 시작하였다. "형제들아 내 말을 들으라. 너희가 사람들이므로 말귀를 알아들으리라 믿는다. 너희가 나의 형제들이므로 허심탄회하게 내 말을 들으리라 믿는다. 우리는 모두 형제들이다. 그러므로 그리스도를 조금도 욕되게 하지 않고 그리스도인들을 불쾌하게 하지 않는데 모두 관심을 가져야 한다."

2. 이방인들의 회심에 관하여 베드로가 말한 내용을 야고보가 언급한다(14절). "하나님이 처음으로 이방인 중에서 자기 이름을 위할 백성을 취하시려고 그들을 돌보신 것을 시므온(시몬 베드로)이 말하였으니 그들이 바로 이방인의 첫 열매가 된 고넬료와 그의 친구들이었다. 복음이 처음으로 이방에 전해지기 시작하였을 때 이 이방인들이 초대를 받고 그 은혜를 누리게 되었다." 그리고 야고보는 다음과 같은 사실을 주시한다.

(1) 하나님의 은혜가 이방인들이 회심하게 된 원인이었다는 것이다. 하나님께서 이방인들을 찾아 와 주셨다. 그것은 자비로운 찾으심이었다. 그들이 버림을 받았다면 결코 그들이 하나님을 찾지 않았을 것이다. 그러나 하나님 편에서 그들을 먼저 아셨다. 하나님께서 자기 백성을 찾으시고 구속하실 뿐 아니라 로암미 — 백성이 아님 — 였던 자들도 찾으시고 구속하셨다.

(2) 그 목적은 하나님의 영광이었다. 하나님께서 백성을 취하신 목적은 자기 이름을 위한 것이었다. 그러므로 그들이 하나님께 영광을 돌려야 하며, 하나님은 그들 안에서 영광을 받으실 것이다. 구약에서 하나님께서 유대인들을 취하셨던 것처럼 이제는 이방인들을 취하셔서 그의 이름과 명예와 영광이 되게 하셨다(렘 13:11). 그러므로 하나님의 모든 백성은 그들이 하나님으로 말미암아 존귀하며 또한 하나님께서 그들을 통해 영광을 받으셔야 한다는 사실을 기억해야 한다.

3. 야고보는 구약의 예언을 인용하므로 이 같은 사실을 증거한다. 그는 베드로처럼 이방인들의 부르심에 대한 환상을 보았다고 증거할 수도 없었고, 바울과 바나바처럼 하나님께서 행하신 기적을 보았다고 증거할 수도 없었다. 하지만 그는 구약에 예언된 말씀이 성취되었다고 증거하였다(15절). 선지자들의 말씀이 이와 일치하도다. 구약 선지자들의 대부분이 다소간에 이방인들의 부르심을 말하였으며, 심지어 모세 자신도 이 같은 사실을 예언하였다(롬 10:19). 경건한 유대인들은 메시야가 이방을 비추는 빛(눅 2:32)이 되시기를 일반적으로 기대하였다. 하지만 야고보는 이에 대한 보다 뛰어난 예언들을 인용하지 않고 약간 모호한 듯이 보이는 한 구절을 선정한다. 여기에 기록된 예언의 말씀은 아모스 9장 11, 12절이다.

(1) 메시야 왕국의 창설(16절). 내가 돌아와서 다윗의 무너진 장막을 다시 지으며. 이 언약은 다윗과 그 후손과 맺은 것이다. 그러나 다윗의 집과 가족이 여기서 그의 장막이라고 불리고 있는데, 그 이유는 다윗이 처음에 목자였고 장막에서 살았기 때문이며, 또한 한때 장중한 궁정이었던 그의 집이 보잘것없고 초라한 장막이 되어버렸고, 어느 정도 그 처음의 작은 모습으로 약화되었기 때문이다. 이 장막이 파괴되고 무너졌다. 여러 세대 동안 다윗 집의 왕이 없었다. 홀이 유다로부터 떠났고, 왕가가 몰락하고 어둠 속에 묻혀버렸으며, 흔적조차 찾을 수 없을 것처럼 보였다. 그러나 하나님께서 돌아와서 다윗의 무너진 장막을 다시

지으실 것이며, 불사조처럼 그것을 폐허에서 일으키실 것이다. 이 예언이 최근에 성취되었으니, 곧 우리 주 예수께서 그 가문에서 세움을 입었고, 영원히 야곱의 집을 왕으로 다스리실 것이라는 언약대로 주 하나님께서 그 조상 다윗의 왕위를 그에게 주셨다(눅 1:32, 33). 그리고 다윗의 장막이 그리스도 안에서 이와 같이 다시 지어졌을 때 마치 유대 나라 자체와 그들의 모든 혈통이 상실된 것처럼, 오래지 않아 율법의 나머지 모든 것이 완전히 근절되고 폐지되었다. 이제 그리스도의 교회가 다윗의 장막이라고 일컬어질 것이다. 이 장막이 때때로 매우 약해지고 몰락한 것처럼 보일 수도 있지만 그것은 다시금 지어질 것이며, 그 압도적인 세력이 소생할 것이다. 교회는 거꾸러뜨림을 당하여도 망하지 아니한다(고후 4:9). 마른 뼈다귀들도 살아나게 된다.

(2) 이러한 결과로 이방인들이 들어옴(17절). 그 남은 사람들로 주를 찾게 하려 함이라. 곧 다윗의 장막을 독점하였다고 생각한 유대인들뿐 아니라 남은 사람들, 곧 보이는 교회의 경계 밖에 있었던 그런 사람들도 주를 찾을 수 있게 되었다. 이제 그들은 이와 같이 다윗의 장막의 재건축을 근거로 주를 찾아야 하며, 그들이 주의 은혜를 어떻게 받을 수 있는지 물어보아야 한다. 다윗의 장막이 지어질 때, 그들이 그들의 하나님 여호와와 그들의 왕 다윗을 찾을 것이다(호 3:5; 렘 30:9). 그 때에 그들이 에돔의 남은 자(히브리어로는 이렇다)를 기업으로 얻으리라(암 9:12). 그러나 유대인들이 모든 이방인들을 에돔 사람들이라고 불렀다. 그러므로 칠십인역은 에돔이라는 구체적인 언급을 빼고 본문에서처럼 그 남은 사람들과 내 이름으로 일컬음을 받는 모든 이방인들로 찾게(야고보는 '주를' 이라는 말을 덧붙였다) 하려 함이라고 번역하였다. 유대인들이 여러 세대 동안 특별한 은혜를 받은 만큼 남은 자들은 소홀히 여겨진 듯이 보인다. 하지만 이제는 하나님께서 그들을 돌보실 것이며, 이방인들이 그 이름을 부를 것이다. 그들 가운데서 하나님의 이름이 선포되고 공포될 것이며, 그들이 그의 이름을 알고 부르게 될 것이다. 그들이 스스로를 하나님의 백성이라고 부를 것이며, 하나님께서도 그들을 그렇게 부르실 것이다. 하나님과 그들 모두의 동의로 그들이 하나님의 이름으로 일컬음을 받을 것이다. 이 약속이 적절한 때에 성취될 것이라고 우리는 믿는다. 그리고 이제 이 약속이 성취되기 시작하였다. 왜냐하면 17절에 이 일을 행하시는 이가 이르시되 누가 이 모든 일을 행하느냐?(칠십인역; 개역개정판에는 없음)라는 말씀이 부가되었기 때문이다. 야고보 사도가 여기서 이 일을 행

하시는 이가 이르노라고 말한다. 즉, 하나님께서 그 일을 행하기로 결정하셨기 때문에 그것을 말씀하셨으며, 하나님께서 그 일을 말씀하셨기 때문에 그 일을 행하실 것이라는 뜻이다. 우리에게는 말과 행동이 다르지만 하나님에게는 그렇지 않다. 유대인과 이방인이 한 몸 안에서 연합하는 것, 그리고 이를 위하여 행하여진 모든 것이 여기에서 다음과 같이 예언되었다. [1] 이것은 하나님께서 행하신 일이었다. 어떠한 도구가 사용되었든지 이것은 주로 말미암아 된 것이다(막 12:11). 그리고 [2] 이것은 하나님께서 기뻐하신 일이었다. 왜냐하면 하나님은 유대인과 아울러 이방인의 하나님이시기 때문이다. 그리고 하나님의 이름을 부르는 모든 자에게 자비가 넘치는 것은 하나님의 영광이기 때문이다.

4. 야고보는 이 사건의 논점을 하나님의 목적과 작정으로 바꾼다(18절). 즉 예로부터 이것을 알게 하시는 주의 말씀이라 함과 같으니라. 하나님께서는 오래 전 선지자들을 통하여 이방인들을 부르시겠다고 예언하셨을 뿐 아니라(그러므로 이 일이 우리에게 놀라운 일이나 고민거리가 되어서는 안 된다) 그의 영원한 작정 가운데서 예견하시고 예정하셨으며, 이 영원한 작정은 흠잡을 데 없이 지혜롭고 조금도 변하지 않는 것이다. 여기에서 섭리와 은혜의 모든 하나님의 역사에 관한 훌륭한 격언이 언급되었는데, 그것은 하나님의 모든 역사가 예로부터, 하나님이 최초로 일하기 시작하신 때로부터 그에게 알려져 있었다는 말이다. 즉, 이 격언으로 볼 때 하나님은 (성경 다른 곳에서 말하고 있는 것처럼) 상세 전부터, 그러므로 영원 전부터 그들을 알고 계셨다고 추정할 수 있다. 적용. 하나님께서 무슨 일을 하시든 미리 계획하시고 작정하셨다. 하나님은 그의 뜻을 따라 행하실 뿐 아니라 작정하신 대로 모든 일을 행하신다. 하나님은 계획하신 모든 일을 다 행하시되(시 135:6) 우리의 능력(우리의 목적은 자주 중단되고 우리의 방책은 파기되었다) 이상의 일을 행하실 뿐만 아니라 그가 행하시는 무엇이든지 계획하셨다. 하나님께서 우리에게 무슨 말씀을 하시고 무슨 증거를 하시든지 그대로 행하실 것을 친히 알고 계신다. 우리의 경우는 우리가 할 일을 미리 알지 못하며 다만 기회를 따라 행할 뿐이다(삼상 10:7). 우리가 이러저러한 경우에 무슨 일을 할지 상황이 닥치기 전까지는 말할 수 없다. 그러나 하나님은 행하실 모든 일을 나 알고 계신다. 진리의 글이라고 일컬어지는(단 10:21) 하나님의 책에서 그 말씀들이 단 하나의 삭제나 중복 없이 모두 제자리에 기록되었다(시 40:7). 그리고 심판의 날에 하나님의 모든 역사들이 약간의 오류나 변이 없이

그의 작정하신 것과 정확하게 일치하였음을 보여줄 것이다. 우리는 가련하게 도 근시안적인 피조물이다. 아무리 지혜로운 사람들이라도 자기 앞에 있는 길을 약간만 볼 수 있을 뿐이며, 그것도 확실성이 전혀 없다. 그러나 우리에게 위로가 되는 것은, 우리가 아무리 불확실한 가운데 있을지라도 하나님의 예지에는 결코 잘못이 없는 확실성이 존재한다는 사실이다. 하나님은 행하실 모든 일을 다 알고 계신다.

5. 야고보는 이 경우, 곧 이방인들에 대한 이 문제에 있어서 그들이 어떻게 행해야 하는지 조언한다(19절). 내 의견에는, 곧 에고 크리노― 나의 견해 혹은 판단을 밝히자면. 야고보는 다른 사람들에게 권위를 내세우는 자세가 아니라 그들에게 조언하는 자세로 말한다. 이제 그의 조언은 다음과 같다.

(1) 할례와 의식법의 계율을 결코 이방인 회심자들에게 강요해서는 안 된다. 그들에게 할례와 의식법의 계율을 권해서도 안 되고 말을 꺼내서도 안 된다. "이방인들 가운데 그리스도 안에서 하나님께로 돌아온 사람들이 많다. 우리는 더 많은 사람들이 하나님께로 돌아오기를 희망한다. 이제 나는 최대한 친절하게 그들을 섬길 것이며 그들에게 어떠한 고통이나 실망도 주지 않을 것이다." 메 파레노크레인 ― 그들을 괴롭게 하지 말고, 그들에게 무언가를 제시하므로 불안하게 하지 말며, 혹은 그들의 마음속에 양심의 가책을 일으키지도 말고 그들을 난처하게 하지도 말자. 깨어난 양심이 쉽게 받아들일 수 있는 신앙의 본질적인 요소들에 그들이 먼저 깊이 감동되도록 하고 이로써 그들을 안심시키고 걱정하지 않도록 하자. 그리고 이질적이고 부수적인 요소들을 그들에게 강요하지 말자. 이런 것들은 그들을 괴롭힐 뿐이다. 지금 그들이 배워야 하는 하나님의 나라는 먹는 것과 마시는 것이 아니요, 대수롭지 않은 것들에 대해 반대하거나 강요하는 것이 아니다. 이런 것들은 그들을 괴롭힐 뿐이다. 하나님의 나라는 오직 성령 안에 있는 의와 평강과 희락이다. 이런 것들은 아무도 괴롭히지 않으리라고 우리는 확신한다.

(2) 유대인들의 화를 크게 돋울 수 있는 몇 가지 일에서는 이방인들이 유대인들의 입장을 따르는 것이 좋을 것이다. 이방인들이 할례를 받고 율법 전체를 준수하므로 유대인들의 비위를 맞추어서는 안 되기 때문에 그들이 계속해서 유대인들과 대립하는 행동을 해서는 안 되며 그들을 성나게 하려고 애를 써서도 안 된다. 그들이 약간의 부담은 받을지라도 그것이 유대인들과 대립하는 것

보다 낫다. 만일 이방인 회심자들이 다음과 같은 약간의 금지조항만 삼간다면 유대인들이 기뻐할 것이다.

[1] 그것은 우상의 더러운 것과 음행을 멀리하는 것이다. 이 두 가지 나쁜 일들을 이방인 회심자들이 언제나 삼가야 한다. 그런데 이 나쁜 일들을 삼가야 된다고 구체적이고 노골적으로 편지한 것이 유대인들을 크게 기쁘게 할 것이다. 왜냐하면 이방인 회심자들이 이런 나쁜 일들을 저지르지 못하게 하려고 유대인들이 몹시 마음을 쓰고 있었기 때문이다. 기독교 신앙을 받아들인 이방인들에게 사도들이 설교를 하거나 편지를 쓸 때 이런 것들을 주의 깊게 경고하지 않은 것은 아니었다. 첫째, 사도들이 우상의 더러운 것을 경계하였다. 그들이 결코 우상을 숭배하므로 우상숭배자들과 교제해서는 안 되며, 구체적으로 희생제사를 드리는 축제에 참여해서는 안 된다고 사도들이 경계하였다. 고전 10:14; 고후 6:14을 보라. 둘째, 사도들이 음행과 모든 더러운 것을 경계하였다. 바울이 이러한 죄에 대하여 얼마나 많이, 얼마나 집요하게 경고하고 있는가! 고전 6:9-15; 엡 5:3. 그러나 자기네가 싫어하는 사람들을 아주 나쁘게 생각했던 유대인은 이방인들이 회심한 이후에도 이러한 죄들을 계속 저질렀고 이방인들의 사도가 이를 묵인하였다고 말하였다. 이제 이러한 말을 무마하고 이러한 비방을 받을 여지를 남기지 않기 위해 야고보는, 이방인의 목회자들이 사저으로 경고한 것과 별도로, 우상의 더러운 것과 음행을 삼기라는 공직인 경고를 이방인 회심자들에게 보내야 한다고 조언한다. 이로써 그들이 매우 신중해야 하며 특별히 유대인들의 화를 돋우게 될 이 두 가지 악을 모양이라도 전부 버려야 할 것이다.

[2] 그것은 목매어 죽인 것과 피를 멀리하는 것이다. 앞에 나온 두 가지 죄악처럼 이것 자체로는 악이 아니며 처음부터 금지된 것은 아니었지만 노아의 언약(창 9:4)으로 말미암아 지금까지 금지되어 왔으며, 이 때는 모세의 율법이 주어지기 전이었다. 유대인들은 이런 것들을 굉장히 싫어하였으며, 이런 것들을 자유롭게 먹는 모든 사람들도 굉장히 싫어하였다. 그러므로 그들로 성나게 하지 않기 위해 이 때에 이방인 회심자들은 그들의 자유를 제한해야 한다. 이와 같이 우리는 여러 사람에게 여러 모습이 되어야 한다(고전 9:22).

6. 야고보가 이렇게 조언하는 이유를 밝힌다. 유대인들은 오랫동안 의식법의 엄숙한 명령에 익숙해져 왔으므로 그들을 크게 존중해 주어야 한다는 것이다.

그들이 즉시 이 명령으로부터 벗어날 수 없다면 그것들에 묶여 있어야 한다(21절). 이는 예로부터 각 성에서 모세를 전하는 자가 있어 안식일마다 회당에서 그 글(그 중 상당 부분이 의식법이다)을 읽기 때문이다. "그들이 모세의 율법을 크게 존중할지라도 너희는 그들을 비난할 수 없다. 왜냐하면 하나님께서 모세에게 말씀하셨다고 그들이 확신하고 있을 뿐 아니라 다음과 같은 이유가 있기 때문이다."

(1) "사람들이 그들에게 모세를 계속 전하고 있으며, 모세의 율법을 기억하라(말 4:4)고 요구받고 있다." 적용. 기록된 하나님의 말씀이 전해져야 할 것이다. 성경을 갖고 있는 것만으로는 부족하며 목회자들의 도움을 받아 그 말씀을 이해하고 적용해야 한다.

(2) "모세의 글들이 안식일마다 회당에서, 곧 하나님을 예배하기 위해 모이는 장소, 모이는 시간에 엄숙하게 읽혀지고 있다. 어릴 때부터 그들이 모세의 율법에 관하여 교육을 받아왔다. 모세의 율법을 준수하는 것이 그들의 신앙의 일부분이었다."

(3) "이런 일들이 예로부터 행해졌다. 그들은 조상으로부터 모세에 대한 존경심을 물려받았고 모세에 대한 존경이 오래된 풍습이었다."

(4) "이런 풍습이 유대인들이 있는 곳이면 어디서든 각 성에서 이루어졌다. 그러므로 율법이 이러한 일들을 얼마나 강조하였는지 유대인들이라면 누구나 모를 수 없었다. 복음이 우리를 이런 것으로부터 자유하게 하였지만 유대인들이 이런 풍습을 멀리하기를 싫어한다 할지라도 그들을 비난할 수는 없었다. 그리고 유대인들과 그들의 앞선 조상들이 하나님에 대하여 오랫동안 배워왔던 사실들을 돌연 불필요하고 중요하지 않은 것으로 여기고 그 대신 믿음을 가지라고 설득할 수는 없다. 그러므로 우리는 그들에게 시간을 주어야 하며, 어느 정도 양보해야 한다. 우리가 복음의 자유를 버리지 않는 한도 내에서 잠시 그들을 참아주고 점진적으로 이끌어주며 그들과 타협해야 한다." 이처럼 야고보 사도는 중재자의 정신, 곧 중용의 정신을 보여주고 있다. 이는 유대인들이나 이방인들을 기분 나쁘게 하지 않으며, 최대한 양편을 기쁘게 하고 성내지 않게 하려는 지혜였다. 적용. 사람들이 그들의 조상으로부터 물려받은 풍습에 깊이 빠지고, 이를 거룩한 것으로 믿도록 훈련받아왔을지라도 우리는 이를 이상하게 여기지 말아야 한다. 그런 경우에 우리는 정상을 참작하여 그들을 냉정하게 대

하지 말아야 한다.

[22]이에 사도와 장로와 온 교회가 그 중에서 사람들을 택하여 바울과 바나바와 함께 안디옥으로 보내기를 결정하니 곧 형제 중에 인도자인 바사바라 하는 유다와 실라더라 [23]그 편에 편지를 부쳐 이르되 사도와 장로 된 형제들은 안디옥과 수리아와 길리기아에 있는 이방인 형제들에게 문안하노라 [24]들은즉 우리 가운데서 어떤 사람들이 우리의 지시도 없이 나가서 말로 너희를 괴롭게 하고 마음을 혼란하게 한다 하기로 [25-26]사람을 택하여 우리 주 예수 그리스도의 이름을 위하여 생명을 아끼지 아니하며 우리가 사랑하는 바나바와 바울과 함께 너희에게 보내기를 만장일치로 결정하였노라 [27]그리하여 유다와 실라를 보내니 그들도 이 일을 말로 전하리라 [28]성령과 우리는 이 요긴한 것들 외에는 아무 짐도 너희에게 지우지 아니하는 것이 옳은 줄 알았노니 [29]우상의 제물과 피와 목매어 죽인 것과 음행을 멀리할지니라 이에 스스로 삼가면 잘되리라 평안함을 원하노라 하였더라 [30]그들이 작별하고 안디옥에 내려가 무리를 모은 후에 편지를 전하니 [31]읽고 그 위로한 말을 기뻐하더라 [32]유다와 실라도 선지자라 여러 말로 형제를 권면하여 굳게 하고 [33]얼마 있다가 평안히 가라는 전송을 형제들에게 받고 자기를 보내던 사람들에게로 돌아가되 [34](없음) [35]바울과 바나바는 안디옥에서 유하며 수다한 다른 사람들과 함께 주의 말씀을 가르치며 전파하니라

이방인들에게 의식법의 짐을 부과하는 문제에 관하여 예루살렘에서 열린 회의의 결과가 여기에 나온다. 여기에 기록된 내용보다 훨씬 더 많은 말들이 있었을 것이다. 그러나 마침내 결론에 도달하였고, 야고보의 조언이 전체적으로 승인되었고 네미네 콘트라디텐테 — 만장일치로 합의에 이르렀다. 따라서 그들이 보낸 사자들 편에 이방인 회심자들에게 편지를 보내어 이 문제에 대한 자신의 결론을 알렸다. 이 편지가 그들이 거짓 교사들을 대항하는데 큰 증거가 될 것이다. 이제 다음의 내용을 살펴보자.

I. 이런 임무를 가지고 바울과 바나바와 함께 파송될 대표단의 선정. 바울과 바나바와 함께 대표단을 보낸 것을 보아 마치 그들이 이들의 성실성에 조금이라도 의심한 듯하며 그들에게 서신을 들려 보내는 것을 신뢰하지 않은 것처럼, 또한 예루살렘 교회가 파송한 사람들이 편지의 내용을 조금이라도 바꾸지 않

을까 그들이 의심한 듯이 보인다. 결코 그렇지 않다. 예루살렘 교회가 바울과 바나바를 사랑하여 그리하였을 뿐 이토록 정직한 사람들을 그렇게 악하게 생각하지 않았다. 하지만,

1. 그들은 그 중에서 사람들을 택하여 바울과 바나바와 함께 안디옥으로 보내는 것이 옳다고 생각하였다(22절). 사도와 장로와 온 교회가 이에 뜻을 같이 하였고, 아마도 그들이 여비를 부담하기로 보증하였을 것이다(고전 9:7). 그들이 이 사자들을 보낸 목적은 다음과 같다. (1) 자매 교회인 안디옥 교회에 존경을 보이기 위함이었다. 안디옥 교회가 비록 예루살렘 교회의 동생 교회였지만 그들이 안디옥 교회를 자기들과 동등하게 여기고 있다는 것을 보여주려고 하였고, 아울러 그들의 상태를 자세히 알기를 바라고 있다는 것을 보여주려고 하였다. (2) 바울과 바나바를 격려하고, 이 훌륭한 사람들을 동행하게 함으로 그들의 귀향 길을 보다 즐겁게 해 주기 위함이었다(아마도 그들이 도보로 여행하였을 것이다). 아미쿠스 프로 베히쿨로 ― 친구는 마차를 대신한다. (3) 그들이 전한 편지에 신빙성을 더하므로 그들의 임무가 엄숙한 것임을 보이게 하기 위함이었다. 이리하여 일부 사람들의 반대에 부딪혔을 메시지가 훨씬 더 호감을 얻을 수 있었다. (4) 성도들의 교제를 향상시키고 서로 멀어졌던 교회와 목회자들 사이에 친분을 쌓기 위함이었으며, 아울러 성도들의 수가 많지만 하나라는 사실을 보여주기 위함이었다.

2. 예루살렘 교회가 파송한 사람들은 그저 편지나 전달해 주고 사도들로부터 받은 것을 증명해 주기나 하는 그런 열등한 사람들이 아니었다. 그들은 선택받은 사람들이었고 형제 중에 인도자들로서 뛰어난 은사를 받고 쓰임받는 사람들이었다. 이러한 자격을 갖춘 사람들을 형제 중에 인도자라고 일컬었고, 그런 사람들이 교회의 사자가 될 수 있었다. 그들의 이름이 여기에 기록되어 있다. 바사바 라 하는 유다(아마도 이 사람은 사도직의 후보였던 바사바라 하는 요셉의 형제였을 것이다; 1:23)와 실라다. 이 사람들이 예루살렘 교회에서 명성을 얻었기 때문에 거짓 교사들이 유대로부터 온 사람들에게 영향을 끼친 것 못지않게 그들에게 영향을 끼쳤을 것이며, 이로 인해 이들이 전한 메시지에 사람들이 더 큰 경의를 표하게 되었을 것이다.

Ⅱ. 편지의 작성. 이는 교회들에게 보내어질 회람용 편지로서 이 문제에 관한 대회의 결론을 공고하는 것이다.

1. 이 판결에 대한 서문은 매우 겸손하고 정중하다(23절). 여기에는 오만하거나 건방진 요소가 전혀 없다.

(1) 사도들이 자신들이 세운 장로들, 그리고 이 때에 그들의 조언을 들은 목회자들과 일반 그리스도인들과 연합하여 편지를 썼다는 것은 그들의 겸손을 비추어준다. 사도들만큼 교회 안에서 절대적인 권능과 권위를 발휘할 자격을 갖추고 그런 위임을 받은 사람들이 없었지만 그들은 공고문에서 "땅에 있는 그리스도의 대리자들이며 교회의 모든 목사들의 목사들인 우리 사도들"(교황이 자칭하듯이), "그리고 믿음의 모든 문제들을 판단할 수 있는 유일한 재판관들"이라고 말하지 않는다. 오히려 사도와 장로와 온 교회가 일치된 마음으로 공고한다. 여기서 그들은 주님께서 가르쳐주신 교훈을 기억하였다(마 23:8). 너희는 랍비라 칭함을 받지 말라 너희 선생은 하나요 너희는 다 형제니라.

(2) 사도들이 교회들에게 안부를 묻는 글을 기록하였다. 사도들이 교회들에게 문안하고, 그들에게 건강과 행복과 기쁨이 있기를 바라며, 그들을 이방인 형제들이라고 불렀다. 이로써 이방인들의 교회 허입을 인정하였고, 그들에게 교제권을 허락하였다. "너희가 이방인들이지만 우리의 형제들이다. 왜냐하면 우리가 많은 형제 중에서 맏아들이신 그리스도 안에서, 그리고 하나님 우리 아버지 안에서 만났기 때문이다." 이제 이방인들이 함께 상속자가 되고 함께 지체가 된(엡 3:6) 지금 그들은 서로 후원하고 권면하며 형제들이라 부를 수 있다.

2. 여기서 유대교를 전하는 교사들에 대한 정당하고 모진 비난이 쏟아진다(24절). "들은즉 우리 가운데서 어떤 사람들이 우리의 지시도 없이 나가서 말로 너희를 괴롭게 하고 마음을 혼란하게 한다 하기로 우리가 크게 염려하고 있다. 이제 이 공문을 통해 알리건대 이러한 교리를 전한 사람들은 거짓 교사들이었다. 그들은 거짓된 명령을 내었고 거짓된 교리를 가르쳤다."

(1) 이 거짓 교사들은 이방인들에게 의식법을 강요하라는 지시를 마치 예루살렘에 있는 사도들과 목회자들부터 받은 것처럼 가장하였으므로 그들에게 큰 잘못을 저질렀다. 그 때에 예루살렘의 사도들과 목회자들은 그러한 의견을 말한 적이 없었다. "참으로 그들이 우리로부터 나간 자들이었다. 그들은 우리 교회에 속한 자들이었고, 그들이 여행할 마음을 먹었을 때 아마도 우리가 추천장을 그들에게 주었을 것이다. 하지만 모세의 율법을 너희에게 강요한 것에 대하여는, 우리가 그들에게 그런 지시를 내린 적이 없었고 우리는 지금까지 그런 일을

생각조차 하지 못했으며 그런 일에 우리의 이름을 사용하라고 지시한 적도 없었다." 사도들이 지시하지도 권하지도 않은 그런 교리들과 풍습을 지키기 위하여 사도적인 권위를 내세운 것은 새로운 일이 아니다.

(2) 그들이 이방인 회심자들에게 너희가 할례를 받고 율법을 지켜야 한다고 말하므로 그들에게 큰 잘못을 저질렀다. [1] 그들의 말이 이방인 회심자들을 혼란에 빠뜨렸다. "그들이 말로 너희를 괴롭게 하고 마음을 혼란하게 하며 불안하게 하였다. 너희가 전에는 너희가 주 예수 그리스도를 믿으면 구원을 얻으리라고 한 말을 믿었다. 그러나 이제는 너희가 모세의 율법을 지켜야 한다 그렇지 않으면 구원을 얻지 못하리라는 말로 인해 깜짝 놀랐다. 이로 인해 너희가 올가미에 빠진 꼴을 스스로 보고 있다. 그들이 말로, 단지 말로, 실체가 아닌 소리로 너희를 괴롭게 하였다." 지금까지 교회가 자신의 입장만 주장한 교만한 자들의 말로 얼마나 많은 괴롭힘을 당해 왔는가! [2] 그들의 말이 이방인 회심자들을 위험에 빠뜨렸다. 그들이 이방인 회심자들의 심령을 뒤엎었고 혼란에 빠뜨렸으며, 지금까지 지어진 것을 허물어뜨렸다. 또한 그들로 순수한 신앙과 신앙적인 일에 힘쓰지 못하게 하였고, 이로 인하여 그들의 머릿속에 할례와 모세 율법을 피할 수 없다는 생각을 가득 채우므로 신앙에 아무런 유익을 주지 못하였다.

3. 여기서 사도들이 이 편지를 가지고 가는 사자들을 교회들에게 명예스럽게 천거한다.

(1) 바울과 바나바에 대한 천거. 유대교를 전하는 이들 교사들은 바울과 바나바가 일을 불완전하게 한다고 비난하였다. 즉, 그들이 이방인 회심자들을 오직 기독교인이 되게 할 뿐 유대교인이 되게 하지 않았다는 것이다. 그렇다면 사도들이 이 사람들을 어떻게 생각하고 있었는지 그들의 평가를 들어보자. [1] "그들은 우리에게 귀한 사람들이다. 그들은 우리가 사랑하는 바나바와 바울이다. 곧 그들은 우리가 귀하게 여기고 애정을 느끼며 관심을 갖는 사람들이다." 때때로 지위가 높은 사람들이 멸시받는 그리스도의 진리에 대하여, 또한 멸시받는 그 진리의 설교자들과 옹호자들에 대하여 존경심을 표현하고 그들을 격려해 주는 것이 좋다. 그렇게 하므로 대적들의 영향력을 약화시킬 수 있다. [2] "그들은 그리스도를 섬기는 것으로 유명한 사람들이며, 그러므로 모든 교회들에게 공을 세운 사람들이다. 그들은 우리 주 예수 그리스도의 이름을 위하여 생명을 아끼지 아니한 사람들이다. 그러므로 그들이 배나 존경을 받아야 한다. 그들은 세속적인

이득을 조금이라도 추구했다는 의혹을 받을 수 없다. 왜냐하면 그들이 그리스도를 위하여 자신의 모든 것을 내어놓았고, 그리스도의 좋은 군사들로서 힘든 일뿐 아니라 가장 위험한 일에 헌신하였기 때문이다. 그런 성실한 신자들이 성실하지 않은 설교자들이 될 리가 없다. 할례를 강요한 자들이 그렇게 한 것은 박해를 피하기 위함이었다(갈 6:12, 13). 할례를 반대한 자들은 이로써 자신들이 박해를 받는다는 것을 알고 있었다. 그렇다면 이들 가운데 어떤 사람들이 과연 옳았는가?

(2) 유다와 실라에 대한 천거. "그들은 택함을 받은 사람들이며(25절), 우리의 토론을 듣고 이 문제를 완벽하게 알고 있는 사람들이다. 그러므로 그들이 이 일을 말로 전할 것이다(27절)." 우리에게 유익한 것은 글과 말 모두를 통해 얻는 것이 좋다. 그럴 때 우리는 읽는 것과 듣는 것을 통해 유익을 얻을 수 있다. 사도들은 자신들의 판결과 그 근거에 대한 상세한 설명을 편지 전달자들에게 위임한다. 따라서 편지 전달자들이 그 편지를 가지고 판결의 객관적인 사실을 설명해 줄 것이다.

4. 여기에 이방인 회심자들에게 내린 지시가 기록되어 있다. 관찰.

(1) 금지조항. 이는 유대인들의 기분을 상하지 않게 하기 위해 야고보가 조언한 것에 따른 것이다. [1] 이방인 회심자들은 우상에게 바친 것을 알고 먹어서는 안 될 것이다 비록 그 음식 자체는 깨끗할지라도 이를 먹음으로써 자신들이 부정하게 된다고 생각해야 할 것이다. 이러한 금지조항은 훗날 부분적으로 폐지되었다. 고기 판매점에서 파는 것, 친구의 식탁에 차려진 것은 무엇이든, 그것이 우상에게 바쳐졌을지라도 먹는 것이 허락되었기 때문이다. 단 예외가 있었는데, 그로 말미암아 마음이 상하게 될 위험이 있는 경우, 즉 연약한 그리스도인으로 하여금 우리 기독교를 나쁘게 생각하도록 하거나 악한 이방인으로 하여금 자신의 우상숭배 행위를 좋게 생각하도록 하는 경우에는 먹지 말아야 한다. 이러한 경우들에는 삼가는 것이 좋다(고전 10:28). 이러한 금지조항이 우리에게는 시대착오적인 것이다. [2] 이방인 회심자들은 피를 먹거나 마시지 말아야 할 것이다. 또한 오래 세월 동안 행해진 의식 가운데서 잔혹하고 야만적인 것처럼 보였던 모든 것을 피해야 한다. [3] 목매어 죽인 것 혹은 자연적으로 죽은 것이나 피를 빼지 않은 것을 먹지 말아야 한다. [4] 그들은 음행하는 자들을 매우 엄히 비난해야 할 것이며, 레위기의 율법이 금지한 결혼을 하는 자들 또한 그

리해야 할 것이다. 어떤 이들은 생각하기를, 여기서 의도하는 바가 바로 레위기의 율법을 어긴 결혼이라고 한다. 고린도전서 5장 1절을 보라. 하몬드(Hammond) 박사는 이 문제를 다음과 같이 진술한다. 유대교를 전하는 교사들이 이방인 회심자들에게 요구한 것은 의의 개종자들(the proselytes of righteousness)이라고 칭했던 사람들이 복종했던 규례들을 모두 복종하라는 것이었다. 그것은 할례를 받는 것과 온 율법을 지키는 것이었다. 하지만 사도들은 초보 개종자들(the proselytes of the gate)에게 요구했던 것들만을 그들에게 요구하였다. 그것은 노아의 아들들이 받은 일곱 가지 규례였다. 하몬드 박사의 생각에 바로 여기에 그 규례들이 언급되었다는 것이다. 하지만 이 지침을 내리게 된 유일한 근거는 기독교 신앙을 받아들인 엄격한 유대인들을 달래기 위함이었다. 그리하여 음행이라는 한 가지 경우만을 제외하고 음식에 대한 규례는 이 지침의 명분이 없어지자 곧 해제되었고 모든 그리스도인들이 이 규례를 마음에 두지 않았다. 더욱이 예루살렘이 몰락한 이후에는 이 지침을 지켜야 되겠다는 책임감이 없어졌다. "이러한 금지조항들은 특별히 유대인들의 기분을 거스르는 것이므로 당분간 그들을 자극하지 말라. 조금만 있으면 유대인들이 이방인들과 통합될 것이며, 그리하면 위험이 없어질 것이다."

(2) 표현 방법. [1] 사도들이 상당히 권위 있게 자신들의 생각을 표현하는데 이는 편지에 쓴 내용을 이방인 회심자들이 소중하고 귀하게 받아들일 수 있도록 하기 위함이었다. 성령과 우리는 … 옳은 줄 알았노니. 즉, 우리는 성령의 지시와 인도를 따른다는 말이다. 사도들뿐 아니라 다른 사람들도 특별한 성령의 은사들을 받았다. 그러므로 그런 은사를 받지 못하고 아는 체하는 사람들보다 그들이 하나님의 마음을 더 잘 알았다. 그들의 무오류가 그들의 판결에 명백한 권위를 더했다. 그 판결이 그들 보기에 옳았기 때문에 그렇게 지시한 것이 아니라 먼저 그것이 성령 보시기에 옳았기 때문에 그렇게 지시한 것이다. 또는 이러한 표현은 성령께서 이 문제에 관하여 일찍이 결정하신 바가 있다는 것을 말한다. 성령께서 사도들에게 내려오셨을 때 그들에게 방언의 은사를 베푸셨는데, 이는 그들로 이방인들에게 복음을 전하게 하려 함이었다. 그리고 이 은사가 하나님께서 그들을 부르신 목적이 무엇인가를 명백하게 보여주는 것이다. 베드로가 설교하는 동안 성령께서 고넬료와 그의 친구들에게 내려오신 일은 그리스도께서는 유대인의 울타리를 의도적으로 철거하신 사건이었다. 유대인들은 자

기네 울타리 안에 성령이 갇혀 왔다고 상상했다.[2] 사도들은 넘치는 자애와 아버지 같은 염려로 그들의 의중을 털어놓는다. 첫째, 그들이 이방인 회심자들에게 짐을 지우는 것에 대하여 불안해한다. 그래서 우리는 아무 짐도 너희에게 지우지 아니할 것이다 라고 말한다. 그들에게 짐을 지우는 것을 기뻐하기는커녕 너무 많은 짐을 지워서 시작부터 그들을 낙심시킬까봐 두려워할 따름이었다. 둘째, 사도들은 요긴한 것들 외에는 아무 짐도 그들에게 지우지 아니한다. "음행을 멀리하는 것은 언제나 모든 그리스도인들이 지켜야 할 덕목이다. 피와 목매어 죽인 것을 멀리하는 것이 너희와 유대인들 간에 원만한 화목을 위해, 서로 기분을 나쁘게 하지 않기 위해 지금 필요하다." 이러한 목적을 위해 이 요긴한 것들이 필요한 동안은 지켜져야 하지만 그럴 필요가 없게 되면 더 이상 지키지 않아도 된다. 적용. 교회의 지도자들은 요긴한 것들만을 교인들에게 짐 지워야 한다. 그것은 그리스도께서 우리의 의무로 규정하신 것들로서 교회에 덕을 세우기 위한 취지를 가지고 있어야 하며, 본문에서처럼 그리스도인들의 연합을 도모하는 것이어야 한다. 만일 교회의 지도자들이 자신들의 권위를 내세우고 교인들의 복종을 시험해 보려고 과도한 짐을 지운다면, 그들은 자신들에게 새로운 계명을 만들 권위가 없고 다만 그리스도의 계명이 제대로 지켜지고 있는가를 감독하고 그리스도의 계명에 대한 준수를 강조할 권위만 있다는 사실을 잊은 것이다. 셋째, 사도들은 그들의 지시를 어기는 사람들을 정죄하기보다 그것을 따르는 사람들을 칭찬하므로 그 지시를 강조한다. 그들은 트렌트 공의회의 문체를 따라 "너희가 이 지시를 지키지 아니하면 저주를 받고 교회에서 쫓겨날 것이다"라고 표현하지 않았다. 이와 반대로 다음과 같이 표현하였다. "너희가 이에 스스로 삼가면, 곧 이의를 제기하지 않고 따르면 잘 되리라. 곧 하나님의 영광과 복음의 진보를 위하게 될 것이며, 너희 형제들의 힘을 돋우며 너희 자신의 명예와 평안을 위하게 될 것이다." 그리스도께서 우리에게 자신의 멍에를 메게 하셨을 때 그의 마음이 온유하고 겸손하다고 우리에게 확실히 가르쳐 주신 만큼 친절과 사랑과 선한 성품은 그리스도의 제자가 갖추어야 할 덕목이다. 참된 사도들의 표현과 거짓 사도들의 표현의 차이가 크게 눈에 띈다. 의식법을 강요하는 자들은 단정적이고 오만하였다. 너희가 모세의 법대로 할례를 받지 아니하면 능히 구원을 받지 못하리라(1절). 즉, 너희가 즉시 제명을 당하고 사탄에게 넘겨질 것이다. 요긴한 것들만 권고한 그리스도의 사도들은 온유하고 부드럽다.

"이에 스스로 삼가면 잘되리라. 평안함을 원하노라. 우리는 진심으로 너희가 명예롭고 편안하기를 바라는 사람들이다."

Ⅲ. 편지의 전달과 사자들의 처신

1. 그들이 작별할 때 사도들의 환송의 말씀을 들은 후(아마도 그들이 떠나기 전에 기도를 받고 주의 이름으로 엄숙한 축복을 받았으며, 그들의 사역에 관한 지시와 격려를 받았을 것임) 안디옥에 내려갔다. 바울과 바나바는 임무를 완수하자 더 이상 예루살렘에 머물지 않고 안디옥으로 돌아왔다. 아마도 그들이 돌아올 때 처음에 그들을 배웅했던 사람들이 마중나왔을 것이다. 공무로 수고한 사람들에게 호의와 격려를 베푸는 것은 당연한 일이다.

2. 그들이 안디옥에 돌아오자마자 무리를 모은 후에 편지를 전하였다. 이에 무리가 그들에게 금지된 조항이 무엇인지 알고 지킬 수 있었다. 이러한 금지조항들은 그들이 지키기에 어렵지 않았을 것이다. 그들 대부분이 그리스도께로 돌아오기 전에 초보 개종자들이었는데, 이들은 이미 이러한 금지조항을 따르고 있었다. 하지만 이것이 전부가 아니었다. 이 조항들이 그들에게 금지되었을 뿐 돼지고기를 먹는 것이 더 이상 죄가 아니고, 무덤이나 시체를 만지는 것이 더 이상 죄가 아니라는 사실을 그들이 알게 되었다.

3. 성도들이 예루살렘에서 내려온 지시를 크게 기뻐하였다(31절). 그들이 읽고 그 위로한 말을 기뻐하더라. 그 지시가 무리에게 큰 위로가 되었다. 이로써 (1) 그들이 의식법의 멍에로부터 자유롭다는 사실을 확신하였다. 이에 건방진 교사들이 그들에게 짐을 지우려 하였지만 그들은 짐을 지지 않았다. 육체의 의식이 더 이상 그들에게 강요되지 않았다는 소식을 듣고 그들이 위로를 받았다. 이 육체의 의식이 그들의 양심을 난처하게 하였을 뿐 그 양심을 깨끗이 씻어주거나 달래주지 못하였다. (2) 그들에게 할례를 강제로 시행하려 하므로 그들의 괴롭혔던 자들이 이로써 입을 다물고 당황할 수밖에 없었다. 또한 사도의 허락을 받은 것처럼 꾸민 그들의 거짓이 이제 드러나고 말았다. (3) 이방인들이 이로써 담대히 복음을 받아들였고, 그 복음을 받아들인 사람들은 담대히 그 복음을 고수하였다. (4) 이로써 교회의 평화가 회복되었고, 분열의 위험이 제거되었다. 이 모든 일에 위로를 받고 무리가 크게 기뻐하고 하나님을 찬미하였다.

4. 무리가 예루살렘으로부터 온 낯선 목회자들에게서 각각 한 번 이상의 설교를 들었다(32절). 유다와 실라도 성령을 받은 선지자이며 소명을 받았다. 그

리고 이들도 이 일에 관련한 사실들을 말로 전하도록 사도들의 위임을 받은 자들로서 여러 말로 형제를 권면하여 굳게 하였다. 바나바와 바울의 설교를 꾸준히 들었던 사람들도 유다와 실라의 도움을 기뻐하였다. 목회자들의 다양한 은사들이 교회에 유용하다. 목회자들이 그리스도 안에 있는 사람들에게 해야 할 사명이 무엇인지 살펴보자. (1) 그리스도를 믿고 순종해야 할 이유를 더욱 깨닫게 하므로 성도들에게 확신을 심어주는 일이다. 그리고 성도들로 하여금 그리스도를 택하고 그리스도를 위하여 결심하도록 확신을 심어주는 일이다. (2) 성도들에게 인내하도록 권면하며, 그들에게 맡겨진 구체적인 사명들을 감당하도록 권면하는 일이다. 또한 성도들에게 선한 일을 독려하고 지도하는 것이다. 유다와 실라가 형제들을 위로하였고(이렇게 번역될 수도 있다), 이 위로가 성도들이 믿는데 큰 도움을 주었을 것이다. 주님의 기쁨이 우리의 힘이 될 것이다. 그들이 여러 말로 형제들을 권면하였다. 그들은 매우 많은 말을 하였고 다양한 표현을 활용하였다. 한 마디 말로 한 사람을 감동시키고 또 다른 말로 다른 사람을 감동시켰다. 그들이 말해야 할 내용이 몇 마디로 요약될 수 있었지만 교회에 덕을 세우기 위해 여러 말, 곧 디아 로구 폴루 — 많은 말, 많은 증명을 하였다. 경계에 경계를 더하며(사 28:10).

5. 예루살렘 목회자들이 떠남(33절). 그들이 얼마 있다가, 포이에사테스 크로논 — 얼마간 머물면서 사명을 효과적으로 감당한 후, 즉 시간을 빈둥거리며 보내지 않고 충실하게 보낸 후 안디옥에 있는 형제들의 최대한의 애정과 존경을 받으며 그들을 떠나 예루살렘에 있는 사도들에게로 돌아갔다. 안디옥의 형제들은 예루살렘 목회자들의 방문과 수고, 그들이 보여준 섬김에 대하여 감사하고, 그들의 건강과 무사한 귀환을 기원하며, 하나님의 가호가 있기를 바랐다.

6. 그러나 실라는 안디옥에 남아 바울과 바나바와 함께 하였다.

(1) 떠날 시간이 되었을 때 실라는 유다와 함께 예루살렘으로 돌아가지 않고 유다만 보내고 자기는 안디옥에서 유하기로 하였다(34절). 그가 그렇게 했던 이유를 우리가 알 수는 없지만 이에 대하여 우리가 그를 비난할 까닭은 없다. 안디옥의 집회가 예루살렘의 집회보다 더 크고 더 활기가 넘쳤으며 이 때문에 그가 거기 머문 것이며, 그의 결정은 잘한 것이라고 나는 생각하고 싶다. 하지만 유다는 예루살렘에 있는 본부로 돌아갔다.

(2) 바울과 바나바, 그들의 활동 무대가 주로 이방인들이었지만 얼마 동안

안디옥에 머무르면서 그 곳에 있는 목회자들과 성도들과 교제하였다. 여러 문맥을 통해 볼 때 이러한 교제는 일반적인 초대 이상의 의미가 있었던 것으로 보인다. 바울과 바나바가 그 곳에 계속 있었던 목적은 즐거움을 얻기 위한 것이 아니라 하나님의 말씀을 가르치고 전파하기 위함이었다. 예루살렘에 유대인들이 몰려오는 것처럼 시리아의 수도인 안디옥은 이방인들이 이런저런 이유로 사방에서 몰려오는 그런 곳이었다. 그러므로 바울과 바나바가 그 곳에서 말씀을 전파하는 것은 결과적으로 많은 나라들에게 말씀을 전하는 효과가 있었다. 왜냐하면 그들의 말씀을 받은 사람들이 들은 말씀을 자기 나라에 돌아가서 알릴 것이며, 또한 사도들이 직접 그 나라들에 들어가서 전파할 때에 낯설지 않도록 미리 준비할 수 있었기 때문이다. 이와 같이 그들이 안디옥에서 게으르지 않을 뿐 아니라 그들의 주된 목적을 이루어가고 있었다.

(3) 그 곳에 같은 일로 수고하는 수다한 다른 사람들이 있었다. 그리스도의 포도원에서 일하는 많은 품꾼들이 우리에게 쉽게 인정서를 보내주지 않는다. 그러나 말씀과 교리를 가르치는 많은 사람들이 있는 곳에서도 우리에게 기회가 있을 수 있다. 우리는 다른 사람들의 열심과 유능함을 보고 자극을 받아 흐리멍덩하지 않도록 해야 할 것이다.

[36]며칠 후에 바울이 바나바더러 말하되 우리가 주의 말씀을 전한 각 성으로 다시 가서 형제들이 어떠한가 방문하자 하고 [37]바나바는 마가라 하는 요한도 데리고 가고자 하나 [38]바울은 밤빌리아에서 자기들을 떠나 함께 일하러 가지 아니한 자를 데리고 가는 것이 옳지 않다 하여 [39]서로 심히 다투어 피차 갈라서니 바나바는 마가를 데리고 배 타고 구브로로 가고 [40]바울은 실라를 택한 후에 형제들에게 주의 은혜에 부탁함을 받고 떠나 [41]수리아와 길리기아로 다니며 교회들을 견고하게 하니라

우리는 지금까지 형제들 사이에 있었던 불미스러운 의견의 차이를 살펴보았다. 이런 의견의 차이는 공적인 성격을 띠는 것이었으나 결과적으로 좋게 끝났다. 그러나 여기서 우리는 두 목회자들 사이에 사적인 다툼을 보게 된다. 그들은 다름 아닌 바울과 바나바이며 게다가 화해가 이루어지지 않았지만 결과적으로는 잘되었다.

I. 여기에서 바울이 바나바에게 좋은 제안을 한다. 그것은 자신들의 이방인

사역을 돌아보고 재개하자는 것이었으며, 이를 위해 그들이 세운 교회들을 순회하고 복음이 그들 가운데서 얼마나 진보하였는지 살펴보자는 것이었다. 안디옥은 지금 그들에게 안전하고 조용한 정박지였다. 그 곳에는 대적이나 악한 일들이 없었다. 하지만 바울은 그들이 그 곳에 머문 이유가 재충전하기 위한 것이었음을 기억하고, 따라서 이제 다시 출범할 생각을 한다. 그리고 겨울 진영에 충분히 오랫동안 머물렀으므로 다시금 출전하여 사탄의 나라를 물리칠 성전을 힘차게 수행하므로 새로운 전투를 벌일 태세를 갖춘다. 바울은 그에게 지정된 사역이 멀리 이방인들 가운데 있다는 사실을 기억했고, 그러므로 제1차 여행 때와 같은 어려움에 맞서야 하겠지만 그 일을 하기 위해 제2차 여행을 구상 중이었다. 바울이 며칠 후에 이러한 제안을 하였다고 본문은 말한다. 그의 활기찬 영혼이 오랫동안 일하지 않는 것을 참을 수 없었다. 아니, 그의 담대하고 용감무쌍한 영혼이 오랫동안 위험을 피해 있다는 것을 견딜 수 없었다. 관찰.

1. 바울이 누구에게 이 제안을 하였는가? 그의 오랜 친구이자 동역자인 바나바다. 바나바가 바울을 친구로 초대하였고 이 사역에 도움을 주었다. 우리는 서로를 필요로 하며, 여러 가지 방면에서 서로 도움을 줄 수 있다. 그러므로 도움을 받는 쪽과 주는 쪽 모두 유익하다. 두 사람이 한 사람보다 낫다. 모든 병사는 전우와 함께 한다.

2. 누구를 방문할 계획이었나? "지금 새로운 일을 시작하지도 말고 새로운 땅을 일구지도 말자. 다만 우리가 씨 뿌린 밭을 돌아보자. 우리가 일찍이 일어나서 포도원으로 가서 포도 움이 돋았는지 보자(아 7:12). 우리가 주의 말씀을 전한 각 성으로 다시 가서 형제들이 어떠한가 방문하자." 바울이 모든 그리스도인들을 형제들이라고 칭한 것을 주목하라. 목회자들만 형제들이라고 부르지 않았다. 우리는 한 아버지를 가지지 아니하였느냐?(말 2:10) 바울은 각 성에 있는 모든 그리스도인들에게 관심을 가졌다. 심지어 형제들의 수가 아주 적고 보잘것없는 성에도 관심을 가졌으며, 가장 많은 박해와 멸시를 받는 형제들에게도 관심을 가졌다. 우리도 그런 사람들을 방문하자. 우리가 주의 말씀을 전한 곳이면 어디든지 다시 가서 뿌려진 씨에 물을 주자. 적용. 복음을 전한 사람들은 그 복음을 받은 사람들을 방문해야 할 것이다. 우리가 기도에 힘쓰고 그 기도에 대한 하나님의 응답을 들어야 하는 것처럼, 우리가 전파하는데 힘을 쓴 다음에는 그 전파가 어떠한 성공을 거두는지 살펴야 한다. 신실한 목회자들은 복음을 들은 사람들에

게 애정이 깃든 특별한 관심을 갖지 않을 수 없으며, 이로써 그들의 수고가 헛되지 않게 된다. 살전 3:5, 6을 보라.

3. 이번 방문의 의도가 무엇이었나? "형제들이 어떠한가 방문하자." 포스 에쿠시 ─ 그들이 어떻게 지내는지. 바울의 의도는 단순히 형제들을 격려하려는 것이 아니었고 또는 겨우 '안녕하세요'라는 인사를 하려고 그러한 여행을 하려고 한 것도 아니었다. 바울이 방문하려고 한 의도는 형제들의 형편을 자세히 알고자 함이었고, 그 형편에 맞는 영적인 은사를 그들에게 베풀기 위함이었다. 이는 의사가 회복 중인 환자를 방문하여 그가 완쾌할 수 있도록 적절한 처방을 해 주고 재발을 방지하려는 것과 같다. 바울이 무엇을 살피고자 하였는가?

(1) 그들의 영적 상태가 어떠한가? 그들의 신앙이 변하지는 않았는가? 그리고 그들이 어떻게 행하고 있는가? 아마도 사도들이 그들에 대한 소식을 자주 들었을 것이다. 하지만 바울은 말한다. "가서 그들을 돌아보자. 우리가 그들에게 전한 바를 그들이 견고히 붙잡고 있는지, 그 말씀대로 살고 있는지 가서 보자. 만일 그들이 헤매고 있는 모습을 보이거든 우리가 그들을 붙잡아 줄 것이며, 그들이 흔들리고 있는 모습을 보이거든 우리가 그들에게 확신을 심어줄 것이며, 그들이 확고한 모습을 보이거든 우리가 그들을 격려해 줄 것이다."

(2) 그들의 상태가 어떠한가? 교회는 평안하고 자유로운지 아니면 시끄럽고 고통스럽지는 않은지? 만일 그들이 즐거워하고 있다면 우리가 그들과 함께 즐거워하고 안전에 대하여 조심시킬 것이며, 만일 그들이 슬퍼하고 있다면 우리가 그들과 함께 슬퍼하고 십자가로 그들을 위로할 것이다. 우리가 가서 보면 그들을 위해 무슨 기도를 드려야 할지 더 잘 알 수 있을 것이다.

Ⅱ. 협력자 문제에 대한 바울과 바나바의 불일치. 그들이 젊은이를 데리고 가는 것이 편하였다. 왜냐하면 그 젊은이가 그들을 시중들고 섬길 것이며, 또한 그들의 교훈과 행실과 인내(딤후 3:10)에 대한 증인이 될 것이며, 아울러 젊은이가 때때로 현장에서 섬김으로 더 큰 섬김에 적응되고 훈련받아야 할 것이기 때문이다. 이제

1. 바나바는 자기 조카 마가라 하는 요한을 데리고 가려고 하였다(37절). 바나바가 마가를 데리고 가려고 결심한 이유는 그가 자기 친척인데다 아마도 자기 밑에서 자랐을 것이며, 따라서 그에 대한 애정이 있었고 그가 훌륭하게 쓰임받기를 간절히 원했기 때문일 것이다. 우리는 편애를 조심해야 할 것이며, 우

리의 친척을 택할 때 이 점을 경계해야 할 것이다.

2. 바울이 이를 반대하였다(38절). 바울은 그를 데리고 가는 것이 옳지 않다고 생각하였다. 우크 엑시우 — 그는 그렇게 생각하지 않았다. 곧, 밤빌리아에서 아마도 남몰래, 고의로, 자기들의 승낙도 없이 자기들을 떠나 함께 일하러 가지 아니한 자(13:13)를 데리고 갈 가치가 있거나 혹은 그런 자가 복음 전파하는 일에 적합하다고 바울은 생각하지 않았다. 왜냐하면 그는 게을러서 자신이 해야 할 수고를 하지 않으려 할 것이며, 혹은 겁이 많아서 위험을 무릅쓰려 하지 않을 것이기 때문이다. 아마도 그 때에 마가가 다시는 그렇지 않으리라고 단단히 약속하였을 것이다. 하지만 바울은 신망을 잃어버린 사람에게 성직을 허락하고 신뢰를 저버린 사람에게 일을 맡기는 것이 옳지 않다고 생각하였다. 적어도 오랜 검증을 거치고 나서야 그에게 일을 맡겨야 한다고 생각하였다. 만일 사람이 나를 한 번 속인다면 그것이 그의 허물이 된다. 하지만 그 사람이 두 번 나를 속이면 그것은 그를 믿은 나의 허물이다. 솔로몬은 환난 날에 진실하지 못한 자를 의뢰하는 것은 부러진 이와 위골된 발 같으니라(잠 25:19)고 말하였다. 부러진 이와 위골된 발은 다시는 사용하지 못할 것이다.

Ⅲ. **이러한 불일치의 결과.** 결국 그들은 이 일로 헤어지게 되었다. 그들 모두가 빠진 싸움, 곧 감정의 폭발로 인해 매우 날카로워졌고 이로 인해 피차 갈리섰다. 바나바는 요한 마가를 데리고 가지 않는 한 자신도 가시 않을 정도로 단호하였다. 바울도 요한이 가면 자신이 가지 않을 정도로 단호하였다. 아무도 물러서지 않았다. 그러므로 그들이 헤어지는 것 외에는 달리 방법이 없었다. 이는 매우 비천하고 통탄할 일이지만 우리에게 큰 교훈을 준다.

1. 아무리 훌륭한 사람들이라도 이들 스스로 인정한 대로(14:15) 단지 우리와 성정이 같은 사람들일 뿐이다. 이제 그런 사람의 모습이 실제로 드러난 것이다. 나는 양쪽 모두에게 실수가 있었다고 생각한다(대개 이런 다툼에서는 양쪽 모두에게 실수가 있다). 아마도 바울은 이 젊은이에게 너무 가혹하게 대하였고, 그의 허물에 대하여 정상참작을 하지 않았을 것이다. 그리고 이 젊은이의 어머니가 예루살렘에서 얼마나 훌륭한 분인가(12:12) 하는 사실을 고려하지 않았을 것이다. 반면, 바나바의 실수는 그리스도의 나라의 일이 관련된 상황에서 이 같은 사적인 감정에 너무 지나치게 빠졌다는 점이다. 그들 모두의 분명한 실수는 너무 달아올라 있어서 말다툼이 날카롭게 되었고, 아울러 너무 강경하여서 자

신의 입장만을 고수하고 조금도 양보하지 않았다는 점이다. 애석한 것은 그들이 제삼자에게 물어보지 않은 일이며, 또는 친구가 끼어들어 노골적인 결렬에 이르는 것을 막아주지 못하였다는 것이다. 친구들 중에 지혜로운 한 사람만 있었다면 그가 그들 가운데 끼어들어 이 문제를 조정해 주었을 것이다. 그리고 가나안 사람과 브리스 사람이 그 땅에 거주하였다(창 13:7)는 사실, 또한 유대인들과 이교도들뿐 아니라 교인들 가운데 거짓 형제들이 바울과 바나바 사이에 벌어진 싸움의 불길에 손을 녹이고 있다는 사실을 그들에게 생각나게 했을 것이다. 그런데 그런 사람이 하나도 없었다니 참으로 애석한 일이다. 우리는 이러한 다툼이 바울과 바나바의 결점이며, 이런 부끄러운 일이 여기에 기록된 까닭은 우리에게 경고를 주기 위함이라는 사실을 우리는 인정해야 한다. 우리는 이런 사례를 이용하여 우리의 무절제한 흥분과 격노를 변명해서는 안 되며, 혹은 우리의 무절제한 혈기에 대한 우리의 애통과 부끄럼의 날을 무디게 해서는 안 된다. "바울과 바나바도 참지 못했는데 내가 화를 낸들 무슨 상관인가"라고 우리는 이렇게 말하지 말아야 한다. 아니 오히려 이런 사례를 보며 우리는 다른 사람들에 대한 비난을 자제하고 그들 사이를 조정해야 한다. 의로운 사람들도 쉽게 남에게 격노한다면 우리는 이러한 사실을 최대한 이용하여 화를 절제해야 할 것이다. 이 사건은 세상에서 가장 훌륭한 두 사람이 단 한 번 보여준 결점이었다. 회개는 우리 자신에 대하여 철저하게 반성해야 함을 가르쳐 준다. 그러나 자비는 우리가 다른 사람들에 대하여 공정하게 판단해야 함을 가르쳐준다. 단 하나의 오점도 없는 본을 보여주신 분은 오직 그리스도뿐이다.

2. 지혜롭고 의로운 사람들 사이에 다툼이 일어나도 우리는 이를 이상하게 여기지 말아야 한다. 한 분 예수와 연합하고 같은 한 성령으로 거룩해진 사람들도 미묘한 문제에 있어서 다른 판단, 다른 입장, 다른 견해, 다른 감정을 가질 수 있다. 우리가 어둡고 불완전한 상태에 있으면 그렇게 될 것이다. 빛과 사랑이 완전한 천국에 갈 때까지는 우리 모두가 결단코 한마음이 되지 못할 것이다. 사랑은 언제까지든지 떨어지지 아니한다.

3. 이러한 불일치가 종종 너무 심각하여 결국 헤어지게 만든다. 믿지 않는 유대인들의 박해에도 헤어지지 않았고 또한 믿는 유대인들의 강요에도 헤어지지 않았던 바울과 바나바가 그들 사이에 있었던 불미스러운 불일치로 말미암아 헤어졌다. 의로운 사람들에게서도 발견되는 교만과 혈기의 약간의 잔재가 이

세상에서, 그리고 교회에서 끼치는 해악이 너무 크도다! 이제 이런 악의 잔재가 지배하는 결과가 실로 치명적이라는 사실에 우리는 놀라지 않을 수 없다.

IV. 이러한 악에서 비롯된 유익. 먹는 자에게서 먹을 것이, 강한 자에게서 단 것이 나온다. 사도들의 고난이 (빌 1:12처럼) 그리스도의 복음의 진보를 이루는데 이바지하였다는 사실이 이상하며, 더욱이 사도들의 다툼까지도 그리하였다는 사실이 훨씬 더 이상하다. 그러나 그 증거가 여기에 있다. 만일 하나님께서 그런 잘못을 이용하여 자신의 목적을 이루는 법을 모르셨다면 그런 일이 일어나도록 허락하지 않으셨을 것이다.

1. 이 사건으로 말미암아 사도들이 더 많은 장소를 방문하게 되었다. 바나바는 한 방향으로 갔다. 그는 배 타고 구브로로 갔다(39절). 그 곳은 두 사도가 사역을 시작했던 유명한 섬이었고(13:4), 바나바의 고향이었다(4:36). 바울은 다른 방향으로 길리기아로 갔다. 그 곳은 바울의 고향이었다(21:39). 여느 때처럼 각자 자기 고향에 대한 애정이 그들의 발길에 영향을 미친 듯하다. 우리 모두는 어느 정도 우리 고향에 애착을 갖고 있다. 그러나 하나님은 이를 이용하여 복음의 빛을 퍼뜨리는 자신의 목적을 이루셨다.

2. 이로 말미암아 더 많은 사람들이 이방인들에게 복음 전하는 사역에 헌신하였다. (1) 불성실했던 요한 마가가 바울의 생각과 반대로 퇴출되지 않았다. 비록 많은 사람들이 그기 마가복음서를 쓰고 알렉산드리아에서 교회를 세우고 베드로가 아들이라고 부른(벧전 5:13) 마가와 동일 인물이 아니라고 생각하지만 내가 알고 있는 한에서는 그는 매우 유능하고 성공적인 일꾼으로 인정받았다. (2) 실라가 새로운 일꾼이 되었다. 실라는 그 때까지 선교사역에 한 번도 헌신하지 않았고 또 그럴 마음도 없었다. 그러나 하나님께서 그의 마음을 바꾸지는 않으셨지만(33, 34절), 그가 예루살렘 교회를 섬기는 일에서 돌아와 이 거룩한 선교사역에 헌신하게 되었다.

V. 우리는 여기서 이 사건 이후의 일을 볼 수 있다.

1. 안디옥 교회는 바울의 결정을 지지한 듯이 보인다. 바나바는 자기 조카와 함께 배 타고 구브로로 갔지만 그는 교회로부터 주목받지 못하였고 또한 추천받지 못하였다. 적용 교회를 섬길 때 사직인 감정과 관심에 치우치는 사람들은 대중의 존경을 상실하고 만다. 그러나 바울이 떠날 때 그는 형제들에게 주의 은혜에 부탁함을 받고 떠났다. 바울이 요한 마가를 쓰기를 거절한 것을 옳다고 형

제들이 생각하였다. 그리고 형제들이 바울을 알기 전 바나바가 교회로부터 상 받을 만한 사람이었지만(11:22) 요한 마가를 고집한 데 대하여는 교회가 그를 책망하지 않을 수 없었다. 그러므로 형제들은 바울을 위해 공적으로 기도하였 고, 그의 사역의 성공을 빌고 잘 감당하라고 격려하였다. 형제들이 바울을 위해 해 줄 수 있는 일이 더 이상 아무것도 없었지만 그들은 그 일을 하나님의 은혜 에 맡겼고, 바울과 그의 사역에 은혜를 베풀어 달라고 하나님께 부탁하였다. 적 용. 의로운 사람들의 사랑과 기도를 받을 만큼 바르게 처신하는 사람들은 언제 나 행복하며, 특히 불일치와 논쟁이 있을 때에도 행복할 수 있다.

2. 바울이 이번 일을 재고해 보고 입장을 바꾸지는 않았지만 이후에 더 많은 연단을 받은 후에 지금보다 요한 마가에 대하여 보다 긍정적으로 생각한 듯하 다. 왜냐하면 그가 디모데에게 보낸 편지에서 네가 올 때에 마가를 데리고 오라 그가 나의 일에 유익하니라(딤후 4:11)고 썼기 때문이다. 또한 골로새서에서는 그 가 바나바의 생질 마가에 대하여 말하면서 그가 이르거든 영접하라(골 4:10), 곧 그에게 일을 맡기라고 명령하였기 때문이다. 이 같은 사실은 우리에게 다음과 같은 교훈을 준다.

(1) 마땅히 비난받을 만한 사람들이라도 우리는 적당히, 부드럽게 비난해야 할 것이다. 왜냐하면 이후에 우리가 그들에 대하여 좋게 생각할 근거를 보게 될지, 그래서 그들을 활용하고 그들과 우정을 나눌지 모르기 때문이다. 그리고 우리가 분노한 것에 대하여 나중에 부끄러워하지 않도록 하기 위해서도 분노 를 조절해야 할 것이다.

(2) 비난받아 마땅한 사람들이라도 나중에 그들이 성실해졌다는 증거가 있 다면 우리는 기쁘게 그들을 받아주고 그들의 죄를 용서하고 잊어야 할 것이며, 또한 그들을 신뢰해야 할 것이며, 경우에 따라서는 좋은 말을 해 줘야 할 것이 다.

3. 예수 그리스도의 나라와 인내에 동참했던 옛 친구이자 동료가 없어졌지 만 바울은 기쁘게 자신의 사명을 감당하였다(41절). 수리아와 길리기아(안디옥 에 인접한 지방들)로 다니며 교회들을 견고하게 하니라. 우리의 동료들은 바뀔지 라도 우리의 대장은 바뀌지 않는다. 믿지 않는 사람들을 회심케 할 때뿐 아니 라 믿는 사람들을 견고하게 할 때에도 목회자들은 자신들이 훌륭한 일을 하고 있다고 생각하고 만족해야 한다는 사실을 기억하라.

제
— 16 —
장

개요

바나바가 바울을 떠난 후 우리는 그가 그리스도를 위해 무슨 일을 하였고 또 어떤 고난을 받았는지 볼 수 있는데 이는 그에 대한 약간의 책망의 의미가 있다. 그러나 바울의 경우, 형제들이 그를 하나님의 은혜에 부탁한 대로 이후에 그리스도를 위한 그의 섬김이 자세히 기록되어 있다. 우리가 본 장에서 여기저기 그를 따라가 보면, 그가 가는 곳마다 선을 행하는데 혹은 물을 주거나 혹은 씨를 뿌리며, 혹은 새로운 일을 하거나 혹은 이미 이루어진 일을 개선한다. 본 장은 다음과 같은 내용으로 구성되어 있다. I. 바울이 디모데를 처음으로 알고 그를 협력자로 데리고 감(1-3절). II. 교회들을 방문하여 굳게 세움(4, 5절). III. 마게도냐에 대한 소명(바울이 다른 곳으로 가려는 것을 제지받은 후에 이 소명을 받음)과 마게도냐의 첫 성인 빌립보 방문(6-13절). IV. 그 곳에서 루디아의 회심(14, 15절). V. 처녀에게서 악한 영을 쫓아냄(16-18절). VI. 이로 인해 바울과 실라가 고발을 당하고 옥에 갇히며 모욕을 당함(19-24절). VII. 간수가 기적적으로 회심하고 그리스도를 믿음(25-34절). VIII. 관리들이 바울과 실라를 정중히 풀어줌(35-40절).

[1]바울이 더베와 루스드라에도 이르매 거기 디모데라 하는 제자가 있으니 그 어머니는 믿는 유대 여자요 아버지는 헬라인이라 [2]디모데는 루스드라와 이고니온에 있는 형제들에게 칭찬 받는 자니 [3]바울이 그를 데리고 떠나고자 할새 그 지역에 있는 유대인으로 말미암아 그를 데려다가 할례를 행하니 이는 그 사람들이 그의 아버지는 헬라인인 줄 다 앎이러라 [4]여러 성으로 다녀 갈 때에 예루살렘에 있는 사도와 장로들이 작정한 규례를 그들에게 주어 지키게 하니 [5]이에 여러 교회가 믿음이 더 굳건해지고 수가 날마다 늘어가니라

바울이 영적인 아버지로서 디모데를 양자로 삼았다. 바울은 자신의 사역으로 말미암아 낳은 많은 사람들을 양육하는 가운데 지혜롭고 자애로운 아버지의 모습을 보였다.

Ⅰ. 바울이 디모데를 가까이 두고 양육함. 사도행전의 목적 중 하나는 바울의 서신들을 이해하는데 도움을 주는 것이며, 그 서신들 가운데 둘이 디모데에게 보내진 것이다. 그만큼 바울의 역사에 있어서 디모데에 관한 기술이 중요한 의미를 가질 수밖에 없었다. 이에 우리는 여기서 다음과 같은 사실을 보게 된다.

1. 디모데는 그리스도께 속한 제자였으며, 아마도 그의 어머니가 신자가 되었던 유아기에 세례를 받았을 것이다. 마치 루디아의 믿음으로 말미암아 그녀의 집이 모두 다 세례를 받은 것과 마찬가지다(15절). 그리스도의 제자였던 디모데를 바울이 그리스도에 관한 지식과 믿음 안에서 그를 훈련하기 위해 자신의 제자로 삼았다. 바울이 그리스도를 위해 그를 키우기 위함이었다.

2. 디모데의 어머니는 원래 유대인 여자였으나 그리스도를 믿었다. 그녀의 이름은 유니게이며, 디모데의 할머니는 로이스였다. 바울은 두 사람 모두를 훌륭한 덕과 경건을 가진 여인들이라고 높이 평가하였고, 특히 그들의 거짓 없는 믿음, 그리스도의 가르침을 진지하게 받아들이고 지킨 사실을 칭찬하였다(딤후 1:5).

3. 디모데의 아버지는 헬라인, 곧 이방인이었다. 유대인 여자와 이방인 남자의 결혼은 유대인 남자와 이방인 여자의 결혼만큼이나 금지된 일이었다(신 7:3, 어떤 이들은 차별을 두기는 하였지만). 네 딸을 그들의 아들에게 주지 말 것이요 그들의 딸도 네 며느리로 삼지 말 것은. 그러나 이러한 규례는 가나안 땅 안에 사는 나라들에게만 국한되었던 것 같다. 왜냐하면 그 나라들이 이스라엘 백성을 오염시킬 위험이 가장 컸기 때문이다. 디모데의 아버지가 헬라인이었기 때문에 할례를 받지 않았다. 왜냐하면 언약의 상속권이 그 나라의 다른 권리와 마찬가지로 모계가 아니라 부계를 따랐기 때문이다. 따라서 디모데의 아버지가 유대인이 아니었으므로 디모데가 성장하여 원하지 않는 한 할례를 받을 의무나 권리가 없었다. 그런데 여기서 주목할 만한 사실이 있다. 디모데가 유아기였을 때 그의 어머니가 그에게 할례를 받도록 강요할 수 없었지만(왜냐하면 그의 아버지가 다른 생각과 방침을 가지고 있었기 때문에) 그녀는 디모데에게 하나님을 경외하도록 가르쳤다. 그래서 비록 언약의 증표가 그에게는 없었더라도 그 증표가 의미하는 바 언약이 없었던 것은 아니다.

4. 디모데는 그리스도인들에게 칭찬을 받았다. 그는 루스드라와 이고니온에 있

는 형제들에게 칭찬 받는 자였다. 그가 흠잡을 데 없는 신망을 얻고 아무런 비방을 받지 않았을 뿐 아니라 화려한 명성을 얻었고, 비범한 젊은이라는 큰 칭찬을 받았고 큰 일을 할 것이라는 기대를 받았다. 디모데의 고향 사람들뿐 아니라 이웃 도시에 있는 사람들까지도 그를 칭찬하고 칭송하였다. 그는 좋은 사람으로 좋은 일들을 한다는 명성을 얻었다.

5. 바울이 그를 데리고 떠나고자 하였다. 디모데로 하여금 바울을 시중들게 하면서 훈련을 받게 하고, 또한 복음의 일을 함께 하기 위함이었다. 즉, 기회 있을 때마다 바울을 대신하여 말씀을 전하게 하고, 바울이 세운 교회들에 그를 남겨 두고자 함이었다. 디모데에 대한 바울의 사랑은 대단하였다. 이는 디모데가 영리한 젊은이이며 중요한 역할을 할 수 있는 사람이었기 때문이요, 아울러 그가 신실하고 경건한 성품을 가진 젊은이였기 때문이다. 그의 경건은 바울이 언제나 그의 눈물을 생각할 정도였다(딤후 1:4).

6. 바울이 디모데게 할례를 베풀었든지 혹 할례를 받으라고 명령하였다. 이는 이상한 조치였다. 이방인 회심자들에게 할례를 받으라고 강요했던 자들에게 바울이 온 힘을 다해 맞서지 아니했던가? 이방인 회심자들에게 할례를 강요하지 말라고 가결한 예루살렘 총회의 결정을 이 때에 잊고 있었단 말인가? 그러나 바울이 디모데에게 할례를 준 의도는 할례를 강요하므로 의식법을 지키게 하려 했던 거짓 교사들의 의도와는 달리 다만 디모데의 교제와 사역을 수월하게 해 주기 위한 것이었을 뿐이다. 디모데가 할례를 받게 되면 유대인들의 지역에서 그의 활동이 가능할 수 있었기 때문이다. 만일 유대인들이 디모데에게 터무니없는 편견만 가지지 않는다면 그가 유대인들 가운데서 많은 일을 할 수 있고, 유대인 사역에 필요한 자격을 훌륭하게 갖추고 있었다고 바울은 믿고 있었다. 따라서 유대인들이 디모데를 할례받지 아니한 부정한 자라고 멀리하지 않도록 하기 위해 그에게 할례를 행하였다. 이처럼 바울이 유대인들에게 유대인과 같이 된 것은 유대인들을 얻고자 함이요 여러 사람에게 여러 모습이 된 것은 아무쪼록 몇 사람이라도 구원하고자 함이었다(고전 9:20, 22). 바울은 구원받는데 할례가 필수적이라고 주장한 사람들에게는 정면으로 맞섰으나 할례가 덕을 세우는데 도움이 될 때는 스스로 할례를 이용하였다. 할례를 이방인 회심자들에게 강요하는 것에는 단호하게 반대하였지만 할례를 행하는 것에는 그렇지 않았다. 이 경우에는 바울이 총회의 결의서대로 행하지는 않았지만 그 정신에 입각

하여 행하였다. 총회 결의서의 정신은 유대인들을 배려하여 그들을 편견으로 부터 서서히 구해내자는 것이었다. 디모데가 할례를 받지 아니했어도 바울은 디모데를 자신의 동료로 삼는데 불평하지 않았다. 하지만 디모데가 할례를 받지 않는다면 유대인들은 그의 설교를 들으려 하지 않을 것이다. 그러므로 바울이 이 점에서 유대인들의 비위를 맞추려 한 것이다. 이 때에 바울이 디모데에게 성령의 은사를 베풀기 위해 그에게 안수했을 가능성이 높다(딤후 1:6).

II. 바울이 세운 교회를 굳건히 함(4, 5절). 바울은 뜻한 대로 성도들의 상태를 알아보기 위해 그가 주의 말씀을 전한(15:36) 여러 성으로 다녀갔다. 우리는 여기서 다음과 같은 내용을 볼 수 있다.

1. 바울 일행이 예루살렘 총회의 결정을 담은 서류를 그들에게 전하였다. 이는 교회 정책의 지침이 될 것이며, 아울러 유대화주의 교사들에게 답변할 근거가 될 것이며, 또한 그리스도께서 그들에게 주신 자유의 정당함을 증명할 것이다. 모든 교회들이 이 결정에 관심을 가졌기에 그들 모두가 이 결정을 따르기로 서약할 필요가 있었다. 바울이 특별한 이유로 디모데에게 할례를 행하였지만 그렇다고 이를 선례로 남기려 하지 않았다. 그러므로 그는 교회들에게 예루살렘에 있는 사도와 장로들이 작정한 규례를 주어 이를 양심적으로 지키게 하였다. 왜냐하면 그들이 규례를 지켜야 하며, 특별한 예를 따라서는 안 되었기 때문이다.

2. 이것이 형제들의 믿음에 큰 유익이 되었다.

(1) 이로써 교회들이 믿음이 더 굳건해졌다(5절). 특히 이방인들에게 의식법을 강요한 데 대하여 자신들의 입장을 분명히 하였다. 유대화주의 교사들이 워낙 자신감 있게 그리고 열렬하게 할례의 필요성을 주장하고 그럴듯한 논리를 펼쳤기 때문에 성도들이 깜짝 놀라지 않을 수 없었고, 또 이로 인해 흔들리기 시작하였다. 하지만 그들이 사도들과 장로들뿐만 아니라 자신들 안에 계신 성도들의 증거를 알았을 때 그들은 굳건해지고 더 이상 그에 대하여 흔들리지 않았다. 적용. 진리에 대한 증거들은 진리를 반대하는 자들을 설득하는 데는 효과가 없을지 몰라도 의심하고 있는 사람들을 굳건하게 하는 데는 유익하다. 아니 이 결정의 의도는 의식법과 그로 인한 육체의 의식들을 무효화시키는 것이었다. 이로써 성도들 모두가 기독교 신앙 안에서 굳건해졌고 그 결정이 하나님으로 말미암았다는 사실을 더욱 확신하게 되었다. 왜냐하면 총회의 결정이 하나님과 인간의 본성에 더 적합한 것으로서 하나님을 섬기는 영적인 방법을 제공해

주었기 때문이다. 게다가 이 편지에 나타난 자애와 겸손의 정신은 사도들과 장로들이 사랑이신 주님의 인도를 받아 이같이 결정하였다는 사실을 분명히 보여주었기 때문이다.

(2) 수가 날마다 늘어갔다. 회심자들에게 의식법의 멍에를 강요하는 것은 그들을 두렵게 하기에 충분하였다. 만일 그들이 유대인이 될 마음이 있었다면 사도들이 오기 전에 벌써 그리하였을 것이다. 그러나 그들이 유대인의 멍에에 굴복하지 않고서는 그리스도인의 특권을 누릴 수 없다면 그들은 믿음 없는 상태로 남아있을 것이다. 하지만 그들이 의식법의 노예가 될 위험이 없다는 것을 깨닫는다면 기꺼이 기독교를 받아들일 것이며 교회에 가입할 것이다. 그리하여 교회의 수가 날마다 늘어갔다. 하루 동안에도 여러 사람들이 그리스도게 굴복하였다. 그리스도께서 영광을 받으시고 교회와 사람들의 영혼이 형통하기를 진심으로 바라는 사람들은 믿는 자의 수가 늘어나는 것을 볼 때 기쁨이 된다.

[6]성령이 아시아에서 말씀을 전하지 못하게 하시거늘 그들이 브루기아와 갈라디아 땅으로 다녀가 [7]무시아 앞에 이르러 비두니아로 가고자 애쓰되 예수의 영이 허락하지 아니하시는지라 [8]무시아를 지나 드로아로 내려갔는데 [9]밤에 환상이 바울에게 보이니 마게도냐 사람 하나가 서서 그에게 청하여 이르되 마게도냐로 건너와서 우리를 도우라 하거늘 [10]바울이 그 환상을 보았을 때 우리가 곧 마게노냐로 떠나기를 힘쓰니 이는 하나님이 저 사람들에게 복음을 전하라고 우리를 부르신 줄로 인정함이러라 [11]우리가 드로아에서 배로 떠나 사모드라게로 직행하여 이튿날 네압볼리로 가고 [12]거기서 빌립보에 이르니 이는 마게도냐 지방의 첫 성이요 또 로마의 식민지라 이 성에서 수일을 유하다가 [13]안식일에 우리가 기도할 곳이 있을까 하여 문 밖 강가에 나가 거기 앉아서 모인 여자들에게 말하는데 [14]두아디라 시에 있는 자색 옷감 장사로서 하나님을 섬기는 루디아라 하는 한 여자가 말을 듣고 있을 때 주께서 그 마음을 열어 바울의 말을 따르게 하신지라 [15]그와 그 집이 다 세례를 받고 우리에게 청하여 이르되 만일 나를 주 믿는 자로 알거든 내 집에 들어와 유하라 하고 강권하여 머물게 하니라

본문에서 우리는 다음과 같은 내용을 볼 수 있다.

I. 바울이 왔다 갔다 하며 유익을 줌.

1. 바울과 실라 일행이 브루기아와 갈라디아 지역을 두루 다녔다. 그 곳에는 복음이 이미 전해진 듯하지만 바울이 직접 전했는지 아닌지는 언급되어 있지 않다. 그러나 갈라디아서에서 바울이 처음에 그들에게 복음을 전한 것과 그들이 어떻게 그 복음을 받아들였는가를 언급한 것으로 보아(갈 4:13-15) 바울이 직접 복음을 전했을 가능성이 높다. 그리고 이 서신에서 보면 유대화주의 교사들이 갈라디아의 교회들에게 큰 해를 끼쳤다는 사실을 알 수 있다. 이 교사들이 바울을 싫어하여 성도들로 하여금 그리스도의 복음에서 멀어지게 유혹하였다. 이 때문에 바울은 갈라디아서에서 유대화주의 교사들을 신랄하게 꾸짖는다. 하지만 이러한 일은 바울이 그 곳을 방문한지 한참 후에 있었을 것이다.

2. 이 때에 그들이 아시아에서 복음 전하는 것을 허락받지 못하였다. 왜냐하면 다른 사람들이 그 곳에서 사역하고 있어서 그럴 필요가 없었거나 혹은 아시아 사람들이 아직 복음을 받을 마음이 없었기 때문이다. 나중에는 그들이 복음을 받을 마음이 생겼다(19:10). 아시아에 사는 자는 유대인이나 헬라인이나 다 주의 말씀을 듣더라. 혹은 라이트푸트(Lightfoot) 박사가 제시한 대로, 이 때에 그리스도께서 바울을 새로운 사역의 도구로 사용하고자 하셨기 때문이다. 그 새로운 사역이란 로마의 식민지인 빌립보에서 복음을 전하는 것이었다. 지금까지 바울이 전도한 사람들은 헬라인들이었다. 로마인들은 다른 이방인들보다 유대인들에게 더 많은 미움을 받았다. 로마 군대는 멸망의 가증한 것이었다. 그러므로 그 곳에서 복음 전하게 하려고 아시아에서 복음 전하는 것을 허락하지 아니한 것은 의외의 일이었다. 이는 앞으로 복음의 빛이 동쪽보다 서쪽으로 흘러들어 갈 것을 의미하는 것이었다. 아시아에서 복음 전하는 것을 금하신 분은 성령이셨다. 성령께서 바울과 실라의 마음속에 은밀히 속삭이심으로 그들의 전도활동을 금하셨다. 그들이 각각 들은 바를 서로 비교해 보았을 때 그들 모두 동일한 성령으로부터 같은 내용을 들었다는 것을 깨달았다. 혹은 어떤 선지자들이 그들에게 성령으로 말함으로 그 뜻을 깨달았을 것이다. 목회자들의 이동과 그들에 의한 은혜의 수단의 시행은 특별히 하나님의 인도와 지시 하에 이루어진다. 성경을 보면 구약의 한 사역자가 말씀 전하는 것이 완전히 금지되었다(겔 3:26). 네가 말 못하는 자가 되리라. 그러나 이 신약의 사역자들은 한 장소에서 전하는 것만 허락받지 못하였고, 그들이 더 필요한 다른 곳으로 가라는 지시를 받았다.

3. 그들이 비두니아로 가고자 애썼지만 허락받지 못하였다. 예수의 영이 허락하지 아니하시는지라(7절). 그들이 무시아에 와서 거기서 복음을 전한 듯하다. 속담에 이르기를 그 곳이 매우 뒤떨어지고 멸시할 만한 지방이었지만(키케로의 글에, "최고의 무시아 사람이 가장 경멸할 만한 사람이다"라고 함), 사도들은 지혜 있는 자나 어리석은 자에게 다 빚진 자라(롬 1:14)고 인정하면서 그 곳을 방문할 가치가 없다고 생각하지 않았다. 비두니아에 니케아 성이 있었는데, 그 곳에서 최초의 공의회가 열려 아리우스주의를 배척하였다. 베드로는 이 지방들에 자신의 편지를 보내었다(벧전 1:1). 여기에 부흥하는 교회들이 있었다. 비록 당시에는 그 곳에 복음이 전해지지 않았지만 머지않아 그들의 때가 이르러 복음을 받았다. 관찰. 그들의 판단과 기분으로는 비두니아로 가는 것이었다. 하지만 비범한 방법으로 알게 된 하나님의 뜻은 그들의 생각과 반대였고, 그들은 하나님의 뜻에 복종하였다. 이제 우리는 하나님의 섭리를 따라야 하며, 구름 기둥과 불기둥의 인도를 받아야 한다. 우리가 하려고 꾀하는 것을 하나님의 섭리가 허락하지 아니한다면 우리는 그것을 묵묵히 따르고 그것이 최선이라고 믿어야 한다. 고대의 많은 사본들에는 예수의 영이 허락하지 아니하셨다고 기록되었다. 주 예수의 종들은 언제나 주 예수의 영의 점검과 인도를 받아야 한다. 주 예수께서는 그의 영으로 사람들의 마음을 지배하시기 때문이다.

4. 그들이 무시아를 지났다. 어떤 이들은 통과하였다고 해석한다. 추측컨대 그들이 길을 따라 가면서 복음의 씨앗을 뿌렸을 것이다. 그들이 드로아로 내려갔는데, 드로아는 트로이의 성이다. 그 지방에 대한 이야기가 많으며 드로아라는 지명은 트로이에서 유래되었다. 이 곳에 교회가 세워졌다. 왜냐하면 우리가 이 곳에서 교회의 존재를 발견할 수 있기 때문이다(20:6, 7). 아마도 교회가 이 때에 짧은 시간 안에 세워졌을 것이다. 드로아에서 누가가 바울을 만나 그 일행과 합류한 듯하다. 왜냐하면 이후부터 누가가 바울의 여행에 대하여 말할 때 대부분 그 일행에 자신을 포함시켜 우리가 갔다고 말하기 때문이다(10절).

II. 바울이 마게도냐, 빌립보에 대하여 특별한 소명을 받음. 빌립보는 마게도냐의 첫 번째 성이며 대부분 로마 사람들이 거주했던 것으로 보인다(21절). 여기서 우리는 다음과 같은 내용을 볼 수 있다.

1. 바울이 본 환상(9절). 바울이 많은 환상을 보았는데 때로는 용기를 주는 환상이며, 때로는 여기서처럼 그의 사역을 인도하는 환상이었다. 한 천사가 그에

게 나타나서 마게도냐로 가는 것이 하나님의 뜻이라고 알려주었다. 여러 번 가는 길이 막히고 그로 인해 계획이 어긋났다고 낙심하지 말아야 한다. 비록 자기가 생각한 대로 가지 못할지라도 하나님께서 맡기실 일이 있는 곳으로 가게 될 것이기 때문이다. 관찰.

(1) 바울이 본 사람. 그 곁에 마게도냐 사람 하나가 섰다. 그는 마게도냐의 풍습이나 혹은 방언으로 바울에게 말한 듯하며, 혹은 자기가 마게도냐 사람이라고 밝힌 듯하다. 어떤 이들은 생각하기를, 천사가 마게도냐 사람의 모습을 취하였다고 한다. 혹 다른 이들이 생각하기를, 바울이 환상 중에, 곧 비몽사몽간에 마게도냐 사람의 형상을 감지했다고 한다. 즉, 꿈속에서 마게도냐 사람을 보았다는 것이다. 그리스도께서는 바울을 마게도냐로 가도록 인도하셨다. 전에는 사도들이 하늘의 천사를 통해 인도를 받았지만 이 때는 한 사람을 통해 그를 부르셨다. 이후부터는 목회자들을 원하는 사람들의 마음의 소원을 따라 목회자들이 이동할 수 있도록 하신 것이다. 바울은 마게도냐 사람 하나에 의해 마게도냐로 부르심을 받는데, 그 한 사람이 나머지 사람들을 대표하여 말한 것이다. 어떤 이들은 이 사람이 마게도냐의 수호천사라고 주장한다. 그들은 천사들이 사람들뿐 아니라 특정한 지역들을 책임지고 있다고 상상한다. 그리고 다니엘서 10장 20절에 그런 사실이 암시되어 있다고 한다. 거기서 우리는 천사들을 의미하는 듯한 바사 군주와 헬라의 군주라는 말을 볼 수 있다. 하지만 이러한 주장은 확실하지 않다. 마게도냐 사람 하나가 바울의 눈이나 그의 생각 속에 비쳤다. 천사가 직접 마게도냐 사람들에게 복음을 전해서는 안 되며 다만 바울을 그들에게로 이끌어야 한다. 천사가 천사의 권위로 바울더러 가라고 명령해서는 안 되며 다만 마게도냐 사람을 대신하여 그를 오도록 유도해야 한다. 마게도냐 사람 하나는 그 지역의 행정장관이 아니고 더군다나 제사장도 아니며(바울이 이런 사람들의 초청을 받는 일이 없다), 다만 그 지역의 평범한 주민이며, 그 얼굴에 정직과 진지함의 표시가 역력한 보통 사람이었다. 그가 나타나 바울을 조롱하거나 가볍게 대하지 않고 도리어 간절하고도 진지하게 바울의 도움을 청하였다.

(2) 바울이 받은 초청. 이 정직한 마게도냐 사람이 마게도냐로 건너와서 우리를 도우라고 청하였다. 이는 "와서 우리에게 복음을 전해 달라. 우리가 은혜를 받도록 수고 좀 해 달라"는 뜻이었다. [1] "당신은 지금까지 많은 사람들을 도와주었

소. 우리는 이 곳과 다른 지역에 있는 사람들에게 당신이 큰 도움을 주었다는 이야기를 들었소. 우리도 그런 도움을 받을 수 없겠소? 제발 와서 우리를 도와주시오." 다른 사람들이 복음으로 말미암아 은혜를 받은 것을 보고 자극을 받아 우리는 그 복음에 대하여 질문해야 할 것이다. [2] "가련한 영혼들을 도와주는 것이 당신의 사명이요 기쁨이오. 당신은 병든 자를 위해 존재하며 모든 환자의 부르심을 받고 기꺼이 응해야 하는 의사입니다. 제발 와서 우리를 도와주시오." [3] "우리는 어느 누구 못지않게 당신의 도움이 필요하오. 마게도냐에 있는 우리는 세상에 있는 어떤 사람 못지않게 신앙에 대하여 무지하고 무관심하며, 어느 누구 못지않게 우상을 숭배하고 악하며, 어느 누구 못지않게 자신을 파괴하는데 천재적이며 열정적이오. 그러니 제발 우리에게로 빨리 와 주시오. 당신이 무엇을 하실 수 있거든 우리를 불쌍히 여기사 우리를 도와주소서." [4] "우리 가운데는 신령한 것에 대하여 의식이 있는 사람이 거의 없으며, 자신의 영혼과 다른 사람들의 영혼에 관하여 관심은 있을지라도 자연의 빛의 도움으로 약간 있을 뿐입니다. 나도 나름대로 관심을 가졌습니다. 그러나 우리는 자연의 빛이 허락하는 한도 내에서 우리의 이웃들에게 하나님을 두려워하고 경배하자고 설득하지만 그들에게 실제로 유익을 줄 수는 없습니다. 오 제발 우리에게 건너와서 우리를 도우소서. 당신이 전한 복음은 지금까지 우리가 받은 어떠한 교훈보다 뛰어난 논리와 힘이 있습니다." [5] "그 곳에서 기도로만 우리를 돕지 말아주세요. 기도만으로는 부족합니다. 당신이 우리에게 건너와서 우리를 도와주세요." 적용. 사람들은 영적인 도움을 받아야 한다. 사람들은 자기의 영혼을 도울 수 있는 분들을 찾고 초대해야 할 의무가 있다.

2. 환상에 대한 해석(10절). 이는 하나님이 저 사람들에게 복음을 전하라고 우리를 부르신 줄로 인정함이러라. 그들은 어디든지 하나님께서 지시하시는 곳으로 갈 각오였다. 적용. 때때로 우리는 사람의 부름을 통하여 하나님의 부르심을 추론할 수 있다. 마게도냐 사람 하나가 와서 우리를 도우라고 말한다면 바울은 그 때에 이를, 가서 그들을 도우라는 하나님의 말씀으로 인정할 것이다. 목회자들은 그리스도께서 자기를 부르신다는 사실을 깨달을 때 큰 기쁨과 용기를 가지고 그들의 사명을 감당할 수 있으며, 복음을 전하되 이 시간, 이 장소, 이 백성에게 복음을 전할 수 있다.

Ⅲ. 바울의 마게도냐 항해.   그는 하늘로부터 임한 환상에 불순종하지 않았

고, 자신의 계획을 따르거나 기분대로 할 때보다 훨씬 더 기쁘고 만족하며 이 지시를 따랐다.

1. 그의 생각이 그 쪽으로 돌렸다. 하나님의 뜻을 알게 된 지금 그는 그리로 가기로 결심하였다. 왜냐하면 하나님의 뜻을 이루는 것이 그의 모든 소원이었기 때문이다. 이제 그는 더 이상 아시아나 비두니아를 생각하지 않고 곧 마게도냐로 떠나기를 힘썼다. 바울은 환상을 혼자서만 간직하지 않고 그것을 동료들에게 전하였다. 그리고 그들 모두 이를 믿고 마게도냐로 향하기로 결의하였다. 바울이 그리스도를 따르듯이 그들 모두가 바울을 따르고자 하였고, 아니 그보다 그와 함께 그리스도를 따르고자 하였다. 그들은 지체하지 않고 즉시 이 탐험을 준비한다. 적용. 하나님의 부르심은 즉시 응해야 한다. 우리의 순종이 논의의 대상이 되어서는 안 되는 만큼 순종은 연기되어서는 안 된다. 너의 마음이 굳어지지 않도록 오늘 순종하라. 관찰. 그들은 마게도냐로 즉시 갈 수 없었다. 하지만 그들은 즉시 그 곳으로 떠나기를 힘썼다. 우리가 뜻하는 대로 즉시 실행할 수 없을지라도 노력은 즉시 할 수 있을 것이며, 그 노력이 인정받을 것이다.

2. 바울이 마게도냐로 향하였다. 그들이 첫 번째 배편으로 항해하였는데 곧 드로아에서 순풍에 돛을 달고 출발하였다. 하나님께서 그들을 다른 곳으로 부르셨을 때 비로소 그들은 그 곳에서 자신들이 해야 할 일을 하고 있다고 확신할 수 있었다. 그들은 사모드라게로 직행하였다. 곧 순조롭게 항해하였다. 그들은 이튿날 네압볼리로 갔다. 네압볼리는 드라게와 마게도냐의 경계지에 위치한 도시였다. 그리고 마침내 그들이 빌립보에 도착하였다. 빌립보는 알렉산더 대왕의 아버지이자 마게도니아의 왕 빌립의 이름에서 유래되었다. 본문에 이 성에 대한 소개가 나온다(12절). (1) 마게도냐 지방의 첫 성이다. 어떤 이들은 그들이 드로아에서 갔을 때 최초로 도착한 성이라는 의미에서 첫 번째 성이라고 해석한다. 군대가 한 지역을 정복하기 위해 그들이 도착한 첫 번째 성부터 정복하듯이 바울과 그 일행도 첫 번째 성부터 복음을 전할 작정이었다. 만일 복음이 그 곳에서 받아들여진다면 그 때부터는 복음이 지역 전체에 보다 쉽게 전파될 수 있기 때문이다. (2) 빌립보는 식민지였다. 로마인들이 그 곳에 주둔군을 배치하였을 뿐 아니라 그 도시의 주민들이 로마인들이었으며, 적어도 행정 관료들과 지도부만큼은 로마인들이었다. 그 곳에는 인구가 많았고 다양한 민족들이 모여 살았다. 그러므로 복음을 전하기에는 안성맞춤이었다.

IV. 바울과 그 일행이 빌립보에서 받은 냉대.   하나님으로부터 특별한 부르심을 받았으므로 마치 베드로가 천사의 지시를 받고 고넬료의 집에 갔을 때처럼 그 곳에서 그들이 성대한 환영을 받았을 것이라고 사람들이 예상할 것이다. 그런데 바울에게 속히 와 달라고 간청했던 마게도냐 사람이 어디 있단 말인가? 어찌하여 마게도냐 사람은 그 지역 사람들을, 적어도 몇 사람만이라도 데리고 바울을 만나러 오지 않은 것일까? 어찌하여 바울을 무게 있게 소개하지 않고, 그 성의 열쇠들을 주지 않았는가? 이런 환대는 전혀 없었는데 그 이유는 다음과 같다.

1. 꽤 한참 후에나 바울이 주목받기 시작하였다. 이 성에서 수일을 유하다가. 아마도 그동안 그들이 여인숙에서 자비를 들여 생활하였을 것이다. 왜냐하면 루디아의 환영을 받기까지는 그들을 초대하여 식사라도 대접할 친구가 없었기 때문이다. 그들이 최대한 서둘러 그 곳으로 갔으나 그 곳에 도착해 보니 전에 있었던 그 곳에 머무르는 편이 나았을 것이라는 생각이 들려고 하였다. 하지만 말없이 꼼짝 않고 있어야 할 필요가 있을 때 과연 그러한 고통을 참아낼 수 있는지 알아보기 위해 이러한 시험이 정해져 있었던 것이다. 뛰어나고 유능한 사람들이 모욕을 당하고 무시당하는 법을 모르고서는 이 세상에서 살 수 없을 것 같다. 처음에는 그럴듯하게 초빙해 놓고는 막상 그 곳에 가면 우습게 여기는 그런 행태를 목회사들은 이상히 여기지 말아야 한다.

2. 그들이 복음을 전할 기회를 가졌지만 그 곳은 인가에서 멀리 떨어진 곳이었으며, 듣는 사람도 아주 적었다(13절). 본문에 나타난 바에 의하면 그 곳에는 유대인의 회당이 없었다. 회당은 전도자들이 회중들을 접할 수 있는 장소였다. 바울 일행은 결코 이방인들의 신전에 가서 복음을 전하지 않았다. 하지만 수소문 끝에 그들이 의로운 여인들의 작은 모임을 찾아내었다. 그 여인들은 유대교에 입교한 초보 개종자들이었다. 따라서 바울 일행이 그들에게 설교를 해 준다면 그들은 고마울 따름이었다. 이 모임의 장소는 그 도시의 외곽 지역이었다. 그 곳에서 모임이 있었으나 그 곳은 담으로 둘러싸인 집이 아니었다. 그 곳은 늘 기도하는 장소였다. 프로슈케 ― 기도처 혹은 기도의 집, 예배의 처소 혹은 작은 회당. 그러나 나는 우리가 읽은 대로, 늘 습관적으로 기도를 드리는 장소로 해석하고자 한다. 참되신 하나님을 예배하고 우상들을 숭배하지 않는 자들이 그 곳에 모여 함께 기도하였다. 즉, 그 곳은 고대의 보편적인 기도문대로 여호와의

이름을 부르는 곳이었다. 그들 각자 떨어져서 기도하였다. 기도는 하나님을 섬기던 사람들이 늘 하는 행사였다. 이외에도 그들은 안식일에 함께 모였다. 비록 그들이 소수에 불과하고 그 마을 근처에서 모이지 못하고 상당히 떨어진 곳에서 모임을 가졌으며, 본문에 나타난 대로 여자들만 모였지만 하나님을 예배하는 자들은 어떻게 해서든 안식일에 경건한 집회를 가졌다. 우리가 원하는 조건이 안 될지라도 우리는 최대한 하나님을 예배해야 한다. 우리가 회당을 갖고 있지 못할지라도 우리는 은밀한 장소에 대하여 감사하며 함께 모이는 것을 포기하지 말고 기회 있는 대로 그 곳으로 가야 한다. 이 모임이 강가에서 있었다고 본문은 말하고 있는데, 아마도 자유로운 묵상을 위해 이 곳이 택하여졌을 것이다. 우상숭배자들은 골짜기 가운데 매끄러운 돌들 중에 그들의 몫이 있다고 성경은 말한다(사 57:6). 그러나 이 개종자들은 환상을 본 선지자들의 모범을 따른 것이다. 한 선지자는 그발 강가에서 환상을 보았고(겔 1:1), 또 한 선지자는 힛데겔 큰 강가에서 환상을 보았다(단 10:4). 바울과 실라와 누가가 그리로 가서 앉았다. 이는 모인 사람들에게 좀 더 효과적으로 기도하는 법을 가르쳐 주기 위함이었다. 그들이 모인 여자들에게 말하였다. 곧 그들이 가진 빛을 따라 실천하는 것을 격려하였고, 더 나아가 그들을 그리스도를 아는 지식으로 이끌어주었다.

V. 루디아의 회심. 아마도 그녀가 빌립보에서 그리스도를 최초로 믿은 사람이었을 것이다. 물론 마지막은 아니다. 사도행전의 이야기에서 우리는 지역의 회심에 대한 기록을 볼 수 있을 뿐 아니라 많은 개인들의 회심에 대한 기록을 볼 수 있다. 왜냐하면 한 사람이 하나님께 굴복하는 일이 큰 사건이 될 정도로 영혼들의 가치가 그만큼 크기 때문이다. 어떤 회심들은 바울의 경우처럼 기적적으로 일어나지만, 어떤 회심들은 여기에 나오는 루디아의 경우처럼 평범한 은혜의 수단을 통해 일어난다. 관찰.

1. 여기에 특별히 주목받는 이 회심자는 누구인가? 그녀에 대한 네 가지 사실이 기록되어 있다.

(1) 그녀의 이름이 루디아다. 하나님의 책에 그녀의 이름이 기록되므로 성경이 읽혀지는 곳마다 그녀에 관한 이 기록이 소개된다는 것은 그녀에게 영광이다. 적용. 성도들의 이름이 하나님 앞에 귀중하며, 그러므로 우리도 그 이름을 귀하게 여겨야 할 것이다. 우리의 이름은 성경에 기록될 수 없다. 하지만 하나님께서 우리의 마음을 열어주신다면 우리의 이름이 생명책에 기록된 사실을 알게 될

것이다. 이 일이 더 좋은 일이며(빌 4:3) 더 **기뻐할 일**이다(눅 10:20).

(2) 그녀의 직업. 그녀는 자색 옷감, 곧 자색 염료나 자색 옷, 혹은 실크를 파는 장사였다. 관찰. [1] 그녀는 직업, 정직한 직업을 가졌다. 역사가 누가가 여기서 그녀를 칭찬할 만큼 주목할 만한 직업이었다. 바울 사도는 게으름을 익혀 집집으로 돌아다니고 게으를 뿐 아니라 쓸데없는 말을 하며 일을 만들며 마땅히 아니할 말을 하는(딤전 5:13) 여인들을 책망하였는데, 루디아는 그런 여인들 가운데 없었다. [2] 그것은 천한 직업이었다. 그녀는 자주 옷을 입은 사람이 아니라 자주 옷감 장사였다. 자주 옷을 입는 직업은 거의 없다. 여기서 그녀의 직업을 주목한 것은 정직한 직업에 종사하는 사람들이 정직하게 경영한다면 그들의 직업을 부끄럽게 여길 필요가 없다는 지적이다. [3] 그녀가 직업에 신경을 써야 했지만 그런 중에도 하나님을 예배하였고 자신의 영혼의 변화를 위해 시간을 내었다. 우리의 직업은 신앙과 병행할 수 있다. 그러므로 직업을 핑계로 신앙의 일을 쉬어서는 안 될 것이다. 우리의 가족이나 엄숙한 모임에서 "우리가 돌아보아야 할 가게들이 있고 신경 써야 할 직업이 있다"고 말하는가? 그것들뿐 아니라 우리는 하나님을 섬겨야 하며 영혼을 돌아보아야 하지 않는가? 신앙은 세상에서 우리의 할 일을 중단하게 하는 것이 아니라 도리어 그 일을 하라고 지시한다. 매사에 때와 장소가 있는 것이다.

(3) 그녀의 주소. 두아디라 시. 두아디라는 빌립보에서 멀리 떨어진 곳이었다. 그녀는 그 곳에서 나서 자랐으나 빌립보에서 결혼하였거나 장사 때문에 빌립보에 정착하게 되었다. 하나님의 섭리가 우리의 거주의 경계(17:26)를 정하시고 옮기신다. 그리고 우리를 구원하시려는 그의 은혜의 계획을 놀랍게 이루시기 위해 때때로 우리의 외적인 조건이나 주소지를 변경하신다. 하나님께서는 섭리 가운데 루디아로 하여금 바울의 도움을 받게 하시려고 그녀를 빌립보로 인도하셨다. 그 곳에서 루디아는 바울의 도움으로 은혜를 받았다. 우리도 이처럼 기회를 활용해야 할 것이다.

(4) 주 앞에서 그녀의 경건이 그녀의 마음을 열었다. [1] 루디아는 가진 지식을 따라 하나님을 예배하였다. 그녀는 경건한 여인들 가운데 한 명이었다. 때때로 하나님의 은혜는 회심하기 전에 사악하고 야비한 자들에게, 세리와 창기들에게 임하였다. 너희 중에 이와 같은 자들이 있더니 주 예수 그리스도의 이름과 우리 하나님의 성령 안에서 씻음과 거룩함과 의롭다 하심을 받았느니라(고전 6:11). 그러

나 때로는 하나님의 은혜가 훌륭한 성품을 가진 자들, 구스 내시, 고넬료, 그리고 루디아와 같이 꽤 훌륭한 사람들을 꽉 붙들었다. 적용. 하나님을 예배하는 자들로는 부족하며 우리는 예수 그리스도를 믿는 자들이 되어야 한다. 왜냐하면 중보자이신 그로 말미암지 않고는 아버지 하나님께 나올 수 없기 때문이다. 하지만 자연의 빛에 따라 하나님을 예배한 자들이 보다 유리하게 그리스도를 발견하고 그 은혜를 받을 수 있었다. 누구든지 있는 자는 받겠고(눅 8:18), 그리스도께서 그들을 환영하실 것이다. 왜냐하면 하나님을 예배해야 한다는 사실을 아는 자들은 그리스도와 그의 중보가 필요하다는 사실을 알 것이기 때문이다. [2] 루디아는 사도들의 말씀을 들었다. 이 곳에서 기도를 드렸을 때 기회가 왔고, 말씀이 전해졌다. 하나님의 말씀을 듣는 것이 경건한 예배의 한 부분이다. 우리가 하나님의 말씀을 듣지 않는다면 어찌 하나님께서 우리의 기도를 들어주실 것이라고 기대할 수 있겠는가? 그들이 가진 자연의 빛에 따라 하나님을 예배한 자들이 더 밝은 빛을 찾았다. 우리는 작은 일의 날(슥 4:10)을 선용해야 하지만 그 안에서 안주해서는 안 된다.

2. 그녀에게 어떤 역사가 일어났는가? 주께서 그 마음을 열어. 관찰.

(1) 이 역사의 주관자. 그는 주님이셨다. 주 예수 그리스도에게 심판이 위임되었고, 주의 영은 거룩하게 하시는 분이다. 적용. 회심의 사역은 주님의 일이다. 우리에게 소원을 두고 행하게 하시는 이는 하나님이시다(빌 2:13). 이는 우리와 아무 관계가 없다는 뜻이 아니라 하나님의 은혜가 아니면 우리 스스로는 아무것도 할 수 없다는 뜻이다. 멸망받는 자들의 파멸의 책임이 조금이라도 하나님께 있다는 뜻이 아니라 구원받는 자들의 구원이 전적으로 하나님께 달려 있다는 뜻이다.

(2) 이 역사의 자리. 변화가 일어난 곳은 마음속이다. 마음이 은혜롭게 돌아섰다. 루디아의 마음이 움직였다. 회심의 역사는 곧 마음의 역사다. 회심은 마음, 곧 속사람, 영혼이 새로워지는 것이다.

(3) 이 역사의 성격. 루디아의 마음이 감동을 받았을 뿐 아니라 열렸다. 회개하지 않는 심령은 그리스도를 향하여 닫혀 있고 요새화되어 있으며, 마치 여호수아를 대적한 여리고 성처럼 굳게 닫혀 있다(수 6:1). 그리스도께서는 굳게 닫혀 있는 마음의 문을 두드리신다(계 3:20). 죄인이 믿음으로 그리스도를 영접할 때, 영광의 왕이 들어오시도록 마음이 열리고, 거룩한 빛을 받도록 총명이 열리

며, 거룩한 계명을 받도록 의지가 열리고, 거룩한 사랑을 받도록 감정이 열린다. 이처럼 마음이 그리스도께 열릴 때 말씀의 귀가 열리고, 기도의 입이 열리며, 자비의 손이 열리고, 복음을 순종하는 발걸음이 넓어진다.

3. 마음에 이러한 역사가 일어난 결과가 무엇인가?

(1) 루디아가 하나님의 말씀을 크게 깨달았다. 그녀의 마음이 열려서 바울이 말한 내용을 경청하였다. 루디아는 바울의 설교를 들을 뿐 아니라 그 말씀에 주목하였다. 그녀는 바울의 말에 전념하였다(어떤 이들은 이렇게 해석함). 말씀만이 우리에게 도움이 된다. 그리고 우리가 그 말씀에 전념할 때 우리는 지속적인 감동을 받는다. 루디아가 바울의 말에 전념했다는 것은 그녀의 마음이 열린 증거이자 결과였다. 하나님의 은혜로 마음이 열리면 하나님의 말씀을 부지런히 듣고 주목하는 현상이 나타나며, 그리스도와 우리 자신을 위하여 그의 말씀에 관심을 가진다.

(2) 루디아가 예수 그리스도께 굴복하고 그에 대한 거룩한 신앙의 고백을 드렸다. 그리고 세례를 받고, 이 거룩한 의식으로 말미암아 그리스도의 교회의 교인으로 인정받았다. 또한 그녀의 집이 다 세례를 받았다. 그녀가 양육할 권리가 있는 유아들도 세례를 받았는데, 뿌리가 거룩하면 가지도 거룩하기 때문이다. 또한 그녀의 영향력 하에 성장한 자들도 다 세례를 받았다. 아브라함과 그 식솔들이 할례를 받은 것과 똑같은 원리로 루디아와 그 집 식구들이 다 세례를 받았다. 언약의 보증은 계약자와 그 후손의 것이기 때문이다.

(3) 루디아가 목회자들에게 매우 친절하였고, 그들로부터 하나님 나라에 관한 것을 더 배우기를 간절히 원하였다. 그녀는 "만일 나를 주 믿는 자로 알거든, 곧 나를 신실한 그리스도인이라고 생각하거든, 이로써 나를 신뢰하거든, 내 집에 들어와 유하라 하고 강권하여 머물게 하였다." 이로써 루디아는 다음과 같은 기회를 얻고자 하였다.

[1] 그녀에게 복된 변화를 갖도록 해 준 거룩한 은혜의 도구인 분들에게 감사할 기회를 얻고자 하였다. 그녀의 마음이 그리스도께 열렸을 때 그녀의 집도 그리스도를 위하여 목회자들에게 열렸고, 최선을 다해 그들을 대접하였다. 그리고 그늘에 대한 내접이 자신이 그들로부터 받은 영적인 복에 비하면 그리 대단한 것이라고 생각하지 않았다. 그녀가 그들을 자신의 집에 환영할 뿐 아니라 그들에게 몹시 강권하고 귀찮게 졸라댔다. 강권하여. 이 말은 바울이 매우 겸연

쩍어하면서 그 집에 들어가려고 하지 않았다는 사실을 암시한다. 새신자의 가족들에게 부담이 될까 염려했기 때문이며, 아울러 복음을 전할 때에 값없이 전하고자 함이었다(고전 9:18; 행 20:34). 이로써 밖에 있는 자들이 복음전도자들을 향하여 속셈이 있고 이기적인 사람들이라고 비난하지 못하게 하려 함이었고, 또한 안에 있는 자들이 신앙의 희생에 대하여 불평하지 못하게 하려 함이었다. 하지만 루디아는 그들로 거절을 못하게 하였다. 그들이 자신의 청을 들어주지 않는다면 자기를 신실한 그리스도인으로 여기는 것이 아니라고 주장하였다. 마치 아브라함이 내가 은혜를 입었사오면 원하건대 종을 떠나 지나가지 마옵소서(창 18:3)라고 말하고 천사들을 대접한 것과 같이 그녀는 전도자들에게 강권하였다.

[2] 그녀는 더 많은 가르침을 받을 기회를 얻고자 하였다. 그들이 한동안 자신의 집에 머문다면 안식일 집회 때뿐 아니라 매일 그들의 말을 들을 수 있을 것이다(잠 8:34). 그녀의 집에서 그들의 말을 들을 수 있을 뿐 아니라 그들에게 물어볼 수도 있을 것이다. 또한 그들이 매일 자신의 집에서 기도하고 자기 식구를 위해 복을 빌 것이다. 그리스도에 대하여 어느 정도 아는 사람들은 더 많은 것을 알기를 소원하지 않을 수 없고, 그리스도의 복음에 대한 지식을 늘릴 기회를 찾지 않을 수 없다.

[16]우리가 기도하는 곳에 가다가 점치는 귀신 들린 여종 하나를 만나니 점으로 그 주인들에게 큰 이익을 주는 자라 [17]그가 바울과 우리를 따라와 소리 질러 이르되 이 사람들은 지극히 높은 하나님의 종으로서 구원의 길을 너희에게 전하는 자라 하며 [18]이같이 여러 날을 하는지라 바울이 심히 괴로워하여 돌이켜 그 귀신에게 이르되 예수 그리스도의 이름으로 내가 네게 명하노니 그에게서 나오라 하니 귀신이 즉시 나오니라 [19]여종의 주인들은 자기 수익의 소망이 끊어진 것을 보고 바울과 실라를 붙잡아 장터로 관리들에게 끌어 갔다가 [20]상관들 앞에 데리고 가서 말하되 이 사람들이 유대인인데 우리 성을 심히 요란하게 하여 [21]로마 사람인 우리가 받지도 못하고 행하지도 못할 풍속을 전한다 하거늘 [22]무리가 일제히 일어나 고발하니 상관들이 옷을 찢어 벗기고 매로 치라 하여 [23]많이 친 후에 옥에 가두고 간수에게 명하여 든든히 지키라 하니 [24]그가 이러한 명령을 받아 그들을 깊은 옥에 가두고 그 발을 차꼬에 든든히 채웠더니

　　바울과 그 일행이 한동안 빌립보의 어둑한 곳에서 묻혀 지냈지만 이제 주목받기 시작한다.

I. 점치는 귀신 들린 여종 하나가 그들을 하나님의 종이라고 선언함으로써 그들이 주목받게 되었다.　관찰.

　1. 이 여종에 대한 설명. 그녀는 델포이에서 아폴론 신의 계시를 전한 처녀처럼 점치는 귀신 들렸다. 그녀는 악한 영에 의하여 행동하였다. 그녀는 물어본 사람들에게 애매한 답변을 하였고, 앞일을 알고자 하는 헛된 욕망을 채워주려 하였지만 번번이 그들에게 사기를 쳤다. 무지하고 불신하며 우상을 숭배하던 시대에는 마귀가 하나님의 묵인 하에 이처럼 사람들을 자기 마음대로 사로잡았다. 마귀가 사람들에게 계시를 하는 것처럼 속이지 않았다면 그런 숭배를 받지 못하였을 것이다. 이 세상 신으로서 마귀의 강탈은 거짓과 우상숭배에 의하여 유지되기 때문이다. 이 처녀는 점으로 그 주인들에게 큰 이익을 주었다. 많은 사람들이 도둑질을 하고, 잃어버린 것을 찾고, 특히 그들의 운명을 알기 위해 이 점쟁이에게 찾아와 물었다. 그리고 오는 사람들은 모두 점에 대한 사례금을 가지고 왔고, 그 액수는 사람의 신분과 사안의 중요성에 따라 달랐다. 아마도 당시에 많은 점쟁이들이 있었을 것이나 이 처녀가 다른 점쟁이들보다 많이 알려졌던 것 같다. 다른 섬쟁이들이 약간의 이익을 얻은 반면에 이 처녀는 그 주인들에게 큰 이익을 주었고, 다른 어느 누구보다도 많은 사람들이 찾아왔다.

　2. 이 처녀가 바울과 그 일행에게 한 증언. 바울 일행이 기도하는 곳에 가다가 길에서 이 여자를 만났다(16절). 그들이 공무로 갔기 때문에 그들이 어디로 가는지, 또 무엇을 하러 가는지 모든 사람이 알았다. 이 처녀의 행동이 바울 일행의 정신을 조금이라도 흐트러지게 하거나 그들의 일을 방해하는 것이었다면, 우리가 분명히 알 수 있는 것이 있다. 그것은 사탄, 곧 이 고도의 유혹자가 우리가 경건한 행동을 하려고 할 때 기회를 틈타 얼마나 간교하게 우리의 주의를 딴 데로 돌리며, 우리를 어지럽히며, 또한 우리가 가장 침착해야 할 때 우리를 화나게 하는가 하는 사실이다. 이 처녀가 바울 일행을 만나 따라다니며 이렇게 소리쳤다. "이 사람들은 아무리 경멸할 만하게 보일지라도 위대한 사람들이다. 왜냐하면 그들은 지극히 높은 하나님의 종으로서 우리가 크게 환영해야 할 사람들이며, 구원의 길을 우리에게 전하는 자들이기 때문이다. 그 구원이 우리의 행복이 될 것이며, 그 구원의 길은 우리의 거룩함으로 인도할 것이다."

이제 (1) 이 증거는 옳다. 이는 신실한 복음전파자들에 대한 포괄적인 칭찬이며, 그들의 발을 아름답게 해 준다(롬 10:15). 비록 그들이 우리와 같은 성정을 가진 질그릇과 같은 사람들이지만, [1] "그들은 지극히 높은 하나님의 종들이다. 그들은 하나님을 섬기고 하나님의 일을 하며, 종으로서 하나님의 영광을 위해 헌신한다. 그들이 하나님의 심부름을 하러 우리에게 왔고, 그의 나라의 목적과 이익을 위해 일한다. 우리 이방인들이 숭배하는 신들은 열등한 존재들이고 따라서 사실상 신들이 아니지만, 이 사람들은 최고의 신, 곧 지극히 높은 하나님께 속하였다. 그는 모든 사람들, 모든 신들 위에 계시며, 우리 모두를 만드셨다. 그러므로 우리는 그분을 섬길 책임이 있다. 그들은 그의 종들이며, 따라서 그들의 주를 위하여 그들을 존경하고 그들의 말을 들어야 할 의무가 우리에게 있다. 만일 우리가 그들을 모욕하면 위험에 처하게 될 것이다." [2] "이 사람들은 구원의 길을 너희에게 전하는 자라." 이교도조차 인간의 가련하고 비참한 상태, 그리고 그들의 구원의 필요성을 어느 정도 알았다. 그리고 그들이 어느 정도 탐구한 것이 바로 구원의 문제였다. 그녀는 말한다. "이 사람들은 우리가 그동안 미신적으로 무익하게 제사장들과 신탁에 부탁하여 찾았지만 얻지 못하였던 것을 우리에게 보여준다." 적용. 그의 아들의 복음 안에서 하나님께서 우리에게 구원의 길을 분명하게 보여주셨으며, 우리의 죄로 말미암은 고통으로부터 구원받기 위해 우리가 무엇을 해야 하는지 말씀하셨다.

그런데 (2) 어떻게 점치는 귀신 들린 자의 입에서 이 같은 증거가 나왔는가? 사탄이 스스로 분열하는가? 사탄을 멸하는 일을 하는 사람들을 사탄이 추어올리겠는가? 우리는 이에 대하여 다음과 같이 해석할 수 있다. [1] 하나님께서 이 점치는 귀신에게 복음의 영광을 나타내라고 그 능력으로 강요하셨다는 해석이다. 마귀가 그리스도에 대하여 말하도록 강요받은 바와 같다(막 1:24). 나는 당신이 누구인 줄 아노니 하나님의 거룩한 자니이다. 진리는 때때로 대적들의 진리에 대한 고백, 자신들에 대한 불리한 증언으로 확대된다. 그리스도께서는 이 처녀의 증언을 통해 사도들을 경멸하고 박해하였던 빌립보 사람들로 하여금 반대의 판단을 갖도록 하셨다. 복음이 그러한 증언을 필요로 하지는 않았지만 빌립보 사람들이 신탁을 전하는 사람으로 여긴 이 처녀가 사도들을 가리켜 하나님의 종이라고 선포한 것은 그들이 사도들을 신뢰하는데 도움을 줄 것이다. [2] 간교한 뱀인 악령이 복음을 모독하려고 꾸민 것이었다는 해석이다. 어떤 이들은 생각하기를, 이 처녀가 이로 말미암아 자신과 자신의 예언에 대한 사람들의 신뢰를 얻으려 하였으며, 또한 사도들을 이롭게 하는 것처럼 가장함으로 주인의 이득을 높이려 하였다고 한다. 그녀가 사도들의 명성이 커지고 있다는 것을 주목하고 바울의 비위를 맞춤으로 바울이 자신의 고객을 떼어놓지 못하게 하려 했다는 것이다. 또 다른 이들은 생각하기를, 광명한 천사로 가장할 수 있고 임시변통되는 말을 할 수 있는 사탄이 이로써 사도들을 욕보이고자 하였다고 한다. 자기네 점쟁이들이 성직자들을 증거하였기 때문에 마치 이 성직자들이 자기네 점쟁이들과 동등한 형제 사이인 것처럼 꾸미고자 하였으며, 그래서 사람들이 그동안 잘 알고 지냈던 점쟁이들을 신봉할 수 있게 하려고 하였다는 것이다. 필시 사도들의 가르침을 받은 사람들이 이 점치는 귀신들에 대하여 편견을 가졌을 것이나, 이러한 증거로써 그들이 복음에 대하여 편견을 가지게 되었을 것이다. 그리고 이 점쟁이들에게 호감을 가졌던 자들에 대하여는 마귀는 자기편으로 만들 자신이 있었다.

II. 그리스도께서 이 처녀에게서 마귀를 쫓아낼 능력을 바울 일행에게 주심으로써 그들이 주목을 받을 수 있게 하셨다. 이 처녀는 여러 날을 계속하여 이같이 소리 질렀다(18절). 하나님께서 그녀로 하여금 그의 종들을 증거하도록 뜻하셨으나 바울은 그 뜻을 알지 못하므로 그녀를 수복하지 아니하였다. 그러나 그 증거가 바울 일행에게 도움을 주기보다는 사람들로 하여금 편견을 갖도록 한다는 것을 깨닫고는 곧 그녀에게서 마귀를 쫓아냄으로 잠잠하게 만들었다.

1. 바울이 심히 괴로워하였다. 이 처녀가 사탄의 도구가 되어 사람들을 속이고, 그녀의 점으로 인해 사람들이 기만당하는 모습을 보는 것이 바울을 괴롭게 만들었다. 거룩한 진리를 이처럼 이교적인 소리를 통해 듣고, 의로운 말씀이 악한 의도를 가진 악한 입에서 나온다는 사실이 그를 혼란스럽게 하였다. 그리스도를 박해한 자들이 유대인의 왕 만세 하며 치하한 것처럼 이 처녀는 사도의 주장을 비웃고 조롱하며, 비꼬고 놀리는 투로 말하였다. 그러므로 바울이 심히 괴로워한 것이 당연하다. 그 때의 바울의 심정은 길거리에서 위선적이며 야유하는 투로 하나님의 선하신 진리를 떠들어대는 소리를 듣는 의인의 심정이었다.

2. 바울이 귀신에게 그에게서 나오라고 명하였다. 바울은 더러운 귀신의 아첨과 비난 모두에 거룩한 분노를 발하여, 예수 그리스도의 이름으로 내가 네게 명하노

니 그에게서 나오라고 하였다. 이로써 그는 자기 일행이 살아계신 하나님의 종들이라는 사실을 보여주려 하였다. 그들은 점쟁이의 증거 없이도 그들 스스로 하나님의 종들임을 증거할 수 있었다. 이 처녀가 말하는 것보다 잠잠한 것이 이러한 사실을 더욱 증거해 줄 것이다. 이렇게 사탄의 능력을 깨뜨리고 그를 결박하여 세상을 미혹하지 못하게 하므로(계 20:3) 바울은 참으로 구원의 길을 제시한다. 그리고 마귀가 다름 아닌 오직 예수 그리스도의 이름으로 쫓겨난 것처럼 이 구원은 예수 그리스도의 이름으로 얻을 수 있는 것임을 제시한다. 그리스도께서 말씀 한 마디로 사람들에게서 마귀를 쫓아내셨을 때 그 지역에 큰 은혜가 임하였다. 왜냐하면 이 마귀가 사람들 속에 들어가 아무도 그 길로 지나갈 수 없을 지경이 되도록 그들을 두려움에 떨게 하고 괴롭혔기 때문이다(마 8:28). 그러나 바울이 이 처녀에게서 그리스도의 이름으로 마귀를 쫓아내었을 때 그 지역에 더 큰 은혜가 임하였다. 왜냐하면 이 처녀 속에서 마귀가 사람들을 미혹하고 쉽사리 믿게 하였기 때문이다. 능력이 그리스도의 말씀과 함께 하였고, 사탄이 말씀 앞에서 견딜 수 없었기에 자신의 산성을 떠나지 않을 수 없었다. 이 때에 그 지역은 강한 산성이었다. 귀신이 즉시 나오니라.

Ⅲ. 이 처녀에게서 귀신이 나가자 그 주인들이 바울 일행을 관리들에게 끌고 가서 고발함으로써 결과적으로 그들이 주목을 받게 되었다. 바울 일행이 관리들 앞에 끌려가서 고발당하지 않았더라면 그들에게 복음을 전할 기회를 갖지 못하였을 것이다. 관찰.

1. 이 여종이 제정신이 들자 여종의 주인들은 자기 수익의 소망이 끊어진 것을 보고 성을 내었다(19절). 돈을 사랑함이 일만 악의 뿌리가 된다(딤전 6:10)는 사실을 보라! 복음전파가 은장색의 기능을 못 쓰게 한다면(19:24), 점쟁이의 기능은 훨씬 더 못 쓰게 할 것이다. 따라서 사탄의 미혹하는 능력이 깨어졌을 때 분통이 터져 나왔다. 사람들이 복음으로 말미암아 말 못하는 우상에 대한 맹목적인 숭배를 그만두었고 이로써 수익의 소망이 끊어졌기 때문에 그 주인들이 복음을 미워하였다. 그리스도의 능력으로 이 여종이 귀신으로부터 해방되었고, 사탄의 손에서 구원받는 큰 은혜를 받았지만, 이로써 돈을 벌지 못하게 되었다는 것을 그 주인들이 감지하자 그 능력이 그들에게 아무런 감동을 주지 못하였다.

2. 그들이 바울 일행에게 취한 조치는 더 높은 권력에게 고발하여 벌을 받게 하는 것이었다. 그들이 바울과 실라를 붙잡아 장터로 끌어갔는데, 장터는 공적인

재판이 집행되는 곳이었다. (1) 그 주인들이 바울 일행을 관리들에게 끌어갔다. 이 관리들은 합법적으로 세워진 치안판사들로서 재판을 집행하는 두 명의 권세자들이었다. (2) 또 다시 그들이 바울 일행을 상관들, 곧 총독 앞으로 데리고 갔다. 토이스 스트라테고이스는 문자적으로 군대의 지휘관들을 의미한다. 그러나 이 말은 일반적으로 재판장들이나 중요한 권세자들로 해석된다. 그들이 이들에게 고소하였다.

3. 그들이 바울 일행을 고발한 내용은 그 땅을 요란하게 하였다는 것이었다(20절). 그들은 바울 일행이 유대인이라는 사실을 당연시하였다. 오래 전 유대인들이 애굽에서 미움을 받았듯이 이 당시에 유대 국가는 로마인들에게 혐오의 대상이었다. 사도들이 유대인이기 때문에 고소당하고 비난받은 것은 슬픈 일이었지만 정작 그들을 가장 크게 박해한 자들은 어처구니없게도 유대인들이었다.

(1) 바울 일행에 대한 고발 내용은 그 성을 요란하게 하였다는 것이다. 곧 내분을 일으키고 치안을 어지럽히며 폭동과 소란을 일으켰다는 것이다. 그러나 이는 아합이 엘리야를 헐뜯은 것만큼(왕상 18:17) 거짓되고 부당한 고발이었다: 이스라엘을 괴롭게 하는 자여 너냐? 만일 바울 일행이 그 성을 요란하게 하였다면 그것은 전사가 나타나 베디니 연못을 동하게 한 것과 같이 치료를 위한 것이며, 행복한 정착을 위해 흔든 것에 지나지 않았다. 이처럼 게으름뱅이들을 깨우는 사람들은 그들을 괴롭힌다는 소리를 듣는다.

(2) 그들을 고발한 증거는 그들의 가르치는 관습이었는데, 그것이 로마의 식민지가 인정할 수 없는 부당한 것이었다는 주장이다(21절). 로마인들은 언제나 종교의 혁신을 용서하지 않았다. 좋든 나쁘든, 로마인들은 조상으로부터 전수받은 것을 고수하려고 하였다. 이국적이거나 최근에 나타난 신은 의회의 허가 없이는 결코 허용되지 않았다. 옳든 그르든, 자기 나라의 신들이 자기네 신이어야 한다. 이것이 12법전의 법률 중 하나였다. 어느 나라가 그들의 신들을 신 아닌 것과 바꾼 일이 있느냐?(렘 2:11) 사도들이 다신교와 우상숭배를 파괴하는 종교를 사람들에게 가르치고 그런 무익한 것을 그만두라고 하였기 때문에 그들이 사도들에게 화를 내었다. 로마인들이 이러한 점을 견디지 못하였던 것이다. "이러한 교훈이 우리에게서 커지면 잠시 후 우리는 우리의 종교를 잃고 말 것이다."

IV. 상관들이 사도 일행에 대한 고발을 처리함으로 그들이 주목받게 되었다.

1. 상관들이 박해를 묵인하므로 군중이 일어나 사도 일행을 고발하였다(22절). 무리가 일제히 일어나 고발하니. 무리가 바울 일행을 갈기갈기 찢을 태세였다. 하나님의 종들로 하여금 군중에게 미움을 받도록 만드는 것이 사탄의 책략이다. 사탄은 하나님의 종들이 위험스러운 사람들인 것처럼 군중에게 보이게 한다. 즉, 그들의 목적이 사회 구조를 파괴하고 관습을 바꾸는 것이라고 모함하는 것이다. 그러나 실제로는 그들이 그런 비방을 받을 만한 아무런 근거가 없다.

2. 상관들이 사도 일행을 흉악범들을 처벌하듯이 처벌하였다. 그들이 분을 내고 격노함으로 사도들의 옷을 찢어 벗겼고, 다 벗길 때까지 참지 못하고 그들을 매로 쳤다. 사도 바울이 빌립보에서 고난과 능욕을 당하였다고 한 말(살전 2:2)은 바로 이 사건을 두고 한 말이었다. 상관들이 총독을 수행하던 릭토르(총독을 따라다니며 죄인을 잡던 관리) 혹은 하급관리에게 사도 일행을 마치 무뢰한을 때리듯이 매질하라고 명령하였다. 그들은 죄인들을 때리기 위한 목적으로 막대기를 가지고 다녔다. 바울이 세 번 매질을 당하였는데 이는 그 중에 하나였다. 로마의 관습은 모세 율법처럼 자비롭게 사십 대 이상 매질하지 말라고 제한하지 않았다. 그래서 여기에 몇 대를 때렸다는 언급이 없이 그들을 많이 쳤다고 말씀하고 있다. 그만큼 그들이 사도 일행에게 진노했기 때문이다(신 25:3). 자, 이렇게 실컷 매질하였으니 그들의 잔인함도 물리게 되었을 것이라고 사람들은 생각할 것이다. 이렇게 매를 맞았으니 자기들이 풀려날 것이라고 사도들이 믿었을 것이다. 하지만 그렇지 않았다. 그들은 옥에 갇혔다. 아마도 그들은 사도들의 목숨을 노렸을 것이며, 그들을 사형에 처하려고 하였을 것이다. 그렇지 않다면 왜 그들이 사도들을 도망치지 못하게 하려고 옥에 가두었겠는가?

(1) 재판관들이 사도들을 단단히 가두었다. 옥에 가두고 간수에게 든든히 지키라 하니. 그들은 사도들을 마치 매우 위험한 사람들인 것처럼 그들을 단단히 감시하라고 간수에게 명하였다. 그들이 스스로 혹은 그들을 구출하려는 사람들과 연대하여 감옥을 부수고 탈출하지 못하도록 조치하였다. 이와 같이 재판관들은 사도 일행을 가증한 자들로 몰아갔고, 그들의 비열한 관례법으로 자신들의 조치를 정당화하려 하였다.

(2) 간수가 그들을 매우 철저하게 감금하였다(24절). 그가 이러한 명령을 받아. 간수는 외부 감옥에도 그들을 충분히 든든하게 가둘 수 있었지만 그들을 깊은 옥에 가두었다. 그는 상관들이 이 사람들에게 크게 분노하였고, 그들을 용서하지 않을 생각이라는 것을 감지하였다. 따라서 그는 자신의 권력을 최대한 활용하여 사도 일행을 감시함으로 상관들의 비위를 맞추어야겠다고 생각하였다. 상관들이 잔인할 때 그들 밑에 있는 하급 관리들이 잔인한 것은 당연한 일이다. 그가 그들을 깊은 옥에 가두었다. 여기서 깊은 옥은 지하 감옥을 말한다. 이 곳은 사형수 외에는 갇히지 않는 곳이며, 대낮에도 캄캄하고 습하고 춥고 더럽고, 모든 면에서 불쾌한 곳이다. 예레미야가 이런 곳에 내려갔었다(렘 38:6). 이것으로도 충분하지 않은 듯 그는 그 발을 차꼬에 든든히 채웠다. 아마도 간수는 복음 전도자들이 감옥 문이 든든히 닫혔는데도 탈옥하였다는 소문을 들었을 것이다(5:19; 12:9). 그리하여 그들의 발을 차꼬에 든든히 채웠고, 이로써 자신이 다른 간수들보다 지혜롭다고 생각하였을 것이다. 하나님의 사자들 가운데 바울 일행이 최초로 그 발을 차꼬에 채운 사람들은 아니었다. 그들보다 먼저 예레미야가 그런 일을 당하였다. 그것도 여호와의 성전에 있는 베냐민 문에서 공공연하게 그런 일을 당하였다(렘 20:2). 또한 요셉의 발도 차꼬를 찼다(시 105:18). 구약시대나 신약시대나 하나님의 종들이 얼마나 괴로운 일을 당하였는가! 존 폭스의 「순교자 열전」은 메리 여왕 시대에 순교자들의 고난을 증거한다.

[25]한밤중에 바울과 실라가 기도하고 하나님을 찬송하매 죄수들이 듣더라 [26]이에 갑자기 큰 지진이 나서 옥터가 움직이고 문이 곧 다 열리며 모든 사람의 매인 것이 다 벗어진지라 [27]간수가 자다가 깨어 옥문들이 열린 것을 보고 죄수들이 도망한 줄 생각하고 칼을 빼어 자결하려 하거늘 [28]바울이 크게 소리 질러 이르되 네 몸을 상하지 말라 우리가 다 여기 있노라 하니 [29]간수가 등불을 달라고 하며 뛰어 들어가 무서워 떨며 바울과 실라 앞에 엎드리고 [30]그들을 데리고 나가 이르되 선생들이여 내가 어떻게 하여야 구원을 받으리이까 하거늘 [31]이르되 주 예수를 믿으라 그리하면 너와 네 집이 구원을 받으리라 하고 [32]주의 말씀을 그 사람과 그 집에 있는 모든 사람에게 전하더라 [33]그 밤 그 시각에 간수가 그들을 데려다가 그 맞은 자리를 씻어 주고 자기와 그 온 가족이 다 세례를 받은 후 [34]그들을 데리고 자기 집에 올라가서

음식을 차려 주고 그와 온 집안이 하나님을 믿으므로 크게 기뻐하니라

우리는 여기서 바울과 실라를 박해하는 자들의 계획이 실패하고 깨어진 것을 볼 수 있다.

I. 박해자들의 계획은 복음 전도자들을 낙심케 하고 실망케 하며, 그들의 운동에 진절머리 나게 하고 그들의 일에 싫증나게 하려는 것이었다. 하지만 그들의 운동과 사역이 기운차고 왕성하였음을 우리는 여기서 보게 된다.

1. 그들은 놀랄 만큼 기운이 넘쳤다. 이 초라한 죄수들이 마음에 심한 괴로움을 담아두기는커녕 더할 나위 없이 기뻐하였다. 그들의 형편이 어떠했는지 살펴보자. 로마의 집정관들이 그들 앞에서 매를 가지고 있고, 또한 옷에 부착된 도끼, 곧 속간(fasces : 막대기 다발 사이로 도끼를 끼운 집정관의 권위 표지. 후에 이탈리아 파시스트당의 상징이 됨 : 역자 주)을 가지고 있었다. 그 때에 그들이 매질로 인한 아픔을 느끼고 있었는데, 밭가는 자들이 그들의 등에다 밭을 갈아 긴 고랑을 만들어놓은 상태였다. 그들의 몸에 생긴 많은 매질 자국들이 심히 쓰라렸다. 그들의 등과 어깨의 살가죽이 벗겨져 쓰라리므로 그들이 끙끙 앓는 소리를 낼 줄 사람들이 예상했을 것이다. 이것이 전부가 아니었다. 그들 앞에는 도끼에 맞아죽는 공포가 기다리고 있었다. 그들의 주님께서도 먼저 상처를 입으시고 그 다음에 십자가에 못 박히셨다. 그러니 그들도 같은 과정을 예상할 수 있었다. 그 사이에 그들이 깊은 옥에 갇히고 그들의 발이 차꼬에 채워진 것이다. 어떤 이들은 생각하기를, 이 차꼬가 그들의 몸을 묶을 뿐 아니라 상하게 했을 것이라고 한다. 그런데 그들이 고통스러워 했어야 할 한밤중에, 될 수 있는 대로 조금이라도 더 쉬고 싶은 그 때에 그들은 기도하고 하나님을 찬송하였다.

(1) 그들이 함께 기도하였는데, 고통 중에 자기들을 도와주시고 위로해 달라고 하나님께 기도하였다. 그리고 감옥에 있던 요셉을 찾아오셨던 것처럼 자기들을 찾아와 주시며 함께 해 달라고 기도하였다. 그리스도를 위하여 받은 고난만큼 그리스도의 위로가 넘치게 해 달라고 기도하였다. 즉, 그들의 묶인 것과 매질 자국으로 인해 복음을 더 잘 전할 수 있게 해 달라고 기도하였다. 그리고 그들이 박해자들을 위해 기도하였는데, 하나님께서 그들을 용서하시고 그들의 마음을 돌이켜 달라고 기도하였다. 이 때는 기도의 시간이 아니라 한밤중이었다. 그 곳은 기도의 집이 아니라 지하 감옥이었다. 그러나 그 때는 기도할 때였

고, 그 기도는 응답받았다. 캄캄하고 깊은 곳에서도 우리는 하나님께 부르짖을 수 있다. 기도하지 못할 장소가 없고 기도하지 못할 시간이 없다. 고난을 동반하고 있는 사람들은 기도와 짝해야 한다. 너희 중에 고난 당하는 자가 있느냐 그는 기도할 것이요(약 5:13). 어떠한 고통이나 어떠한 슬픔을 당해도 우리는 기도할 마음을 잃지 말아야 할 것이다.

(2) 그들이 하나님을 찬송하였다. 우리는 범사에 감사해야 한다. 감사할 마음만 있다면 우리에게는 반드시 감사할 거리가 있다. 지하 감옥과 차꼬도 찬송할 마음을 막지 못하는데 그 무엇이 하나님의 자녀에게서 찬송할 마음을 빼앗겠는가? 그들은 하나님의 이름을 위하여 모욕을 당할 만큼 자신들을 합당한 자로 여기신 하나님을 찬송하였다. 그리고 고통 중에 놀랍게도 참고 견딜 수 있게 해 주신 하나님을 찬송하였다. 고통 중에도 그들의 영혼은 하나님의 친절하고 강한 위로를 체험하였다. 아니 그들이 하나님을 찬송할 뿐 아니라 시편이나 찬송가, 혹은 영적인 노래를 하나님께 올려드렸다. 그것이 다윗의 시일 수도 있고, 당대의 작품일 수도 있으며, 성령이 말하게 하심을 따라 자신들이 지은 것일 수도 있다. 고난당하는 자가 기도하는 것이 우리 그리스도인들의 규례이므로 그들은 고난당할 때 기도하였다. 또한 즐거워하는 자가 찬송하는 것이 우리 그리스도인들의 규례이므로 그들은 경건한 기쁨을 누리는 중에 찬송하였다. 우리는 여기서 시편을 노래하는 것이 복음의 의식이었다는 것을 알 수 있다. 그러므로 모든 그리스도인들은 찬송을 활용해야 한다. 찬송의 의식은 승리의 날에 그리스도인들의 기쁨을 표현할 뿐 아니라 고난의 날에 그들의 슬픔을 없애주고 덜어준다. 그들이 한밤중에 찬송을 한 것은 이스라엘 시인의 모범을 따른 것이다(시 119:62). 내가 밤중에 일어나 주께 감사하리이다.

(3) 죄수들이 바울과 실라의 찬송을 들은 사실이 여기에 언급되어 있다. 만일 죄수들이 그들의 기도 소리는 듣지 못하였으나 그들의 찬송 소리를 들었다면, 이는 다음과 같은 사실을 보여줄 것이다.

[1] 그들이 얼마나 온 마음으로 하나님을 찬송하였는지 보여준다. 비록 그들이 지하 감옥에 있었지만 감옥 전체가 그들의 찬송 소리를 들을 정도로 크게 불렀다. 아니 죄수들을 깨울 정도로 큰 소리였다. 때가 한밤중이었으므로 죄수들 모두가 잠들었을 것이라고 우리는 상상할 수 있기 때문이다. 우리는 온 마음으로 찬송해야 할 것이다. 성도들은 침상에서 크게 노래할 사명이 있다(시

149:5). 그러나 복음으로 말미암는 은혜는 이보다 더 큰 사실을 보여주는데, 곧 감옥 속에서 차꼬에 채워진 채로 크게 찬송한 성도들의 본을 우리에게 보여준다.

[2] 죄수들이 그들의 찬송 소리를 들은 줄 알았지만 그들은 여전히 크게 찬송하였다. 그들이 주님을, 그리고 주님을 섬기는 것을 부끄러워하지 않았기 때문이다. 세속적인 노래를 부르는 자들은 고함을 지르고 그 소리를 듣는 사람들을 개의치 않는데, 가정에서 찬송을 부르는 자들이 이웃이 들을까봐 무서워서 찬송의 의무를 할 수 없다고 변명해야 하겠는가?

[3] 죄수들이 바울과 실라의 찬송 소리를 듣게 되므로 그들은 바울과 실라를 위해 나타난 기적적인 은혜, 곧 옥문이 열리는 일을 목격할 준비를 하게 되었다. 그들이 이 기적으로 말미암아 특별한 위로를 충만하게 받음으로써 그들이 전한 예수께서 이스라엘의 위로가 되신다는 사실을 널리 공포할 수 있었다. 그러나 그분을 대적하려 한 죄수들은 옥문이 열리는 소리를 듣고 그 앞에서 떨어야 한다. 하지만 예수께 충성하는 자들은 옥문이 열리는 소리를 듣고 기뻐하며, 갇혀 있으나 소망을 품은 죄수들에게 약속된 위로를 받는다(슥 9:12).

2. 하나님께서 놀랍게도 그들을 위해 표적을 보이심으로 그들의 용기를 북돋우셨다(26절).

(1) 즉시 큰 지진이 났다. 그 지진이 어디까지 미쳤는지 우리는 알 수 없으나 옥터가 움직일 정도로 대단한 충격이었다. 죄수들이 바울과 실라의 한밤중의 예배에 귀를 기울여 들으면서 아마도 그들을 비웃고 조롱하였을 것이다. 그러는 사이에 이 지진이 그들을 공포에 몰아넣었을 것이며, 이에 예배를 드리던 사람들이 천국의 총아들이며 하나님께 속한 사람들이라는 사실을 그들이 깨달았을 것이다. 기도의 응답으로 그 기도의 집이 움직였고, 이는 하나님께서 그 기도를 열납하셨다는 증표였다(4:31). 옥터가 움직이고. 주께서 이 지진을 통해서 자신의 종들을 경멸한 행동에 대하여 그의 분노를 나타내셨고, 땅에 있는 것을 의지하는 자들에게는 그들이 의지하는 것이 허약하고 불안정하다는 사실을 증명해 보이셨으며, 아울러 자기 백성에게는 땅이 흔들릴지라도 두려워할 필요가 없다는 사실을 가르쳐 주셨다.

(2) 옥문이 열리고 죄수들을 채운 차꼬들이 다 벗어졌다. 모든 사람의 매인 것이 다 벗어진지라. 아마도 죄수들이 바울과 실라가 기도하고 찬송하는 소리를

들었을 때 그들을 칭찬하고 올바르게 말했을 것이며, 또한 점치는 여자가 그들에 대하여 말한 대로 이 사람들은 지극히 높으신 하나님의 종들이라고 그들이 말하였을 것이다. 하나님의 종들에 대한 그들의 선한 생각이 보답을 받고 또한 그들의 생각이 확고해지기 위해 그들이 이 기적의 현장을 목격하고 그들의 매인 것이 다 벗어졌다. 후에 하나님께서 바울과 함께 항해하는 자를 다 그에게 주셨던 것처럼(행 27:24), 이제도 바울과 함께 갇혔던 자들을 다 그에게 주셨다. 그로티우스(Grotius)의 말대로, 하나님께서는 이로써 사도들의 복음전파가 인류를 향한 공적인 축복이라는 사실을 보여주셨다. 왜냐하면 그들이 포로된 자에게 자유를, 갇힌 자에게 놓임을 선포하였기(사 61:1) 때문이다. Et per eos solvi animorum vincula — 그리고 영혼의 매인 것들이 그들로 말미암아 벗어졌기 때문이다.

II. 박해자들의 의도는 복음의 진보를 막아 더 이상 사람들이 복음을 받아들이지 못하게 하는 것이었다. 그리하여 그들이 아무도 마음을 열지 못하게 하려고 강변 집회를 망쳐놓았다. 하지만 여기서 우리는 감옥에서 회심자들이 생겨난 것을 보게 된다. 그 큰 집이 집회장소로 변하였고, 복음의 승리의 트로피가 그 곳에 세워섰나. 또힌 박해자들의 종이었던 간수가 그리스도의 종이 되었다. 전부는 아닐지라도 아마 죄수들 중에 얼마가 회심하였을 것이다. 옥문이 열리는 기적이 죄수들의 몸에 미쳤고, 그들의 손을 풀어주었으며, 아울러 그들의 영혼에 작용하였다. 욥 36:8-10; 시 107:14, 15을 보라. 그러나 간수의 회심만이 여기에 기록되었다.

1. 간수가 목숨을 잃을까봐 두려워하였으나 바울이 이러한 염려에 대하여 안심시켰다(27, 28절).

(1) 간수가 자다가 깨었다. 지진의 충격이 그를 깨웠을 것이며, 또한 옥문의 열림과 죄수들의 기쁨과 놀라움의 환호소리가 그를 깨웠을 것이다. 그 때에 죄수들은 어둠 속에서 자기들을 맨 것이 풀려진 것을 알고 서로 일어난 일을 말하며 소리쳤다. 이 때문에 간수가 깨어났다. 위치상으로 그는 쉽게 깰 수밖에 없었다. 그가 잠에서 깨어난 사실은 그가 영적인 잠에서 깨어나는데 영향을 끼쳤다. 복음의 부르심은 요나서의 말씀처럼(욘 1:6), 잠자는 자여 일어나라(엡 5:14)는 것이다.

(2) 간수는 옥문이 열린 것을 알고 죄수들이 당연히 도망갔을 것이라고 추정

하였다. 그랬다면 그가 어떻게 되었겠는가? 그는 로마법을 알고 있었다. 베드로가 옥에서 탈출하자 간수들이 즉시 처형당하였다(12:19). 선지자가 제시한 규칙에 따르면, 죄수를 놓치면 그를 지키던 간수가 대신 죽음을 당해야 했다. 이 사람을 지키라 만일 그를 잃어 버리면 네 생명으로 그의 생명을 대신하거나(왕상 20:39, 42). 이 사건 이후 로마의 법률가들은 데 쿠스토디아 레오룸(De custodia reorum) ─ 범인의 구금에 대한 법률(간수가 죄수를 놓치면 그 죄수가 받아야 형을 간수가 받아야 한다는 조항)을 해석하면서 기적으로 인한 탈출은 예외로 하기로 결정하였다.

(3) 간수는 두려움에 칼을 빼어 자결하려 하였다. 예상되는 보다 가공할 죽음, 곧 굴욕적인 죽음을 피하기 위해서였다. 죄수들을 도망가게 한 죄로 그런 죽음을 당해야 한다는 것을 그가 알고 있었던 것이다. 그리고 상관들이 자신에게 바울과 실라를 특별히 잘 지키라고 특명을 내린 사실을 생각할 때 그들이 자기를 매우 혹독하게 대할 것이 자명하였다. 철학자들은 일반적으로 자살을 허락하였다. 세네카(Seneca)는 고통 중에 있는 자들이 마지막으로 호소할 수 있는 처방책으로 자살을 권한다. 스토아 철학자들(Stoics)은 정욕을 극복한 체하지만 실제로는 완전히 굴복하였다. 관념적인 쾌락에 탐닉한 에피쿠로스 철학자들(Epicureans)은 고통을 회피하기 위해 죽음을 택하였다. 이 간수는 자살을 해도 아무런 해가 없을 줄 생각하였다. 하지만 기독교는 죽음의 문제를 하나님께 속한 것으로 증거하며, 하나님께서 만물을 소생케 하시고 운행하시며 세우신다는 창조의 법칙을 고수한다. 그러므로 우리는 살아야 할 의무가 있다. 그리고 이 창조의 법은 우리의 삶을 기쁘게 은혜에 맡겨야 하지만 죽음에 맞서 용기 있게 버텨야 한다는 것을 가르쳐준다.

(4) 바울이 간수의 자살 기도를 막았다(28절). 간수로 하여금 자기 말에 주목하게 하려고 바울이 크게 소리 질렀다. 그리고 자신에게 어떤 악도 행치 말라. 네 몸을 상하지 말라고 말하였다. 하나님의 말씀이 임하여 경고하고 모든 취지는 이것이다. 곧 "네 몸을 상하지 말라. 남자든 여자든 자신에게 나쁜 짓을 하지 말고 자신을 파괴하지 말라. 자신을 해치지 말라. 그리하면 아무도 너를 해치지 못할 것이다" 라는 것이다. 우리가 받는 경고는 몸(body)을 해하는 죄를 범치 말라는 것이며, 우리가 받는 가르침은 우리의 육체(flesh)는 미워하되 영양을 공급하고 돌보라는 것이다. 간수가 죄수들이 도망간 책임을 질 필요가 없었다. 왜냐하면 그

들이 다 여기 있기 때문이다. 옥문이 열리고 그들의 매인 것이 다 벗어졌을 때 도망가지 않은 것은 이상한 일이었다. 그러나 너무 놀라 움직이지 못하였고 또한 바울과 실라의 기도로 그들의 매인 것이 벗어진 것을 그들이 알았으므로 바울과 실라가 움직이지 않는 한 그들도 움직이려 하지 않았다. 그리고 하나님께서 그들의 발을 풀어준 만큼 그들의 심령을 매어 놓으심으로 그의 능력을 보여 주셨다.

2. 간수는 자신의 영혼을 상실할까봐 염려하며, 바울은 이러한 염려에 대해서도 그를 안심시킨다. 한 가지 염려가 또 다른 염려를 낳고 더 큰 염려를 하게 한다. 이 세상을 속히 떠나려던 것이 제지당하자, 그는 자신의 뜻대로 자살했다면 자기가 어디로 갔을까, 죽음 저편에서 자기는 어떻게 되었을까 생각하기 시작한다. 불에서 끄집어낸 타다 남은 나무처럼 구출된 자들에게 그런 생각은 당연한 것이었다. 그는 죽음 일보 직전까지 갔었다. 그가 흉악한 죄 가운데로 달려갔던 것이 아마도 그에게 경종을 울렸을 것이다.

(1) 무슨 이유에서인지 간수가 소스라치게 놀랐다. 그로 믿게 하려고 보내심을 받은 하나님의 성령께서 보혜사가 되시기 위해 그를 겁나게 하시고 놀라게 하셨다. 간수가 옥문을 다시 닫았는지 우리는 알 수 없다. 아마도 그리스도께서 사마리아 여인의 양심에 깨달음을 주셨을 때 그녀가 물동이를 버려두고 자신이 우물에 온 목적을 까먹었던 것처럼 간수는 옥문을 닫는 것을 잊었을 것이다. 왜냐하면 그가 급히 등불을 달라고 하며 감옥 안으로 뛰어 들어가 무서워 떨며 바울과 실라 앞에 엎드렸기 때문이다. 죄를 깨닫고 죄의 가증함을 알게 된 사람들은 자신들의 비참함과 위험을 우려하며 떨지 않을 수 없다. 이렇듯 떨게 된 간수가 문의할 사람은 바울밖에 없었다. 왜냐하면 바울도 한때 그와 똑같은 경우를 당해 보았기 때문이다. 바울도 한때는 이 간수처럼 의로운 사람들을 핍박하였고, 간수처럼 그들을 감옥에 가두었다. 간수처럼 그도 이러한 죄를 깨달았을 때 무서워 떨었다. 그러므로 바울이 좀 더 다정하게 간수에게 말해줄 수 있었다.

(2) 이렇게 소스라치는 가운데 그는 바울과 실라에게 구원을 요청하였다. 관찰.

[1] 간수가 바울과 실라에게 말하는 태도가 대단히 공손하였다. 간수가 등불을 달라고 하였는데 이는 바울과 실라가 캄캄한 가운데 있었기 때문이며, 그가 얼마나 놀랐는지 그들에게 보여주기 위함이었다. 자신의 불량한 처지를 보고 놀

란 사람처럼 그는 바울과 실라 앞에 엎드렸다. 자신의 심각한 공포를 감당할 수가 없어서 그는 바울과 실라 앞에 엎드렸다. 그 때에 그는 그들에 대해 경외심을 가졌고 그들에게서 하나님의 모습을 떠올렸으며, 그들이 하나님의 위임을 받은 사람들이라고 생각했다. 아마도 그는 점치는 처녀가 그들에 대하여 이 사람들은 지극히 높은 하나님의 종으로서 구원의 길을 너희에게 전하는 자라고 한 말을 들었을 것이다. 따라서 그는 그들에 대하여 경의를 표하였다. 그는 그들 앞에 엎드려 참회자로서 그들을 모욕한 죄에 대하여 그들의 용서를 구하였고, 또한 탄원자로서 자신이 어찌해야 할지 그들의 조언을 구하였다. 그는 그들에게 경어를 사용하였다. 선생들이여. 퀴리오이 ─ 주여, 선생들이여. 방금 전까지 그들은 불량배요 악인으로 취급되었고, 그 때에 간수가 그들의 주인이었다. 하지만 이제는 그들이 간수의 선생들이자 주인들이었다. 회개의 은혜가 사람들의 말투를 바꾸며, 특히 의인들과 의로운 목회자들에게 경어를 쓰게 한다. 사람들에게 죄를 철저하게 깨닫게 해 주는 자들과 그리스도의 복음을 전하는 자들의 발이 아름답다. 그 발이 비록 수치스럽게 차꼬에 채워졌지만 그 발은 아름다운 발이다.

[2] 그의 질문이 대단히 진지하였다. 내가 어떻게 하여야 구원을 받으리이까? 첫째, 지금 구원이 그의 큰 관심사이다. 전에는 구원이 그의 생각에서 가장 먼 곳에 있었으나 이제는 그의 마음에 가장 가까운 데 있다. 내가 어떻게 해야 세상에서 으뜸이 되고 부자가 되고 크게 되겠는가 하는 질문이 아니라 내가 어떻게 하여야 구원을 받을까 하는 질문이다. 둘째, 그가 다른 사람들에 관해 질문하지 않고 자기 자신에 관해 질문하였다. "그들이 어떻게 해야 하나요?"가 아니라 "내가 어떻게 해야 하나요"라고 질문하였다. 그가 관심을 가진 것은 자신의 소중한 영혼이다. "다른 사람들은 좋을 대로 하라고 내버려두고 내가 어떻게 해야 하는지, 내가 어떤 길을 가야 하는지 말해 주세요." 셋째, 그는 자신이 구원을 받기 위해서는 어떤 일이 이루어져야 하며, 자신도 또한 무언가를 해야 한다고 믿었다. 즉, 저절로 이루어지는 일이 아니라 능력을 발휘하고 우리가 힘쓰고 싸우고 수고해야 할 일이라고 그는 믿었던 것이다. 그는 "나에게 무슨 일이 일어나겠습니까?"라고 질문하지 않고 "내가 어떻게 해야 하나요? 무서워 떨고 있는 지금 내가 어떻게 하여야 구원을 받으리이까?"라고 질문하였다. 아마도 바울이 간수의 무서워 떠는 질문을 염두에 두고 빌립보서에서 같은 말을 한 것으로 보이

는데, 바울은 거기서 구원을 물을 뿐 아니라 거룩한 떨림으로 구원을 이루어야 한다는 사실을 밝혔다(빌 2:12). 넷째, 그는 무엇이든지 하려고 하였다. "내가 어떻게 해야 하는지 내게 말해 주시오. 나는 그렇게 할 각오가 되어 있소. 선생들이여, 그 길이 옳고 확실한 길이라면 그 길로 나를 안내해 주시오. 좁은 길, 가시밭길, 오르막길이라도 나는 그 길을 걸어가겠소." 적용. 죄를 철저하게 깨닫고 참으로 구원에 대하여 관심이 있는 자들은 무조건 예수 그리스도께 굴복할 것이며, 그리스도께서 원하시는 대로 하시도록 자신을 비워드릴 것이고, 그리스도께서 어떻게 하시든 기뻐할 것이다. 다섯째, 자기가 무엇을 해야 하는지 꼬치꼬치 캐어묻고, 자기가 무엇을 해야 하는지 너무나 알고 싶어하여 자기에게 말해 줄 것 같은 사람들에게 묻는다. 네가 물으려거든 물으라(사 21:12). 그 얼굴을 시온으로 향한 자들은 반드시 그리로 가는 길을 묻는다(렘 50:5). 우리는 그 길을 스스로 알 수 없으며, 하나님께서 그의 말씀으로 우리에게 알려주셨고, 성경을 찾아보는데 우리를 도울 사역자들을 임명하셨으며, 구하는 자들에게 성령을 주시므로 구원의 길로 인도하게 하시겠다고 약속하셨다. 여섯째, 그가 그들을 데리고 나가 이 질문을 하였다. 이는 그들의 대답이 억지로나 강압에 의해 이루어지지 않도록 하기 위함이었으며, 비록 그가 그들의 간수였지만 그들이 다른 사람들에게 대답을 하듯이 자유롭게 자신에게 대답을 할 수 있게 하기 위함이었다. 그가 그들을 지하 감옥 밖으로 데리고 나간 것은 그들이 자기를 지하 감옥보다 더 나쁜 상태에서 자기를 구출해 주리라는 기대감이 있었기 때문이다.

(3) 그가 어떻게 해야 하는지 그들이 흔쾌히 지시하였다(31절). 그들은 그런 질문에 언제든지 대답할 준비가 되어 있었다. 비록 춥고 아프고 졸리지만 그들은 편안한 시간 편안한 장소로 미루지 않았으며, 다음 안식일에 강변에 있는 집회장소로 오면 말해 주리라고 하지 않았고, 쇠뿔도 단김에 빼랬다고 그의 양심의 가책이 없어지기 전, 곧 선한 마음을 가지고 있는 지금 그를 사로잡았다. 하나님께서 일하기 시작한 지금이 하나님과 함께 하는 일꾼들이 일할 때이다. 그들은 자기들에 대한 그의 무례하고 고약한 대접과 권한 이상의 월권을 비난하지 않았다. 이 모든 것을 용서하고 잊었다. 그리고 가장 좋은 친구에게 하듯이 그에게 천국 가는 길을 기꺼이 보여주었다. 그는 그들을 공포에 떨게 하였지만 그들은 그를 짓밟지 않았다. 그들은 다른 사람들에게 지시했던 대로 그에게도 똑같이 주 예수 그리스도를 믿으라고 지시하였다. 사람들은 "우선 네가 우리를

능욕한 행동을 회개하라"고 그들이 말했어야 한다고 생각할 것이다. 아니다. 그가 오직 그리스도를 믿기만 하면 그들은 그런 행동을 눈감아 줄 것이며, 문제없이 지나칠 것이다. 이는 목회자들에게 본이 되는 것으로서 목회자들은 이 본을 따라 참회하는 사람들을 격려하고, 그리스도께 나오는 자들을 마중 나가 그들의 손을 붙잡아 주어야 하며, 자신들을 매정하게 대한 사람들에게 까다롭게 굴지 말고 도리어 자신들의 영광보다 그리스도의 영광을 구해야 한다. 주 예수를 믿으라 그리하면 너와 네 집이 구원을 받으리라는 이 짧은 말씀 안에 복음 전체와 은혜 언약이 요약되어 있다.

이 말씀 안에 [1] 행복이 약속되어 있다. "네가 구원을 받으리라. 네가 영원한 파멸로부터 구출될 뿐 아니라 영원한 생명과 복으로 인도될 것이다. 네가 가련한 인생이요 세상에서 미천하고 낮은 지위인 간수 혹은 교도관이지만 이러한 낮은 지위가 너의 구원을 막지 못할 것이다. 네가 큰 죄인이요 박해자이지만 너의 흉악한 죄가 그리스도의 공로로 말미암아 모두 용서받을 것이다. 너의 굳고 악한 마음이 그리스도의 은혜로 말미암아 부드러워지고 깨끗해질 것이다. 그리하여 너는 너의 죄 때문에 혹은 질병 때문에 죽지 않을 것이다."

[2] 구원의 조건이 요구되었다. 주 예수 그리스도를 믿으라. 우리는 하나님께서 복음 안에서 그의 아들에 관하여 기록한 말씀을 인정하되 신실한 것으로, 모든 사람이 받을 만한 것으로 인정해야 한다. 우리는 하나님께서 중보자를 통하여 세상을 자신과 화목케 하신 방법을 인정해야 한다. 우리에게 선물로 주어진 그리스도를 영접하고 그 앞에 굴복하여 그의 통치와 가르침과 구원을 받아야 한다. 이것이 구원에 이르는 유일하고도 확실한 길이다. 그리스도로 말미암지 않고는 다른 구원의 길이 없으며, 그를 믿는 것 외에는 구원받을 다른 길이 없다. 우리가 이 길을 가면 잘못될 염려가 없다. 왜냐하면 이 길은 하나님께서 정하신 길이기 때문이요, 또한 약속하신 하나님께서 미쁘시기 때문이다. 모든 족속에게 전파되어야 할 복음은 바로 믿는 자는 구원을 받으리라는 말씀이다.

[3] 이 구원이 그의 가족에게까지 확대된다. 너와 네 집이 구원을 받으리라. 즉, "아브라함의 경우처럼 하나님께서 그리스도 안에서 너와 너의 후손들에게 하나님이 되실 것이다. 믿으라, 그리하면 구원이 너의 집에 이를 것이다(눅 19:9). 너의 집의 아이들도 보이는 교회에 허입될 것이며, 이로써 구원에 이르는 바른 길을 가게 될 것이다. 너의 집의 성인들도 구원의 방법을 알게 될 것이다. 그들

이 아무리 많을지라도 예수 그리스도를 믿으면 구원받을 것이며, 그리스도께서 그들을 똑같이 환영하실 것이다."

(4) 그들은 더 나아가 간수와 그의 가족에게 그리스도의 교훈을 가르쳤다(32절). 주의 말씀을 그 사람과 그 집에 있는 모든 사람에게 전하더라. 아무래도 그는 그리스도에 대하여 완전히 문외한이었다. 그러므로 그가 믿도록 하기 위해서는 이 예수가 누구인지 가르쳐줄 필요가 있었다(요 9:36). 교리의 핵심을 간결하게 설명한 그들은 간수에게 세례를 받도록 설득하였다. 그리스도의 사역자들은 주의 말씀을 손쉽게 다룰 수 있어야 하며, 그 말씀이 그들 안에 풍성히 거하도록 해야 할 것이다. 그리하여 그 말씀을 듣고 받기를 원하는 누구에게든지 즉석에서 말씀을 강론하므로 그들을 구원의 길로 인도해야 할 것이다. 그들은 간수에게만 말씀을 전하지 않고 그 집에 있는 모든 사람에게 전하였다. 집안의 가장들은 그들이 돌보고 있는 모든 식구들이 하나님을 아는 지식과 은혜의 수단에 참여하여 주의 말씀을 들을 수 있도록 신경을 써야 한다. 왜냐하면 가련한 종들의 영혼도 주인들의 영혼만큼 소중하기 때문이며, 동등한 가치가 있기 때문이다.

(5) 간수와 그의 가족이 즉시 세례를 받았고, 이로써 기독교의 신앙을 고백하고 그 율례에 복종하였다. 그리고 에디오피아 내시처럼 그들이 예수 그리스도는 하나님의 아들이심을 믿는다고 진지하게 선포하자 곧 그들에게 은혜가 임하였다. 그와 그 온 가족이 다 즉시 세례를 받았다. 간수나 그의 식구들이나 그들이 세례의 언약 속에 들어가야 할지 말아야 할지 생각할 시간을 달라고 하지 않았다. 또한 바울과 실라도 그들의 진실성을 시험해 볼 시간을 달라고 하지 않고, 그들이 간수와 그 식구들에게 세례를 주어야 할지 말아야 할지 생각해 볼 시간을 달라고 하지 않았다. 은혜의 성령께서 홀연히 그들에게 강한 믿음을 주셨으므로 더 이상의 토의가 소용 없게 되었다. 그리고 바울과 실라는 하나님께서 그들에게 역사하셨다는 사실을 성령으로 알았다. 그러므로 그들이 세례를 거절할 이유가 없었다. 이러한 특별한 경우를 일반적인 경우에 적용해서는 안 될 것이다.

(6) 이 때에 간수는 바울과 실라에게 매우 예의 바르게 행동하였다. 왜냐하면 자신이 그들로부터 받은 은혜를 갚기는커녕 그들에게 입힌 상처를 어떻게 보상해야 할지도 알지 못하였기 때문이다. 그 밤 그 시각에 간수가 그들을 데리고 나

갔다. 그는 조금이라도 그들을 깊은 옥에 내버려 두려 하지 않았다.

그리고 [1] 그 맞은 자리를 씻어 주고 시원하게 해 주고 그 통증을 가라앉게 해 주었으며, 그 맞은 자리에 묻은 피를 닦아주었다. 선한 사마리아가 강도 만난 사람에게 기름과 포도주를 부어 치료하였듯이 간수는 아마도 일종의 치료액으로 그들을 목욕시켰을 것이다.

[2] 간수는 그들을 데리고 자기 집에 올라가서 가장 좋은 방에 모셨고, 가장 좋은 침대를 내어주었다. 전에는 더할 나위 없이 안 좋은 상황이었으나 이제는 더할 나위 없이 좋은 상황이 되었다.

[3] 간수는 바울과 실라에게 자기 집에서 해 줄 수 있는 최상의 음식을 차려 주고 그들은 이를 기쁘게 받았다. 간수가 음식을 차려준 행위는 그의 심령이 복음을 받아들였다는 환영의 표시였기 때문이다. 바울과 실라는 간수에게 주의 말씀을 전하고, 그와 그 가족에게 생명의 양식을 떼어주었다. 바울과 실라로부터 영적인 것을 풍성히 거둔 간수는 자신의 육적인 것을 그들로 거두게 하는 것이 옳다고 생각하였다(고전 9:11). 우리가 가진 집과 상은 하나님과 그의 사람들을 섬기는데 활용되어야 할 것이다.

(7) 구원의 소식을 기뻐하는 소리가 간수의 집에서 들렸다. 이전에 그 곳에서 이처럼 즐거운 밤은 없었다. 그와 온 집안이 하나님을 믿으므로 크게 기뻐하니라. 그의 집에서 세례받기를 거절한 사람이 하나도 없었고, 그들이 만장일치로 복음을 받아들였으며, 이러한 사실이 더할 나위 없는 기쁨을 더해 주었다. 혹은 이 말씀을 그가 하나님을 믿으니 온 집이 이를 반겼다 ― 파노이키 ― 라고 번역할 수도 있다. 그는 집집마다 다니면서 구원의 기쁨을 표현했을 것이다. 관찰.

[1] 간수가 그리스도를 믿은 것을 가리켜 하나님을 믿었다고 말한다. 이는 그리스도께서 하나님이심을 의미한다. 복음의 계획은 우리를 하나님으로부터 멀어지게 하려는 것이 아니며(다른 신들을 섬기자, 신 13:2), 복음은 우리를 하나님께로 인도하려는 직접적인 의도를 가지고 있다.

[2] 간수의 믿음이 기쁨을 낳았다. 그리스도 안에서 믿음으로 하나님께 굴복한 자들은 기뻐할 분명한 이유를 알게 된다. 내시가 회심하였을 때 기쁘게 길을 갔다. 그리고 여기서 간수 또한 기뻐하였다. 국가의 회심이 구약에서 기쁨으로 표현되었다(시 67:4; 96:11). 믿고 말할 수 없는 영광스러운 즐거움으로 기뻐하니(벧전 1:8). 그리스도를 믿는 것은 그리스도를 기뻐하는 것이다.

[3] 간수는 주변에 있는 모든 사람들에게 자신의 기쁨을 알렸다. 그의 마음속에 넘치는 기쁨으로 인해 그의 입술이 하나님께 영광을 돌렸고, 이것이 하나님을 믿는 사람들에게 기쁨이 되었다. 신앙의 기쁨을 맛본 사람들은 다른 사람들도 그 맛을 느낄 수 있도록 최선을 다해야 할 것이다. 한 명의 기쁜 그리스도인이 많은 그리스도인들을 기쁘게 한다.

[35]날이 새매 상관들이 부하를 보내어 이 사람들을 놓으라 하니 [36]간수가 그 말대로 바울에게 말하되 상관들이 사람을 보내어 너희를 놓으라 하였으니 이제는 나가서 평안히 가라 하거늘 [37]바울이 이르되 로마 사람인 우리를 죄도 정하지 아니하고 공중 앞에서 때리고 옥에 가두었다가 이제는 가만히 내보내고자 하느냐 아니라 그들이 친히 와서 우리를 데리고 나가야 하리라 한대 [38]부하들이 이 말을 상관들에게 보고하니 그들이 로마 사람이라 하는 말을 듣고 두려워하여 [39]와서 권하여 데리고 나가 그 성에서 떠나기를 청하니 [40]두 사람이 옥에서 나와 루디아의 집에 들어가서 형제들을 만나 보고 위로하고 가니라

본문에서 우리는 다음과 같은 내용을 볼 수 있다.

I. 바울과 실라를 감옥에서 풀어주라는 지시가 내려졌다(35, 36절).

1. 전날 바울과 실라를 무지막지하게 다루었던 상관들이 그들을 풀어주라는 지시를 내렸다. 그들의 지시는 날이 새자마자 곧바로 내려졌다. 이 같은 사실이 암시하는 바는, 그들이 한밤중에 이 무시무시한 지진을 너무나 생생하게 감지한 나머지 그 죄수들을 풀어주게 되었다는 것이며, 혹은 자신들의 행위에 대하여 양심의 가책을 느끼고 불편을 느꼈다는 사실이다. 박해당한 자들은 차꼬에 매인 상태에서 노래를 부르고 있었던 반면 박해한 자들은 마음의 고통으로 인하여 침대 위에서 이리저리 뒤치락거렸고, 죄수들이 등에 맞은 채찍질로 괴로워한 것 이상으로 그들의 양심이 채찍에 맞아 신음하고 있었다. 그리하여 죄수들이 풀어달라고 간청하기도 전에 황급히 그들을 풀어주려 하였다. 하나님께서 그의 종들이 그들을 사로잡은 모든 자에게서 긍휼히 여김을 받게 하셨다(시 106:46). 상관들이 부하(랍두쿠스 — 채찍을 가진 자들, 문지기들, 순경들, 하급관리)들을 보내었다. 이들이 바울과 실라를 때리라고 고용되었으나 이제는 가서 용서를 빌라는 지시를 받았다. 상관들의 지시는 이 사람들을 놓으라는 것이었다.

아마도 상관들은 바울과 실라에게 더 많은 해를 끼칠 계획이었으나 하나님께서 그들의 마음을 돌이키셨다. 하나님께서 지금까지 그들의 분노를 돌이켜 하나님을 찬송하게 만드신 것처럼 남은 분노도 금하셨다(시 76:10).

2. 간수가 바울과 실라에게 상관들이 너희를 놓으라고 사람을 보내었다는 소식을 전해주었다(36절). 어떤 이들은 생각하기를, 간수가 때마침 간밤에 자기 집에서 있었던 일을 상관들에게 설명하였기 때문에 그들을 풀어주라는 이 같은 지시를 얻어낼 수 있었다고 한다. 간수는 이제는 나가서 평안히 가라고 말한다. 이는 자기 손님으로서 바울과 실라와 작별하기 원한다는 말이 아니라 자기 죄수들로서 풀어주기 원한다는 말이다. 간수는 그들을 여전히 자기 집에 모실 것이나 이제 그들이 자신이 채운 차꼬로부터 해방된 것을 기뻐한다. 하나님은 간수처럼 상관들도 그의 은혜로 능히 회심케 할 수 있으셨고, 그들을 믿음과 세례로 인도하실 수 있었다. 하지만 하나님은 세상에서 가난한 자를 택하셨다(약 2:5).

II. 바울은 상관들이 로마 시민의 특권을 침해한 죄를 범하였다고 주장하였다(37절).   바울이 부하들에게 이렇게 말하였다. "로마 사람인 우리를 죄도 정하지 아니하고 공중 앞에서 때리고 법과 정의를 위반하고 옥에 가두었다가 이제는 가만히 내보내고자 하느냐? 이것으로 우리에게 끼친 손해를 보상할 수 있다고 생각하느냐? 아니라 그들이 친히 와서 우리를 데리고 나가야 하리라. 그리고 그들이 우리에게 행한 잘못을 인정해야 하리라." 아마도 상관들은 바울과 실라가 로마인이라는 사실을 통고받았을 것이며, 자신들이 법의 허용치 이상으로 그들에게 분노를 쏟았다는 것을 깨달았을 것이다. 이 때문에 그들을 풀어주라는 지시를 내렸던 것이다. 관찰.

1. 바울은 매 맞기 전에 이러한 항변을 하지 않았다. 만일 항변했더라면 그는 매 맞지 않았을 것이다. 그러나 그가 전한 진리 때문에 고난당하는 것을 두려워하는 것처럼 보일까봐 그는 항변하지 않았다. 키케로는 연설 중에 베레스(Verres)를 반박하며 가니우스(Ganius)에 대하여 말한 바 있다. 가니우스는 베레스의 지시를 받고 시칠리아에서 매를 맞는다. 그가 매를 맞는 동안 내내 오직 키비스 로마누스 숨(Civis Romanus sum) ─ 나는 로마의 시민이다 ─ 이라고 소리쳤다. 바울은 그렇게 하지 않았다. 바울은 고난 중에도 위로를 받을 만큼 이보다 더 고귀한 진리를 소유하였기 때문이다.

2. 바울은 고난을 받은 이후에 항변하였는데, 이는 그가 고난받는 대의명분을 세우기 위함이었고, 또한 사람들이 일반적으로 생각하듯이 복음전도자들이 그렇게 비열한 사람들이 아니며 따라서 좋은 대접을 받을 만한 사람들이라는 것을 세상에 알리기 위함이었다. 또한 바울이 나중에 항변한 이유는 상관들이 빌립보에 있는 그리스도인들에게 선대할 수 있도록 하기 위함이었다. 그리고 바울이 상관들에게 항의하며 자신의 안전을 도모할 수 있었고, 또 상관들을 고발 조치하고 그들의 처리에 대해 설명을 요구할 수도 있었지만 그렇게 하지 않은 것은 다분히 그를 부르신 주님의 귀하신 이름 때문이었다. 이제 여기서 우리는 다음과 같은 내용을 알 수 있다.

(1) 바울은 그들이 얼마나 많이 불법을 저질렀으며 자신이 그런 사실을 충분히 알 만큼 법에 대하여 해박하다는 사실을 그들에게 알렸다.

[1] 그들이 로마 사람들을 **때렸다**. 어떤 이들은 생각하기를 실라도 바울처럼 로마의 시민이었다고 한다. 그러나 다른 이들은 이러한 견해를 반드시 따르지는 않는다. 바울은 시민이었고 실라는 그의 동료였다. 로마의 법은 로마 시민의 자유로운 몸을 채찍이나 다른 것으로 때리는 것을 엄히 금지하였다. 로마의 역사가들에 따르면, 시 당국이 로마의 시민들에게 모욕적인 행위를 한 것 때문에 시의 권리를 박탈당한 여러 사례들이 있었다. 이후에 바울이 이러한 법률을 활용하는 것을 우리는 볼 수 있다(22:25, 26). 그들이 그리스도의 사자들이요 천국의 총아들을 때렸다고 말하는 것은 그들에게 아무런 영향을 주지 못하였다. 그러나 로마의 시민들을 능욕하였다고 말하는 것은 그들을 공포에 몰아넣을 것이다. 이처럼 일반적으로 사람들은 그리스도의 분노보다 가이사의 분노를 더욱 두려워하였다. 부지중에, 혹은 실수로라도 로마인, 신사, 귀족을 욕보인 자는 속으로 염려하여 페카비(Peccavi) — 내가 실수했다 — 라고 소리치며 그 앞에 머리를 조아린다. 그러나 그리스도께 속하였다고 그리스도인을 박해하는 자는 꼿꼿이 서 있다. 하나님께서 그들을 범하는 자는 나의 눈동자를 범하는 것이라(슥 2:8)고 말씀하셨고, 그리스도께서도 소자 하나를 실족케 하는 행동의 위험성에 대하여 경고하셨지만 정작 그렇게 한 자는 마땅히 할 일을 하고 있다고 생각한다.

[2] 상관들이 바울과 실라를 죄도 정하지 아니하고 때렸다. 인딕타 카우사(indicta causa) — 제대로 심리하지 않고, 즉 바울과 실라를 고발한 내용을 차분

하게 검토하지 않았고, 더군다나 그들이 자신들을 위해 변호하는 말조차 허락하지 않았다. 피의자의 말을 들어보는 것은 보편적이고 당연한 규칙이었다. Causa cognita possunt multi absolvi, incognita nemo condemnari potest ─ 심리 결과 많은 사람들이 석방될 수 있는 반면, 심리 없이는 아무에게도 죄를 정할 수 없다. 그리스도의 종들이 공평한 심리를 받기만 했더라도 그들이 지금까지처럼 모욕을 당하는 일은 없었을 것이다.

[3] 그들이 공중 앞에서 바울과 실라를 때린 것은 더욱 화나는 일이었다. 이는 고통당하는 자들에게 더 큰 치욕이었던 만큼 뻔뻔스럽게도 법과 정의를 무시한 처사였다.

[4] 그들은 바울과 실라를 아무런 이유도 제시하지 않고 옥에 가두었다. 그리고 독단적으로, 말의 지시로만 그렇게 하였다.

[5] 그런데 이제는 가만히 내보내고자 하였다. 그들은 자신들이 행한 일을 끝까지 고수할 만큼 뻔뻔스럽지는 않았지만 자신들의 실수를 솔직하게 인정하지 않았다.

(2) 바울은 상관들이 자신들 앞에서 그들의 잘못을 시인하고 그들을 공개적으로 석방해야 할 것이라고 주장한다. 이는 상관들이 그들을 공중 앞에서 때림으로 더 큰 모욕을 당했기 때문에 이제 명예회복을 확실히 해 주어야 한다는 말이었다. "그들이 친히 와서 우리를 데리고 나가야 하리라. 그리고 우리의 무죄를 증거하고 우리가 매를 맞거나 차꼬에 채일 아무런 일도 하지 않았다고 선언해야 하리라." 바울이 이처럼 완강하게 버티는 것은 명예를 위한 것이 아니라 정의를 위한 것이며, 자신을 내세우기 위한 것이 아니라 자신이 전하는 복음을 위한 것이었다. "그들이 와서 우리가 도시를 소란케 한 사람들이 아니라고 인정함으로써 사람들의 소란을 그치게 하라."

Ⅲ. 상관들이 굴복하고 바울과 실라에 대한 고발을 취소하였다(38, 39절).

1. 상관들은 바울이 로마 사람이라는 사실을 들었을 때 무서워했다(아마도 사전에 이런 사실을 알았을 테지만). 그들이 이런 사실을 알았을 때 자신들이 바울에게 저지른 일을 바울의 친구들이 정부에 알려서 처벌을 받을까봐 두려워했다. 박해자들의 조치는 심지어 나라의 법에 의해서도 불법적일 때가 자주 있으며, 자연의 법을 어기고 비인간적일 때가 자주 있고, 항상 죄악되고 하나님의 법에 위배된다.

2. 상관들이 와서 이 기회에 자기들을 고발하지 말며, 자신들이 행한 불법을 눈감아주고 이에 대하여 다시는 발설하지 말아달라고 애원하였다. 그리고 그들을 감옥에서 데리고 나갔다. 이에 바울과 실라가 불법으로 투옥되었다는 것을 그들이 인정하였고, 그들이 평안히 조용히 그 성에서 떠나기를 바랐다. 하나님과 모세에게 반항했던 바로와 그의 종들은 모세에게 와서 절하며 이르기를 나가라고 하였다(출 11:8). 하나님께서는 자기 백성을 시기하고 증오하는 대적들을 부끄럽게 만드실 수 있다(사 26:11). 예루살렘이 때로는 무거운 돌이 되어 그것을 들어 없애려 하는 자들이 크게 상한다(슥 12:3). 만일 이 상관들이 진실로 회개하였다면 그들은 (마치 거라사 지방의 사람들이 예수가 떠나기를 바랐던 것처럼) 바울과 실라가 그 성에서 떠나는 것을 바라지 않고 도리어 머물 것을 권유하며 그 성에 계속 있어서 자기들에게 구원의 길을 보여 달라고 애원했을 것이다. 그런데 많은 사람들은 기독교를 박해해서는 안 된다고 믿으면서도 기독교를 받아들여야 한다는 사실에는 확신을 갖지 못한다. 그들은 하는 수 없이 그리스도와 그의 종들에게 경의를 표하며, 그들의 발 앞에 절하고 그리스도가 그들을 사랑하는 줄 아는 것처럼 보이지만(계 3:9), 그리스도로 말미암은 은혜를 누리는 데까지는 나아가지 아니하며, 혹은 그리스도의 사랑을 함께 나누기 위해 나오지 않는다.

Ⅳ. 바울과 실라가 빌립보를 떠난다(40절).   그들이 비합법적으로 석방되었지만 합법적으로 석방되고 나서야 비로소 감옥에서 나왔다. 그리고 1. 친구들과 작별하였다. 그들이 루디아의 집에 들어갔는데, 아마도 제자들이 그 곳에 모여서 바울과 실라를 위해 기도했을 것이다. 그들이 그 곳에서 형제들을 만나 보았고, 혹은 그들 각자의 집을 심방했을 것이다(숫자가 적었기 때문에 심방은 금방 끝났을 것이다). 그리고 바울과 실라는 하나님께서 자기들을 위해 행하신 것과 감옥에서 자기들을 어떻게 세워주셨는가를 말해 줌으로써 형제들을 위로하였다. 그들은 어떠한 어려움이 닥치더라도 그리스도께 붙어 있으며 신앙을 끝까지 지키라고 형제들을 격려하였고, 그리하면 마지막이 좋을 것이며 영원히 잘될 것이라고 그들에게 확신을 주었다. 새로운 회심자들에게는 위로가 되는 말을 많이 해 주어야 할 것이다. 왜냐하면 여호와로 인하여 기뻐하는 것이 그들의 힘이기 때문이다(느 8:10). 2. 그들이 그 도시를 떠났다. 가나라. 나는 그들이 꼭 그리해야 했는지 의심스럽다. 왜냐하면 감옥에서 명예롭게 풀려난 지금

적어도 얼마 동안은 위험 없이 그들의 사역을 감당할 수 있었기 때문이다. 그러나 추측컨대, 그들은 주님의 원칙대로 떠났을 것이다(막 1:38). 우리가 다른 가까운 마을들로 가자 거기서도 전도하리니 내가 이를 위하여 왔노라. 바울과 실라는 빌립보로 비상한 부르심을 받았다. 하지만 그들의 수고의 열매는 적었고 곧 그곳을 떠날 수밖에 없었다. 그러나 그들의 방문은 헛되지 않았다. 처음은 미약하였지만 나중은 창대하였다. 그들이 기초를 세운 빌립보 교회는 이제 매우 훌륭한 교회가 되었고, 빌립보서에 나타난 대로(1:1; 4:15), 그 교회의 감독과 집사와 교인들은 다른 교회보다도 바울을 크게 도왔다. 목회자들이 당장에 수고의 열매를 보지 못한다 할지라도 그들을 실망시키지 말자. 뿌려진 씨앗이 흙 속에서 썩어지는 듯이 보이나 때가 되면 그것이 풍성한 수확으로 다시 나올 것이다.

제 17 장

개요

우리는 여기서 바울의 선교여행, 그리스도를 위한 그의 섬김과 고난에 대한 자세한 이야기를 볼 수 있다. 그는 식탁 위에 있는 촛불처럼 단 하나의 방에만 빛을 비추지 않았고, 해처럼 돌아다니며 많은 사람들에게 빛을 비추었다. 그는 큰 나라 마게도냐의 부름을 받고 갔다(16:9). 그는 빌립보에서 시작하였다. 그 곳이 마게도냐의 첫 성이었기 때문이다. 하지만 그 곳에만 갇혀있지 않았다. 우리는 여기서 다음과 같은 그의 활약을 볼 수 있다. I. 마게도냐의 또 다른 성 데살로니가에서 전도하다가 핍박당함(1-9절). II. 베뢰아에서 전도함. 그 곳에서 고무적인 청중을 만났으나 박해로 인해 쫓겨남(10-15절). III. 그리스의 유명한 학문의 장인 아덴에서 변론함(16-21절). 거기서 다신교와 우상숭배에 빠진 자들을 설득하여 기독교로 인도하기 위해 자연종교를 설명함(22-31절). 이 설교의 성과(32-34절).

[1]그들이 암비볼리와 아볼로니아로 다녀가 데살로니가에 이르니 거기 유대인의 회당이 있는지라 [2]바울이 자기의 관례대로 그들에게로 들어가서 세 안식일에 성경을 가지고 강론하며 [3]뜻을 풀어 그리스도가 해를 받고 죽은 자 가운데서 다시 살아나야 할 것을 증언하고 이르되 내가 너희에게 전하는 이 예수가 곧 그리스도라 하니 [4]그 중의 어떤 사람 곧 경건한 헬라인의 큰 무리와 적지 않은 귀부인도 권함을 받고 바울과 실라를 따르나 [5]그러나 유대인들은 시기하여 저자의 어떤 불량한 사람들을 데리고 떼를 지어 성을 소동하게 하여 야손의 집에 침입하여 그들을 백성에게 끌어내려고 찾았으나 [6]발견하지 못하매 야손과 몇 형제들을 끌고 읍장들 앞에 가서 소리 질러 이르되 천하를 어지럽게 하던 이 사람들이 여기도 이르매 [7]야손이 그들을 맞아 들였도다 이 사람들이 다 가이사의 명을 거역하여 말하되 다른 임금 곧 예수라 하는 이가 있다 하더이다 하니 [8]무리와 읍장들이 이 말을 듣고 소동하여 [9]야손과 그 나머지 사람들에게 보석금을 받고 놓아 주니라

바울이 최초로 영감을 받아 기록한 성경인 데살로니가전후서가 데살

로니가교회의 빛나는 특성을 보여주며, 이로써 우리는 그 곳에 최초로 교회를 세운 이야기를 본 역사서에서 만나는 것을 반기지 않을 수 없다.

I. 바울이 데살로니가에 이르렀는데, 데살로니가는 마게도냐의 수도였고, 터키의 지배를 받았을 때 살로네크(Salonech)라고 일컬어졌다. 관찰.

1. 바울은 빌립보에서 푸대접을 받았음에도 불구하고 자신의 사역을 계속하였다. 그는 실망하지 않고 낙심하지 않았다. 그는 데살로니가전서에서 이러한 사실을 언급하였다(살전 2:2). 우리가 먼저 빌립보에서 고난과 능욕을 당하였으나 우리 하나님을 힘입어 많은 싸움 중에 하나님의 복음을 너희에게 전하였노라. 그가 당했던 반대와 박해가 그를 더욱 결연하게 만들었다. 이러한 요인들이 그를 자극하였다는 것을 주목하라. 만일 그가 위로부터 내려온 능력의 영으로 힘을 얻지 못하였다면 그는 결코 버티지 못하였을 것이다.

2. 바울이 암비볼리와 아볼로니아로 다녀갔는데, 전자는 빌립보 근처에 있는 도시고 후자는 데살로니가 근처에 있는 도시다. 의심할 여지 없이 그는 하나님의 인도를 받았고, 어디로 다녀가며 어디에 머물러야 하는지 성령(바람처럼 임의로 부는)의 지시를 받았다. 아볼로니아는 일루리곤의 도시였다. 어떤 이들은 생각하기를, 일루리곤에 대한 언급은 바울이 예루살렘으로부터 두루 행하여 일루리곤까지, 즉 그가 지금 있는 일루리곤의 경계지까지 그리스도의 복음을 편만하게 전한 사실을 설명해 준다고 한다(롬 15:19). 바울이 이 도시들을 다녀갔을 뿐이라고 본문을 말하고 있지만 추측컨대, 그 곳에서 복음을 공포하고 그가 후에 파송할 다른 사역자들이 들어올 수 있는 길을 마련하기 위해 오랫동안 머물렀을 것이다.

II. 바울이 데살로니가의 회당에서 먼저 유대인들에게 복음을 전하였다. 그는 그 곳에서 유대인의 회당을 찾았다(1절). 이는 바울이 앞에서 언급된 다른 도시들을 다녀가되 오래 머물지 못했던 이유를 보여준다. 그 이유는 그 곳에 회당이 없었기 때문이다. 하지만 데살로니가에서 회당을 발견하고 그 곳에 들어갔다.

1. 유대인들에게 먼저 복음을 전하고 그들이 복음을 거절할 때까지는 이방인들에게 전하지 않는 것이 바울의 방식이었다. 이는 이방인들에게 복음을 전하였다는 이유로 유대인들이 자신에게 소란을 피우는 것을 사전에 예방하기 위한 의도였다. 만일 유대인들이 복음을 받아들이면 그들이 새로운 회심자들(이

방인들)을 기꺼이 영접할 것이다. 그러나 유대인들이 복음을 거절하면 사도들이 복음을 환영하는 이방인들에게 전한다 할지라도 이는 자업자득이 될 것이다. 예루살렘에서 먼저 복음을 전하라는 주님의 명령은 사도들이 가는 곳마다 유대인들에게 먼저 복음을 전하라는 지침으로 해석되었다.

2. 바울이 안식일에 회당에서 유대인의 집회 시간에 그들을 만났다. 바울은 모이는 시간과 장소를 귀중하게 여겼다. 그리스도를 소중히 여기는 사람들에게 안식일과 엄숙한 집회는 언제나 소중하다(시 84:10). 주일에 주의 집에 있는 것이 좋다. 이것이 그리스도의 관습이자 바울의 관습이었고, 또한 지금까지 모든 성도들이 지켜온 그리운 옛 풍습이었다.

3. 바울이 성경을 가지고 강론하였다. 유대인들은 구약 성경에 대한 바울의 강론을 아무런 이의 없이 받아들였다. 여기까지는 한마음이었다. 하지만 유대인들은 구약 성경을 받아들인다면 그리스도를 거부하는 것이 당연하다고 생각하였다. 반면 바울은 구약 성경을 받아들이기에 그리스도를 영접하는 것이 당연하다고 생각하였다. 그러므로 바울이 성령의 감동을 받아 성경을 강론함으로 구약에 대한 자신의 추론이 옳고 유대인들의 추론이 잘못되었다고 그들을 설득해야만 했다. 적용. 복음 선파는 성경적이며 동시에 이성적이어야 한다. 바울의 설교가 그러했다. 왜냐하면 그는 성경을 가지고 상론하였기 때문이다. 우리는 성경을 우리의 기초, 계시, 표준으로 삼아야 하며, 따라서 유대인들처럼 성경에 대하여 열심 있는 체하지만 성경을 왜곡하여 파멸에 이르는 자들에게 우리는 성경을 가지고 강론하여야 한다. 강론은 성경과 겨루는 식으로 전개되어서는 안 되며, 성경을 설명하고 적용하는 식으로 이용되어야 한다.

4. 바울은 세 안식일에 연속으로 성경을 강론하였다. 만일 바울이 첫 번째 안식일에 그들에게 깨닫게 하지 못하였다면 두 번째 세 번째 안식일에 깨닫게 하려고 애를 썼을 것이다. 경계에 경계를 더하며 교훈에 교훈을 더해야 한다(사 28:10). 하나님은 죄인들의 회심을 기다리시며, 따라서 하나님의 사역자들도 그리해야 힌다. 모든 품꾼들이 첫 시간에 포도원에 들어오거나 첫 번째 부름에 응하는 것은 아니며, 간수처럼 갑작스럽게 감동을 받는 것도 아니다.

5. 바울의 설교와 논증의 취지는 예수가 곧 그리스도이심을 증거하는 것이었다. 이는 바울이 공포하고 단언한 주제였다(3절). 바울은 처음에 자신의 주제를 설명하고 그에 대한 용어를 풀어주었다. 그리고 그 주제를 자신이 고수하리라

고 단언하였고, 이어서 그들도 그 주제를 승낙하라고 권하였다. 바울의 강론방식은 훌륭한 것이었다. 바울은 자신이 전한 교리를 제대로 인식하고 철저하게 이해하였던 것이 분명하다. 그만큼 그는 진리를 완전히 보증하였고, 그것을 풀어주었다. 바울은 듣는 자들에게 다음과 같이 증언하였다.

(1) 메시야가 구약의 예언대로 해를 받고 죽은 자 가운데서 다시 살아나야 했다고 증언하였다. 유대인들이 예수의 메시야 되심을 가장 크게 반대했던 이유는 바로 그의 수치스러운 죽으심과 고난이었다. 그리스도의 십자가가 유대인들에게는 거치는 돌이었다. 왜냐하면 십자가는 그들이 메시야에 대하여 마음속에 그렸던 개념과 전혀 일치하지 않았기 때문이다. 하지만 바울은 여기서 예수는 그리스도라고 단언하고 부정하지 못하도록 입증한다. 비록 고난을 받으셨지만 예수는 메시야가 되실 수 있으며, 아울러 메시야로서 고난을 받아야만 했다고 그는 증언하였다. 예수는 고난을 통하지 않고는 온전해질 수 없었다. 왜냐하면 예수께서 죽지 않았더라면 죽은 자 가운데서 다시 살아날 수 없었을 것이기 때문이다. 이는 그리스도께서 친히 주장하신 내용이었다(눅 24:26). 그리스도가 이런 고난을 받고 자기의 영광에 들어가야 할 것이 아니냐? 다른 방법으로는 우리를 구속하실 수 없었기 때문에 예수께서는 반드시 우리를 위해 고난을 받으셔야만 했다. 또한 다른 방법으로는 우리에게 구속을 적용하실 수 없었기 때문에 예수께서는 반드시 다시 사셔야만 했다.

(2) 바울은 예수께서 메시야라고 증언하였다. "내가 너희에게 전하는 이 예수, 너희가 믿어야 할 이 예수가 곧 그리스도, 오리라 하시던 여호와의 기름 부음 받은 자다. 그러므로 너희는 다른 이를 대망해서는 안 된다. 왜냐하면 하나님께서 그의 말씀과 행적으로(하나님께서 자녀들에게 말씀하신 두 가지 방법), 성경과 기적으로, 그리고 이 모든 것을 효력 있게 하시는 성령의 은사로 그를 증거하셨기 때문이다." 적용.

[1] 복음의 사역자들은 예수를 전해야 한다. 예수는 사역자들이 전해야 할 가장 중요한 주제가 되어야 한다. 사역자들의 임무는 사람들에게 예수를 알게 하는 것이다.

[2] 우리가 예수에 관해 전해야 하는 것은 예수께서 그리스도시라는 사실이다. 그러므로 우리는 그로 말미암아 구원받기를 바라며, 그의 통치를 받아야 한다.

Ⅲ. 바울의 설교의 성공(4절).

1. 그리스도와 그의 복음에 대한 뿌리 깊은 편견에도 불구하고 유대인들 중에 일부가 믿고 바울과 실라를 따랐다. 그들은 바울과 실라와 친구처럼 동료처럼 사귀었으나 영적인 안내자들인 그들의 지시에 복종하였다. 따랐다는 말씀의 의미는, 정당한 소유권자의 손에 유산을 양도하듯이 그들은 자신들을 바울과 실라에게 양도하였다는 것이다. 그들이 먼저 자신을 주께 드리고 하나님의 뜻을 따라 바울과 실라에게 드렸다(고후 8:5). 그들이 바울과 실라에게 들러붙었고, 그들이 가는 곳마다 따라다녔다. 적용. 예수 그리스도를 믿는 자들은 신실한 목회자들과 교제하며 연합한다.

2. 경건한 헬라인들과 귀부인들 가운데 더 많은 사람들이 복음을 받아들였다. 이들은 초보 개종자들, 곧 이방인들 가운데 경건한 자들(유대인들은 그들을 이렇게 불렀다)이었다. 비록 그들이 모세의 율법에 복종하지 않았지만 그만큼 우상과 부도덕을 끊고 참되고 유일하신 하나님을 경배하였으며, 사람에게 악을 행하지 않았다. 이들은 호이 세보메노이 헬레네스 — 예배하는 이방인들이었다. 아메리카에서 그리스도에 대한 믿음으로 개종한 토박이들을 기도하는 인디언들이라고 부르는 것과 같다. 이들은 유대인들과 함께 회당 예배에 참여하였다. 이런 사람들 가운데 근 무리가 믿었는데 의식법을 고집한 완전한 유대인들보다 더 많은 숫자였다. 그리고 그 성의 귀부인들 가운데 적지 않은 사람들이 기독교를 받아들였다. 그들도 경건하고 종교심이 있던 사람들이었다. 여기서 한 예로 귀부인들이 특별히 주목받았는데, 이는 전심으로 헌신하고 거룩한 기독교의 위풍당당한 능력에 복종하는 그들을 격려하기 위함이었다. 이는 그들의 헌신이 그만큼 하나님께서 받으실 만한 것이고, 그리스도를 높여드리는 것이며, 자신들의 영혼을 유익하게 할 뿐 아니라 많은 사람들에게 큰 감동을 주는 것이었음을 의미한다. 여기에는 바울이 데살로니가의 이방의 우상숭배자들에게 복음을 전하였다는 언급이 없으나 그렇게 한 것이 확실하며, 분명히 많은 수가 회심하였다. 아니, 여기에는 언급되지 않았지만 교회의 주된 구성원들이 이방의 회심자들이었을 것이다. 왜냐하면 바울이 데살로니가전서에서 저희가 우상을 버리고 하나님께로 돌아왔다(살전 1:9)고 썼기 때문이다.

Ⅳ. 바울과 실라가 데살로니가에서 받은 고통. 그들이 복음을 전하는 곳마다 박해를 받았다. 모든 성에서 결박과 고생이 그들을 기다리고 있었다. 관찰.

1. 누가 그들을 괴롭힌 주체들인가? 믿지 않는 유대인들이 시기하여 소동하게 하였다(5절). 모든 곳에서 유대인들은 그리스도인들을 아주 완강하게 대적하였으며, 특히 그리스도인이 된 유대인들을 이탈자로 여기고 특별한 원한을 품었다. 여기서 우리는 그리스도께서 분쟁케 하려고 세상에 오셨다는 사실을 깨닫게 된다(눅 12:51). 유대인들 가운데 일부는 복음을 믿었고, 믿지 못하는 자들을 불쌍히 여기며 기도하였다. 그러나 믿지 않은 유대인들은 믿는 유대인들을 시기하고 미워하였다. 바울은 이 교회에 보낸 편지(데살로니가전서)에서 복음전도자들에 대한 유대인들의 분노와 증오를 가리켜 자기들의 죄를 항상 채우는 것이라고 표현하였다(살전 2:15, 16).

2. 누가 그런 고통을 주는 도구들이 되었나? 유대인들이 저자의 어떤 불량한 사람들을 이용하였다. 유대인들이 불량한 사람들을 불러 모았다. 이제 그들이 사도들에 대한 성의 악감정을 퍼뜨리는 일을 맡아야 한다. 현명하고 온전한 사람들은 사도들을 존경하고 귀하게 여겼다. 아무도 사도들을 반대하려 하지 않았으나 그 성의 쓰레기 같은 자들, 곧 야비한 무리들이 온갖 악에 빠지고 말았다. 테르툴리아누스(Tertullian)는 기독교를 반대한 자들에게 항변하면서 말하기를, 복음을 대적하는 자들은 일반적으로 가장 악한 사람들이라고 하였다. "우리를 박해하는 자들은 변함없이 불의하고, 사악하며, 악명 높은 자들이며, 너희 자신이 언제나 비난했던 그런 자들이다." — *Apologia*, cap. 5. 종교를 미워하는 자들이 일반적으로 비열하고 불량한 사람들이며, 정의도 도덕도 없는 사람들이라는 사실은 그 종교의 영광이다.

3. 어떤 방식으로 그들이 바울과 실라를 훼방하였는가?

(1) 그들이 성을 소동하게 하였다. 시끄럽게 하여 사람들을 겁에 질리게 하였으며, 이로써 사람들로 무슨 문제가 있나 달려나와 보게 하였다. 그들이 폭동을 일으켰고, 즉시 폭도가 들고 일어섰다. 누가 이스라엘을 괴롭게 하는 자들인가 보라. 신실한 복음전도자들이 아니라 복음을 반대하는 대적들이다. 마귀가 어떻게 자기 음모를 실행하는지 보라. 마귀는 성을 소동케 하고 떠들썩한 바다에서 낚시질한다.

(2) 그들이 사도들이 묵었던 야손의 집에 침입하였다. 그 의도는 그들이 성을 내고 격분했던 사도들을 백성에게 끌어내려는 것이었다. 그들은 사도들의 갈기갈기 찢겨진 모습을 보기를 원하였다. 이러한 행동은 완전히 불법이었다. 야손

의 집을 수색해야 한다면 해당 관리가 해야 하며, 그것도 영장 없이는 할 수 없는 것이었다. 법은 "사람의 집이 그의 성이다"라고 말한다. 그들이 소란스럽게 한 사람의 집을 침입하여 그와 그 가족을 공포에 몰아넣었다는 사실은 사람들이 박해의 영에 사로잡힐 때 얼마나 난폭해질 수 있는가를 보여주는 것이다. 만일 사람들이 죄를 범한다면 사법관들이 그 범죄를 수색하고 판단하도록 임명되었다. 그러나 폭도를 법관과 집행자로 삼는 것은(이것이 이 유대인들의 의도임) 진리를 길거리에 팽개치는 것이요, 종들을 말 등에 태우고 왕들을 종들처럼 땅에서 걷게 하는 것이다. 공평을 폐하고 광포를 받드는 것이다.

(3) 그들이 사도들을 자기들 수중에 넣을 수 없게 되자(그들은 사도들을 부랑자들처럼 형벌하려고 하였고, 그 땅을 몰래 정탐하러 온 침입자들에게 하는 것처럼 그들에게 몹시 성을 내려 하였으며, 그 힘을 빼앗고 그들의 입으로 삼키려 하였다), 그 다음에 그 성의 정직한 시민을 습격하였다. 이 정직한 시민은 사도들을 자기 집에서 대접했던 사람인데 그 이름이 야손이요 회심한 유대인이었다. 그들이 그를 다른 형제들과 함께 그 성의 통치자들에게로 끌고 갔다. 그 때에 사도들은 미움을 받고 있었기 때문에 물러나 있으라는 조언을 받았다. 쿠렌티 세데 푸로리 — 급류 앞에서 물러나 있으라. 하지만 사도들의 친구들은 이 폭풍우를 사도들보다는 견디기 쉬웠으므로 대적들 앞에 나타나고자 하였다. 사노늘과 같은 선인을 위하여 용감히 죽는 자가 혹 있다.

(4) 그들이 야손 일행을 통치자들에게 고발하고 감당할 수 없는 위험한 인물들이라고 말하였다. 야손이 뒤집어쓴 죄목은 사도들을 받아들이고 숨겨 주었다는 것이며(7절), 그들을 후원하고 그들을 유리하게 해 주었다는 것이다. 도대체 사도들이 지은 죄가 무엇이길래 그들에게 숙박을 제공한 것이 반역죄 못지않은 죄가 된단 말인가? 사도들이 의로웠음에도 불구하고 유대인들이 여기서 사도들에 대한 사악한 소문을 퍼뜨렸으며, 이로 인해 사도들이 사람들과 사법관들의 미움을 받을 수밖에 없었다.

[1] 유대인들은 사도들이 공공의 평안을 해치고 그들이 가는 곳마다 모든 것을 무질서하게 만들었다는 소문을 퍼뜨렸다. 천하를 어지럽게 하던 이 사람들이 여기도 이르매. 복음이 어느 장소, 어느 영혼에게 능력 있게 임할 때 그 곳에서 그러한 변화를 일으키고 세상 풍조를 크게 바꾸어놓는다는 것은 어떤 면에서 사실이다. 그만큼 복음은 세상 풍조와 역행하며, 따라서 복음이 그 지역과 영혼

안에서 세상을 뒤바꾸어놓는다고 말할 수 있다. 복음이 있는 마음에서는 세상에 대한 사랑이 뽑히며, 그 삶으로는 세상의 풍습을 부정한다. 그러므로 복음이 세상을 뒤집어버린다고 할 수 있다. 하지만 그들이 의도한 의미에서는 사도들이 천하를 어지럽게 하였다는 주장은 완전히 거짓이다. 대적들이 퍼뜨린 소문을 들은 사람들은 복음전도자들이 가는 곳마다 사람들을 선동하고 해를 끼치며, 인간관계에 불화의 씨를 뿌리고 이웃들 사이에 싸움을 붙이고, 교제를 방해하며, 질서와 규칙을 깨뜨린다고 생각했을 것이다. 사도들이 사람들에게 악에서 선으로, 우상에서 사시고 참된 하나님에게로, 악의와 시기에서 사랑과 평화로 돌아오라고 설득하였기 때문에 그들이 천하를 뒤집어버린다는 비난을 받고 있는 것이다. 그러나 사도들이 뒤집어버린 것은 오직 세상에 있는 마귀의 나라였다. 사도들의 대적들이 성을 소동하게 하고는 사도들에게 책임을 돌렸다. 마치 네로가 로마에 불을 내고는 그 책임을 그리스도인들에게 돌린 것과 같다. 그리스도의 신실한 사역자들, 심지어 이 땅에서 아주 얌전한 사역자들이 이처럼 불쾌하게 오해를 받고 비방을 당하거든 그것을 이상하게 생각하거나 그것으로 인해 화를 내지 않도록 하자. 우리는 이처럼 매도를 당한 바울과 실라보다 더 나을 게 없는 사람들이다. 고발자들이 다음과 같이 소리쳤다. "이 사람들이 여기도 이르렀다. 그들이 지금까지 다른 곳에서 해를 끼쳐왔고, 이제는 여기도 전염을 시켰다. 그러므로 지금은 우리가 일어나 그들을 막아낼 시간이다."

[2] 유대인들은 사도들이 현 정부를 대적하고 반정부적이며, 그들의 주장과 행위가 군주제를 파괴하고 국가의 정체와 일치하지 않는다는 소문을 퍼뜨렸다(7절). 그들이 다 가이사의 명을 거역하였다고 말하였다. 아직 기독교를 탄압하는 로마 제국의 법이 제정되지 않았기 때문에 구체적인 어떤 법령을 언급하지는 않았지만 일반적으로 법령을 만들 가이사의 권세를 그들이 거역하고 있다고 말하였다. 그 근거로 그들이 다른 임금 곧 예수라 하는 이가 있다고 하며, (빌라도 앞에서 심문을 받을 때처럼) 그가 유대인의 왕일 뿐 아니라 만유의 주가 된다고 말했다는 것이다. 베드로는 이방인들에게 최초로 한 설교에서 예수가 만유의 주가 되신다고 말한 바 있다(10:36). 로마 정부는 공화정 때나 그 이후 가이사가 장악하였을 때나 모두 정부의 지배 하에 있는 어떤 총독이라도 왕이라는 칭호를 사용하는 것을 용서하지 않았으며, 특별법으로 이를 다스렸다. 하지만 그리스도의 나라는 이 세상에 속하지 않았다. 그리스도의 제자들이 참으로 예수는

왕이라고 말하였지만 그는 세상의 왕도 아니요 가이사의 적수도 아니며 그의 명령이 가이사의 명령을 훼방하지도 않았고 다만 가이사의 것은 가이사에게 바치는 것이 그의 나라의 법이라고 말씀하셨을 뿐이다. 그리스도의 가르침에는 왕들을 폐위시키거나 그들의 특권을 박탈하려는 의도가 전혀 없었다. 유대인들은 이러한 사실을 잘 알고 있었다. 그러기에 그들이 사도들을 이런 식으로 고발한 것은 양심을 거스른 행동이었다. 누구보다도 유대인들이 그런 행동을 한 것은 유대인답지 못한 일이었다. 유대인들이야말로 가이사와 그의 정부를 미워했고, 가이사와 그의 정부의 몰락을 시도했으며, 메시야가 세상의 왕이 되어 열국의 보좌들을 전복시키기를 기대했다. 그들이 우리 주 예수를 반대한 것도 그가 그런 메시야의 모습으로 세상에 나타나지 않았기 때문이다. 따라서 유대인들이 하나님의 신실한 사람들을 가이사의 대적이고 왕들과 방백들에게 해를 입히는 자들로서 왕국 내에 왕국(imperium in imperio)을 세우고 있고, 가이사의 권세와 경쟁할 뿐 아니라 그것을 능가하는 권세, 곧 교황의 패권을 세우고 있다고 말한 것은 악의적인 것이었다.

4. 이러한 소문이 이 도시를 크게 불안하게 만들었다(8절). 무리와 읍장들이 이 말을 듣고 소동하여. 그 곳 사람들이 사도들과 그 가르침에 대하여 나쁜 견해를 갖지 않았고 그들이 국가를 조금이라도 위태하게 하리라는 우려를 하지 않았다. 그리므로 그들은 사도들을 눈감아주려고 하였다. 하지만 박해자들이 그들을 가이사의 대적으로 말한다면 사람들은 정부를 염려한 나머지 어쩔 수 없이 그들을 그렇게 인식하고 억압할 것이다. 이러한 요인이 그들을 난처하게 하였다. 수에토니우스(Suetonius)의 말에 따르면, 당시에 정부의 권한을 장악했던 클라우디우스(Claudius)가 약간의 소동에도 몹시 신경을 쓰고 극도로 소심한 사람이었기 때문에 그 밑에 있는 지배자들은 위험하게 보이거나 조금이라도 의심스럽게 보이는 모든 일들을 경계할 수밖에 없었다. 그러므로 지배자들은 선량한 사람들을 어쩔 수 없이 불안하게 할 상황을 괴로워하였다.

5. 이 골치아픈 일의 결과. 치안판사들은 그리스도인들을 박해할 마음이 없었다. 그들은 사도들을 붙잡는데 신경을 썼다. 사도들은 피신하였고 치안판사들의 손에서 벗어났다. 따라서 야손과 그의 친구들을 보석금을 받고 놓아줄 수밖에 없었다(9절). 이 곳의 치안판사들은 빌립보의 치안판사들처럼 쉽게 사도들에게 성내지 않았으며, 그들보다 사려 깊고 더 좋은 성품을 지녔다. 그리하여

그들은 야손과 그 나머지 사람들의 보증을 섰다. 아마도 그들은 바울과 실라를 위해서도 보증하였는데, 곧 바울과 실라가 불리한 증언을 받는다면 자신들이 나타나 도와줄 것이라고 하였다. 기독교의 박해의 역사 가운데는 짐승 같은 사람들이 광기와 사나움을 드러낸 사례들이 있었던 만큼 또한 분별 있고 침착한 사람들이 친절을 나타낸 사례들도 있었다. 지금까지 중용은 하나의 미덕이었다.

[10]밤에 형제들이 곧 바울과 실라를 베뢰아로 보내니 그들이 이르러 유대인의 회당에 들어가니라 [11]베뢰아에 있는 사람들은 데살로니가에 있는 사람들보다 더 너그러워서 간절한 마음으로 말씀을 받고 이것이 그러한가 하여 날마다 성경을 상고하므로 [12]그 중에 믿는 사람이 많고 또 헬라의 귀부인과 남자가 적지 아니하나 [13]데살로니가에 있는 유대인들은 바울이 하나님의 말씀을 베뢰아에서도 전하는 줄을 알고 거기도 가서 무리를 움직여 소동하게 하거늘 [14]형제들이 곧 바울을 내보내어 바다까지 가게 하되 실라와 디모데는 아직 거기 머물더라 [15]바울을 인도하는 사람들이 그를 데리고 아덴까지 이르러 그에게서 실라와 디모데를 자기에게로 속히 오게 하라는 명령을 받고 떠나니라

이 구절에서 우리는 다음과 같은 내용을 볼 수 있다.

I. 바울과 실라가 베뢰아로 옮겨 거기서 복음전파에 힘썼다(10절).   그들은 데살로니가에서 교회의 기초가 세워질 때까지 사역하였고, 다른 사람들을 세워 그들이 시작한 사역을 계속 수행하게 하였다. 그 곳 관원들과 주민들은 전에 바울과 실라에 대하여 편견을 가졌던 것처럼 새로운 사역자들에게 편견을 갖지 않았다. 그러므로 그 곳에서 소요가 일어나자 바울과 실라는 철수하였다. 그들이 이 소요사태를 당장 그 곳을 떠나라는 지시로 해석하였던 것이다. 이 동네에서 너희를 박해하거든 저 동네로 피하라는 그리스도의 명령은 이스라엘의 모든 동네를 다 다니지 못하여서 인자가 오리라(마 10:23)는 이유를 밝히신 것을 보아 자신들의 안전을 도모하라(다른 곳으로 피하여 거기서 숨어있으라)는 뜻이기보다 그들의 사역을 계속 수행하라(다른 곳으로 피하여 그 곳에서 전파하라)는 뜻이었다. 먹는 자에게서 먹을 것이 나왔고, 마귀가 자신의 활로 쏘아졌다. 마귀가 사도들을 박해하므로 복음의 진보를 막을 수 있다고 생각했으나 그의

의도와는 반대로 복음이 널리 전파되었다. 관찰.

1. 바울과 실라를 해치려는 음모가 있다는 것을 알고는 형제들이 바울과 실라를 보호하였다. 그들이 밤에 곧 바울과 실라를 베뢰아로 몰래 보내었다. 이는 새로운 회심자들에게 갑작스러운 일이 아니었다. 왜냐하면 바울이 살전 3:4에서 우리가 너희와 함께 있을 때에 장차 받을 환난을 너희에게 미리 말하였는데 과연 그렇게 된 것을 너희가 아느니라고 말하고 있기 때문이다. 만일 형제들이 허락했다면 바울과 실라는 그 곳에 기꺼이 머물면서 그 소요에 용감하게 맞섰을 것이다. 하지만 형제들은 사도들의 목숨을 위태롭게 하기보다 그들의 도움을 받지 않는 편이 낫다고 생각했다. 사도들의 목숨을 사도 자신들보다 그들의 친구들이 더 소중하게 여긴 듯하다. 그래서 밤에 형제들이 곧 바울과 실라를 보내었다. 마치 바울과 실라가 악행을 저지른 사람들인 양 암암리에 밤에 보내어졌다.

2. 바울과 실라가 자신들의 사역을 계속하였다. 그들이 데살로니가에서 피신하였지만 그리스도의 사역으로부터 피신한 것은 아니었다. 그들이 베뢰아에 이르러 유대인의 회당에 들어갔고, 거기서 대중 앞에 나타났다. 데살로니가의 유대인들이 사도들에게 악의적인 대적들이었고, 잘은 모르지만, 베뢰아의 유대인들 또한 사도들을 대적할 것이다. 하지만 사도들은 그들이 받은 손해를 보복하거나 그들이 받을지도 모를 손해를 두려워한 나머지 베뢰아의 유대인들을 존경하기를 거절하지 않았다. 다른 사람들이 우리에게 본분을 다하지 않을지라도 우리는 그들에게 우리의 본분을 다해야 한다.

Ⅱ. 베뢰아에 있는 유대인들의 좋은 성품(11절).   베뢰아에 있는 사람들은 데살로니가에 있는 사람들보다 더 너그러웠다. 베뢰아의 회당에 모인 유대인들이 데살로니가의 회당에 모인 유대인들보다 복음을 더 잘 받아들였다. 그들은 복음에 대하여 편협하지 않았고 편견을 갖지도 않았으며, 그다지 까다롭지도 심술궂지도 않았다. 그들은 더 너그러웠다. 유게네스테로이 ― 좋은 품성을 지녔다.

1. 그들은 좀 더 자유로운 사고를 하였고, 좀 더 열린 자세로 뉘우쳤으며, 사도들의 말을 잘 알아차렸고, 말씀의 능력을 기꺼이 인정하였고, 자신들의 이전의 생각과 맞지 않을지라도 진리로 생각되는 말씀에 찬동하였다. 이러한 점이 데살로니가 사람들보다 훌륭하였다.

2. 그들은 좋은 성품을 지녔고, 마음에 들지 않는 모든 사람들에게 그다지 까다롭지 않고 뚱하지 않았으며, 심술궂지 않았다. 그들이 진리의 힘으로 일치하

게 된 사람들과 기꺼이 연합하고자 하였을 뿐만 아니라 자기들과 다른 주장을 하는 사람들까지도 계속적으로 긍휼히 여겼다. 이러한 점이 데살로니가 사람들보다 훌륭하였다. 그들은 데살로니가에 있는 유대인들처럼 사도들의 주장을 미리 판단하지 않았고, 그 주장을 하는 사람들을 시기하지도 않았다. 도리어 매우 관대하게 흥분과 치우침 없이 사도들의 주장을 경청하였다.

(1) 그들은 간절한 마음으로 말씀을 받았다. 그들은 기꺼이 말씀을 들었고 즉시 그 뜻을 파악하였으며, 그 빛에 대하여 눈을 감지 않았다. 그들은 루디아처럼 바울의 말을 따랐고, 그 말씀을 듣는 것을 기뻐하였다. 그들은 말씀에 대하여 논쟁하지 않았고, 오류를 찾지 않았으며, 설교자들을 반박할 근거를 찾지 않았다. 도리어 말씀을 환영하였고, 전해진 말씀을 공정하게 해석하였다. 이 점에서 그들이 데살로니가에 있는 사람들보다 더 훌륭하였다. 게다가 그 곳에 있는 이방인들과 같은 영으로 행하고 보조를 맞추었다. 성경에 보면 이방인들이 성령의 기쁨으로 말씀을 받아 우상을 버리고 하나님께로 돌아왔다고 말씀한다(살전 1:6-9). 이러한 것이 참으로 고귀한 점이었다. 유대인들은 자기들이 아브라함의 후손이라는 사실을 자랑하였고, 가문이 좋고 태생이 더할 나위 없이 좋다고 생각하였다. 그러나 여기서는 가장 고상하고 태생이 좋은 사람들은 간절한 마음으로 복음을 받고, 교만하고 자만심 강한 생각을 복종시키며, 그리스도께 순종하게 된 사람들이라고 말한다. 그들은 매우 고상하고 매우 신사적인 사람들이었다. Nobilitas sola est atque unica virtus — 덕과 경건이 참으로 고상한 것이다. 참으로 영광스러운 것이다. 이런 것들이 없이 가문과 성대한 칭호들이 무슨 가치가 있는가?

(2) 그들은 이것이 그러한가 하여 날마다 성경을 상고하였다. 간절한 마음으로 말씀을 받았다는 말씀은 무턱대고 믿거나 맹목적인 믿음으로 경솔하게 믿었다는 뜻이 아니다. 바울이 강론하였고, 그에 대한 증거로 구약의 말씀을 그들에게 인용하였기 때문에 그들은 각자 성경을 가지고 바울이 인용한 곳을 조회하였으며, 문맥을 읽고 그 의도와 흐름을 상고하였고, 성경의 다른 곳과 비교하였으며, 바울의 인용이 맞고 진짜인지, 그리고 그의 논증이 적절하였는지 검증하였으며, 그에 따라 결심하였다. 관찰. [1] 그리스도의 도는 세밀한 검증을 두려워하지 않는다. 그리스도의 주장을 옹호하는 우리들이 바라는 것은 다만 사람들이 편견과 치우침 없이 그것이 과연 그러한가 하고 검증하고 그 때까지는 이것이

그렇지 않다고 미리 말하지 않는 것뿐이다. [2] 신약은 구약에 의해 검증되어야 한다. 구약을 받아들인 유대인들이 그 내용을 바르게 숙고한다면 신약을 받아들이기에 충분한 근거를 발견하지 않을 수 없을 것이다. 왜냐하면 그들이 신약에서 구약의 예언들과 언약들 모두가 완전하게 그리고 정확하게 성취된 것을 깨닫게 되기 때문이다. [3] 성경을 읽고 들은 사람들은 반드시 그 말씀을 연구하고(요 5:39) 힘써 묵상하므로 그 안에 담겨진 진리를 깨달아야 하며, 아울러 그 의미를 오해하지 말고 오류에 빠지거나 그 오류에 머물지 않도록 해야 한다. 그리고 그 안에 담겨진 전체 진리를 찾아야 하며, 피상적인 지식, 곧 성경의 바깥뜰에 머무르지 말고 그 말씀에 계시된 하나님의 마음을 깊이 헤아려야 한다. [4] 성경을 상고하는 것은 매일의 일이 되어야 한다. 안식일에 회당에서 말씀을 들은 베뢰아 사람들은 그 당시에는 말씀의 의미를 깊이 생각하지 못하였지만 주중에 매일 상고하므로 그들이 이전 안식일에 들었던 내용을 활용하고 다음 안식일에 들을 말씀을 준비하였다. [5] 성경을 자신의 계시와 기준으로 삼고 이를 염두에 두는 사람들은 참으로 존귀한 자들이며, 점점 더 존귀해질 것이다. 성경을 올바르게 연구하고 주야로 묵상하는 자들은 그 마음에 거룩한 생각으로 충만하고, 고상한 원리를 고수하며, 고상한 목적과 계획을 세운다. 이러한 사람들이 존귀하다.

Ⅲ. 베뢰아에서 복음을 전한 긍정적인 결과. 그 곳에서 복음전파는 바람직한 결과를 얻었다. 그 곳 사람들의 마음이 열렸고, 순식간에 많은 역사들이 일어났다(12절).

1. 유대인들 중에 많은 사람들이 믿었다. 데살로니가에서는 일부 유대인들만이 믿었지만(4절), 베뢰아에서는 편견 없는 마음으로 들었고 데살로니가보다 더 많은 유대인들이 믿었다. 적용. 하나님은 은혜의 수단을 부지런히 활용하고자 하는 사람들, 특별히 성경을 살피기를 원하는 사람들에게 은혜를 베푸신다.

2. 헬라인들 중에도 마찬가지로 많은 이방인들이 믿었는데, 귀부인들, 곧 상류층의 여인들과 적지 않은 남자들이 믿었다. 여기서 남자들이 귀부인들과 함께 언급된 것으로 보아 상류층의 남자들이었을 것으로 보인다. 부인들이 먼저 복음을 받아들였고, 그 다음에 부인들이 남편들을 설득하여 복음을 받아들이게 하였다. 아내 된 자여 네가 남편을 구원할는지 어찌 알 수 있으리요?(고전 7:16)

**Ⅳ. 베뢰아에서 바울과 실라에 대한 박해가 일어났고, 이로 인해 바울이 그

곳에서 나갈 수밖에 없었다.

1. 데살로니가에 있는 유대인들이 베뢰아에 와서 이간질하였다. 그들은 바울이 하나님의 말씀을 베뢰아에서도 전하는 줄 알았고(본래 시기와 질투는 정보에 민감하다), 아울러 그 곳에 있는 유대인들이 자기들처럼 복음전파에 대하여 결사적으로 반대하지 않는 것도 알았다. 그리하여 그들이 세상을 뒤엎어놓기 위해 그리로 가서 무리를 움직여 소동하게 하였고, 그들로 하여금 복음전도자들에 대하여 몹시 성을 내도록 조장하였다. 사도들이 이리저리 다니며 복음을 전하자 마치 어둠의 왕으로부터 위임을 받은 양 그들도 이리저리 다니며 복음을 방해하였다. 전에 안디옥과 이고니온의 유대인들이 루스드라로 와서 그 곳 사람들로 사도들에게 성을 내게 하였던 사실을 우리는 읽어보았다(14:19). 사탄의 대리인들이 그리스도의 복음과 사람들의 구원을 방해하기 위해 얼마나 끊임없이 활동하는지 보라. 이는 뱀의 후손 안에 여자의 후손에 대한 증오가 있다는 하나의 실례다. 그러므로 본 고장의 박해자들이 그들의 격노를 확장하여 먼데에서도 박해를 선동한다 할지라도 우리는 이를 이상하게 여겨서는 안 된다.

2. 이 사건으로 인하여 바울이 아덴으로 옮겨갔다. 그리스도께서 이미 붙이신 이 거룩한 불을 대적들이 끄려고 하였지만, 그러면 그럴수록 그 거룩한 불은 더 멀리 더 빨리 퍼져갈 뿐이었다. 바울이 베뢰아에서 오래 머물렀고, 그 곳에 형제들이 생기고 분별 있고 적극적인 사람들이 생길 만큼 상당한 성공을 거두었다. 그리고 그들이 바울을 돌보았다(14절). 그들이 데살로니가로부터 박해하는 유대인들이 온 것을 알았고, 그 유대인들이 사람들로 하여금 바울을 대적하도록 부지런히 선동한다는 사실을 알았다. 그리고 그들은 무슨 일이 벌어질지 염려하면서 때를 놓치지 않고 곧 바울을 내보내었다. 바울을 내보낸 것은 유대인들이 그에게 가장 심한 편견을 가지고 있었고 그에게 가장 많이 화를 내었기 때문이다. 바울을 내보냄으로써 형제들은 실라와 디모데가 그 곳에 남아있는 동안에 이 유대인들이 진정되기를 기대하였다. 바울이 이미 발판을 마련해 놓은 만큼 그 없이도 실라와 디모데가 복음 사역을 충분히 지속할 수 있는 형편이었다. 형제들이 바울을 바다까지 가게 하였다. 어떤 이들은 이 부분을 마치 **바다로 간 것처럼 꾸몄다라고 해석한다.** 호스 에피 텐 쌀라산. 우리는 이에 대하여 다음과 같이 해석한다. 바울이 베뢰아에서 나가 그 길로 바다를 향하였다. 유대인들이 바울의 행방을 물을 경우 아주 먼데로 갔다고 생각하도록 하기 위함이

었다. 하지만 바울은 육로로 아덴으로 갔다. 이렇게 함에 있어서 비난받을 만한 위선은 전혀 없었다. 바울을 인도하는 사람들(바울이 그 지역에서 나그네요 또한 많은 대적들의 미움을 받고 있었기 때문에 그들이 바울을 인도하고 지켜주었다)이 그를 데리고 아덴까지 이르렀다. 하나님의 성령께서 바울의 영혼을 감동하여 그 유명한 도시로 인도하셨다. 아덴 연방이 스파르타 연방과 맞섰던 고대에는 힘과 권세로 유명하였으며, 후에는 지식으로 유명하였다. 그 곳은 학자들의 집결지였다. 학문을 익히기 원했던 사람들은 그리로 갔다. 그 곳은 사방에서 학자들이 몰려온 거대한 대학이었기에 복음의 빛을 발산하기에 좋은 곳이었다. 바울이 그런 곳에 보내어졌고, 그는 부끄러움이나 두려움 없이 그 곳에 있는 철학자들에게 나타나 십자가에 못 박힌 그리스도를 전하였다. 물론 십자가가 유대인들에게 거치는 것이요 헬라인들에게는 미련한 것이 될 줄 그가 알았지만 그래도 그는 십자가에 못 박힌 그리스도를 전하였다.

3. 바울은 실라와 디모데를 자기에게로 속히 오라고 지시하였다. 이는 바울이 그 곳에서 좋은 일에 대한 가능성을 발견하였기 때문이며, 혹은 그 곳에 아는 사람이 하나도 없었기 때문이다. 실라와 디모데가 없어서 그는 고독하고 우울하였다. 바울이 그들을 보고 싶어서 서둘러 오라고 하였지만, 한편으로 디모데를 데살로니가 교회의 사정을 알려고 그를 그 교회에 보내기 위함이있다. 왜냐하면 바울이 우리만 아덴에 머물기를 좋게 생각하고 디모데를 보내어 너희를 굳건하게 한다고 말하였기 때문이다(살전 3:1,2).

[16]바울이 아덴에서 그들을 기다리다가 그 성에 우상이 가득한 것을 보고 마음에 격분하여 [17]회당에서는 유대인과 경건한 사람들과 또 장터에서는 날마다 만나는 사람들과 변론하니 [18]어떤 에피쿠로스와 스토아 철학자들도 바울과 쟁론할새 어떤 사람은 이르되 이 말쟁이가 무슨 말을 하고자 하느냐 하고 어떤 사람은 이르되 이방 신들을 전하는 사람인가보다 하니 이는 바울이 예수와 부활을 전하기 때문이러라 [19]그를 붙들어 아레오바고로 가며 말하기를 네가 말하는 이 새로운 가르침이 무엇인지 우리가 알 수 있겠느냐 [20]네가 어떤 이상한 것을 우리 귀에 들려 주니 그 무슨 뜻인지 알고자 하노라 하니 [21]모든 아덴 사람과 거기서 나그네 된 외국인들이 가장 새로운 것을 말하고 듣는 것 이외에는 달리 시간을 쓰지 않음이더라

고대인들의 학문을 익히 알고 사랑하는 학자가 만일 바울이 지금 있는 아덴에 있다면 매우 행복해 할 것이며, 아덴의 학문과 관련된 유적을 설명하기 위해서라도 고대인들에게 호기심을 가지고 물어볼 많은 질문들이 있을 것이다. 바울은 학자였고 꾸밈없고 활동적인 사람이었지만 그는 아덴에서 이러한 활동을 전혀 하지 않았다. 그는 다른 일을 마음에 두었다. 그가 목표한 것은 그들의 철학을 잘 아는 것이 아니었다. 그는 철학이 헛된 것, 아니 그 이상이라는 사실을 깨달았다(골 2:8). 그의 임무는 하나님의 이름으로 그들의 종교의 혼란을 바로잡고, 그들로 우상과 그들 속에 있는 사탄에 대한 숭배로부터 살아 계시고 참되신 하나님에 대한 숭배로 돌아오게 하는 것이었다.

I. 아덴 사람들의 가증한 무지와 미신이 바울의 심령에 미친 영향(16절).   관찰.

1. 그 도시에 대한 기록. 그 곳은 우상이 가득하였다. 이러한 기록은 이교도 작가들이 기술한 것과 일치한다. 그 작가들의 기술에 따르면, 아덴에는 헬라의 모든 우상들을 모아놓은 것보다 더 많은 우상들이 있었고, 다른 지역들보다 두 배나 많은 종교적인 축연이 있었다. 아무리 이상한 신들을 그들에게 추천한다 하더라도 그들은 그 신들을 허용하였고, 그 신들을 위해 신전과 제단을 제공하였으며, 이로써 거의 사람 숫자만큼의 우상들이 있었다. 로마제국이 기독교 국가가 된 후에도 이 도시는 계속 우상숭배에 빠졌고, 그리스도인 황제들의 경건한 모든 칙령들도 이 곳의 우상들을 뿌리뽑지 못하다가 고트족의 침입으로 인해 그 도시가 완전히 황폐화되므로 오늘날 그 유적이 거의 하나도 남아있지 않게 되었다. 인간의 학문이 크게 번영하던 곳에 터무니없고 어리석은 우상숭배가 많았다는 것은 주목할 만하다. 이 때문에 사도는 그들이 스스로 지혜 있다 하나 어리석게 되었다고 증거하였고, 모든 것 중에서 그 생각이 허망하여졌다고 증거하였다(롬 1:22). 이 세상이 자기 지혜로 하나님을 알지 못한다(고전 1:21). 그들은 이성적으로 다신 숭배와 우상숭배를 물리칠 수도 있었다. 하지만 가장 이성적인 듯한 사람들이 가장 우상에 사로잡혔다. 순수한 종교를 회복하기 위해서는 하나님의 계시가 있어야 하며 그리스도를 중심으로 해야 한다.

2. 이러한 광경이 바울에 준 혼란. 바울은 두세 증인의 입으로 말씀이 확립되도록 하기 위해 실라와 디모데가 오기까지는 공적으로 나타나지 않으려 하였다. 그러나 그러는 동안에 그의 마음이 격분하였다. 그의 마음은 하나님의 영광

에 대한 관심으로만 가득했는데, 그는 그 영광이 우상들에게 드려지는 것을 보았다. 그리고 사람들의 영혼이 사탄의 노예가 되어 사탄의 뜻대로 끌려 다니는 것을 보고 그들을 불쌍히 여겼다. 바울은 이러한 죄인들을 보고 슬퍼하였다. 그리고 그는 혐오감에 몸서리쳤다. 그는 그 곳 사람들을 끝없는 우상의 길로 인도한 이교 제사장들에게, 그리고 그런 사실을 잘 알면서도 우상에 대한 경고를 단 한 마디도 하지 않은 철학자들에게 거룩한 분노를 발하였다.

II. 우상숭배의 잘못에 대한 바울의 증거와 사람들을 진리에 대한 지식으로 이끌려는 노력. 비치우스(Witsius)가 관찰한 대로, 바울은 뜨거운 열정으로 신전 안으로 침입하여 우상들을 끌어내리지 않았고, 신전의 제단을 부수거나 그 제사장들에게 대들지 않았다. 또한 바울은 거리로 뛰어다니며 "당신들 모두가 마귀의 노예들이오!"라고 소리치지 않았다. 물론 그 말이 맞는 말이었지만 그는 예절을 지켰고, 적절한 선에서 머물렀으며, 분별 있는 사람의 행동을 취하였다.

1. 바울은 유대인의 회당으로 갔다. 비록 그들이 기독교를 대적하는 자들이었지만 우상숭배와 무관하였다. 그리하여 바울은 그들과 좋은 일로 만나 그들에게 그리스도를 증거할 기회를 얻었다(17절). 그는 유대인과 변론하였다. 즉 그들로 바른 진리를 깨우치게 하였다. 유대인들이 메시야를 고대하면서도 왜 예수를 영접하지 않는지 그 이유를 대라고 하였다. 거기서 바울은 경건한 사람들을 만났다. 그들은 우상의 신전을 떠났으나 유대인의 회당에 머물고 있었다. 그리하여 바울은 그들에게 교회로 나오라고 말하였다. 유대인의 회당은 교회로 나아가는 입구에 불과하였다.

2. 바울은 길에서 만나는 모든 사람들과 종교 문제에 대하여 대화하였다. 장터에서 ― 엔 테 아고라 ― 물물교환하는 곳, 혹은 시장에서, 그는 기회 있을 때마다 날마다 만나는 사람들, 혹은 길에서 알게 된 유대인의 회당에 한 번도 오지 않은 이방인들과 변론하였다. 그리스도의 도를 열성적으로 옹호하는 자들은 모든 사람들에게 그 도를 변론할 각오가 되어 있을 것이다. 그리스도의 사역자들은 일주일에 단 한 번 그리스도의 말씀을 전하는 것으로 충분하다고 생각해서는 안 되며, 날마다 만나는 사람들에게 그리스도를 자랑해야 할 것이다.

III. 일부 철학자들이 바울의 도에 대하여 질문함. 관찰.

1. 그들이 바울을 만나 그와 변론하고 그의 주장에 반대하였다. 바울이 만남

의 장소에서 만나는 사람들과 변론하였는데, 변론보다 강론에 가까웠다. 대부분 바울에게 눈길을 주지 않고 무시하였으며, 그가 하는 말을 조금도 마음에 두지 않았으나 철학자들 가운데 일부는 바울이 연설할 가치가 있는 사람이라고 생각하였다. 그들의 원리는 기독교와 정반대였다.

(1) 에피쿠로스 철학자들은 하나님이 자기들과 같이 게으르고 한가한 존재이며, 아무런 생각도 하지 않고 선과 악의 차이를 두지 않는 존재라고 생각하였다. 그들은 하나님께서 세상을 지으신 사실이나 세상을 통치하신다는 사실을 인정하지 않았다. 또한 사람이 자기가 한 말이나 행동을 조금이라도 의식할 필요가 없으며, 형벌을 두려워하거나 상을 바랄 필요가 없다고 하였다. 이 모든 사상은 기독교가 반대하는 무신론적 사상을 자유롭게 하였다. 에피쿠로스 철학자들은 감각적인 쾌락에 완전히 탐닉하였고 그들의 행복을 쾌락에 두었지만 그리스도께서는 처음부터 우리에게 자신을 부인하라고 가르치셨다.

(2) 스토아 철학자들은 자신들을 하나님과 똑같이 선하다고 생각하였고, 에피쿠로스 철학자들이 육체의 정욕과 안목의 정욕에 탐닉하였던 것만큼 그들은 생의 교만에 탐닉하였다. 그들은 자기들 중에 덕행이 있는 사람이 하나님 자신에 비해 조금도 열등하지 않으며, 오히려 더 우월하다고 생각하였다. 그래서 세네카(Seneca)는 지혜로운 사람이 신을 능가하는 면이 있다(Esse aliquid quo sapiens antecedat Deum)고 말하였다. 기독교는 이러한 사상과 정반대다. 기독교는 그리스도께서 모든 것의 모든 것이 되시도록 자기를 부인하고 자기를 낮추며, 자기 자신에 대한 모든 신뢰를 버리라고 우리에게 가르친다.

2. 그들이 바울에 대하여 각기 다르게 생각하였다. 그리스도에 대한 사람들의 생각이 달랐듯이 바울에 대한 사람들의 생각도 달랐다(18절).

(1) 어떤 사람들은 그를 말쟁이라고 하였다. 미친 상상을 하는 사람들처럼 바울이 생각나는 대로 아무런 계획도 없이 말한다고 그들이 생각하였다. 이 말쟁이가 무슨 말을 하고자 하느냐? 호 스페르모로고스 후토스 ─ 말을 퍼뜨리는 자, 곧 두루 다니며 아무런 의도나 의미도 없이 여기서는 이 말 하고 저기서는 저 말 하는 자. 혹은 씨앗을 쪼아 먹는 자. 비평가들 중에 어떤 이들은 말하기를, 이 용어가 작은 새에게 사용되었다고 한다. 즉, 꼬치구이 할 가치도 없고 새장에 넣어둘 가치도 없는 작은 새, 밭이나 길가에 떨어진 씨앗을 쪼아 먹으려고 이리저리 뛰는 작은 새를 의미한다고 한다. 어떤 사람들은 바울을 그런 보잘것없고 하찮은 존

재로 여겼다. 또는 새가 여기저기서 곡식을 쪼아 먹듯이 바울이 여기저기서 한 푼을 받으려고 돌아다니면서 자신의 생각을 배출하고 있다고 추측하였다. 그들은 바울을 쓸모 없는 사람으로 여겼고, 이른바 민요를 부르는 가수에 지나지 않는다고 생각하였다.

(2) 어떤 사람들은 그를 이방 신들을 전하는 사람이라고 불렀다. 그리고 바울이 그런 식으로 자신을 나타내려 하였다고 그들은 생각하였다. 만일 바울이 이방 신들을 전하고자 하였다면 아덴보다 더 좋은 곳은 없었을 것이다. 많은 사람들이 했던 것처럼 바울은 새로운 신들을 직접 전하지도 않았고 공공연하게 전하지도 않았다. 그러나 바울이 예수와 그의 부활을 전하기 때문에 그도 그러는 줄 그들이 생각하였다. 그가 이 곳에 온 처음부터 가끔씩 이 두 가지 줄(예수와 그의 부활)로 연주하였다. 이 두 가지 주제, 곧 그리스도와 미래의 상태는 실로 기독교의 주요 교리들이다. 그리스도는 우리의 길이며 그 마지막이 천국이다. 바울이 이방 신들의 이름을 부르지도 않았지만 그들은 바울이 예수와 부활이라는 새로운 신을 말하고 있다고 생각하였다. 톤 예수운 카이 텐 아나스타신, "그들이 예수를 새로운 신으로 잘못 알았고, 또한 아나스타시스, 곧 부활을 새로운 여신으로 잘못 알았다." 이처럼 그들은 예수를 믿고 부활을 고대하는 것이 새로운 귀신들을 숭배하는 것인 양 기독교의 교리를 이교의 방언으로 변질시킴으로써 그 은혜를 상실하고 말았다.

3. 그들이 바울에게 자유롭게, 충분히 그리고 공개적으로 말하라고 제안하였다(19, 20절). 그들은 바울의 교리를 부분적으로 그것도 띄엄띄엄 들었을 뿐이다. 따라서 그들이 이제 바울의 교리에 대한 완전한 지식을 갖고자 한다.

(1) 그들은 바울의 교리를 이상하고 의외라고 여기며, 아덴에서 오랜 세월 동안 배우고 들어왔던 자신들의 철학과 아주 다르다고 생각하였다. "그것은 우리가 그 흐름이나 의도를 이해할 수 없는 새로운 도다. 네가 어떤 이상한 것을 우리 귀에 들려 주니 우리가 전에 한 번도 듣지 못한 것이요 지금도 무슨 내용인지 모르겠다." 그들이 가지고 있던 학문적인 책들 가운데 모세와 선지자들의 책들이 없었거나 그들이 그런 것에 관심을 갖지 않았을 것이다. 그렇지 않다면 그리스도의 도가 그들에게 완전히 생소하거나 낯설지 않았을 것이다. 세상에서 난 하나의 책만이 성령의 감동을 받았고, 그 유일한 책에 대하여 그들이 문외한이었다. 만일 그들이 그 책에 합당한 관심을 보였더라면 우주의 기원에 대한

그들 간의 큰 논쟁을 바로 첫 페이지에서 종결하였을 것이다.

(2) 그들이 그리스도의 도를 더 많이 알고 싶어했던 이유는 단지 그것이 새롭고 낯설었기 때문이었다. "이 새로운 가르침이 무엇인지 우리가 알 수 있겠느냐? 아니면 (신들의 신비와 같이) 심원한 비밀로 남아있어야 하는가? 만일 우리가 알 수 있는 것이라면 우리는 기꺼이 알고자 할 것이며, 우리가 판단할 수 있도록 당신이 그것이 무슨 뜻인지 우리에게 말해주기를 원한다." 이는 당연한 제안이었다. 그들이 이 도를 받아들이기 전에 그것이 무엇인지 알아야 하는 것은 당연한 일이었다. 그들이 설명을 들을 때까지는 그 도를 비난하지 않을 만큼 그들은 공정하였다.

(3) 그들이 그의 도를 공개적으로 선포하도록 데리고 간 곳이 아레오바고였다. 이 말이 마르스(군신 아레스)의 언덕(Mars' Hill: 22절 — KJV)으로 번역되었다. 그 곳은 도회지의 저택이었거나 공무로 만나는 그 도시의 청사였다. 이 곳에서 행정관들이 공무를 보았고 또한 재판이 열렸다. 그리고 대학 혹은 학교의 극장으로 이 곳에서 학자들이 만나 그들의 견해를 나누었다. 이 곳에서 열린 재판은 공정하기로 유명하였다. 사방으로부터 상소를 받아들였기 때문이다. 만일 누군가 신을 부정한다면 이는 이 법정을 비난하는 일이 되었다. 디아고라스(Diagoras)는 신들을 경멸하므로 그들에 의해 사형에 처해졌다. 그들의 허락 없이는 어떠한 새로운 신도 인정될 수 없었다. 바울이 시험을 받기 위해 이 곳까지 인도되었는데 범죄자로서가 아니라 새로운 신의 후보자로서였다.

4. 이 때에 그 도시인들의 일반적인 성격이 드러났다(21절). 그 지역 태생인 모든 아덴 사람과, 자신의 발전을 위해 거기서 체류한 나그네들이 가장 새로운 것을 말하고 듣는 것 이외에는 달리 시간을 쓰지 않았다. 이는 그들이 바울의 도에 관하여 호기심이 많았기 때문이며, 그 도가 옳기 때문이 아니라 새로웠기 때문이다. 여기에 기록된 이 사람들의 성격은 매우 유감스러운 것이다. 그들의 다양한 성격을 설명하면 다음과 같다.

(1) 그들 모두 대담을 좋아했다. 사도 바울은 그의 제자들에게 읽는 것과 묵상하는 일에 전념하라(딤전 4:13, 15)고 권하였다. 그러나 이 사람들은 지식을 습득하는 이러한 옛 방식을 멸시하였으며, 말하고 듣는 방식을 선호하였다. 사실 사람에게 좋은 사귐이 매우 유익하며, 그 사귐이 학문적인 기초가 있는 사람을 빛나게 할 것이다. 하지만 오직 사귐으로 얻어지는 그러한 지식은 겉만 번지르

르하고 피상적일 것이다.

(2) 그들은 새로운 것을 즐겼다. 그들은 가장 새로운 것을 말하고 듣는 것을 좋아하였다. 그들은 철학에 있어서 새로운 기획과 새로운 관념, 정치에 있어서 통치의 새로운 형태와 계획들, 종교에 있어서 새로이 등장한 새로운 신들(신 32:17), 새로운 귀신들, 새로운 모양의 우상들과 제단들(왕하 16:10)을 좋아하였다. 그들은 변화를 일삼았다. 오래 전 그들과 같은 아덴 태생의 웅변가 데모스테네스(Demosthenes)는 그의 연설(Philippics: 데모스테네스가 마게도냐 왕 필립을 욕한 열두 연설 중의 하나 : 역자 주)에서 아덴 사람들이 일반적으로 시장에서나 만나는 어디에서든지 에이 티 레 에타이 네오테론 – 새로운 것이 있느냐? 라고 묻는 것에 대하여 비난하였다.

(3) 그들은 다른 사람들의 일에 쓸데없이 참견하고 호기심이 많았으며, 자신의 일은 신경 쓰지 않았다. 수다쟁이들은 언제나 일을 만든다(딤전 5:13).

(4) 그들은 이외에는 달리 시간을 쓰지 않았다. 이렇게 시간을 허비하는 자들은 아주 거북한 이야기를 듣는데 시간을 쓸 필요가 있다. 시간은 고귀하다. 그러므로 우리는 시간을 절약해야 한다. 왜냐하면 영원은 우리의 시간의 운용에 달려있기 때문이다. 시간은 신속히 영원으로 달려가는데 오히려 그 많은 시간들이 쓸데없이 낭비되고 있다. 우리나라나 다른 나라의 국민과 관련하여, 우리의 이웃과 친구들과 관련하여 일어난 새로운 섭리적인 사건들을 말하고 듣는 것이 때때로 유익하다. 하지만 수다쟁이로 자처하고 단지 시간을 낭비하는 것은 가치 없는 것을 얻기 위해 아주 귀중한 것을 잃어버리는 것이다.

[22]바울이 아레오바고 가운데 서서 말하되 아덴 사람들아 너희를 보니 범사에 종교심이 많도다 [23]내가 두루 다니며 너희가 위하는 것들을 보다가 알지 못하는 신에게라고 새긴 단도 보았으니 그런즉 너희가 알지 못하고 위하는 그것을 내가 너희에게 알게 하리라 [24]우주와 그 가운데 있는 만물을 지으신 하나님께서는 천지의 주재시니 손으로 지은 전에 계시지 아니하시고 [25]또 무엇이 부족한 것처럼 사람의 손으로 섬김을 받으시는 것이 아니니 이는 만민에게 생명과 호흡과 만물을 친히 주시는 이심이라 [26]인류의 모든 족속을 한 혈통으로 만드사 온 땅에 살게 하시고 그들의 연대를 정하시며 거주의 경계를 한정하셨으니 [27]이는 사람으로 혹 하나님을 더듬어 찾아 발견하게 하려 하심이로되 그는 우리 각 사람에게서 멀리 계시지 아니하도다

[28]우리가 그를 힘입어 살며 기동하며 존재하느니라 너희 시인 중 어떤 사람들의 말과 같이 우리가 그의 소생이라 하니 [29]이와 같이 하나님의 소생이 되었은즉 하나님을 금이나 은이나 돌에다 사람의 기술과 고안으로 새긴 것들과 같이 여길 것이 아니니라 [30]알지 못하던 시대에는 하나님이 간과하셨거니와 이제는 어디든지 사람에게 다 명하사 회개하라 하셨으니 [31]이는 정하신 사람으로 하여금 천하를 공의로 심판할 날을 작정하시고 이에 그를 죽은 자 가운데서 다시 살리신 것으로 모든 사람에게 믿을 만한 증거를 주셨음이니라 하니라

우리는 여기서 바울이 아덴에서 전한 설교를 보게 된다. 우리가 지금까지 접한 사도들의 다양한 설교들은 유대인들에게 전한 것들이거나, 혹은 구약을 알고 존경하며 참되시고 살아계신 하나님을 경배한 이방인들에게 행한 것들이었다. 이 모든 설교들은 예수는 그리스도라고 노골적으로 단언한다. 하지만 여기서 우리가 보는 설교는 이교도들에게 전한 것이다. 이들은 거짓 신들을 숭배했고, 참되신 하나님과 무관하였다. 이들에게 전하는 사도들의 설교의 의도는 이전의 설교의 의도와는 달랐다. 이전에는 사도들이 듣는 자들에게 예언과 기적들을 보임으로써 구세주를 알리고 믿게 하려고 하였다. 그러나 이제는 먼저 그들에게 섭리의 일반적인 역사들을 보임으로써 창조주 하나님을 알리고 믿게 하고 경배하게 하는 것이 사도들의 임무였다. 이런 종류의 설교를 우리가 이전에 보았었는데, 그것이 바로 사도들을 신격화하였던 루스드라의 거친 우상숭배자들에게 전한 설교였다(14:15). 여기에 소개된 이 설교는 그보다 정중하고 품위 있는 아덴의 우상숭배자들에게 전한 것이다. 이 훌륭한 설교는 어느 모로 보나 바울의 청중에게 적합하도록 의도된 것이었다.

I. 여기서 바울의 설교의 목적. 그것은 그들을 사시고 참되신 유일하신 하나님에 대한 지식으로 인도하고 그 하나님만이 그들이 섬겨야 할 유일하고 올바른 대상임을 알리는 것이었다. 바울은 여기서 모든 경건의 기초를 놓고 제일 원리를 가르쳐야 했는데, 그것은 바로 하나님은 오직 한 분뿐이시라는 사실이다. 바울이 이교도들이 숭배한 신들을 부정한 의도는 그들을 무신론으로 이끌려는 것이 아니라 참되신 하나님을 섬기도록 하려는 것이었다. 이교의 우상숭배를 폭로한 소크라테스(Socrates)가 바로 이 법정에서 고발되고 유죄를 선고받았다. 그의 죄목은 이 도시가 신으로 여긴 우상들을 신으로 여기지 않았다는 것이요, 또한

그가 새로운 귀신들을 불러들였다는 것이었다. 바울도 이러한 고발을 당하였다. 이제 바울은 소크라테스의 첫 번째 죄목을 암묵적으로 인정하였다. 하지만 두 번째 죄목에 대하여는 그가 방어하였는데, 곧 자신이 어떤 새로운 신들을 소개한 것이 아니라 옛적부터 계시는 한 분 하나님에 대한 지식으로 그들을 인도하려는 것이라고 선포한 것이다.

1. 바울은 여기서 그들이 가르침을 받아야 한다는 사실을 지적한다. 왜냐하면 그들이 만든 거짓 신들을 숭배하는 가운데 그들을 지으신 참되신 하나님에 대한 지식을 그들이 상실하였기 때문이다(Deos qui rogat ille facit − 신들을 숭배하는 자가 그 신들을 만든다). 너희를 보니 범사에 너무 미신적이도다. 바울이 그들에게 지적한 죄는 오직 하나님께 돌려야 할 영광을 다른 것들에게 돌린 것이다. 그들은 귀신들과 영들을 두려워하고 숭배하였다. 그들은 자신들이 숭배한 우상들 속에 이 귀신들과 영들이 거주한다고 상상하였다. "너희가 너희 이웃들보다 신들을 늘리고 있고, 너희가 모든 일에 우상을 숭배하고 있으니 이제 하나님은 한 분뿐이시라는 사실을 너희가 들어야 할 때다. 너희가 범사에 너무 미신적이다 − 데이시다이모네스테로이. 종교라는 옷을 입고 나타난 모든 것을 너희가 쉽게 인정하고 있으나 그러한 행동은 종교를 점점 더 더럽힐 뿐이다. 이제 나는 너희에게 종교를 개혁할 기회를 줄 것이다." 그들의 이웃들은 많은 우상 때문에 그들을 경건한 사람들이라고 칭찬하였으나 바울은 오히려 그들을 비난한다. 여기서 주목할 것은 바울이 비난의 수위를 조절하므로 그들을 화나게 하지 않고 있다는 점이다. 그는 그들 사이에 좋은 의미로 사용되던 단어를 사용하고 있다. 범사에 종교성이 많도다. 어떤 이들은 이를 너희가 꽤 경건하도다라고 해석한다. 혹 이 단어(종교성)가 나쁜 의미로 해석된다 할지라도 "너희가 필요 이상으로 미신적인 것 같다(호스)"라고 완곡하게 표현되었을 것이다. 또한 바울은 자신이 감지한 사실만을 말하였다. 쎄오레오 − 내가 보니, 내가 알아보니. 그들은 바울이 새로운 귀신들을 소개한다고 비난하였다. 이에 대하여 바울은 이렇게 말한다. "아니오. 당신들에게 귀신들은 이미 충분하오. 나는 귀신들의 수를 더할 마음이 없소."

2. 바울은 그들이 알지 못하는 신에게라고 새긴 단을 세움으로써 이 유일하신 참 하나님을 선포할 좋은 기회를 준 것이라고 그들에게 밝힌다. 이 제단은 그들이 아직 알지 못하는 한 하나님의 존재를 인정했음을 의미하였다. 지혜를 독

점하고 있다고 추정되는 아덴에서 참되신 하나님이 알지 못하는 하나님이셨다는 사실은 생각만 해도 슬픈 일이다. "이제 너희는 바울을 영접해야 한다. 왜냐하면 너희가 하나님을 알 수 없다고 무언으로 불평했는데, 그가 그 하나님을 너희에게 알게 하려고 왔기 때문이다." 현명하다고 하는 그 곳에 결함이 있고 부족함이 있다. 우리는 바로 그런 곳에 복음을 전해야 한다.

(1) 학자들은 이 알지 못하는 신에게 드려진 단에 대하여 여러 가지 추측을 한다. [1] 어떤 이들은 이 말이 그 영광이 알려지지 않은 신에게 라는 의미이며, 이는 곧 유대인의 하나님을 지칭한 것이라고 생각한다. 유대인의 하나님은 그 이름을 입에 올리기도 황송하며 그 성품이 신비스럽다. 아마도 아덴 사람들은 유대인과 구약 성경으로부터 모든 신들보다 뛰어난 것이 입증되었지만 스스로 숨어 계시는(사 45:15) 이스라엘의 하나님에 대하여 들었을 것이다. 이방인들은 유대인의 하나님을 데우스 인케르투스(Deus incertus), 인케르툼 모시스 누멘(incertum Mosis Numen) ― 불명확한 하나님, 불명확한 모세의 신, 그리고 이름 없는 신이라고 불렀다. 탐색으로써 완전하게 알 수 없는 이 하나님을 이제 내가 너희에게 알게 하리라고 바울은 말한다. [2] 다른 이들은 이 말이 그를 모르는 것이 우리의 불행이 되는 그 신에게 라는 의미라고 생각한다. 이는 곧 그 신을 아는 것을 그들의 행복이라고 생각했을 것이라는 의미이다. 어떤 이들은 말하기를, 아덴 사람들이 아덴에 전염병이 창궐하였을 때 전염병을 극복하려고 자기들의 모든 신들에게 잇따라 제사를 드렸는데, 그 때에 누군가로부터 몇 마리의 양을 풀어주어 그것들이 눕는 곳에 토 프로세콘티 쎄오 ― 진정한 신에게, 혹은 역병을 물리칠 수 있는 신에게 라는 단을 쌓으라는 조언을 들었다고 한다. 왜냐하면 그들이 그 신을 어떻게 불러야 할지 몰랐기 때문이요, 그래서 그들이 알지 못하는 신에게 라고 새겼다는 것이다. 또 다른 이들은 아덴의 최고의 역사가들의 자료를 빌려 말하기를, 당시에는 아시아, 유럽, 아프리카의 신들에게 ― 알지 못하는 신에게 라고 새겨진 많은 단들이 있었다고 한다. 그리고 아덴 가까이에 있던 지역의 이웃들이 아덴에 있는 알지 못하는 신으로 맹세하곤 하였다고 루키아노스(Lucian)는 주장한다.

(2) 바울이 이러한 사실을 얼마나 조심성 있게 언급하는지 관찰하라. 바울은 자신이 스파이라는 오해를 받지 않으려고, 또는 그들의 불가사의한 지식에 중뿔나게 나서지 않으려고, 자신이 지나가다가 그들의 헌신, 혹은 종교적인 행위를

보았다고 말한다. 그 제단은 공개된 것이었기 때문에 그것을 보는 것을 막을 수 없었다. 따라서 바울이 그 곳의 종교에 대하여 비평하는 것은 타당한 일이었다. 바울은 총명하고도 교묘하게 이를 기회로 삼아서 참되신 하나님에 대한 강론으로 이끌어간다. [1] 바울은 자신이 그들에게 전한 하나님이 바로 그들이 이미 경배한 분이기 때문에 자신이 새로운 혹은 이상한 신들을 소개한 것이 아니라고 말한다. "너희가 그를 의지하고 있는 만큼 그는 너희로부터 경배를 받아왔다." [2] 그들이 하나님을 모르고 경배하였다는 사실은 세계적으로 지식이 많은 것으로 유명했던 그들에게는 치욕스러운 일이었다. 그러므로 그는 말한다. "이제 내가 너희의 치욕을 벗겨주려고 왔다. 너희가 알지 못하고 경배한 그분을 이제는 알고 경배할 수 있다. 그러므로 너희의 맹목적인 헌신을 합리적인 섬김으로 바꾸는 이 일을 받아들여야 할 것이다. 이로써 너희가 무엇인지 모르는 상태에서 예배하지 않게 될 것이다."

Ⅱ. 바울은 하나님의 창조와 섭리의 사역을 설명함으로써 살아계시고 참되신 유일하신 하나님을 확실히 증거하였다. "너희가 유일하게 헌신하고 경배할 대상이라고 내가 선포한 하나님은 만물을 지으시고 그 만물을 다스리시는 하나님이시다. 너희가 이 눈에 보이는 증거들로써 눈에 보이지 않는 하나님께로 나아갈 수 있고, 그의 영원하신 능력과 신성을 믿을 수 있다. 이방인들, 그 중에서도 특히 아덴 사람들은 예배에 있어서 철학자들의 영향을 받지 않았다. 철학자들 가운데 많은 사람들이 유일한 최고의 누멘(Numen : 신령)에 대하여, 그리고 그의 무한한 완전함과 만물에 대한 능력과 지배에 대하여 분명하고 훌륭하게 말하였다(플라톤의 작품과 그 이후 키케로의 작품이 이에 대하여 입증하였다). 아덴 사람들에게 영향을 준 것은 시인들의 한가로운 허구였다. 호메로스의 작품이 이교도의 신학, 아니 귀신론의 성경이었지 플라톤의 작품이 아니었다. 철학자들은 순순히 이를 받아들이고, 자신들의 사색에 안주하며 자기들끼리 논쟁하고 자기들의 학생들에게 가르쳤다. 그러나 그들이 마땅히 우상숭배를 반대해야 했음에도 불구하고 그렇지 못하였다. 그만큼 그들은 자신들의 사색에 대하여 그다지 확신이 없었으며, 그 사색들이 사람들에게 그다지 큰 감동을 주지 못하였다! 오히려 그들은 자기 나라의 미신에 빠져들었고, 그럴 수밖에 없다고 생각하였다. Eamus ad communem errorem — 일반적인 오류는 받아들이자. 자, 이제 바울은 여기서 제일 먼저 아덴 사람들의 철학을 교정하고(그는 아덴

의 철학의 잘못을 지적한다), 그들에게 살아계시고 참되신 유일하신 하나님에 대한 바른 관념을 제시하기로 결심한다. 그리고 그들이 지금까지 시도했던 것 이상으로 그들의 예배의 개혁을 주도하고, 그들을 다신교와 우상숭배로부터 구출하기로 다짐한다. 바울이 여기서 자신이 섬긴 하나님께 얼마나 큰 영광을 돌림으로 그들로 하나님을 섬기게 하는지 주목하라.

1. 그는 우주와 그 가운데 있는 만물을 지으신 하나님, 전능하신 아버지, 천지를 지으신 창조주시다. 많은 철학자들이 이 사실을 인정하였다. 그러나 아리스토텔레스 학파에 속한 철학자들은 이를 부인하였다. 그들은 "우주가 영원 전부터 있었고, 만물이 영원 전부터 항상 존재하였으며, 영원 전부터 항상 지금의 상태였다"고 말하였다. 에피쿠로스 학파에 속한 철학자들은 "우주가 원소들의 우연한 집합으로 조성되었으며, 끊임없는 운동으로 마침내 우연히 오늘과 같은 체계가 되었다"고 공상하였다. 바울은 여기서 이 두 학파를 반박하며 주장하기를, 하나님께서 태초에 무한한 지혜의 계획에 따라 무한한 능력을 행하심으로써 우주와 그 안에 있는 만물을 지으셨으며, 우주의 기원이 그들의 공상처럼 영원한 물질에 기인한 것이 아니라 영원한 정신에 기인한 것이라고 하였다.

2. 그러므로 그는 천지의 주재시다. 곧 위 세상과 아래 세상, 물질과 비물질, 보이는 것과 보이지 않는 것의 모든 존재, 권세, 그리고 부요함의 합법적인 임자, 소유자, 주인이다. 이는 그가 천지를 조성하였기 때문이다. 그가 모든 것을 창조하셨다면 의심할 여지 없이 그가 모든 것을 주관하실 것이다. 그가 존재를 있게 하셨기에 그 존재를 복종케 할 수 있는 확실한 권리를 가지신다.

3. 그는 특히 인류의 창조자시다(26절). 그는 인류의 모든 족속을 한 혈통으로 만드셨다. 그는 최초의 인간을 지으셨고, 계속해서 모든 인간을 지으신다. 그는 모든 사람의 몸을 조성하신 분이고, 모든 사람의 영혼의 아버지시다. 그는 사람들로 나라들을 이루게 하셨는데, 그 나라들은 사람들로 구성될 뿐 아니라 정치적 수완을 가진 조직체들이다. 그는 그 나라들의 창립자시며, 그 백성으로 하여금 상호 보호와 이익을 위한 공동체가 되게 하셨다. 그는 인류의 모든 족속을 한 혈통으로 만드셨고, 하나의 동일한 인간성을 갖도록 만드셨다. 그는 그들 모두의 마음을 지으시며(시 33:15). 인류는 모두 하나의 동일한 공동 조상의 자손들이며, 그들 모두 아담 안에서 한 혈통이며, 또한 노아 안에서 한 혈통이다. 이로써 그들이 같은 인간, 같은 형제로서 서로 사랑하고 도와줄 수 있다. 우리는

한 아버지를 가지지 아니하였느냐 한 하나님께서 지으신 바가 아니냐?(말 2:10) 그가 그들로 온 땅에 살게 하셨다. 하나님께서 관대한 은인으로서 그 땅을 인생들에게 충분히 베풀어주셨다. 그는 인생들로 한 곳에 살지 않고 온 땅에 흩어지게 하셨다. 그러므로 헬라인들이 다른 모든 민족들을 경멸한 것처럼 한 나라가 다른 나라를 경멸해서는 안 된다. 왜냐하면 온 땅에 사는 자들은 모두 한 혈통이기 때문이다. 아덴 사람들은 자기네 땅에서 태어나고 원주민인 것을 자랑하였고, 또한 다른 어느 나라와도 피가 섞이지 않은 것을 자랑하였다. 이렇듯 교만하게 우쭐하던 아덴 사람들의 콧대를 바울이 여기서 꺾고 있다.

4. 그는 만민의 큰 은인이다(25절). 이는 만민에게 생명과 호흡과 만물을 친히 주시는 이심이라. 그는 최초의 인간에게 생명의 호흡을 주셨을 뿐 아니라 지금도 모든 인간에게 호흡을 주신다. 그가 이 혼을 우리에게 주시므로 인간의 영혼을 구성하셨다. 그가 우리를 존재하게 하셨을 때 우리에게 생명과 호흡을 주셨을 뿐 아니라 지금도 계속적으로 우리에게 그것들을 주신다. 그의 섭리는 창조의 연속이다. 그는 우리의 영혼을 살게 하신다. 우리가 매순간마다 호흡하며, 아울러 그는 은혜롭게도 다음 순간에 또 다시 호흡을 주신다. 우리가 그의 공기를 호흡할 뿐 아니라 우리의 호흡이 그의 손 안에 있다(단 5:23). 그는 만민에게 생명과 호흡을 주신다. 즉, 가장 미천한 인간도 그를 힘입어 살고 그로부터 생명을 얻는 것같이, 가장 위대하고 가장 지혜로운 철학자들과 가장 힘 있는 권력자들도 그 없이 살 수 없다. 그는 만물에게 생명을 주신다. 그는 인류에게 뿐 아니라 그보다 열등한 피조물, 곧 모든 짐승들, 생명의 기운이 있는 모든 육체(창 6:17)에게 생명을 주신다. 그들은 그로부터 생명과 호흡을 얻는다. 또한 그가 생명과 호흡을 주실 뿐 아니라 생명을 유지하는데 필요한 다른 모든 것을 주신다. 땅에는 주의 선하심으로 가득하니이다(시 104:24, 27).

5. 그는 인류가 행하는 모든 일을 주관하시며, 만사를 그의 뜻대로 이루신다 (26절). 그들의 연대를 정하시며 거주의 경계를 한정하셨으니. (1) 우리에 관한 하나님의 주권. 그가 모든 결과를 정하셨으며, 사건을 주장하신다. 섭리의 경영은 명백하며 논의의 여지가 없고, 불변하며 변경되지 않는다. (2) 그의 지혜로운 경영. 그는 연대를 정하셨다. 영원하신 지성의 결정은 갑작스런 결의가 아니며, 영원한 계획의 상대물이며, 거룩한 작정의 사본이다. 그런즉 내게 작정하신 것을 이루실 것이라(욥 23:14). 하나님으로 말미암은 무엇이든지 온 세상이 존재하기 전에

하나님 안에 감추어져 있었다. (3) 섭리와 관련이 있는 일들. 시간과 공간이다. 이 세상에서 우리의 삶의 시간과 공간은 우리를 지으신 하나님에 의해 정해진다. [1] 그는 우리의 연대를 정하셨다. 우리에게 시간은 가변적인 듯이 보이지만 하나님께서 그 시간을 고정시키셨다. 나의 앞날이 주의 손에 있사오니(시 31:15). 하나님께서 그의 뜻대로 우리의 시간을 늘이기도 줄이기도 하시며, 힘들게도 하시고 달콤하게도 하신다. 우리가 세상에 나오는 시간을 그가 정하셨고, 또한 이 세상에 머무는 기간도 그가 정하셨다. 날 때와 죽을 때, 그리고 그 둘 사이에 있는 작은 모든 시간들 ─ 이 세상과 관련된 모든 시간도 그가 정하신다(전 3:1, 2). 형통한 때든 불행한 때든 그 모든 것을 그분이 정하신다. 그러므로 우리는 앞날에 대하여 그분을 신뢰해야 한다. [2] 그가 또한 우리의 거주의 경계를 한정하셨다. 땅이 인류의 거주지가 되게 하신 하나님께서 땅에 거주의 경계를 정하셨고, 그 경계지를 재산으로 제정하셨으며, 서로 그 경계를 침입하지 못하도록 한정하셨다. 그 특정한 거주지가 우리의 몫으로 할당되었고, 우리가 태어나고 정착한 공간을 하나님께서 정하셨다. 그 때문에 우리는 우리가 속한 거주지에 적응해야 할 것이며, 그 곳을 최대한 활용해야 할 것이다.

6. 그는 우리 각 사람에게서 멀리 계시지 아니한다(27절). 그는 어디에나 계시며, 우리 우편에 계실 뿐 아니라 우리의 내장을 지으셨고(시 139:13), 그의 눈은 항상 우리를 향하시며, 우리 자신보다도 우리를 더 잘 아신다. 우상숭배자들은 하나님의 형상들을 만들었고, 그 형상 안에서 하나님을 자기들과 함께 있게 하려 한다. 이러한 행위가 얼마나 어리석은 짓인지 바울이 여기서 보여준다. 왜냐하면 하나님은 무한한 영이시므로 우리에게 멀리 계시지 않기 때문이다. 어떠한 형상을 통해 우리 스스로 그를 실감하는 것처럼 꾸민다고 우리가 결코 하나님께 더 가까이 갈 수 있는 것이 아니며, 오히려 어떤 의미에서는 하나님께서 그런 우리를 더 멀리하신다. 하나님은 우리 가까이에 계셔서 우리가 그에게 돌리는 영광을 받으시고 아울러 제단이나 형상이나 성전이 없을지라도 우리가 어디에서든 그에게 구하는 자비를 베풀어주신다. 주께서 모든 사람의 주가 되사 그를 부르는 모든 사람에게 부요하시며(롬 10:12), 우리가 그에게 기도할 때마다 우리에게 가까이 하신다(신 4:7). 우리가 어디에서나 기도하기를 원하시는 하나님은 어디에서든 우리에게서 멀리 떨어져 있지 않다는 믿음을 우리에게 주신다. 우리가 어느 지방, 어느 나라에 있든지, 우리가 어떤 직업을 가졌든지, 세상에서

우리가 어떤 지위를 가지고 있고 어떤 상태에 있든지, 우리가 왕궁에 거하든지 혹 오두막에 거하든지, 우리가 많은 사람들 가운데 있든지 혹 구석에 혼자 있든지, 우리가 도시에 있든지 혹 사막에 있든지, 우리가 바다 깊은 곳에 있든지 혹 바다 멀리에 있든지, 분명한 것은 이것이니, 하나님께서 우리가 각 사람에게서 멀리 계시지 않다는 사실이다.

7. 우리가 그를 힘입어 살며 기동하며 존재한다(28절). 시냇물이 흐르는 것이 봄에 달려 있고 광선이 비추는 것이 해에 달려 있듯이 우리의 존재는 필연적으로 그리고 지속적으로 하나님의 섭리에 달려 있다.

(1) 우리가 그를 힘입어 산다. 즉, 우리의 지속적인 삶은 하나님으로 말미암고 그의 섭리의 계속적인 경영으로 말미암는다. 그는 우리의 생명이시며, 그가 우리의 날수를 정하신다. 죄로 인해 박탈당한 우리의 생명이 끊어지지 않는 것은 그의 오래 참으심과 자비로 말미암는 것이며, 뿐만 아니라 우리의 약한 생명이 연장되는 것은 그의 능력과 선하심, 그리고 아버지 같은 그의 돌보심으로 말미암는 것이다. 그가 우리를 죽이고자 하시면 적극적인 분노의 행위가 필요 없고, 다만 그의 적극적인 선하신 행위를 중지하시면 우리는 저절로 죽게 된다.

(2) 우리가 그를 힘입어 기동한다. 우리의 심령이 활동하고 우리의 사고가 수많은 주제에 대하여 이리저리 정리하며, 우리의 감정이 올바른 목적을 향해 나아가는 것은 그의 섭리의 끊임없는 조화로 말미암는 것이다. 우리의 영혼이 우리의 몸을 움직이는 것도 마찬가지로 하나님으로 말미암는 것이다. 우리가 그를 힘입지 않고는 손가락 하나, 발가락 하나라도 움직일 수 없고, 말 한 마디 할 수 없다. 하나님이 최초의 원인이시므로 그가 모든 행동의 최초의 동기가 되신다.

(3) 우리가 그를 힘입어 존재한다. 처음부터 그를 힘입어 우리가 존재하였을 뿐 아니라 지금도 그를 힘입어 우리가 존재한다. 하나님의 지속적인 돌보심과 선하심으로 말미암아 우리가 존재할 뿐 아니라 하나님을 알고 누릴 수 있는 고결한 존재가 되었고 또 되고 있다. 또한 이로 말미암아 우리가 야수들의 야비함이나 마귀들의 비참한 신세에 빠지지 않는다.

8. 우리가 하나님의 소생이다. 그는 우리를 낳으신 아버지시다(신 32:6, 18). 하나님께서 자식을 양육하는 것처럼 우리를 양육하셨다(사 1:2). 이러한 경우에 불신자의 고백이 논리적으로 필요한 것으로 보인다. 그러므로 사도는 여기서 헬라의 시인이며 길리기아 태생이자 바울의 동향인인 아라투스(Aratus)의 말을 인용한

다. 그는 그의 책 현상(*Phenomena*) 서문에서 유피테르를 시어(詩語)로 최고의 신(supreme God)이라고 말하면서 "우리도 또한 그의 소생이다"라고 하였다. 그리고 그는 자신이 말한 바, 우리가 신을 힘입어 살고 기동한다는 사실을 증명할 양으로 다음과 같이 다른 시인들의 말을 인용하였다.

> 온 우주에 가득한 이 활동적인 정신이
> 거대한 집단과 결합하고 섞인다.
> — 베르길리우스(Virgil), Aeneid 6

> 이것이 우리의 마음을 따뜻하게 하는 신성이다.
> — 오비디우스(Ovid), Fast. 6

> 우리가 어디를 바라보고 어디를 두리번거리더라도
> 광범위한 공간에 유피테르로 충만하다.
> — 루카누스(Lucan), lib. 2

그러나 바울은 짧지만 많은 내용을 포함하고 있는 이 아라투스의 글을 선택한다. 이로써 드러난 사실은 바울이 학자였다는 것과 아울러 인간의 지식이 복음전도자에게 도움이 된다는 것이다. 특히 복음을 모르는 자들을 설득하는데 인간의 지식이 도움이 된다. 복음전도자는 불신자들을 그들의 무기로 설득시킬 수 있으며, 골리앗의 머리를 그(골리앗)의 칼로 자를 수 있다. 우리가 진리를 대적하는 자들을 알지 못하고서 어떻게 그들을 요새에서 몰아낼 수 있겠는가? 이방의 시인이 하나님에 대하여 "우리가 그의 소생이라, 우리가 그로 말미암아, 그를 위하여 지음 받았다, 부모가 자녀를 돌보는 것 이상으로 그가 섭리로써 우리를 돌보신다"고 말을 하는데 하나님을 믿는다고 고백하는 사람들이 하나님과의 관계를 망각하고 거꾸로 간다는 것은 부끄러운 일이다. 그러므로 우리는 하나님의 명령을 순종하고 그의 뜻을 따라야 하며, 그의 이름을 높이고 찬양해야 한다. 우리가 하나님을 힘입어 살고 있기 때문에 우리는 그를 위해 살아야 한다. 우리가 그를 힘입어 기동하기 때문에 우리는 그에게로 나아가야 한다. 우리가 그를 힘입어 존재하고 그로부터 모든 도움과 위로를 받고 있기 때문에 우리의 존재를 그에게 바쳐야 하며, 새로운 존재, 더 나은 존재, 영원히 행복한 존재가 되기 위해 우리 자신을 그에게 맡겨야 한다.

Ⅲ. 바울은 구약의 선지자들이 했던 것처럼 하나님에 관한 이런 모든 진리로부터 우상의 불합리를 추론해낸다. 사실이 이러하거든

1. 하나님께서 우상으로 상징될 수 없다. 우리가 육체 안에 있는 영혼들로서 하나님의 소생이라면 우리의 영혼(영혼은 우리의 중요한 요소이며, 이로 말미암아 우리가 하나님의 소생이라고 일컬어지는 것임)의 아버지이신 하나님께서도 확실히 영이시며, 따라서 우리가 하나님을 금이나 은이나 돌에다 사람의 기술과 고안으로 새긴 것들과 같이 여길 것이 아니다(29절). 만일 우리가 그렇게 생각한다면 우리는 하나님을 모욕하고 있는 것이다. 하나님께서 자기 형상을 따라 인간의 영혼을 만드심으로 인간을 존귀하게 해주셨다. 그런데 인간이 자기 몸의 형상을 따라 하나님을 만들어낸다면 이는 하나님을 욕되게 하는 것이다. 신성은 영적이고, 무한하며, 비물질적이고, 이해할 수 없다. 그러므로 아무리 비싼 물질, 곧 금이나 은으로 만든 우상일지라도 그 우상이 우리에게 주는 하나님에 대한 개념은 매우 잘못되고 부당한 것이다. 아무리 그 모양이 진기하고, 사람의 기술과 고안으로 잘 새긴 것이라 할지라도 그것은 거짓의 선생이다.

2. 하나님은 손으로 지은 전에 계시지 아니하신다(24절). 하나님은 사람들이 지은 어떤 진에도 초정받지 않으시며 또 어떠한 진에도 갇혀 있을 수 없으시다. 하나님께서 결코 전을 보시고 우리에게 더 가까이 오시지 않으며, 우리 가운데 더 오래 머물지 않으신다. 전은 하나님께 예배드리기 위해 우리가 모이는데 편리를 줄 뿐이다. 하나님은 어떤 쉴 곳이나 거주할 곳을 필요로 하지 않으며, 또한 그의 임재에 영광을 더하기 위해 장엄하고 빛나는 어떠한 구조도 필요하지 않다. 하나님께서 거하기를 기뻐하시는 성전은 손으로 지은 것이 아니라 하나님의 성령으로 말미암은 경건하고 의로운 마음이다(왕상 8:27; 사 66:1, 2).

3. 테라퓨에타이, 곧 하나님이 또 무엇이 부족한 것처럼 사람의 손으로 섬김을 받으시는 것이 아니다(25절). 모든 것을 지으시고 경영하시는 하나님이 우리의 섬김으로 이익을 얻을 수 없고, 또 그런 것들을 필요로 하지도 않으신다. 우리가 그로부터 모든 것을 받고 획늑한다면, 그는 자충족하시며, 그러므로 스스로 자급하시고 독립적이지 않을 수 없다. 하나님께서 스스로 완전하시고 우리는 그로부터 받는 것 외에는 선한 것이 전혀 없는데 하나님께서 우리의 섬김을 어찌

필요로 하시겠으며, 그런 섬김으로써 무슨 이익을 얻으시겠는가? 실로 철학자들은 하나님께서 우리의 섬김을 필요로 하지 않으신다는 이 진리를 깨달았다. 하지만 저속한 이교도들은 자기들의 신들에게 집과 먹을 것이 필요하다는 생각으로 전을 짓고 그 신들에게 희생제물을 바쳤다. 욥기 35:5-8; 시 50:8 등을 보라.

4. 그러므로 하나님을 찾는 것이 우리 모두에게 중요하다(27절). 이는 사람으로 혹 하나님을 더듬어 찾아 발견하게 하려 하심이로되. 즉, 사람은 올바른 방법으로 하나님을 경외하고 경배해야 한다. 하나님께서 사람들로 하여금 생명을 유지하고 모든 위로를 얻기 위하여 언제나 그를 의지하게 하셨으며, 이로써 항상 그에 대한 의무를 다하게 하신다. 우리는 하나님께서 우리 가운데 계시고, 우리를 통치하시며, 섭리로써 우리를 보호하시며, 우리에게 은혜를 베푸신다는 명백한 징후를 갖고 있다. 이로 인하여 우리는 밤에 노래를 주시는 자가 어디 계시냐, 땅의 짐승들보다도 우리를 더욱 가르치시고 하늘의 새들보다도 우리를 더욱 지혜롭게 하시는 이가 어디 계시냐?(욥 35:10, 11)라고 묻지 않을 수 없다. 우리 자신의 본성, 특히 우리 영혼의 고귀한 능력과 기능을 숙고하는 것이야말로 우리가 하나님의 존재에 대한 확신을 가질 수 있는 가장 강력한 방법이며, 또한 우리가 그를 섬기는 중에 그의 영예와 영광을 구하고 그의 자비와 사랑 안에서 우리의 행복을 찾을 수 있는 가장 강력한 수단이다. 우리가 이러한 것들(영혼의 고귀한 능력과 기능)을 숙고하고 깊이 생각한다면, 우리는 하나님과 우리의 관계, 그리고 우리 위에 계신 하나님에 대한 우리의 책임을 이해하게 될 것이다. 그러나 하나님의 계시에 의한 발견에 비해 이러한 발견은 너무 모호하기에 우리가 이를 받아들이기에 부적당하며, 따라서 이외에는 달리 방법이 없는 사람들은 혹 하나님을 더듬어 찾아 발견할 정도일 뿐이다. (1) 그들이 이러한 탐색으로써 과연 하나님을 찾아 발견할 수 있는지 매우 불명확하였다. 그 가능성이 매우 희박하였고, 어쩌다 우연히 발견할 뿐이었다. (2) 그들이 하나님에 대하여 무언가 발견하였다 할지라도 그것은 그에 대한 상당히 혼란된 개념일 뿐이었다. 사람이 어둠 속에서 더듬듯이, 혹은 소경이 길에서 무언가를 붙잡았지만 그것이 과연 자신이 찾던 것인지 알지 못하듯이 그들이 하나님을 더듬었다. 아덴의 시인이 하나님과 인간의 관계에 대하여 말한 개념, 곧 우리는 하나님의 소생이다 라는 개념도 매우 혼란스러운 것이다. 물론 아덴의 철학자들의 개념도 마찬가지

로 혼란스러운 것이었다. 피타고라스(Pythagoras)는 말하기를, "사람들은 일종의 신의 본성을 지니고 있다"고 하였다. 그리고 헤라클레이토스는 인간들이 무엇이냐 라는 질문에 대하여 "죽을 신들"이라고 대답하였고, 신들은 무엇이냐 라는 질문에 대하여는 "불멸의 인간들"이라고 대답하였다. 그리고 핀다로스(Pindar, Nemean, Ode 6)는 말하기를, "하나님과 인간은 동족에 가깝다"고 하였다. 우리 자신에 대한 지식이 하나님에 대한 지식으로 이끈다는 것은 사실이지만 그것은 매우 혼란된 지식이다. 이는 하나님을 더듬는 것일 뿐이다. 그러므로 우리는 자연의 빛보다 그리스도의 복음으로 말미암아 하나님을 훨씬 더 분명하게 알게 된 것에 대하여 감사해야 한다. 이제 우리는 하나님을 더듬지 않고 수건을 벗은 얼굴로 거울을 보는 것 같이 주의 영광을 본다(고후 3:18).

Ⅳ. 바울은 우상숭배를 회개하고 돌이키라고 그들 모두에게 촉구한다(30, 31절).   이는 바울이 아덴의 대학 앞에서 행한 설교의 실천적인 부분이다. 그들에게 하나님을 선포한 후(23절), 바울은 하나님께로 돌아오라고 몹시 추궁한다. 그리고 만일 그들이 바울의 말을 참고 끝까지 들었다면 우리 주 예수 그리스도에 대한 믿음을 가르쳤을 것이다. 다른 신들을 숭배하는 것의 어리석음을 보인 후 그는 더 이상 그런 어리석은 숭배의 길을 가지 말고 거기서 돌아서서 살아계시고 참된 하나님을 섬기라고 설득한다. 관찰.

1. 복음이 오기 전에 이방 세계에 보이신 하나님의 행위. 알지 못하던 시대에는 하나님이 간과하셨거니와.

(1) 그 때는 큰 무지의 시대였다. 이방 세계에 있어서 역사상 그리스도께서 오시기 직전에 인간의 지식이 가장 왕성하였다. 그러나 하나님에 관하여 그들은 완전히 무지하였다. 하나님을 모르거나 그를 무식하게 경배하는 자들 모두 참으로 무지한 자들이다.

(2) 무지의 시대에 하나님께서 간과하셨다. 우리는 이러한 사실을 [1] 하나님의 공의의 행위로 이해할 수 있다. 하나님께서 이 무지의 시대를 경멸하시거나 무시하셨고, 오늘날처럼 그들에게 복음을 보내지 않으셨다. 하나님께서 그의 영광이 다른 신에게 드려진 것을 보고 크게 진노하셨다, 그러므로 이 시대를 혐오하시고 미워하셨다. 어떤 이들은 이 말씀을 이렇게 해석한다. 또는 [2] 이러한 사실을 하나님의 오래 참으심과 관용의 행위로 이해할 수 있다. 하나님께서 이 때에 간과하셨다. 하나님께서 이스라엘에게 하셨던 것처럼 선지자들을 보

내어 이방인들의 이러한 우상숭배를 제지하지 않으셨다. 하지만 하나님은 그들에게 섭리의 은사를 베푸셨다(14:16, 17). 네가 이 일을 행하여도 내가 잠잠하였더니(시 50:21). 하나님은 오늘날처럼 그들에게 회개할 충동이나 동기를 주지 않으셨다. 그들을 그냥 버려두셨다. 그들이 지닌 빛을 활용하지 않고 자의로 무지하였기 때문에 하나님께서 그들에게 더 큰 빛을 보내지 않으셨던 것이다. 혹은 하나님께서 그들에게 성급하거나 모질지 않으시고 오래 참으셨다. 왜냐하면 그들이 알지 못하고 행하였기 때문이다(딤전 1:13).

2. 하나님께서 오늘날 이방세계에 복음을 보내시므로 그들에게 주신 책임. 이제는 어디든지 사람에게 다 명하사 회개하라 하셨으니. 이제 하나님께서 복음을 주심으로써 그들의 생각과 길을 돌이키며, 그들의 어리석음을 부끄러이 여기고 지혜롭게 행하며, 우상숭배를 끊고 참되신 하나님을 힘써 경배하라고 명하셨다. 아니, 그것은 애통함과 수치심으로 모든 죄로부터 돌아서라는 것이요, 기쁨과 결단으로 모든 의무를 감당하라는 것이다.

(1) 이는 하나님의 명령이다. 만일 하나님께서 우리에게 회개할 기회가 남아 있고 우리가 용납될 수 있다고 말씀만 하셨더라도 그것은 큰 은혜였을 것이다. 그런데 하나님은 더 나아가 우리의 유익을 위하여 간섭하시고 우리의 의무가 우리의 특권이 되게 하셨다.

(2) 이는 모든 곳 모든 사람에게 주시는 그의 명령이다. 천사들에게는 이러한 명령이 필요 없다. 이 명령은 사람들에게 주신 것이다. 마귀들은 이러한 은혜로부터 제외되었기 때문에 이 명령은 그들에게 내려진 것이 아니며, 다만 모든 곳에 있는 모든 사람에게 내려진 것이다. 모든 사람이 회개할 죄를 저질렀고 회개할 충분한 이유를 가지고 있다. 그러므로 모든 사람이 회개하라는 권고를 받아야 하며, 회개함으로 은혜를 받아야 할 것이다. 사도들은 모든 곳에 이러한 사실을 전하라는 위임을 받았다. 선지자들은 유대인들에게 회개를 명하라고 보내심을 받았다. 그러나 사도들은 회개와 죄 사함을 모든 나라들에게 전하라고 보내심을 받았다.

(3) 이제 복음의 시대에 우리는 좀 더 시급한 명령을 받는다. 왜냐하면 이전부터 더욱더 회개가 권장되고 있기 때문이다. 이제 죄 사함의 길이 이전보다 활짝 열려 있고, 그 약속이 더욱 충분히 확인되었다. 그러므로 이제 하나님은 우리 모두가 회개하기를 기대하신다. "지금 회개하라. 마침내 회개할 때가 되었

다. 지금이 회개할 때다. 너희가 너무 오랫동안 죄 가운데 지내왔다. 머지않아 회개할 기회가 없어질 것이니 지금이 회개할 때다."

3. 이 명령을 시행해야 할 큰 이유는 다가올 심판으로부터 끌어낼 수 있다. 하나님은 회개하라고 우리에게 명령하신다. 왜냐하면 천하를 공의로 심판할 날을 작정하셨기 때문이며(31절), 복음이 전해진 지금 저 세상에서 받을 보응에 대한 발견이 이전보다 더 확실하기 때문이다. 관찰.

(1) 세상을 지으신 하나님께서 세상을 심판할 것이다. 인생들에게 존재와 재능을 주신 하나님께서 그 존재와 재능을 어떻게 사용했는지 그들의 해명을 요구하시고, 그리고 몸이 영혼을 도와 하나님을 섬기게 하였는지, 아니면 영혼이 몸에 끊임없이 작용하여 정욕의 도구가 되게 하였는지 물어보시고 그에 따라 보상하실 것이다. 우리가 다 반드시 그리스도의 심판대 앞에 나타나게 되어 각각 선악 간에 그 몸으로 행한 것을 따라 받으려 함이라(고후 5:10). 지금 세상을 통치하시는 하나님께서 세상을 심판하실 것이며, 그의 통치를 순종한 신실한 종들에게는 보상하실 것이며, 반역한 자들에게는 벌하실 것이다.

(2) 사람들이 시간 속에서 행한 모든 일에 대하여 이처럼 전체적으로 고찰하고 그들의 영원한 상태를 최종적으로 결정하는 날이 예정되어 있다. 그 날은 하나님의 작정 안에서 정해져 있기에 변경될 수 없다. 그 날은 하나님의 소권이기에 우리가 알 수 없다. 그 날은 결정의 날이요, 보응의 날이며, 모든 날들에게 마지막 종지부를 찍는 날이다.

(3) 세상이 공의로 심판받을 것이다. 복수하시는 하나님께서는 불의하신 분이 아니다. 그의 행위는 불법과는 거리가 멀다. 모든 인간의 성격과 행동에 대한 모든 지식은 추호의 오류도 없으며, 따라서 인간에 대한 그의 판결은 논의의 여지가 없이 공의롭다. 그의 판결에 대한 상고도 없을 뿐더러 그에 대한 불복도 없을 것이다.

(4) 하나님께서 정하신 사람으로 하여금 세상을 심판하게 하실 것이다. 그는 다름 아닌 주 예수시며, 그에게 모든 심판이 위임된다. 그로 말미암아 하나님께서 세상을 지으셨고, 그로 말미암아 세상을 구속하셨으며, 그로 말미암아 하나님께서 세상을 통치하시며, 그로 말미암아 세상을 심판하실 것이다.

(5) 하나님께서 그리스도를 죽은 자 가운데서 일으키셨다는 사실이 그리스도가 산 자와 죽은 자에 대한 심판자로 정해졌다는 가장 큰 증거다. 하나님께서

그리스도에게 저 영광(부활)을 주신 것은 또한 그에게 이 영광(심판권)을 주시기로 계획하셨음을 입증하였다. 그리스도께서 죽은 자 가운데서 부활하신 것은 그의 승귀(exaltation)의 시작이었고, 세상에 대한 심판이 그의 승귀의 완성이 될 것이다. 시작하신 이가 끝을 낼 것이다. 하나님께서 모든 사람에게 믿을 만한 증거, 곧 믿을 만한 충분한 근거를 주셨는데, 그 내용은 앞으로 심판이 있다는 사실과 그리스도께서 그들의 심판이 되신다는 사실이다. 이는 의심할 여지 없는 확실한 사실이다. 그러므로 그리스도의 대적들은 이러한 사실을 알고 그 앞에서 떨어야 하지만 그리스도의 모든 친구들은 이러한 사실을 확신하고 그를 기뻐한다.

(6) 다가올 심판과 그 심판 때에 그리스도께서 가질 영향력에 대하여 숙고할 때 우리 모두는 우리 죄를 회개하고 하나님께로 돌아서지 않을 수 없을 것이다. 이러한 회개야말로 그 날에 심판자를 우리의 친구로 모실 수 있는 유일한 방법이다. 그 날은 회개하지 않은 모든 자들에게 소름끼치는 날이 될 것이다. 그러나 참으로 회개한 자들은 그들의 구속이 가까운 것을 알고 기쁨으로 그들의 머리를 들 것이다.

[32]그들이 죽은 자의 부활을 듣고 어떤 사람은 조롱도 하고 어떤 사람은 이 일에 대하여 네 말을 다시 듣겠다 하니 [33]이에 바울이 그들 가운데서 떠나매 [34]몇 사람이 그를 가까이하여 믿으니 그 중에는 아레오바고 관리 디오누시오와 다마리라 하는 여자와 또 다른 사람들도 있었더라

우리는 여기서 바울이 아덴에서 전도한 결과에 대한 간단한 기술을 볼 수 있다.

I. 좋은 결과가 거의 없었다. 복음은 여느 곳에서처럼 아덴에서 거의 성공을 거두지 못하였다. 예루살렘의 바리새인들 못지않게 그 곳의 철학자들의 오만으로 그들이 그리스도의 복음에 대하여 편견을 가졌다.

1. 어떤 이들은 바울과 그의 설교를 조롱하였다. 바울이 죽은 자의 부활을 말할 때까지는 그들이 끈기 있게 들었다(32절). 그러나 그 이후에는 어떤 자들이 그의 말을 제지하기 시작하였다. 그들이 바울의 말을 조롱하였다. 바울이 그 전에 말한 내용은 아덴 사람들이 자기네 학파에서 이따금 들었던 내용과 유사하

였으며, 그들이 부활에 대하여 가졌던 개념도 그것이 미래의 상태를 의미하는 것이므로 바울의 개념과 유사하였다. 하지만 바울이 죽은 자의 부활에 대하여 말한다면, 그것이 비록 그리스도 자신의 부활일지라도 그들에게는 도무지 믿을 수 없는 일이었으며, 그들의 철학의 원리와 반대되기 때문에 바울의 말을 듣는 것조차 견딜 수 없었다. 그들의 철학의 원리는 한번 잃은 생명은 회복될 수 없다(A privatione ad habitum non datur regressus) 는 것이었다. 그들은 자신들의 영웅들을 죽은 후에 신격화하였지만 그들이 죽음에서 부활한다는 생각은 전혀 하지 않았다. 그러므로 그리스도께서 죽음에서 부활하셨다는 이러한 교리에 그들은 결코 동조할 수 없었다. 이런 일이 어떻게 있을 수 있는가? 하고 그들은 반문하였다. 성도들의 큰 기쁨인 이 위대한 교리가 그들에게는 조롱거리가 되었다. 그리스도의 부활에 대한 이야기가 시작되었을 뿐인데 그들은 그것을 조롱하고 비웃었다. 너무나도 확실하고 중요한 거룩한 진리들이 세상의 지혜로 인해 조롱당한다 할지라도 우리는 이를 이상하게 여기지 말아야 한다.

2. 다른 이들은 시간을 가지고 이 교리를 생각하려고 하였다. 그들이 이 일에 대하여 네 말을 다시 듣겠다고 말하였다. 그들이 바울이 말한 바를 즉시 따르지 않았지만 그렇다고 반대하지도 않았다. 우리가 이 일에 대하여, 곧 죽은 자의 부활에 대하여 네 말을 다시 듣겠다고 그들이 말하였다. 그들은 명백하고 논쟁의 여지가 없는 사실을 못 보고 지나치므로 그 직용과 활용을 미루었고, 의심의 여지가 있는 것에 대하여 반론을 시작하므로 논쟁을 일으키고자 하였다. 이처럼 많은 사람들이 너무 깊이 논쟁에 빠짐으로, 혹은 다소 난제가 있는 주제에 대하여 반론을 제기함으로 기독교의 실천적인 교리가 주는 유익을 상실한다. 그러나 누구든지 깨닫는 대로 하나님의 뜻을 행할 마음이 있고 또 그럴 결심이 서 있다면, 그는 그리스도의 교훈이 사람이 아니라 하나님께로부터 나온 것을 알게 될 것이다(요 7:17). 말씀으로 인한 현재의 죄의 자각에 굴복하지 않으려 한 자들은 벨릭스가 그랬던 것처럼 기회를 다음으로 미룸으로써 그런 자각을 상실하고 말았다. 그들은 조만간 말씀을 다시 듣고자 하지만 그 때가 언제인지 모른다. 이와 같이 마귀는 현재의 회개할 시간을 속여 빼앗음으로 결과적으로 그들의 모든 시간을 빼앗고 만다.

3. 바울은 이러한 사실을 알고 즉시 그들을 떠났다(33절). 바울이 이 때에 그들에게 더 이상 도움을 줄 가능성이 희박함을 알고 이에 바울이 그들 가운데서

떠났다. 그러나 바울의 말씀을 다시 듣고자 했던 사람들에게는 언제든지 그들이 원할 때 그가 만나주겠다고 약속하였을 것이다.

Ⅱ. 그러나 어느 정도의 효과는 있었다(34절). 어떤 이들에게 효과가 없었다 할지라도 어떤 이들에게는 효과가 있었다.

1. 몇 사람이 바울을 가까이하여 믿었다. 바울이 그들 가운데서 떠났을 때 이들은 바울과 그렇게 헤어지려 하지 않았다. 이들은 바울이 전한 교리를 신봉하겠다는 결의를 가지고 그가 어디를 가든지 그를 따르고자 하였다.

2. 특별히 두 사람의 이름이 소개되었다. 하나는 아레오바고 관리 디오누시오였다. 그는 아레오바고, 혹은 마르스의 언덕에 있던 최고법원의 관리, 의원, 재판장이었으며, 바울을 소환한 최고회의의 일원이었다. 바울의 재판관이 이제 그의 회심자가 되었다. 이 관리에 대하여 고대인들의 기록에 따르면, 그는 아덴에서 자랐고, 애굽에서 점성학을 공부하였다. 우리 구주께서 수난을 당하셨을 때 그는 애굽에서 불가사의한 일식을 목격하였고, 아덴으로 돌아와 의원이 되었고 바울과 논쟁하였다. 그리고 바울로 인해 자신의 오류와 우상숭배로부터 돌이켰다. 바울로부터 철저하게 교육을 받은 그는 아덴의 최초의 감독이 되었다(*Eusebius*, lib. 5. cap. 4; lib. 4, cap. 22). 혹자는 생각하기를, 다마리라 하는 여자가 디오누시오(Dionysius)의 아내였다고 한다. 그러나 어떤 이들은 그녀가 사회적인 지위가 있는 사람이었다고 생각한다. 비록 다른 지역에서만큼 아덴에서 큰 수확을 거두지는 못하였지만 이들 소수의 사람들을 수확하였기 때문에 바울은 헛되이 수고하였다는 말을 할 이유가 없었다.

제 — 18 — 장

개요

이 장에는 다음과 같은 내용들이 나온다. I. 바울은 고린도에 이르러서, 아굴라 및 브리스길라와 사적으로 교제하고, 유대인들과 공적으로 논쟁한 후에, 유대인들이 그를 거부하자 그들을 떠나서 이방인들에게로 향함(1-6절). II. 바울의 사역이 거기에서 큰 성공을 거두고, 그리스도께서 환상 가운데 나타나셔서 앞으로도 더욱 성공을 거둘 것이니 거기에서 계속해서 수고하도록 바울을 격려하심(7-11절). III. 바울은 얼마 후에 거기에서 유대인들의 방해를 받고 법정에 고소되었으나 로마 총독 갈리오가 유대인들의 고소를 받아들이지 않음으로써 무사히 빠져 나옴(12-17절). IV. 바울은 고린도에 오랫동안 머문 후에 그가 이전에 세웠던 교회들을 돌보고 덕을 세우기 위해서 여러 지역을 순회하였고, 그 순회 기간 동안에 잠시 예루살렘을 다녀 옴(18-23절). V. 아볼로가 해박한 성경 지식으로 교회를 유익하게 하였다는 기사(24-28절).

¹그 후에 바울이 아덴을 떠나 고린도에 이르러 ²아굴라라 하는 본도에서 난 유대인 한 사람을 만나니 글라우디오가 모든 유대인을 명하여 로마에서 떠나라 한 고로 그가 그 아내 브리스길라와 함께 이달리야로부터 새로 온지라 바울이 그들에게 가매 ³생업이 같으므로 함께 살며 일을 하니 그 생업은 천막을 만드는 것이더라 ⁴안식일마다 바울이 회당에서 강론하고 유대인과 헬라인을 권면하니라 ⁵실라와 디모데가 마게도냐로부터 내려오매 바울이 하나님의 말씀에 붙잡혀 유대인들에게 예수는 그리스도라 밝히 증언하니 ⁶그들이 대적하여 비방하거늘 바울이 옷을 털면서 이르되 너희 피가 너희 머리로 돌아갈 것이요 나는 깨끗하니라 이후에는 이방인에게로 가리라 하고

바울은 유대인들이 상당한 세력을 이루고 있었던 지역들에서와는 달리 아덴에서는 많은 박해를 받거나 비방을 받고서 쫓겨난 것은 아니었다. 그러나 바울은 아덴에서 차가운 대접을 받았고 거기에서 선을 행할 가망성이 별로

없었기 때문에 거기에 있는 믿는 자들을 디오누시오에게 맡겨 둔 채 아덴을 떠났다. 아덴을 떠나 고린도로 온 바울은 장차 여러 가지 점에서 주목할 만하게 될 교회를 세우는 데에 도구가 되었다. 고린도는 이제 로마 제국의 한 속주가 되어 있었던 아가야의 주도(州都)로서 부유하고 번창한 도시였다. 아무나 고린도를 볼 수 있는 것이 아니다. 오늘날에도 고린도 근방의 지역은 모레아로 불린다. 우리는 여기에서 다음과 같은 것들을 살펴 볼 수 있다.

I. 바울이 자신의 생계를 위해서 일함(2-3절).

1. 바울은 학자로 훈련을 받고 자랐지만, 손으로 무엇을 만드는 데에도 뛰어났다. 그는 천막을 만드는 자였다. 그는 군사들이나 목자들이 사용하는 천으로 된 천막을 만들기도 하였고, 성막의 겉 덮개처럼 가죽으로 된 천막을 만들기도 하였다(어떤 이들은 당시의 천막은 일반적으로 가죽으로 만들어졌다고 말한다). 그런 까닭에 천막에서 산다는 것은 가죽 아래에서 산다는 것이었다. 라이트푸트(Lightfoot) 박사는 자녀들에게 학문이나 재산을 물려 줌과 동시에 직업 교육도 아울러 시키는 것이 유대인들의 관습이었다는 것을 보여 준다. 랍비 유다는 "자신의 아들에게 직업 교육을 시키지 않는 자는 그에게 도둑질하며 살라고 가르치는 것이나 다름없다"고 말한다. 또 다른 랍비는 "직업 교육을 제대로 받은 자는 포도원에 울타리를 친 것과 같다"고 말한다. 우리는 사람이 생계를 유지하기 위해서 갖고 있는 정직한 직업을 멸시해서는 안 된다. 바울은 비록 바리새인이었고 가말리엘의 문하에서 학문을 연마했지만 어린 시절에 천막을 만드는 기술을 익혔기 때문에 한동안 사용하지 않았다고 해도 그 기술을 잊어버리지 않았다.

2. 바울은 자기가 세운 교회들, 또는 자기로부터 복음을 전해 들은 사람들의 도움으로 생계를 유지해 갈 자격이 있었지만 양식을 얻기 위해서 스스로 일을 하였다. 바울이 궁핍함에 처해 있으면서도 사람들에게 도움을 요구하지 않은 것은 바울의 궁핍한 처지를 알면서도 그가 요구하지 않았다고 해서 쓸 것을 공급하지 않은 사람들보다 더 칭찬받을 만하다. 바울이 얼마나 겸손하였는지를 보라. 그토록 위대한 인물이 그렇게까지 자신을 낮출 수 있었다는 것은 참으로 놀라운 일이다. 그러나 바울은 섬김을 받으러 오신 것이 아니라 섬기러 오셨다고 말씀하셨던 주님의 겸비를 배웠던 것이다. 바울이 얼마나 근면하였고, 얼마나 기꺼이 자원해서 수고를 하려고 하였는지를 보라. 바울은 자신의 정신을 활

용해서 할 수 있는 너무도 고귀하고 놀라운 일을 가지고 있었음에도 불구하고 기회가 있을 때마다 자신의 손으로 하는 일을 전혀 마다하지 않았고 그런 일을 하찮게 여기지도 않았다. 율법의 저주로부터 속량함을 받은 자들도 얼굴에 땀을 흘려야 먹을 것을 먹으리라는 선고를 결코 면제받고 있는 것이 아니다. 바울은 자신의 사역이 사람들로부터 좋지 않은 평가를 받는 것을 미연에 방지하고 호감을 사도록 하기 위하여 온갖 세심한 노력을 기울였다 — 사람들의 평가가 아무리 부당하고 터무니없는 것이라고 할지라도. 그래서 바울은 그리스도의 복음에 짐이 되지 않도록 하기 위하여 스스로 수고해서 생계를 유지해 나갔다 (고후 11:7; 살후 3:8-9).

3. 바울은 천막을 만드는 일에 있어서 뛰어난 장인이었을 것이지만 날품팔이 일을 하는 것을 마다하지 않았다: 그는 생업이 같았던 아굴라 및 브리스길라와 함께 일하였기 때문에, 겨우 생계만 유지해 갈 수 있었던 날품팔이 일꾼이나 다름없었다. 가난한 직업인들은 비록 그들이 직업을 통해서 많은 재산을 모으는 부유한 상인들과 같을 수는 없다고 할지라도 그들의 직업을 통해서 그들 자신과 그들의 가족을 먹여 살릴 수 있는 것에 대하여 감사하여야 한다.

4. 바울은 스스로 위대한 사도였지만 아굴라 및 브리스길라와 함께 일하는 것을 선택하였는데, 이것은 나중에 드러났듯이(26절), 그들이 하나님의 일에 있어서 매우 뛰어나다는 것을 그가 알았기 때문이었다. 바울은 그들이 그리스도 예수 안에서 그의 동역자들이었다고 고백한다(롬 16:3). 이것은 생계를 위하여 일을 하고자 할 때에 자신의 영혼에 가장 큰 도움을 줄 수 있는 그러한 일을 선택해야 한다는 것을 보여주는 모범적인 사례이다. 그리스도 예수 안에서 동역자들이 될 수 있는 그런 사람들과 일하는 쪽을 선택하라. 우리로 하여금 그리스도를 아는 지식에 있어서 더욱 성장할 수 있게 해 줄 사람들과 어울려서 교제하고, 주를 섬기기로 단단히 결심한 자들의 감화를 받는 것은 좋은 일이다. 여기에서 우리는 이 아굴라와 관련해서 다음과 같은 것들을 듣게 된다.

(1) 그는 유대인이었지만 본도에서 태어났다는 것(2절). 베드로전서 1:1에 나와 있듯이, 팔레스타인을 떠나 흩어졌던 유대인들 중 많은 수가 그 지역에 자리잡고 있었다(본도, 살리디아, 갑바노기아, 아시아와 비두니아에 흩어진 나그네).

(2) 그는 최근에 이달리야에서 고린도로 왔다는 것. 그는 자주 자신의 거처

를 옮겼던 것으로 보인다. 이 세상은 우리가 정착할 수 있는 그런 세상이 아니다.

(3) 그가 이달리야를 떠나게 된 이유는 글라우디오 황제가 내린 최근의 칙령에 의해서 모든 유대인들이 로마에서 추방되었기 때문이라는 것. 왜냐하면, 로마인들은 일반적으로 유대인들을 미워해서 기회가 있을 때마다 유대인들을 괴롭히고 모욕하였기 때문이었다. 하나님의 소유인 백성은 무늬있는 매와 같아서, 주변의 매들이 그것을 에워쌌다(렘 12:9). 아굴라는 그리스도인이었지만 이전에 유대인이었기 때문에 추방되었다. 이방인들은 유대인과 그리스도인을 잘 구별하지 못하고 혼동하였었다. 수에토니우스는 글라우디오의 전기에서 그의 재위 제9년에 내려진 이 칙령에 관하여 언급하면서, 유대인들을 로마에서 추방하도록 명한 것은 유대인들이 소동을 일으키는 민족이었기 때문이며 그것은 그리스도 때문이었다고 말한다. 그리스도인들은 그리스도에 대하여 열심을 품고 있었고, 유대인들은 그리스도에 대하여 악감을 품고 있었기 때문에, 이 둘 사이에서 커다란 충돌과 분쟁이 일어났고, 이런 일은 로마 정부를 자극하여 불쾌하게 만들었고, 그런 이유로 질투심이 많고 소심하였던 글라우디오 황제는 격분하여 그들 모두를 없애라고 명하였다. 유대인들이 그리스도인들을 박해한다면, 이방인들이 유대인들과 그리스도인들 둘 다를 박해하는 것은 전혀 이상한 일이 아니다.

Ⅱ. 우리는 여기에서 바울이 유대인들, 즉 원래의 유대인들과 유대교로 개종해서 그 모임에 자주 참석하였던 헬라인들에게 복음을 전하여 그들을 그리스도에 대한 믿음으로 이끄는 모습을 보게 된다.

1. 바울은 안식일마다 회당에서 공개적으로 강론하며 그들과 변론하였다. 사도들이 복음을 어떤 식으로 전파하였는지를 보라. 그들은 무력이나 폭력, 불이나 칼을 사용한 것도 아니었고 암묵적인 동의를 강요한 것도 아니었으며 공정한 변론을 해서 복음을 전하였다. 그들은 사람의 마음에 호소하였고, 그들이 말한 내용에 대하여 이유를 제시하였으며, 만족할 만한 대답들을 미리 준비해 둔 가운데 그들이 한 말에 대하여 얼마든지 반론을 제기할 자유를 주었다. 하나님께서는 우리에게 와서 서로 변론하자고 초청하시고(사 1:18), 죄인들에게 그들의 주장을 내어 놓고 소송을 제기하라고 도전하신다(사 41:21). 바울은 성경에 기초한 전도자였을 뿐만 아니라 합당한 이치에 맞게 전도한 자였다.

2. 바울은 그들을 권면하였다. 이것은 다음과 같은 것들을 보여준다.

(1) 그의 전도가 간절하였다는 것. 그는 그들과 여러 가지 근거들을 제시하며 변론하였을 뿐만 아니라, 자신의 변론에 그들을 사랑하는 감정을 실어서, 하나님과 그들 자신의 영혼과 그들의 자녀를 위하여 그들에게 주어진 구원의 초대를 거부하지 말 것을 간청하였다.

(2) 또는, 그의 전도의 좋은 결과. 그는 그들을 설득하여 마침내 그들의 마음을 얻게 되었다(어떤 이들은 이렇게 이해한다). 그는 그들을 자신의 견해 쪽으로 넘어 오게 하였다. 그들 중의 일부는 그의 변론을 통해서 확신을 갖게 되어서 그리스도를 받아들이게 되었다.

3. 바울은 그의 측근들이자 동역자들이 그에게 오자 전도하는 일에 더욱 열심을 낼 수 있었다(5절). 실라와 디모데가 마게도냐로부터 내려 와서, 거기에 있는 교회들로부터 좋은 소식을 그에게 가져오고, 여기에서 그를 기꺼이 돕고자 하여, 그의 손에 힘을 더해 주었을 때, 바울은 이전보다 더 그의 심령에 힘을 얻어서 전도하는 일에 더욱 박차를 가하게 되었다. 바울은 그의 동포인 유대인들의 완악함과 믿음 없음에 대하여 근심하였고, 그들을 어떻게 해서든지 회심시키려고 이전보다 더 굳은 결심을 하게 되었는데, 이것은 그리스도의 사랑이 그렇게 하도록 그를 강권한 것이었다(고후 5:14). 여기에서 하나님의 말씀에 붙잡히리고 빈역된 어구를 직역하면 그의 심령을 내리 눌렀다가 된다. 이렇게 절박한 심정을 지니게 된 바울은 지극한 엄숙함과 진지함으로 유대인들에게 증언하였는데, 예수는 그리스도라고 스스로 온전히 확신하고 있는 자로서 예수가 조상들에게 약속되었고 그들도 기다리고 있는 메시야라는 말은 모든 사람이 받을 만한 미쁘신 말씀이라고 그들에게 밝히 증언하였다.

III. 우리는 여기에서 바울이 믿지 않는 유대인들을 포기하고서, 그가 다른 곳들에서 했던 것처럼, 그들에게서 떠나 이방인들에게로 가는 것을 보게 된다(6절).

1. 유대인들 중에서 다수, 실제로는 대부분이 그리스도의 복음을 끈질기게 반대하였고, 아주 강력한 변론이나 가장 설득력있는 권면에도 따르고자 하지 않았다. 그들은 대적하여 비방히었다. 그들은 복음에 맞서 싸우기 위하여 전열을 가다듬었다(원어는 이런 의미이다). 그들은 복음의 진보를 중단시키기 위하여 손에 손을 잡고 막아 섰다. 그들은 스스로 복음을 믿지 않기로 결심하였을 뿐

만 아니라, 다른 사람들이 복음을 믿지 못하도록 그들이 할 수 있는 모든 일을 하고자 하였다. 그들은 변론으로 복음에 대항할 수 없었기 때문에, 그들에게 부족하였던 이성을 악한 말로 보충하고자 하였다: 그들은 신성 모독을 행하여, 그리스도를 비방하였고, 그리스도를 통해서 하나님을 모독하였다(계 13:5-6). 그들은 그들의 불신앙을 정당화하기 위하여 신성모독을 저지르는 것을 서슴지 않았다.

2. 그러자 바울은 그들에 대하여 그가 해야 할 책임을 스스로 다하였다고 선언한 후에, 그들이 불신앙 가운데서 죽어 가도록 내버려 두었다. 하나님의 말씀에 붙잡혀 절박한 심정으로 유대인들에게 밝히 증언하였던(5절) 바울은 그들이 복음에 반대할 뿐만 아니라 끈질기게 반대하자 이번에는 그들을 쳐서 증언하는 것에 절박한 심정이 되어서(6절), 자신의 분노를 하나의 상징 행위를 통해서 보여주었다: 바울은 옷을 털어서 거기에 묻어 있는 먼지를 털어내 버렸다(앞서 바울과 바나바가 유대인들을 쳐서 증언하기 위하여 발의 티끌을 떨어 버린 것처럼. 행 13:51). 이렇게 해서 바울은 자기가 그들에게 책임이 없다는 것을 분명히 함과 동시에 하나님의 심판이 그들에게 임할 것이라고 경고하였다. 빌라도가 자신의 손을 씻음으로써 그리스도의 피를 흘린 죗값을 자기 자신에게서 떨어내어 유대인들에게 전가시켰음을 보여준 것과 마찬가지로, 바울은 자신의 옷을 털어 버림으로써 모든 책임이 이제는 자기가 아니라 유대인들에게 있다는 것을 보여주었다.

(1) 바울은 자기가 해야 할 몫을 다했고, 따라서 그들의 영혼의 피흘림에 대하여 깨끗하고 아무런 책임이 없었다. 그는 신실한 파수꾼처럼 그들에게 경고하여서, 비록 그들의 영혼을 건질 수는 없었지만, 자신의 영혼을 건졌다. 그는 그들을 설득하려고 온갖 방법을 다 동원하여 애를 썼지만, 모든 것이 다 허사였기 때문에, 그들이 그들의 불신앙 가운데서 죽는다면 그들의 피에 대한 책임은 그에게 물을 수 없다. 여기에서와 사도행전 20:26에서 바울은 분명히 에스겔 33:8-9을 염두에 두고 말하고 있다: 가령 내가 악인에게 이르기를 악인아 너는 반드시 죽으리라 하였다 하자 네가 그 악인에게 말로 경고하여 그의 길에서 떠나게 하지 아니하면 그 악인은 자기 죄악으로 말미암아 죽으려니와 내가 그의 피를 네 손에서 찾으리라 그러나 너는 악인에게 경고하여 돌이켜 그의 길에서 떠나라고 하되 그가 돌이켜 그의 길에서 떠나지 아니하면 그는 자기 죄악으로 말미암아 죽으려니와 너는

네 생명을 보전하리라. 사역자에게 있어서 그가 죄인들에게 경고함으로써 자신에게 맡겨진 책임을 충실하게 이행하였다는 것을 자신의 양심이 그를 위하여 증언해 준다면, 그것은 큰 위로가 될 것이다.

(2) 그들이 끈질기게 그들의 불신앙을 고집한다면, 그들은 반드시 죽게 될 것이고, 그 책임은 전적으로 그들에게 돌아가게 될 것이다. "너희 피가 너희 머리로 돌아갈 것이요, 너희는 스스로 멸망을 자초한 것이 되어서, 너희 민족은 이 세상에서 망하게 되고 너희 각 사람은 저 세상에서 망하게 되리니, 오직 너희가 그것을 감당하게 되리라." 만약 그들이 이 세상에서 어떤 일을 당하여 소스라치게 놀라서 마침내 복음을 받아들이게 된다면, 분명히 그것은 바울의 이러한 경고 때문일 것이다.

3. 바울은 유대인들을 포기하였지만 자신의 사역을 포기한 것은 아니었다. 이스라엘이 모여 들지 않았다고 하여도, 그리스도와 그의 복음은 영광스러운 빛을 발하게 될 것이다: 이후에는 내가 이방인에게로 가리라. 유대인들은 가장 먼저 복음으로의 초청을 받았었기 때문에 결코 불평할 수 없다. 처음에 초청을 받은 손님들이 오지 않았다고 해서, 차려 놓은 음식을 그냥 버릴 수는 없는 일이다. 그러므로 길과 산울타리 가로 나가서 손님들을 데려 와야 한다. "우리는 유대인들을 모으려 하였고(마 23:37) 그들을 치료하려 하였지만(렘 51:9), 그들은 응하시 않았다. 그러나 그리스두께서는 몸이 없는 머리가 될 수 없고 건물없는 토대가 될 수 없기 때문에, 유대인들이 원하지 않는다면, 우리는 혹시 다른 사람들이 원하는지를 시험해서 알아 보아야 한다." 이렇게 해서 유대인들이 넘어져서 그 수가 줄어들게 된 것은 이방인들의 부유함이 되었다. 바울은 이 말을 그들의 면전에서 대놓고 하였는데, 이것은 자기가 한 말이 옳다는 것을 증명할 수 있었기 때문만이 아니라, 이것은 그들을 시기하게 하기 위한 것이었다(롬 11:12, 14).

⁷거기서 옮겨 하나님을 경외하는 디도 유스도라 하는 사람의 집에 들어가니 그 집은 회당 옆이라 ⁸또 회당장 그리스보가 온 집안과 더불어 주를 믿으며 수많은 고린도 사람도 듣고 믿어 세례를 받더라 ⁹밤에 주께서 환상 가운데 바울에게 말씀하시되 두려워하지 말며 침묵하지 말고 말하라 ¹⁰내가 너와 함께 있으매 어떤 사람도 너를 대적하여 해롭게 할 자가 없을 것이니 이는 이 성중에 내 백성이 많음이라 하시

더라 [11]일 년 육 개월을 머물며 그들 가운데서 하나님의 말씀을 가르치니라

여기에서 우리는 다음과 같은 것들을 듣게 된다.

I. 바울이 자신의 본거지를 옮겼다는 것. 그리스도께서는 제자들을 전도하러 보내셨을 때에 이 집에서 저 집으로 그들의 본거지를 옮기지 말라고 지시하셨지만(눅 10:7), 여기에서 바울의 경우처럼 부득이하게 그렇게 할 수밖에 없는 경우가 생길 수 있다. 바울은 믿지 않는 유대인들의 뒤틀린 행동과 심술 때문에 쫓겨나서 회당을 떠난 후에, 디도 유스도라 하는 사람의 집에 들어 갔다(7절). 바울은 아굴라 및 브리스길라와 계속해서 함께 살았기 때문에, 여기에서 그는 숙박하기 위해서가 아니라 복음을 전하기 위해서 이 사람의 집에 갔던 것으로 보인다. 유대인들이 바울이 회당에서 계속해서 평화롭게 자신의 사역을 할 수 있도록 내버려 두지 않자, 이 정직한 사람은 바울에게 자신의 집을 개방하여서, 자기 집에서 얼마든지 복음을 전해도 좋다고 말하며 그를 환영하였다. 바울은 그의 제안을 받아들였다. 하나님의 법궤가 한 개인의 집에 묵은 것은 이번이 처음은 아니었다. 바울은 회당에서 자유롭게 복음을 전할 수 없게 되었을 때에 개인의 집에서 복음을 전하였는데, 그렇다고 해서 그의 가르침이 훼손되는 것은 아니었다. 그러나 이 사람과 그의 집에 대한 얘기를 잘 살펴보라.

1. 이 사람은 거의 유대인이라고 할 만한 사람이었다. 그는 하나님을 경외한 자였다. 그는 이방인이었지만 우상숭배자가 아니었고, 고넬료처럼 오직 이스라엘의 하나님만을 경외하고 예배하는 자였다. 바울은 비록 유대인들을 포기하긴 했지만 유대인들의 심기를 될 수 있으면 덜 건드리기 위해서 자신의 본거지를 이 사람의 집으로 정한 것이었다. 그는 유대인들을 떠나서 이방인들에게로 갈 수밖에 없는 피치못할 형편에 놓여 있었을지라도 여전히 유대인들에 대한 자신의 의무를 다하고자 애썼다.

2. 그 집은 회당 옆에 있었는데, 어떤 이들은 이것을 사람들을 회당에서 이 모임으로 끌어 오기 위한 바울의 의도였다고 해석한다. 그러나 나는 바울이 이렇게 한 것은 유대인들을 불쌍히 여겨서 한 것이었고, 자기가 될 수 있는 한 그들에게 가까이 있고자 한다는 것과 그들이 이전처럼 반대하고 신성모독을 행하지 않으며 기꺼이 자신의 메시지를 받아들이고자 하기만 한다면 언제든지 그들에게 되돌아갈 용의가 있다는 것을 보여주기 위한 것이었다고 생각한다.

Ⅱ. 바울은 곧 유대인들과 이방인들 가운데서 자신의 수고의 선한 열매를 보게 되었다는 것.

1. 유대인으로서 저명한 자였던 회당장 그리스보가 온 집안과 더불어 주를 믿었다(8절). 복음을 받아들인 자들 중에 교회와 나라에서 고관대작들과 최고의 지도자들이 일부 있는 것은 복음을 존귀하게 하기 위한 것이었다. 성경에 관한 지식과 신앙에 대한 열심에 있어서 다른 어떤 유대인들보다도 뛰어났다고 할 수 있는 회당장이 복음을 믿었는데도, 나머지 유대인들이 여전히 복음을 반대하고 비방하였다는 것은 그 유대인들의 죄가 변명할 수 없는 것임을 보여주는 것이었다. 회당장 그리스보만이 아니라 그의 집안 전체가 믿었고, 바울로부터 세례를 받았다(고전 1:14).

2. 이방인들이었던 고린도인들 중에서 다수(그들 중의 일부는 성품이 좋지 않은 사람들이었다, 고전 6:11, 너희 중에 이와 같은 자들이 있더니)가 듣고 믿어 세례를 받았다. 그들은 먼저 들었다. 왜냐하면, 믿음은 들음에서 오기 때문이다. 그들 중에서 일부는 아마도 그들의 행실이 옳지 않다는 양심의 가책을 받고서 바울의 메시지를 듣기 위하여 왔을 것이다. 그러나 대부분의 사람들은 단지 호기심에서 왔을 가능성이 높다. 왜냐하면, 바울이 전한 것은 새로운 가르침이었기 때문이다. 그러나 그들은 바울의 메시지를 듣고서, 하나님의 능력이 그들에게 역시함으로써 믿게 되었다. 그들은 믿고 세례를 받아서, 확고하게 그리스도를 보시고 기독교의 신앙 고백을 받아들임으로써, 그리스도인으로서의 특권들을 얻게 되었다.

Ⅲ. 바울은 환상 가운데서 고린도에서의 그의 사역을 계속하라는 격려를 받음(9절). 밤에 주께서 환상 가운데에 바울에게 말씀하셨다. 바울이 침상에 누워 심중에 말하며 자기가 여기에서 계속해서 복음을 전하여야 하는지, 그렇게 하려면 어떤 방법을 써야 하는지, 과연 좋은 결과가 있을 것인지 등등과 관련해서 자신의 사역에 대하여 곰곰이 생각하고 있었을 때, 그리스도께서 아주 시의적절하게 그에게 나타나셔서, 속에 근심이 많을 때에 그의 영혼을 하나님의 위로하심으로 기쁘게 해주셨다.

1. 그리스도께서는 바울의 시명을 다시 한 번 확인시켜 주시고, 복음을 전하도록 당부하셨다. "유대인들이 격분해 있고, 회당장의 회심으로 인해서 더욱 광분하게 되었을지라도, 유대인들을 두려워하지 말라. 또한, 이 성읍의 방백이나

관리들을 두려워하지 말라. 왜냐하면, 그들은 위로부터 그들에게 주어진 권세 외에는 너를 해칠 권세를 가지고 있지 않기 때문이다. 네가 전하는 것은 하늘의 말씀이기 때문에, 담대하게 그것을 전하라. 그들의 말을 두려워하지 말고 그들의 얼굴을 보고 낙심하지도 말라. 오직 침묵하지 말고 말하라. 그들에게 말할 수 있는 기회를 하나라도 놓치지 말라. 크게 외치라 목소리를 아끼지 말라. 그들을 두려워하여서 침묵하지도 말고, 고분고분히 말하지도 말라. 수줍어하며 조심스럽게 말하지 말고, 담대하게 분명하고도 자세하게 말하라. 입을 열어 큰 소리로 말하라. 그리스도의 대사답게 활달하고 활기있게 말하라."

2. 그리스도께서는 바울에게 자기가 그와 함께 하겠다고 약속하셨는데, 이것은 바울로 하여금 생기가 넘치게 하는 데에 충분한 것이었다. "내가 너와 함께 있어서 너를 보호하고 너를 떠받쳐 주며 너를 온갖 두려움에서 건져내리니 두려워하지 말라. 내가 너와 함께 있어서 네가 말하는 것을 거기에 따르는 표적들을 통해서 확증해 주고 너와 더불어 함께 일하리니 침묵하지 말고 말하라." 그리스도께서 승천하시면서 지상 명령을 주시면서 약속하셨던 것(마 28:19-20, 볼지어다. 내가 너희와 항상 함께 있으리라)이 여기에서 반복되고 있다. 그리스도께서 함께 하시는 자들은 두려워할 필요도 없고 움츠러 들어서도 안 된다.

3. 그리스도께서는 바울에게 그를 보호하여서 해를 당하지 않게 해주시겠다고 보증해 주셨다. "어떤 사람도 너를 대적하여 해롭게 할 자가 없을 것이다. 너는 악하고 이성 없는 사람들의 손에서 건지심을 받게 될 것이고, 다른 곳들에서와는 달리 박해를 받고 여기에서 쫓겨나는 일이 없을 것이다." 그리스도께서는 아무도 바울을 대적하지 못할 것이라고 약속하신 것이 아니라(왜냐하면, 우리는 곧이어서 유대인들이 바울을 대적하여 법정으로 끌고 갔다는 소식을 듣기 때문에, 12절) "어떤 사람도 너를 대적하여 해롭게 할 자가 없을 것이니, 너는 빌립보에서와는 달리 여기에서는 매를 맞거나 감옥에 갇히는 일이 없을 것인즉, 내가 그들의 분노를 적절하게 억제하리라"고 약속하신 것이다. 바울은 사역의 후기에서보다 초기에 더 심한 고초를 겪었는데, 이제 환난을 당하는 때가 지나서 위로를 받게 되었다. 하나님께서 우리를 단련하기 위하여 주신 시련은 언제까지나 지속되는 것은 아니다(시 66:10-12). 또는, 우리는 이 본문을 좀 더 일반적으로 다음과 같이 해석할 수도 있다. "어떤 사람도 너를 대적하여 네게 해악을 끼치지 못할 것이다. 사람들이 네게 그 어떤 환난을 준다고 하여도, 그 속에서 네게

진정으로 해악이 되는 것은 없을 것이다. 사람들은 너를 죽일 수도 있겠지만, 그렇다고 해서 그들이 너에게 해를 끼칠 수는 없다. 왜냐하면, 내가 너와 함께 있기 때문이다(시 23:4; 사 41:10)."

4. 그리스도께서는 바울의 전도가 성공을 거두게 될 것을 말씀하셨다. "이는 이 성 중에 내 백성이 많음이라. 내가 너와 함께 있어서 네 사역을 보호해 줄 것이기 때문에, 아무도 네 사역을 방해하지 못할 것이다. 그러므로 너는 계속해서 즐거운 마음으로 열심히 너의 사역을 감당해 나가거라. 이 성 중에는 너의 사역을 통해서 부르심을 받게 될 자들이 많이 있기 때문에, 너는 네 영혼의 수고한 것을 보게 될 것이다." 이 성 중에는 내 백성이 많이 있다. 주께서는 그의 백성이 누구인지를 아시고, 또한 장차 자기 백성이 될 자들을 아신다. 왜냐하면, 그들이 그의 백성이 되는 것은 그가 그들에게 역사한 결과이기 때문이고, 그는 자신의 모든 일들을 그들에게 다 알게 하시기 때문이다. "그들은 아직 나를 모르고, 사탄에게 붙잡혀서 그의 뜻대로 행하고 있기는 하지만, 그들은 나의 백성이다. 왜냐하면, 아버지께서 그들을 내게 주셔서 나를 섬기도록 하셨기 때문이다. 나는 그들의 이름을 생명책에 기록해 놓았다. 내가 그들의 이름을 기록해 놓았기 때문에, 아버지께서 내게 주신 모든 자들 중에서 나는 한 사람도 잃지 않을 것이다. 그들은 내 백성이다. 왜냐하면, 그들이 내게 올 것이 분명하기 때문이다." 그가 미리 정하신 그들을 또한 부르셨다. 이 성은 더러움으로 가득 찬 지극히 속되고 악한 성이고, 게다가 비너스 신전이 있어서 사람들이 그 신전을 크게 의지하고 있는 형편이지만, 모두가 가라지 같이 보이는 쓰레기 더미 같은 이 성 중에 알곡이 존재한다. 모두가 찌꺼기 같아 보이는 이 광석 속에 금이 들어 있다. 심지어 고린도에도 그리스도의 백성이 많았다는 것을 생각하고서, 우리는 그 어떤 지역에 대해서도 전도하기를 절망해서는 안 된다.

Ⅳ. 이러한 격려에 힘입어서 바울은 고린도에 오랫동안 머물게 됨(11절).
바울은 일년 육개월을 고린도에 머물며 편안히 쉰 것이 아니라 자신의 사역을 계속 수행하여 그들 가운데서 하나님의 말씀을 가르쳤다. 고린도는 사람들이 모든 지역에서 모여 오는 성읍이었기 때문에, 그는 고린도를 방문한 사람들에게 복음을 전함으로써 그들을 통해서 다른 지역들까지 복음을 알릴 수 있는 좋은 기회를 갖게 되었다.

1. 그는 밖에 있는 외인들을 안으로 끌어 들이기 위해서 거기에 오래 머물렀

다. 그리스도께서는 마치 한 번 그물을 던져서 수천 마리의 물고기를 잡듯이 바울이 전하는 한 번의 전도 설교를 통해서 고린도에 있는 많은 사람들이 그의 은혜의 능력으로 한달 또는 일주일 내에 모두 회심할 수 있게 하실 수도 있으셨다. 그러나 하나님은 다양한 방식으로 역사하신다. 하나님께서는 고린도에 있는 그리스도의 백성들을 긴 기간에 걸친 여러 번의 설교를 통해서 점진적으로 부르실 작정이셨다. 우리는 만물이 아직 그리스도에게 복종하고 있는 것을 보지 못한다. 그리스도의 사역자들은 그들의 사역이 단번에 이루어지지 않더라도, 아니 한 번에 조금씩만 이루어진다고 하더라도 자기가 해야 할 일을 꾸준히 해 나가야 한다.

2. 그는 안에 있는 자들을 세우기 위해서 오래 머물렀다. 회심한 자들은 하나님의 말씀을 가르침 받을 필요가 있고, 특히 고린도에 있던 그리스도인들은 바울 자신에 의해서 하나님의 말씀을 가르침 받을 필요가 있었다. 왜냐하면, 좋은 씨앗이 밭에 뿌려지자마자 원수가 와서 거기에 가라지도 뿌렸기 때문이다. 바울은 고린도 교인들에게 보낸 자신의 서신들 속에서 거짓 사도들과 잘못된 사역자들에 대하여 아주 많이 언급하고 있다. 공개적으로 복음의 원수들이었던 유대인 박해자들의 손이 묶이게 되자, 이번에는 그리스도인이라는 미명 하에 기독교의 토대 자체를 훼손시키는 유대화주의자들이 나타나서 바울을 무척 괴롭히고 곤혹스럽게 만들었고, 그들의 말에 의해서 교회는 상당한 손상을 입게 되었다. 바울은 고린도로 온 직후에 데살로니가전서를 썼던 것으로 보이는데, 이 서신은 바울이 성령의 감동을 따라 쓴 모든 서신들 중에서 시간상으로 최초의 서신이었다. 그리고 데살로니가후서는 얼마 후에 쓰여졌다. 사역자들은 좋은 설교들을 하는 것을 통해서만이 아니라 좋은 서신들을 쓰는 것을 통해서도 그리스도를 섬기고 그들의 사역의 선한 목적에 이바지할 수 있다.

[12]갈리오가 아가야 총독 되었을 때에 유대인이 일제히 일어나 바울을 대적하여 법정으로 데리고 가서 [13]말하되 이 사람이 율법을 어기면서 하나님을 경외하라고 사람들을 권한다 하거늘 [14]바울이 입을 열고자 할 때에 갈리오가 유대인들에게 이르되 너희 유대인들아 만일 이것이 무슨 부정한 일이나 불량한 행동이었으면 내가 너희 말을 들어 주는 것이 옳거니와 [15]만일 문제가 언어와 명칭과 너희 법에 관한 것이면 너희가 스스로 처리하라 나는 이러한 일에 재판장 되기를 원하지 아니하노

라 하고 [16]그들을 법정에서 쫓아내니 [17]모든 사람이 회당장 소스데네를 잡아 법정 앞에서 때리되 갈리오가 이 일을 상관하지 아니하니라

우리는 여기에서 바울과 그의 친구들이 고린도에서 훼방을 받았지만, 그들이 큰 해악을 입지 않았고, 거기에서의 그리스도의 사역도 큰 방해를 받지 않았다는 기사를 보게 된다.

I. 유대인들은 바울을 로마 총독에게 고소하였다(12-13절). 고린도를 다스리고 있던 인물은 아가야 총독 갈리오였다. 왜냐하면, 아가야 지방은 로마 제국의 속주였기 때문이다. 이 갈리오라는 인물은 저 유명한 세네카의 형이었다. 어릴 적에 그는 노바투스로 불렸지만, 나중에 율리우스 갈리오의 가문에 양자가 되었기 때문에 갈리오라는 이름을 사용하게 되었다. 그의 동생 세네카는 그의 형이 아주 솔직담백하고 무척 청렴결백하며 놀랍도록 선한 성품을 지닌 사람이었다고 묘사한다. 갈리오는 부드럽고 온화한 성품을 지니고 있었기 때문에 온화한 갈리오로 불리었다. 그래서 그는 모든 사람들로부터 사랑을 받았다고 한다. 좀 더 살펴보자.

1. **유대인들이 얼마나 무례하게 바울을 붙잡아서 갈리오 앞에 끌고 갔는가.** 유대인이 일제히 일어나 바울을 대적하였다. 그들은 바울에게 가해진 모든 해악들의 주모자들이었고, 바울에게 해악을 가하기 위해서 한마음으로 똘똘 뭉쳐 있었다. 그들은 바울을 해치는 일에 일치단결하였다. 그들은 일제히 바울을 덮쳤다. 그들은 이 악행을 저지르기 위해서 서로 손을 잡았다. 그들은 분노와 폭력으로써 이 일을 행하였다: 그들은 소요를 일으켜서 공공의 평온을 흐트러뜨려 놓고, 바울을 급히 법정으로 끌고 갔다. 본문에 나와 있는 것을 보면, 그들은 바울에게 재판을 준비할 시간을 허용하지 않았던 것으로 보인다.

2. **유대인들은 바울을 갈리오 앞에서 얼마나 거짓으로 고소하였는가**(13절). 이 사람이 율법을 어기면서 하나님을 경외하라고 사람들을 권한다. 그들은 하나님을 예배하지 말라거나 다른 신들을 예배하라고 바울이 사람들을 권하였다고 고소할 수 없었기 때문에(신 13:2), 오직 율법을 어기는 방식으로 하나님을 예배하도록 사람들을 권하였다고 고소하였다. 로마 제국은 유대인들이 로마의 속주들에서 유대인 자신의 율법을 지키는 것을 허용하였다. 그러므로 하나님을 유대인들과는 다른 방식으로 섬기고 예배하는 것은 범죄가 될 수 없었다.

유대인들에게 그들의 방식대로 하나님을 섬기도록 허용한 것은 그들의 종교를 다른 사람들에게 강제할 권한을 부여한 것이 결코 아니었다. 따라서 그들의 고소는 부당한 것이었다. 또한, 그들의 율법 속에는 하나님께서 그들을 위하여 한 선지자를 세우실 것이라는 약속이 들어 있었고, 그들은 그 선지자의 말을 들어야 했다. 지금 바울은 유대인들에게 하나님께서 약속하신 그 선지자가 왔기 때문에 그를 믿으라고 설득하였고, 율법을 따라서 그의 말을 들으라고 권하였다. 왜냐하면, 그리스도는 율법을 폐하러 오신 것이 아니라 율법을 완성하기 위하여 오셨기 때문이다. 고린도에 있던 유대인들은 예루살렘에서 멀리 떨어져 있었기 때문에 성전 예식과 관련된 율법을 지킬 수 없었고, 따라서 바울이 전한 것은 그들의 회당 예배의 그 어떤 부분과도 모순되는 것이 아니었다. 이렇게 우리가 사람들을 그리스도 안에서 하나님을 예배하고 성령 안에서 예배하도록 가르치면, 사람들은 마치 우리가 율법을 어기고서 하나님을 예배하도록 그들을 가르친 듯이 시비를 걸고 달려든다. 하지만 이러한 가르침은 실제로는 율법의 완성인 것이다.

Ⅱ. 갈리오는 유대인들의 고소를 듣자마자 또는 전혀 듣지도 않고 그들의 주장을 기각하고서 받아들이려 하지 않았다(14-15절). 바울은 스스로를 변호하여, 그가 사람들에게 율법을 어기는 방식으로 하나님을 예배하도록 가르치지 않았다는 것을 입증할 참이었다. 그러나 재판장은 유대인들의 고소에 대하여 판단하지 않기로 결심하였기 때문에 그들의 주장을 검토하는 수고를 하고자 하지 않았다. 좀 더 살펴보자.

1. 재판장은 자기가 마땅히 심리할 문제라면 재판장으로서의 소임을 기꺼이 감당할 준비가 되어 있다는 것을 보여주었다. 그는 고소를 제기한 유대인들에게 이렇게 말하였다. "만일 이것이 무슨 부정한 일이나 불량한 행동이었으면, 즉 너희가 이 자를 도적질이나 사기, 살인이나 약탈, 또는 그 어떤 부도덕한 행위를 이유로 고소하였다면, 비록 너희들이 아우성을 치며 소란하게 하였다고 할지라도, 나는 기꺼이 너희 말을 들어 주고 너희의 하소연을 들어 주어야 마땅하다고 생각한다." 왜냐하면, 고소하는 자들의 주장이 옳다면, 그들이 무례하게 행동하였다고 해서 그들의 고소를 받아들이지 않는 것은 정당하지 않기 때문이다. 해악을 입은 자의 권리를 되찾아 주고 해악을 입힌 자에게 벌을 주는 것이 방백들의 본분이다. 따라서 합당한 예의를 갖추어서 고소가 제기되지 않았다

고 하더라도, 방백들은 그 고소를 받아들여서 심리하여야 마땅하다.

2. 그러나 재판장은 그들이 자신의 재판권 밖에 있는 문제로 자기에게 고소를 제기하는 것을 결코 받아들이려 하지 않았다(15절). "만일 문제가 언어와 명칭과 너희 법에 관한 것이면 너희 스스로 처리하고 너희 가운데서 알아서 끝맺으라. 나는 이러한 일에 재판장되기를 원하지 아니 하노라. 너희는 나로 하여금 너희의 고소를 듣게 함으로써 나의 인내심에 부담을 주지 말고, 너희의 고소에 대하여 판결을 내림으로써 나의 양심에 부담을 안겨 주지 말라." 그래서 유대인들이 그들의 고소를 들어 달라고 막무가내로 떼를 쓰자, 갈리오는 그들을 법정에서 쫓아 내고(16절), 다른 고소 사건을 법정에 가져 오도록 명하였다. 좀 더 살펴보자.

(1) 갈리오의 행동 속에는 올바르고 칭찬할 만한 것들이 있었다. 그는 자기가 알지 못하는 것들에 대하여 판단하고자 하지 않았다. 그는 유대인들 자신의 종교와 관련된 문제들을 그들 스스로 알아서 처리하도록 맡겼지만, 그들이 종교의 미명 아래에서 바울을 짓밟고 학대하는 것을 허용하고자 하지 않았다. 또는, 적어도 그는 바울에게 불리한 판결을 함으로써 자기 자신이 유대인들의 악의의 도구가 되고자 하지 않았다. 그는 이 문제가 자신의 재판권 밖에 있다고 보았기 때문에 그 문제에 개입하고자 하지 않았다.

(2) 그러나 갈리오가 하나님께 속한 깃이라고 알고 있었을 율법과 종교, 또한 그가 마땅히 알았어야 할 그런 문제를 너무도 가볍게 취급하고 말한 것은 분명히 잘못된 것이었다. 하나님을 어떤 식으로 예배하여야 하는지, 예수가 메시야인지 아닌지, 복음이 하나님의 계시인지 아닌지라는 문제들은 갈리오가 경멸하며 욕되게 표현한 것처럼 단순히 언어와 명칭에 관한 문제들이 아니었다. 그러한 것들은 지극히 중요한 문제들로서, 만약 그가 스스로 그 문제들을 올바르게 이해하고 있었다면, 자기와도 관련이 있다는 것을 알았을 그런 문제들이었다. 갈리오는 마치 자기가 성경에 대하여 무지한 것을 자랑하고, 하나님의 율법을 알거나 탐구하는 것은 아주 하잘것없는 것이어서 자기가 할 일이 못된다는 듯이 말하고 있다.

Ⅲ. 사람들이 소스데네를 학대하였고, 갈리오는 그 일에 상관하지 않음(17절).

1. 사람들은 소스데네를 잡아 법정 앞에서 때림으로써 법정을 크게 모독하였다.

이 문제와 관련해서 많은 추측들이 제기되어 왔다. 왜냐하면, 이 소스데네라는 인물이 누구였고, 그를 학대한 헬라인들이 누구였는지가 불확실하기 때문이다. 그러한 추측 가운데서 가장 유력한 것은 소스데네는 그리스도인으로서 바울과 각별한 사이였기 때문에, 갈리오가 유대인들의 고소를 기각하자 바울의 신변의 안전을 지키기 위해서 그를 다른 곳으로 멀리 빼돌렸다는 것이다. 그래서 사람들은 바울을 혼내줄 수 없게 되자 그 대신에 그를 빼돌린 소스데네에게 못된 짓을 하였다. 분명한 것은 소스데네라는 인물이 고린도에서 잘 알려져 있었고 그는 바울의 친구였다는 것이다. 아마도 소스데네는 사역자였던 것 같다. 왜냐하면, 바울은 고린도후서에서 디모데를 자신의 형제라 부르며 자신의 이름과 나란히 그의 이름을 기록하고 있는 것과 마찬가지로 고린도전서에서는 소스데네에 대하여 그렇게 하고 있기 때문이다(고전 1:1). 사도행전에 나오는 소스데네는 고린도전서에 언급된 소스데네와 동일 인물일 가능성이 높다. 본문에서는 소스데네가 회당장이었다고 말하고 있기 때문에, 그는 동일한 회당에서 그리스보와 더불어 함께 회당장이었거나(8절) 그리스보는 또 다른 회당의 회당장이었을 것이다. 소스데네를 학대한 헬라인들은 정통 유대인들과 합세하여 복음을 반대하였던 헬라파 유대인들 또는 유대인 출신 헬라인들이었을 가능성이 대단히 높은데(4, 6절), 정통 유대인들은 헬라파 유대인들이 나서면 문제가 덜 될 것이라고 생각해서 그들을 부추겨서 이 일을 하게 한 것 같다. 그들은 바울에 대하여 몹시 격분해 있었기 때문에 소스데네를 때렸고, 그들의 고소를 받아들이려 하지 않았던 갈리오에 대해 격분해 있었기 때문에 법정 앞에서 소스데네를 때림으로써 사실상 그들이 갈리오를 안중에 두지도 않는다는 것을 보여주었다. 갈리오가 그들의 집행관이 되어 주지 않는다면, 그들은 스스로 재판관들이 되고자 하였다.

  2. 법정은 고소 사건과 사람들을 둘 다 무시하였다. 갈리오가 이 일을 상관하지 아니 하였다. 만약 이 본문이 갈리오가 악한 자들이 그를 모욕한 것을 개의치 않았다는 것을 의미한다면, 그것은 칭찬할 만한 일이었다. 그가 공평의 법률들을 착실하게 지키고 있는 한, 그는 악한 자들이 자기를 멸시하는 것을 얼마든지 무시할 수 있었을 것이다. 그러나 이 본문이 갈리오가 악한 자들이 선한 자를 학대하는 것을 못 본 체하고 상관하지 않았다는 것을 의미한다면(나는 이러한 해석이 맞다고 생각한다), 그의 무관심은 도가 지나친 것이기 때문에, 우

리는 그가 악한 성품을 지니고 있었을 것이라고 판단할 수밖에 없다. 재판하는 곳 거기에도 악이 행해지고 있고(솔로몬은 이렇게 한탄한다. 전 3:16), 그 악을 반대하고 억누르는 조치가 전혀 행해지고 있지 않다. 갈리오는 재판장으로서 마땅히 소스데네를 보호하고 그를 폭행한 헬라인들을 말리고 벌하였어야 마땅하다. 왜냐하면, 어떤 사람이 길거리에서나 저자거리에서 군중에 의해서 집단적으로 뭇매를 맞고 있다면, 사람들이 나서서 그 사람을 돕는 것이 쉽지 않을 것이기 때문이다. 그러나 사람들이 법정 앞에서 그런 짓을 하는데 재판장이 그 일에 상관하지 않는다면, 그것은 진리가 거리에 엎드러지고 정직이 나타나지 못한다는 것을 보여주는 증거가 된다. 왜냐하면, 악에서 떠나 있는 자가 악의 희생물이 되고 있는 것이기 때문이다(사 59:14-15). 하나님의 백성이 고난당하는 것을 보거나 들으면서도 그들에게 전혀 관심이 없고 그들을 불쌍히 여기거나 그들을 위하여 기도하지도 않으며, 신앙에 관한 일들이 무너지거나 표류해도 아무렇지 않게 여기는 자들은 선한 사람이 자신의 면전에서 두들겨 맞고 있어도 이 일을 상관하지 아니한 갈리오의 영을 지니고 있는 것이고, 시온에서 안일하게 지내며 요셉의 환난에 대하여는 근심하지 아니한(암 6:6) 자들과 같고, 수산성은 어지러운 데도 함께 앉아 술을 마신 왕과 하만(에 3:15)과 같은 자들이다.

[18]바울은 더 여러 날 머물다가 형제들과 작별하고 배 타고 수리아로 떠나갈새 브리스길라와 아굴라도 함께 하더라 바울이 일찍이 서원이 있었으므로 겐그레아에서 머리를 깎았더라 [19]에베소에 와서 그들을 거기 머물게 하고 자기는 회당에 들어가서 유대인들과 변론하니 [20]여러 사람이 더 오래 있기를 청하되 허락하지 아니하고 [21]작별하여 이르되 만일 하나님의 뜻이면 너희에게 돌아오리라 하고 배를 타고 에베소를 떠나 [22]가이사랴에 상륙하여 올라가 교회의 안부를 물은 후에 안디옥으로 내려가서 [23]얼마 있다가 떠나 갈라디아와 브루기아 땅을 차례로 다니며 모든 제자를 굳건하게 하니라

우리는 앞에서 바울이 고린도에서 한동안 머물러 있는 모습을 보았다고 한다면, 여기에서는 바울이 여기저기로 다니는 모습을 보게 된다. 바울은 어디에 머물러 있을 때에나 여기저기를 다닐 때에나 한결같이 그리스도를 섬기는 일을 하기에 무척 바빴다. 그가 머물든지 나가든지, 그것은 모두 선한 일

을 하기 위한 것이었다. 여기에는 다음과 같은 내용들이 나온다.

I. 바울이 고린도를 떠남(18절).

1. 바울은 고린도에서 겪은 환난이 지난 후에 조금 더 머물다가 거기를 떠났다. 그는 다른 곳들에서는 폭풍우가 일었을 때에 거기를 떠났었지만, 고린도에서는 폭풍우가 일자마자 금방 가라앉았기 때문에 거기를 곧 떠나지 않았다. 어떤 이들은 갈리오가 개인적으로 바울에게 호감을 지니고 있어서 그를 봐주었고, 이 일을 계기로 해서 바울과 갈리오의 형인 세네카 사이에 서신이 오고 간 것(몇몇 옛날 사람들이 말하고 있듯이)이라고 말한다. 바울은 더 여러 날 머물렀는데, 어떤 이들은 이것이 일년 육개월(11절) 이외에 얼마 동안을 더 바울이 고린도에 머물렀다는 것을 말하는 것이라고 생각한다. 바울은 자신의 수고가 헛되지 않은 것을 보는 한 계속해서 수고하였다.

2. 바울은 고린도를 떠나면서 형제들과 엄숙하게 작별 인사를 나눴는데, 작별할 때에 잘한 일을 칭찬하고 잘못한 일을 책망하며 거짓 사도들의 교활한 술책을 조심할 것을 당부하는 등 깊은 애정과 합당한 위로와 권면 그리고 기도로 작별 인사를 나누었다. 바울의 고별 설교는 고린도의 형제들에게 깊은 감화를 주었을 것이다.

3. 바울은 브리스길라와 아굴라를 데리고 함께 떠났는데, 이는 그들이 그와 함께 가고자 했기 때문이었다. 브리스길라와 아굴라는 한 곳에 오래 머무는 것을 좋아 하지 않고 여기저기로 옮겨 다니는 것을 좋아하는 기질을 지니고 있었던 것으로 보인다. 이러한 기질은 선한 의도에서 생겨난 것일 수 있고, 또한 선한 결과를 가져올 수 있기 때문에, 우리는 다른 사람들의 그러한 기질을 단죄해서는 안 된다 — 만약 그러한 기질이 우리 속에 있다면, 우리는 그 기질이 과연 올바른 것인지를 잘 살펴보아야 하겠지만. 그들과 바울 사이에는 깊고 끈끈한 우정이 쌓여 있었기 때문에, 바울이 떠나려 하자, 그들은 그와 함께 가기를 간청하였다.

4. 고린도에서 가까이 있었고 고린도에서 바다로 나가고자 하는 사람들이 배를 탔던 항구인 겐그레아에서 바울 또는 아굴라(원문은 어느 쪽인지를 밝혀 놓고 있지 않다)는 나실인의 서원에서 벗어나기 위해서 머리를 깎았다: 그는 일찍이 서원을 한 적이 있었으므로 겐그레아에서 머리를 깎았더라. 유대 땅에 살고 있는 사람들은 그러한 경우에 성전에서 그 의식을 행하게 되어 있었다. 그러나

다른 지역에 살고 있는 자들은 그들이 살고 있는 곳에서 그렇게 할 수 있었던 것으로 보인다. 나실인은 그의 성별이 우연히 더럽혀져서 자신을 다시 성별할 필요가 있을 때에나 자기 몸을 구별하여 여호와께 드린 날이 다 찼을 때에 머리를 밀게 되어 있었는데(민 6:9, 18), 여기에서는 후자에 해당하는 것 같다. 어떤 이들은 아굴라가 유대인이었고(2절) 편의상으로가 아니라 진정으로 유대교적인 사상을 지니고 있었던 것으로 보이기 때문에 이 본문이 아굴라에 관하여 말하고 있는 것이라고 본다. 그러나 나는 이 본문이 바울에 관한 것이라고 해도 아무런 지장이 없다고 생각한다. 왜냐하면, 우리는 바울이 유대인들을 얻고자 하여 스스로 유대인과 같이 되어서 한동안 유대인들과 잘 지냈을 뿐만 아니라(고전 9:20) 나실인의 서원은 예식에 관한 율법이기 때문에 곧 사라질 것이기는 하였지만 도덕 및 경건과 관련해서 상당한 의미를 지니고 있어서 유대교의 모든 예식들 가운데에서 가장 최후에 없어지는 것이 마땅하여서, 바울도 형제들이 나실인의 서원을 따라서 머리를 깎는 것을 허용하였기 때문이다(행 21:24, 26). 나실인들은 선지자들과 더불어 함께 거론될 정도로(암 2:11) 이스라엘의 영광이었기 때문에(애 4:7), 바울이 자신이 유대인임을 나타내기 위하여 한동안 나실인의 서원을 지켜서 포도주와 독주를 마시지 않고 수염을 깎지 않았다고 해도, 그것은 전혀 이상한 일이 아니다. 그런데 이제 바울은 그러한 나실인의 서원에서 스스로 빗어났나.

Ⅱ. 소아시아의 대도시이자 항구 도시였던 에베소에서 바울이 한 일.

1. 바울은 아굴라와 브리스길라를 거기 머물게 하였다. 이것은 그들이 그의 전도 여행에 짐이 될 우려가 있었기 때문이기도 하지만, 그들로 하여금 에베소에서 복음의 일을 돌보고 섬기게 하기 위한 것이기도 하였다. 바울은, 그리스도께서 자신의 길을 준비하게 하기 위하여 그가 나중에 직접 가게 될 곳에 미리 제자들을 보내셨던 것과 같은 동일한 목적으로 아굴라와 브리스길라를 에베소에 머물게 한 후에 자기는 나중에 다시 에베소로 돌아와서 한동안 머물 작정이었다. 아굴라와 브리스길라는 매우 똑똑하고 사려분별이 있는 그리스도인들이었기 때문에 개인적인 교제를 통해서 많은 사람들의 마음을 얻어서, 나중에 바울이 다시 에베소로 돌아 왔을 때에 사람들이 그를 따뜻하게 영접하고 그의 가르침을 잘 이해할 수 있도록 정지 작업을 해 놓았을 것이다. 그러므로 바울은 아굴라와 브리스길라를 그리스도 예수 안에서 그의 동역자들이라고 부른다(롬

16:3).

2. 거기에서 바울은 회당에 들어가서 유대인들에게 복음을 전하였다. 바울은 그의 전도 여행 중에 잠시 에베소에 들른 것이었지만 거기를 그냥 지나치지 않고 복음을 전하였다. 바울은 회당에 들어 갔는데, 이것은 회당 예배에 참석하기 위한 것이 아니라 복음을 전하기 위한 것이었다. 왜냐하면, 거기에서 바울은 유대인들과 변론하였기 때문이다. 바울은 고린도에 있는 유대인들이 복음을 반대하고 비방하였기 때문에 그들을 버리기는 하였지만, 그들 때문에 다른 지방에 있는 유대인들의 회당에 들어가지 않은 것이 아니라, 여전히 유대인들에게 먼저 복음을 전하였다. 우리는 몇몇 사람들이 악하게 행동하였다고 해서 그 사람들이 속해 있는 집단 전체나 교단 전체를 단죄해서는 안 된다.

3. 에베소의 유대인들은 바울을 쫓아내기는커녕 그들과 함께 오래 머물러 주기를 정중히 부탁하였다(20절): 여러 사람이 더 오래 있기를 청하되, 바울이 그들 곁에 더 머무르면서 그리스도의 복음으로 그들을 교훈해 주기를 원하였다. 이 사람들은 고린도를 비롯한 다른 지역의 유대인들보다 더 고상하고 교육을 잘 받은 자들이었다. 이것은 하나님께서 그의 백성을 완전히 버리신 것이 아니고 그들 가운데 남은 자를 남겨 두셨다는 것을 보여주는 징표였다.

4. 바울은 지금 그들 곁에 머물고자 하지 않았다: 그는 허락하지 아니 하고 그들에게 작별을 고하였다. 그는 가 보아야 할 곳이 많았고 갈 길이 멀었다. 그는 어떻게 해서든지 예루살렘에서 절기를 지켜야 한다. 바울은 자기가 절기를 지켜야 할 의무가 있다고 생각한 것이 아니라(그는 절기에 관한 율법은 더 이상 구속력이 없다는 것을 알고 있었다), 세계의 모든 지역에서 온 유대인들이 함께 만나게 될 절기의 때에 행해야 할 일이 있어서(그 일이 무슨 일이든지 간에) 절기에 맞춰서 예루살렘에 도착하여야 했다. 본문에서는 그 절기가 어떤 절기인지를 말하고 있지 않지만, 아마 그것은 유대인들의 최대 명절인 유월절이었을 것이다.

5. 바울은 그들의 따뜻한 영접에 힘을 얻어서 그가 그들 가운데서 선한 일을 행하여 열매를 거둘 수 있으리라는 소망이 생겼기 때문에 이 여행을 마친 후에 다시 에베소로 돌아와서 한동안 머물겠다는 자신의 의도를 내비쳤다. 우리가 어느 한 선한 일을 마치고 나서 다음으로 선한 일을 할 기회를 미리 예약해 두는 것은 좋은 일이다: 내가 너희에게 돌아오리라. 그러나 그는 만일 하나님의 뜻

이면이라는 꼭 필요한 전제를 덧붙인다. 우리의 시간은 하나님의 손에 있다. 계획을 세우는 것(purpose)은 우리이지만, 그 계획이 뜻대로 이루어지게 하시는 것(dispose)은 하나님이시다. 그러므로 우리는 어떤 약속을 할 때마다 "하나님의 뜻이라면"이라는 전제를 붙여야 한다: 주께서 원하시면 우리가 살기도 하고 이런저런 일도 하리라. 성령께서 허락하시면, 내가 너희에게 다시 돌아오리라(행 16:7). 바울은 자신의 말 속에 다음과 같은 것을 포함시켰다: 섭리가 허락할 뿐만 아니라, 하나님께서 나의 행동을 다른 식으로 이끌어 가지 않으신다면, 나는 그렇게 하리라.

Ⅲ. 바울이 예루살렘을 방문함. 이것은 짧은 방문이었지만, 바울이 진정한 모 교회를 존중한다는 것을 보여 주는 징표로서의 역할을 하였다.

1. 바울은 바닷길을 통해서 예루살렘에 가까운 항구에 도착하였다. 그는 배를 타고 에베소를 떠나(21절) 가이사랴에 상륙하였다(22절). 그가 바닷길을 택한 이유는 한번 탐험을 해 보고 싶은 마음과 안전을 생각한 것일 터인데, 그는 바다에서 여호와께서 행하신 일들과 그의 기이한 일들을 보고자 했을지도 모른다. 원래는 욥바가 예루살렘으로 통하는 항구였었지만, 헤롯이 가이사랴를 큰 항구 도시로 발전시키는 바람에, 욥바항은 몰락하였고, 가이사랴항이 일반적으로 사용되었다.

2. 바울은 올라가 교회의 안부를 물었다. 내가 생각하기에, 여기에서 말하는 교회는 예루살렘 교회를 의미하는 것이 분명하다. 왜냐하면, 기독 교회가 예루살렘에서 시작되었기 때문에, 예루살렘 교회는 앞에 아무런 수식어도 붙히지 않고 그저 교회로 불리었기 때문이다(행 15:4). 바울은 예루살렘 교회의 사람들에게 그가 이방인들 가운데서 거둔 성공으로 인해서 자신을 그들보다 우월하다고 여기거나 그들을 깔보는 것이 아니라는 것을 보여주고, 하나님께서 그에게 주신 존귀함으로 인해서 그가 그들 덕분에 존귀함을 얻게 되었다는 것을 망각한 것이 아니라는 것을 보여주기 위해서 그들을 만나서 인사하는 것이 꼭 필요하다고 생각하였다. 바울이 예루살렘 교회를 찾아가서 인사한 것은 다음과 같은 것들을 보여준다.

(1) 바울이 예루살렘 교회를 방문한 것은 순전한 호의에서 그들의 안부를 묻고 그들에게 자신의 진심어린 선의를 나타내기 위한 지극히 우호적인 방문이었다는 것. 우리에게 새로운 친구들이 늘어난다고 해서 우리는 옛 친구들을 잊

어서는 안 되고, 옛 친구들을 다시 찾아 보는 것은 선한 자들, 선한 사역자들에게 큰 즐거움이 된다는 것을 명심하라. 예루살렘 교회의 사역자들은 늘 거기에 머물러 있었고, 바울은 끊임없이 여기저기를 돌아 다니며 전도하였다. 그러나 바울은 그들과 계속해서 좋은 교제를 유지하는 데에 신경을 써서, 그가 밖에 나가서 한 일을 그들이 그와 함께 즐거워하고, 그들이 장막 안에서 한 일을 그가 그들과 더불어 즐거워하며, 서로를 축하해 주고 서로의 위로와 성공을 빌어 줄 수 있었다.

(2) 이 방문은 단지 짧은 방문이었다는 것. 바울은 올라가 아마도 거룩한 입맞춤으로 그들에게 안부를 물었을 뿐이고 그들과 함께 거기에 오래 머물러 있지는 않았다. 바울이 예루살렘 교회를 방문한 것은 단지 잠깐 동안의 면담을 하기 위한 것이었지만, 그것을 위해서 바울은 이 긴 여행을 마다하지 않았다. 이 세상은 우리가 그 속에 정착하여 함께 살아야 할 그런 세상이 아니다. 하나님의 백성은 세상의 소금으로서 여기저기에 흩어져 있다. 그렇지만 종종 서로를 찾아 보는 것은 좋은 일이다. 그것이 단지 서로를 잠깐 보는 것이라고 할지라도, 잠깐 동안의 만남을 통해서 우리는 서로의 사랑을 확인할 수 있고, 멀리 떨어져 있는 형제들끼리 더 잘 영적인 교제를 가질 수 있으며, 우리가 영원히 함께 살게 될 저 하늘의 예루살렘을 더 열렬하게 소망할 수 있게 된다.

IV. 바울이 이전에 복음을 전하였던 여러 지역들을 거쳐서 되돌아 옴.

1. 그는 안디옥으로 내려 가서 거기에서 옛 친구들과 더불어 얼마 동안 시간을 보냈는데, 안디옥은 이방인들에게 복음을 전하도록 바울을 파송한 곳이었다 (행 13:1). 그는 안디옥에서 사역자들을 만나보고 교제함으로써 새롭게 힘을 얻기 위하여 거기로 내려 갔다. 믿음의 형제들과 한동안 사귐을 갖는 것은 신실한 사역자에게 매우 큰 힘이 된다. 왜냐하면, 철이 철을 날카롭게 하는 것 같이 사람이 그의 친구의 얼굴을 빛나게 하기 때문이다. 바울은 안디옥을 다시 찾음으로써 지난 날이 생각났을 것이고, 그것은 그에게 새롭게 감사할 제목을 제공해 주었을 것이다.

2. 그는 갈라디아와 브루기아 땅을 차례로 다녔는데, 이 지역들은 그가 이전에 복음을 전하고 교회를 세웠던 곳들이었다. 이 일은 아주 짧게 언급되고 있지만 (행 16:6) 영광스러운 일이어서, 갈라디아서 4:14-15에서는 바울이 갈라디아 사람들에게 처음으로 복음을 전하였고 그들은 그를 하나님의 천사와 같이 영접

하였다고 말한다. 이 지역 교회들(갈라디아 땅의 어느 성읍에 교회가 있었는지는 성경에 나와 있지 않다, 갈 1:2)을 바울은 차례로 방문해서, 그가 세운 교회들에 힘을 더하여 주고 격려하여 모든 제자를 굳건하게 하였다. 바울이 여러 교회들을 직접 찾아가서 격려한 것은 각 교회들과 그 사역자들에게 큰 힘을 주는 것이었다. 바울이 교회들을 찾아 가서 관심을 보인 것만으로도 교회들은 힘을 얻게 되었다. 그러나 그것이 전부가 아니었다. 바울은 교회들을 든든하게 세워 주는 말씀, 그리스도에 대한 그들의 믿음과 그리스도를 위하여 살아 가겠다는 그들의 결단과 그리스도를 향한 그들의 경건한 애정을 견고히 해 줄 말씀을 그들에게 전해 주었다. 제자들을 굳건하게 세우는 일은 꼭 필요한 일이다. 왜냐하면, 그들은 연약함으로 둘러싸여 있기 때문이다. 사역자들은 제자들을 그리스도께로 인도하고, 그들이 연약할 때에 가장 강력한 힘을 발휘하시고 그 자신이 그들의 힘이자 노래이신 그리스도를 의지하여 삶을 살아 가도록 함으로써, 그들을 굳건하게 하기 위하여 최선을 다하여야 한다.

²⁴알렉산드리아에서 난 아볼로라 하는 유대인이 에베소에 이르니 이 사람은 언변이 좋고 성경에 능통한 자라 ²⁵그가 일찍이 주의 도를 배워 열심으로 예수에 관한 것을 자세히 말하며 가르치나 요한의 세례만 알 따름이라 ²⁶그가 회당에서 담대히 말하기 시작하거늘 브리스길라와 아굴라가 듣고 데려다가 하나님의 도를 더 정확하게 풀어 이르더라 ²⁷아볼로가 아가야로 건너가고자 함으로 형제들이 그를 격려하며 제자들에게 편지를 써 영접하라 하였더니 그가 가매 은혜로 말미암아 믿은 자들에게 많은 유익을 주니 ²⁸이는 성경으로써 예수는 그리스도라고 증언하여 공중 앞에서 힘있게 유대인의 말을 이김이러라

거룩한 역사는 여기에서 전도 여행 중인 바울을 잠시 떠나서 에베소에 온 아볼로를 우리에게 소개하는데, 이 기사는 우리가 바울 서신들 속에 나오는 몇몇 구절들을 이해하는 데에 꼭 필요한 것이었다.

I. 여기에서는 아볼로가 에베소에 온 것을 얘기하면서 그가 어떤 인물이었는지를 설명해 준다.

1. 그는 애굽에 있는 알렉산드리아 태생이지만 부모가 모두 유대인이었기 때문에 그도 역시 유대인이었다. 성경에서 예언한 대로(신 28:68), 이스라엘 백성

이 여러 나라로 흩어진 이래로, 알렉산드리아에는 많은 유대인들이 살고 있었다: 여호와께서 너를 다시 애굽으로 끌어 가실 것이라. 그의 이름은 이교신들 중의 하나인 아폴로가 아니라 아폴로스였는데, 어떤 이들은 로마서 16:10에 나오는 아벨레가 바로 이 아볼로를 가리킨다고 생각한다.

2. 그는 여러 가지 뛰어난 재능들을 지니고 있는 인물이었기 때문에 공적인 일로 섬기기에 아주 적합한 사람이었다. 그는 유대인으로서 어려서부터 성경을 배웠기 때문에 언변이 좋고 성경에 능통한 자였는데, 여기서 성경은 구약 성경을 의미하는 것이었다.

(1) 그는 언어를 아주 잘 구사하였다: 그는 언변이 좋은 자였다. 어떤 이들은 그가 사리분별이 밝은 자였다고 해석하고, 어떤 이들은 그가 박식한 자였다고 해석하며, 또 어떤 이들은 역사에 정통한 자였다고 해석하는데, 이러한 것은 사역을 하기에 아주 좋은 자격을 갖춘 것이었다. 어쨌든 원문 그대로 해석하자면, 그는 아주 말을 잘 하는 사람이었다. 즉, 그는 달변가였던 것이다. 그는 어떤 주제가 주어져도 아주 적절하고 주도면밀하며 자세하고 유창하게 말 잘하기로 유명하였다.

(2) 그는 성경에 나오는 표현을 아주 잘 구사하였는데, 이것 때문에 언변이 좋다고 소문이 났다. 본문은 성경에 능통한 그가 에베소에 이르렀다로 해석될 수도 있다. 성경을 해설하는 놀라운 재능을 지닌 그가 많은 사람들이 모이는 곳인 에베소에 그러한 재능을 가지고서 하나님께 영광을 돌리고 많은 사람들에게 유익을 끼치기 위해서 왔다. 그는 성경에 정통해 있어서 성경을 보지 않고도 본문들을 인용하고 암송하며 그 구절들이 어디에 나오는지를 말할 수 있었을 뿐만 아니라(다수의 육적인 유대인들은 어려서부터 성경을 공부해서 그런 능력을 지니고 있었기 때문에, 경건의 모양과 율법의 조문을 지니고 있다고 말해졌다), 성경에 능통하여 힘이 있었다. 그는 성경 구절들의 의미를 알고 있었고, 어떻게 그 구절들을 사용하고 적용해야 하는지, 성경 구절들로부터 어떤 교훈들을 이끌어 낼 수 있는지를 알고 있었다. 또한, 그가 성경을 해설하고 적용하는 모든 것에는 사람들을 경고케 하고 확신을 주며 압도하는 힘이 있었다. 그의 해박한 성경 지식과 힘있는 설교는 이미 유대인들의 여러 회당에서 검증되었을 것이다.

3. 그는 일찍이 주의 도를 배웠다. 즉, 그는 그리스도의 가르침에 대하여 어느

정도 알고 있었고, 복음과 기독교의 원리들에 대하여 어느 정도 대체적인 개념들을 지니고 있어서, 예수가 그리스도이시며 이 세상에 오시게 되어 있던 바로 그 선지자이시라는 것쯤은 알고 있었다. 아볼로 같이 성경에 아주 능통하여서 시대의 징조들을 이해하고 있던 사람이라면, 복음의 말씀을 접하자마자 쉽게 그 복음을 받아들였을 것이다. 그는 그의 부모 또는 사역자들로부터 교리 교육을 받았다(원어는 이런 의미이다). 그는 그리스도와 그로 말미암은 구원의 길에 대하여 어느 정도 가르침을 받았다. 다른 사람들을 가르치고자 하는 자들은 먼저 스스로 주의 말씀으로 가르침을 받아야 하고, 주의 말씀을 가르칠 뿐만 아니라 그 말씀대로 행하여야 한다. 우리의 혀로 주의 말씀을 전하는 것만으로는 부족하고, 우리의 발이 주의 길을 따라 행하여야 한다.

4. 그렇지만 그는 요한의 세례만 알 따름이었다. 그는 요한의 사역이 보여주는 정도로만 그리스도의 복음에 대하여 가르침을 받았을 뿐이고 그 이상으로 가르침을 받지는 못하였다. 그는 주의 길 자체에 대해서는 알지 못하였고, 광야에서 외치는 소리를 통해서 주의 길을 예비하는 것만을 알고 있었다. 그는 그리스도의 죽음과 부활에 대하여 분명히 들었을 것이지만, 성령이 부어진 이래로 그 어떤 사도와도 교제할 기회를 갖지 못했기 때문에 그리스도의 죽음과 부활이 지닌 신비 속으로 들어가지는 못하였다. 또는, 그는 스스로 요한의 세례만 받았을 뿐이고, 오순절 날에 제자들이 받았던 성령의 세례는 받지 못했던 것일 수도 있다.

Ⅱ. 우리는 여기에서 아볼로가 에베소에서 자신에게 주어진 은사들을 활용해서 교회에 덕을 세우는 모습을 보게 된다. 그는 선을 행하고 선한 것을 얻을 기회들을 찾기 위해서 에베소에 왔고, 그 두 가지 목적을 다 달성하였다.

1. 그는 거기에서 자신의 은사들을 공적으로 매우 선하게 사용하였다. 그는 아마도 유대인들의 회당에서 가르치기에 합당한 자로 추천을 받고서 에베소에 왔고, 그가 지닌 빛과 그에게 주어진 은사의 분량을 따라서 기꺼이 쓰임받고자 하였다(25절): 그가 열심으로 예수에 관한 것을 자세히 말하며 가르쳤다. 그에게는 사도들이 가지고 있었던 것과 같은 이적을 일으키는 성령의 은사들은 없었지만, 그는 자신이 가지고 있는 은사들을 활용하였다. 왜냐하면, 각 사람에게 분량대로 성령을 나타내심은 유익하게 하려 하기 위한 것이기 때문이다. 우리 구주께서는 비유를 통해서 그의 사역자들에게 비록 그들이 단지 한 달란트를 가지고

있다고 하여도 그 한 달란트를 묻어 두어서는 안 된다고 가르치고자 하셨다. 우리는 앞에서 아볼로가 얼마나 좋은 머리와 좋은 혀를 지니고 있었는지를 보았다. 그는 언변이 좋고 성경에 능통한 자였다. 그는 유익한 지식을 많이 쌓아 두고 있었고, 그것을 전달할 수 있는 뛰어난 재능도 지니고 있었다. 이제 우리는 아볼로가 설교자로써 합당한 추가적인 그 무엇을 갖고 있었는지를 보도록 하자. 그의 모범은 모든 설교자들에게 유익한 암시를 주기에 충분하다.

(1) 그는 생기가 넘치는 열렬한 설교자였다. 그에게는 좋은 머리가 있었을 뿐만 아니라, 뜨거운 가슴도 있었다. 그는 열심이 있었다. 그에게는 거룩한 빛이 비취고 있었을 뿐만 아니라 거룩한 불도 타오르고 있었다. 그는 하나님의 영광과 귀한 영혼들의 구원에 대한 열심으로 가득 차 있었다. 이러한 것은 회당 장들이 요청하였을 때 그가 기꺼이 나서서 말씀을 전하였다는 사실과 열심으로 설교하였다는 사실에 의해서 드러난다. 그는 하나님의 말씀을 간절히 전하고자 하는 자로서 설교하였고, 자신의 사역을 진심으로 수행하였다. 우리는 여기에서 기가 막히게 복된 조합을 보게 된다. 많은 사람들은 열심이기는 하지만 성경 지식이 약해서, 적절한 표현들을 찾고자 하지만 부적절한 표현들만이 그들의 머리 속에 가득 차 있을 뿐이다. 반면에, 언변이 좋고 유창하며 성경에 능통하고 박식하며 사려분별이 깊지만, 생명도 없고 열심도 없는 그런 사람들도 많다. 그러나 여기에 하나님의 일을 위해서 철저하게 준비된 온전한 하나님의 사람이 있었다. 그는 언변과 열심을 둘 다 갖추고 있었고, 하나님을 아는 지식과 하나님을 향한 열심을 둘 다 갖추고 있었다.

(2) 그는 부지런하고 근면한 설교자였다: 그가 부지런히 말하며 가르쳤다. 그는 정성을 다해서 자신의 설교를 준비하는 수고를 아끼지 않았고, 온 힘을 다해서 그가 준비한 것을 전하였다. 그는 그가 아무런 힘이나 수고도 들이지 않은 것을 하나님께 바쳐 드리거나 회당에 전한 것이 아니었다. 그는 먼저 자기가 전할 말들을 마음속에서 잘 가다듬은 후에, 그것을 듣는 자들에게 잘 전달하기 위하여 애를 썼다: 그는 자세히(원어에서는 정확히) 가르쳤다. 그가 전한 모든 것은 정성을 들여서 가다듬은 것이었다.

(3) 그는 복음적인 설교자였다. 그는 비록 요한의 세례만을 알고 있었지만, 그것은 그리스도의 복음의 시작이었고, 그는 그것을 꼭 붙잡고 있었다. 왜냐하면, 그는 주 예수 그리스도에 관한 것들, 그리스도의 길을 예비하고 그리스도

를 세우는 것들을 가르쳤기 때문이다. 그가 선택하여 꼭 붙잡고 있었던 것들은 메시야의 나라에 속한 것들이었다. 그는 유대인 청중들을 기쁘게 해 줄 율법에 속한 것들이나 이방 철학에 관한 것들을 전하지 않았고(그는 이러한 것들에 대해서도 아주 잘 말할 수 있었을 것이지만), 주 예수에 관한 것들을 전하였다.

(4) 그는 용기있는 설교자였다: 그는 하나님을 의지하고 있기 때문에 사람의 눈치를 살피지 않는 자처럼 회당에서 담대히 말하기 시작하였다. 그는 자기가 전하는 것이 진리라는 것을 알고 있고 그것에 대하여 아무런 의심도 없으며 자기가 전하고 있는 것이 얼마나 귀한지를 알며 그 진리로 인해서 고난받는 것을 두려워하지 않는 자처럼 말씀을 전하였다. 유대인들이 득실댈 뿐만 아니라 세력을 잡고 있었던 회당에서 그는 그들이 싫어할 것을 뻔히 알면서도 하나님에 관한 것들을 전하였다.

2. 그는 에베소에서 연구를 통해서가 아니라 브리스길라와 아굴라와의 교제를 통해서 사적으로 자신의 은사들을 더욱 발전시켰다. 바울이나 그 밖의 다른 사도 또는 복음 전도자가 에베소에 있었더라면, 그가 아볼로를 가르쳤을 것이다. 그러나 더 나은 도움을 줄 사람이 없었기 때문에, 천막을 만드는 자였던 브리스길라와 아굴라가 하나님의 도를 더 정확하게 풀어 그에게 설명해 주었다. 좀 더 살펴보자.

(1) 아굴라와 브리스길라는 아볼로가 회당에서 말씀을 선하는 것을 들었다. 지식에 있어서 아볼로는 그들에 비하면 한참 떨어졌지만 공적으로 섬기는 데에 필요한 뛰어난 은사들을 지니고 있었기 때문에, 그들은 회당 예배에 참석하여 부지런히 말씀을 들음으로써 아볼로의 사역을 격려해 주었다. 이렇게 신앙이 성숙한 그리스도인들은 장래가 촉망되는 젊은 사역자들을 격려하고 후원해 주어야 한다. 왜냐하면, 그렇게 하는 것이 모든 의를 이루는 것이 되기 때문이다.

(2) 그들은 아볼로가 기독교에 관한 지식에 있어서 결함이 있는 것을 발견하고서 그를 데려다가 그들과 같은 집에 묵게 한 후에 하나님의 도, 즉 예수 그리스도로 말미암은 구원의 길을 그에게 더 정확하게 풀어서 설명해 주었다. 그들은 그의 부족함을 발견하고서 그것을 그를 깔보거나 남들에게 그의 험담을 늘어놓는 기회로 삼지 않았고, 그를 강단에 서기에 합당하지 않은 설익은 젊은 설교자라 하지도 않고, 그가 단지 요한의 세례만을 알고 있는 것이 그의 약점이

라고 생각하였다. 바울과 오랫동안 친밀하게 교제하면서 복음의 진리들에 관한 놀라운 지식을 얻게 된 그들은 그들이 알고 있는 것을 아볼로에게 전해 주었고, 아볼로가 이전에 혼동하며 갈피를 잡지 못하였던 것들을 분명하고 똑부러지게 체계적으로 설명해 주었다.

[1] 이것은 그리스도께서 약속하신 말씀, 즉 무릇 있는 자는 받아 넉넉하게 되리라는 말씀이 이루어진 한 예이다. 가지고 있는 자, 자기가 가지고 있는 것을 사용하는 자는 더 많이 받게 될 것이다. 자신의 은사를 부지런히 사용해서 장사한 자는 곧 자신의 은사를 두 배로 불리게 되었다.

[2] 아굴라와 브리스길라가 한 일은 진정으로 기독교적인 사랑이 무엇인지를 보여주는 한 예이다. 그들은 자신의 능력을 따라서 선을 행하였다. 아굴라는 복음에 관한 많은 지식을 지닌 사람이었지만 아볼로와는 달리 공적으로 섬길 수 있는 은사들을 지니고 있지 않았기 때문에 회당에서 말씀을 전하지 않았다. 그러나 그는 아볼로에게 그가 가진 것을 전수해 줌으로써, 아볼로는 복음에 관한 놀라운 지식들을 덧입게 되어서 날개를 단 셈이 되었다. 장래가 촉망되는 젊은 그리스도인들과 사역자들을 사적인 교제를 통해서 가르치는 것은 그들에게나 교회에나 지극히 선한 섬김의 일부가 된다.

[3] 아볼로는 큰 겸손의 한 예를 보여준다. 그는 뛰어난 재능들과 학식을 갖추고서 대학을 갓 졸업한 매우 똑똑한 젊은이이자 많은 사람들의 인기를 한 몸에 받고 있던 대중 설교자였지만, 아굴라와 브리스길라가 진실되고 사려깊은 그리스도인들로서 비록 천막을 만드는 가난한 기술자들이기는 하지만 하나님에 관한 것들을 경험적으로 알아 듣기 쉽게 잘 말해 줄 수 있다는 것을 발견하고서, 기꺼이 그들의 가르침을 받고자 하였고, 그들이 지적하는 자신의 결점들과 잘못들을 받아들이며, 그들의 지적에 따라서 그의 잘못과 결점들을 보완하기를 기뻐하였다. 젊은 법률 학도들이 오랫동안 법조계에서 실무를 행해 온 자들과의 교제를 통해서 많은 것을 얻을 수 있듯이, 젊은 학자들은 오랫동안 신앙 생활을 해 온 그리스도인들과의 교제를 통해서 많은 것을 얻을 수 있다. 아볼로는 비록 주의 도를 배웠기는 하지만 자기가 이미 얻은 지식에 안주하지 않고, 기독교를 어떤 사람보다도 잘 안다고 생각하지도 않으며(교만한 젊은 사람들은 그런 자만에 쉽게 빠지는데도), 다른 사람들이 그에게 복음의 진리를 더 온전하게 설명해 주는 것을 기꺼이 듣고자 하였다. 많이 아는 자들은 더 많이 알

고자 하여야 하고, 그들이 알고 있는 것을 더 잘 알고자 하여, 점점 더 온전한 지식을 향하여 앞으로 전진해 나가야 한다.

[4] 이것은 교회에서나 회당에서 말하는 것이 허용되지 않았지만 하나님께서 사적인 교제를 통해서 전해 주신 지식으로 선을 행한 선한 여자의 예를 잘 보여준다. 바울은 늙은 여자들에게 그들이 선한 것을 가르치는 자들이 되라고 권면한다(딛 2:3-4).

III. 우리는 여기에서 아볼로가 에베소보다 훨씬 더 큰 지역이었던 고린도의 교회를 섬기게 된 것을 보게 된다. 바울은 실제로 아가야 지방, 특히 그 지방의 주도였던 고린도에서 사역을 시작했었다. 많은 사람들이 그의 복음 전도를 통해서 마음이 움직여서 복음을 받아들이게 되었지만, 그들은 좀 더 견고해질 필요가 있었다. 또한, 바울의 전도로 인해서 많은 사람들이 격분하여 복음을 반대하였기 때문에, 그들을 반박할 필요성도 있었다. 그런데 바울은 다른 사역으로 부르심을 받아서 멀리 떠나 있었기 때문에, 지금은 아볼로가 그러한 공백을 대신 메울 좋은 기회가 되었다. 아볼로는 교회를 새로 세우는 것보다는 교회에 물을 주는 데에 더 적합하였고, 교회 밖에 있는 자들을 교회 안으로 끌어들이는 것보다는 교회 안에 있는 자들을 양육하고 세우는 데에 더 적합하였다. 이제 우리는 여기에서 다음과 같은 내용들을 보게 된다.

1. 바울이 마게도냐로 부르심을 받은 것과는 달리, 아볼로가 고린도 교회를 섬기도록 부르심을 받은 것은 환상을 통해서도 아니었고 고린도 교회의 교인들로부터 초청을 받아서도 아니었다.

(1) 아볼로는 스스로 거기로 가고자 하였다: 아볼로가 아가야로 건너가고자 하였다. 고린도에 있는 교회들의 상황을 듣고서, 아볼로는 그 교회들 가운데서 자기가 선한 일을 할 수 있다면 한번 해 보겠다는 마음을 가지게 되었다. 고린도의 교회들에는 영적인 은사들이 뛰어난 사람들이 있었지만, 아볼로는 거기에서 자기가 해야 할 일이 있을 지도 모른다고 생각하였고, 하나님은 그의 마음을 그런 식으로 움직이셨다.

(2) 아볼로의 친구들은 그의 계획에 찬성하고 그로 하여금 고린도 교회로 가도록 격려해 주었다. 아볼로는 고린도 교회의 교인들과는 전혀 알지 못하는 그런 사이였기 때문에, 그의 친구들은 아가야 지방에 있는 제자들에게 아볼로를 영접하고 그를 사용해 주도록 권면하는 추천서를 써서 아볼로에게 주었다. 다

른 무엇보다도 이런 식으로 아볼로 같은 사역자들이 다른 곳으로 옮기고자 할 때에 기존 교회의 지체들과 사역자들을 다른 교회에 추천해 줌으로써 교회들 간의 교통이 유지될 수 있다. 아볼로를 보내게 되면 에베소 교회의 성도들은 큰 손실을 보게 되겠지만, 그들은 아가야 지방의 성도들이 아볼로의 수고로 인하여 유익을 얻을 것을 생각해서 불평하지 않았다. 아니, 오히려 정반대로 그들은 아가야 지방의 성도들이 유익을 얻도록 하기 위하여 아볼로를 기꺼이 그들에게 소개해 주었다. 왜냐하면, 그리스도의 교회들은 많이 있지만 그럼에도 불구하고 하나이기 때문이다.

2. 아볼로는 자신의 의도와 기대대로 고린도 교회를 섬기는 데에 큰 성공을 거두었다.

(1) 믿는 자들은 아볼로의 섬김을 통해서 크게 덕 세움을 입었고, 이미 복음을 받아들였던 자들은 그 믿음이 훨씬 더 견고해졌다: 그는 은혜로 말미암아 믿은 자들에게 많은 유익을 주었다. 좀 더 살펴보자.

[1] 그리스도를 믿은 자들은 은혜로 말미암아 믿게 된 것이다. 그것은 그들 자신에게서 난 것이 아니요 하나님의 선물이다. 그것은 하나님께서 그들 안에서 역사하신 것이다.

[2] 은혜로 말미암아 믿은 자들은 계속해서 도움을 받을 필요가 있다. 믿는 자들이 여기 이 세상에 있는 동안에는 그들 속에는 여전히 불신앙의 요소들이 남아 있고, 그들의 믿음도 부족한 것이 있어서 좀 더 온전해질 필요가 있으며, 믿음의 역사를 이루어 갈 일도 여전히 남아 있다.

[3] 신실한 사역자들은 은혜로 말미암아 믿은 자들에게 많은 점에서 도움이 될 수 있고, 그들을 돕고 양육하는 것이 사역자들의 일이다. 하나님의 능력이 사역자들과 함께 할 때, 그들은 믿는 자들에게 큰 도움이 될 것이다.

(2) 믿지 않는 자들은 아볼로의 사역을 통해서 크게 억눌려졌다. 아볼로는 그들의 반론을 충분히 제압하였고, 그들의 논거들이 얼마나 어리석은 궤변인지를 드러냈기 때문에, 그들은 복음을 반대할 명분을 잃고서 아무 말도 할 수 없게 되었다. 그들은 꿀 먹은 벙어리가 되었고, 그들의 얼굴은 부끄러움으로 가득 채워져 있었다(28절): 아볼로는 공중 앞에서, 즉 많은 사람들 앞에서 힘있게 유대인의 말을 이겼다. 그는 이 일을 힘있고 열렬하게, 즉 아주 열정적으로 행하였다. 그는 있는 힘을 다해서 증언하고 유대인들을 설득시켰다. 아볼로는 그

리스도의 복음을 섬김과 동시에 사람들의 영혼을 구원하고자 하는 참된 열망을 지닌 자처럼 자신의 모든 마음을 말씀을 증언하는 데에 쏟았다. 그의 증언은 효과를 거두어서, 모든 사람이 만족하였다. 아볼로는 그 일을 수월하게 해냈다. 그리스도 편에서 복음의 주장은 너무도 분명한 것이었고 그 논거들은 너무도 강력하였기 때문에, 복음에 반대하여 유대인들이 말하는 모든 것들을 반박하는 일은 손쉬운 것이었다. 그들은 아주 사납게 달려들었지만 그들이 제시한 논거들은 아주 빈약한 것들이었기 때문에, 아볼로는 그들의 반대를 아주 쉽게 무너뜨릴 수 있었다. 아볼로가 그들을 설득시키고자 했던 것은 예수가 그리스도시라는 것, 즉 예수가 하나님께서 조상들에게 약속하신 메시야, 장차 오실 이이기 때문에, 그들이 예수말고 다른 사람을 기다릴 필요가 없다는 것이었다. 유대인들이 이것, 곧 예수가 그리스도시라는 것을 확신하고 믿기만 한다면, 그들이 신봉하는 율법도 그들에게 예수의 말씀을 들으라고 가르칠 것이었다. 사역자들이 해야 할 일은 그리스도를 전하는 것임을 명심하라: 우리는 우리를 전파하는 것이 아니라 오직 주 예수 그리스도를 전파한다. 아볼로가 유대인들을 설득한 방식은 성경으로써였다. 그는 자신의 논거들을 성경에서 가져 왔다. 왜냐하면, 유대인들은 성경이 신적인 권위를 지니고 있다는 것을 인정했음으로, 성경에 능통했던 그가 성경에 나오는 것들을 통해서 예수가 그리스도시라는 것을 보이는 것은 쉬운 일이었기 때문이다. 사역자들은 진리를 전할 수 있을 뿐만 아니라, 진리를 증명하고 변호하며, 진리를 부정하는 자들을 온유하면서도 권세 있게 가르쳐서 설득시킬 수 있어야 한다는 것을 명심하라. 이것이 진정으로 교회를 섬기는 것이다.

제
— 19 —
장

개요

우리는 바울이 여러 교회들을 순회하는 장면에서(행 18:23) 잠시 눈을 돌려 아볼로의 행적을 살펴보았지만, 바울이 에베소에 있는 그의 친구들에게 그가 다시 그들에게 돌아와서 거기에서 상당 기간 머무르겠다고 한 약속을 우리나 바울이 잊어버린 것은 아니었다. 이제 이 장에서는 바울이 자신의 약속을 이행하여서 다시 에베소로 돌아와 거기에서 2년을 머물렀다는 것을 우리에게 보여준다. 우리는 여기에서 다음과 같은 것들에 대하여 듣게 된다. I. 바울이 에베소에서 말씀과 가르침을 통해서 얼마나 수고하였는지, 그가 몇몇 믿음이 약한 자들, 즉 요한의 세례 이외의 것에 대해서는 알지 못했던 자들을 어떻게 가르쳤는지(1-7절), 그가 유대인의 회당에서 석달 동안 어떻게 가르쳤는지(8절), 그가 거기에서 쫓겨나서 서원에서 오랫동안 이방인들을 어떻게 가르쳤는지(9-10절), 그가 이적들을 통해서 자신의 가르침을 어떻게 확증하였는지(11-12절). II. 특히 가장 악한 죄인들인 마술사들 가운데서 그의 수고의 열매가 무엇이었는지. 어떤 마술사들은 바울의 이름을 도용해서 사용하다가 낭패를 당하였고(13-17절), 어떤 마술사들은 회심하여 바울의 가르침을 받아들였다(18-20절). III. 그는 어떤 계획들을 가지고 있었고(21-22절), 에베소에서 은장색들 때문에 어떠한 고초를 겪었는지. 이 일 때문에 바울은 에베소를 떠나서, 자기가 이미 세워 놓은 계획들을 추진해 갈 수밖에 없었다. 데메드리오가 무리들을 선동하여 어떻게 아데미를 외치게 하였는지(23-34절), 그 소동이 어떻게 서기장에 의해서 진압되어서 무리들이 흩어지게 되었는지(35-41절).

¹아볼로가 고린도에 있을 때에 바울이 윗지방으로 다녀 에베소에 와서 어떤 제자들을 만나 ²이르되 너희가 믿을 때에 성령을 받았느냐 이르되 아니라 우리는 성령이 계심도 듣지 못하였노라 ³바울이 이르되 그러면 너희가 무슨 세례를 받았느냐 대답하되 요한의 세례니라 ⁴바울이 이르되 요한이 회개의 세례를 베풀며 백성에게 말하되 내 뒤에 오시는 이를 믿으라 하였으니 이는 곧 예수라 하거늘 ⁵그들이 듣고 주 예수의 이름으로 세례를 받으니 ⁶바울이 그들에게 안수하매 성령이 그들에게 임하

시므로 방언도 하고 예언도 하니 ⁷모두 열두 사람쯤 되니라

에베소는 아시아에서 유명한 성읍이었는데, 특히 거기에 있는 아데미 신전 때문에 유명하였다. 아데미 신전은 세계의 불사가의들 중의 하나였다: 아볼로가 고린도에 있을 때에 바울이 복음을 전하기 위해서 에베소에 왔다(1절). 아볼로가 어떤 곳에서 물을 주고 있는 동안에, 바울은 다른 지역에서 교회를 세우고 있었는데, 아볼로가 자신이 수고한 지역에 들어 와서 자신이 세워 놓은 터 위에 건물을 짓는 것을 불평하기는커녕 오히려 그것을 즐거워하며, 더욱 즐겁고 만족스러운 마음으로 에베소에서 그가 해야 할 새 일에 착수하였다. 왜냐하면, 바울은 아볼로 같은 신약의 유능한 사역자가 지금 고린도에 있어서 거기에서 선한 사역을 수행하고 있다는 것을 알았음으로 더 마음이 놓였기 때문이었다. 고린도 교회 속에는 바울을 제치고 아볼로를 최고로 치는 파당이 만들어져 존재하고 있었지만(고전 1:12), 바울은 아볼로를 시기하지도 않았고, 사람들이 아볼로를 좋아하는 것을 못마땅하게 여기지도 않았다. 바울은 갈라디아와 브루기아 지방을 거쳐서 본도와 비두니아 같은 북쪽에 있는 윗지방으로 다녀서, 마침내 아굴라와 브리스길라를 남겨 두었던 에베소에 도착해서 다시 그들을 만나게 되었다. 바울은 에베소에 오자마자 어떤 제자들을 만나게 되었는데, 그들은 그리스도를 참된 메시야로 믿는 신앙을 갖고 있기는 하였지만 그리스도의 학교에서 초년생으로서 아직도 그리스도의 선구자였던 세례 요한의 영향력 아래에서 벗어나 있지 못했던 자들이었다. 그들의 수는 열두 사람쯤 되었다(7절). 그들의 처지는 아볼로가 에베소에 왔을 때의 처지와 비슷하였지만(왜냐하면, 아볼로는 요한의 세례만 알 따름이었기 때문이다, 행 18:25), 그들은 아굴라나 브리스길라와 사귈 기회를 갖지 못하였거나 에베소에 오랫동안 머물러 있지 않았거나 아볼로와는 달리 가르침을 기꺼이 받아들이고자 하지 않았던 것 같다. 그렇지 않았다면, 그들은 아볼로처럼 아굴라와 브리스길라로부터 하나님의 도에 관하여 더 온전하게 배울 수 있었을 것이다. 좀 더 자세하게 살펴보자.

I. 바울은 어떻게 그들을 가르쳤는가. 바울은 아마도 아굴라와 브리스길라에게서 그들이 믿는 자들이고, 그리스도를 고백하며, 그리스도를 주로 모신 자들이라는 것을 들었을 것인데, 이제 그들이 과연 그러한지 살펴보고자 하였다.

1. 그들은 하나님의 아들을 믿었다. 그러나 바울은 그들이 성령을 받았는지,

그들이 예수가 그리스도시라는 가르침이 있은 얼마 후에 사람들의 마음에 역사하여서 죄를 깨닫게 하고 회심하게 하며 위로하시는 성령을 믿었는지, 그들이 성령에 대한 이러한 계시를 알고 있고 받아들였는지를 묻는다. 이것이 전부가 아니었다. 성령의 놀라운 은사들은 그리스도께서 승천하신 직후에 사도들을 비롯한 여러 제자들에게 주어졌고, 이 일은 기회가 있을 때마다 자주 반복되었다. 그들은 이러한 은사들에 참여하였는가? "너희가 믿은 이래로 성령을 받았느냐(개역에서는 너희가 믿을 때에 성령을 받았느냐). 너희는 그리스도의 가르침이 참되다는 인침을 너희 자신들 속에 받아서 가지고 있느냐?" 우리는 그들이 당시에 가지고 있었던 그러한 놀라운 은사들을 지금은 기대해서는 안 된다. 신약성경이라는 정경은 이미 오래 전에 완결되고 완성되었기 때문에, 우리는 가장 확실한 예언의 말씀인 신약성경을 의지하여야 한다. 그러나 모든 믿는 자들에게 보증으로써 성령의 은혜들이 주어진다(고후 1:22; 5:5; 엡 1:13-14). 우리는 모두 그리스도에 대한 믿음을 진지하게 고백한 자들로서 과연 우리가 성령을 받았는지를 물어야 한다. 하나님께서는 모든 믿는 자들, 구하는 모든 자들에게 성령을 주시겠다고 약속하셨다(눅 11:13). 그러나 이 문제와 관련해서 스스로 속고 있는 자들이 많은데, 그들은 실제로는 성령을 받지 않았으면서도 그들이 성령을 이미 받았다고 생각한다. 성령의 은사들을 받지 않았으면서도 받은 체하는 자들이 있는 것과 마찬가지로, 성령의 은혜들과 위로들과 관련해서도 마찬가지이다. 그러므로 우리는 우리가 믿게 된 이래로 과연 성령을 받았는지를 스스로 엄밀하게 살펴보아야 한다. 나무는 그 열매들을 통해서 알게 되는 법이다. 우리는 성령의 열매들을 맺고 있는가? 우리는 성령의 인도하심을 받고 있는가? 우리는 성령 안에서 행하고 있는가? 우리는 성령의 다스림 아래에 있는가?

2. 그들은 그러한 문제에 대하여 전혀 알지 못한다고 대답하였다. "우리는 성령이 계심도 듣지 못하였노라. 성령에 관한 약속이 있다는 것을 우리는 구약성경을 통해서 알고 있고, 때가 되면 그 약속이 이루어지리라는 것도 우리는 의심하지 않는다. 그러나 우리는 그러한 문제를 알 수 있는 위치에 있지 않았기 때문에, 성령이 실제로 예언의 영으로서 이미 주어졌는지 어쨌는지에 대해서는 들어보지도 않았다." 그들은 유대 민족의 전승을 따라서 에스라, 학개, 스가랴, 말라기가 죽은 후에 성령이 이스라엘을 떠나서 위로 올라 갔다고 알고 있었다(라

이트푸트 박사의 말대로). 그들은 성령이 다시 되돌아왔다는 말을 전혀 들은 바가 없다고 고백하였다. 그들은 마치 그들도 성령이 되돌아오시기를 기대하고는 있지만, 그런 말을 들은 적이 없어서 의아해하고, 만약 성령이 오셨다는 말을 듣게 된다면 기꺼이 환영할 준비가 되어 있다는 듯이 말하였다. 복음의 빛은 아침 햇빛처럼 점점 더 점진적으로 빛을 발하여서, 이전에 듣지 못하였던 진리들이 점점 더 뚜렷하고 분명해질 뿐만 아니라, 점점 더 넓게 퍼져 나가서 이전에 듣지 못했던 자들에게 그 진리들이 드러나게 된다.

3. 바울은 그들이 성령에 대해서 아무것도 모르는데 어떻게 세례를 받게 되었느냐고 물었다. 왜냐하면, 만약 그들이 그리스도의 사역자들에 의해서 세례를 받았다면, 그들은 분명히 성령에 관하여 가르침을 받았을 것이고, 성령의 이름으로 세례를 받았을 것이기 때문이다. "너희는 예수께서 영광을 받으셨기 때문에 그 결과로 성령이 우리에게 주어졌다는 사실을 알지 못하느냐? 그러면 너희가 무슨 세례를 받았느냐? 이것은 정말 이상하고 이해할 수 없는 일이다. 도대체 어떻게 세례를 받았으면서도 성령에 대해서 아무것도 알지 못하는 일이 벌어질 수 있는 것인가? 너희가 성령에 대하여 아무것도 알지 못한다면, 분명히 너희의 세례는 무효이다. 왜냐하면, 중생의 씻음은 성령을 받았다는 것을 나타내고 인치는 예식이기 때문이다. 성령을 모른다는 것은 그리스도를 모른다는 것과 마찬가지로 기독교 신앙을 진정으로 고백한 것과 양립될 수 없다." 이것을 우리 자신에게 적용해 본다면, 그것은 성령을 받아서 그 뜻을 따라 살아가지 않는 자들은 세례를 헛되이 받은 것이고 하나님의 은혜를 헛되이 받은 것임을 의미한다. 또한, 우리는 우리가 거듭난 것과 세례를 받은 것의 목적을 제대로 이루기 위해서 우리가 누구의 영광을 위하여 거듭났는지만이 아니라 우리가 누구를 섬기기 위해서 세례를 받았는지를 자주 물어볼 필요가 있다. 우리는 우리가 받은 세례에 합당한 삶을 살기 위해서 우리가 무엇을 위하여 세례를 받았는지를 자주 생각해 보아야 한다.

4. 그들은 그들이 요한의 세례를 받았다고 고백한다. 즉, 그들은 요한 자신에 의해서가 아니라 요한의 제자들 중 한 사람에 의해서 요한의 이름으로 세례를 받은 것이었다. 요한의 제자들은 무지로 인해서 요한을 여전히 그들 무리의 우두머리로 삼고 있었고, 그리스도의 세력이 성장하자 그것을 시기하여 세례 요한에게 가서 그것을 불평하였던 제자들의 정신과 개념을 그대로 보존하고 있

었다. 요한이 전한 죄사함을 위한 회개의 세례를 통해서 많은 유익을 실제로 경험하였던 요한의 제자들은 세례 요한이 천국이 가까왔다고 말하였을 때에 그 천국이 이토록 빨리 찾아 오리라고는 생각하지 못했기 때문에 그들이 이미 지니고 있던 생각을 버리지 못하였고, 다른 사람들에게 그들이 하듯이 하라고 권하는 것 이상으로 더 나아갈 수 없었다. 따라서 무지로 인하여 요한의 가르침에 대한 맹목적인 열심 속에서 그들은 여기저기에서 요한의 이름으로 사람들에게 세례를 주었지만, 그들 스스로 그 이상의 것을 찾지도 못하였고 그들에게 세례를 받은 자들을 그 이상으로 가르치지도 못하였다.

5. 바울은 그들에게 요한의 세례의 일차적인 목적은 예수 그리스도를 소개하는 것이라고 설명해 줌으로써, 그들에게 요한의 세례를 주면서도 거기에 안주하게 하고 그 이상을 보여주지 못한 자들의 잘못을 바로잡는다. 그러므로 정통적인 가르침을 받고서 참된 것을 알게 된 자들은 불충분하고 결함있는 교육 때문에 여전히 무지함 속에 있거나 잘못된 것에 빠져 있는 자들을 멸시하거나 거부해서는 안 되고, 바울이 이 제자들에게 했듯이, 불쌍히 여기는 마음으로 가르치고 더 좋은 교훈을 베풀어야 한다.

(1) 바울은 요한의 세례는 그 자체로는 지극히 선한 것이었다고 인정한다: 요한이 회개의 세례를 베푼 것은 옳은 일이었다. 그는 이 세례를 통해서 사람들에게 그들의 죄악들에 대하여 슬퍼하고 그 죄들을 고백하며 죄들에서 떠날 것을 요구하였다. 세례 요한이 이런 일을 한 것은 참으로 큰 일을 이룬 것이었다.

(2) 그러나 바울은 이 제자들에게 요한의 세례는 그 이상의 목적이 있었다는 것을 보여준다. 세례 요한은 그에게서 세례를 받은 자들이 거기에서 머물지 말고, 자기 뒤에 오실 자, 즉 예수 그리스도를 믿어야 한다고 말하였고, 자기가 베푸는 회개의 세례는 오직 주의 길을 예비하는 목적을 지니고 있으며, 사람들로 하여금 그리스도를 영접하고 기꺼이 받아들이도록 준비시키는 것이라고 말하였다. 요한은 자신의 사역을 통해서 사람들에게 그리스도에 대한 큰 기대를 남겨 놓았다. 아니, 요한은 사람들을 이끌어서 그리스도를 바라보게 하였다: 보라. 하나님의 어린 양이로다. "요한은 위대하고 선한 인물이었다. 그러나 그는 단지 전령관에 불과하였고, 그가 장차 오실 것이라고 알린 왕은 바로 그리스도이시다. 요한의 세례는 너희가 통과해야 할 현관이었고, 너희가 머물러야 할 집이 아니었다. 그러므로 너희가 요한의 세례로 세례를 받은 것은 완전히 잘못

된 것이다."

6. 바울이 이렇게 그들의 잘못을 지적해 주자, 그들은 감사하는 마음으로 바울의 지적을 받아들여서, 주 예수의 이름으로 세례를 받았다(5절). 아볼로로 말할 것 같으면, 그는 요한의 세례를 알았는데(행 18:25), 그는 단지 요한의 세례만을 알았기는 하지만, 세례를 받았을 때에 요한의 세례의 의미를 올바르게 이해하고 있었다. 그렇기 때문에 요한의 세례를 받았고 그 세례가 메시야가 문 앞에 와 있다는 것을 나타내는 것임을 알고 있었던 그리스도의 최초의 제자들이 다시 세례를 받았던 것과는 달리, 아볼로는 하나님의 도를 좀 더 온전하게 깨우치게 되었을 때에 다시 세례를 받지는 않았다. 그러나 이 제자들은 마치 요한이 그들의 구주가 되기라도 한 것처럼 오직 요한을 염두에 두고서 그 이상의 것을 바라보지 않은 채로 세례를 받았기 때문에, 그것은 어떤 사람이 바울의 이름으로 세례를 받았다고 할 때에(고전 1:13) 그것이 치명적으로 잘못된 세례였을 것임과 마찬가지로 근본적으로 잘못된 세례였다. 그렇기 때문에 그들은 복음의 진리를 제대로 깨닫게 되었을 때에 주 예수의 이름으로 세례를 받고자 하였고 실제로 그렇게 세례를 받았다. 아마도 그들은 바울 자신에 의해서가 아니라 바울을 따라다녔던 자들 중의 어떤 사람에 의해서 세례를 받았을 것이다. 그러므로 우리는 이 사건을 근거로 해서 요한의 세례와 그리스도의 세례 간에는 일치점이 없었다거나 이 두 세례가 실질적으로 동일하지 않았다고 결론을 내려서는 안 된다. 또한, 우리는 아버지와 아들과 성령의 이름으로(이것은 그리스도의 세례의 정해진 형식이다) 한번 세례를 받은 자들도 동일한 이름으로 다시 세례를 받을 수 있다고 결론을 내려서도 안 된다. 왜냐하면, 주 예수의 이름으로 세례를 받은 자들은 이전에 결코 그런 식으로 세례를 받은 적이 없는 자들이었기 때문이다.

Ⅱ. 바울은 어떻게 성령의 놀라운 은사들을 그들에게 수여하였는가(6절).

1. 바울은 그들에게 성령의 은사들을 주기 위하여 엄숙하게 하나님께 기도하였다. 바울이 기도하였다는 것은 그가 그들에게 안수한 것을 통해서 드러나는데, 안수는 이스라엘의 족장들이 특히 하나님의 크신 약속을 자녀들에게 전달해 주기 위해서 축복할 때에 사용된 것이었나(창 48:14). 성령은 신약의 큰 약속이었기 때문에, 사도들은 안수를 통해서 성령을 전해 주었다. "주께서 네게 축복 중의 축복인 저 복으로 복주시기를 원하노라."(사 44:3).

2. 하나님께서는 바울이 기도한 것을 허락해 주셨다: 성령이 놀라울 정도로 권능있게 그들에게 임하시므로, 사도들 및 최초의 이방인 회심자들이 그랬듯이 (행 10:44), 그들은 방언도 하고 예언도 하였다. 이것은 하나님께서 에베소에 복음을 세우시고, 사람들의 마음을 일깨우셔서, 그들로 하여금 복음을 통해서 더 큰 일들을 기대하게 하기 위한 것이었다. 어떤 이들은 이 일은 이 열두 사람에게 사역을 할 수 있는 자격과 능력을 갖추게 하기 위한 추가적인 목적도 지니고 있었고, 이 열두 사람은 에베소의 장로들로서 나중에 바울이 에베소 교회를 돌보고 치리하도록 위임하였던 바로 그 사람들이었다고 생각한다. 하나님께서 그들에게 예언의 영을 주신 것은 그들이 하나님 나라의 비밀들을 스스로 깨달을 수 있게 하기 위한 것이었고, 하나님께서 그들에게 방언의 은사를 주신 것은 그들이 각 민족에게 각각의 언어로 하나님 나라의 비밀들을 전하게 하기 위한 것이었다. 여기에서 이 사람들은 순식간에 얼마나 놀라운 변화를 겪게 되었는가! 방금 전까지만 해도 성령이 계심도 듣지 못하였던 자들이 이제는 성령으로 충만하게 되었다. 왜냐하면, 성령은 바람처럼 자기가 원하는 때에 자기가 원하는 곳으로 불기 때문이다.

⁸바울이 회당에 들어가 석 달 동안 담대히 하나님 나라에 관하여 강론하며 권면하되 ⁹어떤 사람들은 마음이 굳어 순종하지 않고 무리 앞에서 이 도를 비방하거늘 바울이 그들을 떠나 제자들을 따로 세우고 두란노 서원에서 날마다 강론하니라 ¹⁰두 해 동안 이같이 하니 아시아에 사는 자는 유대인이나 헬라인이나 다 주의 말씀을 듣더라 ¹¹하나님이 바울의 손으로 놀라운 능력을 행하게 하시니 ¹²심지어 사람들이 바울의 몸에서 손수건이나 앞치마를 가져다가 병든 사람에게 얹으면 그 병이 떠나고 악귀도 나가더라

바울은 에베소에서 선을 행하느라 아주 바쁜 나날을 보냈다.

I. 바울은 산 위에 흩어져 있는 이스라엘 집의 잃어버린 양들을 모으기 위해서 여느 때와 마찬가지로 유대인들의 회당에 들어가서 그들에게 먼저 복음을 전하는 것으로 시작한다. 좀 더 살펴보자.

1. 바울은 어디에서 유대인들에게 복음을 전하였는가: 그는 그리스도께서 하시던 대로 유대인들의 회당에서 그들에게 복음을 전하였다(8절). 바울은 유

대인들을 얻을 일말의 소망이라도 남아 있는 동안에는 자신에 대한 그들의 편견을 제거하고 그들의 환심을 사기 위해서 회당에 들어가서 그들과 더불어 예배를 드렸다. 이렇게 바울은 안식일마다 회당 예배에 참석해서 많은 사람들 앞에서 복음을 전하고자 하였다. 유대인들이 아직 완전히 버림받지 않은 동안에 그리스도인들의 모임과 예배가 형성되지 않은 곳에서는 바울은 자주 유대인들의 예배에 참석하였다. 바울이 회당에 들어간 것은 거기에 유대인들이 모여 있었고, 그들에게 복음을 전할 기회를 얻기 위해서였다.

2. 바울은 유대인들에게 무엇을 전하였는가: 그는 사람들 가운데서의 하나님 나라에 관한 것들, 즉 하나님께서 모든 사람을 다스리시고 사랑하시기 때문에 사람들은 하나님께 순종함으로써 하나님 안에서 행복할 수 있다는 것에 관한 복음의 위대한 진리들을 전하였다. 바울은 창조주께서 하나님의 나라를 세우셨고 그들은 하나님에 대하여 의무들을 지고 있으며 하나님 안에서 유익을 얻을 수 있다는 것을 그들에게 보여주었고, 그들이 그러한 의무들을 죄로 말미암아 범함으로써 그 유익을 상실하고, 하나님 나라가 무너졌다는 것을 보여주었으며, 구속주께서 다시 하나님의 나라를 세우셔서 사람들의 의무를 갱신하고 사람들의 유익을 다시 회복시키셨다는 것을 보여주었다. 또는, 좀 더 구체적으로 말해서, 바울은 유대인들이 기다리고 있었고 큰 기대를 걸고 있었던 메시야의 나라에 관한 것들을 전하였다. 바울은 메시야의 나라에 관하여 말하고 있는 성경 본문을 펴서, 그 나라에 대한 올바른 개념을 그들에게 설명해 주었고, 그 나라에 관하여 그들이 잘못 생각하고 오해하고 있는 것들을 보여주었다.

3. 바울은 어떻게 유대인들에게 전하였는가.

(1) 그는 여러 가지 근거들을 제시하면서 복음을 전하였다. 그는 유대인들이 잘못 생각하고 있는 것들을 반박하였고, 그가 전하는 것에 대하여 성경적인 근거들을 제시하였으며, 사람들의 판단과 양심을 올바르게 깨우치기 위해서 그들이 제기한 반론들에 대답함으로써 그들이 단지 믿을 뿐만 아니라, 왜 믿어야 하는지 그 이유도 알 수 있게 하였다. 바울은 대화식으로 전하였다. 그는 그들에게 질문들을 던지고서 그들로 하여금 대답을 하게 하였고, 그들에게 질문들을 할 수 있는 시간을 주고서, 그들이 질문한 것들에 대하여 대답을 해주었다.

(2) 그는 애정을 가지고 전하였다. 그는 사람들을 설득하고자 하였다. 그는 자기가 말하는 것들을 그들이 충분히 이해할 수 있도록 논리적인 근거들을 제

시했을 뿐만 아니라, 그들의 감정에 호소하기 위해서 여러 가지 문학적인 기법들을 사용해서, 그가 하나님 나라에 관하여 전하는 것들이 그들 자신에 관한 것들, 그들이 마땅히 관심을 가져야 할 것들이라는 것을 그들에게 보여주었다(고후 5:11): 우리는 주의 두려우심을 앎으로 사람들을 설득하노라. 바울은 사람들을 감동시키고 그 마음을 움직일 줄 아는 설교자였고, 설득의 기술에 능한 달인이었다.

(3) 그는 거룩한 결단 속에서 겁내지 않고 담대하게 전하였다. 그는 자기가 말하고 있는 것들을 조금도 의심하지 않고, 그가 말하는 분을 조금도 불신하지 않으며, 그의 말을 듣고 있는 자들을 조금도 두려워하지 않는 자처럼 담대하게 전하였다.

4. 바울은 얼마나 오랫동안 유대인들에게 전하였는가: 그는 석달 동안 전하였는데, 이것은 그들이 그가 전한 것을 깊이 생각해 보기에 충분한 시간이었다. 따라서 그 기간 동안에 하나님께서 은혜로 택하신 자들은 부르심을 받아서 교회로 들어 오게 되었고, 교회로 들어 오지 않은 나머지 사람들은 핑계를 댈 수 없게 되었다. 바울은 이렇게 오랫동안 많은 싸움 중에 복음을 전하였지만(살전 2:2), 그는 실망하거나 낙심하지 않았다.

5. 바울의 전도는 얼마나 성공을 거두었는가.

(1) 바울의 권면을 듣고서 그리스도를 믿게 된 자들이 몇몇 생겨났다. 어떤 이들은 바울의 권면과 설득을 통해서 그들이 믿게 되었다는 것이 권면하다라는 단어 속에 암시되어 있다고 생각한다.

(2) 그러나 많은 사람들은 여전히 불신앙 가운데서 기독교에 대한 편견들을 고집하였다. 앞서 바울이 그들을 찾아가서 단지 몇몇 일반적인 것들만을 그들에게 전하였을 때에는 그들은 그가 그들과 더불어서 함께 머물러 있기를 청하였다(행 18:20). 그러나 이제 바울이 그들 가운데서 오래 머물면서 그들의 양심을 좀 더 아프게 찌르는 말씀들을 전하자, 그들은 곧 바울에게 질려 버리고 말았다.

[1] 그들은 그리스도의 복음에 대하여 완강한 혐오감을 지니고 있었다: 그들은 마음이 굳어 순종하지 않았다. 진리가 너무도 설득력있는 빛과 증거를 통해서 그들의 얼굴을 비추고 있었지만, 그들은 그 진리를 믿지 않기로 단단히 결심하였다. 그들이 믿지 않은 것은 그들 스스로 마음을 완악하게 하였기 때문이었다.

[2] 그들은 다른 사람들에게도 복음에 대한 혐오감을 불러일으키기 위해서 최선을 다하였다. 그들은 스스로 하나님의 나라에 들어가지 않았을 뿐만 아니라, 하나님 나라에 들어가고자 하는 자들을 가로막고 방해하였다. 왜냐하면, 그들은 사람들이 복음에 대하여 잘못된 편견을 지니도록 하기 위하여 무리 앞에서 이 도를 비방하였기 때문이다. 그들은 복음 속에 어떤 잘못된 것이 있는지를 나타내 보일 수 없었지만 그럼에도 불구하고 복음에 대하여 온갖 비방하는 말을 하였다. 이 죄인들은 범죄한 천사들과 마찬가지로 사탄들, 즉 대적자들과 마귀들, 즉 거짓 고소자들이 되었다.

II. 바울은 유대인들의 회당에서 할 수 있는 데까지 복음을 전하다가 마침내 그들의 반대가 점점 더 거세지는 것을 발견하고서 회당을 떠났다. 이것은 그가 안전하게 그들과의 교제를 계속할 수 없었기 때문이 아니라 그들에게 복음을 계속해서 전한다고 하더라도 별 소득이 없을 것임을 알았기 때문이었다. 바울은 얼마든지 그들의 예배에 참석할 자격이 있었고, 그들은 바울이 그들 가운데서 말씀을 전하는 것을 금지하거나 잠잠하게 하지도 않았지만, 그들은 바울이 하나님의 나라에 관하여 말한 것들을 일제히 비방함으로써 그들로부터 바울을 몰아내었다. 그들은 새로워지기를 싫어하였고, 가르침받기를 싫어하였기 때문에, 바울은 그들을 떠났다. 여기에서 바울이 한 것은 제자들을 따로 세운 구별이었고 결코 분열이 아니었다. 왜냐하면, 바울이 그렇게 한 데에는 정당한 이유가 있었고, 분명한 부르심이 있었기 때문이다. 좀 더 살펴보자.

1. 바울은 유대인들을 떠나면서 제자들을 데리고 나와서, 그들을 따로 세워서 이 패역한 세대에서 그들을 구원하였다(베드로는 그의 새로운 회심자들에게 이런 말로 당부하였다, 행 2:40). 바울은 그들이 복음을 비방하는 자들의 독설에 물들지 않게 하기 위해서 믿는 자들을 따로 구별하고 세워서 기독 교회의 토대로 삼았는데, 이제 그들은 하나의 교회를 이루기에 충분한 수가 되었기 때문에, 바울이 복음을 전할 때마다 사람들이 그들과 함께 복음을 듣고서 믿는 자들이 되어서 그들에게 더해질 수 있었다. 사실 바울이 유대인들을 떠날 때에 굳이 제자들을 따로 구별할 필요가 없었다. 바울이 어디로 가든지 간에, 그들은 기꺼이 바울을 따르고자 하였을 것이기 때문이다.

2. 바울은 회당을 떠나서 따로 자신의 모임을 만들고서 두란노 서원에서 날마다 강론하였다. 그가 유대인들의 회당을 떠난 것은 좀 더 자유롭게 자신의 사역

을 계속하기 위한 것이었다. 그는 계속해서 그리스도와 기독교를 받아들여야 할 근거들을 제시하면서 말씀을 전하였고, 복음을 반대하는 자들의 온갖 반론들에 대하여 기꺼이 답변해 주었다. 바울은 이렇게 유대인들로부터 따로 떨어져 나와서 새로운 모임을 만든 것을 통해서 두 가지 이점을 얻게 되었다.

(1) 이제 바울이 복음을 더 자주 전할 기회를 갖게 되었다는 것. 그는 회당에서는 오직 안식일 날에만 복음을 전할 수 있었지만(행 13:42), 이제는 날마다 강론하며 복음을 변론함으로써 시간을 절약할 수 있게 되었다. 이렇게 해서 어느 한 날에 일이 바빠서 올 수 없었던 사람들은 다른 날에 와서 복음을 들으면 되었다. 날마다 지혜의 문 곁에서 기다리며 문설주 옆에서 기다린 자들은 환영을 받았다.

(2) 이제 문호가 개방되어서 온갖 부류의 많은 사람들이 복음을 접할 수 있게 되었다는 것. 유대인들의 회당에는 유대인들이나 개종자들 외에는 아무도 올 수 없었다. 이방인들은 배제되었다. 그러나 바울이 두란노 서원에 개설하게 되면서, 유대인이든 헬라인이든 누구든지 와서 바울이 전하는 말씀을 듣게 되었다(10절). 바울은 이러한 상황을 대적하는 자가 많이 있기는 하였지만 에베소에서 그에게 광대하고 유효한 문이 열리게 되었다고 묘사한다(고전 16:8-9). 어떤 이들은 이 두란노 서원이 유대인들의 신학교였고, 유대인들은 보통 큰 도시들에서는 그들의 회당 옆에 이러한 신학교를 가지고 있었다고 생각한다. 유대인들은 이러한 신학교를 벧미드라쉬, 즉 탐구하는 집 또는 반복해서 암송하는 집이라고 불렀다. 그들은 안식일에 회당 예배를 마친 후에 거기로 갔다. 그들은 성소에서 가르침의 집으로 나아감으로써 힘을 얻고 더 얻었다. 두란노 서원이 유대인들의 신학교였다면, 그것은 바울이 이전에 그랬던 것과 마찬가지로 비록 회당을 떠나기는 했어도 점차적으로 회당을 떠났고, 될 수 있는 한 회당 가까이 있고자 하였다는 것을 보여준다(행 18:7). 그러나 어떤 이들은 두란노 서원이 두란노라는 사람의 소유로서 이방인들의 철학 학교였거나 그 성읍의 유력자 또는 총독의 소유였던 별장(스콜레라는 단어는 종종 이런 의미를 지니기 때문에)이었을 것이라고 생각한다. 어쨌든 그 곳은 바울과 그의 제자들이 무료로 또는 돈을 내고서 사용하기에 편리한 장소였다.

3. 여기에서 바울은 두 해 동안 그의 수고를 계속하면서, 날마다 말씀을 전하고 변론하였다. 여기에서 두 해 동안이라는 것은 그가 회당에서 말씀을 전하였

던 석 달을 제외한 기간이었다(8절). 이 기간이 지난 후에도, 바울은 한동안 이 지역 근방에서 계속해서 말씀을 전하였다. 그러므로 그가 에베소에서 모두해서 3년 동안을 사역했다고 말한 것은 아마도 옳을 것이다(행 20:31).

4. 바울의 이러한 사역을 통해서 복음이 그 근방에 두루 퍼지게 되었다(10절): 아시아에 사는 자는 다 주의 말씀을 들었다. 에베소에 살던 모든 자들만이 아니라 에베소를 주도로 삼고 있던 소아시아라 불린 좀 더 큰 속주에 살고 있던 모든 자들이 복음을 전해 듣게 되었다. 에베소는 소아시아 지방의 중심지로서 법률과 교통과 종교와 교육에 있어서 소아시아의 모든 지역들이 크게 의존하는 곳이었다. 에베소의 이러한 입지적인 조건은 바울에게 그 지방의 모든 크고 작은 성읍과 촌락들에 복음을 퍼뜨릴 수 있는 기회를 제공해 주었다. 아시아 지방의 모든 사람들은 주 예수의 말씀을 듣게 되었다. 복음은 그리스도의 말씀이고, 그리스도에 관한 말씀이다. 그들은 이것을 들었고, 적어도 이것에 대하여 전해 들었다. 도시와 농촌에 사는 온갖 부류의 사람들, 그리고 소아시아 지방의 각 지역에 사는 사람들 중에는 이 복음을 듣고서 받아들인 자들이 있었고, 그들에 의해서 복음은 또 다른 사람들에게로 전파되었다. 이렇게 해서 그들은 모두 주 예수의 말씀을 듣게 되었다. 아마도 바울은 종종 스스로 여러 촌락들로 진도 여행을 가서 복음을 전하였거나, 그를 따라다녔던 선교사들이나 제자들을 여러 곳들로 보내서 복음을 전하였기 때문에, 주의 말씀은 그 지역 진세에 퍼지게 되었다. 이제 어둠 속에 앉아 있던 자들이 큰 빛을 보았다.

III. 하나님께서는 여러 이적들을 통해서 바울의 가르침을 확증해 주셨다. 하나님께서 베푸신 이적들 때문에 사람들은 더욱 정신을 차리고 바울이 전하는 것이 무엇인지를 살펴보고자 하였고, 바울의 가르침을 더욱 확고하게 믿고 소중히 여기게 되었다(11-12절). 우리는 이상하게도 바울이 빌립보에서 어린 소녀에게서 귀신을 쫓아낸 사건 이래로 바울이 어떤 이적을 일으켰다는 것에 대해서 한 번도 들어 보지 못하였다. 왜 바울은 데살로니가, 베뢰아, 아덴에서 이적을 행하지 않았던 것일까? 또는, 만약 바울이 이적을 행하였다면, 왜 그 이적들이 기록되어 있지 않은 것인가? 자연계 속에서의 이적들 없이 복음이 성공을 거두는 것은 그 자체가 은혜의 나라 속에서 이적이었고, 복음에 수반된 하나님의 권능 자체가 복음이 하나님에게서 나왔다는 것을 보여주는 증거였기 때문에, 더 이상 그 어떤 것도 필요하지 않았기 때문인가? 누가는 사도행전에서 한 번도 기록하고 있지 않지만, 바울이 고린도에서 수많은 이적들을 행하였다는 것은 분명하다. 왜냐하면, 그는 고린도에서 그가 행한 기사들과 능력들이 바로 그가 사도라는 것을 증명해 주는 사도의 징표들이었다고 말하고 있기 때문이다(고후 12:12). 그러나 여기에 나오는 에베소에 관한 기사 속에서는 우리는 단지 그가 하나님에게서 보내심을 받았다는 것을 보여주는 그러한 종류의 증거들에 대한 일반적인 설명만을 보게 된다.

1. 이 이적들은 놀라운 능력들(헬라어로는 뒤나메이스 우 튀쿠사스)이었다. 하나님은 자연의 순리에 따르지 않는 능력들(Virtutes non vulgares)을 행하셨다. 우연이나 자연의 인과 관계에 결코 돌릴 수 없는 일들이 일어났다. 또는, 이 이적들은 통상적인 길에서 벗어나 있었을 뿐만 아니라(모든 이적들이 그러하듯이), 지금까지 그 어떤 사도에 의해서도 행해진 적이 없었던 극히 이례적이고 특별한 이적들이었다. 복음을 반대하는 자들은 선입견이 너무도 강하게 박혀 있었기 때문에, 그 어떤 이적을 통해서도 그들의 마음을 돌리는 것이 쉽지 않았을 것이다. 그래서 하나님께서는 통상적인 이적들을 뛰어넘는 그 무엇(virtutes non quaslibet)을 일으키셨다.

2. 이 이적들을 행하신 것은 바울이 아니었다(바울은 무엇이며 아볼로는 무엇이냐). 이 이적들은 하나님께서 바울의 손으로 행하게 하신 것이었다. 바울은 단지 도구에 지나지 않았고, 하나님이 그 이적들을 행하신 장본인이셨다.

3. 바울은 사람들이 그에게 데려온 병자들을 고치거나 자기가 직접 가서 병자들을 고쳤을 뿐만 아니라, 사람들은 바울의 몸에서 손수건이나 앞치마를 가져갔다. 그들은 바울의 손수건이나 앞치마, 즉 그가 천막을 만들 때에 입고 있었던 앞치마를 가져 가서, 병든 사람들에게 얹으면, 그들의 병은 즉시 치료되었다. 또는, 그들은 병든 사람들의 손수건이나 속옷이나 모자나 머리 장식물들을 가지고 와서는 그것들을 바울의 몸에 잠시 얹어 두었다가 다시 가져 가서 병든 자들에게 얹었다. 이 두 가지 가능성 중에서 전자가 더 유력하다. 이렇게 해서 그리스도께서 그의 제자들에게 하신 말씀, 즉 너희가 이 일보다 더 큰 일들을 하게 되리라는 말씀이 성취되었다. 우리는 복음서에서 어떤 병자가 그리스도의 옷 자락을 만지고서 병이 나았다는 기사를 읽게 되는데, 병자의 손이 그의 옷 자락에 닿았을 때에 그는 능력이 그에게서 나가는 것을 느꼈다고 한다. 그러나 여기에서는 사람들이 바울의 손수건이나 앞치마 등을 가져다가 병자들에게 얹

으면 즉시 치료되는 일이 벌어졌다. 그리스도께서는 그의 사도들에게 더러운 귀신을 쫓아 내며 모든 병을 고치는 권능을 주셨다(마 10:1). 따라서 우리는 여기에서 바울의 옷가지들을 통해서 고침을 받은 자들이 이 두 경우 모두에 해당되는 것을 발견하게 된다: 왜냐하면, 병들이 병든 사람들에게서 떠나고 악귀도 그들에게서 나갔기 때문이다. 이러한 이적들은 둘 다 복음의 놀라운 계획과 복된 효과를 보여주는 것으로서 영적인 질병이 치유된다는 것과 사람들의 영혼이 사탄의 능력과 지배로부터 자유롭게 된다는 것을 보여주는 것이었다.

[13]이에 돌아다니며 마술하는 어떤 유대인들이 시험삼아 악귀 들린 자들에게 주 예수의 이름을 불러 말하되 내가 바울이 전파하는 예수를 의지하여 너희에게 명하노라 하더라 [14]유대의 한 제사장 스게와의 일곱 아들도 이 일을 행하더니 [15]악귀가 대답하여 이르되 내가 예수도 알고 바울도 알거니와 너희는 누구냐 하며 [16]악귀 들린 사람이 그들에게 뛰어올라 눌러 이기니 그들이 상하여 벗은 몸으로 그 집에서 도망하는지라 [17]에베소에 사는 유대인과 헬라인들이 다 이 일을 알고 두려워하며 주 예수의 이름을 높이고 [18]믿은 사람들이 많이 와서 자복하여 행한 일을 알리며 [19]또 마술을 행하던 많은 사람이 그 책을 모아 가지고 와서 모든 사람 앞에서 불사르니 그 책 값을 계산한즉 은 오만이나 되더라 [20]이와 같이 주의 말씀이 힘이 있어 흥왕하여 세력을 얻으니라

복음을 전하는 자들은 사탄과의 전쟁을 수행하도록 보내심을 받은 것이었고, 그들의 전쟁을 통해서 그리스도께서는 계속 앞으로 전진하셔서 이기고 또 이기셨다. 귀신들린 사람들에게서 악귀를 쫓아내신 것은 그리스도께서 사탄을 이기셨음을 보여주는 한 가지 예였다. 그러나 그리스도께서 얼마나 다양한 방식으로 저 큰 원수를 이기셨는지를 보여주기 위하여, 이 단락에서는 그리스도께서 귀신들린 자들만이 아니라 스스로 자원하여 사탄의 종이 된 자들과 관련해서 사탄을 이기신 두 가지 주목할 만한 사례들을 보여준다.

I. 여기에는 사탄의 몇몇 종들, 즉 몇몇 돌아다니며 마술하는 유대인들이 그들의 주술 행위 속에서 그리스도의 이름을 사악하고 망령되게 사용했다가 값비싼 대가를 치르고서 낭패를 당한 것에 관한 이야기가 나온다. 좀 더 자세하게 살펴보자.

1. 그리스도의 이름을 망령되게 사용하는 죄를 범한 자들에 관한 전체적인 묘사. 그들은 유대인들, 곧 떠돌이 유대인들이었는데, 그들은 유대 민족에 속한 자들이었고 유대의 종교를 지니고 있었지만, 마술을 통해서 돈을 벌기 위하여 이 마을 저 마을로 떠돌아다녔다. 그들은 이 거리 저 거리를 떠돌아다니면서 사람들에게 그들의 운명을 점쳐 주었고, 마술이나 주문을 통해서 병들을 고쳐 주고 우울증에 걸려 있거나 정신이 산만한 사람들을 제정신으로 돌아오게 하는 척하였다. 그들은 스스로를 퇴마사로 자처하였는데, 이것은 그들이 주술을 시행하면서 이러저러한 힘있는 인물들의 이름을 빌려서 귀신들에게 엄히 명령하여 쫓아내는 방식을 사용하였기 때문이었다. 이렇게 주술을 행하는 유대인들은 이러한 주술 기법들을 고상하게 포장하기 위하여 이 주술들을 만들어 낸 것이 바로 솔로몬이라고 떠들고 다니는 악한 짓을 서슴지 않았다. 그래서 요세푸스는 솔로몬이 병들을 치료하고 귀신들을 쫓아내서 다시는 돌아오지 못하게 하는 주문들을 만들어 내었고, 이러한 주문들은 그가 살던 당시까지도 유대인들 가운데서 흔히 행해졌다고 말한다. 그리스도께서 너희의 아들들은 누구를 힘입어 귀신을 쫓아내느냐(마 12:27)고 말씀하셨을 때, 그것은 이러한 주술과 관련이 있는 것으로 보인다.

2. 이러한 삶을 사는 중에 에베소로 흘러 들어온 몇몇 마술사들에 관한 구체적인 이야기. 그들은 유대의 한 제사장 스게와의 일곱 아들이었다(14절). 야곱의 자손, 특히 특별한 방식으로 하나님께 성별된 가문인 아론의 자손들이 이렇게 타락한 모습을 보는 것은 참으로 서글픈 일이다. 아론의 집에 속한 자손들이 이렇게 사탄과 손을 잡고 있는 모습을 보는 것은 참으로 애석한 일이다. 그들의 아버지는 스물네개의 반차로 이루어진 제사장들 가운데서 어느 한 반차의 우두머리였던 고위 제사장이었다. 그들은 고위 제사장의 아들들이었기 때문에 성전에서 봉사하면 충분히 먹고 살고 편안하게 살 수 있었을 것인데 왜 저런 신세가 되었나 하고 우리는 생각할지도 모른다. 그러나 그들을 온 세상을 떠돌아다니며 병자나 미친 사람들을 고칠 수 있는 체하는 돌팔이 의사들로 만들어 버린 것은 아마도 여기저기 떠돌아다니며 방탕한 생활을 즐기는 것이 그럴 듯한 낭만으로 보였기 때문이었을 것이다.

3. 그들은 그리스도의 이름을 망령되이 일컫는 죄를 범함: 그들은 악귀들린 자들에게 주 예수의 이름을 불러 말하였다. 그리스도께서는 그의 이름으로 귀신

들을 내쫓으면서도 그의 제자들의 무리에 합류하지 않았던 어떤 사람들이 있었을 때에 그들이 그의 이름으로 귀신을 내쫓는 것을 금하지 않았었다(눅 9:49). 그러나 여기에 나오는 자들은 그리스도를 경배하거나 그의 이름을 의지하는 자들이 아니라, 마술을 행하여서 돈을 벌기 위하여 온갖 유용한 방법들을 기꺼이 다 시험해 보고자 했던 자들로서 다음과 같은 의도를 지니고 있었던 것으로 보인다. 만약 악귀들이 예수를 믿지 않는 자들이 예수의 이름으로 명하는 것에도 굴복한다면, 그들은 악귀를 쫓아내는 것이 예수의 가르침이 옳다는 것을 확증해 주는 것이 아니라고 말하고자 하였을 것이다. 왜냐하면, 예수를 믿으나 안 믿으나 귀신을 쫓아내는 데에는 아무런 차이도 없다는 것이 입증된 셈이 되기 때문이다. 또한, 악귀들이 예수의 이름으로 명하는 것에 굴복하지 않는다면, 그들은 그리스도의 이름은 그들이 귀신들을 쫓아낼 때에 자주 사용하여 왔던 다른 이름들보다 능력이 없다고 말할 것이었다. 그들은 우리가 바울이 전파하는 예수를 의지하여 너희에게 명하노라고 말하였다. 즉, 그들은 "우리가 믿고 의지하며 우리에게 권세를 부여하신 예수"라고 말한 것이 아니라 바울이 전파하는 예수라고 말하였다. 이것은 마치 "예수라는 이름이 과연 효력이 있는지 없는지를 우리가 시험하고자 한다"라고 말한 것이나 다름없는 것이었다. 가톨릭 교회의 퇴마사들은 그들이 알지도 못하고 하나님의 그 어떤 허락도 받지 못했기 때문에 믿음 안에서 사용될 수 없는 주문이나 마술을 통해서 미친 사람들에게서 귀신을 쫓아내는 체하지만, 그들은 여기에 나오는 이러한 떠돌이 유대인들의 추종자들에 불과하다.

4. 그들이 그들의 망령된 행동으로 말미암아 낭패를 당함. 그들은 스스로 속지 않아야 했다. 하나님은 업신여김을 받지 아니 하시고, 예수의 영광스러운 이름은 여기에서와 같은 그러한 악한 목적에 악용될 수 없다. 그리스도와 벨리알이 어찌 조화되겠느냐.

(1) 악귀가 그들에게 날카롭게 반문하였다(15절). "내가 예수도 알고 바울도 알거니와 너희는 누구냐. 나는 예수가 하늘의 통치자들과 능력들을 정복하였다는 것과 바울이 예수의 이름으로 귀신들을 쫓아낼 권세를 지니고 있다는 것을 안다. 그러나 너희는 예수의 이름으로 우리에게 명령할 그 어떤 권세를 지니고 있거나, 누가 너희에게 그러한 권세를 준 적이 있느냐? 너희가 예수의 가르침을 싫어한다는 것을 내가 아는데, 너희는 도대체 예수의 권세를 왜 사용하는

것이며, 예수의 언약과 명령을 함부로 너희의 입에 올리는 것이냐?"(시 50:16-17). 하나님께서는 복음에 존귀함을 더하시고 그리스도의 이름을 악용한 자들을 부끄럽게 하기 위하여 악귀의 입에서 이런 말이 나오게 하셨다. 그리스도에게 반대하는 세력들과 파당들은 예수와 바울에 대하여 큰 열심이 있고, 그들로부터 권세를 부여받은 것처럼 말하고 행동한다. 그러나 그들의 속내를 좀 더 자세하게 들여다 보면, 그들이 지향하는 것은 단지 세속적이고 세상적인 이익이라는 것이 드러난다. 아니, 그들 속에 있는 것은 참된 신앙에 대한 적대감이다: 내가 예수도 알고 바울도 알거니와 너희는 누구냐?

(2) 악귀들린 사람이 그들을 따뜻하게 영접하기라도 하려는 듯이 그들을 골탕먹이기 위하여 최고로 광분하고 격노하여 그들에게 뛰어 올라 눌러 그들과 그들의 모든 주술을 이기니, 그들은 도저히 악귀들린 사람을 감당할 수가 없었기 때문에, 벗은 몸으로만이 아니라 상하여 그 집에서 도망하였다. 그들의 옷은 악귀들린 사람이 뒤에서 잡아 당겨서 찢어졌고, 그들의 머리는 깨져서 피가 났다. 이 사건은 죄에서 떠나지 않은 채로 그리스도의 이름을 망령되이 부르는 모든 자들에게 경고하기 위하여 기록된 것이다. 원수 마귀는 그런 자들을 여러 가지 시험들을 보내어서 이길 뿐만 아니라 무섭고 두려운 일들을 통해서도 그들을 이기고자 한다. 그럴 때에 그들이 그리스도의 이름으로 마귀를 물리치고자 하여도, 그들은 결코 안전하지 못할 것이다. 그렇지만 우리가 그리스도에 대한 참되고 살아 있는 믿음으로 마귀에게 대항한다면, 마귀는 우리 앞에서 꽁무니를 빼고 달아나게 될 것이다. 반면에, 우리가 그리스도의 이름이나 그의 말씀을 일종의 주문으로 사용해서 마귀에게 대항할 수 있다고 생각한다면, 마귀는 우리를 이겨 먹게 될 것이다.

5. 이 사건이 불러일으킨 반향과 많은 사람들에게 미친 선한 감화(17절): 에베소에 사는 유대인과 헬라인들이 다 이 일을 알았다. 이 일은 이 성읍의 사람들의 입에 끊임없이 오르내렸고, 그 결과는 다음과 같은 것들이었다.

(1) 사람들이 두려워하게 되었다는 것: 두려움이 그들 모두에게 임하였다. 이 일을 통해서 사람들은 그들이 섬겨 왔던 마귀가 악한 존재라는 것과 그들이 반대하였던 그리스도가 능력이 있다는 것을 알게 되었다. 이것은 놀라운 반전이었다. 그들은 그리스도의 이름을 사소한 것으로 여기거나 하찮은 것으로 취급해서는 안 되고, 그리스도를 믿는 신앙을 이방의 미신들과 혼합해서도 안 되는

것을 알게 되었다.

(2) 하나님께서 영광받으셨다는 것. 예수의 신실한 종들이 그 어떤 저항도 받지 않는 가운데 귀신들을 쫓아내고 병들을 고치자, 사람들은 주 예수의 이름을 높였다. 왜냐하면, 이제 예수의 이름이 다른 그 어떤 이름보다도 더 높은 이름이라는 것이 드러났기 때문이다.

II. 여기에는 사탄의 종 노릇하던 자들이 회심하여, 그들의 회심의 증거들을 행동으로 보여준 이야기가 나온다.

1. 악한 마술의 죄를 범해 왔던 자들이 자신들의 행위를 고백하였다(18절). 믿고 세례를 받았지만, 당시에는 그들의 죄를 고백하는 것과 같은 구체적인 행동을 보이지 않았던 많은 사람들이 예수 그리스도의 이름을 높여준 이러한 사건들을 보고서 몹시 두려워하여, 바울이나 그와 함께 하였던 다른 사역자들에게 찾아와서, 그들이 지난 날에 얼마나 악한 삶을 살아 왔었는지를 자복하고, 그들의 양심에 찔리는 수많은 은밀한 죄악들, 세상이 알지 못했던 은밀한 협잡과 은밀하게 저지른 더러운 짓들을 고백하였다. 그들은 그들이 행한 일을 알리며, 스스로 부끄러움을 무릅쓰고서, 하나님께 영광을 돌리며 다른 사람들에게 경계가 되었다. 사람들의 이러한 고백은 그들로부터 억지로 받아낸 것이 아니었고, 사람들이 최근에 일어난 이적들을 보고서 두려움에 사로잡혀서 양심의 가책에서 벗어나기 위하여 자발적으로 행한 것이었다. 죄를 진심으로 뉘우치고 통회하게 되면, 거기에는 반드시 기도를 통해서 하나님께 진정으로 죄를 고백하고, 필요한 경우에는 우리에게 피해를 본 사람에게 우리 자신의 죄를 자백하는 일이 생겨나게 된다는 것을 명심하라.

2. 사악한 책들을 가까이 해 왔던 사람들은 그 책들을 불태웠다(19절): 마술을 행하던 많은 사람들, 즉 부적절한 것들(원어에 의하면)을 행하던 많은 사람들. 그들은 게으르게 행하여 도무지 일하지 아니하고 일을 만들기만 하는 자들로서(살후 3:11; 딤전 5:13), 주술과 점괘, 점성술, 점을 치거나 보는 방법, 귀신들을 불러내거나 진정시키는 방법, 꿈 해몽, 장차 일어날 일들을 예언하는 방법 등등을 연구하는 데에 골몰하는 자들이다. 어떤 이들은 여기에 연극, 연애 소설, 애성 소설, 외설적인 시들을 첨가해야 한다고 생각한다. 사람들은 그들의 양심이 이전보다 훨씬 더 일깨워진 상태였기 때문에 그러한 책들이 그들에게 가르쳐 준 행위들이 얼마나 악한 것인지를 깨닫고서 그 책들을 모아 가지고 와서 모든

사람 앞에서 불살랐다. 에베소는 이러한 온갖 요사스러운 술책들이 성행한 것으로 악명이 높았다. 그래서 갖가지 주문들과 진언들은 에베소의 글귀들(Literae Ephesiae)이라 불리었다. 에베소의 사람들은 이런 종류의 온갖 책들을 갖추고 있었고, 아마도 이러한 검은 술책들을 배우기 위해서 가정 교사를 두고 있었던 것 같다. 그러므로 이러한 마술들이 성행하고 있던 곳에서 마술들이 악하다는 것을 백일하에 드러낸 이적이 베풀어짐으로써 그리스도와 그의 복음이 큰 영광을 받고 높임을 받게 되었다. 당연히, 사람들은 마술이 악하다는 것을 깨닫게 되고, 다시는 그런 마술과 상대하지 않겠다고 결심하였을 것이다. 그러나 그들은 그러한 생각만으로는 충분하지 않다고 여겨서, 마술에 관한 책들을 가져 와서 모든 사람들 앞에서 태워 버렸다.

(1) 이렇게 사람들은 그들이 지금까지 저질러 왔던 죄악들에 대하여 거룩한 분노를 보여주었다. 성경에서는 우상숭배자들이 회개하게 되었을 때에 그들의 우상에게 나가라고 말하며(사 30:22) 은 우상과 금 우상을 두더지와 박쥐에게 던지게 될 것이라고(사 2:20) 말하였다. 사람들은 이렇게 지금까지 그들을 죄를 짓게 만들어 온 도구가 되었던 것들에 대하여 경건한 복수를 하였고, 그것들이 악하다는 것을 철저히 깨닫고서 그것들이 이전에 그들에게 기쁨을 주는 것이었듯이 지금은 색출해 내어서 태워 버려야 할 것들이 되었다고 선포하였다.

(2) 이렇게 사람들은 다시는 마법을 사용하거나 마법과 관련된 책들을 보지 않겠다고 하는 그들의 결심을 보여주었다. 그들은 마술이 악하고 위험하다는 것을 너무도 철저하게 깨달았기 때문에, 언젠가 그들의 마음이 바뀔 수도 있다는 전제 하에서 그 책들을 후미진 곳에 제쳐 놓은 것이 아니라, 다시는 그 책들을 보지 않겠다고 단단히 결심하고서 그 책들을 태워 버렸다.

(3) 이렇게 사람들은 마술로 다시 되돌아가고자 하는 유혹을 없애버렸다. 만약 그들이 마술에 관한 책들을 그들 곁에 두었더라면, 현재의 깨달음의 열기가 식는 날이 오면 그들은 다시 그 책들을 들여다 보고 싶은 호기심이 생기게 될 것이고, 다시 마술을 좋아하게 될 위험성이 있었기 때문에, 그들은 그 책들을 불태워 버렸다. 진정으로 죄를 회개하는 자들은 죄를 범할 수 있는 기회들을 가능한 한 최대로 멀리하고자 하여야 한다는 것을 명심하라.

(4) 이렇게 그들은 그들이 다른 사람들에게 해악을 끼치는 것을 미연에 방지

하였다. 만약 유다가 그들 곁에 있었더라면, 유다는 분명히 "이 책들을 팔아서 그 돈을 가난한 자들에게 나눠 주라." 또는 "이 책들을 팔아서 성경책이나 그 밖의 다른 좋은 책들을 사라"고 말하였을 것이다. 그러나 만약 그렇게 한다면, 이 위험한 책들이 누구의 손에 들어가서, 그들에게 어떠한 해악을 미치게 될지 누가 알겠는가? 그러므로 가장 안전한 조치는 그 책들을 모두 불길 속에 던져 버리는 것이었다. 죄에서 벗어나 회복된 자들은 다른 사람들이 죄에 빠지는 것을 온 힘을 다해서 막고자 하고, 다른 사람들의 길에 죄를 행할 수 있는 기회를 두는 것을 몹시 두려워하는 법이다.

(5) 이렇게 그들은 그들이 이 세상의 재물을 멸시한다는 것을 보여주었다. 왜냐하면, 사람들에게 이 책들을 불태우지 말라고 설득하였던 자들은 아마도 그 책들의 가격을 다 합해서 계산해 보았던 것같고, 책 값은 모두 해서 은 오만이 된다는 것을 발견하였기 때문이다. 그 책들은 희귀했고 또한 금서였을 가능성이 많기 때문에 비쌌을 것이다. 아마도 그들은 그 책들을 구입하는 데에 많은 돈을 썼을 것이다. 그들은 어리석게도 그 책들을 샀었지만 그 책들은 마귀의 책들이기 때문에 그 책들을 되파는 것은 너무도 사악한 짓이어서 온당치 못하다고 생각하였다.

(6) 이렇게 그들은 그들이 악한 관습에서 빠져 나오게 된 것을 기뻐한다는 것을 공개적으로 승언하였다. 이것은 마치 마태가 그리스도께서 그를 세관에서 부르신 것을 기쁘게 여겨서 큰 잔치를 베푼 것과 같은 것이었다. 이 회심자들은 이러한 축하의 큰 불을 지피는 데에 서로 힘을 합쳤고, 모든 사람들 앞에서 축하의 불길을 올렸다. 그들은 각자가 은밀하게 자신의 집에서 그 책들을 불태웠을 수도 있었지만, 그리스도와 그들에게 주어진 그의 은혜를 한층 더 높이 찬미하고, 주변의 모든 사람들의 덕을 세우기 위해서 이심전심으로 사람들이 많이 지나다니는 대로에서 함께 그 책들을 불사르기로 결심하였다.

Ⅲ. 여기에는 에베소에서와 그 근방에서 복음이 성공적으로 전파된 것에 관한 일반적인 서술이 나온다(20절).　　이와 같이 주의 말씀이 힘이 있어 흥왕하여 세력을 얻으니라. 에베소에서처럼 하나님의 말씀이 세력을 얻어서 힘있게 뻗어 나가는 것을 보는 것은 참으로 복된 일이다.

1. 복음이 광범위하게 퍼져 나가서 많은 사람들이 교회에 더해지는 것을 보는 것은 복된 일이다. 점점 더 많은 사람들이 복음의 감화를 받아서 복음을 따

라 살아 가게 될 때에, 복음은 흥왕하게 된다. 복음을 받아들일 것같지 않았던 자들, 목을 꼿꼿이 세우고 완강하게 복음에 반대하여 왔던 자들이 복음에 사로 잡혀서 순종하게 될 때, 우리는 그것을 복음이 힘있게 자란다고 말할 수 있을 것이다.

2. 교회에 더해진 자들이 하나님을 아는 지식과 은혜 속에서 성장함으로써 복음이 광범위하게 세력을 얻게 되는 것을 보는 것은 복된 일이다. 굽을 대로 굽은 것들이 제거되고, 사악한 습관들이 바뀌며, 오랫동안 유지되어 왔던 악한 관습들이 깨뜨려지고, 사람들에게 쾌락과 이득을 주어서 유행하게 된 죄악들이 버려지게 될 때, 복음은 힘이 있어 세력을 얻고 있는 것이다. 그리스도께서는 복음을 통해서 계속해서 이기고 또 이기실 것이다.

[21]이 일이 있은 후에 바울이 마게도냐와 아가야를 거쳐 예루살렘에 가기로 작정하여 이르되 내가 거기 갔다가 후에 로마도 보아야 하리라 하고 [22]자기를 돕는 사람 중에서 디모데와 에라스도 두 사람을 마게도냐로 보내고 자기는 아시아에 얼마 동안 더 있으니라 [23]그 때쯤 되어 이 도로 말미암아 적지 않은 소동이 있었으니 [24]즉 데메드리오라 하는 어떤 은장색이 은으로 아데미의 신상 모형을 만들어 직공들에게 적지 않은 벌이를 하게 하더니 [25]그가 그 직공들과 그러한 영업하는 자들을 모아 이르되 여러분도 알거니와 우리의 풍족한 생활이 이 생업에 있는데 [26]이 바울이 에베소뿐 아니라 거의 전 아시아를 통하여 수많은 사람을 권유하여 말하되 사람의 손으로 만든 것들은 신이 아니라 하니 이는 그대들도 보고 들은 것이라 [27]우리의 이 영업이 천하여질 위험이 있을 뿐 아니라 큰 여신 아데미의 신전도 무시 당하게 되고 온 아시아와 천하가 위하는 그의 위엄도 떨어질까 하노라 하더라 [28]그들이 이 말을 듣고 분노가 가득하여 외쳐 이르되 크다 에베소 사람의 아데미여 하니 [29]온 시내가 요란하여 바울과 같이 다니는 마게도냐 사람 가이오와 아리스다고를 붙들어 일제히 연극장으로 달려 들어가는지라 [30]바울이 백성 가운데로 들어가고자 하나 제자들이 말리고 [31]또 아시아 관리 중에 바울의 친구된 어떤 이들이 그에게 통지하여 연극장에 들어가지 말라 권하더라 [32]사람들이 외쳐 어떤 이는 이런 말을, 어떤 이는 저런 말을 하니 모인 무리가 분란하여 태반이나 어찌하여 모였는지 알지 못하더라 [33]유대인들이 무리 가운데서 알렉산더를 권하여 앞으로 밀어내니 알렉산더가 손짓하며 백성에게 변명하려 하나 [34]그들은 그가 유대인인 줄 알고 다 한 소리로 외쳐

이르되 크다 에베소 사람의 아데미여 하기를 두 시간이나 하더니 ³⁵서기장이 무리를 진정시키고 이르되 에베소 사람들아 에베소 시가 큰 아데미와 제우스에게서 내려온 우상의 신전지기가 된 줄을 누가 알지 못하겠느냐 ³⁶이 일이 그렇지 않다 할 수 없으니 너희가 가만히 있어서 무엇이든지 경솔히 아니하여야 하리라 ³⁷신전의 물건을 도둑질하지도 아니하였고 우리 여신을 비방하지도 아니한 이 사람들을 너희가 붙잡아 왔으니 ³⁸만일 데메드리오와 그와 함께 있는 직공들이 누구에게 고발할 것이 있으면 재판 날도 있고 총독들도 있으니 피차 고소할 것이요 ³⁹만일 그 외에 무엇을 원하면 정식으로 민회에서 결정할지라 ⁴⁰오늘 아무 까닭도 없는 이 일에 우리가 소요 사건으로 책망 받을 위험이 있고 우리는 이 불법 집회에 관하여 보고할 자료가 없다 하고 ⁴¹이에 그 모임을 흩어지게 하니라

I. 바울은 에베소를 떠나서 다른 곳에서 사역을 하기로 구상하고 있던 바로 그 때에 에베소에서 어떤 소동에 휩싸이게 된다. 좀 더 자세하게 살펴보자.

1. 바울은 다른 곳들로 갈 구상을 하였다(21-22절). 그는 하나님을 위한 거대한 계획과 구상들을 지닌 인물이었고, 그러한 계획은 자신의 사역을 통해서 복음을 될 수 있는 한 널리 알리기 위한 것이었다.

(1) 에베소에서 대략 두 해를 보낸 후에 바울은 마게도냐와 아가야의 교회들, 특히 이 두 속주의 주요한 성읍들이었던 빌립보와 고린도의 교회들을 찾아보기로 계획하였다(21절). 바울은 거기에 교회들을 세웠었는데, 이제 그 교회들을 찾아 보고자 한 것이었다. 바울은 자신의 심령 속에서 이러한 계획을 작정하였고, 자신의 계획을 남들에게는 알리지 않은 채로 혼자만 결심을 굳히고 있었다. 또는, 바울은 그의 모든 행동들을 인도하고 이끌어 왔던 성령의 지시하심을 따라서 마게도냐와 아가야 지방에서 하나님의 일이 어떻게 진행되고 있는지를 가서 살펴보고, 잘못된 것이 있으면 바로잡고 잘한 것은 격려하고자 했다.

(2) 그런 후에 바울은 예루살렘으로 가서 거기에 있는 형제들을 만나 보고 그들에게 주님의 기뻐신 뜻이 그의 손을 통해서 성공적으로 잘 이루어지고 있다는 것을 설명하고자 하였다. 그런 후에 그는 로마로 가서 로마를 볼 작정이었다. 바울이 로마를 보리라고 말한 것은 그가 저 유서깊고 유명한 도시를 봄으로써 자신의 호기심을 만족시키고자 한 것이 아니라, 거기에 있는 그리스도인들

을 만나 보고서 그들을 어떤 식으로든 섬기고자 한 것을 당시 사람들이 로마에 갈 때에 습관적으로 로마를 보겠다는 표현을 사용하였기 때문에 그 표현을 그저 사용한 것이었다(롬 1:11). 로마에 있는 선한 자들은 그 성읍의 영광으로서 바울은 그들을 몹시 보고자 하였다. 라이트푸트 박사는 바울이 에베소에 머문 지 2년째 되던 해에 글라우디오 황제가 죽었는데 그 소식을 듣고서 바울이 로마에 가야 하겠다고 생각했을 것이라고 말한다. 왜냐하면, 글라우디오 황제가 살아 있는 동안에는 유대인들이 로마에 있는 것이 금지되었기 때문이었다(행 18:2).

(3) 바울은 마게도냐의 교회를 방문하겠다는 자신의 뜻을 전하게 하고 예루살렘 교회의 가난한 성도들에게 줄 헌금을 모아서 준비해 놓도록 하기 위해서 마게도냐로 디모데와 에라스도를 보냈다. 그 직후에 바울은 고린도전서를 썼는데, 이것은 내가 디모데를 너희에게 보내었고 주께서 허락하시면 내가 너희에게 속히 나아가리라(고전 4:17, 19)고 그가 쓴 것에서 드러난다. 디모데와 에라스도를 마게도냐로 보낸 후에 얼마 동안 바울은 아시아, 즉 에베소 근방의 지역에 머물면서 교회들을 계속 세워 나갔다.

2. 하나님께서는 바울이 작정한 일을 수행하도록 재촉하셨고, 바울은 에베소에서 겪게 된 환난으로 인해서 자신의 계획을 수행해 나갈 수밖에 없게 되었다. 바울이 에베소에서 그토록 오랫동안 아무 일 없이 조용히 지낸 것은 이상한 일이었다. 하지만 바울은 에베소에서 환난을 만나지 않은 것이 아니라 그 환난들이 사도행전에 기록되지 않은 것일 가능성이 더 높다. 왜냐하면, 그 당시에 쓴 서신 속에서 바울은 자기가 에베소에서 맹수와 더불어 싸운 이야기를 하고 있는데(고전 15:32), 이것은 당시에 사람들이 종종 그리스도인들을 잡아다가 야만적으로 취급하여서 야외 극장에서 맹수와 싸움을 붙인 것을 가리키고 바울도 그러한 일을 당했다는 것을 의미하는 것으로 보이기 때문이다. 또한, 바울은 아시아, 곧 에베소 근방에서 그의 무리들에게 닥친 환난에 대하여 얘기하면서, 자기가 힘에 겹도록 심한 고난을 당하여 살 소망까지 끊어지고 사형 선고를 받은 줄 알았다고 말하고 있다(고후 1:8-9).

II. 그러나 여기에 얘기되고 있는 환난를 통해서 바울은 몸이 상한 것은 아니었지만 많이 놀라게 되었다. 전반적으로 그 때쯤 되어 이 도로 말미암아 적지 않은 소동이 있었다(23절). 몇몇 역사가들은 자신을 시몬 마구스(Simon Magus), 즉 위대한 자로 자처하며 그리스도와 동일한 반열에 자신을 놓은 저 유명한 폭군인 아폴로니우스 티아나이우스(Apollonius Tyanaeus)가 바울이 에베소에 있던 바로 그 때쯤에 그도 에베소에 있었다고 말한다. 그러나 이 황제가 복음을 배척한 것은 그렇게 강력한 것이 아니었기 때문에, 누가는 그것을 기록할 가치가 없다고 생각하였던 것으로 보인다. 따라서 누가가 여기에서 기록하고 있는 소동은 다른 성격을 지닌 소동이었다고 보아야 한다. 이제 이 소동의 구체적인 내용을 자세하게 살펴보도록 하자.

1. 바울을 비롯하여 복음을 전하는 자들이 사람들을 권유하여 아데미를 숭배하지 못하게 함으로써 아데미 신상을 만들어서 짭짤한 재미를 보았던 은장색들이 타격을 입게 되자 큰 불만이 터져 나오게 됨.

(1) 이러한 불만을 선도한 자는 데메드리오라 하는 은장색이었는데, 그는 아마도 이 직업 조합의 조합장쯤 되는 자였던 것 같고, 다른 누구보다도 이 직업이 가져다 주는 이익을 잘 알고 있었던 자였던 것 같다. 그가 은으로 아데미의 신상을 만드는 일 외에 또 다른 종류의 도금과 관련된 일을 하였는지는 본문에 나와 있지 않다. 그러나 그가 하는 일 중에서 가장 수지맞는 일은 은으로 아데미의 신상 모형을 만드는 것이었다(24절). 어떤 이들은 이 신상 모형이라는 것이 아데미 여신 또는 그 신전, 노는 둘 나가 새겨진 메달을 가리키는 것이라고 생각한다. 또 어떤 이들은 신상 모형이라는 것은 아데미 여신과 그 신전을 숙소해서 온통 은으로 만든 것으로서 이 모형들은 아주 작았기 때문에, 사람들은 마치 가톨릭 신자들이 그리스도의 수난상을 몸에 지니고 다니는 것과 마찬가지로 얼마든지 그 신상 모형을 지니고 다닐 수 있었을 것이라고 생각한다. 에베소의 신전에서 경배를 드리기 위하여 멀리서 온 자들은 집으로 돌아갈 때면 그들의 친구들의 호기심을 만족시키고 이 웅장한 신전에 대한 추억을 그들 마음속에 고이 간직하기 위하여 이 작은 신상 모형을 사서 집으로 가져 갔다. 장인들(craftsmen), 그리고 은장색이라고 하기보다는 영악한 자들(crafty men)이라고 해야 할 장인들이 사람들의 미신을 이용해서 자신들의 세상적인 목적을 어떻게 이루고 있는지를 보라.

(2) 데메드리오는 방백이 아니라 군중에게 호소하였다. 그는 그 직공들과 그러한 영업하는 자들(세상적인 이득 외에는 아무 것도 생각하지 않는 기술자들의 한 무리)을 불러 모아 놓고, 그들 속에 바울에 대한 분노를 불러일으키고자

애를 썼는데, 그들이 이성을 통해서가 아니라 분노를 통해서 행동할 수 있게 하고자 하였다.

(3) 그는 자신의 불만을 아주 자세하게 얘기한다.

[1] 그는 아데미를 숭배하는 사람들에게 은으로 된 신상 모형을 만들어 주는 기술과 비법은 보존되어야 한다는 것을 하나의 원칙으로 제시한다(25절). "여러분도 알거니와 우리의 생계와 우리에게 꼭 필요한 양식만이 아니라 우리의 풍족한 생활이 이 생업에 있도다. 우리는 이 직업을 통해서 부자가 되었고 재산을 모았다. 우리는 이 직업 때문에 떵떵거리며 살게 되었고 얼마든지 안락한 생활을 누리게 되었다. 그러므로 무슨 일이 있든지, 우리는 이 직업이 하찮은 것으로 경멸받게 해서는 안 된다." 사람들이 어떤 직업이나 일을 통해서 돈을 벌고 풍족한 생활을 하게 된다면, 그 직업이나 일이 옳든지 그르든지 그것을 열심히 옹호하고자 하는 것은 당연한 일이다. 많은 사람들이 바로 이 한 가지 이유 때문에 그리스도의 복음을 배척하고 반대해 왔다. 왜냐하면, 복음은 사람들이 어떤 직업을 통해서 아무리 많은 부를 얻을 수 있다고 하여도 그 직업이 불법인 경우에는 사람들에게 그 직업을 그만두라고 요구하기 때문이다.

[2] 그는 바울이 사람들에게 우상을 섬기지 말도록 권유하였다는 이유로 바울을 비난하였다. 그가 바울을 비난하면서 한 말은 바울이 사람의 손으로 만든 것들은 신이 아니라고 단언하였다는 것이다(26절). 그 어떤 진리가 이 말보다 더 분명하고 자명할 수 있으며, 그 어떤 추론이 장인이 우상을 만든 것이기 때문에 우상은 참 신이 아니다라는 선지자들의 추론보다 더 설득력이 있을 수 있겠는가? 우리가 하나님에 대하여 지니고 있는 가장 중요하고 첫째가는 개념은 하나님은 스스로 존재하시는 분이시고 다른 어떤 것에 의지하여 존재하는 분이 아니시라는 것이다. 도리어, 만물이 하나님에게서 생겨났고 하나님을 의지하여 그 존재를 유지하고 있다. 그러므로 사람들의 헛된 망상에 의해서 만들어지고 사람들의 손에 의해서 만들어지는 것들은 신이 아니라는 결론이 도출될 수 밖에 없다. 그렇지만 데메드리오는 이 말을 이단적이고 무신론적인 사상으로 간주하고, 그러한 말을 퍼뜨린 바울을 범죄자로 단정한다. 이것은 그들이 바울의 이러한 가르침을 반박할 수 있는 어떤 근거를 제시할 수 있었기 때문이 아니라, 바울의 말 때문에 소아시아의 주도인 에베소에서만이 아니라 아시아 전 지역에 걸쳐서, 심지어 그들의 가장 확실한 고객이라고 여겨졌던 시골 사람들에

게도 바울이 수많은 사람을 권유하여 아데미를 숭배하는 것으로부터 돌아서게 만들었기 때문이었다. 따라서 은으로 만든 아데미의 신상 모형에 대한 수요가 지금은 예전과 같지 않아서, 그 모형들을 팔아서 짭짤한 수입을 거두는 것이 불가능해졌다. 어떤 것이 사람들이 만든 법이고, 그것을 따를 때에 세상적인 이득이 있게 되면, 사람들은 그것이 아무리 터무니 없고 비이성적인 것이며 이치에 맞지 않는 것이라고 하여도 그것을 완고하게 주장하며, 손으로 만든 것들이 신이다라는 거짓된 신념을 갖게 된다.

[3] 데메드리오는 사람들에게 그들의 생업이 몰락할 위기에 처해 있다는 것을 상기시켰다. 이 점을 건드린 것은 그들의 가장 예민한 부분을 건드린 것이었다. "만약 바울의 이러한 가르침이 사람들에게 먹혀든다면, 우리는 모두 망하게 되고, 심지어 가게 문을 닫아야 할지도 모른다. 우리의 이 영업이 천하여져서, 미신으로 단죄되고 오명을 뒤집어 써서 천하의 웃음거리가 되어서, 모든 사람이 우리의 직업을 짓밟아 뭉개버리게 될 것이다. 우리의 이 몫(원어는 이런 의미이다), 즉 우리의 직업과 영업은 없어져버릴 위험에 처하게 될 뿐만 아니라, 우리에게도 위기가 닥쳐와서, 우리는 단순히 알거지가 될 뿐만 아니라 나쁜 놈들로 낙인이 찍히게 될 것이다."

[4] 데메드리오는 아데미 여신을 위한 열렬한 신앙심과 아데미 여신의 위엄을 높이고자 하는 열심이 그에게 있는 체한다: 우리의 직업이 위험에 빠져 있다. 하지만 그것이 전부라면, 그는 자기가 그토록 흥분해서 열을 내어 열변을 토하지 않았을 것이라는 인상을 사람들에게 심어 주고자 한다. 그는 자신의 관심이 큰 여신 아데미의 신전도 무시당하게 되고 그의 위엄도 떨어질까 걱정하는 것에 온통 집중되어 있는 듯이 말한다. 그는 온 세상 사람들을 위하여 온 아시아와 천하가 섬기는 저 여신의 위엄이 떨어지는 것을 차마 보지 못하겠다는 듯이 말한다. 아데미 여신에 대한 숭배가 계속되어야 할 이유로 제시되고 있는 것이 무엇이고, 아데미를 숭배하는 데 가장 열심인 신봉자들이 아데미를 변호하여 말할 수 있는 것이 과연 무엇이었는지를 보라. 첫째, 아데미의 신전이 으리으리하고 웅장하였다는 것. 신선의 웅징힌 위용은 사람들을 사로잡아서 꼼짝못하게 묶어 놓은 것이었다. 따라서 사람들은 그 웅장한 신전이 파괴되는 것은 말할 것도 없고 초라해지게 될 것이라는 것을 생각하는 것만으로도 참을 수가 없었다. 둘째, 아데미 여신을 숭배하는 자들이 많았다는 것. 온 아시아와 천하가 아데미를 숭배

하였다. 그러므로 바울이 아무리 딴 소리를 하더라도, 아데미를 숭배하는 것은 올바른 것임에 틀림없다. 이렇게 온 땅이 놀랍게 여겨 짐승을 따랐기 때문에, 용, 마귀, 이 세상의 신은 자기의 능력과 보좌와 큰 권세를 짐승에게 주었다(계 13:2-3).

2. 무리들이 이 말을 듣고 분개함. 무리들을 선동한 것은 데메드리오라는 한 은장색이었는데, 그는 무리들을 분노케 하고자 하였고, 그 목적은 그대로 이루어졌다. 왜냐하면, 그의 말을 듣고서 무리들은 다음과 같이 행하였기 때문이다.

(1) 그들은 복음과 복음을 전하는 자들에 대하여 큰 적개심을 나타내 보였다: 그들이 분노가 가득하였다(28절). 거기에 모였던 은장색들은 그들의 직업과 그들이 섬기는 우상이 둘 다 위험에 처해 있다는 말을 듣고서 미쳐 날뛰게 된 것이었다.

(2) 그들은 그들이 섬기는 여신을 높이는 데에 큰 열심을 나타내 보였다: 그들은 이렇게 외쳤다. "크다, 에베소 사람의 아데미여. 우리는 아데미 여신의 곁에 서서 이 여신과 함께 살고 함께 죽기로 결심한다. 이 여신을 멸시하거나 멸망시키려고 위협하는 자들이 있다면, 우리가 나서서 그들을 상대해 주리라. 바울이 사람의 손으로 만든 것이 신이 아니라는 것을 증명하기 위해서 별의별 말을 다 한다고 해도, 우리는 다른 신들이나 여신들은 어떠하든지 간에 에베소 사람의 아데미는 크다는 신앙을 결코 버리지 않을 것이다. 우리는 조상들로부터 대대로 물려 받은 이 땅의 종교를 마땅히 옹호하여야 하고, 또한 그렇게 할 것이다." 이렇게 모든 사람들은 만민이 각각 자기의 신의 이름을 의지하여 행하였고, 각자의 신에 대하여 좋게 여겼다. 하물며 이 하나님이 영원히 우리의 하나님이시다라고 말할 수 있는 참된 하나님의 종들은 더욱더 그렇게 하여야 한다.

(3) 그들은 큰 혼란을 야기시켰다(29절): 온 시내가 큰 혼란에 빠져서 요란하였다. 이것은 거짓된 종교에 대한 무절제한 열심이 통상적으로 빚어내는 자연스러운 결과이다. 이러한 잘못된 열심은 모든 것을 혼란에 빠뜨리고, 이성을 그 보좌에서 물러나게 하고, 감정을 그 보좌에 대신 앉힌다. 무리들은 서로의 생각과 마음이 어떤지도 알지 못할 뿐만 아니라 자기 자신의 생각도 잘 알지 못하는 가운데 함께 몰려 다닌다.

3. 무리들은 이러한 적개심의 힘에 이끌려서 몰려 다니면서 일들을 저질렀다.

(1) 그들은 바울과 함께 다니던 자들 중에서 두 사람을 붙잡아서 급히 연극

장으로 끌고 들어갔다(29절). 어떤 이들은 무리들이 바울이 종종 겪었던 것처럼 이 두 사람으로 하여금 맹수와 싸우게 할 목적으로 거기로 끌고 간 것이라고 생각하지만, 아마도 그들은 사람들이 많이 모인 곳에서 이 두 사람을 욕보여서 구경거리가 되게 할 심산으로 그 두 사람을 끌고 갔던 것 같다. 그들에게 붙잡힌 자들은 가이오와 아리스다고였는데, 우리는 이 두 사람에 대해서 성경의 다른 곳에서도 듣게 된다. 가이오는 더베 사람이었고(행 20:4), 아리스다고는 거기와 골로새서 4:10에 언급되어 있다. 이 두 사람은 바울과 함께 마게도냐에서 온 자들로서 그들이 잘못한 것이 있다면 그것은 바울과 함께 길동무가 되어서 바울을 섬기며 고생한 죄밖에는 없었다.

(2) 무리들에게 붙잡히는 것을 모면하였던 바울은 그의 친구들이 자기 때문에 곤경에 처하게 된 것을 알고서, 그의 친구들이 자기 때문에 고초를 당하느니 그 두 사람을 구해낼 다른 방도가 없다면 자기가 고초를 당하겠다고 생각하여, 백성 가운데로 들어가고자 하였다. 바울이 이렇게 하고자 한 것은 그가 사랑이 많은 사람이었다는 것을 보여주는 것이었고, 그가 자신의 이웃을 자기 몸처럼 사랑하였다는 것을 보여주는 것이었다.

(3) 바울은 그의 친구들이 그를 만류하고 뜯어 말리는 바람에 겨우 그렇게 하기를 그만 두었다.

[1] 제자들이 바울을 말린 것은 바울로 하여금 그 일을 하게 하는 것보나는 그들이 좀 애를 먹고 수고가 된다고 하더라도 바울을 말리는 편이 더 나았기 때문이었다. 다윗이 위험을 무릅쓰고 전쟁터에 나가고자 했을 때 다윗의 신하들이 말했던 것처럼, 이 제자들은 바울에게 당신은 우리 만명보다 중하다고 기꺼이 말할 수 있었다(삼하 18:3).

[2] 바울의 또 다른 친구들이 이 일에 개입하여서 바울이 사지로 들어가는 것을 막았다. 만약 바울이 연극장으로 들어간다면, 무리들은 그를 이 분파의 우두머리로 여겨서 가이오나 아리스다고보다 훨씬 더 가혹하게 그를 다룰 것이 분명하였다. 그러므로 바울이 그 위험천만한 곳으로 뛰어드는 것보다는 두 사람이 잠시 억수 같이 쏟아지는 소나기를 맞고 견디는 편이 더 나았다(31절): 이 친구들은 아시아의 관리들이었다. 어떤 이들은 그들이 에베소의 제사장들 중 우두머리에 속한 자들이었다고 말하고, 또 어떤 이들은 그들이 검투사들 중에서 우두머리급에 속한 자들이었다고 말한다. 본문에서는 그들이 기독교 신앙

으로 회심하였는지(분명히 에베소의 제사장들과 방백들 가운데는 이렇게 회심한 자들이 있었다), 그들은 단지 진실하고 선한 자였던 바울이 잘되기를 바란 것이었는지에 대해서는 말하고 있지 않고, 단지 그들이 바울의 친구들이었다고만 말한다. 라이트푸트 박사는 바울이 연극장에서 맹수와 싸운 사건이 있은 이래로 그들은 바울을 존경하게 되었고 그에게 호감을 갖게 되었기 때문에, 바울이 이번에도 다시 욕을 당하게 되지는 않을까 염려하였던 것이라고 말한다. 사람들이 자기 자신의 안위보다는 선한 자들의 안위를 더 생각하고 돌보는 것은 좋은 일이다. 바울이 연극장으로 들어가는 것은 매우 위험스러운 모험이 될 것이었다. 만약 바울이 그렇게 하였다면, 그는 십중팔구 목숨을 잃게 되었을 것이다. 그러므로 바울은 그의 친구들의 만류를 받아들여서 자기 자신을 보존하기로 하였는데, 이것은 우리에게 우리의 본분을 저버리는 것이 아니라면 될 수 있는 한 위험을 무릅쓰지 않도록 가르치는 것이다. 우리는 그리스도와 복음을 위하여 우리의 목숨을 기꺼이 내어 놓아야 하지만, 우리의 목숨을 아무렇게나 내팽개쳐서는 안 된다. 바울은 연극장으로 들어가는 위험을 무릅쓰는 것보다는 회당에 들어가는 위험을 무릅쓰는 편이 더 나을 것이었다.

(4) 무리들은 완전한 혼란 속에 빠져 있었다(32절): 사람들은 그들이 들은 소문에 따라서 이런저런 생각과 감정이 생겨나는 대로 외쳐 어떤 이는 이런 말을, 어떤 이는 저런 말을 하였다. 어떤 이들은 유대인들을 죽이라고 외쳤고, 어떤 이들은 바울을 죽이라고 외쳤다. 그러나 모인 무리가 분란하여 혼란에 빠져 있었기 때문에, 사람들은 서로의 생각을 이해할 수 없었다. 그들은 서로 상반된 생각을 하였고, 자기와 다른 생각을 지닌 자들에 대해서는 여지없이 공격할 태세를 갖추고 있었지만, 사실 자기 자신의 생각조차도 제대로 알지 못하였다. 왜냐하면, 모인 무리 중에 태반이나 어찌하여 모였는지 알지 못하고 있는 것이 그 실상이었기 때문이었다. 무리들은 어떻게 해서 이 소동이 시작되었는지, 또한 누가 이 소동을 시작하였는지를 알지 못하였고, 그들이 거기에 무슨 일로 모여 있게 되었는지는 더더욱 알지 못하였다. 사실 그러한 경우들에 있어서 무리들 중 대다수는 단지 도대체 무슨 일인지를 알아보기 위해서 그 자리에 오게 된다. 사람들은 외치는 소리를 따르게 되고 군중들을 따르게 되어서, 무리들은 순식간에 눈덩이처럼 불어나는데, 많은 사람들이 모여 있는 곳에는 더욱 많은 사람들이 모여 들게 되어 있다.

(5) 유대인들은 이러한 소동에 관심을 갖고 있었을 것이지만(다른 지역들에서는 그들이 제일 먼저 그러한 소동을 만들어 내었다), 지금 에베소에서는 군중들을 불러 모을 만한 충분한 관심을 가지고 있지 않았다. 그렇지만 무리들이 운집하게 되자, 유대인들은 그 무리들을 자신들의 목적에 따라서 이용하고자 하였다(33절): 유대인들이 무리 가운데서 알렉산더를 권하여 앞으로 밀어내어서, 그로 하여금 유대인들을 대신해서 바울과 그의 동료들을 비방하는 말을 하게 하고자 하였다. "여러분들은 데메드리오와 은장색들이 바울과 그의 동료들에 대하여 그들이 에베소 사람들의 종교의 원수들이라고 말한 것을 들었을 것이다. 이제 우리에게 말할 기회를 준다면, 우리는 바울이 우리의 종교의 원수라는 것을 여러분에게 말하고자 한다." 유대인들은 그렇게 하도록 알렉산더를 앞으로 밀어내고, 그들이 그의 곁에서 그를 도울 것이라고 격려하였다. 유대인들은 그렇게 하는 것이 그들을 변호하는 데에 꼭 필요한 일이라고 여겼기 때문에, 알렉산더가 하는 말을 알렉산더 자신이 아니라 유대인 전체를 변호하고 변명하는 말이라고 불렀다. 아데미 여신을 숭배하는 자들은 바울과 마찬가지로 유대인들도 그들의 원수로 여겼기 때문이었다. 이제 유대인들은 에베소 사람들에게 바울이 공동의 적이요 원수라는 것을 알게 하고자 하였다. 이렇게 지금 여기에서 자기 자신을 그리스도의 종들로부터 철저히 구별하고자 하고, 자기 자신이 그리스도의 종으로 여겨지는 것을 두려워하는 자들은 장차 저 큰 날에 거기에 합당한 심판을 받게 될 것이다. 알렉산더는 거기에 모인 무리들이 자기가 바울을 쳐서 하는 말을 듣게 하고자 하여 손짓하였다. 왜냐하면, 그리스도인들에 대한 박해가 진행되고 있는 곳에 유대인들이 거기에 있지 않다면, 그것은 이상한 일이 되었을 것이기 때문이다. 유대인들은 스스로 나서서 해악을 끼칠 수 없다면, 남들이 그렇게 하는 것을 도움으로써 다른 사람들이 범하는 죄에 동참하고자 하였다. 어떤 이들은 이 알렉산더라는 인물은 한때 그리스도인이었다가 배교하여 유대교로 개종한 자였기 때문에 바울을 고소하는 데에 적합한 인물로 신정되었던 것이라고 생각한다. 그들의 주장에 의하면, 이 알렉산더는 바울에게 그토록 많은 해를 입혔던 구리 세공업자 일렉산더이었고(딤후 4:14), 바울은 그를 사탄에게 내 주었다(딤전 1:20).

(6) 이 일은 무리들이 바울의 친구들에 대한 고소를 진행하는 것을 멈추고서 그들의 여신을 높여서 환호하게 만드는 계기가 되었다(34절): 그들은 그가 유대

인인 줄 알고, 즉 그가 유대인으로서 아데미 숭배의 원수라는 것을 알고서(유대인들은 우상과 우상 숭배에 대하여 굽히지 않는 증오심을 지니고 있었기 때문에), 그가 바울을 변호하거나 바울을 비난하여 그 어떤 말을 한다고 할지라도, 그의 말을 듣지 않기로 결심하고서, 무리들을 움직여서 이렇게 소리치게 하였다. "크다, 에베소 사람의 아데미여. 우리의 여신의 짓밟는 자가 유대인이든 그리스도인이든, 우리는 우리의 여신을 소리높여 찬미하리라. 이 여신은 에베소 사람의 아데미이시다. 우리에게 아데미 신전이 있다는 것은 우리의 영광이자 복이다. 이 여신은 위대한 여신으로서 사람들에게 널리 알려져서 숭배를 받고 있다. 아데미 여신은 여러 지역에 퍼져 있지만, 에베소 사람의 아데미가 가장 위대하다. 왜냐하면, 에베소에 있는 아데미 신전이 다른 어느 곳에 있는 것들보다도 가장 화려하고 웅장하기 때문이다." 거기에 운집한 무리들은 무려 두 시간 동안을 이 말을 소리쳐 외쳤다. 이것은 사람의 손으로 만든 것들은 신이 아니다는 바울의 가르침에 대한 충분한 반박으로 생각되었다. 이렇게 지극히 거룩한 진리들은 흔히 다름 아닌 성난 군중들의 소란과 아우성에 의해서 짓밟힌다. 우상숭배자들은 그들의 우상에 미쳐 있다는 옛 격언이 있다. 여기에서 우리는 그 한 예를 본다. 아데미 여신은 에베소 사람들을 위대하게 만들어 주었다. 왜냐하면, 에베소라는 성읍은 거기에 있는 아데미 신전을 참배하기 위하여 각지에서 몰려 온 무수한 사람들로 인해서 부유하게 되었기 때문이다. 그러므로 에베소 사람들은 어떻게 해서든지 아데미의 명성을 지켜 내고자 하여, 크다 에베소 사람의 아데미여를 두 시간 동안이나 외쳐대었던 것이다.

4. 서기장이 지혜롭고 조심스러운 조치를 통해서 이 폭도들을 진정시키고 흩어지게 함. 그는 그람마튜스로 불리는데, 이것은 서기 또는 서기장 또는 기록하는 자를 의미한다. 어떤 이들은 이 사람이 "올림픽 경기를 기록하는 자였고, 그의 임무는 승리한 자들의 이름을 기록하고 그들이 어떤 상을 탔는지를 적는 것이었다"고 말한다. 한참 소동이 벌어진 후에 서기장은 마침내 무리들을 조용히 시킨 후에 그의 말을 듣게 하여서, 그들을 진정시킬 수 있는 말을 하였다. 이것은 조용히 들리는 지혜자의 말들이 데메드리오 같은 우매한 자들을 다스리는 자의 호령보다 낫다는 솔로몬의 말이 옳다는 것을 보여주는 한 예이다(전 9:17).

(1) 서기장은 아데미가 에베소 사람들의 고명한 여신이라는 것을 인정함으로써 무리들의 환심을 산다(35절). 그들은 아무도 부인하거나 모르지 않는 진

실을 주장하느라고 그렇게 큰 소리를 외치고 힘쓸 필요가 없다는 것이었다: 에베소 시가 큰 아데미의 신전지기가 된 줄을 누구나 다 안다. 에베소에 사는 사람들은 이 여신을 숭배하는 자들이었을 뿐만 아니라, 에베소 시 자체가 그 조례에 의해서 아데미 여신을 숭배하는 일을 맡아서 관장하고, 그 신전을 돌보며, 신전을 참배하기 위하여 오는 자들에게 온갖 편의를 제공하게 되어 있었다. 에베소는 큰 아데미 여신의 신전지기였다. 아데미 여신이 에베소 시의 수호신이라기보다는 에베소 시가 아데미 여신을 후원하고 보호하는 역할을 하였다고 말하는 것이 옳다. 우상숭배자들은 사람의 손으로 만들어진 신들을 숭배하는 일을 계속적으로 유지하기 위하여 지극정성을 다하는 반면에, 참되고 살아계신 하나님을 섬기는 일은 소홀히 되고, 하나님의 예배를 후원하고 보호하는 것을 자랑스러워 하는 나라나 도시는 거의 없다. 에베소에 있는 아데미 신전은 매우 화려하고 사치스러운 건물이었지만, 신전에 안치된 아데미 여신의 신상(개역에서는 우상)이 신전을 성스럽게 한다고 생각되었기 때문에 신전보다 더 큰 숭배를 받았다. 왜냐하면, 사람들은 아데미 여신의 신상은 사람들의 손으로 만들어진 다른 신상들과는 달리 제우스에게서 내려 온 것이라고 생각하였기 때문이었다. 미신에 빠진 사람들은 교활한 사람들의 속임수를 얼마나 쉽게 받아들이는지를 보라. 에베소에 있는 아데미 신상은 아주 먼 옛적부터 거기에 세워져 있었고, 누가 그 신상을 만들었는지를 아무도 알 수 없었기 때문에, 신전의 제사장들은 그 신상이 제우스에게서 내려 왔다는 것을 사람들로 하여금 믿게 할 수 있었다. 서기장은 매우 엄숙하게 이렇게 말한다(그러나 그가 자기가 한 말을 스스로 진심으로 믿고 있었는지는 의문이다). "이 일이 그렇지 않다 할 수 없으니, 아무도 내가 한 말의 내용을 반박할 수 없다. 이것이 그러하다는 것은 모든 사람이 확실하게 다 알고 있는 것이기 때문에, 너희는 그것이 부정될 것을 염려할 필요가 없고, 누가 그런 말을 한다고 해도 너희는 그 어떤 해도 입지 않을 것이다." 어떤 이들은 이 본문을 이렇게 해석한다. "우리가 모두 믿고 있는 대로, 아데미 신상은 제우스에게서 내려온 것이기 때문에, 사람의 손으로 만든 것은 신이 아니라는 주장은 우리에게 전혀 해당되지 않는다."

(2) 서기장은 무리들에게 폭력을 사용하고 소동을 벌이는 것은 그들의 종교에 불필요한 것이고 그러한 것들을 통해서 그들이 실제적인 이득을 볼 수 없는 것이니 그런 일들을 자제하라고 주의를 준다(36절): 너희가 가만히 있어서 무엇

이든지 경솔히 아니하여야 하리라. 이것은 개인적인 일이나 공적인 일에서 항상 지켜져야 할 지극히 선한 규범이다. 우리는 무슨 일을 할 때에 성급하거나 조급한 마음을 품지 않아야 하고 충분한 시간을 가지고서 깊이 숙고하여야 한다. 또한, 우리는 우리 자신이 쉽게 화를 내거나 다른 사람들을 격동시켜서 화를 내게 만들지 말고, 조용하고 침착한 태도를 지니며, 항상 이성을 보좌에 앉혀 놓고 감정이 이성의 통제를 받도록 하여야 한다. 우리는 이 말씀을 항상 가까이에 두고서, 우리 자신이나 우리 주변의 사람들이 질서가 흐트러지기 시작하면 이 말씀을 내세워서 평정을 되찾아야 한다: 우리는 가만히 있어서 무엇이든지 경솔히 아니하여야 하리라. 성급하게 일처리를 하게 되면, 우리는 반드시 나중에 후회하게 된다.

(3) 서기장은 바울과 그의 동료들에게 씌워졌던 누명을 벗겨 주고, 무리들에게 이 사람들은 그들이 생각하는 그런 자들이 아니라고 말한다(37절). "너희가 이 사람들을 여기로 붙잡아 와서, 그들을 찢어 죽이고자 하지만, 과연 너희는 그들이 범한 죄가 무엇이고 그들이 어떤 짓을 저질렀는지를 생각이나 해 보았는가? 또한, 너희는 그들에 대하여 무엇을 증명할 수 있는가? 이 사람들은 신전의 물건을 도둑질하지도 아니하였고, 우리 여신을 비방하지도 않았으며, 신전에 바쳐진 물건을 몰래 가져가지도 않았다. 그들은 아데미 신전이나 거기에 있는 제물들에 대해서 그 어떤 죄도 짓지 않았고, 너희의 여신을 비방하지도 아니하였다. 또한, 그들은 아데미 여신을 숭배하는 자들에게 그 어떤 상스러운 말을 한 적도 없고 아데미 여신이나 그 신전에 대하여 욕한 적도 없다. 이 사람들이 너희의 마음에 들지 않는다고 하여도, 그들이 너희에 대하여 그 어떤 욕을 하거나 해를 끼쳤다는 것이 증명되지 않은 상황에서, 어찌하여 너희는 이토록 포악하게 그들을 다루는 것이냐? 그들은 침착한데, 왜 너희는 열을 내는 것이냐?" 바울이 사려분별과 합당한 논리를 통해서 모든 힘을 다하여서 무너뜨리려고 한 것은 사람들의 마음속에 있는 우상이었다. 만약 그들이 마음속에 있는 우상을 무너뜨릴 수만 있다면, 신전에 세워져 있는 우상은 저절로 무너지게 될 것이다. 우상을 숭배하는 교회들을 향하여 진리를 선포하는 자들은 그 진리를 사람들의 양심을 향하여 열심으로 전하고 선포하여야 하지만, 그러한 교회들의 물건을 도둑질하거나(유다인이 모여 또 삼백명을 수산에서 도륙하되 그들의 재산에는 손을 대지 아니하였다, 에 9:15-16) 그들이 숭배하는 것을 비방하고 모독해

서는 안 되고, 진리를 반대하는 자들을 온유함으로 가르칠 것이지, 감정적이고 더러운 욕설로 그들을 비난해서는 안 된다. 왜냐하면, 하나님의 진리는 사람의 거짓말이나 무절제한 분노를 필요로 하지 않기 때문이다. 사람이 성내는 것이 하나님의 의를 이루지 못한다.

(4) 서기장은 무리들에게 법률에 정한 정상적인 방법들을 통해서 문제를 해결하도록 권유한다. 정상적인 법적 절차들은 항상 군중들의 소요보다 우선되어야 하고, 문명화되고 통치가 잘 이루어지는 나라들에서는 당연히 그렇게 된다. 사회의 평온과 안녕을 지킬 수 있는 제도가 완비되어 있고, 사법 제도가 제대로 운영되며, 모든 잘못된 것들을 고칠 수 있는 장치들이 마련되어 있는 나라에서 산다는 것은 큰 복이다. 이 점에서 이 나라에 살고 있는 우리는 다른 나라의 국민과 마찬가지로 복을 받았다고 할 수 있겠다.

[1] 개인적으로 손해나 해악을 입어서 고소할 것이 있다면, 사람들은 정해진 시간에 공개적으로 열리는 법정에서 재판관에게 호소할 수 있다. 이 모든 소동을 불러일으킨 데메드리오와 은장색들의 무리가 그들에게 법적으로 주어진 권리의 침해를 당한 것이라면, 그들은 그 일을 법정에 가지고 가서 소송을 제기하여야 한다. 그러면 그 문제는 공정하게 다루어져서 올바른 판결을 받게 될 것이다: 재판 날도 있고 총독들도 있다. 로마의 속주들에는 총독들이 있었는데, 그들의 임무는 양쪽 당사자의 말을 듣고서 형평법에 따라서 사건을 판결하는 것이었다. 모든 당사자들은 총독의 결정에 묵묵히 따라야 하고, 그들 자신이 판단하거나 백성들에게 호소해서는 안 된다. 사람들이 법을 법답게 사용한다면 법은 분쟁을 올바르게 해결하고 짓밟힌 권리를 되찾아주는 최후의 수단으로서 유용하다는 것을 명심하라.

[2] 만약 고소할 것이 국가 체제나 헌법과 관련된 공적인 일이라면, 그것은 어중이떠중이들이 모이는 군중들이 아니라 정식으로 소집된 민회에서 결정되어야 한다(39절): 만일 그 외에 사람들의 공통적인 관심사와 관련해서 무엇을 원하면 정식으로 권한 있는 자들에 의해서 소집되는 민회에서 결정할지라. 아무런 관직도 갖고 있지 않은 개인들은, 공적인 일에 있어서 그 일들을 돌보는 것이 임무인 자들을 배제한 채 공적인 일들에 개입해서는 안 된다는 것을 명심하라. 우리는 우리 자신이 해야 할 일에 신경쓰는 것만으로도 시간이 부족하다.

(5) 서기장은 무리들에게 그들이 어떤 위험에 처해 있는지를 알게 하고, 그

들이 이러한 소요를 일으킴으로써 불법 집회를 행하고 있다는 것을 깨닫게 만든다(40절). "우리가 오늘의 소요로 인해서 문책을 받지 않거나, 황제의 법정에서 반역을 꾀한 성읍으로 기소되지 않으며, 황제가 우리에게 심문 영장(quo warranto)을 발부하고 우리 시에 내어 주었던 특허장을 압수하지 않는다면, 그것은 다행스러운 일이 될 것이다. 왜냐하면, 우리는 이 불법 집회에 관하여 보고할 자료가 없고, 누가 우리를 불법 집회를 하였다고 고소하여도 변명할 말이 없기 때문이다. 우리는 다른 사람들이 먼저 소요를 일으켰기 때문에 어쩔 수 없이 방어 차원에서 우리도 조치를 취한 것 뿐이라고 말함으로써 치안 질서를 문란케 한 책임을 면할 수 없게 될 것이다. 우리는 오늘의 소요에 대해서 그 어떤 정당한 근거도 제시할 수 없기 때문에, 이 문제가 이미 너무 커져 버리긴 했지만, 이쯤에서 그만 두기로 하자." 대부분의 사람들은 하나님의 판단보다는 사람들의 판단에 대하여 더 경외심을 갖는다. 우리가 이렇게 머지않아 우리가 저지른 온갖 소요들에 대하여 하늘과 땅의 재판장이신 분에게 책임을 져야 할 것임을 생각해서 우리의 무질서한 탐욕과 감정의 소동을 잠재우고 그것들의 폭거를 억누를 수 있다면, 얼마나 좋겠는가! 우리의 마음과 우리의 집에서 우리가 오늘 일으킨 소요에 대하여 우리는 심문을 받고 책망을 받을 위험에 처해 있다. 우리가 날마다 저지르는 소요와 화내는 것과 폭력에 대하여 그 어떤 정당한 변명도 내놓을 수 없을 때에 우리는 과연 그 때에 거기에 대해서 무엇이라고 대답할 것인가? 우리는 하나님이 이 모든 일로 말미암아 우리를 심판하실 줄 알라(전 11:9)는 말을 마음속에 새김으로써 우리의 무절제한 탐욕과 감정을 억누르고, 장차 하나님 앞에서 우리의 모든 일을 결산하고 책임저야 할 자들로서 우리 자신을 관리하는 데에 신경을 써야 한다.

(6) 서기장은 무리들에게 이렇게 그들의 불법 집회가 어리석은 짓이라는 것과 그것으로 인해서 겪게 될 나쁜 결과들을 보여준 후에 신속하게 흩어지도록 권유한다(41절): 서기장은 그 모임을 흩어지게 하였고, 소리치는 자로 하여금 모든 사람들이 아무 일 없이 연극장을 떠나서 각자의 일로 되돌아가라고 알리도록 지시하였고, 무리들은 그렇게 하였다. 좀 더 살펴보자.

[1] 하나님은 말로 설명할 수 없는 권능으로 사람들의 심령에 작용하셔서 섭리의 주관 하에 공공의 안녕을 보존하신다. 이런 식으로 하나님은 세상을 어느 정도 질서있게 유지하셔서, 약육강식이 판치는 바다의 물고기들과는 달리 사

람들이 희생되지 않게 지키신다. 여기에 모였던 무리들이 얼마나 걷잡을 수 없는 분노에 사로잡혀서 맹렬하였는지, 도저히 길들여질 수 없는 맹수 같이 얼마나 사납게 날뛰었는지를 생각해 볼 때, 이 일이 이렇게 평온하게 끝난 것을 보고서, 우리는 우리가 항상 짐승의 폭정 아래에 있는 것은 아니라는 것에 대하여 하나님의 선하심에 감사하게 된다. 하나님은 바다의 설렘과 물결의 흔들림과 만민의 소요까지 진정하시나이다(이러한 것들은 하나님의 전능하신 능력을 보여 주는 예들이다, 시 65:7).

[2] 하나님은 자기 백성을 보호하심에 있어서 수많은 방법들을 가지고 계신다. 여기에 나오는 서기장은 아마도 결코 바울의 친구도 아니었을 것이고 그가 전한 복음에 우호적인 자도 아니었을 것이지만, 하나님께서는 그의 인간적인 현명함을 하나님의 목적을 이루는 데에 사용하신다. 의인들은 무수히 고난을 당하지만, 여호와께서는 그들을 그 모든 환난에서 건지신다.

제
— 20 —
장

개요

이 장에는 다음과 같은 내용들이 나온다. I. 바울이 마게도냐, 헬라, 아시아의 여러 곳을 다녀서, 마침내 드로아에 도착함(1-6절). II. 바울이 드로아에서 한 주일날에 강론하였고, 강론을 듣다가 높은 곳에서 떨어져 죽은 유두고를 다시 살린 것에 관한 자세한 이야기(7-12절). III. 바울이 다음 오순절날까지 예루살렘에 도착하기로 하고 길을 떠나서 도중에 그가 이전에 세웠던 교회들을 차례로 방문함(13-16절). IV. 바울이 에베소 지방을 떠나며 그 지역 교회의 장로들에게 고별 설교를 함(17-35절). V. 바울과 장로들이 석별의 정을 나눔(36-38절). 이 모든 일들을 통해서 우리는 바울이 이방인들을 회심시키는 데에 있어서만이 아니라 그리스도인들의 덕을 세움에 있어서도 그리스도를 섬기고 사람들의 영혼에 선한 일을 하기에 아주 바빴다는 것을 보게 된다.

[1]소요가 그치매 바울은 제자들을 불러 권한 후에 작별하고 떠나 마게도냐로 가니라 [2]그 지방으로 다녀가며 여러 말로 제자들에게 권하고 헬라에 이르러 [3]거기 석 달 동안 있다가 배 타고 수리아로 가고자 할 그 때에 유대인들이 자기를 해하려고 공모하므로 마게도냐를 거쳐 돌아가기로 작정하니 [4]아시아까지 함께 가는 자는 베뢰아 사람 부로의 아들 소바더와 데살로니가 사람 아리스다고와 세군도와 더베 사람 가이오와 및 디모데와 아시아 사람 두기고와 드로비모라 [5]그들은 먼저 가서 드로아에서 우리를 기다리더라 [6]우리는 무교절 후에 빌립보에서 배로 떠나 닷새 만에 드로아에 있는 그들에게 가서 이레를 머무니라

여기에서는 바울의 이번 여정들을 아주 간략하게 얘기하고 있지만, 만약 이 여정들 중에서 금박 글자들로 기록해 둘 가치가 있고 영원히 기념할 만한 가치가 있는 모든 일들이 낱낱이 기록되었다면, 이 세상이라도 이 기록된 책을 두기에 부족하였을 것이다. 그래서 여기에서는 단지 어떤 일들이 일어났는지에 대하여 전체적인 약간의 힌트들만을 제시하고 있는 것이기 때문에, 우리

는 이 기록들을 더욱 소중히 여겨야 한다.

여기에는 다음과 같은 내용들이 나온다.

I. 바울이 에베소를 떠남. 그는 이방인들의 사도로 부르심을 받은 이래로 다른 어느 곳에서보다도 에베소에서 더 오래 머물러 있었다. 그런데 이제 그가 다른 지역으로 옮겨갈 생각을 할 때가 왔다. 왜냐하면, 그는 다른 성읍들에서도 복음을 전하여야 했기 때문이다. 그러나 성경에 기록된 그의 행적에 관한 역사를 보면(우리가 의지할 수 있는 것은 이것뿐이다), 그는 에베소를 떠난 후로는 지금까지 해 왔던 것과는 달리 새로운 땅을 다시 개척할 수도 없었고 그리스도의 이름을 부르지 않는 곳에서 복음을 전할 수도 없었다(롬 15:20). 왜냐하면, 다음 장의 끝 부분에서 볼 수 있듯이, 바울은 죄수가 되었고, 사도행전이 끝날 때까지 계속해서 그런 상태로 지내야 했기 때문이다.

1. 바울은 소요가 그친 직후에 에베소를 떠났다. 왜냐하면, 그는 에베소에서 그가 겪은 소동을 하나님께서 섭리를 통해서 그에게 더 이상 에베소에 머물러 있지 말도록 지시하신 것이라고 여겼기 때문이다(1절). 바울이 에베소를 떠남으로써 그의 대적자들의 분노는 어느 정도 가라앉았을 것이고, 거기에 있는 그리스도인들도 훨씬 더 편안한 처지가 되었을 것이다. 폭풍우가 몰아칠 때에는 가만히 엎드려 있는 것이 상책이다. 그렇지만 어떤 이들은 바울이 에베소를 떠나기 전에 고린도전서를 썼고, 그가 그 서신 속에서 **맹수와 싸웠다고** 말한 것은 이 소요를 비유적으로 묘사한 것이라고 생각한다. 그러나 나는 고린도전서에 나오는 그 본문을 문자 그대로 받아들이는 것이 옳다고 본다.

2. 바울은 소요에 놀라서 갑작스럽게 에베소를 떠난 것이 아니라, 에베소 교인들과 공식적으로 작별 인사를 하고서 거기를 떠났다: 바울은 제자들, 즉 에베소 회중의 주요 인사들을 불러서 초대 교회의 관습을 따라서 그들과 포옹하고 사랑의 입맞춤으로 그들과 작별하였다(시리아 역본에서는 이렇게 말한다). 서로 아끼고 사랑하는 친구들은 그들이 헤어질 때가 되어서야 비로소 그들이 서로를 얼마나 사랑하고 있는지를 알게 되고, 그들이 서로의 마음속에 얼마나 가까이 있는지를 깨닫게 된다.

II. 바울이 이진에 세웠고 한두 차례 찾아가서 물을 주었던 헬라의 교회들을 다시 방문함. 이것은 그가 헬라의 교회들을 얼마나 소중히 여겼는지를 보여 준다.

1. 바울은 소요가 일어나기 전에 자기가 세운 계획을 따라서(행 19:21) 먼저 마게도냐로 갔다(1절). 거기에서 그는 빌립보와 데살로니가의 교회들을 방문하여 여러 말로 제자들에게 권하였다(2절). 바울이 그의 친구들을 방문한 것은 말씀을 전하기 위한 것이었고, 그가 전한 말씀들은 아주 풍성한 것이었다: 그는 그들에게 많은 권면을 주었다. 그는 그들에게 할 말이 아주 많았고, 그런 말씀들을 전하는 데에 조금도 시간을 아끼지 않았다. 그는 여러 경우들을 통해서 여러 논거들을 들어가면서 그들이 마땅히 해야 할 본분들이 어떤 것들이 있는지를 그들에게 낱낱이 설명하면서 권면하였다. 그는 권면을 할 때에 아주 다양한 동기들과 논거들을 들어서 권면의 설득력을 강화시켰다.

2. 바울은 헬라에 석달 동안 머물렀다(2-3절). 어떤 이들은 그가 아가야에 머물러 있었던 것이라고 생각한다. 왜냐하면, 그는 아가야 지방에 있는 고린도에도 갈 작정이었기 때문이다(행 19:21). 틀림없이 바울은 고린도에서도 제자들에게 많은 권면을 하여서 그들을 가르치고 굳건하게 하며 그들이 더욱 주께 단단히 붙어 있게 하였을 것이다.

Ⅲ. 바울이 계획을 변경함. 왜냐하면, 우리는 항상 우리의 계획대로 진행해 나갈 수는 없기 때문이다. 예상치 못한 일들 때문에 우리는 계획을 새로 잡아야 한다. 따라서 우리는 계획을 세울 때에는 하나님께서 허락하신다는 조건 하에서 계획을 세워야 한다.

1. 바울은 배 타고 수리아의 안디옥으로 가고자 하였다. 안디옥은 그가 이방인들을 섬기기 위해서 처음으로 파송을 받게 된 곳이었기 때문에, 그는 여행을 할 때마다 대체로 거기를 들르고자 하였다. 그러나 그는 마음을 바꿔서 그가 왔던 길을 다시 되짚어서 마게도냐로 돌아가기로 결심하였다.

2. 바울이 이렇게 결심한 이유는 유대인들이 바울이 올 것을 미리 예상하고서 그를 죽이려고 음모를 꾸미고 있었기 때문이었다. 그들은 무리들이나 방백들을 부추겨서 여러 번 바울을 죽이고자 시도했지만 뜻을 이룰 수 없었기 때문에 이제는 직접 그를 암살하고자 한 것이었다. 어떤 이들은 유대인들이 그가 예루살렘의 가난한 성도들을 구제하기 위하여 거기로 가져가는 돈을 그에게서 빼앗기 위하여 그를 기다리고 있었던 것이라고 생각한다. 그러나 유대인들이 바울에 대하여 얼마나 깊은 앙심을 품고 있었는지를 생각할 때에, 나는 그들이 그의 돈이 아니라 그의 피에 목말라하고 있었다고 본다.

IV. 바울이 아시아로 갈 때에 그와 함께 동행한 사람들. 그 사람들의 이름은 여기에 언급되어 있다(4절). 그들 중의 일부는 사역자들이었는데, 그들이 모두 사역자들이었는지는 확실하지 않다. 베뢰아 사람 소바더는 로마서 16:21에 나오는 소시바더와 동일 인물일 것이다. 디모데도 그들 중에 언급되어 있다. 바울은 에베소를 떠나면서(1절) 디모데를 거기에 남겨 두었고, 나중에 디모데 전서를 써서 에베소에 있는 디모데에게 보내어서, 디모데가 복음 전도자로서 에베소의 교회를 어떻게 다스려야 하고, 어떤 사람들을 멀리하여야 하는지를 지시하였지만(딤전 1:3; 3:14-15), 디모데는 곧 바울에게 와서 그와 동행하였기 때문에, 다른 사람들과 더불어서 여기에 그 이름이 언급된 것이다. 디모데 전서는 디모데에게 그가 지금 있는 에베소에서만이 아니라 그가 나중에 있게 되거나 복음 전도자로서 머물게 될 다른 곳들에서 무엇을 해야 할지를 가르치기 위한 것이었다(또한, 이 서신은 디모데에게만이 아니라 바울을 따르면서 마찬가지로 쓰임받았던 다른 복음 전도자들에게도 해당되는 서신이었다). 그런데 우리는 여기에 언급된 유능하고 쓸모있는 사람들이 모두 바울과 함께 있는 것은 규모있는 경영이 아니라고 생각할지도 모른다. 왜냐하면, 바울이 있는 곳이 아니라 바울이 없는 곳에서 그들을 더 필요로 할 것이기 때문이다. 그러나 하나님께서 그들을 바울과 함께 있게 하신 것은 다음과 같은 목적들 때문이었다.

1. 그들이 바울을 도와서 바울의 복음 전도를 통해서 일깨워지고 새롭게 복음을 받아들인 자들을 가르치게 하기 위한 것. 바울이 가는 곳마다 물이 동하였기 때문에, 거기에는 병자들을 물 속으로 들어오게 하는 일을 돕기 위한 많은 손길들이 필요하였다. 쇠는 달구어졌을 때에 두들겨야 하는 법이다.

2. 그들이 바울에게서 철저히 훈련을 받고 장래의 섬김을 위해서 더 적합한 자들이 되고, 바울의 교훈과 행실을 온전히 알 수 있게(딤후 3:10) 하기 위한 것. 바울의 외모는 보잘것없었기 때문에, 여기에 나오는 친구들은 그에게 명성을 더해 주고 그의 위신을 세워 주기 위하여 그와 동행하였다. 낯선 사람들은 사람을 외모로 판단하기 쉽기 때문에, 이 친구들이 바울과 동행함으로써 그들은 외모로는 드러나지 않는 뭔가 아주 귀한 것이 그에게 많이 있을 것이라는 암시를 받을 수 있었을 것이다.

**V. 바울은 그의 친구들과 전체적으로 회동하기로 정해 놓은 장소인 드로아

에 도착함.

1. 그들은 바울보다 먼저 드로아에 와서 거기에 머물며 그를 기다리고 있었는데(5절), 이것은 바울과 동행하여 함께 예루살렘으로 가기 위한 것이었다. 그들 중에는 에베소 사람 드로비모도 끼여 있었다(행 21:29). 우리는 선한 자들과 무리를 이루어서 여행을 하기 위하여 어느 정도의 시간을 기다려 주는 것을 난감하게 생각해서는 안 된다.

2. 바울은 아주 신속하게 드로아로 가는 길을 택하였다. 누가는 이제 바울의 일행 속에 끼여 있었던 것으로 보인다. 왜냐하면, 누가는 우리는 빌립보에서 배를 탔다(6절)고 말하고 있고, 우리가 누가를 바울의 일행 속에서 최초로 발견하는 것은 바로 드로아에서이기 때문이다(행 16:11). 여기에서 무교절을 언급하고 있는 것은 바울이 유대인들의 관습을 따라서 유월절을 지켰다는 것을 보여주기 위한 것이 아니라 단지 때를 나타내기 위한 것이다. 왜냐하면, 이 때쯤 해서 그는 고린도전서를 썼고, 거기에서 그리스도는 우리의 유월절 양이시고 그리스도인의 삶은 우리의 무교절이라고 가르쳤으며(고전 5:7-8), 실체가 온 후에는 그림자는 아무 소용이 없어 버려진다고 말하였기 때문이다. 바울은 바닷길을 통해서 닷새만에 드로아에 있는 그들에게 가서 이레를 머물렀다. 여기저기를 돌아다니며 선을 행하는 자들은 어쩔 수 없이 이동하는 데에 많은 시간을 쓰게 되지만, 그러한 시간은 허비된 시간으로 기록되지 않을 것이다. 바울은 드로아에서 단지 이레 동안을 머물기 위해서 닷새에 걸쳐서 거기로 이동할 가치가 있다고 생각하였다. 그러나 바울은 어떻게 하면 이동 시간을 아낄 수 있는지를 알았고, 그 아낀 시간을 선한 일에 사용할 줄도 알았다. 우리도 그렇게 하여야 한다.

[7]그 주간의 첫날에 우리가 떡을 떼려 하여 모였더니 바울이 이튿날 떠나고자 하여 그들에게 강론할새 말을 밤중까지 계속하매 [8]우리가 모인 윗다락에 등불을 많이 켰는데 [9]유두고라 하는 청년이 창에 걸터 앉아 있다가 깊이 졸더니 바울이 강론하기를 더 오래 하매 졸음을 이기지 못하여 삼 층에서 떨어지거늘 일으켜보니 죽었는지라 [10]바울이 내려가서 그 위에 엎드려 그 몸을 안고 말하되 떠들지 말라 생명이 그에게 있다 하고 [11]올라가 떡을 떼어 먹고 오랫동안 곧 날이 새기까지 이야기하고 떠나니라 [12]사람들이 살아난 청년을 데리고 가서 적지 않게 위로를 받았더라

여기에는 바울이 드로아에 머문 7일 동안에 마지막 날에 어떤 일이 일어났는지에 관한 이야기가 나온다.

I. 마지막 날에 그들의 관습, 아니 모든 교회의 관습을 따라서 거기에서 그리스도인들의 공식적인 종교 집회가 열렸다.

1. 제자들은 함께 모였다(7절). 그들은 각자 자신의 집에서 성경을 읽고 묵상하며 기도하고 찬송하면서 하나님과의 교통을 유지하였지만, 그것으로는 충분하지 않았다. 그들은 함께 모여서 한마음으로 하나님을 예배하고, 서로를 격려하고 붙들어 줌으로써 성도 간의 교통을 유지하고, 모든 선한 그리스도인들과의 영적인 교통을 증언하여야 한다. 그리스도의 제자들은 시간을 정해놓고 반드시 함께 모여야 한다. 그들이 모두 한 장소에 함께 모일 수는 없다고 하더라도, 될 수 있으면 많은 그리스도인들이 함께 모이는 것이 좋다.

2. 그들은 그 주간의 첫 날에 함께 모였다. 이 날은 주의 날이라고 불린(계 1:10) 기독교의 안식일로서 그리스도와 성령을 송축하며 영광을 돌리고, 한 주간의 첫 날에 일어난 그리스도의 부활과 성령의 강림을 기념하기 위한 날이었다. 여기에서는 이 날을 제자들이 함께 모인 날, 즉 모든 교회에서 제자들이 함께 모이기로 되어 있었던 날이라고 말한다. 그리스도의 모든 제자들은 한 주간의 첫 날을 따로 구별하여 예배를 드리며 지켜야 한다는 것을 명심하라. 이것은 그리스도와 제자들 간의 징표이다. 왜냐하면, 이것을 통해서 그들이 그의 제자들이라는 것이 알려지기 때문이다. 우리는 이 날을 예배로 지켜야 하는데, 예배는 우리 주 예수의 이름으로 열리는 어전 회의이고, 그의 궁정의 청지기들인 그의 사역자들은 예복을 입고서 그에게 영광을 돌리며 섬기고, 성도들도 그들의 주의 어전 회의에 나와서 주를 알현하는 것인데, 한 주간의 첫 날이 이렇게 주를 알현하는 날로 정해져 있는 것이다.

3. 그들은 윗 다락에 함께 모였다(8절). 그들에게는 함께 모일 성전이나 회당, 넓고 웅장한 예배당이 없었기 때문에, 그들은 한 개인의 집, 그것도 다락방에서 함께 모였다. 그들은 수가 적어서 굳이 큰 건물이 필요하지도 않았지만, 그들은 가난하여서 그들이 함께 모일 큰 건물을 지을 수도 없었다. 그렇지만 그들은 저 보잘것없고 불편한 곳에 함께 모였다. 우리는 그들에 비하면 훨씬 더 넓찍하고 편하며 그럴 듯한 예배 장소를 가지고 있기 때문에, 우리가 예배에 빠지는 것은 변명의 여지가 없을 것이다.

4. 그들은 떡을 떼려 하여, 즉 성찬식을 거행하기 위해서 함께 모였다. 성찬식은 주께서 제정하신 예식으로서 하나의 떡에 모든 성도들이 참여하고 있다는 것을 나타내기 위하여 떡을 떼는 예식이었다. 우리가 떼는 떡은 그리스도의 몸에 참여하는 것이다(고전 10:16). 떡을 떼는 것은 그리스도께서 우리의 죄를 위한 대속 제물이 되셔서 그의 몸을 우리를 위하여 떼어 주신 것을 기념하는 것일 뿐만 아니라 그리스도께서 우리에게 떼어 주시는 그의 몸을 우리가 우리의 영혼을 위한 양식으로 삼는다는 것을 나타내는 것이기도 하다. 초대 교회에서는 주일마다 성찬을 거행하는 것이 많은 교회들의 관습이었는데, 이것은 주일을 지킴으로써 그리스도의 부활을 기념하고, 성찬을 거행함으로써 그리스도의 죽음을 기념하는 것이었다. 이렇게 하나의 예배 속에서 이 두 가지를 기념함으로써, 그들은 그들이 동일한 믿음과 예배에 함께 참여하고 있다는 것을 나타내었다.

II. 이 모임에서 바울은 그들에게 설교를 하였는데, 이 설교는 아주 긴 설교였고 고별 설교였다(7절).

1. 바울은 그들에게 설교를 하였다: 그는 그들에게 강론하였다. 그들은 이미 제자들이었지만 지식과 은혜에 있어서 잘하기 위하여 바울로부터 하나님의 말씀을 듣는 것이 아주 절실하였다. 복음을 전하는 것에는 성례전들도 수반되어야 한다는 것을 명심하라. 모세는 언약서를 가져다가 백성에게 낭독하여 듣게 한 후에 여호와께서 이 모든 말씀에 대하여 그들과 세우신 언약의 피를 백성에게 뿌렸다(출 24:7-8). 아무런 글도 쓰지 않은 채로 단지 도장만 찍는다면, 그것이 무슨 소용이 있겠는가?

2. 그것은 고별 설교였다. 왜냐하면, 그는 이튿날 떠나고자 하였기 때문이다. 바울이 떠나고 나면, 그들은 동일한 복음을 듣게 되기는 하겠지만, 바울이 직접 전하는 것을 듣지는 못하게 될 것이다. 그러므로 그들은 바울이 그들과 함께 있는 동안에 그를 최대한 선용하여야 했다. 고별 설교들은 통상적으로 설교자에게나 듣는 자들에게나 특별한 감화를 끼친다.

3. 그것은 아주 긴 설교였다: 그는 말을 밤중까지 계속하였다. 왜냐하면, 그는 할 말이 아주 많았고, 그가 이번에 떠나면 또 다시 그들에게 말씀을 전할 기회를 가질 수 있을 지 훗날을 기약할 수 없었기 때문이다. 그들은 함께 성찬을 거행한 후에, 바울은 그들에게 그들이 성찬을 통해서 주로부터 위임받은 여러 가

지 도리들과 성찬을 통해서 그들이 갖게 된 위로들을 전하였는데, 그는 아주 구체적이고 자세하고 충분하게 말씀을 전하였다. 사역자들은 정해진 때에만이 아니라 전혀 예상치 못한 때에 말씀을 전할 기회를 얻을 수 있다(때를 얻든지 못 얻든지). 아마도 몇몇 사람들은 바울이 아주 장황하고 지루하게 설교하여서 듣는 자들을 피곤하게 하였다고 비난했을지도 모른다. 그러나 어쨌든 그들은 바울이 전하는 말씀을 기꺼이 듣고자 하였다. 따라서 바울은 그들의 마음을 헤아리고서 계속해서 말씀을 전하였다. 그는 말을 밤중까지 계속하였다. 아마도 그들은 은밀하게 모이기 위해서, 또는 최초의 기독교 안식일이 찾아 왔을 때에 저녁에 함께 모였던 제자들의 모범을 따라서 저녁 나절에 모임을 가졌을 수도 있다. 하지만 바울은 그들에게 아침부터 말씀을 전하였고, 그것이 길어져서 이렇게 밤중까지 계속되었을 가능성이 더 많다. 바울이 이 때 전한 긴 설교의 중요한 골자만이라도 우리는 알았으면 하지만, 사실 그가 전한 것은 실질적으로 그의 서신들 속에 나오는 내용들과 동일한 것이었을 것이다. 모임이 밤중까지 계속되자, 많은 등불들(8절), 즉 촛불들이 여기저기에 세워졌는데, 이것은 듣는 자들이 바울이 인용하는 성경 구절들을 찾아 보고서 과연 그가 말한 것들이 그러한지를 알아보기 위한 것이었고, 또한 그들의 원수들이 그리스도인들은 어둠의 일을 하기 위하여 밤중에 만난다는 비방을 하지 못하도록 미연에 방지하기 위한 것이었다.

Ⅲ. 회중 속에 있던 청년이 설교를 듣다가 잠이 들어서 창문 밖으로 떨어져서 죽었으나, 바울이 그를 다시 살렸다. 이 청년의 이름은 행운을 지닌 자를 의미하는 유두고였다. 그는 이름값을 톡톡히 한 셈이다. 좀 더 살펴보자.

1. 이 청년이 당한 일. 그의 부모는 비록 그가 소년이었지만 바울과 같은 설교자를 통해서 하나님의 일들에 대하여 잘 교훈을 받을 수 있게 하기 위한 소망으로 그를 이 집회를 데리고 왔던 것 같다. 부모가 된 자들은 그들의 자녀가 비록 유아들이라고 할지라도(느 8:2) 말귀를 알아들을 수 있는 나이가 되자 마자 예배나 모임에 그들을 데리고 와서 설교를 듣게 하여야 한다(신 29:11). 그런데 이 청년은 다음과 같은 잘못들을 하였다.

(1) 그는 건방지게 유리도 끼우지 않은 창에 걸터 앉아서 자신을 위험에 노출시켰다는 것. 만약 그가 마루 바닥에 얌전히 앉아 있을 수 있었더라면, 그는 안전하였을 것이다. 소년들은 높은 곳에 오르기를 좋아하고, 또는 다른 식으로

자기 자신을 위험에 빠뜨려서 부모를 슬프게 하는데, 소년들이 그렇게 하는 것은 하나님에 대해서도 큰 죄를 짓는 것임을 명심하라.

(2) 그는 바울이 강론할 때에 깊이 잠들어 있었다는 것. 이것은 그가 바울이 전하는 말씀에 제대로 귀를 기울이지 않았다는 것을 보여주는 것이었다 — 물론, 그가 듣기에는 바울이 전하는 말씀은 무겁고 버거운 것들이기는 하였겠지만. 그가 깊이 잠들었다는 것이 구체적으로 언급되고 있는 것으로 보아서, 비록 저녁 식사 후여서 졸리는 시간이었기는 하지만, 다른 사람들은 졸거나 자지 않았을 것이라고 우리는 기대해 본다. 그러나 어쨌든 이 청년은 곧 깊은 잠에 빠졌다. 원문은 졸음을 이기지 못하였다는 것을 의미하기 때문에, 이것은 그가 졸음을 쫓으려고 무척 애를 썼지만 졸음을 이기지 못하고 마침내 깊은 잠에 빠져 버리게 되었다는 것을 보여준다.

2. 이 일로 인해서 그에게 닥친 재난: 그가 삼층에서 떨어지거늘 일으켜 보니 죽었는지라. 어떤 이들은 이 일이 하나님의 허락하심에 의해서 사탄에 의해서 저질러진 일이었고, 사탄은 이 모임을 방해하고 바울과 그리스도인들이 이 일로 인해서 욕을 당하게 할 목적으로 이 일을 저질렀다고 생각한다. 또 어떤 이들은 하나님께서 사람들이 말씀을 들을 때에는 졸거나 자지 않도록 주의해야 한다고 모든 사람들에게 경고하기 위해서 이런 일이 있게 하신 것이라고 생각한다. 분명히 우리는 이 사건을 통해서 그런 식으로 교훈을 얻어야 한다. 우리는 이 사건을 좋지 않은 일, 우리가 하나님의 말씀을 별로 존중하지 않는다는 것을 보여주는 나쁜 징조, 우리가 하나님의 말씀을 통해서 유익을 얻는 것을 크게 방해하는 사건으로 여겨야 한다. 우리는 이 사건을 타산지석으로 삼아서 두려움을 가지고서, 말씀을 들을 때에 우리가 졸지 않도록 최선을 다하고자 하고, 아예 졸거나 잘 마음을 갖지 않고, 우리의 마음이 말씀 속에서 아주 큰 은혜를 받아서, 졸음이나 잠이 스스로 아주 멀리 달아나게 해야 한다. 우리는 이러한 시험에 들지 않도록 깨어서 기도하여야 하고, 그 시험을 통해서 더 나쁜 죄로 빠져들지 않도록 주의하여야 한다. 우리는 하나님께서 유두고에게 내리신 징벌을 보고서 두려운 마음을 품어야 하고, 하나님께서 예배와 관련된 일들에 대해서 얼마나 큰 질투를 가지고 계시는지를 알아야 한다. 스스로 속이지 말라 하나님은 업신여김을 받지 아니하시고 우롱당하시지도 아니하신다. 하나님께서는 우리 눈에 별것 아닌 것으로 보이는 죄악을, 그것도 어린 청년이 저지른 죄악

을 얼마나 가혹하게 벌하셨는지를 보라. 이 거룩하신 하나님 여호와 앞에 누가 능히 서리요? 여호와의 말씀을 들으라 무릇 사망이 우리 창문을 통하여 넘어 들어오며 밖에서는 자녀들을, 거리에서는 청년들을 멸절하려 하느니라는 탄식(렘 9:20-21)을 이 이야기에 적용해 보라.

3. 하나님께서 이 청년을 다시 살아 나게 하심으로서 기적적으로 긍휼을 베푸심(10절). 이 사건 때문에 즉시 모임은 소란해졌고, 바울이 전하는 말씀은 중단되었다. 그러나 이 사건은 바울이 전한 말씀을 더욱 확고하게 확증해 주고 사람들의 마음속에 그 말씀을 확실히 심어 주며 그 효과를 더욱 크게 해 준 사건이었다는 것이 증명되었다.

(1) 바울은 내려 가서 그 위에 엎드려 그 몸을 안았다. 이것은 이 청년에 대한 애정어린 관심과 크게 불쌍히 여기는 마음을 표현한 것이었다. 바울은 "이 청년이 내가 전하는 말씀에 별 신경을 쓰지 않아서 그 대가를 톡톡히 치렀다"고 결코 말하지 않았다. 바울과 같은 깊은 사랑을 지닌 자들은 이런 유의 슬픈 사건들을 만나면 마음이 쓰리고 아파서, 일을 당한 자들을 판단하거나 비난하는 일이 결코 없고, 마치 실로암에서 망대가 무너져 치어 죽은 자들이 예루살렘에 거하는 다른 모든 사람보다 쇠가 더 있다는 듯이 말하지 않는다. 내가 너희에게 말하노니 아니라. 그러나 이것이 전부가 아니었다. 바울이 청년 위에 엎드려 그 몸을 안은 것은 엘리야(왕상 17:21) 또는 엘리사(왕하 4:34)가 했던 것처럼 그를 다시 소생시키기 위한 것이었다. 바울의 이러한 행동은 죽은 몸을 살리는 데에 어떤 기여를 하는 수단이 될 수는 없었지만 죽은 몸에 다시 생기를 불어넣기 위해서 하나님의 능력이 그 몸에 내려오는 것을 나타내는 상징 행위로서의 역할을 하였다. 바울은 그렇게 하는 동시에 마음속으로 간절히 믿음으로 이 죽은 청년이 다시 살아나게 되기를 기도하였다.

(2) 바울은 청년이 소생하였다고 사람들에게 단정적으로 말하였고, 그것은 곧 사실로 밝혀질 것이었다. 이 불행한 사건으로 인해서 회중들은 온갖 다양한 억측들을 했을 것이 분명하지만, 바울은 그 모든 억측들을 다 잠재워 버린다. "떠들지 말라. 이 일 때문에 소란을 피우거나 안달하지 말라. 생명이 그에게 있다. 그는 죽지 않았고 다만 잘 뿐이다. 이 청년을 잠시 침상에 눕혀 놓으라. 그러면 그가 다시 정신을 차리게 될 것이다. 왜냐하면, 그는 지금 살아 있는 상태이기 때문이다." 마찬가지로, 그리스도께서는 나사로를 다시 살리신 후에 아버

지여, 내 말을 들으신 것을 감사하나이다라고 말씀하셨다.

(3) 바울은 이 사건으로 인해서 잠시 중단되었던 자신의 사역을 즉시 재개하였다(11절). 그는 다시 올라가 모임을 주재하였고, 애찬식을 열어서 함께 떡을 떼었다. 애찬식은 통상적으로 성도들 간의 교제를 나타내고 성도들 간의 형제애를 확인하기 위해서 성찬식에 수반되었다. 바울은 오랫동안 곧 날이 새기까지 이야기하였다. 바울은 이제 이 사건이 있기 전에 전하였던 말씀을 계속해서 전한 것이 아니라, 선하고 덕을 세울 수 있는 주제를 놓고서 친구들과 자유로운 대화를 나누었다. 그리스도인들이 함께 모여서 대화를 주고 받는 것은 거룩함과 위로와 기독교적인 사랑을 증진시키는 데에 아주 뛰어난 수단이 된다. 에베소의 성도들은 그들이 언제 다시 바울의 일행을 만나게 될 지 알지 못하였고 그럴 기약도 없었기 때문에, 바울이 그들과 함께 있는 동안에 그 기회를 최대로 선용하고자 하였고, 그러한 목적을 위해서라면 하룻밤 잠을 자지 않는 것도 아무런 문제가 되지 않는다고 생각하였다.

(4) 그들이 헤어지기 전에, 사람들이 살아난 청년을 회중에게로 데리고 왔기 때문에, 모든 사람이 죽음에서 다시 소생하여 돌아 온 그 청년을 축하해 주었고, 그들은 적지 않게 위로를 받았다(12절). 이 일은 이 청년의 혈육들만이 아니라 회중 전체가 크게 기뻐해야 할 일이었다. 왜냐하면, 만약 이 청년이 살아나지 못하였다면, 이 일로 인해서 회중이 비방을 받고 욕을 당했을 것인데, 이 청년이 소생함으로써 도리어 복음의 신뢰성에 아주 큰 기여를 하였기 때문이었다.

¹³우리는 앞서 배를 타고 앗소에서 바울을 태우려고 그리로 가니 이는 바울이 걸어서 가고자 하여 그렇게 정하여 준 것이라 ¹⁴바울이 앗소에서 우리를 만나니 우리가 배에 태우고 미둘레네로 가서 ¹⁵거기서 떠나 이튿날 기오 앞에 오고 그 이튿날 사모에 들르고 또 그 다음 날 밀레도에 이르니라 ¹⁶바울이 아시아에서 지체하지 않기 위하여 에베소를 지나 배 타고 가기로 작정하였으니 이는 될 수 있는 대로 오순절 안에 예루살렘에 이르려고 급히 감이러라

바울은 예루살렘을 향하여 서둘러 길을 가고 있었지만, 도중에서 그가 할 수 있는 모든 선한 일을 행하고자 애썼다. 그는 드로아에 들러서 거기에

서 선한 일을 행하였다. 이제 그는 일종의 연안 무역에 나서서, 상인들이 무역을 하듯이, 해변의 여러 지역을 돌아 다니면서, 모든 선한 자가 그러하듯이, 그가 가는 곳마다 선한 일을 하고자 애를 썼다.

I. 바울은 그의 동료들을 배를 타고 앗소에 가게 하였지만, 자기 자신은 걸어서 가고자 하였다(13절). 동료들이 바울을 편하고 안전하게 모시기 위해서 배편을 제공하였어도 바울은 그것을 거부하였고, 동료들이 바울과 함께 도보로 가겠다고 요청하여도 바울은 끈질기게 그 두 가지를 모두 사양하고서, 걸어서 앗소에 가기로 단단히 결심하였었다. 바울이 택한 육로는 비록 지름길이기는 하였지만, 옛 사람들은 그 길이 험한 길이었다고 말한다(호메로스와 유스타티우스는 걸어서 앗소로 가는 것은 죽기로 마음먹은 것이나 다름없다고 말한다). 그럼에도 불구하고 바울이 그 길을 택한 것은 다음과 같은 이유들 때문이었다.

1. 그가 그 길을 가는 도중에 그의 친구들을 방문해서 그들 가운데서 선한 일을 하여 죄인들을 회심시키고 성도들의 덕을 세우기 위한 것. 이 두 가지 일은 그가 그의 크신 주님을 섬기는 것이었고 자신의 큰 사역을 수행하는 것이었다.

2. 또는, 그가 사람늘로부터 떨어져서 혼자가 되어, 고독 속에서 하나님이나 자신의 마음과 좀 더 자유롭게 대화를 나누고 교제하기 위한 것. 그는 그의 동료들을 사랑하였고, 그들과 어울리는 것을 즐거워하였지만, 이번 일을 통해서 그에게 그들과 어울리는 것이 꼭 필요한 것은 아니고, 스스로 혼자 얼마든지 즐거움을 누릴 수 있다는 것을 보여주고자 하였다.

3. 또는, 그가 스스로 고생을 자초해서, 안일에 빠져 있음을 보이지 않기 위한 것. 이렇게 그는 자발적인 고행과 자기 부인을 통해서 자신의 몸을 쳐 복종하게 함으로써 부르심을 받을 때에 좀 더 수월하게 그리스도를 위하여 고난을 받을 수 있게 하고자 하였다(딤후 2:3). 우리는 우리 자신을 부인하는 습관을 우리 몸에 배이도록 하여야 한다.

II. 잇소에서 바울은 그의 친구들과 함께 배를 탔다. 거기에서 그들은 그를 배에 태웠다. 왜냐하면, 이 때쯤 해서 그는 충분히 걸을 만큼 걸었고, 다른 방식으로 여행을 하고자 하였기 때문이었다. 또는, 아마도 그는 더 이상 육로로는 갈 수 없었기 때문에, 부득이 해로를 택할 수밖에 없었을 수도 있다. 그리스도께서는 그의 제자들을 배를 태워서 멀리 보내고서 자기 자신은 그 곳에 더 머물러 계시다가, 그가 그들에게 오셨을 때에 그들은 그를 배에 태웠다(막 6:45, 51).

Ⅲ. 바울은 예루살렘을 향하여 가장 빠른 길을 선택하였다. 그가 탄 배는 기오를 통과해서(15절) 사모에 잠시 들렀다(이 두 곳은 헬라의 저술가들, 즉 시인들이나 역사가들에게 유명한 곳들이었다). 그들은 사모 옆에 있는 항구인 트로길리움에 잠시 정박하였고, 그 다음 날 에베소 근방에 있는 항구인 밀레도에 도착하였다. 왜냐하면, 바울은 이번에는 에베소에 가지 않기로 작정하였었기 때문이었다(16절). 하지만 그의 친구들은 에베소에 가서 잠시 머물자고 바울을 끈질기게 설득하여서, 바울은 그들의 끈질긴 요청을 거부할 수 없었다. 그는 에베소에 머물지 않기로 결심하였기 때문에 머물고자 하는 시험 속에 자신을 두고자 하지 않았다. 이는 될 수 있는 대로 오순절 안에 예루살렘에 이르려고 급히 감이러라. 바울은 사오년 전에 예루살렘에 한 번 다녀온 적이 있었고(행 18:21-22), 그리고 지금 예루살렘 교회와의 좋은 관계를 유지하는 가운데 그 교회에 인사를 하기 위해서 예루살렘을 향하여 가고 있었다. 바울이 이렇게 예루살렘 교회와의 유대를 강조한 것은 그가 이방인들에게 복음을 전할 사명을 받았다고 해서 예루살렘 교회를 소홀히 대하고 그 관계가 소원해졌다는 인상을 사람들에게 주지 않기 위한 것이었다. 바울이 오순절에 맞춰서 예루살렘에 도착하고자 했던 것은 오순절은 많은 사람들이 함께 모이는 때였기 때문에, 그는 오순절에 절기를 지키기 위하여 세계의 모든 곳에서 온 유대인들과 이방인 개종자들에게 복음을 전할 수 있는 좋은 기회를 얻기 위한 것이었다. 오순절은 그 날에 성령이 부어짐으로써 그리스도인들 사이에서 특히 유명해졌었다. 일하는 사람들은 스스로 만반의 준비를 갖추어야 한다. 그렇게 하면, 일을 성사시키거나 때를 맞추는 것(섭리에 따라서)이 수월해지고, 우리가 생각하기에 가장 필요한 일을 가장 먼저 하게 되고, 그 일을 하지 못하고 흘려 보내지 않게 될 것이다. 우리의 친구들과 함께 한다는 것은 우리에게 큰 즐거움이기는 하지만, 그것은 우리의 기분을 잠시 좋게 만들어 주는 것일 뿐이다. 하지만 우리는 그것 때문에 우리의 일을 하지 못하게 되어서는 안 된다. 아시아에는 그의 좋은 친구들이 많이 있었지만, 바울은 예루살렘으로 가야 할 일이 생기자, 아시아에서 빈둥거리며 시간을 허비하고자 하지 않았다. 이 세상은 우리가 함께 모여서 즐겁게 살아가야 할 우리의 본향이 아니다. 우리는 저 세상에서 그렇게

되기를 소망한다.

[17]바울이 밀레도에서 사람을 에베소로 보내어 교회 장로들을 청하니 [18]오매 그들에게 말하되 아시아에 들어온 첫날부터 지금까지 내가 항상 여러분 가운데서 어떻게 행하였는지를 여러분도 아는 바니 [19]곧 모든 겸손과 눈물이며 유대인의 간계로 말미암아 당한 시험을 참고 주를 섬긴 것과 [20]유익한 것은 무엇이든지 공중 앞에서나 각 집에서나 거리낌이 없이 여러분에게 전하여 가르치고 [21]유대인과 헬라인들에게 하나님께 대한 회개와 우리 주 예수 그리스도께 대한 믿음을 증언한 것이라 [22]보라 이제 나는 성령에 매여 예루살렘으로 가는데 거기서 무슨 일을 당할는지 알지 못하노라 [23]오직 성령이 각 성에서 내게 증언하여 결박과 환난이 나를 기다린다 하시나 [24]내가 달려갈 길과 주 예수께 받은 사명 곧 하나님의 은혜의 복음을 증언하는 일을 마치려 함에는 나의 생명조차 조금도 귀한 것으로 여기지 아니하노라 [25]보라 내가 여러분 중에 왕래하며 하나님의 나라를 전파하였으나 이제는 여러분이 다 내 얼굴을 다시 보지 못할 줄 아노라 [26]그러므로 오늘 여러분에게 증언하거니와 모든 사람의 피에 대하여 내가 깨끗하니 [27]이는 내가 꺼리지 않고 하나님의 뜻을 다 여러분에게 전하였음이라 [28]여러분은 자기를 위하여 또는 온 양 떼를 위하여 삼가라 성령이 그들 가운데 여러분을 감독자로 삼고 하나님이 자기 피로 사신 교회를 보살피게 하셨느니라 [29]내가 떠난 후에 사나운 이리가 여러분에게 들어와서 그 양 떼를 아끼지 아니하며 [30]또한 여러분 중에서도 제자들을 끌어 자기를 따르게 하려고 어그러진 말을 하는 사람들이 일어날 줄을 내가 아노라 [31]그러므로 여러분이 일깨어 내가 삼 년이나 밤낮 쉬지 않고 눈물로 각 사람을 훈계하던 것을 기억하라 [32]지금 내가 여러분을 주와 및 그 은혜의 말씀에 부탁하노니 그 말씀이 여러분을 능히 든든히 세우사 거룩하게 하심을 입은 모든 자 가운데 기업이 있게 하시리라 [33]내가 아무의 은이나 금이나 의복을 탐하지 아니하였고 [34]여러분이 아는 바와 같이 이 손으로 나와 내 동행들이 쓰는 것을 충당하여 [35]범사에 여러분에게 모본을 보여준 바와 같이 수고하여 약한 사람들을 돕고 또 주 예수께서 친히 말씀하신 바 주는 것이 받는 것보다 복이 있다 하심을 기억하여야 할지니라

바울과 그의 동료들이 예루살렘으로 가기 위하여 탄 배는 바울의 뜻에 따라서 마련된 것이었고, 그가 원하는 대로 머물거나 움직였던 것으로 보인

다. 왜냐하면, 바울은 밀레도에 이르러서 해변에 내렸고, 거기에서 사람을 보내어 에베소의 장로들에게 거기로 오라고 한 후에 한참이나 그들을 기다렸을 것인데도, 배는 떠나지 않고 그를 기다려 주었기 때문이다. 바울이 이렇게 사람을 보내어 장로들을 오게 한 것은 만약 그가 직접 에베소로 올라갔다면 그는 결코 그들에게서 빠져 나올 수 없었을 것이었기 때문이다. 어떤 이들은 이 장로들이 바울의 안수를 통해서 성령을 받은 열두 사람이었다고 생각한다(행 19:6). 그러나 이 사람들 외에도 디모데는 에베소와 그 근방에 있는 교회들을 섬기게 하기 위하여 다른 장로들을 세웠을 것이 틀림없다. 바울은 그가 그들에게 안수하여서 맡긴 일을 계속해서 잘 해 나가도록 그들을 교훈하고 격려하기 위하여 사람을 보내어 그들을 오라고 한 것이었다. 그들은 바울에게서 받은 교훈들을 그들이 담당하고 있는 사람들에게 전해 줄 것이었다. 바울이 여기에서 이 장로들과 작별하며 준 말씀은 매우 심금을 울리면서도 실제적인 교훈이었는데, 그 속에는 이 선한 인물의 탁월한 영성을 보여주는 많은 것들이 들어 있다.

I. 바울은 그들에게 그가 에베소에 온 이래로 내내 어떻게 살고 가르쳤는지를 상기시킨다(18절). "아시아에 들어 온 첫 날부터 지금까지 내가 항상 여러분 가운데서 어떻게 행하였는지, 내가 여러분 가운데서 사도의 직무를 어떻게 수행하였는지를 여러분도 아는 바이다." 바울이 이렇게 말하는 것은 사도로서의 그의 사명과 그가 그들 가운데서 전하였던 가르침이 옳다는 것을 확증하기 위한 것이다. 그들은 모두 바울이 진실되고 은혜가 깊으며 하늘에 속한 심령을 지닌 사람이라는 것을 알고 있었고, 그가 사람들을 미혹시키는 자들처럼 사람들을 자신의 추종자로 만들고자 하는 그런 인물이 아니었다는 것을 잘 알고 있었다. 바울은 하나님의 은혜의 능력이 없었다면 자신의 섬김과 고난을 그토록 변함없이 수행할 수 없었을 것이다. 바울의 마음의 성품과 그가 전한 말씀과 교제의 기조는 진리의 하나님께서 그와 함께 하신다는 것과 그가 사람의 영이 아니라 성령에 의해서 인도하심을 받고 활동하고 있다는 것을 너무도 명명백백하게 증명해 주는 것이었다. 또한, 바울은 이제 에베소 교회의 사역을 담당하게 된 그들에게 자신의 행실을 그들이 교훈으로 삼아서 자신의 모범을 따르라고 말한다. "지금까지 내가 항상 여러분 가운데서 어떻게 행하였는지, 내가 사역자로서 스스로 어떻게 처신하였는지를 여러분도 아는 바이다. 내가 떠난 후에 여러

분은 여러분에게 맡겨진 사람들에게 내가 이전에 했던 것처럼 하고, 여러분이 내게 배우고 받고 듣고 본 선한 일을 행하라(빌 4:9)."

1. 바울의 심령과 행실은 아주 뛰어나고 모범적이었다. 그들은 그가 그들 가운데서 어떤 식으로 행하였는지, 그가 그들을 향하여 어떤 행실을 보였는지, 그가 얼마나 솔직하고 경건하며 진실하게 그들을 대하였고(고후 1:12), 그가 얼마나 거룩하고 의롭고 아무 흠도 없게 처신하였는지, 그가 그들을 향하여 얼마나 온유하였는지(살전 2:7, 10)를 잘 알고 있었다.

(1) 바울은 아시아에 들어온 첫날부터 지금까지 내내 올바르게 처신해 왔다. 바울이 그들 가운데로 들어와서 보여 준 행실은 그 누구도 흠을 잡을 수 없을 정도로 올바른 것이었다. 그는 그들이 그를 알게 된 첫날부터 그가 가는 곳마다 사람들에게 잘 할 뿐만 아니라 선한 일을 하는 자라는 것이 드러났다. 그는 겉과 속이 같고 한결같이 행하는 사람이었다. 사람들이 그를 어디로 데리고 가든, 그는 언제나 한결같았고, 바람에 따라 방향을 바꾸거나 날씨에 따라 변하지 않았고, 어떤 식으로 던져도 항상 네모난 면을 보이는 주사위와 같이 그의 언행은 한결같았다.

(2) 그는 주를 섬기고 하나님의 영광과 그리스도와 사람들 가운데서의 그의 나라를 더욱 흥왕하게 하는 것을 자신의 일로 삼아 왔다. 그는 결코 지기 자신을 위하여 일하지 않았고, 사람들의 종이 되어서 사람들이 원하는 대로 비위를 맞추며 행하지도 않았고, 시류에 편승하는 기회주의자도 아니었다. 그는 오직 주를 섬기는 것만을 자신의 일로 삼았다. 그는 자신의 사역과 모든 행실 속에서 그가 그의 서신 속에서 쓴 대로 자기가 예수 그리스도의 종이라는 것을 입증하였다(롬 1:1).

(3) 그는 모든 겸손으로, 즉 자신을 낮추고 하찮게 여기며 겸손하게 자신의 일을 해 왔다. 하나님께서는 그에게 지극히 큰 영광을 부여하셨고, 그를 통해서 무수히 많은 선한 일을 행하셨지만, 그는 결코 무게를 잡고 위엄을 차리거나 사람들로부터 일정한 거리를 둔 적이 없었고, 아무리 비천한 사람들과도 마치 자기가 그들과 동일한 반열에 서 있는 것처럼 그들의 선을 위하여 아무 거리낌 없이 친밀하게 교제하였다. 그는 기꺼이 자신의 몸을 낮춰서 그 어떤 섬김의 일도 감당하고자 하였고, 사람들이 원한다면 얼마든지 자기 자신과 자신의 수고를 값없이 내어 주고자 하였다. 어떤 자리에서든지 주께서 기뻐하시고

사람들에게 유익이 되게 섬기고자 하는 자들은 모든 겸손으로 일해야 한다는 것을 명심하라(마 20:26-27).

(4) 그는 그들 가운데서 언제나 지극히 온유하고 다정다감하며 사랑이 넘치고 긍휼이 풍성한 자였다. 그는 많은 눈물로 주를 섬겼다. 이 점에 있어서 바울은 그의 주님과 닮았다. 주님께서도 흔히 눈물을 흘리셨다. 그는 기도할 때에 울며 간구하였다(호 12:4). 그는 말씀을 전할 때에 여러 번 전한 것을 다시 눈물을 흘리며 사람들에게 전하였다(빌 3:18). 그들에 대한 그의 관심에 있어서, 비록 그가 그들을 알게 된 것은 얼마 되지 않았지만, 그들은 그의 가슴에 아주 가까이 있었기 때문에, 그는 우는 자들과 함께 울고, 그들이 눈물을 흘릴 때마다 그들과 함께 울어 주었는데, 이것은 그들을 지극히 사랑하였다는 것을 보여주는 것이었다.

(5) 그는 그들 가운데서 많은 난관들과 씨름하였다. 그는 수많은 반대와 많은 시험들, 그의 인내와 용기를 시험하는 것들에 직면해서도 자신의 사역을 계속해 나갔는데, 너무도 낙심되는 일들이 많아서, 그는 예레미야가 동일한 처지에서 말했던 것처럼 내가 다시는 여호와를 선포하지 아니하며 그의 이름으로 말하지 아니하리라고 말하고 싶은 시험도 그에게 종종 찾아 왔다(렘 20:8-9). 이러한 여러 가지 난관과 시험들이 그에게 찾아온 것은 아직도 여전히 그에게 이런저런 해악을 끼치고자 음모를 꾸미고 있었던 유대인들의 간계로 말미암은 것이었다. 여러 가지 환난들과 위험들 속에서도 계속해서 주를 섬기고, 그들의 사역으로 인해서 어떠한 원수들이 생겨나는지에 대해서는 신경을 쓰지 않고, 오로지 그들의 주님에게만 인정받고자 하고 주님을 그들의 친구로 삼고자 하는 자들은 진정으로 주의 신실한 종들이라고 할 수 있다. 바울이 눈물을 흘린 것은 그에게 닥친 시험들 때문이었다. 그가 당한 고난들은 그의 선한 성품들과 감정들을 강화시키는 데에 도움이 되었다.

2. 바울은 말씀을 전함에 있어서도 마땅히 해야 할 바를 다하였다(20-21절). 그는 사람들에게 그리스도의 복음을 전하기 위하여 에베소에 왔고, 자기가 온 목적에 따라서 그로 하여금 말씀을 전하게 하신 분에게나 에베소 사람들에게나 신실하였다.

(1) 그는 자신의 메시지를 누구나 알아듣기 쉽게 전하는 설교자였다. 이것은 내가 여러분에게 전하였다라는 말과 내가 여러분을 가르쳤다라는 말 속에 암시되

어 있다. 그는 그들을 멋진 사변적인 말들로 즐겁게 해 준 것이 아니었고, 그들을 고상한 개념들과 표현들로 가득 찬 뜬 구름 속으로 인도하여서 거기에서 길을 잃게 만든 것도 아니었다. 그는 지극히 크고 중요한 결과들을 낳는 복음의 명백한 진리들을 그들에게 보여주었고, 어린 아이들을 가르치듯이 그들을 가르쳤다. "나는 여러분에게 행복으로 가는 올바른 길을 보여주었고, 그 길로 행하도록 여러분을 가르쳤다."

(2) 그는 힘 있는 설교자였다. 이것은 그가 그들에게 증언하였다는 말 속에 암시되어 있다. 그는 자기가 전하는 것이 참되다는 것을 전적으로 확신하는 가운데 그들로 하여금 그것을 확신하게 만들고 그것을 통해서 그들에게 감화를 주고 그들을 다스리기를 원하는 자로서 증인 서약을 한 자 같이 말씀을 전하였다. 그는 길거리에서 아무 말이나 지껄여대는 행상인(그에게는 그가 하는 말이 참이든 거짓이든 아무 상관이 없다)이 아니라 법정에서 자기가 아는 것을 진실하고 진지하게 증언하는 자로서 복음을 전하였다. 바울은 그들이 복음을 받아들인다면 복음은 그들을 살리는 증언이 되고, 그들이 거부한다면 그들을 쳐서 불리하게 작용하는 증언이 되게 복음을 전하였다.

(3) 그는 그의 메시지를 듣는 자들에게 선을 행하는 것을 목적으로 삼는 유익한 설교자였다. 그는 그들에게 유익한 것, 그들을 지혜롭고 선하게 하며 더욱 지혜롭고 더 선하게 만들어 줄 수 있는 것, 그들의 판단에 명철을 더해 주고 그들의 마음과 삶을 새롭게 할 수 있는 것을 다 찾아서 그들에게 전해주었다. 그는 그들의 영혼에 하나님의 빛과 열기와 능력을 가져다 줄 수 있는 것들(헬라어로는 타 쉼페론타)을 전하였다. 사람들에게 해로운 것이나 사람들을 잘못된 방향으로 이끌거나 죄에 빠져 완악하게 만드는 것들을 전하지 않는 것만으로는 충분하지 않기 때문에, 우리는 사람들에게 유익한 것을 전하여야 한다. 사랑하는 자들아, 우리가 행하는 이 모든 것은 너희의 덕을 세우기 위함이니라. 바울은 사람들을 즐겁게 해주는 것이 아니라 사람들에게 유익한 것을 전하고자 하였고, 사람들에게 유익하다는 점에서 사람들을 기쁘게 해 줄 수 있는 것을 전하고자 하였다. 성경에서는 하나님께서 그의 백성에게 유익하도록 가르치신다고 말하고 있다(사 48:17). 사람들의 유익을 위해서 가르치는 자들은 하나님을 위하여 가르치는 것이다.

(4) 그는 자신의 일을 아주 부지런하고 끈기있게 행하는 자로서 수고를 아끼

지 않는 설교자였다. 그는 공중 앞에서나 각 집에서나 말씀을 전하였다. 그는 자기가 큰 회중들 앞에서 말씀을 전할 기회를 갖고 있음에도 불구하고 후미진 곳에서만 전하기로 작정하고 자신을 제한하지 않았다. 또한, 그는 사적이고 개인적으로 말씀을 가르칠 기회가 생겼을 때에는 회중 앞에서 전하는 것만을 고집하지 않았다. 그는 많은 사람들 앞에서 복음을 전하는 것을 두려워하거나 부끄러워하지 않았고, 소수의 사람들 앞에서 말씀을 전할 기회가 생겼을 때에는 몇몇 사람들에게 사적으로 말씀을 전하는 수고를 하는 것을 불평하지 않았다. 그는 푸른 초장에 모여 있는 무리들에게도 공적으로 말씀을 전하였고, 연약한 자들이나 방황하는 자들을 찾아내서 그들에게 말씀을 전하기 위하여 이 집 저 집을 찾아 다녔으며, 둘 중의 어느 한 쪽도 소홀히 해서는 안 된다고 생각하였다. 사역자들은 이 집 저 집으로 다니면서 각 개인의 집을 심방하여 그들이 공중 앞에서 가르쳤던 것들을 반복해서 그들에게 가르쳐 주고, 너희가 이 모든 것을 깨달았느냐고 물어서 필요한 경우에는 더 보충해서 설명해 주어야 한다. 특히, 사역자들은 사람들이 복음의 진리를 그들 자신과 그들의 처지에 적용할 수 있도록 도와야 한다.

(5) 그는 신실한 설교자였다. 그는 사람들에게 유익한 것을 전하였을 뿐만 아니라, 사람들에게 유익할 것이라고 생각되는 모든 것을 남김없이 전하였고, 그로 하여금 더 큰 수고를 하게 하거나 일부 사람들의 비위를 건드릴 수 있거나 사람들로 하여금 그에 대한 악감을 갖게 만들 수도 있는 것들이라고 해도 그런 것들을 전하는 것이 사람들에게 유익이 될 것이라고 생각되는 경우에는 하나도 남김없이 거리낌없이 전하고 가르쳤다. 그는 어떤 것이 시대에 맞지 않는다거나 일부 사람들에게 받아들여지기 어려운 것이라고 해도 그것이 유익하다고 생각되는 경우에는 무엇이든지 전하는 것을 꺼려하지 않았다. 그는 책망하는 것이 꼭 필요하고 유익된다고 생각되는 경우에는 사람들의 반발을 두려워해서 책망하지 않고 그냥 넘겨 버리지 않았다. 그는 후대에 중국에 파송된 로마 가톨릭의 선교사들이 했던 것과는 달리 십자가가 유대인들에게는 걸림돌이고 헬라인들에게는 어리석은 것으로 받아들여질 것이라는 것을 알면서도 십자가를 전하는 것을 꺼려하지 않았다.

(6) 그는 모든 사람들을 향하여 복음을 선포한 설교자였다. 그는 유대인들과 헬라인들에게 증언하였다. 그는 비록 유대인으로 태어나서 성장하였으므로 유

대 민족에 대한 각별한 애정을 지니고 있었고 이방인들에 대한 편견 속에서 길러졌지만, 오직 유대인들과만 상대하고 이방인들을 회피하는 처신을 보인 것이 아니라, 유대인들에게와 마찬가지로 이방인들에게도 기꺼이 복음을 전하고 그들과 허심탄회하게 교제하였다. 다른 한편으로, 그는 비록 이방인들의 사도로 부르심을 받아서, 바로 그 이유 때문에 유대인들이 그에 대하여 굽힐 줄 모르는 적대감을 품고서 그에게 무수히 해악을 가하였고 여기 에베소에서도 끊임없이 그를 해치고자 하였지만, 그는 유대인들을 하나님으로부터 버림받은 자들로 여기고서 그들을 포기한 것이 아니라, 계속해서 그들의 선을 위하여 그들과 상대하였다 사역자들은 사람들이 누구냐를 가리지 않고 누구에게나 복음을 전하여야 한다. 왜냐하면, 그들은 보편 교회를 섬기는 그리스도의 사역자들이기 때문이다.

(7) 그는 진정으로 기독교적이고 복음적인 설교자였다. 그는 철학적인 사상들이나 논란이 될 수 있는 의심스러운 것들을 전하지 않았고, 정치적인 것을 전하지 않았으며, 국가나 시민 정부의 일들에는 전혀 간섭하지 않았다. 그는 오직 복음의 두 가지 큰 은혜들인 믿음과 회개, 그리고 믿음과 회개의 본질과 필요성만을 전하였다. 그는 기회가 있을 때마다 이 두 기지를 역설하였다.

[1] 하나님께 대한 회개. 죄로 말미암아 하나님으로부터 떠났고, 점점 더 하나님에게서 멀어져서 무한히 하나님과 분리된 상태로 나아가고 있는 자들은 참된 회개를 통해서 하나님을 바라보고 하나님께로 방향을 돌리며 하나님을 향하여 움직이고 하나님께 서둘러서 돌아와야 한다는 것. 그는 회개가 우리가 순종하여야 하는 하나님의 큰 명령이라고 전하였다(행 17:30): 하나님께로 돌아와서 회개에 합당한 일을 하라(행 26:20). 또한, 그는 회개가 죄 사함을 주시기 위한 그리스도의 선물이라고 전하였고(행 5:31), 사람들에게 죄 사함을 받기 위하여 그리스도를 바라보라고 가르쳤다.

[2] 우리 주 예수 그리스도께 대한 믿음. 우리는 회개를 통해서 우리의 최종 목적지인 하나님을 바라보아야 하고, 믿음을 통해서 우리가 하나님께로 가는 길이 되시는 그리스도를 바라보아야 한다. 우리는 회개를 통해서 우리의 죄를 떨쳐 버린 후에, 믿음을 통해서 죄 사함을 받기 위하여 그리스도를 의지하여야 한다. 우리가 하나님께 대하여 회개하는 것만으로는 충분하지 않다. 우리는 우리의 구속주이시자 구주이신 그리스도에 대한 참된 믿음을 가져야 하고, 그리

스도를 우리의 주님이시자 우리의 하나님으로 받아들여야 한다. 왜냐하면, 중보자이신 예수 그리스도의 능력과 의를 힘입지 않고서는 회개한 탕자들이 하나님 아버지께로 가는 것은 불가능하기 때문이다.

에베소의 장로들은 모두 바울이 위에서 말한 것과 같은 그러한 전도자이자 설교자라는 것을 알고 있었다. 그들이 바울과 같은 사역을 감당하고자 한다면, 그들은 바울과 동일한 심령과 동일한 발걸음으로 행하지 않으면 안 된다.

Ⅱ. 바울은 예루살렘으로 가는 이번 여행에서 여러 가지 고난과 환난들이 자기를 기다리고 있다고 분명하게 말한다(22-24절).   에베소의 장로들은 바울이 지금 박해를 두려워하여 아시아를 떠나는 것이라고 생각해서는 안 된다. 바울은 겁쟁이 보초 같이 위험한 초소에서 도망치는 것이 결코 아니었고, 도리어 가장 치열한 전투가 벌어지게 될 격전지를 향하여 서둘러 달려가는 용사와 같았다: 보라. 이제 나는 성령에 매여 예루살렘으로 간다. 이 말씀은 다음 둘 중의 하나로 이해될 수 있다.

(1) 바울이 앞으로 그에게 환난이 닥칠 것을 분명하게 내다본 것. 그는 아직 그의 몸이 매여 있는 것은 아니었지만 그의 심령은 이미 매여 있었다. 그는 앞으로 닥칠 환난을 충분히 예상할 수 있었기 때문에, 그것을 대비하는 것이 그의 매일의 일과였다. 바울은 모든 선한 그리스도인들이 심령이 가난하여서 비록 그들이 곤궁해진다고 할지라도 하나님의 뜻을 기꺼이 따르고자 하는 것과 마찬가지로 그 심령이 매여 있었다.

(2) 또는, 바울은 하나님의 성령이 그의 심령에 역사하여 이번 여행을 하도록 강한 소원을 주셨다는 것. "나는 심령이 매여 있다. 즉, 나는 이번 여행을 계속하기로 단단히 마음을 먹고 있고, 내가 그렇게 작정한 것이 내 자신의 어떤 기분이나 계획에서 나온 것이 아니라 하나님의 지시하심과 감화에서 나온 것임을 온전히 확신한다. 나는 성령의 인도하심을 받아서 가는 것이고, 성령이 나를 어느 곳으로 인도하시든 나는 성령을 따를 수밖에 없다."

1. 하나님께서는 환난이 어디에서 생겨날 것이고, 그 환난의 원인이 어떤 것일 것이며, 어떤 환경에서 어느 정도로 환난이 생길 것인지에 대해서는 바울에게 계시해 주시는 것이 합당하지 않다고 생각하셨다. 우리는 장래에 일어날 일들에 대하여 전혀 아무것도 모르는 편이 낫다. 그럴 때에 우리는 항상 하나님을 바라보고 하나님을 의지할 수 있기 때문이다. 우리는 먼 곳으로 출타할 때

에 우리에게 무슨 일이 생길지 우리가 알지 못하고, 어느 날 또는 어느 밤 또는 어느 시에 일이 생길지 모른다는 그러한 생각으로 길을 떠나야 한다. 그럴 때에 우리는 우리 자신을 하나님께 온전히 맡기고서, 하나님께서 보시기에 좋으신 대로 우리에게 행하시도록 하고, 우리는 하나님의 온전하신 뜻을 온전히 행하는 일에 모든 힘을 쓸 수 있게 된다.

2. 그렇지만 바울은 자기 앞에 폭풍우가 몰아 닥치리라는 것을 희미하게 알고 있었다. 왜냐하면, 그가 지나온 모든 성읍에서 선지자들이 성령을 통해서 그에게 결박과 환난이 그를 기다리고 있다고 말해 주었기 때문이다. 모든 그리스도인들과 사역자들이 통상적으로 예상할 수 있는 고난들 외에 바울은 그가 지금까지 만난 그 어떤 것보다도 더 크고 오래갈 극심한 환난이 지금 그를 기다리고 있다는 특별한 암시를 받고 있었다.

3. 그럼에도 불구하고 바울은 자신의 일을 계속하기로 하는 용감하고 영웅적인 결단을 한다. 각 성을 지날 때마다 그의 귀에 들린 우울한 소식은 결박과 환난이 그를 기다린다는 것이었다. 끊임없이 선한 일을 하기 위하여 수고하고 애쓰면서도 자기가 한 수고에 대하여 보상은 받지 못하고 오히려 가혹한 대우를 받는 것은 인간으로서는 도저히 참기 어려운 일이었다. 그러므로 바울이 그것을 어떻게 견뎌내었는지를 잠시 살펴볼 가치가 있다. 바울은 다른 사람들과 마찬가지로 살과 피를 지닌 인간이었다. 바울은 연약한 인간이었지만, 하나님의 은혜로 말미암아 그의 일을 계속해 나갈 수 있었고, 그가 자신의 사역을 하면서 만나게 된 온갖 난관들과 낙심되는 일들을 은혜 안에서 아무것도 아닌 것으로 치부하였기 때문에 자신의 일을 계속해 나갈 수가 있었다. 우리는 여기에서 바울의 입으로 직접 그렇게 말하는 것을 들을 수 있는데(24절), 바울은 결코 완고한 마음이나 무엇이 된 체하는 그러한 마음으로 말하고 있는 것이 아니라, 거룩하고 겸손한 결단을 이 말을 통해서 나타내 보이고 있는 것이다. "이러한 것들은 그 어느 것도 나를 움직이지 못한다. 나의 모든 관심은 내가 달려갈 길을 끝까지 잘 달려가는 것 뿐이다."

(1) 바울은 여기에서 우리가 우리의 일을 하면서 만나게 되는 온갖 난관들과 반대들에도 불구하고 우리의 일을 계속해 나가고자 하는 거룩한 용기와 결단의 모범이다. 바울은 그러한 것들이 장차 자기에게 닥치게 될 것을 알았지만, 그런 것들에 개의치 않았다: 나는 그러한 것들을 조금도 개의치 아니하노라. 그는

오직 그리스도와 천국만을 그의 마음에 둘 뿐이었고 환난이나 어려움들은 전혀 그의 마음에 두지 않았다. 그러한 것들은 그 어느 것도 그를 흔들어 놓을 수 없었다.

[1] 환난들은 바울을 휘몰아 가서 그의 일에서 손을 떼게 할 수 없었다. 그는 폭풍우가 일어나는 것을 보고서 방향을 바꾸거나 다시 돌아 가지 않았고, 값비싼 대가를 치를 줄을 뻔히 알면서도 위험한 곳들로 결연히 뛰어 들어가서 복음을 전하였다.

[2] 환난들은 그에게서 그의 위로를 빼앗아 가거나 그로 하여금 무거운 마음으로 자신의 일을 하게 만들지 못하였다. 환난들 가운데서도 그는 그 환난들에는 아무 신경도 쓰지 않는 무심한 자처럼 행하였다. 그는 인내로써 정신을 똑바로 차리고서, 근심하고 걱정할 수밖에 없는 상황 속에서도 항상 기뻐하였고, 모든 일에서 넉넉히 이겨 나갔다. 천국과 교통하는 자들은 이 땅에서 통상적으로 겪게 되는 환난들만이 아니라 음부 자체의 위협적인 분노와 악의조차도 무시해 버릴 수 있기 때문에, 그러한 것들 중에서 그 어느 것도 그들을 해칠 수 없다는 것을 알고서, 그러한 것들 중 어느 것도 그들을 흔들 수 없다고 단호하게 말할 수 있다.

(2) 바울은 여기에서 이 세상에서의 삶과 그것이 주는 위로들을 아무것도 아닌 것으로 여기는 거룩한 경멸의 모범이다: 나는 나의 생명조차 조금도 귀한 것으로 여기지 아니하노라. 삶은 달콤한 것이고, 따라서 당연히 우리에게 소중한 것이다. 사람이 자기 목숨을 천하와 바꾸겠느냐? 그러나 자기 자신을 똑바로 이해하고 어떤 것이 자기를 진정으로 위하는 것인지를 올바르게 깨닫고 있는 자는 하나님의 은총을 잃어버리고 영생을 위태롭게 하느니 차라리 자기가 가진 모든 것, 심지어 생명까지도 포기하고자 한다. 바울은 바로 그러한 마음을 지니고 있었다. 사람의 목숨은 육체적인 눈으로 보기에는 최고로 가치있는 것이지만, 믿음의 눈으로 볼 때에는 상대적으로 무시할 수 있는 그런 것이다. 사람의 목숨은 그리스도를 위하여 기꺼이 내어줄 때에만 소중하고 값진 것이 된다. 이러한 진리는 누가복음 14:26에 나오는 말씀, 즉 욥이나 예레미야 같이 조급한 감정에 사로잡혀서가 아니라 하나님의 뜻에 순복하고자 하는 거룩한 마음과 그리스도를 부인하느니 차라리 그리스도를 위하여 죽고자 하는 결단 속에서 우리 자신의 목숨을 미워하라고 요구하고 있는 이유를 설명해 준다.

(3) 바울은 여기에서 생명을 바쳐서 자신의 일을 완수하고자 하는 거룩한 태도의 모범이다. 우리는 생명이 주는 외적인 위로들을 확보하거나 어떻게든 생명이 연장되기를 구하는 것이 아니라 우리가 마땅히 생명을 바쳐야 할 일에 훨씬 더 마음을 써야 한다. 복된 바울은 자신의 생명을 바쳐서 해야 할 일과 비교해 볼 때에 자신의 생명 자체를 소중한 것으로 여기지 않고, 그리스도의 능력을 덧입어서, 그가 자신의 목숨을 구하기 위하여 결코 삶의 목적을 놓쳐 버리지는 않을 것(non propter vitam vivendi perdere causas)이라고 결심한다. 그는 수고하는 일에 자신의 목숨을 기꺼이 사용하고자 하고, 위험한 섬김의 일에 자신의 목숨을 걸며, 어렵고 힘든 일에 자신의 목숨을 기꺼이 쓰고자 한다. 아니, 그는 자신의 목숨을 버려 순교함으로써 그가 태어나서 세례를 받고 사도로 세움 받은 것의 큰 목적을 이루고자 한다. 이 위대하고 선한 자는 두 가지의 것에 몰두하고 있는데, 그가 그 두 가지를 이룰 수만 있다면, 그의 목숨이 어떻게 되든 그것은 그에게 아무런 문제도 되지 않았다.

[1] 그는 그에게 맡겨진 일에 충실하고자 하였다. 그는 주 예수께 받은 사명을 마치고자 하였고, 하나님께서 그를 이 세상에 보내실 때에 그에게 맡기신 일, 아니 하나님께서 그를 교회 속으로 인도하시면서 맡기신 일을 하고자 하였다. 그는 자기가 태어나면서 받은 사명을 온전히 마쳐서 그 사명을 증명해 보이고자 하였다. 그는 자신의 사명을 온전히 수행함으로써 다른 사람들이 자신의 사명으로 인한 유익을 최대한으로 거둘 수 있게 하고자 하였다. 그는 요한계시록에 나오는 두 증인처럼 그 증언을 마치기를 원하였고(계 11:7), 그 일을 채 마치지도 못하고 죽는 것을 바라지 않았다. 좀 더 살펴보자. 첫째, 사도라는 직책은 그리스도를 섬겨서 일하는 것인 동시에 사람들의 영혼을 섬겨서 일하는 것이다. 따라서 사도로 부르심을 받은 자들은 사도로서의 권위나 통치권보다는 사도로서 섬기고 일하는 것을 더 마음에 두었다. 사도들이 그렇게 하였다면, 목회자들과 교사들은 그들이 섬기는 교회에서 더욱 그렇게 하여야 한다. 둘째, 이 사명은 주 예수께 받은 것이었다. 주께서 그들에게 그러한 사명을 맡기셨고, 그들은 주로부터 그들의 직책을 받았다. 그들은 주님을 위하여 주님의 이름으로 주님의 능력을 덧입어서 사역을 해 나간다. 그들은 주님께 결산하고 책임을 져야 한다. 그들에게 이러한 사명을 주신 것은 그리스도이셨다(딤전 1:12). 그들로 하여금 그들의 사명을 계속해서 감당할 수 있게 하시는 분도 그리스도이시

기 때문에, 그들은 그리스도께서 주시는 힘으로 그들의 사역을 행하고, 온갖 역경을 헤쳐 나갈 수 있다. 셋째, 이 사명을 받은 자가 해야 할 일은 하나님의 은 혜의 복음을 증언하는 것, 즉 하나님의 복음을 세상에 널리 알리고 증명하며 권 하는 일이었다. 그것은 하나님의 은혜의 복음이기 때문에 그 속에 권할 만한 것이 많이 들어 있다. 그것은 하나님께서 우리에 대하여 선한 뜻을 가지고 계 시다는 것을 보여주는 증거이고, 하나님께서 우리 안에서 선한 일을 하시게 하 는 수단이다. 그것은 하나님께서 우리를 향하여 은혜로우시다는 것을 보여 주 고, 우리를 은혜를 지닌 자로 만들어 주기 때문에, 하나님의 은혜의 복음으로 불린다. 바울은 이 복음을 증언하는 것을 그가 평생토록 목숨을 걸고 해야 할 일로 여겼고, 하루라도 이 복음의 지식과 향기와 능력을 퍼뜨리는 도구로 자기 가 사용되지 않는 것을 견딜 수 없어 하였다.

[2] 그는 자신의 사명을 잘 끝마치고자 하였다. 그는 자신의 일생이 언제 그 리고 어떻게 끝나게 될지, 즉 곧 죽든지 갑자기 죽든지 비참하게 죽든지, 그의 죽음과 관련된 외적인 조건들에 대해서는 아무런 관심이 없었고, 오직 그가 달 려 갈 길을 기쁨으로 마치는 것에만 관심이 있었다. 첫째, 그는 자신의 일생을 달 려 갈 길, 즉 원어대로 하면 경주로 여겼다. 우리의 일생은 우리 앞에 당한 경주이 다(히 12:1). 이것은 우리가 수고하는 것이 우리에게 이미 정해져 있다는 것을 보여준다. 왜냐하면, 우리는 빈둥거리기 위해서 이 세상에 보내진 것이 아니기 때문이다. 또한, 이것은 우리의 한계가 우리에게 정해져 있다는 것을 보여준다. 왜냐하면, 우리는 여기에서 영원히 머물기 위해서 이 세상에 보내진 것이 아니 라, 이 세상을 거쳐서 가기 위하여 보내진 것이기 때문이다. 우리는 달려서 이 세상을 통과하게 되어 있는데, 이 세상은 우리의 경주 속에서 순식간에 뒤로 지나가게 될 것이다. 나는 여기에 우리가 이 세상을 통과하면서 호된 시련을 겪 게 된다는 말을 덧붙이고자 한다. 둘째, 그는 자기가 달려 갈 길이 끝나게 되어 있다고 생각하고, 그 끝나는 것이 확실하고 가깝다고 말한다. 바울은 끊임없이 이 생각에 골몰해 있었다. 우리가 명예롭게 죽든 수치스럽게 죽든, 죽음은 우 리의 경주가 끝나는 것이다. 셋째, 그는 어떻게 하면 자기가 달려 갈 길을 잘 마 칠 수 있는지에 관한 생각으로 가득 차 있는데, 이것은 그가 그 일을 꼭 이루겠 다는 것을 보여주는 거룩한 소원과 혹시나 그렇게 되지 못할 것을 염려하는 거 룩한 두려움을 보여주는 것이다. "내가 나의 달려갈 길을 기쁨으로 마칠 수만

있다면 얼마나 좋을까. 그렇게만 된다면, 모든 것이 완벽하고 영원히 잘될 것이다." 넷째, 그는 자기가 달려 갈 길을 잘 마칠 수 있고 기쁨으로 마칠 수만 있다면 아무리 많은 수고를 하거나 아주 심한 고난을 당한다고 하여도 그런 것은 아무것도 아니라고 생각한다. 우리는 기쁨으로 죽는 것을 준비하는 일을 우리 일생의 일로 여겨서, 단지 편안하게 죽는 것만이 아니라 즐거운 마음으로 죽기를 바라야 한다.

Ⅲ. 바울은 이번이 그들이 그를 보게 될 마지막 때라는 것을 생각해서, 그가 그들 가운데서 흠 없이 행하였다는 것을 그들이 알 것이라고 그들의 양심에 호소하면서, 이것에 대하여 증언해 줄 것을 그들에게 요청한다.

1. 바울은 그들에게 그가 지금 그들에게 마지막으로 작별을 하고 있는 것이라고 말한다(25절): 내가 여러분 중에 왕래하며 하나님의 나라를 전파하였으나 이제는 여러분이 다 내 얼굴을 다시 보지 못할 줄 아노라. 그들은 바울에게서 서신들을 받을 수는 있겠지만, 결코 그의 얼굴을 다시는 보지 못하게 될 것이다. 우리는 우리의 친구들과 헤어질 때에 이렇게 말한다. "우리의 친구들이 죽거나 우리 자신이 죽게 되어서, 우리는 이제 다시는 서로 보지 못하게 될지도 모른다." 그러나 바울은 여기에서 예언의 영을 통해서 이 에베소의 장로들이 그의 얼굴을 다시 보지 못할 것이라고 확신을 가지고 말하고 있는 것이다. 확실하지 않은 것에 대하여 단정적으로 말하지 않았던(나는 거기서 무슨 일을 당할는지 알지 못하노라, 22절) 바울이 여기에서 성령의 특별한 지시를 따라서 말한 것이 아니라면 특히 여기에 있는 그의 친구들에게 어떤 환난이 닥치게 될 것인지를 내다보면서, 이토록 확신있게 말할 수는 없었을 것이다. 어떤 이들은 바울이 이런 말을 했음에도 불구하고 나중에 다시 에베소에 와서 그들을 만났을 것이라고 말하는데, 나는 그들의 생각이 잘못된 것이라고 본다. 바울은 그것에 대해서 확실하게 알지 못하였다면 보라. 내가 이제는 아노라고 이렇게 단호하게 말하지는 결코 않았을 것이다. 그는 아직도 그에게는 많은 시간과 일이 남아 있긴 하지만, 이 지역에서 그가 해야 할 일은 더 이상 없고 다른 지역들에서 그가 해야 할 일들만이 남아 있다고 말한 것이 아니었다. 에베소에서 그는 오랫동안 머물면서 여기저기 돌아다니며 하나님의 나라를 전파하였었고, 죄와 사탄의 나라에 대하여 얘기하였으며, 하나님께서 그리스도 안에서 권세있게 다스리신다는 것을 전하였고, 영광의 나라가 그 최종 종착지이고 은혜의 나라가 그 종착지로

가는 길이라고 가르쳤었다. 그들은 강단에서 말씀을 전하는 바울의 얼굴을 보고 기뻐한 적이 무수히 많았고, 그들은 바울의 얼굴을 천사의 얼굴을 대하듯이 보았다. 평화를 전하는 이 사자들의 발이 산 위에서 아름다웠다고 한다면, 그들의 얼굴이야 얼마나 아름다웠을지 말해서 무엇하겠는가? 그러나 이제는 그들이 다시는 그의 얼굴을 보지 못하게 될 것이다. 우리는 지금 우리에게 하나님의 나라를 전해 주고 있는 자들이 머지않아 죽게 될 것이고, 우리는 그들의 얼굴을 다시는 보지 못하게 되리라는 것을 종종 생각하여야 한다: 선지자들이 영원히 살겠느냐. 그렇지만 당분간은 그들의 빛이 우리와 함께 있을 것이다. 그러므로 우리는 그 빛이 우리 가운데 있는 동안에 어떻게 해서든지 그 빛을 받아 은혜를 누리고자 하여야 한다. 우리가 그들의 얼굴을 이 땅에서 다시는 보지 못하게 될 때, 우리는 그들을 저 큰 날에 기쁨으로 얼굴을 맞대고 보게 될 것을 소망할 수 있다.

2. 바울은 그들에게 그가 그들 가운데서 사역할 때에 자신의 책임을 신실하게 다하였다고 호소한다(26절). "그러므로 여러분에 대한 나의 사역이 끝나가고 있는 지금에 와서, 여러분과 나는 한번 뒤를 돌아보고 반성해 볼 필요가 있다."

(1) 바울은 그들에게 자기가 신실하지 못한 것이 있었는지, 자기가 부주의하게 말하거나 행함으로써 그 어떤 귀한 영혼을 망하게 한 적이 있는지 살펴보라고 도전한다: 나는 모든 사람의 피, 영혼들의 피에 대하여 깨끗하다. 이 말은 분명히 선지자 에스겔이 한 말(겔 33:6), 즉 원수의 칼에 의해서 어떤 사람이 피를 흘리고 죽게 되는 경우에 하나님께서는 원수가 오는 것을 그에게 알리지 않은 신실하지 못한 파수꾼의 손에서 그의 피값을 찾을 것이라는 말씀과 관련이 있다. "여러분은 내가 여러분에게 모든 것을 알리고 경고하였다는 것을 인정할 수밖에 없기 때문에, 그 어떤 사람의 피도 하나님께서 나의 문 앞에서 찾지 않으실 것이다." 어떤 사역자가 스스로 신실하였다는 것이 증명된다면, 그는 나는 모든 사람의 피에 대하여 깨끗하다고 말하며 스스로 즐거워할 수 있고, 다른 사람들로부터도 그러한 증언을 들어야 한다.

(2) 그러므로 바울은 복음을 듣고서도 멸망한 자들의 피를 그들 자신의 머리에 돌린다. 왜냐하면, 그들은 합당한 경고를 받았음에도 불구하고 그 경고를 받아들이려 하지 않았기 때문이다.

(3) 그는 이 사역자들에게 그가 이전에 했던 것처럼 모든 사람을 돌보는 수고를 아끼지 말아 달라고 당부한다. "나는 모든 사람의 피에 대하여 깨끗하니, 여러분도 그렇게 되기를 바란다. 나는 여러분이 이 날을 기록해 두기를 바란다." 어떤 이는 이 본문을 나는 오늘을 여러분에 대한 증인으로 호출한다라고 번역하였다(개역에는 오늘 여러분에게 증언하거니와로 되어 있다). 구약에서는 종종 하늘과 땅을 증인으로 호출하는 장면이 나오는데, 여기에서는 오늘, 즉 그들이 헤어지는 그 날을 바울은 증인으로 삼고자 하였다.

3. 바울은 자기가 복음을 전하는 일에 충실하였다는 것을 다음과 같은 말로 증명한다(27절): 이는 내가 꺼리지 않고 하나님의 뜻을 다 여러분에게 전하였음이라.

(1) 그는 하나님의 뜻 이외에는 아무것도 그들에게 전하지 않았었고, 자기가 스스로 생각해 낸 것들을 하나도 첨가하지 않았었다. "내가 전한 것은 다른 어떤 것도 섞이지 않은 순수한 복음이었고, 여러분의 구원에 관한 하나님의 뜻이었다." 복음은 하나님의 뜻, 하나님의 계획과 모략이다. 복음은 하나님의 지혜에 의해서 계획된 놀라운 모략이고, 하나님의 뜻에 의해서 결정되었기 때문에 결코 변경될 수 없는 것이며, 우리의 영광을 위해서 하나님의 은혜에 의해서 계획된 자비로운 것이다(고전 2:7). 사역자들이 할 일은 이 하나님의 뜻과 모략을 계시된 대로 전하고, 그 밖의 다른 것은 아무것도 거기에 섞지 않은 채로 전하는 것이다.

(2) 그는 그들에게 하나님의 모든 뜻과 계획을 전하였었다. 그는 그들에게 순수한 복음을 전한 것과 마찬가지로, 복음을 그들에게 온전히 전하였다. 그는 그들에게 하나님의 뜻을 전체적으로 전하고 복음의 진리들을 처음부터 끝까지 체계적으로 순서있게 열어 보여줌으로써 그들로 하여금 진리들 간의 상호적인 연결 관계와 의존성을 깨닫게 하고 복음의 진리들을 더 잘 이해할 수 있게 하였다.

(3) 그는 그렇게 하는 것을 꺼리지 않았다. 그는 하나님의 전체적인 뜻과 모략의 어떤 부분을 고의적으로 회피하고 전하지 않은 적이 없었다. 그는 자신의 수고를 덜기 위해서 복음의 가장 어려운 부분들을 전하지 않거나, 자신의 위신을 생각해서 복음의 가장 평이하고 쉬운 부분들을 전하지 않은 적이 없었다. 그는 기독교를 말살하려고 호시탐탐 노리고 있는 원수들을 자극할 수 있다고

생각되는 그러한 가르침들이나 신앙이 얕은 자들의 기분을 상하게 할 수 있는 그러한 가르침들을 전하는 것을 꺼려하지 않았고, 그들이 듣든지 아니 듣든지 자신의 일만을 묵묵히 해 왔었다. 그렇게 했기 때문에, 바울은 모든 사람의 피에 대하여 깨끗할 수 있었다.

IV. 바울은 사역자들인 그들에게 그들의 일을 부지런하고 신실하게 행하도록 당부한다.

1. 그는 에베소에 있는 교회, 즉 에베소와 그 근방에 있는 성도들을 돌보는 일을 그들에게 맡긴다(엡 1:1). 에베소의 그리스도인들은 그 수가 너무 많아서 한 곳에서 모두 모일 수는 없었기 때문에 여러 사역자들의 인도 아래 여러 개의 회중으로 나뉘어서 하나님을 예배했을 것이지만, 그럼에도 불구하고 그들은 여기에서 한 양 떼로 불린다. 왜냐하면, 그들은 모든 기독교 교회들에서와 마찬가지로 동일한 한 믿음을 지니고 있었을 뿐만 아니라, 여러 가지 집회들을 통해서 서로 간의 교제를 유지하였기 때문이다. 사도는 여기에서 그가 그들과 실제로 마지막으로 작별하고 있는 것임을 내다보고서 이 교회의 치리(治理)를 이 장로들에게 맡기면서, 자기가 아니라 성령이 그들을 감독자로 삼았다고 말한다. "장로된 여러분들은 성령께서 하나님의 교회 중에서 이 지역의 교회를 보살피도록 세우신 감독자들이다(벧전 5:1-2; 딛 1:5, 7)." 바울은 에베소에 있는 동안에 그 교회의 모든 일들을 다 맡아서 처리하였고, 이 때문에 장로들은 그와 헤어지는 것을 싫어하였다. 그러나 이제 이 독수리(바울)는 자기의 보금자리를 어지럽게 하며 자기의 새끼 위에 너풀거린다. 이제 그들은 날개가 다 형성되었기 때문에 바울의 도움 없이 스스로 나는 법을 배워야 한다. 그런 이유 때문에 성령은 그들을 이 교회의 감독자들로 세우셨다. 그들은 스스로 감독자라는 영광을 취한 것도 아니었고 그 어떤 왕이나 유력자가 그들에게 감독자라는 영예를 수여한 것도 아니었다. 오직 성령께서 그들에게 임하셔서(행 19:6) 그들에게 이 직책을 맡을 수 있게 준비시키셨고 이 큰 일을 할 수 있도록 그들에게 능력을 더하셨다. 성령은 그들을 택하신 후에 그들을 가르치셔서, 그들의 기도에 응답하여 그들을 이 일에 부르셨고 그 직임을 맡기셨다.

2. 바울은 그들에게 그들이 부르심을 받은 일에 정성을 다하라고 명하였다. 존귀하게 된 자는 거기에 걸맞는 의무도 지게 된다. 성령께서 그들을 양 떼의 감독자들, 즉 목자들로 삼으셨기 때문에, 그들은 그들에게 맡겨진 직무에 충실

하지 않으면 안 된다.

(1) 그들은 무엇보다도 먼저 자기 자신을 삼가고 조심하게 행하여야 하며, 그들에게 맡겨진 영혼들의 모든 움직임을 열렬한 사랑을 가지고서 살펴보아야 하고, 그들이 말하고 행하는 모든 것에 주의하여야 하며, 그들이 이제 청지기의 직무를 맡게 된 하나님의 집에서 어떻게 하는 것이 올바르게 처신하는 것인지를 알아서 신중하게 행하여야 한다. "많은 눈들이 여러분을 보고 있고, 여러분의 행동을 본보기로 삼는 자들이 있으며, 여러분에게 시비를 걸고자 하는 자들도 있다. 그러므로 여러분은 스스로 삼가야 한다." 자기 자신을 제대로 단속하고 지키지 못하는 자들은 남의 포도원을 능숙하고 신실하게 지키는 자가 되지 못할 가능성이 높다.

(2) "온 양 떼를 보살펴라. 여러분의 부르심과 기회를 따라서 어떤 사람들은 이 부분을, 또 어떤 사람들은 저 부분을 살피게 되겠지만, 온 양 떼의 어떤 부분도 여러분 가운데서 소홀히 되는 일이 없도록 주의하여야 한다." 사역자들은 자신의 영혼만을 보살펴서는 안 되고, 자기에게 맡겨진 양 떼의 목자로서 그들이 아무런 해도 입지 않도록 그들의 영혼을 끊임없이 보살펴야 한다. "온 양 떼를 위하여 보살펴서, 그 양 떼 중 어느 것도 우리에서 벗어나 헤매거나 들짐승에게 잡혀 먹는 일이 없게 하여야 한다. 또한, 그 양 떼 중 한 마리도 여러분의 소홀함으로 인해서 길을 잃어버리거나 죽는 일이 없도록 하여야 한다."

(3) 그들은 하나님의 교회를 보살펴야 하고, 목자로서 마땅히 해야 할 모든 일들을 빠짐없이 행해야 하며, 그리스도의 양 떼를 푸른 초장으로 인도하고, 그 양 떼들에게 먹을 것을 주어야 하며, 몸에 이상이 있거나 먹이를 먹고자 하지 않는 양들을 할 수 있는 한 모든 방법을 동원해서 치료하여야 하고, 건강하고 온전한 가르침과 따뜻하고 복음적인 양육을 통해서 양 떼를 먹여야 하며, 양들이 영양분을 잘 섭취해서 영생에 이르는 데에 꼭 필요한 것들 중에서 그 어떤 것도 부족하지 않도록 살펴야 한다. 밖에 있는 자들을 안으로 데리고 옴으로써 하나님의 교회를 더욱 성장시키고 안에 있는 자들을 양육하여 꼴을 먹이기 위하여 목회자들이 필요하다.

(4) 그들은 양 떼를 지키기 위하여 밤새 깨어있는 목자들처럼 항상 깨어 있어야 하고(31절), 자지 않고 깨어 있어서 양 떼를 살펴야 하며, 영적인 나태함이나 영적인 잠에 빠지지 말고, 스스로 힘을 내어서 자기가 맡은 일을 힘을 다

해서 꼼꼼하게 돌보아야 한다. 너는 모든 일에 신중하고(딤후 4:5), 양 떼에게 해가 될 것이 있지는 않은지 모든 것을 잘 살펴야 하며, 양 떼에게 유익한 것이 있는지 두루 살펴야 한다. 기회가 있을 때마다 그 기회를 하나도 놓치지 말고 양 떼에게 유익한 일을 행하라.

3. 바울은 그들에게 그들이 그들에게 맡겨진 직무에 마음을 다 쏟아야 할 몇 가지 이유를 제시한다.

(1) 그들은 그들에게 양 떼를 맡기신 주님의 이익과 그의 관심을 깊이 헤아려야 한다(28절): 이 양 떼는 하나님이 자기 피로 사신 교회이다.

[1] "이 양 떼는 하나님 자신의 양 떼이다. 여러분은 하나님을 대신해서 그 양 떼를 돌보는 그의 종들일 뿐이다. 하나님께서 여러분을 인정하셔서 그를 섬기도록 사용하시는 것은 여러분의 큰 영광이다. 그러나 만약 여러분이 여러분에게 주어진 일을 게을리한다면, 그것은 하나님을 기만하고 하나님께 잘못을 저지른 것이 되기 때문에, 너희의 부주의함과 기만적인 행위는 차라리 너희가 그 일을 맡지 않음만 못하게 될 것이다. 여러분은 하나님께로부터 그 일을 받은 것이기 때문에, 하나님께 책임을 져야 하고 장차 하나님과 결산을 하여야 한다. 그러므로 여러분 스스로를 잘 살펴라. 이 양 떼는 하나님의 교회이기 때문에, 하나님은 여러분이 그의 양들과 어린 양들을 보살피고 먹임으로써 하나님을 향한 여러분의 사랑을 보여주기를 기대하신다."

[2] 하나님은 이 양 떼를 사셨다. 세계는 하나님께서 그것을 창조하셨기 때문에 하나님의 것이지만, 교회는 하나님께서 그것을 구속하셨기 때문에 하나님의 것이다. 그러므로 교회는 하나님께 소중한 것이기 때문에 우리는 마찬가지로 교회를 소중히 여겨야 한다. 하나님은 비싼 값을 치르고서 교회를 사셨다. 따라서 우리가 하나님의 양들과 어린 양들을 보살피고 먹이는 것보다 하나님에 대한 우리의 사랑을 나타낼 수 있는 더 좋은 길은 없다.

[3] 하나님의 이 교회는 그가 사신 것이다. 하나님께서는 옛적의 이스라엘과 관련해서는 사람들을 이스라엘 대신에 내어주고 민족을 이스라엘을 살리기 위하여 대신하여 내어 주었지만(사 43:3), 교회는 자기 피로 사셨다. 이것은 그리스도께서 하나님이시라는 것을 증명해 준다. 왜냐하면, 교회를 자기 피로 사신 분은 그리스도이신데, 여기에서는 그를 하나님이라고 부르고 있기 때문이다. 이 피는 사람으로서의 그리스도의 피였지만, 그리스도 안에서는 신성과 인성이 너

무도 밀접하게 결합되어 있었기 때문에, 여기에서는 그 피를 하나님의 피라고 표현한다. 그것은 하나님이신 그리스도의 피였고, 그의 피는 너무도 존귀하고 가치가 있어서 우리를 악에서 구할 만한 속전이 되었을 뿐만 아니라 우리를 사서 그리스도의 백성이 되게 하여 모든 선한 일을 하게 하는 속전이 되었다: 그들은 아버지의 것이었는데 아버지께서 내게 주셨다. 그러므로 하나님께서 그토록 비싼 값을 치르고서 교회를 사셨다는 것을 생각해서, 하나님의 교회를 보살펴라. 그리스도께서는 교회를 사시기 위하여 자기 목숨을 내어 놓으셨는데, 그의 사역자들이 교회를 보살피기 위하여 그 어떤 수고를 하더라도 여전히 그 수고는 부족하지 않겠는가? 그들이 교회의 참된 유익을 돌아보지 않고 게을리한다면, 그것은 교회를 사신 그리스도의 피를 멸시하는 것이 될 것이다.

(2) 그들은 양 떼가 원수들의 먹잇감이 될 위험에 처해 있다는 것을 깊이 헤아려야 한다(29-30절). "양 떼가 이렇게 하나님과의 관계와 그리스도에 의한 구속으로 인해서 소중하고 귀하다는 것을 알았다면, 여러분은 여러분 자신과 양 떼를 살피는 데에 관심을 가져야 한다." 여기에는 그들이 그렇게 해야 할 이유들이 나와 있다.

[1] 양 떼를 보살피라. 왜냐하면, 양 떼를 삼키고자 하는 이리들이 밖에 있기 때문이다(29절): 내가 떠난 후에 사나운 이리가 여러분에게 들어올 줄을 내가 아노라. 첫째, 어떤 이들은 이 본문이 박해자들에 대하여 말하고 있는 것이라고 이해한다. 박해자들은 그리스도인들을 찾아내서 고발하고, 방백들을 부추겨서 이 양 떼를 가차없이 해치게 할 것이다. 에베소의 장로들은 바울이 그들과 함께 있는 동안에는 유대인들의 분노가 주로 바울을 향해 있었기 때문에 그가 이 지역을 떠나고 나면 유대인들이 잠잠해질 것이라고 생각하였다. 하지만 바울은 이렇게 말한다. "그렇지 않다. 내가 떠난 후에 여러분은 박해하는 자들이 여전히 활동하고 있다는 것을 알게 될 것이기 때문에, 양 떼를 보살피고, 그들의 믿음을 견고히 해주며, 그들을 위로하고 격려해서, 그들이 고난이 무서워서 그리스도를 떠나거나 고난을 받는 중에 평안과 위로를 잃어버리지 않게 하여야 한다." 사역자들은 박해의 때에는 양 떼를 좀 더 신경을 써서 돌보아야 한다. 둘째, 이 본문은 유혹하는 자들과 거짓 교사들에 대하여 말하고 있는 것으로 이해하는 편이 더 좋다. 아마도 바울은 유대인들은 그리스도를 믿었다고 할지라도 여전히 율법에 규정된 예식들은 행하여야 한다고 가르쳤던 할례파들을

염두에 두고 있었을 것이다. 그런 자들을 그는 사나운 이리들이라고 부른다. 왜냐하면, 그들은 비록 양의 옷을 입고서, 아니 목자의 옷을 입고서 등장하지만, 그리스도인들의 회중에 많은 해악을 끼치고, 그들 가운데 분란을 일으키며, 많은 사람들을 그리스도의 순수한 복음에서 떠나게 만들고, 그리스도를 신실하게 믿는 자들을 욕되게 하고 비방받게 하기 위하여 그들이 할 수 있는 온갖 짓을 다하기 때문이다. 그들은 양 떼 중에서 가장 귀한 지체들을 가만 두지 않고, 그들을 물어 뜯어서 삼켜 버리기 위하여 그들이 영향을 미칠 수 있는 자들을 부추긴다(갈 5:15). 그러므로 그들은 여기에서는 이리들로 불리고 또 다른 곳에서는 개들로 불린다(빌 3:2). 바울이 에베소에 있는 동안에는 그들이 감히 바울과 맞설 수 없었기 때문에 그들은 멀찌감치서 지켜 보고 있었다. 그러나 바울이 떠나고 나면 그들은 양 떼들 가운데로 들어와서, 바울이 좋은 씨를 뿌려 놓은 곳에 가라지를 뿌릴 것이었다. "그러므로 여러분은 양 떼를 조심해서 보살피고, 진리 안에서 그들을 견고하게 하고 거짓 교사들의 유혹에 넘어가지 않도록 그들을 무장시키는 데에 여러분이 할 수 있는 모든 것을 행하여야 한다."

[2] 일부 목자들이 배교할 것이기 때문에 자기를 위하여 삼가고 조심하라(30절). "또한 여러분 중에서도, 교회의 지체들, 아니 여러분의 교회의 사역자들 가운데서, 지금 내가 하는 말을 듣고 있는 여러분 가운데서(그런 지경이 되지 않도록 나는 바라지만) 어그러진 말, 즉 복음의 올바른 가르침과 반대되고 복음의 의도를 파괴하는 말들을 하는 사람들이 일어날 것이다. 그들은 복음의 몇몇 말씀들을 왜곡시켜서, 그 말씀들을 그들의 잘못된 가르침을 밑받침하는 데에 사용하고자 할 것이다(벧후 3:16). 여러분 가운데서 평판이 좋고 여러분이 신뢰하는 자들조차도 교만하여져서 스스로 속아 넘어가서 복음을 나름대로 세련되고 멋지게 가다듬어서, 좀 더 훌륭하고 흥미로운 사상들을 제시하여 여러분을 한층 더 높은 수준의 신앙으로 끌어 올리는 체할 것이다. 그러나 그것은 제자들을 끌어 자기를 따르게 하려는 것이고, 자신의 파당을 만들고자 하는 것이며, 그렇게 해서 그들이 제자들의 신앙을 좌지우지하고 이끌어서 자신을 숭배하게 만들고자 하는 것이다." 어떤 이들은 이 본문을 이미 그리스도의 제자들이 된 자들을 그리스도에게서 떠나게 하고 자기를 따르게 하려 한다는 의미로 해석한다. "그러므로 여러분은 스스로 삼가고 조심하라. 여러분 중에 누가 복음을

배신하게 되리라는 말을 들을 때, 여러분은 각자 내니이까라고 물으며 자기 자신을 잘 살펴야 한다." 이 일은 바울과 그가 전한 가르침을 버린 부겔로와 허모게네에게서 현실로 나타났고(딤후 1:15), 진리에 관하여 그릇되었고 어떤 사람들의 믿음을 무너뜨린 후메내오와 빌레도에게서 성취되었다(딤후 2:18). 그러나 에베소 교회에는 그러한 유혹하는 자들이 몇몇 있기는 하였지만, 바울이 쓴 에베소서를 보면(거기에서 우리는 그의 다른 몇몇 서신들에서 볼 수 있는 그릇된 가르침과 관련된 질책과 책망을 발견할 수 없다), 에베소 교회는 다른 몇몇 교회들과는 달리 거짓 교사들, 적어도 그들의 거짓 가르침에 의해서 그렇게 많이 영향을 받지 않았던 것으로 보인다. 그러나 에베소 교회의 평안과 순수성은 사도가 자신의 죽음과 아울러서 이단과 분파들이 등장할 것을 미리 내다보고서 에베소 교회의 치리를 맡겼던 이 장로들의 수고와 부지런한 보살핌에 의해서 하나님의 축복으로 지켜진 것이었다.

(3) 그들은 바울이 이 교회를 세우는 데에 큰 수고를 했다는 것을 깊이 헤아려야 한다(31절). "내가 삼년이나(이렇게 오랫동안 그는 에베소와 그 근방에서 말씀을 전하였었다) 밤낮 쉬지 않고 눈물로 각 사람을 훈계하던 것을 기억하라. 여러분은 내가 그토록 힘들여서 부지런히 세워 놓은 그 터 위에 건물을 짓는 일에 소홀하지 말라."

[1] 바울은 신실한 파수꾼과 같이 그들에게 경고하였었고, 사람들이 계속해서 유대교와 이교 사상에 머물러 있게 되면 어떤 위험이 닥칠지를 그들에게 경고함으로써 그들을 설득하여 기독교를 받아들이게 하였다.

[2] 바울은 각 사람을 훈계하였다. 그는 말씀을 전하면서 공개적으로 많은 사람들을 경고한 것 외에도 각 사람을 붙잡고서 그들의 처지에 따라서 각 사람에게 꼭 필요한 말씀을 전해 주고 훈계하였다.

[3] 바울은 쉬지 않고 끊임없이 경고하고 훈계하였다. 그는 밤낮 쉬지 않고 훈계하였다. 그의 하루 일과는 그가 해야 할 일로 꽉 차 있었다. 그는 밤에는 휴식을 취하고 쉬어야 했지만, 그가 낮 시간에 함께 만나서 그 영혼을 돌볼 수 없었던 자들을 상대하였다.

[4] 그는 지치지 않고 그러한 사역을 계속하였다. 그는 훈계하기를 쉬지 않았다. 사람들이 너무도 완악하여 그의 경고와 훈계를 받아들이지 않는다고 하여도, 그는 언젠가는 하나님의 은혜로 그들이 마침내 돌아올지도 모른다고 생각

하여 훈계하기를 쉬지 않았다. 사람들이 그가 하는 훈계와 경고를 아주 고분고 분 받아들인다고 하여도, 그는 이제 그들을 더 이상 훈계하지 않아도 되겠다고 생각한 것이 아니라, 그들이 악할 때에 그들에게 훈계하여 악에서 돌이키게 했 던 것처럼(겔 3:18-21) 그들이 의롭게 되었을 때에도 그들이 의에서 떠나지 않 게 하기 위하여 계속해서 그들을 훈계하였다.

[5] 그는 큰 사랑과 관심을 가지고서 그들의 영혼 문제에 대하여 그들과 얘 기하였다: 그는 눈물로 그들에게 훈계하였다. 많은 눈물로 그가 주님을 섬겼듯이, 또한 그들을 섬겼다(19절). 그가 그들을 훈계할 때에 그들을 불쌍히 여겨서 눈 물을 흘린 것은 그가 그들의 죄악된 상태와 행실로 인해서 그들이 얼마나 비참 하고 위험한 처지에 빠져 있는지를 알았기 때문에 그들을 몹시 불쌍히 여겼다 는 것을 보여준다. 또한, 그는 눈물로 호소함으로써 그들의 마음에 감화를 주 고 돌이키게 하고자 하였다. 이렇게 바울은 에베소에서 선한 일을 시작하였었 고, 자신의 수고를 아끼지 않았었다. 그런데 그들이 양 떼를 돌보는 일에 어떻 게 그들의 수고를 아낄 수 있겠는가?

V. 바울은 그들을 하나님의 인도하심과 감화에 맡긴다(32절). "형제들이여, 여러분에게 이렇게 당부하고 주의를 주었으니, 내가 여러분을 하나님께 부탁하 노라. 내가 여러분에게 해야 할 말을 다 했으니, 주께서 여러분과 함께 하시기 를 빈다. 나는 여러분을 떠나지만, 여러분을 더 좋은 분에게 맡기고 떠난다." 그들은 장차 그들이 어떻게 될지, 그들의 일을 어떻게 헤쳐 나갈지, 그들에게 닥칠 난관들을 어떻게 타개해 나갈지, 그들과 그들의 가족들이 어떻게 살아 가 야 할지를 걱정하고 있었다. 그들의 이러한 온갖 걱정과 근심에 대해서 바울은 그들에게 믿음의 눈으로 하나님을 바라보라고 명하면서, 하나님께서 그들을 은총의 눈으로 내려다 보아 주시기를 간구한다.

1. 바울은 여기에서 누구에게 그들을 부탁하고 있는가. 그는 그들을 단지 그 리스도인들이라는 의미에서가 아니라 동일한 사역자들이라는 의미에서 형제 들이라고 부름으로써, 그들이 자기와 마찬가지로 하나님께 소망을 두도록 그 들을 격려한다. 왜냐하면, 그들과 그는 형제들이기 때문이다.

(1) 바울은 그들을 하나님께 부탁하면서, 하나님께서 그들에게 필요한 것들 을 공급해 주시고 그들을 돌보아 주시며 그들로 하여금 먹고 살 수 있게 해주 시라고 간구하고, 하나님께서 그들을 돌보시리라는 확신을 가지고서 그들의

모든 염려를 하나님께 맡기라고 그들을 격려한다. "여러분이 무엇을 원하든지 간에, 하나님께 나아가서 여러분의 눈을 항상 하나님을 향하여 들고서 하나님을 바라보고, 여러분이 어떠한 곤경과 어려움을 만나든지 간에 항상 하나님을 의지하여야 한다. 여러분은 여러분에게 모든 것이 풍족하신 하나님이 계시고 여러분이 그 하나님께 나아갈 수 있다는 것을 위로로 삼아야 한다." 내가 여러분을 하나님께, 즉 하나님의 섭리, 그 섭리에 의한 보호하심과 돌보심에 부탁한다. 우리가 누구와 떨어져 있든지, 하나님께서 여전히 우리와 함께 하시면, 그것으로 충분하다(벧전 4:19).

(2) 바울은 그들을 그의 은혜의 말씀에 부탁한다. 어떤 이들은 하나님의 이 은혜의 말씀이 그리스도를 가리키는 것이라고 본다. 그리스도는 말씀이고(요 1:1), 그 안에 우리를 위한 생명이 감취어져 있기 때문에 생명의 말씀이다(요일 1:1). 동일한 의미에서 그리스도는 여기에서 하나님의 은혜의 말씀이라 불린다. 왜냐하면, 우리가 그의 충만한 데서 받으니 은혜 위에 은혜이기 때문이다. 바울은 그들을 그리스도께 부탁하고, 그들을 그리스도의 손에 맡긴다. 그들은 그리스도의 종들이기 때문에, 그리스도께서는 특별한 방식으로 그들을 돌보실 것이다. 그리스도께서 제자들을 떠나실 때에 직접 제자들에게 하셨듯이, 바울은 그들을 하나님과 그의 섭리만이 아니라 그리스도와 그의 은혜에 부탁한다: 너희가 하나님을 믿으니 또 나를 믿으라. 우리가 하나님의 은혜의 말씀을 그리스도의 복음을 가리키는 것으로 이해한다고 해도, 의미는 거의 마찬가지이다. 왜냐하면, 우리를 붙들어 주시고 힘주시는 것은 말씀 안에서의 그리스도이시고, 그의 말씀은 영이고 생명이기 때문이다. "여러분은 하나님의 섭리를 믿고 행함으로써 많은 힘을 얻게 될 것이고, 복음의 약속들을 믿고 행함으로써 더욱더 많은 힘을 얻게 될 것이다." 바울은 그들을 그리스도의 은혜의 말씀에 부탁한다. 그리스도께서는 그의 제자들에게 선교의 사명을 주시면서 세상에 내보내실 때에 그가 세상 끝 날까지 항상 그들과 함께 하시겠다고 약속하시면서 은혜의 말씀을 그들에게 주셨다. "그 말씀을 굳게 붙들어라. 그리하면, 하나님께서 여러분에게 그 말씀으로 인한 유익과 위로를 주실 것이고, 여러분은 다른 것은 더 필요하지 않게 될 것이다." 바울은 그들을 하나님의 은혜의 말씀에 부탁하는데, 이 은혜의 말씀은 그들의 소망의 토대이자 그들의 기쁨의 원천일 뿐만 아니라, 그들의 삶의 규범이 될 것이다. "나는 여러분을 하나님께 부탁하노니, 하나님은 너

희가 섬겨야 할 주인이신데, 나는 그분이 선한 주인이시라는 것을 안다. 그리고 나는 여러분을 그의 은혜의 말씀에 부탁하노니, 그 말씀은 여러분으로 하여금 여러분의 사역을 잘 감당할 수 있게 해주실 것이고, 여러분은 그 말씀으로 여러분 자신을 다스려야 한다. 이 말씀의 교훈들을 잘 지키고, 그런 후에 이 말씀의 약속들에 의지하여 살아가라."

2. 바울은 여기에서 그들을 하나님의 은혜의 말씀에 왜 부탁하는 것인가. 바울은 하나님께서 그들을 그들의 원수들로부터 보호해 주시고 그들의 가족들에게 먹고 살 것을 공급해 주시도록 하기 위해서가 아니라 그들에게 가장 필요하고 또한 그들이 가장 소중히 여겨야 할 영적인 축복들을 하나님께서 그들에게 주시라고 그들을 하나님의 은혜의 말씀에 부탁하는 것이다. 그들은 하나님의 은혜의 복음을 받았고, 그 복음을 전하도록 위임을 받았다. 지금 바울이 그들을 하나님의 은혜의 복음에 부탁하는 것은 다음과 같은 이유들 때문이다.

(1) 그들의 덕을 세우기 위해서. "그 말씀은 여러분을 능히 든든히 세울 수 있기 때문에(은혜의 성령이 말씀을 통해서 역사하시기 때문에), 여러분은 그 말씀을 지키기만 한다면 그 말씀에 의지할 수 있고, 날마다 그 말씀으로부터 모든 것을 공급받을 수 있다. 여러분은 이미 좋은 은사들을 받아 가지고 있기는 하지만, 이 말씀은 여러분을 더욱 든든히 세워줄 것이다. 이 말씀 속에는 여러분이 더 잘 알고 더 많이 감화를 받을 필요가 있는 것들이 들어 있다." 사역자들은 은혜의 말씀을 전함에 있어서 듣는 자들의 덕을 세우는 것과 마찬가지로 자신의 덕을 세우는 것도 목적으로 삼아야 한다는 것을 명심하라. 아무리 많이 성장한 그리스도인들이라고 할지라도 그들이 이 세상에 있는 동안에는 계속해서 자라가야 하고, 그들은 은혜의 말씀이 그들의 성장에 기여할 수 있는 것들을 무궁무진하게 지니고 있다는 것을 발견하게 될 것이다. 말씀은 그들을 계속해서 든든히 세워줄 수 있다.

(2) 그들을 영화롭게 하기 위하여. 그 말씀이 여러분을 거룩하게 하심을 입은 모든 자 가운데 기업이 있게 하시리라. 하나님의 은혜의 말씀은 그들에게 거룩하게 하심을 입은 모든 자들 가운데서의 기업을 주시는데, 그것을 알게 하실 뿐만 아니라(생명과 썩지 아니할 것은 복음에 의해서 드러나기 때문에) 결코 거짓이 될 수 없고 그리스도 안에서 언제나 예와 아멘만 되는 하나님의 약속으로서 그 기업을 그들에게 주신다. 통상적으로 말씀을 통해서 은혜의 성령, 즉 하나님께서

하신 약속을 인치는 도장 역할을 함과 동시에 하나님께서 약속하신 영생의 맛보기 역할을 하시는 성령이 주어진다(행 10:44). 이렇게 하나님의 은혜의 말씀은 우리에게 기업을 주신다.

[1] 천국은 하나님께서 모든 후사들에게 결코 무효가 될 수 없는 권리로 주시는 기업이다. 그것은 이스라엘 백성이 가나안 땅에서 하나님의 약속을 따라 제비를 뽑아서 얻은 것과 같은 기업이다. 이스라엘 백성의 기업은 하나님께서 이스라엘의 모든 자손에게 확실하게 약속하신 것이었다.

[2] 이 기업은 오직 거룩하게 하심을 입은 모든 자들에게만 주어진다. 왜냐하면, 거룩하신 하나님이나 하늘에 있는 거룩한 모임에서 거룩하게 하심을 입지 못한 자들은 환영받을 수 없는 것과 마찬가지로, 실제로 천국은 그런 자들에게는 결코 천국이 아니게 될 것이기 때문이다. 그러나 이 기업은 거룩하게 하심을 입은 모든 자들, 거듭나서 하나님의 형상을 다시 새롭게 입은 자들에게 주어질 것인데, 이것은 전능하신 능력과 영원한 진리가 행하시는 것이기 때문에 절대적으로 확실한 일이다. 그러므로 그 기업을 얻을 자격을 갖추고자 하는 자들은 그들이 거룩하게 하심을 입은 자들 가운데 있어서 그들과 함께 하며 그들과 동일한 형상과 본성에 참여하고 있는지를 확인하여야 하다 왜냐하면, 우리는 이 세상에서 우리가 거룩하게 하심을 입은 자들 가운데 있지 않니면 숙어서 영화롭게 된 자들 가운데 있게 되기를 기대할 수 없기 때문이다.

VI. 바울은 그들에게 자기를 이 세상과 거기에 있는 모든 것에 대하여 무관심한 것의 모범으로 삼으라고 권한다. 그들이 그와 동일한 심령과 태도로 행한다면, 그들은 이 세상을 수월하고 즐겁게 통과할 수 있게 될 것이다. 바울은 그들로 하여금 의심할 여지 없이 최고의 축복들인 영적인 축복들을 받게 하기 위하여 그들을 하나님과 그의 은혜의 말씀에 부탁하였었다. 그러나 그들은 그들의 가족이 먹고 살아가야 할 양식과 그들 자신이 괜찮게 살아가는 것, 그들의 자녀들에게 필요한 몫에 대해서는 어떻게 해야 하는가? 바울은 "그러한 것들에 대해서는 내가 했던 대로 하라"고 말한다. 바울은 과연 그러한 것들에 대하여 이떻게 저신하였는가? 그는 여기에서 그늘에게 다음과 같이 얘기해 준다.

1. 그는 세상적인 재물을 축적하려고 한 적이 결코 없었다는 것(33절). "내가 아무의 은이나 금이나 의복을 탐하지 아니하였다. 여러분도 그렇게 한다면, 여러분은 수월하게 이 세상을 통과하게 될 것이다." 에베소에는 기독교 신앙을 지

닌 자들 중에서 많은 돈과 값비싼 그릇들과 가구들을 지니고 아주 좋은 옷을 입으며 외모를 잘 단장하고 다니는 부자들이 많이 있었다.

(1) 바울은 그들처럼 살고자 하지 않았다. 우리는 이 본문을 다음과 같은 의미로 해석할 수 있다. "나는 다른 사람들만큼 은이나 금을 탐하지 아니하였고, 나는 다른 사람들이 입고 있는 그런 값비싼 옷을 입고자 하지 않았다. 나는 그들을 정죄하지도 않았고 그들을 부러워하지도 않았다. 나는 부자로 살지 않고도 얼마든지 유익하고 즐겁게 살 수 있다." 거짓 사도들은 이 세상에서 자기가 뭔가 대단한 인물이라도 되는 듯이 자신을 과시하기 위하여 육체의 모양을 내려 하였다(갈 6:12). 그러나 바울은 그렇게 하지 않았다. 그는 비천에 처할 줄도 알고 풍부에 처할 줄도 알아 모든 일 곧 배부름과 배고픔과 풍부와 궁핍에도 처할 줄 아는 일체의 비결을 배웠다.

(2) 그는 그들로부터 은이나 금이나 의복을 받아내고자 탐욕을 부리지 않았다. 그에게는 언제나 욕심이 없었기 때문에, 그는 그가 그들 가운데서 수고한 것에 대한 대가로 그들에게 무엇을 요구하지도 않았고 그들로부터 뭔가를 얻어내려고 탐욕을 부리지도 않았으며, 단지 자기에게 있는 것을 족한 줄로 알았다. 그는 결코 그들에게서 이득을 취하지 아니하였다(고후 12:17). 그는 모세(민 16:15)나 사무엘(삼상 12:3, 5)과 마찬가지로 내가 누구의 황소를 빼앗거나 누구에게 사기를 쳐서 재물을 빼앗은 적이 있느냐라고 말할 수 있었을 뿐만 아니라, "내가 누구의 자비를 요구하거나 탐하였으며, 누구에게 짐이 된 적이 있느냐"라고 말할 수 있었다. 그는 자기가 선물을 원하는 것이 아니라고 강력히 항변한다(빌 4:17).

2. 그가 자신의 생계를 위하여 일했고 양식을 얻기 위하여 많은 수고를 했다는 것(34절). "여러분이 아는 바와 같이, 그리고 여러분이 직접 목격한 바와 같이, 나는 이 손으로 나와 내 동행들이 쓰는 것을 충당하였다. 여러분은 내가 아침 일찍부터 밤 늦게까지 부지런히 일하며, 천막들을 만드는 것을 보아 왔다." 당시에는 천막을 보통 가죽으로 만들었기 때문에, 그것은 아주 고된 노동이었다. 좀 더 살펴보자.

(1) 바울은 천국의 지극한 총애를 받는 자이자 이 땅에 지극히 축복이 된 인물이었지만 종종 일상적으로 필요한 물품들이 부족할 정도로 궁핍해지기도 하였다. 바울과 같은 사람이 가난하게 살아야 하다니, 이 세상은 얼마나 무심하

고 냉혹하며 배은망덕한 세상인가!

(2) 그는 일상적으로 살아가는 데에 필요한 것들 외에는 아무것도 바라지 않았다. 그는 풍족한 삶을 즐기기 위해서 천막을 만드는 직업에 종사한 것이 아니라, 살아가는 데에 꼭 필요한 양식과 의복을 마련하기 위해서 직업적인 일을 한 것이었다.

(3) 그는 일용할 양식을 얻기 위해서 일을 할 때에 손으로 하는 직업을 택하였다. 바울은 머리가 좋았고 말도 잘 했기 때문에 그런 것들을 이용해서 돈을 벌 수도 있었지만, 그는 자기 손으로 그에게 필요한 것들을 충당하였다고 말한다. 하나님께서 에베소에서 바울의 손을 통해서 특별한 이적들을 베푸셨고 그 손의 안수를 통해서 아주 자주 성령을 사람들에게 수여하셨는데(행 19:6, 11), 바울이 순전히 양식을 얻기 위해서 천막을 만들면서 그 손으로 바늘과 가위, 송곳과 징 박는 망치를 잡아야 했다는 것은 얼마나 애석한 일인가! 바울이 에베소의 장로들(또한 그들을 통해서 다른 사람들에게도)에게 이것을 상기시키고 있는 것은 그들이 사역을 하면서 이렇게 다른 사람들로부터 소홀히 대접을 받아도 그것을 이상하게 생각하지 말고, 계속해서 그들의 사역을 감당하며, 그들이 할 수 있는 대로 최선을 다하여 삶을 꾸려 가게 하기 위한 것이었다. 그들이 사람들로부터 위로를 덜 받을수록, 그들은 하나님으로부터 너 많은 위로를 받게 될 것이다.

(4) 그는 자기 자신을 위해서만이 아니라 그와 함께 있었던 자들이 쓸 것을 충당하기 위해서도 일을 하였다. 이것은 정말 쉽지 않은 것이었다. 그가 그들을 위하여 일하는 것이 아니라 그들이 그를 위하여 일하는 것이 마땅하였을 것이다(그를 그들의 선생으로 모시고자 한다면). 그러나 실제는 정반대였다. 기꺼이 노를 젓는 수고를 하고자 하는 자들은 주위 사람들은 자신의 생각과는 달리 자신의 수고로 인하여 유익을 얻고자 할 뿐 스스로는 아무 일도 하지 않으려고 한다는 것을 발견하게 된다. 바울이 그의 동료들의 쓸 것을 충당하기 위하여 일을 하고자 한다면, 그를 말릴 사람은 아무도 없었다.

3. 그는 자기에게 꼭 필요한 것들을 얻기 위하여 일했을 뿐만 아니라 자기가 번 돈 중에서 일부를 남겨서 다른 사람들을 구제하는 데에 사용하였다는 것. 그는 자신의 모범을 얘기하면서 그들에게도 그렇게 하라고 권면한다(35절). "나는 범사에 여러분에게 모본을 보여주었다. 즉, 나는 여러분이 마땅히 해야 할

모든 도리에 있어서 직접 선한 모범을 보여주었는데, 특히 수고하여 약한 사람들을 돕는 일에 있어서 그렇게 하였다." 어떤 이들은 바울이 일부 사람들이 기독교에 대하여 갖고 있는 편견, 즉 복음을 전하는 자들이 기독교 신앙을 돈벌이 수단으로 여겨서 복음을 사람들의 주머니에서 돈을 뽑아내기 위한 수단으로 삼고 있는 것이라는 그들의 편견을 제거해 줌으로써 믿음이 연약한 자들이 불신자들의 그러한 편견 때문에 걸려 넘어지지 않도록 그들에게 이런 말을 한 것으로 이해한다. "여러분을 비방할 기회를 찾는 자들에게 그 기회를 끊어서 빌미를 주지 않음과 동시에 우리 가운데서 믿음이 연약한 자들을 붙들어 주기 위해서는 여러분이 당분간 사역에 대한 수고비로 생활하는 것이 아니라 스스로 수고하여 일을 해서 생계를 꾸려나가는 것이 좋겠다." 그렇지만 나는 바울의 이 말은 그들에게 병자나 가난한 자들 같이 스스로 일하여 돈을 벌 수 없는 자들을 도우라고 한 말이라고 생각한다. 왜냐하면, 그렇게 해석하는 것이 바울의 권면과 부합하기 때문이다(엡 4:28): 가난한 자에게 구제할 수 있도록 자기 손으로 수고하라. 우리는 생계를 유지할 수 있도록 하기 위해서만이 아니라 다른 사람들에게 줄 것이 있게 하기 위하여 정직한 직업을 가지고서 수고하여야 한다. 이것은 실천하기 어려운 말씀인 것으로 보일 수 있었기 때문에, 바울은 그들이 항상 기억해 두기를 바랐던 우리 주님께서 하신 말씀으로 자신의 권면을 뒷받침한다. 이 말씀은 우리 주 예수께서 하신 말씀으로서 제자들에게 자주 하신 말씀이었던 것으로 보인다. 주님께서는 스스로 많은 선한 일들을 하신 것을 언급하시는 가운데 제자들에게도 그렇게 하라고 명령하시면서(마 10:8-9) 이 말씀을 더하셨다: 너희가 거저 받았으니 거저 주라. 복음서 기자들은 이 말씀을 아무데도 기록해 놓지 않았지만, 바울은 이 말씀을 베드로나 그 밖의 다른 제자의 입을 통해서 들었을 것이다. 이 말씀은 너무도 훌륭한 말씀으로서 그 안에서 역설적인 내용을 담고 있다: 주는 것이 받는 것보다 복이 있다. 틸롯슨(Tillotson) 박사는 이렇게 말한다. "우리 구주께서 하신 말씀들 중에서 이 놀라운 말씀은 복음서 기자들에 의해서 생략되어서 영원히 사라지고 잊혀질 위험에 처해 있었는데 다행히 바울에 의해서 말해지고 누가에 의해서 기록되어 다시 살아났기 때문에 우리에게 더욱 소중한 말씀이다." 다른 사람들에게서 받는 것보다 다른 사람들에게 주는 것이 더 복이 있다. 가난해서 손을 벌려 받는 것보다 부자가 되어서 손을 내밀어 주는 것이 더 복이 있을 뿐만 아니라(이것은 모든 사람이 인정할 것이다), 우리가 현재 가지고 있는 것을 불려서 더 많은 돈을 벌려고 하는 것보다 많든 적든 우리가 가진 것으로 선을 행하는 것이 더 복이 있다. 이 세상 사람들의 정서는 이것과 정반대이다. 그들은 "주다 보면 우리는 빈털터리가 되고 말 것"이라고 생각하여 주기를 두려워하고, 받기만을 바란다. 사람마다 자기 이익만 추구한다(사 56:11). 분명한 이득을 보는 것만이 그들에게는 최고의 축복이다. 그러나 그리스도께서는 우리에게 주는 것이 받는 것보다 복이 있다고 말씀하신다. 주는 것은 그 자체로 훌륭한 일이고, 훌륭한 성품을 지니고 있음을 보여주는 증거이며, 결국 더 복된 것으로 나아가는 길이 된다. 또한, 우리는 줌으로써 하나님을 더 닮게 된다. 하나님은 모두에게 주시고 아무에게서도 받지 않으신다. 우리는 줌으로써 주 예수를 더 닮게 된다. 예수께서는 두루 다니시며 선한 일을 행하셨다. 우리 자신과 우리의 가족이 먹고 살 것만 있다면, 우리의 수고에 대하여 대가를 받기보다는 거저 수고하는 것이 더 복이 있다. 감사하는 자에게 선을 행하는 것은 즐거운 일이지만, 감사하지 않는 자에게 선을 행하는 것은 더 존귀한 일이다. 왜냐하면, 우리가 그렇게 할 때에 우리의 수고를 하나님께서 직접 갚아주실 것이기 때문이다. 하나님은 의인들이 부활할 그 때에 우리가 사람들로부터 보상받지 못한 것들을 다 갚아주실 것이다.

[36]이 말을 한 후 무릎을 꿇고 그 모든 사람들과 함께 기도하니 [37]다 크게 울며 바울의 목을 안고 입을 맞추고 [38]다시 그 얼굴을 보지 못하리라 한 말로 말미암아 더욱 근심하고 배에까지 그를 전송하니라

바울이 에베소의 장로들에게 너무도 감동적인 고별 설교를 한 후에, 우리는 여기에서 그들이 서로 헤어지면서 마지막으로 기도하며 눈물을 흘리는 것을 보게 되는데, 이 장면은 고별 설교보다 더 감동적인 것이었다. 우리는 눈물을 흘리지 않고서는 여기에 나와 있는 이 장면을 읽거나 묵상할 수 없을 것이다.

I. 그들은 기도로 헤어졌다(36절): 이 말을 한 후 그는 무릎을 꿇고 그 모든 사람들과 함께 기도하였다. 이 기도는 의심할 여지 없이 모든 점에서 이 석별의 때에 적합한 기도였을 것이다. 그는 이 기도를 통해서 그들을 하나님께 부탁하였고,

하나님께서 그들을 버리지 아니하시고 계속해서 그들과 함께 하시기를 기도하였다.

1. 그것은 함께 하는 기도였다. 그는 그들을 위하여 일방적으로 기도한 것이 아니라 그들과 함께 기도하였다: 그는 그 모든 사람들과 함께 기도하였다. 이것은 그가 그들 모두를 위하여 하나님께 올린 것과 동일한 간구들을 그들이 그들 자신과 서로를 위하여 올려 드릴 수 있게 하고, 그가 떠난 후에 그들이 스스로 하나님께 무엇을 구해야 할지를 배울 수 있게 하기 위한 것이었다. 공적인 기도들은 우리 자신의 은밀한 기도들을 필요없게 만들기 위한 것이 아니라, 도리어 우리로 하여금 혼자 은밀하게 기도하도록 일깨우고 격려하며, 우리가 혼자 기도할 때 무엇을 기도해야 할지를 알게 하기 위한 것이다. 우리는 혼자 있을 때에 사역자들이 우리를 위하여 했던 기도들을 곰곰이 생각하면서 그 기도 제목들을 놓고서 기도하여야 한다.

2. 그것은 겸손하고 경외심이 넘치는 기도였다. 이것은 그들이 취한 자세를 통해서 표현되었다: 그는 무릎을 꿇고 그 사람들과 함께 기도하였다. 이러한 자세는 경배와 간구를 나타내기 때문에 기도에 가장 적합한 자세이고, 특히 죄 사함을 구하는 간구에 적합한 자세이다. 바울은 이러한 기도 자세를 많이 사용하였다: 내가 아버지 앞에 무릎을 꿇고 빈다(엡 3:15).

3. 그것은 설교 후에 한 기도였다. 아마도 그는 자기가 전한 말씀을 놓고 기도하였을 것이다. 그는 에베소 교회를 돌보는 일을 이 장로들에게 맡겼었는데, 이제 그는 하나님께서 그들에게 맡겨진 이 큰 일을 신실하게 감당할 수 있게 해주시고, 그들에게 필요한 분량의 지혜와 은혜를 주시도록 기도한다. 그는 양 떼와 거기에 속한 모든 지체를 위하여 양 무리의 목자장이신 그리스도께서 그들 모두를 보살피시고, 그들이 사나운 이리의 먹잇감이 되지 않게 해주시기를 기도하였다. 이렇게 바울은 이 사역자들에게 그들이 전하는 말씀을 듣게 될 자들을 위하여 그들의 수고가 헛되지 않게 해 달라고 하나님께 기도할 것을 가르쳤다.

4. 이것은 고별 기도였다. 고별 기도는 고별 설교와 마찬가지로 영원히 잊지 못할 기억을 남겨 주는 것이다. 친구들끼리 헤어질 때에 기도로 헤어지는 것이 좋다. 그들은 헤어질 때에 함께 기도함으로써 그들이 헤어져 있는 동안에도 서로를 위하여 좀 더 생생하게 기도할 수 있게 된다. 헤어져 있을 때에 서로를 위

하여 기도하는 것은 그리스도인으로서 우리의 도리 중 일부이고 성도들의 교통을 더욱 활발하게 해주는 것이 된다. 우리가 서로 헤어져 있는 동안에 주께서 우리 사이를 지켜 주시고 우리 각자를 지켜 주시며, 우리가 다음에 다시 만날 때에는 좀 더 천국에 가까이 가 있거나 천국에서 서로 만나게 해 달라고 기도하는 것은 좋은 고별 기도이다(창 31:49). 바울은 여기에서 그리스도의 모범을 따랐는데, 그리스도께서는 그의 제자들에게 말씀을 전하신 후에 그들과 작별할 때에 그들 모두와 함께 기도하셨다(요 17:1).

II. 그들은 눈물, 많은 눈물을 흘리며 서로를 껴안고 지극한 애정을 나타내 보이면서 헤어졌다(37-38절).

1. **그들은 다 크게 울었다.** 아마도 가장 먼저 울기 시작한 사람은 바울이었을 것이다. 그는 다른 일에로의 부르심을 분명하게 보았기 때문에 에베소를 떠나기로 결심하였지만, 그들을 떠난다는 것이 그의 마음속에 몹시 서운하여서 많은 눈물을 흘릴 수밖에 없었다. 그들과 함께 있는 동안에도 수없이 눈물을 흘렸던(19, 31절) 바울은 그들과 헤어질 때에도 많은 눈물을 흘렸을 것임에 틀림없는데, 이것은 그가 그들 가운데서 뿌린 것들에 물을 주는 것과 같았다. 그러나 본문에서는 바울이 눈물 흘린 것에 대해서는 말하지 않고 단지 장로들이 눈물을 흘렸다는 것에 대해서만 말하고 있다: 그들이 다 몹시 울었다. 그들 중에서 눈물을 흘리지 않는 자는 없었는데, 그들로 하여금 눈물을 흘리기 시작하게 만든 것은 바울이 기도하면서 그의 애정을 나타내는 표현들을 사용했기 때문일 것이다. 요나단과 다윗이 헤어져야 했을 때에 서로 같이 울되(두 사람이 울기 경쟁이라도 하듯이) 다윗이 더욱 심하게 울었던 것 같이(삼상 20:41), 이것은 사랑과 서로를 아끼는 마음을 나타내 보여주는 눈물이었다.

2. **그들은 바울의 목을 안고 입을 맞추었는데,** 그들은 한 사람씩 차례로 그런 식으로 자신의 섭섭함을 표현하며 작별의 인사를 하였다. "내가 내 삶을 건 이 소중한 사람, 이 복된 바울과 헤어져서 어떻게 살 수 있겠는가?" 어떤 사람은 그렇게 말했을 것이다. "잘 가게, 나의 소중한 친구여, 그대가 나의 선을 위하여 내게 베푼 온갖 수고에 대하여 그대에게 정말 감사하고 그대로 인하여 하나님께 무한 감사를 드리네." 또 어떤 사람은 이렇게 말하였을 것이다. "우리가 헤어져야 하는가? 내가 나의 영적인 아버지, 영적인 인도자, 영적인 간호사를 잃어버려야 하는가?" 또 어떤 사람은 이렇게 말했을 것이다. "이제 우리는 어떻게

되는 것인가? 우리가 더 이상 그에게서 말씀을 듣거나 가르침을 받지 못하게 되다니. 주께서 나의 스승을 빼앗아가 버린다면, 나는 어떻게 하란 말인가? 내 아버지여 내 아버지여 이스라엘의 병거와 마병이여." 사람들을 가장 많이 사랑하는 자들이 통상적으로 사람들로부터 가장 많이 사랑을 받는다는 것을 명심하라. 바울은 가장 사랑을 많이 지니고 있는 친구였기 때문에 그를 지극히 사랑하는 친구들을 갖게 되었다. 그들이 바울과 헤어지면서 흘린 이 눈물들은 그가 그들에게 말씀을 전하고 그들과 함께 기도하면서 그동안 흘렸던 모든 눈물에 대한 감사의 보답이었다. 남을 윤택하게 하는 자는 자기도 윤택하여지리라.

3. 이렇게까지 그들의 마음을 슬프게 하고 이 곳을 보긴, 즉 눈물 바다로 만들어 버린 것은 다시 그 얼굴을 보지 못하리라 한 바울의 말이었다. 만약 바울이 그와 동행한 자들에게 했던 것처럼 자기를 따르라고 그들에게 말하였거나 자기가 나중에 다시 와서 그들을 만나 보게 될 것이라고 여운을 남겼더라면, 그들은 이 작별을 그래도 웬만큼 참아낼 수 있었을 것이다. 그러나 바울이 그들이 다시는 그의 얼굴을 이 세상에서 보지 못할 것이기 때문에, 바울과 그들이 여기에서 작별하는 것이 최후의 이별이 될 것이라고 말했기 때문에, 그 자리는 울음 바다가 되어 버리고 만 것이었다. 작별 인사를 하는 자리는 마치 장례식과 같은 분위기가 되어서, 그들은 몹시 울게 되었다. 또한, 그들은 바울의 공적인 사역들로 인한 유익을 그들이 잃어버리게 된 것, 바울이 그들의 모임을 더 이상 주재하는 것을 보지 못하게 되는 것, 바울의 개인적인 권면과 위로를 더 이상 받지 못하게 된 것에 대해서도 슬퍼하였다. 또한, 그들은 그들 자신의 죄, 즉 바울이 그들 가운데에 있는 동안에 그의 수고를 통해서 더 많은 유익을 얻지 못하고, 도리어 하나님을 진노하게 하여 바울이 그들로부터 떠나게 하신 것에 대하여 슬퍼하였을 것이다. 그러나 그들의 슬픔을 최고조에 달하게 만든 것은 그들이 다시 그 얼굴을 보지 못하리라는 것이었다. 우리의 친구들이 죽음으로써 우리로부터 떠나갈 때, 우리를 몹시 슬프게 하는 것은 우리가 그들의 얼굴을 다시는 보지 못하게 되리라는 것이다. 그러나 우리는 그렇게 몹시 슬퍼 하는 것은 아무런 소망도 갖고 있지 않는 자들처럼 행동하는 것이라고 말할 수 있다. 왜냐하면, 우리의 친구들이 그리스도 안에서 죽었고, 우리가 그리스도에 대하여 살아 있다면, 그들은 죽어서 저 세상으로 가서 하나님의 얼굴을 뵈옵고 그의 영광을 바라보며, 그들의 얼굴은 그 영광의 빛으로 빛날 것이고, 우리는

머지않아 그들과 함께 있게 될 소망을 갖고 있기 때문이다. 우리는 비록 그들의 얼굴을 이 세상에서는 더 이상 보지 못하게 될 것이지만, 더 좋은 세상에서 그들을 다시 보게 되고, 주님과 더불어서 영원히 모두 함께 있게 되기를 소망한다.

Ⅲ. 그들은 배에까지 그를 전송하였다.   이것은 그들이 바울을 존중하여 예를 갖추어서 그를 모셨다는 것을 보여 주는 것이고(그들은 그들이 할 수 있는 데까지 멀리 그를 배웅하고자 하였다), 그들이 조금이라도 더 그와 같이 있으면서 교제하기를 바랐다는 것을 보여준다. 지금의 만남이 마지막 만남이기 때문에, 그들은 될 수 있으면 그와 더 오랫동안 함께 있으면서 그의 모습을 마지막까지 보고자 하였다. 아마도 그들이 물가로 갔을 때에 바울이 배에 오르고자 하자, 그들은 다시 서로 껴안고 눈물을 흘렸을 것이다. 왜냐하면, 헤어지기 싫은 사람들은 몇 번이나 반복해서 작별 인사를 하는 법이기 때문이다. 그러나 그리스도께서 바울과 동행하실 뿐만 아니라 그들에게도 머물러 계시다는 것은 양쪽 모두에게 큰 위로가 되는 것이었고, 그들의 슬퍼하는 감정을 곧 다잡게 해주었다.

제
— 21 —
장

개요

우리는 사도가 이방 지역들을 돌아다니며 복음을 전하는 데에 큰 기쁨으로 동행하였고, 수많은 영혼들이 그리스도에게로 돌아오는 큰 수확이 이루어지는 모습을 보아왔다. 또한, 우리는 그러는 가운데에 바울이 어떠한 박해들을 견뎌냈는지도 보아왔다. 그렇지만 그 때마다 주님께서는 바울을 그 모든 박해에서 건져내셨다(딤후 3:11). 그러나 지금 우리는 바울이 예루살렘으로 가는 길에 동행하게 될 것이고, 바울이 거기에서 결박당하게 되는 것을 보게 될 것이다. 그의 섬김의 날들은 이제 지나간 듯이 보이고, 오직 고난의 날들, 흑암의 날들만이 남아 있는 듯이 보인다. 왜냐하면, 그 고난의 날들은 아주 길었기 때문이다. 바울 같은 그러한 일꾼이 활동을 못하게 되어서 무대에서 사라진다는 것은 참으로 애석한 일이다. 그렇지만 실제로 그런 일이 일어났다. 우리는 당시에 그의 친구들이 "주의 뜻이 이루어지이다"라고 말했던 것처럼 묵묵히 거기에 순복하여야 한다. 뿐만 아니라, 우리는 바울이 전에 강단에서 그랬던 것처럼 이제는 감옥에서와 법정에서 진정으로 하나님을 영화롭게 하고 그리스도를 섬기게 되리라는 것을 믿어야 하고, 또한 그렇게 믿을 만한 충분한 근거를 발견하게 될 것이다. 이 장에는 다음과 같은 내용들이 나온다. I. 바울이 에베소에서 배를 타고 예루살렘 근방의 항구인 가이사랴로 가는 여정과 그 도중에 그가 들렀던 몇몇 곳들에 대한 일지(1-7절). II. 바울이 가이사랴에서 그의 친구들과 입씨름을 함. 친구들은 그가 예루살렘으로 올라가는 것을 강력히 반대하였지만, 그의 뜻을 꺾을 수는 없었다(8-14절). III. 바울이 가이사랴에서 예루살렘으로 올라가고, 거기에 있는 그리스도인들이 그를 따뜻하게 영접함(15-17절). IV. 바울은 거기에 있는 형제들이 그에게 유대인들의 비위를 상하지 않도록 하기 위하여 그가 가서 결례를 행함으로써 소문과는 달리 그가 모세의 율법 예식들에 대하여 원수가 아니라는 것을 나타내 보이라고 권면한 것을 따름(18-26절). V. 유대인들이 그 기회를 노려서, 성전에서 성전을 모독한 범죄자로 체포함(27-30절). VI. 바울이 폭도들에게 죽을 뻔하였다가 간신히 위기를 모면하고 천부장에 의해서 법적으로 공정하게 구금을 당하였고, 천부장은 그에게 백성들에게 자신을 옹호하는 발언을 하게 허용함(31-40절). 이렇게 해서 우리는 바울이 감옥에 갇힌 자가 되는 것을 보게 되고, 그의 그러한 처지는 사도행전이 끝날 때까지 바뀌지 않는다.

¹우리가 그들을 작별하고 배를 타고 바로 고스로 가서 이튿날 로도에 이르러 거기서부터 바다라로 가서 ²베니게로 건너가는 배를 만나서 타고 가다가 ³구브로를 바라보고 이를 왼편에 두고 수리아로 항해하여 두로에서 상륙하니 거기서 배의 짐을 풀려 함이러라 ⁴제자들을 찾아 거기서 이레를 머물더니 그 제자들이 성령의 감동으로 바울더러 예루살렘에 들어가지 말라 하더라 ⁵이 여러 날을 지낸 후 우리가 떠나갈새 그들이 다 그 처자와 함께 성문 밖까지 전송하거늘 우리가 바닷가에서 무릎을 꿇어 기도하고 ⁶서로 작별한 후 우리는 배에 오르고 그들은 집으로 돌아가니라 ⁷두로를 떠나 항해를 다 마치고 돌레마이에 이르러 형제들에게 안부를 묻고 그들과 함께 하루를 있다가

우리는 여기에서 다음과 같은 것들을 볼 수 있다.

Ⅰ. 바울이 에베소에서 빠져 나오기 위해서 얼마나 큰 소동을 벌였는지 알 수 있다. 이 장의 첫머리에 나오는 말씀, 즉 우리가 그들을 작별하고라는 말 속에 암시되어 있는데, 이 말씀은 바울이 폭력을 쓰다시피 해서 가까스로 그들에게서 빠져 나왔다는 뜻을 보여주고 있다. 사실 바울과 에베소의 장로들은 양쪽이 모두 억지로 떼어 놓지 않으면 도저히 헤어질 수 없는 그런 심정이었다. 바울은 그들을 떠나고 싶지 않았고, 그들은 그와 헤어지기를 싫어했지만, 어쩔 도리가 없이 양쪽은 서로 헤어져야 했다. 선한 사람들이 죽음을 통해서 떠나갈 때, 그들의 친구들은 어떻게 해서든지 그 죽은 자들을 보내지 않으려고 무진 애를 쓰기 때문에, 죽은 자들은 여기 아랫 세상에 있는 그들의 친구들로부터 떼어내지게 된다.

Ⅱ. 그들은 에베소에서 배를 타고 순조롭게 항해하였다. 별다른 어려움 없이 그들은 바로 항해해서 그리스의 유명한 섬인 고스로 가서, 거기에 콜로세움이 있어서 유명한 도노에 이튿날 이르리 거기서부터 리키아의 내도시이자 유명한 항구인 바다라로 갔다(1절). 거기에서 그들은 아주 다행스럽게도 그들의 다음 행로인 베니게로 건너가는 배를 만났다(2절). 일들을 이렇게 순조롭게 진행되게 하신 것은 하나님의 섭리라고 해야 한다. 우리는 우리의 일을 해 나가는 데에

도움이 되는 몇몇 작은 여건들이 형성됨으로써 일을 잘 처리할 수 있게 된다. 우리는 우리의 길을 완전하게 하시는 이는 하나님이시다라고 말하여야 한다. 그들은 때마침 베니게로 가는 이 배(즉, 두로행 배)를 만나서 타고 두로를 향하여 갔다. 이 항해길에서 그들은 구브로를 발견했지만, 그 섬은 바나바가 보살피는 곳이었기 때문에, 바울은 그 곳을 방문하지 않고, 이를 왼편에 두고 수리아의 해변으로 항해하여 마침내 지금은 쇠락하였지만 당시에는 열방들의 저 유명한 교역지였던 두로에 상륙하였다. 두로는 쇠락하긴 했지만 여전히 교역이 행해지는 곳이었기 때문에, 거기서 배의 짐을 풀었다.

Ⅲ. 바울이 두로에서 잠시 머물게 됨. 그는 두로에 도착했을 때에 이미 이스라엘 땅의 해변에 이른 것이었기 때문에, 이제 그가 정한 기한 내로 자신의 나머지 여행을 다 마칠 수 있다는 것을 알게 되었다.

1. 그는 두로에서 제자들, 즉 복음을 받아들이고 기독교 신앙을 고백한 몇몇 제자들을 발견하여서 그들을 찾았다. 바울은 어디를 가든지 거기에 제자들이 있는지를 알아보고 그들을 찾아가서 함께 교제하였다는 것을 명심하라. 왜냐하면, 우리는 유유상종하는 것이 얼마나 유익한지를 알기 때문이다. 그리스도께서는 이 땅에 계실 때에 종종 두로 해변으로 가시긴 하였지만 결코 거기에서 복음을 전하기 위하여 거기로 가신 것이 아니었다. 또한, 그리스도께서는 고라신과 벳새다에서 행하신 권능을 두로와 시돈에서 행하였다면 그 성읍들이 훨씬 더 나은 형편에 있게 되었을 것이라는 것을 알고 계셨지만 두로와 시돈에서 그런 권능을 행하시는 것이 합당하지 않다고 생각하셨다(눅 10:13-14). 그러나 그리스도께서 제자들에게 모든 민족에게 복음을 전하라고 명하신 후에는 두로에도 그리스도가 전파되었고, 거기에도 제자들이 생겨났다. 어떤 이들은 이 본문이 다음과 같은 두로에 관한 예언과 관련이 있다고 생각한다(사 23:18): 그 무역한 것과 이익이 여호와께 거룩한 것이 되리라.

2. 바울은 두로에서 제자들을 찾아 거기서 이레를 머물렀다. 그 제자들은 될 수 있는 한 오랫동안 바울이 그들과 함께 머물도록 강권하였을 것이다. 그는 드로아에서 이레를 머물렀고(행 20:6), 여기 두로에서도 이레를 머물렀기 때문에, 분명히 그는 그들과 더불어서 한 번의 주일을 보냈을 것이고, 그들 가운데에서 공적으로 말씀을 전할 기회를 가지게 되었을 것이다. 왜냐하면, 선한 자들은 그들이 어디를 가든지 간에 거기에서 선한 일을 행하고자 하는 법이기 때문이

다. 제자들이 있는 곳에서 우리는 그들에게 유익을 줄 수도 있고 그들로부터 유익을 받을 수도 있다.

3. 두로에 있던 제자들은 예언의 은사를 받았기 때문에 성령을 통해서 바울이 예루살렘에서 만나게 될 환난을 그에게 미리 말해줄 수 있었다. 성령이 각 성에서 증언하였다(행 20:23). 이 일이 일어나게 되면 그 일은 사람들의 입에 아주 많이 오르내리게 될 것이기 때문에, 하나님은 그 일이 그의 백성의 믿음에 걸림돌이 되는 것이 아니라 도리어 그 믿음을 견고하게 해주는 것이 되도록 하기 위하여, 그 일을 미리 많은 사람들로 하여금 예언하게 하는 것이 합당하다고 보셨다. 두로의 제자들은 바울이 장차 겪게 될 환난을 내다보고서 그에 대한 사랑과 교회, 특히 이 일이 일어나게 되면 그에 대하여 험담을 하게 될 이방인들의 교회에 대한 관심에서, 그에게 작정된 이 일이 무조건적인 것이 아니라 조건적인 것이라고 생각해서, 그에게 예루살렘에 들어가지 말라고 간청하였다: 다윗에 대하여 그일라 사람들이 그를 넘기리라(즉, 그가 일부러 그들에게 간다면)는 예언이 주어졌던 것과 마찬가지로, 만약 바울이 예루살렘에 올라간다면, 그 조건 아래에서 그는 환난을 당하게 될 것이다. 그래서 그들은 성령의 감동으로 그에게 예루살렘에 들어가지 말라고 말하였다. 왜냐하면, 그들은 그가 자유의 몸으로 사역을 계속하는 것이 가장 크게 하나님께 영광을 돌릴 수 있는 길이라고 결론을 내렸기 때문이었다. 그렇게 생각한 것은 결코 그들의 잘못이 아니었고, 따라서 바울을 설득시키지 못한 것도 그들의 잘못이 아니었다. 그러나 그들의 생각은 오해에서 비롯된 것이었다. 왜냐하면, 바울이 예루살렘에서 잡혀서 죄수의 몸이 되어 로마에서 재판을 받게 되어 있는 것은 하나님의 영광을 위한 것이고 복음을 더 진보시키기 위한 것이었기 때문이다. 바울은 그것을 알고 있었다. 제자들이 바울을 끈질지게 설득하여 예루살렘에 올라가지 말라고 권하였지만 그가 자신의 결심을 바꾸지 않은 것은 그의 경건하고 진정으로 영웅적인 결단을 한층 더 빛나게 해 준다.

4. 두로의 제자들은 비록 바울의 전도를 통해서 회심한 자들이 아니었지만 그가 교회에 얼마나 큰 유익을 끼쳤는지를 익히 들어 왔기 때문에 그가 두로에서 떠날 때에 그에게 지극히 큰 공경과 예를 보여주었다. 그들은 불과 7일동안 그와 함께 있어서 교제하였지만, 마치 그가 위대한 인물이라도 되는 듯이, 그들은 모두 다 그 처자와 함께 나와서, 그를 정중하게 배웅하고, 그의 축복을 요

청하며, 바다 때문에 길이 막혀서 더 갈 수 없을 때까지 가능한 한 가장 멀리 나가서 그를 전송하고자 하였다.

(1) 우리는 주께서 우리 위에 두셔서 우리를 가르치고 권면하는 우리의 사역자들에게 예를 갖추고, 그들이 우리 가운데서 행하는 사역으로 인하여 그들을 사랑 안에서 가장 귀히 여겨야 할 뿐만 아니라, 기회가 있을 때마다 그리스도의 모든 신실한 사역자들에 대하여 그들이 사역자들이라는 이유 때문만이 아니라 성도들 가운데서 그들이 행하는 사역으로 인하여 우리의 사랑과 존경을 나타내 보여야 한다.

(2) 우리는 하나님께서 그들의 세대 가운데서 놀랍도록 유익하게 사용하심으로써 특별히 존귀를 더하시는 자들을 특별한 방식으로 존귀하게 대하여야 한다.

(3) 자녀들에게 선한 자들과 선한 사역자들을 존경하도록 훈련시키는 것은 잘하는 일이다. 이것은 두로에서 특히 두드러졌는데, 우리는 다른 곳에서는 사람들이 그들의 처자식들을 데리고 와서 바울과 함께 하고 그에게 더 큰 존귀함을 나타내며 그의 가르침과 기도를 통해서 유익을 얻는 모습을 보지 못하였었다. 하나님께서는 엘리야 선지자를 조롱하였던 벧엘의 우상숭배자들의 자녀들을 진노의 눈길로 바라보신 것과 마찬가지로, 그리스도께서 어린 아이들의 호산나 찬송을 기쁘게 받으셨듯이, 사도에게 존귀함을 더한 두로의 제자들의 자녀들을 은혜의 눈길로 보셨을 것임에 틀림없다.

(4) 우리는 우리에게 주어진 기회들을 잘 활용하는 선한 관리자들이 되어야 하고, 우리의 영혼이 잘 되게 하기 위하여 그 기회들을 최대한으로 활용하여야 한다. 그들은 바울과 조금이라도 더 함께 있고 그의 기도를 받기 위해서 그를 성문 밖까지 전송하였다. 어떤 이들은 이 본문이 시편 45:12에 나오는 두로의 딸은 예물을 드리리로다는 말씀과 연관이 있다고 말한다. 왜냐하면, 마치 우리가 배로 먼 길을 떠나는 친구들에게 선물을 주듯이, 그들은 바울과 헤어질 때에 그에게 예물을 주었을 가능성이 크기 때문이다(행 28:10).

5. 그들은 바울과 에베소 장로들이 그랬던 것처럼 기도로 헤어졌다(36절). 이렇게 바울은 항상 기도하고 쉬지 말고 기도하는 것을 우리에게 하나의 규범으로 가르쳤을 뿐만 아니라 직접 실천해 보임으로써 가르쳤다. 우리가 바닷가에서 무릎을 꿇어 기도하였다. 바울은 자기 자신을 위하여 기도하였고, 그들을 위

하여 기도하였으며, 모든 교회들을 위하여 기도하였다. 그는 많은 것을 기도하였을 뿐만 아니라, 힘있게 기도하였다. 그들은 그들의 마지막 작별이 기도를 통해서 거룩하게 되고 아름다운 것이 될 수 있도록 바닷가에서 기도하였다. 바다로 나가는 자들은 육지가 끝나는 바닷가에 이르르면 기도를 통해서 자기 자신을 하나님께 부탁하고, 그들이 견고한 땅(terra firma)을 떠나더라도 하나님의 섭리와 약속에 대한 그들의 믿음으로 인하여 바다에서도 견고한 발판을 발견하게 될 수 있기를 바라는 자들로서 하나님의 보호하심 아래에 그들 자신을 두어야 한다. 바닷가는 자갈들이 많거나 흙으로 되어 있었겠지만, 그들은 바닷가에서 무릎을 꿇고 기도하였다. 바울은 사람들에게 어디에서나 기도하라고 하였고, 스스로도 그렇게 하였다. 그는 기도를 올려 드릴 때에 무릎을 꿇었다. 조지 허버트는 아무리 무릎을 꿇고 기도하였어도 비단 양말이 못 쓰게 된 적은 한 번도 없었다고 말한다.

6. 그들은 마침내 헤어졌다(6절): 사랑과 슬픔을 나타내는 아주 진한 포옹과 사랑이 넘치는 작별 인사를 끝으로 서로 작별한 후에 우리는 떠나기 위해서 배에 올랐고 그들은 헤어지는 것을 못내 아쉬워하며 집으로 돌아갔다. 그들이 어떻게 처신하였는지를 살펴보라. "길을 떠나야 하는 우리는 우리를 실어 날라 줄 배가 있다는 것을 감사하며 배에 올랐고, 배를 타고 나길 필요가 없었던 그들은 돌아갈 집이 있다는 것을 감사하며 다시 집으로 돌아갔다." 스불론이여 너는 밖으로 나감을 기뻐하고 잇사갈이여 너는 장막에 있음을 즐거워하라. 바울은 집으로 돌아가는 자들에게 축복하여 그들을 보냈고, 남겨진 자들은 바다로 떠난 자들을 위하여 기도하였다.

Ⅳ. 그들은 두로에서 멀지 않은 돌레마이에 이르렀다(7절): 우리는 돌레마이에 이르렀다. 어떤 이들은 돌레마이가 아셀 지파의 영토인 악고와 동일한 곳이라고 생각한다(삿 1:31). 바울은 거기에서 잠시 내려서 형제들에게 안부를 묻고 그들과 인사를 나누었다. 그는 그들과 함께 오래 머물 수는 없었지만 그들을 그냥 지나치지 않고 그들과 인사를 나누기를 원하였다. 그는 그들과 함께 하루를 있었는데, 아마도 그 날은 주일이었을 것이다. 전혀 찾아보지 않는 것보다는 잠깐이라도 찾아가 보는 것이 더 낫다.

⁸이튿날 떠나 가이사랴에 이르러 일곱 집사 중 하나인 전도자 빌립의 집에 들어가

서 머무르니라 [9]그에게 딸 넷이 있으니 처녀로 예언하는 자라 [10]여러 날 머물러 있더니 아가보라 하는 한 선지자가 유대로부터 내려와 [11]우리에게 와서 바울의 띠를 가져다가 자기 수족을 잡아매고 말하기를 성령이 말씀하시되 예루살렘에서 유대인들이 이같이 이 띠 임자를 결박하여 이방인의 손에 넘겨 주리라 하거늘 [12]우리가 그 말을 듣고 그 곳 사람들과 더불어 바울에게 예루살렘으로 올라가지 말라 권하니 [13]바울이 대답하되 여러분이 어찌하여 울어 내 마음을 상하게 하느냐 나는 주 예수의 이름을 위하여 결박 당할 뿐 아니라 예루살렘에서 죽을 것도 각오하였노라 하니 [14]그가 권함을 받지 아니하므로 우리가 주의 뜻대로 이루어지이다 하고 그쳤노라

우리는 여기에서 바울과 그의 일행이 마침내 그가 한동안 머물기로 계획하였던 가이사랴에 당도한 것을 보게 된다. 가이사랴는 이방인들에게 복음이 처음으로 전파되었고 성령이 그들에게 임한 곳이었다(행 10:1, 44). 이제 우리는 여기에서 다음과 같은 것들에 대하여 듣게 된다.

I. 가이사랴에서 바울과 그의 일행을 맞이한 사람은 누구였는가. 그가 가는 곳마다, 이런저런 친구들이 그를 맞이하고 영접하였기 때문에, 그는 여관에 가서 머물 기회가 별로 없었다. 지금까지 함께 배를 타고 왔던 자들은 항해가 끝나자 각자의 일을 보기 위해서 서로 헤어졌다. "화물이나 짐과 관련이 있던 자들은 그 배가 짐을 풀었던 곳에 머물렀고(3절), 그 밖의 다른 사람들은 돌레마이에 이르러서 각각의 일을 보기 위해서 갔지만, 바울의 일행인 우리는 그가 가는 곳으로 와서, 가이사랴에 이르렀다." 이 세상을 함께 여행하는 자들은 죽을 때가 되면 서로 헤어져서, 누가 바울의 일행이고 누가 그렇지 않은지가 드러나게 될 것이다. 이제 가이사랴에서는 다음과 같은 일들이 있었다.

1. 가이사랴에서 그들을 영접한 것은 전도자 빌립이었다. 빌립은 아주 오래 전에 에디오피아 내시에게 세례를 주고서 가이사랴에 이르렀는데(행 8:40), 거기에서 잠시 무대에서 사라졌던 그가 지금 여기에서 다시 등장하고 있다.

(1) 그는 원래 예루살렘 교회에서 구제를 담당하도록 뽑힌 일곱 집사 가운데 한 사람이었다(행 6:5).

(2) 그는 오랫동안 전도자로서의 일을 해 왔고, 지금도 전도자로서 사도들과 마찬가지로 여기저기를 돌아다니며 교회들을 세우고 물을 주는 자였으며, 사

도들과 마찬가지로 말씀과 기도에 전념하는 자였다. 이렇게 집사의 직분을 잘한 자들은 믿음에 큰 담력을 얻고, 작은 일에 충성한 자는 많은 것을 맡게 된다.

(3) 그는 가이사랴에 집을 가지고 있었기 때문에, 바울과 그의 모든 일행을 맞이하기에 적합하였고, 바울과 그의 일행을 아주 따뜻하게 환영하며 영접하였다. 우리는 전도자 빌립의 집에 들어가서 머물렀다. 이렇게 그리스도인들과 사역자들은 그들의 능력에 맞게 서로 대접하기를 원망없이 하는 것이 합당하다(벧전 4:9).

2. 이 빌립에게는 처녀로 예언하는 자인 딸 넷이 있었다(9절). 이것은 다른 사람들과 마찬가지로 그들이 예루살렘에서 바울이 당할 환난에 대하여 예언하였고, 바울에게 예루살렘으로 가지 말라고 설득하였지만 아무 소용이 없었다는 것을 보여주는 것이다. 또는, 그들은 바울이 장차 겪게 될 어려움들을 생각해서 바울을 위로하고 격려하기 위해서 예언한 것일 수도 있다. 우리는 여기에서 요엘 2:28의 예언, 즉 하나님께서 성령을 만민에게 풍성히 부어 주셔서 그들의 자녀들이 장래 일을 말하며 예언하게 되리라는 말씀이 추가적으로 성취된 것을 보게 된다.

Ⅱ. 한 유명한 선지자가 바울이 고난당할 것에 대하여 분명하고도 자세하게 예언함(10-11절).

1. 바울과 그의 일행은 가이사랴에서 여러 날 동안 머물렀는데, 아마도 고넬료도 거기에서 아직 살고 있으면서, 그들을 여러 가지로 환대하며 거기에 더 머물러 있도록 청하였을 것이다(물론, 그들은 빌립의 집에서 숙박을 했을 것이지만). 바울이 예루살렘으로 가는 여행길을 처음에는 그토록 서두르는 듯이 보였는데, 가이사랴에서는 그렇게 오랫동안 머무르는 등 이 여행길의 끝 부분에서는 별로 서두르지 않은 것이 무슨 이유 때문이었는지를 우리는 알 수 없다. 그러나 우리는 바울이 거기에서나 다른 곳에서나 빈둥거리며 놀기 위해서 머물러 있었던 것이 아니라는 것은 확실히 알 수 있다. 그는 하루하루를 손꼽아 가면서 지냈다.

2. 아가보라 하는 한 선지자가 유대로부터 내려왔다. 이 사람은 우리가 앞서 보았던 선지자들, 즉 기근을 예언하기 위해서 예루살렘에서 안디옥에 온 선지자들 중의 한 사람이었다(행 11:27-28). 하나님께서 그의 은사들을 얼마나 다양하게 나누어 주시는지를 보라. 하나님은 성령을 통해서 사도인 바울에게는 지혜

와 지식의 말씀을 주셨고, 아울러 치유의 은사도 주셨다. 또한, 하나님은 아가보와 빌립의 딸들에게는 그 동일한 성령으로 말미암아 예언의 은사, 장래에 일어날 일을 미리 말하는 은사를 주셔서, 그 예언대로 일이 일어나게 하셨다(고전 12:8, 10을 보라). 이렇게 구약 시대에는 성령의 가장 뛰어난 은사였던 것, 즉 장차 일어날 일들을 미리 말하는 예언의 은사는 신약 시대에는 다른 은사들에 의해서 그 빛이 바래게 되었는데, 이 예언의 은사는 교회에서 별로 두드러지지 않은 보잘것없는 자들에게 수여되었다. 아가보는 바울을 만나서 이 예언을 전해 주기 위해서 일부러 가이사랴에 왔던 것으로 보인다.

3. 아가보는 바울이 예루살렘에서 결박당하게 될 것을 다음과 같은 것들을 통해서 예언하였다.

(1) 이사야(사 20:3), 예레미야(렘 13:1; 27:2), 에스겔(겔 4:1; 12:3) 등을 비롯해서 수많은 옛적의 선지자들이 했던 것처럼, 상징 행위를 통해서. 아가보는 바울이 매고 있던 띠를 가져다가 먼저 자기 손을 잡아 매고 다음으로 자기 발을 잡아 매었거나 자기의 손과 발을 함께 잡아 매었다. 이것은 그가 한 예언을 확고히 하고(이 예언은 이미 이루어진 것이나 다름없을 정도로 확실한 것이다) 주위 사람들에게 강한 인상을 심어 주기 위한 것이었다. 왜냐하면, 우리는 통상적으로 단지 귀로 들을 때보다는 눈으로 볼 때에 더 큰 인상을 받기 때문이다.

(2) 상징 행위에 대한 설명을 통해서: 성령, 즉 예언의 영이 말씀하시되 예루살렘에서 유대인들이 주님께 했듯이(마 20:18-19) 이 같이 이 띠 임자를 결박하여, 다른 지역들의 유대인들이 지금까지 내내 그를 로마 총독들에게 고소함으로써 시도해 왔듯이 이방인의 손에 넘겨 주리라 하신다. 바울은 자기가 환난당할 것에 대하여 이렇게 구체적이고 분명하게 미리 경고를 받았기 때문에, 장차 있을 환난에 대비할 수 있었고, 환난이 닥쳐 왔을 때에 놀라거나 두려워하지 않을 수 있었다. 우리에게 주어진 일반적인 경고, 즉 많은 환난을 거쳐야 우리가 하나님의 나라에 들어가리라는 예언도 우리에게 동일한 유익을 주는 예언이다.

Ⅲ. 바울의 친구들이 그에게 예루살렘으로 올라 가지 말도록 아주 끈질기게 설득함(12절). "가이사랴에 있던 자들만이 아니라 바울과 동행하였던 우리, 지금까지 그런 예언을 자주 들어 왔었고 그럼에도 불구하고 바울의 결심이 확고하다는 것을 알고 있는 누가조차도 바울에게 예루살렘으로 올라가지 말고 다

른 길로 방향을 잡으라고 눈물로 호소하고 권하였다."

1. 여기에는 바울이 교회에 큰 유익을 끼치는 인물이었기 때문에 사람들이 바울을 얼마나 아끼고 사랑했는지가 잘 드러나 있다. 우리는, 너무도 활동적이어서 일을 많이 하는 선한 자들을 설득해서 과도하게 일을 하지 말도록 종종 말려야 하고, 너무도 담대하게 행하는 선한 자들을 설득해서 지나친 위험을 무릅쓰지 않도록 만류할 필요가 있다. 주는 몸을 위하시기 때문에, 우리도 몸을 위하여야 한다.

2. 그렇지만 바울을 만류하는 사람들, 특히 바울과 그동안 동행하면서 그가 하나님의 지시하심을 따라 이 여행을 하였다는 것을 알고 있고, 그가 이전에 어떠한 결단으로 온갖 반대를 헤쳐 나왔는지를 익히 보아왔던 자들 속에는 연약함도 섞여 있었다. 그러나 그들이 보여준 연약함은 우리 모두에게 흔히 있을 수 있는 연약함이다. 우리는 장차 있을 환난을 저 멀리서 보고 단지 그 대체적인 윤곽만을 들을 때에는 우리는 그 환난을 얼마든지 가볍게 여길 수 있다. 그러나 그 환난이 점차 가까이 다가올 때, 우리는 움츠러들면서 뒤로 물러나기 시작한다. 이제 이 일이 네게 이르매 네가 힘들어 하는구나(욥 4:5).

IV. 바울은 자신의 결심을 끝까지 고수하는 거룩한 담력과 용맹성을 보여줌(13절).

1. 그는 그를 설득하여 그만두게 만들고자 하는 그들을 책망한다. 우리가 여기에서 보는 것은 양쪽에서 서로를 사랑하여 싸우는 사랑 싸움이고, 지극히 진실되고 강력한 애정들이 서로 충돌하는 모습이다. 그들은 그를 너무도 사랑하기 때문에 그의 결심을 반대한다. 그는 그들을 너무 사랑하기 때문에 자신의 결심에 반대하는 그들을 나무란다: 여러분이 어찌하여 울어 내 마음을 상하게 하느냐. 베드로가 비슷한 경우에서 주여 그리 마옵소서라고 말함으로써 주의 마음을 상하게 했던 것과 마찬가지로, 그들은 지금 바울을 만류함으로써 그의 마음을 상하게 하였다. 그들이 바울을 붙잡고 우는 것이 그의 마음을 상하게 한 것이었다.

(1) 그들이 운 것은 그에게 시험이 되고 충격이 되어서, 그의 결심을 약화시키고 느슨하게 만들기 시작하였으며, 그로 하여금 생각을 바꾸고자 하는 마음이 들게 하였다. "나는 내가 고난을 받게 되어 있다는 것을 알기 때문에, 여러분은 내게 힘을 주고 용기를 불어넣어 주어야 하며, 내 마음이 힘을 얻을 그런

말을 해주어야 한다. 그러나 여러분은 눈물을 흘림으로써 내 마음을 흔들어 놓고 나를 낙심하게 하고 있다. 여러분이 그렇게 행하는 이유가 도대체 무엇이냐? 우리 주님께서 우리에게 자신의 십자가를 지라고 말씀하지 않으셨던가? 그런데 여러분은 나로 하여금 내가 져야 할 십자가를 피하게 하고자 하는 것인가?"

(2) 그가 양심의 가책을 느끼지 않고는 결코 들어 줄 수 없는 것으로 하도록 그렇게 끈질기게 그를 압박하는 것이 그에게는 큰 괴로움이 되었다. 바울은 매우 다정다감한 심령을 지닌 자였다. 그는 스스로도 눈물이 많은 자였을 뿐만 아니라, 그의 친구들의 눈물에 아주 약한 자였다. 그들은 그에게 눈물로 심하게 압박을 하여서, 그로 하여금 어떤 일이 되었든 그것을 포기하게 만들고자 하였다. 그러나 그의 가슴을 지금 찢어 놓고 상하게 하는 것은 그가 친구들이 울며 요청하는 것을 거절할 수밖에 없는 처지에 있다는 것이었다. 그들이 그를 만류함으로써 그를 괴롭게 하고 그의 슬픔에 괴로움까지 더하는 것은 냉혹한 친절이었고 잔혹한 동정이었다. 우리의 친구들이 고난을 당하도록 부르심을 받을 때, 우리는 그들을 위하여 슬퍼하는 것이 아니라 그들을 위로함으로써 그들에 대한 우리의 사랑을 보여주어야 한다. 그러나 가이사랴에 있던 이 그리스도인들은 바울이 앞으로 당할 큰 일에 대하여 대체적인 것을 듣고서 아주 무거운 마음이 되었지만 그 사건의 세부적인 내용들을 미리 내다볼 수 있었다면 그들 스스로도 좀 더 수월하게 그 사건을 좋게 받아들일 수 있었을 것이다. 왜냐하면, 바울이 예루살렘에서 붙잡혀서 죄수가 되었을 때에, 그는 그가 방금 떠나왔던 곳인 가이사랴로 즉시 보내져서(행 23:33), 그는 거기에서 적어도 두 해 동안 머물렀고(행 24:27), 비록 겉으로는 죄수였지만 그의 친구들에게 그가 직접 가거나 그의 친구들이 그에게 찾아오는 것이 허용될 정도로 자유롭게 행하였다(행 24:23). 따라서 가이사랴 교회는 그가 자유의 몸이었을 때보다도 오히려 그가 감옥에 갇혀 있을 때에 그와 훨씬 더 많이 함께 지내면서 그의 도움을 받을 수 있었다. 우리에게 불리하게 작용할 것이라고 생각되던 일이 하나님의 섭리를 통해서 우리에게 유리하게 작용하는 일이 되는 수가 있는데, 이것이 바로 우리가 섭리를 두려워하지 말고 묵묵히 따라야 하는 이유이다.

2. 친구들의 만류에도 불구하고 그는 예루살렘으로 올라가겠다는 자신의 결심을 되풀이한다. "여러분이 어찌하여 이렇게 우느냐. 예루살렘에서 내게 무슨

일이 일어나기로 되어 있든지 간에, 나는 기꺼이 고난을 당할 각오가 되어 있다. 나는 장차 그 곳에서 어떤 일이 내게 닥치든 올라가기로 이미 마음을 굳힌 상태이기 때문에, 여러분이 아무리 반대하여도 아무 소용이 없다. 나는 기꺼이 고난받고자 하는데, 왜 여러분은 내가 고난받는 것을 원하지 않는 것이냐? 내 자신에 대하여 가장 잘 판단할 자는 바로 내가 아니던가? 내가 환난을 당할 준비가 되어 있지 않다면, 그것은 정말 내게 환난이 될 것이고, 따라서 여러분이 그것에 대해서 우는 것은 옳은 것일 수 있다. 그러나 하나님께 감사하게도 나는 환난을 당할 준비가 다 되어 있다. 나는 환난을 아주 기꺼이 맞아들일 것이기 때문에, 환난은 여러분에게도 두려운 것으로 생각되어서는 안 된다. 나는 전쟁에 나가는 군사들처럼 각오가 되어 있다. 나는 환난을 예상하고 있고, 그 환난에 대비하고 있기 때문에, 환난은 내게 결코 뜻밖의 일이 되지 못할 것이다. 나는 처음 회심하였을 때에 내가 얼마나 고난을 받아야 하는지에 대하여 말씀을 들었다(행 9:16). 나는 깨끗한 양심과 하나님에 대한 견고한 신뢰, 세상과 몸에 대한 거룩한 경멸, 그리스도에 대한 살아 있는 믿음, 영생에 대한 기쁜 소망을 통해서 고난을 맞이할 준비가 되어 있다. 우리가 찾아오기로 되어 있는 친구를 맞이할 준비를 다 해놓고서 그 친구가 올 때에 그를 환영하고 영접하듯이, 나는 그 고난을 환영하고 영접할 수 있다. 나는 하나님의 은혜로 말미암아 그 고난을 견딜 수 있을 뿐만 아니라 고난 속에서 즐거워할 수 있다." 좀 더 살펴보자.

(1) 그의 결심은 어느 정도까지 미치고 있는가. "여러분은 내가 예루살렘에서 결박당하게 될 것이라는 말을 듣고서, 그것이 두려워서 나로 하여금 예루살렘에 올라가지 못하게 하고자 한다. 내가 여러분에게 말하건대, 나는 결박당할 뿐만 아니라 하나님의 뜻이라면 예루살렘에서 죽을 것도 각오하였노라. 나는 나의 자유를 버릴 뿐만 아니라 내 목숨을 버릴 각오도 되어 있다." 우리가 하나님의 모든 뜻 가운데서 완전하게 서기 위해서는 우리에게 닥칠 최악의 상황을 생각하고서 거기에 대비하는 것이 지혜로운 일이다.

(2) 그로 하여금 이렇게 끝까지 버티게 만들고, 기꺼이 고난받고 죽고자 하게 만든 것은 무엇이있는가: 그것은 주 예수의 이름을 위하여였다. 사람은 자기 목숨을 살리기 위해서는 자기가 가지고 있는 모든 것을 내어준다. 그러나 바울은 그리스도의 이름을 섬기고 높이기 위해서 자신의 목숨까지도 버리고자 한다.

Ⅴ. 바울의 친구들이 어쩔 수 없이 그의 결심을 받아들임(14절).

1. 그들은 선한 자의 지혜에 굴복하였다. 그들은 예를 갖추어서 그들이 할 수 있는 데까지 바울을 설득하고자 하였었다. 그러나 "그가 권함을 받지 아니함으로 우리가 그를 설득하는 것을 그쳤노라. 바울은 자신의 마음을 가장 잘 알고, 자기가 무엇을 해야 하는지도 가장 잘 알기 때문에, 우리가 이 문제를 그에게 맡기는 것이 합당하고, 어떤 사람들이 그들의 말을 듣고자 하지 않는 자들에 대하여 비판하여 말하듯이, 바울이 경솔하다거나 고집이 세다거나 까다롭다거나 반골의 마음을 지니고 있다고 말하며, 그가 행하는 것에 대하여 그를 비난하지 않는 것이 합당하다. 바울은 자기가 그런 결심을 한 것에 대하여 그 어떤 이유도 입 밖으로 표현하고 있지는 않지만 그가 그런 결심을 한 데에는 합당한 이유가 틀림없이 있을 것이고, 그가 이렇게 끝까지 자신의 결심을 굽히지 않는 데에는 하나님의 은혜로운 목적이 있을 것이다." 여러모로 설득하여도 말을 듣지 않는 자들을 너무 심하게 몰아 부치는 것은 좋은 일이 아니다.

2. 그들은 선하신 하나님의 뜻에 승복하였다: 우리가 주의 뜻대로 이루어지이다 하고 그쳤노라. 그들은 그의 결심을 그의 완고함으로 돌리지 않았고, 그가 기꺼이 고난받고자 하는 것과 하나님께서 그에게 그런 결심을 하게 하신 것으로 인정하였다. 하늘에 계신 아버지의 뜻이 이루어지이다라는 것은 우리의 기도와 실천에 있어서 규범이 되어야 할 뿐만 아니라 우리가 어떤 것을 용인하고 인내함에 있어서도 우리의 규범이 되어야 한다.

(1) 이것은 바울의 현재의 확고함을 가리키는 것일 수 있다. 그는 사람들이 아무리 말려도 설득되지 않고 꼼짝도 하지 않은 채로 요지부동이다. 이것 속에서 그들은 주의 뜻이 이루어지고 있는 것을 본다. "바울 속에서 역사하셔서 이렇게 확고한 결심을 갖게 하시는 분은 주님이시다. 그러므로 우리는 그것을 인정하지 않을 수 없다." 우리의 친구들이나 사역자들의 마음을 이런저런 식으로 바꿈에 있어서(그것은 우리가 원하는 것과는 정반대의 것일 수 있다) 우리는 하나님의 손길을 바라보고서 거기에 승복하여야 한다는 것을 명심하라.

(2) 이것은 바울에게 장차 다가올 고난을 가리키는 것일 수 있다. "다른 방도가 없다면, 바울이 스스로 뛰어들어 결박당하게 될 것이고, 거기에서 주 예수의 뜻이 이루어지기를 우리는 바란다. 우리는 이 일을 막기 위해서 우리로서는 최선을 다하였기 때문에, 이제 그 일을 하나님께 맡기고, 아버지께서 모든 심

판을 맡기신 그리스도께 이 일도 맡긴다. 그러므로 우리는 우리가 원하는 대로가 아니라 주께서 원하는 대로 행할 것이다." 우리는 환난이 다가오는 것을 볼 때에, 특히 우리의 사역자들이 침묵하게 되거나 사라지게 될 때에 주의 뜻대로 이루어지이다라고 말하는 것이 합당하다. 하나님은 지혜로우셔서 모든 일이 합력하여 선을 이루게 하실 줄을 아시기 때문에, 우리는 "그의 거룩하신 뜻을 환영하여야" 한다. 우리는 "주의 뜻이 이루어질 것이기 때문에 다른 도리가 없다"라고 말하지 말고, "주의 뜻은 지혜롭고, 주는 모든 일을 지혜로운 계획을 따라서 행하심으로, 주의 뜻이 이루어지이다. 그러므로 주께서 보시기에 선한 것을 우리에게 행하시옵소서"라고 말하여야 한다. 환난이 닥쳐왔을 때, 주의 뜻이 이루어진 것임을 알면, 우리의 슬픔은 경감된다. 환난이 닥쳐오는 것을 볼 때, 우리는 주의 뜻이 이루어질 것임을 알고서, 우리의 두려움을 잠재우고, 아멘 주의 뜻이 이루어지이다라고 말하여야 한다.

[15]이 여러 날 후에 여장을 꾸려 예루살렘으로 올라갈새 [16]가이사랴의 몇 제자가 함께 가며 한 오랜 제자 구브로 사람 나손을 데리고 가니 이는 우리가 그의 집에 머물려 함이라 [17]예루살렘에 이르니 형제들이 우리를 기꺼이 영접하거늘 [18]그 이튿날 바울이 우리와 함께 야고보에게로 들어가니 장로들도 다 있더라 [19]바울이 문안하고 하나님이 자기의 사역으로 말미암아 이방 가운데서 하신 일을 낱낱이 말하니 [20]그들이 듣고 하나님께 영광을 돌리고 바울더러 이르되 형제여 그대도 보는 바에 유대인 중에 믿는 자 수만 명이 있으니 다 율법에 열성을 가진 자라 [21]네가 이방에 있는 모든 유대인을 가르치되 모세를 배반하고 아들들에게 할례를 행하지 말고 또 관습을 지키지 말라 한다 함을 그들이 들었도다 [22]그러면 어찌할고 그들이 필연 그대가 온 것을 들으리니 [23]우리가 말하는 이대로 하라 서원한 네 사람이 우리에게 있으니 [24]그들을 데리고 함께 결례를 행하고 그들을 위하여 비용을 내어 머리를 깎게 하라 그러면 모든 사람이 그대에 대하여 들은 것이 사실이 아니고 그대도 율법을 지켜 행하는 줄로 알 것이라 [25]주를 믿는 이방인에게는 우리가 우상의 제물과 피와 목매어 죽인 것과 음행을 피할 것을 결의하고 편지하였느니라 하니 [26]바울이 이 사람들을 데리고 이튿날 그들과 함께 결례를 행하고 성전에 들어가서 각 사람을 위하여 제사 드릴 때까지의 결례 기간이 만기된 것을 신고하니라

이 절들에는 다음과 같은 내용들이 나온다.

Ⅰ. 가이사랴에서 예루살렘으로의 바울의 여행, 그리고 그와 함께 한 일행.

1. 그들은 여장, 즉 그들의 가방과 짐을 꾸려서, 가난한 여행자 또는 군사들과 같이 직접 자신의 짐들을 가지고 갔다. 그들에게는 갈아 입을 옷도 별로 없었다. 나의 재산이라고는 지금 내가 지니고 있는 것이 전부이다(Omnia mea mecum porto). 어떤 이들은 그들이 예루살렘 교회의 가난한 성도들을 위해서 마게도냐와 아가야의 교회들에서 모은 돈을 지니고 있었다고 생각한다. 만약 그들이 바울을 설득해서 예루살렘이 아닌 다른 곳으로 가게 되었다면, 그들은 그 돈도 가져갈 수 있었을 것이다. 그러나 그들의 설득에도 불구하고 바울이 예루살렘으로 갈 결심을 끝까지 굽히지 않자, 그들은 "그렇다면 혼자 가게 내버려 두자"라고 말한 것이 아니라, 그리스도께서 위험을 무릅쓰고 예루살렘으로 가고자 하셨을 때에 비슷한 상황에서 도마가 말했던 것처럼 우리도 주와 함께 죽으러 가자(요 11:16)고 말하였다. 그들이 끝까지 바울을 따르고자 한 결심은 잇대가 다윗을 끝까지 따르고자 했던 것과 비슷하였다(삼하 15:21): 내 주 왕께서 어느 곳에 계시든지 사나 죽으나 종도 그 곳에 있겠나이다. 이렇게 바울이 담대하게 나오자 그들도 덩달아 담대해졌다.

2. 가이사랴의 제자들 중 몇몇이 그들과 함께 가겠다고 따라나섰다. 그들이 원래 예루살렘을 가고자 하고 있다가 이렇게 좋은 동행과 함께 갈 수 있는 기회를 택하게 된 것인지, 아니면 그들이 어떤 식으로든 바울을 돕고 가능하다면 그에게 닥칠 환난을 막아 주고 적어도 바울이 환난을 당하면 그의 시중을 들 목적으로 일부러 동행하게 되었는지는 본문에 나와 있지 않다. 바울이 자유롭게 활동할 수 있는 시간이 얼마 남지 않게 되었을 때, 그들은 그와 교제할 수 있는 온갖 기회를 더욱 부지런히 활용하고자 하였다. 엘리사는 엘리야가 하늘로 들리워 올라갈 날이 얼마 남지 않았다는 것을 알고서 더욱 그의 옆에 꼭 붙어 있었다.

3. 그들은 예루살렘에 자신의 집을 가지고 있었던 한 정직한 노신사를 데리고 갔는데, 바울과 그의 일행은 그의 집에서 묵을 작정이었다: **구브로 사람 나손을 데리고 가니 이는 우리가 그의 집에 머물려 함이라**(16절). 유월절 같은 절기에는 온 세계에서 사람들이 구름 떼 같이 예루살렘에 운집하였기 때문에, 묵을 곳을 정하는 것은 쉬운 일이 아니었다.

여관들은 좀 더 형편이 나은 사람들이 차지하였고, 예루살렘에 자기 집을 가지고 있는 사람들이 이런 때에 방을 빌려 주는 것은 욕먹을 짓으로 여겨졌고, 그들이 방을 타지인들에게 빌려 주려면 돈을 받지 않고 빌려 주어야 했다. 그러므로 사람들은 모두 자신의 친구들을 자기 집에 묵게 하고자 하였고, 나손은 바울과 그의 일행을 그의 집에 묵게 하고자 하였던 것이다. 그는 바울이 어떤 환난을 당하게 될 수도 있다는 것을 들었고, 그런 경우에 바울을 묵게 한 그에게도 불똥이 튈 수 있다는 것도 알고 있었지만, 기꺼이 바울과 그의 일행을 그의 집에 묵게 하고자 하였다. 이 나손은 오랜 제자, 즉 처음부터 제자가 된 사람이라 불린다. 어떤 이들은 그가 그리스도의 70명의 제자들 중 한 사람이었거나 성령이 부어진 후에 최초로 회심한 자들 중의 한 사람이었거나 구브로에 복음이 전파되었을 때에 최초로 회심한 자들 중의 한 사람이었을 것이라고 생각한다(행 13:4). 어느 쪽이 맞든지 간에, 그는 오랫동안 그리스도인으로 살아 와서 지금은 나이가 꽤 들었던 것으로 보인다. 오랫동안 예수 그리스도의 제자로 살아 오면서 하나님의 은혜로 말미암아 신앙의 본분을 오랜 세월 동안 계속해 오고 믿음이 더욱 견고해지고 점점 더 지혜롭고 노련하게 되어서 복된 노년을 맞이하게 되는 것은 영광스러운 일이라는 것을 명심하라. 누구나 이러한 오래된 제자와 함께 묵고자 할 것이다. 왜냐하면, 오랜 세월이 지혜를 가르쳐 주는 법이기 때문이다.

Ⅱ. 바울이 예루살렘에서 영접을 받음.

1. 거기에 있던 형제들 중 많은 수가 그를 기꺼이 영접하였다(17절). 바울이 예루살렘 시내로 들어온 것을 알자마자 그들은 나손의 집으로 와서 그가 무사히 여기에 도착하게 된 것을 축하하고, 그를 만나 뵙게 되어서 기쁘다고 말한 후에, 그리스도의 놀라운 종이 된 인물을 알게 된 것을 영광으로 여겨서 그를 그들의 집으로 초대하였다. 스트레소(Streso)는 여기에서 그들이 바울과 그의 일행을 영접하였다고 할 때에 사용된 단어인 아스메노스 아포데케인은 사람들이 사도들의 가르침을 받아들였다고 할 때에(행 2:41) 사용된 바로 그 단어라는 것을 지적한다. 그들은 그의 말을 기쁘게 받았다. 만약 바울이 우리 가운데 있다면, 우리도 기쁘게 그를 영접하였을 것이다. 그러나 우리가 그의 가르침을 기쁘게 받아들이고 있는지는 의문이다. 우리는 그의 가르침을 기쁘게 받아들이고 있지 않다.

2. 그들은 예루살렘 교회가 모일 때에 야고보와 장로들을 방문하였다(18절). "그 이튿날 바울이 그의 일행이었던 우리를 예루살렘 교회에 소개하기 위하여 우리와 함께 야고보에게로 들어갔다." 지금 야고보는 예루살렘에 머물러 있었던 유일한 사도였던 것으로 보인다. 다른 나머지 사도들은 다른 지역들에서 복음을 전하기 위하여 흩어져 있는 상태였다. 그러나 그들은 세계 각지에서 예루살렘으로 오는 사람들이 많았기 때문에 적어도 한 명의 사도는 번갈아서 예루살렘에 남겨 두었다. 지금은 야고보가 예루살렘에 있었고, 예루살렘 교회의 통상적인 목회를 담당하면서 말씀을 전하고 치리를 행하였던 모든 장로들도 거기에 있었다. 바울은 그들 모두에게 인사를 하고, 그들이 잘 지내는지 안부를 묻고, 교제의 악수를 청하였다. 바울은 그들에게 문안하였다. 즉, 그는 그들 모두가 건강하고 복되기를 기원하였고, 하나님께 그들을 축복하시도록 기도하였다. 원래 인사하고 문안한다는 것은 상대방에게 구원이 있기를 기원한다는 의미이다: 너에게 평강이 있기를 기원한다. 이러한 인사를 서로 나누는 것은 서로에 대한 사랑과 하나님에 대한 공통의 공경을 나타내는 표시로서 그리스도인들에게 매우 합당한 것이다.

III. 그들은 바울에게서 그가 이방인들 가운데서 사역한 것에 대하여 설명을 듣고서 만족해 함.

1. 바울은 그들이 그리스도의 나라가 확장되고 있는 것을 들으면 몹시 기뻐하리라는 것을 알고서, 그들에게 그가 쓰임받았던 지역들에서 복음이 성공적으로 전파되었다는 애기를 들려 주었다: 그는 하나님이 자기의 사역으로 말미암아 이방 가운데서 하신 일을 낱낱이 말하였다(19절). 그가 얼마나 겸손하게 말하고 있는지를 주목하라. 그는 자기가 행한 일들이라고 말하지 않고(그는 단지 도구에 불과하였다), 하나님께서 그의 사역으로 말미암아 행하신 일들이라고 말한다. 그 일들을 행한 것은 내가 한 것이 아니요 나와 함께 하신 하나님의 은혜였다. 그는 심고 물을 주었을 뿐이며, 자라나게 하신 분은 하나님이셨다. 그는 하나님의 은혜가 그의 사역의 모든 정황들 속에서 더욱 뚜렷하게 드러날 수 있도록 하기 위하여 그 일을 아주 세세하게 낱낱이 설명하였다. 마찬가지로, 다윗도 바울이 여기에서 하나님께서 그의 손으로 말미암아 행하신 일을 말하고 있는 것처럼 다른 사람들에게 하나님께서 자신의 영혼을 위하여 행하신 일을 말하고자 하는데(시 66:16), 이 두 사람이 그렇게 하는 것은 그들의 친구들이

그들과 더불어서 하나님께 감사하게 하기 위한 것이었다.

2. 그래서 그들은 하나님께 찬송을 드릴 기회를 갖게 되었다(20절): 그들이 듣고 하나님께 영광을 돌렸다. 바울이 모든 영광을 하나님께 돌렸기 때문에, 그들도 하나님께 모든 찬송을 돌렸다. 그들은 바울을 향하여 찬사와 박수 갈채를 보낸 것이 아니라, 그 일은 주님께서 바울에게 착하고 충성된 종아 잘 하였도다 라고 말씀하시도록 맡겨 두었다. 그리고 그들은 하나님께서 이방인들에게까지 그 은혜를 주신 것에 대하여 하나님께 영광을 돌렸다. 죄인들의 회심은 천사들은 물론이고 우리에게도 기뻐하고 찬송해야 할 일이라는 것을 명심하라. 하나님께서는 바울을 더 광범위하게 사용하심으로써 다른 어느 사도들보다도 바울에게 더 큰 존귀함을 입혀 주셨지만, 다른 사도들은 그를 부러워하지도 않았고, 그가 유명해지는 것을 질투하지도 않았으며, 도리어 주께 영광을 돌렸다. 그들이 하나님께서 바울의 사역을 형통하게 하신 것에 대하여 하나님께 영광을 돌린 것이 바울이 계속해서 자신의 사역을 기쁜 마음으로 행할 수 있도록 가장 크게 격려한 것이었다. 왜냐하면, 하나님께서 찬송을 받으시는 것을 바울은 무엇보다도 가장 기뻐하였기 때문이다.

IV. 야고보와 예루살렘 교회의 장로들이 바울에게 조언함. 그가 율법의 예식들을 존중한다는 것을 보여줌으로써 믿는 유대인들의 의구심을 씻어 주기 위하여 성전으로 가서 많은 사람들이 보는 앞에서 희생 제사를 드리는 것(이것 자체는 죄악된 것이 아니기 때문에)이 좋겠다고 말했다. 왜냐하면, 율법의 예식들은 이방인 회심자들에게 결코 강제적으로 부과되어서는 안 되지만(거짓 교사들은 율법의 예식들을 이방인 회심자들에게 강요함으로써 복음을 훼손시키고자 하였다) 율법의 예식들을 지키며 자란 자들에게는 그 예식들은 결코 그것을 통해서 의를 얻을 수는 없지만 불법한 것은 아니었기 때문이다. 율법은 죽었지만 매장되지는 않았다. 율법은 죽었지만 아직 현실적으로는 죽어 있는 것이 아니었다. 그들은 율법의 예식들을 지키는 것이 죄가 되지는 않는다고 생각해서 바울이 율법을 무시하지 않는다는 것을 어느 정도까지 보여주는 것이 현명한 치사라고 여겼다. 그들은 이 문제와 관련해서 바울을 주관하는 자들로서가 아니라 그에게 애정을 지닌 자로서 권면하고 있다는 것을 주목하라.

1. 그들은 그가 유대인 회심자들이 아주 많이 있다는 것을 알게 하고자 하였다: 형제여, 그대도 보는 바에 유대인 중에 믿는 자 수만 명이 있다. 그들은 바울을

그들과 더불어서 복음 사역을 함께 위임받은 자로 여겼기 때문에 그를 형제라고 불렀다. 그들은 할례를 받은 자들이었고 바울은 이방인들의 사도였고, 그들은 율법에 대하여 타협적인 자들이었고 바울은 율법에 대하여 비타협적인 자였지만, 그들은 형제들이었고, 그들이 한 형제라는 것을 고백하였다. "그대는 이미 우리의 몇몇 모임들을 방문한 적이 있으니, 그들의 수가 얼마나 많은지를 알고 있을 것이다." 유대인 중에 믿는 자가 수만 명이 있다. 여기에서 사용된 단어는 수천 명을 의미하는 것이 아니라 수만 명을 의미한다. 복음에 대하여 많은 편견을 지니고 있었던 유대인들 가운데서조차도 복음을 받아들인 자가 상당히 많았다. 왜냐하면, 하나님의 은혜는 사탄의 가장 강력한 요새도 무너뜨리실 수 있기 때문이다. 처음에 마가 다락방에 모여 있던 그리스도의 제자들은 불과 120명이었지만, 지금은 수만 명이 되었다. 그러므로 그 누구도 그 세력이 미미한 나날들을 무시해서는 안 된다. 왜냐하면, 그 시작은 미미하다고 할지라도 하나님께서 그 나중을 아주 창대하게 하실 수 있기 때문이다. 여기에서 하나님께서 그의 백성 유대인들을 완전히 버리시지는 않았다는 것이 드러났다. 유대인들 가운데도 남은 자들, 택함받은 자들이 여전히 있었다(롬 11:1, 5, 7): 유대인 중에 믿는 자 수만 명. 그들이 유대인들 가운데서 복음이 성공적으로 전파된 것을 바울에게 이렇게 얘기해 준 것은 마치 바울이 그들에게 이방인들의 회심에 대하여 얘기해 준 것이 그들에게 큰 감사가 되었던 것과 마찬가지로 바울에게 틀림없이 감사한 일이 되었을 것이다. 왜냐하면, 바울은 유대인들이 구원받을 수 있게 해 달라고 간절히 소망하였고 하나님께 그렇게 기도하였기 때문이다.

2. 그들은 바울에게 이 믿는 유대인들이 믿음이 연약하여서 율법에 대하여 올바른 이해를 갖지 못하고 있으며, 그들도 이 유대인들의 연약함을 아직 치유할 수 없다는 것을 알려 주었다: 그들이 다 율법에 열성을 가진 자라. 이 믿는 유대인들은 그리스도를 참 메시야로 믿고 있고, 그리스도의 의에 의지하고 있으며, 그리스도의 통치에 복종하고 있다. 그러나 그들은 모세 율법이 하나님에게서 나왔다는 것을 알고 있고, 율법의 제도들을 통해서 영적인 유익을 얻고 있기 때문에, 율법과 결별하거나 율법에 대하여 냉정해지는 것을 생각조차 할 수 없다. 그들은 아마도 그리스도께서 율법 아래 나셨다는 것을 그들이 계속해서 율법을 지키는 이유로 내세웠던 것 같다(사실 그리스도께서 율법 아래에 나신

것은 우리를 율법으로부터 구원하시기 위한 것이었는데도). 실체가 왔는데도 여전히 그림자들을 좋아하고 연연해하며, 그리스도께서 자유를 주시려고 오셨는데도 그들이 여전히 종의 멍에를 메고 있는 것은 그들의 큰 연약함이자 잘못 생각하고 있는 것이었다. 그러나 우리는 여기에서 다음과 같은 것들을 볼 수 있다. (1) 특히, 율법의 예식들과 관련하여 교육과 오랜 습관의 힘. (2) 그러한 것들을 고려해서 사람들의 연약함을 어느 정도 받아들여야 한다는 것. 그러므로 사도들은 이러한 믿는 유대인들이 율법을 옹호하고 율법에 대하여 열심을 가지고 있다고 하더라도 그들이 그것을 다른 사람들에게 강요하지 않고 단지 그들 자신의 습관으로 지키고 있을 때에는 그들을 그리스도인이 아니라고 부인하거나 거부하지 않았다. 그들이 율법에 대하여 열심을 가진 것은 그들의 연약함을 어느 정도 용납한다면 충분히 선의로 해석될 수 있는 것이었다. 또한, 그것은 그들이 율법 속에서 교육을 받고 자랐다는 것을 생각할 때에 어느 정도 용납될 수 있는 것이기도 하였다.

  3. 그들은 바울에게 율법에 대하여 열심이 있는 이 유대인들이 그에게 좋지 않은 감정을 지니고 있다는 것을 알려 주었다(21절). 바울은 그리스도의 그 어떤 종보다도 신실한 종이었지만 그리스도의 가족에 속한 모든 자들로부터 좋은 말을 들을 수는 없었다. "그들은 너에 대해서 네가 이방인들에게 율법을 지키라고 가르치는 것이 아니라 이방에 있는 모든 유대인을 가르치되 모세를 배반하고 아들들에게 할례를 행하지 말고 또 유대인들은 이방인들 가운데서 산다고 할지라도 성전에서 멀리 떨어져 있어도 하나님께서 정하신 우리 민족의 관습을 지켜야 함에도 불구하고 그 관습을 지키지 말라 하고 유대 교회의 관습인 금식과 절기들을 지키지 말고 성구들을 이마와 팔에 붙이지 말며 부정한 음식들을 먹어도 괜찮다고 가르친다 함을 들었도다." 좀 더 살펴보자.

  (1) 바울이 모세 율법이 폐기되었다고 전파하였고, 모세 율법으로는 의롭게 되는 것이 불가능하기 때문에 우리는 더 이상 율법을 지키는 일에 묶여 있어서는 안 된다고 이방인들에게 가르쳤다는 것은 사실이었다.

  (2) 그러나 그가 그들에게 모세를 버리라고 가르쳤다는 것은 거짓이었다. 왜냐하면, 그가 전한 신앙은 율법을 폐하기 위한 것이 아니라 완성하기 위한 것이었기 때문이다. 그는 그리스도(의를 이루기 위하여 율법의 마침이 되시는 분) 및 회개와 믿음을 전하였는데, 그렇게 하기 위해서 우리는 율법을 크게 활용할

수 있다. 바울에게서 가르침을 받은 유대인들은 결코 모세를 버리지 않았기 때문에, 그들은 모세를 그들을 그리스도께로 인도하는 초등교사로 활용하도록 가르침을 받았을 때에 모세를 가장 잘 이해할 수 있고 가장 진심으로 받아 들일 수 있었다. 그러나 믿는 유대인들조차도 바울은 모세의 원수라는 인식을 지니고 있었고, 믿지 않는 유대인들의 말을 지나치게 그대로 받아들여서 바울에 대하여 몹시 분노하고 있었다. 그들의 사역자들, 그리고 예루살렘 교회의 장로들은 바울을 사랑하고 존귀하게 여기며 그가 행한 일을 인정하고 그를 형제라고 불렀지만, 믿는 유대인들로 하여금 바울에 대하여 호의적인 생각을 품도록 유도할 수는 없었다. 왜냐하면, 사려분별을 거의 하지 못하는 자들이야말로 남을 가장 심하게 비판하는 자들이 되고, 머리로 생각하는 데에 약한 자들이 머리에 가장 열을 잘 받는 자들이 되기 때문이다. 그들은 바울의 가르침을 잘 분별해서 그들이 마땅히 받아들였어야 하는 것으로 여길 수 없었기 때문에, 무지함으로 말미암아 바울의 가르침을 싸잡아서 매도할 수밖에 없었다.

4. 그러므로 그들은 바울이 지금 예루살렘에 온 김에 많은 사람들이 보는 앞에서 그가 율법과 유대교의 관습을 존중하고 지킨다는 것을 보여줌으로써 그에 대한 유대인들의 비방이 거짓된 것이고, 그가 사람들에게 모세를 버리고 유대 교회의 관습들을 지키지 말라고 가르치지 않았다는 것을 보여주기를 원하였다.

(1) 그들은 바울이 뭔가 그런 종류의 일을 행하여야 한다고 결론을 내린다. "그러면 어찌할꼬. 어떤 조치가 취해져야 하는가? 그들이 필연 그대가 예루살렘에 온 것을 듣게 되리라." 유명한 사람들은 그들이 오고 가는 것을 사람들이 특별히 관심을 가지고서 어떤 사람들은 호의적으로, 또 어떤 사람들은 악의적으로 그들에 대하여 말하곤 한다는 것이 불편한 일이다. "그대가 온 것을 들으면, 그들은 필연 모이게 될 것이고, 또한 우리가 그들을 함께 불러서 그대가 우리 가운데서 형제로서 말씀을 전하는 것을 허용해야 하는지 하지 말아야 하는지에 대하여 그들에게 조언해 주기를 기대할 것이다. 아니면, 그들은 자발적으로 함께 모여서 그대의 말을 들어보기를 원할 것이다." 바울이 사람들에게 모세를 버리라고 가르치지 않는다는 것을 이제 뭔가를 통해서 보여주어서, 그들로 하여금 안심할 수 있게 할 필요가 있다. 그들이 그런 조치가 꼭 필요하다고 생각한 것은 다음과 같은 이유들 때문이었다.

[1] 바울을 위해서. 그들은 바울의 명성이 아무것도 아닌 일에 의해서 가려지는 것을 원치 않았고, 이렇게 선한 자가 오명 아래에 있거나 교회에 이렇게 유익한 사람이 그의 사역을 가로막을 수도 있는 장애물 아래에서 힘들어 하지 않도록 할 필요가 있다고 생각하였다.

[2] 유대인들을 위해서. 그들은 유대인들이 이렇게 선한 자에 대하여 계속해서 편견을 갖지 않게 되고 그러한 편견으로 말미암아 그의 사역으로 인한 유익을 잃어버리게 되지 않기를 원하였다.

[3] 그들 자신을 위하여. 그들은 바울을 인정하는 것이 그들의 도리라는 것을 알고 있었기 때문에, 이러한 상황이 지속되면 그들의 처신이 예루살렘 교회의 성도들에게 비난의 표적이 될 수도 있었으므로, 그들은 그러한 일을 미연에 방지하고자 하였다.

(2) 그들은 바울이 스스로 오명을 씻을 기회를 준다. "우리가 말하는 이대로 하라. 이 경우에 어떻게 해야 할지를 우리가 조언해 주겠다. 우리에게, 우리 교회에 속한 믿는 유대인들 중에서 일정 기간 동안 나실인의 서원을 지키기로 서원한 네 사람이 있다. 이제 그들이 정한 기간이 끝나서(23절), 그들은 율법에 따라서 그들이 그동안 길렀던 머리를 깎고, 번제를 위한 숫양과 속죄제를 위한 임양과 화목제를 위한 숫양을 비롯해서 그들 각자에게 합당한 제물들을 드려야 한다(민 6:13-20). 많은 사람들은 그들의 서원이 거의 동일한 때에 끝나게 되어 있는 경우에는 좀 더 신속하게 절차를 마무리하거나 좀 더 엄숙하게 의식을 치르기 위해서 함께 이 예식을 행하는 것이 관례였다. 이제 바울은 늦게서야 율법을 받아들이고서 나실인의 서원을 한 후에 겐그레아에서 머리를 깎음으로써 그 서원을 지키는 기간이 끝났다는 것을 성전에서 멀리 떨어져서 살고 있던 자들의 관습을 따라서 나타낸 적이 있으므로, 그들은 바울이 한 걸음 더 나아가서 이 네 사람과 함께 성전에 가서 나실인의 제물들을 드리기를 원하였다: 율법에 따라서 그들을 데리고 함께 결례를 행하라. 그대는 기꺼이 이런 수고를 받아들일 뿐만 아니라, 이 네 사람을 데리고 가서 이 엄숙한 예식을 위한 제물들을 사고 그들과 함께 제사를 지내도록 하라." 그들은 이렇게만 하면 바울을 비방하는 것이 그치게 될 것이고, 모든 사람이 바울에 관한 소문이 거짓이었고, 바울은 소문에서 들은 그런 사람이 아니었으며, 유대인들에게 모세를 버리라고 가르치지 않았고, 오히려 그는 원래 유대인으로서 율법을 지키며 유대

인으로서의 도리에 맞게 행하였다는 것을 확신하게 되리라고 생각하였다. 그 렇게만 된다면, 모든 것이 아무 문제 없이 잘 해결될 것이다.

5. 그들은 이것은 결코 최근에 이방인 회심자들과 관련하여 공의회에서 결의된 모든 것 중에서 그 어느 것도 침범하는 것이 되지 않을 것이고, 그들은 이것을 통해서 이방인 회심자들에게 허용된 자유를 추호도 훼손시킬 의도가 없다는 말을 덧붙인다(25절). "주를 믿는 이방인에게는 우리가 그들이 그러한 것들을 지키지 않아도 된다고 결의하고 편지하였고, 그러한 결의를 우리는 계속해서 지키고자 한다. 우리는 그들이 율법의 예식들에 의해서 묶이는 것을 결코 원하지 않고, 오직 그들이 우상의 제물과 피와 목매어 죽인 것과 음행을 피할 것만을 요구하고자 한다. 그들은 유대인들의 희생 제사나 결례, 또는 유대인들의 그 어떤 예식에도 얽매일 필요가 없다." 그들은 바울이 회심한 이방인들의 자유를 지키기 위해서 얼마나 열심인지를 잘 알고 있었기 때문에, 이전에 공의회에서 결의된 것을 계속해서 지키겠다고 명시적으로 약속하고 있는 것이다. 그들의 제안은 여기까지였다.

V. 여기에는 바울이 그들의 제안을 순순히 받아들여서 따르는 모습이 나온다. 그는 이 문제와 관련해서 그들을 기쁘게 해주고자 하였다. 그는 사람들이 그에게 예루살렘으로 올라가지 말라고 설득하고자 했을 때에는 그러한 제안을 받아들이려 하지 않았지만, 이제 예루살렘에 오고 나서는 예루살렘에 있는 성도들이 하자는 대로 하고자 하였다(26절). 바울이 이 사람들을 데리고, 그들이 조언한 대로 이튿날 그들과 함께, 그가 직접 얘기한 대로 모임도 없고 소동도 없이 결례를 행하고(행 24:18), 그런 예식을 하기 위하여 온 다른 경건한 유대인들과 마찬가지로 그들의 결례 기간이 만기된 것을 제사장들에게 신고하기 위하여 성전에 들어 갔다. 이것은 제사장이 그들 각 사람이 제사를 드릴 때를 정하도록 하기 위한 것이었다. 에인즈워스(Ainsworth)는 민수기 6:18에 대한 해설에서 마이모니데스(Maimonides)의 글 중에서 이 본문의 의미를 어느 정도 조명해 줄 수 있는 구절을 인용한다: "어떤 사람이 나실인의 전제를 내가 대신 드리겠다거나 나실인이 머리를 깎는 비용을 내가 대신 치르겠다고 말하면서 자기가 원하는 나실인 옆에 제물들을 가져가면, 그 나실인은 그가 가져온 제물로 제사를 드린다." 바울도 여기서 그렇게 하였다. 그는 이 나실인들의 예식을 치를 비용을 다 부담하고서 자기가 서원한 것을 그 예식에 함께 덧붙였는데, 어떤 이들은 여기에서 바울이

나실인의 율법을 스스로 행하여서, 칠일 동안 금식과 기도로 성전에서 머물다가, 그 기간이 끝난 후에 제사를 드리기 위하여, 제사장에게 자신의 결례 기간이 만기된 것을 신고한 것이라고 생각한다. 그런데 야고보와 예루살렘 교회의 장로들이 바울에게 이렇게 조언한 것이 과연 잘한 일이었는지, 그리고 바울이 그 조언을 받아들인 것이 과연 잘한 일이었는지에 대해서는 의문이 제기되어 왔다.

1. 어떤 이들은 이렇게 바울이 기회주의적으로 율법에 영합함으로써 믿는 유대인들이 율법의 예식에 지나치게 빠지게 되었고, 그리스도께서 주신 자유를 굳게 지켰던 자들을 낙심하게 만들었다고 비난을 해 왔다. 야고보와 예루살렘 교회의 장로들이 유대인 회심자들 가운데서 이러한 잘못을 묵인하는 것으로도 부족해서, 그들은 바울을 감언이설로 회유하여 유대인 회심자들에게 잘 보이게 만들 이유가 과연 있었는가? 오히려, 그들은 바울에게 믿는 유대인들이 율법에 대하여 얼마나 열심인지를 말하고 나서, 하나님에게서 그토록 엄청난 은사들을 수여받은 자들로서 성도들에게 그들의 잘못을 확신시키고, 그들이 그리스도와 혼인함으로써 율법에서 자유하게 되었다는 것을 보여주고자 하였더라면, 상황은 더 좋아지지 않았겠는가(롬 7:4)? 바울로 하여금 친히 모범을 보여서 믿는 유대인들로 하여금 너욱 율법을 철저하게 지키도록 고무시킨 것은 하나님의 은혜에 의한 것이라기보다는 육체의 지혜에 의한 것이 그 속에 더 많이 들어 있는 것으로 보인다. 분명히 바울은 그들이 그에게 가르쳐 줄 수 있는 것보다 그가 스스로 더 잘 행할 수 있다는 것을 알고 있었다.

2. 그러나 어떤 이들은 현실이 보여주듯이 이 조언은 지혜롭고 선한 것이었고, 바울이 그 조언을 따른 것도 충분히 옳은 것이었다고 생각한다. 유대인들에게 내가 유대인과 같이 된 것은 유대인들을 얻고자 함이다(고전 9:20)라는 것은 바울이 공언한 행동 원칙이었다. 그는 유대인들을 기쁘게 해주기 위하여 디모데에게 할례를 받게 하였었다. 바울은 항상 율법의 예식들을 지키고자 한 것은 아니었지만, 선을 행할 기회를 얻고 그가 얼마든지 율법을 받아들일 수 있다는 것을 보여주기 위해서 종종 성전에 가서 희생 제사를 드리는 데에 참여하였다. 믿음을 훼손하는 자들에게는 대항해야 하지만, 믿음이 연약한 자들은 감당해야 한다. 바울이 이렇게 타협적으로 행동한 것은 결국 그에게 나쁜 결과를 가져왔다는 것은 사실이다. 왜냐하면, 그가 유대인들을 진정시키고자 하기 위하

여 행하였던 바로 그 일이 그들의 분노를 샀고 그에게 화를 불러왔기 때문이다. 그렇지만 이것은 바울이 한 일을 단죄하기 위한 충분한 근거가 되지 못한다. 바울은 잘 했지만, 그것 때문에 곤경에 처한 것일 수도 있기 때문이다. 그러나 지혜로우신 하나님께서는 예루살렘 교회의 장로들의 조언과 바울이 그 조언에 따른 것을 전체적으로 주관하셔서, 사람들이 의도했던 것보다 더 선한 목적에 기여하도록 하셨을 것이다. 왜냐하면, 믿는 유대인들은 믿지 않는 유대인들에게 잘 보이려고 율법에 열심을 내어 왔었지만 믿지 않는 유대인들이 바울을 얼마나 야만적으로 다루는지(바울은 그들에게 호의를 보이고자 애썼음에도 불구하고)를 보고서, 그 어떤 가장 조리있고 설득력있는 말들에 의한 것보다도 훨씬 더 율법의 예식들로부터 멀어지게 되었을 것이기 때문이다. 그들은 기독교를 뿌리째 뽑아 버리지 않고서는 결코 기뻐하지 않을 자들을 기쁘게 해 주려고 애쓰는 것이 얼마나 헛된 일인지를 알게 되었을 것이다. 믿음을 온전히 지키고 정직하게 행하는 것이야말로 은근슬쩍 타협하는 것보다 우리를 더 안전하게 지켜 줄 것이다. 야고보와 장로들은 그들의 조언으로 인해서 바울이 화를 당했다는 것을 나중에 생각하고서 얼마나 괴로워하였을지를 우리가 생각한다면, 그것은 우리가 사람들을 그들 자신의 생각과는 반대로 어떤 일을 행하도록 강제하지 말아야 한다는 경고를 우리에게 준다.

[27]그 이레가 거의 차매 아시아로부터 온 유대인들이 성전에서 바울을 보고 모든 무리를 충동하여 그를 붙들고 [28]외치되 이스라엘 사람들아 도우라 이 사람은 각처에서 우리 백성과 율법과 이 곳을 비방하여 모든 사람을 가르치는 그 자인데 또 헬라인을 데리고 성전에 들어가서 이 거룩한 곳을 더럽혔다 하니 [29]이는 그들이 전에 에베소 사람 드로비모가 바울과 함께 시내에 있음을 보고 바울이 그를 성전에 데리고 들어간 줄로 생각함이러라 [30]온 성이 소동하여 백성이 달려와 모여 바울을 잡아 성전 밖으로 끌고 나가니 문들이 곧 닫히더라 [31]그들이 그를 죽이려 할 때에 온 예루살렘이 요란하다는 소문이 군대의 천부장에게 들리매 [32]그가 급히 군인들과 백부장들을 거느리고 달려 내려가니 그들이 천부장과 군인들을 보고 바울 치기를 그치는지라 [33]이에 천부장이 가까이 가서 바울을 잡아 두 쇠사슬로 결박하라 명하고 그가 누구이며 그가 무슨 일을 하였느냐 물으니 [34]무리 가운데서 어떤 이는 이런 말로, 어떤 이는 저런 말로 소리치거늘 천부장이 소동으로 말미암아 진상을 알 수 없

어 그를 영내로 데려가라 명하니라 [35]바울이 층대에 이를 때에 무리의 폭행으로 말미암아 군사들에게 들려가니 [36]이는 백성의 무리가 그를 없이하자고 외치며 따라 감이러라 [37]바울을 데리고 영내로 들어가려 할 그 때에 바울이 천부장에게 이르되 내가 당신에게 말할 수 있느냐 이르되 네가 헬라 말을 아느냐 [38]그러면 네가 이전에 소요를 일으켜 자객 사천 명을 거느리고 광야로 가던 애굽인이 아니냐 [39]바울이 이르되 나는 유대인이라 소읍이 아닌 길리기아 다소 시의 시민이니 청컨대 백성에게 말하기를 허락하라 하니 [40]천부장이 허락하거늘 바울이 층대 위에 서서 백성에게 손짓하여 매우 조용히 한 후에 히브리 말로 말하니라

우리는 여기에서 바울이 붙잡혀서 갇히게 되는 것을 보게 되지만, 그 결말을 보지는 못하게 될 것이다. 왜냐하면, 이 일 후에 그는 한 법정에서 다른 법정으로 이송되거나 이 감옥에 있다가 저 감옥으로 옮겨지거나 방치되어 내버려져서 재판을 받지도 못하고 보석으로 풀려나지도 못하는 처지가 되기 때문이다. 우리는 바울의 환난이 시작되는 상황을 보고서는 그 환난이 얼마나 오랫동안 지속될 것인지, 또는 그 결과가 어떻게 될 것인지를 알 수가 없다.

I. 우리는 여기에서 바울이 붙잡히게 되는 것을 보게 된다.

1. 그는 성전에서 결례 기간의 의식들을 치르고 있다가 붙잡혔다(27절). 이전에 그는 성전에서 잘 알려져 있었지만, 지금은 밖으로 아주 오랫동안 여행했었기 때문에, 그는 성전에서 낯선 사람이 되어 있었다. 그래서 그 이레가 거의 찰 때에야 비로소 그는 그에 대하여 좋지 않은 감정을 품고 있는 자들의 눈에 띄게 되었다. 그가 마땅히 보호받았어야 할 성전에서 그는 그의 피를 희생 제물에 섞기 위해서라면 온갖 짓을 마다하지 않았던 자들에 의해서 아주 폭력적으로 붙잡히게 되었다. 성전의 주께서 성전을 떠나신 이래로 지금까지 그 어떤 사람보다도 성전을 가장 크게 빛낸 인물들 가운데 한 사람으로서 마땅히 환영받았어야 할 성전에서 그는 붙잡혔다. 유대인들은 성전에 대하여 지극한 열심을 가지고 있는 체하였지만, 그들은 이런 식으로 성전에 대하여 망령되이 행하고 성전을 더럽혔다. 이렇게 교회는 교회의 이름과 그 유익을 위한다는 비명 아래에서 자행되는 교황주의자들의 박해에 의해서 더럽혀진다.

2. 바울을 밀고한 자들은 예루살렘의 유대인들이 아니라 아시아에서 온 유대인들이었다. 이방 나라들에 흩어져 있던 유대인들은 바울을 가장 잘 알고 있

었고, 바울에 대하여 극도의 분노를 품고 있었다. 예루살렘 성전에 올라와서 직접 예배를 드릴 기회가 별로 없어서 성전에서 멀리 떨어진 곳에서 사사로운 이익을 추구하며 만족스럽게 살고 있던 그들은 마치 그들이 성전을 습관적으로 무시한 것에 대하여 속죄하기라도 하려는 듯이 성전에 대하여 가장 큰 열심을 나타내 보였다.

3. 그들이 취한 방법은 무리를 충동질하여 그들로 하여금 바울에 대하여 분노를 폭발시키게 만드는 것이었다. 그들은 대제사장이나 도성의 방백들에게 가서 고소한 것이 아니라(아마도 그들에게서 만족한 만한 조치를 기대할 수 없다고 생각하였을 것이다), 이 때쯤이면 다른 때보다도 잘 선동되고 부추겨져서 성난 폭도로 변할 소지를 많이 가지고 있었던 모든 무리를 충동하였다. 이성에 의해서는 거의 지배받지 않고 대부분 감정에 의해서 지배받는 자들은 그리스도와 기독교를 박해하는 데에 쓰임받기에 가장 적합한 자들이다. 그래서 바울은 유대인 박해자들을 악할 뿐만 아니라 어리석고 이성이 없는 자들이라고 말하였다.

4. 그들이 바울에 대한 무리의 분노를 돋우기 위하여 한 말들은 사람들의 입에 오르내리는 내용 그대로였지만, 지극히 거짓되고 잘못된 것들이었다. 그들은 이렇게 소리쳤다. "이스라엘 사람들아, 도우라. 너희가 너희의 교회와 너희의 나라에 대하여 관심을 갖고 있는 진정한 이스라엘 사람들, 날 때부터 유대인인 자들이라면, 바로 지금이 너희가 너희의 교회와 나라에 대하여 원수인 자를 붙잡는 데에 일조함으로써 너희가 참된 이스라엘 사람이라는 것을 보일 때이다." 이렇게 그들은 도둑을 쫓는 것 같이, 또는 미친 개를 쫓는 것 같이 그에게 소리를 질렀다(욥 30:5). 기독교의 원수들은 기독교가 나쁜 것이라는 것을 결코 증명할 수 없었기 때문에 언제나 기독교에 끈질기게 오명을 뒤집어 씌운 후에, 분노와 고함을 통해서 기독교를 짓밟고자 해 왔다. 진정한 이스라엘 사람들이라면, 그들은 이제까지 그의 백성 이스라엘의 영광이 되시는 분을 전하여 왔던 바울을 돕는 것이 마땅한 일이었다. 그렇지만 여기에서는 무리들의 분노로 인해서 사람들은 오히려 바울을 해치는 쪽을 돕지 않으면 진정한 이스라엘 사람으로 대우받지 못하게 되었다. 이것은 도적질을 그만 두어라고 외치거나 아달랴처럼 반역이로다 반역이로다라고 외치는 것과 같았다. 사람들은 자신의 주장이 옳지 않으면 그 공백을 소리치는 것으로 메운다.

5. 그들은 바울이 모세 율법에 어긋나게 가르치고 행하였다고 고소한다.

(1) 그들은 그의 가르침이 잘못된 것이라고 고소한다. 그는 잘못된 견해들을 스스로 지니고 있을 뿐만 아니라 그 견해들을 도처에서 퍼뜨리고 다닌다는 것이다. 그는 예루살렘에서는 그렇게 하지 않고 있지만, 다른 모든 곳에서 모든 사람들에게 자신의 견해들을 가르친다. 바울이 순회 전도자였기 때문에 그는 도처에서 자신의 잘못된 가르침을 퍼뜨린 것처럼 그의 범죄는 아주 의도적으로 부풀려졌다. "그는 몇몇 저주받을 만하고 이단적인 가르침들을 그의 힘이 닿는 데까지 퍼뜨리고 다닌다."

[1] 그것은 유대 민족에게 해로운 일이다. 그는 유대인들과 이방인들이 하나님 앞에서 동일하게 나란히 서 있고, 할례나 무할례나 효력이 없다고 가르쳤다. 아니, 그는 믿지 않는 유대인들이 버림을 받았다(그러므로 그들과 그들의 회당들로부터 떨어져 나갔다)고 가르쳤다. 이것은 마치 그들만이 참으로 백성이고 그들이 죽으면 지혜도 죽는다(욥 12:2)라고 말한 것으로서 이스라엘 온 민족을 해롭게 하는 발언으로 해석되었다. 하나님은 유대인들을 버리셨지만, 자기 백성을 버리신 것은 아니었다(롬 11:1). 그들은 내 백성이 아니었지만(로암미, 호 1:9), 유일한 하나님의 백성인 체하였다. 명목상으로만 교회에 속해 있는 자들이 보통 교회의 이름에 대하여 가장 열심이 있는 것처럼 행한다.

[2] 그것은 율법에 해로운 것이다. 바울이 사람들에게 율법의 마침이자 율법의 완성인 복음을 믿으라고 가르친 것은 그가 율법을 버리라고 가르친 것으로 해석되었다. 하지만 복음은 율법을 파기하는 것이 결코 아니었고 도리어 율법을 굳게 세우는 것이었다(롬 3:31).

[3] 그것은 이 곳, 즉 성전에 해로운 것이었다. 바울은 사람들에게 어디에서나 기도할 것을 가르쳤기 때문에, 그는 성전의 원수로 비난을 받았는데, 아마도 바울은 종종 주님께서 예언하신 대로 예루살렘과 그 성전과 유대 민족의 멸망을 거론하였을 것이다. 바울은 전에 이 거룩한 곳을 거슬러 말한 스데반을 박해하고 그를 죽이는 데에 앞장섰었는데, 이제는 그가 그 동일한 고소를 받게 되었다. 그 때에 도구로 사용되었던 그가 지금은 유대인들의 분노와 악의의 표적이 되었다.

(2) 그들은 그의 행동이 악하다고 고소하였다. 그들은 바울이 사람들에게 이 거룩한 곳을 비방하는 말을 하며 가르쳤다는 그들의 고소를 확증하기 위하여

그가 스스로 명백한 행위를 통해서 성전을 멸시하고 성전을 아무 것도 아닌 것으로 만들고자 하는 의도를 보임으로써 성전을 더럽혔다고 고소한다. 그는 할례받지 않은 자들은 그 누구라도 어떠한 명분 아래에서도 결코 들어 올 수 없었던 성전에, 즉 성전의 안뜰에 이방인들을 데려 왔다. 성전의 이 안뜰을 외부와 차단하기 위하여 설치된 담장에는 헬라어와 라틴어로 외인들이 들어 올 시에는 사형에 처한다라는 문구가 씌어져 있었다(요세푸스). 바울은 유대인이었기 때문에 안뜰에 들어갈 자격이 있었다. 그들은 바울이 안뜰에서 어떤 사람들과 함께 기도를 하고 있는 것을 보고서 이방인이었던 에베소 사람 드로비모가 바울과 함께 있었던 자들 중 한 사람이었다는 결론을 내렸다. 왜 그들은 그런 결론을 내리게 되었는가? 그들은 그가 거기에 있는 것을 직접 보았던 것인가? 결코 그렇지 않았다. 그들은 드로비모가 시내의 거리에서 바울과 함께 있는 것을 보았는데(이것은 전혀 범죄가 되는 것이 아니었다), 그것을 근거로 해서 그가 성전의 안뜰에서 바울과 함께 있었다고 단정하였다(이것은 중대한 범죄였다). 그들은 드로비모가 시내에서 바울과 함께 있는 것을 보고서 바울이 그를 성전으로 함께 데리고 왔다고 추측하였는데, 이것은 완전히 거짓된 것이었다. 좀 더 살펴보자.

[1] 결백은 중상모략과 거짓된 고소를 막아 주는 보호막이 되지 못한다. 정직하고 올바르게 살아가는 자들이 그들이 알지도 못하고 생각해 본 적도 없는 일로 고소를 당하게 되는 것은 새삼스러운 일이 아니다.

[2] 악인들은 남을 해치기 위하여 땅을 판다. 그들은 그들의 거짓된 고소를 위한 증거들을 찾아낼 때까지 집요하게 땅을 판다. 여기에서 그들은 한 이방인이 바울과 함께 시내에 있는 것을 본 것을 토대로 그 이방인이 바울과 함께 성전에 들어왔다는 결론을 도출해 내었다. 악한 자들이 이토록 불의하고 근거없는 추측을 통해서 세상에서 가장 뛰어난 자들에게 가장 야만적인 분노를 퍼붓는 것을 정당화시켰다는 것은 참으로 웃지 못할 일이다.

[3] 악의적인 자들이 지혜롭고 선한 자들이 행한 고마운 일을 악용해서 오히려 그들을 해치고자 하는 것은 아주 흔한 일이다. 바울은 성전에 들어 감으로써 유대인들에게 잘 보이고자 했을 뿐인데도, 그들은 그를 헐뜯고 중상모략을 행하였다. 이것이 악한 성품을 지닌 자들의 천부적인 재능이다. 나는 사랑하나 그들은 도리어 나를 대적한다(시 109:4; 69:10).

바울은 폭도들에 의해서 난도질을 당할 위험에 처해 있었다. 그들은 바울을 대제사장이나 산헤드린(공회) 앞에 끌고 가는 수고를 하고자 하지 않았다. 그것은 우회적인 방법이다. 그들에 의한 처형은 고소만큼이나 부당하고 부적절한 것이 될 것이었다. 그들은 바울의 범죄를 증명할 수 없었기 때문에, 감히 그를 공정한 재판에 회부할 수가 없었다. 아니, 그들은 그의 피에 너무도 목말라 있었기 때문에, 재판을 통해서 그들의 목적을 달성할 수 있다는 것을 아무리 확신할 수 있다고 해도 법적인 절차를 밟아서 그를 고소할 인내심을 갖고 있지 않았다. 그래서 그들은 하나님을 두려워하지도 않고 사람을 안중에 두지도 않는 자들처럼 바울을 그 자리에서 즉시 머리를 쳐서 죽이고자 하였다.

II. 예루살렘 성에서의 소동.

1. 온 성이 소동에 휩싸였다(30절). 백성들은 스스로 거룩한 삶을 사는 데에는 별관심이 없었지만 거룩한 곳에 대한 강력한 공경심을 지니고 있어서 성전으로부터 사람들이 고함을 치고 떠드는 소리가 들려오자 자신의 목숨과 재산을 걸고서 성전을 지키겠다고 결심하여 즉시 무장을 하고 달려 나왔다. 하나님이여, 이방 나라들이 주의 기업의 땅에 들어 와서 주의 성전을 더럽혔나이다(시 79:1)라는 옛적의 호소가 다시 되실아니기라도 한 것처럼 성전에서 이스라엘 사람들아, 도우라는 외침이 들려 오자, 온 성이 움직이고 소동하였다. 바울이 아데미 신전의 원수라는 말을 들었을 때에 에베소 사람들이 아데미 신전을 위하여 행했던 것처럼, 여기에서 유대인들은 하나님의 성전에 대하여 바로 그와 같은 열심을 보여 주었다: 온 시내가 요란하였다. 그러나 하나님은 하나님에 대한 열심이라는 미명 하에서 이렇게 어지럽게 행하고, 하나님을 위하여 행하는 체하면서 이토록 야만적이고 잔인한 방식으로 행하는 자들에 의해서 결코 자신이 영광을 받으신다고 여기지 않으신다.

2. 그들은 바울을 성전에서 끌어내고, 성전의 안뜰과 바깥뜰 사이에 있는 문들, 아마도 바깥뜰의 문들을 닫았다. 그들이 바울을 성전에서 사납게 끌어낸 것은 다음과 같은 것들을 보여주는 것이었다.

(1) 그들은 이런 행동을 통해서 성전에 그대로 두거나 거기에서 예배를 드리기에 합당치 않은 자, 유대 민족의 일원으로 보기에 합당치 않은 자로서의 바울에 대한 극도의 혐오감을 보여준 것이었다. 그들은 그의 희생 제사가 하나님 앞에 가증스러운 것이라도 되는 것처럼 취급하였다.

(2) 그들은 이러한 행동을 통해서 성전에 대한 공경심을 그들이 지니고 있는 체하였다. 그들의 행동은 선한 제사장 여호야다가 아달랴가 여호와의 성전에서 죽는 것을 바라지 않은 것과 같은 것이라고(왕하 11:15), 그들은 나타내고자 했을지도 모른다. 이 악한 자들이 얼마나 어리석었는지를 보라. 그들은 바울이 사람들을 성전에서 끌어내었다고 단죄하였지만, 바울이 성전에서 매우 경건하게 예배를 드리고 있을 때에 그들은 그를 성전에서 밖으로 끌어내었다. 성전의 직원들이 문들을 닫은 것은 다음 둘 중의 한 가지 이유 때문이었을 것이다.

[1] 바울이 어떤 수단을 사용해서 다시 되돌아와서 제단의 뿔을 붙잡음으로써 성소에서 죄인을 보호하는 율법을 따라 무리들의 분노에서 스스로를 지키는 일이 벌어지지 못하도록 그들은 성전 문들을 닫은 것일 수 있다.

[2] 하지만 무리들이 성전으로 난입해서 소동을 피우며 저 거룩한 곳을 더럽히지 못하도록, 그들이 성전의 문들을 닫았을 가능성이 더 높다. 선한 일을 한 선한 자를 죽이는 것 같은 그러한 악한 일을 사람들이 행하든 말든 그런 것에는 전혀 신경을 쓰지 않는 자들이 그런 일이 거룩한 곳이나 거룩한 때에 벌어지지 않도록 무척 신경을 쓰는 모습을 보여주고 있다: 성전에서는 안 되고, 절기 때에도 안 된다.

3. 그들은 그를 죽이고자 하였다(31절). 그들은 그를 무수히 때림으로써 몰매를 맞고 그로 하여금 죽게 하고자 하였다(32절). 이러한 형벌은 유대인 랍비들이 몇몇 경우들에 허용한 것으로서(결코 그들의 민족의 명예를 위한 것은 아니었다), 반도들의 태형이라 불렀다. 지금 바울은 어린 양처럼 사자 굴에 던져져서 사자들의 손쉬운 먹잇감이 되어 있었지만, 틀림없이 그는 여전히 그가 나는 결박당할 뿐 아니라 예루살렘에서 죽을 것도 각오하였노라고 말했을 때와 동일한 마음을 지니고 있었을 것이다.

III. 우리는 여기에서 바울이 한 로마인 원수에 의해서 유대인 원수들의 손으로부터 구출받는 모습을 보게 된다.

1. 소동이 벌어지고 있는 가운데 폭도들이 일어났다는 소식이 군대의 천부장에게 보고되었는데, 그는 예루살렘에 주둔한 로마 군대의 총사령관이었을 것이다. 바울에 대해서는 별 관심이 없고 공공의 안녕과 평온에 대해서 관심이 있었던 누군가가 소요를 일으키는 유대인들을 항상 감시하고 있었던 이 천부장에게 이 사실을 알림으로써, 바울의 친구들 중 그 누구도 바울을 도울 수 없

었던 상황에서 그는 바울의 목숨을 구원하는 데에 도구로 사용되었다.

2. 천부장은 신속하게 군대를 소집해서 폭도를 진압하기 위하여 출동하였다: 그가 급히 군인들과 백부장들을 거느리고 달려 내려갔다. 지금은 유월절 기간이라 그 밖의 다른 종교상의 절기들에서와 마찬가지로 곳곳에 수비대가 배치되어 있었고, 군사들은 다른 때보다도 더 신속하게 소집에 응할 태세를 갖추고 있었기 때문에, 천부장은 군대를 즉시 소집해서 무리에게로 달려 내려갔다. 왜냐하면, 그러한 때에는 시간을 지체하게 되면, 일이 커지고 위험하게 되기 때문이다. 소요 사태는 커지기 전에 초기에 진압되어야 한다.

3. 무리들은 로마의 천부장을 보자 마자 기겁을 해서 바울을 때리는 일을 멈추었다. 왜냐하면, 그들은 합법적이라고 주장할 수 없는 일을 그들이 저질러서, 에베소의 서기장이 말했듯이, 이 날의 소요 때문에 심문을 받게 될 위험에 처해 있다는 것을 알았기 때문이다. 무리들은 마땅히 하나님의 공의와 그의 진노에 대한 두려움 때문에 바울을 때리는 일을 멈추어야 했었음에도 불구하고 로마 군대의 힘 때문에 그 일을 중지하게 된 것이었다. 하나님께서는 흔히 땅으로 하여금 여자를 돕게 만드시고(계 12:16), 하나님의 백성에게 전혀 호감을 가지고 있지 않은 자들을 사용하셔서서 자기 백성을 보호하신다는 것을 명심하라. 그린 자들은 단지 고통을 당하는 자들에 대한 연민을 가지고 있을 뿐이고, 공공의 안녕을 지키는 데에 열심이 있을 뿐이다. 목자 되시는 하나님께서는 그의 양들을 지키시는 데에 그의 개들조차도 사용하신다. 이 말은 이 대목을 해설하면서 스트레소(Streso)가 말한 비유이다. 여기에서 이 악한 자들이 천부장을 보는 것만으로도 얼마나 기절초풍을 하였는지를 보라. 왜냐하면, 심판 자리에 앉은 왕은 그의 눈으로 모든 악을 흩어지게 하기 때문이다. 천부장은 바울을 붙잡아서 가두었다. 천부장이 그를 구한 것은 그에 대한 관심 때문이거나 그가 무죄하다고 생각했기 때문이 아니라, 재판 없이 사형에 처하는 것은 공의에 어긋나는 일이라고 생각했기 때문이고, 이러한 소동이 적시에 진압되지 않는다면 그 결과가 로마의 통치에 얼마나 위험스러운 것이 될 수 있는지, 이러한 분노한 사람들이 일단 그들 자신의 힘을 알게 된다면 무슨 짓을 할지 모른다는 것을 그가 잘 알고 있었기 때문이었다. 그래서 그는 바울을 폭도들의 손에서 구해내서 법률의 수중으로 인계한다(33절): 그는 바울을 잡아 두 쇠사슬로 결박하라 명하고, 백성들을 만족시켜 주기 위하여 그를 놓아 주는 것이 아니라 그를

심문하고자 하였다. 왜냐하면, 그는 바울을 해치려고 열심인 자들에게 그가 누구이며 그가 무슨 일을 하였느냐 물었기 때문이다. 무리들은 천부장이 이렇게 그들의 손에서 바울을 폭력적으로 빼앗아간 것이 이유있는 일이긴 하였지만 그 책임을 천부장에게 돌리며 그의 범죄로 규정하였다(행 24:7): 천부장 루시아가 와서 심한 폭력을 사용하여 그를 우리의 손에서 빼앗아 갔나이다. 이것은 천부장이 이 사건을 벨릭스 총독에게 설명하고 있는 사도행전 23:27-28과 비교해 보면 바로 이 사건을 가리키고 있다는 것이 드러난다.

IV. 천부장은 한참 소동이 있은 후에 바울이 스스로를 변호할 수 있도록 하기 위하여 그를 영내로 끌고 감. 여기에 나오는 어중이떠중이로 된 이러한 폭도들과 씨름하는 것은 바다의 풍랑과 씨름하는 것이나 다름이 없다. 그렇지만 바울은 그들 가운데서 말할 자유를 얻을 수 있었다.

1. 천부장은 사람들이 하는 말의 의미를 알아들을 수가 없었다. 왜냐하면, 천부장이 바울에 대하여 심문하였을 때 그는 이전에 결코 그의 이름을 들어 본 적이 없었을 것이고(이러한 낯선 자들은 이 땅에서 뛰어난 자들에게 큰 자들이었고, 그런 자인 것처럼 꾸몄다), 무리들 가운데서 어떤 이는 이런 말로, 어떤 이는 저런 말로 소리쳤기 때문이다. 따라서 사실 무리들은 서로의 생각이나 자신의 생각을 알지 못하였고, 각자가 이 무리 전체의 견해를 말하는 것처럼 하였기 때문에 천부장이 그들의 생각을 안다는 것은 불가능하였다. 무리들이 떠드는 소리에 귀를 기울이고자 하는 자들은 마치 바벨탑을 쌓던 자들이 그들의 언어가 혼잡해지자 서로의 언어를 알아듣지 못했던 것처럼 그 어느 하나도 확실하게 알지 못할 것이다.

2. 백성들의 분노와 소동은 가라앉지 않았다. 왜냐하면, 천부장이 바울을 영내, 즉 로마군이 수비대를 두고 있었던 성전 근처의 안토니아 요새로 데려가라 명하였을 때, 무리들이 아주 폭력적이 되어서, 군사들은 무척 힘을 들여서 그를 소동 가운데서 안전하게 빠져나올 수 있게 하였기 때문이다(35절). 바울이 요새로 올라가는 층대에 이를 때에 무리들이 바울의 팔과 다리를 끌어당기고자 했기 때문에, 군사들은 그를 백성에게서 떼어놓기 위하여 그를 그들의 팔로 들어서 옮기지 않을 수 없었다(바울은 키가 작았고 몸이 약했기 때문에, 그들은 쉽게 그를 들어올릴 수 있었을 것이다). 무리들은 그들의 잔혹한 손으로 바울을 잡을 수 없게 되자 그를 뒤쫓으며 그들의 날카로운 화살 같이 독한 말들을 쏟아

내었다: 백성의 무리가 그를 없이하자고 외치며 따라갔다(36절). 아무리 뛰어난 사람들과 물건들도 흔히 무리들의 아우성에 의해서 얼마나 무참하게 짓밟힐 수 있는지를 보라. 그리스도께서도 친히 그런 일을 당하셨다. 무리들은 그리스도께서 어떤 악한 일을 행하셨는지를 댈 수 없었음에도 불구하고 그를 십자가에 못 박으소서 그를 십자가에 못 박으소서라고 외쳐댔다. 그들은 그를 산 자들의 땅에서 없애버리고(옛 사람들은 이렇게 해설한다), 그를 이 세상에서 쫓아내라고 아우성쳤다.

3. 바울은 마침내 천부장에게 말할 기회를 달라고 요청하였다(37절): 바울을 데리고 영내로 들어가려 할 그 때에 아주 침착하고 조용하게, 그리고 주위 사람들을 공경하는 태도로 아주 온유하게 바울이 천부장에게 이르되 내가 당신에게 말할 수 있느냐 하였다. "나를 박해하는 자들이 나에 대하여 설명할 수 없었기 때문에, 내가 직접 나 자신에 대하여 당신에게 설명한다면, 그것이 당신에게 무례가 되거나 규칙을 어기는 것이 되지는 않겠는가?" 이것은 얼마나 겸손하고 절제된 질문인가! 바울은 가장 높은 사람들에게 어떻게 말해야 하는지를 알고 있었고, 자기보다 높은 사람들에게 여러 번 말을 해 보았지만, 여기에서 겸손하게 천부장에게 말할 기회를 달라고 요청하고, 허락을 얻을 때까지는 말하고자 히지 않았다: 내가 당신에게 말할 수 있느냐.

4. 천부장은 그가 바울에 대하여 어떤 생각을 가지고 있었는지를 말한다: 네가 헬라 말을 아느냐. 천부장은 바울이 유식한 언어를 말하는 것을 듣고서 깜짝 놀라서, 이렇게 말한 것이었다. 네가 이전에 소요를 일으킨 애굽인이 아니냐. 천부장이 이렇게 물은 것이 유대인들이 소요를 일으킨 것은 바울이 먼저 소요를 일으켜서 그들에게 빌미를 준 것이라고 말하였기 때문이다. 아마도 유대인들 중 몇몇이 천부장의 귀에 대고 이런 말을 속삭였을 것이다. 많은 사람들이 선한 자들과 선한 사역자들에 대하여 얼마나 거짓되고 잘못된 말들을 듣고서 그러한 인식을 바로잡을 생각은 하지 않고 그대로 살아가는지를 보라. 아마도 최근에 이 나라의 어느 곳에선가 한 애굽인이 선지자를 자처하며 무리들을 이끌고 봉기하였던 것으로 보인다. 요세푸스는 이 일과 관련하여 다음과 같은 얘기를 들려 준다. "한 애굽인이 무리를 이끌고서 봉기하고서, 그들에게 예루살렘의 성벽이 감람산 쪽에서 무너져서, 그들이 그 폐허를 딛고서 도성으로 들어가게 될 것이라고 예언하였다." 천부장은 여기에서 그가 자객 사천명을 거느리고 광야

로 갔다고 말한다. 공공의 안녕을 위협하는 그러한 일을 하는 자객들이 이토록 많이 있었다면, 유대 민족은 도대체 얼마나 타락한 것이었는가! 요세푸스는 "로마 총독 벨릭스가 그들을 치러 나가서 사백명을 죽이고 이백명을 포로로 잡아서 끌고 왔으며 나머지는 흩어졌다"고 말한다. 또한, 유세비우스도 이 사건에 관하여 말하고 있다. 이 일은 바울이 예루살렘에서 붙잡히기 삼년 전 쯤인 글라우디오 제13년에 일어났다. 이 반란 사건의 두목이었던 애굽인은 가까스로 목숨을 건져서 도망쳤기 때문에, 천부장은 그토록 많은 무리들이 죽이라고 아우성치는 바울과 같은 인물은 이 애굽인과 같은 악명높은 범죄자일 수밖에 없다고 결론을 내렸던 것으로 보인다. 선한 자들이 오해로 인해서 얼마나 오명을 뒤집어 쓰게 되는지를 보라.

5. 바울은 자기가 누구인지를 자세하게 밝힘으로써 자기에 관한 천부장의 오해를 바로잡는다. 나는 못된 짓을 하고 돌아다닌 저 애굽인과 같은 방랑자나 건달이나 부랑아가 아니다. 결코 그렇지 않다. 나는 애굽인이 아니라 날 때부터 유대인으로서 국적이나 종교상으로 유대인이다. 나는 소읍이 아닌 길리기아 다소시의 시민이니 선량한 부모 밑에서 고등 교육을 받은 사람이다(다소는 대학 도시였다). 그가 다소를 가리켜 말한 것인지 로마를 말한 것인지는 확실하지 않다. 다소나 로마는 작은 도시가 아니었고, 바울은 이 두 도시의 자유민이었다. 천부장은 바울이 저 애굽인이 아닌가 의심을 하고 있었지만, 바울은 자기가 그 때에는 여기에 없었다거나 자기는 그런 사람들과는 아무런 상관이 없다고 화를 내며 큰 소리를 친 것이 아니라, 침착성을 유지하며 폭언에 대하여 폭언으로 상대하지 않고, 천부장의 고소를 온유하게 부인하면서 자기가 어떤 사람인지를 침착하게 설명하였다.

6. 바울은 지금 천부장의 죄수가 되어 있는 가운데 자기가 백성들에게 말할 수 있게 해 달라고 허락해 주기를 겸손하게 청하였다. 그는 마치 자기에게 그럴 자격이 있는 것처럼 고압적으로 요구한 것이 아니라, 그렇게 허락해 주면 은혜로 알고 감사하겠다는 듯이 요청한다: 청컨대 백성에게 말하기를 허락하라. 천부장이 바울을 무리들의 손에서 구해 준 것은 그에게 공정하게 재판을 받게 해주는 것 이외에 다른 의도가 없었다. 지금 바울은 자신의 사건은 그럴 듯한 말로 꾸며서 얘기할 필요가 전혀 없는 그런 사건이라는 것을 보여주기 위하여 천부장이 그에게 즉시 자신을 변호하는 말을 할 수 있게 허락해 달라고 요청한

다. 왜냐하면, 바울의 사건은 진실의 빛 속에서 비춰 보면 금방 그 진상이 드러
날 것이어서 그 이외의 다른 조치가 필요하지 않았기 때문이다. 이 때에 바울
은 단지 자기가 아무런 죄도 짓지 않았다는 것에만 의지한 것이 아니었고, 자
기를 변호해 주시는 자의 선하심과 미쁘심에 의지한 것이었다. 그를 변호해 주
시겠다고 약속하신 주님은 그들에게 그 때에 그들에게 할 말을 주시겠다고 약속
하셨다.

7. 바울은 자신을 변호할 수 있는 기회를 얻었다. 그는 아버지의 성령이 그
에게 할 말을 가르쳐 주실 준비가 되어 있으므로 어떤 말을 해야 할지를 궁
리하고 계획할 시간이 필요 없었다(마 10:20): 천부장이 허락하였다(40절). 따
라서 그는 이제 좀 더 우아하고 담대하게 말할 수 있었다. 그는 그의 동포인 유
대인들로부터는 공평한 대접을 받지 못했지만 천부장에게서는 은총이라고 말
하기는 그렇지만 적어도 공정한 대접을 받았다. 왜냐하면, 유대인들은 그의 말
을 들으려 하지 않았지만, 천부장은 단지 호기심을 채우기 위한 것이라고 하여
도 어쨌든 그의 말을 듣고자 하였기 때문이다.

(1) 천부장의 허락이 떨어지자, 백성들은 그의 말에 귀를 기울였다: 바울이
층대 위에 섰다. 계단에 섰기 때문에, 삭개오 같이 키가 작았던 바울은 자신의
말을 전하는 데 있어서 어느 정도 유리한 고지를 차지하게 되었고, 따라서 어
느 정도 담대함도 얻게 되었다. 계단은 보잘것없는 강단이었지만, 없는 것보다
는 나았다. 이 계단은 나무로 만들어진 에스라의 강단처럼 목적에 맞추어서 만
들어진 것은 아니었지만 어느 정도 제 기능을 하였다. 거기에서 바울은 백성에
게 손짓하여 조용히 하고 약간의 인내심을 가지고서 말을 들어 보라는 신호를
하였다. 왜냐하면, 그는 그들에게 할 말이 있었기 때문이다. 이렇게 하여 모든
사람이 너나 할 것 없이 옆 사람에게 조용히 하라고 소리침으로써, 그 곳은 쥐
죽은 듯이 고요해져서, 바울은 원하던 목적을 이룰 수 있었다. 아마도 천부장
도 온갖 부류의 사람들에게 조용히 하라고 뭔가 신호를 하였을 것이다. 백성들
이 들으려고 하지 않는다면, 바울이 말할 수 있도록 허락을 받았어도, 그것은
진허 소용없는 짓이 되고 말 것이었다. 그리스도와 그의 복음이 전달되는 곳은
아주 조용해야 한다. 그래야만 우리는 더욱 진지하게 귀를 기울여서 우리가 들은
것에 더욱 유념할 수 있다. 그 곳은 아무리 조용해도 충분하지 않다.

(2) 바울은 마치 그가 회당에서 말씀을 전하고 있는 자처럼 자기가 그리스도

의 나라를 위하여 진정으로 섬기고 있다는 것을 확신하는 가운데 말하기 시작하였다. 그는 그들에게 히브리 말로, 즉 이스라엘 백성들이 통상적으로 사용하던 언어, 그들 나라의 공식적인 언어로 말하였는데, 이렇게 함으로써 그는 그의 나라와 영속적인 관계에 있을 뿐만 아니라 그의 나라의 모든 관습을 영속적으로 존중한다는 것을 보여주었다.

제 22 장

개요

앞 장의 끝 부분에서 우리는 바울이 예루살렘에서 유대인들에게 혹독한 시련을 겪게 될 것이라는 아가보의 예언을 따라서 붙잡혀서 결박을 당하였지만, 천부장이 그에게 스스로 변명할 것을 허락함으로써 자유롭게 말할 수 있게 되었다는 것을 보았다. 그는 자기에게 주어진 말할 자유를 활용하여 그리스도께 영광을 돌리고 그의 나라의 유익을 위하여 섬기려고 하는 마음에 열중하여서, 자기가 결박되어 있다는 사실도 잊어버린 채 거기에 대해서는 한 마디도 하지 않고, 마치 그 어떤 것도 그를 교란하거나 정신없게 할 수 없다는 듯이 너무도 편안하고 즐거운 마음으로 그리스도께서 자기를 위하여 행하셨던 큰 일들에 대하여 얘기한다. 우리는 여기에서 다음과 같은 내용들을 보게 된다. I. 바울이 백성들에게 말하고, 백성들이 그의 말에 귀를 기울임(1-2절). II. 바울이 자기 자신에 대하여 설명함. 1. 그는 어릴 석에 골수 유대인이었다는 것(3-5절). 2. 그가 기적적으로 회심하여 그리스도에 대한 신앙을 갖게 되었다는 것(6-11절). 3. 그가 아나니아에 의해서 확인을 받고 세례를 받았다는 것(12-16절). 4. 그가 나중에 하늘로부터 직접적으로 이방인들의 사도로 부르심을 받았다는 것(17-21절). III. 무리들이 그가 이방인들을 옹호하는 발언을 하는 것을 참을 수가 없어서 격렬하게 흥분하여 소리침으로써 바울의 말이 중단됨(22-23절). IV. 천부장이 바울을 무리들의 손에서 두 번째로 구해 낸 후에, 무리들이 이렇게 바울에게 몹시 격분하는 진짜 이유를 알아 내기 위해서 추가적인 조치를 취함(24-25절). V. 바울이 로마 시민으로서의 자신의 특권을 내세움으로써 이러한 야만적인 심문에서 벗어나게 됨(26-29절). VI. 천부장이 이 사건을 대제사장의 법정으로 이송하고, 바울은 그 법정에 서게 됨(30절).

¹부형들아 내가 지금 여러분 앞에서 변명하는 말을 들으라 ²그들이 그가 히브리 말로 말함을 듣고 더욱 조용한지라 이어 이르되

바울은 앞 장의 마지막 절에서 시끄럽게 하며 소동을 벌이던 무리들

을 쥐죽은 듯이 고요하게 만듦으로써 일단 소기의 목적을 이루었다. 여기에서 우리는 다음과 같은 것들을 살펴볼 수 있다.

I. 바울이 얼마나 침착하고 맑은 정신으로 말하기 시작하는가. 그는 앞에서 무리들의 분노와 광분, 소동과 아우성에 의해서 둘러싸여서 시달렸었다.

1. 그렇지만 그가 말한 것 속에는 그가 겁을 집어먹었다는 것을 보여주는 흔적은 나타나지 않았고, 그의 마음은 침착하고 평온하였다. 이렇게 그는 이 일들 중 어느 것도 나를 요동하게 하지 못한다라는 자신의 말이 진실임을 입증하였다. 다윗도 천만인이 나를 에워싸 진친다 하여도 나는 두려워하지 아니하리이다라고 말하였다(시 3:6).

2. 그가 한 말 속에는 그 어떤 격앙된 감정도 드러나지 않는다. 무리들이 그에 대하여 비방하고 고소한 내용들은 모두 부당한 것들이고 하잘것없는 것들이었으며, 성전에 대한 자신의 공경심을 나타내 보이기 위하여 어떤 일을 하고 있을 때에 사람들이 그를 성전을 모독하였다고 비난하고 고소한다면 누구라도 펄펄 뛰며 격분했을 것인데도, 바울은 화난 기색을 전혀 보이지 않았고, 도살장에 끌려 가는 어린 양처럼 태연자약하였다.

II. 바울은 그를 이토록 괴롭히고 못살게 굴었던 자들에게조차도 얼마나 정중한 호칭을 사용하고 있고, 얼마나 겸손하게 그들이 자신의 말을 들어 주기를 바라고 있는가. "사람들아, 부형들아(1절). 사람들아, 나는 여러분을 이성을 가지고 들어야 하고 이성에 의해서 지배받아야 할 사람들, 누구나가 인간성을 기대할 수 있는 그런 사람들이라고 부른다. 여러분은 보통 사람들은 형제들이고, 제사장들은 아비들이다." 이렇게 바울은 무리들에게 그가 그들 중의 한 사람이며, 유대 민족과 자신의 관계를 결코 버리지 아니하였고 여전히 유대 민족에 대하여 애정과 관심을 지니고 있다는 것을 알게 하고자 하였다. 우리는 누구에게도 아부하는 호칭을 사용해서는 안 되지만 모든 사람에게 합당한 존경을 나타내는 호칭을 사용하여야 한다. 우리는 어떤 사람에게 선을 행하고자 한다면 그를 화나게 하거나 자극해서는 안 된다. 바울은 천부장에 의해서 무리들의 손에서 구출을 받았고 천부장의 보호 아래에 놓여 있었지만 자, 이제 내 말을 들으라, 너희 반도들아라는 말로 시비를 걸거나 싸우려고 한 것이 아니라, 여러분, 부형들아라는 말로 그들의 환심을 사고자 하였다. 바울은 그들이 자기에게 한 짓을 따지며 "너희가 내게 한 짓이 얼마나 잘못된 것이었는지를 이제 들어

보라”고 그들을 비난한 것이 아니라, “이제 내가 나 자신에 대하여 변명하는 말을 들어 보라”고 말하였다: 내가 지금 여러분 앞에서 변명하는 말을 들으라. 이 것은 정당하고 올바른 요청이었다. 왜냐하면, 비난을 받거나 고소를 당한 자는 누구든지 자기 자신을 변호할 권리를 지니고 있고, 만약 사람들이 그의 변론을 인내심을 가지고 공정하게 듣지 않는다면, 그것은 정의롭지 못한 것이 되기 때 문이다.

III. 바울은 히브리어로 자신을 변론하였고, 이것은 그가 말하는 것을 청중들 로 하여금 귀 기울여 듣게 하는 효과를 가져왔다. 그는 히브리말, 즉 일반 유 대인들이 당시에 통속적으로 사용하던 언어로 말하였다. 당시의 히브리어는 구약성경에서 사용된 순수한 히브리어가 아니라, 마치 라틴어가 이탈리아어가 되었듯이, 히브리어의 한 방언 또는 히브리어의 변질된 형태인 수리아어였다.

1. 바울이 히브리어를 사용한 것은 그가 그의 동족인 유대인들에 대하여 계 속해서 존중하는 마음을 지니고 있었다는 것을 보여주는 것이었다. 바울은 이 방인들과 아주 오랫동안 살아 왔었지만 여전히 유대인들의 언어를 간직하고 있었고 그것을 수월하게 사용할 수 있었다. 이것을 통해서 그가 유대인이라는 것이 드러났다. 왜냐하면, 사람은 그가 사용하는 말씨를 통해서 그가 누구인지가 느러나기 때문이다.

2. 바울이 히브리어를 사용함으로써 그가 말한 내용은 좀 더 많은 사람들이 알아들을 수 있었다. 왜냐하면, 히브리어는 누구나가 다 사용하였던 언어여서, 히브리어로 말하게 되면, 백성들에게 호소력이 있게 되고, 그들의 마음을 어느 정도 얻을 수 있었기 때문이다. 그래서 그들이 그가 히브리 말로 말함을 듣고 더 욱 조용하였다. 사람들에게 그들이 알아들을 수 없는 언어로 말한다면, 사람들 이 그 말에 귀를 기울여서 경청하는 것이 어떻게 가능하겠는가? 천부장은 바울 이 헬라어로 말하는 것을 듣고서 깜짝 놀랐고(행 21:37), 유대인들은 바울이 히브리어로 말하는 것을 듣고서 깜짝 놀랐다. 이렇게 해서 천부장이나 유대인 들은 둘 다 바울을 더 좋게 생각하게 되었다. 하물며, 만약 그들이 성령이 그에 게 여러 가지 다양한 방언으로 말하게 하신다는 것을 알았더라면, 그들은 얼마 나 더 놀라게 되었을까! 내가 너희 모든 사람보다 방언을 더 말한다(고전 14:18). 사실 많은 지혜롭고 선한 자들은 사람들이 그들의 실체를 제대로 알지 못하기 때문에 무시를 당한다.

³나는 유대인으로 길리기아 다소에서 났고 이 성에서 자라 가말리엘의 문하에서 우리 조상들의 율법의 엄한 교훈을 받았고 오늘 너희 모든 사람처럼 하나님께 대하여 열심이 있는 자라 ⁴내가 이 도를 박해하여 사람을 죽이기까지 하고 남녀를 결박하여 옥에 넘겼노니 ⁵이에 대제사장과 모든 장로들이 내 증인이라 또 내가 그들에게서 다메섹 형제들에게 가는 공문을 받아 가지고 거기 있는 자들도 결박하여 예루살렘으로 끌어다가 형벌 받게 하려고 가더니 ⁶가는 중 다메섹에 가까이 갔을 때에 오정쯤 되어 홀연히 하늘로부터 큰 빛이 나를 둘러 비치매 ⁷내가 땅에 엎드러져 들으니 소리 있어 이르되 사울아 사울아 네가 왜 나를 박해하느냐 하시거늘 ⁸내가 대답하되 주님 누구시니이까 하니 이르시되 나는 네가 박해하는 나사렛 예수라 하시더라 ⁹나와 함께 있는 사람들이 빛은 보면서도 나에게 말씀하시는 이의 소리는 듣지 못하더라 ¹⁰내가 이르되 주님 무엇을 하리이까 주께서 이르시되 일어나 다메섹으로 들어가라 네가 해야 할 모든 것을 거기서 누가 이르리라 하시거늘 ¹¹나는 그 빛의 광채로 말미암아 볼 수 없게 되었으므로 나와 함께 있는 사람들의 손에 끌려 다메섹에 들어갔노라 ¹²율법에 따라 경건한 사람으로 거기 사는 모든 유대인들에게 칭찬을 듣는 아나니아라 하는 이가 ¹³내게 와 곁에 서서 말하되 형제 사울아 다시 보라 하거늘 즉시 그를 쳐다보았노라 ¹⁴그가 또 이르되 우리 조상들의 하나님이 너를 택하여 너로 하여금 자기 뜻을 알게 하시며 그 의인을 보게 하시고 그 입에서 나오는 음성을 듣게 하셨으니 ¹⁵네가 그를 위하여 모든 사람 앞에서 네가 보고 들은 것에 증인이 되리라 ¹⁶이제는 왜 주저하느냐 일어나 주의 이름을 불러 세례를 받고 너의 죄를 씻으라 하더라 ¹⁷후에 내가 예루살렘으로 돌아와서 성전에서 기도할 때에 황홀한 중에 ¹⁸보매 주께서 내게 말씀하시되 속히 예루살렘에서 나가라 그들은 네가 내게 대하여 증언하는 말을 듣지 아니하리라 하시거늘 ¹⁹내가 말하기를 주님 내가 주를 믿는 사람들을 가두고 또 각 회당에서 때리고 ²⁰또 주의 증인 스데반이 피를 흘릴 때에 내가 곁에 서서 찬성하고 그 죽이는 사람들의 옷을 지킨 줄 그들도 아나이다 ²¹나더러 또 이르시되 떠나가라 내가 너를 멀리 이방인에게로 보내리라 하셨느니라

바울은 여기에서 자기 자신에 대하여 변호하면서, 그가 천부장이 잡고자 하는 애굽인이 아니라고 말함으로써 천부장을 만족시키고, 그가 유대인들의 교회와 민족, 그들의 율법과 성전에 대하여 원수가 아니라는 것을 말함으

로써 유대인들을 만족시키며, 그가 그리스도를 전하고, 특히 그를 이방인들에게 전한 것은 하나님의 위임에 의한 것이었다고 말한다. 그는 여기에서 그들에게 다음과 같은 것들을 이해시키고자 하였다.

I. 그의 혈통과 학문이 어떠하였는가.

1. 그는 그들과 동일한 민족의 일원으로서 이스라엘 족속, 아브라함의 자손, 히브리인 중의 히브리인이고, 이름도 없는 어떤 족속의 사람이거나 다른 민족에서 귀화한 사람이 아니라는 것. "나는 진정한 유대인이다. 나는 유대인인 사람이기 때문에, 짐승으로 취급받아서는 안 된다. 나는 야만인이 아니라 유대인인 사람이다. 나는 너희 민족의 진정한 친구이다. 왜냐하면, 나는 너희 민족의 일원이고, 만약 내가 너희의 율법과 성전의 명예를 부당하게 더럽힌다면, 그것은 내 자신의 보금자리를 더럽히는 것이기 때문이다."

2. 그는 평판이 좋고 믿을 만한 곳, 즉 길리기아 다소에서 태어났고, 날 때부터 그 시의 자유민이었다는 것. 그는 이방 나라들에 흩어져 살던 유대인들 중 일부가 종의 신분으로 태어난 것과는 달리, 날 때부터 자유민이었기 때문에, 저 유서깊고 명예로운 도시에서 자신의 자유를 증명하는 증서를 발급받을 수 있었을 것이다. 이것은 사실 작은 일이어서 자랑할 만한 것이 못 되었지만, 바울은 마치 그가 미련한 사의 자식이요 이름없는 자들의 자식이며 미천한 자의 자식인 것처럼 인정사정없이 그를 짓밟았던 자들에게 한 번쯤 말해둘 필요가 있는 것이었다(욥 30:8).

3. 그는 고등 교육을 받았다는 것. 그는 유대인이고 자유민이었을 뿐만 아니라 학문을 많이 배운 학자였다. 그는 유대교 학문의 본거지였던 예루살렘에서 자랐고 가말리엘의 문하에서 배웠는데, 유대인들은 모두 가말리엘이 유대 율법에 정통한 저명한 박사라는 것을 알고 있었고, 바울은 스스로 유대 율법의 랍비가 되고자 하였었다. 그러므로 바울은 그들의 율법에 대하여 결코 무지하지 않았고, 그가 율법을 모르는 것으로 치부하여 그를 무시하는 것은 잘못된 것이었다. 그의 부모들은 그를 바리새인으로 만들기 위해서 아주 어릴 적에 그를 이 성으로 보냈었다. 어떤 이들은 바울이 가말리엘의 문하에서 지랐다는 것은 그가 그의 문도들 중의 한 사람이었을 뿐만 아니라, 마리아가 예수의 발 앞에 앉아서 그가 하시는 말씀을 들은 것처럼 다른 누구보다도 부지런히 가말리엘의 강의를 빠짐없이 참석하고 그가 말한 모든 것을 지키며 그를 열렬히 추종하였다

는 것을 보여주는 것이라고 생각한다.

4. 그는 젊었을 때 유대인들의 종교에 누구보다도 열심이 있고 적극적인 사람이었다는 것. 그는 그렇게 유대 종교에 대하여 열심이 있었기 때문에 그토록 열심히 공부하고 연구하였다. 그는 어릴 적에 유대인들의 종교적인 관습들에 대하여 좋지 않은 감정을 품도록 교육을 받은 적이 없었기 때문에, 무리들 가운데서 유대인들의 관습에 대하여 그보다 더 크고 온전한 공경심을 지니고 있거나 스스로 그 관습들을 지키는 데에 더 엄격하거나 더 열렬하게 그 관습들을 다른 사람들에게 강권했던 그런 사람은 없었을 것이다.

(1) 그는 그들의 종교에 대하여 많이 공부하고 연구한 자로서 그들의 종교를 아주 잘 알고 있었다. 그는 가말리엘의 문하에서 그들의 종교를 배우는 데에 전념하였고, 거기에서 우리 조상들의 율법의 엄한 교훈을 받았다. 그가 율법으로부터 떠나게 된 것은 율법에 대하여 어떤 혼란스럽거나 잘못된 인식을 지니게 되었기 때문이 아니었다. 왜냐하면, 그는 율법을 제대로, 가장 정확하고 올바른 방식을 따라서(헬라어로는 카타 아크리베이안) 이해하였기 때문이다. 그는 자유주의자들의 신앙 원리들을 따라서 교육을 받지 않았고, 또한 그에게는 사두개파적인 요소도 없었으며, 오직 그는 율법을 부지런히 연구해서 율법을 엄격하게 지키며 율법 자체에 규정되어 있는 것보다 율법을 더 엄격하게 만들기 위하여 거기에 장로들의 전통, 조상들의 율법, 여기 모여 있는 백성들에게 주어져서 지금 우리에게 전해진 바로 그 율법을 원래의 율법에 추가시킨 그 분파에 속한 자였다. 바울은 그 누구보다도 오래된 것, 전통, 교회의 권위에 큰 가치를 부여하고 있었다. 그들 중에는 바울보다 더 잘 그들의 종교를 이해하거나 설명하거나 자신의 신앙에 대하여 변론할 수 있는 유대인이 결코 없었다.

(2) 그는 그들의 종교를 직접 발로 뛰며 실천하는 사람이었고 그들의 종교에 대하여 뜨거운 가슴을 지닌 사람이었다: 나는 오늘 너희 모든 사람처럼 하나님께 대하여 열심이 있는 자라. 신앙의 이론을 아주 잘 아는 자들은 대체로 그 신앙의 실천을 다른 사람들에게 맡기고자 하는 경우가 많은데, 바울은 랍비인 동시에 열심당이기도 하였다. 그는 율법이 금지한 일이라면 그 어떤 것이라도 하지 않았고, 율법이 명령하는 것이라면 그 어떤 것이라도 행하는 열심을 지니고 있었다. 이것은 하나님을 향한 열심이었다. 왜냐하면, 그는 그렇게 하는 것이 하나님의 영광을 위한 것이고 하나님을 섬기는 것이라고 생각하였기 때문이다. 여

기에서 바울은 무리들에 대하여 그들이 모두 오늘 하나님께 대하여 열심이 있다고 평가함으로써 그들의 환심을 사고자 한다. 내가 증언하노니 그들이 하나님께 열심이 있으나 올바른 지식을 따른 것이 아니니라(롬 10:2). 그들은 여호와께서 영광을 받으소서(사 66:5)라고 말하며 바울을 미워하였고 박해하였다. 그렇다고 해서 그들의 소행이 결코 정당화될 수 있는 것은 아니었지만, 그들을 위하여 아버지 그들을 용서하소서라고 기도하는 자들은 그리스도께서 하셨던 것처럼 그들이 자기들이 하는 것을 알지 못함이니이다라고 변명해 줄 수는 있는 것이었다. 바울은 오늘 그들처럼 모세의 율법 안에서 하나님에 대하여 열심이 있었다고 고백함으로써 그들도 오늘의 그처럼 그리스도 안에서 하나님에 대하여 열심을 갖게 될 수 있기를 소망한다는 것을 나타내 보였다.

II. 바울은 기독교의 초기에 그 종교를 믿는 자들을 얼마나 미친듯이 광분하여 박해하는 자였는가(4-5절). 그가 이 말을 하는 것은 그에게 닥쳐온 변화, 즉 그가 기독교 신앙으로 개종한 것은 순전히 하나님의 능력의 결과였다는 것을 좀 더 분명하고 뚜렷하게 보여주기 위한 것이었다. 왜냐하면, 그는 기독교 신앙에 대하여 그 이전에는 어떠한 호감이나 끌리는 마음도 전혀 가지고 있지 않아서, 그에게 갑작스러운 변화가 일어나기 직전에만 해도 그는 기독교에 대하여 가장 극렬한 반감을 지니고 있었고, 기독교에 대한 극노의 분노로 가득 차 있었기 때문이었다. 또한, 바울이 여기에서 이 말을 하는 것은 아마도 그가 지금 당하고 있는 환난이 그에게 합당한 것이라고 말함으로써 하나님이 옳으시다는 것을 증언하기 위한 것이기도 할 것이다. 그를 박해하는 자들이 아무리 불의하다고 할지라도, 그들로 하여금 그렇게 행하도록 허락하신 하나님은 의로우시다. 왜냐하면, 바울도 한때는 박해자였기 때문이다. 바울은 그들이 자기를 박해하는 것 속에서 그들이 자기처럼 회개하고 돌아올 수 있다는 것을 내다보고서 그들을 초청하고 격려하는 것일 수 있다. 왜냐하면, 그는 자신이 직접 비방자요 박해자였었지만 하나님의 긍휼하심을 얻었기 때문이다. 바울은 그가 박해자였을 때에 자신의 모습을 어떻게 묘사하고 있는지를 이제 살펴보도록 하자.

1. 그는 살기등등하여 기독교를 증오하였다: 내가 이 도를 박해하여 사람을 죽이기까지 하였다. 즉, "나는 이 도로 행하는 자들을 가능하기만 하다면 죽이고자 하였다." 그는 주의 제자들에 대하여 살기가 등등하였다(행 9:1). 그는 많은 성

도들을 죽일 때에 찬성 투표를 하였다(행 26:10). 아니, 바울은 이 도로 행하는 자들만이 아니라 이단으로 낙인 찍힌 기독교 자체를 박해하였다. 그는 이 도를 죽이려고, 즉 이 종교를 멸하기 위해서 박해하였다. 그는 죽기까지 이 도를 박해하였다. 즉, 그는 기꺼이 자기 목숨을 내어 놓을 각오를 하고서 기독교를 배척하고 박해하였다(어떤 이들은 이렇게 해석한다). 그는 조상들의 율법과 전통들을 지키고 수호해 낼 수만 있다면 기꺼이 자신의 생명을 바치고 자신의 목숨을 내어 놓아도 상관없다고 생각하였을 것이다.

2. 바울은 남녀를 결박하여 옥에 넘김으로써 사람들을 윽박질러서 이 도를 떠나게 하기 위하여 그가 할 수 있는 모든 일을 행하였다. 그는 감옥들을 그리스도인들로 가득 채웠다. 바울은 지금 자기가 묶여 있는 상태였기 때문에 그가 그리스도인들을 결박하여 옥에 넘겼다는 이 부분을 특히 강조하였다. 또한, 그는 이 일을 회고하면서 자기가 남자들만이 아니라 여자들, 즉 좀 더 약한 존재여서 특별히 부드럽고 긍휼히 여기는 마음으로 다루어져야 할 여자들까지 감옥으로 보낸 것을 특별히 후회하였다.

3. 바울은 공회와 대제사장과 모든 장로들에 의해서 그들을 대신하여 이 새로운 이단을 진압하는 일에 있어서 행동 대장으로 쓰임받았다. 그는 이미 자기가 이 이단을 반대하는 데 얼마나 열심이 있는지를 스스로 증명해 보였었다(5절). 그가 그리스도인들을 박해하는 일이라면 그 어떤 일이라도 기꺼이 할 준비가 되어 있었다는 것을 대제사장도 증언할 수 있다. 대제사장과 모든 장로들은 다메섹에서 많은 유대인들이 기독교 신앙을 받아들였다는 소식을 듣고서 다른 사람들도 그들과 마찬가지로 행하는 것을 막기 위하여 기독교로 개종한 자들에 대하여 아주 엄중하게 문책하기로 결정하고서, 이 일을 철저하게 해 낼 수 있는 적합한 인물로 바울을 꼽았고, 이 일을 바울보다 더 완벽하게 잘해 낼 수 있는 자는 없다고 생각하였다. 그러므로 그들은 바울을 여기에서 형제들이라 불리는 다메섹에 있는 유대인들에게 보내는 공문을 주어서 보냈다. 유대인들이 형제들로 불리는 것은 그들이 모두 공통의 혈통에서 난 자들이었고, 신앙에 있어서도 하나의 가족을 이루고 있었기 때문이었다. 대제사장과 장로들은 다메섹의 유대인들에게 바울이 그들 중에 그리스도인으로 개종한 자들을 붙잡아서 그 죄인들을 예루살렘으로 호송하는 것을 도우라고 지시하였는데, 그 죄수들은 이스라엘의 하나님의 신앙과 예배로부터 변절한 자들로 처벌받게 되어

있었다. 그들은 이렇게 변절한 자들을 다시 기독교 신앙을 부인하고 유대교로 되돌아오게 하거나 다른 사람들에게 두려움을 주기 위하여 일벌백계로 그들을 죽일 수 있었다. 이렇게 사울은 교회를 잔멸하였고, 실제로 그가 좀 더 계속해서 기독교 신앙을 박해하였다면 기독교를 진멸시키고 뿌리를 뽑을 수 있었을 것이다. 바울은 이렇게 말한다. "나는 처음에 그런 자였고, 지금 너희와 같은 그런 자였다. 나는 박해자의 심정을 누구보다도 더 잘 알기 때문에, 너희를 불쌍히 여기고, 너희가 하나님께서 내게 그러셨듯이 개종자의 마음을 알게 되기를 기도한다. 내가 누구이기에 하나님을 능히 막겠느냐."

Ⅲ. 바울은 어떤 식으로 회심하게 되었고 지금의 그가 되었는가. 그것은 어떤 자연적이거나 외적인 원인들에 의한 것이 아니었다. 당시에 그는 늘 그래왔듯이 오래된 것에 대하여 애정을 갖고 있었기 때문에, 새로운 것에 대한 호기심이나 좋은 감정 때문에 종교를 바꾼 것이 아니었다. 또한, 그것은 그가 자신의 출세가 가로막혀서 현실에 불만을 품고 있어서 생겨난 일도 아니었다. 왜냐하면, 그는 당시에 이전보다 더 유대 교회에서 승승장구하고 있었기 때문이다. 또한, 그것은 기독교로 개종함으로써 이 세상에서 한 몫을 잡고자 하는 그 어떤 탐욕이나 야심에서 비롯된 것도 아니었다. 왜냐하면, 그리스도인이 된다는 것은 온갖 모욕과 환난에 자신을 노출시키는 것이었기 때문이다. 또한, 그는 사도들이나 그 어떤 그리스도인과도 교제한 적이 없기 때문에, 그가 그들의 교묘한 술책과 언변에 회유되어서 종교를 바꾼 것도 아니었다. 바울로 하여금 기독교 신앙을 갖게 하신 것은 주께서 하신 일이었고, 주께서 조성하신 모든 상황들은 그로 하여금 기독교 신앙이 옳다는 것을 믿고서 받아들이게 하기에 충분한 것이었다. 모든 믿는 자들에게는 초자연적인 능력이 역사한다. 그는 하나님의 능력에 의해서 압도된 것이기 때문에, 그가 회심한 것에 대하여 그 누구도 그를 단죄할 수 없다. 바울이 여기에서 앞에서와 마찬가지로(행 9장) 자신의 회심과 관련된 이야기를 아주 구체적으로 말하는 것은 그것이 전적으로 하나님의 역사였다는 것을 보여주기 위한 것이다.

1. 그는 그리스도께서 그를 사로잡으시기 직전까지 이전과 다름없이 그리스도인들을 박해하는 데에 완전히 골몰하였다. 그는 길을 떠나서 다메섹에 가까이 가게 되었는데(6절), 그에게는 대제사장과 장로들이 그에게 지시한 잔혹한 계획을 실행하고자 하는 생각 외에는 아무런 생각이 없었다. 그는 그리스도인들

을 이단자들, 분리주의자들, 유대 교회와 나라에 대한 위험스러운 원수들로 여기고 있었기 때문에 이 가엾은 그리스도인들에 대해서는 불쌍히 여기는 마음이 추호도 없었고, 그들을 죽이는 일을 조금이라도 주저하는 마음이 없었다.

2. 바울을 제일 먼저 깜짝 놀라게 한 것은 하늘로부터 비친 빛이었는데, 그것은 그를 홀연히 둘러 비친 큰 빛이었다. 유대인들은 하나님이 빛이시라는 것, 그의 천사들도 빛의 천사들이라는 것, 이렇게 정오에 비치는 빛, 따라서 태양 빛을 능가하는 엄청난 빛은 하나님으로부터만 올 수 있다는 것을 알고 있었다. 만약 그 빛이 그가 혼자 방에 있을 때에 그에게 비쳤다면, 거기에는 속임수가 있을 수 있었겠지만, 그 빛은 대로에서 정오에 너무도 강렬하게 그에게 비춰서, 그는 땅에 엎드러지게 되었고(7절), 그와 함께 있던 모든 자들도 땅에 엎드러졌다(행 26:14). 그들은 주님께서 분명히 이 빛 속에 계셨다는 것을 결코 부정할 수 없었다.

3. 바울에게 예수 그리스도에 대한 두려운 생각을 처음으로 품게 한 것은 하늘로부터 들려 온 소리였다. 원래 바울은 예수 그리스도에 대하여서는 증오하고 미워하는 마음뿐이었고 어떻게 하면 해코지를 할 것인가만을 생각했을 뿐이었다. 하늘에서 들려 온 소리는 바울을 그와 함께 여행하는 자들과 구별하기 위해서 그의 이름을 불렀다. 사울아 사울아 네가 왜 나를 박해하느냐. 바울이 주님, 누구시니이까라고 묻자, 그 소리는 나는 네가 박해하는 나사렛 예수라고 대답하였다(8절). 이것을 통해서 무리들이 지금 박해하고 있는 이 나사렛 예수가 하늘로부터 말씀하시는 이라는 것이 분명하게 드러났다. 무리들은 하늘로부터 말씀하시는 이를 거역하는 것이 얼마나 위험천만한 일인지를 알고 있었다(히 12:25).

4. 사람들이 "이 빛과 소리로 인해서 오직 너만 변화되고, 너와 함께 한 자들은 변화되지 않은 것은 도대체 어떻게 된 일인가"라는 반론을 제기하지 못하도록 하기 위하여(물론, 이 사건이 바울과 동행하였던 자들에게 선한 영향력을 미쳐서 그들이 그리스도인이 되었을 가능성이 농후하지만), 바울은 그와 함께 동행했던 자들은 실제로 빛을 보았지만, 그들은 그들의 양심과 그들이 살아 온 행실이 선하지 않고 이스라엘을 저주하려 했던 발람의 길과 같았다는 것을 그들에게 말하면서, 번쩍이는 화염검을 든 천사를 만날 것이 뻔하였기 때문에 하늘로부터 내려온 불에 의해서 그들이 태워질까봐 두려워하였다고 말한다. 그러나

그들은 그들을 두렵게 만든 빛은 보았지만 바울에게 말씀하신 분의 소리는 듣지 못하였다. 즉, 그들은 그 말씀을 또렷하게 듣지 못한 것이었다. 믿음은 들음에서 오기 때문에, 회심은 자기에게 들려 오는 말씀을 들은 바울에게는 즉각적으로 일어났지만, 오직 빛만 보고 말씀을 듣지는 못한 자들에게는 일어나지 않았다. 그렇지만 그 말씀은 그들에게도 나중에 역사했을 것이다.

5. 바울은 그들에게 그가 이렇게 기절초풍을 했을 때에 자기 자신을 온전히 하나님의 인도하심에 맡겼다는 것을 확신시킨다. 그는 그 때에 즉시 "내가 그리스도인이 되고자 하나이다"라고 소리친 것이 아니라, "주님, 내가 무엇을 하리이까. 내가 잘못된 길을 가는 것을 가로막으셨던 하늘로부터 들려온 바로 그 소리로 하여금 나를 올바른 길로 인도하게 하옵소서(10절). 주여, 내가 어떻게 해야 하는지를 말해 주시면, 내가 그대로 하겠나이다"라고 소리쳤다. 바울은 즉시 다메섹으로 가라는 지시를 받았고, 거기에서 지금 그에게 말씀하시는 이로부터 추가적인 말씀들을 듣게 될 것이라는 대답을 받았다. "하늘로부터 더 이상 말씀을 들을 필요가 없다. 너와 같은 사람이 지금 너에게 말씀하시는 이의 이름으로 네가 해야 할 모든 것을 거기서 일러 주리라." 구약이나 신약에서 환상들, 소리들, 천사들의 현현 등과 같은 하나님의 계시를 위한 이례적인 방식들은 오직 성경과 상시적인 사역에 의해서 순비되어 있는 통상적인 방식들을 소개하고 견고히 하기 위한 것이기 때문에, 그러한 통상적인 방식들이 잘 정립이 되어 있을 때에는 일반적으로 소멸되게 되었다. 천사는 고넬료에게 직접 복음을 전한 것이 아니라, 그에게 사람을 보내서 베드로를 청하도록 지시만 하였다. 마찬가지로, 여기에서도 하늘로부터 들려온 소리는 바울에게 그가 어떻게 해야 하는지를 말해 주는 것이 아니라, 그에게 다메섹으로 가라고 지시하고, 거기에서 그에게 말해 줄 자가 있을 것이라고만 말한다.

6. 바울은 그를 꼼짝못하게 한 빛이 얼마나 강렬하였는지를 보여주기 위하여 무리들에게 그 빛이 그의 시력에 대하여 미친 즉각적인 효과를 얘기한다(11절): 나는 그 빛의 광채로 말미암아 볼 수 없게 되었다. 그 빛 때문에 그는 잠시 눈이 보이지 않게 된 것이었다. 그 광채가 그를 눈부시게 하였다. 저주받은 죄인들은 소돔 사람들과 애굽 사람들의 경우처럼 흑암의 권세에 의해서 눈이 멀게 되고, 그것은 믿지 않는 유대인들의 경우처럼 영속적인 눈멂이다. 그러나 죄를 깨닫고 믿음을 갖게 된 죄인들은 여기에 나오는 바울처럼 흑암이 아니라 빛에

의해서 눈이 볼 수 없게 된다. 그들은 잠시 어쩔 줄 몰라 하게 되겠지만, 그것은 마치 소경의 눈에 진흙을 바른 것이 그를 치유하기 위한 것이었듯이 그들로 하여금 다시 밝아져서 빛을 보게 하기 위한 것이다. 바울과 함께 있던 자들은 그 빛이 바울의 경우와는 달리 그들의 얼굴에 직접적으로 비쳐진 것이 아니었기 때문에, 바울처럼 눈이 보이지 않게 되지는 않았다. 그렇지만 결과를 생각해 본다면, 바울과 동행했던 자들의 운명이 아니라 바울의 운명을 택하는 것이 좋지 않겠는가? 그들은 시력이 온전하였기 때문에 바울을 손으로 잡고 인도하여서 다메섹으로 들어가게 하였다. 바울은 바리새인이었기 때문에 자신의 영적인 시력을 자랑하였다. 바리새인들은 우리도 맹인인가라고 말하였다(요 9:40). 아니, 그들은 그들 자신이 맹인의 길을 인도하는 자요 어둠에 있는 자의 빛이라고 확신하였다(롬 2:19). 이제 바울은 이렇게 눈이 보이지 않게 되고서야 비로소 그가 전에 율법을 깨닫지 못했을 때에 자기가 펄펄 살아 있어서 영적으로 눈이 멀었고 자기 자신에 대하여 잘못 생각하였다는 것을 깨닫게 되었다(롬 7:9).

IV. 바울은 다메섹에 사는 아나니아에 의해서 그가 변화받았다는 것을 어떻게 확인받고, 추가적으로 그가 어떻게 해야 하는지를 지시받았는가. 좀 더 살펴보자.

1. 여기에서는 아나니아에 대하여 그가 어떤 인물이라고 말하고 있는가. 아나니아는 유대 민족이나 종교에 대하여 그 어떤 편견도 지니고 있지 않았던 인물로서 율법에 따라 경건한 사람이었다. 그는 태어날 때부터 유대인이었던 것은 아니었지만, 유대교로 개종해서 경건한 사람으로 불리었고, 그런 후에 유대교에서 그리스도에 대한 신앙으로 나아갔다. 그의 행실은 아주 단정하였기 때문에, 그는 다메섹에 사는 모든 유대인들에게 칭찬을 들었다. 아나니아는 바울이 친밀하게 교제하였던 최초의 그리스도인이었는데, 유대인들이 바울이 옹호한다고 의심하고 있었던 그러한 인식들, 즉 율법이나 이 거룩한 곳에 대한 부정적인 인식을 그가 바울에게 주입시킨 것 같지는 않다.

2. 아나니아는 즉시 바울의 눈을 치유하여 주었는데, 이 이적은 바울에 대한 아나니아의 사명을 확증해 주는 것이었고 그가 앞으로 바울에게 말하게 될 모든 것이 하나님에게서 온 것임을 확인해 주는 것이었다. 아나니아가 그에게 왔다(13절). 그는 자기가 그리스도(그를 찢기도 하시고 치유하기도 하시며, 때리기도 하시고 싸매어 주시기도 하시며, 그의 시력을 빼앗아가기도 하시고 다시

회복시키기도 하시는 바로 그분)의 부르심을 따라서 바울에게 왔다는 것을 확신시켜 주기 위하여 그의 곁에 서서 형제 사울아 다시 보라고 말하였다. 이 말씀을 따라서 능력이 나감으로써, 바울은 즉시 시력을 회복하고서, 아나니아에게서 가르침을 받기 위하여 그를 쳐다 보았다.

3. 아나니아는 주 예수께서 바울에게 지금까지 그 누구도 받지 못했던 특별한 은총을 계획하고 계시다고 그에게 말해 줌.

(1) 주께서 자기 자신을 바울에게 나타내신 것(14절): 우리 조상들의 하나님이 너를 택하였다. 이 강력한 부르심은 특별한 택하심의 결과였다. 아나니아가 하나님을 우리 조상들의 하나님이라고 부른 것은 아나니아가 태어날 때부터 유대인이었고 조상들의 율법을 지켰으며 하나님께서 조상들에게 하신 약속에 의지하여 살아 왔다는 것을 암시하는 것일 수 있다. 아나니아는 하나님을 우리 조상들의 하나님이라고 말하면서 그가 바울을 형제 사울아라고 부른 이유를 제시한다. 우리 조상들의 하나님이 너를 택하신 것은 다음과 같은 이유들 때문이었다.

[1] 너로 하여금 자기 뜻, 너에 의해서 앞으로 행해지게 될 그의 교훈의 뜻, 너와 관련해서 행해지게 될 그의 섭리의 뜻을 알게 하고자 하신 것. 하나님께서는 네가 자기 뜻을 좀 더 특별한 방식으로 알도록 하기 위하여 너를 택하셨다. 즉, 바울은 사람들에게서 난 것도 아니요 사람으로 말미암은 것도 아니요 오직 그리스도의 계시로 말미암아 직접 하나님의 뜻을 알게 될 것이었다(갈 1:1-2). 하나님께서 어떤 사람을 택하시는 것은 그에게 자기 뜻을 알게 하시고 그 뜻을 행하게 하기 위한 것이다.

[2] 너로 하여금 그 의인을 보게 하시고 그 입에서 나오는 음성을 듣게 하시기 위한 것. 그렇게 해서 바울은 주의 뜻을 직접 주님 자신에게서 듣고 알게 될 것이다. 바울이 다른 누구보다도 특별한 방식으로 택하심을 받게 된 것은 바로 그러한 목적 때문이었다. 그가 그리스도께서 하늘로 승천하신 후에 이 땅에서 직접 그리스도를 보게 된 것은 남다른 특별한 은총이었다. 스데반은 그리스도께서 하나님의 오른편에 서 계시는 모습을 보았지만, 바울은 그리스도께서 그의 오른쪽에 서 계시는 것을 보았다. 이런 영광은 바울 외에는 그 누구도 갖지 못하였다. 스데반은 그리스도를 보았지만, 맨 나중에 만삭되지 못하여 난 자 같은 내게도 보이셨다고 말하는 바울과는 달리(고전 15:8) 그리스도께서 그 입으로 직접

말씀하시는 소리를 듣지는 못하였다. 그리스도는 여기에서 그 의인으로 불리고 있다. 왜냐하면, 예수 그리스도는 의로운 자이시고, 부당하게 고난을 받으셨기 때문이다. 하나님께서 자기 뜻을 알게 하시고자 택하신 자들은 그리스도를 바라보아야 하고 그리스도를 보아야 하며 그의 입에서 나오는 음성을 들어야 한다. 왜냐하면, 하나님은 그리스도를 통해서 자기 뜻, 우리를 향하신 그의 선하신 뜻을 알게 하셨고, 너희는 그의 말을 들으라고 명하셨기 때문이다.

(2) 나중에 바울로 하여금 그리스도를 다른 사람들에게 나타내 보이게 하신 것(15절). "네가 교회의 기둥으로서 주의 은혜의 기념비가 될 뿐만 아니라 네 입의 말을 통해서(viva voce) 증인이 되리라. 너는 네가 경험한 그리스도의 복음, 네가 전해 받은 복음을 널리 알리게 될 것이다. 너는 지금 처음부터 네가 보고 들은 것에 대하여 모든 사람, 즉 이방인들과 유대인들 앞에서 증인이 되리라." 바울이 자기 자신을 변호하기 위하여 자기가 회심한 과정을 여기에서와 사도행전 26장에서 이렇게 자세하게 얘기하고 있는 것을 보면, 우리는 그가 사람들을 회심시키기 위하여 말씀을 전하면서 이와 동일한 이야기를 자주 했을 것이라고 생각하게 된다. 바울은 다른 사람들이 하나님께서 그들의 영혼을 위하여 뭔가 선한 일을 하실 것이라는 소망을 갖도록 격려하기 위하여 하나님께서 그의 영혼을 위하여 행하신 일을 얘기하였다.

4. 아나니아는 바울에게 세례를 받고 주 예수와 하나가 되라고 조언하고 격려함(16절): 일어나 세례를 받으라. 바울은 이미 할례를 통해서 하나님께 바쳐져 있었지만, 이제 세례를 통해서 그리스도 안에서 하나님께 바쳐지고, 기독교 신앙과 그 특권들을 받아들여서, 그 신앙의 교훈들에 순복하여야 한다. 이것은 지금 그가 회심한 직후에 행해졌음에 틀림없고, 그의 할례에 더하여졌다. 그러나 믿는 자들의 자손은 할례 대신에 세례를 받는다. 왜냐하면, 아브라함과 그의 믿음의 자손들에게는 세례가 믿음으로 된 의를 인친 것이기 때문이다.

(1) 세례를 통해서 우리가 확실하게 받는 복음의 큰 특권은 죄사함이다: 세례를 받고 너의 죄를 씻으라. 즉, "예수 그리스도로 말미암아 너의 죄사함의 위로를 받고, 그렇게 하기 위하여 그리스도의 의를 붙잡으며, 너의 부패한 본성을 억제할 수 있기 위하여 죄를 다스릴 수 있는 능력을 받으라." 왜냐하면, 우리가 씻음을 받는 것은 우리가 의롭게 되고 거룩하게 되는 것을 포함하기 때문이다(고전 6:11). 세례를 받되 하나의 상징인 세례에 머물지 말고, 그 상징이

의미하는 것, 즉 죄의 더러움이 씻어졌다는 것을 확실하게 믿으라.

(2) 세례를 통해서 우리가 행하여야 하는 복음의 큰 도리는 주 예수의 이름을 부르는 것, 즉 주 예수를 우리의 주님이자 우리의 하나님으로 고백하고, 그것에 따라서 우리 자신을 그에게 맡기며, 그에게 영광을 돌리고, 우리의 모든 간구를 그의 손에 맡기는 것이다. 우리 주 예수 그리스도의 이름을 부른다(다윗의 자손이여, 우리를 긍휼히 여기소서)는 것은 그리스도인을 가리키는 완곡한 표현이다(고전 1:2). 우리는 주의 이름을 불러 우리의 죄를 씻어야 한다. 즉, 우리는 그리스도의 이름 속에서, 그리스도와 그의 의를 의지해서 우리의 죄사함받기를 구하여야 한다. 기도를 할 때에 우리는 더 이상 아브라함의 하나님을 부르지 말고, 우리 주 예수 그리스도의 아버지를 불러야 하고, 그리스도 안에서 우리의 아버지를 불러야 한다. 기도를 할 때마다 우리의 눈은 그리스도를 향해 있어야 한다.

(3) 우리는 이 일을 신속하게 행하여야 한다. 너는 왜 주저하느냐. 우리가 그리스도 안에서 하나님과 언약을 맺는 것은 절실한 일이기 때문에, 결코 지체되어서는 안 된다. 이 문제와 관련된 모든 것은 너무도 분명하기 때문에, 이 문제를 오래 숙고할 필요가 없다. 지체하는 것은 너무도 위험천만한 일이기 때문에 어리석은 짓이다. 언젠가는 행하지 않으면, 우리가 망하게 되는 그런 일이라면, 그 일을 지금 즉시 행하는 것이 좋지 않겠는가 ?

V. 바울은 이방인들에게로 가서 복음을 전하도록 어떻게 사명을 받게 되었는가. 이 문제는 유대인들로 하여금 바울에게 분노케 한 큰 일이었기 때문에, 바울은 이것이 하나님께서 허락하신 일이라는 것을 특별한 방식으로 보여주어야 할 필요가 있었다. 그래서 바울은 여기에서 하나님께서 그것을 어떻게 허락하셨는지를 얘기한다. 그는 이 사명을 그가 회심하자마자 즉시 받은 것이 아니었다. 왜냐하면, 그는 예루살렘에서 이 사명을 받았는데, 그는 **3년만에** 또는 3년이 지나서야 예루살렘에 다시 올라갔기 때문이다(갈 1:18). 그가 여기에서 설명하고 있는 환상을 보게 된 것이 그 때였는지, 아니면 그 후였는지는 확실하지 않다. 그러나 유대인들로 하여금 그가 이방인들 가운데서 복음을 전하는 것을 용납할 수 있도록 하기 위하여, 바울은 그들에게 다음과 같은 것들을 말한다.

1. 그는 기도하는 가운데 하나님께 자기가 해야 할 일을 정해 주시고 그가

달려가야 할 길을 보여주시라고 간구하였을 때에 이방인들에게 복음을 전하라는 지시를 하나님께 받았다는 것. 그리고 여기에서 지금 바울이 하는 말을 듣고 있는 자들에게는 상당히 중요한 것으로 받아들여졌을 것이라고 보여지는 것은 바울이 성전에서 기도하였다는 것이었다. 성전은 만민이 기도하는 집으로 불리게 될 것이었다. 모든 사람들은 성전에서 기도해야 할 뿐만 아니라, 성전에서 모든 사람들을 위하여 기도하여야 한다. 바울이 성전에서 기도하였다는 것은 유대인들의 악의적인 주장과는 반대로 그가 비록 유대인들처럼 성전을 우상시하지는 않았지만 성전에 대하여 공경심을 지니고 있었다는 것을 보여 주는 증거가 되었듯이, 하나님께서 성전에서 바울에게 이방 선교에 대한 사명을 주셨다는 것은 유대인들이 그들의 불신앙으로 인해서 성전이 하나님에 의해서 버림받도록 하지만 않았다면 바울이 이방인들에게로 보내심을 받은 것은 성전에 아무런 해도 되지 않으리라는 것을 보여 주는 증거가 되었다. 바울이 나중에 이방인 선교의 사명을 수행하면서 그가 이 사명을 기도할 때에 받았다는 것을 회고하는 것은 그에게 큰 만족이 되었을 것이다.

2. 바울은 그 사명을 환상 중에 받았다: 그는 황홀경에 빠졌다(17절). 그의 외적인 감각들은 잠시 봉쇄되었다. 그는 셋째 하늘에 이끌려 갔을 때에 자기가 몸 안에 있었는지 몸 밖에 있었는지 알 수 없었던 것과 마찬가지로 황홀한 중에 있었다. 이러한 탈혼상태 가운데서 그는 예수 그리스도를 보았는데, 이것은 그가 회심할 때처럼 그의 육안으로 본 것이 아니었고, 그의 영안으로 본 것이었다(18절): 내가 보매 주께서 내게 말씀하셨다. 우리가 그리스도의 입에서 말씀을 받는 동안에 우리의 눈은 그리스도께 고정되어 있어야 한다. 우리는 그리스도께서 말씀하시는 것을 들을 뿐만 아니라, 그리스도께서 우리에게 말씀하시는 모습을 보기도 하여야 한다.

3. 그리스도께서는 바울에게 이방인들에게로 가라는 사명을 주시기 전에 먼저 그가 예루살렘에서 선한 일을 하고자 생각하는 것은 쓸데없는 것이라고 말씀해 주셨다. 그러므로 유대인들은 바울이 이방인들에게로 보내심을 받은 것에 대하여 바울을 책망할 것이 아니라 그들 자신을 책망하여야 한다. 바울은 그가 하나님의 은혜로 말미암아 이전에 다른 사도들의 사역을 가로막고 방해하였던 자들을 그리스도에 대한 신앙으로 이끄는 데에 도구가 되겠다는 소망으로 가득 차서 예루살렘으로 돌아왔다. 아마도 그가 당시에 기도하고 있었던

것은 그는 예루살렘에서 교육을 받아서 그 곳을 아주 잘 알고 있었기 때문에 예루살렘의 자녀들을 그리스도께로 모아들이는 데에 자기가 쓰임받을 수 있게 해 달라고 하는 것이었을 가능성이 있다. 그는 자기가 그 사역을 하는 데에 특별한 이점들을 가지고 있다고 생각하였을 것이다. 그러나 그리스도께서는 그가 계획했던 것을 한순간에 짓뭉개버리신다: "속히 예루살렘에서 나가라. 왜냐하면, 너는 속으로 네가 다른 사도들보다 그들에게 더 먹힐 것이라고 생각하고 있지만, 너는 유대인들이 다른 어떤 사도에 대해서보다도 너에 대하여 더 좋지 않은 감정을 지니고 있다는 것을 발견하게 될 것이고, 따라서 그들은 네가 나에 대하여 증언하는 말을 듣지 아니하는 것을 알게 될 것이기 때문이다." 하나님은 누가 복음을 받아들일 것인지를 미리 아시듯이, 누가 복음을 거절할 것인지도 미리 아신다.

4. 그리스도께서 이렇게 말씀하셨는데도, 바울은 다시 한 번 자기가 예루살렘에서 쓰임받게 해 달라고 간구하였다. 왜냐하면, 그는 유대인들이 그가 회심 전에 어떤 일을 하였었는지를 누구보다도 더 잘 알고 있어서, 그가 이렇게 크게 변한 것을 보면 그것이 전능자의 은혜의 능력 때문이라고 여기게 되어서, 그가 증언하는 말을 더 주의해서 듣게 될 것이라고 생각하였기 때문이었다. 바울은 자기 자신에게나 주님께나 이런 식의 논리를 폈고, 그의 논리가 옳다고 생각하였다(19-20절). "주님, 내가 한때 그들과 뜻을 같이 해서, 주를 믿는 사람들에게 내가 철천지 원수가 되어서, 모든 세속의 권력을 동원해서 믿는 자들을 해쳤고 감옥에 가두었으며, 모든 종교적인 세력을 동원해서 믿는 자들을 해치고 각 회당에서 때린 줄을 그들도 아나이다." 그러므로 그들은 내가 그리스도를 전하는 것이 교육 때문이거나 나의 어떤 선입견 때문이 아니라(그들은 다른 사역자들의 복음 전도를 그런 식으로 바라보지만), 내가 전에 그들과 같았다는 것을 그들도 알기 때문에 내가 말하는 것을 더 진지하게 경청하게 될 것이다. 특히, 스데반 사건에서 그들은 그가 돌로 쳐서 죽임을 당할 때에 내가 그 곁에 서서 그의 죽음에 찬성하고 그것을 돕고 부추겼으며, 찬성의 표시로 그 죽이는 사람들의 옷을 지킨 것을 안다. 바울은 결론적으로 이렇게 말하였다. "주님, 내가 그들 가운데 나타나서 스데반이 전하다가 죽은 바로 그 가르침을 전한다면, 그들은 틀림없이 나의 증언을 받아들이게 될 것입니다." 그러자 그리스도께서는 바울에게 이렇게 말씀하셨다. "결코 그렇지 않다. 그들은 너의 증

언을 받아들이려 하는 것이 아니라, 도리어 다른 사도들은 그들의 체제에 대한 이방인들로만 간주되었던 것과는 달리 너는 변절자로 낙인이 찍혀서 더 큰 분노를 불러오게 될 것이다."

5. 예루살렘에서 복음을 전하도록 허락해 달라는 바울의 간구는 기각되고, 그는 이방인들 가운데로 가라는 엄중한 지시를 받게 된다(21절): 떠나가라. 내가 너를 멀리 이방인에게로 보내리라. 하나님께서는 종종 그의 백성의 기도에 대하여 은혜롭게 응답하셔서, 그들이 구한 것을 주시는 것이 아니라 그것보다 더 좋은 것을 주신다는 것을 명심하라. 아브라함은 이스마엘이나 하나님 앞에 살기를 원하나이다라고 기도하였지만, 하나님께서는 그의 기도를 들으시고 이삭을 주셨다. 마찬가지로, 바울은 여기에서 그가 예루살렘에 있는 영혼들을 회심시키는 도구가 되게 해 달라고 기도하였지만, 그리스도께서는 "너는 이방인들 가운데서 쓰임을 받게 되리니, 홀로 된 여인의 자식이 남편 있는 자의 자식보다 많게 되리라"고 말씀하신다. 자신의 일꾼들에게 그들이 일해야 할 날짜와 그 장소를 정해 주시는 분은 하나님이시다. 하나님의 일꾼들은 하나님께서 정해 주시는 것이 자신의 취향이나 마음에 맞지 않는다고 하여도 거기에 순순히 따르는 것이 합당하다. 바울은 예루살렘에 연연해 하였다. 예루살렘에서 전도자가 되는 것이야말로 그가 품은 최고의 야망이었다. 그러나 그리스도께서는 그를 더 크게 사용하고자 계획하셨다. 바울은 다른 사람들이 노력한 곳에 보내지지 않을 것이고(다른 사도들과는 달리, 요 4:38), 새로운 땅을 개척해서 그리스도의 이름을 부르지 않는 곳에서 복음을 전하게 될 것이다(롬 15:20). 이렇게 우리가 우리 자신을 위하여 계획하는 것보다 하나님의 섭리가 우리를 위하여 계획하는 것이 더 나을 때가 많다. 그러므로 우리는 우리 자신을 섭리의 인도하심에 맡겨야 한다. 하나님께서 우리를 위하여 기업을 택해 주시리라. 바울은 하나님께로부터 사명을 받지 않았다면 이방인들에게로 가서 복음을 전하고자 하지 않았다는 것을 명심하라: 내가 너를 보내리라. 그리스도께서 그를 보내신다면, 그의 성령이 그와 동행할 것이고, 그를 옆에서 도와서 일이 되게 하고, 그를 붙들어 주며, 그로 하여금 그의 수고의 열매를 보게 할 것이다. 주님께서 바울을 예루살렘에서 아주 먼 곳으로 보내시고자 하기 때문에, 바울은 예루살렘에 마음을 두어서는 안 되었다. 바울의 사명은 그가 생각한 것과는 180도 다른 것이었고, 그가 해야 할 사역도 전혀 다른 종류의 것이었다. 다른 그리스도인들은 유대

나라와 직접적으로 맞닿아 있는 곳에 이방인 교회를 세웠기 때문에, 바울이 이방 교회를 주변 나라들에 세우지 않은 것만도 바울에 대한 유대인들의 분노를 누그러뜨릴 수 있는 요인이 될 수 있었다. 바울은 아주 먼 곳으로 보내심을 받았고, 거기에서 그가 행한 일은 유대인들에게 성가시거나 괴로운 것으로 여겨질 수 없었다.

이제 그들이 바울이 이제까지 말한 모든 것을 종합해 본다면, 그들은 틀림없이 바울이 이방인들 가운데서 복음을 전하는 것에 대하여 분노할 이유가 없고, 바울의 행위가 그의 나라에 대한 악의에서 나온 행위라고 해석할 여지도 없다는 것을 알게 될 것이었다. 왜냐하면, 바울은 하늘로부터의 저항할 수 없는 명령에 의해서 자신의 뜻과는 반대로 그렇게 하지 않을 수 없었기 때문이다.

[22]이 말하는 것까지 그들이 듣다가 소리 질러 이르되 이러한 자는 세상에서 없애 버리자 살려 둘 자가 아니라 하여 [23]떠들며 옷을 벗어 던지고 티끌을 공중에 날리니 [24]천부장이 바울을 영내로 데려가라 명하고 그들이 무슨 일로 그에 대하여 떠드는지 알고자 하여 채찍질하며 심문하라 한대 [25]가죽 줄로 바울을 매니 바울이 곁에 서 있는 백부장더러 이르되 너희가 로마 시민 된 자를 죄도 정하지 아니하고 채찍질할 수 있느냐 하니 [26]백부장이 듣고 가서 천부장에게 전하여 이르되 어찌하려 하느냐 이는 로마 시민이라 하니 [27]천부장이 와서 바울에게 말하되 네가 로마 시민이냐 내게 말하라 이르되 그러하다 [28]천부장이 대답하되 나는 돈을 많이 들여 이 시민권을 얻었노라 바울이 이르되 나는 나면서부터라 하니 [29]심문하려던 사람들이 곧 그에게서 물러가고 천부장도 그가 로마 시민인 줄 알고 또 그 결박한 것 때문에 두려워하니라 [30]이튿날 천부장은 유대인들이 무슨 일로 그를 고발하는지 진상을 알고자 하여 그 결박을 풀고 명하여 제사장들과 온 공회를 모으고 바울을 데리고 내려가서 그들 앞에 세우니라

바울은 자기 자신에 대한 이러한 해명을 계속해 나가면서, 그가 이방인들 가운데서 복음을 전하도록 사명을 받은 것은 결코 유대인들에 대한 반감 때문이 아니라는 것을 보여주었다. 우리는 바울이 계속해서 그 다음으로 그가 나중에 안디옥에서 성령의 특별한 지시하심에 의해서 이방인을 선교하도록 어떻게 세우심을 입게 되었는지, 그가 유대인들에 대하여 얼마나 큰 애정과 존경

심을 지니고 있었는지, 그가 가는 곳마다 유대인들을 가장 배려하는 데에 얼마나 신경을 썼는지, 그리고 유대인들과 이방인들을 한 몸으로 연합하게 하는 데에 얼마나 애썼는지를 그들에게 보여주고자 했을 것이고, 그런 후에 하나님께서 얼마나 놀라운 이적들로 자기가 행하는 사역을 인정하셨으며, 그로 하여금 유대 교회의 진정한 이익에 한 치의 손상도 없이 하나님 나라가 전체 인류 가운데서 확장되게 하기 위하여 얼마나 선한 섬김을 행하게 하셨는지를 보여주고자 했을 것이다. 그러나 바울이 계속해서 무슨 말을 더 하려고 하자, 그들은 더 이상 그의 말을 듣지 않기로 작정하였다: 그들은 이 말하는 것까지 들었다. 그들은 지금까지 그가 말하는 것을 인내심을 가지고 꾹 참고서 어느 정도 경청하여 들어 주었었다. 그러나 그가 이방인들에게로 보내심을 받았다는 것에 대하여 말하기 시작하고, 그것이 그리스도께로부터 직접 지시를 받은 것이었다고 말하자, 그들은 그 말을 참을 수가 없었다. 사실, 그들은 이방인이라는 말만 들어도 참을 수 없을 정도로, 이방인들에 대하여 엄청난 적대감과 질투심을 가지고 있었다. 이방인이라는 말이 바울의 입에서 튀어나오자, 그들은 더 이상 참지 못하고, 품격과 형평의 모든 규범들을 모조리 망각해 버렸다. 이것은 하나님께서 백성 아닌 자로서 그들을 시기하게 하며 노엽게 하신 것이었다(롬 10:19).

이제 여기서 우리는 바울이 하나님께서 이방인들에게 은혜주시기를 허락하셨다고 말하며 그가 이방인들 가운데서 말씀을 전하는 것을 정당화하는 것을 듣고서 백성들이 바울에 대하여 얼마나 분노하고 광분하였는지에 대하여 듣게 된다.

I. 그들은 목소리를 높여서 고함을 지름으로써 바울로 하여금 정신이 없어서 말을 중단하게 하였고, 아무도 그가 하는 말을 한 마디도 듣지 못하게 하였다. 성난 양심은 조금만 건드려도 반발하며 튀어오른다. 이성의 지배를 받지 않기로 결심한 자들은 통상적으로 할 수만 있다면 이성의 소리를 듣지 않기로 결심한다. 그리스도의 복음을 반대하는 적대감은 통상적으로 여기에서 유대인들이 바울에게 했던 것처럼 그리스도의 사역자들과 그의 복음을 침묵시키고 그들의 입을 틀어막고자 하는 것으로 표출된다. 그들의 조상들은 최고의 선견자들에게 선견하지 말라고 말하였었다(사 30:10). 마찬가지로, 지금 유대인들은 최고의 선지자에게 그치라. 어찌하여 맞으려 하느냐고 말한다(대하 25:16).

II. 그들은 바울에 대하여 자유는커녕 살려둘 가치조차 없는 자라고 고함쳤다. 그들은 바울이 자신을 변호하기 위하여 힘들여 지금까지 말하였던 논거들을 깊이 생각해 보거나 그 논거들에 대하여 어떤 답변을 제시하지도 않은 채 여기저기서 고함을 치며 소리를 질렀다. "이러한 자, 이방인들에게 복음을 전하라는 사명을 받은 체하는 이런 자는 세상에서 없애 버리자. 그는 살려둘 자가 아니라." 이렇게 그들 세대의 가장 큰 축복들이 되었던 사람들은 세상의 부담스러운 짐일 뿐만 아니라 그들 세대의 전염병으로 취급되어 왔다. 그 삶이 최고의 존경을 받을 가치가 있었던 바울은 도리어 목숨 자체를 살려둘 가치가 없는 자로 단죄되었다. 선한 자들에 대한 하나님의 생각과 사람들의 생각이 얼마나 다른지를 보라. 그렇지만 하나님과 사람들은 그들이 이 세상에서 오래 살지 못할 것이라는 점에서는 서로 생각이 같다. 바울은 경건한 유대인들에 대하여 그들이 세상이 감당하지 못한 사람들이었다고 말한다(히 11:38). 그러므로 세상이 그들을 잃게 됨으로써 벌을 받도록 하는 것이 마땅하기 때문에, 그들은 하늘로 옮기워져야 한다. 불경건한 유대인들은 여기에서 바울에 대하여 그를 살려 두는 것이 합당치 않다고 말한다. 그러므로 세상이 요한 계시록에 나오는 두 증인으로 인한 괴로움과 마찬가지로(계 11:10) 바울로 인한 괴로움에서 벗어날 수 있도록 해주기 위하여, 바울은 옮기워져야 한다.

III. 그들은 바울에 대하여 광분하였고, 그들이 바울을 삼켜 버릴 수 있도록 그를 그들의 입 속으로 던져 주지도 않고 그들의 요구를 따라서 그를 즉시 죽이지도 않는 천부장에 대하여 고함을 치며 난리를 피웠다(23절). 그들은 격한 감정 속에서 이성을 완전히 잃어버린 사람들처럼 울부짖는 사자나 분노하여 소리치는 곰처럼 고함을 질렀고, 저녁 나절의 이리들처럼 괴성을 질러댔다. 그들은 바울에게 가까이 다가갈 수만 있다면 그를 찢어 죽이기라도 하고 싶은 심정이라는 듯이 격렬한 분노 속에서 그들의 옷을 벗어 던졌다. 또는, 이렇게 함으로써 그들은 그들이 바울을 돌로 쳐 죽일 작정이라는 것을 나타내 보여주었다. 스데반을 돌로 쳐 죽인 자들도 그들의 옷을 벗어 던졌다(20절). 또는, 그들은 마치 바울이 하나님을 모독하는 발언을 하기라도 한 것처럼 그들의 옷을 찢었다. 또한, 그들은 바울이 한 말에 대한 혐오감의 표시로 티끌을 공중에 날렸다. 이것은 천부장이 허락만 해 준다면 그들이 바울에게 돌을 던질 준비가 되어 있다는 것을 보여주는 것이었을 수도 있다. 그러나 그들 자신이 그들의 이러한 행동들에 대하여 스스로 해명할 수 없다면, 우리가 굳이 나서서 그들이 이렇게 광분한 이유를 제시할 필요가 어디 있겠는가? 그들이 의도한 것은 천부장으로 하여금 그들이 바울에 대하여 얼마나 격노하고 격분해 있는지를 알게 만들어서 그로 하여금 바울을 그들의 뜻대로 하도록 내버려 둠으로써 그들을 만족시키는 것밖에는 다른 도리가 없도록 하기 위한 것이 전부였다.

Ⅳ. 천부장은 바울을 안전하게 하기 위하여 그를 영내로 데려 가라고 명령하였다(24절). 감옥은 종종 분노한 군중들로부터 선한 자들을 보호하는 역할을 해 왔다. 바울이 떠날 때는 아직 오지 않았고, 그는 자신의 증언 사역을 아직 마치지 못 하였다. 그러므로 하나님께서는 바울의 친구들이 그 누구도 그를 위하여 나설 수 없었을 때 그를 돌봐줄 자를 세우신 것이었다. 여호와여, 악인의 소원을 허락하지 마소서.

Ⅴ. 천부장은 백성들로 하여금 바울에 대하여 이렇게 길길이 날뛰며 폭력을 행사하도록 촉발시킬 정도로 그가 어떤 극악무도한 범죄를 저지른 것이라고 생각해서 그에게서 자백을 받아내도록 그를 고문하라고 지시하였다. 그는 그들이 무슨 일로 그에 대하여 떠드는지 알고자 하여 채찍질하며 심문하라 명령하였다(이러한 고문은 지금도 몇몇 나라들에서 행해지고 있다). 그것은 바울을 공정하게 심문하는 것이 아니었다. 천부장은 아우성을 치고 소동을 부리는 자들 중에서 몇 명을 선별하여 공공의 평온을 깨뜨린 자들로 규정하여 그들을 영내로 끌고 와서, 그들을 채찍질하여 심문해서, 자기 자신에 대하여 제대로 변호할 수 있고 사형이나 구금이 필요한 어떤 짓을 한 것으로 보이지 않는 사람에 대하여 그들이 어떤 고소를 제기하는지를 살펴보아야 했다. 그들이 무슨 일로 그에 대하여 떠드는지를 그들에게 물어 보는 것이 합당한 일이었고, 그것을 바울에게 묻는 것은 전혀 합당치 않은 일이었다. 바울은 자기가 그들에게 그렇게 할 수 있는 그 어떤 정당한 명분도 준 적이 없다는 것을 말할 수 있었다. 어떤 정당한 명분이 있다면, 그들은 그것을 제시하여야 한다. 설령 죄를 지었다고 하더라도 그 어떤 사람도 자기 자신을 고소하도록 강제되어서는 안 되고, 하물며 어떤 사람이 죄가 없는데도 자기 자신을 고소하도록 강요받는 것은 더더욱 안 된다. 천부장이 백성들이 바울을 죽이라고 아우성치는 것을 보면 분명히 바울은 극악무도한 짓을 저질렀음이 틀림없다고 결론을 내린 것을 보면, 그는 분명히 유대 민족을 알지 못하였던 것 같다. 그들은 우리 주 예수께서 재판을 받으실 때 재판장이 그들에게 도대체 그가 무슨 악한 일을 하였느냐고 물었을 때에

거기에 대해서는 한 마디도 대답하지 않은 채 그를 십자가에 못 박으소서 그를 십자가에 못 박으소서라고만 외치지 않았던가? 그런데도 난폭한 폭도들이 그 이유를 말할 수 없으면서도 바울을 죽이라고 외쳤다고 해서, 그를 고문하여 강제로 그 이유를 자백하게 하기 위하여 그를 채찍질하는 것이 과연 올바르고 정당한 일인가?

VI. 바울은 로마 시민으로서의 자신의 특권을 내세워서, 이런 유의 모든 재판과 형벌로부터 면제를 받게 되었다(25절).   군사들이 유치장에 있는 극악무도한 범죄자들에게서 자백을 받아낼 때에 흔히 사용했던 방식대로 가죽 줄로 바울을 채찍질을 하기 위해 기둥에 맸을 때, 바울은 죄없는 사람을 이런 식으로 부당하게 고문하여도 되는 것이냐고 소리를 친 것이 아니라, 로마 시민인 자기를 이렇게 불법적으로 심문하는 것이 잘못된 것이라는 것을 군사들에게 아주 온유하게 깨닫게 해주었다. 바울은 이전에도 한 번 빌립보에서 채찍질을 당한 후에 자기가 로마 시민이라는 것을 밝혔었는데(행 16:37), 이번에는 채찍질을 미리 막기 위해서 자기가 로마 시민임을 밝혔다. 바울은 곁에 서 있는 백부장에게 이렇게 말하였다. "네가 법을 알 것인데, 나와 마찬가지로 로마 시민인 너희가 로마 시민된 자를 죄도 정하지 아니하고 채찍질하는 것이 합법적이냐." 바울이 이런 식으로 말하고 있는 것은 이 선한 자가 그에게 가해신 온갖 모욕들과 그가 처해 있는 위험 속에서도 분노나 두려움으로 인해서 마음이 흐트러진 것이 아니라 거룩한 평안과 평정심을 누리고 있었다는 것을 보여준다. 로마 법률에는 만일 어떤 방백이 로마의 자유인을 벌하거나 단죄할 때에 그가 자신을 위하여 변호하는 것을 듣고서 그의 변론 전체(indicta causa)를 숙고함이 없이 그렇게 하였다면, 그 방백은 자신의 자유에 대하여 무척 예민하였던 로마인들에 의해서 재판에 회부될 수 있게 하는 법이 있었다(그 법은 lex Sempronia로 불렸다). 자기가 잘못했다는 것이 입증되지 않는 한 부당한 처벌을 받지 않는 것은 모든 사람의 권리이다. 마그나 카르타(Magna Charta)는 모든 영국 사람은 그의 동료들 중에서 열두 사람의 찬성 평결이 없이는 목숨이나 재판 보유권을 박탈당하지 않는다고 규정하고 있다.

VII. 천부장은 이 말을 듣고 기겁을 하며 놀랐다.   그는 바울을 떠돌이 애굽인으로 여겼다가 그가 헬라어를 사용할 줄 아는 것을 보고서 놀랐었지만(행 21:37), 지금 그가 자기와 마찬가지로 로마의 자유민이라는 사실을 알고서는 훨씬 더 놀랐다. 얼마나 많은 훌륭한 사람들이 그들의 실체가 사람들에게 제대로 알려지지 못해서 멸시받고, 만물의 찌꺼기처럼 여겨지고 취급받고 있는가! 만약 사람들이 그들의 진정한 모습을 알게 된다면, 그들이야말로 이 세상에서 뛰어난 자들에 속한다고 고백하게 될 것이다. 천부장은 백부장들을 비롯한 휘하 군인들에게 바울을 심문하라고 시켰었는데(행 21:32), 그들 중의 한 백부장이 이 문제를 천부장에게 보고하였다: 어찌하려 하느냐. 이는 로마 시민이라. 우리가 이 사람을 함부로 다룬 것은 로마 시민의 위엄을 손상시킨 범죄로 해석될 것이다. 그들은 모두 로마 시민들의 이러한 특권이 얼마나 소중하게 여겨지고 있는지를 알고 있었다. 키케로는 베레스(Verres)를 규탄하는 한 연설에서 로마 시민의 이러한 특권을 다음과 같이 칭송한다: "오, 자유여! 나는 그대의 매력적인 이름을 사랑하노라. 이러한 포르키아(Porcia)와 셈프로니아(Sempronia)에 관한 법률들은 얼마나 기가 막힌가! 로마 시민을 결박하는 것은 범죄이고, 로마 시민을 때리는 것은 용서받을 수 없는 범죄이다." 백부장은 이렇게 말한다. "우리가 조심해야 한다. 이 사람이 로마 사람이라면, 우리가 그를 함부로 대했다가는 적어도 우리의 직책을 잃을 위험이 있다." 좀 더 살펴보자.

1. 천부장은 이 말의 진위 여부를 바울의 입으로부터 직접 확인하고자 하였다(27절). "네가 로마 시민이냐. 내게 말하라. 너는 로마 시민으로서의 특권들을 누릴 자격을 갖고 있느냐." 그러자 바울은 그러하다라고 말하였다. 이 때에 바울은 아마도 그러한 사실을 증명해 주는 어떤 징표를 제시했을 것이다. 왜냐하면, 그렇지 않았다면 그들은 바울의 말을 곧이듣지 않았을 가능성이 크기 때문이다.

2. 천부장은 이 문제를 놓고 바울과 아주 허심탄회하게 서로의 의견을 교환하였는데, 그렇게 해서 바울이 가진 로마 시민으로서의 특권은 천부장이 가지고 있는 것보다 갑절이나 더 귀한 것임이 드러났다. 왜냐하면, 천부장은 자기는 시민권을 돈으로 샀다고 고백하였기 때문이다. "나는 로마의 자유민이지만, 돈을 많이 들여 이 시민권을 얻었노라. 나는 시민권을 얻기 위해서 많은 돈을 썼는데, 너는 어떻게 시민권을 얻었느냐?" 그러자 바울은 나는 나면서부터 시민권을 얻었다고 말한다. 어떤 이들은 다소는 황제에 의해서 로마가 누리고 있던 것과 동일한 특권들을 누릴 수 있도록 특별한 허가를 받은 도시였기 때문에 바울은 다소에서 태어난 원주민으로서 로마 시민권을 얻게 되었을 것이라고 생각

한다. 어떤 이들은 바울의 아버지나 할아버지가 가이사와 안토니우스 간의 내전에서, 또는 그 밖의 다른 어떤 로마의 내전에서 군대로 복무하였고, 그러한 복무의 대가로 로마 시민권을 얻었기 때문에, 바울은 태어날 때부터 로마 시민이 되었을 것이라고 생각한다. 여기에서 바울이 로마 시민으로서의 자신의 권리에 호소한 것은 자신의 목숨을 보존하기 위한 것이었다. 우리는 어떤 목적을 위해서 오직 합법적인 수단들만을 사용하여야 한다.

3. 이렇게 해서 바울에 대한 심문이나 고문은 즉시 중단되었다. 바울을 채찍질해서 심문하도록 명령을 받은 자들은 그 자리를 떠났다. 그들은 죄를 뒤집어쓸 것을 염려해서 빨리 그에게서 물러갔다(29절). 또한, 천부장 자신도 상당한 세력을 지니고 있는 자였음에도 불구하고 바울이 로마 사람이라는 말을 듣고서 두려워하였다. 왜냐하면, 그는 바울을 때린 것은 아니지만 그를 때리기 위해서 결박하였기 때문이다. 이렇게 많은 사람들은 하나님을 두려워하여 악한 일들을 억제하려고 하지는 않지만 사람을 두려워하여 악한 일들을 억제하고 그만둔다. 여기에서 우리는 인간의 법과 방백의 존재가 얼마나 유익한지를 보게 된다. 따라서 우리는 그러한 것들을 허락하신 하나님께 감사하여야 한다. 왜냐하면, 방백들은 비록 사람과 사람 사이의 사건을 공평하고 공정하게 다룸으로써 하나님의 백성과 사역자들에게 호의를 베풀거나 그들을 특별히 보호해 주지는 않는다고 하여도, 악하고 이성없는 불법적인 자들의 광분을 억제하는 역할을 해 왔는데, 만약 이러한 방백들이 없다면, 악인들은 끝을 모르고 악을 자행할 것이지만, 방백들은 그들에게 너희가 여기까지 오고 더 넘어가지 못하리니 네 높은 파도가 여기서 그칠지니라고 말하여 그들을 저지하여 왔기 때문이다. 그러므로 우리는 권세있는 모든 자들에게 이러한 섬김의 빚을 지고 있어서, 그들을 위하여 기도하여야 한다. 왜냐하면, 우리가 모든 경건과 단정함으로 고요하고 평안한 생활을 하기 위해서는 권세있는 자들에게서 그러한 섬김을 기대할 수 있는 이유가 충분히 있기 때문이다(딤전 2:1-2).

4. 천부장은 이튿날 바울을 공회로 데리고 갔다(30절). 천부장은 먼저 사람들이 바울의 사건에 대하여 선입견을 갖지 않도록 하고 자기도 로마 시민을 결박한 죄로 고소당하지 않기 위하여 그의 결박을 풀고서, 그런 후에 고위 제사장들과 온 공회를 모아서 바울의 사건을 심리하게 하였다. 왜냐하면, 천부장은 이것이 종교 문제라는 것을 알았으므로, 그들이야말로 이 사건을 판단할 수 있

는 최적임자들이라고 여겼기 때문이었다. 갈리오는 이러한 사건이 발생하자 바울을 놓아 주었었다. 그는 이 문제가 유대인들의 율법 문제라는 것을 알고서, 바울을 고소한 자들을 법정에서 쫓아내고(행 18:16), 자신은 그 사건에 전혀 관여하려 하지 않았다. 그러나 군인이었던 이 로마인, 즉 천부장은 바울을 가둬 두었다가, 무리들이 아니라 공회에 이 문제를 넘겼다. 좀 더 살펴보자.

(1) 천부장은 바울이 죄가 없고 결백한 자라면 비록 무리들은 바울을 비난하고 격분하였지만 고위 제사장들과 장로들은 그를 공정하게 다루어서 그의 무죄를 밝혀 줄 것이라고 생각해서 바울의 안전을 지켜 주기 위하여 그를 공회에 넘겼을지도 모른다. 왜냐하면, 고위 제사장들과 장로들은 많이 배우고 사려분별력이 있는 자들이고, 그들의 법정은 형평법에 의해서 지배되고 있다고 천부장은 생각했을 것이기 때문이다. 예레미야 선지자는 비천한 자들 가운데서 선한 것을 전혀 찾을 수 없었을 때에 이것은 그들이 여호와의 길, 자기 하나님의 법을 알지 못하기 때문이라고 결론을 내리고서, 큰 자들에게서는 선한 것을 찾을 수 있을 것이라고 기대하였지만, 거기서도 곧 실망하게 되었는데, 여기에서 천부장의 경우가 그러하였다. 큰 자들, 곧 백성의 지도자들은 일제히 멍에를 꺾고 결박을 끊었다(렘 5:4-5).

(2) 그러나 여기에서는 천부장이 이렇게 한 것은 자신의 호기심을 만족시키기 위한 것이었다고 말한다: 그는 유대인들이 무슨 일로 그를 고발하는지 진상을 알고자 하였다. 만약 천부장이 바울을 자신의 집무실로 불러서 그와 허심탄회하게 애기를 나누었다면, 그는 곧 바울로부터 자신의 호기심을 만족시키는 것 이상의 것을 알게 되었을 것이고, 그의 전도를 통해서 그리스도인이 되었을지도 모른다. 그러나 큰 자들과 지도자들은 그들의 양심을 일깨울 수도 있는 그러한 것들로부터 멀찌감치 떨어져서 단지 그것들에 대하여 애기되고 있는 것만을 듣고자 할 뿐 하나님의 도에 관한 지식을 얻고자 하지 않는 일이 너무도 비일비재하다.

제23장

개요

　앞 장은 천부장이 바울을 폭도의 손에서 건져내서 그의 사건을 대제사장의 법정으로 이송한 장면에서 끝이 났다(천부장이 자신의 이익을 위해서 이런 일을 한 것인지 그렇지 않은지는 나도 모른다). 바울의 원수들이 거기에서 좀 더 조용하게 바울을 해치고자 생각한다면, 그들은 좀 더 영악하게 행하고 있는 것이다. 우리는 여기에서 다음과 같은 내용들을 본다. I. 바울은 대제사장에게 자기가 아무런 잘못이 없다고 항변하였고, 사람들이 대제사장에 대한 그의 태도를 질책하자 자기는 그가 대제사장인 줄 알지 못하고 그랬다고 말하면서, 백성들의 관리를 공경해야 할 것에 대하여 말함(1-5절). II. 바울은 바리새인과 사두개인을 서로 이간질시킴으로써 그들로부터 빠져 나오고자 현명하게 처신함(6-9절). III. 천부장이 때를 잘 맞춰서 개입하여 바울을 그들의 손에서 구해 냄(10절). IV. 그리스도께서 바울에게 나타나셔서 위로하시고, 여러 난관들이 닥친다고 하여도 담대하라고 바울을 격려하시며, 그가 장차 해야 할 일을 말씀해 주심(11절). V. 몇몇 열혈 유대인들이 바울을 죽이기로 공모하고서, 그 일에 고위 제사장들과 장로들을 지지자들로 끌어 들임(12-15절). VI. 이러한 음모가 바울에게 알려지고, 바울을 통해서 천부장에게 알려졌고, 천부장은 바울에 대한 유대인들의 악감이 뿌리깊은 것을 보고서, 유대인들의 음모가 사실이라는 것을 믿게 됨(16-22절). VII. 천부장이 바울의 안전을 돌봄으로써 유대인들의 음모를 저지함. 천부장은 철통 같은 호위 속에서 바울을 즉시 예루살렘에서 로마 총독 벨릭스의 관저가 있었던 가이사랴로 호송하였고, 바울은 가이사랴에 무사히 도착하였다(23-35절).

[1]바울이 공회를 주목하여 이르되 여러분 형제들아 오늘까지 나는 범사에 양심을 따라 하나님을 섬겼노라 하거늘 [2]대제사장 아나니아가 바울 곁에 서 있는 사람들에게 그 입을 치라 명하니 [3]바울이 이르되 회칠한 담이여 하나님이 너를 치시리로다 네가 나를 율법대로 심판한다고 앉아서 율법을 어기고 나를 치라 하느냐 하니 [4]곁에 선 사람들이 말하되 하나님의 대제사장을 네가 욕하느냐 [5]바울이 이르되 형제들아

나는 그가 대제사장인 줄 알지 못하였노라 기록하였으되 너의 백성의 관리를 비방하지 말라 하였느니라 하더라

바울은 흔히 이방의 방백들과 법정에 끌려 나갔을 때에는(사람과 사건은 함께 처리된다) 그와 그의 주장이 그들의 무지 때문에 자주 무시되었기 때문에, 그는 예루살렘의 공회 앞으로 끌려 간다면 그들에게 자신의 뜻을 제대로 전달할 수 있을 것이라고 생각하였지만, 우리가 보는 바대로, 그의 주장은 그들에게 전혀 먹히지 않았다. 여기에서 우리는 다음과 같은 내용들을 살펴볼 수 있다.

I. 바울이 자기는 죄가 없다고 항변함. 대제사장이 바울에게 어떤 질문을 던졌는지, 또는 천부장이 바울 사건을 법정에 어떤 식으로 설명하였는지에 대해서 우리는 듣지 못한다. 그러나 어쨌든 바울은 여기에서 다음과 같은 모습을 보였다.

1. 그는 선한 용기를 지니고 있었다. 그는 어려서부터 무척 공경해야 할 대상으로 교육받아 왔었던 그러한 위엄있는 자리에 끌려 나왔지만 전혀 주눅들지 않았다. 또한, 그는 그들이 다메섹에 있는 그리스도인들을 박해하기 위하여 그에게 주었던 공문에 대하여 해명할 것을 요구하는 것을 두려워하지 않았다. 우리가 알기로는, 이것은 바울이 그 때 이래로 그들을 처음 만나게 된 것이었다. 도리어, 바울은 공회를 주목하였다. 스데반이 그들 앞에 끌려 나왔을 때, 그들은 그가 고개를 푹 숙일 것이라고 생각하였지만, 그는 결코 그렇게 하지 않았다. 그에게는 거룩한 확신과 자신감이 있었기 때문이다. 그들은 스데반을 주목하여 보았는데 그 얼굴이 천사의 얼굴과 같았다(행 6:15). 지금 바울이 그들 앞에 끌려 나왔을 때, 그는 그들이 고개를 숙일 것이라고 생각하였지만, 그들은 그렇게 하지 않았다. 그것은 그들의 악하고 뻔뻔스러운 모습을 보여주는 것이었다. 하지만 지금 바울을 통해서 하나님께서 에스겔에게 약속하신 말씀이 성취되었다(겔 3:8-9): 내가 그들의 얼굴을 마주보도록 네 얼굴을 굳게 하였으니 그들을 두려워하지 말며 그 얼굴을 무서워하지 말지어다.

2. 바울은 선한 양심을 지니고 있었다. 이것으로 인해서 그는 선한 용기를 지닐 수 있게 된 것이었다. 너의 순결한 양심을 보존하는 것으로 너의 청동 요새를 삼으라(Hic murus aheneus esto, Nil conscire sibi). 바울은 이렇게 말하였다. "여러분

형제들아, 오늘까지 나는 범사에 양심을 따라 하나님을 섬겼노라. 내가 사람들에게서 어떤 비난을 받더라도, 나의 마음은 나를 책망하지 않고, 도리어 나의 편이 되어서 증언해 주고 있다."

(1) 바울은 항상 신앙을 지키며 살아 온 인물이었다. 그는 결코 두루뭉술하게 대충 인생을 산 사람이 아니었고, 항상 선한 것과 악한 것을 구별하여 선을 행해 온 사람이었다. 그는 심지어 거듭나지 못한 때에도 율법의 의로 말할 것 같으면 흠이 없는 자였다. 그는 자기가 행하는 일이 무슨 의미를 지니고 있는지를 생각하지도 않고 아무렇게나 행하는 자가 아니었고, 아무런 계획도 없이 아무렇게나 행하는 자도 아니었기 때문에, 자기가 목적한 것을 이룰 수밖에 없었다.

(2) 그는 하나님의 교회를 박해할 때조차도 자기는 그렇게 하여야 한다고 생각하였고, 그렇게 하는 것만이 하나님을 섬기는 일이라고 여겼다. 그의 양심이 잘못된 지식에 근거한 것이기는 하였지만, 그는 양심의 명령에 따라서 충실하게 행하였다(행 26:9을 보라).

(3) 그는 그가 회심한 이후, 즉 대제사장을 섬기는 일을 그만둔 이후에도 그의 삶에 아무런 잘못도 없다고 말한 것으로 여겨져서 그 자리에 있던 자들의 분노를 샀던 것으로 보인다. 그는 "내가 태어나서 오늘까지 살아 오면서"라고 말한 것이 아니라, "너희가 나를 너희 교회에 대한 변절자요 배교자요 원수로 여겨 온 모든 날들과 심지어 오늘까지 나는 범사에 양심을 따라 하나님을 섬겼노라"고 말하였다. "너희가 나를 어떻게 생각하든지 간에, 나는 범사에 하나님께 인정을 받아 왔고, 정직하게 살아 왔다"(히 13:18). 그는 오로지 하나님을 기쁘시게 해 드리고 자신의 본분을 다하기 위해서 여러 가지 일들을 한 것뿐인데, 그들은 그 일들 때문에 그에 대하여 격분하였다. 그는 그리스도의 나라를 세우고, 특히 이방인들 가운데서 그리스도의 나라를 세우기 위하여 행한 모든 일을 양심에 따라서 행해 왔었다. 우리는 여기에서 정직한 자가 어떤 자인지를 볼 수 있다.

[1] 그는 하나님을 자기 앞에 두고서, 하나님께서 자기를 보고 있는 것처럼 살아가고, 또한 하나님을 바라보며 살아간다. 너는 내 앞에서 행하여 완전하라.

[2] 그는 자기가 말하고 행동하는 것에 대하여 무척 조심하고, 그에게도 일부 실수와 잘못이 있을 수 있기는 하지만, 자기가 알고 있는 한에서 최선을 다

하여 악한 것을 피하고 선한 일에 열심을 낸다.

[3] 그는 범사에 양심적이다. 그렇지 않은 자들은 결코 진정으로 양심적인 것이 아니다. 정직한 자는 범사에 양심적인 사람이다. "나는 모든 일 속에서 선한 양심을 따라 살아 왔고, 양심의 지시와 다스림 아래에서 모든 것을 행하여 왔다."

[4] 그는 그렇게 행하기를 끝까지 지속하고, 일생 동안 계속한다. "나는 오늘까지 그렇게 살아 왔다." 어떤 일이 닥치거나 상황이 어떻게 변하여도, 그는 변함없이 동일하고, 엄격하게 양심적이다. 이렇게 여기에 나오는 바울처럼 범사에 하나님 앞에서 양심을 따라 사는 자들은 한점 부끄럼 없이 그들의 얼굴을 들 수 있다. 욥이 자신의 흠없고 온전한 신앙을 굳게 지키고 있었을 때에 자신의 양심의 증언을 지니고 있었고, 바울도 그의 양심이 그를 위하여 증언하는 것이 그의 즐거움이었던 것과 마찬가지로, 그들의 양심이 그들을 정죄하지 않는다면, 그들은 하나님과 사람에 대하여 자신감과 담력을 지닐 수 있게 된다.

II. 대제사장 아나니아가 격분하여 범죄함.　　그는 바울 곁에 서 있는 사람들, 즉 법정에서 일하는 관리들에게 그 입을 치라 명하였다(2절). 즉, 그는 손이나 회초리를 가지고 바울의 이빨을 부러뜨리라고 명한 것이었다. 우리 주 예수께서도 성경에서 그들이 막대기로 이스라엘 재판자의 뺨을 치리로다(미 5:1)라고 예언한 대로 이 법정에서 아랫 사람 하나에 의해서 뺨을 맞는 모욕을 당하셨다(요 18:22). 그러나 여기에서는 그렇게 하도록 명령한 것은 법정의 재판장이었고, 실제로 이 일은 행하여졌을 것이다.

1. 대제사장은 바울이 하는 말을 듣고서 격분하였다. 어떤 이들은 대제사장이 이렇게 격분한 것은 바울이 마치 그들로 하여금 얼굴을 못 들고 고개를 숙이게 만들 작정으로 너무도 담대하고 당당하게 공회를 주목하여 보았기 때문이라고 생각한다. 또 어떤 이들은 바울이 뭔가 존경심을 담은 호칭을 사용해서 재판장인 대제사장에게 말을 했어야 하는데도, 법정에 있는 모든 사람들을 형제들이라고 부르면서 아무 거리낌이 없이 친한 사람 대하듯이 말을 하였기 때문이라고 생각한다. 그가 자신의 무죄함을 항변한 것은 그를 짓밟고 그에게 오명을 씌우고자 단단히 결심하고 있던 자에게는 충분히 격분을 불러일으킬 만한 것이었다. 그는 바울을 고소할 그 어떤 죄도 찾을 수 없게 되자 바울이 자신의 무죄함을 주장한 것 자체가 큰 범죄라고 생각하였다.

2. 대제사장은 격분하여 바울에게 모욕을 주기 위하여 그를 치라고 명령하였고, 바울이 입술로 범죄한 것이라고 여겨서 그를 침묵시키고자 하는 의도를 나타내는 표시로 그의 입을 치라고 명령하였다. 대제사장이 이렇게 야만적이고 짐승 같은 짓을 자행할 수밖에 없었던 것은 그가 바울이 지혜와 성령으로 말함을 능히 당하지 못했기 때문이었다. 마찬가지로, 선지자들이 여호와의 이름으로 말을 했을 때에 시드기야는 미가야의 뺨을 때렸고(왕상 22:24) 바스훌은 예레미야를 때렸다(렘 20:2). 그러므로 우리는 선한 자들이 그러한 모욕적인 일을 당하는 것을 본다고 하여도, 아니 우리가 선한 일을 하고 선한 말을 했는데도 그런 모욕을 당한다고 해도 그것을 이상한 일로 생각해서는 안 된다. 그리스도께서는 그를 위하여 입을 맞은 자들에게 입맞춤을 해주실 것이다(아 1:2). 솔로몬이 말했듯이, 올바른 대답을 하는 것은 입맞춤과 같다(잠 24:26)는 말이 통용될 수 있다고 기대해야 하겠지만, 우리는 종종 그 정반대의 현상을 보게 된다.

III. 바울이 재판하는 곳에서 행하여진 이러한 악에 대하여 하나님의 진노가 있을 것이라고 대제사장을 규탄함(전 3:16).   이것은 솔로몬이 그렇게 말한 후에 다음과 같은 말로써 스스로 위로받은 것과 일치한다(전 3:17, 내가 내 마음 속으로 이르기를 의인과 악인을 하나님이 심판하시리라): 회 칠한 담이여, 하나님이 너를 치시리로다(3절). 바울은 죄악된 분노나 감정으로가 아니라 대제사장이 그에게 주어진 권력을 남용하는 것에 대하여 거룩한 열심으로 그런 말을 한 것이었고, 또한 예언의 영으로 말한 것이지 복수의 영으로 말한 것은 결코 아니었다.

1. 바울은 대제사장이 어떤 인물인지를 적절하게 표현한다: 회 칠한 담이여. 즉, 그는 위선자, 속에는 더럽고 쓰레기 같은 것들이 많이 들어 있지만 겉에는 회로 칠하여 하얗게 되어 있는 담과 같은 자라는 것이다. 이것은 사실 그리스도께서 바리새인들을 회 칠한 무덤에 비유하신 것과 동일한 의미이다(마 23:7). 그들은 절제하지 못하고 화 내고 분노함으로써 그들을 깨끗할 뿐만 아니라 즐거운 자들로 만들어 준 그 어떤 것으로 그들 자신을 회 칠히는 데에 실패하였다.

2. 바울은 대제사장에게 어떤 심판이 기다리고 있는지를 말해 준다. "하나님이 너를 치시리로다. 하나님이 너에게 혹독한 심판, 특히 영적인 심판을 내리실

것이다." 그로티우스는 이 일이 있은 후에 얼마 되지 않아서 그가 죽음이나 직위 박탈을 통해서 대제사장직에서 물러나게 됨으로써 이 예언이 성취되었다고 생각한다. 왜냐하면, 이 일이 있은 후에 곧 다른 사람이 대제사장직을 수행하였기 때문이다. 아마도 대제사장 아나니아는 뭔가 하나님의 복수에 의한 일격을 졸지에 맞았을 것이다. 여로보암이 선지자를 해치기 위하여 그의 손을 뻗었을 때에 그 손은 즉시 말라 버렸다.

3. 바울은 대제사장이 왜 그러한 심판을 받아야 하는지 그 이유를 설명한다. "네가 유대 교회의 최고 법원에서 재판장으로서 나를 율법대로 심판하고 율법대로 나를 단죄한다고 앉아서, 율법을 어기고 내가 어떤 범죄를 저질렀는지가 증명되기도 전에 나를 치라 하느냐." 어떤 사람이 태형이 합당하다는 것이 입증되지 않는 한, 그 사람을 때려서는 안 된다(신 25:2). 어떤 사람이 자신을 변호하는 것을 방해하고 그의 변론을 들어보지도 않은 채로 그 사람을 정죄하는 것은 인간과 하나님의 모든 법에 어긋나는 것이다. 바울은 폭도들에 의해서 매를 맞았을 때에는 아버지여 저들을 사하여 주옵소서 자기들이 하는 것을 알지 못함이니이다라고 말할 수 있었다. 그러나 율법에 따라서 재판하는 권한이 주어진 대제사장이 그런 짓을 하는 것은 용서받을 수 없는 일이다.

IV. 바울의 이 대담한 말에 사람들이 화를 냄(4절). 곁에 선 사람들이 말하되 하나님의 대제사장을 네가 욕하느냐. 여기에서 바울이 말한 것에 대하여 그를 책망했던 자들은 율법에 열심이 있었던 믿는 유대인들이었고, 그들은 대제사장도 존중하였기 때문에, 바울이 대제사장에게 이런 식으로 말하는 것은 옳지 않다고 여겨서, 바울이 그렇게 하는 것을 제지하였을 것이라는 추측은 꽤 그럴 듯한 추측이다. 우리는 여기에서 다음과 같은 것들을 살펴볼 수 있다.

1. 바울의 원수들은 그를 능욕하고 그에게 욕설을 퍼부었고, 바울의 친구들은 곁에서 그를 도와 주기는커녕 그가 처신을 잘못하고 있다고 흠을 잡는 상황 속에서 바울은 너무도 어려운 시합을 해 나가야 했다.

2. 그리스도의 제자들조차도 외적인 영화와 권세를 지나치게 과대평가할 소지가 대단히 많다. 성전은 하나님의 성전이었고 아주 웅장한 건물이었기 때문에, 그리스도를 따르는 자들 중에서도 그 성전이 멸망을 당하게 될 것이라는 그리스도의 말씀을 견딜 수 없어 했던 자들이 있었던 것과 마찬가지로, 대제사장은 하나님의 대제사장이었고 유대교를 대표하는 인물이었기 때문에, 그가

기독교에 대하여 불구대천의 원수였다고 할지라도, 바울이 그에게 예를 갖추지 않는 것을 못마땅하게 여기는 자들이 있었다.

V. 바울은 자기가 그렇게 말한 것에 대하여 변명을 함. 왜냐하면, 그는 자기가 한 말이 믿음이 약한 형제들에게 걸림돌이 될 수 있고, 그들로 하여금 다른 일들과 관련해서도 그를 선입견을 가지고서 좋지 않게 볼 위험이 있다는 것을 간파했기 때문이었다. 이 유대 그리스도인들은 비록 믿음이 연약하였지만 그래도 형제들이었기 때문에, 바울은 그들을 여기에서 형제들이라고 불렀고, 그들의 그러한 신앙 상태를 배려해서 아주 기꺼이 자기가 한 말을 취소하고자 하였다. 누가 실족하게 되면 내가 애타지 아니하더냐(고후 11:29). 믿음이 약한 형제를 실족시키느니 차라리 자신에게 주어진 그리스도인으로서의 자유를 포기하는 편이 낫다는 것이 바울의 확고한 신념이었다. 믿음이 연약한 형제를 실족시키는 것보다는 그는 영원히 고기를 먹지 아니하고자 하였다(고전 8:13). 여기에서도 바울은 대제사장에게 자기가 하고 싶은 말을 할 자유를 갖고 있기는 하였지만, 자기가 한 말이 약한 형제들에게 실족할 수 있는 빌미를 줄 수 있다는 것을 알고서, 내가 잘못했다(Peccavi)고 금방 시인하였다. 그는 자기가 그런 말을 하지 않았었더라면 더 좋았을 것이라고 생각하였다. 그는 대제사장에게 용서를 빌거나 그에게 변명을 하지는 않았지만, 자기가 한 말을 듣고서 실족한 형제들에게는 용서를 빌었다. 왜냐하면, 지금은 그가 그들에게 더 나은 지식을 전해 주거나 자기가 옳다는 것을 입증하기 위하여 무슨 말을 할 때가 아니었기 때문이다.

1. 바울은 자기가 대제사장에게 그런 말을 했을 때에 미처 대제사장이 어떤 사람인지를 고려하지 못했었다고 변명한다(5절): 형제들아, 나는 그가 대제사장인 줄 알지 못하였노라(헬라어로는 우크 에데인). "나는 내가 말할 때에 그의 지위가 지닌 위엄을 미처 생각하지 못하였다. 그런 생각을 하였다면, 나는 그에게 좀 더 공손하게 말하였을 것이다." 우리는 바울이 자기 앞에 있는 그가 대제사장인 줄을 알지 못하였다고 생각할 여지는 전혀 없다고 본다. 왜냐하면, 바울은 이미 유월절을 맞이하여서 성전에서 7일 동안 있었는데, 거기에서 대제사장을 보지 못했을 리가 없기 때문이다. 또한, 바울이 그가 율법대로 심판한다고 앉아 있다고 말한 것은 그를 심문하고 있는 자가 누구라는 것을 그가 알고 있었다는 것을 보여준다. 여기에서 바울이 한 말의 의미는 그가 미처 자기를

심문하는 사람이 대제사장이라는 것을 고려하지 못하였다는 것이다. 휘트비 박사는 이 본문을 그런 식으로 해석해서, 바울에게 예언적인 욕구가 임하여서 내면에서 그로 하여금 그렇게 말하도록 하였는데, 만약 바울이 자기 앞에 있는 사람이 대제사장이라는 것을 인식하였더라면, 그는 예언적인 감동을 따라서 말할 수 없었을 것이기 때문에, 그가 대제사장을 인식하는 것이 허락되지 않은 것이라고 말한다. 그러나 유대인들은 다른 사람들은 그렇게 해서는 안 되지만 선지자들은 관원들에게 그 어떤 말도 할 수 있는 자유를 지니고 있다는 것을 인정하였다(사 1:10, 23). 또는, 바울은 자기가 한 말을 취소하고 변명하고 있는 것이 아니라, 오히려 그것을 정당화하고자 하였다(그로티우스와 라이트푸트는 이런 식으로 해석한다). "나는 하나님의 대제사장을 욕하는 것은 옳지 않다는 것을 인정하지만, 이 아나니아가 대제사장이라는 것을 나는 인정하지 못한다. 그는 찬탈자이다. 그는 뇌물을 써서 비정상적인 방식으로 대제사장직에 올랐는데, 유대 랍비들은 그렇게 한 자는 재판장일 수 없고, 재판장으로서 공경을 받을 자격도 없다고 말하였다."

2. 그렇지만 바울은 그가 말한 것이 혹시라도 선례가 되어서 율법에서 규정하고 있는 것을 조금이라도 약화시키지 않도록 하기 위하여 신경을 쓴다: 기록하였으되 너의 백성의 관리를 비방하지 말라 하였느니라. 그리고 그것은 여전히 율법으로서의 온전한 효력을 지니고 있다. 방백들에 대한 존경을 유지되게 하고, 방백의 직을 맡은 자들이 잘못한 것들이 있다고 하여도 그 잘못들 때문에 방백들에 대한 존경심이 훼손되지 않게 하며, 왕들과 재판관들에 대하여 말할 때에는 예의를 갖추어서 말하는 것은 공공의 유익을 위한 것이다. 심지어 욥의 시대에서조차도 왕에게 무용지물이라 하며 지도자들에게 악하다 말하는 것은 합당치 않은 것으로 생각되었다(욥 34:18). 우리는 선한 일을 하고서도 고난을 받게 되더라도 참아야 한다(벧전 2:20). 그러나 방백들이 그들이 잘못한 일들에 대하여 듣지 않아도 된다거나, 적절한 위치에 있는 자들이 예를 갖추어서 방백들이 백성들에게 지워주는 무거운 짐들에 대하여 탄원할 수 없는 것이 아니라, 권세있는 자들을 대할 때에는 일반 사람들을 대할 때보다도 더 큰 존경심과 예를 갖추어서 공손하게 말하고 행하여야 한다는 것이다. 왜냐하면, 하나님의 율법은 하나님의 사자들로서의 방백들에게 특별한 존경을 드려야 한다고 규정하고 있기 때문이다. 권위를 업신여기며 영광을 비방하는 자를 어떤 식으로

든 비호하는 것은 위험스러운 결과를 초래하게 된다(유 1:8). 심중에라도 왕을 저주하지 말라(전 10:20).

⁶바울이 그 중 일부는 사두개인이요 다른 일부는 바리새인인 줄 알고 공회에서 외쳐 이르되 여러분 형제들아 나는 바리새인이요 또 바리새인의 아들이라 죽은 자의 소망 곧 부활로 말미암아 내가 심문을 받노라 ⁷그 말을 한즉 바리새인과 사두개인 사이에 다툼이 생겨 무리가 나누어지니 ⁸이는 사두개인은 부활도 없고 천사도 없고 영도 없다 하고 바리새인은 다 있다 함이라 ⁹크게 떠들새 바리새인 편에서 몇 서기관이 일어나 다투어 이르되 우리가 이 사람을 보니 악한 것이 없도다 혹 영이나 혹 천사가 그에게 말하였으면 어찌 하겠느냐 하여 ¹⁰큰 분쟁이 생기니 천부장은 바울이 그들에게 찢겨질까 하여 군인을 명하여 내려가 무리 가운데서 빼앗아 가지고 영내로 들어가라 하니라 ¹¹그 날 밤에 주께서 바울 곁에 서서 이르시되 담대하라 네가 예루살렘에서 나의 일을 증언한 것 같이 로마에서도 증언하여야 하리라 하시니라

의인들이 무수히 환난을 당할지라도, 이런저런 방식으로 주께서 그들을 그 모든 환난에서 건지시리라. 바울은 그가 이방인들 가운데서 박해를 무수히 겪으면서 이 말씀이 진리라는 것을 체험하였다고 고백한다(딤후 3:11): 주께서 이 모든 것 가운데서 나를 건지셨느니라. 지금 바울은 지금까지 자기를 건져 주셨던 분께서 앞으로도 자기를 건져 주실 것임을 안다. 앞 장에서 폭도들로부터 그를 건져 주셨던 분께서 여기서는 장로들의 포악에서 그를 건져 주신다.

I. 바울은 여기에서 다른 사람의 도움을 받는 대신에 자신의 기지로 위기를 모면한다. 바울이 자신에 대하여 가장 큰 영광으로 여겼던 것은 그가 그리스도인이고 그리스도의 사도라는 것이었다. 그는 그 밖의 다른 그의 모든 명예들을 이것에 비해서 아무것도 아닌 것으로 여겼고 멸시하여서, 그것들을 배설물로 여겼는데, 이는 그가 그리스도를 얻기 위한 것이었다. 그렇지만 바울은 종종 자기가 갖고 있는 다른 명예들을 사용하곤 했는데, 그것들은 그에게 쓸모가 있었다. 앞 장에서 그는 도망자 애굽인으로 지목당하여 천부장에게 채찍질을 당할 뻔하다가 로마 시민이었기 때문에 그 위기를 모면하였고, 여기에서는 그가 바리새인이었기 때문에 공회에 의해서 이스라엘의 하나님의 신앙과 예배를 배신

한 배교자로 단죄당하는 것을 모면하였다. 우리가 그리스도를 위하여 기꺼이 고난을 받고자 하는 것은 환난을 피하고 환난에서 벗어나기 위하여 모든 합법적인 수단들과 기법들을 사용하는 것과 전혀 모순이 되지 않는다. 바울이 여기에서 위기를 모면하기 위해서 사용한 정직한 방책은 그를 재판하는 자들을 분열시켜서 그를 처벌하는 문제와 관련하여 서로 다투게 하고 서로를 이간질시키는 것이었다. 그것은 한쪽 편을 그에게 더욱 분노하게 만들어서 다른 쪽으로 하여금 그를 돕도록 유도하는 것이었다.

1. 공회는 사두개인들과 바리새인들로 구성되어 있었고, 바울은 그것을 알고 있었다. 그는 그들 가운데서 오랫동안 살았기 때문에 그들이 어떤 자들인지를 알고 있었고, 그를 재판하는 사람들 가운데에는 그가 사두개파로 알고 있었던 자들도 있었고, 바리새파로 알고 있었던 자들도 거기에 있었다(6절): 일부는 사두개인이요 다른 일부는 바리새인이었다. 아마도 사두개인과 바리새인이 거의 동수였을 것이다. 사두개인과 바리새인은 많은 문제들에 있어서 그 견해가 서로 아주 많이 달랐지만, 보통 때에는 공회의 일을 함께 잘 처리해 나갔다.

(1) 바리새인들은 예식들, 즉 하나님께서 율법에 정하신 예식들만이 아니라 장로들의 전통에 의해서 규정된 예식들에 대해서도 열심이 있었던 골수 율법주의자들이었다. 그들은 교회의 권위를 절대적으로 신봉하여서 사람들에게 교회의 명령들에 복종하도록 강요하였기 때문에, 그들과 우리 주 예수 사이에는 많은 다툼이 있었다. 그러나 이와 동시에 바리새인들은 영들의 세계, 죽은 자들의 부활, 내세에서의 삶과 관련된 유대 교회의 신앙에 있어서는 매우 정통적인 견해를 지니고 있었다.

(2) 사두개인들은 무신론자들로서 성경이나 하나님의 계시에 문외한들이었다. 그들은 모세의 책들만을 선한 역사와 선한 율법을 담고 있는 것으로 인정하였고, 구약성경의 다른 책들에 대해서는 거의 인정하려 들지 않았다(마 22:23을 보라). 여기에서는 사두개인들에 대하여 다음과 같이 설명한다.

[1] 그들은 부활을 부정하였다는 것. 그들은 몸이 다시 살게 되는 것을 부정했을 뿐만 아니라, 장차 사람들이 이 세상에서 한 일에 대하여 상이나 벌을 받게 된다는 것도 부정하였다. 그들은 영원한 행복에 대한 소망이나 영원한 형벌에 대한 두려움, 죽고 난 이후의 그 어떤 일에 대한 기대도 가지고 있지 않았다. 이러한 사상들에 근거해서 그들은 하나님을 섬기는 것이 헛되다고 말하였고, 교

만한 자들을 행복하다고 하였다(말 3:14-15).

[2] 그들은 천사들과 영들의 존재를 부정하였고, 물질 외에는 그 어떤 것도 존재하지 않는다고 생각하였다는 것. 그들은 하나님 자신도 물질로 되어 있어서 우리와 마찬가지로 사지와 기관들을 가지고 있다고 생각하였다. 그들은 구약성경에 천사들이 나오는 대목을 읽을 때에는 천사들은 하나님께서 일이 있을 때마다 심부름을 보내기 위해서 임시로 만드신 사자들이라고 생각하거나, 천사들은 실제로 존재하는 것이 아니라 사람들이 망상에 의해서 헛 것을 본 것이라고 생각하였다. 천사들은 고유의 형상을 지니고 있는 것이 아니라 그때그때 이런저런 모습을 하고 있다는 것이다. 사람들의 영혼에 대하여 그들은 영혼은 몸의 기운 또는 생기에 불과한 것으로 여겼고, 영혼이 몸과 분리되어 존재한다는 것을 부정하였고, 사람의 영혼과 짐승의 영혼이 서로 다르다는 것도 부정하였다. 사두개인들은 그 어느 것에도 얽매이지 않는 자유로운 사상가들인 체하였지만, 실제로는 너무도 천하고 엉터리 같으며 세속적으로 사고한 것이었다. 이렇게 부패되고 악한 사상 원리들을 지닌 자들이 어떻게 관리가 될 수 있었고, 공회에 한 자리를 차지할 수 있게 되었는지 참으로 이상한 일이다. 그러나 사두개인들 중 다수는 교육을 많이 받고 재산을 많이 가지고 있는 명망가들이었고, 그들은 사회의 주류층에 영합하고 거기로 침투하여 그 지위를 유지해 나갔다. 그러나 그들은 일반적으로 이단자로 낙인찍혔고, 쾌락주의자들로 규정되어서, 사람들은 그들이 영생에 들지 못하도록 기도하였다. 오늘날의 유대인들이 그리스도인들을 반대하며 기도할 때에 사용하는 기도문은 가말리엘이 사두개파를 반대하여 만든 기도문이라고 비치우스는 말한다. 바리새인들은 악인의 이름을 썩게 하소서라고 기도하며 사두개파를 저주하였다. 그러나 사두개인들과 같은 그토록 속된 자들이 유대인들의 관원들 중에 있었다는 것은 당시의 유대 교회가 얼마나 타락하였고 얼마나 비참한 처지에 있었는지를 잘 보여준다.

2. 바울은 바리새인과 사두개인들의 이러한 차이를 이용해서 자기는 사두개인들에게 반대하고 바리새인들의 편에 서 있노라고 공개적으로 선언하였다(6절): 그는 모든 사람들이 들을 수 있도록 하기 위하여 이렇게 외쳤다. "나는 바리새인이요, 바리새인으로 길러졌고, 아니 나는 날 때부터 사실상 바리새인이었다. 왜냐하면, 나는 바리새인의 아들로서, 내 아버지는 나에 앞서서 바리새인

이셨기 때문이다. 지금까지도 나는 여전히 바리새인이어서 죽은 자의 부활을 소망한다. 그리고 내가 진정으로 말하노니, 지금 나와 관련된 이 사건은 엄밀히 따지면 죽은 자의 소망 곧 부활을 내가 주장했기 때문에 내가 심문을 받는 것이다." 그리스도께서 이 세상에 계실 때에는 바리새인들이 그를 공격하는 데에 앞장섰다. 왜냐하면, 그리스도께서는 바리새인들의 전통을 반대하는 말씀을 하셨고, 율법에 대한 그들의 엉터리 같은 해석들을 잘못되었다고 말씀하셨기 때문이었다. 그러나 그리스도께서 승천하신 후에는 그리스도의 사도들을 가장 앞장서서 박해한 것은 사두개인들이었다. 왜냐하면, 사도들은 예수 안에 죽은 자의 부활이 있다고 백성을 가르치고 전하였기 때문이다(행 4:1-2). 성경에서는 사도들이 복음으로 말미암아 드러난 저 영생과 썩지 않음을 전하였기 때문에 사두개인의 당파가 다 마음에 시기가 가득하여 사도들에게 분노하였다고 말한다(행 5:17). 좀 더 살펴보자.

(1) 바울은 바리새파가 옳은 한에 있어서 자기 자신을 바리새인이라고 시인한다. 바리새파 사상이 기독교와 반대되는 것일 때에는 바울은 거기에 맞서서, 하나님의 법을 가리거나 그리스도의 복음과 모순되는 그들의 모든 전통들에 대항하였지만, 사두개파와 대항하는 바리새파의 사상이 옳은 것일 때에는 바리새파를 지지하였다. 우리는 부패하거나 잘못된 사람들이 하나님의 진리를 주장한다고 해서 그 진리 자체를 나쁘게 생각하거나 그 진리를 시인하는 것을 부끄러워 해서는 안 된다. 바리새인들이 죽은 자들의 부활에 대한 소망을 지니고 있다면, 바울은 그들이 원하든 원하지 않든 그 소망과 관련해서는 그들에게 동의하고 그들 중의 일원이 되고자 한다.

(2) 바울은 자기가 그리스도인으로서 박해를 받고 있지만 사실 그가 심문을 받고 있는 것은 바로 이 부활 문제 때문이라는 것을 밝히고자 하였다. 아마도 그는 사두개인들이 바리새인들과는 달리 보통 사람들 가운데서 세력을 얻고 있지는 못하였고, 자기가 이방인들에게 복음을 전하였다는 죄목을 내세워서 은근히 뒤에서 무리들을 부추겨서 그를 반대하게 하였지만, 실제로 사두개인들이 그를 해치고자 하는 것은 그가 부활에 대한 소망을 전하였기 때문이라는 것을 알고 있었을 것이다. 바울은 그가 그리스도인이라는 사실 때문에 심문을 받고 있었지만, 그가 나중에 호소하였던 것과 마찬가지로 여기에서도 죽은 자들의 부활에 대한 소망 때문에 자기가 심문을 받고 있는 것이라고 진정으로 말

할 수 있었다(행 24:15; 26:6). 바울은 주님과 마찬가지로 장로들의 전통에 반대하는 말씀을 전함으로써 그 점에서 바리새파를 반대하였지만, 그가 죽은 자들의 부활과 장래의 상태에 관하여 전하는 것을 더욱 소중하게 여겼는데, 이 점에서 그는 바리새인들과 견해가 동일하였다.

3. 바울이 이 말을 함으로써 공회는 파가 나뉘어져서 분열되었다. 대제사장은 사두개인들의 편을 들었던 것으로 보인다(그가 전에도 그랬듯이, 행 5:17). 이 점은 그가 바울에 대하여 격분한 것을 통해서 드러났다(2절). 그래서 바리새인들은 더욱더 경각심을 가지게 되었다. 그러는 와중에서 바울이 한 말로 인해서 바리새인과 사두개인 사이에 다툼이 생겨 무리가 나누어졌다(7절). 왜냐하면, 바울이 그런 말을 해서 사두개인들은 더욱 그를 죽이고자 하였고, 바리새인들은 그를 심문하는 데에 시큰둥해졌기 때문이다. 무리가 나누어졌다. 무리 가운데 다툼이 생겨서, 무리들의 칼날은 바울에게서 그들 서로에게로 옮겨지기 시작하였다. 무리 가운데 서로 의견이 달랐기 때문에 바울에 대한 심문은 더 이상 진행될 수 없었고, 무리 가운데 일치된 견해가 없었기 때문에 교회의 일치를 깨뜨린 것에 대하여 바울을 심문하는 것도 불가능하였다. 조금 전까지만 해도 모든 사람들이 바울을 비난하며 욕하였었는데, 이제는 무리들이 서로를 비난하며 크게 떠들었다(9절). 당시에는 모는 무류의 유대인들 사이에서는 사납고 분노하는 영이 지배하고 있었기 때문에, 모든 일은 아우성과 고함과 큰 소리치는 것을 통해서 이루어졌다. 그들의 신앙의 위대한 원리들은 이런 식으로 소동하는 방식으로 옹호되었기 때문에, 사람들은 그 신앙의 위대한 원리들에 별로 관심을 기울이지 않았다. 왜냐하면, 사람이 성내는 것이 하나님의 의를 이루지 못하기 때문이다. 반대하는 자들을 조리있는 말로 설득할 수는 있어도, 으름장을 놓거나 큰 소리를 쳐서는 결코 설득할 수 없는 법이다.

4. 그러자 바리새인들은 바울의 편을 들었다(9절): 바리새인 편에서 몇 서기관이 일어나 다투어 이르되 우리가 이 사람을 보니 악한 것이 없도다 하였다. 바울은 성전에서 예를 갖추어 공경하는 마음으로 행동하였었고, 유대 교회의 예배에 잠시 하였었다. 비록 이것은 단편적인 모습이었다고 힐지라도, 그것은 바울이 소문과는 달리 유대 교회의 원수가 아니라는 것을 보여주는 것이었다. 또한, 바울은 아주 훌륭하게 자기 자신을 변호하였고, 자신을 잘 해명하였으며, 이제 자기가 모든 행실에서 규율을 지키며 양심적이었음과 동시에 신앙의 위대한

원리들에 있어서 정통적인 견해를 지니고 있다고 분명하게 밝혔었다. 그러므로 바리새인들은 그가 사형이나 결박을 당할 만한 행위를 하지 않았다고 생각하게 된 것이다. 뿐만 아니라, 그들은 한 걸음 더 나아가서 이렇게 말한다. "혹 영이나 혹 천사가 예수에 관하여 그에게 말하여서 그로 하여금 예수를 전하게 한 것이라면, 비록 우리는 그를 신뢰하는 데까지는 이를 수 없다고 할지라도, 우리는 하나님을 대적하는 자가 되지 않기 위하여 그를 반대하는 데에 신중하지 않으면 안 된다." 전에 그 자신도 바리새인이었던 가말리엘은 이와 같은 논리를 폈었다(행 5:39). 좀 더 살펴보자.

(1) 우리는 하나님께서 복음을 존귀하게 하시기 위하여 심지어 복음을 반대하는 자들에 의해서도 복음이 증언되게 하시고, 진리의 권능을 통해서 진리를 박해하는 자들로부터도 복음이 순전하다는 것뿐만 아니라 복음이 탁월하다는 것에 대한 고백을 종종 이끌어 내시는 것을 보게 된다. 빌라도는 그리스도를 죽음에 이르게 하였지만 그리스도에게서 아무런 잘못도 찾아낼 수 없었고, 베스도는 바울을 결박하여 옥에 가두었지만 바울에게서 그 어떤 잘못도 발견할 수 없었다. 바리새인들은 여기서 바울이 하늘이 보낸 천사에 의해서 그가 지금까지 행한 일을 행하도록 사명을 받았을 가능성이 있다고 말하였다. 그렇지만 그들은 이 일 후에 장로들로 등장하여 대제사장과 함께 바울을 박해하는 데에 동참하였던 것으로 보인다(행 24:1). 그들은 그리스도께서 그들에 대하여 말씀하신 것처럼 그들이 가지고 있을 뿐만 아니라 종종 고백하기조차 하였던 그러한 지식을 거슬러서 범죄하였다: 그들이 나와 내 아버지를 보았고 또 미워하였도다(요 15:24).

(2) 그렇지만 우리는 바리새인들 중 일부는 적어도 이 일 이후로 자기가 범사에 양심적으로 행하였고 저 세상을 믿는 믿음을 지니고 있다고 만족스럽게 해명하였던 바울에 대하여 이전보다 더 좋은 감정을 갖게 되었을 것이고, 그에게 호의적이 되었을 것이라고 볼 수 있을 것이다. 그런 바리새인들의 경우에는 바울이 결별하였던 장로들의 전통들에 대한 그들의 열심이 바울이 여전히 붙잡고 있었던 저 위대하고 근본적인 신앙의 원리들에 대한 열심에 의해서 삼켜져 버렸고, 바울이 사두개파에 대항하여 진심으로 그들과 뜻을 같이하고, 죽은 자들의 부활에 대한 소망을 붙잡는다면, 그들은 그가 율법의 예식들을 뒤흔들어 놓는 것을 그의 악한 일로 생각하지 않고, 그가 천사나 영에 의해서 하나님

께서 그에게 주신 빛을 따라 행하고 있는 것이라고 좀 더 호의적으로 생각하여
서, 그를 박해하기는커녕 오히려 그를 기꺼이 후원하고 보호해 주었을 것이다.
로마 교회를 박해한 바리새인들은 이런 부류의 바리새인들이 아니었다. 왜냐
하면, 어떤 사람이 기독교 신앙의 모든 신조들에 대하여 더할 나위 없이 진실
하고 열심이라고 하더라도, 그가 유대 교회의 권위의 멍에를 짊어지지 않는다
면, 그 바리새인들은 그를 악하다고 정죄하고서, 그를 박해하여 죽이기까지 하
였기 때문이다.

Ⅱ. 천부장이 바울을 돌보아 주는 것이 바울에게 큰 도움이 되었다. 왜냐하
면, 바울이 바리새인들과 사두개인 사이에 다툼을 일으키기 위해서 부활이라
는 뼈다귀를 던졌지만(이것으로 인해서 이 두 파는 서로 싸우게 되었고, 바리
새파로부터 공정한 증언이 나오게 되었다), 바울은 결코 더 안전해진 것이 아
니라, 그 두 파에 의해서 찢겨질 위험에 처하게 되었기 때문이다. 바리새인들
은 그를 놓아 주려고 잡아 끌었고, 사두개인들은 그를 죽이거나, 사자 굴에 던
져진 다니엘처럼 그를 백성들에게 던지기 위해서 그를 끌어 당겼다. 따라서 천
부장은 그의 군사들을 이끌고 와서, 전에 그랬던 것처럼(행 21:32; 22:24) 그
를 구해 내었다.

1. 여기에서 바울이 당한 위험을 보라. 바울은 그의 친구들과 그의 원수들
사이에서 찢겨질 뻔하였는데, 그의 원수들은 그를 죽음으로 잡아 당기고자 하
였고, 그의 친구들은 그가 죽을까봐 그를 건져 내기 위해서 끌어 당겼다. 이와
같은 폭력은 바울과 같이 유명한 자로서 그를 사랑하는 사람도 많고 그를 미워
하는 사람도 많은 경우에 당하기 쉬운 폭력이다.

2. 바울이 건짐을 받는 것을 보라: 천부장은 군인들을 명하여 위에서 내려가
공회가 열리고 있던 성전의 한 구역에서 무리 가운데서 그를 빼앗아 가지고 영내
로, 또는 안토니오 요새로 들어가라 하였다. 왜냐하면, 천부장은 바울과 관련된
사건을 그들에게 맡겨 보아야 제대로 처리되지 못하리라는 것을 알았기 때문
이있다.

Ⅲ. 하나님의 위로하심은 다른 무엇보다도 그를 견고하게 세워 주었다. 천
부장은 바울을 잔혹한 사람들의 손에서 구해 내긴 했지만, 여전히 그를 가둬
두고 있었기 때문에, 바울이 어떻게 될지는 알 수 없는 노릇이었다. 영내는 바
울을 보호해 주는 곳이었지만, 동시에 그를 묶어 두는 곳이기도 하였다. 영내

는 지금 바울이 무지막지한 죽음을 당하지 않도록 보호해 주는 곳이었지만, 더 끔찍한 죽음을 위하여 그를 가둬 두는 곳이 될 수도 있었다. 우리는 예루살렘에 있는 사도들이나 장로들 중에서 그 누구도 바울에게 왔다는 말을 성경에서 듣지 못한다. 그들은 용기가 없었거나 허가를 받지 못했을 것이다. 아마도 그 날 밤에 바울은 그가 앞으로 어떻게 될 것인지, 그의 현재의 환난이 변하여 어떻게 선한 목적을 이룰 수 있게 될지를 놓고 많은 생각과 근심에 잠겨 있었을 것이다. 그 때에 주 예수께서 인자하시게도 그를 찾아 주셨다. 때는 한밤중이었지만, 그것은 매우 시의적절한 방문이었다(11절). 주께서 밀짚으로 만든 침상에 누워 있던 바울에게 찾아 오셔서, 그에게 주께서 이 밤에 그에게 보이신 것이 분명하게 보여주듯이 온종일 내내 그와 함께 계셨다는 것을 그에게 보여 주기 위하여 곁에 서셨다. 누가 우리를 대적하든, 주께서 우리 곁에 서시면, 우리는 두려워할 필요가 없다는 것을 명심하라. 주께서 우리를 보호하시면, 우리는 우리를 파멸시키고자 하는 자들에 대하여 코웃음을 칠 수 있다. 내 생명을 붙들어 주시는 주께서 함께 하시면, 아무것도 잘못될 수 없다.

1. 그리스도께서는 바울에게 담대하라고 명하신다. "바울아, 담대하라. 용기를 잃지 말라. 지금까지 벌어진 일 때문에 슬퍼하지 말고, 앞으로 네게 일어날 일 때문에 두려워하지 말라." 그리스도의 뜻은 그의 신실한 종들이 항상 기뻐하고 즐거워하는 것임을 명심하라. 아마도 바울은 자기가 행한 일을 돌아보면서 전날에 공회에서 그가 한 말이 과연 잘한 것이었는지에 대해서 곰곰이 되씹고 있었을 것이다. 그러나 그리스도께서는 그의 말씀을 통해서 하나님께서 그의 행위를 인정하셨다고 말해 줌으로써 바울을 만족시키셨다. 또는, 바울은 그의 친구들이 자기를 찾아오지 않은 것에 대하여 근심하고 있었을 수도 있다. 그러나 그리스도께서 바울아, 즐거워하고 기뻐하라(개역에서는 담대하라)고 말씀하지 않으셨다고 할지라도, 그리스도께서 바울을 찾아 주신 것 자체가 바울에게는 큰 기쁨이 되었다.

2. 그리스도께서는 바울을 격려하기 위해서 이상한 논거를 사용하신다: 네가 예루살렘에서 나의 일을 증언한 것 같이 로마에서도 증언하여야 하리라. 우리는 이런 말이 과연 위로가 되겠느냐고 생각할지도 모른다. "네가 나를 위하여 지금까지 수많은 고초를 겪어 왔듯이, 앞으로도 더 많은 고초를 겪어야 할 것이다." 그렇지만 이 말은 분명히 바울을 격려하기 위한 것이었다. 왜냐하면, 이 말을

통해서 바울은 다음과 같은 것들을 깨닫게 되었기 때문이다.

(1) 그가 이제까지 고난을 참고 견뎌 온 것은 그리스도를 섬기며 그를 증언한 것이었다는 것. 바울이 고초를 당한 것은 결코 그에게 잘못이 있었기 때문이 아니었다. 바울이 이전에 교회를 박해한 것에 대하여 아무리 스스로를 자책한다고 하여도, 그가 지금 이렇게 고난을 당하고 있는 것은 그 대가를 치르고 있는 것이 아니라, 주께서 그에게 의도하신 일을 그가 계속해서 수행해 나가고 있는 것이었다.

(2) 그가 감옥에 갇혔다고 해서 그리스도를 증언하는 그의 사역이 끝난 것이 아니고, 또한 쓸모가 없어서 내버려진 것이 아니라 앞으로의 사역을 위해서 잠시 숨고르기를 하고 있는 것이라는 것. 바울에게는 자기가 그리스도를 섬기고 영혼들에게 선한 일을 하는 일로부터 배제되었다고 생각되는 것보다 그를 더 낙심시키는 것은 없었다. 그리스도께서는 두려워 말라 너는 아직 해야 할 일이 있느니라고 말씀하신다.

(3) 바울은 로마에 이미 복음이 전해졌고 거기에 교회가 세워졌기는 하지만 로마로 가서 복음을 전하고자 하는 순수한 열망을 지니고 있었던 것으로 보인다. 로마의 시민으로서 그는 로마에 가 보기를 원하였고 그럴 계획을 세웠었다(행 19:21): 내가 예루살렘에 갔다가 후에 로마도 보아야 하리라. 또한, 그는 로마 교인들에게 얼마 후에 그가 그들을 보기를 간절히 원한다고 편지를 써서 자신의 뜻을 전하기도 하였다(롬 1:11). 그런데 바울은 지금 그가 죄수가 되었기 때문에 자신의 모든 계획이 수포로 돌아가서 그가 다시는 로마를 보지 못하게 되리라는 결론을 내리게 되었다. 그러나 그리스도께서는 그러한 상황 속에서도 바울에게 그의 뜻이 이루어지게 될 것이라고 말씀해 주신다. 왜냐하면, 바울이 로마에 가기를 원하였던 것은 그리스도의 영광을 나타내고 선한 일을 하기 위한 것이었기 때문이다.

¹²날이 새매 유대인들이 당을 지어 맹세하되 바울을 죽이기 전에는 먹지도 아니하고 마시지도 아니하겠다 하고 ¹³이같이 동맹한 자가 사십여 명이더라 ¹⁴대제사장들과 장로들에게 가서 말하되 우리가 바울을 죽이기 전에는 아무 것도 먹지 않기로 굳게 맹세하였으니 ¹⁵이제 너희는 그의 사실을 더 자세히 물어보려는 척하면서 공회와 함께 천부장에게 청하여 바울을 너희에게로 데리고 내려오게 하라 우리는 그

가 가까이 오기 전에 죽이기로 준비하였노라 하더니 [16]바울의 생질이 그들이 매복하여 있다 함을 듣고 와서 영내에 들어가 바울에게 알린지라 [17]바울이 한 백부장을 청하여 이르되 이 청년을 천부장에게로 인도하라 그에게 무슨 할 말이 있다 하니 [18]천부장에게로 데리고 가서 이르되 죄수 바울이 나를 불러 이 청년이 당신께 할 말이 있다 하여 데리고 가기를 청하더이다 하매 [19]천부장이 그의 손을 잡고 물러가서 조용히 묻되 내게 할 말이 무엇이냐 [20]대답하되 유대인들이 공모하기를 그들이 바울에 대하여 더 자세한 것을 묻기 위함이라 하고 내일 그를 데리고 공회로 내려오기를 당신께 청하자 하였으니 [21]당신은 그들의 청함을 따르지 마옵소서 그들 중에서 바울을 죽이기 전에는 먹지도 않고 마시지도 않기로 맹세한 자 사십여 명이 그를 죽이려고 숨어서 지금 다 준비하고 당신의 허락만 기다리나이다 하니 [22]이에 천부장이 청년을 보내며 경계하되 이 일을 내게 알렸다고 아무에게도 이르지 말라 하고 [23]백부장 둘을 불러 이르되 밤 제 삼시에 가이사랴까지 갈 보병 이백 명과 기병 칠십 명과 창병 이백 명을 준비하라 하고 [24]또 바울을 태워 총독 벨릭스에게로 무사히 보내기 위하여 짐승을 준비하라 명하며 [25]또 이 아래와 같이 편지하니 일렀으되 [26]글라우디오 루시아는 총독 벨릭스 각하께 문안하나이다 [27]이 사람이 유대인들에게 잡혀 죽게 된 것을 내가 로마 사람인 줄 들어 알고 군대를 거느리고 가서 구원하여다가 [28]유대인들이 무슨 일로 그를 고발하는지 알고자 하여 그들의 공회로 데리고 내려갔더니 [29]고발하는 것이 그들의 율법 문제에 관한 것뿐이요 한 가지도 죽이거나 결박할 사유가 없음을 발견하였나이다 [30]그러나 이 사람을 해하려는 간계가 있다고 누가 내게 알려 주기로 곧 당신께로 보내며 또 고발하는 사람들도 당신 앞에서 그에 대하여 말하라 하였나이다 하였더라 [31]보병이 명을 받은 대로 밤에 바울을 데리고 안디바드리에 이르러 [32]이튿날 기병으로 바울을 호송하게 하고 영내로 돌아가니라 [33]그들이 가이사랴에 들어가서 편지를 총독에게 드리고 바울을 그 앞에 세우니 [34]총독이 읽고 바울더러 어느 영지 사람이냐 물어 길리기아 사람인 줄 알고 [35]이르되 너를 고발하는 사람들이 오거든 네 말을 들으리라 하고 헤롯 궁에 그를 지키라 명하니라

우리는 여기에서 유대인들이 바울을 죽이고자 음모를 꾸민 것, 즉 그 음모가 어떻게 꾸며졌고, 어떻게 발각되었으며, 어떻게 좌절되었는지에 관한 이야기를 듣게 된다.

I. 이 음모는 어떻게 꾸며졌는가. 그들은 군중들의 소요나 법적인 절차를 통해서는 아무것도 얻을 것이 없다는 것을 깨닫고서, 암살이라는 야만적인 방법을 택하기로 하였다. 그들은 바울에게 접근할 수 있는 기회를 노려서 갑자기 그에게 달려들어 칼로 그를 찔러서 죽이고자 하였다. 이 선한 자 바울에 대한 그들의 악의는 이렇게 끈질겼기 때문에, 하나의 계획이 실패하면, 그들은 또 다른 계획을 세웠다. 좀 더 자세하게 살펴보자.

1. 이러한 음모를 꾸민 자들은 누구였는가. 그들은 바울이 이방인들의 사도가 되었기 때문에 그에 대하여 극도의 분노를 품고 있었던 몇몇 유대인들이었다(12절). 이 암살 모의에 참여한 자는 사십여 명이었다(13절). 여호와여, 나의 대적이 어찌 그리 많은지요.

2. 이 음모는 언제 이루어졌는가: 날이 새매, 그들은 이 음모를 꾸미기 시작하였다. 사탄은 밤중에 그들의 마음을 가득 채워서 이러한 음모를 구상하게 하였고, 날이 새자마자 그들은 함께 모여서 이 음모를 구체화하기 시작하였다. 미가 선지자는 침상에서 죄를 꾀하며 악을 꾸미고 날이 밝으면 그것을 행하는 자들에 대하여 얘기하면서, 그들에게 화가 있을 것이라고 말하였는데(미 2:1), 여기에 나오는 유대인들이 바로 그런 자들이었다. 밤중에 그리스도께서 바울에게 나타나셔서 그를 보호해 주시겠다고 말씀하신 후에, 날이 새자 40여 명의 유대인들이 바울을 죽이기 위하여 무대에 등장한다. 그들은 신속하게 움직였지만, 그리스도께서는 그들보다 먼저 움직이셨다. 새벽에 하나님이 도우시리로다(시 46:5).

3. 그 음모는 무엇이었는가. 이 유대인들은 서로 연합해서 당을 지었는데, 아마도 그들은 그 당을 거룩한 당이라고 불렀을 것이다. 그들은 바울을 죽이는 것을 돕고 지원하기 위해서 각자가 힘이 닿는 대로 서로를 밀어 주기로 결의하였다. 많은 사람들이 이렇게 사람을 죽이고자 하는 모의에 인간의 존엄성을 모두 완벽하게 상실한 채로 너무도 신속하게 서로 결합할 수 있다는 것, 그것도 하나님의 도성인 예루살렘에서 그렇게 할 수 있었다는 것은 참으로 놀라운 일이다. 예루살렘에 관한 이사야 선지자의 한탄이 다시 들려오는 것 같다(사 1:21): 공의가 그 가운데에 거하였더니 이제는 살인자들 뿐이로다. 그들은 바울을 죽이고자 하는 너무도 해괴한 음모를 꾸밀 수 있었던 것으로 보아서, 그들은 바울에 대하여 얼마나 해괴한 인식을 품고 있었을 것인가. 그들은 바울이 극악

무도한 자, 하나님과 유대교 신앙의 원수, 이 세대의 저줏거리와 전염병 같은 존재라고 믿고 있었을 것임에 틀림없다. 그러나 실제로 바울의 인간됨은 이 모든 것의 정반대가 아니었던가! 진리와 공의의 법들이 아무리 신성하고 아무리 강력하다고 하더라도, 악의와 완고한 고집을 막지는 못한다.

4. 그들은 이 일을 반드시 이루어내겠다고 얼마나 단단히 결심하였는가. 그들은 이 일이 엄중하다는 것을 인식하고서 그들 중의 누구도 이 일을 다시 생각해 보고서 발을 빼는 일이 없도록 조치를 취하였다: 그들은 맹세하여, 만약 그들이 바울을 죽이지 못한다면, 그들 자신과 그들의 영혼과 육체와 가족에게 가장 무서운 저주가 내리기를 기원하는 저주의 맹세로써 자기 자신을 묶어 두었고, 또한 아주 신속하게 바울을 제거하려는 결심을 나타내기 위하여 바울을 죽이기 전에는 먹지도 아니하고 마시지도 아니하겠다고 맹세하였다. 그들의 이러한 모습 속에서 우리는 여러 가지 악이 서로 뒤엉켜 있는 것을 보게 된다. 죄없는 자, 선한 자, 유익한 자, 그들에게 아무런 해도 끼치지 않았고 도리어 그들에게 그가 할 수 있는 모든 선한 일을 하고자 했던 자를 죽이고자 하는 것은 가인의 길로 행하는 것이었고, 그들이 처음부터 살인한 자인 그들의 아비 마귀에게 속하였다는 것을 증명해 주는 것이었다.

(1) 그렇지만 그들은 마치 이 일이 큰 악을 저지르는 것이 아니라는 듯이 반드시 이 일을 해내겠다고 맹세로써 그들 자신을 묶어 두었다. 악을 행하는 데에 이끌리고 악을 행하고자 의도하는 것은 나쁘다. 그러나 악을 행하는 데에 참여하는 것은 훨씬 더 나쁘다. 그것은 마귀와 언약하는 것이고, 흑암의 왕에게 충성을 맹세하는 것이다. 그러한 짓은 회개의 여지를 남겨 놓지 않는다. 아니, 그것은 회개를 정면으로 거부하는 것이다.

(2) 그들은 그들 자신의 영혼에 대한 저주만이 아니라 그들이 이 음모에 끌어들인 자들의 영혼에 대한 저주까지 안전하게 확보하기 위하여 그들이 할 수 있는 모든 수단을 동원해서 서로를 묶어 두었다.

(3) 그들은 만물을 다스리시는 하나님의 섭리와는 아랑곳없이 그들이 계속해서 금식하고서도 생존할 수 있는 그러한 짧은 기간 내에 그들이 계획한 것을 해 내겠다고 맹세함으로써 하나님의 섭리를 크게 멸시하였고, 그들에게 하나님의 섭리는 아무것도 아니라는 오만방자한 태도를 보여주었다. 우리는 비록 그 일이 아무리 옳고 선한 일이라고 하더라도 우리가 내일은 이런저런 일을 하리

라고 말할 때에는 우리가 내일 무슨 일이 있을지를 알지 못하기 때문에 주께서 원하시면이라는 말을 덧붙여야 한다. 그러나 그들이 하고자 하는 일이 하나님께서 금지하신 것을 정면으로 어기는 일이라는 것을 알고 있는 마당에, 그들이 무슨 낯으로 하나님의 섭리가 허락한다면 그렇게 하리라는 단서를 붙일 수 있었겠는가?

(4) 그들은 그들의 영혼과 몸을 크게 멸시하였다. 그들은 만약 그들이 이 막중한 일을 해내지 못한다면 그들 자신에게 저주가 내리기를 기원함으로써 그들 자신의 영혼을 멸시하였고(그들은 그들 자신에게 반드시 저주가 내리게 될 그런 맹세를 하고 있는 것이다. 만약 그들이 이 일에 성공한다면, 하나님께서는 반드시 그들에게 저주를 내리실 것이고, 만약 그들이 이 일에 성공하지 못한다면, 하나님께서는 그들이 맹세한 대로 그들에게 저주를 내리실 것이다), 또한 그들이 결코 합법적으로 할 수 없고, 해 낼 수 있는 가능성도 희박한 일을 마칠 때까지는 생명을 유지하는 데에 꼭 필요한 음식을 입에 대지 않겠다고 스스로 맹세함으로써 그들 자신의 몸을 멸시하였다. 만약 그들이 이러저러한 일을 하지 못한다면, 하나님께서 그들을 저주하고 마귀가 그들을 데려가기를 기원하는 자들은 지옥의 언어를 말하고 있는 것이다. 저주하기를 좋아하는 자는 그 저주를 자기에게 임하게 될 것이다. 어떤 이들은 이러한 저주의 의미는 그들이 하나님께 저주받은 자이자 이스라엘 진영에 환난을 가져온 자인 아간과 같은 바울을 죽이고자 한 것이거나, 만약 그들이 그 일을 해 내지 못한다면 그들이 바울 대신에 하나님 앞에서 저주를 받고자 한 것이라고 생각한다.

(5) 그들은 이 일을 이루고자 하는 대단한 열의와 각오, 이 일이 이루어질 때까지 모든 것을 참아 내겠다는 대단한 인내심을 보여주었다. 그들은 그에게 대항하여 미칠 듯이 날뛰며 그를 가리켜 맹세한 다윗의 원수들과 같았을 뿐만 아니라(시 102:8), 욥의 원수에 대하여 우리가 그 살을 먹지 않는다면 결코 배부를 수 없다고 말한 욥의 종들과 같았다(욥 31:31). 성경에서는 박해자들이 떡 먹듯이 내 백성을 먹는다고 말한다. 그들이 바울을 죽이고서 얻는 만족감은 배고픈 자가 음식을 먹고 나서 느끼는 만족감과 같은 것이었다(시 14:4).

5. 그들은 이 음모를 실행에 옮기기 위해서 어떠한 방법을 사용하였는가. 바울은 영내에 있었기 때문에, 그들이 바울에게 접근할 수 있는 길은 없었다. 바울은 거기에서 군대의 특별한 보호를 받고 있었고, 그가 감옥에 갇혀 있는 것

은 다른 죄수들과는 달리 그로 하여금 다른 사람들에게 해를 끼치지 못하도록 하기 위한 것이 아니라 사람들로부터 그가 해를 당하지 않도록 하기 위한 것이었다. 그러므로 그들이 생각해 낸 계책은 고위 제사장들과 장로들이 천부장에게 좀 더 심문할 것이 있으니(그들이 그에게 몇 가지 질문을 할 것이 있다거나 그에게 할 말이 있다고 둘러대서) 바울을 공회에 있는 그들의 집무실로 데려다 달라고 요청하게 한 후에, 바울이 영내를 나와서 공회로 가는 길에 그들이 그를 죽임으로써 바울과 관련된 모든 분쟁을 끝내자는 것이었다. 바울을 죽이고자 하는 음모는 이렇게 하여 정해졌다(14-15절). 온종일 서로 만나서 이마를 맞대고 이 악한 음모를 꾸미고 나서 저녁 나절 쯤 되어서 그들은 공회의 주요 인사들을 찾아 갔다. 그들은 그들의 비열한 음모를 숨기고 드러내지 않은 채로 뭔가 다른 핑계를 대서 공회의 고위 인사들을 움직여서 사람을 보내 바울을 데려 오게 하였을 것이다. 그들은 고위 제사장들과 장로들이 이러한 음모를 찬성하리라는 것을 확신하였기 때문에, 제사장들에게 먼저 그들이 그렇게 하는 것이 합당한 것인지를 묻지도 않은 채 저주의 맹세로 그들 자신을 묶었다는 것과 그들이 바울을 죽을 때까지는 아무 것도 먹지 않기로 하였다는 것을 그들에게 말하기를 부끄러워하거나 두려워하지 않았다. 그들은 동이 트고 다음 날 아침이 되면 바울의 피로 아침 식사를 할 작정이었다. 그들은 고위 제사장들이 그들의 계획에 찬성할 뿐만 아니라, 그들에게 도움의 손길을 빌려 주어서, 기꺼이 그들에게 바울을 죽일 기회를 얻도록 다리를 놓아 주리라는 것을 의심하지 않았다. 아니, 그들은 고위 제사장들이 바울에 관하여 더 자세히 물어 볼 것이 있다고 천부장에게 거짓말을 둘러대는 일도 서슴지 않으리라는 것을 의심하지 않았다. 그들이 고위 제사장들에게 이런 일을 부탁하고 맡길 수 있었다는 것을 볼 때에, 그들은 그들의 제사장들에 대하여 얼마나 좋지 않은 인식을 가지고 있었는지를 우리는 알 수 있다. 그들에게 제시된 제안이 악하였음에도 불구하고, 제사장들과 장로들은 그 제안을 듣고서 펄쩍 뛰거나 머뭇거리지도 않은 채 즉시 그 제안에 동의하여 그들의 말대로 하겠다고 약속하였다. 제사장들과 장로들은 그들의 악한 음모를 문제 삼아서 그들을 책망하기는 커녕 오히려 그들의 음모를 지지하고 견고히 받쳐 주는 역할을 하였다. 왜냐하면, 그 음모는 그들이 미워하였던 바울을 죽이고자 하는 것이었기 때문이다. 이렇게 해서 제사장들과 장로들은 마치 처음부터 그 음모에 참여했던 것처럼 이 범죄의 공모자들이 되었다.

Ⅱ. 이 음모는 어떻게 발각되었는가. 본문에는 이 음모를 꾸민 자들이 임무를 완수하겠다는 맹세를 하였다는 것을 말하고 있지만 그들이 비밀 유지의 맹세를 하였다는 말은 하고 있지 않다. 아마도 그들은 그런 맹세를 할 필요가 없다고 생각했거나 그들은 각자가 비밀을 지키리라고 여겼을 것이다. 그들의 음모가 바람을 타고서 알려진다고 해도 그들은 얼마든지 그 일을 완수할 수 있다고 생각하였기 때문일 것이다. 그러나 하나님께서 섭리를 통해서 그들의 음모가 백일 하에 드러나서 결과적으로 수포로 돌아가게 하셨다. 좀 더 살펴보자.

1. 이 음모가 어떻게 바울에게 알려졌는가(16절). 바울과 친척이 되는 한 젊은이, 곧 바울의 생질이 있었는데, 그의 어머니는 아마도 예루살렘에 살고 있었던 것 같다. 어떤 경로를 통해서 들었는지는 모르지만, 그는 그들의 매복하여 있다함을 들었는데, 아마도 그는 그들이 그들끼리 이 음모에 대하여 말하고 있는 것을 엿들었거나 그 음모에 참여한 어떤 자로부터 이 정보를 얻어 냈을 것이다. 그는 평소에 그의 삼촌을 돌보고 삼촌이 필요한 물건들을 가져다 주기 위하여 자유롭게 영내를 드나들 수 있었기 때문에 영내에 들어가 그가 들은 것을 바울에게 알렸다. 하나님은 어둠에 감추인 깃들을 드러내시는 수많은 방법들을 가지고 계신다는 것을 명심하라. 어둠의 일들을 꾸미는 자들은 그 일들을 여호와께 숨기려 깊이 땅을 파지만, 하나님은 공중의 새가 그 소리를 전하고 날짐승이 그 일을 전파하게(전 10:20) 하실 수 있으시다.

2. 바울에게 이 음모를 알려준 청년에 의해서 이 음모가 천부장에게 알려지게 되었다. 이 이야기의 이 부분은 아주 자세하게 기록되어 있는데, 이것은 아마도 저자가 이 일이 지혜롭고 성공적으로 다루어진 것을 직접 목격한 자였고, 이 일을 아주 큰 기쁨으로 기억하고 있었기 때문인 것 같다.

(1) 바울은 그의 지혜롭고 온화한 품행으로 인해서 그를 지키는 군사들에게 좋은 평편을 얻고 있었기 때문에, 백부장들 중의 한 사람을 자기에게로 오도록 부를 수 있었다. 백부장은 그 휘하에 많은 군사들을 서느린 고위 관리였고, 사람들을 부르는 데에 익숙하고 불려가는 데에 익숙하지 않은 자였지만, 바울이 부르자 기꺼이 그에게 왔다(17절). 바울은 백부장으로 하여금 자신의 조카를 천부장에게 데려가 달라고 해서, 정부의 위신과 관련된 일에 관한 정보를 천부

장에게 알리고자 하였다.

(2) 백부장은 아주 기꺼이 바울의 요청을 받아 주었다(18절). 백부장은 병사로 하여금 이 청년을 데려 가게 한 것이 아니라, 자기가 직접 청년을 천부장에게 데려 가서, 청년이 하고자 하는 말을 천부장에게 먼저 소개함으로써 바울에 대한 자신의 예를 다 하였다. "죄수 바울(이것이 지금 바울에 대한 호칭이었다) 나를 불러 이 청년이 당신께 할 말이 있다 하여 데리고 가기를 청하더이다. 나는 그의 용무가 무엇인지 알지 못하지만, 이 청년이 당신께 할 말이 있다고 하나이다." 가엾은 죄수들에게 뭔가를 주는 것과 마찬가지로 그들을 위하여 뭔가를 해주는 것도 참된 구제라는 것을 명심하라. "내가 병들고 옥에 갇혔을 때에 너는 나를 위하여 심부름을 해주었다"는 것은 "내가 병들고 옥에 갇혔을 때에 네가 내게 와서 나를 찾아 주고 나를 위로해 주었다"는 것과 마찬가지로 저 심판의 날에 좋은 평가를 받게 될 것이다. 사람들을 많이 알고 영향력을 지니고 있는 자들은 곤경에 처한 자들을 돕기 위하여 그러한 것들을 기꺼이 사용할 줄 알아야 한다. 이 백부장은 이 조그만 친절을 통해서 바울의 목숨을 구하는 데에 일조하였다. 이것을 생각해서, 우리도 기회가 있을 때마다 그와 같이 기꺼이 하여야 한다. 너는 말 못하는 자를 위하여 입을 열지니라(잠 31:8). 하나님을 위하여 갇힌 자들에게 좋은 선물을 줄 수 있는 형편이 되지 못하는 자들은 그들을 위하여 좋은 말을 해 줄 수는 있다.

(3) 천부장은 아주 겸손하고 온유하게 청년에게서 그 음모에 관한 정보를 전해 들었다(19절). 그는 친구나 아버지처럼 그 청년을 격려하고 그가 무안해 하지 않고 자기가 하는 말을 잘 호의적으로 들어 줄 것이라는 확신을 가질 수 있도록 그의 손을 잡았다. 본문에서 이러한 상황을 기록하고 있는 것은 큰 자들이 부드러운 태도를 보여서 미천한 자들로 하여금 그들에게 쉽게 다가올 수 있게 하여서, 그들의 입을 통해서 어떻게든 선한 일을 행할 기회를 잡을 수 있도록, 높은 데 마음을 두지 말고 도리어 낮은 데 처하며 자신을 낮추어 미천한 자들을 대하라고 격려하기 위한 것이다. 이 로마의 천부장이 바울의 조카에게 이렇게 친절하게 대해 준 것이 여기에 기록된 것은 그에게 영광이 된다. 천부장이 자신을 겸손히 낮추고 이 청년을 따뜻하게 맞아 준 것이 그의 위신을 손상시키는 것이라고 아무도 생각해서는 안 된다. 천부장은 청년의 손을 잡고 물러가서, 아무도 그가 하는 말을 듣지 못하도록 한 후에 조용히 묻되 내게 할 말이 무엇이냐 하였

다. "내가 바울을 어떻게 도울 수 있는지 내게 말해 보라." 천부장은 자기가 바울을 로마 시민으로서의 그의 특권을 무시하고 결박하는 죄를 범했다는 것을 알고 있었기 때문에 이 사건에 더욱 책임감을 느끼고서 지금 적극적으로 자신의 잘못을 보상하고자 했을 것이다.

(4) 청년은 천부장에게 자기가 온 목적을 아주 명확하고 쉽게 전하였다(20-21절). "유대인들(그는 대제사장들과 장로들에 대하여 나쁜 말을 하지 않고, 또한 그의 용무는 그의 삼촌의 목숨을 구하는 것이지 삼촌의 원수들을 고소하는 것이 아니었기 때문에 구체적으로 누구인지를 밝히지 않는다)이 공모하기를 그들이 바울에 대하여 더 자세한 것을 묻기 위함이라 하고 내일 그를 데리고 공회로 내려 오기를 당신께 청하자 하였으니, 이것은 여기서 공회까지의 거리가 얼마 되지 않아서 당신이 바울을 호위 없이 보낼 것이라고 그들이 생각했기 때문이니이다. 그러나 당신은 그들의 청함을 따르지 마옵소서. 우리는 당신이 진상을 아신다면 그들의 청을 따르지 않으리라고 믿나이다. 그들 중에서 바울을 죽이기 전에는 먹지도 않고 마시지도 않기로 한 자 40여명이 그를 죽이려고 숨어서 지금 다 준비하고 당신의 허락만 기다리나이다. 그런데 내가 운이 좋게도 그들의 음모를 알게 되었나이다."

(5) 천부장은 이 일을 비밀에 부쳐줄 것을 당부하며 청년을 내보냈다: 이 일을 내게 알렸다고 아무에게도 이르지 말라(22절). 큰 자들은 자신의 호의를 아무데나 베풀어서는 안 되고, 특히 일을 처리하는 데에는 호의를 아무렇게나 베푸는 것이 합당하지 않다. 만약 천부장이 바울을 죽이려고 하는 유대인들의 음모를 전해 들었다는 것이 알려진다면, 아마도 그들은 그들의 계획을 변경해서 뭔가 다른 식으로 바울을 죽이고자 꾀하였을 것이다. "그러므로 그 음모를 내게 알렸다는 것을 비밀에 부쳐 두어라."

Ⅲ. 이 음모는 어떻게 좌절되었는가. 천부장은 바울을 해치고자 하는 유대인들의 악의가 얼마나 완강하고 얼마나 극렬한지, 그들이 얼마나 끊임없이 바울에게 해악을 가하려고 음모를 꾸미는지, 자기가 얼마나 쉽사리 그러한 음모를 돕는 자로 이용될 수 있는지를 깨닫고서 바울을 아주 신속하게 그들의 손이 미치지 못하는 곳으로 보내기로 결심한다. 그는 바울을 죽이고자 하는 유대인들의 음모를 전해 듣고서, 그들의 비열함과 살의에 대하여 분노하며 치를 떨었다. 또한, 그는 만약 그가 바울을 이 영내에 가두어 둔다면, 아무리 수비가 견

고하다고 할지라도, 유대인들은 수비 군사들을 습격하거나 요새에 불을 지르는 등 온갖 수단과 방법을 동원해서 그들의 목적을 이루려고 할 것이라고 생각해서 한편으로 두려운 마음도 지니고 있었던 것으로 보인다. 천부장은 바울이 그러한 취급을 받을 자가 아니라고 보았기 때문에 무슨 일이 있더라도 가급적 바울을 보호하고자 하였다. 유대인 고위 제사장들은 이러한 암살 음모를 알았을 때에 그것을 지지하고 도와 주려고 했던 반면에, 로마의 천부장은 순전히 정의감과 인도주의적인 관점에서 그 음모를 알게 되었을 때에 그것을 좌절시키기로 결심하고 많은 수고를 하여서 실제로 그렇게 하였다는 것은 얼마나 우울한 광경인가.

1. 천부장은 자기 휘하에 있는 로마 군대 중에서 상당수의 군사들에게 명하여 아주 신속하게 가이사랴까지 가서 바울을 총독 벨릭스에게로 호송하도록 하였다. 그는 거기에서 바울이 예루살렘의 공회에서보다도 더 공정하게 재판을 받을 수 있으리라고 생각하였다. 나는 천부장이 자신의 직무에 어긋나는 일 없이 바울을 자유의 몸으로 풀어 줄 수 있었을 것이고, 바울에게 그 자신의 안전을 위하여 피할 수 있는 말미를 줄 수 있었을 것이라고 본다. 왜냐하면, 바울은 결코 법적으로 범죄자로서 갇힌 것이 아니었고, 천부장 자신도 고발하는 것이 그들의 율법 문제에 관한 것 뿐이었다(29절)는 것을 시인하고 있기 때문이다. 천부장은 마땅히 바울의 목숨에 대해서만이 아니라 바울의 자유에 대해서도 동일하게 살펴 주어야 했다. 그러나 그는 자기가 그렇게 했다가는 바울에 대한 유대인들의 분노가 자기에게까지 미치게 될 것을 염려하였다. 또는, 천부장은 바울이 아주 놀라운 인물이라는 것을 알고서 그를 자신의 영내에 가두어 두고서 자신의 보호 아래에 두고 있는 것을 자랑스럽게 여겼을지도 모른다. 천부장이 상당한 규모의 군사들로 호위하게 하여 바울을 총독에게 보낸 것은 바로 그와 같은 것을 암시해 준다. 백 명의 군사를 지휘하는 백부장 둘이 이 일에 동원되었다(23-24절). 그들은 그들의 휘하 군사들 가운데서 가이사랴까지 갈 보병 이백명을 준비하라는 명령을 받았다. 또한, 거기에 기병 칠십명과 창병 이백명이 추가로 동원되었는데, 어떤 이들은 이 창병들이 천부장의 호위 군사들이었다고 생각한다. 그들이 기병이었는지 보병이었는지는 확실하지 않지만, 그들은 아마도 기병들이 타는 말을 보호하기 위한 창병들로서 보병이었을 가능성이 크다. 유대인들의 너무도 어이없는 악행을 막기 위해서 이러한 로마 군대가 꼭

필요하였다는 것을 생각할 때에, 하나님께서 유대 민족을 로마의 멍에 아래에 두신 것이 얼마나 올바른 것이었는지를 우리는 보게 된다. 바울을 그의 친구들이 구하지 못하도록 지키는 데에는 이러한 군대가 전혀 필요하지 않았고, 그 어떤 군사도 필요하지 않았다. 만약 하나님께서 종종 그러셨듯이 바울을 거기에서 구원하시고자 하셨다면, 천부장의 군대가 지금보다 열 배나 더 많았어도 천사가 바울을 구해 내는 것을 결코 막지 못하였을 것이다.

(1) 천부장은 이러한 호송 작전을 통해서 막무가내로 소동을 부리는 유대인들, 통상적인 재판 절차에 의해서는 정상적인 질서를 지키고자 하지 않는 유대인들에게 이러한 막강한 무력을 통해서 두려움을 줄 필요가 있다고 생각하였다. 바울을 죽이고자 하는 음모에 얼마나 많은 사람들이 연루되어 있는지를 듣고서, 천부장은 그들의 음모를 좌절시키기 위해서는 적은 병력으로는 실효가 없을 것이라고 생각한 것이었다.

(2) 하나님은 이 일을 통해서 바울을 격려하고자 하셨다. 왜냐하면, 이렇게 많은 수의 군대의 호위를 받음으로써 바울은 그의 친구들의 손에서 안전하게 있게 되었을 뿐만 아니라 그의 원수들의 손에서 안전하게 벗어날 수 있게 되었기 때문이다. 그렇지만 바울은 에스라가 그랬던 것처럼(스 8:22) 그러한 호위 군사를 원하지 않았다. 왜냐하면, 그는 하나님 한 분만으로 충분하다는 것을 믿었기 때문이었다. 하지만 천부장은 자신의 뜻에 따라서 많은 군사들로 바울을 호위하게 하였다. 그것 때문에 바울도 덩달아서 중요한 인물로 대우받게 되었다. 이렇게 바울의 매임이 그리스도 안에서 온 나라에 걸쳐서 분명하게 드러나게 되었다(빌 1:13). 바울의 매임이 미리 예언됨으로써 그 매임에 아주 큰 영광이 주어졌었기 때문에, 천부장이 많은 군사들로 바울을 호송하게 함으로써 바울의 매임을 이렇게 존귀하게 하여, 주 안에서 형제들이 바울이 그의 나라의 전염병으로서가 아니라 그의 나라의 애국자로서 호송되어서, 그토록 위대한 설교자가 그토록 위대한 죄수가 되었음을 볼 때에 그의 매임으로 말미암아 더욱 담대하게 된 것은 아주 잘된 일이었다. 원수들이 그를 미워하고 친구들은 그를 소홀히 하였을 때, 로마의 천부장이 그의 후원자가 되어서 다음과 같이 해 주었다.

[1] 그가 편안하도록 세심하게 돌보아 줌: 바울을 태워 보내기 위하여 짐승을 준비하라. 만약 유대인 박해자들이 구속적부 심사 청구서(habeas corpus: 구속적

부를 심사하기 위하여 이미 구속된 자를 법정으로 소환하는 영장)에 의해서
바울을 가이사에게 압송하는 책임을 맡게 되었다면, 그들은 바울로 하여금 도
보로 뛰어가게 하거나 수레에 실어서 끌고 가거나 한 기병의 말에 그를 태워
가지고 갔을 것이다. 그러나 천부장은 바울을 비록 그가 그의 죄수였지만 자유
민으로 대우해서, 그가 타고 갈 좋은 말을 준비하라고 해서, 그가 말에서 떨어
지는 일이 없도록 신경을 썼다. 아니, 천부장이 한 마리의 짐승이 아니라 복수
의 짐승들을 준비하라고 명한 것으로 보아서, 그는 바울을 귀빈 대접을 하여
서, 예비 말을 준비시켜서, 바울로 하여금 가이사랴로 가는 길에 말을 바꿔 탈
수 있게 해주었던 것 같다. 또는, 몇몇 해석자들의 추측에 의하면, 천부장은 바
울이 원하는 대로 그의 친구들과 동료들을 함께 동행시켜서 그의 여행길에서
그를 즐겁게 해주고 그의 시중을 들 수 있도록 여러 마리의 말들을 준비시켰던
것일 수도 있다.

[2] 그가 안전하도록 세심하게 배려함. 천부장은 총지휘관으로서 바울을 호
송하는 군사들에게 총독 벨릭스에게 무사히 데려다 주도록 엄히 명령하였다. 이
천부장이 군사적인 일과 관련하여 최고 책임자였던 것과 마찬가지로, 총독 벨
릭스는 유대인들 가운데서 모든 민사적인 일들에 있어서 최고의 책임자였다.
로마의 역사가들은 이 벨릭스에 대하여 많이 말하고 있는데, 그는 비천한 태생
의 인물이었지만, 스스로 입신 출세하여 유대의 총독이 되었다고 전하는데, 타
키투스는 벨릭스가 자신의 직무를 어떻게 수행하였는지에 대하여 이렇게 말한
다: 그는 타고난 아부 근성으로 황제의 권력을 이용하여 온갖 잔혹하고 탐욕스러운
짓들을 자행하였다. 가엾은 바울은 바로 이러한 인물의 판단에 맡겨지게 된 것
이다. 그렇지만 그것은 대제사장 아나니아에게 재판을 받는 것보다는 훨씬 더
나은 것이었다! 이렇게 해서 법적인 절차를 따라서 이송된 죄수는 왕과 마찬
가지로 똑같이 보호를 받게 되어 있었다.

2. 천부장은 바울을 좀 더 안전하게 호송하기 위해서 그를 밤 제삼시에 데리
고 떠나라고 군사들에게 명령하였다. 어떤 이들은 밤 제삼시가 해가 진 후에
세 시간이 지난 때를 가리킨다고 보는데, 그 때는 오순절이 막 지난 때였기 때
문에(즉, 한 여름) 그들은 서늘한 밤에 길을 갈 수 있었을 것이다. 어떤 이들은
밤 제삼시를 자정이 지나고 나서 세 시간째 되는 때, 즉 오전 3시 경인 제삼경을 가
리키는 것으로 이해하는데, 이 견해를 따르면, 그들 일행은 해뜨기 전에 바울

의 원수들이 잠자리에서 일어나기 전에 예루살렘을 빠져 나옴으로써 군중들의 소요를 사전에 막을 수 있었을 것이고, 그들 일행이 이미 멀리 떠나고 없었을 때에 군중들은 자신의 먹잇감이 사라져 버린 것을 알고 실망한 사자처럼 울부짖을 수밖에 없게 될 것이었다.

3. 천부장은 이 속주를 다스리는 총독 벨릭스에게 편지를 써서, 자기는 바울에 관한 문제에 대해서는 더 이상 관여하지 않고 손을 떼겠다는 뜻을 명확히 함으로써, 모든 문제를 벨릭스에게 떠맡겼다. 천부장이 쓴 편지의 내용은 여기에 그대로 인용되어서 이야기 속에 삽입되어 있다(아래와 같이, 25절). 역사가였던 누가는 바울이 호송되어 갈 때에 그와 동행하였고 천부장의 편지에 대한 복사본을 하나 가지고 있었을 가능성이 많다. 이제 이 서신에서 우리는 다음과 같은 내용들을 보게 된다.

(1) 천부장이 총독에게 건내는 인사 말씀(26절). 총독은 총독 벨릭스 각하라는 호칭으로 불려진다. 천부장은 총독에게 문안 인사를 전하고, 그가 건강하고 모든 일이 잘 되기를 기원한다. 그는 총독에게 언제나 좋은 일만 있게 되기를 기원한다.

(2) 천부장이 바울과 관련된 사건을 올바르고 공정하게 설명함.

[1] 바울은 유대인들이 악감을 품고 있는 자라는 것: 그들이 그를 삽아서 죽이고자 하였다. 아마도 벨릭스는 유대인들의 기질을 아주 잘 알고 있었기 때문에, 이런 이유로 해서 바울을 더 나쁘게 생각하지는 않았을 것이다(27절).

[2] 바울이 로마 사람이었기 때문에, 그가 바울을 보호하였다는 것. "유대인들이 그를 죽이고자 하였을 때, 내가 상당한 규모의 군대를 거느리고 가서 그를 구원하였다." 로마 시민을 위한 이러한 행동은 로마 총독에게 칭찬을 들을 만한 행동이었을 것이다.

[3] 그는 바울이 고소당할 이유를 찾지 못하였고, 무엇이 유대인들로 하여금 바울을 그토록 미워하고 악감을 가지게 만들었는지 알 수 없었다는 것. 그는 그러한 것들을 알려고 적절한 방법을 사용하였었다: 천부장은 유대인들이 무슨 일로 그를 고발하는지 알고자 하여 그들의 공회로 데리고 갔고(28절), 유대인들의 고소하는 내용이나 바울 자신의 자백을 통해서 그가 이 모든 소동의 원인이 무엇인지를 알고자 거기에서 바울을 심문받게 하였지만, 유대인들의 고발하는 것이 그들의 율법 문제에 관한 것뿐이요(29절), 죽은 자들의 부활에 관한 소망에 관한

문제뿐이라는 것을(6절) 발견하였다. 이 천부장은 명예를 중시하고 어느 정도 식견이 있는 사람이었고, 정의와 인도주의에 관한 선한 행동 원칙들을 지니고 있는 사람이었다. 그렇지만 그는 저 세상, 저 세상의 큰 일들에 대해서는 사두개인들을 제외하고는 바리새인들과 바울이 모두 일치되게 증언하고 있는 의심할 여지 없이 확실한 일들임에도 불구하고 마치 그것이 의심스러운 것들인양 아주 무시하는 발언을 하고 있는 것을 보게 된다. 천부장은 온 인류에게 가장 절실한 관심사에 속하는 일을 마치 그들의 율법에 관한 문제일 뿐인양 무시해 버리고 만다. 또는 천부장은 이 문제가 그들의 교리에 관한 것이 아니라 그들의 종교 예식들에 관한 것이라고 말한 것일 수 있다. 천부장은 그들이 바울을 문제삼게 된 것이 바울이 그들의 율법의 예식들을 무시하고 하찮게 여겼기 때문이라고 인식하였고, 그런 문제는 그가 관여할 문제가 아닌 것으로 보았던 것일 수 있다. 로마인들은 그들이 정복한 민족들에게 각 민족의 종교를 그대로 지니도록 허용하였고, 결코 로마인들의 종교를 다른 민족들에게 강요하지 않았다. 그렇지만 로마인들은 공공의 평화를 수호하는 자들로서 각 민족이 자신의 종교의 미명 아래에서 주변 민족들을 괴롭히는 것을 허용하지 않았다.

[4] 천부장은 지금까지의 경과로 보아서 바울에게 한 가지도 죽이거나 결박할 사유가 없음을 발견하였고, 바울에 대한 고소가 입증된 것은 더더욱 없었다는 것. 유대인들은 그들의 악행으로 말미암아 그들 스스로를 온 세상 사람들에게 미움을 받는 존재가 되게 만들었고, 그들 자신의 명예를 더럽혔으며, 그들의 면류관을 욕되게 하였고, 그들의 교회와 율법과 거룩한 곳이 수치를 당하게 하였으면서도, 도리어 바울이 그들의 명성을 손상시켰다고 그를 죽이라고 아우성을 치고 있는 것이다. 그들의 이러한 범죄는 죽이거나 결박할 사유에 해당되는 것은 아닌가?

(3) 천부장은 바울과 관련된 사건을 벨릭스에게 넘김(30절). "이 사람을 해하려는 간계가 있다고 누가 내게 알려 주었고, 유대인들이 아무런 법적인 절차도 거치지 않은 채로 이 사람을 죽이고자 하기 때문에, 내가 이 사건을 맡아서 재판할 가장 적임자인 당신께로 보내고, 고발하는 사람들도 당신 앞에서 그에 대하여 말하라 하였나이다. 왜냐하면, 나는 군인으로 자라서 결코 재판장 노릇을 제대로 할 것같지 않기 때문이니이다."

4. 이렇게 해서 바울은 가이사랴로 이송되었다. 군사들은 밤중에 바울을 데

리고 안전하게 예루살렘을 빠져 나왔고, 바울을 죽이고자 음모를 꾸민 자들은 그들이 목적을 달성하기 전에 과연 그들이 먹고 마셔야 하는지, 말아야 하는지 고민에 빠지게 되었다. 그들은 바울을 죽이고자 맹세하였던 그들의 악을 회개하지는 않았을지라도 아무것도 먹거나 마시지 않겠다고 자신을 학대한 것에 대해서는 점차 너무 경솔하게 맹세하였다고 후회하게 되었을 것이다. 그들 중의 한 사람이라도 그들이 맹세한 것과 그들의 목적을 이루지 못한 것에 대한 분노로 스스로 굶어서 죽었다고 하더라도, 그들은 결코 동정을 받지 못할 것이었다. 바울은 안디바드리로 이송되었는데, 그 곳은 예루살렘에서 27km 떨어진 곳에 있었고 가이사랴로 가는 길의 절반되는 곳에 있었다(31절). 거기에서 보병 이백명과 창병 이백명은 다시 예루살렘으로 향하여 영내로 돌아갔다. 왜냐하면, 바울은 이미 위험한 곳을 벗어나 있어서, 처음처럼 강력한 호송 부대가 필요하지 않았고, 기병들만으로도 그를 가이사랴로 호송하는 데 충분하였고, 오히려 그렇게 하는 편이 더욱 신속할 수 있었기 때문이었다. 군사들이 이렇게 한 것은 단지 그들 자신의 수고를 덜기 위해서만이 아니라 그들의 지휘관의 명령을 따른 것이었다. 이것은 종들이 어떻게 행하여야 하는지를 보여주는 모범적인 사례로서, 종들은 그들의 수인의 명령에 순종하여 행할 뿐만 아니라, 그들의 주인의 유익이 최대한으로 실현될 수 있노록 지혜롭게 행하여야 한다.

5. 바울은 벨릭스의 죄수로서 그에게 넘겨졌다(33절). 군관들은 편지를 총독에게 드리고 바울을 그 앞에 세웠다. 이렇게 함으로써 그들은 그들에게 맡겨진 임무를 다 수행하게 된 것이다. 바울은 어디를 가든지 제자들과만 만나고 교제하였을 뿐이고 한 번도 높은 직위에 있는 큰 자들과는 교제하거나 사귀지 않았었다. 그렇지만 하나님께서는 섭리를 통해서 바울이 고난당하는 것을 그가 큰 자들 앞에서 그리스도를 증언하는 기회로 삼도록 하셨다. 그리스도께서는 그의 제자들과 관련해서 너희가 권력자들과 임금들 앞에 서리니 이는 그들에게 증거가 되려 함이라고 예언하셨었다(막 13:9). 총독은 죄수인 바울이 원래 로마 제국의 어느 영지 사람인지를 물어서 바울이 길리기아 사람인 줄을 알게 되었다(34절).

(1) 총독은 바울에게 신속한 재판을 약속한다(35절): "내가 너를 고발하는 사람들이 오거든 네 말을 듣고, 재판장으로서 합당하게 양쪽의 말을 모두 들으리라."

(2) 총독은 바울을 헤롯 궁에 가두고 그를 지키라고 명령하였는데, 바울은 헤

롯 대왕이 지었다고 해서 그의 이름을 따라서 명명된 궁에 있는 감옥에 수감되었다. 거기에서 바울은 총독 관저에서 여러 가지 공무를 담당하고 있던 고위 인사들과 알게 될 기회를 가졌고, 틀림없이 그가 거기에서 쌓은 친분을 가장 좋은 목적을 위하여 활용하였을 것이다.

제
24
장

개요

앞 장에서 우리는 바울이 가이사랴에서 죄수로서 곧 있을 재판을 기다리며 헤롯 궁에 갇히게 되었다는 내용을 보았다. 바울에 대한 재판은 그가 감옥에 갇힌 초기에는 아주 신속하게 진행되었지만, 나중에는 아주 느리게 진행되었다. 이 장에서 우리는 바울이 가이사랴에서 총독 벨릭스 앞에서 심문을 받고 재판을 받는 장면을 보게 된다. 여기에는 다음과 같은 내용들이 나온다. I. 바울을 고소한 자들이 등장하고, 바울이 죄수로 법정에 서게 됨(1-2절). II. 바울을 고소한 자들의 변호사인 더둘로가 고소를 제기하고, 재판장에게 온갖 찬사를 늘어놓고 죄수에 대한 극심한 악의를 나타냄으로써 이 고소 사건을 아주 중대하게 보이게 함(2-8절). III. 증인들의 증언, 아니 고소한 자들의 증언을 통해서 고소 내용을 보강함(9절). IV. 죄수 자신의 변론. 여기에서 그는 총독에게 합당한 경의를 표한 후에(10절) 유대인들의 고소 내용을 부인하고, 그들에게 그것을 증명해 보이라고 도전하며(11-13절), 이 사건의 진실을 고백하면서, 유대인들은 그의 신앙을 트집잡아서 그를 미워한다고 하였지만 자기는 아무런 흠도 없는 신앙을 지니고 있다고 공언하고(14-16절), 그들이 그를 처음에 붙잡은 후로 무슨 일이 진행되어 왔었는지를 좀 더 구체적으로 설명하고, 그들에게 자기가 무슨 잘못을 저질렀는지를 구체적으로 제시하라고 도전한다(17-21절). V. 총독이 이 사건의 심리를 연기하고, 죄수를 계속해서 가두어 둠(22-23절). VI. 죄수와 재판장이 사적으로 면담하고, 거기에서 죄수는 재판장에게 선한 일을 행하기를 원하였고, 재판장은 죄수로부터 돈을 뜯어낼 생각을 하였지만, 둘 다 아무 소득없이, 이 면담은 끝이 났다(24-26절). VII. 바울은 또 다른 총독이 부임해 올 때까지 두 해 동안 감옥에 갇혀 있게 됨(27절). 바울은 처음에는 유대인들의 소동에 휩싸였었지만 이제는 거의 방치된 것으로 보인다.

¹닷새 후에 대제사장 아나니아가 어떤 장로들과 한 변호사 더둘로와 함께 내려와서 총독 앞에서 바울을 고발하니라 ²바울을 부르매 더둘로가 고발하여 이르되 ³벨릭스 각하여 우리가 당신을 힘입어 태평을 누리고 또 이 민족이 당신의 선견으로 말미

암아 여러 가지로 개선된 것을 우리가 어느 모양으로나 어느 곳에서나 크게 감사하나이다 [4]당신을 더 괴롭게 아니하려 하여 우리가 대강 여짜옵나니 관용하여 들으시기를 원하나이다 [5]우리가 보니 이 사람은 전염병 같은 자라 천하에 흩어진 유대인을 다 소요하게 하는 자요 나사렛 이단의 우두머리라 [6]그가 또 성전을 더럽게 하려 하므로 우리가 잡았사오니 [7]당신이 친히 그를 심문하시면 [8]우리가 고발하는 이 모든 일을 아실 수 있나이다 하니 [9]유대인들도 이에 참가하여 이 말이 옳다 주장하니라

천부장 루시아는 바울을 가이사랴로 보내고 나서 고위 제사장들에게 만약 그들이 그를 고소할 것이 있으면 가이사랴로 가서 거기에서 바울과 함께 재판장의 심문을 받으라고 통지하였을 것이다. 아마도 그는 바울을 고소한 자들이 그렇게까지 일부러 수고를 하지는 않을 것이라고 생각하였던 것 같다. 그러나 악의를 가진 자가 무슨 짓인들 하지 않겠는가.

I. 우리는 여기에서 바울에 대한 고소가 이루어지고, 심문 과정이 치열하게 전개되는 것을 보게 된다.

1. 그들은 조금도 시간을 지체하지 않았다. 왜냐하면, 그들은 닷새 후에 재판할 준비를 마치고 총독 앞에 나타났기 때문이다. 그들은 즉시 만사를 제쳐 두고 바울을 고소하기 위하여 달려 왔다. 악한 자들은 악한 일을 하는 데에 얼마나 몰두하는가! 어떤 이들은 여기에서 닷새 후라는 것은 바울이 처음 잡힌 때로부터 닷새 후를 가리킨다고 보는데, 아마도 그럴 가능성이 큰 것 같다. 왜냐하면, 바울은 심문 과정에서 내가 예루살렘에 예배하러 올라간지 열 이틀 밖에 안 되었다(11절)고 말하고 있고, 그는 성전에서 결례를 행하는 데에 7일을 보낸 상태여서, 이 닷새는 결례가 끝난 후로부터 계산된 것으로 보아야 하기 때문이다.

2. 예루살렘에서 바울을 재판할 때에 재판관들이었던 자들은 이제 여기에서는 바울을 고소하는 자들로 등장한다. 대제사장 아나니아는 예루살렘에서 그를 재판하기 위하여 앉아 있었던 인물이지만 지금은 바울을 고소하기 위하여 서 있다. 우리는 다음과 같은 것들에 대하여 의아하게 생각하지 않을 수 없다.

(1) 대제사장이 이렇게 자신의 위신을 손상시키고 대제사장으로서의 위엄을 망각한 행동을 할 수 있다는 것. 대제사장이라는 사람이 예루살렘 성전에서의 모든 직무를 다 내팽개치고 고발자로 변신하여, 헤롯 궁에서 열린 바울에 대한

재판에서 고소하는 자로 나온다는 것이 과연 가당키나 한 일인가? 그들이 그런 식으로 행동했기 때문에, 하나님께서 제사장들로 하여금 멸시와 천대를 당하게 하신 것은 너무도 당연한 일이었다(말 2:9).

(2) 대제사장이 이렇게 아예 드러내 놓고 바울에 대한 자신의 적대감을 표현하고 있다는 것. 가장 높은 지위에 있는 자들은 어떤 사람에 대해서 악의를 가지고 있다고 하더라도, 그들은 다른 사람들을 통해서 자기가 악의를 가지고 있는 자를 해치도록 하고, 자신의 모습은 드러내지 않는 것이 보통이다. 왜냐하면, 자기가 직접 나서게 되면 흔히 비난을 받게 되기 때문이다. 그러나 아나니아는 자기가 바울을 불구대천의 원수로 여긴다는 것을 스스럼없이 나타내었다. 장로들도 그들이 대제사장과 뜻을 같이한다는 것을 보여주고 바울에 대한 재판에 힘을 실어주기 위해서 대제사장과 동행하였다. 왜냐하면, 그들은 그들이 원하는 만큼 모든 힘을 동원해서 이 재판을 맡아줄 고소하는 자들을 찾아낼 수 없었기 때문이다. 악한 자들이 악한 일에 있어서 끊임없이 궁리해 내고 자신의 위신을 생각하지 않고 그 어떤 비천한 일이라도 하며 끈질기게 자신의 목표를 달성하기 위하여 온갖 수고를 아끼지 않는 것을 보면, 우리는 선한 일에 있어서 우리가 냉정하고 소극적이며 무관심한 것에 대하여 부끄러움을 느끼지 않을 수가 없다.

II. 우리는 여기에서 바울에 대한 고소가 제시되고 있는 것을 본다.   고소하는 자들은 변호사 더둘러와 함께 왔는데, 그는 로마 사람으로서 로마의 법과 언어에 능통하였기 때문에, 로마 총독 앞에서 벌어지는 재판에서 좋은 결과를 얻기에 가장 적합한 자였다. 대제사장과 장로들은 바울에 대한 앙심을 그들의 마음속에 가득 품고 있긴 하였지만 그들의 혀가 충분히 날카롭지 못하다고 생각하였기 때문에, 아마도 독설로 유명하였을 더둘로는 그들을 대신하여 소송을 진행하는 자로 고용하였다. 틀림없이, 그들은 그에게 상당히 많은 수임료를 주었을 것인데, 이 돈은 그들이 마음대로 주무르고 있었던 성전 금고에서 나온 돈이었을 것이고, 이 사건은 교회와 관련된 사건이기 때문에 돈을 아껴서는 안 된다고 생각했을 것이다. 바울은 벨릭스 총독 앞에서 법정에 서게 되다: 바울이 소환되었다(2절). 더둘로가 맡은 일은 고소하는 자들을 대신해서 바울을 정식으로 법정에 고발하는 일이었는데, 그는 돈만 두둑히 받는다면 무슨 말이라도 기꺼이 할 수 있는 그런 인물이었다. 돈을 주고 산 혀가 무슨 말인들 하지 못하겠는가. 변호사들은 아무리 나쁜 일이라도 돈을 받고 선임된다면 그것을 옹호하고 변호해 주게 되어 있다. 그렇지만 우리는 대다수의 변호사들은 의롭기 때문에 알면서도 불의한 일을 옹호하거나 변호하지 않을 것이라고 생각하지만, 더둘로는 그런 사람이 아니었다. 그가 한 고소 내용(또는, 키케로의 변호하는 말들을 보면, 로마의 변호사들은 그러한 경우에 장황하게 말을 늘어 놓곤 하였기 때문에, 여기에 나와 있는 것은 아마도 그 요약일 것이다)은 여기에 기록되어 있는데, 그것은 온갖 아부하는 말과 거짓말들로 점철되어 있다. 더둘로는 고발을 위한 변론에서 악한 것을 선하다고 하고, 선한 것을 악하다고 하고 있다.

1. 세상에서 가장 악한 자들 중의 한 사람은 여기에서 단지 그가 재판장이라는 이유로 세상에서 가장 선하게 자선을 베푸는 자들 중의 한 사람으로 칭송된다. 당시 로마의 역사가들과 유대인 역사가였던 요세푸스는 벨릭스를 아주 악한 자로 묘사하고 있는데, 그는 총독이자 재판장으로서의 자신의 권력을 이용해서 온갖 악행을 저질렀고, 매우 잔인하고 탐욕스러우며 암살자들을 후원하고 보호하는 폭군이었다고 말한다. 그렇지만 더둘로는 여기에서 대제사장과 장로들의 이름으로, 그리고 아마도 그들에게서 구체적으로 지시받은 것들과 그가 생각해 낸 것들을 따라서 벨릭스에게 온갖 찬사를 늘어놓고, 마치 벨릭스 같이 선한 방백은 지금까지 한 사람도 없었다는 듯이 그를 하늘 높이 치켜 세운다. 이것은 대제사장과 장로들에게는 특히 말도 되지 않는 것이었다. 왜냐하면, 벨릭스는 최근에 유대인들에 대한 자신의 적대감을 적나라하게 보여주는 사건을 일으켰었기 때문이다. 대제사장 요나단 또는 고위 제사장들 중 한 명이 벨릭스의 폭정에 대하여 아주 대놓고 노골적으로 비난을 함으로써 벨릭스의 심기를 무척 상하게 했기 때문에, 벨릭스는 몇몇 자객들을 고용해서 대제사장 요나단을 암살하게 하였고, 그 후에도 다른 사람들에 대해서도 똑같은 짓을 저질렀었다. 그러한 엄청난 악행을 저지르고도 그 누구도 처벌받지 않았기 때문에, 암살자들은 거기에 힘을 얻어서 몇 사람을 더 칼로 찔러서 죽였는데, 어떤 사람들은 개인적인 악감으로, 어떤 사람들은 돈을 받고 암살 청부를 받아서, 그것도 성전에서 사람들을 암살하였다. 그럼에도 불구하고, 여기에서 대제사장과 장로들은 벨릭스를 바울을 죽이고자 하는 자신들의 악의를 이루는 데에 이용하고, 그들이 벨릭스가 저지른 이 모든 만행을 눈감아 주는 호의에 대한

대가로서 벨릭스도 그들에게 바울을 그들의 뜻대로 죽이는 호의를 보여주도록 하기 위하여 그들은 벨릭스를 지금까지 그들 가운데로 부임해 왔던 모든 총독들 가운데서 그들의 교회와 나라에 대하여 가장 큰 축복이라고 칭송하고 있는 것이다.

(1) 그들은 아주 기꺼이 벨릭스가 그들에게 가장 큰 축복이라는 것을 고백하였다(2절). "우리가 당신을 힘입어 태평을 누리고 또 이 민족이 당신의 선견, 당신의 지혜와 돌보심과 불철주야 수고하시는 것으로 말미암아 여러 가지로 개선되었나이다. 그래서 우리는 당신을 우리의 후견인이자 보호자로 여기나이다." 더둘로는 총독을 공정하게 평가하기 위해서 그가 천부장이 말하였던 저 애굽인의 봉기를 진압한 일을 언급했어야 했다(행 21:38). 그러나 더둘로는 총독에 대한 찬사일변도의 말을 했으니, 앞으로 총독이 그의 폭정과 압제에 대한 정당한 비난을 과연 들으려고 하겠는가? 좀 더 살펴보자.

[1] 큰 자들에 있어서 그들이 행한 업적들에 대해서는 도가 지나치게 칭송을 받지만 그들이 잘못한 일들에 대해서는 사실대로 듣지 못한다는 것은 큰 불행이다. 이렇게 됨으로써 그들은 마음이 완악하여져서 더욱 담대하게 악을 저지르게 된다.

[2] 왕이나 방백들에게 그들이 잘못한 것들을 지적하지 않고 도리어 비화하고 아부함으로써 그들을 더 나쁜 짓을 하도록 이끄는 것이 악한 자들의 술책이다. 로마의 주교들은, 여기에서 대제사장이 자신의 아부하는 말들을 통해서 벨릭스에게 의도했던 것과 마찬가지로 찬탈자들과 독재자들을 옹호하고 그들에게 아부하여 그들을 자신의 악의를 이루는 도구들로 삼음으로써 자신의 막강한 교회 권력을 확고하게 유지하여 왔고, 그리스도의 종들을 박해하는 데에 도움을 받아 왔다.

(2) 그들은 벨릭스의 선정에 감사하는 마음을 계속 가지고 있겠다고 약속한다(3절). "우리가 어느 모양으로나 어느 곳에서나 크게 감사하나이다. 우리는 모든 곳에서 언제든지 벨릭스의 선정을 칭송하고, 벨릭스 각하에게 크게 감사하나이다. 우리는 언제든지 당신이 지혜롭고 선한 총독이시고 이 나라에 크게 이바지한 인물이라는 것을 증언할 준비가 되어 있나이다." 만약 벨릭스가 그러한 총독이라는 것이 사실이었다면, 그들이 이렇게 그의 선정을 크게 감사하는 것은 당연한 일이었을 것이다. 우리가 정부로 말미암아, 특히 지혜롭고 선한 방백으

로 말미암아 누리는 유익들은 우리가 마땅히 하나님과 사람에게 감사해야 할 것이다. 우리가 방백들의 보호 아래에서 태평성대를 누리고, 방백들의 지혜로움으로 인해서 훌륭한 일들이 이루어졌다고 고백하는 것은 방백들에게 마땅히 드려야 할 공경 중의 일부이다.

(3) 그러므로 그들은 이 사건에 있어서도 그의 호의적인 판결을 기대한다(4절). 그들은 총독의 시간을 갈아먹지 않도록 최대한 신경을 쓰는 체한다: 우리는 당신을 더 괴롭게 아니하려 하나이다. 그렇지만 그들은 총독이 인내심을 발휘해서 그들의 고소를 충분히 들어 줄 것을 확신하는 체한다: 우리가 대강 여짜옵나니 관용하여 들으시기를 원하나이다. 이 모든 말들은 단지 그로 하여금 그들의 고소에 호의를 보이도록 하기 위하여 그를 유인하는 말들일 뿐이다. 그들은 이 일에 있어서 그들이 실제보다 더 큰 악의를 지니고 있다는 것이 곧 드러나게 되리라는 것을 너무도 잘 알고 있었기 때문에, 이런 식으로 해서 총독의 호의를 얻어 두는 것이 꼭 필요하다고 생각하였다. 대제사장과 장로들이 로마 정부의 원수들이고, 로마의 멍에 아래 있다는 것을 보여주는 모든 것들을 언짢게 여겼으며, 따라서 그들의 마음속으로 벨릭스를 미워하고 있다는 것은 삼척동자도 다 아는 사실이었다. 그럼에도 불구하고, 바울을 죽이고자 하는 그들의 목적을 달성하기 위해서 그들은 이전에 그들이 우리 구주를 박해하였을 때에 빌라도와 가이사에게 그랬던 것처럼 이번에는 벨릭스에게 모든 예를 다 갖춘다. 왕이나 방백들은 백성들이 박수 갈채를 보낸다고 해서 백성들이 그들을 좋아한다고 판단해서는 안 된다. 아부하는 것과 진정으로 충성하는 것은 전혀 별개의 문제이기 때문이다.

2. 세상에서 가장 훌륭한 자들 중의 한 사람이 여기에서 단지 그가 죄수라는 이유 때문에 세상에서 가장 흉악한 자들 중의 하나로 고소된다. 더둘로는 맞는 말을 하나도 찾아볼 수 없는 온갖 미사여구를 사용한 아부를 끝낸 후에 본론으로 들어가는데, 그가 말하고자 한 본론은 벨릭스 총독에게 법정에서 죄수를 공식적으로 고발하는 것이었다. 더둘로가 한 변론 중에서 앞 부분이 아부하는 말들로 지겹도록 꽉 차 있었다고 한다면 이 부분은 조롱하고 희롱하는 말들로 가득 차 있다. 그는 바울에 대하여 악감을 품고 있지 않고, 그가 바울을 비방하여 말하고 있지만 사실 그는 바울을 비방할 마음이 없고, 오직 그의 목적은 벨릭스의 마음을 얻는 것이었다고 생각할 때, 그는 참으로 불쌍한 사람이다. 그러

나 나는 학식과 사려분별을 갖춘 사람이 그렇게 잘 팔릴 수 있는 혀(사람들은 이렇게 부른다)를 가지고 있다는 것에 대하여 애석한 마음을 금할 수 없는 것과 마찬가지로, 나는 이렇게 고상한 사람들이 그러한 말들을 입에 담을 정도로 악의적인 마음을 지니고 있다는 것에 대하여 무척 화가 난다. 더둘로는 여기에서 대제사장과 장로들의 이름으로 벨릭스에게 두 가지 내용으로 바울을 고소한다.

(1) 바울에 의해서 이 나라의 평화가 흐트러졌다는 것. 그들은 먼저 그리스도의 제자들에게 짐승의 가죽을 입히지 않았다면 그들을 붙잡을 수 없었을 것이고, 그들을 세상에서 가장 악한 자들로 낙인을 찍어서 널리 알리지 않았다면 그들을 가장 악독하게 다룰 수 없었을 것이다 ― 물론, 그들이 그리스도의 제자들에 대하여 말한 것들은 완전히 잘못된 것이었고, 전혀 근거가 없는 것들이었지만. 죄가 없고 결백하다는 것은 뛰어나고 훌륭하다는 것과 사람들에게 유익하다는 것과 아울러서 중상모략이나 비방을 막아주는 보호막이 되지 못하고, 방백들이나 무리들에게 그들이 악하다는 인상을 심어 주어서 분노와 질시를 불러일으키는 것을 막아 주는 보호막이 되지 못한다. 왜냐하면, 중상모략이 여기에서처럼 너무도 그럴듯한 말로 포장이 되어서 확신 가운데 큰 소리로 제시되면, 거기에 동조하는 사람들이 생겨나기 마련이기 때문이다. 사람들이 하나님의 선지자들에 대하여 옛적에 고소했던 내용은 그들이 나라를 어지럽히는 자들이라는 것이었고, 사람들이 옛적에 하나님의 예루살렘에 대하여 고소한 내용은 그 성이 패역한 성읍이어서 왕들과 각 도에 손해가 된다는 것이었으며(스 4:15, 19), 우리 주 예수에 대하여 사람들이 고소한 내용은 그가 나라를 잘못된 길로 이끌고, 가이사에게 공세를 바치는 것을 금지하였다는 것이었다. 여기에서 바울에 대하여 이루어진 고소도 아주 똑같았다. 그들이 고소한 내용은 완전히 거짓된 것이었지만, 그들은 사람을 확신시킬 수 있는 온갖 수단들을 동원해서 그들이 말한 내용이 사실이라고 공언한다. 그들은 "우리는 그가 위험 인물이라고 의심하고 있고, 그러한 의심에 근거해서 그를 붙잡았다"라고 말을 하는 것이 아니라, 마치 그들이 말하는 것이 기성 사실이라도 되는 듯이 "우리가 보니, 이 사람은 그런 자이고, 우리는 오랫동안 그가 그런 자라는 것을 여러 번 보아 왔다"라고 말한다. 그들은 마치 바울이 이미 반역자요 역적이라는 것이 확정된 것처럼 말하고 있는 것이다. 그렇지만 결국 그들이 한 말 속에는 일

말의 진실도 존재하지 않는다. 바울이 진짜 어떤 인물인지를 잘 살펴본다면, 그가 그들이 말한 것과는 정반대의 인물이라는 것이 즉시 밝혀지게 될 것이다.

[1] 바울은 유익한 인물이었고, 그의 나라에 대하여 큰 축복이었으며, 정직과 선함의 모범이 되는 인물이었고, 모든 사람에게 축복이 되고 그 누구에게도 해를 끼치지 않는 인물이었다. 그렇지만 그는 여기에서 전염병 같은 자로 불린다(5절). "우리가 보니 이 사람은 전염병 같은 자라. 그는 이 나라의 전염병, 걸어다니는 전염병이나이다." 이것은 그들이 바울을 악의적이고 악한 성품을 지닌 불온분자이고 그가 가는 곳마다 모든 것을 어지럽혀 놓는 자라고 규정하는 것이다. 그들은 바울이 당시에 전염병보다 더 큰 재앙을 나라에 끼쳐 왔다고 생각했던 것 같다. 그가 행한 나쁜 짓은 널리 퍼져서 사람들을 감염시켰고, 다른 사람들로 하여금 자기와 마찬가지로 해악을 자행하게 만들었으며, 그것은 전염병과 마찬가지로 모든 것을 죽이고 파괴하며 초토화시켜 버리는 치명적인 결과를 가져왔기 때문에, 바울의 소행은 전염병과 마찬가지로 사람들이 두려워하고 적극적으로 나서서 막아야 하는 그런 것이라고 그들은 생각하였다. 바울은 수없이 선한 설교를 하였고 수없이 선한 일을 행하였는데, 그런 것들로 인해서 그는 지금 전염병 같은 자로 불리고 있는 것이다.

[2] 바울은 평화를 만드는 자, 모든 적대감을 소멸시키고 참되고 영원한 평화를 굳게 세우는 것을 지향하는 복음을 전하는 자였다. 그는 스스로 평화롭고 조용하게 살았고, 다른 사람들에게도 그렇게 살라고 가르쳤지만, 여기에서는 천하에 흩어진 유대인을 다 소요하게 하는 자로 고소된다. 유대인들은 로마 정부에 대하여 불만을 가지고 있었다. 그들의 신앙에 대하여 특히 철저한 유대인들일수록 그러한 불만은 더욱 컸다. 이러한 사실을 벨릭스도 알고 있었기 때문에, 그들에 대한 감시의 눈초리를 늦추지 않았다. 그들 자신이 유대인들 가운데서 파당과 소요와 선동의 씨앗들을 뿌리고 있는 자들이었음에도 불구하고, 지금 그들은 바울이야말로 그들을 그렇게 만든 장본인이라는 것을 총독으로 하여금 믿게 하고자 하고 있다. 그들도 자신들이 하고 있는 짓을 잘 알고 있었다. 그들이 그리스도와 그의 신앙을 미워한 이유는 그리스도께서 앞장서서 그들을 이끌어 로마에 반기를 들도록 하지 않았기 때문이었다. 유대인들은 어디에서나 바울에 대하여 대항하였고, 사람들을 부추겨서 바울을 해치려고 소동을 벌였다. 그들은 바울이 가는 곳마다 소요를 일으켰는데도, 마치 바울이 소

요를 일으킨 자인 것처럼 부당하게 그에게 책임을 떠넘겼다. 이것은 마치 네로가 로마에 불을 지르고 나서 얼마 후에 그리스도인들이 그런 짓을 했다고 책임을 떠넘긴 것과 마찬가지였다.

[3] 바울은 특정한 사람들만을 사랑한 것이 아니라 스스로 모든 사람들의 유익을 위하여 모든 사람의 종이 된 자로서 보편적인 사랑을 지닌 인물이었다. 그렇지만 그는 여기에서 나사렛 이단의 우두머리, 원어대로 해석하자면 나사렛 이단의 깃발을 든 자로 고소된다. 키프리아누스(Cyprian)가 그리스도인이라는 이유 때문에 사형을 선고받았을 때, 그에 대한 판결문 속에는 그가 사악한 운동의 창시자이자 깃발을 든 자(auctor iniqui nominis et signifer)였다는 구절이 들어가 있었다. 바울이 기독교를 전파하는 데에 적극적으로 앞장선 인물이었다는 것은 사실이다. 그러나 첫째, 기독교가 하나의 분파였다고 말하는 것은 완전히 잘못된 것이었다. 바울은 사람들을 어떤 분파나 개인적인 사상으로 이끌지 않았고, 또한 자신의 견해들을 그들의 규범으로 받아들이라고 하지도 않았다. 참된 기독교는 온 인류에게 공통적으로 해당하는 것을 견고하게 세우고, 사람들에게 선한 뜻을 널리 알리며, 우리에게 하나님께서 그리스도 안에서 세상과 화해하셨다는 것을 보여주는 것이기 때문에, 분파들과 같이 아주 협소한 견해들과 개인적인 이익들을 근거로 해서 생겨난 것이라고 할 수 없다. 참된 기독교는 인류를 통합하고 하나로 모이게 만드는 성향을 지니고 있다. 기독교는 사람들의 마음에 제대로 영향을 끼치고 권능을 발휘한다면, 사람들을 온유하고 조용하며 평화롭고 사랑이 많으며, 모든 면에서 서로에게 편안하고 즐거우며 유익이 되는 자로 만든다. 그러므로 기독교는 분열과 불화를 가져오는 분파가 결코 아니다. 참된 기독교는 세상적인 유익이나 이익을 목표로 하지 않기 때문에, 결코 분파로 불릴 수 없다. 분파를 신봉하는 자들은 그들의 세속적인 이익에 의해서 지배되기 때문에 부와 명예를 목표로 삼는다. 그러나 기독교 신앙을 고백하는 자들은 그런 것과는 거리가 멀기 때문에, 도리어 그들의 신앙으로 인해서 이 세상에서 그들에게 소중한 모든 것들을 잃게 될 위험에 처하게 된다. 둘째, 그들은 기독교를 악의적으로 나사렛 이단이라고 부름으로써, 그리스도는 결코 선한 것이 나오리라고 기대할 수 없는 나사렛이라는 지방의 출신임을 강조한다. 하지만 사실 그리스도는 메시야가 나기로 되어 있었던 베들레헴 출신이셨다. 그리스도는 스스로를 나사렛 예수라고 부르는 것을 기뻐하셨다(행

22:8). 성경에서도 그러한 칭호에 존귀함을 더하였다(마 2:23). 그러므로 그리스도인들은 사람들이 비방을 위한 목적으로 나사렛 예수라는 칭호를 사용한다고 하더라도 우리 주님과 마찬가지로 그 칭호를 사용하는 것을 부끄러워 할 필요가 없다. 셋째, 바울이 이 분파의 창시자이자 깃발을 든 자라고 말한 것은 거짓된 것이었다. 왜냐하면, 바울은 사람들을 자기 자신이 아니라 그리스도께로 이끌었기 때문이다. 그는 자기 자신을 전한 것이 아니라 그리스도 예수를 전하였다.

[4] 바울은 하나님께서 그의 이름을 두시기로 선택하신 곳으로서의 성전에 대하여 공경심을 지니고 있었고, 최근에도 공경하는 마음으로 성전 예배에 참석한 적이 있었다. 그럼에도 불구하고, 그들은 여기에서 그가 성전을 더럽게 하려 하였고, 의도적으로 성전을 멸시하였으며, 그 율법을 범하였다고 고소한다(6절). 이것을 증명하기 위하여 그들이 제시한 증거는 잘못된 것이었다. 왜냐하면, 그들이 바울이 이방인과 함께 시내에 있는 것을 보고서 그것이 바울이 이방인을 성전에 데리고 간 증거라고 주장한 것은 완전히 거짓된 것이었고, 그들도 그 사실을 알고 있었기 때문이다(행 21:29).

(2) 바울에 대한 그들의 사법 절차가 천부장에 의해서 방해를 받았다는 것.

[1] 그들은 그들이 바울을 잡아서 그들의 율법에 따라서 그를 재판하고자 하였다고 말하였다. 이것은 거짓된 것이었다. 그들은 그들의 율법에 따라서 바울을 재판하고자 했던 것이 아니라 모든 율법과 형평법을 어기면서 바울이 스스로에 대하여 변호하는 말을 할 기회를 주지도 않은 채 그를 때려서 죽이거나 갈가리 찢어 놓으려고 하였고, 바울을 그들의 법정으로 소환한다는 미명 하에 그를 죽이고자 매복하고 있던 깡패들의 손에 그를 넘기고자 하였다. 이것이 그들의 율법에 따라서 재판하는 것이었단 말인가? 사람들은 그들이 마땅히 어떻게 행했어야 하는지를 알고 있는 경우에는 실제로는 그렇게 하지 않았으면서도 그들이 그렇게 하고자 했다고 말하기가 쉽다.

[2] 그들은 천부장이 바울을 그들의 손에서 구출함으로써 그들에게 해악을 끼쳤다고 술회하였다. 하지만 사실 천부장은 바울을 그들에게서 구해냄으로써 바울을 정당하게 대접했을 뿐만 아니라, 그들이 큰 죄악을 범하는 것을 미리 막아 줌으로써 그들에게 아주 큰 자비를 베푼 것이었다. 천부장 루시아가 우리에게 와서 큰 폭력을 사용하여(그러나 실제로는 꼭 필요한 무력 이외에는 사용되

지 않았었다) 바울을 우리 손에서 빼앗아 갔나이다(7절). 바울을 박해한 자들이 천부장의 방해로 그들의 뜻을 이루지 못한 것에 대하여 실제로는 감사해도 모자랄 판인데 얼마나 격분하고 있는지를 보라. 다윗이 화가 치밀어서 사람들의 피를 흘리는 일을 계속적으로 자행하고 있었을 때, 그는 하나님께서 아비가일을 자기에게 보내셔서 그가 빨리 잘못을 바로잡고 제정신을 차리게 해주신 것에 대하여 감사하였다. 그러나 이 잔혹한 자들은 스스로의 행위를 정당화하면서, 그들이 그들의 손으로 피 흘리는 것을 막아 준 자를 그들의 원수로 여기고 있는 것이다.

[3] 그들은 이 문제를 벨릭스와 그의 판단에 맡겼지만, 천부장이 그들의 일에 개입함으로써 어쩔 수 없이 그렇게 된 것에 대하여 불편한 심기를 내비쳤다(8절). "우리로 하여금 총독 각하에게 이러한 폐를 끼치고, 우리 자신도 수고를 할 수밖에 없게 만든 자는 바로 천부장이었나이다." 첫째, "천부장은 이 사건이 하급심에서 얼마든지 잘 종결될 수 있었는데도 고소한 자들을 당신께로 오라고 명령하여서 당신이 재판하도록 수고하게 하였나이다." 둘째, "천부장은 이 사건을 당신께 넘겨서, 당신으로 하여금 바울을 심문하여서 당신이 그에게서 무엇을 얻어낼 수 있는지, 당신이 그의 자백을 통해서 우리가 고발한 내용들을 알게 될 수 있을지를 시험하고 있나이다."

Ⅲ. 더둘로가 고소한 것에 대하여 유대인들이 동의함(9절). 유대인들도 이에 참가하여 이 말이 옳다 주장하니라.

1. 어떤 이들은 이 본문은 몇몇 유대인들이 맹세를 한 증인으로 나와서 더둘로가 한 고소 내용의 구체적인 부분들에 대하여 심문을 받으면서 증언하였다는 것을 표현한 것이라고 생각한다. 대제사장과 장로들이 그들의 고소를 대신해 줄 변호사를 돈을 주고 샀다고 한다면 그 고소 내용을 맹세로써 증언해 줄 증인들을 돈을 주고 구하였다고 해서 새삼 놀랄 일은 아니다.

2. 하지만 이 본문은 대제사장과 장로들이 더둘로가 한 고소 내용에 대하여 동의했다는 것을 나타내고 있는 것으로 보인다. 벨릭스는 그들에게 "이것이 너희가 고소하고자 하는 것이고, 이것이 너희가 말하고자 하는 것이냐"고 물었을 것이고, 그들은 "그렇나이다"라고 대답했을 것이다. 이렇게 해서 그들은 더둘로가 거짓으로 고소한 모든 것에 대하여 동참함으로써 그 죄를 스스로 짊어지게 되었다. 남에게 해악을 끼칠 수 있는 재주를 갖고 있지 못하거나 신앙을

거슬러서 말이나 논쟁을 할 수 없는 자들은 다른 사람들이 행하는 악행에 동의하고, 그 말이 맞다고 말하면서 남들이 한 말을 되풀이하여 그의 편에 서서 주의 바른 길을 굽게 함으로써 스스로 다른 사람들이 저지르는 악행에 동참하게 될 수 있다. 잘 배우지를 못해서 바알을 옹호하는 말을 하지 못하는 자들이 바알에게 찬성표를 던지는 것으로 악행을 하는 경우가 많다.

[10]총독이 바울에게 머리로 표시하여 말하라 하니 그가 대답하되 당신이 여러 해 전부터 이 민족의 재판장 된 것을 내가 알고 내 사건에 대하여 기꺼이 변명하나이다 [11]당신이 아실 수 있는 바와 같이 내가 예루살렘에 예배하러 올라간 지 열이틀밖에 안 되었고 [12]그들은 내가 성전에서 누구와 변론하는 것이나 회당 또는 시중에서 무리를 소동하게 하는 것을 보지 못하였으니 [13]이제 나를 고발하는 모든 일에 대하여 그들이 능히 당신 앞에 내세울 것이 없나이다 [14]그러나 이것을 당신께 고백하리이다 나는 그들이 이단이라 하는 도를 따라 조상의 하나님을 섬기고 율법과 선지자들의 글에 기록된 것을 다 믿으며 [15]그들이 기다리는 바 하나님께 향한 소망을 나도 가졌으니 곧 의인과 악인의 부활이 있으리라 함이니이다 [16]이것으로 말미암아 나도 하나님과 사람에 대하여 항상 양심에 거리낌이 없기를 힘쓰나이다 [17]여러 해 만에 내가 내 민족을 구제할 것과 제물을 가지고 와서 [18]드리는 중에 내가 결례를 행하였고 모임도 없고 소동도 없이 성전에 있는 것을 그들이 보았나이다 그러나 아시아로부터 온 어떤 유대인들이 있었으니 [19]그들이 만일 나를 반대할 사건이 있으면 마땅히 당신 앞에 와서 고발하였을 것이요 [20]그렇지 않으면 이 사람들이 내가 공회 앞에 섰을 때에 무슨 옳지 않은 것을 보았는가 말하라 하소서 [21]오직 내가 그들 가운데 서서 외치기를 내가 죽은 자의 부활에 대하여 오늘 너희 앞에 심문을 받는다고 한 이 한 소리만 있을 따름이니이다 하니

우리는 여기에서 바울이 더둘로의 고소에 대응하여 스스로를 변호하는 것을 보게 되는데, 바울의 말 속에는 지혜와 거룩함의 영이 가득 차 있고, 우리는 그 속에서 그리스도께서 제자들에게 그들이 방백들과 왕들 앞에 그리스도를 위하여 설 때에 바로 그 때에 그들이 해야 할 말이 그들에게 주어질 것이라고 약속하신 것이 성취되고 있음을 보게 된다. 더둘로는 바울을 무척 화나게 하는 대단히 도발적인 말들을 많이 하였지만, 바울은 그의 말을 중간에 중단시

키지 않고, 그가 끝까지 말을 하게 놓아 두었는데, 이것은 예의범절에 따른 것이기도 하였고, 원고가 자신의 증거를 다 제시할 때까지는 피고는 자신을 변호하는 말을 시작할 수 없다는 법정의 절차를 따른 것이기도 하였다. 더둘로가 고소를 끝마쳤을 때, 바울은 즉시 화를 내며 이 시대와 사람들이 악하다고 소리를 치며 곧장 대들지 않았고(오, 악한 세대여), 재판장이 그에게 말하도록 허락해 줄 것을 기다렸다. 총독은 바울에게 머리로 표시하여 말하라 하였다(10절). 이제 바울은 총독의 보호 아래에서 지금까지 그에게 주어진 그 어떤 기회보다도 더 좋은 여건 속에서 말을 할 수 있는 기회를 얻게 되었다. 바울은 자신을 변호하는 말을 하면서, 더둘로가 돈을 받고서 그런 고소를 하고 있다는 것을 알고 있었기 때문에, 더둘로가 한 고소에 대해서는 일언반구도 대응하지 않고 그가 한 모든 말을 무시하고서, 더둘로를 고용한 자들을 향해서 자신의 변호를 해 나갔다. 우리는 여기에서 다음과 같은 내용들을 보게 된다.

I. 바울은 총독이 그에게 공정한 재판을 받게 해 줄 것을 확신하는 가운데 총독에게 경의를 표하는 말을 하였다. 바울의 말 속에는 더둘로가 총독을 높이 띄우면서 아부하여 말한 찬사들이 아니라, 좀 더 진정한 경의를 표하는 말, 즉 그가 총독을 그의 친구가 된 자는 아니지만 공정하고 어느 한 쪽에 치우치지 않는 자로 여겨서 총독 앞에서 총독을 믿고서 그의 사건에 내하여 기꺼이 변명하겠다고 자신의 심경을 밝힌 것이었다. 이 말을 통해서 바울은 총독이 그렇게 공정한 재판을 해 줄 것을 기대하는 자신의 마음을 피력하였다. 또한, 바울이 한 말은 누가 무엇이라고 해도 자신은 무죄함을 알고 있기 때문에 양심에 가책할 것이 없는 자가 할 수 있는 그런 말이었다. 그는 법정에서 두려워 떨며 서 있었던 것이 아니었다. 오히려 그 반대로, 그는 어느 한 쪽 당사자의 편이 아닌 제3자로서의 입장을 지닌 자가 재판장이 된 것에 대하여 아주 기뻐하였다. 그는 재판장이 누구인지를 잘 알고 있었기 때문에 기꺼이 사건에 대하여 변명하겠다고 말한다. 왜 그랬을까?

바울은 "나는 당신이 뇌물을 싫어하고, 판결을 할 때에 하나님을 두려워하며 사람의 눈치를 보지 않고, 정의를 따라서 곧이곧대로 판결하는 재판장이라는 것을 알기 때문에 기꺼이 변명하겠다"라고 말한 것이 아니었다. 왜냐하면, 그는 그가 그렇게 말하였다면 총독의 호감을 상당히 얻을 수 있었겠지만, 그런 말은 옳은 말이 아니었고, 그러므로 그런 말을 하고자 하지 않았기 때문이다.

바울은 당신이 여러 해 전부터 이 민족의 재판장된 것을 내가 알기 때문에 내가 내 사건에 대하여 기꺼이 변명하나이다라고 말하였다. 이 말은 진실이었다.

1. 바울은 총독이 이전에는 바울에 대한 고소가 전혀 없었다는 것을 알고 있다고 말할 수 있었다. 유대인들이 소동을 부리며 죽이라고 아우성친 것들은 대체로 오랫동안 범죄를 저질러 온 자들에 대한 것이었다. 그러나 벨릭스 총독은 오랫동안 이 자리에서 재판을 해 왔지만, 지금까지 바울이 자기 앞에 끌려 온 것을 한 번도 본 적이 없었다. 그러므로 바울은 유대인들이 고소하는 것과 같이 그렇게 위험스러운 범죄자가 아니었다.

2. 벨릭스 총독은 유대 민족과 그들의 기질을 잘 알고 있었다. 그는 유대인들이 자신의 방식을 얼마나 완고하게 고집하는지, 그들이 그들과 뜻이 맞지 않는 모든 자들에 대하여 얼마나 분노하며 죽이려 하는지, 그들이 얼마나 까탈스럽고 괴팍한지를 알고 있었기 때문에, 그들이 바울을 고소함에 있어서 그러한 점들을 감안할 것이고, 그들의 편파적인 악감에서 나왔을 가능성이 많다고 생각되는 것들에 대해서는 받아들이지 않을 것이었다. 총독은 바울을 알지는 못했지만, 바울을 고소하는 자들을 잘 알고 있었기 때문에, 그것을 통해서 바울이 어떤 부류의 인물일지를 추측할 수 있었을 것이다.

II. 바울은 그들이 그가 어떤 자인지를 규정함에 있어서 토대로 삼고 있던 여러 가지 혐의 사실들을 부인한다. 소요를 선동하는 것과 성전을 더럽히는 것은 유대인들이 바울을 고소한 죄목들이었는데, 그러한 범죄들은 로마 총독들이 다루는 데에 익숙하지 않다는 것을 그들은 잘 알고 있었기 때문에, 벨릭스 총독이 바울을 그들의 율법을 따라서 재판하도록 그들에게 넘겨 주기를 바랐고, 바로 그것이 그들이 원하는 모든 것이었다. 그러나 바울은 총독이 그 범죄들에 대하여 심리하고자 하지는 않을지라도 못된 성품과 앙심을 품은 것으로 잘 알려진 자들로부터 부당하게 고소를 당한 자를 보호해 줄 것을 원하였다. 이제 바울은 총독으로 하여금 다음과 같은 것들을 깨닫게 해주고자 하였다(바울은 필요하다면 자기가 말한 것들을 증인들을 통해서 얼마든지 입증할 준비가 되어 있었다).

1. 그는 평화롭고 거룩하게 하나님을 예배하고자 하는 목적으로 일부러 예루살렘으로 올라온 것이었고, 백성들 가운데서 소요를 부추기거나 성전을 더럽힐 의도가 전혀 없었다는 것. 그는 유대인들과의 교제를 계속 유지하기 위해

서 온 것이지, 그들에게 어떤 모욕을 가하거나 도발하기 위하여 온 것이 아니었다.

2. 그가 예루살렘에 올라온지 불과 열이틀밖에 되지 않았고, 게다가 엿새는 감옥에 갇힌 채로 보내었다는 것. 그는 혼자 있었다. 이렇게 짧은 기간 동안 그가 그들이 고소한 그러한 해악을 행할 수 있다는 것은 말이 되지 않는 것이었다. 바울이 다른 지역들에서 행한 일들에 대해서 그들은 불확실한 소문을 통해서 전해 들은 것 외에는 아무것도 알고 있지 않았는데, 그들이 전해 들은 소문이란 것이 진실을 아주 부당하게 왜곡한 그런 내용이었다.

3. 그는 예루살렘에서 아주 조용하고 평화롭게 처신하였었고, 그 어떤 소동도 만들지 않았다는 것. 그가 유대인을 다 소요하게 하는 자라는 그들의 고소가 사실이었다면(그들의 주장대로), 분명히 그는 부지런히 활동을 해서 예루살렘에서 자신의 파당을 만들고자 했을 것이다. 그러나 그는 그렇게 하지 않았다. 그는 성전에 가서 공적인 예배에 참석하였고, 율법이 봉독되고 해설되는 회당들에 참석하였다. 그는 그의 친척들과 친구들과 더불어서 시내를 돌아다녔고, 많은 사람들이 모이는 곳에서 자유롭게 대화하고 교제하였다. 그는 재능이 많은 사람이었고 적극적으로 활동하는 사람이었지만, 그들은 그가 그들의 신앙이나 유대 교회의 평화를 해치는 그 어떤 일을 했다고 고소할 수 없었다.

(1) 그에게는 소요를 부추기는 선동가들과는 달리 반골 기질이 없었다. 그는 남들과 싸우거나 시비를 하거나 반대하는 기질을 가지고 있지 않았다. 사람들은 그가 누구와 논쟁하며 다투는 것을 본 적이 없었고, 말꼬리를 붙잡고 늘어져서 트집을 잡음으로써 유식한 자들을 모욕을 주거나 별로 배우지 못하고 단순한 사람들을 교묘한 말들로 골려 주는 일도 없었다. 그는 누가 묻기만 한다면 자기가 가지고 있는 소망에 대하여 그 이유를 설명해 주고 다른 사람들에게 가르침을 베풀 준비가 되어 있었다. 그러나 그는 결코 자신의 신앙과 관련해서 그 어떤 사람과도 다투거나 시비를 벌이지 않았고, 신앙이라는 문제를 논쟁의 주제로 삼지도 않았다. 신앙은 항상 겸손함과 공경하는 마음, 온유함과 사랑으로 다루어져야 하는 것이었기 때문이다.

(2) 그에게는 선동하는 기질이 없었다. "그들은 내가 백성들을 선동하여 교회나 국가의 지도자들에게 대항하라고 부추기며 나랏일들에 대하여 두려움이나 질시를 그들에게 불러일으키거나 백성들을 서로 이간질시키거나 백성들 가운

데 불화를 조장하는 것을 결코 본 적이 없었다." 그는 그리스도인이자 사역자로서 합당하게 모든 일을 사랑과 조용함 속에서 처리하였고, 합법적인 권세에 순종하였다. 그의 병기는 육체적인 것이 아니었고, 그는 복음을 전파하거나 복음을 전파하는 자들을 보호하기 위하여 무장을 해야 한다는 생각을 한 번도 해 본 적이 없었다. 그는 백성들 가운데서 그의 대적자들만큼이나 강력한 파당을 만들어 낼 수도 있었겠지만, 결코 그런 시도를 하지 않았다.

4. 그들이 그를 고소한 대로 그가 다른 지역들에서 소요를 부추겼다는 것에 대하여 그는 전적으로 결백하였고, 그들은 그러한 고소를 증명할 수 없었다는 것(13절): 이제 나를 고발하는 모든 일에 대하여 그들이 능히 당신 앞에 내세울 것이 없나이다. 좀 더 살펴보자.

(1) 그는 자기에게 죄가 없으며 자기가 결백하다고 주장한다. 왜냐하면, 그들이 그 고소를 증명할 수 없다고 그가 말한 것은 그 고소 내용이 사실이 아니라고 그가 말한 것이나 다름없기 때문이다. 그는 공공의 평화를 해치는 원수가 아니었다. 그는 사람들에게 실제로 해가 되는 일을 한 적이 없었고, 도리어 사람들에게 실제로 유익한 일을 많이 하였고, 특히 유대인들의 민족에 대해서는 기꺼이 더 많은 일로 섬기고자 하였다. 그는 유대인들에 대하여 반감을 품고 있기는커녕 사람으로서 생각할 수 있는 가장 강력한 애정을 지니고 있었고, 그들이 잘 되기를 열렬히 원하였다(롬 9:1-3).

(2) 그는 자기가 증명되지도 않은 일들 때문에 고소를 당하는 비참한 일을 겪게 된 것에 대하여 탄식한다. 지극히 선하고 훌륭한 사람들이 이렇게 그들과는 전혀 거리가 먼 일들, 그들이 생각하기조차 싫어하는 그런 일들로 고소를 당하여 마음이 상하는 것은 흔히 있어 온 일이었다. 그러나 그들이 그러한 비참한 일을 당한 것을 탄식할 때에도 그들이 무죄하다는 것에 대하여 그들의 양심의 증언이 있다는 것은 그들에게 큰 기쁨이 된다.

(3) 그는 그를 고소하는 자들이 그들이 증명할 수도 없는 일들을 가지고서 그의 이름과 자유와 생명에 해를 끼치고, 재판장에게 거짓된 것을 강요하여 그로 하여금 왜곡된 재판을 하도록 유도하는 잘못을 저지르고 있다는 것을 보여 주면서 그들의 죄악을 드러낸다.

(4) 그는 재판장이 공정하게 판결해 줄 것을 호소하면서, 그가 말도 안 되는 폭력적인 고소에 의해서 덫에 빠지지 않도록 자기를 잘 살펴보라고 재판장을

일깨워 준다. 재판관은 사람들의 주장뿐 아니라 사실로 증명된 것을 따라서 (secundum allegata et probata) 판결해야 하기 때문에, 과연 주장되는 내용이 사실이고 확실한지 부지런히 캐묻고 살펴야 한다(신 13:14). 그렇게 하지 않으면, 재판관은 옳은 판단을 내릴 수 없다.

Ⅲ. 바울은 자기 자신에 대하여 공정하고 올바르게 해명하는데, 그것은 그가 범죄로부터 결백하다는 것과 유대인들이 그를 폭력적으로 고소하는 진짜 이유가 무엇이었는지를 잘 보여준다.

1. 그는 자기가 그들이 이단으로 여기는 자라는 것과 바로 그것이 그들이 그에 대하여 앙심을 품게 된 진짜 이유라는 것을 밝힌다. 고소하는 자들이 바울에게 비상식적인 폭력과 분노를 퍼붓는 것을 천부장은 이미 목격하였고, 총독도 이제 볼 수밖에 없는데, 그들은 무엇 때문에 그들이 그렇게 하는지를 알지는 못하지만, 무리들의 소동을 통해서 그 범죄를 추측해 볼 때에 바울이 바로 그런 이유만으로도 아주 악한 자임에 틀림없다는 결론을 내리게 된다. 그런데 이제 여기서 바울은 그 수수께끼를 풀어 준다: 내가 고백하건대, 나는 그들이 이단이라 하는 도를 따라 내 조상의 하나님을 섬기고 있나이다. 유대인들과 바울 간의 분쟁은 종교 문제에 관한 것인데, 그러한 종교 분쟁들은 흔히 아주 격렬한 분노와 폭력 사태를 수반한다. 하나님을 올바르게 섬기는 것이 이단으로 단죄되고, 하나님을 가장 선하게 섬기는 종들이 이단자들로 낙인이 찍혀서 파문되어 짓밟히는 것은 새삼스러운 일이 아니다. 개혁 교회는 스스로 개혁되기를 싫어해서 스스로 이단자들이 된 사람들에 의해서 이단으로 불린다. 그러므로 우리는 우리가 지닌 신앙이 어떤 오명을 뒤집어 쓴다고 해도 선한 길로부터 도망가서는 결코 안 된다. 왜냐하면, 참되고 순수한 기독교는 사람들이 그것을 이단이라고 부른다고 해서 결코 더 나빠지거나 더 나쁘게 생각되지 않기 때문이다. 대제사장과 장로들이 이단으로 규정한다고 하더라도, 그렇다고 해서 참되고 순수한 신앙이 이단이 되는 것은 아니다.

2. 그는 이러한 이단이라는 누명에 대항하여 자기가 옳다는 것을 드러내 보인다. 그들은 바울을 이단이라 부르지만, 그는 이단이 아닌데, 그 이유는 다음과 같다.

(1) 그는 그의 조상들의 하나님을 섬기는 데, 그렇기 때문에 그가 예배하는 대상에 있어서 올바르다. 그는 거짓 선지자와는 달리 우리가 알지 못하던 다른 신

들을 우리가 따라 섬기자고 말하지 않는다(신 13:2). 만약 그가 그렇게 말하였다면, 그들이 그의 도를 이단이라 부르고, 그가 백성들을 잘못된 길로 이끈 위험한 자라고 한다고 해도, 그들의 말은 옳을 것이다. 그러나 그는 아브라함, 이삭, 야곱의 하나님을 섬기고, 그 조상들이 섬긴 하나님만이 아니라 그 조상들을 부르셔서 자기 자신과 언약을 맺게 하셔서 그들의 하나님이라고 불리게 되신 바로 그 하나님을 섬긴다. 바울은 그 언약을 굳게 붙잡고 있고, 그 언약에 반대해서 다른 언약을 세우고 있는 것이 아니다. 바울은 조상들에게 하신 하나님의 약속이 그 자녀들에게 이루어졌다는 것을 전파하였고(행 13:32-33), 그렇게 함으로써 자기는 물론이고 다른 사람들에게도 그들의 조상의 하나님을 섬기라고 가르쳤다. 그는 그가 지닌 신앙은 그의 모든 경건한 조상들이 지닌 신앙과 동일하다고 말한다: 나의 모든 조상들이 섬겼던 바로 그 하나님을 내가 섬긴다. 그가 지닌 신앙은 아주 오래된 것이고 먼 옛적부터 조상들이 대대로 고백하였던 자랑스러운 것으로서 결코 새로운 것이라는 고소를 당할 이유가 전혀 없었다. 우리가 하나님을 섬길 때에 그 하나님이 우리 조상들의 하나님이라는 것은 우리에게 큰 위로가 된다는 것을 명심하라. 우리의 조상들은 그 하나님을 믿었고, 그 하나님의 인정을 받았으며, 하나님은 그들의 하나님이 되어 주기로 약속하셨고, 그들의 자손의 하나님이 되어 주기로 약속하셨다. 하나님은 스스로 그들의 하나님이시라는 것을 인정하셨기 때문에, 우리가 우리 조상들이 했던 대로 그 하나님을 섬긴다면, 하나님은 우리의 하나님이 될 것이다. 성경에서는 그는 내 아버지의 하나님이시니 내가 그를 높이리로다(출 15:2)라고 말하며 바로 그 점을 대단히 강조한다.

(2) 그는 율법과 선지자들의 글에 기록된 것을 다 믿기 때문에, 그의 예배와 신앙의 규범에 있어서 올바르다. 그의 신앙은 성경에 토대를 두고 있고 성경에 의해서 지배되고 있다. 그에게 있어서 성경은 하나님의 말씀이고, 하나님의 말씀인지 아닌지를 가리는 시금석이다. 그는 성경에 따라서 말하고 행한다. 그는 성경을 부분적으로가 아니라 전체로 받아들이고, 성경에 기록된 모든 것을 믿는다. 그는 성경을 있는 그대로 순전하게 받아들인다. 왜냐하면, 그가 직접 얘기하고 있듯이(행 26:22), 그는 성경에 들어 있는 것 외에는 다른 어떤 것도 말하지 않기 때문이다. 그는 성경 외에는 그 어떤 신앙 또는 행위의 규범을 세우지 않는다. 그는 교회의 전통이나 권위, 이 세상에 있는 어떤 인물이나 단체가

무오하다는 것, 내면의 빛, 인간의 이성 같은 것을 신앙이나 행위의 규범으로 내세우지 않는다. 그는 살든지 죽든지 오로지 성경에 나와 있는 하나님의 계시만을 따라 행하기로 결단하였기 때문에, 그는 이단이 될 수 없다.

(3) 그는 저 세상에서 있을 장래의 삶에 소망을 두고서 믿음으로 그것을 바라보고 있기 때문에, 그의 신앙의 목표에 있어서 올바르다. 이단으로 빠지는 자들은 이 세상 및 어떤 세속적인 이익에 관심을 갖지만, 바울은 천국을 그의 신앙의 목표로 삼고 있고, 천국 이외의 그 어떤 것도 그의 신앙의 목표가 아니다(15절). "나는 하나님께 향한 소망을 가졌다. 내가 기대하고 바라는 모든 것은 하나님께로부터 나오기 때문에, 나는 오직 하나님만을 바라볼 뿐이고, 오직 하나님만을 의지할 뿐이다. 나의 소망은 세상에 대한 것이 아니라 하나님에 대한 것이고, 이 세상에 대한 것이 아니라 저 세상에 대한 것이다. 나는 하나님과 그의 능력에 의지해서, 종말이 오면 모든 자들, 즉 의인과 악인의 부활이 있으리라는 것을 믿고 소망한다. 내가 나의 신앙 속에서 목표로 하는 큰 것은 의인들의 부활에 참여해서 기쁘고 복된 부활을 얻는 것이다." 좀 더 살펴보자.

[1] 태초부터 종말의 때까지 이 세상에 살았던 모든 사람들, 즉 죽은 자들의 부활, 사람들의 시신들의 부활이 있으리라는 것. 영혼이 몸과 함께 죽는 것이 아니라는 것만이 아니라 몸 자체도 다시 살아나게 되리라는 것은 분명하다. 현세에서의 우리의 삶이 끝날 때에 우리에게는 저 세상에서의 삶이 기다리고 있을 뿐만 아니라, 이 세상이 종말을 고하게 되면 또 다른 세상이 시작되어서, 모든 사람들은 출생을 통해서 이 세상에 들어왔듯이, 거기에서는 죽은 자들의 부활을 통해서 단번에 그 세상에 들어가게 된다.

[2] 의인과 악인의 부활, 거룩함을 입은 자들과 거룩함을 입지 못한 자들 둘 모두가 부활하는 일이 있게 되리라는 것. 구주께서 말씀하셨듯이, 선한 일을 행한 자들은 생명의 부활로 다시 살아나게 될 것이고, 악한 일을 행한 자들은 심판의 부활로 다시 살아나게 될 것이다(요 5:29). 땅의 티끌 가운데에서 자는 자 중에서 많은 사람이 깨어나 영생을 받는 자도 있겠고 수치를 당하여서 영원히 부끄러움을 당할 자도 있을 것이다(단 12:2). 이것은 그 부활이 최후의 심판을 위한 부활이 되리라는 것을 말해 준다. 이 심판을 통해서 모든 사람들은 그들이 이 세상에서 훈련받고 준비하는 기간을 보내면서 행하였던 일들을 따라서 영원한 복을 누리게 될 지, 아니면 응보의 나날 속에서 비참한 삶을 살게 될 지를

선고받게 될 것이다. 의인들은 그들의 머리되시는 그리스도와의 연합을 힘입어서 다시 살아나게 될 것이고, 악인들은 그들의 재판장이신 그리스도의 명령을 따라서 다시 살아나게 될 것이다.

[3] 우리는 죽은 자들의 부활을 위하여 하나님을 의지하여야 한다: 나는 하나님을 향하여 및 하나님 안에서 부활이 있으리라는 소망을 지니고 있다. 부활은 하나님의 전능하신 능력에 의해서 하나님께서 이미 말씀하신 그 말씀을 따라 이루어질 것이다. 따라서 부활을 의심하는 자들은 성경과 하나님의 능력에 대한 그들의 무지를 드러내는 것이다(마 22:29).

[4] 죽은 자들의 부활은 유대 교회만이 아니라 우리 기독교의 기본적인 신조이다. 그것은 그들 자신도 기다리는 것이다. 아니, 자신의 신앙에 대한 욥의 고백에서 볼 수 있듯이, 그것은 옛 신앙의 족장들이 기대하였던 것이었다. 그러나 죽은 자의 부활은 복음에 의해서 좀 더 분명하게 계시되었고 좀 더 온전하게 확증되었기 때문에, 부활을 믿는 자들은 그 부활을 상세하게 설명해 주고 증거들을 제시하는 복음 전도자들을 반대하는 것이 아니라 도리어 감사했어야 한다.

[5] 우리는 우리의 모든 신앙 활동 속에서 저 세상을 바라보아야 하고, 죽은 자의 부활이 있으리라는 하나님의 말씀을 신뢰하고서 그 부활을 준비하여 모든 일을 행하고 부활이 있는 날에 우리에게 상이 있을 것을 기대하면서 이 세상에서의 모든 일 속에서 하나님을 섬겨야 한다.

(4) 그의 행실은 그의 신앙과 일치하였다(16절): 이것으로 말미암아 나도 하나님과 사람에 대하여 항상 양심에 거리낌이 없기를 힘쓰나이다. 선지자들과 그들의 가르침은 그들이 맺는 열매들에 의해서 그 옳고 그름이 판별되게 되어 있었다. 바울은 선한 양심이 결코 파선된 것이 아니었기 때문에, 그의 신앙도 결코 파선된 것일 수 없었다. 왜냐하면, 신앙의 신비는 순결한 양심 속에서 가장 잘 보존되기 때문이다. 바울의 이러한 항변은 그가 대제사장 앞에서 했던 것과 동일한 취지의 것이다(행 23:1): 나는 범사에 양심을 따라 하나님을 섬겼노라. 양심의 선한 증언은 그의 기쁨이었다. 좀 더 살펴보자.

[1] 바울의 목표와 소원은 무엇이었는가: 양심에 거리낌이 없는 것. 이 말은 다음 두 가지 중 하나를 의미할 수 있다. 첫째, "나는 나를 실족하게 하지 않는 그런 양심을 갖고자 애쓴다. 즉, 내 양심이 내게 잘못된 것을 말해 주거나 나에

게 아부하거나 나를 기만적으로 상대하거나 어떤 일에 있어서 나를 잘못 이끄는 일이 없도록 나는 애쓴다." 둘째, 이 말은 책망할 것이 없는 양심을 의미하는 것일 수도 있다. 이것은 욥의 결심과 비슷한 것이다. "내 마음이 나를 책망하지 않게 하리라. 즉, 나는 내 양심이 나를 책망할 수 있는 그 어떤 빌미도 결코 주지 않을 것이다. 내가 간절히 바라는 것은 나의 양심과 좋은 관계를 유지해서, 내 양심이 내가 영적으로 선한 상태에 있다는 것을 의심할 수 없게 하고, 어떤 특정한 일에 있어서 내가 잘못했다고 시비를 걸지 않게 하는 것이다. 나는 내가 매일 만나는 친구를 화나게 하지 않으려고 주의하는 것 같이 내 양심을 화나게 하지 않으려고 무척 주의한다. 아니, 그것은 마치 내가 나를 다스리는 권세를 지닌 방백, 내가 나의 행위에 대하여 책임을 져야 하는 방백을 화나게 하지 않으려고 주의하는 것과 같다. 왜냐하면, 양심은 하나님께서 내 영혼에 보내신 하나님의 대리인이기 때문이다."

[2] 그는 그렇게 하기 위하여 어느 정도나 신경을 쓰고 애를 썼는가. "내가 힘쓰나이다. 나는 그렇게 하려고 한시도 끊임없이 애를 쓰고, 그러한 생각이 항상 나 자신을 지배하도록 하고 있다. 나는 그런 생각으로 나 자신을 다스리며 살아간다(그렇게 하는 자들은 여기에서 사용된 단어 때문에 금욕주의자들이라 불리었다). 나는 나의 양심과 항상 평화를 유지하기 위해서 나의 기호나 취향이 나를 이끌어서 하게 하고자 하는 수많은 것들을 하지 않았고, 지극히 영적인 경건의 모든 훈련들에 몰두하였다."

[3] 이렇게 힘쓰는 것은 어디에까지 미쳤는가. 첫째, 그는 한시도 끊임이 없이 언제나 힘썼다: 내가 항상 양심에 거리낌이 없기를 힘쓰나이다. 그는 언제나 양심에 크게 거리낌이 없도록 말하고 행하였다. 왜냐하면, 바울은 자기가 아직 온전함을 이루지 못했다는 것을 알고 있었고, 자기가 악을 행하지 않고자 하더라도 어쩔 수 없이 악을 행하는 일이 있게 마련이었지만, 큰 죄과에서 무죄하였기 때문이다. 사람이 연약해서 지은 죄들은 양심을 불편하게 하기는 하지만, 의도적으로 저지르는 죄들과는 달리 양심에 상처를 주거나 양심을 괴롭게 하지는 않는다. 우리는 연약해서 지은 죄로 인해서 양심을 불편하게 할 수 있지만 양심을 지속적으로 불편하게 하지 않도록 주의해야 하고, 다시 새롭게 믿음과 회개의 행위들을 함으로써 양심을 다시 신속하게 회복시켜야 한다. 우리는 그렇게 하도록 항상 힘써야 하고, 비록 우리가 부족하더라도 양심을 따르려고 애써야

한다. 둘째, 그는 모든 일에 그렇게 하려고 힘썼다: 나는 하나님과 사람에 대하여 항상 양심에 거리낌이 없기를 힘쓰나이다. 그가 양심에 거리낌이 없기를 힘쓴 것은 그가 해야 할 모든 도리 전체에 미쳤고, 그는 하나님을 사랑하라는 법이나 이웃을 사랑하라는 법을 범하게 될까 두려워하였다. 양심은 방백과 마찬가지로 십계명의 두 돌판의 수호자이다. 우리는 하나님이나 사람에 대하여 잘못된 것을 생각하거나 말하거나 행하지 않도록 무척 조심하여야 한다(고후 8:21).

[4] 그로 하여금 그렇게 하도록 만든 원인: 이것으로 말미암아. "나는 죽은 자의 부활과 내세에서의 삶을 소망하고 기다리기 때문에 이렇게 힘쓴다." 저 세상에서의 장래의 삶을 생각하게 되면, 우리는 이 세상에서의 우리의 삶에 있어서 모든 일에 양심을 따라 행하고자 힘쓰게 된다.

IV. 바울은 자신의 신앙이 어떤 것인지를 고백한 후에 그에 대한 송사가 어떻게 일어나게 되었는지, 그를 박해하는 자들이 그에게 어떤 해악을 가하였는지에 대하여 진실하고 분명하게 설명한다. 그는 유대인들에 의해서 갈가리 찢길 위험에 처해 있었을 때에 2번이나 천부장에 의해서 유대인들의 손에서 구출을 받았었다. 그는 유대인들에게 그들이 고소한 다음 두 가지 범죄 중에서 그 어떤 범죄에 대해서도 그가 유죄라는 것을 입증해 보이라고 도전한다.

1. 유대인들이 바울이 성전에서 범하였다고 고소한 범죄. 성전에서 그들은 바울을 그들의 나라와 성전에 대한 원수로 여기고서 맹렬하게 달려들었었다(행 21:28). 그러나 그들의 고소를 입증해 줄 만한 증거가 과연 있었는가? 결코 그렇지 않았다. 오히려, 그들의 고소가 잘못되었다는 것을 보여주는 충분한 증거가 있었다.

(1) 바울을 그들의 나라에 대한 원수로 고소하는 것은 거의 있을 수 없는 일이었다. 왜냐하면, 바울은 예루살렘을 아주 오랫동안 떠나 있다가 그의 민족을 구제할 것, 즉 예루살렘에 있는 가난한 자들을 구제하기 위해서 그가 그의 친구들 가운데서 모아 두었던 돈(바울 자신도 돈이 많이 필요하였음에도 불구하고)을 전달하기 위하여 예루살렘에 온 것이기 때문이었다. 그는 유대 백성에 대하여 그 어떤 악의도 지니고 있지 않았을 뿐만 아니라, 그들을 구제하고자 하는 깊은 관심을 지니고 있었고, 그들에게 기꺼이 온갖 선한 일을 행하고자 하였다. 그런데도 유대인들은 그의 사랑에도 불구하고 그의 대적자들이 된 것이었다(시 109:4).

(2) 바울이 성전을 더럽혔다고 고소하는 것은 거의 불가능한 일이었다. 왜냐하면, 그는 성전에 제물을 드리러 갔고, 그 비용을 스스로 치렀으며(행 21:24), 율법에 따라서 결례를 행하였고(18절), 그것도 모임도 없고 소동도 없이 지극히 경건하고 평온하게 행하였기 때문이다. 그는 사람들의 입에 아주 많이 오르내리는 유명 인물이었지만, 그가 예루살렘에 왔을 때에 많은 사람들 앞에 자신의 모습을 드러내거나 무리들을 불러 모으고자 한 것이 아니라, 가급적 사람들이 알지 못하는 가운데(incognito) 성전으로 갔다. 바울을 알아본 것은 그의 원수들이었던 아시아에서 온 유대인들이었다. 그들은 바울이 무리들을 선동하거나 소요를 일으켰다고 바울을 고소할 수 없었다. 왜냐하면, 바울은 무리를 끌어 모으거나 소요를 일으킨 적이 없었기 때문이다. 또한, 그들이 벨릭스에게 바울이 율법을 어기면서 헬라인들을 성전으로 데려 왔다고 고소하였다면, 총독은 그것에 대하여 바울의 편을 들어 주지 않을 수 없었을 것이다. 왜냐하면, 로마인들은 그들이 정복한 민족들이 각자의 종교를 유지할 수 있도록 허용하는 정책을 사용했기 때문이다. 바울은 그들에게 자기가 잘못한 것이 있으면 그것을 입증해 보라고 도전한다(19절). "아시아의 유대인들은 만일 나를 반대할 사건이 있으면 마땅히 당신 앞에 와서 고발도 하고, 맹세로써 심문도 받았어야 했다." 왜나하면, 거짓말을 하는 것을 거리끼지 않는 자들이라고 해도 맹세를 하고서 거짓 증언을 하게 되면 양심의 동요가 있을 수 있기 때문이다.

2. 유대인들이 바울이 공회에서 범했다고 고소한 범죄. "아시아의 유대인들이 여기에 와서 내가 성전에서 어떤 잘못을 범했는지를 증명할 수 없다면, 여기에 있는 이 사람들, 즉 대제사장과 장로들로 하여금 내가 공회 앞에 섰을 때에 무슨 옳지 않은 것을 행하는 것을 보았는지, 또는 그들이 나를 갈가리 찢고자 했을 때에 내게 어떤 죄가 있었는지를 말하게 하소서(20절). 내가 공회에 있었을 때에 그들은 내가 말한 그 어떤 것에 대해서도 트집을 잡을 수 없었나이다. 왜냐하면, 내가 말한 것은 내가 죽은 자의 부활에 대하여 오늘 너희 앞에 심문을 받는다(21절)는 말뿐이었고, 이 말은 사두개인들만을 제외하면 그 누구에게도 문제가 될 말이 아니었기 때문이니이다. 이 말은 내가 유대 교회 전체의 신앙의 내용을 충실하게 대변한 것으로서 유대인들 자신이 이단이라 부르는 자들 외에는 결코 범죄가 되지 않는 말이나이다."

²²벨릭스가 이 도에 관한 것을 더 자세히 아는 고로 연기하여 이르되 천부장 루시아가 내려오거든 너희 일을 처결하리라 하고 ²³백부장에게 명하여 바울을 지키되 자유를 주고 그의 친구들이 그를 돌보아 주는 것을 금하지 말라 하니라 ²⁴수일 후에 벨릭스가 그 아내 유대 여자 드루실라와 함께 와서 바울을 불러 그리스도 예수 믿는 도를 듣거늘 ²⁵바울이 의와 절제와 장차 오는 심판을 강론하니 벨릭스가 두려워하여 대답하되 지금은 가라 내가 틈이 있으면 너를 부르리라 하고 ²⁶동시에 또 바울에게서 돈을 받을까 바라는 고로 더 자주 불러 같이 이야기하더라 ²⁷이태가 지난 후 보르기오 베스도가 벨릭스의 소임을 이어받으니 벨릭스가 유대인의 마음을 얻고자 하여 바울을 구류하여 두니라

우리는 여기에서 바울이 벨릭스 앞에서 재판을 받은 결과가 어떠하였는지, 그리고 그 후에 있은 일들이 무엇이었는지에 대하여 듣게 된다.

I. 벨릭스는 이 사건에 대하여 좀 더 생각해 볼 시간을 갖기 위하여 재판을 연기하였다(22절). 그는 대제사장과 장로들보다 유대인들이 이단이라 부르는 이 도에 관한 것을 더 자세히 알고 있었다. 그는 기독교가 어떤 것인지를 어느 정도 이해하고 있었다. 왜냐하면, 로마의 백부장이면서도 그리스도인이 되었던 고넬료가 살고 있던 가이사랴에서 총독은 고넬료를 비롯한 여러 사람들로부터 기독교가 어떤 것인지를 전해 들었고, 또한 기독교가 사람들이 말하는 것처럼 그렇게 악한 것이 아니라는 것도 전해 들었기 때문이었다. 그는 그 도를 믿는 자들 중에서 정직하고 선하며 매우 양심적인 몇몇 사람들을 직접 알고 있기도 하였다. 그러므로 그는 바울을 고소한 자들에게 그럴 듯한 핑계를 대어서 재판을 연기하였다. "천부장 루시아가 내려 오거든, 내가 이 바울이 과연 소요를 일으키려 하였는지 그 진상을 알아 보고서, 너희 일을 처결하리라. 너희는 당사자들이지만, 천부장은 중립적인 입장에 있는 제3자이다. 바울이 소요를 일으킨 죄에 대하여 처벌을 받게 되든지, 아니면 너희가 스스로 소요를 일으키고도 그 죄를 바울에게 뒤집어 씌운 것이 드러나서 처벌을 받게 될 것이다. 내가 천부장이 말하는 것을 들어보고서, 너희 중 누가 옳은지를 판결하겠다." 좀 더 살펴보자.

1. 바울이 단죄를 받지 않은 것, 또는 그들이 원하고 기대했던 대로 총독이 바울을 그들에게 넘겨 주어서 재판하게 하지 않은 것은 대제사장과 장로들에

게 실망스러운 일이었다. 그러나 하나님은 이런 식으로 종종 하나님의 백성들을 그들의 친구들이 아니라 그들과는 전혀 상관없는 자들을 내세우셔서 원수들의 분노를 억제하신다. 비록 그들은 하나님의 백성들을 직접적으로는 알지 못한다고 하여도, 그 도에 관한 것을 어느 정도 알고 있다면, 그들은 그들을 보호하기 위하여 나서지 않을 수 없게 된다.

2. 바울이 놓여나지 못한 것은 그의 권리를 침해받는 것이었다. 벨릭스는 바울에게는 전혀 죄가 없고 그를 고소하는 자들이 오직 악감에 의해서 그를 고소하는 것일 뿐임을 너무도 분명하게 알게 되었을 때에 마땅히 재판장의 본분에 따라서 바울을 악인들의 손에서 건져 주고(시 82:4) 그를 대신하여 그의 대적들에게 복수해 주었어야 했다. 그러나 총독은 하나님을 두려워하지도 않고 사람도 안중에 없는 그런 재판장이었다. 그런 자에게서 우리가 어떤 선한 것을 기대할 수 있겠는가? 정의를 부정하는 것뿐만 아니라 정의를 베풀기를 지체하고 연기하는 것도 잘못된 일이다.

Ⅱ. 총독은 바울을 보석으로 풀어 주고자 하지 않고 죄수로 계속해서 구금해 두었다. 만약 총독이 바울을 보석으로 풀어 주고자 하였다면, 바울이 풀려 나도록 하기 위하여 기꺼이 그의 보석금을 내 줄 친구들이 가이사랴에는 얼마든지 있었다. 벨릭스는 바울과 같이 유명한 사람에게는 원수들도 많겠지만 친구들도 많을 것이라고 생각했기 때문에, 그가 바울을 즉시 풀어 주지 않고 구금해 두는 가운데 그에게 호의를 베풀어 준다면, 그의 친구들이 바울을 구하기 위해서 돈을 들고 오거나 손을 뻗쳐 올 것이라고 생각했을 것이다.

1. 그래서 총독은 바울을 계속해서 죄수로 묶어 두고서, 백부장에게 그를 지키도록 명령하였다(23절). 총독은 바울을 일반 사람들이 갇혀 있는 감옥으로 보내지 않았고, 처음부터 군대의 감옥에 있었기 때문에 계속해서 군대의 감옥에 있게 하였다.

2. 그렇지만 총독은 바울을 행동이 비교적 자유로운 가택연금 상태의 죄수(in libera custodia)로 대우해 주는 편의를 봐 주었다. 총독은 백부장에게 바울을 결박하거나 가두어 놓고 단단히 지키는 것이 아니라 어느 정도 자유를 주어서, 바울이 비록 갇힌 몸이기는 하지만 가급적 자유롭게 해주도록 명령하였다. 이렇게 해서 바울은 영내를 돌아다닐 수 있는 자유를 얻게 되었고, 아마도 총독의 허가 아래에서 밖으로 외출할 자유도 있었던 것 같다. 바울은 정직한 사람

이었기 때문에, 그들은 그가 돌아오겠다는 말을 그대로 믿고 받아들였을 것이다. 대제사장과 장로들은 총독이 바울을 살려 두는 것을 못마땅해 했지만, 벨릭스는 너그럽게 상당한 정도의 자유를 바울에게 허용하였다. 왜냐하면, 총독은 대제사장과 장로들이 바울에게 가지고 있었던 그러한 악감을 바울과 그가 믿는 도에 대하여 가지고 있지 않았기 때문이다. 또한, 총독은 바울의 친구들이 바울을 만나는 것을 막지 말도록 지시하였다. 백부장은 바울을 아는 사람이 바울의 시중을 드는 것을 금지해서는 안 되었다. 어떤 사람이 감옥에 갇혀 있다고 해도 그의 친구들이 그과 자유롭게 만날 수 있다면 그 감옥은 그에게 자기 집이나 다름없는 것이다.

Ⅲ. 총독은 공개적인 재판이 있은 얼마 후에 바울을 사적으로 따로 불러서 자주 그와 교제를 나누었다(24-25절). 좀 더 살펴보자.

1. 벨릭스는 어떠한 목적으로 바울을 불렀는가. 그는 바울과 함께 그리스도 예수 믿는 도, 즉 기독교에 관하여 대화를 하고자 하였다. 그는 그 도에 관하여 약간의 지식을 가지고 있었지만, 그 누구보다도 그 신앙을 전파하는 가장 유명한 전도자였던 바울에게서 그 도에 관하여 직접 설명을 듣고 싶어하였다. 자신의 지식을 더 넓히고 풍부하게 하고자 하는 자들은 그 일에 정통한 사람들과 대화를 나누어야 하고, 어떤 일에 대하여 알고자 하는 자들은 그 분야에 탁월한 지식을 지닌 자들에게 물어 보아야 한다. 그러므로 벨릭스는 공개적인 법정에서는 많은 사람들이 지켜 보고 있어서 자기가 궁금해 하는 것을 물어 보지 못하였지만, 이제는 바울을 따로 불러서 그리스도를 믿는 도에 관하여 좀 더 자유롭게 대화를 나누어 보고자 하였다. 하지만 이것은 그의 호기심, 또는 벌레에 먹혀서 죽은 헤롯 아그립바의 딸이었던 그 아내 유대 여자 드루실라의 호기심을 만족시키기 위한 것이었다. 드루실라는 유대교를 배우면서 컸기 때문에 유대교의 완성이라고 주장되는 기독교에 대하여 더 알고 싶어하였고, 기독교에 대한 애기를 바울에게서 들어 보고자 하였다. 그러나 그녀가 어떤 종교를 지니고 있었는지는 중요한 문제가 아니었다. 왜냐하면, 그녀가 어떤 종교를 지니고 있었든지 간에, 그녀는 그 종교에 있어서 수치이자 추문이었기 때문이다. 그녀는 유대 여자였지만 간음한 여자였다. 그녀는 다른 사람의 아내였는데, 벨릭스가 그녀를 자기 아내로 삼은 것이었기 때문에, 그녀가 벨릭스와 함께 사는 것은 간음에 해당되는 것이었고, 그녀는 뻔뻔스러운 여자로 유명하였다. 그렇지만

그녀는 그리스도를 믿는 도에 관하여 듣고자 하였다. 종교와 관련된 새로운 사상들이나 사변들을 좋아해서 그러한 것들을 듣고 말하기를 즐겨하지만, 신앙의 힘과 영향력 아래에 들어 오는 것은 싫어하고, 종교에 관한 이야기들만을 들어서 지식을 넓히는 것으로 만족할 뿐 자신의 삶을 바꾸고자 하지는 않는 자들이 많다.

2. 바울은 총독에게 기독교를 어떻게 설명하였는가. 총독은 자기가 기독교에 대하여 가지고 있던 생각을 토대로 해서 바울에게서 신비로운 영의 세계에 관한 얘기들을 들으면서 즐기기를 기대하였지만, 바울은 그에게 기독교의 실제적인 실천들을 얘기해 주었기 때문에, 총독은 기겁을 하였다. 총독이 그리스도를 믿는 도에 관하여 묻자, 바울은 의와 절제와 장차 오는 심판을 강론하였다(왜냐하면, 바울은 언제나 조리있게 말씀을 전하는 자였기 때문이다). 바울은 주 예수의 죽음과 부활, 예수가 하나님과 사람 사이의 중보자라는 것 등과 같은 기독교 특유의 가르침들을 언급하였을 것이다. 그러나 바울은 그의 말씀을 전해 듣는 자들의 양심에 호소하기 위하여 서둘러서 신앙의 실천 영역으로 넘어갔다.

(1) 바울은 의와 절제와 장차 오는 심판에 대하여 분명하고도 온유하게 말씀을 선하였다. 여기에서 그는 다음과 같은 것늘을 보여주었다.

[1] 그리스도를 믿는 신앙은 사람들에게 의와 절제에 관한 위대한 법을 실천하도록 하기 위한 것이라는 것. 하나님의 은혜는 우리에게 신중함과 의로움으로 살도록 가르친다(딛 2:12). 의와 절제는 이방의 도덕주의자들 가운데서도 잘 알려져 있는 미덕들이었다. 벨릭스가 기독교는 자유를 선포한다고 들어 왔기 때문에, 만약 바울이 의와 절제에 대한 의무로부터 그를 해방시키는 말씀을 전하였다면, 총독은 기꺼이 그 말씀과 가르침을 받아 들였을 것이다. 그런데 바울은 이렇게 말한다. "그렇지 않다. 기독교는 그와 같은 자유를 전하는 것이 아니라 도리어 그러한 신성한 법들에 의한 의무들을 강화시킨다. 기독교 신앙은 모든 일에서 정직하고 모든 사람들에게 합당한 공경을 드리며 자기 자신을 부인하고 몸을 지니고 살되 봄을 져 복종하게 하라고 모든 사람에게 명령하고, 그렇지 않을 경우에는 최고로 엄중한 형벌을 받게 될 것이라고 경고한다." 우리는 세례를 받음으로써 세상과 육체를 버렸기 때문에, 세상을 추구하는 모든 일들과 육체의 정욕을 만족시키는 모든 것들은 신앙의 규율 아래에서 억제되어야 한다. 총

독 벨릭스는 불의와 무절제로 인한 악명높은 죄악들을 저지른 자였기 때문에, 바울은 그에게 그가 범한 죄악들이 얼마나 악취가 나는 것들이고, 그가 그 죄악들로 인하여 하나님의 진노를 받을 수 있다는 것을 보여줌으로써(엡 5:6) 그로 하여금 그리스도를 믿는 도를 받아들일 결심으로 그 도에 관하여 더 묻게 하기 위하여 의와 절제를 강론하였다.

[2] 모든 사람들의 영원한 상태를 궁극적으로 그리고 뒤집을 수 없게 결정하게 될 장차 오는 심판이 그리스도의 가르침으로 인해서 우리에게 계시되었다는 것. 사람들은 지금 그들의 날을 보내고 있고, 벨릭스도 자신의 날을 보내고 있다. 그러나 각 사람이 만민의 심판자이신 하나님께 직고하게 될 하나님의 날이 장차 올 것이다. 바울은 이 날에 대하여 조리있게 설명해 주었다. 즉, 그는 우리가 장차 오는 심판이 있다는 것을 믿을 만한 어떤 근거를 가지고 있는지를 보여주었고, 그 심판을 생각해서 우리가 신앙을 가져야 할 이유가 무엇인지를 보여주었다.

(2) 바울이 총독에게 전한 말씀의 요지에 관한 이러한 설명으로부터 우리는 다음과 같은 것들을 알 수 있다.

[1] 바울은 말씀을 전할 때에 사람들을 가리지 않았다는 것. 왜냐하면, 그가 전한 하나님의 말씀은 사람들을 가리지 않는 말씀이기 때문이었다. 그는 다른 사람들에게 전했던 것과 동일하게 로마 총독에게도 죄를 깨닫게 하고 교훈하는 말씀을 전하였다.

[2] 바울은 말씀을 전할 때에 사람들의 양심에 다가가서 그 양심을 일깨우는 것을 목표로 삼았고, 그들의 허황된 생각이나 호기심을 만족시키고 즐겁게 해주려고 하지 않았으며, 그들로 하여금 그들 자신의 죄악들을 보게 만들고, 그들이 마땅히 해야 할 도리와 그들에게 진정으로 유익한 것이 무엇인지를 알게 하고자 하였다는 것.

[3] 바울은 자기 자신의 신변의 안전보다는 그리스도를 섬기고 영혼들을 구원하는 일에 더 몰두하였다는 것. 벨릭스는 그를 십자가에 못 박을(또는, 그를 유대인들에게 다시 넘겨 줄) 권한을 가지고 있었고(빌라도가 말했던 것처럼), 그를 놓아 줄 권한도 가지고 있었기 때문에, 바울의 목숨은 그의 손에 달려 있는 것이나 마찬가지였다. 따라서 벨릭스가 그를 따로 불러서 그의 말을 듣고자 하였고, 또한 그는 기분 좋은 상태에 있었기 때문에, 바울은 그의 호감을 사서 풀려

날 기회를 얻을 수 있는, 아니 더 나아가 자기를 고소한 자들에게 총독이 분노할 수 있도록 만들 수 있는 좋은 기회를 가진 셈이었다. 반대로, 바울이 그의 심기를 건드리거나 화나게 만든다면, 총독은 그 일로 인해서 바울에게 큰 불이익을 줄 수도 있었다. 그러나 바울은 이러한 모든 고려들을 완전히 무시하고, 오직 선한 일을 행하고 자신의 본분을 다하는 데에 몰두한다.

[4] 바울은 선한 결과가 나올 가망성이 거의 없는데도 불구하고 자신의 사역을 위하여 기꺼이 수고하고 위험을 감수하고자 하였다는 것. 벨릭스와 드루실라는 너무도 완악한 죄인들이었기 때문에, 그들이 죄수의 신분인 바울의 전도를 통해서 회개에 이르게 될 가망성은 거의 전무하였다. 그렇지만 바울은 그들에게 결코 절망하지 않은 자처럼 그들을 상대한다. 파수꾼은 제대로 경보를 전하여야 한다. 그렇게만 한다면, 그들이 지켜 줄 의무가 있는 영혼들을 구하지는 못한다고 하여도 그들은 자신의 영혼만은 구원할 수 있다.

3. 바울의 메시지는 권세있는 자였지만 악한 자이기도 하였던 총독에게 어떤 영향을 미쳤는가: 벨릭스가 두려워하였다. 그는 바스훌처럼 겁을 집어먹고 공포 자체(히브리어로 마골밋사빕)가 되었다(렘 20:3-4). 바울은 총독 앞에서 결코 떨지 않았지만, 총독은 바울 앞에서 떨 수밖에 없었다. "바울이 말한 것처럼, 그것이 정말 사실이라면, 나는 저 세상에서 과연 어떻게 되겠는가? 불의하고 무절제한 자들이 장차 올 심판에서 단죄를 받는 것이라면, 내가 새로운 삶을 영위하지 않는 한, 나는 영원히 망하게 될 것이다." 본문에는 드루실라도 똑같은 죄를 범했지만 그녀가 두려워 떨었다는 말은 나오지 않는다. 왜냐하면, 그녀는 유대 여자로서 율법의 예식들에 의지하였고, 자신을 정당화하기 위하여 그 율법의 예식들을 충실하게 지키며 살아 왔기 때문이다. 그러나 벨릭스는 현재로서는 자신의 양심을 진정시켜 줄 수 있는 그 어떤 것도 가지고 있지 못했기 때문에, 두려워서 떨 수밖에 없었다. 우리는 여기에서 다음과 같은 것들을 보게 된다.

(1) 하나님의 말씀이 하나님의 뜻을 따라 임하였을 때에 지니는 능력. 하나님의 말씀은 그 말씀을 듣는 자의 죄악들을 그 사람 앞에 다 드러내고 그에게 주의 두려우심을 보여줌으로써 가장 교만하고 안하무인인 죄인의 마음을 깜짝 놀라게 하고 두려움을 줄 수 있다.

(2) 자연적인 양심의 작용. 양심이 깜짝 놀라서 일깨워질 때, 그 양심은 그

기형적이고 위험스러운 모습을 적나라하게 드러냄으로써 영혼을 두려움과 경악으로 가득 채운다. 이렇게 해서 산 자들의 땅에서 힘있는 자로서 사람들에게 공포의 대상이 되었던 자들은 그들 자신에게 공포가 되어 버린다. 아무리 강심장을 지닌 자라 할지라도 장차 올 심판을 생각하게 되면 힘 있는 자들이 바위와 산들을 불러서 그들의 피난처가 되어 달라고 소리쳐도 아무 소용이 없으리라는 것을 알게 될 때에 두려워 떨 수밖에 없다.

4. 벨릭스가 이러한 하나님의 말씀의 역사에서 빠져 나가고 자신의 죄를 깨달은 데서 오는 공포를 떨쳐 버리려고 어떻게 애를 썼는가. 그는 바울을 고소하는 자들에게 썼던 것과 동일한 방법을 사용하였다(25절): **지금은 가라. 내가 틈이 있으면 너를 부르리라.**

(1) 그는 두려워 떨었지만, 그것이 전부였다. 바울도 전에 두려워 떨었고(행 9:6) 빌립보 감옥의 간수도 두려워 떨었지만(행 16:29) 그것은 모두 그들의 회심으로 끝이 났다. 하지만 벨릭스의 경우는 그렇지 않았다. 하나님의 말씀을 듣고서 두려워 떨면서도 결국 그 말씀에 의해서 변화를 받지 못하는 자들이 많다. 자기가 지은 죄가 자기에게 어떤 결과를 가져올 지를 알고서 두려워하면서도, 계속해서 죄를 사랑하고 죄와 연합하는 자들이 많다.

(2) 그는 자신의 양심을 일깨워서 죄를 깨닫게 하여 그에게 두려움을 안겨 준 것에 대하여 복수할 목적으로 죄에 대한 자신의 자각에 대항하여 싸우거나 하나님의 말씀 또는 그 말씀을 전한 자에게 대들지 않았다. 그는 아마샤가 선지자에게 말했듯이 그치라 어찌하여 네가 맞으려 하느냐라고 바울에게 말하지 않았다. 그는 자신의 아픈 곳을 건드린 것(세례 요한이 헤롯에게 했던 것처럼)에 격분하여 바울을 죽이겠다거나 더 가혹하게 가두어 두겠다고 위협하지 않았다.

(3) 그러나 그는 자신의 죄에 대한 자각을 살펴보는 것을 다음 기회로 미룸으로써 고의적으로 자신의 죄의식을 떨쳐 버리고자 하였다. 그는 바울이 한 말에 대하여 반론을 제기할 것이 하나도 없었다. 바울이 한 말은 중요한 것이었고 깊이 생각해 볼 만한 가치가 있는 것이었다. 그러나 채무자가 돈을 꾸어 준 사람에게 애걸하듯이, 그는 하루만 연기해 달라고 애걸하였다. 바울은 말씀을 전하느라 힘을 다 소모하였고, 총독과 그의 아내도 지쳤다. 그래서 총독은 이렇게 말한다. "내게 다른 볼 일이 있으니, 여기에서 일단 중단하고, 지금은 가

라. 내게 다른 할 일이 없을 때에 내가 틈이 있으면 너를 불러서, 네가 하는 말을 다시 듣겠다." 좀 더 살펴보자.

[1] 쇠가 달구어져 있을 때에 두드리지 않음으로써 자신의 죄를 깨닫고서도 유익을 전혀 얻지 못하고 다 잃어버리는 자들이 많다. 만약 벨릭스가 자신의 죄를 깨닫고서 두려워 떨면서, 바울과 빌립보 감옥의 간수가 두려워 떨면서 말하였듯이 내가 어찌 하오리까라고 묻기만 했더라면, 그는 그리스도를 믿는 믿음을 갖게 되었을 것이고, 그의 이름대로 영원히 행복한 자가 되었을 것이다(벨릭스라는 이름은 행복하다를 의미한다). 그러나 죄를 깨닫고서도 그 기회를 적절히 활용하지 않고 놓쳐 버림으로써 그는 죄를 깨닫고서 복음을 받아들일 기회를 영원히 놓쳐 버렸고, 그 기회와 더불어서 자신의 영원한 삶도 놓쳐 버리고 말았다.

[2] 우리의 영혼과 관련된 일들에 있어서는 미루고 연기하는 것은 위험천만한 일이다. 사람이 회심하는 것을 차일피일 미루는 것만큼 치명적인 결과를 가져오는 일은 없다. 그들은 회개하고 하나님께로 돌아오고자 하지만, 아직은 그럴 때가 아니라고 말한다. 그들은 이런저런 일을 끝마치고서 그들이 좀 더 나이가 들었을 때에 틈이 있으면 그렇게 하겠다고 말한다. 그렇지만 그 때가 되면, 죄를 깨달았던 마음은 어느새 냉랭해지고 엷어져서, 그들이 죄를 깨달았을 때의 그 마음은 헛된 것이 되어버리고, 그들은 이전보다 더 완악해져서 익힌 길로 한층 더 매진하게 된다. 벨릭스는 영혼에 관한 일을 틈이 있는 때로 미루었지만, 과연 그런 틈이 그에게 찾아 왔다는 말을 우리는 성경 속에서 발견하지 못한다. 왜냐하면, 마귀는 우리에게 주어진 현재의 시간을 기만함으로써 우리에게 주어진 모든 시간을 기만하기 때문이다. 현재의 때가 가장 적절한 때라는 것은 의심할 여지가 없다. 보라, 지금은 은혜 받을 만한 때이다. 너희가 오늘 그의 음성을 듣거든 너희 마음을 완악하게 하지 말지어다.

IV. 총독은 결국 바울을 죄수로 그대로 가두어 두었고, 두 해 후에 그가 총독직에서 물러난 때에도 그를 그대로 두었다(26-27절). 벨릭스는 바울이 사형이나 결박을 당할 만한 행위를 하지 않았다는 것을 그의 양심 속에서 확신하고 있었지만, 바울을 놓아 주는 정직한 태도를 취하지 않았다. 그는 바울이 자기 앞에서 의에 대하여 강론하였을 때에 자신의 죄를 깨닫고서 두려워 떨었지만 그뿐이었고, 이렇게 너무도 분명한 불의를 지속적으로 행하였다. 그러나 여기에서 우리는 그가 어떤 행동 원리들에 지배되어서 이런 일들을 하였는지에 대하여 듣게 된다. 그가 지닌 행동 원리들은 문제들을 훨씬 더 악화시킨 요인들이었다.

1. 돈을 사랑함. 그가 바울을 놓아 주고자 하지 않았던 것은 그가 바울을 잡아두면 언젠가는 그의 친구들이 찾아와서 바울을 석방시키기 위하여 지갑을 열어서 돈을 내놓을 것이라고 생각하였기 때문이었다. 즉, 그는 바울을 놓고 거래하여 돈을 얻고자 하였던 것이다. 그렇게만 된다면, 그는 자신의 탐욕도 만족시킬 수 있고, 바울을 놓아 줌으로써 자신의 양심도 만족시킬 수 있으니, 일거양득인 셈이 될 것이었다. 그러나 그는 재판장으로서의 자신의 권한을 이용해서 돈을 벌려고 하는 것이었지 재판장으로서의 도리를 다할 마음은 추호도 없었다. 그는 바울에게서, 또는 바울 대신에 누군가로부터 돈을 받을까 바랐다. 이렇게 돈을 받게 된다면, 그는 기꺼이 바울을 놓아 주어서 자유의 몸이 되게 해 줄 것이었다. 이런 기대를 가지고서 그는 바울을 그대로 죄수로 두었고, 더 자주 불러 같이 이야기하였다. 그렇지만 그는 더 이상 그리스도를 믿는 신앙에 대해서는 얘기하지 않았고(그는 그 도와 장차 올 심판에 대하여 충분히 들었기 때문에, 바울은 그러한 주제들을 다시 얘기하거나 그러한 것들에 대하여 더 말할 필요가 없었다), 바울이 돈을 내고서 현재의 구금 상태에서 벗어나는 것에 관하여 얘기하였다. 그는 차마 바울에게 그를 풀어 줄 터이니 돈을 내놓으라고 말할 수는 없었기 때문에, 사람을 보내어 바울을 자주 그에게로 오게 하여 자신의 마음을 바울이 읽고서 풀려 나려면 어떻게 해야 하는지를 스스로 묻게 하고자 하였다. 지금 우리는 그가 틈이 나면 그리스도에 대하여 더 들어 보겠다고 한 약속이 어떻게 되었는지는 보게 된다. 그 문제에 대하여 서로 대화를 나눌 기회는 무수히 많이 주어졌지만, 그 문제는 전혀 거론되지 않았다. 지금 그가 몰두하고 있는 일은 바울에게서 그리스도에 관한 지식을 얻는 것이 아니라 바울로부터 돈을 뜯어내는 것이었다. 하나님께서 그들에게 죄를 깨닫게 해주신 것을 사소하고 가벼운 일로 여기고, 그들은 마음만 먹으면 언제든지 하나님의 은혜를 받을 수 있다고 생각하는 자들에 대하여 하나님께서 내 영이 더 이상 그들과 함께 하지 아니하리라고 말씀하신 것은 합당한 일이다. 사람들이 하나님의 음성을 오늘이라 일컫는 동안에 듣고자 하지 않을 때, 그들의 마음은 통상적으로 죄의 유혹으로 완고해진다. 바울은 스스로 가난한 자여서, 자신의 자

유를 살 만한 은이나 금을 가지고 있지 않았다. 그러나 벨릭스는 바울이 잘 되기를 바라서 그를 도와 주고자 하는 자들이 있다는 것을 알고 있었다. 바울은 최근에 가난한 성도들을 구제하기 위해서 많은 돈을 모았기 때문에, 부자인 성도들이 바울을 석방시키기 위하여 얼마의 돈을 내놓는 일은 충분히 예상될 수 있는 일이었을 것이다. 나는 그런 일이 왜 벌어지지 않았는지 의아할 뿐이다. 바울이 감옥에서 풀려나기 위하여 벨릭스에게 돈을 주지도 않았고 교회에 돈을 달라고 손을 벌리지도 않은 것(이 위대하고 마음이 넓은 인물은 이 두 가지를 다 경멸하였다)은 칭찬할 만한 일이지만, 그의 친구들이 바울을 석방시키기 위하여 벨릭스에게 돈을 가져다 주지 않은 것은 과연 칭찬할 만한 일이거나 옳은 일이었는지 나는 모르겠다. 원수들이 바울을 죽이기 위해서 끈질기게 총독에게 요구하였던 것처럼, 바울의 친구들은 그를 구해내기 위해서 총독을 끈질기게 설득하였어야 했다. 큰 자들을 움직이기 위해서 선물이 꼭 필요했다면(솔로몬이 말하고 있듯이), 그들은 합법적으로 그렇게 할 수도 있었을 것이다. 나는 어떤 사람에게 뇌물을 주어서 불의한 일을 하도록 하라고 말하고 있는 것이 아니다. 그런 일은 해서는 안 된다. 그러나 어떤 사람이 돈을 받지 않고서는 나를 정당하게 대해 주려고 하지 않는다면, 그 돈을 그에게 주고서 정당한 대우를 받는 것은 기능하다는 것이다. 바울의 친구들이 그렇게 할 수 있었는데도, 그들이 그 일을 하지 않았다면, 그것은 그들의 수치가 될 것이다. 조금만 돈을 들이면, 바울을 감옥에서 빼내서 다시 유익한 사역을 재개하게 할 수 있었을 것인데도, 그들이 바울 같은 그렇게 뛰어나고 유익한 사람을 감옥에서 썩게 놔두고자 했다는 것에 대하여 나는 부끄러움을 감출 수 없다. 여기 가이사랴에 살고 있는 그리스도인들은 바울이 여기에 당도했을 때에 그가 예루살렘으로 가서 감옥에 갇히거나 죽게 될 것을 염려해서 눈물을 흘리며 그와 작별하였었다(행 21:13). 그런데 그들은 바울을 도와서 감옥에서 나올 수 있게 하는 데에 필요한 그들의 돈과는 작별할 마음이 전혀 없었던 것인가? 그렇지만 이 일 속에는 하나님의 섭리가 있었을 것이다. 바울이 결박되어서 옥에 갇힌 것은 그리스도의 복음의 진보를 위한 것이었기 때문에, 그는 계속해서 갇힌 몸으로 있어야 했다. 하지만 그렇다고 해서 당연히 무죄한 자를 풀어 주어야 했음에도 불구하고 그 대가를 요구하며 그대로 가두어 두었던 벨릭스의 죄가 면제되는 것은 아니다. 뇌물을 받지 않고는 옳은 일을 하고자 하지 않는 재판장이라면 그는 틀림없이 뇌물을 받고서 옳지 않은 일을 하고자 할 것이다.

2. 사람들을 기쁘게 함. 벨릭스는 이태가 지난 후 총독직에서 물러나 소환되었고, 베스도가 그의 자리에 부임하여 왔는데, 우리는 벨릭스가 총독직을 물러나면서 적어도 이 사건을 올바르게 처리하여서 바울을 풀어 주었을 것이라고 기대해 보지만, 그는 그렇게 하지 않았다. 그는 바울을 구류하여 두었는데, 본문에서는 그가 유대인의 마음을 얻고자 하여 바울을 계속해서 감옥에 둔 것이라고 말한다. 그는 유대인의 마음을 얻고자 하여 바울을 죽음에 붙이고자 하지는 않았지만, 유대인들의 심기를 건드리는 쪽보다는 바울을 계속해서 죄수로 묶어 놓는 편을 택하였다. 그는 이렇게 함으로써 그가 총독으로 있을 때에 유대인들에 대하여 지었던 수많은 죄들을 속죄하고자 하였다. 그는 그가 바울을 모든 법과 형평에 어긋나게 아주 오랫동안 구금해 둔 것에 대하여 바울이 법정에서 그를 규탄하지 않을 것이라고 생각하였다. 그러나 대제사장과 장로들은 벨릭스가 그들에게 저질렀던 온갖 잘못들을 황제에게 고발할 수도 있었기 때문에, 그는 그들의 눈치를 살폈다. 그래서 그는 이 문제에 있어서 그들을 만족시킴으로써 그들의 입을 막고자 하였다. 이렇게 비열하고 나쁜 짓들을 행하는 자들은 자신의 행위를 은폐하기 위하여 더 많은 나쁜 짓들을 하고자 하는 유혹을 받게 된다. 만약 벨릭스가 유대인들에게 해를 끼치지 않았다면, 그는 그들을 기쁘게 하기 위하여 바울에게 이런 식으로 할 필요가 없었을 것이다. 그러나 정작 그는 자신의 생각대로 유대인들을 만족시키기 위하여 애를 썼지만, 그는 소기(所期)의 목적을 달성하지는 못하였다. 벨릭스 총독의 이러한 노력에도 불구하고, 유대인들은 그를 황제에게 고발하였고, 어떤 역사가들은 벨릭스가 베스도에 의해서 로마로 묶인 채로 압송되었다고 말한다. 벨릭스가 그런 식으로 압송되었다면, 그는 자신을 묶은 무거운 쇠사슬을 보면서, 바울이 묶여 있는 고통을 자기가 얼마나 소홀히 하고 무시했는지를 분명히 되새겨 보았을 것이다. 선한 일을 행함으로써 하나님을 기쁘시게 해 드리고자 하는 자들은 그들이 목적하는 일을 이루게 될 것이지만, 악한 일을 행함으로써 사람들을 기쁘게 하고자 하는 자들은 그들이 목적하는 일을 이루지 못하게 될 것이다.

제 25 장

개요

　어떤 이들은 바울이 투옥된 직후에 벨릭스가 물러나고 베스도가 총독으로 취임하였기 때문에, 앞 장의 마지막에 언급된 두 해는 네로의 치세 원년으로부터 기산(起算)되어야 한다고 생각한다. 그러나 바울이 벨릭스의 손으로 넘어간 때로부터 계산해서 두 해가 지난 것을 말하고 있는 것으로 보는 것이 더 자연스러운 것 같다. 하지만 우리는 우리가 앞 장에서 보았던 것과 아주 흡사한 방식으로 바울에 관한 사건이 다루어지고 있는 것을 여기에서도 보게 된다. I. 총독 베스도 앞에서의 재판. 이 재판은 유대인들에 의해서 그에게 제기된다(1-3절). 이 재판에 대한 심리는 유대인들이 바라던 것과는 달리 예루살렘이 아니라 가이사랴에서 열리도록 정해진다(4-6절). 유대인들은 법정에 나타나서 바울을 고발하지만(7절), 바울은 자신의 무죄를 끝까지 주장한다(8절). 바울은 이 사건이 예루살렘으로 이송되는 것에 동의하도록 압력을 받고서 그렇게 되는 것을 피하기 위하여 마침내 가이사에게 항소한다(9-12절). II. 아그립바 왕 앞에서의 재판. 베스도는 바울에 관한 사건을 아그립바에게 말하고(13-21절), 아그립바는 자기가 직접 그 사건을 심리해 보고자 한다(22절). 이렇게 해서 재판이 열리게 되고, 바울은 법정으로 끌려 나오며(23절), 베스도는 모두(冒頭) 발언을 하는데(24-27절), 이것은 다음 장에 나오는 바울의 변론으로로 이어진다.

[1]베스도가 부임한 지 삼 일 후에 가이사랴에서 예루살렘으로 올라가니 [2]대제사장들과 유대인 중 높은 사람들이 바울을 고소할새 [3]베스도의 호의로 바울을 예루살렘으로 옮기기를 청하니 이는 길에 매복하였다가 그를 죽이고자 함이더라 [4]베스도가 대답하여 바울이 가이사랴에 구류된 것과 자기도 멀지 않아 떠나갈 것을 말하고 [5]또 이르되 너희 중 유력한 자들은 나와 함께 내려가서 그 사람에게 만일 옳지 아니한 일이 있거든 고발하라 하니라 [6]베스도가 그들 가운데서 팔 일 혹은 십 일을 지낸 후 가이사랴로 내려가서 이튿날 재판 자리에 앉고 바울을 데려오라 명하니 [7]그가 나오매 예루살렘에서 내려온 유대인들이 둘러서서 여러 가지 중대한 사건으로 고발하

되 능히 증거를 대지 못한지라 [8]바울이 변명하여 이르되 유대인의 율법이나 성전이나 가이사에게나 내가 도무지 죄를 범하지 아니하였노라 하니 [9]베스도가 유대인의 마음을 얻고자 하여 바울더러 묻되 네가 예루살렘에 올라가서 이 사건에 대하여 내 앞에서 심문을 받으려느냐 [10]바울이 이르되 내가 가이사의 재판 자리 앞에 섰으니 마땅히 거기서 심문을 받을 것이라 당신도 잘 아시는 바와 같이 내가 유대인들에게 불의를 행한 일이 없나이다 [11]만일 내가 불의를 행하여 무슨 죽을 죄를 지었으면 죽기를 사양하지 아니할 것이나 만일 이 사람들이 나를 고발하는 것이 다 사실이 아니면 아무도 나를 그들에게 내줄 수 없나이다 내가 가이사께 상소하노라 한대 [12]베스도가 배석자들과 상의하고 이르되 네가 가이사에게 상소하였으니 가이사에게 갈 것이라 하니라

우리는 보통 "새로운 왕이 즉위하면, 법도 새로워지고, 관습도 새로워진다"라고 말한다. 그러나 여기에서는 새로운 총독이 부임해 왔지만, 바울은 이전에 받았던 것과 동일한 취급을 그에게서 받았고, 더 나아진 것이 없었다. 베스도는 벨릭스와 마찬가지로 바울을 정당하게 대해주지 않았다. 왜냐하면, 그는 마땅히 바울을 풀어 주어야 했지만, 그렇게 하지 않았기 때문이다. 또한, 베스도는 벨릭스와 마찬가지로 바울에 대하여 부당하게 대하지도 않았다. 왜냐하면, 유대인들이 원하는대로, 그는 바울에게 사형을 선고하거나 바울을 그들에게 넘겨서 그들 마음대로 하게 하지 않았기 때문이다. 좀 더 살펴보자.

I. 대제사장을 비롯한 유대인들이 바울을 포기하라고 집요하게 간청하고 설득함. 바울을 예루살렘으로 보내는 것은 사실상 그를 포기하는 것이나 다름없는 것이었다.

1. 그들이 얼마나 신속하게 베스도에게 바울에 관한 일을 탄원하고 있는지를 보라. 그가 부임하여 가이사랴에 있는 관저로 들어가서 짐을 풀고 나서 삼일 후에 예루살렘으로 올라가서 유대 지도자들을 만나자마자, 제사장들은 즉시 그에게 바울을 고소하였다. 그가 가이사랴에서 삼일 동안 머무르고 있을 때에, 바울은 거기에서 죄수로 있었지만, 그가 그동안에 사귀어 둔 선한 친구들을 동원해서 그를 풀어 달라는 구명 운동을 총독에게 할 수도 있었지만, 그가 그렇게 하였다는 말은 본문에 나오지 않는다. 그러나 총독이 예루살렘으로 올라가자마자, 제사장들은 아주 서둘러서 그에게 손을 써서 바울을 해치고자 애를 쓴

다. 악의라는 것은 얼마나 끊임없이 준동하는 것인지를 보라. 바울은 그의 원수들이 그를 고소하여 끈질지게 죽이기 위하여 애쓰는 것보다 더 큰 인내로써 그의 감옥 생활이 길어지는 것을 견디고 있었다.

2. 그들이 바울을 죽이려고 얼마나 끈질긴 앙심을 품고서 몰두하였는지를 보라. 그들은 총독에게 바울을 고소하였다(2절). 그들은 바울이 정식 재판을 받기 전에 그 재판에서 재판장이 될 총독에게 이 사건에 대하여 미리 선입견을 심어 줌으로써 총독을 자기 편으로 만들고자 하였다. 그러나 이러한 인위적인 간계는 아주 비열한 것이기는 하였지만, 그들은 이 간계를 믿을 수가 없었다. 왜냐하면, 총독은 자기 나름대로 바울의 말을 듣게 될 것이고, 그렇게 되면, 그들이 바울에 대하여 불리한 고소를 한 내용들이 거짓임이 밝혀지게 될 것이 틀림없었기 때문이다. 그러므로 그들은 훨씬 더 비열하고 악한 또 다른 계획을 세웠는데, 그것은 바울이 재판을 받으러 올 때에 그를 암살하는 것이었다. 바울을 박해하는 자들은 온 세상 사람들이 적어도 공식적으로는 혐오한다고 말하는 이러한 비인간적이고 소름끼치는 방법에 의거해서, 그리스도의 복음에 대한 그들의 악의를 만족시키고자 하였는데, 그것도 모세를 위한 열심이라는 미명 아래에서 그렇게 하고자 하였다. 그러한 것은 그들의 무시무시한 종교적인 열심에서 나온 것이었다.

3. 그들의 허울이 얼마나 그럴 듯하였는지를 보라. 총독이 예루살렘에 있나는 이유를 들어서 그들은 바울을 예루살렘으로 옮겨서 심문하기를 청하였다. 그러면서 그들은 그렇게 하면 그를 고소하는 자들의 수고를 많이 덜어 줄 뿐만 아니라, 그가 예루살렘에 있는 성전을 더럽혔다는 죄목으로 고소된 것이기 때문에 범죄자를 범행을 한 곳의 법정에서 재판하는 것이 통상적인 관례라는 아주 그럴 듯한 이유를 들이대었다. 그러나 사실 그들이 의도했던 것은 바울이 예루살렘으로 호송되어 올 때에 그 도중에 사람들을 길에 매복시켜 놓았다가 그를 살해하는 것이었다. 그들은 바울이 가이사랴로 호송되어 갔을 때보다는 적은 규모의 군사들로 예루살렘으로 호송되어 올 것이라고 생각하였고, 또한 바울을 호송하는 책임을 맡은 군관들에게 뇌물을 주어서 그들의 악한 음모를 결행할 기회를 얻으면 된다고 생각하였다. 본문에서는 그들이 베스도의 호의로 바울이 불리해지기를 바랐다고 말한다. 고소하는 자들이 할 일은 그들이 범죄자라고 생각하는 자를 고소하여 공평한 재판을 요구하는 것이다. 그렇게 해서 그 범죄자

로 지목된 자가 죄를 범하였다는 것이 증명되면 그를 단죄하고, 죄를 짓지 않았다는 것이 증명되면 그를 놓아 주는 것이 공정한 재판이다. 그러나 어떤 죄수에 대하여 판단하고 재판을 해야 할 재판장을 매수하여 호의를 얻어서 그 죄수에게 불리하게 하고자 하는 것은 매우 염치없고 뻔뻔스러운 일이다. 그들이 했어야 하는 것은 죄수의 목숨을 살려 달라고 총독의 호의를 요청하는 것이 되었어야 하는데도, 여기에서 그들은 총독의 호의를 얻어서 바울을 해치고자 하였다. 그들이 바울에 대하여 그 어떤 범죄도 입증할 수 없다고 하더라도, 총독이 바울을 단죄해 주기만 한다면, 그들은 그것을 호의로 받아들일 것이다.

II. 총독은 바울이 현재 구류되어 있는 가이사랴에서 재판을 하기로 결심함 (4-5절). 그가 바울을 고소한 자들을 어떻게 다루고 있는지를 보라.

1. 그는 바울을 예루살렘으로 데려와서 재판을 해 달라는 그들의 요청을 들어주고자 하지 않는다. 도리어, 그는 바울을 가이사랴에 그대로 구류하여 두도록 명령을 내렸다. 앞서 천부장이 바울에 대한 암살 음모를 미리 알아 차리고서 그를 가이사랴로 내려 보냈듯이(행 23:30), 고위 제사장들이 바울이 예루살렘으로 호송되어 오는 도중에 그를 암살할 계획을 세웠다는 것을 베스도 총독이 미리 의심하였거나 어떤 첩보를 입수했던 것으로 보이지는 않는다. 그러나 아마도 그는 아직까지는 대제사장과 그 패거리들의 청을 들어 줄 마음이 없었거나 자신의 집무처인 가이사랴에서 재판을 열어서 그들로 하여금 거기에 출석하도록 하는 공식적인 절차를 밟음으로써 자신의 존엄을 유지하고자 하였거나 바울을 예루살렘으로 호송하는 수고를 일부러 하고자 하지 않았던 것 같다. 총독이 대제사장과 그의 패거리들의 요구를 거절한 이유가 무엇이었든지 간에, 하나님께서는 그것을 바울을 그의 원수들의 손에서 보호하시고 지키시는 수단으로 사용하셨다. 아마도 대제사장과 그의 패거리들은 이전처럼 그들의 음모가 발각되어서 좌절되는 일이 없도록 하기 위하여 이전보다 더 신경을 써서 그들의 음모가 새어 나가지 못하도록 했을 것이다. 그러나 하나님은 저번처럼 그 음모를 드러내셔서 좌절시키지는 않으셨다고 해도, 이번에는 또 다른 방법을 사용하셔서, 총독의 마음을 움직이셔서 바울을 예루살렘으로 옮겨서 재판을 열어 달라는 그들의 요구를 묵살하게 함으로써 그들의 음모를 실질적으로 수포로 돌아가게 만드셨다. 하나님은 자기 백성을 구원하시는 일을 하심에 있어서 어느 한 가지 방법에 묶여 계시지 않는다. 하나님은 자기 백성을 해치고자

하는 음모들을 드러나지 않게 그대로 두시면서도, 그 음모들이 이루어지는 것을 막으실 수 있으시다. 또한, 하나님은 권력을 쥔 큰 자들의 육적인 방책들까지도 그의 은혜로운 목적들에 이바지하게 만드실 수 있으시다.

2. 그렇지만 총독은 그들이 가이사랴로 내려와서 바울을 고소한다면 그들이 바울에 대하여 고소하는 말을 기꺼이 듣고서 재판을 하겠다고 말한다. "너희 중 유력한 자들, 너희 중에서 가이사랴로 내려갈 수 있는 여유와 돈이 있고 고소를 수행할 마음과 혀가 있어서 이 일을 수행하기에 적합한 자들은 나와 함께 내려가서 그 사람을 고발하라. 또는, 너희가 고소한 대로 바울에게 어떤 악한 것이 있다고 한다면, 그가 범죄한 것을 입증할 수 있는 유력한 증인들은 나와 함께 내려가서 그 증거를 제시하라." 그들이 바라는 것과는 달리, 베스도는 바울이 자신을 변호하는 말을 직접 그가 듣고서 바울의 범죄가 입증될 때까지는 바울에게 어떤 악한 것이 있다는 것을 당연한 것으로 받아들이려 하지 않았다. 그러나 바울에게 죄가 있다면, 그것을 입증할 책임은 그들에게 있었다.

Ⅲ. 베스도 앞에서의 바울에 대한 재판.　베스도는 십일 가량을 예루살렘에서 지낸 후에 가이사랴로 내려 갔고, 바울을 고소하는 자들도 총독과 함께 내려갔던 것 같다. 왜냐하면, 총독은 그들에게 자기와 함께 내려가자고 말하였기 때문이다. 그들이 이 재판에 대하여 너무도 열성을 보였기 때문에, 총독은 이 사건을 제일 먼저 심리하고자 하였다. 또한, 그들이 속히 예루살렘으로 돌아가노록 하기 위하여 총독은 이튿날 재판을 열었다. 재판을 신속하게 진행하는 것은 서둘러서 대충 재판하는 것이 아니라면, 아주 칭찬할 만한 것이다. 이제 여기서 우리는 다음과 같은 내용들을 보게 된다.

1. 재판이 열리고, 죄수가 법정으로 소환됨. 베스도는 중요한 재판이 그에게 제기되었을 때에 늘 그랬듯이 재판 자리에 앉고 바울을 데려 오라 명하였다(6절). 그리스도께서는 그의 제자들이 이렇게 바울과 같이 무시무시한 재판을 받게 될 때에 그들로 하여금 용기를 잃지 않도록 격려하시기 위하여 그들이 보좌에 앉아 이스라엘 지파들을 심판하게 될 날이 오게 될 것이라고 그들에게 약속하셨다.

2. 고소하는 자들은 죄수 바울에 대한 고소 내용들을 제시함(7절): 유대인들이 둘러섰다. 이것은 그들의 수가 많았다는 것을 보여준다. 주여, 나의 대적이 어찌 그리 많은지요. 또한, 이것은 그들이 하나로 똘똘 뭉쳐 있어서 한마음이 되

어서 서로를 지지해 주었다는 것을 보여준다. 그들은 바울을 고소하는 데에 몰두하였고, 바울에게 불리한 말들을 목청을 높여서 쏟아 내느라 열심이었다. 아마도 그들이 둘러선 것은 그들의 수로써 재판장을 압도하여 겁을 집어먹게 하여서 그들의 악의적인 의도에 순순히 따르게 만들거나, 적어도 죄수 바울을 겁주어서 그들에게 대항할 엄두를 내지 못하게 하고자 한 것이었을 것이다. 그러나 그것은 헛수고였다. 바울은 너무도 의롭고 강력한 확신을 지니고 있었기 때문에, 그들의 위협에 의해서 겁을 집어먹지 않았다. 그들이 벌들처럼 나를 에워쌌으나 가시 덤불의 불 같이 타 없어졌다(시 118:12). 유대인들이 둘러서서 여러 가지 중대한 사건으로 바울을 고발하였다. 그들은 크고 작은 범죄 사실들을 들어서 바울을 고소하였다. 그들이 고소한 죄목들은 아주 많았고, 거기에는 아주 극악무도한 범죄도 여럿 포함되어 있었다. 그들은 그들의 꾀와 악의를 통해서 생각해 낼 수 있는 온갖 것들을 다 동원해서 바울이 얼마나 극악무도하고 위험한 자인지를 법정에 알리고자 하였다. 그러나 그들은 그들이 그럴 듯하다고 생각하였던 고소들을 제기하였지만, 그것들을 입증할 수 있는 증거들을 제시하는 데에는 실패하였다. 그들은 바울이 범하였다고 주장한 범죄 사실들을 증명해 줄 증거를 능히 대지 못하였다. 왜냐하면, 그들이 고소한 내용들은 모두 거짓이었고, 그들이 주장한 내용들은 근거없고 틀린 것이었기 때문이다. 그들이 제시한 범죄 내용은 사실이 아니었거나, 전혀 범죄를 구성하는 행위가 아니었다. 그들은 그가 알지 못하는 일들로 그를 고소하였고, 그들이 고소하는 내용들을 그들 자신도 알지 못하였다. 이 세상에서 가장 고상하고 뛰어난 자들이 독주에 취한 무리들의 노래 속에서와 오만한 자들의 자리에서만이 아니라 재판 자리에서조차도 거짓된 온갖 악한 말을 듣는 것은 새삼스러운 일이 아니다.

3. 죄수가 자기는 아무 죄도 없다는 것을 역설함(8절). 누가 그를 비방하고 책망한다고 하더라도, 그의 마음과 혀는 그를 비방하거나 책망하지 않을 것이다. 그가 죽더라도 그의 무죄함은 그에게서 없어지지 않을 것이다. 자신을 변호할 차례가 왔을 때, 그는 자기에게는 죄가 없다는 것을 주장하였다: 유대인의 율법이나 성전이나 가이사에게나 내가 도무지 죄를 범하지 아니하였노라.

(1) 그는 유대인의 율법을 범하지 않았고, 또한 그 율법을 파괴하는 그 어떤 가르침도 베풀지 아니하였다. 그가 믿음으로 말미암아 율법을 파기하였느냐 그럴 수 없느니라 도리어 율법을 굳게 세웠느니라. 율법의 마침이신 그리스도를 전한

것은 결코 율법을 범한 것이 아니었다.

(2) 그는 성전을 더럽히지도 않았고, 성전 예배를 어떤 식으로든 경멸하지도 않았다. 그가 복음 성전을 세우려고 힘쓴 것은 결코 그 복음 성전의 모형이었던 저 예루살렘 성전에 대하여 죄를 범한 것이 아니었다.

(3) 그는 가이사에 대하여 또는 그의 정부에 대하여 죄를 범하지 않았다. 이 고소를 통해서 우리가 알 수 있는 것은 지금 바울에 대한 사건이 로마 정부 앞에 제기되어 있었기 때문에 그들은 총독의 환심을 사고 그들이 가이사의 친구들인 것처럼 보이게 하기 위하여 바울을 현재의 로마 권력층에 대하여 불만을 가지고 있는 것으로 고소하였고, 따라서 바울은 이 문제에 관하여 자기가 결백하다는 것을 입증하여야 했기 때문에, 자기를 고소한 자들이 가이사의 원수이지 자기는 가이사의 원수가 아니라고 항변하게 되었다는 것이다.

Ⅳ. 바울이 황제에게 항소한 것과 그렇게 될 수밖에 없었던 정황. 이렇게 해서 사건은 새로운 국면을 맞게 되었다. 그가 황제에게 항소할 것을 미리 계획했던 것인지, 아니면 현재의 급박한 상황 속에서 갑자기 그런 결심을 하게 되었는지는 본문에 나타나 있지 않다. 그러나 그의 마음속에 그렇게 하고자 하는 마음을 불어넣으신 것은 하나님이셨다. 왜냐하면, 황제가 있는 로마에서 그가 그리스도를 증언하여야 한다고 하나님께서 그에게 말씀하신 것이 성취되어야 했기 때문이다(행 23:11). 우리는 여기에서 다음과 같은 내용들을 보게 된다.

1. 베스도가 바울에게 예루살렘으로 가서 재판을 받겠느냐고 제안함(9절). 베스도는 유대인의 마음을 얻고자 하였고, 로마 시민인 자를 다룸에 있어서 자기가 불이익을 당하지 않는 한 죄수보다는 고소한 자들을 만족시키고자 하였기 때문에, 바울에게 그가 예루살렘에서 고소되었고, 거기에서라면 그를 위하여 기꺼이 증인이 되어 주고 그가 하는 말을 확증해 줄 사람들을 구할 수 있을 것이라고 회유하면서, 예루살렘으로 올라가서 거기에서 자신을 해명하는 것이 어떠냐고 물어 보았다. 총독은 유대인들이 원하는 대로 바울을 대제사장과 공회에 넘겨 주고자 하지는 않았다. 그러나 그는 네가 예루살렘에 올라가서 이 사건에 대하여 내 앞에서 심문을 받으려느냐라고 제안하였다. 재판장으로서 그는 마음만 먹는다면 바울에게 예루살렘으로 올라가서 재판을 받으라고 명령할 수도 있었지만, 바울의 동의를 얻지 않은 채로 그렇게 하고자 하지는 않았다. 왜냐하면, 그가 바울을 구슬려서 동의를 얻어 낼 수만 있다면, 그는 그렇게 한 것

에 대한 비난을 받지 않아도 될 것이었기 때문이다. 고난의 때에는 주의 백성의 인내심과 더불어서 그들의 지혜로움도 시험을 받는다. 그러므로 주의 백성들은 이리들 가운데로 끌려간 양들이지만 뱀처럼 지혜로울 필요가 있다.

2. 바울이 그 제안에 동의할 것을 거부한 것과 그가 그렇게 한 이유들. 그는 그가 예루살렘으로 이송된다면 재판장이 아무리 그를 지켜 주려고 애를 쓴다고 하여도 유대인들은 이런저런 수단을 동원해서 반드시 그를 죽이리라는 것을 알고 있었다. 그러므로 그는 다음과 같은 이유들을 들어서 예루살렘으로 가는 것을 거절한다.

(1) 로마 시민으로서 그는 재판장인 총독에 의해서 재판을 받을 뿐만 아니라 그의 법정이 있는 가이사랴에서 재판을 받는 것이 가장 합당하다는 것: 내가 가이사의 재판 자리 앞에 섰으니 이 속주의 수도에서 마땅히 심문을 받을 것이라. 법정은 가이사의 이름으로 그의 권위와 위임에 의해서 그에 의해 파견된 자 앞에서 열렸기 때문에, 마치 영국에서 열리는 모든 법정이 왕의 이름으로 열리고 모든 영장도 왕의 이름으로 발부되듯이, 그것은 가이사의 재판 자리로 불리는 것이 마땅하였다. 바울이 자기가 가이사의 재판 자리에서 재판을 받아야 마땅하다고 시인한 것은 분명히 그리스도의 사역자들도 세속 권력의 관할에서 면제되는 것이 아니고, 선한 양심을 지킬 수 있는 한 세속 권력에 복종하여야 한다는 것을 증명해 준다. 그리스도의 사역자들은 그들이 범죄를 저질렀다면 세속 권력의 판결에 복종하여야 하고, 그들에게 아무런 죄가 없다고 하더라도 그들의 심문에 응하여서 그들 앞에서 자기 자신이 죄가 없다는 것을 밝혀야 한다.

(2) 그는 유대 민족의 일원으로서 그들에게 죄가 될 만한 일을 한 적이 없다는 것: 당신도 잘 아시는 바와 같이 내가 유대인들에게 불의를 행한 일이 없나이다. 죄가 없는 자들은 그들의 무죄함을 호소하고 역설하는 것은 너무도 당연한 일이다. 우리는 우리 자신의 선한 이름을 지키기 위해서 우리 자신에 대하여 거짓 증언을 함으로써 우리를 해쳐서도 안될 뿐만 아니라 우리에 대하여 거짓 증언을 해서 우리를 해하고자 하는 자들에 대항하여 우리 자신이 아무런 잘못도 없다는 것을 주장할 책임이 있다.

(3) 그는 법률의 규정에 따라서 모든 것이 진행되기를 바란다는 것(11절). 그가 사형에 해당하는 중대한 범죄를 저질렀다면, 그는 저항하거나 도망할 생

각이 없고, 단죄를 피해서 도망하거나 그러한 단죄와 싸우고자 하지도 않는다고 말한다. "나는 죽는 것도 사양하지 않을 것이니, 나에 대한 그 어떤 처벌도 받아들이고자 한다." 죽을 죄를 지은 모든 자들이 마땅히 스스로를 고소하여 스스로 재판을 받기를 청하는 것은 아니지만, 그들이 고소되어서 재판을 받게 된다면, 그들은 판결에 복종하여야 하고, 하나님과 정부가 의롭고 옳다는 것을 말해야 한다. 그러나 바울은 죄가 없었기 때문에 다음과 같이 항변한다. "만일 이 사람들이 나를 고발하는 것이 다 사실이 아니면, 즉 그들의 고소가 악의적인 것이어서, 그들은 내가 죄를 지었든 안 지었든 내 피를 보고 나를 죽이고자 결심한 것이라면, 아무도 나를 그들에게 내줄 수 없고, 총독 자신도 명백한 불의를 범하지 않고서는 나를 그들에게 내줄 수 없나이다. 왜냐하면, 죄 지은 자를 벌하고 죄 없는 자를 보호하는 것이 총독의 책무이기 때문이니이다." 이렇게 바울은 자기가 보호받을 권리가 있다고 주장한다.

3. 바울이 가이사에게 상소함. 그는 끊임없이 유대인들의 위협 속에 있었고, 긍휼을 가장하고 있지만 잔인한 흉계를 지닌 그들의 손에 그를 넘기려는 시도가 연이어 있었기 때문에, 그는 어떤 다른 방식으로는 제대로 재판을 받을 수 없다는 것을 알고서, 압제받는 무죄한 자의 최후의 의지처(demier resort)에 의지하고자 하였다. "내가 가이사께 상소하노라. 나를 유대인들에게 넘기느니(베스도는 그렇게 하고자 한 것으로 보인다) 네로에게 넘겨라." 다윗은 사울의 분노 때문에 여러 번 죽을 고비를 넘기고 나서, 사울이 끊임없이 자기를 죽이고자 하기 때문에 자기는 언젠가는 그의 손에 죽게 될 것이라고 결론을 내렸을 때에 어쩔 수 없이 블레셋 사람들의 땅으로 피하여 들어가는 것이 좋으리로다고 생각해서 그렇게 할 결심을 갖게 되었다(삼상 27:1). 바울도 여기에서 그러하였다. 그러나 아브라함의 자손이 스스로 아브라함의 후손들이라고 자처하는 자들을 피해서 블레셋 사람이나 네로에게 의지할 수밖에 없고, 예루살렘이 아니라 가드나 로마가 더 그에게 안전했다는 것은 참으로 통탄스러운 일이 아닐 수 없다. 어찌하여 신실하던 성읍이 창기가 되었는가.

V. 이 문제 전체에 대하여 내려진 판설. 바울은 놓여나지도 않았고 단죄받지도 않았다. 그의 원수들은 이 사건이 그의 죽음으로 끝나게 되기를 바랐다. 그의 친구들은 이 사건이 그가 풀려나는 것으로 끝나기를 바랐다. 그러나 이 사건이 둘 중의 어느 한 쪽으로 결정나지 않고 이전과 같이 그대로 유지되었기

때문에, 양쪽은 모두 실망하였다. 이것은 하나님의 섭리가 우리가 기대하는 것만큼 그렇게 빨리 어떤 일들을 결론내는 것이 아니라 종종 아주 느린 단계들을 밟아 나간다는 것을 보여주는 한 예이다. 이러한 섭리로 말미암아 우리는 흔히 우리가 지녔던 소망이나 두려움에 대하여 부끄러워하게 되고, 가만히 하나님을 바라보며 기다리게 된다. 이 사건은 앞서 다음으로 연기되었었는데, 이제는 또 다른 장소와 또 다른 법정으로 연기되었기 때문에, 바울의 환난은 인내를 이루어내는 것이었다.

1. 재판장인 총독은 이 문제에 대하여 배석자들과 상의하였다: 베스도가 배석자들과 상의하였다. 즉, 그는 유대인들의 공회(이것은 산헤드린으로 불린다)가 아니라 자신의 모사들과 상의하였다. 이 모사들은 총독에게 어떤 일들에 대하여 자문해 주는 것을 임무로 하는 자들이었다. 될 수 있으면, 많은 조언자들과 상의하는 것이 안전하다. 재판관들은 판결을 선고하기 전에 자기 자신 및 다른 사람들과 상의하여야 한다.

2. 총독은 바울을 로마로 보내기로 결정한다. 어떤 이들은 바울이 가이사가 직접 주재하는 재판을 받겠다고 상소한 것이 아니라 가이사의 법정에서, 즉 가이사의 이름으로 행해지는 법정에서 재판을 받을 것이고, 유대인들의 공회로 그의 사건을 이송하지 말아 달라고 요청한 것이었기 때문에, 베스도는 바울을 로마로 보낼지, 아니면 상소와 관련해서 바울과 결판을 짓든지 둘 중의 하나를 선택할 수 있었을 것이라고 생각한다. 그러나 아그립바가 이 사람이 만일 가이사에게 상소하지 아니하였더라면 석방될 수 있을 뻔하였다고 말한 것에서 볼 수 있듯이(행 26:32), 로마 법에 의하면 로마 시민은 언제든지 상급 법원, 심지어 최고 법원에 상소할 수 있었던 것으로 보인다 — 마치 영국에서 사건들이 상급 법원이 하급 법원에 지시하는 사건 이송 명령서(certiorari)에 의해서 이송되고, 범죄자들이 상급법원으로의 구속적부 심사 청구서(habeas corpus)에 의해서 이송될 수 있는데, 이 경우에 흔히 상소가 상원에서 다루어지듯이. 따라서 베스도는 자신의 선택에 의해서든 자동적인 절차로써이든 다음과 같은 결정에 이르게 된다: 네가 가이사에게 상소하였으니 가이사에게 갈 것이라. 총독은 이 사건에는 매우 이례적인 측면이 있어서, 그가 이 사건을 이런저런 식으로 판결하는 것이 우려가 되는 일이라는 것을 알았고, 이 사건이 황제에게 재미있는 일이 될 것이라고 생각하였기 때문에, 이 사건을 황제가 직접 심리하도록 이송하기

로 결정하였다. 우리가 하나님 앞에서 재판을 받을 때에 율법에 호소하여 자기 자신이 의롭다고 주장하는 자들은 율법에게로 보내져서, 율법이 그들을 단죄하게 될 것이다. 그러나 회개와 믿음을 통해서 복음에 호소하는 자들은 복음에게로 가서, 복음은 그들을 구원하게 될 것이다.

[13]수일 후에 아그립바 왕과 버니게가 베스도에게 문안하러 가이사랴에 와서 [14]여러 날을 있더니 베스도가 바울의 일로 왕에게 고하여 이르되 벨릭스가 한 사람을 구류하여 두었는데 [15]내가 예루살렘에 있을 때에 유대인의 대제사장들과 장로들이 그를 고소하여 정죄하기를 청하기에 [16]내가 대답하되 무릇 피고가 원고들 앞에서 고소 사건에 대하여 변명할 기회가 있기 전에 내주는 것은 로마 사람의 법이 아니라 하였노라 [17]그러므로 그들이 나와 함께 여기 오매 내가 지체하지 아니하고 이튿날 재판 자리에 앉아 명하여 그 사람을 데려왔으나 [18]원고들이 서서 내가 짐작하던 것 같은 악행의 혐의는 하나도 제시하지 아니하고 [19]오직 자기들의 종교와 또는 예수라 하는 이가 죽은 것을 살아 있다고 바울이 주장하는 그 일에 관한 문제로 고발하는 것뿐이라 [20]내가 이 일에 대하여 어떻게 심리할는지 몰라서 바울에게 묻되 예루살렘에 올라가서 이 일에 심문을 받으려느냐 한즉 [21]바울은 황제의 판결을 받도록 자기를 지켜 주기를 호소하므로 내가 그를 가이사에게 보내기까지 지켜 두라 명하였노라 하니 [22]아그립바가 베스도에게 이르되 나도 이 사람의 말을 듣고자 하노라 베스도가 이르되 내일 들으시리이다 하더라 [23]이튿날 아그립바와 버니게가 크게 위엄을 갖추고 와서 천부장들과 시중의 높은 사람들과 함께 접견 장소에 들어오고 베스도의 명으로 바울을 데려오니 [24]베스도가 말하되 아그립바 왕과 여기 같이 있는 여러분이여 당신들이 보는 이 사람은 유대의 모든 무리가 크게 외치되 살려 두지 못할 사람이라고 하여 예루살렘에서와 여기서도 내게 청원하였으나 [25]내가 살펴 본대 죽일 죄를 범한 일이 없더이다 그러나 그가 황제에게 상소한 고로 보내기로 결정하였나이다 [26]그에 대하여 황제께 확실한 사실을 아뢸 것이 없으므로 심문한 후 상소할 자료가 있을까 하여 당신들 앞 특히 아그립바 왕 당신 앞에 그를 내세웠나이다 [27]그 죄목도 밝히지 아니하고 죄수를 보내는 것이 무리한 일인 줄 아나이다 하였더라

우리는 여기에서 바울이 아그립바 왕 앞에서 심문을 받게 된 경위를

보게 되는데, 아그립바 왕은 바울에게 판결을 선고하기 위해서가 아니라 바울에 관한 사건에 대하여 총독에게 조언을 주기 위하여, 아니 자신의 호기심을 만족시키기 위하여 바울을 심문하고자 하였다. 그리스도께서는 그의 제자들이 총독들과 임금들 앞에 끌려 가게 될 것이라고 말씀하셨었다. 이 장의 전반부에서는 바울은 총독 베스도 앞에 끌려 나왔고, 여기에서는 아그립바 왕 앞에 끌려 나왔는데, 이것은 둘 다 복음을 증언하기 위한 것이었다. 좀 더 살펴보자.

I. 베스도가 이 속주의 총독으로 부임해 오자, 아그립바 왕이 문안하기 위해서 베스도를 방문함(13절): 수일 후에 아그립바 왕이 가이사랴에 왔다. 이것은 왕의 행차였다. 왕들은 통상적으로 그들의 친구들을 축하하기 위해서 자신의 사자를 보내는 것으로 충분하다고 생각하지만, 여기에서는 왕이 직접 왔는데, 이것은 왕의 위엄보다 친구를 만족시키는 것을 더 우선시한 것이었다. 왜냐하면, 개인적으로 만나서 얘기하는 것이야말로 친구들 사이에서 가장 즐거운 일이기 때문이다. 좀 더 살펴보자.

1. 총독을 찾아온 자들은 누구였는가.

(1) 아그립바 왕은 야고보 사도를 죽인 자이자 스스로 벌레에 먹혀서 죽은 자인 헤롯(그의 성은 아그립바였다)의 아들이었고, 그리스도께서 태어나시던 때에 유대를 통치하였던 헤롯 대왕의 손자였다. 요세푸스는 이 아그립바 왕을 아그립바 2세로 불렀다. 글라우디오 황제는 그를 칼키스(Chalcis)의 왕이자 드라고닛과 아빌레네의 분봉왕으로 삼았다(눅 3:1). 유대 저술가들은 그에 대하여 말하고 있는데, 특히 다른 무엇보다도 그에 대하여 다음과 같은 이야기를 들려준다(라이트푸트 박사가 우리에게 전해 주듯이). "아그립바 왕은 희년이 끝날 때쯤 율법 책에서 명령한 대로 율법을 봉독하여 읽어 내려가면서 네 형제 아닌 타국인을 네 위에 세우지 말라(신 17:15)는 말씀에 이르렀을 때에 그의 뺨에 눈물이 흘러 내렸다. 왜냐하면, 그는 이스라엘 자손에 속하지 않았기 때문이었다. 회중들이 이것을 보고서, 아그립바 왕이여, 당신은 우리의 형제이니 마음을 편히 가지소서라고 외쳤다. 왜냐하면, 그는 그들의 혈통에 속하지는 않았지만 그들의 종교를 지니고 있었기 때문이다."

(2) 버니게도 아그립바 왕과 함께 왔다. 버니게는 그의 누이로서 한때는 칼키스(Chalcis)의 왕 헤롯, 즉 그의 삼촌의 아내였다가 헤롯 왕이 죽은 후에 미망인이 되어서 자기 오빠와 살고 있었는데, 아그립바 왕은 그녀와 아주 친밀한

관계에 있다는 의심을 받았다. 버니게는 길리기아의 왕 폴레몬(Polemon)과 재혼하였다가 다시 이혼하고서 그녀의 오빠인 아그립바 왕에게로 돌아왔다. 유베날리스는 아그립바 왕이 자기와 근친상간 관계에 있던 자신의 누이인 버니게에게 다이아몬드 반지를 주었다고 말한다: "근친상간한 오빠가 버니게의 손가락에 끼워 준 저 빛나는 유명한 보석." 타키투스와 수에토니우스(Suetonius)는 나중에 버니게와 베스파시아누스 황제가 서로 정을 통한 사이었다고 말한다. 벨릭스의 아내였던 드루실라는 아그립바 왕의 또 다른 누이었다. 이렇게 당시에는 일반적으로 유명한 자들은 음란한 자들이었다! 옛날이 오늘보다 더 좋았다고 말하지 말라.

2. 그들이 방문한 목적은 무엇이었는가: 그들은 베스도에게 문안하러, 즉 그가 승진한 것을 축하하고 그에게 계속해서 좋은 일만 있기를 기원하고자 그에게 왔다. 아그립바는 갈릴리를 통치하고 있었기 때문에 유대를 통치하고 있는 베스도와 잘 협력할 수 있도록 하기 위하여 그들은 그가 총독으로 부임하게 된 것을 축하하면서 그와 좋은 관계를 맺어 두고자 왔다. 그러나 그들은 아마도 기분 전환을 하기 위해서 겸사겸사 그에게 문안 인사도 하고, 그가 베풀어 주는 연회에도 참석하며, 널리 행차하지 않으면 입을 일이 없었던 그들의 화려한 의상을 뽐내기 위해서 왔을 것이다.

II. 베스도가 아그립바 왕에게 바울과 그의 사건에 대하여 얘기해 줌. 그가 이 사건을 얘기한 이유는 다음과 같은 것들 때문이었다.

1. 아그립바 왕에게 뭔가 기분 전환이 될 만한 이야기를 해주어서 그를 즐겁게 해주기 위한 것. 바울과 관련된 사건은 누가 들어도 좋을 아주 주목할 만한 이야기로서 신기하고 재미있을 뿐만 아니라, 그 진실이 제대로 전달되기만 한다면, 매우 교훈적이고 덕을 세울 수 있는 그런 이야기였다. 아그립바 왕은 재판장이었고, 바울에 관한 사건 속에는 그의 관심을 끌 만한 율법과 그 실천에 관한 몇몇 핵심적인 내용들이 들어 있었을 뿐만 아니라, 게다가 그는 유대교인으로서 바울 사건 속에는 그가 심문하기에 아주 적합한 종교와 관련된 몇몇 핵심적인 내용들도 들어 있었기 때문에, 이 이야기는 특히 그에게 매우 흥미로운 것이 될 수 있었다.

2. 아그립바의 조언을 구하기 위한 것. 베스도는 신참내기 재판장, 적어도 이런 분야에 있어서는 새롭게 접하는 재판장이었기 때문에, 자기 자신과 자신의

능력에 대하여 자신이 없어서, 특히 바울에 관한 사건과 같이 아주 어려운 문제들을 많이 지니고 있는 사건에서 오랫동안 재판을 해 왔고 좀 더 노련한 사람들의 조언을 구하고자 해서, 이 얘기를 아그립바 왕에게 했던 것이다. 이제 우리는 총독이 바울에 대하여 아그립바 왕에게 구체적으로 무슨 얘기를 했는지를 살펴보도록 하자(14-21절).

(1) 그는 이 속주의 총독으로 부임해 왔을 때에 바울이 죄수로 있는 것을 알았기 때문에, 자기가 직접적으로 아는 것을 통해서 바울에 대한 사건을 처음부터 설명할 수는 없었다: 벨릭스가 한 사람을 구류하여 두었다. 그러므로 바울을 처음에 붙잡아서 구금해 둔 것에 어떤 잘못이 있다고 한다면, 그 책임은 베스도에게 있는 것이 아니었다. 왜냐하면, 그는 바울이 이미 구금되어 있는 상태에서 그 사건을 넘겨 받았기 때문이다. 벨릭스는 바울에게 죄가 없는 것을 알면서도 유대인의 마음을 얻고자 하여 바울을 구류하여 두었을 때에 자기가 무슨 짓을 했는지를 알지 못하였고, 유대인들은 결코 좋은 자들이 아니기 때문에 바울이 그들의 손에 넘어가서 더 좋지 않은 상황으로 떨어질 수 있다는 것은 알고 있었다.

(2) 유대인들의 공회는 바울에 대하여 극심한 반감을 지니고 있다는 것. "대제사장들과 장로들이 그를 위험 인물로 내게 고소하여, 그를 살려 두어서는 안 된다고 말하며, 그를 정죄하여 죽이기를 원하였다." 대제사장들과 장로들은 신앙을 지닌 자들로 아주 잘 위장하고 존귀하고 정직한 자들로 보이게 하였기 때문에, 베스도는 그가 그들의 말을 신뢰하여야 한다고 생각하였다. 그러나 아그립바는 베스도보다 그들을 더 잘 알기 때문에, 베스도는 이 문제에 있어서 그가 조언해 주기를 원하였다.

(3) 그는 죄수의 권리를 보장해 주는 로마법을 들어서, 죄수가 자신을 위하여 변호하는 말을 듣지 않은 채로 그를 단죄하고자 하지 않았다는 것(16절). "무릇 피고가 원고들 앞에서 그들의 증언을 반박하고 자신을 변호하는 시간이 주어지기 전에는 원고들을 만족시키기 위하여 피고를 죽음에 내주어서 그로 하여금 죽게 하는 것은 로마 사람의 법이 아니다. 이 점에서 로마 사람은 자연법과 기본적인 정의의 규범들에 의해서 지배받고 있다." 총독은 그들이 그러한 것을 요구하거나 바울을 심문해 보지도 않고 단죄할 것을 기대함으로써 로마 사람과 그들의 정부를 모욕한 것에 대하여 그들을 나무라는 듯이 보인다. 그는

이렇게 말한다. "그래서는 안 된다. 나는 너희들끼리는 어떻게 하든지 간에 로마 사람들은 그러한 불의한 짓을 허용하지 않는다는 것을 너희에게 알게 하고자 한다." 한 쪽 말만 듣지 말고 다른 쪽 말도 들어 보라(Audi et alteram partem)는 말은 로마 사람들 가운데서 격언이 된지 오래이다. 우리는 일상적인 일에서 남을 책망할 때에도 이러한 원칙을 적용하여야 한다. 우리는 어떤 사람이 자신을 변호하는 말을 하는 것을 들어보기 전에는 그 사람을 나쁜 사람이라고 하거나 그 사람의 언행을 단죄해서는 안 된다(요 7:51): 우리 율법은 사람의 말을 듣고 그 행한 것을 알기 전에 심판하느냐.

(4) 그가 자신의 직무에 따라서 바울을 법정에 불러서 심문하였다는 것(17절). 그는 이 재판에 대한 심리를 신속하게 진행하였기 때문에, 바울을 고소한 자들은 총독이 이 재판을 질질 끈다고 불평할 수 없었다. 왜냐하면, 그들이 여기 오매(그들은 결코 시간을 허비하지 않았음에 틀림없다) 지체하지 아니하고 그는 재판을 열었기 때문이다. 또한, 그는 가장 엄숙한 방식으로 바울을 심문하였다: 별로 중요하지 않은 사건들에 대해서는 따로 위엄을 갖추어서 법정을 구성하지 않고 집무실에서(de plano) 판결이 이루어졌지만, 그는 바울에 관한 사건을 중요한 사건으로 여겨서 재판 자리에 앉았다. 그는 판결을 명확히 하고 분쟁을 끝마치기 위해서 바울에 대한 재판을 위하여 일부러 대법정을 소집하였다.

(5) 그는 그들이 바울에 대하여 제기한 고소를 듣고서 극도로 실망하였다는 것(18-19절): 원고들이 서서 바울에 대한 고소를 제기하였을 때에 내가 짐작하던 것 같은 악행의 혐의는 하나도 제시하지 아니하였다.

[1] 그는 그들이 끈질기게 바울을 고소하는 것과 로마 총독이 바뀌었는데도 계속해서 이 사건을 강력히 요구하고 있는 것을 보고서 다음과 같이 짐작하였다. 첫째, 그들은 개인의 재산이나 공공의 치안과 관련된 위험스러운 일을 바울이 저질렀다고 고소할 것이고, 바울이 강도 또는 살인자 또는 로마 권력에 반기를 든 반란군임을 증명하고자 할 것이며, 바울은 반란군을 이끌기 위해서 무장을 했을 것이고, 천부장의 추측대로 바울이 최근에 한 무리의 흉악한 자들을 이끌고서 봉기하였던 저 애굽인이 아니라면, 적어도 그는 그와 동일한 부류의 인물일 것이다. 무리들은 초대 그리스도인들에 대하여 아주 크고 격렬하게 고함을 치고 목소리를 높였기 때문에, 지나가던 사람들은 무리들의 고함치는

소리를 근거로 그들을 판단해서, 그들이야말로 세상에서 가장 악한 자들이라는 결론을 내릴 수밖에 없었다. 유대인들이 그렇게 소동을 한 목적은 우리 구주에 대하여 그랬던 것과 마찬가지로 그리스도인들을 가장 악한 자로 몰아가기 위한 것이었다. 둘째, 베스도는 그들이 로마의 법정에서 다룰 만한 범죄, 그러니까 갈리오처럼 로마의 총독이 재판장이 되기에 합당한 그런 범죄로 바울을 고소할 것이라고 짐작하였다(행 18:14). 만약 그렇지 않다면, 그것은 로마 총독을 그와는 상관없는 일로 괴롭히고 실제로 모욕을 주는 것으로서 터무니없고 우스꽝스러운 일이 될 수밖에 없었다.

[2] 그러나 너무도 어이없게도 그는 바울에 관한 사건이 전혀 그런 문제가 아니라는 것을 알게 되었다. 유대인들은 바울이 범죄한 것에 대한 증거들을 제시하지는 않고 바울에 대하여 몇 가지 질문을 하였을 뿐이었다. 그들이 바울에 대하여 고소한 내용 중에서 가장 악한 짓이라고 제시한 것도 과연 그것이 범죄가 되는지, 아니면 전혀 문제삼을 수 없는 것인지 논란이 될 수 있는 것이어서, 끊임없이 논쟁을 불러일으킬 뿐 바울에게 유죄를 선고할 만한 확실한 범죄 사실은 없었고, 그 질문들은 모두 재판석이 아니라 학교에나 적합한 것들이었다. 그것들은 자기들의 미신에 관한 문제들이었다. 총독 베스도는 유대인들의 종교를 이렇게 미신이라고 불렀다. 또는, 그는 그들의 종교 중에서 바울을 고소한 그 내용을 미신이라고 부른 것일 수도 있다. 로마인들은 그들의 율법에 따른 그들의 종교를 보호할 뿐이고, 그들의 미신이나 그들의 장로들의 전통을 보호하지는 않았다. 어쨌든 가장 큰 문제는 예수라 하는 이가 죽은 것을 살아 있다고 바울이 주장하는 그 일에 관한 것이었던 것으로 보인다. 어떤 이들은 총독이 말한 미신은 바울이 전한 기독교를 가리키는 것이었고, 그는 기독교에 대하여 아덴 사람이 지니고 있던 것과 동일한 인식을 지니고 있었으며, 기독교는 예수라는 새로운 신을 소개하는 것으로 받아들여졌다고 생각한다. 이 로마인은 그리스도 및 그의 죽음과 부활, 그리스도가 약속된 메시야인지 아닌지를 놓고 유대인들과 그리스도인들 간에 벌어진 큰 논쟁, 그리스도가 메시야라는 것을 보여 주는 큰 증거로서 그가 죽은 자 가운데서 부활하였다는 것을 얼마나 무시하는 발언을 하고 있는지를 보라. 그는 그것을 예수라는 어떤 사람이 죽었는데, 바울이 그가 여전히 살아 있다고 주장한다는 말로 들었다. 많은 문제들에 있어서 결론은 이 문제, 즉 오랫동안 눈에 보이지 않는 그러한 사람이 과연 살아 있는

것인지 죽은 것인지라는 문제와 결합되어 있고, 증거들은 양쪽에서 제기된다. 베스도는 이것이 그리 중요한 문제가 아니라고 생각한다. 하지만 베스도 총독이 예수를 자기가 관심을 가질 만한 자가 못된다고 생각해서 예수를 자기가 모르는 것이 도리어 그에게 자랑이라도 된다는 듯이 말하고 있지만, 이 예수는 전에 죽었다가 살아 있고 세세토록 살아 있어서 사망과 음부의 열쇠를 가지신 분이시다(계 1:18). 바울이 예수에 대하여 그가 살아 계시다고 주장한 것은 이렇게 엄청난 중요성을 지닌 문제이기 때문에, 만약 그것이 사실이 아니라면, 우리는 모두 망하게 된다.

(6) 그래서 그가 바울에게 이런 유의 문제를 가장 잘 심리할 수 있는 유대 법정으로 이 사건을 넘기자고 바울에게 제안하였다는 것(20절). "내가 이 일에 대하여 어떻게 심리할는지 몰라서, 내가 알지 못하는 일을 재판하는 것이 합당하지 않다고 생각해서, 예루살렘에 올라가서 공회 앞에서 이 일에 심문을 받으려느냐라고 바울에게 물었다." 그는 이런 유의 문제로 그의 양심에 부담을 주지 않도록 하기 위해서 강제로 바울을 그렇게 하고자 하지 않았고, 그가 자신의 제안에 동의해 주기를 은근히 바랐다.

(7) 바울은 제사장들이 아니라 황제에게서 더 공정한 재판을 받게 될 것이라고 생각해서 그의 사건을 예루살렘이 아니라 로마로 이송해 주기를 택하였다는 것. "그는 자신의 사건을 이 하급 법원에서 종결시킬 수 있는 다른 방법을 찾을 수 없어서 황제의 판결을 받도록 자기를 지켜 주기를 호소하였다(21절). 그래서 내가 그를 가이사에게 보내기까지 지켜 두라 명하였노라. 왜냐하면, 나는 그의 상소를 거부할 명분을 찾지 못했고, 도리어 그가 그렇게 상소한 것을 내심 기뻐하였기 때문이다."

Ⅲ. 아그립바가 사건을 심리할 수 있도록 하기 위하여 바울을 그 앞에 데려옴.

1. 아그립바 왕은 그렇게 하기를 원하였다(22절). "나는 그에 관한 당신의 얘기를 잘 들었지만, 나도 이 사람의 말을 직접 듣고자 하노라." 아그립바는 베스도보다 이 문제, 이 사건, 이 죄수에 대하여 더 많이 알고 있었다. 그는 바울에 대하여 소문을 듣고 있었고, 예수가 살아 있느냐 그렇지 않느냐라는 문제가 얼마나 중요한 것인지를 베스도는 단지 짐작만 하고 있을 뿐이었지만 그는 잘 알고 있었다. 그는 바울을 심문할 뿐 그 이상의 것을 판단할 의무가 전혀 없었다.

권력있는 많은 사람들은 종교에 관한 문제들을 재판석에서 심리하는 것을 제외하고는 그러한 문제들을 탐구하는 것은 하찮은 일로 여겨서 하려고 하지 않는다. 아그립바는 헤롯이 예수의 말씀을 듣고자 모임에 가지 않았던 것과 마찬가지로 바울이 전하는 말씀을 듣기 위해서 죽었다가 깨어나도 모임에 가고자 하지는 않았을 것이다. 그렇지만 헤롯이나 아그립바는 둘 다 자신의 호기심을 만족시키기 위해서 바울과 예수를 그들 앞에 데리고 와서 세우기를 좋아하였다. 아마도 아그립바는 바울에게 호의를 베풀 수 있을까 해서 그를 불러서 직접 심문하고자 했으나, 그에게 그 어떤 호의도 베풀지 않았고, 단지 그에 대한 약간의 평가만을 내렸을 뿐이었다.

2. 베스도가 그렇게 하도록 허락하였다: 내일 들으시리이다. 이렇게 된 데에는 하나님께서 감옥에 갇혀서 산 채로 매장당한 듯이 보였고 선한 일을 할 수 있는 모든 기회를 박탈당한 듯이 보였던 바울을 격려하기 위한 선한 섭리가 있었다. 우리는 바울이 가이사랴 감옥에서 어떤 서신을 썼다는 애기를 들어 보지 못하였다. 그가 그를 찾아온 친구들이나 주일마다 그를 찾아왔을 작은 무리의 회중에게 선한 일을 할 수 있는 기회를 가졌다고 할지라도, 그것은 단지 그가 아주 제한적으로 쓰임받은 것에 불과한 것이었기 때문에, 그는 마음에 들지 않아서 멸시받고 깨뜨려진 그릇처럼 내던져진 것처럼 보였다. 그러나 그것은 바울에게 큰 회중, 아니 큰 자들로 이루어진 회중에게 그리스도를 전할 수 있는 기회를 제공해 주었다. 벨릭스는 사적으로 그리스도를 믿는 신앙에 대하여 바울이 전하는 말씀을 들었다. 그러나 아그립바와 베스도는 바울이 말하는 것을 공적인 자리에서 듣기로 합의한다. 다음 장에 나오는 바울의 설교는 비록 영혼들의 회심을 위한 그의 다른 설교들과 같이 복음 전도를 위한 수단이 되지는 못하였다고 하더라도 그가 이제까지 살아 오면서 전하였던 그 어떤 설교와 마찬가지로 그리스도와 기독교의 영광에 많은 기여를 했을 것이다.

3. 아그립바 왕 앞에서 바울을 심문하기 위한 대대적인 준비가 이루어짐(23절): 이튿날 접견 장소에 큰 무리가 모였고, 그들은 바울과 그의 사건에 대하여 많은 말을 했으며, 바울을 비난하는 말들도 많이 오고 갔을 것이다.

(1) 아그립바와 버니게는 그들의 위엄을 과시하고 뽐내기 위하여 이번 기회를 활용하였고, 아마도 많은 사람들 앞에서 그들을 과시하고 보이기 위하여 그런 기회를 원했을 것이다. 왜냐하면, 그들은 화려한 의상과 금이나 진주 같은

값비싼 장신구들을 줄줄이 달고서 크게 위엄을 갖추고 왔기 때문이다. 그들이 거느리고 온 수많은 시종들은 화려한 제복을 입고 있어서 장관을 연출했을 것이고, 그 모습을 쳐다보는 무리들은 눈이 부셨을 것이다. 그들은 아주 환상적으로 나타났다(원어의 의미는 이런 것이다). 아주 화려하게 꾸민 것은 단지 큰 환상에 불과하다는 것을 명심하라. 그렇게 화려하게 꾸민다고 해서 실제로 훌륭해지는 것도 아니고 사람들로부터 진정한 존경을 받는 것도 아니다. 그것은 단지 허황된 기분만을 만족시켜 줄 뿐이기 때문에, 지혜로운 자들은 그런 것을 탐하는(gratify) 것이 아니라 도리어 절제하고자(mortify) 한다. 그런 것은 단지 보여주는 것, 꿈, 환상에 불과한 것(원어가 의미하듯이), 피상적인 것이어서 지나가 버린다. 하나님께서는 이렇게 화려하게 꾸민 자들로 하여금 겉으로의 화려함으로 인하여 영원히 자부심을 갖지 못하게 만드실 것이다. 왜냐하면, 아그립바와 버니게가 화려하게 꾸민 것은 다음과 같이 되어 있었기 때문이다.

[1] 그들의 외적인 화려함은 그들의 음란한 행실에 의해서 녹이 슬어 있었고, 그들이 외적으로 꾸민 모든 아름다움은 훼손되어 있어서, 그들을 아는 모든 덕 있는 사람들은 그들이 아무리 온갖 화려한 것으로 치장한다고 하더라도 그들을 악한 자들로 단죄할 수밖에 없었다(시 15:4).

[2] 그들의 외적인 화려함은 법정에 선 가난한 죄수 바울의 진정한 영광 앞에서 빛을 잃었다. 바울의 지혜와 은혜, 거룩함, 그리스도를 위하여 고난받는 바울의 용기와 변함없는 태도가 지닌 존귀함에 비하면, 그들이 입은 화려하고 우아한 의상이 보여주는 존귀함은 아무것도 아니었다. 그토록 선한 일을 행하였던 바울을 묶고 있는 결박은 그들이 두른 금 사슬들보다 더 영광스럽고 빛을 발하는 것이었으며, 바울을 지키는 수비대들은 그들을 따르는 시종들보다 더 영광스러운 것들이었다. 지독하게 악한 여자가 온갖 패물과 화려한 의상으로 치장하고 있고, 세상에서 너무도 선한 사람이 그 정반대의 모습을 하고 있는 것을 사람들이 본다면, 누가 세상의 화려함을 좋아하겠는가.

(2) 천부장들과 이 성(城)의 높은 사람들은 이 기회를 이용해서 베스도와 그의 손님들에게 예를 갖추었다. 바울에 대한 심문은 궁정에서의 무도회, 즉 화려한 옷을 차려 입은 높은 사람들이 함께 모여서 즐기는 무도회와 같았다. 베스도는 전날 밤에 바울에게 통지하여서 다음날 아침에 있을 아그립바 왕 앞에서의 심문을 준비하라고 알렸을 것이다. 바울은 그 때에 그가 할 말을 그에게 주

겠다고 말씀하신 그리스도의 약속을 신뢰하였기 때문에, 이렇게 갑자기 재판을 열고 심문을 하겠다는 통지를 받고서도 불평하거나 당황하지 않았다. 베스도의 초대를 받고서 다음날 궁정으로 가야 했던 자들이 죄수로서 불려 나가게 되어 있었던 바울이 자신의 사건에 대하여 신경을 쓴 것보다도 훨씬 더 그들이 무슨 옷을 입고 나갈지에 대하여 더 신경을 쓰고 당황했을 것이다. 왜냐하면, 바울은 자기가 누구를 믿고 있고, 누가 자기 옆에 있는지를 알고 있었기 때문이다.

IV. 바울에 대한 심문이 열렸을 때에 베스도가 이 사건을 소개하는 말을 함. 그것은 그가 얼마 전에 아그립바에게 했던 얘기와 동일한 취지를 지닌 말이었다.

1. 그는 거기에 모인 무리들에게 인사하는 것으로 말을 시작하였다. 아그립바 왕과 여기 같이 있는 여러분이여. 그는 모든 남자들이여(헬라어로는 판테스 안드레스)라고 말함으로써 여자인 버니게가 이런 성격의 모임에 나온 것에 대하여 은근히 질책하면서, 그는 그녀의 판단이나 조언을 전혀 원하지 않는다는 뜻을 내비친다. "여기 있는 남자들인 여러분 모두(원어에서의 표현을 그대로 직역한 것)가 이 문제를 잘 심리하여 주시기를 내가 원하나이다." 여기에서 사용된 단어는 여자들과 구별되는 남자들을 가리키는 단어이다. 여기에서 버니게는 어떤 표정을 지었을까?

2. 그는 죄수 바울을 유대인들이 아주 큰 앙심을 품고서 죽이고자 하는 자라고 소개한다. 유대의 관원들만이 아니라 예루살렘과 여기 가이사랴에 있는 유대의 모든 무리가 크게 외치되 살려 두지 못할 사람이라고 하였다. 왜냐하면, 그들은 바울이 이미 너무 오랫동안 살았고, 만약 그가 더 길게 산다면, 그것은 더 많은 해악을 끼칠 뿐이라고 생각하기 때문이다. 그들은 바울이 어떤 죽음에 처할 만한 범죄를 저질렀다고 고소할 수 없었지만, 그를 죽게 하고자 하였다.

3. 그는 죄수가 무죄하다고 고백한다. 바울이 이와 같이 그의 재판장의 입에서 그에게 죄가 없다는 말을 공적으로 듣게 된 것은 바울이나 그가 결박된 것에 존귀함을 더하는 것이었다(25절): 내가 살피건대 죽일 죄를 범한 일이 없더이다. 이 사건을 자세하게 심문해 보았지만, 유대인들의 고소를 밑받침해 줄 만한 증거는 전혀 나타나지 않았다. 그러므로 총독은 될 수 있으면 고소한 자들에게 유리하게 해주고 싶었지만 그의 양심은 바울에게 무죄를 선고하였다. 그

렇다면, 그는 바울을 풀어 주어야 한다고 생각하면서도, 왜 그를 석방하지 않았던 것인가? 그는 유대인의 무리가 바울을 죽이라고 고함을 치며 소동을 벌였기 때문에, 만약 그가 바울을 놓아 준다면, 그 아우성이 자기 자신에게 돌아 오게 될 것을 염려하였다. 이것은 통탄할 만한 일이다. 양심을 가지고 있는 사람이라면, 누구든지 양심에 따라서 행할 용기도 가져야 한다. 또는, 너무도 많은 연기가 났기 때문에, 그는 이렇게 연기가 많이 나는 걸 보면 분명히 불이 난 것이고, 그러한 사실이 결국에는 밝혀지리라고 생각했기 때문에, 그러한 사건의 진전을 기대하고서 그를 죄수로 계속해서 가두어 두고자 한 것일 수도 있다.

4. 그는 이 사건이 현재 어떤 상태에 있는지를 그들에게 알리면서, 죄수가 직접 황제에게 재판을 받겠다고 상소하였고(바울은 이렇게 함으로써 그의 사건이 세상에서 가장 큰 자들에 의해서 심리를 받을 만한 가치가 있는 것으로서 자신의 사건에 존귀함을 더하였다), 그가 그의 상소를 받아들였다고 말한다: 내가 그를 보내기로 결정하였나이다. 이렇게 해서 이 사건은 지금 중단되어 있는 상태였다.

5. 그는 자기는 고소한 자들의 소란과 광분으로 인해서 방해를 받았었지만 지금은 여기 모인 분들이 아무런 방해도 받을 위험이 없기 때문에 이 문제를 침착하고도 공정하게 심리하여서, 그가 적어도 이 사건을 황제에게 이송하면서 무엇이라고 써 보내야 할지에 대한 통찰을 얻을 수 있도록 도와 주기를 원한다(26-27절).

(1) 그는 이 사건을 로마로 보내면서 그 죄목도 밝히지 아니하고 죄수를 보내는 것이 무리한 일인 줄 생각하여서, 이 사건을 될 수 있는 한 황제가 결정하기 쉽도록 여러 가지 자료들을 준비하여야 한다고 생각하였다. 왜냐하면, 황제는 아주 바쁜 몸이어서 모든 문제는 될 수 있으면 간략하게 요약해서 황제 앞에 제시되어야 하기 때문이다.

(2) 그는 아직 바울에 관하여 확실한 사실을 쓸 수가 없었다. 유대인들이 바울에 대하여 고소한 내용들은 일관성이 없고 아주 혼란스러운 것들이었기 때문에, 베스도는 그것들에 대하여 선히 판단할 수가 없었다. 그러므로 그는 바울이 이렇게 많은 사람들 앞에서 심문을 받음으로써 그들이 그가 어떤 내용을 쓸지를 조언해 주기를 바랐다. 로마에서 아주 멀리 떨어져 살면서도 로마의 황제에게 복속되어 있는 자들이 공의를 베푸는 일에 있어서 얼마나 큰 곤란과 당

혹감 속에 놓여 있고, 그 일을 하기가 얼마나 난감하며, 또한 시간이 많이 걸리는지를 보라. 영국도 동일한 사정 가운데 있었다(영국은 이스라엘과는 반대편으로 로마에서 아주 멀리 떨어져 있다). 영국은 교회와 관련된 일에서 로마의 교황에게 종속되어 있었고, 모든 일을 교황에게 품신하여야 했었다. 우리로 하여금 다시 그러한 종의 멍에를 메도록 시도하는 자들은 우리에게 그와 같은 해악들, 아니 그것보다 수천 배나 더 나쁜 해악을 우리에게 끼치는 것이 될 것이다.

제
— 26 —
장

개요

우리는 앞 장에서 바울이 법정에 섰고, 베스도와 아그립바와 버니게, 그리고 가이사라 성읍의 모든 높은 자들이 그가 자신을 위하여 변호하는 말을 듣고자 의자에 앉아서 또는 그 근방에 서서 기다리고 있는 것을 보았다. 이제 이 장에서 우리는 다음과 같은 내용들을 본다. I. 유대인들의 중상 모략에 대하여 바울이 자기 자신을 변호함. 1. 그가 아그립바 왕을 겸손히 부르고서 그에게 경의를 표함(1-3절). 2. 그는 자신의 출신과 교육, 바리새인으로서의 자신의 신앙을 설명하고, 그가 지금은 율법의 예식들로부터는 떠났지만, 당시에 사두개인들과는 다른 자신의 바리새인으로서의 신앙의 주요한 신조였던 것, 즉 "죽은 자의 부활"을 여전히 신봉하고 있다고 말함(3-8절). 3. 그가 청년 때에 기독교와 그 신봉자들을 박해하고자 하는 열심을 지니고 있었음을 설명함(9-11절). 4. 그가 그리스도를 믿는 신앙으로 이적을 통해서 회심하게 된 것에 대하여 설명함(12-16절). 5. 그가 하늘로부터 이방인들에게 복음을 전하라는 사명을 받은 것에 대하여 말함(17-18절). 6. 그가 그러한 사명을 계속해서 수행함으로써 유대인들의 강력한 반발을 사게 되었다고 말함(19-21절). 7. 그는 이방인들에게 복음을 전할 때에 그가 가르친 것에 대하여 설명하면서, 그가 전한 가르침은 율법과 선지자들을 폐하기는커녕 그것을 완성하는 것임을 보여줌(22-23절). II. 바울의 변론에 대한 반응들. 1. 베스도는 바울처럼 그렇게 미친 소리를 하는 자를 결코 본 적이 없다고 생각하여서, 그를 미친 자로 여겨서 멸시하였다(24절). 그런 말에 대하여 바울은 그러한 비난을 부정하고서, 아그립바 왕에게 호소한다(25-27절). 2. 아그립바 왕은 바울의 말을 아주 주의깊게 찬찬히 들었기 때문에 이렇게 조리있고 설득력있게 말하는 사람을 본 적이 없다고 생각하고서, 자기가 바울의 말에 의해서 거의 회심할 뻔하였다고 고백하고(28절), 바울은 그가 회심하게 되기를 진심으로 바린다(29절). 3. 그들은 모두 바울이 무죄한 자라는 깃, 그를 석빙해야 마땅하다는 깃, 그가 가이사에게 상소함으로써 자기가 풀려 날 기회를 어쩔 수 없이 스스로 막아 버리게 된 것은 애석한 일이라는 데에 동의하였다(30-32절).

[1]아그립바가 바울에게 이르되 너를 위하여 말하기를 네게 허락하노라 하니 이에 바울이 손을 들어 변명하되 [2]아그립바 왕이여 유대인이 고발하는 모든 일을 오늘 당신 앞에서 변명하게 된 것을 다행히 여기나이다 [3]특히 당신이 유대인의 모든 풍속과 문제를 아심이니이다 그러므로 내 말을 너그러이 들으시기를 바라나이다 [4]내가 처음부터 내 민족과 더불어 예루살렘에서 젊었을 때 생활한 상황을 유대인이 다 아는 바라 [5]일찍부터 나를 알았으니 그들이 증언하려 하면 내가 우리 종교의 가장 엄한 파를 따라 바리새인의 생활을 하였다고 할 것이라 [6]이제도 여기 서서 심문 받는 것은 하나님이 우리 조상에게 약속하신 것을 바라는 까닭이니 [7]이 약속은 우리 열두 지파가 밤낮으로 간절히 하나님을 받들어 섬김으로 얻기를 바라는 바인데 아그립바 왕이여 이 소망으로 말미암아 내가 유대인들에게 고소를 당하는 것이니이다 [8]당신들은 하나님이 죽은 사람을 살리심을 어찌하여 못 믿을 것으로 여기나이까 [9]나도 나사렛 예수의 이름을 대적하여 많은 일을 행하여야 될 줄 스스로 생각하고 [10]예루살렘에서 이런 일을 행하여 대제사장들에게서 권한을 받아 가지고 많은 성도를 옥에 가두며 또 죽일 때에 내가 찬성 투표를 하였고 [11]또 모든 회당에서 여러 번 형벌하여 강제로 모독하는 말을 하게 하고 그들에 대하여 심히 격분하여 외국 성에까지 가서 박해하였고

아그립바는 황제 아래에 있는 다른 총독들의 권세와 동일한 권세를 가지고 있었고, 베스도에 대해서도 상급자가 아니라 단지 선임자에 불과하긴 했지만, 황제가 수여한 왕이라는 직함을 가지고 있었기 때문에 심문을 하기 위해 모인 그 자리에서 가장 높은 자였다. 그러므로 베스도가 사건을 소개하는 말을 끝마치자, 아그립바는 법정을 대표하는 자로서 바울에게 자신을 위하여 말하기를 허락한다고 말하였다(1절). 바울은 자기가 발언하는 것이 허락될 때까지 아무 말도 하지 않고 기다렸다. 왜냐하면, 말할 준비가 아주 잘 되어 있고 가장 잘 말할 수 있는 자들은 성급하게 나서서 말하지 않는 법이기 때문이다. 바울이 자신을 위하여 변호할 기회를 얻은 것은 유대인들이 허락하고자 하지 아니하였거나 어렵사리 허용한 그런 기회였다. 그러나 아그립바는 바울에게 그런 기회를 후하게 주었다. 바울이 변호하고자 한 것, 즉 기독교 신앙은 아주 훌륭한 것이었기 때문에, 그에게는 자기를 위하여 변호할 기회만 주어진다면 더 바랄 것이 없었다. 그에게는 자기를 대변해 줄 변호사, 더둘로 같은 인물이

필요하지 않았다. 그가 어떤 몸짓을 했는지가 기록되어 있다: 그는 손을 들었다. 이것은 그가 당황하거나 겁을 집어 먹은 것이 아니라 아무런 거리낌도 없이 자신의 주장을 제대로 전달하고자 했다는 것을 보여준다. 또한, 그것은 그가 진지하였고, 자신을 위하여 변호하는 동안에 그 자리에 있는 사람들이 주목해 주기를 기대하였다는 것을 보여주는 것이기도 하다. 바울은 자기가 가이사에게 상소했다는 것을 들어서 아무 말도 하지 않거나 "나는 황제 앞에서가 아니면 더 이상 심문을 받지 않겠다"라고 말한 것이 아니라, 자기가 고난을 받으면서까지 전하였던 복음을 영광되게 할 기회를 즐거운 마음으로 받아들였다. 우리는 우리 속에 있는 소망에 관한 이유를 묻는 자에게 대답할 것을 항상 준비해 두어야 하는데(벧전 3:15), 하물며 그 대상이 권세있는 높은 자들일 경우에는 더욱 그렇게 하여야 한다. 이제 그는 자신을 변호하는 말의 전반부에서 다음과 같이하였다.

I. 바울은 아그립바에게 아주 특별한 예를 갖추어서 경의를 표하는 것으로 말을 시작하였다(2-3절). 그는 벨릭스가 여러 해 전부터 이 민족의 재판장된 것을 알고 있었기 때문에 벨릭스 앞에서 즐거운 마음으로 자신을 변호하였다(행 24:10). 그러나 아그립바에 대한 그의 견해는 거기에서 한 걸음 더 나아가는 것이었디. 좀 더 살펴보자.

1. 바울은 유대인들로부터 고발을 당하였고 많은 악한 짓들을 하였다고 고소를 당한 상태였기 때문에 자신의 누명을 벗을 기회를 갖게 된 것을 기뻐하였다. 그는 사도이기 때문에 세속적인 권력의 사법적인 판단에서 면제받는 것이 마땅하다고 결코 생각하지 않았다. 방백의 직위는 하나님께서 정하신 것이기 때문에, 우리는 그것으로 인해서 유익을 얻고 있고, 또한 거기에 복종하여야 한다.

2. 바울은 자신을 위하여 변호하여야 하는 상황 속에서 특별히 아그립바 왕 앞에서 변호하게 된 것을 기뻐하였다. 왜냐하면, 아그립바는 유대교로 개종한 자여서, 다른 로마 총독들보다 유대교에 관련된 모든 것들을 더 잘 이해하고 있는 인물이었기 때문이다: 나는 당신이 유대인의 모든 풍속과 문제에 정통해 계시다는 것을 아나이다. 아그립바는 학자로서 특히 유대 학문에 정통한 자였고, 유대교의 관습들을 잘 알고 있었을 뿐만 아니라 그 관습들이 보편적이거나 영속적인 것들로 의도되지 않았다는 것을 잘 알고 있었던 것 같다. 또한, 그는 유

대교의 관습들과 관련하여 여러 가지 의문들이 제기되었고, 어떤 것이 옳으냐를 결정함에 있어서 유대인들 자신도 서로 견해가 다르다는 것을 잘 알고 있었다. 아그립바는 구약성경에 아주 정통해 있었기 때문에, 그 누구보다도 예수가 메시야라는 것과 관련하여 바울과 유대인들 사이에 벌어진 논쟁을 더 잘 판단할 수 있었다. 설교자가 말씀을 전할 때에 그 말씀을 잘 알아듣고 잘 분별하는 자들이 있다는 것은 그에게 큰 힘이 된다. 바울은 내가 지혜있는 자들에게 말함과 같이하노니 너희는 내가 이르는 말을 스스로 판단하라(고전 10:15)고 말한다.

3. 그래서 바울은 아그립바가 그의 말을 너그러이 들으시기를 요청한다. 즉, 인내심을 가지고서 오랜 시간 참고 들어 주기를 바란 것이었다. 바울은 이제부터 긴 변론을 하고자 하였기 때문에, 아그립바가 그의 말을 끝까지 들어 주고 중간에 싫증을 내지 않기를 요청한 것이었다. 그는 명백한 것들을 내용으로 하는 변론을 하고자 했기 때문에, 아그립바가 화를 내지 말고 너그럽게 그의 말을 들어 줄 것을 요청한다. 아그립바는 유대교인으로서 유대인들의 관습에 정통해 있었기 때문에 바울에 관한 사건에 대하여 판단할 수 있는 적임자이기도 하였지만, 유대인의 누룩에 어느 정도 물들어 있었음으로 이방인들의 사도가 된 바울에 대하여 편견을 가지고 대할 수도 있었기 때문에, 바울은 그가 화를 내는 것을 우려할 충분한 이유를 가지고 있었다. 그래서 바울은 아그립바의 마음을 누그러뜨리기 위하여 이렇게 말한다: 내 말을 너그러이 들으시기를 바라나이다. 우리가 그리스도를 믿는 믿음을 전할 때에 최소한으로 바라는 것은 인내심을 가지고서 너그러이 들어 주면 좋겠다는 것이다.

II. 바울은 비록 자기가 배교자로 낙인이 찍혀서 미움을 받고 있기는 하지만 그가 어릴 적에 교육받고 양육받았던 모든 선한 것들을 지금도 여전히 붙들고 있다고 고백한다. 그의 신앙은 언제나 하나님이 우리 조상에게 약속하신 것 위에 세워져 있었다. 그리고 지금도 여전히 그의 신앙은 그 약속 위에 세워져 있다.

1. 어릴 적에 그의 신앙은 무엇이었는지를 보라: 그가 생활한 상황은 유대인이 다 아는 바였다(4-5절). 그는 유대 나라에서 태어난 것은 아니었지만, 예루살렘에서 자기 동족 가운데서 양육을 받았다. 그는 최근에 꽤 오랜 기간 동안 이방인들과 교제하여 왔지만(이것이 유대인들에게 큰 반감을 불러일으켰다), 어릴 때에는 유대 민족과 친밀하게 접촉하여 그들의 관심사를 온전히 잘 알고 있

었다. 바울은 결코 국적 불명의 불분명한 교육을 받은 것이 아니었다. 유대의 종교와 학문이 번성하였던 예루살렘에서 자신의 동족과 더불어서 그는 교육을 받았다. 당시에 바울은 남들보다 두드러졌기 때문에, 모든 유대인들이 그가 그러한 교육을 받았다는 것을 알고 있었다. 처음부터 그를 알았던 유대인들은 그가 유대인이었고, 유대교에 속하였으며, 유대교의 모든 규례들을 지키는 자였을 뿐만 아니라, 그 종교의 가장 엄한 파에 속하여서 유대교의 규례들을 가장 엄격하고 정확하게 준수하였고, 다른 사람들에게도 그 규례들을 지키도록 강제한 그런 자였다는 것을 그를 위하여 증언해 줄 수 있었다. 바울은 바리새인으로 불리었을 뿐만 아니라 바리새인의 생활을 하였다. 그를 아는 모든 자들은 그 어떤 바리새인도 그가 했던 것만큼 바리새파의 모든 규율을 더 엄격하게 지킬 수 없었다는 것을 아주 잘 알고 있었다. 아니, 그는 바리새인들 중에서도 특별한 부류에 속하였다. 왜냐하면, 그는 당시에 유대교에서 샴마이 학파보다 훨씬 더 명성을 떨치고 있었던 힐렐 학파의 저명한 랍비였던 가말리엘의 문하에서 교육을 받았기 때문이다. 이렇게 바울은 바리새인이었고 바리새인으로서의 삶을 살았기 때문에, 그는 다음과 같은 인물이었다고 말할 수 있다.

(1) 그는 학자, 즉 학식을 갖춘 인물이었고, 글도 읽을 줄 모르고 무지한 단순 노동자가 아니었다. 바리새인들은 율법을 알고 있었고 율법과 율법에 대한 전통적인 해석들에 정통해 있었다. 사람들은 그리스도의 다른 사도들이 배우지 못했고 어부로 자랐다는 것을 알고서 비방하였다(행 4:13). 하지만 당시에 가장 저명한 박사들의 문하에서 배웠던 자가 사도로 세우심을 받았기 때문에, 믿지 않는 유대인들은 변명할 여지가 없게 되었다.

(2) 바울은 도덕적인 사람, 미덕을 갖춘 인물이었고, 결코 난봉꾼이나 허랑방탕한 삶을 사는 청년이 아니었다. 그는 바리새인으로 생활하였기 때문에 술주정뱅이나 음행하는 자가 될 수 없었다. 젊고 순수한 바리새인으로서 바울은 남의 재산을 착취하거나 가로채는 자가 될 수 없었고, 영악하고 탐욕스러운 나이든 바리새인들이 가엾은 과부들의 가산을 집어삼킬 때에 사용하였던 술책들을 아직 배운 적도 없었다. 도리어, 그는 율법의 의로는 흠이 없는 자였다. 그는 노골적으로 악행을 하거나 하나님을 모독한 죄로 결코 비난받을 수 없는 자였다. 바울은 학식을 갖춘 자였기 때문에 자신의 종교를 알지 못해서 그 종교를 버린 것이라고 생각될 수도 없었고, 그는 덕을 갖춘 인물이었고 그 어떤 부도

덕한 짓에도 끌리지 않는 자였기 때문에 자신의 종교를 좋아하지 않았거나 그 종교가 부과하는 의무들을 싫어하여서 종교를 버렸다고 생각될 수도 없었다.

(3) 바울은 정통적이고 건전한 신앙을 지닌 자였고 이신론자이거나 회의론자이거나 불신앙으로 빠지게 만드는 부패한 사상 원리들을 지닌 자가 아니었다. 그는 사두개파에 반대하는 바리새파였다. 그는 사두개파가 거부한 구약성경의 모든 책들을 정통적인 경전으로 받아들였고, 사두개파가 거부하였던 모든 교리들, 즉 영들의 세계, 영혼의 불멸, 몸의 부활, 장래에 있을 상과 벌을 모두 믿었다. 사람들은 바울이 유대교 신앙의 원리를 알지 못했거나 하나님의 계시를 존중하지 않아서 그 종교를 버렸다고 말할 수 없었다. 바울은 항상 하나님이 조상들에게 약속하신 것, 저 유서깊은 약속에 대하여 존중하고 경외하는 마음을 지니고 있었고, 거기에 소망을 두고 있었다.

지금 바울은 이 모든 것이 그를 하나님 앞에서 의롭게 해주지 못하고, 그의 의가 되지도 못한다는 것을 너무도 잘 알고 있었지만, 그가 이런 말을 하는 것은 자기가 유대인들이 고소하는 것과 같은 그런 자가 아니라는 것을 밝히기 위하여 유대인들 가운데서 자신의 평판이 어떠했는지를 특히 아그립바 왕을 염두에 두고서 알리고자 한 것이었다. 그는 그리스도를 얻기 위하여 앞에서 말한 것들을 배설물처럼 여겼지만, 여기에서 그런 것을 언급한 것은 그리스도의 영광을 드러내기 위한 것이었다. 그는 그가 그렇게 했을 때에 그는 하나님의 율법이 지닌 영적인 성격과 하나님에 대한 신앙은 마음속에 이루어지는 것임을 전혀 깨닫지 못했다는 것을 너무도 잘 알고 있었고, 이제는 그의 의가 그러한 것을 능가하지 못한다면, 그는 결코 천국에 가지 못하게 되리라는 것도 아주 잘 알고 있었다. 그렇지만 그는 자기가 회심하기 전에 무신론자이거나 하나님을 모독하고 악을 자행했던 자가 아니라, 자기가 지닌 빛을 따라서 범사에 양심을 따라 하나님을 섬겼다는 것을 어느 정도 만족감을 가지고서 회고한다.

2. 바울의 현재의 신앙은 어떠한 것이었는지를 보라. 그는 지금 그가 어릴 적에 지니고 있었던 예식 위주의 율법에 대한 열심을 가지고 있지 않았다. 율법에서 정하고 있는 희생 제물들과 제사들은 그것들이 가리키고 있는 위대한 희생 제물에 의해서 폐기되었다고 그는 생각하였다. 그는 제의상의 부정들과 거기에서 정결케 하는 것은 더 이상 필요없게 되었다고 생각하였고, 레위 지파의 제사장직은 그리스도의 제사장직에 의해서 폐기되었다고 생각하였다. 그러

나 그는 그의 신앙의 주요한 원리들에 대해서는 이전과 동일한 열심을, 아니 이전보다 더 큰 열심을 지니고 있었고, 그 신앙의 원리들에 따라서 살거나 죽기로 결심하고 있었다.

(1) 바울의 신앙은 하나님이 조상들에게 약속하신 것 위에 세워져 있었다. 그의 신앙은 그가 받고 믿었고 그의 영혼을 바친 하나님의 계시 위에 세워져 있었다. 그의 신앙은 약속을 따라서 나타나고 전달된 하나님의 은혜 위에 세워져 있었다. 하나님의 약속은 그의 신앙의 지침이자 토대였다. 하나님이 조상들에게 하신 약속은 예식을 위주로 하는 율법보다 더 오래된 것으로서, 하나님께서 그리스도 안에서 미리 정하신 언약을 사백삼십년 후에 생긴 율법이 폐기할 수 없었다(갈 3:17). 그리스도와 천국은 복음의 두 가지 큰 가르침들이다. 즉, 하나님이 우리에게 영생을 주셨다는 것과 이 생명이 그의 아들 안에 있다는 것이 그것이다. 그런데 이 두 가지는 하나님이 조상들에게 약속하신 것의 실질적인 내용이다. 그것은 하나님께서 여자의 후손에 대하여 우리 조상 아담에게 하신 약속 및 하나님께서 최초의 족장들에게 나타내신 저 천국에 관한 계시까지 거슬러 올라갈 수 있는데, 이 족장들은 그러한 계시를 믿고 행하였고, 그러한 믿음으로 말미암아 구원을 받았다. 그러나 이 약속은 주로 하나님께서 우리 조상 아브라함에게 하신 약속, 즉 그의 자손으로 말미암아 땅의 모든 족속들이 복을 얻게 되고 하나님께서 그와 그의 후손의 하나님이 되시리라는 약속과 관련되어 있다. 이 두 가지 약속 중에서 전자는 그리스도를 가리키고, 후자는 천국을 가리킨다. 왜냐하면, 하나님께서 그들을 위하여 한 성을 예비하지 않으셨다면, 하나님은 자기 자신을 그들의 하나님이라고 하신 것을 부끄러워하셨을 것이기 때문이다(히 11:16).

(2) 바울의 신앙은 하나님의 약속에 대한 소망으로 이루어져 있었다. 그의 신앙은 유대인들과 같이 먹고 마시는 것, 육체적인 규례들을 지키는 것(하나님께서는 자주 그러한 것들이 아무것도 아니라는 것을 보여주셨다)에 있었던 것이 아니라, 언약 안에서의 하나님의 은혜와, 교회가 처음으로 생겨났을 때에 대헌장으로 삼았던 바로 그 하나님의 약속을 믿고 의지하는 것에 있었다.

[1] 그는 하나님께서 약속하신 지손인 그리스도에 대한 소망을 가지고 있었다. 그는 그리스도 안에서 복을 받고 하나님의 축복을 받으며 진정으로 복이 있는 자가 되고자 하였다.

[2] 그는 천국에 대한 소망을 가지고 있었다. 이것은 죽은 자들의 부활이 있으

리라고 그가 말한 것을 통해서 분명하게 드러난다(행 24:15). 바울은 육체를 신뢰하지 않았고 오직 그리스도를 신뢰하였다. 그는 이 세상에 있는 온갖 좋은 것들에 기대를 걸지 않았고, 이 세상의 어떤 것도 따라갈 수 없는 저 세상에서의 좋은 것들에 기대를 걸었다. 그는 장차 있을 장래의 영광을 바라보았다.

(3) 이 점에 있어서 바울은 모든 경건한 유대인들과 뜻을 같이하였다. 그의 신앙은 성경에 따른 것이었을 뿐만 아니라 성경을 밑받침하는 교회의 증언에 따른 것이기도 하였다. 유대인들은 바울을 표적으로 삼았지만, 그는 결코 특이한 것이 아니었다. "유대 교회의 몸인 우리 열두 지파가 밤낮으로 간절히 하나님을 받들어 섬김으로 이 약속을 얻기를 바라고 있다." 이스라엘 백성은 처음에 열두 지파로 이루어져 있었기 때문에 여기에서 그렇게 불리고 있다. 성경에서는 흩어졌던 열 지파가 다시 돌아와서 유대 교회의 몸에 합류하였다고 말하고 있지는 않지만, 우리는 열 지파에 속하였던 사람들이 개별적으로 그들의 본국으로 되돌아왔을 것이라고 충분히 생각해 볼 수 있다. 아마도 포로로 끌려갔던 자들 중에서 상당수의 사람들이 점차적으로 고국에 되돌아왔을 것이다. 그리스도께서는 열두 지파에 대하여 말씀하신다(마 19:28). 안나는 아셀 지파의 사람이었다(눅 2:36). 야고보는 흩어져 있는 열두 지파에게 서신을 보냈다(약 1:1). "나를 비롯한 많은 사람들이 속해 있는 우리 민족을 구성하고 있는 우리의 열두 지파, 즉 모든 이스라엘 백성은 그리스도와 천국에 관한 이 소망을 믿는다고 고백하고 있고, 그 약속에 의한 은택들을 얻기를 소망하고 있다. 그들은 모두 메시야가 오시기를 소망하고 있고, 그리스도인들인 우리는 이미 오신 메시야에게 소망을 두고 있다. 따라서 우리는 모두 동일한 약속 위에 서 있는 것이다. 그들은 죽은 자들의 부활과 내세의 삶을 바라고 있는데, 이것이 또한 내가 바라는 것이다. 내가 이렇게 이 근본적인 신조에 있어서 그들과 일치하고 있는데, 어찌하여 내가 뭔가 위험하고 이단적인 가르침을 제시하는 자, 유대 교회의 신앙과 예배로부터 배교한 자로 간주될 수 있겠는가? 나는 그들이 이르고자 하는 저 동일한 천국에 이르게 되기를 소망한다. 우리가 우리의 목적지에 도착해서 아주 행복하게 서로 만나기를 기대한다면, 도중에서 이렇게 볼썽사납게 싸운다는 것이 말이 되는가?" 또한, 유대 교회는 이 약속을 얻기를 소망할 뿐만 아니라, 그러한 소망 속에서 밤낮으로 간절히 하나님을 받들어 섬기고 있었다. 제사장들과 레위인들은 연초부터 연말까지 밤낮으로 아침과 저녁마다 끊임없이 성

전 제사를 지냈고, 성전에 상주하는 자들은 열두 지파의 대표자들로서 백성들의 희생 제물에 안수해 주기 위하여 상시적으로 성전에 머물렀다. 그들이 이렇게 성전 제사를 계속해서 유지하고 섬기는 것은 영생에 대한 약속을 믿는다는 고백이었는데, 바울도 하나님의 아들의 복음 안에서 밤낮으로 간절히 하나님을 받들어 섬기고 있다. 열두 지파는 그들의 대표자들을 통해서 모세의 율법 안에서 그렇게 하고 있지만, 바울과 그들은 어쨌든 동일한 약속에 대한 소망 속에서 그렇게 하고 있는 것이다. "내가 그들과 동일한 약속을 붙잡고 있는 한, 그들은 나를 그들의 교회를 배신한 변절자로 여겨서는 안 된다." 하물며 그리스도인들은 동일한 천국을 위하여 동일한 예수 안에서 소망을 지니고 있는 것이라면 예배의 방식과 의식들이 좀 다르다고 하여도 서로를 자기보다 낮게 여기며 거룩한 사랑 안에서 함께 살아가는 것이 합당하다. 또는, 이 본문은 성전을 떠나지 아니하고 주야로 금식하며 기도함으로 하나님을 섬긴(여기에서도 동일한 단어가 사용되고 있다) 안나 같이(눅 2:37) 계속해서 유대 교회에 몸 담고 있으면서 아주 독실한 신앙으로 큰 열심을 가지고 하나님을 섬기며 변함없는 마음으로 밤낮으로 하나님을 섬기고 있던 사람들을 가리키는 것일 수도 있다. "이런 식으로 그들이 하나님께서 약속하신 것을 얻고자 소망하는데, 나는 그들이 그 약속을 얻게 되기를 소망한다." 변함없이 부지런하게 하나님을 섬기는 자들만이 영생에 대한 소망을 지닐 수 있다는 것을 명심하라. 우리는 영생에 대한 소망을 지닌 자로서 모든 신앙의 일들에 부지런하고 변함이 없어야 한다. 우리는 천국을 바라보면서 우리의 일을 계속해 나가야 한다. 또한, 우리는 우리와 같은 종교에 속하지는 않은 자들이라고 할지라도 그들이 밤낮으로 간절히 하나님을 섬긴다면 그들을 좋게 생각하고 불쌍히 여겨야 한다.

(4) 이것은 지금 그가 고난을 받고 있는 이유였다. 그는 그들이 올바르게 이해하기만 한다면 시인하고 받아들일 수밖에 없는 그러한 가르침을 전했다는 이유로 고난을 받고 있었다: 이 소망으로 말미암아 내가 유대인들에게 고소를 당하는 것이니이다. 그는 의식을 중심으로 하는 율법에 반대하고 이 약속을 부여잡고 있는 것이었고, 그를 박해하는 자들은 이 약속에 반대하여 의식을 위주로 하는 율법을 꼭 붙잡고 있는 것이었다. "아그립바 왕이여, 이 소망으로 말미암아, 즉 이 약속에 대한 소망으로 인해서 내 자신이 해야 한다고 생각한 것을 행하였다는 이유로 내가 유대인들에게 고소를 당했나이다." 경건의 모양만 있는 자들

이 경건의 능력이 있는 자들을 미워하고 박해하는 것은 늘 있는 일이다. 바울이 지닌 소망은 그들 자신도 기다리고 있던(행 24:15) 그런 소망이었지만, 그들은 바울이 그 소망을 따라서 행하였다는 이유로 그에 대하여 격분하였다. 그러나 그가 그리스도인으로서 고난을 받을 때에 이스라엘의 소망으로 말미암아 고난을 받은 것은 그에게 큰 영광이었다(행 28:20).

(5) 이것은 그가 그의 말을 듣고 있는 모든 사람들에게 진심으로 받아들이라고 설득하고자 하였던 바로 그런 것이었다(8절): 당신들은 하나님이 죽은 사람을 살리심을 어찌하여 못 믿을 것으로 여기나이까. 이 말은 다소 느닷없이 여기에 나오는 것처럼 보인다. 그러나 틀림없이 바울은 여기에 기록된 것보다 훨씬 더 많은 것을 말하였을 것인데, 그는 하나님이 조상들에게 약속하신 것이 바로 부활과 영생에 관한 약속이라는 것을 설명하였고, 그가 그리스도께서 죽은 자 가운데서 부활하신 것 ― 이것은 조상들이 소망하였던 저 부활의 보증이자 맛보기였다 ― 을 믿었기 때문에 저 복된 약속에 대한 그의 소망을 올바르게 추구하고 있는 것임을 증명하였을 것이다. 그러므로 바울은 그리스도의 부활의 권능을 알고자 열심이었고, 그것을 통해서 죽은 자 가운데서 부활에 이르려 하였다(빌 3:10-11). 지금 그의 말을 듣고 있던 자들 가운데서 많은 수는 이방인들이었기 때문에, 아마도 그들 중의 대다수, 특히 베스도는 바울이 그리스도의 부활과 열두 지파가 소망하였던 죽은 자 가운데서의 부활에 대하여 그토록 많은 말을 하는 것을 듣고서 아덴 사람들이 그랬던 것처럼 무슨 뚱딴지 같은 말을 하느냐며 조롱하고 비웃으며 서로 귀엣말을 나누었을 것이다. 그래서 바울은 이렇게 당신들은 하나님이 죽은 사람을 살리심을 어찌하여 못 믿을 것으로 여기나이까라고 반문하게 되었던 것이다. 이 일이 그 날에는 너희 눈에는 기이하려니와 내 눈에는 어찌 기이하겠느냐 만군의 여호와의 말이니라(슥 8:6). 이런 일은 자연의 능력을 넘어서는 일이기는 하지만, 자연을 다스리시는 하나님의 능력을 넘어서는 일은 아니다. 하나님께서 죽은 자를 살리시리라는 것을 도저히 믿지 못할 것으로 생각할 이유가 전혀 없다는 것을 명심하라. 우리는 도저히 믿을 수 없는 어떤 일을 믿으라고 요구받고 있는 것도 아니고 모순이 내포되어 있는 어떤 것을 믿으라고 요구받고 있는 것도 아니다. 기독교의 모든 가르침들, 특히 죽은 자의 부활에 관한 가르침은 우리가 믿고 신뢰할 수 있는 충분한 이유들을 지니고 있다. 하나님께서 무한히 전능하신 능력을 가지고 계시는데, 하나님께 불가능한

일이 과연 있을 수 있겠는가? 하나님께서는 태초에 아무것도 없는 무에서 말씀 한 마디로 세상을 창조하지 않으셨던가? 하나님께서는 우리의 몸을 처음에 진흙으로 만드시고 거기에 생기를 불어넣지 않으셨던가? 바로 그와 같은 능력을 행하셨던 하나님께서 우리의 몸을 이루고 있던 진흙을 다시 모으셔서 거기에 생기를 불어넣지 못하시겠는가? 우리는 해마다 봄이 돌아올 때마다 자연 속에서 일종의 부활을 보고 있지 않은가? 태양도 죽은 식물들을 다시 살리는 힘을 가지고 있는데, 하나님께서 죽은 몸들을 다시 살리시리라는 것을 우리가 믿지 못한다면, 그것이 말이 되겠는가?

Ⅲ. 바울은 자기가 바리새인으로 있는 동안에는 계속해서 그리스도인들과 기독교에 대하여 철천지 원수였다고 고백한다. 그는 그렇게 하는 것이 옳다고 생각해서, 계속해서 그리스도께서 그에게 놀라운 변화를 가져다 주시는 그 순간까지 박해하는 일을 하였다고 말한다. 그가 이런 것을 말하는 것은 다음과 같은 이유들 때문이었다.

1. 그가 그리스도인이 되고 복음 전도자가 된 것은 기독교에 대하여 이전부터 가지고 있던 호감이나 기독교적인 기질 때문이 아니었고, 점차 사상이 기독교의 가르침을 좋아하는 쪽으로 옮겨가게 된 결과도 아니었다는 것을 보여주기 위해서. 그는 일리기 있는 일련의 논증들을 통해서 기독교를 받아들이게 된 것이 아니라, 기독교를 극도로 미워하고 박해하는 것으로부터 순식간에 기독교에 대한 최고의 확신으로 넘어가게 된 것이었다. 이것은 그가 초자연적인 권능에 의해서 그리스도인이 되었고 복음 전도자가 되었다는 것을 보여주는 것이었다. 따라서 그가 이렇게 기적적인 방식으로 회심하게 되었다는 것은 자기 자신에게만이 아니라 다른 사람들에게도 기독교가 참되다는 것을 보여주는 설득력있는 증거가 되었다.

2. 아마도 바울이 이런 말을 하게 된 것은 그리스도께서 자기를 박해하는 자들에 대하여 그들이 자기가 무엇을 하는지 알지 못함이니이다라고 말씀하시면서 그들의 죄를 용서해 주셨듯이 지금 그를 박해한 자들을 변호해 주기 위한 것이었을 수 있다. 바울은 한때 그리스도의 제사들을 박해하면서 자기가 당연히 해야 할 일을 하고 있다고 생각했었기 때문에, 이제 지금 그를 박해하는 자들이 동일한 실수를 저지르며 고생하는 것을 불쌍하게 생각하였다. 좀 더 살펴보자.

(1) 그의 생각은 얼마나 어리석었는가(9절): 그는 나사렛 예수의 이름을 대적

하여, 예수의 가르침과 영광과 세력에 대적하여 많은 일, 즉 자신의 권한 내에 있는 모든 것을 행하여야 될 줄 스스로 생각하였다. 나사렛 예수의 이름은 그에게 아무런 해도 끼치지 않았지만, 그 이름은 메시야의 나라에 대하여 그가 지니고 있었던 인식과 일치하지 않았기 때문에, 그는 그 이름을 대적하여 그가 할 수 있는 모든 짓을 행하고자 하였다. 그는 예수 그리스도의 이름을 부르는 자들을 박해하면서 자기가 하나님을 훌륭하게 섬기고 있다고 생각하였다. 명백하게 잘못된 일을 하고 있는 자들이 자기는 옳은 일을 하고 있다고 확신하는 것이 얼마든지 가능하다는 것을 명심하라. 지독히 큰 죄를 의도적으로 계속해서 짓고 있으면서도 자기는 마땅히 해야 할 도리를 하고 있다고 생각하는 것도 얼마든지 가능하다. 사람들은 자신의 형제들을 미워하고 내쫓으면서도 여호와께서 영광을 받으소서라고 말하였다(사 66:5). 가장 야만적이고 비인간적인 악행들은 신앙의 미명 아래에서 정당화되었을 뿐만 아니라 거룩한 일로 여겨져서 칭송을 받아 왔다(요 16:2).

(2) 그는 얼마나 광분해서 이 일을 하였는가(10-11절). 잘못된 것을 옳다고 믿게 되면, 그것은 이 세상에서 가장 큰 폭력을 불러오는 행동 원리가 된다. 바울은 그리스도의 이름을 대적하여 그가 할 수 있는 모든 일을 행하는 것이 자신의 의무라고 생각하였을 때 그 일을 함에 있어서 그 어떤 수고나 대가를 아끼지 않았다. 그는 이 일과 관련해서 자기가 어떤 짓을 하였는지를 얘기하면서, 그 일에 대하여 진정으로 뉘우치는 자로서 자신의 죄가 얼마나 큰 것이었는지를 부각시킨다: 나는 비방자요 박해자였다(딤전 1:13).

[1] 그는 그리스도인들을 세상에서 가장 흉악한 범죄자들인 것처럼 취급하여 감옥을 그들로 꽉꽉 채움으로써 그들을 두렵게 했을 뿐만 아니라 백성들로 하여금 그리스도인들을 혐오하게 만들고자 하였다. 그는 성도들 가운데에서 몇 사람을 옥에 던져 가두어서 환난을 받게 한 마귀였다(계 2:10). 그는 많은 성도를 옥에 가두었고(10절), 남녀를 끌어다가 옥에 넘겼다(행 8:3).

[2] 그는 고위 제사장들의 하수인이 되었다. 그는 고위 제사장들에게서 권한을 받아 가지고 그리스도인들을 율법대로 처리하였고, 자기가 그런 일을 할 권한을 지닌 사람이 되었다는 것을 무척 자랑스러워하였다.

[3] 그는 그 누가 요구하지도 않았는데도 그리스도인들, 특히 스데반이 죽을 때에 주제넘게 나서서 찬성 투표를 하여(행 8:1) 스스로 범죄의 공범(particeps

criminis)이 되었다. 아마도 바울은 비록 나이가 젊었지만 그의 큰 열심 때문에 공회의 일원이 되어서, 그리스도인들을 단죄하여 죽이는 데에 찬성 투표를 했던 것으로 보인다. 또는, 그리스도인들이 단죄된 후에, 그는 마치 그가 재판관이나 배심원이 된 것처럼 그런 결정을 옳다고 하고 찬성하여서 자기 자신을 사후에 그러한 범죄의 공범이 되게 하였다.

⑭ 그는 그리스도인들을 죽이는 것 외에의 다른 벌들로도 괴롭혔는데, 회당의 규율을 어긴 자들로 여겨서 회당에서 태형을 받게 하였다. 그는 수많은 그리스도인들을 벌주는 데에 한 몫을 단단히 하였다. 아니, 바울은 그 자신이 다섯 번이나 매를 맞았다고 말한 것처럼(고후 11:24), 그가 여러 번 형벌하였다고 말하고 있는 것은 동일한 사람들을 여러 번에 걸쳐서 벌하였다는 것을 의미하는 것으로 보인다.

⑮ 그는 사람들을 그들의 신앙을 이유로 처벌하였을 뿐만 아니라, 사람들의 양심을 짓밟는 일을 서슴지 않고 자행하여, 그들을 고문해서 그들로 하여금 자신의 신앙을 부인하도록 강요하였다. "내가 그들로 하여금 강제로 그리스도를 모독하는 말을 하게 하고, 그리스도는 사기꾼이고 그들은 그에게 속았다고 말하게 하였다. 나는 그들을 강제해서 그들의 주를 부인하고, 그에 대한 그들의 의무들을 포기하게 하였다." 박해하는 자들은 폭력을 통해서 사람들로 하여금 신앙을 버리게 하고서 아무리 의기양양해 한다고 할지라도, 사람들의 양심을 짓밟은 일보다 더 큰 죄는 없을 것이다.

⑯ 그의 분노는 그리스도인들과 기독교에 대하여 너무도 크게 부풀어 올랐기 때문에, 그가 그리스도인들을 박해하는 데에는 예루살렘은 너무도 좁은 무대였다. 그는 그들에 대하여 심히 격분하여 외국 성에까지 가서 박해하였다. 그는 그가 그렇게 심하게 그들을 박해하는데도 그들은 당당하게 할 말을 하는 것을 보고서 격분하였고, 그들이 박해를 받는데도 그 수가 더욱 늘어나는 것을 보고서 격분하였다. 그는 심히 격분하였다. 그의 분노의 물결은 그 앞을 가로막는 그 어떤 것도 용납하려 하지 않았기 때문에, 그는 그리스도인들에게와 마찬가지로 자기 자신에게도 공포의 대상이었다. 그의 마음속에서 들끓는 분노는 너무도 컸기 때문에, 그는 그리스도인들을 향한 분노와 마찬가지로 자신의 내면 속에 있는 울화도 견딜 수가 없었다. 박해하는 자들은 미친 자들이고, 그들 중 일부는 심히 미친 자들이다. 바울은 다른 성들에 있는 유대인들이 그리스도인들

에 대하여 별로 분노하지 않는 것을 보고서 격분하였기 때문에, 자기와는 아무 상관이 없는 다른 성들에까지 가서 일을 벌였고, 심지어 외국에 있는 성들에까지 가서 그리스도인들을 박해하였다. 악의, 특히 양심을 가장한 악의만큼 사람을 끊임없이 휘몰아치는 것은 없다. 바로 이것이 바울의 모습이었고, 그가 젊었을 때에 생활한 상황이었다. 그러므로 그는 교육이나 관습에 의해서 그리스도인이 된 것이 아니었고, 출세하려는 욕망에서 기독교로 들어간 것도 아니었다. 왜냐하면, 사람이 상상할 수 있는 온갖 외부적인 요인들은 그가 그리스도인이 된다는 것은 상상할 수도 없게 만드는 그런 것들이었기 때문이다.

[12]그 일로 대제사장들의 권한과 위임을 받고 다메섹으로 갔나이다 [13]왕이여 정오가 되어 길에서 보니 하늘로부터 해보다 더 밝은 빛이 나와 내 동행들을 둘러 비추는지라 [14]우리가 다 땅에 엎드러지매 내가 소리를 들으니 히브리 말로 이르되 사울아 사울아 네가 어찌하여 나를 박해하느냐 가시채를 뒷발질하기가 네게 고생이니라 [15]내가 대답하되 주님 누구시니이까 주께서 이르시되 나는 네가 박해하는 예수라 [16]일어나 너의 발로 서라 내가 네게 나타난 것은 곧 네가 나를 본 일과 장차 내가 네게 나타날 일에 너로 종과 증인을 삼으려 함이니 [17]이스라엘과 이방인들에게서 내가 너를 구원하여 그들에게 보내어 [18]그 눈을 뜨게 하여 어둠에서 빛으로, 사탄의 권세에서 하나님께로 돌아오게 하고 죄 사함과 나를 믿어 거룩하게 된 무리 가운데서 기업을 얻게 하리라 하더이다 [19]아그립바 왕이여 그러므로 하늘에서 보이신 것을 내가 거스르지 아니하고 [20]먼저 다메섹과 예루살렘에 있는 사람과 유대 온 땅과 이방인에게까지 회개하고 하나님께로 돌아와서 회개에 합당한 일을 하라 전하므로 [21]유대인들이 성전에서 나를 잡아 죽이고자 하였으나 [22]하나님의 도우심을 받아 내가 오늘까지 서서 높고 낮은 사람 앞에서 증언하는 것은 선지자들과 모세가 반드시 되리라고 말한 것밖에 없으니 [23]곧 그리스도가 고난을 받으실 것과 죽은 자 가운데서 먼저 다시 살아나사 이스라엘과 이방인들에게 빛을 전하시리라 함이니이다 하니라

신을 믿고 신의 주권을 존중하는 모든 자들은 신의 가르침을 따라서 말하고 행하는 자들, 신으로부터 보증을 받은 자들을 반대해서는 안 된다는 것을 인정하여야 한다. 왜냐하면, 그것은 하나님을 대항하여 싸우는 것이기 때문이

다. 지금 바울은 여기에서 여러 가지 사실들을 분명하고도 정직하게 이야기함으로써 자기가 그리스도의 복음을 이방인들에게로 전하라고 하늘로부터 직접적으로 부르심을 받았다는 것 ─ 이것은 그에 대하여 유대인들을 격분하게 했던 것이었다 ─ 을 이 거창한 모임 앞에서 분명하게 밝힌다. 그는 여기에서 다음과 같은 것들을 보여준다.

I. 그는 기독교에 대하여 온갖 편견과 반감을 품고 있었음에도 불구하고 하나님의 능력에 의해서 그리스도인이 되었다는 것. 그는 하늘의 손길에 의해서 갑작스럽게 그리스도인이 되었다. 그는 다른 사람들에게 강제로 그리스도를 모독하는 말을 하게 했던 것처럼 외부의 강제에 의해서 그리스도를 고백하게 된 것이 아니라, 하나님의 영적인 능력, 위로부터의 그리스도의 계시에 의해서 그리스도인이 되었다. 이 일은 그가 그리스도인들을 박해함으로써 기독교를 억누르기 위하여 살기등등하게 다메섹으로 가던 중에 일어났다. 그는 그리스도인들을 박해하는 일에 이전과 다름없이 뜨거운 열정을 지니고 있었고, 그의 분노는 조금도 누그러지거나 없어지지 않았으며, 다른 유대인들이 시큰둥한 반응을 보일지라도 그리스도인들을 박해하는 일을 포기해야겠다는 생각을 전혀 하지 않고 있었다. 왜냐하면, 그는 당시에 대제사장들의 권한과 위임을 받고서 다메섹의 그리스도인들을 박해하러 가는 중이었기 때문이다. 이 때에 그는 위로부터의 능력에 의해서 그 일을 포기할 수 밖에 없었고, 기독교를 전파하는 또 다른 사명을 받아들일 수밖에 없게 되었다. 이러한 놀라운 변화를 가져온 것은 하늘로부터의 환상과 하늘로부터의 음성이라는 두 가지 것이었는데, 그것들을 통해서 그는 보는 것과 듣는 것이라는 두 가지 지각에 의해서 그리스도를 아는 지식을 전달받게 되었다.

1. 그는 하늘로부터의 환상을 보았다. 이 환상은 여러 가지 정황으로 볼 때에 환각(deciptio visus)일 수 없었고, 틀림없이 하나님께서 나타나신 것이었다.

(1) 그는 큰 빛, 하늘로부터 나온 빛을 보았는데, 그 빛은 인위적으로 만들어질 수 있는 그런 빛이 아니었다. 왜냐하면, 그 일은 밤중에 일어난 것이 아니라 정오가 되어 일어난 것이었기 때문이다. 또한, 이 일은 여러 가지 속임수들이 작용할 수도 있는 집에서 일어난 것이 아니라, 사방이 탁 트인 공간인 길에서 일어났다. 그 빛은 해보다 더 밝은 빛, 햇빛보다 더 밝고 햇빛을 무색하게 만드는 그런 빛이었다(사 24:23). 또한, 이 빛은 바울의 망상에서 나온 것일 수 없었

다. 왜냐하면, 그 빛은 그와 그의 동행들을 둘러 비추었기 때문이다. 그들은 모두 이 쏟아지는 빛으로 그들이 둘러싸여 있다는 것을 알았고, 이것은 그들의 눈에 햇빛이 오히려 어두운 것으로 느껴지게 만들었다. 이 빛이 얼마나 강렬하였는지는 그 빛이 가져온 결과들 속에서 드러난다. 그들은 모두 그 빛을 보고서 엄청난 두려움에 사로잡혀서 대경실색하여 땅에 엎드러졌다. 이 빛의 세기는 번개와 같았지만, 이 빛은 번개처럼 잠시 비췄다가 지나가버린 것이 아니라, 계속해서 그들을 둘러 비췄다. 구약 시대에 하나님은 보통 캄캄한 데서 자신을 나타내셨다(대하 6:1). 하나님은 큰 흑암 속에서 아브라함에게 말씀하셨는데(창 15:12), 그 때는 모든 것이 드러나지 않은 그런 때였기 때문이다. 그러나 생명과 썩지 아니할 것이 복음을 통해서 드러난 지금에 있어서는 그리스도께서는 큰 빛 가운데 나타나셨다. 세상의 창조에서와 마찬가지로 은혜의 창조에서도 첫 번째로 창조된 것은 빛이었다(고후 4:6).

(2) 그리스도께서 친히 바울에게 나타나셨다(16절): 나는 다음과 같은 목적을 위해서 네게 나타났다. 그리스도는 이 빛 속에 계셨고, 바울과 동행한 사람들은 오직 그 빛만을 보았을 뿐이고 그 빛 속에 계신 그리스도를 보지는 못하였다. 우리를 그리스도인이 되게 하는 데에 모든 지식이 도움이 되는 것이 아니라, 오직 그리스도를 아는 지식만이 도움이 된다.

2. 그는 하늘에서 들려 오는 음성이 그에게 말하는 것을 똑똑히 들었다. 본문에서는 그 음성이 히브리 말로, 즉 그의 모국어이자 그의 종교에서 사용되는 언어로 들려 왔다고 말한다. 이것은 비록 그가 이방인들에게로 보내심을 받아야 하기는 하지만 그는 히브리인이라는 사실을 잊어서는 안 되고 히브리어를 잊어버려서도 안 된다는 것을 그에게 보여주는 것이었다. 그리스도께서 그에게 말씀하신 것 속에서 우리는 다음과 같은 것들을 볼 수 있다.

(1) 그리스도께서는 바울의 이름을 불렀고, 그의 이름을 반복해서 불렀다는 것(사울아 사울아). 이것은 그를 깜짝 놀라게 만들었을 것이다. 그는 아무도 자기를 알아보지 못할 것이라고 생각하였던 낯선 곳에서 자기 이름을 들었기 때문에 더욱 놀랐을 것이다.

(2) 그리스도께서는 그가 지금 저지르고 있는 큰 죄, 즉 그리스도인들을 박해하는 죄를 깨우쳐 주셨고, 그것이 얼마나 어리석은 짓인지를 보여주셨다는 것.

(3) 그리스도께서는 그를 따르는 자들의 고난에 동참하고 계셨다는 것: 네가 어찌하여 나를 박해하느냐(14절). 그리스도께서는 다시 한 번 나는 네가 박해하는 예수라고 말씀하신다(15절). 바울은 그가 이 땅의 성가신 짐들이자 오점들이라고 여겼던 자들을 짓밟고 있었을 때에 자기가 천국의 영광이신 분을 욕보이고 있다는 것을 꿈에도 생각하지 못하였다.

(4) 그리스도께서 그에게 이러한 깨우침들에 대하여 의도적으로 저항하지 말도록 그를 제지하셨다는 것: 멍에에 익숙치 않은 황소처럼 네가 가시채를 뒷발질하기가 네게 고생이니라. 바울은 처음에 아마도 흥분하기 시작했던 것같지만, 자기가 위험에 빠져 있다는 말을 듣고서 그제서야 순순히 순복하였던 것 같다. 또는, 그리스도께서 이 말씀을 일종의 경고로써 하신 것일 수도 있다. "이러한 깨우침들에 대하여 네가 저항하지 않도록 조심하라. 왜냐하면, 이 깨우침들은 너를 욕되게 하기 위한 것이 아니라 너를 이롭게 하기 위한 것이기 때문이다."

(5) 바울의 물음에 대하여 그리스도께서는 자신을 그에게 알리셨다는 것. 바울은 이렇게 물었다. "주님, 누구시니이까. 하늘로부터 내게 말씀하시는 분이 누구신지를 내게 알려 주셔야, 내가 대답할 수 있지 않겠습니까?" 그러자 그리스도께서는 이렇게 말씀하셨다. "나는 네가 박해하는 예수, 네가 멸시하고 미워하고 비방하여 왔던 예수라. 나는 네가 그토록 혐오스럽게 만들고자 하였던 바로 그 이름, 그 이름을 부르는 것만으로도 범죄가 되게 만들었던 바로 그 이름을 지닌 자이다." 바울은 예수가 땅 속에 매장되어 있다가 누군가에 의해서 무덤에서 훔쳐져서 어디 다른 무덤 속에 묻혀 있을 것이라고 생각하였다. 모든 유대인들은 그렇게 말하도록 가르침을 받았기 때문에, 바울은 예수가 하늘로부터 말씀하시는 것을 듣고서 눈이 휘둥그레졌고, 그가 그토록 오명을 씌우고자 했던 바로 그 예수가 온갖 영광으로 둘러싸여 계시는 것을 보고서 어안이 벙벙해졌다. 이것은 그에게 예수의 가르침은 하나님에게서 나온 것이고 하늘에 속한 것으로서 반대하지 않아야 할 그런 것일 뿐만 아니라 진심으로 받아들여야 할 그런 것임을 확신시켜 주었다: 예수는 그리스도시라는 것. 왜냐하면, 그는 죽은 자 가운데서 부활하셨을 뿐만 아니라, 하나님 아버지께로부터 존귀와 영광을 받으셨기 때문이다. 주님께서 이렇게 하늘에서 나타나셔서 그리스도인들을 박해하는 자들을 대적하셨기 때문에, 그것은 바울로 하여금 즉시 박해하는 자들의 무리를 떠나서 그리스도인이 되어서, 주께서 이렇게 하늘로부터 나타나

셔서 위하시는 박해받는 자들의 무리 속에 들어가게 하기에 충분한 것이었다.

Ⅱ. 바울은 하나님의 권위로 말미암아 사역자가 되었다는 것.   저 영광스러운 빛 가운데서 그에게 나타나신 바로 그 예수께서 그에게 이방인들에게로 가서 복음을 전하라고 명령하셨다. 그는 보내심을 받지 않고 달려간 것이 아니었고, 자기와 같은 사람들에 의해서 보내심을 받은 것도 아니었으며, 아버지께서 보내신 자에 의해서 파송을 받았다(요 20:21). 여기 본문에서는 그리스도께서 그를 사도로 삼으셨다는 내용이 다메섹으로 가는 도중에 그리스도께서 그에게 나타나셔서 말씀하신 내용과 곧바로 연결되어 나오지만, 다른 본문들(행 9:15; 22:15)을 보면, 그를 사도로 삼으신다는 말씀은 나중에 그에게 하신 말씀임이 드러난다. 그러나 그는 내용을 간략히 하기 위하여 이 두 가지의 말씀을 한데 결합시켜서 말하고 있다: 일어나 너의 발로 서라. 그리스도께서 그의 복음의 빛을 통해서 사람들의 죄를 드러내셔서 그들을 납짝 엎드러지게 하여 낮추시지만, 그것은 결국 그들로 하여금 영적인 은혜와 강건함과 위로 속에서 스스로 일어나 제 발로 서게 하기 위한 것임을 우리는 알게 된다. 그리스도께서 찢으시는 것은 치유하시기 위한 것이다. 그리스도께서 사람들을 엎드러지게 하시는 것은 일으켜 세우시기 위한 것이다. 그러므로 너는 일어나 티끌을 털어 버릴지어다(사 52:2). 너는 스스로 도우라. 그리하면 그리스도께서 너를 도우시리라. 바울은 일어나게 되어 있었다. 왜냐하면, 그리스도께서 그를 도우실 것이기 때문이다. 바울은 일어나게 되어 있었다. 왜냐하면, 그리스도께서 그에게 맡기실 일이 있었고, 그를 보내어서 하게 할 지극히 큰 일이 있었기 때문이다: 내가 네게 나타난 것은 너를 사역자로 삼으려 함이다. 그리스도께서는 자신의 사역자들을 친히 세우신다. 그들은 그리스도로부터 사명을 받음과 동시에 그 사명을 감당할 수 있는 능력도 받게 된다. 바울은 그에게 사명을 주신 그리스도 예수께 감사한다(딤전 1:12). 그리스도께서는 그를 사역자로 삼으시기 위하여 그에게 나타나셨다. 그리스도께서는 그의 사역자로 삼으실 모든 자들에게 이런저런 방식으로 자신을 나타내실 것이다. 그리스도를 알지 못하는 자들이 어떻게 그리스도를 전할 수 있겠는가? 또한, 그리스도께서 그의 성령을 통해서 자신을 알게 하지 않으신다면, 어떻게 사람들이 그를 알 수 있겠는가? 좀 더 살펴보자.

1. 그리스도께서 바울에게 맡기신 직분. 그는 그리스도의 복음을 증언하고 그의 가르침이 참되다는 것을 증언하는 증인으로서 그리스도를 모시고 그를

위하여 행하도록 사역자로 부르심을 받았다. 그는 하나님의 은혜의 복음을 증언하지 않으면 안 된다. 그리스도께서 그에게 나타나신 것은 그로 하여금 사람들 앞에 나타나서 그리스도를 증언하도록 하기 위한 것이었다.

2. 그리스도께서 바울에게 증언하라고 하신 내용. 그는 세상을 향하여 다음과 같은 것들을 증언하여야 했다.

(1) 그가 지금 이 때에 본 일들. 그는 사람들에게 그가 다메섹으로 가는 길에서 그리스도께서 그에게 나타나신 것과 그리스도께서 그에게 말씀하신 것을 전해야 한다. 그가 이러한 것들을 본 것은 그로 하여금 그러한 것들을 전하게 하기 위한 것이었기 때문에, 그는 여기에서와 마찬가지로 이전에도 기회가 주어질 때마다 그것들을 널리 전하였다(행 22장).

(2) 장차 그리스도께서 그에게 나타날 일들. 그리스도께서는 지금 앞으로도 계속해서 바울과 대화하시기 위한 통로를 여셨고, 지금은 단지 자기가 그에게 계속해서 얘기하게 되리라는 것만을 말씀해 주셨다. 바울은 처음에 복음에 대하여 혼란스러운 인식들만을 지니고 있었지만, 그리스도께서는 나중에 그에게 나타나셔서 좀 더 온전한 가르침들을 베풀어 주셨다. 그는 자기가 전하는 복음을 그리스도에게서 직접 받았다(갈 1:12). 그러나 그는 이 복음을 점진적으로, 즉 기회가 있을 때마다 조금씩 조금씩 그리스도께로부터 직접 받았다. 그리스도께서는 성경에 기록된 것보다 더 자주 바울에게 나타나셔서, 그에게 계속해서 가르치셨는데, 이것은 바울로 하여금 사람들에게 계속해서 하나님을 아는 지식을 가르치게 하기 위한 것이었다.

3. 바울은 이렇게 그리스도의 증인으로 쓰임받는 동안에 영적인 보호 아래에 있게 되었다. 그가 그의 증언을 끝마칠 때까지는 모든 흑암의 권세들이 그를 이길 수 없도록(17절), 내가 이스라엘과 이방인들에게서 너를 구원하리라. 그리스도의 증인들은 그의 특별한 보호하심 아래에 있고, 비록 그들이 원수들의 수중에 떨어지는 일이 발생한다고 하여도, 그리스도께서는 그들을 원수들의 손에서 건지실 것이고, 또한 그리스도께서는 그들을 구원하시는 방법을 아신다는 것을 명심하라. 그리스도께서는 앞서 바울에게 그가 얼마나 고난을 받아야 할 것인지를 보여주셨는데(행 9:16), 여기에서는 그를 사람들에게서 구원해 주실 것이라고 그에게 말씀하신다. 큰 고난들을 받는 것은 하나님의 백성을 구원하시겠다는 약속과 서로 양립될 수 있다는 것을 명심하라. 왜냐하면, 하나님은

자기 백성을 고난당하지 않게 지켜 주실 것이라고 약속하신 것이 아니라 그 고난을 헤쳐나갈 수 있도록 지켜 주실 것이라고 약속한 것이기 때문이다. 하나님은 종종 자기 백성들을 박해하는 자들의 손에 넘기시는데, 이것은 자기 백성을 원수들의 손에서 구원하시는 영광을 얻으시기 위한 것이다.

4. 바울은 이방인들에게로 가라는 특별한 사명을 받았고, 그들에게 무엇을 전해야 할지도 가르침을 받았다. 바울이 이방인들에게로 보내심을 받거나(본문에 나타나 있는 대로 말하자면) 그가 그러한 사명을 위하여 세우심을 받게 되었다는 것을 어렴풋이나마 알게 된 것은 회심하고 나서 몇년이 지난 후였다. 그러나 바울은 결국 그 길을 가도록 되어 있었다.

(1) 이방인들 가운데서 행해져야 할 큰 사역이 있었고, 바울은 그 일을 함에 있어서 도구가 되어야 했다. 이방인들의 상황에 맞춰서 두 가지 일이 행해져야 한다.

[1] 어둠 속에 앉아 있는 세상을 빛으로 비추는 일. 그는 그들의 영원한 평화에 속하는 일들을 알지 못하는 자들에게 그런 것들을 알게 하여야 하고, 그들의 최종 목적지이신 하나님과 거기로 가는 그들의 길이신 그리스도에 대하여 아무 것도 알지 못하는 그들로 하여금 그것을 알게 하여야 한다. 그는 그들의 눈을 뜨게 하여 어둠에서 빛으로 돌아오게 하기 위하여 보내심을 받았다. 바울의 복음 전도를 통해서 그들은 이제까지 그들이 들어본 적이 없었던 일들, 하나님의 은혜와 능력을 전달해 주는 도구가 될 일들을 알게 될 것이고, 하나님의 은혜와 능력으로 말미암아 그들의 지각에 빛을 받아서 그러한 일들을 받아들이고 영접하게 될 것이다. 이렇게 바울은 전에 닫혀 있어서 빛을 볼 수 없었던 그들의 눈을 뜨게 하여 줄 것이고, 그들은 그들 자신의 처지와 그들이 어떻게 하여야 자신에게 유익이 되는지를 깨닫게 될 것이다. 그리스도께서는 눈을 뜨게 하여 주심으로써 마음을 열어 주시는데, 사람들을 눈이 먼 채로 맹목적으로 끌려가게 하시는 것이 아니라, 그들에게 그들 자신의 길을 보게 해주신다. 바울은 잠시 그들의 눈을 뜨게 해 줄 뿐만 아니라 그들로 하여금 계속해서 눈을 뜨게 하여서 어둠에서 빛으로 돌아오게 하기 위하여, 즉 거짓되고 맹목적인 인도자들과 그들의 신탁들, 점괘들, 미신적인 주술들을 따라서 그들의 조상들의 전통을 이어 받고, 그들의 신들에 대하여 지니고 있는 부패한 사상들과 인식들을 버리고, 의심할 여지 없이 확실하고 참된 하나님의 계시를 따르도록 하기 위하여 보내

심을 받았다. 이것은 그들을 어둠에서 빛으로, 어두운 길들에서 빛이 비치는 길들로 돌아오게 하는 것이었다. 복음의 위대한 목적은 무지한 자들을 가르쳐서 잘못된 생각을 지니고 있는 자들의 오해들을 바로잡고, 참된 빛 안에서 모든 것들을 똑바로 보고 정립할 수 있게 하는 것이다.

[2] 악, 또는 악한 자 아래에 놓여 있는 세상을 거룩하게 하고 새롭게 하는 것. 사람들은 그들의 눈이 열리는 것만으로는 부족하고, 그들의 마음이 새롭게 되어야 한다. 사람들은 어둠에서 빛으로 돌아오는 것만으로는 부족하고, 사탄의 권세에서 하나님께로 돌아와야 하는데, 이것은 당연한 결론이다. 왜냐하면, 사탄은 어둠의 권세를 통해서 통치하고, 하나님은 강력한 빛을 통해서 다스리시기 때문이다. 죄인들은 사탄의 권세 아래에 있다. 우상숭배자들은 마귀들에게 충성을 맹세한 자들로서 특별한 방식으로 사탄의 권세 아래에 있다. 모든 죄인들은 사탄의 시험들과 영향력 아래에 있어서, 스스로 사탄에게 굴복하여 그의 포로가 되어 있으며, 그가 시키는 대로 한다. 그들은 은혜를 받아서 회심하게 되면 사탄의 지배에서 벗어나 하나님께 돌아와서 하나님께 복종하고, 하나님의 말씀의 규례들을 따르며, 하나님의 성령의 지시하심을 따르게 되어서, 그들은 흑암의 나라에서 그의 사랑의 아들의 나라로 옮겨지게 된다. 사람의 영혼이 은혜를 받아서 그 성품들이 강해지면(부패하고 죄악된 성품들이 점점 견고해졌던 것과 마찬가지로), 그 때에 그 사람은 사탄의 권세에서 하나님께로 돌아오게 된다.

(2) 이 사역을 통해서 이방인들에게 큰 복이 예비되어 있었다: 그들은 죄 사함과 거룩하게 된 무리 가운데서 기업을 얻게 되리라는 것. 그들은 죄의 어둠에서 거룩함의 빛으로 돌아오게 되고, 사탄의 종살이하던 처지에서 하나님을 섬기는 자리로 돌아오게 된다. 그들로 인해서 하나님께서 이득을 보시는 것이 아니라, 그들이 하나님 때문에 이득을 보는 자가 된다.

[1] 그들은 그들의 죄 때문에 상실하였던 하나님의 은총을 회복하게 된다는 것: 그들은 죄 사함을 얻게 되리라. 그들은 죄의 지배에서 구원을 받아서, 죄의 삯인 사망으로부터 구원을 받게 될 것이다. 그들은 자신에게 공로가 있어서 마땅히 받아야 할 상급으로 죄 사함을 받는 것이 아니라, 거저 주시는 선물로서 죄 사함을 받게 되고, 거기에서 오는 위로를 받을 수 있는 자격을 갖추게 될 것이다. 그들은 그들의 무장을 해제하고, 다시 하나님께 충성을 맹세함으로써,

하나님으로부터 사면의 유익을 받고서, 장차 그들에게 내려질 심판을 피하라는 권면을 받게 된다.

⑵ 그들은 하나님의 소유가 되어서 복된 자들이 되리라는 것. 그들은 죄 사함을 받게 될 뿐만 아니라, 나를 믿어 거룩하게 된 무리 가운데서 기업을 얻게 될 것이다.

첫째, 천국은 하나님의 모든 자녀들에게 주어지는 유업이다. 왜냐하면, 자녀이면 또한 상속자이기 때문이다. 여기서 기업으로 번역된 단어는 하나님께서 제비뽑기를 통해서 이스라엘 각 지파에게 주신 가나안 땅의 기업들을 가리키는 것인데, 제비를 뽑아서 기업을 정하는 것은 곧 하나님의 역사이기도 하였다. 왜냐하면, 제비를 정하시는 것은 여호와께로부터 나오기 때문이다. 어떤 이들은 이 본문을 그들이 권리를 얻게 되리라고 번역하기도 한다. 이것은 공로에 의해서가 아니라 순전히 은혜로 말미암아 되는 일이다.

둘째, 죄에서 하나님께로 돌아온 모든 자들은 죄 사함을 받을 뿐만 아니라, 더 좋은 자리로 나아가게 된다. 그들은 잃어버렸던 권리를 다시 되찾게 될 뿐만 아니라, 많은 유업을 물려 받을 영광스러운 권리도 받게 된다. 그들로 하여금 유업을 받을 수 없게 가로막고 있었던 죄가 사해짐으로써 이렇게 유업을 받는 길이 열리게 된 것이다.

셋째, 나중에 구원을 받게 될 모든 자들은 지금 거룩함을 입게 된다. 하늘의 유업을 받게 될 자들은 그 유업을 받을 수 있도록 준비되어야 하기 때문에 그 길을 가는 동안에 거룩함을 입지 않으면 안 된다. 거룩하지 않은 자는 그 누구든지 복되거나 행복할 수 없다. 먼저 이 땅에서 거룩한 자가 되지 못하면, 그 누구라도 천국에서 성도가 되지 못할 것이다.

넷째, 우리는 복된 자가 되기 위해서 거룩하게 된 무리 가운데서 우리도 한 자리를 차지하는 것 이외의 것을 바랄 필요가 없다. 이것은 우리가 택함받은 자들 가운데에 있다는 것을 의미하는 것이다. 왜냐하면, 그들이 택함받은 것은 거룩함을 입은 후에 구원을 받기 위한 것이기 때문이다. 거룩함을 입은 자들은 장차 영화롭게 될 것이다. 그러므로 우리는 지금 이 땅에서 성도들의 교제 속으로 들어가고 그들과 기꺼이 운명을 같이하며 그들의 고난을 함께 받음으로써 그들 가운데 우리의 기업을 얻어야 한다. 우리가 그들과 함께 유업을 받게 되면, 이 땅에서 우리의 고난이 아무리 심한 것이라고 하여도 충분히 차고 넘치게 보상받는 것이 될 것이다.

다섯째, 우리는 그리스도에 대한 믿음을 통해서 거룩함을 입고 구원을 받는다. 어떤 이들은 이 단어가 바로 앞에 나오는 단어에 걸리는 것으로 보아서 나를 믿어 거룩하게 된이라는 의미로 이 본문을 해석한다. 왜냐하면, 믿음은 마음을 깨끗하게 하고, 영혼으로 하여금 저 귀한 약속들을 받아들이게 하며, 영혼으로 하여금 은혜의 감화를 받게 하는데, 우리는 이 은혜의 감화로 말미암아 하나님의 성품에 참여하는 자가 되기 때문이다. 또 어떤 이들은 이 단어가 죄 사함과 기업을 얻는 것에 걸리는 것으로 보아서, 그들이 믿음으로 기업을 얻는 것을 의미한다고 해석한다. 하지만 어느 쪽이 되었든 그 의미는 동일하다. 왜냐하면, 우리가 의롭게 되고 거룩함을 입으며 영화롭게 되는 것은 믿음으로 말미암기 때문이다. 이 어구는 나를 믿는 믿음으로라는 식으로 강조적으로 표현되어 있다. 이것은 일반적으로 하나님의 계시를 받을 뿐만 아니라, 특별한 방식으로 예수 그리스도와 그의 중보를 꼭 붙잡는 그러한 믿음이다. 우리는 이 믿음을 통해서 그리스도를 우리의 의가 되시는 주님으로 믿고 의지하며, 우리의 통치자가 되시는 주님으로 그리스도께 우리 자신을 온전히 맡긴다. 이것은 우리가 죄 사함과 성령의 선물과 영생을 받는 통로가 되는 믿음이다.

III. 바울은 자신의 사명을 따라서 하나님의 도우심으로 말미암아 하나님의 보호하심과 지시하심 아래에서 자신의 사역을 감당해 왔다는 것. 그를 부르셔서 사도가 되게 하신 하나님은 사도로서의 그의 사역을 인정하시고서, 그가 하는 일마다 성공을 거두게 하시고 그 지경을 넓히셨다.

1. 하나님께서는 그에게 그 부르심에 응답하고자 하는 마음을 주셨다(19절): 하늘에서 보이신 것을 내가 거스르지 아니하였다. 왜냐하면, 그 누가 보아도 그가 그것에 순종하는 것이 마땅하다고 말할 것이었기 때문이다. 하늘에서 보이신 환상들은 이 땅에서의 계획들을 압도하고 좌지우지하는 능력을 지니고 있기 때문에, 우리가 그 환상들에 불순종한다면, 우리는 위험에 빠지게 된다. 그렇지만 바울이 혈육과 상의하고 세상적인 이득에 의해서 움직였다면, 그는 요나처럼 자신의 사명을 감당하지 않기 위해서 어딘가로 도망쳐버리고자 했을 것이다. 그러나 하나님께서는 그의 귀를 열어 주셔서, 그는 거역하지 않을 수 있게 되었다. 그는 사명을 받아들였고, 아울러 주께서 베푸신 가르침들을 받은 후에, 그 사명을 감당하는 데에 몰두하였다.

2. 바울은 자신의 사명을 감당하기 위해서 무수한 어려움들을 겪고 싸워야 했지만, 하나님께서는 그로 하여금 수많은 일들을 성공적으로 이루어 나가게 해주셨다(20절). 그는 있는 힘을 다해서 복음을 전하는 일에 전념하였다.

(1) 그는 그가 회심하였던 곳인 다메섹에서 복음 전하는 일을 시작하였다. 왜냐하면, 그는 한시도 허비하지 않기로 결심하였기 때문이다(행 9:20).

(2) 그는 자기가 교육을 받았던 곳인 예루살렘에 왔을 때에 거기에서도 그리스도를 증언하였는데, 예전에 그는 거기에서 그리스도를 대적하는 일에 광분하였었다(행 9:29).

(3) 그는 유대 온 땅, 즉 그리스도께서 하신 대로 유대의 촌락들을 돌며 복음을 전하였다. 그는 그리스도께서 정하신 대로 가장 먼저 유대인들에게 복음을 전하였고, 그들이 고의적으로 복음을 내팽개칠 때까지는 그들을 떠나지 않았다. 그는 유대인들의 영혼이 잘되게 하기 위하여 무진 애를 썼고, 다른 어느 사도보다도, 아니 모든 사도들을 합친 것보다도 더 많은 수고를 하였다.

3. 그가 전한 말씀은 모두 실제적인 것이었다. 그는 사람들의 머리를 뜬 구름 잡는 사상과 개념들로 가득 채우고자 하지 않았고, 멋진 환타지들로 사람들을 즐겁게 해주고자 하지 않았으며, 확실하지도 않은 논쟁거리들을 말함으로써 사람들을 서로 다투게 하지도 않았고, 그들이 다음과 같이하여야 한다는 것을 분명하게 말하고 보여주었다.

(1) 그들의 죄를 회개하라는 것, 그들의 죄에 대하여 가슴 아파하고 그 죄들을 자백하며 다시는 그러한 죄들을 짓지 않겠다고 약속하라는 것. 본문에서 회개하다를 가리키는 단어인 메타노에인은 원래 잘 생각하고 숙고하다를 의미하는 것이기 때문에, 바울은 그들에게 한번 깊이 생각해보아야 한다고 말하고 있는 것이다. 그들은 마음과 생각을 바꾸고 행실을 바꾸며, 그들이 잘못한 일들을 취소하여야 한다.

(2) 하나님께로 돌아오라는 것. 그들은 죄에 대한 반감을 품을 뿐만 아니라 하나님의 뜻을 따라 행하여야 하겠다는 마음을 먹어야 하고, 악에서 떠날 뿐만 아니라 선한 일로 돌아와야 한다. 그들은 세상과 육체로부터 돌이키고 또 돌이켜서, 하나님을 사랑하고 사모하는 것으로 돌아와야 하고, 하나님께로 돌아와서 자신의 도리를 다하고 순종하여야 한다. 이것이 바로 유대인이든 이방인이든 반역하고 타락했던 온 인류에게 요구되는 것이다. 하나님께로 돌아오는 것.

우리는 우리의 최고의 선이자 지고의 목적이시고 우리의 통치자이시자 분깃이신 하나님께로 돌아와야 하고, 우리의 눈을 하나님께로 돌리고, 우리의 마음을 하나님께로 돌리며, 우리의 발을 하나님의 증언들로 돌려야 한다.

(3) 회개에 합당한 일을 하라는 것. 이것은 최초의 복음 전도자였던 세례 요한이 전파했던 것이었다(마 3:8). 회개한다고 고백하는 자들은 회개를 실천으로 보여주어야 하고, 회개의 삶을 살아야 하며, 모든 일에서 회개한 자에 합당한 처신을 하여야 한다. 회개한다는 말을 하는 것만으로는 부족하고, 그러한 말에 합당한 행위가 수반되어야 한다. 참된 믿음이 행위로 나타나듯이, 참된 회개도 행위로 나타나는 법이다. 이와 같은 말씀을 전하는 것 속에서 어떠한 잘못을 잡아내는 일이 과연 가능한 일인가? 이 말씀은 세상을 새롭게 하고 그 잘못된 것들을 바로잡으며 자연 종교를 새롭게 되살리고자 하는 것이 아니던가?

4. 유대인들이 바울에게 시비를 거는 것은 그가 사람들에게 신앙을 가지도록 설득하고, 그들을 그리스도께로 인도함으로써 하나님과 만나게 하고자 했기 때문이다(21절): 다름 아니라 바로 이러한 말씀을 내가 전한다고 해서, 유대인들이 성전에서 나를 잡아 죽이고자 하였다. 누구든지 이러한 것들이 죽거나 결박당해야 할 범죄들인지를 판단해 보라. 바울은 스스로 선을 행하였을 뿐만 아니라 다른 사람들에게도 선한 일을 행하였기 때문에 고초를 당하였다. 그들은 그를 죽이고자 하였다. 그들이 그의 귀한 생명을 노린 것은 그것이 유익한 생명이어서 그들의 미움을 샀기 때문이었다. 그들은 그가 성전에서 하나님을 예배하고 있을 때에 그를 덮쳐서 잡았는데, 마치 장소가 선하면 선할수록 그들의 행위도 선하다고 생각한 것 같았다.

5. 바울은 오직 하나님의 도우심을 받았다. 그는 하나님의 도우심으로 힘을 얻어서 이 큰 일을 해 나갈 수 있었다(22절). "하나님의 도우심을 받아 내가 오늘까지 서 있다. 즉, 내가 목숨을 부지하고 내 일을 계속할 수 있었던 것은 오로지 하나님의 도우심 덕분이었다. 그 덕분에 나는 견고히 서 있을 수 있었고, 때려 눕혀지지 않았다. 나는 내가 전하는 말씀에 견고히 서 있었고, 그 말씀을 계속해서 전하는 것을 두려워하거나 부끄러워하지 않았다." 바울이 회심한지 벌써 이십 년이 넘었지만, 그는 내내 온갖 위험 속에서 복음을 전하느라 무척 바빴다. 과연 그를 지탱해 준 것은 무엇이었는가? 그것은 그의 결심이 견고하였기 때문이 아니라, 하나님의 도우심을 받았기 때문이다. 그에게 맡겨진 일은 너무도

큰 일이었고, 반대도 극심하였기 때문에, 하나님의 도우심을 받지 않았더라면, 그는 그 일을 계속해서 해 나갈 수 없었을 것이다. 하나님을 위한 사역에 쓰임 받는 자들은 하나님으로부터 도우심을 받게 되리라는 것을 명심하라. 왜냐하면, 하나님은 그의 종들에게 꼭 필요한 도움들을 주지 않으시는 분이 아니기 때문이다. 우리는 우리가 이 날까지 살아 온 것을 하나님의 도우심 덕분으로 여겨야 한다. 만약 하나님께서 우리를 떠받쳐 주지 않으셨다면 우리는 가라앉고 말았을 것이고, 하나님께서 우리를 붙잡아 주지 않으셨다면 우리는 넘어지고 말았을 것이다. 우리는 이것을 고백하고서 감사함으로 하나님을 찬송하여야 한다. 바울은 자기가 하나님께로부터 사명을 받았고, 또한 하나님께로부터 그 사명을 수행할 수 있는 힘도 받았다는 증거로서 이 말을 하고 있는 것이다. 만약 복음 전도자들이 하늘로부터의 직접적인 도우심을 받지 않았다면, 그들은 결코 그들이 지금까지 해 왔던 것처럼 일들을 해낼 수 없었을 것이고 고난을 견디거나 형통할 수도 없었을 것이다. 또한, 만약 그들이 하나님께 속한 복음을 전하지 않았더라면, 그들은 하나님의 도우심을 받지 못하였을 것이다.

6. 바울은 구약 성경과 일치하는 것 외에는 그 어떤 가르침도 전하지 않았다: 그는 높고 낮은 사람 앞에서, 즉 남녀노소, 부자나 가난한 자, 배운 자나 배우지 못한 자, 비천한 자나 유명한 자, 즉 복음을 들어야 할 모든 자들에게 증언하였다. 복음이 가장 미천한 자에게 증언되고, 가난한 자도 복음을 알도록 초청되었다는 것은 하나님께서 스스로를 낮추신 그 겸비의 은혜를 보여주는 증거였다. 또한, 복음이 가장 높은 자에게도 아무런 두려움이나 부끄러움 없이 증언될 수 있었다는 것은 논란될 수 없는 복음의 진리와 능력을 보여주는 증거였다. 바울의 원수들은 그가 사람들이 회개하고 하나님께로 돌아와서 회개에 합당한 일을 하라는 말 이외에 다른 것을 전하였다고 반박하였다. 실제로 이러한 것들은 구약의 선지자들이 전하였던 것이었다. 그러나 이런 것들 외에도 바울은 그리스도, 그의 죽음과 부활을 전하였는데, 이것이 그들이 바울에게 시비를 건 빌미가 되었다. 왜냐하면, 그들은 예수라 하는 이가 살아 있다고 바울이 주장한 것을 문제삼고 있기 때문이다(행 25:19). 바울은 이렇게 말한다. "내가 그렇게 주장하였고, 지금도 그렇게 주장하고 있지만, 그것은 단지 선지자들과 모세가 반드시 되리라고 말한 것을 나도 말한 것뿐이다. 그들이 예언한 것이 정해진 때에 이루어졌다는 것을 보이고, 그들이 반드시 오리라고 얘기했던 것이 그들이 정

한 때에 왔다는 것을 보이는 것보다 그들을 더 영광되게 할 수 있는 일이 과연 무엇이겠는가?" 그들이 예언하고 바울이 전한 것은 세 가지였다.

(1) 그리스도가 고난을 받으실 것, 즉 메시야는 고난받는 자가 되시리라는 것. 그리스도는 고난을 받을 수 있는 사람으로 오실 뿐만 아니라, 메시야로서 고난을 받게 되어 있었다. 그의 수치스러운 죽음은 그의 사명과 일치하는 것이었을 뿐만 아니라 그의 사명을 따른 것이었다. 그리스도의 십자가는 유대인들에게 걸림돌이었기 때문에, 바울이 십자가를 전한 것은 그들을 몹시 격분케 하는 큰 일이었다. 그러나 바울은 그가 그리스도의 십자가를 전하는 것은 구약의 예언들이 성취되었다는 것을 전하는 것이기 때문에 그들은 그가 전하는 것에 대하여 화를 내고 분노하지 않아야 할 뿐만 아니라, 도리어 그것을 받아들이고 동의하여야 한다고 확고하게 주장하였다.

(2) 그리스도가 죽은 자 가운데서 먼저 다시 살아 나실 것. 그리스도의 부활은 시간상으로 먼저라기보다는 그 효력에 있어서 제일이라는 의미이다. 그리스도는 죽은 자들 가운데서 먼저 나시고(계 1:5) 죽은 자들 가운데서 먼저 나신 이(골 1:18)라는 의미에서 먼저 다시 살아나사 부활의 머리가 되실 것이다. 그는 장자로서 무덤을 여셔서 우리의 부활을 위한 길을 닦아 놓으셨다. 그리스도는 잠자는 자들의 첫 열매가 되셨다고 성경에서는 말한나(고전 15:20). 왜냐하면, 그는 추수한 모든 곡식을 거룩하게 하셨기 때문이다. 그리스도께서는 그가 부활하셨을 때에 자던 성도들의 몸이 많이 일어나서 거룩한 성으로 들어간 것을 보여주심으로써(마 27:52-53) 모든 믿는 자들의 부활이 그의 부활로 말미암아 있게 될 것임을 보여주시기 위하여 죽은 자 가운데서 제일 먼저 다시 살아나신 분이 되셨다.

(3) 그리스도가 이스라엘과 이방인들에게 빛을 전하시리라는 것. 그는 그의 백성 이스라엘의 영광이 될 것이었기 때문에, 유대 백성에게 가장 먼저 빛을 전하실 것이었다. 그리스도께서는 유대인들에게 직접 빛을 전하셨고, 그런 후에 그의 사도들의 사역을 통해서 이방인들에게 빛을 전하셨다. 왜냐하면, 그는 어두운 데에 앉은 자들을 비추는 빛이 되도록 되어 있었기 때문이다. 그들을 어둠에서 빛으로 돌아오게 하는 것은 바울에게 맡겨진 사명이었다(18절). 그리스도께서 죽은 자 가운데서 다시 살아나신 것은 그가 사람들에게 빛을 보여주시고, 그의 가르침이 참되다는 확실한 증거를 보여주시며, 유대인들과 이방인들 가운데서

그의 가르침이 더 큰 능력으로 전파되게 하기 위한 것이었다. 또한 이것은 구약의 선지자들에 의해서 예언된 것이었다: 이방인들이 그리스도로 말미암아 하나님을 아는 지식에 이르게 되리라. 그런데 이 모든 것 속에 과연 유대인들이 분노할 수밖에 없는 그런 내용이 어디에 나온다는 말인가?

[24]바울이 이같이 변명하매 베스도가 크게 소리 내어 이르되 바울아 네가 미쳤도다 네 많은 학문이 너를 미치게 한다 하니 [25]바울이 이르되 베스도 각하여 내가 미친 것이 아니요 참되고 온전한 말을 하나이다 [26]왕께서는 이 일을 아시기로 내가 왕께 담대히 말하노니 이 일에 하나라도 아시지 못함이 없는 줄 믿나이다 이 일은 한쪽 구석에서 행한 것이 아니니이다 [27]아그립바 왕이여 선지자를 믿으시나이까 믿으시는 줄 아나이다 [28]아그립바가 바울에게 이르되 네가 적은 말로 나를 권하여 그리스도인이 되게 하려 하는도다 [29]바울이 이르되 말이 적으나 많으나 당신뿐만 아니라 오늘 내 말을 듣는 모든 사람도 다 이렇게 결박된 것 외에는 나와 같이 되기를 하나님께 원하나이다 하니라 [30]왕과 총독과 버니게와 그 함께 앉은 사람들이 다 일어나서 [31]물러가 서로 말하되 이 사람은 사형이나 결박을 당할 만한 행위가 없다 하더라 [32]이에 아그립바가 베스도에게 이르되 이 사람이 만일 가이사에게 상소하지 아니하였더라면 석방될 수 있을 뻔하였다 하니라

바울은 자기가 전하는 복음을 변호하고 그 복음이 얼마나 영광스러운 것인지를 상찬(賞讚)하여 이 고상한 청중들이 복음에 대하여 좋게 생각할 수 있도록 하기 위하여 할 말이 무척 많았을 것이다. 그는 이제 방금 복음의 핵심, 즉 예수 그리스도의 죽음과 부활을 말하기 시작하는 대목으로 접어들었다. 바로 이 대목은 그가 진정으로 말하고 싶은 것이었고 그의 고유한 영역이었다. 지금 그는 이전보다 더 열렬해졌고, 그의 입은 그들을 향하여 열렸으며, 그의 마음은 넓어져 있었다. 그에게 이 주제에 관하여 말하게 하고 시간 제한 없이 계속해서 말하라고 한다면, 그는 자신의 말을 언제 끝낼지 결코 알 수 없을 것이다. 왜냐하면, 그리스도의 죽음의 능력과 그의 고난에의 참여는 그에게 아무리 말해도 다함이 없을 그런 주제들이었기 때문이다. 그런데 바로 그 때에 그가 제지를 당하게 된 것은 참으로 애석한 일이다. 그는 자기 자신을 위하여 변호하는 것을 허락받기는 하였지만(1절) 그가 마음에 품고 있던 모든 것을 말하

도록 허락받은 것은 아니었다. 그러나 바울이 의도한 모든 것을 말하지 못하게 된 것은 흔히 그에게 주어진 고통이었고, 그의 말을 너무도 기쁘게 읽고 있는 우리에게도 실망되는 일이다. 그러나 어쩔 도리가 없었다. 법정을 구성하고 있던 사람들은 그들이 바울이 자신을 변호하는 말을 충분히 들었으니 이제는 그의 사건에 대한 그들의 판단을 내려야 할 시간이라고 생각하였다.

I. 로마 총독 베스도는 이 가엾은 사람이 미쳤고, 그에게 가장 적합한 곳은 정신 병원이라는 견해를 지니게 되었다. 그는 바울이 범죄자도 아니고 악한 자도 아니어서 처벌할 필요가 없다고 확신하였지만, 그는 바울을 미치광이, 정신이 산 만한 자로 여겼기 때문에 불쌍히 여김을 받아야 할 자이기는 하지만 그의 말에 귀를 기울이거나 그의 말을 존중할 필요는 없다고 생각하였다. 이렇게 해서 그는 바울을 범죄자로 단정하지도 않고 그를 전도자로 대우하지도 않을 수 있는 핑곗거리를 찾아내었다고 생각하였다. 왜냐하면, 바울이 제정신(compos mentis)이 아닌 자라면, 그는 바울을 단죄하거나 그의 말을 믿거나 둘 중의 하나를 선택할 필요가 없었기 때문이다. 여기에서 우리는 다음과 같은 것들을 살펴볼 수 있다.

1. 베스도는 바울에 대하여 무엇이라고 말하였는가(24절): 그는 자기 옆에 앉아 있는 사람들에게 속삭이듯이 말한 것이 아니라 크게 소리내어 말하였다. 만약 그가 옆 사람들에게 귀엣말로 말한 것이었다면, 그의 행동은 훨씬 더 변명할 만한 것이 되었을 것이다. 그러나 그는 바울로 하여금 말을 중간에서 그치지 않을 수 없게 하고, 청중들의 주의를 다른 곳으로 돌려서 바울의 말을 듣지 않게 하도록 하기 위하여 크게 소리내어 말하였다(그가 이 사건에 대한 심리를 부탁하였던 아그립바와 상의도 하지 않은 채로, 행 25:26). "바울아 네가 미쳤도다. 네가 헛소리를 지껄이는 것을 보니 너는 미친 자, 머리가 돌아버린 자처럼 말하고 있는 것이로구나." 그렇지만 그는 바울이 양심의 가책을 견디지 못해서 이성을 잃었다거나 감옥에서의 고통이나 원수들의 광분 때문에 충격을 받아서 그렇게 된 것이라고 여기지는 않았다. 그러나 그는 바울이 열변을 토하는 것에 대하여 자신의 가장 솔직한 해석을 제시하였다: 네 많은 학문이 너를 미치게 한다. 너는 너무 많은 것을 공부해서 네 머리가 터져 버렸도다. 총독은 분노해서가 아니라 비웃음과 경멸을 나타내는 뜻으로 이런 말을 한 것이었다. 그는 바울이 무슨 말을 하는지를 이해하지 못하였다. 바울이 하는 말은 그가 도

무지 이해할 수 없는 말이었고, 그에게는 완전히 수수께끼였기 때문에, 그는 이 모든 것을 바울이 미치광이처럼 말한 탓으로 전가시킨다. 네가 사람들에게서 이해받지 못한다면, 너는 사람들에 의해서 무시당할 것을 각오하여야 한다.

(1) 총독은 바울이 학자, 즉 많이 배운 사람인 것을 인정한다. 왜냐하면, 바울은 모세와 선지자들이 썼던 글들, 총독인 자기가 전혀 알지 못하고 있는 것들을 자유자재로 인용하고 있었기 때문이다. 그런데 바울이 많이 배운 것이 이번에는 비방거리가 되었다. 어부 출신이었던 사도들은 학문이 없었기 때문에 멸시를 당하였다. 대학까지 나왔고 바리새인으로 양육을 받았던 바울은 그가 감당할 수 없을 정도로 너무도 많은 것을 배웠다는 이유로 멸시를 당하고 있다. 이렇게 그리스도의 사역자들의 원수들은 언제나 이런저런 트집을 잡아서 그들을 비난하고 비방한다.

(2) 총독은 바울을 미치광이라고 비난한다. 구약의 선지자들도 그런 오명을 뒤집어 썼는데, 원수들은 선지자들에게 오명을 뒤집어 씌움으로써 백성들이 그들을 좋지 않게 생각하도록 만들고자 하였었다: 그 미친 자가 무슨 까닭으로 그대에게 왔더냐고 군대 장관들은 선지자에 대하여 말하였다(왕하 9:11; 호 9:7). 세례 요한과 그리스도는 귀신들린 자, 미친 자로 비방을 받았다. 아마도 바울은 그의 말을 시작하던 때보다도 더 활기차고 진지하게 열변을 토하였을 것이고, 자신의 간절한 심정을 표현하기 위하여 더 많은 몸짓들을 사용했을 것이다. 그러자 베스도는 심기가 불편해져서 바울을 미치광이라고 단정해 버린 것이었다. 그렇지만 거기에 모인 무리들 중에서 베스도를 제외하고는 한 사람도 바울을 미치광이라고 생각하지 않았을 것이다. 다른 사람들보다도 신앙에 열심이 있는 자들을 가리켜서 미쳤다고 말하는 것은 큰 상처를 입히는 짓이다.

2. 바울은 미치광이라는 지적에 대해서 자신을 어떻게 변명하였는가. 그가 이전에도 미치광이라는 소리를 들었는지의 여부는 확실하지 않지만, 바울이 자신의 서신 속에서 한 말을 보면, 거짓 사도들이 그에 대하여 그렇게 말했던 것으로 보인다(고후 5:13): 그들이 말하는 것처럼 우리가 만일 미쳤어도 그것은 하나님을 위한 것이다. 그러나 바울은 로마 총독 앞에서는 한 번도 그런 말을 들은 적이 없었기 때문에, 그는 그 말에 대하여 변명할 필요를 느꼈다.

(1) 바울은 총독에게 합당한 경의를 표하는 가운데 베스도의 비방은 근거도 없고 명분도 없는 것이라고 항변하면서 자신을 변호하였다(25절). "베스도 각

하여, 내가 미친 것이 아니고, 전에도 미치지 않았으며 그런 것은 전혀 없었나이다. 하나님께 감사하게도 나는 내가 살아 온 날 동안에 내내 제정신으로 살아왔고, 지금 나는 되는 대로 지껄이고 있는 것이 아니라, 참되고 온전한 말을 하고 있는 것이며, 내가 무슨 말을 하고 있는지도 잘 알고 있나이다." 비록 베스도는 바울에게 이러한 상스럽고 경멸적인 말을 하였고, 그런 말은 재판장으로서는 물론이고 신사로서도 합당하지 못한 말이었지만, 바울은 그 말에 분개하거나 화를 내기는커녕 베스도 각하여라는 경칭을 사용하여 그에게 경의를 표하고 가능한 한 모든 예를 갖추었는데, 이것은 우리에게 남이 욕을 한다고 해서 욕으로 되갚지 말고, 우리를 모욕하는 자들에게 공손하게 말할 것을 가르치고 있는 것이다. 우리는 어떤 일이 있어도 참되고 온전한 말을 하는 것이 합당한데, 그럴 때에만 우리는 사람들의 부당한 비난들을 무시할 수 있게 된다.

(2) 바울은 자기가 한 말에 대하여 아그립바 왕에게 호소한다(26절): 왕께서는 이 일들, 즉 그리스도 및 그의 죽음과 부활, 그것들을 통해서 성취된 구약의 예언들에 대하여 아시나이다. 아그립바 왕은 바울이 말한 것 속에 그 어떤 허무맹랑한 내용도 없고 단지 사실들만이 들어 있다는 것을 알고 있었고, 그러한 것들에 대하여 어느 정도 미리 알고 있었으며, 그래서 더 많은 것을 알고자 하였기 때문에, 바울은 왕 앞에서 담대히 말하였다. 이 일에 하나라도 아시지 못함이 없는 줄 믿나이다. 아그립바 왕은 바울이 자신의 회심과 그가 복음을 전하도록 하나님께 받은 사명에 대하여 말한 내용을 이미 알고 있었다. 아그립바는 오랫동안 유대인들 사이에서 생활하고 교제하였기 때문에 그런 소문을 듣지 않을 수 없었다. 이 일은 한쪽 구석에서 행한 것이 아니니이다. 바울에 관한 소문은 온 나라에 알려져서 떠들썩하였었다. 유대 땅에 지금 살고 있는 유대인이라면 그 누구나 그들이 다른 사람들로부터 이 일에 대하여 수없이 들은 적이 있다고 증언할 수 있었을 것이다. 그러므로 바울이 그런 말을 했다고 해서 그를 미치광이로 취급하여 비난하는 것은 이치에 맞지 않는 일이었고, 유대인들이라면 누구나 다 알고 있었던 그리스도의 죽음과 부활에 대하여 바울이 말했다고 해서 총독이 그를 미친 자로 몰아부친 것은 잘못된 것이었다. 베드로는 고넬료와 그의 친구들에게 그리스도에 관하여 온 유대에 두루 전파된 그것을 너희도 안다고 말하였다(행 10:37). 그러므로 아그립바 왕은 이 일에 대하여 무지할 수가 없었고, 베스도가 이 일에 대하여 무지한 것은 그에게 수치였다.

Ⅱ. 아그립바는 바울을 미치광이라고 생각하기는커녕 이렇게 설득력있고 강력한 논증을 펼치고 정곡을 찔러서 얘기하는 것을 자기는 한 번도 들어본 적이 없다고 생각하였다.

1. 바울은 아그립바의 양심에 파고 들어서 호소한다. 어떤 이들은 바울이 자신을 변호하는 말을 하는 동안에 계속해서 아그립바를 주시하면서 오직 그에게만 관심을 두었기 때문에 베스도가 불쾌해져서 이렇게 바울의 말을 중간에서 끊어버린 것이라고 생각한다(24절). 그러나 베스도가 그런 식으로 해서 바울을 모욕하고자 한 것이었다고 해도, 바울은 그런 것을 개의치 않았다. 그는 자신의 말을 이해할 줄 알고 경청하여서 뭔가를 받아들일 가능성이 있는 자들에게 말하고자 하였고, 그래서 계속해서 아그립바에게 말을 하였다. 바울은 자기가 전하는 복음을 모세와 선지자들이 확증해 준다고 언급한 바 있었기 때문에 아그립바에게 선지자들에 대하여 물었다(27절). "아그립바 왕이여, 선지자를 믿으시나이까. 당신은 구약 성경을 하나님의 계시로 받아들이고, 장차 이루어질 선한 일들을 구약 성경이 예언하고 있다는 것을 인정하시나이까?" 바울은 아그립바 왕으로부터 대답을 기다리지 않고, 그에게 경의를 표하는 표시로서 그가 그것을 안다는 것을 기정사실화하여 말한다: 믿으시는 줄 아나이다. 왜냐하면, 아그립바가 그의 조상들과 마찬가지로 유대교를 믿어서, 선지자들의 글들을 알고 있을 뿐만 아니라 그것들을 신뢰한다는 것도 누구나 알고 있었기 때문이었다. 성경을 알고 믿는 자들과 상대하는 것은 좋은 일이라는 것을 명심하라. 왜냐하면, 그렇게 하면 뭔가 유익한 것들을 얻게 되기 때문이다.

2. 아그립바는 바울이 말한 것에 상당한 일리가 있다는 것을 시인한다(28절): 네가 나를 권하여 그리스도인이 되게 하려 하는도다. 어떤 이들은 이 말을 냉소적인 것으로 이해해서, 네가 이토록 짧은 시간에 나를 설득해서 그리스도인이 되게 하려 하는 것이냐라는 반어법적인 질문으로 해석한다. 그러나 그런 해석을 받아들인다고 해도, 아그립바가 한 이 말은 바울이 매우 정곡을 찔러서 제대로 말하였다는 것과 다른 사람들은 바울의 말에 대하여 어떻게 생각하든지 간에 그의 마음에는 바울이 말한 것이 설득력있게 다가왔다는 것을 인정하는 것이다. "바울아, 너는 너무 성급하구나. 너는 나를 졸지에 회심시키려고 생각해서는 안 된다." 또 어떤 이들은 이 말을 아그립바의 솔직한 심정을 진지하게 말한 것으로 여겨서, 그가 짧은 시간 동안에 그리스도가 메시야라는 것을 확신하

게 되었다고 고백한 것으로 해석한다. 왜냐하면, 아그립바는 구약의 예언들이 그리스도 안에서 성취되었다는 것을 마음속으로 수없이 곰곰이 생각해 보고서 그 사실을 인정할 수밖에 없었기 때문이다. 지금 바울이 그에게 너무도 진지하게 설득력있게 그러한 것을 얘기하였기 때문에 아그립바는 바울이 한 말을 받아들일 수밖에 없는 처지가 되어서, 신앙을 놓고서 바울과 협상을 벌이고자 하고 있는 것이다. 그는 벨릭스가 바울의 말을 듣고서 두려워 떨면서 자신의 죄를 버리고자 했던 것처럼 그리스도를 믿기로 거의 설득을 당할 뻔하였다. 그는 기독교가 진리라는 것을 보여주는 상당한 근거를 알게 되었다. 그 증거들은 강력해서 그가 반박할 수 없는 것이라고 그는 고백한다. 기독교에 대항하여 제시된 반론들은 사소한 것들이어서, 그는 그러한 것들을 주장하기조차 부끄러워할 수밖에 없다. 따라서 만약 그에게 의식 중심의 율법에 대한 의무들과 그의 조상들과 그의 나라의 종교를 존중히 여기는 것, 또는 왕으로서의 자신의 위엄과 그의 세속적인 이해관계를 아끼는 마음이 없었다면, 그는 즉시 그리스도인이 되었을 것이다. 신앙을 갖도록 거의 설득되기는 하지만 완전히 설득되지 않는 자들이 많다는 것을 명심하라. 그들은 그들이 어떻게 해야 하는지에 대한 강력한 확신과 하나님의 도가 얼마나 훌륭한 것인지에 대한 강력한 확신을 갖게 되지만, 몇몇 외적인 요인들에 의해서 지배당하여 그들의 확신을 추구하지 못하게 된다.

3. 바울은 자신의 변론을 끝까지 마칠 수 있는 시간을 허락받지 못하였기 때문에 여기에서 그의 말을 듣고 있는 모든 자들이 그리스도인이 되기를 바라는 경건한 기원으로 말을 끝맺는데, 이 기원은 기도로 바뀐다: 내가 하나님께 원하나이다(29절). 그들 모두가 구원을 받게 되는 것이 그의 마음에 원하는 바와 하나님께 구하는 바였다(롬 10:1). 당신 뿐만 아니라 오늘 내 말을 듣는 모든 사람도 다 이렇게 결박된 것 외에는 나와 같이 되기를 하나님께 원하나이다(왜냐하면, 그는 그들 모두에 대하여 동일한 사랑을 지니고 있었기 때문에).

(1) 바울은 자신의 신앙에 전적으로 만족하며 그 신앙을 따라서 죽고 살기로 결심하였기 때문에 자신의 신앙을 꼭 붙잡겠다는 각오를 당당하게 밝힌다. 그가 그들도 모두 자기와 같이 되었으면 좋겠다고 말한 것은 실제적으로 그들이 유대인이든 이방인이든, 그들이 그의 세상적인 유익에 어떤 도움이 되든 안 되든 그들의 지금의 모습은 잘못된 것이라는 것을 선포하고 있는 것이다. 바울은

하나님께서 예레미야 선지자에게 주신 교훈을 충실히 그대로 인용하고 있다 (렘 15:19): 그들은 네게로 돌아오려니와 너는 그들에게로 돌아가지 말지니라.

(2) 바울은 자기가 기독교의 진리만이 아니라 그 유익에 있어서도 만족한다고 말한다. 그는 현재에 있어서 기독교 신앙 속에서 많은 위로를 받고 있었고, 그것이 그의 영원한 행복으로 끝나게 될 것을 확신하고 있었기 때문에, 이 세상에 있는 그의 가장 절친한 친구에게 그가 자기처럼 예수 그리스도의 신실하고 열심있는 제자가 되기를 바라는 것보다 더 나은 바람은 있을 수 없었다. 나의 원수는 악인 같이 되기를 원하노라고 욥은 말하였는데(욥 27:7), 바울은 나의 친구는 그리스도인이 되기를 원하노라고 말한다.

(3) 바울은 아그립바가 완전히 그리스도인이 되지 않고 그리스도인이 될 뻔한 것에 대하여 자기가 가슴 아파한다는 뜻을 내비친다. 왜냐하면, 그는 자기를 비롯해서 모든 사람들이 그리스도인이 될 뻔하는 것이 아니라(그것은 별 유익이 없을 것이기 때문에) 모두가 자기처럼 진실하고 철저한 그리스도인이 되기를 바라기 때문이다.

(4) 바울은 그들 모두가 참된 그리스도인이 된다면, 그것은 그에게 이루 말할 수 없는 행복이 되리라는 것, 그리스도 안에는 모든 사람에게 주고도 남음이 있으며 각 사람에게 차고 넘치게 주고도 남음이 있는 은혜가 있기 때문에 그들이 그 은혜를 사모하게 되면 좋겠다는 뜻을 내비친다.

(5) 바울은 자기가 그들 모두에 대하여 진심어린 선의를 지니고 있다는 것을 내비친다.

[1] 바울은 그가 자신의 영혼에 대하여 바란 것과 마찬가지로 그들이 자기와 마찬가지로 그리스도 안에서 복있는 자가 되기를 원한다.

[2] 바울은 그들이 그의 외적인 처지와 관련해서는 지금의 자기보다 더 좋게 되기를 바란다. 왜냐하면, 그는 그들에게 자기와 같이 되었으면 좋겠다고 말하면서 자기가 결박된 것은 제외하고 있기 때문이다. 그는 그들이 모두 자기처럼 복락을 누리는 그리스도인이 되기를 바라지만 자기처럼 박해받는 그리스도인이 되기는 원하지 않았다. 그는 그들이 자기처럼 신앙에 수반되는 유익들을 맛보기를 원하였지만, 신앙에 따르는 십자가를 맛보기를 원하지는 않았다. 그들은 바울이 감옥에 갇혀 있는 것을 가볍게 생각하여 왔었고 바울에 대하여 아무런 관심도 없었다. 벨릭스는 유대인들의 환심을 사기 위하여 바울을 가두어 둔

채 풀어 주지 않았다. 이런 상황 속에서 많은 사람들은 그들 모두가 바울처럼 결박되어서 감옥에 갇히게 됨으로써 감옥에 갇혀 있는 것이 얼마나 큰 고통인지를 알게 되어서 바울의 심정을 더 잘 헤아릴 수 있게 되기를 바랐을 것이다. 그러나 바울은 전혀 그런 마음을 갖지 않았고, 도리어 그들이 그리스도께 묶이기를 원하였고, 그들이 결코 그리스도를 위하여 결박당하게 되기를 원하지 않았다. 이러한 상황 속에서 바울이 한 말보다 더 사랑이 넘치고 은혜가 넘치는 말은 있을 수 없을 것이다.

Ⅲ. 그들은 모두 바울에게는 죄가 없으며 그를 고소한 것은 잘못되었다는 것에 동의하였다.

1. 바울에 대한 심문은 다소 느닷없이 끝났다(30절): 바울이 그들 모두가 잘 되기를 바라는 말을 했고(29절) 거기에 모든 사람들이 감동을 하게 되자, 아그립바 왕은 바울에게 계속해서 말하는 것을 허락한다면 그는 더 감동적인 말을 하여서, 바울에게 호감을 가지게 될 자들이 일부 생겨나고, 그들이 그리스도인이 되어 버릴 수도 있겠다고 염려하였다. 아그립바 왕은 자기 자신의 마음도 흔들리기 시작하였기 때문에 더 이상 바울의 말을 들어서는 안 되겠다고 생각해서 벨릭스처럼 그만하면 됐다고 바울을 말을 끊어 버렸다. 그들은 죄수 바울에게 자신을 위하여 변호할 말이 더 있느냐고 물어 보았어야 했다. 그러나 그들은 바울이 충분히 말하였다고 생각했기 때문에, 왕과 총독과 버니게와 그 함께 앉은 사람들이 다 일어나서, 심문이 끝났다는 것을 분명히 하였다. 바울은 자기가 무죄하다는 것을 더 분명하게 하기 위하여 할 말이 아직도 남아 있었지만, 그들은 지금까지 바울이 한 말을 듣는 것으로 만족하였다.

2. 그들은 모두 한결같이 바울에게 죄가 없다는 견해를 말하였다(31절). 법정에 모인 사람들은 이 문제를 논의하고 이 문제에 대한 서로의 생각을 알아 보기 위해서 물러갔는데, 그들은 서로 말하되 이 사람은 사형이나 결박을 당할 만한 행위가 없다고 한결같이 말하였다. 바울은 감옥에 가두어 둘 만한 위험 인물이 아니라는 것이있다. 이 일 후에 네로는 기독교를 믿는 자들을 사형에 처하도록 하는 법을 만들었지만, 아직까지는 로마에 그런 유의 법이 없었기 때문에, 바울에게는 범죄가 될 만한 행위가 없었던 것이다. 또한, 여기 법정에 모인 그들의 판단, 즉 기독교의 친구들이 아니었던 자들이 그 누구보다도 특출난 그리스도인으로서 가장 활동적이고 열심이 있었던 바울이 사형이나 결박을 당할

만한 행위를 하지 않았다고 판단한 것은 이 일 후에 얼마 되지 않아서 네로가 만든 법이 얼마나 악한 법인지를 증언해 주는 것이었다. 이렇게 바울은 아직 그의 가르침을 받아들이고자 하지 않았던 자들의 양심에 비추어서도 아무런 죄가 없는 자로 판정되었다. 광분해서 그를 없애버리자 살려 둘 자가 아니라고 외치며 소동을 벌였던 유대인들은 이 법정에서의 적절한 판단에 의해서 수치를 당하게 되었다.

3. 아그립바는 이 사람이 만일 가이사에게 상소하지 아니하였더라면 석방될 수 있을 뻔하였다는 자신의 판단을 제시하였다(32절). 즉, 바울이 상소함으로써 스스로 화를 자초하였다는 것이다. 어떤 이들은 아그립바가 한 이 말은 사실이어서, 로마법에 의하면 죄수가 최고 법원에 상소한 경우에는 하급 법원들은 그 죄수를 단죄할 수도 없었고 석방할 수도 없었다고 생각한다. 고소한 자들이 상소에 동의한 경우에는 법률의 규정이 그랬을 것이라고 우리는 본다. 그러나 바울 사건의 경우에 있어서는 고소한 자들이 상소에 동의했던 것으로 보이지 않는다. 바울은 총독이 자신을 보호하는 조치를 취하지 않고 유대인들에게 넘기고자 하는 것을 보고서 유대인들의 흉계로부터 자신의 보호하기 위하여 상소할 수밖에 없었다. 그래서 어떤 이들은 아그립바와 베스도가 그들에게 바울을 놓아줄 수 있는 권한이 있다는 것을 알면서도, 바울을 석방함으로써 유대인들의 비위를 건드리고자 하지 않아서, 황제에게 상소하였다는 것을 핑계로 해서 바울을 계속 가두어 두었던 것이라고 생각한다. 아그립바는 바울의 말에 의해서 설득을 당하여 그리스도인이 될 뻔하였지만, 그것은 그가 전혀 설득을 당하지 않은 것보다 더 나은 것이 없다는 것이 증명되었다.

(1) 바울이 자기가 황제에게 상소하지만 않았더라면 풀려날 수 있었을 것임을 알고서, 자기가 가이사에게 상소한 것을 후회하며, 그렇게 하지 않았더라면 좋았을 것이라고 생각해서, 자신의 경솔한 행동에 대하여 자책하였는지는 우리가 알 수 없다. 그는 이 일을 돌아보면서 자기가 조금만 더 참아야 했는데 그렇게 하지 못하고 분별없이 행동하였고 하나님의 보호하심을 불신한 측면이 어느 정도 자기에게 있다는 것을 알고서 자책하였을 충분한 이유가 있었다. 그는 가이사가 아니라 하나님께 상소하는 편이 더 나았을 것이었다. 이런 일은 솔로몬이 말한 것, 즉 일평생에 사람에게 무엇이 낙인지를 누가 알리요(전 6:12)라는 말이 옳다는 것을 확증해 준다. 우리가 우리에게 유리할 것이라고 생각했

던 일이 흔히 나중에 함정이라는 것이 밝혀진다. 우리는 이토록 한 치 앞도 내다보지 못하는 피조물들이고 잘못된 계획을 따라 행하는 자들이라는 것을 깨달아야 한다.

　(2) 또는, 그럼에도 불구하고 바울은 자기가 결정한 것에 대하여 만족하였고, 그것을 되돌아보았을 때에도 마음이 편했을 수 있다. 그가 가이사에게 상소한 것은 합법적인 것으로서 로마 시민에게 합당한 것이었으며, 그의 사건이 중요한 사건으로 취급되도록 하는 데에 도움이 되었을 것이다. 바울이 상소를 결정했을 당시에는 그렇게 하는 것이 최선이었기 때문에, 나중에는 그렇지 않다는 것이 밝혀졌다고 할지라도, 그는 이 문제에 있어서 자신을 자책하고 괴로워한 것이 아니라, 이러한 일 속에는 하나님의 섭리가 있을 것이라고 믿고서, 결국에는 모든 일이 잘될 것이라고 생각하였다. 게다가 바울은 환상을 통해서 그가 로마에서도 증언하여야 한다는 말씀을 들었었다(행 23:11). 그가 죄수로 로마에 가거나 자유의 몸으로 거기에 가거나, 그런 것은 바울에게 아무런 상관도 없는 일이었다. 그는 오직 주의 뜻만이 완전히 서리라는 것을 잘 알고 있었기 때문에, 그 뜻이 서고, 주의 뜻이 이루어지이다라고 말하였다.

제

— 27 —

장

개요

이 장 전체는 바울이 자신의 사건을 가이사에게 상소함으로써 총독 베스도가 그를 로마로 호송함에 따라 바울이 로마로 가게 되었는데 바로 그 여정을 설명하는 데에 할애되어 있다. I. 이 여정의 시작은 아주 순조로워서, 모든 일이 아무 문제도 없이 잘 진행되었다(1-8절). II. 바울은 곧 폭풍이 들이 닥칠 것이라고 사람들에게 얘기했지만, 그들은 바울의 말을 믿어 주지 않았다(9-11절). III. 그들은 항해를 계속 하다가 엄청난 폭풍을 만났는데, 바다의 기상이 너무도 악화되어서, 그들은 폭풍에 휩쓸려 떠내려 갈 수밖에 없었다(12-20절). IV. 바울은 그들에게 그들이 비록 그의 말을 듣고서 폭풍이 올 것을 대비하여 사전에 그 위험을 막지는 못했지만 하나님의 선한 섭리로 말미암아 그들이 이 폭풍을 무사히 빠져 나오고 한 사람도 죽지 않게 될 것이라고 말하였다(21-26절). V. 마침내 그들은 자정이 되어서 멜리데라고 하는 섬에 휩쓸려 오게 되었고, 거기에서 극심한 위험에 처해 있었지만, 바울의 조언에 따라서 선원들은 배를 지켰고, 그의 격려 덕분에 그들은 음식을 먹으며 안심을 하게 되었다(27-36절). VI. 배가 좌초되어서 그들은 해변에 이르게 되어 겨우 목숨을 건지게 되었고, 놀랍게도 모든 사람들이 다 안전하였다(37-44절).

[1]우리가 배를 타고 이달리야에 가기로 작정되매 바울과 다른 죄수 몇 사람을 아구스도대의 백부장 율리오란 사람에게 맡기니 [2]아시아 해변 각처로 가려 하는 아드라뭇데노 배에 우리가 올라 항해할새 마게도냐의 데살로니가 사람 아리스다고도 함께 하니라 [3]이튿날 시돈에 대니 율리오가 바울을 친절히 대하여 친구들에게 가서 대접 받기를 허락하더니 [4]또 거기서 우리가 떠나가다가 맞바람을 피하여 구브로 해안을 의지하고 항해하여 [5]길리기아와 밤빌리아 바다를 건너 루기아의 무라 시에 이르러 [6]거기서 백부장이 이달리야로 가려 하는 알렉산드리아 배를 만나 우리를 오르게 하니 [7]배가 더디 가 여러 날 만에 간신히 니도 맞은편에 이르러 풍세가 더 허락하지 아니하므로 살모네 앞을 지나 그레데 해안을 바람막이로 항해하여 [8]간신히 그 연안을 지나 미항이라는 곳에 이르니 라새아 시에서 가깝더라 [9]여러 날이 걸려 금

식하는 절기가 이미 지났으므로 항해하기가 위태한지라 바울이 그들을 권하여 ¹⁰말
하되 여러분이여 내가 보니 이번 항해가 화물과 배만 아니라 우리 생명에도 타격
과 많은 손해를 끼치리라 하되 ¹¹백부장이 선장과 선주의 말을 바울의 말보다 더 믿
더라

본문에는 바울이 아그립바 앞에서 심문을 받은 후에 얼마 정도 지나
서 그가 가이사에게 상소한 것을 따라서 로마로 보내지게 되었는지가 나오지
않는다. 그러나 아마도 그들은 바울을 로마로 호송하기에 좋을 것이라고 생각
되는 가장 빠른 시기를 택하였을 것이다. 그동안에 바울은 가이사랴에서 그의
친구들과 함께 있었는데, 그들은 그에게 위로가 되었고, 그는 그들에게 축복이
되었다. 여기에서 우리는 다음과 같은 내용들을 듣게 된다.

I. 바울이 이달리야로 가기 위하여 어떻게 배에 타게 되었는가. 그것은 오
랜 시간이 걸리는 여정이었지만, 다른 방도는 없었다. 그는 가이사에게 상소했
기 때문에 가이사에게 가야 하였다: 우리가 배를 타고 이달리야에 가기로 작정되
었다. 왜냐하면, 로마로 가기 위해서는 배를 타야 했기 때문이다. 육로를 통해
서 로마로 가는 길은 너무도 먼 길이었을 것이다. 그러므로 로마가 유대 민족
을 정복하게 되리라는 것을 예언할 때에 성경에서는 깃딤, 즉 이달리야 해변에
서 배들이 와서 에벨, 즉 히브리인들을 괴롭힐 것이다고 말하고 있다(민 24:24).
바울을 로마로 보내는 것은 베스도에 의해서 결정되기 이전에 이미 하나님의
계획에 의해서 결정된 일이었다. 왜냐하면, 사람이 어떤 것을 계획하든지 간
에, 하나님께서는 그 사람에게 역사하셔서 그로 하여금 그렇게 계획하도록 하
시기 때문이다. 여기에서 우리는 다음과 같은 것들에 대하여 듣게 된다.

1. 바울을 로마로 호송하는 책임은 누구에게 맡겨졌는가. 책임자는 아구스도
대의 백부장 율리오란 사람이었다(마치 고넬료가 이달리야 부대라 하는 군대의
백부장이었던 것처럼, 행 10:1). 그의 휘하에 있던 군사들은 바울에 대한 호의
를 맡아서, 그가 도망하거나 다른 사람들로부터 해악을 입지 않도록 보호하는
임무를 수행하였다.

2. 바울은 어떤 배에 승선하였는가. 그들은 아프리카의 항구인 아드라뭇데
노에서 아프리카에서 나는 물건들을 싣고 와서 그러한 물건들이 거래되는 시
장이 형성되어 있었던 수리아를 향하여 아시아 해변 각처로 가려 하는 한 배에

승선하였다(2절).

3. 바울은 이 여정에서 어떤 무리들과 동행하였는가. 바울과 함께 다른 죄수 몇 사람이 동일한 백부장에 의해서 호송되었는데, 아마도 그들은 가이사에게 상소한 자들이거나 어떤 다른 이유로 로마로 이송되어서 거기에서 재판을 받게 될 자들이거나 로마에 있는 다른 죄수들의 죄를 증언하기 위하여 증인으로 심문을 받기 위하여 로마로 가는 자들이었던 것 같다. 그들은 아마도 황제 앞으로 끌고 오라는 명령을 받았던 바라바와 같이 뭔가 극악무도한 죄를 범한 범죄자들이었을 것이다. 그리스도께서 강도들과 함께 십자가에 못 박히셨던 것처럼, 바울은 이렇게 이 여정에서 그런 자들과 함께 묶여서 그들과 운명을 같이하는 처지가 되었다. 우리는 이 장에서 바울이 그들 때문에 죽을 뻔하였지만 그들은 바울 때문에 목숨을 건지게 된 것을 보게 된다(42절). 죄 없는 자가 범죄자들 중의 하나로 여겨지는 일은 새삼스러운 일이 아니라는 것을 명심하라. 그러나 바울과 동행한 사람들 중에는 사도행전의 저자인 누가를 비롯해서 몇몇 그의 친구들도 있었다. 본문에서 우리가 배를 타고 이달리야로 갔다거나 우리가 항해하였다고 말하고 있는 것으로 보아서(2절), 누가가 내내 바울과 동행하였다는 것은 분명하다. 또한, 데살로니가 사람 아리스다고가 바울의 일행 중에 있었다고 구체적으로 언급되고 있다. 라이트푸트 박사는 에베소 사람 드로비모도 바울과 함께 승선했었지만, 도중에 병이 들어서, 배가 여기에 언급된 대로 아시아 해변 각처로 지나갈 때에(2절), 바울은 그를 밀레도에 두었는데(딤후 4:20), 아마도 밀레도에는 디모데가 머무르고 있었을 것이라고 생각한다. 이 지루한 여행에서 바울 주변에는 방탕하고 속된 자들도 많이 있었지만 그의 몇몇 친구들이 함께 동행하였기 때문에 바울이 그들과 자유롭게 대화하며 교제할 수 있었다는 것은 바울에게 큰 위로가 되었다. 바다에서 오랜 기간 동안 항해해야 하는 자들은 어쩔 수 없이 메섹과 게달에 체류할 수 밖에 없게 되는데, 따라서 그들에게는 그들과 함께 있는 악한 무리들에게 선한 일을 해서 그 사람들을 더 선하게 만들거나 적어도 그 사람들이 그들에게 악하게 대하지 않도록 해둘 수 있는 지혜가 필요하다.

Ⅱ. 그들은 어떤 경로를 따라서 항해하였고, 어떤 곳들에 머물렀는가. 이런 것들은 당시에 살던 자들로서 그들 자신의 지식에 의해서 바울 일행이 어떠어떠한 곳을 들러서 항해하였는지를 말해 줄 수 있었던 자들에게 이 이야기가 진

실이라는 것을 확증하기 위하여 특별히 기록된 것이다.

1. 그들은 항해를 떠난지 얼마 되지 않아서 시돈에 정박하였다. 그들은 거기에 이튿날 도착하였다. 여기에서 주목할 만한 것은 백부장 율리오가 바울에게 지극히 공손하였다는 것이다. 아마도 이 백부장은 바울 사건에 대하여 알고 있었고, 아그립바 왕 앞에서 바울이 심문을 받았을 때에 그의 말을 들었던 성 중의 높은 자들 중의 한 사람이었을 것이다(행 25:23). 그 때에 이 백부장은 바울에게 죄가 없다는 것을 확신하게 되었고, 유대인들의 모함에 의해서 그가 갇히게 되었다는 것을 알게 되었을 것이다. 그러므로 그는 비록 바울을 맡아서 죄수로 호송하는 입장이었지만 바울을 친구이자 학자, 신사이자 천국에 속한 자로 대우하였다. 그는 배가 시돈에서 일이 있어서 정박해 있는 동안에 친구들에게 가서 대접받기를 바울에게 허락하였다. 그것은 바울에게 큰 힘이 되었을 것이다. 이 점에서 율리오는 존경할 만한 자들을 존경하고 자신의 권력을 함부로 사용하지 않는 권세있는 자들의 모범을 보여주었다. 요셉이나 바울 같은 사람들은 다른 평범한 죄수들처럼 다루어져서는 안 된다. 이 점에 있어서 하나님께서는 그를 위하여 고난받는 자들에게 그를 신뢰하도록 격려하신다. 왜냐하면, 하나님은 자기 백성에게 호의를 베풀어 줄 것이라고 전혀 기대할 수 없는 자들의 마음을 움직이셔서 자기 백성에게 친절히 대하고 호의를 베풀도록 하실 수 있는 분이시기 때문이다. 하나님은 사람들의 마음을 움직이셔서 고난받는 자기 백성들을 불쌍히 여기게 만드시고, 자기 백성을 사로잡아가는 자들에게서 조차도 긍휼히 여김을 받게 하신다(시 106:46). 또한, 이 일은 바울이 얼마나 신의를 지키는 자였는지를 보여주는 한 예이기도 하다. 그는 마음만 먹으면 아주 쉽게 도망칠 수 있었음에도 불구하고 도망하고자 하지 않았다. 그는 외출 허가를 얻어서 나갔다가 신의를 지켜서 다시 돌아와 죄수의 몸이 되었다. 백부장이 공손하여서 바울의 말을 있는 그대로 받아들여 주었다고 한다면, 바울은 의롭고 정직한 자여서 자기가 한 말을 그대로 지켰다.

2. 그들은 거기에서 떠나서 구브로 해안을 의지하고 항해하였다(4절). 만약 순풍이 불었더라면, 그들은 구브로 해안을 끼고서 돌아가지 않고, 곧장 항해하여 앞으로 전진하였을 것이다. 그러나 바람의 방향이 그들에게 좋지 않았기 때문에, 그들은 맞바람을 피하여 구브로 해안을 끼고서 빙 돌아서 항해해 나갈 수밖에 없었다. 선원들은 그들이 하고자 하는 대로 할 수 없는 경우에는 그들이

할 수 있는 한도 내에서 최선을 다해야 하고, 바람이 어느 방향으로 불든지 간에 바람을 최대로 활용하여야 한다. 이 세상이라는 망망대해를 항해해 나가는 우리의 경우도 마찬가지이다. 역풍이 불 때에 우리는 우리가 할 수 있는 한도 내에서 최선을 다하여 어떻게든 앞으로 나아가고자 하여야 한다.

3. 그들은 무라라 불리는 항구에서 배를 갈아 탔다. 그들이 처음에 탔던 배는 더 이상 로마 쪽으로 갈 일이 없었기 때문에, 그들은 이달리야로 가려 하는 알렉산드리아 배에 승선하였다(5-6절). 당시에 알렉산드리아는 애굽의 주요한 도시였고, 그 도시와 이달리야 간에는 교역이 아주 활발하게 이루어지고 있었다. 사람들은 알렉산드리아에서 로마로 곡물과 동인도 및 페르시아의 물품들을 실어 날랐고, 로마는 이렇게 홍해에서 수입해 온 물품들을 다시 지중해 전 지역, 특히 이달리야로 수출하였다. 이달리야 항구들에서는 알렉산드리아 배들에게 특별한 호의를 베풀어서 다른 배들과는 달리 그 배들이 항구에 들어올 때에는 돛을 내리지 않아도 되게 하였다.

4. 그들은 우여곡절 끝에 간신히 그레데 섬의 한 항구였던 미항에 도착하였다(7-8절). 그들은 역풍이 불었거나 바람이 전혀 없어서 여러 날을 더디 항해하였다. 그들은 한참만에 카리아(Caria)의 한 항구인 니도 맞은 편에 이르렀고, 앞에서 구브로 해안을 의지하여 항해하였던 것과 마찬가지로 그레데 해안을 바람막이로 삼아서 항해해 나갈 수밖에 없었다. 그들은 그레데 섬의 동쪽 해안에 있는 살모네 갑(岬)을 지나는 데에 많은 어려움을 겪었다. 그들은 이제까지 항해하면서 폭풍을 만나지는 않았지만, 아주 더디게 항해해 왔다. 그들은 불리한 섭리들을 만났으면서도 뒤로 물러난 것이 아니라 앞으로 서서히 항해하였고, 순조로운 섭리들을 통해서 앞으로 전진한 것이 아니었다. 많은 선한 그리스도인들은 그들의 영혼과 관련된 일들에 있어서 그들이 천국으로 향하는 길에서 무진 애를 써서 앞으로 나아갔고 뒤로 물러서지 않았다고 하소연한다. 그들은 수없이 멈춰 서는 일을 반복해 가면서 앞으로 나아가고, 엄청난 역풍을 맞아 가면서 앞으로 나아간다. 그렇게 해서 그들이 도착한 곳은 미항이라 불리는 곳이었다는 것을 주목하라. 여행자들은 그 곳이 지금까지 그 이름으로 불리고 있고, 그 곳은 이름에 걸맞게 너무도 아름다운 풍광(風光)을 지니고 있다고 말한다.

(1) 하지만 그 곳은 그들이 영원히 머물러야 할 항구가 아니었다. 그 곳은 아

름다운 항구였지만, 그들의 항구는 아니었다. 우리가 이 세상에서 아무리 좋은 환경 속에 처해 있다고 하여도, 우리는 우리가 본항에 있는 것이 아니라는 것을 기억하고서, 일어나서 떠나야 한다. 왜냐하면, 그 곳은 아름다운 항구이기는 하지만, 그들이 바라는 항구는 아니기 때문이다(시 107:30).

(2) 그 곳은 겨울을 지내기에 불편한 항구였다(12절). 그 항구는 훌륭한 전망을 가지고 있었지만, 기후에 취약하였다. 항구가 아름답다고 해서 그 곳이 안전한 항구인 것은 아니라는 것을 명심하라. 가장 아름다운 곳일수록 거기에는 가장 큰 위험이 도사리고 있을 수 있다는 것을 우리는 알아야 한다.

Ⅲ. 바울은 앞으로의 항해와 관련해서 사람들에게 어떤 충고를 하였는가. 그는 지금 배가 정박해 있는 곳에서 겨울을 나는 것으로 만족하고, 날씨가 더 좋아지는 계절이 올 때까지는 움직이지 않는 것이 좋겠다고 말하였다.

1. 지금은 항해하기에는 좋지 않은 때였다. 그들은 역풍과 싸우느라고 많은 시간을 허비한 상태였다. 금식하는 절기가 이미 지났기 때문에, 즉 유대인들이 해마다 금식하는 절기, 제7월의 제10일에 지켜졌던 속죄일, 금식을 통해서 마음을 괴롭게 하는 날이 이미 지났기 때문에 지금 항해하는 것은 위험한 일이었다. 그러니까 우리의 달력 상으로 볼 때에 그 때는 대략 9월 20일 경이었다. 해마다 찾아 오는 그 금식 절기는 매우 경건하게 지켜졌다. 그러나 여기에서 이 금식 절기가 언급된 것이 단지 한 해의 절기를 나타내는 의미만을 지니고 있는 것으로 본다면 모르지만, 그렇지 않다면 우리가 성경의 그 어디에서도 이 금식 절기를 지켰다는 말을 전혀 찾아볼 수 없다는 것은 참으로 이상한 일이다. 선원들은 지금도 미가엘 축일(9월 29일)을 한 해 중에서 다른 여러 날들과 마찬가지로 항해하기에 좋지 않은 때로 여긴다. 그들은 미가엘 축일이 가져온 재앙들에 대하여 하소연한다. 지금 바로 그런 때가 곤경에 빠져 있던 이 선원들에게 닥친 것이었다. 추수가 끝났고, 여름도 지나갔다. 그들은 시간을 허비했을 뿐만 아니라 기회를 잃어버리기도 하였다.

2. 비울은 사람들에게 항해의 위험성을 상기시키면서, 그들이 계속 항해한다면 위험이 닥치게 될 것이라고 알려 주었다(10설). "내기 보ㅣ 이번 항해가 타격과 많은 손해를 끼치리라(그는 하나님께서 알려 주셔서, 또는 계절 상으로 위험이 따르는데도 불구하고 그들이 항해를 계속하고자 고집을 부리는 것을 보고서 이런 것을 알았을 것이다). 이 배에 화물을 실은 사람들은 그 화물들을 잃

을 염려가 있고, 우리가 목숨을 부지한다면, 그것은 긍휼하심의 이적이 될 것이다.” 이 배 안에는 선한 자들이 일부 있었고, 악한 자들은 훨씬 더 많았다. 그러나 이런 부류의 일들에 있어서는 모든 일이 누구에게나 똑같이 닥치고, 의인에게나 악인에게나 일어나는 일들이 모두 일반이다. 의인들과 악인들이 둘 다 동일한 배에 타고 있다면, 그들은 둘 다 동일한 위험에 처해 있는 것이다.

3. 그들은 이 문제에 있어서 바울의 충고를 받아들이려 하지 않았다(11절). 그들은 항해를 잘 알지도 못하는 바울이 이런 종류의 일에 끼어 드는 것이 부적절하다고 생각하였다. 백부장은 비록 여행객에 불과하였지만 관직에 있는 높은 자였기 때문에 이 일을 결정하는 책임을 맡게 되었다. 그는 바울보다 더 자주 배를 타고 항해하였거나 바울보다 더 이 바다에 대하여 잘 알고 있었던 것으로 보이지는 않지만, 바울의 충고를 묵살하였다. 사실 바울은 그레데 섬에 복음을 전한 적이 있었기 때문에(딛 1:5), 이 섬의 몇몇 지역들을 아주 잘 알고 있었다. 그러나 백부장은 바울의 말보다는 선장과 선주의 말을 더 존중하였다. 왜냐하면, 사람들은 통상적으로 전문가의 말을 더 믿는 법이기 때문이다. 그러나 바울 같은 사람은 천국과 아주 친밀한 자였기 때문에, 사람들은 항해하는 문제에 있어서 아주 노련한 선원들의 말보다는 바울의 말을 존중하는 편이 나았을 것이다. 하나님의 계시가 아니라 사람의 분별력으로 움직이는 자들은 그들이 어떤 위험 속으로 뛰어들고 있는지를 알지 못한다는 것을 명심하라. 백부장은 바울을 아주 공손하게 대하긴 하였지만(3절), 바울의 충고를 듣고자 하지는 않았다. 선한 사역자들을 존경하고 예를 갖추어 대하기는 하지만, 그들의 충고를 받아들이려 하지 않는 자들이 많다는 것을 명심하라(겔 33:31).

¹²그 항구가 겨울을 지내기에 불편하므로 거기서 떠나 아무쪼록 뵈닉스에 가서 겨울을 지내자 하는 자가 더 많으니 뵈닉스는 그레데 항구라 한쪽은 서남을, 한쪽은 서북을 향하였더라 ¹³남풍이 순하게 불매 그들이 뜻을 이룬 줄 알고 닻을 감아 그레데 해변을 끼고 항해하더니 ¹⁴얼마 안 되어 섬 가운데로부터 유라굴로라는 광풍이 크게 일어나니 ¹⁵배가 밀려 바람을 맞추어 갈 수 없어 가는 대로 두고 쫓겨가다가 ¹⁶가우다라는 작은 섬 아래로 지나 간신히 거루를 잡아 ¹⁷끌어 올리고 줄을 가지고 선체를 둘러 감고 스르디스에 걸릴까 두려워하여 연장을 버리고 그냥 쫓겨가더니 ¹⁸우리가 풍랑으로 심히 애쓰다가 이튿날 사공들이 짐을 바다에 풀어 버리고 ¹⁹사흘

째 되는 날에 배의 기구를 그들의 손으로 내버리니라 [20]여러 날 동안 해도 별도 보이지 아니하고 큰 풍랑이 그대로 있으매 구원의 여망마저 없어졌더라

이 절들에서 우리는 다음과 같은 내용들을 보게 된다.

I. 배는 다시 항해를 계속하였고, 처음에는 아주 순조롭게 항해가 이루어질 것으로 생각됨. 좀 더 살펴보자.

1. 무엇이 그들로 하여금 미항을 떠나도록 유인하였는가. 그것은 그들이 이 항구가 겨울을 지내기에 불편하다고 생각하였기 때문이었다. 이 항구는 여름에는 더할 나위 없이 훌륭한 곳이었지만 겨울에는 황량한 곳이었다. 또는, 이 항구는 뭔가 다른 이유에서 겨울을 나기에 불편한 곳이었을 수도 있다. 거기에서는 먹을 양식이 부족하고 비쌌는지도 모른다. 그들은 우리가 흔히 그렇듯이 불편함을 피해 보기 위해서 재난을 향하여 달려간 것이었다. 선원들 또는 이 문제를 상의하기 위하여 모였던 자들 중에서는 날씨가 너무도 불확실하기 때문에 바다로 나가기보다는 이 항구에 그대로 머물러 있는 편이 좋겠다고 말한 자들도 있었을 것이다. 폭풍이 이는 바다에 나가서 위험을 감수하는 것보다는 좀 불편하더라도 항구에 머물러서 항구에 있는 것이 더 낫다. 그러나 이 문제가 표결에 부쳐졌을 때에 항구에 남자는 의견을 제시한 사람들의 수가 더 적었고, 거기서 떠나자는 쪽이 더 많았다. 그렇지만 그들은 아주 멀리 가고자 했던 것이 아니라, 이 섬의 또 다른 항구였던 뵈닉스로 가고자 했을 뿐이었다. 어떤 이들은 페니키아인들, 즉 두로와 시돈의 상인들이 이 항구에 자주 드나들어서 그렇게 불리게 되었다고 생각한다. 여기에서는 그 항구가 서남쪽과 서북쪽을 향하여 있었다고 설명한다. 아마도 이 항구는 그레데 섬에서 바다를 향하여 돌출되어 있는 두 개의 갑(岬) 사이에 놓여 있었던 것으로 보이는데, 그 중의 한 갑은 서북쪽을 향해 있었고 또 다른 갑은 서남쪽을 향해 있었기 때문에, 동풍을 막아 주는 역할을 하였다. 이렇게 창조주의 지혜는 배를 타고 바다로 나가거나 큰 물에서 일을 하는 자들의 안전을 지켜주기 위하여 이런 것들을 예비해 놓으셨다. 자연이 우리에게 우리를 지켜 줄 천혜의 항구들을 예비해 두지 않았다면, 자연이 우리에게 항해할 물을 예비해 준 것은 아무 소용도 없었을 것이다.

2. 그들은 처음에 무엇 때문에 그들의 항해가 순조로울 것이라고 생각하게 되었는가. 그들은 순풍을 타고 항해를 시작하였고(13절), 남풍이 순하게 불었기

때문에 그들은 그들의 목적을 이룰 수 있다고 자신하고서, 그레데 해변을 끼고 밀착해서 항해하면서도, 바람이 아주 순하게 불었기 때문에 암초나 모래더미에 배가 좌초될 위험이 있다고 생각하지 않았다. 순풍을 타고서 바다로 나간 자들은 그들이 언제 폭풍을 만나게 될지 모르기 때문에, 그들에게 아무 일도 없을 것이라고 방심하거나 안심해서는 안 된다. 그들의 목적을 이루는 것을 방해하는 온갖 사건들이 그들에게 언제 일어날지 그 누구도 모르기 때문이다. 갑옷 입은 자는 마치 갑옷을 이미 벗은 자처럼 자랑해서는 안 된다.

Ⅱ. 배는 곧 폭풍, 그것도 무시무시한 광풍을 만나게 됨. 그들은 환경을 보았고, 환경이 그들에게 유리하게 만들어진 것을 보고서 마음을 놓고서, 남풍이 지금 순하게 부는 것으로 보아서 바람이 항상 그렇게 불 것이라고 제멋대로 상상하였다. 이러한 확신 속에서 그들은 과감히 바다로 나갔지만, 그들에게 폭풍을 경고하였던 바울의 입을 통해 나온 하나님의 말씀보다 순하게 불어 오는 남풍을 더 믿었던 그들의 어리석음을 곧 깨닫게 되었다. 좀 더 살펴보자.

1. 그들이 처한 위험과 곤경은 어떤 것이었는가.

(1) 광풍이 크게 일어나서 그들에게 직접 들이닥쳤기 때문에, 그들은 앞으로 나아갈 수가 없었다. 하나님과 자기가 마땅히 해야 할 일로부터 도망쳤던 요나와는 달리 바울은 하나님의 뜻을 따라 계속해서 자신이 해야 할 일을 해나가고 있었지만, 하나님께서 요나에게 보내셨던 것과 같은 광풍이 일어나서 큰 물결이 생겨났다. 선원들은 이 광풍을 유라굴로라고 불렀는데, 이 북동풍은 이 바다에서 특별히 위험한 것으로 여겨졌던 것 같다. 배가 이 광풍에 의해서 쫓겨 갔다는 표현이 나오는 것으로 보아서 이 광풍은 일종의 회오리바람이었다(15절). 하나님은 이 광풍을 통해서 스스로 영광을 받으시고 바울에게 존귀함을 더하시기 위하여 이 광풍에게 일어나라고 명하신 것이었다. 폭풍들은 하나님의 곳간에서 나오고(시 135:7), 광풍들은 그의 말씀을 따른다(시 148:8).

(2) 배는 극심하게 요동쳤다(18절). 바다의 물결들은 배를 마치 축구공처럼 이리 차고 저리 차고 하였다. 배를 타고 있던 사람들은 하늘로 솟구쳤다가 깊은 곳으로 내려가고 이리저리 구르며 취한 자 같이 비틀거리니 그들의 목숨이 경각에 달려 있었다(시 107:26-27). 배는 바람을 맞추어 갈 수 없었고, 바람을 거슬러서 나아갈 수 없었다. 그래서 그들은 그러한 폭풍이 부는 상황 속에서는 그들에게 도움이 되기보다는 그들을 위험에 빠뜨릴 수 있는 돛을 접었다. 그렇게 해서

배는 가는 대로 두고 쫓겨 갈 수밖에 없었다. 배는 그들이 가고자 하는 대로 간 것이 아니라 사나운 물결에 휩쓸려서 그 물결이 이끄는 대로 갈 수밖에 없었다. 아마도 그들은 이 광풍이 불기 직전에 이미 뵈닉스 항구에 아주 가까이 다가와 있었기 때문에, 그들은 곧 잔잔한 항구에 도착할 것이라고 생각하고서 겨울을 거기에서 따뜻하게 지내리라는 생각만으로 즐거워하고 있다가, 졸지에 이러한 곤경에 처하게 되었을 것이다. 그러므로 우리는 두렵고 떨리는 가운데 즐거워하여야 하고, 우리가 천국에 갈 때까지는 완전한 안전함이나 영원한 안전함이 있을 것이라고 결코 기대해서는 안 된다.

(3) 그들은 여러 날 동안 해나 별을 보지 못하였다. 그들은 빗줄기 하나 없는 캄캄한 어둠 속에 있었기 때문에 폭풍은 그들에게 더욱 무시무시하게 느껴졌다. 당시에는 선원들에게 방향을 알려 주는 나침반이 사용되지 않았으므로(그래서 그들은 해나 별을 볼 수 없는 때에는 전혀 방향을 잡을 수가 없었다) 상황은 더욱 위험하고 어렵게 되었다. 하나님의 백성의 처지는 종종 영적인 이유 때문에 이렇게 암울하게 된다. 그들은 빛도 없는 흑암 중에 행하게 된다. 해나 별이 보이지 않는다. 그들은 위로가 되거나 힘이 되어 줄 만한 그 어떤 것도 붙잡을 수 없다. 이런 일이 그들에게 있을 수 있지만, 그들은 빛을 위한 씨앗을 뿌리고 있는 것이다.

(4) 그들은 혹독한 시련을 겪었다: 그들이 만난 것은 결코 작은 폭풍이 아니었다. 차가운 비, 눈, 겨울이 몰고 오는 온갖 혹독한 것들이 거기에 있었기 때문에, 그들은 추위로 인해서 거의 죽기 직전이었다. 이런 상황이 여러 날 동안 계속되었다. 바다에 나가는 일이 잦은 사람들이 죽을 위험을 많이 겪는 것 외에도 얼마나 자주 이러한 곤경들을 겪게 되는지를 보라. 그렇지만 바다에서 자신의 목적을 이루기 위하여 이 모든 것들을 아무렇지도 않게 여기는 자들이 여전히 있다. 몇몇 사람들로 하여금 이 일이 그토록 어려운 난관들을 수반함에도 불구하고 나라들 간, 특히 이방의 섬들 간의 교역을 유지시키기 위하여 이런 일에 종사하고자 하는 마음을 갖게 하시는 것은 하나님의 섭리를 보여주는 한 예이다. 잇사갈이 자신의 장막에 머무는 것을 기뻐하듯이, 스불론은 밖에 나가는 것을 진심으로 즐거워한다. 그러므로 그리스도께서 배를 타는 자들 가운데서 자신의 사역자들을 택하신 것은 아마도 그들이 역경을 견디는 데에 익숙해져 있었기 때문이었는지도 모른다.

2. 그들은 살기 위해서 어떤 수단들을 사용하였는가. 그들은 곤경에 빠진 선원들이 할 수 있는 온갖 가련한 방책들을 총동원하였다(나는 그것들을 가련한 것들이라고 부를 수밖에 없다).

(1) 그들은 바람을 거슬러서 앞으로 나아갈 수 없게 되자 노를 젓거나 돛을 올리는 것이 아무 소용이 없다는 것을 알고서 배가 광풍에 이끌려서 이리저리 표류하도록 그대로 내버려 두었다. 이리저리 애를 써봐야 아무 소용이 없을 때에는 얌전히 있는 것이 상책이다.

(2) 그럼에도 불구하고 그들은 현재의 위험을 피하기 위하여 그들이 할 수 있는 일을 하였다. 배가 가우다라는 작은 섬에 가까이 다가갔을 때에 그들은 배를 그들이 가고자 하는 방향으로 움직일 수는 없었지만 배가 좌초되는 것만은 막아야 하겠다고 생각하여서, 그 작은 섬과 배가 충돌하지 않도록 여러 가지 조치를 취하여서, 겨우 그 섬 아래로 아무 탈 없이 배가 지나갈 수 있게 하였다(16절).

(3) 그들은 배를 구해 내기가 어렵겠다는 생각이 들자 어떻게 해서든지 배를 구하기 위해서 야단법석을 떨며 바쁘게 움직였다. 그들은 간신히 거루를 잡아서 (16절) 마침내 배를 끌어 올렸다(17절). 거룻배는 비상시에 쓸모가 있을 것이었기 때문에, 그들은 온갖 힘을 다해서 어렵사리 그 거룻배를 그들의 배 안으로 끌어 올렸다.

(4) 당시에는 오늘날과 비교해서 항해술이 훨씬 미숙하였지만, 그들은 당시로 보아서는 충분히 적합했던 수단들을 사용하였다. 그들은 줄을 가지고 선체를 둘러 감았다(17절). 그들은 격렬한 폭풍우로 인해서 배의 밑바닥이 파손되지 않도록 하기 위하여 튼튼한 줄로 선체를 동여 맸던 것이다.

(5) 스르디스(갑자기 쌓인 모래더미) 속에 배가 빠질 것을 염려해서 그들은 돛을 올려서, 배가 마음대로 가게 내버려 두었다. 아무리 폭풍이 이는 기후 속에서도 배가 망망대해에서 살아 남을 수 있다는 것은 참으로 이상한 일이다. 선원들은 배를 해변에 멜 수 없는 경우에는 최대한 배를 해변에서 멀리 떨어지게 하는 데에 목표를 둔다.

(6) 이튿날 그들은 배에 실은 짐들과 함께 죽는 것보다는 차라리 가난하게 될지라도 살아 남기 위해서 그 짐들을 바다에 던져 버려서 배를 가볍게 하였다 (요나가 탔던 배의 선원들이 했던 것처럼, 욘 1:5). 가죽으로 가죽을 바꾸오니 사

람이 그의 모든 소유물로 자기의 생명을 바꾸올지라. 이 세상의 재물이 어떤 것인지를 보라. 사람들이 이 세상의 재물을 축복으로 여겨서 아무리 애지중지한다고 할지라도, 그 재물이 너무 무거워서 사람들이 그 재물을 안전하게 가져갈 수 없을 뿐만 아니라, 그 재물을 소유한 자를 함께 가라앉혀 버리기 때문에, 그 재물이 오히려 짐이 될 때가 올 수도 있다. 내가 해 아래에서 큰 폐단되는 일이 있는 것을 보았나니 곧 소유주가 재물을 자기에게 해가 되도록 소유하는 것이라(전 5:13). 재물과 결별하는 것이 그들에게 유익이 된다. 그러나 이 세상 사람들이 얼마나 어리석은지를 보라. 그들은 영원한 진리 자체이신 그리스도께로부터 경건과 구제의 일들, 그리고 그리스도를 위하여 고난받는 것에 자신의 재물을 아낌없이 사용하는 자들은 의인들이 부활할 때에 천 배 이상으로 보상을 받게 되리라는 말씀을 들었음에도 불구하고, 자신의 목숨을 구하는 데에는 그들의 재물을 아낌없이 쓰지만, 경건과 구제의 일, 그리스도를 위하여 고난받는 일에는 그들의 재물을 쓰기를 너무도 아까워하고 인색하게 쓴다. 천국에 더 낫고 영구한 소유가 있는 줄 알아서 자기 소유를 빼앗기는 것도 기쁘게 당하는 자들이야말로 참된 신앙 위에서 살아가는 자들이다(히 10:34). 그 누구라도 자신의 목숨을 잃느니 차라리 자신의 재물을 잃는 편을 택하고자 할 것이다. 그러나 자신의 재물을 잃느니 믿음과 착한 양심을 파선시키는 편을 택하는 사람이 많다.

(7) 사흘째 되는 날에 그들은 배의 기구들, 즉 배에 있던 여러 가지 도구들을 내버렸다. 어떤 이들은 마치 이 배가 무장을 갖춘 배였던 것처럼 생각해서 여기서 말하는 배의 기구들을 무기들로 해석하기도 한다. 우리의 경우에도 극심한 폭풍이 몰아치는 가운데서 무거운 총들을 가득 쌓아 두고 있는 일이 비일비재하다. 그러나 그들이 과연 배를 가볍게 하기 위하여 반드시 버려야 했던 그 어떤 무거운 무기들을 가지고 있었을지 나는 모르겠다. 나는 선원들이 폭풍이 일 때에 큰 소용이 될 수 있는 그런 도구들, 별로 무게가 나가지 않는 그런 도구들조차도 바다 속에 던져 버리는 것은 잘못된 것이 아닌가 생각한다.

3. 그들은 마침내 절망하게 되었다(20절): 구원의 여망마저 없어졌더라. 폭풍은 계속되었고, 폭풍이 누그러질 징후는 전혀 없었다. 폭풍이 몰아치는 기후가 몇 주 동안 지속된 적이 있는 것을 우리는 알고 있다. 그들이 사용했던 방법들은 아무 소용이 없었기 때문에, 그들은 죽을 위기에 처해 있었다. 모든 소망을 잃고서 실의에 빠져서 낙담하고 있었기 때문에, 그들은 먹거나 마실 생각도 하

지 않았다. 배에는 그들이 먹을 충분한 양식이 있었지만(38절), 그들은 죽음에 대한 공포 때문에 거기에 얽매여서 음식을 먹고서 기운을 차릴 생각을 할 수 없었다. 바울은 왜 그리스도의 능력을 힘입어서 그리스도의 이름으로 이 풍랑을 잔잔하게 하지 않았던 것인가? 그는 왜 주님께서 하셨던 것처럼 바람과 풍랑을 향하여 잠잠하라 고요하라고 말하지 않았던 것인가? 분명히 그것은 사도들은 그들 자신이나 그들의 친구들을 위기에서 구해내기 위해서가 아니라 그들이 전한 말씀을 확증하기 위해서 이적들을 베풀었기 때문일 것이다. 우리는 여기에서 곤경에 처한 바울과 그와 함께 배에 탔던 자들이 결국 어떻게 되었는지를 보게 된다. 그들은 모두 목숨을 건졌는데, 그것은 다 바울 덕분이었다.

[21]여러 사람이 오래 먹지 못하였으매 바울이 가운데 서서 말하되 여러분이여 내 말을 듣고 그레데에서 떠나지 아니하여 이 타격과 손상을 면하였더라면 좋을 뻔하였느니라 [22]내가 너희를 권하노니 이제는 안심하라 너희 중 아무도 생명에는 아무런 손상이 없겠고 오직 배뿐이리라 [23]내가 속한 바 곧 내가 섬기는 하나님의 사자가 어제 밤에 내 곁에 서서 말하되 [24]바울아 두려워하지 말라 네가 가이사 앞에 서야 하겠고 또 하나님께서 너와 함께 항해하는 자를 다 네게 주셨다 하였으니 [25]그러므로 여러분이여 안심하라 나는 내게 말씀하신 그대로 되리라고 하나님을 믿노라 [26]그런즉 우리가 반드시 한 섬에 걸리리라 하더라 [27]열나흘째 되는 날 밤에 우리가 아드리아 바다에서 이리 저리 쫓겨가다가 자정쯤 되어 사공들이 어느 육지에 가까워지는 줄을 짐작하고 [28]물을 재어 보니 스무 길이 되고 조금 가다가 다시 재니 열다섯 길이라 [29]암초에 걸릴까 하여 고물로 닻 넷을 내리고 날이 새기를 고대하니라 [30]사공들이 도망하고자 하여 이물에서 닻을 내리는 체하고 거룻배를 바다에 내려 놓거늘 [31]바울이 백부장과 군인들에게 이르되 이 사람들이 배에 있지 아니하면 너희가 구원을 얻지 못하리라 하니 [32]이에 군인들이 거룻줄을 끊어 떼어 버리니라 [33]날이 새어 가매 바울이 여러 사람에게 음식 먹기를 권하여 이르되 너희가 기다리고 기다리며 먹지 못하고 주린 지가 오늘까지 열나흘인즉 [34]음식 먹기를 권하노니 이것이 너희의 구원을 위하는 것이요 너희 중 머리카락 하나도 잃을 자가 없으리라 하고 [35]떡을 가져다가 모든 사람 앞에서 하나님께 축사하고 떼어 먹기를 시작하매 [36]그들도 다 안심하고 받아 먹으니 [37]배에 있는 우리의 수는 전부 이백칠십육 명이더라 [38]배부르게 먹고 밀을 바다에 버려 배를 가볍게 하였더니 [39]날이 새매 어느 땅인지 알

지 못하나 경사진 해안으로 된 항만이 눈에 띄거늘 배를 거기에 들여다 댈 수 있는가 의논한 후 [40]닻을 끊어 바다에 버리는 동시에 키를 풀어 늦추고 돛을 달고 바람에 맞추어 해안을 향하여 들어가다가 [41]두 물이 합하여 흐르는 곳을 만나 배를 걸매 이물은 부딪쳐 움직일 수 없이 붙고 고물은 큰 물결에 깨어져 가니 [42]군인들은 죄수가 헤엄쳐서 도망할까 하여 그들을 죽이는 것이 좋다 하였으나 [43]백부장이 바울을 구원하려 하여 그들의 뜻을 막고 헤엄칠 줄 아는 사람들을 명하여 물에 뛰어내려 먼저 육지에 나가게 하고 [44]그 남은 사람들은 널조각 혹은 배 물건에 의지하여 나가게 하니 마침내 사람들이 다 상륙하여 구조되니라

우리는 여기에서 배에 탄 사람의 수가 몇 명이었는지에 대하여 듣게 된다(37절) ― 선원들, 상인들, 군인들, 죄수들, 그리고 그 밖의 승객들을 모두 합하여 276명이었다. 성경에서 이렇게 사람들의 수를 기록해 놓은 것은 우리로 하여금 그들에 대하여 더 관심을 가지도록 하기 위한 것이다. 그들은 상당히 많은 수였는데, 그들의 목숨이 지금 경각에 달려 있었다. 그런데 우리는 나머지 모든 사람들보다도 바울 한 사람이 더 빛이 나고 있는 것을 보게 된다. 다른 사람들은 모두 절망에 빠져서 자포지기한 상태에 놓여 있었다. 요나가 탄 배의 선원들처럼 그들이 각자 자기 신을 불렀는지는 본문에 나와 있지 않다. 폭풍을 만났을 때의 이 칭찬할 만한 행동은 유행이 지나서 웃음거리가 된 것이 아니라면, 그것은 좋은 일이다. 하지만 요나와는 달리 바울은 이 선원들 중에서 폭풍이 일어나게 된 원인을 제공한 자가 아니었고, 이 폭풍우 속에서 선원들을 위로하는 자였기 때문에, 요나가 선지자의 이름에 먹칠을 한 것과는 달리 바울은 사도의 이름에 빛을 더하였다. 여기에서 우리는 다음과 같은 것들을 보게 된다.

I. 인간적으로 볼 때에는 그들이 구원받을 소망이 모두 사라져 버린 것처럼 보였을 때에 바울은 그들에게 하나님의 이름으로 그들이 모두 구원받아 살게 될 것이라고 장담함으로써 그들에게 용기를 줌. 바울은 먼저 절망한 그들의 마음을 일으켜 세워서 그들이 절망 속에서 아무것도 먹지 않음으로써 스스로 죽어가는 것은 옳지 않다고 말하고, 그들이 음식을 먹고 힘을 차리면 곧 이 곤경 속에서 벗어나게 될 것이라고 격려하였다. 그들은 마치 살 궁리를 찾아낼 때까지는 먹지 않겠다고 결심한 자들처럼 오래 먹지 못하였으매 바울이 그들 가

운데 섰다. 배가 곤경에 빠지게 된 그 날부터 지금까지 바울은 앞에 나서지 않고 무리들 가운데 끼여서 다른 사람들과 마찬가지로 배의 기구를 내버리는 일을 도왔지만(19절), 이제는 앞에 나서서, 비록 죄수의 신분이긴 하였지만 그들의 모사와 위로자가 되고자 하였다.

1. 바울은 라새아 시(市)에 가까운 미항에 그대로 머물자는 자신의 제안을 그들이 받아들이지 않은 것에 대하여 책망하였다(8절). "여러분이여 내 말을 듣고 그레데에서 떠나지 아니하고 거기에서 겨울을 지냄으로써 이 타격과 손상을 면하였더라면 좋을 뻔하였느니라." 이 세상에서의 타격과 손상이 우리에게 닥쳐온다고 하더라도, 그런 것들은 우리에게 유익이 된다고 우리는 진정으로 말할 수 있다. 왜냐하면, 타격과 손상으로 인해서 우리가 이 세상에 있는 모든 것들에 대하여 시들해지고, 정신을 차려서 우리가 장차 있게 될 천국을 준비하게 된다면, 그것은 진정으로 우리가 타격과 손상을 통해서 유익을 얻은 것이라고 할 수 있기 때문이다. 그들은 바울이 그들에게 그의 조언을 듣지 않으면 위험에 빠지게 될 것이라고 경고하였을 때에 그의 말에 귀를 기울이지 않았었다. 그렇지만 그들이 자신의 어리석음을 인정하고 뉘우치기만 한다면, 바울은 위험에 빠져 있는 그들에게 그들이 살아날 방도와 위로를 기꺼이 전하고자 하였다. 마찬가지로, 사람들이 자신의 무지로 인해서, 또는 충고를 무시하고 제멋대로 행함으로써 비참한 곤경 속으로 빠져 들었다고 할지라도, 하나님께서는 곤경 속에 있는 자들에 대하여 연민의 마음을 가지고 계신다. 바울은 그들에게 위로의 말을 하기 전에 먼저 그들의 경솔함을 책망함으로써 그들로 하여금 그의 말에 귀를 기울이지 않은 죄를 깨우치고자 하였다. 아마도 바울은 그들에게 그들이 입은 타격과 손상에 대하여 말하였을 때 그들이 바울의 조언과는 달리 지금 항해를 하게 되면 그들이 많은 시간을 절약하게 되고 이런저런 이득을 보게 될 것이라고 장담하였다는 것을 상기시키고 있는 것이다. 바울은 이렇게 말한다. "그러나 너희가 타격과 손상 외에 얻은 것이 무엇이냐. 너희가 이것에 대하여 과연 할 말이 있느냐?" 그들이 잘못한 것은 그들이 얼마든지 안전하게 머물 수 있었던 그레데를 떠난 것이었다. 대부분의 사람들은 그들이 지금 잘 지내고 있다는 것을 모르기 때문에 다른 사람들의 충고를 무시하고 더 잘 살아 보겠다고 위험한 곳으로 뛰어들어서 스스로 타격과 손상을 자초한다는 것을 명심하라.

2. 바울은 그들에게 비록 배는 잃게 되겠지만 그들 중의 한 사람도 목숨을 잃지는 않을 것이라고 확실하게 말하였다. 그는 "너희는 나의 말을 듣지 않는 어리석음을 저질렀으니, 이제 너희가 다 목숨을 잃는다고 해도 그것은 다 너희 잘못이기 때문에 스스로 감수해야 한다. 충고를 들으려 하지 않는 자들은 도움을 받을 수 없는 법이다"라고 말한 것이 아니라 "그렇지만 지금도 이 일과 관련해서 이스라엘에 소망이 있으니, 너희의 처지가 딱하게 되었지만, 절망적인 것은 아니기 때문에, 내가 너희를 권하노니 이제는 안심하라"고 말하였다. 이렇게 우리는 자신의 죄와 어리석음을 깨닫고서 자신의 잘못을 뉘우치며 탄식하기 시작하는 죄인들에게 이렇게 말하여야 한다. "너희가 내 말을 들었더라면, 죄와 아무 상관도 없는 자가 되었을 것이다. 그렇지만 지금이라도 우리가 너희를 권하노니 안심하라. 우리가 주제넘게 행하지 말라고 말했을 때 너희가 우리의 충고를 받아들이려 하지 않았지만, 이제는 우리가 절망하지 말라고 할 때에 그 충고를 받아들여라." 구원의 여망마저 다 없어졌기 때문에, 그들은 자신의 주장을 버린지 오래되있고, 다른 방도를 찾아보고자 하지도 않았다. 지금 바울은 그들이 활기를 되찾고자 하기만 한다면 그들은 목숨을 건지게 되리라고 그들에게 말해 줌으로써 그들을 일깨워서 스스로 적극적으로 살 궁리를 해 나가도록 격려하였다. 바울은 그들이 모든 수단을 다 써보고서도 아무것도 진척된 것이 없어서 최후의 극단까지 내몰리게 되었을 때에 그들에게 이러한 확신을 준다. 왜냐하면, 그들이 모두 꼼짝없이 죽게 되었다고 결론을 내리고 체념하고 있을 때에 그들 중의 한 사람도 죽지 않으리라는 말을 듣게 되면, 그들은 그 말을 갑절로 환영하게 될 것이기 때문이다. 바울은 그들에게 다음과 같은 것들을 말해 준다.

(1) 그들은 배를 잃어버리는 것은 감수해야 한다는 것. 배와 거기에 실린 물선들에 관심이 있었던 자들은 아마도 바울의 충고에도 불구하고 계속해서 항해를 해나가자고 밀어 부쳤던 자들 중의 대다수를 차지하고 있었을 것인데, 그들은 지금 그들의 경솔한 행동에 대한 내가름 톡톡히 치르게 될 것이라는 말을 듣고 있는 것이다. 그들의 배는 좌초되어 파선될 것이다. 수많은 화려하고 웅장하며 견고한 배들이 큰 물결 속에서 순식간에 사라져 버린다. 헛되고 헛되니 모든 것이 헛되고 마음만 괴롭게 할 뿐이다.

(2) 그러나 아무도 생명에는 손상이 없을 것이다. 이 말은 죽음이 두려워서 음

식 먹기를 거부하며 죽고자 하였던 자들, 죄 지은 양심으로 인해서 죽음이 훨씬 더 두렵게 다가왔던 자들에게 좋은 소식이 아닐 수 없었다.

3. 바울은 자기가 무슨 근거로 이러한 장담을 한 것인지를 그들에게 말하였다. 그것은 그들에게 농담을 하거나 그들의 기분을 풀어 주거나 인간적으로 추측한 것이 아니라, 그는 그렇게 될 것이라는 하나님의 계시를 받은 것이었다. 바울은 하나님께서 자신의 말을 반드시 지키신다는 것을 지금까지 체험해 왔기 때문에 하나님께서 참되시듯이 이번에 그에게 주신 말씀도 참될 것을 믿어 확신하였다. 하나님의 사자가 밤에 그에게 나타나서 그로 인하여 그들이 모두 살게 될 것이라고 말하여 주었다(23-25절). 그들이 섭리에 의해서만이 아니라 바울에 대한 특별한 은총으로 인한 하나님의 약속에 의해서 목숨을 건지게 되리라는 것은 그들에게 갑절로 주어진 하나님의 긍휼하심이었다. 여기에서 우리는 다음과 같은 것들을 볼 수 있다.

(1) 바울은 이렇게 좋은 소식을 전해 주신 하나님과 자기가 어떤 관계에 있는지를 엄숙하게 고백하였다: 하나님은 내가 속한 바 곧 내가 섬기는 하나님이시다.

[1] 바울은 하나님은 그의 합법적인 주인으로 여긴다. 하나님은 그에 대하여 아무도 이의를 제기할 수 없는 절대적인 권한을 가지고 계시고 그에 대한 통치권을 가지고 계신다: 나는 그의 것이다. 우리가 우리 자신을 만든 것이 아니라 하나님께서 우리를 만드셨기 때문에, 우리는 우리 자신의 것이 아니라 하나님의 것이다. 하나님께서 우리를 만드셨기 때문에, 창조라는 사실에 근거해서 우리는 하나님의 것이다. 하나님은 우리를 붙잡아 주셔서 우리로 하여금 살아가게 하시기 때문에, 우리의 목숨을 보존해 주시는 하나님은 우리의 주인이시다. 하나님은 우리를 구속을 통해서 값을 주시고 사셨기 때문에, 우리는 하나님의 것이다. 우리는 우리 자신의 것이기 이전에 하나님의 것이다.

[2] 바울은 하나님을 그의 통치자이자 주인으로 여긴다. 하나님은 그에게 존재를 주셨기 때문에 그에게 법을 주실 권한도 가지고 계신다: 나는 하나님을 섬긴다. 우리는 하나님의 것이기 때문에, 우리는 하나님을 섬기고 하나님의 영광을 위하여 헌신하며 하나님의 일에 쓰임받아야 한다. 여기에서 바울이 하나님이라고 할 때에 그가 바라본 것은 그리스도였다. 그리스도는 하나님이시고, 천사들, 즉 사자들은 그의 소유로서 그의 심부름을 다니는 존재들이다. 바울은

흔히 자기 자신을 예수 그리스도의 종이라고 부른다. 바울은 그리스도인이자 사도로서 그리스도의 것이고 그리스도를 섬긴다. 바울은 "우리가 속한 바 곧 우리가 섬기는 하나님"이라고 말하지 않는다. 왜냐하면, 배에 타고 있던 대부분의 사람들은 바울이 잘 모르는 사람들이었기 때문이다. 그래서 그는 "다른 사람들은 어떤지 모르지만 내가 속한 바 곧 내가 섬기는 하나님, 아니 너희는 세상일 때문에 로마로 가고 있지만 나는 그리스도의 증인으로 나타나기 위하여 로마로 가는데, 그렇게 할 때에 내가 진정으로 섬기고 있는 하나님"이라고 말한다. 지금 바울이 무리들에게 이런 말을 한 것은 그들이 바울이 속한 바 곧 바울이 섬기는 하나님으로 인해서 목숨을 건지게 되었다는 것을 알고서 그 하나님을 그들의 하나님으로 모시고 섬길 수 있게 하기 위한 것이었다. 동일한 이유로 요나는 그가 탄 배의 선원들에게 나는 바다와 육지를 지으신 하늘의 하나님 여호와를 경외하는 자로라고 말하였다(욘 1:9).

(2) 바울은 자기가 본 환상을 말해 주었다: 하나님의 사자, 즉 전에도 그에게 하늘로부터의 메시지들을 전해 주곤 하였던 천사가 어제 밤에 내 곁에 서서 말하였다. 하나님의 사자는 바울이 그의 침상에서 아직 잠이 들지 않고 깨어 있었을 때에 그에게 가시적으로 나타나서 그의 곁에 섰다. 바울은 먼 바다에 있었고(시 65:5) 바다 끝에 있었지만(시 139:9), 이것은 그가 하나님과 교통하는 것을 방해할 수 없었고 그에게서 하나님께서 찾아 오시는 유익을 빼앗을 수 없었다. 거기에서 바울은 하나님께 기도할 수 있었고, 하나님은 거기로 천사를 보내실 수 있었다. 바울은 자기가 어디에 있는지를 알지 못하였지만, 하나님의 천사는 바울을 어디에 가면 찾을 수 있는지를 알고 있었다. 광풍과 파도로 인해서 배는 요동쳤고 격렬하게 앞뒤로 움직였지만, 천사는 정확히 바울을 찾아내었다. 폭풍우나 광풍 같은 것들은 하나님의 은총이 그의 백성에게 전달되는 것을 방해할 수 없다. 왜냐하면, 하나님은 바다가 솟아나고 뛰놀 때에도(시 46:1, 3) 바로 옆에 계시는 도움이시기 때문이다. 바울은 죄수였기 때문에 배에서 자신만을 위한 선실을 갖고 있지 않았고, 짐칸에 두어져 있었을 것이지만(다른 죄수들과 마찬가지로 그에게도 어둡고 더러운 짐칸도 과분하게 여겨졌다), 하나님의 천사는 거기까지 찾아와서 그의 곁에 섰다. 비천하고 가난한 것은 하나님과 그의 은총을 가로막는 것이 될 수 없다. 야곱은 돌베개를 베고 구름을 이불 삼아서 잤지만 천사들에 관한 환상을 보았다. 바울은 이 환상을 어제 밤에야 보게

되었다. 그는 주께서 전에 그에게 나타나셔서 그가 로마로 가야 할 것이라고 말씀해 주셨기 때문에(행 23:11), 자기는 안전할 것이라는 것을 알고 있었을 것이다. 그러나 하나님께서는 그에게 그와 더불어서 그와 함께한 사람들도 모두 안전하리라는 것을 말씀해 주시기 위하여 이렇게 새롭게 환상을 보여 주신 것이다.

(3) 환상 속에서 그에게 주어진 격려의 말씀들(24절).

[1] 두려워 말라고 하심. 네 주변의 모든 사람들의 목숨이 경각에 달려 있고, 그들이 모두 절망에 빠져 있다고 하더라도, 바울아 두려워하지 말라. 그들이 두려워하는 것을 두려워하지 말며 놀라지 말라(사 8:12). 시온의 죄인들은 바다와 폭풍을 두려워할지라도 성도들은 두려워하지 않아야 한다. 왜냐하면, 만군의 여호와께서 그들과 함께 하시고, 그들이 높은 곳에 거하리니 견고한 바위가 그들의 요새가 될 것이기 때문이다(사 33:14-16).

[2] 그가 로마로 안전하게 가게 될 것이라고 하심: 네가 가이사 앞에 서야 하리라. 아무리 막강한 원수들이 날뛰고 광분하여도 하나님의 증인들이 그들에게 맡겨진 사명을 다 마칠 때까지는 그들을 막을 수 없는 것과 마찬가지로, 광풍이 불고 폭풍우가 치는 바다도 마찬가지이다. 바울에게는 앞으로 더 해야 할 일이 있기 때문에, 그는 이 위험 속에서 목숨을 건지게 될 것이다. 하나님께서 하나님의 신실한 종들에게 시키실 일이 남아 있는 동안에는 그들은 결코 죽지 않으리라는 것은 곤경과 난관에 빠져 있는 하나님의 종들에게 큰 위로가 된다.

[3] 바울 덕분에 그와 함께 이 배에 탄 모든 자들이 이 폭풍우 속에서 죽지 않고 건지심을 받게 되리라는 것: 하나님께서 너와 함께 항해하는 자를 다 내게 주셨다. 바울에게 이 메시지를 전하라고 지시를 받은 천사는 비참한 상황에 처해 있는 배에 탄 자들 가운데서 오직 바울과 그의 친구들만을 따로 빼내어서 해변으로 안전하게 옮겨 놓고, 바울의 충고를 받아들이려 하지 않았던 나머지 모든 자들은 바다에서 죽게 내버려 둘 수도 있었다. 그러나 하나님은 오직 바울만을 구원하심으로써 선한 자들이 세상 사람들과는 얼마나 특별한 대우를 받는지를 보여주시고자 하지 않으시고, 바울로 인하여 그들 모두의 목숨을 건져 주심으로써 선한 자들이 세상에 대하여 얼마나 큰 축복인지를 보여주고자 하셨다. 하나님께서 너와 함께 항해하는 자를 다 내게 주셨다. 즉, 그들은 너의 기도 또는 네 덕분에 살아나게 된 것이다. 선한 자들이라고 할지라도 종종 자녀는 건지지 못

하고 자기만 건지게 되는 일이 있다(겔 14:18). 그러나 바울은 여기에서 그와 함께 배에 탄 모든 사람, 즉 거의 삼백 명이나 되는 목숨을 구하였다. 하나님께서는 종종 경건한 자들 때문에 악한 자들을 살려두신다는 것을 명심하라. 하나님은 롯을 생각하셔서 소알을 심판하지 않으시고 그대로 두셨으며, 만약 소돔에 열 명의 의인이 있었더라면 소돔도 심판하지 않으시고 그대로 두셨을 것이다. 세상 사람들은 선한 자들이 이 세상에서 살도록 내버려 둘 가치가 없는 자들이라고 생각하여 미워하고 박해하지만, 사실은 그런 자들 덕분에 세상이 그대로 존재하고 유지되는 것이다. 만약 바울이 스스로 쓸데없이 악한 무리들에 휩쓸려서 어울리게 된 것이었다면, 그는 마땅히 그들과 더불어 함께 죽었을 것이지만, 이번 경우에는 하나님께서 그를 그런 상황 속에 두신 것이었기 때문에, 그 사람들은 그와 함께 목숨을 건지게 된 것이었다. 하나님의 사자는 다른 사람들이 바울 덕분에 목숨을 건지게 된 것은 하나님께서 바울에게 베푸신 큰 은총이었고 바울도 그렇게 여겼다는 것을 암시해 주는 말을 하였다: 다 네게 주셨다. 자기가 많은 사람들에게 복이 되고 있다는 것을 아는 것만큼 선한 자에게 큰 만족을 주는 것은 없다.

4. 바울은 자기 자신이 위로받은 것과 동일한 위로들을 통해서 그들을 위로하였다(25절). "그러므로 여러분이여 안심하라. 너희는 이 일이 결국 좋게 끝나게 되는 것을 보게 될 것이다. 나는 내게 말씀하신 그대로 되리라고 하나님을 믿고 그의 말씀을 의지하기 때문이다." 바울은 자기 스스로 믿지 못하는 것을 그들에게 믿으라고 요구하고자 하지 않았다. 그러므로 그는 자기가 하나님께서 그렇게 말씀하신 것을 믿고 있고, 그렇게 믿어서 마음이 편안하다는 것을 엄숙하게 고백하였다. "나는 하나님께서 내게 말씀하신 것이 그대로 이루어지리라는 것을 의심하지 않는다." 이렇게 바울은 믿음이 없어 하나님의 약속을 의심하여 흔들리지 않았다. 하나님께서 어찌 그 말씀하신 바를 행하지 않으시랴. 의심할 여지 없이 하나님은 하실 수 있으시고, 의심할 여지 없이 하나님은 하시고자 하신다. 왜냐하면, 하나님은 사람이 아니시니 거짓말을 하지 않으시기 때문이다. 하나님께서 말씀하신 것이니 반드시 이루어지지 않겠느냐 ? 그러니 안심하고 용기를 내어라. 하나님은 영원토록 신실하신 분이시기 때문에, 하나님의 약속을 받은 모든 자들은 언제든지 안심하고 즐거워하여야 한다. 하나님께서 말씀하시는 것과 행하시는 것이 서로 별개의 것이 아니라면, 우리에게서 믿는 것과 즐

거워 하는 것이 별개의 것이 되어서야 되겠는가.

5. 바울은 이 폭풍우 속에서의 항해가 결국 어떤 식으로 끝나게 될 것인지를 구체적으로 말해 줌으로써 하나님의 말씀이 그대로 이루어지리라는 표적을 그들에게 제시한다(26절). "우리가 반드시 한 섬에 걸리게 되어서, 배는 부숴지고 사람들은 모두 목숨을 건지게 될 것이다. 그렇게 해서 이 두 가지에 대한 각각의 예언이 성취될 것이다." 배를 조종하는 도선사는 이미 자신의 자리를 떴고, 배는 제멋대로 가고 있었기 때문에, 그들은 그들의 항로를 어떻게 잡아야 할지는 물론이고 그들이 지금 어느 위치에 있는지조차 알지 못하였다. 그렇지만 하나님께서는 섭리를 통해서 한 섬으로 데려다 주실 것이고, 그 곳은 그들이 피할 곳이 될 것이다. 하나님의 교회가 이 배처럼 광풍에 요동하여 괴로움을 당하고 안위를 받지 못하며 그 모든 자녀들을 인도해 줄 자가 아무도 없을 때, 하나님은 교회를 해변으로 안전하게 데려다 주실 수 있으시고, 또한 그렇게 하고자 하신다.

II. 그들이 마침내 미지의 해변에 닻을 내리게 됨(27-29절).

1. 그들은 끊임없이 죽음을 예감하면서 폭풍우 속에서 2주일을 보냈었다: 열나흘째 되는 날 밤에 그들은 육지에 가까이 왔다. 그들은 그 밤에 아드리아 바다에서 이리저리 밀려 다녔다. 여기에서 말하는 아드리아 바다는 베니스가 있는 아드리아만이 아니라 시칠리아 바다와 이오니아 바다를 포함하는 지중해의 일부로서 아프리카 해안까지 뻗어 있는 아드리아해를 가리킨다. 이 바다에서 그들은 폭풍우에 시달렸고, 그들이 어디에 있는지를 알지 못하였다.

2. 자정 쯤 되어 사공들이 어느 육지에 가까워지는 줄을 짐작하였다. 이것은 그들이 어느 섬엔가 걸리게 되리라던 바울의 말과 일치하는 것이었다. 과연 육지에 가까이 온 것인지 아닌지를 알아 보기 위해서 그들은 물을 재어 보았는데 이것은 수심이 얼마나 깊은지를 알아 내기 위한 것이었다. 왜냐하면 육지에 가까이 갈수록 수심은 더 얕아지는 법이기 때문이다. 첫 번째 측정을 통해서 그들은 수심이 스무 길이 되는 것을 알아 냈고, 조금 가다가 다시 재니 열 다섯 길이었다. 이것은 그들이 점점 해변으로 다가가고 있다는 것을 보여주는 것이었다. 하나님께서는 어둠 속에 있던 선원들에게 이렇게 자연적인 경보를 통해서 배가 좌초되지 않도록 조심하라고 지혜롭게 알려 주신 것이었다.

3. 그들은 육지가 가까이 있다는 낌새를 알아차리고서 해변 가까이에 있는

암초가 염려되어서 닻을 내리고 날이 새기를 고대하였다. 그들은 배가 암초에 걸릴 것이 염려되어서 앞으로 감히 나아갈 수도 없었고 육지가 가깝다는 희망 속에서 뒤로 물러나고자 하지도 않았다. 그래서 그들은 그 상태로 아침까지 기다리고자 하였고, 아침이 오기만을 학수고대하였다. 일이 이 지경이 되었는데 누가 그들을 탓할 수 있겠는가? 그들에게 빛이 있었을 동안에는 육지가 보이지 않았었다. 그런데 지금 그들 가까이 육지가 있다는 것을 알게 되었을 때에는 그들로 하여금 그 육지를 볼 수 있게 해 줄 빛이 없었다. 그 때에 그들이 날이 밝기만을 학수고대한 것은 전혀 이상한 일이 아니다. 하나님을 경외하는 자들이 어둠 속에서 행하고 빛이 없을 때, 그들은 주께서 우리를 버리셨다거나 우리 하나님께서 우리를 잊으셨다고 말해서는 안 된다. 그들은 여기에서 선원들이 했던 것처럼 닻을 내리고서 날이 밝기를 고대하여야 하고, 날이 반드시 밝으리라는 것을 확신하여야 한다. 우리가 이 소망을 가지고 있는 것은 영혼의 닻 같아서 튼튼하고 견고하여 휘장 안에 들어간다. 그러한 소망을 붙잡고서, 다시 바다로 나갈 생각은 하지도 말고, 그리스도께 붙어 있으면서, 날이 밝아서 어둠이 물러 갈 때까지 기다리라.

Ⅲ. 배를 떠나고자 한 선원들의 시도가 좌절됨. 배에 탄 사람들은 가까스로 곤경에서 벗어났는데 여기에서 새로운 위험이 그들에게 더해졌다. 좀 더 살펴보자.

1. 선원들이 기만적인 음모를 꾸몄는데, 그것은 가라앉고 있는 배를 버리고 도망치고자 한 것이었다. 이것은 다른 사람들에게는 지혜로운 행동이 될 수도 있는 것이었지만 배를 돌볼 책임을 맡고 있었던 자들이 그런 짓을 한다는 것은 가장 비열하고 악한 속임수였다(30절): 사공들은 배가 해변을 향하여 돌진하게 되면 산산조각이 나고 말 것이라는 결론을 내리고서 배에서 도망하고자 하였다. 그들은 배를 조정할 수 있는 유일한 자들이었기 때문에, 그들의 계획은 그들 자신만 살아 남고자 하여 다른 모든 사람들을 위험에 빠뜨리고 죽게 내버려 두는 것이었다. 이러한 악한 계획을 은폐하기 위해서 그들은 이물에서 닻을 내리는 체하기 위하여 앞서 그들이 그들의 배 안으로 끌어 올려 놓았던 거룻배를 바다에 내려 놓았는데(16-17절), 그들은 그 거룻배를 타고서 곧장 해변으로 갈 심산이었다. 이렇게 배에 탄 사람들을 기만하는 선원들은 위험이 닥쳐 오는 것을 보고서 양들이 가장 필요로 할 때에 양들을 버려두고 도망하는 삯꾼 목자와

같았다(요 10:12). 그러므로 환난 날에 진실하지 못한 자를 의뢰하는 것은 부러진 이와 위골된 발 같으니라는 솔로몬의 말이 맞다. 그러므로 우리는 사람을 신뢰하는 것을 그만두어야 한다. 바울은 그들이 모두 안전하게 육지에 당도하게 되리라는 것을 하나님의 이름으로 그들에게 약속하였었는데도, 그들은 하나님의 말씀과 진리보다는 그들의 거짓된 피난처를 더 신뢰하였다.

2. 바울이 그 음모를 알아차리고, 백부장과 군사들에게 그것을 막으라고 함(31절). 백부장과 군인들은 선원들이 거룻배를 타려고 가는 것을 보았지만, 그들의 기만적인 행동에 의해서 그 음모를 눈치채지 못하고 속아 넘어갔었다. 오직 바울만이 그 음모를 꿰뚫어 보고서 백부장과 군사들에게 그 사실을 알리면서 이 사람들이 배에 있지 아니하면 너희가 구원을 얻지 못하리라고 분명하게 말해 주었다. 선원의 솜씨는 폭풍우 속에서와 배가 곤경에 처해 있을 때에 분명하게 드러나기 때문에, 그 때가 바로 선원이 자신의 능력을 발휘할 적절한 때이다. 지금 그들 앞에는 지금까지 그들이 겪어 온 것 중에서 가장 큰 난관이 기다리고 있었고, 그렇기 때문에 선원들은 그 어느 때보다도 더 절실하게 그들에게 필요하였다. 사실 그들이 육지에 가까이 오게 된 것은 선원들의 솜씨 때문이 전혀 아니었다. 왜냐하면, 그것은 그들의 능력을 훨씬 벗어나는 일이었기 때문이다. 그러나 배가 육지에 가까이 오게 된 지금에 있어서는 배를 육지에 대기 위해서 선원들의 기술을 사용하는 것이 필요하였다. 우리가 할 수 없는 일을 하나님께서 우리를 위하여 해주셨을 때, 우리는 하나님의 힘을 덧입어서 우리 스스로 힘을 쓰고 애써야 한다. 바울이 이 사람들이 배에 있지 아니하면 너희가 구원을 얻지 못하리라고 말한 것은 인간적으로 말한 것이었다. 그는 배에 탄 사람들이 틀림없이 구원을 받게 되리라는 하나님의 약속을 믿고 있었기 때문에 그 어떤 일이 있더라도 하나님께서 그 약속을 지키시리라는 그의 확신은 전혀 약화되지 않았다. 그들이 구원을 받게 되리라고 그 결말을 정해 놓으신 하나님은 그들이 선원들의 도움을 받아서 구원을 받을 수 있도록 수단도 정해 놓으셨다. 만약 선원들이 배를 버리고 도망갔다고 하여도, 틀림없이 하나님께서는 다른 방식으로 그의 말씀을 이루실 것이었다. 바울은 "이 사람들이 너희가 구원을 받는 데에 꼭 필요하다"라고 말할 때에 선지자로서가 아니라 지혜로운 자로서 말한 것이었다. 우리는 우리가 해야 할 도리만 다하면 되고, 그 결과는 하나님께 맡겨야 한다. 우리가 "우리는 하나님의 보호하심에 우리 자신을 맡긴다"라

고 말하고서는 우리의 목숨을 건지기 위하여 우리가 할 수 있는 범위 내에서 적절한 수단들을 사용하지 않는다면, 그것은 우리가 하나님을 신뢰하는 것이 아니라 시험하는 것이 된다.

3. 선원들의 음모가 군사들에 의해서 좌절됨(32절). 상황은 이 문제를 놓고 선원들과 입씨름을 할 정도로 한가하지 않았기 때문에, 군사들은 지체없이 거룻줄을 끊어 떼어 버렸다. 거룻배는 그들이 현재 처한 곤경 속에서 도움이 될 수 있는 것이었지만, 그들은 선원들이 그 거룻배를 타고서 가버리지 못하도록 하기 위하여 아깝지만 거룻줄을 끊어 거룻배를 버리는 쪽을 택하였다. 이제 그들이 좋든 싫든 배에 남을 수 밖에 없게 된 선원들은 다른 사람들이 죽게 되면 그들도 함께 죽어야 하기 때문에 최선을 다해서 배의 안전을 위하여 일하지 않을 수 없었다.

Ⅳ. 바울이 사람들에게 그들 모두가 한 사람도 죽지 않고 다 살아나게 되리라는 것을 반복해서 확신시켜 주면서 그들에게 뭔가를 먹고서 힘을 내라고 여유있게 권함으로써 무리들에게 새로운 활기를 불어넣어 줌.   바울은 하늘과 교통하는 자였을 뿐만 아니라 자기와 함께 있는 자들의 심령을 활기있게 해주고, 쇠가 쇠를 날카롭게 하듯이 자신의 친구의 얼굴 빛을 광채가 나게 해주는 그런 자였기 때문에, 바울과 같은 사람과 어울리게 된 자들은 복이 있는 자들이다. 밖으로는 다툼이요 안으로는 두려움일 때에 그러한 곤경 속에서 친구가 되어 주는 자야말로 진정한 친구이다. 기름과 향이 사람의 마음을 즐겁게 하나니 친구의 충성된 권고가 이와 같이 아름다우니라(잠 27:9). 여기에서 곤경에 처한 그의 동행들에게 바울이 한 권고는 바로 그런 것이었다. 날이 밝아오고 있었다. 날이 새기를 고대하는 자들은 얼마동안 기다려야 한다. 그러면 그들은 그들이 고대하던 것을 갖게 될 것이다. 날이 밝자 사람들에게는 약간의 생기가 돌았는데, 그 때에 바울은 그들을 모아 놓고 이렇게 말하였다.

1. 바울은 그들이 자신의 몸을 스스로 돌보지 않은 것에 대하여 책망하였는데, 그들은 지금까지 두려움과 절망에 사로잡혀서 음식을 먹는 것을 잊어버리거나 신경을 쓰지 않았었다: 너희가 기다리고 기다리며 먹지 못하고 주린 지가 오늘까지 열나흘이다(33절). 이것은 좋은 일이 아니다. 그들은 모두 열나흘 동안 음식이 없어서 먹지도 못하고 버텨 온 것이 아니라, 그들에게 밥상을 차려 주었는데도 내내 먹으려 하지 않았었다. 그들은 거의 먹은 것이 없어서 아무것도

먹지 않았다고 하는 편이 나았다. 또는, "너희는 식욕을 잃어버려서 계속해서 먹지 못하였다. 너희는 두려움과 절망에 사로잡혀서 식욕도 잃어버렸고 먹고자 하는 의욕도 상실해 버렸었다." 극심한 절망에 빠진 상태는 흔히 이렇게 내가 음식 먹기도 잊었다라는 말로 표현된다(시 102:4). 사람이 굶어서 그 몸에 필요한 양식들을 공급하지 않는 것은 죄이다. 자기 육체를 미워하여 양육하여 보호하지 않는 자는 정상적인 사람이 아니다. 사람이 이 세상에서 온갖 좋은 것들을 풍족하게 갖고 있으면서도 그것을 누릴 수 있는 힘을 갖지 못하는 것은 해 아래에서 참으로 몹쓸 일이다(전 6:2). 이런 일이 세상에 대한 근심이나 과도한 두려움 또는 괴로움에서 생겨난 것이라면, 그것은 변명할 여지 없이 죄이고, 하나님에 대하여 만족하지 못하고 하나님을 불신하는 것으로서 완전히 잘못된 것이다. 죽음이 두려워서 죽고자 한다는 것이 얼마나 어리석은 짓인가! 그러나 이렇게 세상 근심은 사망을 이루고, 하나님 안에서의 기쁨은 아무리 큰 곤경과 위험 속에서도 생명과 평안을 가져다 준다.

2. 바울은 그들에게 음식을 먹을 것을 간곡히 권유한다(34절). "그러므로 내가 너희에게 음식 먹기를 권하노라. 우리 앞에는 힘든 싸움이 남아 있고, 젖 먹던 힘까지 다 내서 우리는 육지에 당도하여야 한다. 우리가 먹지 않아서 몸이 약해져 있다면, 우리는 스스로 힘을 낼 수가 없게 될 것이다." 여호와의 천사는 엘리야에게 일어나 먹으라. 네가 갈 길을 다 가지 못할까 하노라고 말하였다(왕상 19:7). 마찬가지로, 바울도 이 사람들에게 먹기를 권하였다. 그렇게 하지 않는다면, 그들은 힘이 약해서 파도와 싸우지 못하게 될 것이다. "내가 너희에게 권하노니, 너희가 내 말을 듣고자 한다면 음식을 먹으라. 너희에게 식욕이 없고 먹을 의욕이 생기지 않는다고 하여도, 이성을 되찾아서 너희의 건강을 위하여 또는 너희가 이 때에 안전하게 목숨을 보전하기 위하여 음식을 먹으라. 그것은 너희의 구원을 위한 것이다. 너희가 음식을 먹지 않는다면 너희의 목숨을 구하기 위하여 힘을 써야 될 때에 그 힘을 쓸 수 없게 될 것이다." 일하고자 하지 않는 자는 먹지도 말라는 말이 있다. 그러나 일하고자 하는 자는 먹어야 한다. 연약하고 두려움이 많은 그리스도인들은 자신의 영적인 상태에 관하여 의심과 두려움이 생겨서 계속해서 성찬을 굶고 하나님의 위로를 굶기 때문에, 그들이 그들의 영적인 사역과 싸움을 계속해 나갈 수 없다고 하소연한다. 하지만 그것은 모두 그들 자신의 탓이다. 만약 그들이 하나님께서 그들에게 공급하시고 차려

주신 것들을 가지고서 마음껏 먹고 풍족하고 배부르게 챙겨 먹었더라면, 그들은 강건해졌을 것이고, 그것은 그들의 영혼의 건강과 구원을 위하여 좋았을 것이다.

3. 바울은 그들에게 그들이 살아 남게 되리라는 것을 확신시킨다: 너희 중 머리카락 하나도 잃을 자가 없으리라. 이것은 한 곳도 다친 곳이 없이 멀쩡할 것임을 의미하는 격언적인 표현이다. 이 격언은 열왕기상 1:51과 누가복음 21:18에서 사용되고 있다. "너희는 죽음이 두려워서 먹지 못하고 있는데, 내가 너희에게 말하노니 너희는 반드시 살 것이다. 그러므로 먹으라. 너희는 흠뻑 젖은 채로 추위에 떨면서 육지에 다다르게 되겠지만, 너희의 사지는 멀쩡할 것이고, 너희의 머리카락은 흠뻑 젖겠지만 너희의 머리카락 하나도 잃지 않을 것이다."

4. 바울은 그들을 위하여 직접 상을 차려 주었다. 왜냐하면, 그들은 모두 낙심하여 의욕을 상실한 상태여서, 상을 차리고자 하는 마음을 가진 자가 아무도 없었기 때문이었다. 바울은 이렇게 말한 후에 배에 있는 창고에서 떡을 가져왔다. 배에 타고 있던 사람들은 모두 식욕이 없어서 그동안 떡을 먹지 않았기 때문에, 창고에는 떡이 널려 있었을 것이다. 선원들은 종종 나쁜 기후로 인해서 예상했던 것보다 더 오래 바다에 머물게 되었을 때에 먹을 것이 떨어지는 경우가 생기는데, 이번 경우는 그와 같이 식량이 떨어진 경우가 아니었다. 그들에게는 식량이 풍부했지만, 식욕이 없는데 그 풍족한 식량이 그들에게 무슨 소용이 있었겠는가? 우리는 우리에게 양식이 떨어지지 않게 해주신 것에 대해서만이 아니라 식욕이 떨어지지 않게 해주신 것에 대해서도 하나님께 감사하여야 한다. 사람은 병이 들거나 근심이 쌓이게 되면 아무리 진수성찬을 차려 준다고 하여도 음식 먹기를 싫어하게 된다(욥 33:20).

5. 바울은 식탁 기도를 주관하였고, 그들은 바울이 그렇게 하는 것을 자랑스러워 하였을 것이다. 그는 모든 **사람** 앞에서 하나님께 축사하였다. 바울은 그 배에서 누가와 아리스다고를 비롯하여 그리스도인인 자들과 함께 자주 기도하였고, 날마다 함께 모여서 기도하였을 것이다. 그러나 그가 이런 일이 있기 전에는 어중이떠중이들이 모여 있는 이 무리 전체와 더불어서 기도하였는지는 확실하지 않다. 어쨌든 바울은 지금 그들 모두가 여전히 살아 있고 이제까지 그들의 목숨이 붙어 있는 것, 지금 그들 앞에 놓인 절박한 위험 속에서도 그들이

목숨을 부지하게 되리라고 약속해 주신 것에 대하여 모든 사람 앞에서 하나님께 축사하였다. 그는 그들에게 먹을 것을 공급해 주신 것에 대하여 감사하였고, 그 먹을 것 위에 축복해 주시도록 간구하였다. 우리는 범사에 감사하여야 하는데, 특히 음식을 받을 때에는 더욱 하나님을 바라보아야 한다. 왜냐하면, 음식은 하나님의 말씀과 기도로 거룩해지고, 감사함으로 받아야 하기 때문이다. 이렇게 해서 저주가 음식에서 제거되고, 우리는 언약을 따라 음식에 대한 권리와 축복을 얻게 된다(딤전 4:3-5). 사람이 오직 떡으로만 사는 것이 아니요 하나님의 말씀으로 살아야 하는데, 사람은 기도를 통해서 하나님의 말씀을 받아야 한다. 그가 모든 사람 앞에서 하나님께 축사한 것은 단지 그가 하나님을 섬기고 하나님을 부끄러워하지 않는다는 것을 보여주기 위한 것일 뿐만 아니라 그들도 하나님을 섬기도록 초대하기 위한 것이었다. 우리가 하나님께서 우리가 먹는 음식에 축복해 주시기를 간절히 바라고, 우리에게 주신 음식에 대하여 올바른 방식으로 하나님께 감사를 드린다면, 우리는 하나님과의 즐거운 교통을 유지하게 될 뿐만 아니라, 우리의 신앙 고백을 다른 사람들도 신뢰하고 좋게 여기게 될 것이다.

6. 바울은 그들에게 좋은 모범을 보여주었다: 그는 하나님께 축사하고 떼어 먹기를 시작하였다. 그들이 음식을 먹고자 하든 안 하든, 바울은 음식을 먹었다. 마치 제멋대로인 아이들이 그들이 먹고 싶은 반찬이 없다고 투정을 부리며 식사하기를 거부하는 것처럼 그들이 뾰루퉁해서 음식을 먹고자 하지 않는다고 하여도, 바울은 음식을 먹고 감사하고자 하였다. 남들을 가르치는 자들은 그들이 직접 자기가 가르친 대로 행하지 않는다면 변명할 말이 없게 된다. 최고의 효과적인 가르침은 모범을 보이는 것을 통해서 이루어진다.

7. 바울이 그렇게 한 것은 그들 모두에게 선한 영향을 끼쳤다(36절): 그들도 다 안심하고 받아 먹었다. 그들은 바울이 자기들과 동일한 위험 속에 처해 있으면서도 모두가 살게 될 것이라는 하나님의 말씀을 스스로 믿고 있다는 것을 분명하게 알아차리게 되고서야 하나님께서 바울을 통해서 그들에게 보낸 메시지를 믿고자 하였다. 이렇게 하나님은 세상 사람들과 동일한 부류에 속한 자들, 세상 사람들과 동일한 죄인으로서 동일한 위험에 처해 있어서, 남들과 마찬가지로 구원받고자 한다면 세상 사람들이 구원받는 것과 동일한 방식으로 구원받을 수밖에 없는 그런 자들을 통해서 이 죽어가는 세상 사람들에게 좋은 소식을 전하신다. 왜냐하면, 그들이 전하는 것은 세상의 모든 사람들에게 공통적으

로 적용되는 구원이기 때문이다. 자신의 구주이신 그리스도께 자신을 의탁하는 자들에게는 그들에게 그렇게 하도록 초청한 자들도 그들과 마찬가지로 똑같이 그렇게 해야 된다는 것은 큰 힘이 된다. 우리는 앞에서도 이 배에 탄 사람의 수가 얼마나 되는지를 보았는데, 여기에서도 이 대목에서 사람들의 수가 얼마나 되는지가 기록되어 나온다: 배에 있는 우리의 수는 전부 이백칠십육 명이더라. 한 사람의 선한 모범에 의해서 얼마나 많은 사람들이 영향을 받게 되는지를 보라. 그들은 모두 먹었을 뿐만 아니라 배부르게 먹었다(38절). 그들은 배가 터지도록 먹었다. 그들은 애정어린 식사를 하였다. 이것은 그들이 열나흘 동안 주렸다는 말의 의미를 설명해 준다. 그들은 열나흘이라는 기간 동안 내내 먹지 않았던 것이 아니라, 지금처럼 배부르게 먹은 적이 한 번도 없었던 것이었다.

8. 그들은 배가 앞으로 받게 될 충격을 좀 더 잘 견뎌내게 하기 위해서 다시 한 번 배의 무게를 줄여서 가볍게 하였다. 그들은 앞에서도 화물과 짐과 기구들을 바다에 던져 버렸었지만, 지금은 그들이 갖고 있던 식량인 밀을 버렸다. 밀로 인해서 그들이 바다에 빠지게 되는 것보다는 그들이 밀을 바다에 빠뜨리는 편이 더 나았기 때문이었다. 우리 구주께서 우리 몸을 위한 썩는 양식을 버리라고 말씀하신 것은 얼마나 합당하였는지를 보라. 우리는 우리의 목숨을 부지하기 위해서 모으고 쌓아 두었던 것들을 우리의 목숨을 구하기 위해서 던져 버리지 않으면 안 되는 상황에 내몰릴 수 있다. 이 배에는 많은 수의 승객들이 과도하게 타고 있었기 때문에(밀을 바다에 버리는 것이 사람들의 수에 대하여 말한 후에 나오는 것으로 보아서), 그들은 배를 가볍게 하기 위하여 자주 물건들을 바다에 던져야 했던 것 같다.

V. 육지에 배를 대기 위하여 나아가다가 배에 구멍이 뚫려서 산산조각이 남. 그들은 동틀 무렵이 되어서 음식을 먹었고, 완전히 날이 밝았을 때에 그들은 주변을 둘러보기 시작하였다. 여기에서 우리는 다음과 같은 것들에 대하여 듣게 된다.

1. 그들은 어느 땅인지 알지 못하였다는 것. 그들은 그들이 있는 땅이 어느 해안인지, 그러니까 유럽, 아시아, 아프리카 중에서 어느 해안인지를 알 수 없었다. 왜냐하면, 아드리아 바다는 이 세 대륙에 모두 걸쳐 있었기 때문이다. 선원들은 이 길을 자주 왕래하였기 때문에, 그들이 자주 다닌 땅은 완벽하게 잘 알고 있다고 생각하였지만, 여기에서 그들은 이 곳이 어디인지를 전혀 알 수가

없었다. 아무리 자신의 전문적인 일에 탁월하다고 하더라도 실패하는 경우가 있을 수 있기 때문에, 지혜로운 자는 자신의 지혜를 자랑해서는 안 된다.

2. 그들은 경사진 해안으로 된 항만이 눈에 띄거늘 배를 거기에 들여다 댈 수 있는가 의논하였다는 것(39절). 그들은 그 곳이 어느 지방인지, 거기에 사는 주민들이 그들의 친구인지 적인지, 문명인인지 야만인인지 알지 못하였지만, 운명을 하늘에 맡기고 상륙을 감행하기로 결정하였다. 그 곳은 육지였기 때문에, 너무도 오랫동안 바다에서 고생을 했던 사람들에게는 아주 반가운 곳이었다. 그들이 육지로부터 약간의 도움을 받을 수 없었다는 것은 애석한 일이었다. 그랬다면, 도선사는 이 해안을 잘 아는 사람들을 배에 태우고서 그들의 배를 해안에 댈 것인지 또 다른 배를 사용할 것인지를 결정할 수 있었을 것이다. 해변에 사는 자들은 종종 바다에서 조난을 당한 자들을 구출함으로써 소중한 생명들을 건질 기회를 갖게 되는데, 그들은 그런 일을 즐거운 마음으로 자원하여서 최선을 다하여 하여야 한다. 왜냐하면, 사망으로 끌려가는 자나 살육을 당하게 된 자를 건져주거나 구원하지 않고 죽게 내버려 두는 것은 큰 죄이고 하나님을 크게 분노하게 하는 일이기 때문이다. 우리가 그것을 알았어야 했는데도 불구하고, 보라. 우리가 그 일을 알지 못하였노라고 말하는 것은 변명이 될 수 없을 것이다(잠 24:11-12). 나는 우리 나라에서도 해변에서 배가 등대의 신호를 잘못 보거나 그 외의 이유로 인해서 조난을 당하여 길을 잃고 헤매는 것을 보면서도, 의도적으로 배를 위험에 빠뜨려서, 사람들로 하여금 목숨을 잃게 만들고, 그 배를 약탈하려고 하는 자들이 있다는 말을 들어 왔다. 우리는 어떻게 인간으로서 그렇게 악하고 야만적이며 비인간적으로 행할 수 있는지, 그들 가운데 그토록 마귀적인 심성이 자리잡고 있을 수 있는지 거의 믿을 수가 없다. 만약 그런 자들이 있다면, 그들은 긍휼을 행하지 아니하는 자에게는 긍휼 없는 심판이 있으리라는 진리를 똑똑히 알아야 한다.

3. 그들은 바람과 조류를 따라서 해안으로 접근하였다(40절): 그들은 고물로 닻 넷을 내렸다(29절). 어떤 이들은 그들이 닻 넷을 해변에서 다시 사용하고자 하여 그 무거운 것들을 애써서 배 안으로 들어 올렸다고 생각한다. 또 어떤 이들은 그들이 너무도 시간이 없었기 때문에 닻을 맨 줄들을 끊어서 닻을 바다에 버릴 수밖에 없었다고 생각한다. 원문은 어느 쪽으로도 해석이 가능하다. 그런 후에 그들은 해변 쪽을 향하여 불고 있는 바람에 배를 맡기고 항해하였는데,

폭풍우가 치는 동안에 배가 좀 더 느슨하게 움직이도록 하기 위하여 조여 두었던 키를 풀어 늦추고 항해하였다. 지금은 그들이 해안을 향하여 들어가는 것이었기 때문에, 도선사가 키를 좀 더 자유롭게 조정할 수 있도록 키를 풀어 늦춘 것이었다. 그런 후에 그들은 돛을 달고 바람에 맞추어 해안을 향하여 들어갔다. 여기에서 키와 돛으로 번역된 원어들에 맞는 현대적인 용어들을 찾아내기 위하여 비평가들은 엄청난 수고를 하였다. 그러나 그들의 수고와는 상관 없이, 우리는 이 배의 선원들이 육지를 보았을 때에 가능한 한 빨리 서둘러서 배를 육지에 대기 위하여 아마도 정상적인 속도보다 더 높은 속도로 항해하였을 것임을 아는 것으로 만족한다. 오랫동안 이 세상 속에서 바람과 폭풍에 맞서서 고군분투해 온 가엾은 영혼이 영원한 안식의 항구, 저 안전하고 고요한 항구로 들어가고자 갈망하지 않을 수 있겠는가? 그 영혼이 자신을 이 땅에 옭아매고 있는 모든 것들, 천국을 향하여 그 영혼이 지니고 있는 경건한 사모함을 옥죄고 있는 모든 것들로부터 벗어나고자 하는 것은 너무도 당연한 것이 아니겠는가? 그 영혼이 믿음의 돛을 달고 성령의 바람에 맞춰서 움직여서, 너무도 갈망해 왔던 육지로 가고자 하는 것은 너무도 당연한 일이 아니겠는가?

4. 그들은 이동하다가, 두 물이 합하여 흐르는 곳에서 퇴적된 모래더미에 걸려서 배가 좌초되어 이물은 부딪쳐 움직일 수 없게 되었다. 이렇게 배가 마치 닻이 내려져 있는 배처럼 움식일 수 없게 되어서 꼼짝도 못하게 되어 버리지, 당연히 고물은 큰 물결에 곧 깨어지기 시작하였다. 선원들이 자신의 탈출 계획이 실패로 돌아가자 화가 나서 고의적으로 배를 좌초시킨 것인지, 아니면 그들은 배를 구하기 위하여 최선을 다하였지만 하나님께서 아무도 생명에는 아무런 손상이 없겠고 오직 배뿐이리라(22절)고 말한 바울의 말을 이루시기 위하여 섭리를 통해서 그렇게 하신 것인지 나는 알 수 없다. 그러나 우리는 하나님께서 그의 종의 말을 세워 주며 그의 사자들의 계획을 성취하게 해주신다는 것만은 확신한다(사 44:26). 이 배는 폭풍우가 이는 망망한 바다에서는 아무리 요동을 쳐도 끄떡없다가 이상하게도 배 밑바닥이 모래더미에 걸려서 움직일 수 없었을 때에 산산조각이 나고 말았다. 이렇게 사람의 마음이 이 세상에 고정되어서 이 세상을 사랑하고 연연해하게 되면, 그 마음은 파멸하게 된다. 그 때에 사탄의 시험이 그 마음에 닥쳐오면, 그 마음은 산산조각이 나고 만다. 그러나 사람의 마음이 천국을 바라보고 있는 동안에는 온갖 근심과 소란들이 닥쳐와서 마음을 흔들

어 댄다고 하여도 마음속에는 여전히 소망이 있다. 그들은 육지를 바로 앞에 두고서 항구에서 배가 좌초되는 불운을 겪었다. 이것은 우리에게 결코 방심해서는 안 된다는 것을 가르쳐 준다.

VI. 바울과 나머지 죄수들은 배에 탄 사람들이 처해 있었던 곤경 외에도 또 다른 위험에 처하게 되었지만 거기에서 무사히 구원받게 됨.

1. 이러한 절대절명의 위기 상황 속에서 모든 사람들의 목숨이 경각에 달려 있을 때에 군인들은 죄수가 헤엄쳐서 도망할까 염려가 된다는 이유를 들어서 그들이 지키고 있던 죄수들을 죽이는 것이 좋겠다고 하였다(42절). 그런데 사실 죄수들은 몸이 쇠약해지고 지쳐 있었기 때문에 도망을 가도 멀리 갈 수 없어서 군인들이 염려하는 것과 같은 일이 벌어질 위험성은 크지 않았다. 많은 군인들이 그들을 감시하고 있는 상황 속에서 그들이 탈출을 시도할 가능성은 별로 없었다. 설령 그런 일이 일어난다고 하여도, 그들은 어쩔 수 없는 경우에 도망할 수 있다는 법의 적용을 받아서 이번과 같은 경우에는 그들의 죄가 덜어질 것이 분명하다. 그러므로 군인들의 제안은 야만적이고 잔혹한 것이었고, 다른 사람들의 생명을 이토록 파리 목숨처럼 아무렇지 않게 여겼다는 것은 더더욱 악한 일이었다. 하나님의 긍휼하심에 의한 이적이 없었다면, 죄수들은 꼼짝없이 그들의 목숨을 잃을 뻔하였다.

2. 백부장은 바울을 위하여서 이러한 제안을 일언지하에 거부하였다. 요셉이 감옥의 수비 대장에게 호감을 샀던 것과 마찬가지로, 바울은 비록 죄수였지만 백부장의 호감을 사고 있었다. 율리오는 앞서 바울의 제안을 무시하기는 했지만(11절) 나중에 큰 대가를 치르고서 바울이 얼마나 존경받을 만한 자인지를 알게 되었기 때문에, 바울을 구원하려 하여 저 피비린내 나는 일이 벌어지지 않도록 미연에 방지하여서 군인들이 자신의 뜻대로 하는 것을 막았다. 이 배에 탄 죄수들은 그 누구도 행악자로 단죄를 받은 자는 없었고, 단지 그런 의심을 받아서 재판을 기다리고 있는 자들이었던 것으로 보이기 때문에, 그런 경우에는 죄 없는 한 사람이 죽임을 당하는 것보다는 죄를 지은 열 사람이 도망치도록 하는 편이 더 낫다. 하나님께서 바울로 인하여 배에 있는 모든 사람들을 구원하셨듯이, 여기에서 백부장은 바울 때문에 모든 죄수들을 구원하였다. 이렇게 선한 자는 선을 퍼뜨리고 다닌다.

VII. 하나님의 놀라운 섭리를 통해서 배에 있던 모든 사람들이 목숨을 건지

게 됨. 배가 깨졌기 때문에, 분명히 그들과 죽음 사이는 한 걸음뿐이었다. 그렇지만 무한하신 하나님의 긍휼이 거기에 개입하여서, 그 발걸음은 더 이상 나아가지 못했다.

1. 몇몇 사람들은 헤엄을 쳐서 목숨을 구하였다: 백부장은 죄수들보다 먼저 육지에 도착해서 그들이 달아나는 것을 막도록 하기 위하여 가장 먼저 헤엄칠 줄 아는 사람들을 명하여 물에 뛰어 내려 먼저 육지에 나가게 하였다. 로마 사람들은 다른 무엇보다도 어릴 때부터 헤엄치는 법을 훈련받았기 때문에, 그것은 전쟁 중에 그들에게 종종 쓸모가 있었다. 율리우스 가이사는 수영을 잘 하기로 유명하였다. 수영은 바다에서 많이 생활하는 자들에게 아주 유용한 것일 수 있지만, 긴급한 상황 속에서 헤엄을 쳐서 목숨을 구한 경우보다는 아마도 놀이로 수영을 하거나 헤엄치는 법을 배우면 목숨을 잃은 경우가 더 많았을 것이다.

2. 나머지 사람들은 온 힘을 다해서 가까스로 해변에 다다랐다. 어떤 사람들은 그들이 배에서 바다로 던져 버렸던 널조각들을 타고 해변에 이르렀고, 또 어떤 사람들은 배 물건, 즉 깨어진 배 조각들을 의지해서 육지에 올랐다. 사람들은 각자 자기 자신과 자신의 친구들을 위하여 최선을 다하였고, 그들은 그들의 수고가 헛되지 않으리라는 것을 확신하고 있었기 때문에 더욱 힘을 낼 수 있었다. 그렇게 해서 하나님의 선한 섭리로 말미암아 아무도 다른 데로 떠내려가서 표류하거나 사고에 의해서 죽지 않고 마침내 사람들이 다 상륙하여 구조되었다. 우리는 여기에서 사람들의 목숨을 보존하신 것, 특히 물에 의해서 위험에 빠져 물 속으로 가라앉아 버리기 일보 직전인 많은 사람들을 건져 내신 것, 즉 사람들을 삼켜 버리려고 하는 깊은 물과 그들을 덮치고자 하는 큰 물에서 사람들을 구원하시고 폭풍을 잔잔하게 하신 것 속에서 하나님의 특별한 섭리를 보여 주는 한 예를 보게 된다. 그들은 무시무시한 바다에서 구조를 받아서 그들이 원하던 항구에 도착하였다. 사람들이여, 그의 선하심으로 인하여 여호와를 찬송할지어다(시 107:30-31). 여기에서 우리는 이 배에 타고 있는 모든 사람들이 바울 덕분에 목숨을 건지게 되리라고 하나님께서 하신 구체적인 말씀이 이루어진 것을 본다. 하나님께서 약속하신 구원을 이루는 길에는 큰 난관이 기다리고 있다고 할지라도, 그 구원은 어김없이 이루어질 것이다. 심지어 배가 깨이져서 생긴 조각들조차도 그들의 목숨을 건지는 수단으로 사용되었다. 사람들은 널판지나 깨어진 배 조각들을 붙잡고서 바다에 둥둥 떠 있었기 때문에, 그들은 모

두 죽을 것처럼 보였지만, 결국 그들은 모두 무사하였다.

제
— 28 —
장

개요

우리는 이 장에 나오는 이야기를 끝으로 적어도 이 거룩한 이야기 속에서는 바울에 대하여 더 이상 듣지 못하게 되기 때문에(그의 서신서들을 통해서 우리는 앞으로도 많이 그를 접하게 되기는 하겠지만) 복된 바울에 대하여 여기에 기록된 것을 좀 더 눈여겨 보고 어떻게 하면 선한 교훈을 더 많이 받을 수 있을지 더욱 큰 관심을 갖게 된다. 우리는 지금까지 몇 장에 걸쳐서 바울이 법정을 옮겨 다니며 재판을 받는 모습을 지켜 보았는데, 만약 그가 자유의 몸이 되어서 풀려 났더라면, 우리는 좀 더 기쁜 마음으로 그와 작별할 수 있었을 것이다. 하지만 우리는 이 장에서도 바울의 모습을 만나게 되는데, 한편으로 그를 위로하여야 하지만 다른 한편으로는 그를 축하하여야 한다. I. 우리는 바울이 난파를 당해서 모든 것을 잃어버리고 겨우 구조된 것에 대하여 그를 위로하여야 한다. 하지만 우리는 다음과 같은 점들과 관련해서는 그에게 축하를 보내야 한다. 1. 하나님께서 곤경에 처한 바울을 특별히 보살피셔서, 그의 손이 독사에 물렸는데도 해를 받지 않고 목숨을 보전하게 하셨고(1-6절), 그들이 조난되어 도착한 섬에서 많은 선을 행할 도구로 삼으셔서, 병든 자들을 많이 고치게 하시고, 특히 그 섬의 추장이었던 보블리오의 부친을 고치게 하신 것(7-9절). 2. 그 섬의 원주민들로부터 후한 대접을 받게 하신 것(10절). II. 우리는 바울이 출두 영장을 받고서 죄수의 신분으로 로마로 이송되어 가고 있었다는 것에 대하여 그를 위로하여야 하지만(11-16절), 다음과 같은 점들에 있어서는 그를 축하하여야 한다. 1. 로마에 있던 그리스도인들이 그가 온다는 소식을 듣고서 그를 영접하기 위하여 멀리까지 맞으러 나온 것(15절). 2. 바울이 그를 지키는 책임을 맡은 수비대장의 호감을 사서, 일반 죄수들이 있는 감옥이 아니라 따로 거처를 정하여 있도록 허락해 준 것(16절). 3. 바울이 로마에 있는 유대인들과 자신의 문제(17-22절)와 기독교의 전체적인 문제(23절)를 놓고 자유롭게 토론하였는데, 그 결과 하나님께서 영광을 받으셨고, 많은 사람들의 덕이 세워졌으며, 믿지 않는 자들은 변명할 여지가 없었고, 이방인들에게 복음을 전하는 사도들이 옳다는 것이 밝혀지게 된 것(24-29절). 4. 바울이 두 해 동안 자신의 거처에 머물면서 거기에 찾아오는 모든 자들에게 아무런 방해 없이 자유롭게 복음을 전할 수 있게 된 것(30-31절).

[1]우리가 구조된 후에 안즉 그 섬은 멜리데라 하더라 [2]비가 오고 날이 차매 원주민들이 우리에게 특별한 동정을 하여 불을 피워 우리를 다 영접하더라 [3]바울이 나무 한 묶음을 거두어 불에 넣으니 뜨거움으로 말미암아 독사가 나와 그 손을 물고 있는지라 [4]원주민들이 이 짐승이 그 손에 매달려 있음을 보고 서로 말하되 진실로 이 사람은 살인한 자로다 바다에서는 구조를 받았으나 공의가 그를 살지 못하게 함이로다 하더니 [5]바울이 그 짐승을 불에 떨어 버리매 조금도 상함이 없더라 [6]그들은 그가 붓든지 혹은 갑자기 쓰러져 죽을 줄로 기다렸다가 오래 기다려도 그에게 아무 이상이 없음을 보고 돌이켜 생각하여 말하되 그를 신이라 하더라 [7]이 섬에서 가장 높은 사람 보블리오라 하는 이가 그 근처에 토지가 있는지라 그가 우리를 영접하여 사흘이나 친절히 머물게 하더니 [8]보블리오의 부친이 열병과 이질에 걸려 누워 있거늘 바울이 들어가서 기도하고 그에게 안수하여 낫게 하매 [9]이러므로 섬 가운데 다른 병든 사람들이 와서 고침을 받고 [10]후한 예로 우리를 대접하고 떠날 때에 우리 쓸 것을 배에 실었더라

바울은 얼마나 다양한 장소와 상황 속에서 복음을 전하였던가! 그는 한자리에 그대로 있는 붙박이 별이 아니라 이리저리 돌아다니는 행성이었다. 여기에서 우리는 바울이 폭풍우에 의해서 조난당하여 떠밀려 오지 않았더라면 결코 오지 못했을 한 섬에 있게 된 것을 보게 된다. 그렇지만 바울이 여기에 오게 된 것은 하나님의 역사인 것으로 보인다. 심지어 폭풍조차도 하나님의 뜻을 이루고, 그 누구에게도 선한 일을 하지 않는 짓궂은 바람조차도 하나님의 뜻을 이루는 데에 사용된다. 이 짓궂은 폭풍이 멜리데 섬에 선한 바람을 가져다주었다. 왜냐하면, 폭풍으로 인해서 바울 일행은 이 섬에 석 달 동안 머물게 되었는데, 바울은 그가 가는 곳마다 축복이 되었기 때문이다. 이 섬은 시칠리아와 아프리카 사이에 있는 멜리데라 불리는 섬으로서 그 길이가 20마일(32km)이 되었고 넓이는 12마일(19km)이었다. 이 섬은 지중해에서 그 어떤 섬보다도 대륙에서 가장 멀리 떨어져 있는 섬이었다. 이 섬은 시칠리아에서 대략 60마일(96km) 정도 떨어져 있었다. 이 섬은 터키인들이 이 지역에 있는 기독교를 유린하였을 때에 분연히 일어나서 그들의 전진을 어느 정도 저지하였던 몰타

(Malta, 멜리데)의 기사들 때문에 유명해졌다. 여기에서 우리는 다음과 같은 것들을 보게 된다.

I. 이 섬의 주민들은 난파를 당해서 해변으로 떠밀려 온 곤경에 빠진 낯선 사람들을 따뜻하게 맞아 주었다(2절).   원주민들이 우리에게 특별한 동정을 하였다. 하나님께서는 앞서 그들 중의 한 사람도 목숨을 잃지 않게 될 것이라고 약속하셨었다. 이렇게 하나님이 하시는 일은 완전하다. 그들이 바다에서 죽는 것을 피하였다고 할지라도, 그들이 해변에 도착하여서 추위나 굶주림으로 인해서 죽었다면, 바다에서 죽는 것이나 해변에서 죽는 것이나 그들에게는 마찬가지였을 것이다. 그래서 하나님께서는 섭리를 통해서 그들을 계속해서 돌봐주셨다. 우리가 사람들의 손길에 의해서 어떤 도움들을 받게 될 때에, 우리는 그것이 하나님의 손길로부터 온 것임을 고백하여야 한다. 왜냐하면, 모든 피조물은 우리에게 하나님의 손길이고, 하나님은 모든 피조물을 자신의 손길로 삼으시기 때문이다. 하나님께서는 자신의 뜻을 따라서 원수들을 누그러뜨리셔서 화평하게 하시고, 낯선 사람들을 곤경에 처한 자들의 친구로 만드실 수 있으시다. 곤경에 처해 있을 때에 돕는 친구가 진정한 친구인데, 하나님께서는 섬의 원주민들을 바울 일행의 진정한 친구가 되게 하셨다. 형제는 위급한 때를 위하여 났느니라. 좀 더 살펴보자.

1. 멜리데 섬의 원주민들이 바울과 그의 일행을 따뜻하게 맞아 주었다는 것이 일반적으로 서술됨. 그들은 언어와 관습에 있어서 헬라인이나 로마인과 일치하지 않았기 때문에 야만인(개역에서는 원주민들)으로 불린다. 헬라인이나 로마인들은 주제넘고 건방지게도 그들 외에 모든 사람을 야만인이라 여겼다 — 다른 민족들도 그들만큼 충분히 개화되고 문명화된 민족들이었고, 어떤 경우에는 그들보다 더 문명이 발달한 민족들이었을 것이지만. 이 원주민들은 비록 그들이 야만인으로 불리었다고 할지라도 인간미가 넘치는 사람들이었다: 그들은 우리에게 특별한 동정을 보여주었다. 기독교인들이라고 자처하는 많은 사람들이 배가 난파당하였을 때에는 그것을 약탈의 좋은 기회로 삼아 왔던 것과는 달리, 이 원주민들은 전혀 그렇게 하지 않았고, 도리어 사람들이 난파당한 것을 그들에게 긍휼을 보여줄 기회로 삼았다. 사마리아인은 제사장이나 레위인보다 강도를 만나 거의 죽게 된 가엾은 자에게 더 좋은 이웃이 된다. 사실 우리는 헬라인들이나 로마인들이나 그리스도인들 가운데서 이 야만인들보다 더

큰 인간미를 찾아볼 수 없었다. 이 일이 성경에 기록된 것은 우리로 하여금 본받도록 하기 위한 것으로서, 우리는 이 일을 통해서 우리 자신도 몸을 가졌은즉 곤경에 처한 비참한 자들에게 동정을 느끼고 우리의 힘이 닿는 대로 그들을 도와 주는 것을 배울 수 있어야 한다. 우리는 장막 문에 앉아 있다가 지나가는 행인들을 대접했던 아브라함 같이 기꺼이 손님을 대접하여야 하는데(히 13:2), 특히 여기에서와 같이 곤경에 처한 낯선 사람들을 대접하여야 한다. 모든 사람을 공경하라. 만약 하나님께서 섭리를 통해서 우리의 거주의 경계를 한정하셔서 우리에게 곤경에 처한 사람들을 자주 도울 수 있는 기회를 주셨다면, 우리는 그것을 우리의 운명이 기구하다고 여기지 말고, 도리어 하나님께서 우리에게 사람들을 많이 도와서 선한 일을 할 수 있게 해주신 것에 대하여 감사하여야 한다. 왜냐하면, 주는 것이 받는 것보다 더 복이 있기 때문이다. 이 야만인들로 하여금 이와 같은 때에 바울 일행을 돕도록 하기 위하여 하나님께서 그들을 일부러 이 섬에 정착하게 하신 것인지 그 누가 알겠는가!

2. 원주민들이 바울 일행에게 구체적으로 베푼 친절: 그들은 넓은 강당 같은 곳에 불을 피워 우리를 다 영접해서, 우리가 어느 나라에서 왔는지, 또는 어떤 종교를 지니고 있는지를 묻지 않은 채 우리로 하여금 불을 쬐게 하고 우리 모두를 환영하였다. 바울 일행은 육지로 오기 위해서 헤엄을 쳤고 깨어진 배 조각들에 몸을 의지해서 해변에 이르렀기 때문에, 그들은 흠뻑 젖어서 마른 곳이라고는 한 군데도 없었을 것이다. 때마침 궁창 아래의 물 속에서 흠뻑 젖은 것만으로는 부족하기라도 하듯이, 궁창 위의 물이 비가 되어 아주 심하게 쏟아졌기 때문에, 그들은 뼛속까지 젖어서 그 추위가 혹독했을 것이다. 게다가 찬 비가 내렸기 때문에, 그들에게는 그들의 몸을 녹이고 옷을 말릴 수 있는 불이 절실하게 필요하였는데(그들은 배를 탈출하기 전에 배부르게 먹은 상태였기 때문에 불만 있으면 되었다), 원주민들은 즉시 불을 피워서 바울 일행에게 가장 절실하게 필요한 것을 채워 주었다. 가난한 가정들에게 양식이나 의복을 공급해 주는 것과 마찬가지로 연료를 공급해 주는 것도 때로는 큰 구제가 된다. 몸을 따뜻하게 해주는 것은 배부르게 해주는 것만큼이나 꼭 필요한 일이다. 우리는 몹시 춥고 비바람이 몰아치는 나쁜 날씨 속에서 따뜻한 집과 침상과 의복과 따뜻한 불에 의지해서 혹독한 날씨를 피하여 따뜻하게 지낼 때에 얼마나 많은 사람들이 이 비와 추위에 그대로 노출되어 있을까를 생각해서, 그들을 불쌍히 여기고 그

들을 위하여 기도하며, 우리가 할 수 있는 대로 그들을 도와야 한다.

Ⅱ. 바울이 독사에게 손을 물려서 또 한 번 위험에 처하게 되었고, 원주민들은 이 일에 대하여 잘못된 해석을 내놓았다. 바울은 낯선 사람들 가운데 있었고 일행 중에서 가장 보잘것없고 무시받을 만한 자들 중의 하나로 보였을 것이다. 그러므로 하나님께서는 그를 특별히 높이셔서 곧 그로 하여금 사람들의 주목을 받게 하셨다.

1. 불이 피워졌을 때에 아주 많은 사람들이 불을 쬐어야 했기 때문에 상당히 큰 불이 필요해서, 바울은 다른 사람들과 마찬가지로 나뭇가지들을 모아서 불길 속에 던지느라 바빴다(3절). 그는 모든 것에서 자유로운 자였고, 그들 중의 어느 누구보다도 더 중요한 인물이었음에도 불구하고 스스로 모든 사람을 섬기는 자가 되었다. 바울은 아주 부지런하고 활동적인 사람이어서 어떤 할 일이 있을 때에는 그 일을 하는 것을 좋아하였고, 결코 빈둥거리며 편히 쉬고자 하지 않았다. 바울은 겸손하고 자기를 부인하는 사람이었기 때문에 남에게 도움이 될 수 있는 일이라면 무슨 일이든지 자신을 낮춰서 기꺼이 하고자 하였고, 심지어 불을 피우기 위해서 나뭇가지들을 모으는 일조차도 기꺼이 하고자 하였다. 우리는 죄를 짓는 것 이외에는 그 어떤 일도 하찮게 여겨서는 안 되고, 아무리 비천한 일이라고 한지라도 그 일이 우리 형제들에게 유익이 되는 일이라면 기회가 주어지는 대로 몸을 낮춰서 기꺼이 그 일을 하고자 하여야 한다. 원주민들은 기꺼이 그들을 돕고자 하였다. 그렇지만 바울은 비록 그의 몸이 흠뻑 젖어 있었고 얼음장처럼 얼어 있었지만 불을 피우는 일을 원주민들에게만 맡기려 하지 않았고 스스로 힘을 보태고자 하였다. 불로 인해서 유익을 얻는 자들은 그 불을 피우는데 필요한 땔감을 날라서 조금이라도 보탬이 되어야 한다.

2. 나뭇가지들은 오랫동안 말려 놓은 잡목가지들이었기 때문에, 그런 나뭇가지들 사이에는 독사가 숨어 있는 경우가 종종 있었는데, 독사는 나뭇가지가 불길에 닿을 때까지는 죽은 듯이 가만히 있다가, 뜨거운 열기를 느끼게 되자 화가 나서, 아무것도 모르고 나뭇가지를 불 속에 던져 놓고 있던 바울에게 달려들어서, 그의 손을 물었다(3절). 뱀들을 비롯해서 독 있는 존재들은 흔히 나뭇가지들 사이에 몸을 숨기고 있다. 따라서 성경에서 우리는 손을 벽에 대었다가 뱀에게 물린 사람에 관한 얘기를 듣는다(암 5:19). 사람들이 담을 헐 때에 거기에 숨어 있던 뱀에게 물려서 혼쭐이 나는 일은 비일비재하였다(전 10:8): 담을 허

는 자는 뱀에게 물리리라. 푸른 풀 아래에 뱀이 있듯이, 마른 나뭇잎 아래에도 흔히 뱀이 있다. 인간의 삶이 얼마나 많은 위험들에 노출되어 있는지, 사람들이 하나님께 반기를 든 이래로 피조물들이 사람들의 원수가 되었기 때문에 우리는 피조물들로부터 얼마나 많은 위험에 처해 있게 되었는지를 보라. 우리가 그러한 위험들로부터 보호하심을 받아서 이렇게 무사한 것은 얼마나 큰 긍휼하심인가. 우리는 흔히 우리에게 유익이 되고 좋을 것이라고 기대하는 곳에서 재난을 만나고 해악을 입게 된다. 많은 사람들이 정직하게 자신의 본분을 다하고 있는 중에 해를 입게 된다.

3. 원주민들은 바울이 죄수로서 분명히 살인을 저질렀고 자신의 나라에서 재판을 받지 않기 위하여 로마에 상소했는데, 신이 이 독사를 그에게 보내서 피의 보복을 하신 것이라고 결론을 내렸다. 또는, 원주민들이 바울이 죄수라는 것을 몰랐다고 한다면 아마도 그들은 바울이 도망자라고 생각했을 것이다. 독사가 자신의 손을 물었을 때에 바울은 즉시 그 뱀을 자신의 손에서 떨쳐낼 수 없었기 때문에 뱀은 그대로 대롱대롱 매달려 있었던 것으로 보이는데, 그 때에 원주민들이 이 짐승이 그 손에 매달려 있음을 보고 이렇게 말하였다. "진실로 이 사람은 살인한 자로다. 그는 무죄한 자를 죽여 피를 흘리게 했을 것이다. 그러므로 그가 바다에서는 구조를 받았으나 신의 공의가 그를 뒤쫓아와서, 그가 바다에서 구조받았다는 생각에 기뻐하고 있는 지금 그를 물어서 그를 살지 못하게 함이로다." 여기에서 우리는 다음과 같은 것들을 볼 수 있다.

(1) 원주민들이 자연적인 깨달음에 의해서 알고 있는 것들. 그들은 야만인들이었고 그들 가운데는 책이나 학문이 없었을 것이지만, 그들은 다음과 같은 것들을 자연적으로 알고 있었다. [1] 세상을 지배하는 신이 있고, 섭리가 모든 일을 주관하며, 우연히 일어나는 일은 없고, 이와 같은 일도 신의 뜻에 따라 일어난다는 것. [2] 죄인들에게는 재앙이 따라다니고, 신은 선한 일을 한 자에게는 상을 내리고 악한 일을 한 자에게는 벌을 내린다는 것. 신의 복수가 있어서, 엄청난 죄를 지은 자들은 조만간에 그 벌을 받게 되어 있다. 그들은 신이 있다는 것만이 아니라 이 신이 복수하는 것이 내게 있으니 내가 갚으리라고 말씀하였다는 것도 믿고 있었다. [3] 살인은 극악무도한 범죄이기 때문에 반드시 벌을 받게 되어 있는데, 사람의 피를 흘린 자는 마땅히 방백에 의해서 처벌을 받아 죽어야 하지만, 그렇게 되지 않은 경우에는 잘못에 대하여 복수하시는 분인 천지의

의로운 재판장에 의해서 처벌을 받게 되어 있다는 것. 어떤 악행을 저질러도 벌을 받지 않게 될 것이라고 생각하는 자들은, 아무것도 배운 것이 없지마는 악인에게는 화가 있으리니 그들의 손으로 행한 대로 보응을 받을 것임이니라고 말할 수 있었던 이 야만인들에게서 배워야 한다. 사람들에 의한 심판을 계속해서 피해 와서 안전하게 살 수 있었기 때문에 우리가 계속해서 악을 행하여도 우리에게 평안이 있으리라고 말하고는, 그들의 악행에 관한 징벌이 속히 실행되지 아니하므로 더욱 마음을 단단히 먹고서 악을 행하는 자들은, 여기에 나오는 글도 읽을 줄 모르고 쓸 줄도 모르는 야만인들로부터, 악을 행한 자들은 비록 바다의 복수를 모면했다고 하더라도 신의 복수를 피하지 못하여서 공의가 그를 살지 못하게 한다는 것을 배워야 한다. 욥의 때에, 당신이 길을 지나가는 사람들에게 그것에 대하여 묻고 또 다음 사람에게 물었다면, 그들은 악인은 재난의 날을 위하여 남겨둔 바 되어 있다는 말을 당신에게 해주었을 것이다.

(2) 자연적인 깨달음이 지닌 오해들. 그러한 오해들은 하나님의 계시에 의해서 교정될 필요가 있었다. 그들이 알고 있는 것은 두 가지 점에서 결함이 있었다.

[1] 그들은 모든 악인들이 이 세상에서 벌을 받게 된다고 생각하였다는 것. 그들은 살인자들과 같은 극악무도한 죄인들을 신이 오래 살도록 내버려 두지 않고 반드시 복수를 하는데, 그들은 함정에서 빠져 나온다고 해도 올무에 걸리게 되고(렘 48:43-44) 사자를 피한다고 해도 곰을 만나게 되며(암 5:19) 물에 빠져 죽는 것을 모면하였다고 해도 독사에게 물리게 될 것이라고 생각하였다. 하지만 반드시 그런 것은 아니다. 악인들, 심지어 살인자들도 종종 장수하기도 하고 그 힘이 강건하기도 한다. 왜냐하면, 복수의 날은 진노의 큰 날, 즉 저 세상에서 올 것이기 때문이다. 하나님이 계시고 섭리가 있다는 것을 증명하기 위해서 하나님은 이 세상에서 몇몇 악인들을 벌하심으로써 본보기를 보여주시지만, 장차 심판이 있으리라는 것을 증명하기 위하여 많은 악인들을 벌하지 않으시고 그대로 두신다.

[2] 그들은 이 세상의 삶 속에서 고난을 많이 받는 자들은 모두 악한 자들이라고 생각하였다는 것. 실로암 망대가 무너져서 거기에 깔려 죽은 자들을 유대인들이 예루살렘에 사는 모든 사람들보다 더 큰 죄인들이었음에 틀림없다고 생각했던 것처럼, 여기에서 원주민들은 독사에게 물린 사람은 살인자가 틀림없

을 것이라고 판단하였다. 이러한 잘못은 욥의 친구들도 욥이 당한 일에 대하여 판단할 때에 저질렀던 잘못이었다. 그러나 하나님의 계시는 이 문제를 참된 빛 속에서 바르게 볼 수 있게 해 준다 — 이 세상에서 모든 일들은 모든 사람들에게 통상적으로 똑같이 일어난다는 것, 선한 사람들도 그들의 믿음과 인내의 훈련을 위해서 이 세상에서 흔히 많은 고난을 당하게 된다는 것.

4. 바울은 자기 손을 문 독사를 떨어버렸지만, 원주민들은 그들이 예상한 대로 신의 복수가 현실로 나타나서, 뱀의 독으로 인해서 그가 붓든지 혹은 갑자기 쓰러져 죽을 것이라고 생각하였다. 사람들은 일단 잘못된 생각을 품게 되면 그 생각이 아무리 잘못된 것이라고 하더라도 끝까지 그것을 고수하고자 하고, 신이 그들의 판단을 확증해 줄 것임에 틀림없다고 생각하게 된다. 그들이 바울이 부어 오르지도 않았고 쓰러지지도 않는 것을 보았을 때에 그들 스스로가 나서서 바울을 때려 눕히지 않은 것만도 다행한 일이었다. 원주민들은 사려분별이 있었기 때문에 신의 섭리가 어떻게 진행되는지를 지켜 보았다.

Ⅲ. 바울이 이 위험에서 벗어났고, 원주민들은 이 일에 대하여 다시 잘못된 해석을 하였다. 독사가 바울의 손을 물은 것은 그의 믿음을 시험하는 것이었다. 이 일은 하나님께서 찬송과 영광과 존귀를 받으실 만한 일임이 드러났는데, 그 이유는 다음과 같다.

1. 독사에게 물린 것 때문에 바울이 기겁을 하거나 어쩔 줄 몰라 했다는 말은 본문에 전혀 나오지 않는다. 우리는 독사에 물렸을 때에 당연히 비명을 지르고 깜짝 놀라서 두려움에 질려서 황급히 독사를 손에서 떨어 버렸을 것이지만, 바울은 전혀 그런 모습을 보이지 않았다. 왜냐하면, 바울은 사람들이 그것을 보고서 거기에 대하여 말들을 할 정도로 꽤 오랫동안 그의 손을 문 독사를 그대로 놓아 두었기 때문이다. 바울은 이렇게 이러한 갑작스러운 사고를 당하였을 때에 그 누구도 지닐 수 없는 침착한 마음을 지니고 있음을 보여주었는데, 이것은 하나님의 특별한 은혜와 도우심이 없이는 불가능한 것으로서, 그가 그리스도께서 그의 제자들에게 하신 말씀(막 16:18), 즉 그들이 뱀을 집어 올리리라고 하신 말씀을 실제로 믿고 의지하였다는 것을 보여주는 것이다. 이런 일은 마음이 확정되어서 하나님만을 의뢰할 때에만 가능한 일이다.

2. 바울은 도움을 청하거나 독사를 떼어내기 위해서 어떤 조치를 취함이 없이 아무렇지도 않은 듯이 별 어려움 없이 그 독사를 불에 떨어 버렸다. 아마도 독

사는 불에 타서 죽었을 것이다. 이렇게 믿는 자들은 그리스도의 은혜의 힘을 덧입어서 그리스도께서 하신 대로 사탄아 내 뒤로 물러 가라 주께서 너를 꾸짖으신다라고 말하면서 거룩한 결단으로써 사탄의 시험들을 떨쳐내 버려야 한다. 이렇게 믿는 자들은 악한 자가 그들을 만지고 물지 못하도록 스스로를 지켜야 한다(요일 5:18). 우리가 양심에 부끄러움이 없는 상태에서 사람들의 비난과 비방을 무시하고, 그것들을 거룩히 멸시하는 마음으로 바라볼 때에, 우리는 여기에서 바울이 한 것처럼 독사를 불에 떨어 버리고 있는 것이다. 우리가 그런 것에 기겁을 하거나 그런 것을 두려워하여 우리가 해야 할 도리를 다하지 못하거나 격분하여 욕을 욕으로 갚지만 않는다면, 그런 것은 우리에게 전혀 해를 입히지 못한다.

3. 바울은 아무런 해악도 입지 않고 멀쩡하였다. 바울이 곧 죽게 될 것이라고 생각하였던 원주민들은 오래 기다려도 그에게 아무 이상이 없음을 보았다. 하나님은 이 일을 통해서 바울을 원주민들 가운데서 높임을 받게 만드심으로써 원주민들이 복음을 받아들일 수 있는 길을 여시고자 하신 것이었다. 이 일 후에 이 섬에 독사나 어떤 독 있는 짐승이 살고 있다는 얘기는 들려 오지 않았다. 그러나 가톨릭 저술가들이 확신을 가지고서 그런 말을 하기는 하지만, 나는 그들의 말이 사실인지는 잘 모르겠다.

4. 이 일 후에 원주민들은 앞에서 그를 비방했던 것과 동일한 정도로 그를 아주 높이 공경하였다: 그들은 돌이켜 생각하여 말하되 그를 신이라 하였다. 즉, 그들은 바울을 죽지 않는 신이라고 여겼던 것이다. 왜냐하면, 그들은 사람이라면 독사가 그렇게 오랫동안 손에 매달려 있었는데도 아무 일 없이 멀쩡하다는 것은 불가능한 일이라고 생각하였기 때문이었다. 여기서 우리는 사람들의 생각이 얼마나 정함이 없는지를 보게 된다. 사람들은 바람을 따라 이리저리 생각을 바꾸고, 그들의 생각은 한 쪽 극단에서 다른 쪽 극단으로 뒤바뀌기 일쑤이다. 사람들은 바울과 바나바를 신으로 모시고자 했다가 얼마 후에는 그들을 돌로 쳐 죽이고자 하였다. 마찬가지로, 여기에서 원주민들은 바울을 살인자로 단죄하였다가 얼마 후에는 그를 신으로 추앙한다.

IV. 바울은 열병을 앓고 있던 추장의 부친을 비롯해서 여러 병든 자들을 기적적으로 고쳐 주었다.　그리스도의 가르침이 옳다는 것을 확증해 주는 이러한 이적들과 더불어서 분명히 복음도 그들에게 선포되었을 것이다. 좀 더 살펴보자.

1. 이 섬에서 가장 높은 사람 보블리오라 하는 이가 곤경에 처한 낯선 사람들에게 친절을 베풀며 따뜻하게 맞아 줌. 그는 이 섬에서 상당히 높은 지위를 가지고 있었는데, 어떤 이들은 그가 이 섬을 다스리는 자였다고 생각한다. 그는 그들을 영접하여 사흘이나 친절히 머물게 하였는데, 그러는 동안에 원주민들은 그들이 묵을 곳을 준비해 주었을 것이다. 하나님께서 높은 지위와 큰 재물을 주신 자에게 넓은 마음도 주신다면, 그것은 참으로 복된 일이다. 그는 이 섬에서 가장 높은 사람이었기 때문에 손님을 가장 잘 대접하고 너그럽게 행하는 것이 합당한 일이었다. 그는 이 섬에서 가장 부유한 사람이었기 때문에 선한 일에 있어서도 부유하게 되는 것이 합당하였다.

2. 보블리오의 부친이 병에 걸림: 그의 부친은 열병과 이질에 걸려 누워 있었는데, 열병과 이질은 흔히 함께 오고, 이 두 가지 병이 결합되었을 때에는 그것은 보통 치명적인 것으로서 죽을 확률이 많았다. 하나님께서는 섭리를 통해서 보블리오의 부친이 바로 이 때에 병에 걸리게 하시고, 그 부친을 치유해 주심으로써 보블리오가 바울 일행에게 베푼 따뜻한 환대에 대하여 즉각적으로 보답을 하셨다. 하나님께서 이적을 통해서 그의 부친을 치유해 주신 것은 특별히 바울이 선지자의 이름으로 받았던 환대에 대한 보답이었다.

3. 그 부친이 치유됨. 바울은 추장의 부친이 병에 걸린 사실을 알아차렸는데, 이것은 원주민들이 그에게 추장의 부친을 고쳐 달라고 강권하였기 때문인 것은 아닌 것으로 보인다. 그렇지만 바울은 이 사실을 알고서 약으로 사람의 병을 고치는 의사로서가 아니라 이적으로 사람을 고치는 사도로서 추장의 부친이 누워 있는 곳으로 들어갔다. 그런 후에 바울은 그리스도의 이름으로 추장의 부친을 고쳐 달라고 하나님께 기도하고 나서 그에게 안수하였는데, 추장의 부친은 즉시 말끔하게 치유되었다. 그가 나으려면 수년이 걸릴지 모를 일이었는데, 그는 건강을 회복하였고, 거기에다가 그의 수명이 더 길어지는 은혜도 받았을 것이다.

4. 이 소식을 듣고서 온 다른 많은 병자들도 바울에 의해서 고침을 받음. 바울이 아주 쉽게 그리고 아주 완벽하게 추장의 부친의 병을 고쳤기 때문에, 그 섬에 있던 다른 병자들도 곧 그에게 달려온 것은 너무도 당연한 일이었다. 바울은 그들을 모두 영접하였고, 그들로 하여금 그들이 얻고자 한 것을 가지고서

돌아갈 수 있게 하였다. 그는 자기가 여기에서 낯선 사람으로서 사고에 의해서 우연히 그들 가운데 오게 되어서 다른 배가 오면 그 즉시 떠날 채비를 하고 기다리는 중이고 그들을 고쳐 주어야 할 그 어떤 의무도 없다고 항변하면서, 그들의 요청을 사양하고 받아들이려 하지 않은 것이 아니었다. 선한 자는 하나님의 섭리를 따라서 자기에게 맡겨진 선한 일들을 그것이 무엇이 되었든 행하고자 애쓰는 법이다. 바울은 헬라인들에게만이 아니라 야만인들에게도 자기가 빚진 자라고 여겼고, 그들에게 유익한 일을 할 수 있는 기회가 생겼을 때에는 그것에 대하여 하나님께 감사하였다. 또한, 바울은 멜리데 섬의 주민들이 그들에게 시의적절하게 머물 곳과 양식을 공급해 주었기 때문에 그들에게 특별히 신세를 지고 있었고, 따라서 원주민들 가운데서 병든 자들을 고쳐 줌으로써 실제적으로 그들에게 진 신세를 갚았다고 할 수 있다. 이것은 우리로 하여금 낯선 사람들을 대접하도록 격려한다. 왜냐하면, 어떤 이들은 낯선 사람들을 대접함으로써 자기도 알지 못하는 사이에 천사들이나 사도들을 대접하게 되었기 때문이다. 하나님은 곤경에 처한 자기 백성에게 친절을 베푼 자에게 진 빚을 갚지 않으시는 분이 아니다. 바울은 그 섬의 병든 자들을 치료해 주면서 그들에게 복음을 전하였을 것이고, 그들은 이적들을 통해서 복음이 확증되는 것을 보고서 복음을 받아들였을 것이다. 그렇다면, 바울 일행이 난파되어서 구조된 일로 인해서 가장 부유하게 된 자들은 다름 아닌 멜리데 섬의 원주민들이었다고 할 수 있다.

Ⅴ. 원주민들은 바울이 병든 자들을 고쳐 주고 그리스도를 그들에게 전해 주는 등 많은 친절을 베푼 것에 대하여 고마워하고 감사하였다. 그들은 바울과 그 밖의 다른 사역자들을 후한 예로 대접하였는데, 아마도 다른 사역자들도 바울이 그들에게 복음을 전할 때에 그를 도왔을 것이다(10절).

1. 그들은 후한 예로 우리를 대접하였다. 그들은 바울과 그 일행에게 지극한 공경을 보여주었다. 그들은 하나님께서 바울 일행을 높이시는 것을 보았기 때문에, 마땅히 그들도 바울 일행을 높여야 한다고 생각하였고, 바울 일행에게 그 어떠한 지극한 공경을 드린다고 하여도 지나치지 않다고 생각하였다. 아마도 그들은 바울 일행을 귀화시켜서 그들에게 시민권을 주려고 하였을지도 모른다. 복음을 신실하게 전하는 자들, 특히 그들의 수고를 통해서 열매를 거두는 자들은 갑절로 공경을 받을 자격이 있다.

2. 우리가 떠날 때에 그들은 우리 쓸 것을 배에 실었다. 바울은 여기에서 그가 해야 할 일이 없었기 때문에 자신의 손으로 수고를 할 수 없었다. 그러므로 바울은 그가 원주민들을 치료해 준 대가로서가 아니라(그는 거저 받았기 때문에 거저 주었다) 그와 그의 일행들에게 부족한 것들을 도와 주는 것으로서 멜리데 섬의 선한 사람들의 친절을 기쁘게 받았다. 원주민들은 신령한 것들을 수확하였기 때문에 그런 수확을 그들에게 거두게 해 준 사람들에게 보답하는 것이 마땅하였다(고전 9:11).

[11]석 달 후에 우리가 그 섬에서 겨울을 난 알렉산드리아 배를 타고 떠나니 그 배의 머리 장식은 디오스구로라 [12]수라구사에 대고 사흘을 있다가 [13]거기서 둘러가서 레기온에 이르러 하루를 지낸 후 남풍이 일어나므로 이튿날 보디올에 이르러 [14]거기서 형제들을 만나 그들의 청함을 받아 이레를 함께 머무느라 그래서 우리는 이와 같이 로마로 가니라 [15]그 곳 형제들이 우리 소식을 듣고 압비오 광장과 트레이스 타베르네까지 맞으러 오니 바울이 그들을 보고 하나님께 감사하고 담대한 마음을 얻으니라 [16]우리가 로마에 들어가니 바울에게는 자기를 지키는 한 군인과 함께 따로 있게 허락하더라

우리는 여기에서 바울이 로마를 향하여 항해를 계속하고, 마침내 로마에 도착하는 것을 보게 된다. 지금까지 바울은 거칠고 위험한 항해를 계속해 왔었고 죽을 뻔하다가 겨우 살아났었다. 그러나 폭풍 후에는 잔잔함이 찾아오는 법이다. 멜리데 섬을 떠난 후로 바울의 항해는 편안하고 순조로웠다. 우리는 온갖 위험들과 사건들을 통과하여 천국으로 나아가는데, 하나님께서는 이 시련의 기간을 정해 놓으셨다. 우리는 여기에서 다음과 같은 것들을 보게 된다.

I. 그들이 멜리데 섬을 떠남. 이 섬은 그들에게 행복한 피난처이긴 하였지만 그들의 영원한 본향은 아니었다. 그들은 다시 기운을 회복하게 되었을 때에 바다로 또 다시 나가지 않으면 안 된다. 우리가 그리스도인으로서의 길을 가면서 수없는 난관과 낙심되는 일들을 만난다고 하여도, 그러한 것들이 우리가 앞으로 전진하는 데에 방해가 되어서는 안 된다. 여기에 나오는 본문 속에는 다음과 같은 것들이 기록되어 있다.

1. 그들이 멜리데 섬을 떠난 때: 석달 후에, 겨울의 석달을 섬에서 지낸 후에 그들은 그 섬을 떠났다. 시절이 위험할 동안에는 앞으로 전진하는 것보다는 비록 욕을 먹는다고 하여도 그 자리에 머무는 편이 더 낫다. 바울은 사람들에게 겨울 날씨에 바다로 나아가는 모험을 하지 말 것을 경고하였었지만, 그들은 그의 경고를 받아들이려 하지 않았었다. 그러나 그들은 이제 그들이 지금까지 겪은 어려움들과 위험들을 통해서 그것을 배웠기 때문에 바울은 그들에게 더 이상 경고할 필요가 없었다. 그들은 값비싼 대가를 치르고서 배웠기 때문에 그들의 배움은 그들에게 확실하게 각인되었다. 그러므로 경험은 어리석은 자들의 교사라는 말이 있다. 왜냐하면, 경험을 통해서 깨달음을 얻기 전까지는 남에게서 배우고자 하지 않는 자들은 어리석은 자들이기 때문이다.

2. 그들이 섬을 떠날 때에 탄 배. 그것은 알렉산드리아 배였다. 바울 일행이 탔다가 파선된 배도 알렉산드리아 배였다(행 27:6). 이 배는 그 섬에서 겨울을 났기 때문에 안전할 수 있었다. 사람들이 이 세상에서 어떻게 하느냐에 따라서 얼마나 서로 다른 결과가 빚어지는지를 보라. 여기에 두 배가 있었다. 두 배는 모두 알렉산드리아 배였고 둘 다 이달리야로 가는 배였으며 둘 다 동일한 섬에 닿게 되었지만, 한 배는 좌초되어서 이 섬에 왔고, 다른 배는 안전하게 와서 이 섬에 피신해 있있다. 이런 일들이 자주 일어나는 것을 우리는 볼 수 있다. 하나님의 섭리에 의해서 세상적인 일을 하는 자들에게 좋은 운이 돌아와서 그들이 형통함으로써 힘을 얻어서 세상적인 일에 손을 대게 되는 경우도 있고, 세상적인 일을 하는 사람들이 때를 잘못 만나서 망함으로써 사람들은 세상일에 마음을 쏟지 말도록 경고를 받는 때도 있다. 이렇게 여러 가지 일들이 다양하게 번갈아 일어남으로써, 우리는 궁핍에 처할 줄도 알고 부유함에 처할 줄도 아는 법을 배우게 된다. 역사가였던 누가는 이 배의 표지를 기록하고 있는데, 아마도 그 표지는 배의 이름을 나타내는 것이었던 것 같다: 그것은 디오스구로(여기서 디오스구로로 번역된 원어는 그리스 신화에서 제우스와 레다의 쌍둥이 아들로서 뱃사람의 수호신이 된 Castor와 Pollux를 가리킨다)였다. 디오스구로는 어리석은 이교의 신들이었는데, 옛적의 시인들은 이 신들이 바다의 신들로서 폭풍우를 주관하고 뱃사람들을 보호해 주는 역할을 한다고 말하였다. 그래서 선원들은 뱃머리에 이 신들을 그리거나 조각하곤 하였다. 이 배는 이 신들을 뱃머리에 조각함으로써 그런 명칭을 얻게 되었다. 누가가 이것을 기록한 것은

이 이야기가 얼마나 확실한 것인지를 보여주기 위한 것이고 그 이외의 다른 목적은 없었던 것 같다. 이 배는 그러한 명칭과 장식으로 애굽과 이달리야를 왕래하는 모든 사람들에게 아주 잘 알려져 있었다. 라이트푸트 박사는 사람들이 이러한 장식을 단 배를 타게 되면 좀 더 순조롭게 항해를 할 수 있다고 믿었던 미신을 암시하기 위해서 누가가 이러한 정황을 언급하고 있는 것이라고 생각한다.

II. 그들이 이달리야 근방에서 잠시 정박했다가 로마를 향해서 계속 항해함.

1. 그들은 시칠리아 섬의 가장 큰 도시인 수라구사에 처음으로 배를 대고 상륙하였다. 거기에서 그들은 사흘을 머물렀는데, 아마도 물건들을 항구에 내리거나 거기에서 나는 물건들을 배에 싣는 작업을 했을 것이다. 왜냐하면, 이 배는 무역을 하기 위하여 항해하는 선박이었던 것으로 보이기 때문이다. 바울은 그가 말로만 자주 들어 왔었고 한 번 보고자 하였던 여러 곳들을 둘러봄으로써 호기심을 만족시킬 수 있었을 것인데, 특히 수라구사는 아주 오래되고 유명한 곳이었다. 그렇지만 거기에는 그리스도인들은 없었던 것으로 보인다.

2. 그들은 수라구사를 떠나서 시칠리아 섬의 메시나(Messina)와 정면으로 마주해 있는 이달리야의 한 도시, 즉 칼라브리아(Calabria) 왕국 또는 나폴리 왕국에 속한 레기온에 도착하였다. 거기에서 그들은 하루를 머물렀던 것으로 보인다. 가톨릭 교회의 전설들 속에 나오는 한 이야기에 의하면, 바울이 이 때에 여기에서 복음을 전할 때에 물고기가 그의 복음을 듣기 위해서 해변으로 뛰어 올라 왔고, 바울은 촛불을 사용해서 돌로 된 기둥에 불을 붙였는데, 이 이적 때문에 거기에 사는 사람들이 그의 가르침이 옳다는 것을 확신하고서 많은 사람들이 세례를 받았고, 바울은 이 여행에서 그와 동행하였던 사역자들 중의 한 사람이었던 스데반을 그들의 감독으로 임명하였다고 한다. 그리고 이 모든 일들은 이 하룻 동안에 이루어졌다고 그들은 말한다. 하지만 바울 일행은 해변에도 나가지 않고서 배 속에서 그냥 하루를 보냈던 것으로 보인다.

3. 그들은 레기온을 출발해서 나폴리에서 그리 멀지 않은 항구 도시인 보디올(지금의 포졸라나)에 이르렀다. 이 알렉산드리아 배는 바로 그 항구가 종착지였기 때문에, 바울을 비롯해서 로마로 가고자 했던 나머지 사람들은 이 항구에서 내려서, 나머지 길을 육로로 갔다. 바울 일행은 보디올에서 형제들, 즉 그리스도인들을 만났다. 누가 그리스도를 아는 지식을 여기까지 퍼트렸는지 우

리는 알지 못하지만, 분명히 여기에도 복음이 전파되어 있었다. 복음의 누룩은 너무도 경이롭게 퍼져 나간 것이었다. 우리가 생각지도 못한 곳들에서 많은 사람들이 하나님을 섬기고 예배한다. 좀 더 살펴보자.

(1) 보디올에는 형제들이 불과 몇 명밖에 되지 않았을 것이지만, 바울은 그들을 찾아내었다. 그들이 바울이 여기에 왔다는 소문을 듣고서 찾아왔거나 바울이 탐문하여 그들을 찾아내었겠지만, 어쨌든 그들은 본능적으로 함께 만났다. 동포들이 다른 나라 땅에서 서로 함께 만나듯이, 그리스도 안에서의 형제들은 서로를 찾아내서 지속적으로 교제를 유지하여야 한다.

(2) 그들은 바울과 그의 일행이 이레를 함께 머물기를 원하였는데, 아마도 그들은 적어도 한 번의 주일을 바울 일행과 함께 지키면서 공적인 예배를 바울이 진행해 주기를 바랐을 것이다. 그들은 바울이 언제 다시 보디올에 올 지 모르는 일이었기 때문에 바울의 설교를 여러 번 듣지 않고는 그를 보내고자 하지 않았을 것이다. 바울은 기꺼이 그들에게 자신의 많은 시간을 할애해 주고자 하였다. 바울을 감독하고 있었던 백부장은 자기 자신도 보디올에 친구들이나 일이 있었을 것이기 때문에 거기에 일주일을 머무는 데에 동의함으로써 바울에게 은혜를 베풀어 주었다.

4. 그들은 보디올에서 로마를 향하여 계속해서 나아갔다. 그들이 걸어서 여행하였는지, 아니면 짐승들을 준비해서 타고 갔는지는 본문에 나와 있지 않다 (행 23:24). 그러나 그들은 로마로 가야 하였고, 이것이 그들의 마지막 여정이었다.

Ⅲ. 로마에 있던 그리스도인들이 바울을 마중 나옴. 바울이 보디올에 도착하자마자 그 곳에 있던 그리스도인들은 바울이 거기에 얼마동안 머물 것인지, 그가 언제 로마를 향하여 출발할 것인지를 로마에 있는 그리스도인들에게 통지하여서, 그들과 바울이 만날 수 있는 기회가 마련된 것으로 보인다. 좀 더 살펴보자.

1. 로마에 있는 그리스도인들이 바울을 지극한 예로 맞음. 그들은 바울의 명성에 대하여 많이 들어 왔었고, 하나님께서 그를 어떻게 사용하여 오셨는지, 그가 이 세상에서 그리스도의 나라를 위하여 얼마나 큰 일로 섬겨 왔는지, 얼마나 많은 영혼들이 그를 영적인 아버지로 생각하고 있는지를 익히 들어 왔었다. 그들은 바울의 고난에 대해서도 많이 들어 왔었는데, 하나님께서 그 고난

들 가운데서 그를 어떻게 구하셨으며 인정하셨는지를 익히 들어 왔었다. 그러므로 그들은 바울을 보고자 열망했을 뿐만 아니라, 그리스도의 복음을 전하는 영광스러운 사자인 그를 가능한 한 모든 예를 다해서 영접하여야 한다고 스스로 생각하였다. 바울은 얼마 전에 로마서라는 아주 뛰어난 긴 서신을 써 보낸 적이 있었는데, 거기에서 그는 자기가 그들을 얼마나 사랑하는지를 표현했을 뿐만 아니라 그들에게 크게 유익이 되는 수많은 가르침들을 주었었다. 그들은 이것에 대한 보답으로 그를 이렇게 지극한 예로 맞고 있는 것이었다. 바울은 비록 죄수의 신분이었지만, 그들은 마치 왕의 사자들이나 재판관들이 올 때에 그들을 영접하는 것처럼 극진한 예를 다해서 바울을 로마로 맞아들이기 위하여 그를 맞으러 왔다. 그들 중의 일부는 로마에서 51마일(80km)이나 떨어져 있었던 압비오 광장까지 나왔고, 일부는 로마에서 28마일(어떤 이들은 33마일이라고 계산한다) 떨어져 있던 트레이스 타베르네라 불리는 곳까지 마중나왔다. 그들은 죄수인 바울을 부끄러워하거나 아는 체하는 것을 두려워하기는커녕, 도리어 바울이 죄수가 된 것으로 인해서 그를 갑절이나 공경해야 할 자로 여겨서, 더욱 세심한 신경을 써서 그에게 예를 갖추고자 하였다는 점에서 칭찬을 들을 만하다.

2. 바울이 이 일로 큰 위로를 받음. 바울은 로마가 가까워지면서, 네로 황제가 어떤 인물인지, 그가 최근에 어떤 폭군으로 변했는지를 보디올에 있던 형제들에게서 들었을 것이기 때문에, 그가 가이사에게 상소한 것에 대하여 뭔가 암울한 생각을 하기 시작하였고, 그 결과에 대해서도 걱정을 조금 하게 되었을 것이다. 그는 로마로 가까이 오고 있었는데, 로마는 그가 한 번도 가 본 적이 없던 곳이었고, 거기에는 그를 알거나 그가 아는 자들이 거의 없었고, 로마에서 무슨 일이 그에게 생길지 그는 알 수 없는 상황이었다. 그러나 그는 자기를 맞이하러 로마에서부터 먼 길을 온 저 선한 자들을 만나고 나서는 그런 염려들이 사그러들기 시작하였다.

(1) 바울이 그들을 보고 하나님께 감사하였다. 바울은 틀림없이 그들이 이렇게 자기를 따뜻하게 맞아 주는 것에 대하여 감사하는 말을 되풀이하였을 것이다. 그러나 그것이 전부가 아니었다. 그는 하나님께 감사하였다. 우리의 친구들이 우리에게 호의를 베풀고 우리를 따뜻하게 대해 준다면, 그들로 하여금 그렇게 하도록 하신 분은 하나님이시라는 것을 명심하라. 하나님께서 그들의 마음속

에 그렇게 행할 뜻을 주셨고, 그들의 손에 그렇게 행할 힘을 주셨기 때문에, 그들은 우리에게 호의를 가지고 우리를 따뜻하게 맞아 주게 된 것이다. 따라서 우리는 그 일에 대하여 하나님께 영광을 돌려야 한다. 바울은 틀림없이 멜리데 섬의 원주민들이 그에게 베풀어 준 극진한 대접과 따뜻한 영접에 대하여 하나님께 감사하였겠지만, 로마의 그리스도인들이 그에게 베풀어 준 경건한 관심과 보살핌에 대하여 훨씬 더 하나님께 감사하였을 것이다. 바울은 로마에 그토록 많은 그리스도인들이 있는 것을 보았을 때에 그리스도의 복음이 제국의 수도에서 이토록 놀라운 성공을 거둔 것에 대하여 하나님께 감사하였다. 우리는 해외에 나가거나 세계를 둘러보면서 생각지도 못한 낯선 곳에서 그리스도의 이름을 지니고서 하나님을 경외하고 섬기는 자들을 만나게 될 때에 우리의 마음을 하늘로 들어올려서 감사 기도를 하여야 한다. 이 세상이 악한 데도 그토록 아름다운 사람들을 수없이 이 세상에 두신 하나님은 참으로 찬송을 받으시기에 합당하신 분이시다. 바울은 로마에 있는 그리스도인들을 만나 보기 전에도 그들에 관한 소문을 듣고서 하나님께 감사하였었다(롬 1:8): 내가 너희 모든 사람에 관하여 내 하나님께 감사한다. 그러나 그가 그들을 보게 된 지금(그들은 아마도 그가 이제까지 교제하였던 대다수의 사람들보다도 더 멋있고 기품있는 자들이었고, 더 진지하고 지적인 자들이었을 것이다) 그는 하나님께 감사하였다. 그러나 이것이 전부가 아니었다.

(2) 바울은 담대한 마음을 얻었다. 이 일은 그에게 새로운 활기를 불어넣어 주었고, 그의 사기를 북돋워 주었으며, 모든 염려가 사라지고 즐거움이 넘치게 하여 주었기 때문에, 이제 그는 전에 예루살렘에 들어갔던 때와 마찬가지로 기쁜 마음으로 비록 죄수의 신분이지만 로마로 들어갈 수 있었다. 바울은 로마에 그를 사랑하고 소중히 여기는 자들이 있어서, 그가 그의 친구들로서 함께 대화하고 상의할 수 있고, 감옥 생활의 따분함을 떨쳐 버리며, 네로 앞에서의 재판에 대한 두려움도 떨쳐 버릴 수 있으리라는 것을 알게 되었다. 천국을 향하여 여행하고 있는 자들에게는 그들의 동료 여행자들, 즉 예수 그리스도의 나라와 참음에 동참하는 자들을 만나는 것은 큰 힘이 된다는 것을 명심하라. 우리는 많은 선한 그리스도인들이 모인 집회들을 볼 때에 하나님께 감사힐 뿐만 아니라 스스로 담대함을 얻게 된다. 선한 그리스도인들이 선한 사역자들, 특히 고난에 처해 있어서 멸시를 받고 있는 사역자들에게 극진한 예를 갖추어서 공경하게

되면, 그들은 큰 힘을 얻어서 그들에게 닥친 고난이나 그들에게 주어진 일들을 좀 더 쉽게 해 나갈 수 있게 되는데, 이것이 바로 우리가 그렇게 해야 하는 이유가 된다. 그렇지만 로마의 그리스도인들은 이렇게 처음에는 바울을 극진히 영접하였고, 계속해서 바울을 따뜻하게 돌봐주겠다고 약속하였지만, 바울이 그들을 가장 필요로 했을 때에 그를 실망시켰다는 것을 우리는 주목하여야 한다. 왜냐하면, 바울은 내가 처음 변명할 때에 나와 함께 한 자가 하나도 없고 다 나를 버렸다고 말하고 있기 때문이다(딤후 4:16). 그들은 바울을 마중하러 나오는 길이 유쾌한 여행이 될 수 있었기 때문에 쉽게 40-50마일이나 되는 길을 짐승을 타고서 바울을 마중나오러 올 수 있었다. 그러나 그들은 재판 과정에서 법정에 나와 바울을 변호하며 그에게 유리한 증거를 제시함으로써 황제를 비롯한 고관들의 분노를 살 염려가 있을 때에는 애써 그 자리를 피하고자 하였다. 막상 재판이 시작되자 그들은 지금 바울을 맞이하러 멀리까지 나왔듯이 그 때에는 바울을 피하여 로마를 벗어나서 최대한 멀리 말을 타고 달리고자 했을 것이다. 이것은 우리에게 우리가 사람을 의지하지 말고 여호와 우리 하나님만을 의지하라는 것을 말해 주는 것이다. 우리가 사람들이 하는 그럴듯한 말들을 믿고 의지하게 될 때에 부끄러움을 당하게 되겠지만, 우리가 하나님의 약속을 믿고서 용기를 잃지 않는다면 하나님은 우리를 결코 실망시키지 않으실 것이다. 사람은 다 거짓되되 하나님은 참되시니라.

Ⅳ. 로마에서 바울이 구금됨(16절).   바울은 이제 그의 여정을 끝마치게 되었다.

1. 바울은 여전히 죄수의 몸이었다. 바울은 로마를 그토록 보고자 열망하였었지만, 그가 거기에 왔을 때에는 다른 죄수들과 더불어서 수비 대장에게 넘겨졌고, 그의 허락없이는 로마를 볼 수 없게 되었다. 인간 세상에서 전염병과도 같은 존재들인 자들이 권력을 쥐고서 로마로 입성하여 승리의 면류관을 쓰고서 의기양양하여 로마 시내를 당당하게 행진한 적이 얼마나 수없이 많았던가! 그러나 여기에 인간 세상에서 자신의 세대에게 가장 큰 축복이었던 한 선한 자가 초라한 포로처럼 쇠사슬에 묶여서 로마로 들어왔다. 이것만 생각하여도, 우리는 이 세상에 대한 환상에서 영원히 벗어나기에 충분하다.

2. 그렇지만 바울에게는 약간의 호의가 베풀어졌다. 그는 죄수였지만 보통 죄수들이 갇혀 있는 감옥에 투옥되지 않았다: 바울에게는 따로 있게 허락되었

다. 따라서 바울은 그의 친구들이 마련해 준 사가에 기거하게 되었고, 그를 지키는 군사 한명이 배치되었다. 그 군사는 그에게 공손하였을 것이고, 그는 죄수에게 허용될 수 있는 한에서 모든 자유를 누릴 수 있었을 것이다. 왜냐하면, 바울과 같은 그렇게 예의바르고 점잖은 사람에게 악하게 굴 수 있는 자라면, 그 군사는 정말 못되먹은 자일 것임에 틀림없기 때문이다. 바울은 따로 거처할 수 있게 되었기 때문에 다른 죄수들과 함께 기거하게 된 것보다 더 자유롭게 자기 자신과 친구들과 하나님을 만나며 교제할 수 있었다. 하나님께서 요셉이 간수장에게 은혜를 받게 하시고(창 39:21) 여호야긴이 바벨론의 왕에게 은혜를 받게 하신 것처럼(왕하 25:27-28) 자기 백성이 그들을 사로잡은 자들에게서 긍휼히 여김을 받게 하실 수 있으시다는 것(시 106:46)은 하나님의 죄수들에게 큰 힘이 된다는 것을 명심하라. 하나님께서 자기 백성을 즉시 결박에서 건져 주시지는 않는다고 하여도, 그 결박이 그들에게 수월하게 느껴지게 해주시거나 결박 아래에서 그들의 마음을 편안하게 해주신다면, 그들은 마땅히 하나님께 감사를 드려야 한다.

¹⁷사흘 후에 바울이 유대인 중 높은 사람들을 청하여 그들이 모인 후에 이르되 여러분 형제들아 내가 이스라엘 백성이나 우리 조상의 관습을 배척한 일이 없는데 예루살렘에서 로마인의 손에 죄수로 내준 바 되었으니 ¹⁸로마인은 나를 심문하여 죽일 죄목이 없으므로 석방하려 하였으나 ¹⁹유대인들이 반대하기로 내가 마지 못하여 가이사에게 상소함이요 내 민족을 고발하려는 것이 아니니라 ²⁰이러므로 너희를 보고 함께 이야기하려고 청하였으니 이스라엘의 소망으로 말미암아 내가 이 쇠사슬에 매인 바 되었노라 ²¹그들이 이르되 우리가 유대에서 네게 대한 편지도 받은 일이 없고 또 형제 중 누가 와서 네게 대하여 좋지 못한 것을 전하든지 이야기한 일도 없느니라 ²²이에 우리가 너의 사상이 어떠한가 듣고자 하니 이 파에 대하여는 어디서든지 반대를 받는 줄 알기 때문이라 하더라

바울은 엄청난 비용과 위험을 감수하고서 로마로 압송된 죄수였지만, 그가 막상 로마로 왔을 때에는 아무도 나서서 그를 고소하거나 고발하는 자가 없었다. 여기에서 바울은 자기가 이 곳에 끌려 온 이유를 로마에 있는 유대인들 중 높은 사람들에게 얘기한다. 글라우디오 황제의 칙령에 의해서 모든 유대

인들이 로마에서 추방된지가 얼마되지 않았고, 이 칙령은 그 황제가 죽을 때까지 그대로 유지되었다. 그러나 그 칙령이 반포된지 5년이 지나자 수많은 유대인들은 비록 로마에 회당을 세우거나 공적인 예배 장소를 가지는 것이 허용되지는 않았지만, 교역상의 이점 때문에 다시 로마로 돌아오게 되었다. 바울이 여기에서 초청한 유대인 중 높은 사람들은 유대인들 가운데서도 최고의 부와 세력을 지니고 있었던 가장 저명한 유명 인사들이었다. 바울은 자신에 대한 그들의 견해를 바로잡아서 그들과 자기 사이에 원만한 관계를 유지하고자 하여 그들을 청하였다. 여기에서 우리는 다음과 같은 것들에 대하여 듣게 된다.

I. 바울은 자기가 전한 가르침에 대하여 그들에게 무엇을 말하였고 어떻게 설명하였는가. 그는 그들에게 깍듯이 예의를 차려서 말을 하면서, 그들을 형제들이라고 부른다. 이것은 그가 그들에 의해서 형제로 대우받고자 하고, 또한 그도 그들을 그렇게 대우하여서 그들에게 진실 외에는 아무 것도 말하지 않겠다는 뜻을 내비친 것이다. 왜냐하면, 우리는 서로 지체가 되고 우리 모두는 형제이기 때문이다. 좀 더 살펴보자.

1. 바울은 자기에게 죄가 없다는 것을 명백히 밝히고, 자기는 소문과는 달리 유대인들에게 그렇게 욕을 먹을 짓을 한 적이 없다고 말한다. "나는 유대 백성을 배척한 일이 없고, 유대인들의 종교나 시민적인 자유를 해치는 일을 한 적이 없으며, 그들이 처한 현재의 비참한 상황에 괴로움을 더해 주는 일을 한 적도 없는데, 그들은 내가 그런 일을 한 적이 없다는 것을 알고 있다. 또한, 나는 유대교를 폐기하거나 전혀 새로운 것을 들여옴으로써 우리 조상의 관습을 배척한 일도 없다." 바울이 조상들의 관습을 이방인들에게 강요하지 않았다는 것은 사실이다. 조상들의 관습은 결코 이방인들이 행하도록 의도된 것이 아니었다. 그러나 그가 유대인들 가운데서 조상들의 관습을 결코 반대하지 않았고, 도리어 그가 그들 가운데 있을 때에는 조상들의 관습을 따라서 행하였다는 것도 사실이다. 바울이 유대인들과 맞서서 싸운 것은 유대인들이 그들 자신의 종교의 관습을 따라서 행하는 것에 관한 것이 아니었고, 오직 이방인들에 대하여 그들이 지닌 적대감에 관한 것이었다(갈 2:12). 바울은 자기가 유대인들에 대하여 모든 도리를 다하였다는 양심의 증언을 지니고 있었고, 그 점에 있어서 한점 부끄러움도 없었다.

2. 바울은 자기가 유대인들로부터 너무도 혹독한 대접을 받은 것, 즉 자기는

그들에게 아무런 잘못도 하지 않았는데도 자기가 예루살렘에서 로마인의 손에 죄수로 내 준 바 된 것에 대하여 간곡하게 하소연한다. 만약 바울이 이 문제와 관련해서 모든 진상을 남김없이 다 얘기했더라면, 유대인들은 여기에서 얘기된 것보다 훨씬 더 악한 짓을 했다는 것이 드러나게 될 것이었다. 왜냐하면, 그들은 로마 군사들이 바울을 보호하지 않았다면 법이나 재판에 호소함이 없이 그를 죽였을 것이기 때문이다. 그러나 유대인들은 벨릭스 총독 앞에서 바울을 범죄자로 고발하고서 재판을 열어서 바울을 죽여 달라고 요구하였는데, 이것은 바울이 유대인들의 율법에 의해서 공정한 재판을 받기를 원하였음에도 불구하고 그를 로마인의 손에 죄수로 내 준 것이나 다름없었다.

3. 바울은 로마 총독들이 자기에 대하여 어떻게 판단하였는지를 밝힌다(18절). 그들은 그를 심문하였고 그의 사건을 조사하였으며 그를 고소하는 사람들이 무엇을 말하는지, 그가 스스로를 위하여 어떻게 변호하는지를 들어 보았다. 천부장을 비롯해서 벨릭스와 베스도, 아그립바 왕까지 그를 심문하였지만, 그들은 그에게서 죽일 죄목을 발견할 수 없었다. 그가 정직하고 점잖으며 양심적이고 선한 자라는 것을 반박할 만한 그 어떤 것도 드러나지 않았다. 그래서 그들은 그에게 사형을 선고함으로써 유대인들의 환심을 사고자 하지 않았다. 도리어, 그들은 정반대로 그를 풀어 주어서 그로 하여금 그의 일을 계속해서 하게 하고 그의 일을 방해하지 않고자 하였나. 왜냐하면, 그들은 모두 그의 말을 듣고서 그의 가르침이 옳다고 여겨 좋아하였기 때문이었다. 그의 사건을 아주 주의 깊게 심문한 자들은 그가 죄가 없다고 판단하여 놓아 주고자 하였고, 그의 말을 듣지 않은 채로 그에 대한 편견에 사로잡혀서 그를 고소한 자들 외에는 그 누구도 그를 단죄하지 않았다는 것은 바울에게는 자랑스러운 일이었다.

4. 바울은 자기가 자신의 사건을 로마로 가져올 수밖에 없었다는 것을 호소한다. 또한, 바울은 자기가 가이사에게 상소한 것은 자신을 방어하고자 한 것일 뿐이고 결코 그를 고소한 자들에 대하여 맞고소를 하기 위한 것은 아니었다고 말한나(19절): 유대인들이 그가 풀려나는 것에 반대하여 그를 단죄하여 죽게 할 수 없다면 그를 평생 감옥에서 죄수로 썩게 해야 한다고 생각해서 그의 석방을 막는 신청을 총독에게 냈기 때문에, 그는 총독들마다 유대인들을 크게 두려워해서, 그를 풀어 줌으로써 유대인들의 반감을 살까봐 그렇게 하지 못하

는 것을 보고서 마지 못하여 가이사에게 상소하였다. 이런 사정으로 인해서 바울은 윗선의 권세에 도움을 청할 수밖에 없게 되었다. 그가 이렇게 상소를 한 목적은 자기 민족을 고소하려는 것이 아니라 자기가 죄가 없다는 것을 밝히기 위한 것이었다. 각 사람은 자신을 방어하고 변호할 권리를 갖고 있지만, 그렇다고 해서 자신의 이웃들의 잘못을 들춰내고 트집을 잡아서는 안 된다. 특히, 자기 민족을 고소하는 것은 괘씸한 일이다. 바울은 자기 동포들을 위하여 중보 기도를 했고, 결코 그들을 해치는 일을 한 적이 없었다. 당시에 로마 정부는 유대 민족에 대하여 좋지 않은 평가를 하고 있었는데, 그들은 파벌을 만들고 소요를 일삼으며 불만을 품은 위험스러운 민족으로 여겨졌다. 바울과 같은 언변이 좋은 사람이 로마 시민으로서 자기가 당한 만큼 유대인들에게 분풀이 하기 위해서 황제에게 유대 민족에 대하여 분노하게 만드는 일은 식은 죽 먹기나 다름없는 일이었다. 그러나 바울은 그런 일을 결코 하고자 하지 않았다. 그는 누구에 대해서나 그가 가장 잘되는 방향으로 생각하였고 해코지를 하고자 하지 않았다.

5. 바울은 자기가 고난을 받는 진짜 이유를 제시하고, 그들이 공감할 수 있는 이유를 제시함으로써, 그들로 하여금 그를 박해하는 자들과 함께 하지 않는 것은 물론이고 그를 위하여 관심을 써서 그들이 그를 위하여 할 수 있는 것을 할 마음이 내키게 하고자 하였다(20절). "이러므로 내가 너희를 보고 시비를 걸기 위해서가 아니라(내게는 로마 정부를 부추겨서 너희에 대하여 반감을 갖도록 할 의도가 없기 때문에) 나의 동포들인 너희와 함께 이야기하려고 청하였으니, 이것은 이스라엘의 소망으로 말미암아 내가 이 쇠사슬에 매인 바 되었기 때문이다." 바울은 자기가 감옥에 갇혀 있는 자라는 것을 보여주는 표지를 항상 지니고 다녔는데, 그것은 아마도 그를 지키던 군사와 그가 쇠사슬로 함께 묶여져 있는 것이었던 것 같다. 바울이 자기가 이스라엘의 소망으로 말미암아 쇠사슬에 매인 바 되었다고 말한 이유는 다음과 같은 것들 때문이었다.

(1) 바울은 이스라엘의 소망이신 분, 이스라엘이 그토록 기다려 왔던 분인 메시야가 오셨다는 것을 전하였기 때문에. "모든 유대인들은 메시야가 그의 백성 이스라엘의 영광이 되리라는 것을 한마음으로 믿고 있지 않은가? 그러므로 백성들은 메시야가 오시기를 소망하고 있고, 나는 이 메시야를 전하며, 그가 오셨다는 것을 증언하고 있다. 그들은 장차 메시야가 오실 것이라는 소망을

그대로 갖고 있는데, 만약 그들이 계속해서 메시야가 아직 오지 않았다고 생각한다면, 그들은 결국 절망하고 말게 될 것이다. 나는 메시야가 이미 오셔서 사람들에게 기쁨을 주고 계시다는 것을 전하고 다닌다."

(2) 바울은 죽은 자들의 부활이 장차 있을 것이라고 전하였기 때문에. 이것도 이스라엘의 소망이었다. 그는 앞서 이것을 그렇게 부른 적이 있었다(행 23:6; 24:15; 26:6-7). "유대인들은 너희로 하여금 여전히 너희를 로마의 멍에에서 벗어나게 해주고 이 세상에서 위대하고 번영하는 자들이 되게 해 줄 메시야를 기다리라고 가르치는데, 그들의 생각을 가득 채우고 있는 것은 바로 그러한 사상이다. 그들은 내가 백성들에게 이 세상에서의 외적인 권력과 화려함이 아니라 저 세상에서의 좋은 것들을 그들에게 가져다줄 메시야를 받아들이라고 설득하고 가르친다고 해서 나에 대하여 격분하고 있다. 나는 너희를 우리 조상들이 믿음으로 바라보았던 저 영적이고 영원한 축복으로 인도하고자 하는 것인데, 이것이 바로 그들이 나를 미워하는 이유이다. 내가 너희를 이스라엘에게 속임수가 되고 그 수치와 멸망이 되는 사상, 즉 현세적인 메시야에 관한 사상으로부터 떠나게 하여서, 이스라엘의 참되고 실제적인 소망, 하나님께서 조상들에게 행하신 모든 약속들의 진정한 의미인 것, 죽은 자들의 부활과 저 세상에서의 삶을 예비해 주는 맛보기인 것, 즉 사람들의 마음속에 세워지는 거룩함과 사랑의 영적인 나라로 이끌고자 하기 때문에, 그들은 나를 미워하는 것이다."

II. 그들의 대답은 무엇이었는가. 그들은 이렇게 말하였다.

1. 그들은 유대에서 편지나 사자를 통해서 특별히 바울에 대하여 비난하는 말을 들은 것도 없었고, 황제 앞에서 그를 고소하는 자들로 나가라는 지시를 받은 적도 없었다는 것(21절). "우리가 유대에서 네게 대한 편지도 받은 일이 없고(그를 고소하라는 지시를 받지 않았다는 것) 또 유대에서 형제 중 누가 최근에 로마로 와서(유대는 로마 제국의 속주가 되어 있었기 때문에, 많은 유대인들이 로마로 왕래하곤 하였다) 네게 대하여 좋지 못한 것을 전하든지 이야기한 일도 없느니라." 유대인들은 바울이 가는 곳마다 따라 다니면서 끊임없이 소동을 일으키고 그를 괴롭혀 왔었는데 바울이 로마에 재판을 받기 위해서 왔는데도 그들이 그를 사형에 처해지도록 하기 위하여 로마에 분명히 왔어야 하는데도 오지 않은 것은 참으로 이상한 일이었다. 어떤 이들은 당시 로마의 황제는 전임 황

제들과는 달리 모든 유대인들을 로마에서 추방하지는 않았지만 로마에 있는 유대인들에게 호의적이지 않았기 때문에 여기에 모인 유대인들은 그들이 황제 앞에서 바울을 고소하다가 황제의 진노를 살 것을 우려하여서 마치 유대에서 바울을 고소하라는 지시가 오지 않은 것처럼 거짓말하고 있는 것이라고 생각한다. 그러나 나는 그들이 말한 것은 사실이었다고 생각한다. 바울은 지금 그가 자신의 사건을 가이사에게 상소한 목적을 달성하여서, 유대인들은 감히 황제 앞에서의 재판에 나서지 못하게 된 것이었다. 이것은 다윗의 방책이기도 하였는데, 그는 그렇게 해서 자신의 안전을 지킬 수 있었다(삼상 27:1): 블레셋 사람들의 땅으로 피하여 들어가는 것이 좋으리로다 사울이 이스라엘 온 영토 내에서 다시 나를 찾다가 단념하리니 내가 그의 손에서 벗어나리라. 그리고 실제로 다윗의 생각이 옳다는 것이 입증되었다(4절): 다윗이 가드에 도망한 것을 어떤 사람이 사울에게 전하매 사울이 다시는 그를 수색하지 아니하니라. 마찬가지로, 바울도 자신의 사건을 가이사에게 상소함으로써 그러한 목적을 이룰 수 있었다. 그가 로마로 도망하자, 로마는 그들의 손길이 미치지 못하는 곳이었기 때문에, 그들은 "이제 그를 포기하자"라고 말하였던 것이다.

2. 그들은 바울이 전하는 가르침, 그가 그토록 많은 반대에 부딪히면서도 그토록 애써서 전하고자 하는 신앙에 대하여 좀 더 자세하게 알고자 하였다는 것(22절). "우리가 너의 사상이 어떠한가, 즉 네가 생각하거나 느끼는 것들이 무엇인지, 네가 깨닫고서 그토록 열심을 내게 된 것들이 과연 무엇인지를 듣고자 하니, 우리는 기독교에 대하여 거의 아는 것이 없고, 이 파에 대하여는 어디서든지 반대를 받는 줄 우리가 알기 때문이라." 기독교 신앙에 대하여 이렇게 경멸과 조소가 섞인 말을 한 자들은 다름 아닌 하나님을 아는 지식이 있다고 자랑하던 로마의 유대인들 중 높은 사람들이었다(롬 2:17). 그들이 기독교 신앙에 대하여 알고 있었던 것은 그것이 어디서든지 반대를 받는 파라는 것이 전부였다. 그들은 기독교에 오명을 씌우고서 그 신앙을 짓밟은 것이었다.

(1) 그들은 기독교 신앙을 하나의 분파로 여겼는데, 이것은 잘못된 것이었다. 참된 기독교는 온 인류에게 공통적으로 관련이 있는 진리를 전하는 것으로서 좁은 소견이나 사사로운 이해관계에 기반을 둔 분파들과는 그 차원이 완전히 다르다. 기독교는 분파들과는 달리 세상적인 유익이나 이득을 목표로 하지 않는다. 기독교가 목표로 하는 것들은 모두 영적이고 영원한 것들이다. 게다가

기독교는 분파들과는 달리 온 인류를 갈라지게 하고 이간질시키는 것이 아니라 하나로 묶는 성향을 지니고 있다.

(2) 그들은 기독교가 어디서든 반대를 받는다고 말하였는데, 이것은 사실이었다. 그들이 대화를 나눈 사람들은 모두 기독교에 반대하였기 때문에, 그들은 모든 사람이 기독교를 반대하고 있다는 결론을 내렸다. 실제로 대부분의 사람들이 기독교를 반대하였다. 그리스도의 거룩한 종교는 항상 어디에서나 반대를 받는 운명에 놓여 있었다.

[23]그들이 날짜를 정하고 그가 유숙하는 집에 많이 오니 바울이 아침부터 저녁까지 강론하여 하나님의 나라를 증언하고 모세의 율법과 선지자의 말을 가지고 예수에 대하여 권하더라 [24]그 말을 믿는 사람도 있고 믿지 아니하는 사람도 있어 [25]서로 맞지 아니하여 흩어질 때에 바울이 한 말로 이르되 성령이 선지자 이사야를 통하여 너희 조상들에게 말씀하신 것이 옳도다 [26]일렀으되 이 백성에게 가서 말하기를 너희가 듣기는 들어도 도무지 깨닫지 못하며 보기는 보아도 도무지 알지 못하는도다 [27]이 백성들의 마음이 우둔하여져서 그 귀로는 둔하게 듣고 그 눈은 감았으니 이는 눈으로 보고 귀로 듣고 마음으로 깨달아 돌아오면 내가 고쳐 줄까 함이라 하였으니 [28]그런즉 하나님의 이 구원이 이방인에게로 보내어진 줄 알라 그들은 그것을 들으리라 하더라 [29](없음)

우리는 여기에서 바울이 기독교 신앙과 관련해서 로마에 있는 유대인들과 오랫동안 토론을 가진 것에 대한 짤막한 기사를 보게 된다. 그들은 기독교가 어디서든지 반대를 받았기 때문에 기독교를 분파라고 부를 정도로 아주 좋지 않은 선입견과 편견을 지니고 있었지만, 예루살렘에 있던 유대인들보다는 좀 더 마음이 열려 있어서 기독교에 대하여 바울이 하는 말을 기꺼이 들어보고자 하였다. 아마도 로마에 있던 이 유대인들은 세상에 대하여 좀 더 넓은 식견을 지니고 있었고 많은 사람들과 교제를 해 온 사람들이었기 때문에 예루살렘에 있던 골수 유대인들보다는 좀 더 개방적인 사고를 지니고 있어서 그들이 들어보기 전에는 이 문제에 대하여 판단하지 않고자 했을 것이다.

I. 우리는 여기에서 바울이 기독교 신앙을 옹호하여 변론하기 위해서 어떤 식으로 토론을 진행하였는지에 대하여 듣게 된다. 유대인들은 날짜를 정하였

는데, 이러한 토론을 위한 날짜가 정해지고, 관련된 모든 사람들에게 날짜가 통지되었을 것이다(23절). 이 유대인들은 충분히 기독교 신앙을 받아들일 가능성이 있는 것처럼 보였지만, 결국 그들 모두가 기독교 신앙을 받아들인 것은 아니었다.

1. 그 날이 되자 바울이 유숙하는 집에 많은 사람들이 모여 왔다. 바울은 죄수여서 그들에게 갈 수 없었지만, 그들은 기꺼이 그가 기거하는 집으로 찾아왔다. 그가 지금 구금된 상태에 있다는 것은 올바르게 생각하기만 한다면 그의 가르침에 불리한 것이 아니라 그가 자신의 가르침에 대하여 확고한 신념이 있다는 것을 보여주는 것이었다. 왜냐하면, 그것은 그가 기독교 신앙을 믿었을 뿐만 아니라 그 신앙을 위하여 기꺼이 고난받을 가치가 있다고 생각하였다는 것을 보여주는 증거였기 때문이다. 그에게서 가르침을 받을 목적이 아니라면, 감옥에 갇혀 있는 바울 같은 사람을 찾아올 자가 누가 있겠는가. 바울은 로마 정부의 심기를 건드리는 것이 되지 않을까 우려하지 않았던 것은 아니지만 사람들에게 선을 행하기 위하여 자기가 기거하는 집에 그들이 모일 자리를 마련하였다.

2. 바울은 자기가 옳다는 것을 증명하기 위해서라기보다는 그들이 깨닫도록 하기 위해서 그들에게 아주 길고 자세하게 강론을 하였다.

(1) 그는 그들에게 하나님의 나라를 설명해 주었다. 즉, 그는 그들에게 그 나라의 성격과 영광스러운 목적 및 의도들을 보여주었고, 그 나라가 하늘에 속한 영적인 것으로서 사람들의 마음속에 자리잡고 있으며, 겉으로 화려하게 빛나는 것이 아니라 순수한 마음과 생명 속에서 빛이 나고 있다는 것을 보여주었다. 유대인들을 불신앙 가운데 붙잡아 둔 것은 하나님 나라에 대한 오해, 즉 마치 그 나라가 눈으로 볼 수 있는 형태로 올 것이라는 사상이었다. 그러므로 하나님 나라를 올바르게 그들에게 설명해 준다면, 그들은 하나님 나라에 관한 복음을 받아들이게 될 것이었다.

(2) 그는 하나님의 나라를 설명해 주었을 뿐만 아니라 그것을 증언하였다. 즉, 그는 하나님의 나라를 그들에게 분명하게 선포하였고, 하나님의 나라가 메시야의 사역을 통해서 이미 왔고 지금 이 세상에 세워져 있다는 것을 부정할 수 없는 증거들을 통해서 확증해 주었다. 그는 하나님의 나라가 지닌 능력과 감화력에 의해서 자기가 은혜로 그 나라에 복종하게 된 경험을 얘기해 줌으로

써 은혜의 나라가 지닌 엄청난 능력들을 증언하였다.

(3) 그는 하나님의 나라를 설명하고 증언하였을 뿐만 아니라, 하나님 나라에 대하여 계속해서 반대하지 말고 하나님 나라를 받아들여 끌어 안으라고 그들을 설득하며 그들의 양심에 호소하고 있는 힘을 다해서 그들에게 강권하였다. 그는 단지 가르침을 베푼 것만이 아니라(하나님의 나라를 설명해 주고 확증해 주는 것) 생명이 넘치는 뜨거운 마음으로 그의 청중들에게 그의 가르침을 적용하였는데, 이것은 가장 효력있고 유익한 설교 방식이다.

(4) 그는 그들에게 예수를 믿으라고 권하였다. 그가 한 강론의 목적은 그들을 그리스도께로 인도하고, 그리스도가 메시야라는 것을 그들에게 깨우치며, 복음에 나타나 있는 그리스도를 그들로 하여금 믿게 하는 것이었다. 그는 그들에게 예수에 관한 일들, 즉 예수에 관한 예언들을 모세의 율법과 선지자의 말을 가지고 설득하며, 그 모든 예언들이 이 예수 안에서 어떻게 성취되었는지를 보여주었다. 그들은 유대인들이었기 때문에, 그는 구약 성경을 가지고 그들과 상대해서, 구약 성경에 나오는 예언들은 기독교 신앙과 반대되기는커녕 기독교 신앙이 옳다는 것을 가장 잘 증명해 주는 증거들이라는 것을 보여주었다. 이렇게 우리는 신약의 역사를 구약의 예언과 비교해 보면 이 예수가 구약에 예언된 오실 자라는 결론에 도달할 수밖에 없기 때문에, 더 이상 다른 메시야를 기다리지 않게 된다.

3. 바울의 강론은 아주 길었다. 그는 아침부터 저녁까지 강론을 계속하였는데, 그것은 아마도 8시간 내지 10시간에 걸친 긴 강론이었을 것이다. 이 주제는 흥미로운 것이었고, 그는 그 주제를 아주 잘 알고 있었으며, 그 주제는 아주 중요한 것이었다. 그래서 그는 열과 성을 다해서 몰두하여 강론한 것이었다. 그는 자기가 언제 또 다시 이런 기회를 갖게 되는지 알 수 없었기 때문에, 그들이 오래 듣느라 힘들지도 모른다는 것을 생각하고서 양해를 구해야 하는데도 그렇게 하지 않고 온종일 강론을 계속하며 그들을 붙잡아 두었다. 그러나 그는 어느 정도의 시간을 그들과 함께 기도하거나 그들을 위하여 기도하는 시간으로 보냈을 것이다.

Ⅱ. 이 강론의 결과는 어떠하였는가. 우리는 기독교 신앙과 같은 그러한 선한 주제를 바울과 같은 노련한 전도자가 전한 것이기 때문에 그의 강론을 들은 모든 자들이 즉시 기독교 신앙을 받아들이게 되었을 것이라고 생각할지도 모

른다. 그러나 사실은 그렇지가 않았다. 아기 예수는 어떤 사람들은 넘어지고 어떤 사람들은 다시 일으키심을 받기 위하여 세움을 입으셨고, 그는 어떤 사람들에게는 모퉁잇돌이 되시지만 어떤 사람들에게는 걸림돌이 되신다.

1. 그들은 의견이 서로 맞지 아니하였다(25절). 그들 중의 일부는 바울의 말이 맞다고 생각하였고, 어떤 사람들은 그 말을 받아들이려 하지 않았다. 그리스도께서 오시면, 갈라지는 역사가 일어나고, 그리스도께서는 땅에 불을 던지러 오셨다(눅 12:49, 51). 바울은 너무도 분명하고 명료하게 말씀을 전하였지만, 그의 말을 듣는 자들은 그가 전한 말이 무엇을 의미하는지, 그 증거가 과연 맞는지에 대하여 의견이 분분하였다.

2. 그 말을 믿는 사람도 있었고 믿지 아니하는 사람도 있었다(24절). 거기에 모인 유대인들 가운데서 찬반 양론이 나뉘었다. 바로 이와 같은 모습은 언제나 복음이 성공적으로 뿌려졌다는 것을 보여주는 증거가 되어 왔다. 복음은 어떤 사람들에게는 생명으로부터 생명에 이르는 냄새가 되었고, 어떤 사람들에게는 사망으로부터 사망에 이르는 냄새가 되어 왔다. 어떤 사람들은 말씀의 역사를 받아들여서 믿게 되지만, 어떤 사람들은 도리어 마음이 완악해진다. 어떤 사람들은 빛을 받아들이지만, 어떤 사람들은 빛을 피하여 눈을 감아 버린다. 그리스도의 말씀을 들은 자들도 마찬가지였다. 그의 이적들을 본 자들 중에서 어떤 자들은 믿었고 어떤 자들은 비방하였다. 모두가 믿었다면, 거기에는 불화가 없었을 것이다. 그러므로 불화의 모든 책임은 믿으려고 하지 않은 자들에게 있다.

Ⅲ. 헤어질 때에 바울이 그들에게 한 경고의 말씀. 그는 그들 중에 대다수가 마음이 완악하여서 그가 전한 말씀에 순복하지 않고 불평하는 것을 보았다. 그들은 이제 충분히 들었다고 생각해서 일어나서 집으로 가고자 하였다. 그 때 바울은 이렇게 말한다. "잠깐, 너희가 가기 전에 너희에게 한 가지 해둘 말이 있는데, 너희는 집에 가서 그 말을 곰곰이 잘 생각해 보라. 너희는 너희의 완악한 불신앙의 결과가 어떤 것이 될 것이라고 생각하느냐? 너희는 불신앙의 결과로 어떻게 되고, 그 결과 어떤 일이 일어나게 될지 너희는 아느냐?"

1. "너희는 하나님의 의로우신 심판에 의해서 불신앙 속에 갇혀 버리게 될 것이다. 너희는 너희 자신의 마음을 완악하게 하고 있는데, 하나님께서는 바로의 마음을 완악하게 하셨던 것처럼 너희의 마음도 완악하게 하실 것이다. 이것은 너희에 관하여 예언된 일이다. 너희는 성경의 그 대목을 찾아서(사 6:9-10)

진지하게 읽어 보고서, 거기에 기록된 것이 너희에 대한 것이 되지 않도록 조심하라." 구약 성경 속에는 모든 믿는 자들 속에서 성취될 복음의 약속들이 있는 것과 마찬가지로, 모든 믿지 않는 자들에게서 성취될 영적인 심판에 관한 복음적인 경고의 말씀들도 있다. 여기에 나오는 것은 바로 그 경고의 말씀 중의 하나이다. 그것은 이사야 선지자에게 하나님께서 주신 경고의 말씀들 중의 일부이다. 이사야 선지자는 하나님의 말씀대로 순종하여 더 나아지려는 마음이 전혀 없었던 자들을 더 나쁜 상태로 만들기 위하여 보내심을 받았다. 성령이 선지자 이사야를 통하여 너희 조상들에게 말씀하신 것이 옳도다. 여호와께서 말씀하신 것을 여기에서는 성령이 말씀하신 것이라고 하고 있는데, 이것은 성령이 하나님이시라는 것을 증명해 주는 것이다. 하나님께서 이사야에게 말씀하신 것을 여기에서는 이사야를 통하여 그들의 조상들에게 하나님께서 말씀하신 것이라고 하고 있다. 왜냐하면, 이사야는 하나님께서 그에게 말씀해 주신 것을 백성들에게 전하라는 지시를 받았기 때문이다. 이사야서에 나와 있는 내용은 그 속에 백성들에게 두려움이 되고 선지자에게 슬픔이 되는 내용이 많이 들어 있었지만, 여기에서는 그 말씀이 잘 말해진 것이라고 평가하고 있다. 히스기야는 이사야가 전한 진노의 메시지에 대하여 당신이 이른 바 여호와의 말씀이 좋소이다라고 말하였다(사 39:8). 믿는 사람은 구원을 얻을 것이라는 말씀과 더불어서 믿지 않는 사람은 정죄를 받으리라는 말씀도 복음이다(막 16:16). 또는, 이것은 우리 구주께서 하신 말씀을 통해서 설명될 수도 있다(마 15:7). "이사야가 너희에 관하여 잘 예언하였도다. 성령께서 너희가 듣기는 들어도 깨닫지 못하리라고 성령께서 너희 조상들에게 그 말씀이 너희 가운데서 성취될 것이라고 말씀하셨다."

(1) "하나님을 거스른 그들의 큰 죄가 지금은 너희의 죄가 되고 있다. 그것은 바로 너희가 보고자 하지 않는 것이다. 너희는 내가 전하는 말씀을 부정할 수 없는데도 불구하고 너무도 분명하고 설득력 있는 증거를 보지 않으려고 눈을 감아 버리고, 그 결론을 받아들이려 하지 않는다. 너희의 눈은 감겨져 있다(27절)." 이것은 그들의 완악한 불신앙과 자발적으로 편견의 노예가 되고자 한다는 것을 보여주는 것이었다. "너희 조상들이 하나님께서 심판을 통해서 그들을 치시기 위하여 손을 드시는 것을 보고자 하지 아니하였던 것처럼(사 26:11), 너희는 복음의 은혜를 통해서 하나님께서 너희에게 손을 뻗치시는 것

을 보고자 하지 아니하는도다." 이 믿지 않는 유대인들이 복음에 대하여 편견과 좋지 않은 감정을 지니고 있었다는 것은 사실이다. 그들은 보지 않으려고 결심했기 때문에 보지 못한 것이었다. 보지 않으려고 하는 자들보다 이 세상에서 눈먼 자는 없다. 그들은 그들에게 깨달아지는 것을 따라서 행하고자 하지 아니하였고, 그런 까닭에 그들에게 온 깨달음들을 받아들이려 하지 않았다. 그들은 그들의 영원한 평안에 속한 큰 일들을 그들의 눈으로 보지 않기 위하여 의도적으로 눈을 감았고, 하나님의 영광, 그리스도의 아름다우심, 죄의 흉칙한 몰골, 거룩함의 아름다움, 이 세상의 헛됨, 또 다른 세상의 존재를 보지 않기 위해서 의도적으로 그들의 눈을 감았다. 그들은 그러한 진리들에 의해서 그들이 변화되고 지배받기를 원하지 않았기 때문에 그 진리들에 대한 증거들을 받아들이려 하지 않았다. 그들은 그들이 듣기 싫어하는 것들, 즉 그들에게 하늘로부터 나타난 하나님의 진노, 그들에게 하늘로부터 계시된 하나님의 뜻을 그들의 귀로 듣지 않고자 하였다. 그들은 귀머거리 살무사처럼 술사의 홀리는 소리를 듣지 않고 능숙한 술객의 요술도 따르지 아니하기 위하여 귀를 막았다. 그들의 조상들이 그렇게 하였다. 그들은 듣지 아니하려고 귀를 막았다(슥 7:11-12). 그들이 그들의 눈과 귀를 닫고서, 들을 수 있는 귀와 볼 수 있는 눈을 만드신 분의 가르침을 받지 않기 위해서 배움의 두 기관을 막아 버린 것은 마음으로 깨달아 돌이켜서 내가 그들을 고쳐 주지 못하게 하기 위한 것이었다. 그들이 그들의 마음을 흑암 속에 계속해서 두거나 적어도 끊임없이 혼란스럽고 요란한 상태로 둔 것은 그들이 사려깊고 건전한 사고를 받아들이게 되면 올바른 신앙을 지니는 것이 그들에게 도리이자 유익이라는 것이 그들의 마음으로 깨달아지게 되어서 그들이 즐기는 악한 길에서 돌이켜서 그들이 기피하는 경건의 일들을 하게 될 것이 두려웠기 때문이고, 그런 까닭에 진리가 그들에게는 점점 더 감당하기 힘든 것이 되었기 때문이다. 하나님의 방법은 사람들을 먼저 보고 듣게 하심으로써 마음으로 깨닫게 하신 후에, 그들로 하여금 돌이켜서 자신의 뜻을 꺾게 하시고, 그 결과 그들이 고침받게 하시는 것이다. 이것이 이성을 지닌 영혼을 상대하시는 하나님의 통상적인 방식이라는 것을 명심하라. 그러므로 사탄은 사람들의 마음의 눈을 멀게 하고 총명을 어둡게 함으로써 영혼들이 하나님께 돌이키는 것을 가로막고 방해한다(고후 4:4). 이렇게 죄인이 사탄과 결탁해서 자신의 눈을 감아 버리는 것은 참으로 서글픈 일이다. 그들은 좀 더 자유롭게 범죄하기 위해서 무지함 속으로 뛰어든다. 그들은 그들의 질병을 좋아하고, 하나님께서 그들을 고치실까봐 염려한다. 옛적의 바벨론처럼 "우리가 그들을 치료하려 하여도 그들은 치료받고자 하지 않는다"(렘 51:9). 이것이 죄였다.

(2) "이 죄로 인하여 그들에게 임하였던 하나님의 큰 심판이 바로 너희에게 임할 하나님의 심판이 될 것인데, 그것은 바로 너희가 보지 못하게 되는 것이다. 하나님께서는 너희를 미혹에 넘겨 주실 것이다. 너희가 듣기는 들어도, 즉 하나님의 말씀이 너희에게 거듭거듭 전해져도 너희는 도무지 깨닫지 못하게 될 것이다. 너희가 그 말씀을 깨달으려고 마음을 쓰지 않기 때문에, 하나님께서는 너희에게 말씀을 깨달을 수 있는 힘과 은혜를 주지 않으실 것이다. 너희가 보기는 보아도, 즉 너희가 너희 앞에서 무수한 이적들과 표적들이 행해지는 것을 볼지라도 그것들이 나타내는 진리를 너희가 도무지 알지 못하리라. 모세가 너희 조상들에게 하신 말씀, 즉 깨닫는 마음과 보는 눈과 듣는 귀는 오늘 여호와께서 너희에게 주지 아니하셨느니라(신 29:4)는 말씀이 너희에게 그대로 적용되는 일이 없도록 조심하라. 이사야가 자기 세대의 사람들에게 한 말씀, 즉 여호와께서 깊이 잠들게 하는 영을 너희에게 부어주사 너희의 눈을 감기셨다(사 29:10-12)는 말씀이 너희에게 그대로 적용되는 일이 없도록 조심하라." 그들이 하나님의 은혜를 거부하고 빛에 대항하여 반기를 들었기 때문에, 하나님께서는 그의 은혜와 빛을 그들에게서 거두어 가셨고 더 이상 그들에게 주지 않으셨다. 그들이 진리를 사랑하지 않았기 때문에, 하나님께서는 그들을 저 강력한 미혹에 넘겨 주셔서 그들로 하여금 거짓을 믿게 하셨다. 그들이 고집을 부리고 완악한 마음을 계속해서 지니고 있었기 때문에, 이 백성들의 마음이 우둔하여져서 그 귀로는 둔하게 듣게 되었다. 그들은 마음이 둔하여지고 지각이 없는 자들이 되었기 때문에, 그들에게 무슨 말을 할지라도 그 말씀은 그들에게 제대로 역사할 수가 없다. 그들에게 어떤 약을 주더라도 그들은 약을 받지 않기 때문에, 그들의 질병은 불치병으로 판정될 수밖에 없고, 그들의 처지는 절박하게 되어 버릴 수밖에 없다. 자신을 비참하게 만드는 질병으로부터 치료를 받고자 하지 않는 자들이 어떻게 행복해질 수 있겠는가? 질병을 치료할 수 있는 온갖 방법들을 다 마다하고 받아들이려 하지 않는 자들이 어떻게 치유를 받을 수 있겠는가? 그들의 질병이나 치료 방법을 얘기해 줘도 전혀 듣고자 하지 않는 자들이 어떻게 마음을 돌이킬 수 있겠는가? 자신의 눈을 감아 버리고 귀를 막아 버리는 자들이 어떻게

깨우침을 받을 수 있겠는가? 복음을 듣고서도 거기에 주목하지 않는 모든 자들은 이러한 운명이 자신의 몫이 되지 않도록 조심하여야 한다. 왜냐하면, 일단 그들이 이렇게 마음의 완악함 속으로 버려지게 되면, 그들은 이미 지옥의 언저리에 와 있는 것이 되기 때문이다. 하나님께서 고치기를 포기하셨다면, 누가 그들을 고칠 수 있겠는가?

2. "너희가 이방인들에게 복음이 전파되는 것을 질시의 눈으로 바라보고 있지만, 너희가 믿지 않기 때문에 하나님께서 복음을 이방 세계에 전하시게 된 것은 옳은 일이다(28절). 너희가 하나님의 은혜를 헌신짝처럼 내팽개쳐 버리고 하나님의 진리와 사랑의 능력에 순종하지 않았고, 너희가 돌이켜서 하나님께서 정하신 지혜로운 방법을 따라서 고침을 받고자 하지 않았기 때문에, 그런즉 하나님의 이 구원, 즉 처음에는 오직 유대인들의 것이었던 저 구원(요 4:22)이 이방인에게로 보내어진 줄 알라. 이제 이방인들에게 구원으로의 초대가 이루어질 것이고, 구원을 받기 위한 수단이 제공될 것이며, 그들이 너희보다 구원받기에 더 유리한 위치에 있게 될 것이다. 복음이 그들에게 전해질 것이고, 그들은 복음을 듣고 받아들이며 그 안에서 복된 자들이 될 것이다." 지금 바울은 이런 말을 통해서 다음과 같은 것들을 의도하고 있다.

(1) 복음이 이방인들에게 전파되는 것에 대하여 분노하는 것이 얼마나 어처구니없는 일이라는 것을 그들에게 보여줌으로써 그들의 분노를 잠재우기 위한 것. 그들은 하나님의 구원이 이방인들에게 전파된 것에 대하여 무척 화가 나 있었고, 그것은 하나님께서 그들에게 너무 큰 은총을 베푸신 것이라고 생각하였다. 그러나 그들이 그 구원을 그들이 받아들일 가치가 없는 너무도 사소한 것이라고 생각하였다면, 분명히 그들은 그 구원이 이방인들에게로 넘어가서 이방인들이 그 구원을 받아들였다고 해서 하나님께서 그들에게 지나친 은총을 베풀었다고 생각하거나 이방인들을 시기하여 불평할 이유가 전혀 없는 것이었다. 하나님의 구원이 세상에 전파되었을 때에 유대인들은 그 구원으로 가장 먼저 초대를 받았었고, 구원을 전하는 자들은 유대인들에게 열과 성을 다해서 모든 기회를 활용하여 구원을 전하였지만, 유대인들은 그것을 거부하였다. 그들은 혼인 잔치에 먼저 초대를 받았지만 그 초대를 수락하려고 하지 않았기 때문에, 다른 손님들이 그들 대신에 초대를 받았다고 해도 그것은 전적으로 그들의 책임일 수밖에 없었다. 그들은 초대를 받고서도 거기에 응하려 하지 않았기 때

문에 기꺼이 초대에 응한 자들에 대하여 화를 낼 이유가 없었다. 그들은 이방인들이 그들의 손에서 구원을 빼앗아가 버렸다고 불평할 수도 없다. 왜냐하면, 그들은 스스로 구원을 자신의 손에서 떨쳐내 버린 것이었고, 구원에 대하여 발꿈치를 든 자들이었기 때문이다. 그러므로 그것은 전적으로 그들의 잘못이다. 왜냐하면, 그들이 넘어짐으로 구원이 이방인에게 이르른 것이기 때문이다(롬 11:11).

(2) 이방인들에게 주어진 하나님의 은총에 대한 그들의 분노를 도리어 그들의 유익을 위하여 잘 선용하고, 그들에게 닥친 좋지 않은 일을 그들이 유익을 얻는 계기로 삼게 하고자 한 것. 그는 로마서에서 바로 이 문제와 관련해서 유대인들이 불신앙으로 인해서 하나님께 버림받게 된 것으로 말미암아 이방인들이 유익을 얻은 것에 대하여 말하였을 때에 그는 자기가 이런 말을 의도적으로 하고 있는 것은 그의 사랑하는 동포들인 유대인들을 아무쪼록 시기하게 하여 그들 중에서 얼마를 구원하려 함이라고 직접 밝혔다(롬 11:14). 유대인들은 그리스도의 복음을 거절하였고, 그렇게 함으로써 복음을 이방인들에게로 넘겨 주긴 하였지만, 그들이 복음을 거절한 것을 회개하고, 그들이 무시하였던 구원을 받아들이기에 때가 너무 늦은 것은 아니었다. 복음서에 나오는 비유에서 맏아들처럼 그들은 포도원으로 가서 일하라는 아버지의 지시를 받고서 처음에는 가지 아니하겠나이다라고 말했다가 나중에 뉘우치고서 가는 것이 얼마든지 가능하였다(마 21:29). 복음이 이방인들에게 전파되고 있는가? 그렇다면 우리는 복음을 듣지 못하게 되는 것보다는 차라리 이방인들과 함께 복음을 들어야 한다. 복음을 들으리라고는 꿈에도 생각지 못했던 자들, 그토록 오랫동안 귀가 있어도 듣지 못하는 우상들을 섬겨 왔던 자들이 복음을 듣고자 하는 것이 아닌가? 그런데 모든 일에서 하나님의 이름을 부르며 하나님을 가까이 해 왔던 특권을 지닌 우리가 복음을 듣지 못하게 되다니 그것이 말이 되겠는가? 이렇게 바울은 복음이 이방인들 가운데서 환영을 받고 있다고 말함으로써 그들로 하여금 부끄러움을 느끼고서 복음을 받아들여 믿게 하고자 열심히 권하였다. 만약 바울이 그렇게 했어도 그것이 그들에게 아무런 효과가 없다면, 그들의 죄는 더욱 가중될 것이었다. 그것은 서기관들과 바리새인들이 세리와 창녀가 요한의 세례를 받고 그를 믿는 것을 보고서도 끝까지 그들의 어리석음을 뉘우치지 않고 믿지 아니한 것과 같은 것이었다(마 21:32).

Ⅳ. 모임이 약간 어수선하게 끝나고 사람들이 흩어짐.

1. 그들은 바울에게 등을 돌렸다. 바울의 말을 듣고서 믿으려 하지 않았던 자들은 그가 마지막으로 그들에게 한 말, 즉 그들이 심판을 받아서 눈이 멀었고, 복음의 빛이 흑암에 앉은 자들 가운데서 빛을 발하고 있다는 말에 몹시 약이 올랐을 것이다. 바울이 이 말을 하고 나서 그가 그들을 위하여 해 줄 말은 충분히 다한 것이기 때문에 그들은 다른 지역의 유대인들이 동일한 상황 속에서 보여주었을 격한 반응을 보이지는 않고, 바울이 앞에서 전하였던 위로가 되는 말씀들이나 그가 마지막에 말하였던 저 무시무시한 말씀에 대하여 별로 감화를 받지 않고서 무감각하고 무관심한 채로 거기를 떠났다. 그들 중의 많은 사람들은 바울이 말씀을 전하는 것을 다시는 결코 듣지 않을 것이고 이 문제에 대하여 더 이상 궁금해하고 살펴보는 수고를 하지 않겠다고 결심한 채로 거기를 떠났다.

2. 그들은 서로에 대하여 얼굴을 꼿꼿이 세우고 서로 맞섰다. 왜냐하면, 그들 가운데서 바울이 한 말을 놓고서 커다란 분란이 일어났기 때문이었다. 바울의 말을 믿은 자들과 믿지 않은 자들 사이에 싸움이 있었을 뿐만 아니라, 믿지 않은 자들 가운데서도 논쟁이 벌어졌다. 그들은 바울에게서 떠나기로 하는 데에는 의견의 일치를 보았지만 그들이 왜 떠나야 하는가에 대해서는 견해가 일치하지 않았기 때문에, 그들 사이에서 커다란 논쟁이 벌어지게 되었다. 올바르게 추론하지 않는 많은 자들은 다른 사람의 의견들 속에서 흠을 찾아내어 논쟁을 벌이지만, 결코 진리에는 순복하지 않는다. 사람들이 그들끼리 논쟁을 아무리 많이 해서 서로를 설득하려고 하더라도, 하나님께서 은혜를 주셔서 그들의 지각을 열어 주시지 않으신다면, 그들은 아무것도 깨달을 수 없다.

[30]바울이 온 이태를 자기 셋집에 머물면서 자기에게 오는 사람을 다 영접하고 [31]하나님의 나라를 전파하며 주 예수 그리스도에 관한 모든 것을 담대하게 거침없이 가르치더라

우리는 여기에서 복된 바울에 관한 이야기와 작별을 고하게 된다. 그러므로 하나님께서 우리가 바울의 동정에 대하여 더 이상 아는 것이 합당하지 않다고 보셨기 때문에, 우리는 바울을 마지막으로 대하게 되는 이 장면의 모든

세세한 정황을 주의 깊게 살펴보아야 한다.

I. 우리가 바울이 그리스도를 위하여 결박된 상태로 있는 가운데 그를 떠나보내야 하고, 그가 자유의 몸이 될 것이라는 그 어떠한 전망도 나와 있지 않은 상태에서 작별해야 한다는 것은 우리에게 괴로움이 아닐 수 없다. 저 선한 자 바울의 삶 중에서 온 이태는 로마에서 갇힌 채로 보내졌는데, 본문에 나타난 바에 의하면, 그는 이 기간 동안 내내 그를 감옥에 가둬 둔 자들에 의해서 한 번도 심문을 받지 않았던 것으로 보인다. 그는 감옥에서 하루 빨리 석방되고자 하는 기대 속에서 가이사에게 상소하였고, 총독들은 이 죄수에 관하여 그가 죽거나 결박당할 만한 일을 하지 않았다는 것을 황제에게 글로 적어 보내었지만, 바울은 여전히 죄수로 갇혀 있어야 했다. 이렇게 우리는 사람을 신뢰해서는 안 된다. 특히, 보잘것없는 죄수들이 높은 지위에 있는 자들을 신뢰한다는 것은 부질없는 짓이다. 요셉의 경우에도 술 맡은 관원장이 요셉을 기억하지 못하고 그를 잊었다(창 40:23). 그렇지만 어떤 이들은 사도행전에는 전혀 언급되어 있지 않지만, 바울은 로마로 이송되어 온 지 얼마되지 않아서 처음으로 네로 앞에 끌려 나갔고, 그래서 그가 그리스도 안에서 결박당하여 잡혀 왔다는 것이 가이사의 궁정에 생생하게 알려지게 되었다고 생각한다(빌 1:13). 이 첫 번째 심문을 빌올 때에 그와 함께 한 자가 하나도 없었다(딤후 4:16). 바울은 그가 기대했던 것과는 달리 자신의 사선을 상소힘으로써 자유의 몸이 된 것이 아니라 황제의 손에 의해서 목숨을 잃을 뻔하였다가 겨우 살아났던 것으로 보인다. 그는 그것을 사자의 입에서 건지심을 받은 것이라고 말한다(딤후 4:17). 그리고 그가 디모데후서에서 자신에 대한 첫 번째 심문에 대하여 말하고 있는 것은 그가 두 번째 심문을 받고서 상황이 앞서보다는 더 좋아졌지만 아직 석방되지는 못하였다는 것을 보여주는 것이다. 이렇게 두 해 동안 감옥에 갇혀 있는 동안에 바울은 갈라디아서, 디모데후서, 에베소서, 빌립보서, 골로새서, 빌레몬서를 차례로 써 보냈는데, 이러한 서신들 속에서 그는 자신의 감옥 생활과 관련된 몇 가지 구체적인 것들을 언급한다. 바울은 그를 찾아왔다가 이런저런 이유로 그와 함께 갇히게 된 디모데와 함께 자유의 몸이 된 직후에 마지막으로 히브리서를 썼는데(바울은 히브리서에서 우리 형제 디모데가 놓인 것을 너희가 알리 그가 속히 오면 내가 그와 함께 가서 너희를 보리라고 쓰고 있다, 히 13:23), 바울이 어떻게 해서 자유의 몸이 되었는지에 대해서 우리는 듣지 못하고, 오직 꼬박 두

해 동안 그가 죄수로 있었다는 말만을 듣는다. 전승에 의하면, 바울은 석방된 후에 이달리야에서 서바나로 갔다가 그레데로 가서, 거기에서 디모데와 함께 유대로 갔고, 다시 거기를 떠나서 아시아에 있는 교회를 찾아 보고, 마침내 두 번째로 로마로 왔다가, 네로의 말년에 참수를 당했다고 한다. 그러나 바로니우스는 바울이 감옥에서 석방된 때로부터 그가 순교를 당할 때까지 어떻게 지냈는지 그의 행적에 대해서는 아무것도 확실한 것이 없다고 말한다. 그러나 어떤 이들은 네로가 폭군으로 변해서 그리스도인들을 적대시하고 박해함으로써(테르툴리아누스의 말에 의하면, 네로는 기독교를 금지하는 법을 만든 최초의 황제였다) 로마 교회는 이 박해 때문에 크게 약화되었는데, 그것 때문에 바울은 로마 교회를 다시 견고하게 하고 거기에 남아 있는 제자들을 위로하기 위하여 두 번째로 로마에 갔다가 네로의 손에 다시 떨어지게 되었다고 말한다. 크리소스톰은 네로의 후궁들 중 한 명이었던 젊은 여자가 바울의 전도를 통해서 기독교 신앙으로 회심을 하고서, 그녀가 지금까지 살아 왔던 방탕한 삶을 청산하게 되었는데, 네로가 이것을 보고서 바울에 대하여 격노하여, 처음에는 그를 감옥에 가두라고 명하였다가 나중에 그를 죽이게 된 것이라고 말한다. 그러나 우리는 바울에 관하여 본문에 주어진 이 짧은 설명에 국한해서 살펴보는 것이 좋을 것이다.

1. 바울과 같은 그렇게 유익한 사람이 그토록 오랫동안 감옥에 갇혀서 제약을 받을 수밖에 없었다는 것을 생각하면, 그것은 슬픈 일이 아닐 수 없다. 그는 벨릭스 총독 아래에서 두 해 동안 죄수로 지냈고(행 24:27), 유대 땅에서 로마로 이송되어 올 때까지 보낸 기간 외에도 네로 치하에서 죄수로 두 해를 꼬박 더 지내야 했다. 만약 바울이 자유의 몸이었다면, 그는 적어도 이 다섯 해 동안에(그는 최소한 이 정도 되는 기간 동안 갇혀 있었다) 얼마나 많은 교회들을 세웠을 것이며, 얼마나 많은 도시들과 나라들을 그리스도께로 인도하였겠는가! 그러나 하나님은 지혜로우셔서, 자기가 가장 유익한 일꾼들에게 기대야만 일을 할 수 있는 분이 아니고, 그들의 섬김이나 그들의 고난 없이도 얼마든지 자신이 일을 해 나가실 수 있다는 것을 보여주고자 하셨다. 바울이 감옥에 갇힌 것조차도 복음 전파에 진전이 있게 하기 위한 것이었다(빌 1:12-14).

2. 그렇지만 어떤 면에서는 바울이 감옥에 갇히게 된 것은 그에게 잘된 일이기도 하였다. 왜냐하면, 그는 온 이태를 자기 셋집에 머물렀는데, 내가 알기로는

그러한 거처는 그가 지금까지 가져 본 적이 없었던 그런 거처였다. 그는 항상 다른 사람의 집에 잠시 기거하는데 익숙해져 있었는데, 지금은 자신의 집을 가지고 있다. 적어도 그가 방세를 내는 한에 있어서는 그것은 그의 집이었다. 이렇게 오붓한 집에 물러나서 있는 것은 일생동안 여기저기를 떠돌아다니며 전도를 해 왔던 바울에게는 신선한 일이 되었을 것이다. 그는 항상 이리저리 옮겨 다니느라 한 곳에 오래 머물 새가 없었는데, 지금은 동일한 집에서 두 해를 살게 된 것이었다. 따라서 바울이 이러한 감옥에 갇히게 된 것은 그리스도께서 그의 제자들에게 너희는 따로 한적한 곳에 가서 잠깐 쉬어라고 말씀하신 것과 비슷한 것이었다(막 6:31). 그는 자유의 몸이었을 때에는 유대인들의 간계로 말미암아 한시도 마음을 놓을 수 없는 늘 괴로운 삶을 살았었지만(행 20:19), 지금 그의 감옥은 그의 요새였다. 먹는 자에게서 먹는 것이 나왔고 강한 자에게서 단 것이 나왔다.

II. 그렇지만 우리는 바울이 그리스도를 위하여 갇힌 자가 된 모습으로 그와 작별한다. 하지만 그러는 가운데서도 그가 갇힌 몸으로 하나님을 섬기고 선을 행하는 일을 하지 못하게 된 것이 아니라 그리스도를 위하여 계속해서 사역할 수 있게 됨으로서, 그의 감옥 생활이 수월하게 되었다는 것은 우리에게 기쁨이 된다(왜냐하면, 우리는 그것이 바울에게도 기쁨이 되었을 것이라고 확신하기 때문에). 그의 감옥은 성전이자 교회가 되었고, 그러므로 그 곳은 그에게 궁전이었다. 그의 손은 묶여 있었지만, 하나님께 감사하게도 그의 입은 묶이지 않았다. 신실하고 열심있는 사역자에게는 말을 못하게 하는 것보다 더 큰 괴로움은 없다. 여기에서 바울은 죄수였지만 여전히 복음을 전하는 자가 될 수 있었다. 그는 묶여 있었지만, 주의 말씀은 묶여 있지 않았다. 바울은 로마서에서 내가 너희 보기를 간절히 원하는 것은 어떤 신령한 은사를 너희에게 나누어 주기 위함이다라고 썼다(롬 1:11). 그는 그 곳 형제들을 보고서 기뻐하였지만(15절), 만약 그들에게 신령한 은사를 나누어 줄 수 없었다면 그의 기쁨은 반감되었을 것이다. 그런데 그는 그렇게 할 수 있는 기회를 얻게 되었고, 그렇기 때문에 그는 자기가 갇힌 것을 불평하지 않았다. 좀 더 자세하게 살펴보자.

1. 그는 누구에게 말씀을 전하였는가. 그는 유대인이든 이방인이든 그의 말씀을 듣고자 하는 모든 자들에게 말씀을 전하였다. 그가 말씀을 전하기 위해서 다른 곳을 갈 수 있는 자유가 있었던 것인지는 본문에 나와 있지 않다. 하지만

아마도 그런 자유는 그에게 주어지지 않았을 것이다. 그러나 그가 전하는 말씀을 듣기 위해서 그의 집으로 찾아 온 자들은 환영을 받았다: 바울은 자기에게 오는 사람을 다 영접하였다. 사역자들의 집 문은 그에게 가르침을 받고자 하는 모든 자들에게 열려 있어야 하고, 사역자들은 자신의 영혼에 대하여 관심이 있는 자들에게 조언을 해 줄 수 있는 기회를 갖게 된 것에 대하여 기뻐하여야 한다. 바울은 회당이나 크고 화려한 예배당에서 말씀을 전할 수는 없었지만, 자신의 초라한 오두막 집에서 말씀을 전하였다. 우리는 하나님을 섬기기 위해서 우리가 하고자 하는 일을 할 수 없을 때에는 우리의 처지에서 할 수 있는 일을 하여야 한다는 것을 명심하라. 작고 비좁은 셋집만을 가지고 있는 사역자들은 말씀을 전하지 않고 침묵하는 것보다는 자신의 셋집에서 말씀을 전하는 것이 가능하다면 그렇게 하여야 한다. 바울은 자기에게 오는 사람들을 다 영접하였고, 지체 높은 사람을 꺼려하거나 보잘것없는 미천한 사람을 부끄러워하지 않았다. 그는 주일에는 그리스도인들에게 말씀을 전하였고, 안식일에는 유대인들에게 말씀을 전하였으며, 한 주간의 어느 요일이든지 그에게 오는 모든 자들에게 기꺼이 말씀을 전하고자 하였다. 사람들이 그에게 왔기 때문에 그는 더 놀라운 은혜가 그들에게 있기를 기대할 수 있었을 것이다. 왜냐하면, 그들이 제발로 찾아왔다는 것은 그들이 가르침을 받고자 하였고 기꺼이 배우고자 하였다는 것을 보여주는 것이기 때문이다. 그러한 사람들이 있는 곳에서는 더 큰 은혜의 역사가 일어날 가능성이 많다.

2. 그는 무엇을 전하였는가. 그는 사람들의 머리를 흥미로운 사변이나 정치적인 문제들로 가득 채우고자 하지 않았고, 자신의 본분을 지켜서 사도로서의 자신의 사명에 충실하였다.

(1) 그는 하나님의 대사였기 때문에 하나님의 나라를 전파하였고, 하나님 나라의 세력을 확장시키기 위하여 그 나라를 전파하는 데에 그가 할 수 있는 모든 것을 다하였다. 그는 세상 나라들의 일에 끼어 들지 않았다. 그런 일들은 그 일을 맡은 자들이 행하도록 맡겨 두어라. 그는 사람들 가운데서 하나님의 나라를 전파하였고, 그 나라에 관한 말씀을 전하였다. 그는 많은 사람들과의 변론에서 하나님의 나라를 증언하고 변호했듯이(23절) 공적인 설교에서도 동일한 것을 전하였다. 하나님 나라에 관한 말씀은 올바르게 받기만 하면 우리를 지혜롭고 선하게 만들어 주고, 우리 모두를 더욱 지혜롭고 더욱 선하게 만들어 주는데,

이것이 말씀을 전하는 목적이다.

(2) 그는 그리스도를 위한 대리인이자 신랑의 친구였기 때문에, 주 예수 그리스도에 관한 모든 것을 가르쳤다. 즉, 그는 그리스도의 성육신, 그의 가르침과 삶, 그가 베푼 이적들, 그의 죽음과 부활과 승천 등 그리스도에 관한 모든 이야기를 전하였다. 이 모든 것은 경건의 비밀과 관련되어 있는 것들이었다. 바울은 자신의 원칙, 즉 오직 그리스도와 그가 십자가에 못 박히신 것 외에는 아무 것도 알거나 전하지 않는다는 자신의 원칙을 확고히 지켰다. 사역자들은 설교를 할 때에 자신의 주된 본분에서 벗어나고자 하는 시험을 받을 때에 이것이 주 예수 그리스도와 무슨 관계가 있는가라는 질문을 던짐으로써 그러한 시험을 억제하여야 한다. 이것은 우리를 그리스도께로 인도하고 우리로 하여금 그리스도 안에서 행하게 하는 데에 어떤 유익을 지니는가 ? 왜냐하면, 우리는 우리를 전파하는 것이 아니라 오직 그리스도를 전파하는 것이기 때문이다.

3. 그는 어떠한 자유를 가지고서 말씀을 전하였는가.

(1) 하나님의 은혜는 그에게 심령의 자유를 주셨다. 그는 담대하게 말씀을 전하였다. 그는 그가 전하는 말씀이 참되다는 것에 대하여 스스로 확신을 지니고 있었기 때문에, 담대하게 그 진리를 옹호하였다. 또한, 그는 그가 전하는 말씀이 가치있는 것임을 스스로 확신하고 있었기 때문에, 그 진리를 위하여 기꺼이 고난당하고자 하였다. 바울 자신이 그랬기 때문에, 그는 담대하게 말씀을 전할 수 있었다. 그는 그리스도의 복음을 부끄러워하지 않았다.

(2) 하나님의 섭리는 그에게 말할 자유를 주셨다. 그는 거침없이 가르쳤다. 그의 가르침을 제지할 자도 없었고, 그에게 어떤 제한을 두는 자도 없었다. 그동안 그가 이방인들에게 말씀을 전하는 것을 금하곤 하였던 유대인들은 여기에서는 아무런 힘도 쓸 수 없었다. 로마 정부는 아직 기독교 신앙을 갖는 것을 범죄로 여기지 않았다. 우리는 다음과 같은 점들에 있어서 하나님의 손길이 작용하였다는 것을 고백하여야 한다.

[1] 박해하는 자들의 광분을 억제하신 것. 하나님은 박해하는 자들의 마음을 강제로 돌리시는 것이 아니라 그들의 손을 묶고 혀에 재갈을 물리실 수 있다. 네로는 사람 죽이기를 밥 먹듯이 하는 자였고, 로마에는 기독교를 미워하는 유대인들과 이방인들이 무수히 많았다. 그렇지만 이상하게도 바울은 비록 죄수의 신분이었지만 복음을 전하는 것이 묵인되었고, 그것이 공공의 안녕을 해치

는 범죄로 여겨지지 않았다. 이렇게 하나님은 사람의 노여움을 주를 찬송하게 하는 데에 사용하시고, 그 남은 노여움은 금하신다(시 76:10). 바울이 복음을 전하는 것을 금지시킬 수 있는 권한을 쥔 자들은 무수하게 많았지만(그를 지키는 보잘것없는 한 군사조차도 그렇게 할 수 있었을 것이다), 하나님께서는 그 누구도 바울이 말씀을 가르치고 전하는 것을 금하지 못하게 모든 일을 배정해 놓으셨다.

[2] 박해받는 자들의 고통을 덜어 주시기 위하여 위로가 되는 일을 공급해 주심. 바울이 지금 처한 상황은 이전과 비교해 볼 때에 많은 제약을 받고 있어서 복음을 전할 기회가 아주 좁게 제약을 받고 있었지만, 그는 복음을 전하는 일에 방해를 받거나 침해를 받지 않았다. 그에게 열린 문은 넓은 문은 아니었지만, 그 문은 계속해서 열려 있었고, 그 누구도 그 문을 닫지 못하였다. 복음을 전하기 위하여 바울에게 열린 문은 많은 사람들에게 아주 효과적인 문이었기 때문에, 가이사의 집 사람들 중에서조차도 성도들이 나왔다(빌 4:22). 우리가 사는 도시가 이렇게 언제든지 조용한 거처가 되어서, 우리가 날마다 생명의 양식으로 배불리 먹되, 아무도 우리를 금하는 사람이 없게 된다면, 우리는 그렇게 해주신 데 대하여 하나님께 감사하는 가운데, 우리를 괴롭히는 가시나 우리를 못살게 하는 엉겅퀴 같은 것이 전혀 없을 저 거룩한 성산을 대망(待望)하며 변화될 날을 준비하여야 한다.

● **독자 여러분들께 알립니다!**

'**CH북스**'는 기존 '**크리스천다이제스트**'의 영문명 앞 2글자와
도서를 의미하는 '**북스**'를 결합한 출판사의 새로운 이름입니다.

매튜 헨리 주석전집 19

사도행전

1판 1쇄 발행 2007년 4월 20일
1판 중쇄 발행 2023년 4월 1일

발행인 박명곤   CEO 박지성   CFO 김영은
기획편집 채대광, 김준원, 박일귀, 이승미, 이은빈, 이지은, 성도원
디자인 구경표, 임지선
마케팅 임우열, 김은지, 이호, 최고은
펴낸곳 CH북스
출판등록 제406-1999-000038호
전화 070-4917-2074   팩스 0303-3444-2136
주소 서울시 강서구 마곡중앙6로 40, 장흥빌딩 10층
홈페이지 www.hdjisung.com   이메일 main@hdjisung.com
제작처 영신사

ⓒ CH북스 2007